佛教的當代判釋

吳汝鈞 著

國家教育研究院◎主編
臺灣學生書局印行
2011年3月出版

Dedicated to
My Wife and Children

自　序

一個佛教學者或者學僧研究、實踐佛學，到了某一階段，有時便會對所研習的各派佛教義理進行全面性的釐清、整合，而提出自己的判教或教相判釋。這教相判釋是一項非常重要的工作，它是要把佛教的各派教義放在一起，替它們定位，把它們安排在一個適當的位置。這樣做，一方面可以把各派系的不同說法都納入釋迦牟尼（Śākyamuni）的名下而不會相互矛盾，相互排斥；另方面是藉著這種機緣，展示自家的教法的特性，和它較其他教法更為殊勝的地方。這種工作由來已久。在印度中觀學（Mādhyamika）後期的寂護（Śāntirakṣita，一作 Śāntarakṣita）的教法中，已展示出有相當規模的判教法。到了中國佛教，由於中國文化著重圓融的精神方向與境界，判教更為流行，最大規模和具系統性的，莫如天台宗智顗所提的藏、通、別、圓四教法，和華嚴宗法藏的小乘、大乘始、大乘終、頓、圓五教法。到了當代，高僧太虛和印順都分別對大乘教作過判釋。太虛的判法是法性空慧、法相唯識、法界圓覺。印順的判法則是性空唯名、虛妄唯識、真常唯心。這些判教法有它們的好處，但都過了時，涵蓋性不廣。例如虛、印二公的判教法只及於大乘佛教中的空宗、有宗和如來藏或佛性思想，不及於小乘，也不及於大乘佛教在印度中、後期的發展，更不及於近時出現的京都學派與批判佛教的思潮。佛性思想是多元的，不能只以一派（法界圓覺或真常唯心）來概括。在這種情況下，我們實在需要重新檢視原有的判教法，提出更周延而有現代意義的判教法。我不是佛教徒，不必依於佛教的某個宗派的義理信受奉行，以為軌則或規範。但迄今為止，用了幾乎一半的時間與精神學習和研究佛教的義理，包括八年在日本、德國和北美的苦學與思索，對佛教不同教派的多元的義理，不能沒有自己的見解，其中自然是有從他人方面學來的。總的來說，我對佛教各派別的義理與實踐，頗有好些不成熟的理解。現在是時候寫出來了，這樣可以對以往超過四十年的研習佛學的心路歷程作些總結，也可趁著這個機會就教於高明。這便是這本書的所由作，並訂名為《佛教的當代判釋》。我在這裏用「當代」字眼，頗有一些意思。主要是佛教在現代、當代中還是流行著、活著的，它的生命還是在不同地域的人心中成長；它的發展還是持續著，並在不同的人或社群中產生積極意義的作用，在解決人的終極關懷的問題上作出一定的貢獻。另外，一些傳統的佛教義理和實踐如禪、淨土、南傳小乘、天台（日蓮）、密教之屬，也有新的元素興起，如京都學派對禪和淨土的繼承與開拓，和批判佛教對佛陀和原始佛教的回歸。最重要的是，當代判釋包含以現代、當代流行的思想與辭彙來解說和評估佛教的意涵，把佛教放在一個有國際意義的比較哲學、比較宗教的平台上來為它的精神、救贖作用定位。

有關本書的一些細節問題，我擬留待〈後記〉中說明。不過，這裏有一點需先向讀者交代，這便是書目的問題。一本書的參考書目，通常是放在全書之後部分的。由於拙書每一章的最後部分，都對有關該章的所論提供進深的資料、用書，因此在全書之後，為了免除重複，我沒有編製參考書目，希望讀者垂注。又，在每章之後所提供的進深讀物，通常有梵文、中文、日文、英文和德文五種，次序亦依梵、中、日、英、德序列。而在列出某一種語文的進深用書的次序，大體上與該章的內容有關。這是從義理上說，不從文獻學說。

此書的撰寫，耗費大量心力與時間。最後的索引部分，我已無力製作了。幸得陳森田先生慨允在這方面盡力，真是幸何如之。在此我謹向陳先生致衷心的感激。

是為序。

佛教的當代判釋

目　次

第一章　佛教的當代判釋概要

在這一章要說明的，有好些方面可以放在〈自序〉中交代。為了精省，不重複，我都放在這裏來說。這裏的內容重點是對我對佛教的當代判釋的提綱挈領亦即是概要的闡述。

一、捨邊中道

我把全體佛法判分為十一種教法。首先是捨邊中道，這是指釋迦牟尼與原始佛教的教法。一般都以四諦（satya-catuṣṭaya）、三法印（dharma-mudrā-traya）、十二因緣（dvādaśāṅgika-pratītyasamutpāda）來解讀釋迦牟尼與原始佛教，這有以存有論的角度來說他們的教法之嫌，如諸法無我這一法印（dharma-mudrā）和因緣或緣起（pratītyasamutpāda）；這些問題都有存有論的意味，這有淡化早期佛教特別強調實踐這一面的傾向。實際上，以《雜阿含經》（*Saṃyutta-nikāya*）為例，該經並不常說有較強存有論義的空（śūnyatā），卻多說由緣起而生苦（dukkha）與依中道（madhyamā pratipad）而行的實踐問題。該經有言：

> 如實正觀世間集者，則不生世間無見。如實正觀世間滅者，則不生世間有見。……如來離於二邊，說於中道。❶

而佛祖的開悟的思維契機，是有見於淫樂、放縱欲念固無與於實證真理，即使是苦行，也不過是自我折磨而已。這兩種行為都失之於偏見、邊見的極端，無益於見真

❶　《雜阿含經》卷 10，《大正藏》2·67 上。

理。他提出中道，要人從相對的極端的生活中提升上來，以達於絕對無我的境界、涅槃寂靜的精神導向。中道是總原則，具體實踐的方式則是八正道：正見、正思維、正語、正業、正命、正精進、正念、正定。這樣的思維，徹頭徹尾地是實踐的，其生活性格，非常明顯。佛祖對於形而上學的、存有論的問題，並沒有興趣，這是小乘特別是部派佛教，如說一切有部（Sarvāsti-vāda）所關心的問題。另外一點要注意的是，佛祖說苦、集、滅、道四諦，並不是在一種對等的脈絡下說的，而是以苦為中心：

> 「苦」是「苦的聖諦」（dukkham ariyasaccaṃ）
> 「集」是「苦的生起的聖諦」（dukkhasamudayo ariyasaccaṃ）
> 「滅」是「苦的滅去的聖諦」（dukkhanirodha ariyasaccaṃ）
> 「道」是「苦的滅去的途徑的聖諦」（dukkhanirodhagāminī ariyasaccaṃ）

整個四諦學說聚焦在苦或人生的苦痛煩惱這一問題上，展示出對人生的苦痛煩惱的現實的、富生活氣息的感受與反思，佛教立教的根基，正是人生的一切皆苦這一生活的現實事件。

二、法有我無

這指有部特別是說一切有部和經部（Sautrāntika，經量部）本著實在論（realism）的立場來詮釋和發揮原始佛教的思想體系。在他們看來，作為主體的我是沒有實在性（reality），但作為客體的諸法則有實在性，而且其實在性是通於過、現、未三個時段的。所謂「三世實有，法體恆有」。他們以一種區別的分析法來看存在世界，把其中一切事物還原為七十五種基本要素。這些要素不可能被還原為更根本的東西，故可被視為原始佛教所排拒的自性，或法體（svabhāva）。這可以說是違離了佛陀的諸法緣起無自性的根本立場。他們又進一步把這七十五種根本要素歸納為五大類：物質（色，rūpa）、心靈（心，citta）、心靈作用或狀態（心所，citta-saṃprayukta-saṃskāra, caitta）、不伴隨心靈的東西（心不相應行，citta-viprayukta-saṃskāra）和沒有人為的制約性的東西（無為，asaṃskṛta）。構成整個宇宙便是這些東西了。這種區分存在的根本要素，可以是物質與心靈的區別，也可以是有因果性（有為，saṃskṛta）與沒有因果性（無為，asaṃskṛta）的東西的區別。不管怎樣，這種對存在的分類、區別，目的自然是建立一種實體主義的存有論（substantialist ontology），另方面也是否定自我的存在性。他們的結論是，作為客體方面的根本的諸法、諸要素是有的，但作為主體的自我是沒有的。這便是「法有我無」。❷

這種哲學具載於世親（Vasubandhu）的《阿毗達磨俱舍論》（*Abhidharmakośa-śāstra*）之中。所謂 abhi-dharma，abhi 是對於、指涉之意，指涉佛祖所述的「經教」也。這經教主要是就阿含（*Āgama*）文獻而言。這便是「論」（śāstra）。這遍及於小乘與大乘。至於經部或經量部（Sautrāntika），其獨立文獻比較少，《阿毗達磨俱舍論》的對存在的實在主義的分析，也是這一學派所認可的。至於它與唯識學或瑜伽學派結合，而成經量瑜伽派（Sautrāntika-Yogācāra），那是後來的事。

三、即法體空

以上所論述的，基本上是有關真理（satya, Wahrheit）的理解和體證的問題。就佛教來說，能夠做到這兩點，便能覺悟成佛了。當然這兩點有很密切的關連。在釋迦佛陀和原始佛教看來，真理是緣起、空、中道。對於這些觀念的深邃的探討，可至於千言萬語。我在這裏只想說，能明白一切事物都是依因待緣而起，因而沒有自性（svabhāva）、實體（substance），是空的，便能免除對這些事物的執著，遠離一切自性見、種種偏執行為，「行於中道」，便能覺悟了。至於小乘的說一切有部和經量部，則總是執取事物的永恆法體，不存在的東西，自然說不上對真理的理解與體證，更不要說覺悟了。

在原始佛教後期和般若思想（prajñāpāramitā thought）以至中觀學流行的階段中，

---

❷ 有關說一切有部與經量部的哲學，由於太繁瑣，清晰的研究不多。梶山雄一對這種哲學有較扼要的闡述。參看梶山雄一著〈瞑想と哲學〉，梶山雄一、上山春平著《佛教の思想 3：空の論理～中觀》（東京：角川書店，1973），頁 34-54。中譯有拙譯《龍樹與中後期中觀學》（臺北：文津出版社，2000），頁 20-39。

存在著真理與事物，亦即是作為真理的空與法（dharma）的結合問題，即是，真理是存在於法之中的。❸當時最熱切的問題是，對於真理，我們應如何體證呢？天台宗智顗大師在這個問題上，有很具洞見（Einsicht）的說法：小乘三藏教特別是說一切有部提出的所謂「析法空」與大乘空宗的般若學與中觀學提出的「體法空」。前者要析離（disintegrate）、破壞諸法才能體證空義；後者則不必析離諸法，即就諸法的如如不動便能體證得它們的空的性格、本質。這便是我所提出的「即法體空」之意。《般若心經》（*Prajñāpāramitā-hṛdaya-sūtra*）所說的

yad rūpaṃ sā śūnyatā yā śūnyatā tad rūpaṃ ❹

「色即是空，空即是色」，與龍樹（Nāgārjuna）的《中論》（*Madhyamakakārikā*）所說的

yaḥ pratītyasamutpādaḥ śūnyatāṃ tāṃ pracakṣmahe ❺

「眾因緣生法，我說即是無（空）」，是同一旨趣，表示因緣生的諸法當體即是空、無自性，因為它們是由因緣生起的。諸法由因緣生故是空是一分析命題，我們當下即能證取，不必把因緣從諸法中一樁一樁地搬去，析離諸法，最後變成一無所餘，沒有自性可得，才能說空。另外，「即法體空」的「法」，有極大的外延。可包含種種在時空中存在的事物，在思想中存在的概念，甚至真理自身。「空」是真理，但無空的自性，故亦不能執取，要空「空」（śūnyatā- śūnyatā）。

---

❸ 在佛教，「緣起」、「空」、「中道」都是就真理而言的，字眼不同，表示從不同的面相來說事物的真理而已。「緣起」是針對事物的現象性說，「空」是從本質、本性方面說，「中道」則強調實踐方面，要人不要執取相對性格的兩端、極端，從這些極端中解放開來，而直證作為真理的緣起、空的絕對性格。

❹ 此《心經》梵文原語引自 E. Conze, *Buddhist Wisdom Books: The Diamond Sutra and the Heart Sutra*. London: George Allen and Unwin, 1980, p.81。

❺ *Mūlamadhyamakakārikās de Nāgārjuna avec la Prasannapadā Commentaire de Candrakīrti*, ed. Louis de la Vallée Poussin, Bibliotheca Buddhica, No.IV, St. Petersbourg, 1903-13, p.503.

四、識中現有

這指唯識（Vijñaptimātratā）教法而言，由無著（Asaṅga）與世親（Vasubandhu）開出，傳與安慧（Sthiramati）與護法（Dharmapāla），又分別傳入西藏與漢土。這種教法認為，一切事物或諸法都無自性，都是心識（vijñāna）的變現（pravṛtti）。它的最重要、最核心的概念是識轉變（vijñāna-pariṇāma）。安慧認為，識轉變是在作為因的識剎那滅去的同時，有與它相異的果得到自體而生起：

> kāraṇakṣana-nirodhasamakālaḥ kāraṇakṣaṇavilakṣaṇaḥ kāryasyātmalābhaḥ pariṇāmaḥ.❻

其意思是，在（識的）轉變中，作為因（kāraṇa）的我、法剎那地形成作為果（kārya）的我、法的假構。即是，識轉變是關於識自身的轉變，從一種狀態轉變為另外一種狀態，結果是某一現行識的存在、生起。現行識是心，故是主觀的心的生起。至於與心識相對的對象或境，安慧未有涉及。這是他與護法最不同之處。護法的解讀是，在識轉變中，識體為了表現自己而自我分化出相分（nimitta），然後以見分（dṛṣṭi）的身分了別和執取相分。此中，相分概括存在世界，見分則表現為自我。關於這種變化，我們可以下圖表示出來：

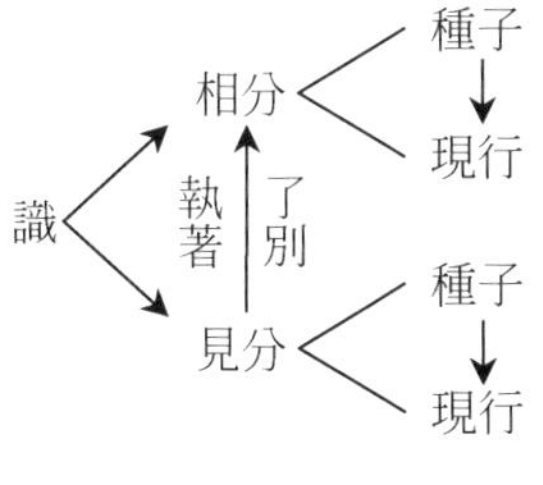

---

❻ *Vijñaptimātratāsiddhi*, deux traités de Vasubandhu, Viṃśatikā accompagnée d'une explication en prose et Triṃśikā avec le commentaire de Sthiramati (*Triṃśikāvijñaptibhāṣya*), ed. Sylvain Lévi. Paris, 1925, p.16.ll.1-2.

兩相比較，由於安慧未有涉及存在世界，護法則以相分來指涉，故其說法較為周延，起碼就這點來說是此。❼

五、挾相立量

這指有形象（ākāra）的唯識學的知識論。即是，一切有關外界事物的形象，都存在於心識的作用中，這些形象為心識所變現，在外界並沒有實在物和它們相應。故我們認識對象或形象，是一種自我認識（svasaṃvedana）。更詳細地說，我們不能見到在我們的認知領域外的事物自身（這事物自身有康德的物自身 Ding an sich 之意）。以我們看到一頭狗而言，這頭狗的形象，是我們的心識的變現物，並不是外界的實在的狗。對於這外界的實在的狗，我們只能推想（依形象來推想）它的存在性，推想它是狗的形象的來源。就知識論的立場言，這頭來源義的狗是甚麼樣的東西，甚至它是否存在，我們不能置一詞。❽這是所謂「有形象的量論」（sākārajñāna-vāda）。「量」（pramāṇa）即是知識、認識。

持此說的唯識家很多，包括陳那（Dignāga）、護法（Dharmapāla）、法稱（Dharmakīrti）、智作護（Prajñākaragupta）、智勝友（Jñānaśrīmitra）、寶稱（Ratnakīrti）。對法稱的著作廣為作註釋的法上（Dharmottara），亦可被列為屬於這一系的思想。

有形象的量論即是知識論，這是研究知識的建立的學問。按唯識學發展到了中期，把研究的、關心的重心從第七、八識轉到第六識亦即是意識和前五感識方面去。第六識相當於知性（Verstand），前五感識則相當於感性（Sinnlichkeit）或知覺（Wahrnehmung），這是兩種認知機能，有了它們，便可對外界進行認知，建立客觀而有效的知識。這兩種認識機能也被分別稱為比量（anumāna）與現量（pratyakṣa）。它們分別認知的對象，是共相（sānāya-lakṣaṇa）和自相（sva-lakṣaṇa），或普遍相和個別相。

---

❼ 在唯識學中，安慧與護法兩系有很多不同的看法，我認為這點是最重要的。

❽ 這讓我們想起德國現象學（Phänomenologie）大師胡塞爾（E. Husserl）所提的中止判斷（Epoché），或作懸置。即是，對於那些缺乏明證性（Evidenz）的東西，不應妄下判斷，應把這問題懸擱起來。

這有形象的量論以陳那和法稱為代表，在這裏只略為說一下陳那。陳那先從對象說起，他認為我們的認識的對象有兩種，這便是上面提及的自相與共相，相應地，我們便有兩種認識機能：現量與比量。現量是我們對外界的事物或質體的直接的認證，此中沒有分別、思維在裏面，所謂「現量離分別」。比量則是推理的能力，以概念來對事物或質體作區別、區分。在西方和日本的佛學研究界，通常認為現量是屬於知識論方面，比量則是屬於邏輯方面。我基本上接受這種分法。

六、空有互融

這指要同時包融中觀學與唯識學的說法，強調兩派的共通性。進行這種融合的，前有中觀學者寂護（Śāntarakṣita），著有《中觀莊嚴論》（*Madhyamakālaṃkāra*）。後來則有中觀學者寶作寂（Ratnākaraśānti），著有《般若波羅蜜多論》（*Prajñāpāramitopadeśa*）。這裏我們只集中討論寂護的思想。

寂護的哲學很具批判性：批判說一切有部、經量部、有形象和無形象的唯識學。但他頗受唯識學者法稱的影響，承認唯識學的特殊的殊勝性，並強調中觀學與唯識學是大乘佛教的雙軌，缺一不可。他是在這種認識的背景下，綜合中觀學與唯識學，而成瑜伽行中觀派（Yogācāra-Mādhyamika），或中觀瑜伽派（Mādhyamika-Yogācāra）。印度佛學的發展已到後期了。寂護的哲學一方面強調判教式的綜合性格，另方面強調漸悟式的實踐方法。

日本學者梶山雄一用了好些工夫來探討心識或知識的形象問題，認為寂護透過心識的五個階段的進展，最後得出空宗與有宗在有關問題的處理上有融和的傾向：

a) 同時認可心識的實在性和外界的實在性，這是有部的說法。
b) 以心識的形象作為認識的對象，而以外界存在作為形象的根據，但對於外界存在，我們不能有知覺。這是經量部的說法。
c) 以心識中的印象來代替外界存在，認為心識中的形象與心識的明照投射作用都是實在。這是唯識學的形象真實論。按這是關連著有形象知識論來說。
d) 只承認心識的明照投射作用為實在，而以形象為虛幻。這是唯識學的形象虛偽論。按這通於無形象知識論。

e) 以心識的明照投射作用、明照投射性的存在性也是虛幻，而加以否定。這是中觀學的空的觀點或立場。

梶山在上面提出的幾點空有互融義，我認為是基於寂護的名著《攝真實論》（*Tattvasaṃgraha*）和《中觀莊嚴論》（*Madhyamakālaṃkāra*）而來，特別是後者。他的工作有判教的意味。即是，他把當時流行的各教派的義理依序列出：有部、經量部、有形象量論、無形象量論，同時，也有限度地吸收到他自己的體系中，最後還是歸宗於中觀學的立場。這種空有互融做得不很成功，寂護畢竟是中觀論者，始終都謹守龍樹的空義。他的弟子蓮華戒（Kamalaśīla）在這一點上做得比較好。

蓮華戒比較重視實踐，他傾向在實踐上進行空有互融。在他的《修習次第》（*Bhāvanākrama*）中，強調智慧的開拓，需經聞、思、修（學習、批判、瞑想）三個階段，而在最後的修或瞑想階段中，積極實踐瑜伽行，進行止、觀和止、觀雙運，而止、觀雙運的焦點，正是對於空的體證，體證事物的無實在性，只是心識的顯現而已。止、觀雙運之後，便是菩薩的十地的積極修行。十地之前有信解行地，之後為佛地。合起來是十二地，或十二個階段。這種實踐，明顯地有唯識學的瑜伽修行的痕跡，這便是護法在其《成唯識論》（*Vijñaptimātratāsiddhi-śāstra*）所述的五位修持，入住唯識：資糧位、加行位、通達位、修習位、究竟位。蓮華戒自身是中觀學者，對中觀學自有慧解，又吸收唯識學的實踐法，正是解行相應的空有互融的形態。

七、佛性偏覺

這指強調佛性（buddhatā）或如來藏自性清淨心（tathāgata-prakṛta-pariśuddha-citta）的思想。此種思想先以超越的分解（transzendentale Analyse）的方式建立佛性或如來藏心，作為成佛的超越依據。人人都有此佛性或如來藏心，只是由於後天的經驗客塵所掩蓋，不能表現它的明覺（這明覺的主體相應於我的現象學義的自我設準中的本質明覺我）。❾修行者只要了達此種超越的、清淨的心能，然後把周圍的客塵煩惱掃除，捨妄歸真，便能覺悟成佛。佛教中發揚這種思想模式的文獻很多，如《勝鬘夫人

---

❾ 參看拙著《純粹力動現象學》（臺北：臺灣商務印書館，2005），頁 206-212。

經》（*Śrīmālādevīsiṃhanāda-sūtra*）、《入楞伽經》（*Laṅkāvatāra-sūtra*）、《如來藏經》（*Tathāgatagarbha-sūtra*），這是經方面；論方面有《究竟一乘寶性論》（*Ratnagotravibhāga-mahāyānottaratantra-śāstra*）、《佛性論》（*Buddhatā-śāstra*）、《大乘起信論》等。

對這些文獻以「佛性偏覺」來鎖定，理由是：

a) 佛性是佛教中挺重要的觀念，其重要性不低於空、中道、涅槃等。天台宗智顗的判教，便是以佛性的有無作為主要線索來進行。在他所判的四教中，藏教與通教是不說佛性的，別教與圓教則盛談及發揮佛性。他曾強調佛教的全部思想，最大的區別在於有說佛性與沒有說佛性。「大小通有十二部，但有佛性無佛性之異耳。」❿

b) 天台智顗以發揚佛性、如來藏思想的教法為別教，其「別」有多個意思：i)隔絕九界眾生而成佛；ii)歷別入中，提倡漸悟的覺悟方法，需經歷種種階段，才能覺悟中道真理而成佛。「偏覺」是特別就這兩點而言，依天台宗，華嚴宗的緣理斷九：不通於九界眾生而證佛境，便是有所偏（one-sided），不能周延、圓滿。

關於這佛性偏覺的具體內容，我想只就《勝鬘經》、《寶性論》和《佛性論》說一下。

a) 《勝鬘經》的最重要觀點是提出兩種如來藏：空如來藏（tathāgatagarbha-śūnyatārtha）與不空如來藏（tathāgatagarbha-aśūnyatārtha）。空如來藏表示如來藏、佛性本性是空，並不是一形而上的實體。不空如來藏並不表示與空如來藏相矛盾，只是強調如來藏具有種種功德（guṇa）以教化眾生。這「功德」觀念，在該經中非常重要，被高調地作為方便法門提出來：

> 為攝受正法，捨三種分。何等為三？謂身、命、財。

捨身方面是：

---

❿　《法華玄義》卷 10，《大正藏》33·803 下。

> 生死後際等離老病死，得不壞常住、無有變易、不可思議功德如來法身。

捨命方面是：

> 生死後際等，畢竟離死，得無邊、常住、不可思議功德，通達一切甚深佛法。

捨財方面是：

> 生死後際等得不共一切眾生，無盡無滅，畢竟常住，不可思議，具足功德。⓫

這些文字非常強調捨離老、病、死的人生的負面面相，獲致不可思議的功德。但未及於如何運用這些功德於救贖方面，普渡眾生的意識也不強，好像還有點小乘的傾向，「不共一切眾生」。這可能是因為《勝鬘經》在很早便成立，大乘的意味不是那麼濃烈。但既說捨棄個人的身、命、財，應有留助利他的意味。我因此以「偏覺」的字眼來說。

b) 《寶性論》強調一切眾生都具如來藏、佛性，它是本來清淨；要得覺悟，只需恢復它的本性便可。這部論典也提及《勝鬘經》的如來藏的空性與不空性，並以功德來解讀不空。對於功德問題，說得最多，「功德」名相在書中出現得非常頻密，這可以說是《寶性論》的一種特色。

c) 《佛性論》強調佛性本來清淨，不為染法所污染。又明確地說不空如來藏中的「不空」（aśūnyatā）是具足功德義，並說法身與應身各有四種功德。又此書傳為世親所作，不管作者問題是否正確，此書實際上展示了某種程度的唯識學的內容，如論三性，說唯識智，在心識方面，區分心（六識心）、意（阿陀那識）、識（阿梨耶識）。由於述及心、意、識的區分，若視之為唯識論典，則應是在較後期成立者。

⓫ 以上引文，見《大正藏》12・218 下-219 上。

八、佛性圓覺

這指倡議覺悟成立於一種對由相對的兩極端所成的背反的突破與克服之中。所謂背反（Antinomie）是指兩種性格上相對反但總是牽纏在一起的矛盾關係，如生與死、善與惡、有與無、存在與非存在、理性與非理性，等等。這樣的背反必須被突破、克服，才有生路可言。突破的方法，不能以正面的一方（如善、生）去克服負面的一方（如惡、死），因為對反的雙方在存有論上是對等的，沒有任何一方對另外一方在存有論上具先在性（priority）與跨越性（superiority）。解決背反的方法，只能從相對性格的背反突破開來，超越上來，而達致絕對的境地。而所謂突破，是頓然的、一下子的。我們試提兩個例子看看，依天台宗智顗的說法，佛性即是法性，它與無明常以一種背反的方式出現，所謂「一念無明法性心」。我們不能以法性克服無明，以善克服惡，以生克服死。卻是要從內部突破背反，達致無無明與無法性、無善無惡、無生無死的絕對的、終極的境地。《六祖壇經》中慧能說「不思善，不思惡」，便是這種境地。這種超越、突破的力量，來自背反自身所潛藏著的精神主體。它相應於我所提的在宗教上具有現象學意義或轉化意義的迷覺背反我。⓬而佛性也正是指那潛藏在背反中的主體。至於圓覺，它一方面有頓然的、一下子成就覺悟的意味；同時也有圓滿無缺，周徧不疏的微意，從宗教方面來說，正是佛性偏覺的進一步開拓，要與九界眾生共苦難，若要說覺悟，則是與九界眾生相俱，同進同退，展示若有一眾生未脫三界之苦，我亦誓不成佛的悲心弘願。這便不同於華嚴宗的緣理斷九的導向。

這種弘願或懷抱概括以下教法：

a)《維摩經》（*Vimalakīrtinirdeśa-sūtra*）；其主旨是不斷淫怒癡而得解脫（mokṣa），從淫怒癡與解脫所成的背反突破開來，而成圓實的覺悟。

b) 天台宗；其宗旨是煩惱即菩提，生死即涅槃；從煩惱與菩提、生死與涅槃所成的背反突破開來，而成圓覺。

c) 慧能禪和它所開出的南宗禪，如南泉、馬祖、臨濟等的禪法；強調平常心是

⓬ 有關迷覺背反我這一宗教現象學的自我設準，參看拙著《純粹力動現象學》，頁 226-240。

道，要從一念平常心所涵的淨與染的背反突破開來，以達致中道的圓覺正軌。

九、委身他力

佛教講覺悟，求解脫，這是眾所周知的事。覺悟有兩種方式：自力主義與他力主義。前者指覺悟的能力源於眾生自己，或者說，自己自身便具有覺悟的能力，洞悉一切法、存在都是沒有自性，是空的，因而不對它們起執，最後便能捨棄執著，遠離苦痛煩惱，而得解脫。這種覺悟稱為自力主義，以覺悟的基礎在自己。另外，有其他一種說法以覺悟的基礎不在自己，而在阿彌陀佛的悲願。藉著這種悲願，眾生可被引領往生至西方極樂的淨土世界。這個世界到處都是殊勝的東西，都對眾生的覺悟解脫有正面的、積極的作用。眾生要得著覺悟，單憑自身的力量是不夠的，必須皈依阿彌陀佛，視祂為他力大能，藉著祂的悲願而得往生於極樂的淨土，最後得到覺悟，達致解脫的宗教理想。這種覺悟方式為他力主義，以他力大能作為覺悟的主要力量，而全情委身於祂。持這種說法的是淨土宗和唯識學，特別是玄奘所傳的唯識學，即是護法（Dharmapāla）的唯識學。這他力主義起於釋迦牟尼，而為中觀學的龍樹、唯識學的世親所承繼，傳至中土，由曇鸞、善導、道綽、迦才等發揚與開拓，而成淨土宗。到了現代、當代，又經如下面要提到的京都學派的西田幾多郎、西谷啟治作進一步的具有現代意義的闡揚。田邊元更將淨土教法建構為一套懺悔道的哲學（philosophy as Metanoetics），很受西方宗教界所注意。

田邊元認為，淨土宗講懺悔，不光是良心上的自責那麼簡單，更不是向他力大能告解，無條件地委身於祂，讓祂發悲願，使自己得生於淨土那麼簡單。毋寧是，它背後預設了一個無窮深邃的辯證的智慧與力動。覺悟之可能，不是主要由他力大能來推動，而是這種帶有悖反性格的力動所推動。即是，當事人就自己對他人所造成的災難性的結果，要當體承擔，同時要徹內徹外地、徹頭徹尾地向祂力大能懺悔，委身於祂，祈求祂的寬恕與悲憫，讓自己能面對良知的譴責，重新做人。在這種懺悔之中，當事人除了有徹底地承認自己的過錯與承受應有的懲罰的消極的心念外，更進一步承認自己根本不配作一個眾生，一個具有善心的人；最關鍵的是，自己根本不值得存在，自己的存在有損於世界的莊嚴。在這種懺悔中，當事人的內心生起一種生命力的反彈：越是覺得自己不值得存在，便越會強化（consolidate）自己對他人的責任，越要做出一些積極的事，讓自己值得存在於世間，回復世界的莊嚴性。這種懺悔推動當事人矢志做一些積極的求善積福的事，以抵消過往做出的種種罪惡的事，一方面讓自己獲得新生，也幫助他人獲得新生。

十、無相立體

以上所提的，可說是傳統的印度與中國佛教的不同教法。到了近現代，由於受到西方哲學思潮特別是德國觀念論、存在主義、現象學的衝擊與影響，東方的哲學界特別是日本方面的學者不得不面對這些思潮，透過理解、批判、吸收而把它們融入自己原來的哲學中，在哲學理論、思維方法方面作出深刻而廣遠的調整，開拓出一種融合東西方兩大哲學思潮而又立根於佛教的理論立場的新哲學，這即是一般說的「京都學派」的哲學或佛學。這一節的「無相立體」便是就京都學派所開拓出來的與佛教哲學特別是禪有密切關連說的。

京都學派概括以西田幾多郎為首的多個當代日本傑出的哲學家或哲學工作者。除西田幾多郎外，有田邊元、戶坂潤、三木清、九鬼周造、久松真一、西谷啟治、高山岩男、高坂正顯、鈴木成高、下村寅太郎、高橋里美、務台理作、武內義範、阿部正雄、上田閑照、山本誠作、大橋良介、藤田正勝、花岡永子等，有人甚至把邊緣人物如鈴木大拙、和辻哲郎和辻村公一也拉進來，形成一個龐大的哲學團隊。他們幾乎都接受西田的場所或絕對無作為哲學的核心觀念，各自基於這個觀念來開拓出自己的哲學思想。也有小部分是西田哲學的研究者，在哲學思想上未有展現個人的獨特的風格。

我很多時在自己的著作中說到，京都學派作為一個哲學學派，其內含人物有兩種說法。一是日本國內的說法，除了有西田幾多郎、田邊元、西谷啟治等外，便是高山岩男、高坂正顯等人。另一是國際的說法，除包含國內說法的那三位外，還有久松真一、武內義範、阿部正雄、上田閑照等人。年輕一輩像大橋良介、花岡永子、藤田正勝等也在冒了起來。我通常講起京都學派，是以國際的說法為主。這些人物都以絕對無作為其核心觀念，但不同的成員各有自己對絕對無的入路或發展。如西田提出場所、絕對矛盾的自我同一來說絕對無，田邊元以作為他力大能的阿彌陀佛來說，西谷啟治以般若思想的空來說，久松真一則以無相的自我來說。由這幾種入路，各自開拓出自己的哲學體系。西田發展出場所哲學，田邊發展出懺悔道哲學，西谷啟治發展出空的存有論，久松真一則發展出無相的自我哲學。四者都與佛教思想有一定的關係，其中以久松的無相的自我的解讀絕對無最近於佛教，特別是禪佛教。因此，我在這裏以久松真一的無相的自我哲學為代表來展示它在關連著佛教方面的發展。

依久松，無相的自我是一終極的主體，具有超越的、絕對的性格，它超越乎一切二元對待的關係或相對相之上，而為一能生種種妙用的主體。但它不是一孤懸的主體，卻是與世間的眾生與存在有密切的關聯。他不著於任何相狀，是無相的自我（Formless Self）；在懷抱上又不限於某一特定的主體或人物，而是遍及於全人類（All Mankind）的主體；另外，它又能在超越於歷史、不囿於歷史之中而創造歷史（Supra-historical）。這便成了 FAS 的標誌。在久松看來，人的理想是要能達致這 FAS 的目標。不過，這種目標倘若太過向無相的自我方面傾斜，只重視無相的自我的主體性的發展，便會出現跟全人類與社會、歷史分離、脫軌的流弊，便只具有如淨土宗所說的往相，而沒有還相。這便不是真實，不是圓實的教法了。

附帶交待一點：「無相立體」中的「體」不是佛教所極力反對的實體，而是慧能《壇經》所說「無相為體」的體。這是工夫論的概念，不是存有論的概念。

十一、佛性解構

佛教起源於印度，傳到中國，有繼承，也有開拓，又傳到日本，也有開拓。佛陀或原始佛教的教義是諸法是緣起，無常住不變的自性，因而是性空。這種教義其後得到中觀學、唯識學的發揚。不過，印度佛教是多元的，除了上述的緣起性空的思想外，也有學派提出如來藏、佛性的思想，強調緣起性空這種真理、真如，需要有一超越的主體來認識、確認。於是他們提出如來藏（tathāgatagarbha）、佛性（buddhatā, buddhatva）觀念來說這主體。如來藏即是佛性。或者可以更精審地說，佛性在隱蔽狀態是如來藏，在顯現狀態則是法身（dharma-kāya）。

在佛教的這種傳承中，佛陀、原始佛教的中心思想是緣起、性空，其展開則是四聖諦、三法印和十二因緣。中觀學與唯識學各有所偏重：前者多講性空，後者則多講緣起。佛性思想則把重點由作為客觀的真理的性空與緣起移到作為主體的佛性、如來藏方面來。這佛性或如來藏被視為智慧（般若智慧，prajñā）的泉源，它的充實飽滿的狀態便是法身，便是覺悟、解脫。它表面上有常住的性格，不隨順緣起事物的變化而起變化。在佛教思想史上，對於這些重要的觀念或概念的說法，大體上是這樣。

到了近現代或當代，日本方面有潛力的學者，如駒澤大學的袴谷憲昭和松本史朗，挑戰這種說法。他們提出「批判佛教」這一概念，表示佛教是批判性格的，這批判主要是對傳統的印度哲學的常住不滅的梵（Brahman）而言的。而批判的行為主要表現於佛教之中，特別是佛陀與原始佛教的思想。他們把這梵稱為「界」（dhātu），是實體主義的關鍵性的概念。根據他們的看法，佛教（印度、中國、日本）傳統所說的如來藏、佛性、在日本盛傳的本覺，都有梵的意涵，都有實體義，都有作為實體的原因的「界」（dhātu）的意思，這種思想是「界論」（dhātu-vāda）。它缺乏批判性，與緣起說不相符順，甚至相悖，不是正宗的佛教，而是印度哲學或婆羅門教（Brahmanism）在佛教中的偽裝、變形。因此需要被排斥在佛教之外。倘若依他們的說法，正宗的佛教只包含原始佛教的緣起、無我、空等教說而已。他們要把佛性、如來藏、本覺等觀念捨棄掉，認為以批判為本務的佛教不應含有這樣的思想。這不啻是把佛性、如來藏、本覺取消掉、解構掉，這便是我所謂的「佛性解構」。

再有一點是，批判佛教論者的矛頭，也指向日本近年興起的京都學派的理論，特別是它的中核觀念「場所」、「絕對無」。在他們看來，場所或絕對無都有實體或界的意思，故場所哲學、絕對無哲學都是一種界論，與緣起無我的思想相背，故也應在批判之列。他們甚至認為，中國道家的道、無觀念也有界的意思，故不應提倡。

約實而言，佛性解構的想法和做法是不通的。如來藏、佛性、本覺都不是實體主義的名相，它們都沒有實體的意涵；說到底，它們都是基於空的根本義理而立的。它們不是袴谷、松本他們所說的界；「界論」對它們沒有適切性。梵語中並沒有「dhātu-vāda」這個語詞，後者是袴谷、松本的主觀構思，沒有文獻學的依據。不過，批判佛教的風潮，確是一個事實，雖然倡導者的老師高崎直道也不贊同這種說法，而袴谷與松本兩人在後期對某些問題的看法也有分歧。

第二章
宗教性的現象學涵義的自我設準

關於宗教性格的自我，我們可以先說，宗教問題與道德問題有很密切的關連。對於宗教或宗教問題，有人（例如德國神學家田立克 P. Tillich）以終極關懷（ultimate concern）來說，認為宗教的目標在解決人的終極關懷的問題，例如罪惡、死亡、苦痛煩惱等人生的負面問題。我姑且接受這種說法，不過，我不想用「終極關懷」這樣嚴肅而又有點抽象性的字眼，而用「安身立命」的字眼。這聽來比較有親切感、具體性，容易理解；而其涵義，又與「終極關懷」極為近似。我們的身體、生命（也應包含心靈在內）之所以未能處於安穩狀態，而常有飄零、動蕩、無歸宿之地（Heimatland）之感，主要也是來自上面提及的人生的負面問題。因此，人需要有一種能讓自己安身立命的憑依、歸所，這便是宗教，或宗教信仰。

宗教與道德的緊密聯繫是明顯的。倘若我們不把道德只限於主體與主體之間的活動，而視之為有形而上學或本體論方面的涵義，與客觀甚至是絕對的天命、天道相貫通的話，則道德主體可以不斷拓展開去，超越個人與個人或個人與族群之間的關係，而成為所謂「天心」、「無限心」，道德格律可以成為對個人、族群以至天地宇宙的普遍格律，則宗教可以接上道德，在道德要建立人與人、人與物、人與自然的正確的倫理關係之餘，在溝通、體現、體證終極的被信仰對象（外在的與內在的）的活動中，解決上面提到的罪惡、死亡、苦痛煩惱的問題。不過，這兩種精神活動的重點終是不同，道德的重點在於人與人之間的關係，宗教的重點則在人與終極者之間的關係。前者的旨趣指向現實的倫常生活中的諧和，後者的旨趣則指向透過終極者的助力而達致的精神上的救贖的諧和。這終極者可以是超越的神、上帝、真主或內在的梵、涅槃、淨土、道，等等。❶我們的探討，由道德的自我轉上宗教救贖的自我，是很順適的。由於宗教救贖（religious soteriology）問題非常複雜，我要把宗教自我的現象學導向一分為三：本質明覺我、委身他力我和迷覺背反我。以下依次探討這三種自我的導向。

一、本質明覺我

先說本質明覺我。這裏的「明覺」，特別相應於康德（I. Kant）等所說的睿智的直覺（intellektuelle Anschauung）中的「睿」與「覺」。「睿」是深遠、幽玄的意思，德文的「intellektuell」也有這種意味。甚麼是深遠與幽玄呢？就一個事物來說，它的在我們的感官面前呈現的部分，即是現象（Phänomen），不可能是深遠幽玄的。正是它的另一面的本質，是深遠幽玄。至於「覺」，如「睿智的直覺」的「直覺」（Anschauung）所透露，是直接的、明晰的、非辯解性的覺證。本質有普遍性（Universalität），是要直下、當下一下子把握的，而且要明亮潔淨地把握的。自我或心靈若具有這種機能，能直下覺證到事物的深遠幽玄的本質，便是一本質明覺我。這本質是甚麼呢？在我自己的純粹力動現象學的立場來說，事物並不是在我們的覺識之外有其獨立的存在性，不管說外界實在也好，說實體也好。它的本質不是這外界實在或實體，而是它的詐現性；它是筆者所提作為終極原理看的純粹力動凝聚、下墮、分化而詐現（Pratibhāsa）為如是如是事物的，它只是宛然地有自己這樣的東西呈現或存在，對感官的呈現或存在。除了這種宛然地有物的這種詐現外，它甚麼也不是，甚麼也沒有。它的本質不是實在或實體（Substanz），而只是純粹力動的如是如是的詐現性。

進一步說，這種作為詐現性的本質有其必然性。理由是，純粹力動作為一終極原理，在主體方面表現為睿智的直覺，是需要發展的，這是它的力動之所以是力動的必然推演。倘若它不發展，便不成力動。而發展即是顯現、呈現，在時、空中透過具體的形相展現力動意義。這也是必須的，它作為一終極的原理、一超越的活

❶ 我在這裏姑就現實的宗教說，如基督教、回教、印度教、佛教、道教。

動，不能以本來的抽象的方式或狀態呈顯。正是基於這點，它經歷凝聚、下墮、分化的程序，最後詐現出事物來。

事物既被詐現出來，純粹力動或它在主體中所表現的睿智的直覺同時亦屈折成知性，以認識和執取事物，而成有執的存有論。這是沒有現象學可言的。睿智的直覺屈折成知性（Verstand），但它自己並未完全消失，只是退居於隱位而已。它隨時可霍然躍起，抑制知性的作用，而表現它自身的明覺，正確地認識事物的詐現性的本質，同時又對事物持既不執取也不捨棄的態度。不執取事物是由於事物只是純粹力動的詐現；事物（包括作為事物詐現的場地的動場 Akt-Horizont）無實體可得，故無可執取。❷不捨棄事物是由於事物是純粹力動或睿智的直覺自我顯現中的一個重要的要處理的東西，沒有了它，力動便沒有顯現自身所憑依的對象（Objekt，對象不是嚴格的認識論義，只是一般義）。同時，動場是對象的置身其間的處所，是對象的承載體，沒有了它，對象便成飄零無寄，故亦不能捨棄。

這樣說的本質，與其說是一種存在（Sein），不如說是一種意義（Sinn, Bedeutung）：事物是純粹力動、睿智的直覺的詐現，其存在性由前者而來，無獨立的實體可得。❸而這種以意義為基礎的事物，依其真實性有三個層次可說：

1. 現象層：事物表現於與感性直覺相連的時、空中，為與知性相連的範疇概念所範鑄、鎖定為對象。
2. 物自身層：事物只是純粹力動、睿智的直覺詐現的結果，除力動外再無他物（時、空與範疇分別依附於感性直覺（sinnliche Anschauung）與知性，後者是睿智的直覺自我屈折而成）。
3. 救贖層：作為物自身的事物既無實體可得，因而我們對它無可執取。既無對事物的虛妄的執取，因而能徹底斷除由知性的虛妄執取而來的種種顛倒的見解，亦順理成章地徹底斷除由種種顛倒的見解所引致的種種顛倒的行為，而遠離由這些顛倒的行為所帶來的煩惱，最後獲致心靈上的自由自在（不為煩

---

❷ 這裏所說的動場，相當於胡塞爾現象學的場域（Horizont）。何以用「動」（Akt）一字眼，這是為了強調世界的動感性格的緣故。

❸ 這種意義最後會匯歸為行動、救贖的宗教性行動，如下面跟著要說的。

惱所束縛而導致的自由自在）的殊勝境界，這便是解脫，這便是救贖。筆者近年特別重視與強調由物自身的行動轉向而導致的宗教意義的救贖活動。

要注意的是，在這種由密切關連著意義的對事物的本質的覺證所面對的這三個層次的意義中，第一層的現象層是覺證在其發生歷程中的附帶的但卻是必須的階段，由於所涉及的只是純然的現象，故不是本質的覺證的真正的所對，不能有現象學意義。第二層的物自身層與第三層的救贖層則具有現象學意義，轉化的涵意非常濃厚。實際上，這三層意義（包括第一的現象層）都是睿智的直覺以至純粹力動在其顯現過程中所創生的：物自身層與救贖層是無執的創生，現象層則是有執的創生，後者的直接執取者是知性，而知性是睿智的直覺自我屈折而成的。

二、靜態的覺證與動態的覺證

綜合以上所述，本質明覺我的覺證有兩種狀態：靜態的覺證與動態的覺證。靜態的覺證是所覺證的事物或對象是作為物體的物自身（Ding an sich）。在這種覺證中，本質明覺我清澈而深刻地體會得對象是一由純粹力動或睿智的直覺所詐現的東西，沒有自性或實體可得。❹因而無所執著，只是如如地認取它的詐現性格。無執著即無顛倒見，無顛倒見即無顛倒的行為，無顛倒的行為即無煩惱，心靈即處於一種絕對的自由自在的境界中，這便是覺悟，得解脫（mokṣa），從一切煩惱中解放開來。這便是救贖（soteriology）。

在這種靜態的覺證中，本質明覺我與對象的關係並不是一種知識論意義的主（本質明覺我）、客（對象）相對立的二元關係（Dualität），而是主客雙忘的關係。這裏沒有分析、辯解、思考等一切概念的作用，主客唯是渾然一片；主不作主看，客

---

❹ 在佛教的立場來說，對象是由緣起（pratītya-samutpāda）而成立的，沒有獨立自在的自性（svabhāva）可得，因而是空的（śūnya）。在對象的所謂依他（paratantara）而成立這一點上，我所提的純粹力動現象學與佛學是相通的。前者的他是純粹力動，後者的他是一般的因素、緣（pratītya）。在對於由對象所擴展而成的世界的看法方面，純粹力動現象學講動場（Akt-Horizont），佛教則講法界（dharmadhātu），雙方亦有相通處，但亦有明顯的不同。這問題非常複雜，我已在拙著《純粹力動現象學》（臺北：臺灣商務印書館，2005）中全面地提出與探討。

不作客看，而雙入於冥寂。這又讓人想起廓庵禪師《十牛圖頌》中第八圖頌「人牛俱忘」的境界，和第九圖頌「返本還原」中的「庵中不見庵前物，水自茫茫花自紅」頌句的意趣。庵中喻主體，庵前物喻客體，這是庵中的主體不對庵前的客體物作對象看，讓庵前的水與花自在流轉（茫茫）與呈露璀璨（紅）。這種意趣與我所說的藝術或美感的自我設準靈臺明覺我所成就的無我之境的美感非常類似。在崇高潔淨的精神境界中，宗教與藝術或美感本來便是相通的。只是藝術以此為終極目標，止而不前了。宗教則仍要由此越過去，其終極關懷不在高處不勝寒的主客兩忘之境，而在於它所恆常地念之繫之的苦難的人間。它還要還落人間世界，讓後者從苦難中釋放開來，共享覺悟的果實。因此，我常說藝術與宗教所追求的都是宇宙的大諧和（grand harmony）：藝術所追求的是天和（與自然的諧和），宗教所追求的是人和（與人間的諧和）。❺由人和我們即可過渡到下面要探討的本質明覺我的動態的覺證。

跟著探討本質明覺我的動態的覺證。這種覺證所指涉的是作為行動的物自身，它成立於物自身的行動轉向（activising turn, activating turn）所成就的救贖行為或活動中。首先我要強調，本質明覺的動態的覺證是以本質明覺的靜態的覺證為基礎的。它吸收了在靜態的覺證中的物自身的觀念，和主客雙忘的覺悟經驗與成就，然後推而廣之，要把覺悟的經驗與成就與他人或眾生共享，以完成自覺、覺他的覺行圓滿的宗教目標。

這種以宗教意義來說的物自身的行動轉向，奠基於一種極其重要的存有論的認識，也可說是一種洞見（Einsicht）：個人與其他人以至萬物、天地宇宙是一體的。在這種存有論的洞見（ontologische Einsicht，注意：不是存在的洞見 ontische Einsicht）中，個人與天地萬物是一個綜合體（Totalität）或整體（Gesamtheit），是禍福與共的。這禍福與共的涵義非常重要，它並不意味個人不是一個獨立的主體，不具有主體自由（subjektive Freiheit），而是表示在宗教救贖的終極的大目標下，個人與天地萬物（包括他人在內）是連成一體，不能分割開來的。這與宋明儒者特別是程明道與王陽明的

---

❺ 「天和」與「人和」兩觀念都出自《莊子》書的〈天道篇〉。對於它們的詮釋，參看拙著《老莊哲學的現代析論》（臺北：文津出版社，1998），頁 114-118；拙著《苦痛現象學》（臺北：臺灣學生書局，2002），頁 386。

人與萬物同體的思想是一貫的，這一貫性並不妨礙我們在這裏的所論與明道、陽明所論的宗教與道德的不同導向。個人固然可以有自己的主體性，也可以實現自己的主體性。但從筆者提出的純粹力動現象學的立場來說，人的主體性即是純粹力動作為一終極原理分流於各人的生命存在中的睿智的直覺，❻而這主體性或睿智的直覺是有普遍性的。一個人覺悟而得救贖，表示睿智的直覺在該生命存在中充量顯現出來。倘若表現在其他生命存在中的睿智的直覺都在迷執之中，則這個人的覺悟得救贖不算圓滿。表現在所有生命存在中的睿智的直覺，都是同源於純粹力動，因此是一體的。約實而言，表現在所有生命存在中的睿智的直覺都是同一的睿智的直覺，此中的理據是，睿智的直覺作為純粹力動在不同的生命存在中的表現，具有絕對的

❻ 這裏說「分流」，並不表示純粹力動自身分開、分割為無數的部分，流注到無數的生命存在中。而是說對於每一生命存在，純粹力動都分別以其整全的力動形式，流注於其中，而表現為生命存在的睿智的直覺。純粹力動是一超越的活動，有其絕對性、整體性，怎能分割成多個部分呢？讀者希勿以詞害意。

另外有一點需要澄清一下。純粹力動是一超越的終極原理，它與睿智的直覺的關係，很容易使人想到朱子的一理萬理的關係，以為雙方的思維方式非常接近。其實不然。朱子的統體之理的確也是超越的與終極的，不過，就他的統體之理與萬物各具之理的關係及統體之理、萬物各具之理的性格方面言，起碼有三點重要的不同。一、統體之理與萬物各具之理是處於一種原型與影像或仿製品的關係。朱子說：「不是割成片去，只如月映萬川相似。」（《朱子語類》94）又說：「本只是一太極，而萬物各有稟受，又自各全具一太極爾。如月在天，只一而已，及散在江湖，則隨處而見，不可謂月已分也。」（《朱子語類》94）「月印萬川」這種說法提供很清楚的訊息：統體之理如天上的月亮，萬物各具之理如河川中映現的月影。兩者的關係是原型與影像的關係，明顯不過。這倒很像柏拉圖（Plato）形上學中的理型（Idea）與現實的作為理型的仿製品的各類東西之間的關係。在這樣的關係中，統體之理與萬物各具之理是相互分開的，猶天上的月亮與河川中的月影是各自分開那樣。純粹力動與睿智的直覺的關係則不同，前者在主體方面表現為後者，同時亦貫徹其存在性於後者之中。即是，離開睿智的直覺，再無純粹力動。朱子說的情況則是，月亮在天上，月影在河川中，雙方分開得很清楚，離開河川的月影，仍有天上的月亮。柏拉圖的理型說也是一樣，儘管世間沒有某物，某物的理型仍存在於理型世界之中，而且是永遠存在的，不會消失。二、朱子的統體之理是形而上的實體，其思維是實體主義模式。純粹力動則是超越的活動，不是實體，不是實體主義的思維模式。（嚴格來說，也不是非實體主義的思維模式。）三、朱子的萬物各具之理是多元的，相互不同。如茶杯有茶杯之理，飯碗有飯碗之理，等等。睿智的直覺則是一普遍性的明覺：各人的睿智的直覺都是一樣的，只是在不同的主體或生命存在中各有不同的表現而已。（關於朱子的一理萬理的說法，參看拙著《儒家哲學》（臺北：臺灣商務印書館，1995），頁 149-151。）

普遍性。就睿智的直覺本身而言，是沒有所謂不同的，不能說差異性。差異性只能在睿智的直覺在不同的生命存在中有不同的實現這種情況中說。❼一個人的生命的主宰是睿智的直覺，後者是通於一切人的。睿智的直覺既是一體，則作為它的載體的生命存在，亦相應而成為一體。一個人覺悟而得救贖，而其他人卻都仍在生死流轉中，其生命心靈不斷被苦痛煩惱火所燃燒，從一體的角度看，這種獨得覺悟、獨得救贖顯然是不完足的，甚至可以說不是真正的覺悟、真正得救贖。他應該具有同情共感的懷抱，知道其他的人仍在苦難中受煎熬，在渴求覺悟得救，而起同體大悲心，投身入救渡他人的洪流中。即使他的能力有限，未能有很大的成果，起碼在意願上是朝著這個方向走的。一人得渡，其他一切人都在受苦，這如同世界中只有一家丁屋內有光明，其他各處都是黑暗，這樣有甚麼意義呢？

「覺悟」、「生死流轉」、「同體大悲」等都是佛教的述語。我只是在這裏借用而已，這並不表示我所持的是佛教的立場，更不表示以這些述語來表達的義理只與佛教相連，而無普遍性，不通於其他思想。❽我毋寧還要說，「同體大悲」與儒家的「推己及人」、「己欲立而立人，己欲達而達人」的說法是很相通的，甚至可以說涵有墨子的兼愛精神。這裏說的本質明覺我的動態的覺證與德性我的成就道德的體驗，在精神的本質上是相通的。我在這裏要特別強調的是，本質明覺我的動態的覺證，應在物自身的行動轉向這樣的導向之下，在完成自己的覺悟與救贖後，不能像小乘佛教的阿羅漢（arhat）那樣「灰身滅智」，入寂滅之域，自求了斷，卻是還要以具體的行動步入十字街頭中，幫助仍在受苦受難的眾生，讓他們也能覺悟、得救贖，完成自覺、覺他的崇高的宗教目標一點說的。❾

---

❼ 這裏謂「睿智的直覺在不同的生命存在中有不同的實現」，涉及實現的不同程度的問題，以至漸悟與頓悟的問題。這個問題非常複雜深微，我在這裏只是點到即止，不加以發揮，這需要寫另外一本書來討論。這種工作，容俟諸異日機緣。

❽ 同樣地，「救贖」是基督教神學的述語，我在這裏雖不是專談基督教的問題，也可權宜地加以借用。

❾ 這又讓人想起廓庵禪師《十牛圖頌》中第十圖頌的〈入鄽垂手〉頌：「露胸跣足入鄽來，抹土塗灰笑滿腮，不用神仙真秘訣，直教枯木放花開。」我在拙文〈十牛圖頌所展示的禪的實踐與終極關懷〉中曾這樣解釋：「禪的終極關懷，不在那個人牛俱忘的泯絕無寄的一圓相，卻是本著不捨世間的大悲弘願，返回塵俗的市鄽世間，以自家的覺悟經驗與智慧，教化頑劣的眾生，使能了脫

三、委身他力我與罪、苦、死

現在看委身他力我。本質明覺我在實現覺悟、得救贖的宗教目標上，很明顯地是基於、依於自己的力量來成就的。外在的因素，例如良師益友的誘導，或一個可以讓人專心沉思問題、對自己進行內部的轉化的清淨環境，固然可以提供助力。但要實現宗教的覺悟、得救贖的目標，主要還是要靠自己。「若牛不飲水，怎能把牛頭按下呢？」一個冥頑不靈、不長進的人，便真是冥頑不靈、不長進，要轉化他，讓他求上進、積極做人，在理論上不是不可能，但卻是挺難在實際上成功的。❿本質明覺我的覺悟、得救贖的實踐方式，我們通稱為「自力」（self power），持這種思想，則是自力主義。在哲學與宗教來說，東方的哲學與宗教，如印度教、佛教（唯識、淨土等除外）、儒家（荀子除外）、道家、道教（道教徒認為一切人都有道性，都能長生）等，基本上都是自力主義。西方的哲學與宗教，特別是宗教（西方哲學並不強調實踐問題，西方哲學家通常也不重視工夫修行的），如猶太教、基督教、伊斯蘭教，則鼓吹人的覺悟、得救贖，需重借助一個超越的、外在的權威，如上帝、真主之類的力量，特別是上帝的恩典（grace），才能如願成功。單靠個人的力量、道德勇氣，是不成的。這是由於人的罪、苦太過深重，而人力太薄弱，不能克服罪、苦，從罪、苦中超拔出來。這種超越的、外在的權威的力量，便是「他力」（other power），持這種想法的，是他力主義。⓫

生死，同臻悟境。……這是極端艱難的工作，也很需要耐性。因眾生迷執業重，不易轉化，難露覺悟之生機，猶枯木之將死也。『抹土塗灰』表示艱難，『直教枯木放花開』表示忍耐與慈悲能帶來不可思議的殊勝結果。在這個轉化的途程中，修行者總是任勞任怨，內心喜悅，總是『笑滿顋』。」（拙著《游戲三昧：禪的實踐與終極關懷》（臺北：臺灣學生書局，1993），頁137。）

❿ 佛教唯識學便在這種理解的脈絡下，提出一闡提（icchantika）這樣的種姓。這種眾生頑劣愚癡之極，不管你怎樣教化他、引導他，都會徒勞無功。這種眾生根本不具有覺悟成佛的潛能，永世地、累世地會在六道輪迴領域中流轉打滾。

⓫ 一般來說，一種哲學或宗教，在走自力主義與他力主義的導向上，有自己的明確的抉擇：走自力主義，或走他力主義。不過，在這些哲學或宗教中，有時亦有一些異見分子或支派，提倡相反的導向。儒家基本上是自力主義，孟子、陸九淵、王陽明是最明顯的例子。但亦有持異議的，如荀子，朱子也有這種傾向。在佛教，禪是最強烈的自力主義者；但唯識與淨土，特別是後者，則是

他力主義的核心，正是委身他力我一觀念。從現象論的層次來看這種自我，則可以說，這種自我是無比脆弱的，這是從自然生命的材質方面說。這種自我的特徵是非常無能（impotent）：在體能方面不如人，在智思方面更不如人，因此有時不免在生活上「行差踏錯」，迷失了方向，以致犯罪，為人所鄙視、欺凌，自己又由於無能性（impotence），不能反抗，更不要說報復了，甚至無緣無故也會受到別人欺壓。這種人時常感到無助、無奈，甚至覺得自己沒有希望、看不到前景，而淪於失望，以至絕望。不過，這種人也有強烈的屈辱感，覺得自己生不逢時，生不逢地，投錯胎。便是因為這種屈辱感，讓他還有很微弱的向上的心願，讓他的生存意志不會完全崩潰。這種人的現象學的路，便依於這種屈辱感而開出來了。

深入言之，基於屈辱感，自我可以有兩種行為樣式；妒恨與自強。妒恨（Ressentiment）如釋勒爾（M. Scheler）所說那樣，是由於極度無能所直接引致的。一個人在這種狀態中，不免常常被人欺負、看不起，內心有莫大的憤恨羞慚，亟亟想反抗，甚至報復。但由於自己的無能，對方與己方強弱懸殊，根本不能在外表行為上反抗、報復；因而轉向內心方面做工夫，包括編造假象，想像對方落難，陷於困境，不能翻身，更包含對價值觀的顛倒：以堅強、有力為壞事，為負價值，以懦弱、無力為好事，為正價值，這樣來平衡自己的震盪心情，讓自己過得好一點，其實只是魯迅筆下的阿 Q 精神的翻版。⓬另外一種行為樣式的自強，則是好的反應，有現象學意味。人在困境之中，有時越是感到難受，感到屈辱，這種心理上的難受與屈辱會越能激發自己自強向上，要以具體的行為擺脫這種讓自己羞慚的處

他力主義。猶太教、基督教和伊斯蘭教則純是他力主義的宗教。基督教神學家巴特（K. Barth）更因基督教是他力主義而稱它不是宗教。這是由於他以自力主義來說宗教，而基督教不是自力主義，故他不視之為宗教。日本的京都哲學家中，分自力主義與他力主義兩個流向。前者是主流，包括西田幾多郎、久松真一、西谷啟治、阿部正雄與上田閑照。其中久松真一更是他力主義的徹底批判者。他力主義則是支流，只包括田邊元和武內義範。田邊元更是後期才歸向他力主義的；在早期，他還是自力主義者。我們在下面論述委身他力我，在一些地方會涉及田邊與武內與他們所同歸宗的淨土思想。

⓬ 對於這種畸形的心理，釋勒爾在其《妒恨》（*Ressentiment*）一書中有極為詳細而生動的描述。亦可參看拙文〈釋勒爾論妒恨及其消解之道〉，拙著《西方哲學析論》（臺北：文津出版社，1992），頁 225-239。

境。而投向他力、委身他力以求助，便是其中一種有效的行為。特別是在穩定自己的心理方面。在作為他力的核心的超越的人格規範的照耀下，人會特別警覺到自己在生命上的脆弱性，而矢志尋求來自他力的憐憫與救助。這超越的人格規範，便是後面要提到和特別加以肯定的阿彌陀佛（Amitābha，上帝也可以包括在內）。在這種人格的至誠心與悲願的反照下，人會感到自己非常渺小，幾乎近於零，一無所有。

以上所說的人在生命材質上的脆弱性，是就日常的生活經驗而言的。就宗教哲學並關連著幾種重要的宗教與人生哲學來說，便直接涉及人的罪惡、苦痛煩惱與對死亡的恐懼問題。這些問題都可視為人的宗教契機，領引人進入宗教之門，委身他力便是一個明顯例子。如基督教說人有原罪，康德說人有根本惡，佛教說人有由愚癡、無明所引致的苦痛煩惱，存在主義者說人有對死亡的莫名的恐懼。⓭京都哲學家田邊元更就人的罪過與痛苦而說人的懺悔心，由此而引入對他力的委身順服，而建立一種懺悔道（metanoetics）的哲學。他表示，懺悔是對自己所做的過錯表示追悔，並伴隨著一種痛苦，知道對自己的罪過，是沒法補償的。它亦表示一種對自己的無力與無能的羞恥，這無力與無能會驅策自己，至於失望與自我放棄的境地。⓮田邊表示，這種懺悔心最後會激發出一種力量，促發當事人進行對自我的突破，勇敢地面對屈辱與死亡，求助於他力，解決這種生命的負面的問題。⓯

在這樣的理解之下，很自然地便會生起對上面提到的人的罪惡、苦痛煩惱與對

⓭ 存在主義者中特別是海德格（M. Heidegger，海氏同時也是現象學家）特別留意死亡所帶來的恐懼感的特性。一般來說，我們內心感到恐懼時，總有一令我們恐懼的對象，例如有毒蛇、猛虎擋在路前。但我們對死亡的恐懼，卻沒有一具體的對象在面前。我們甚至不能說出死亡是甚麼東西，特別是死亡經驗是怎樣的，只能朦朧地感到死亡表示一切的失去，包括自己的生命在內。在死亡前，我們未有死亡的經驗，故不能說。在死亡後，我們已死了，沒有了活力，故不能說。在死亡中，我們是處於不清醒的迷糊狀態，故不能說，即使說了，也是不清不楚的。關於死亡及對死亡的超越，其詳可參考拙著《苦痛現象學》中〈死亡現象學〉一章，頁 347-366。

⓮ 田邊元著《懺悔道としての哲學》（東京：岩波書店，1993），〈序〉，頁 3。

⓯ 拙著《絕對無的哲學：京都學派哲學導論》（臺北：臺灣商務印書館，1998），頁 37。德國宗教學學者布利（Fritz Buri）提到，在關連著懺悔道所涵有的內容來說，這其實已超出宗教的範域，而涉及形而上學的問題了。這是由於田邊說懺悔道的哲學和覺悟的問題，是密切地關連著「超越」、「絕對無」和「無」一類形而上學概念來說的。（Fritz Buri, *Der Buddha – Christus als der Herr des wahren Selbst*. Bern, Stuttgart: Haupt, 1982, S.88.）

死亡的恐懼的宗教意義亦即是救贖意義的超離（Transzendenz）問題。在這一點上，宗教的、救贖的行動是不可缺的，而且這種行動需有濃厚的信仰性格；太過於理性反而會令人遲疑，對於解決實際的生命問題很多時更搔不到癢處。要能超越罪惡、苦痛煩惱與死亡，首先自然要有一種虔誠的、嚴肅的求向上的心願，同時也要理解他人亦有同樣的心願，以求自渡與渡他。在這一點上，我們有兩個面相是要做的：消極方面是要對超離的目標抱有希望，克服自我放棄、自我否定與毀滅的不正確的想法；積極方面是有真實的行動（Akt, Aktion），特別是宗教救贖的行動。在這個問題上，法國的生命哲學家柏格森（H. Bergson）與京都哲學家西田幾多郎與田邊元都有很濃烈的自覺。後兩者更強調哲學的性格在於對宗教救贖行動的自我意識。這樣便把宗教救贖置於哲學思辯之上，實踐的意味非常濃厚。⓰

在我們所提的人生三方面的負面問題即罪惡、苦痛與死亡中，我認為苦痛是最基源的。理據是我們可以說罪惡是苦痛的，以苦痛為謂詞或賓詞（predicate）來描述罪惡；但我們不能倒轉來說苦痛是罪惡，不能以罪惡為賓詞來描述苦痛。例如有些人天生呼吸系統有毛病，需藉喉管以輸入氧氣，維持生命，非常痛苦，但他並未做壞事，並未犯罪，只是運氣不好而已。這顯然表示苦痛的外延（extension）大於罪惡，較諸後者更具基源性（priority）。至於死亡，則是苦痛的極限。人的苦痛達到頂點，精神崩潰，生命不能維持下去，結果是死亡。所以死亡可以概括在苦痛的範域中。基督教說人的罪孽深重，人自己的能力有限，不能憑自己的力量來消除罪孽，因此要求助於耶穌（Jesu），亦即是求助於上帝，藉著祂的恩典（Gnade, grace），才能得救贖。苦痛的情況更為明顯，特別是由疾病帶來的苦痛，嚴重的簡直讓人極度揪心，不能抵受。實際上，人在極度的苦痛中，會處於一種半甦醒半昏迷狀態，弄不清自己是在生存呢？抑是在死亡呢？抑是在承受苦痛呢？在這裏，生存、死亡與苦痛真可說是三位一體。人雖然有理性，特別是道德理性，但它畢竟是動物，受制於生理條件，在身體感受到極度痛苦的時刻，即使有嚴整的道德勇氣，讓他臻於

⓰ 德國學者樓備（Johannes Laube）對京都哲學家特別是西田與田邊對宗教救贖行動的警覺性有高度的評價。不過，他認為西田把這種行動關連到直覺方面去，田邊則將之與信仰直接連繫起來，二人的著重點終是不同。（J. Laube, "Westliches und östliches Erbe in der Philosophie Hajime Tanabes," *Neue Zeitschrift für systematische Theologie*. 20(1978), S.5.）

忘我境界，但這是精神性格，肉身總是肉身，精神不能替代。肉身痛苦起來，仍會支持不來，感到生命的脆弱，極度哀傷。在這種情況下，他熱切渴求一種外在的、超越的悲願與力量，幫助他撐持下去，生命不致崩頹，俾能做有意義的事，是很可理解的。這在種種宗教中，最明顯的例子，莫過於佛教淨土宗的對阿彌陀佛（Amitābha）的依賴與信仰。這種來自阿彌陀佛的救助的力量，便是他力。當然，佛教之外的其他宗教也有他力的說法或思想，這點我們在先前已提過了。而這種徹頭徹尾、徹內徹外、徹始徹終的對一種超越的、外在的力量的皈依的主體，便是上面提到的委身他力我。

四、委身的意義

在這裏我要特別強調「委身」一詞的意義。從某一意義言，委身表示主體性的放棄，全心全意地、無條件地把自己的生命存在交託予一個當事人所信仰而有大能的超越者。這個超越者，你說是阿彌陀佛也好，觀音菩薩也好，聖人也好，上帝也好，都沒有關係。這種做法，表示坦率承認自己的無能性，無法解決當前的災難性的生命問題，需要求助於一個自己相信是具有足夠能力解決自己的問題的外在的超越者，亦即是他力。表面看來，這樣似有放棄承擔責任，把責任轉嫁到一個外在的強者身上，而一味倚賴別人之嫌。實則不是這樣。這裏實有一種在現實的悲劇中尋求希望、在黑暗中追尋光明的生命的虔敬性與莊嚴性在裏頭。「委身」並不能輕易做的，在萬不得已的情況下才做的。誰能輕易放棄自己的尊嚴、自己的主體性，把自己的整個生命存在交託予一個外在的他者呢？這裏有一種生命的理想在裏頭，一種先死而後生的委曲的、辯證的情愫。⓱

⓱ 「委身」這個字眼和它的意義讓人聯想到釋勒爾在其《妒恨》（*Ressentiment*）一書中提到的 stoop down（德文原文應為 sich bücken）一用語，我曾譯為「傴僂屈折」，這表示一種非常謙卑地、恭順地為人服務的行為，所謂「效犬馬之勞」。但釋勒爾是用來說耶穌的。即是，上帝採取道成肉身的方式，化為神之子耶穌來到世間，無條件地甘願做一切卑賤痛苦的事，像一頭羔羊受盡折磨，為世人贖罪。「委身」的意思相似，但方向相反，那是人們對一個外在的超越者的絕對的信仰與依賴。謙卑之意則不減。

這種辯證性格值得注意。委身他力我並不必然地包含懺悔，後者預認當事人在行為上有錯失，因此我們不一定要借助田邊元的懺悔道哲學來解讀這種自我的導向。毋寧是，這種自我或主體只是感到自己在苦難中的無助與無奈，估計自己無力單獨地找到出路，求得解脫，因而以至誠心歸向他力，對他力表示絕對的信心與順服。這裏有一種包括忘我或否定自我的辯證歷程在裏頭：主體性先放棄、忘失自己（這種放棄、忘失自己是方便義、權宜義，不是終極義），然後再藉著他力的激發，尋回自己，使自己堅強起來，主體性亦因此得以復位。不過，這種復位不是絕對性格的，它是在與他力相連結的脈絡下復位的。在這點上，若與禪比較，委身他力我的獨立性顯然有所遜色，但這無損它在宗教救贖上的意義。人可以憑自力而得救贖，亦可以依他力而得救贖。殊途同歸，有何不可？

有些人持濃烈的價值意識來看他力主義和委身他力我，認為倚仗他力才能得救贖是次等的宗教實踐，喪失主體自由。禪的自力成佛才是真正的、崇高的宗教實踐，它能貫徹自由的主體性。這種看法未免短視：只重救贖方法而輕救贖目標。宗教的目標是救贖，讓人從罪惡、苦痛、死亡中釋放出來，重獲新生，這應該是最重要的，至於用甚麼方法，應能隨機（根機、根器）施設，以開放的態度來處理，不要把自力執得太緊，只視之為唯一有價值者，而機械性地排拒其他方法。自力主義固然能高揚主體自由；他力主義雖不能直接說主體自由，但亦非全無自由可言。委身他力我自我順服地求助於他力，委身予他力，把生命存在全無保留地交託予他力，把自己融化入他力中，與他力結成一體，而生一至誠信仰心。這種做法應該是自願的、無條件的，不是被強制的。你有自由這樣做，亦有自由不這樣做。自由（Freiheit）還是可說。同時，自由地、自願地放棄自己，委身於他力，一方面能表現謙卑的美德，同時亦表示能收斂自我的傲慢，甚至銷融我執，這不能說沒有道德的價值。這是一種特殊的、另類的道德價值。⑱

⑱ 在關連到自由一問題方面，京都哲學家武內義範提到，人自身有一種根本的矛盾：他恐怕失去自由，而常常勉強承受自己無能力承受的苦難，而不去求助於他者、絕對者。不管苦難、自我矛盾如何嚴重，人總是以有限的存在的立場去硬忍，致疲至於死。武內批判地說，這正是現代的虛無主義、存在主義的虛無主義的立場。他又舉存在主義的宗師祁克果（S. Kierkegaard）提的例子，表示我們要在這點上警惕：船快要沉了，但人們還在專注於磨亮船窗上的玻璃。即使船向左右傾

五、關於自我轉化

以下我要探討有關委身他力我的最重要問題：自我轉化。一個主體，倘若要獲致宗教意義，便必須進行自我轉化，由染污轉成清淨，由罪過轉為神聖。委身他力我依仗他力的恩寵、扶持而得以站得住，似乎難說發自自身的轉化（conversion, transformation）；即使有轉化，也是依他力而得轉化。其實不然。在他力的支援下，自我轉化還是可說的。關於這個問題，我分四點說明如下。

第一，委身他力我在放棄、否定自己而徹底地順服他力之中，生命是可以反彈的。作為他力的那個超越的大能，說阿彌陀佛也好，上帝也好，絕對無（absolutes Nichts）⓳也好，並不會視皈依它的主體為自己的奴僕，不給它發展自由的空間；相反地，在庇祐皈依主體或委身他力我之中，會俟機激發它，讓它的生命反彈，發揮內在的潛能。對於委身他力我來說，否定的背後有肯定，下墮的背後有上揚，死亡的背後有生機。一切自我都具有這種辯證的性格，但需要有一契機來激發，對於委身他力我來說，這契機便是他力。

京都哲學家田邊元和武內義範都是他力思想的倡導者，特別是田邊元，在發揚他力思想與宗教方面，貢獻最大。在他們所提的懺悔道的哲學中，有作為他力的絕對無的作用在內，能引發一種新生的生命導向，使生命的動力脫巢而出，使存在從混亂中復位，恢復秩序。在這種具有轉化意義的復位中，生與死都被吞噬掉；即是說，生與死的二元對立被克服，新的生命、內在的、真正的生命會反彈而出。武內義範便正是在這個意義下說轉化。⓴

側，還是不理，只管磨亮玻璃的事。這種從容地磨亮船窗的態度（而不理船沉會導致危難死亡的結果），是有限的自由者的最後立場。（武內義範著〈親鸞思想の根本問題〉，載於梶山雄一、長尾雅人、坂東性純、藤田宏達、藤吉慈海編集《淨土佛教の思想第九卷：親鸞》（東京：講談社，1991），第二章，頁 128。）這個事例表示，我們處理問題要從大局著想，同時要懂得變通，不應死執著一些光板的、機械的、僵化的原則。船要沉沒了，人要淹死了，磨亮船窗有甚麼意義呢？在這種情況，先穩定船隻，救人要緊。救人正好比喻救贖，這是最重要的，不能鬆下來，其他一切事情都可商量。

⓳ 田邊元晚期歸宗淨土教，以絕對無來說他力。

⓴ 拙著《絕對無的哲學：京都學派哲學導論》，頁 208。

第二，委身他力我歸向一個他力大能，透過後者的激發而反彈，而導致轉化的宗教救贖目標。就整個自我的發展程序看，表面上是由現實朝向理想，由現在朝向未來的方式。這從常識的角度言，也是很自然的、順適的。不過，從實踐的角度看，特別是從以他力為中心的救贖活動看，其重點是在委身他力我因他力的悲願與引導，經過自我的反彈，而提升其精神狀態，最後獲致與他力等同的境界，這在佛教淨土宗來說是西方極樂世界，在基督教來說是天堂。這是一個重點，亦是出發點，這樣，委身他力我的歷程，便轉變成在以他力大能的悲願與引導下，依境界與時間倒流的方式，從超越的淨土或天堂回流到凡間，從未來回流到現在。這是委身他力我很不同於其他宗教的活動方式。它是以信為基礎，為開始的。它是先對他力彌陀起信，起極其虔誠的信仰：信仰他力彌陀的大能，信仰淨土便在當下，便在現前，而因信得證的。因此，它的實踐活動的程序是先信他力彌陀與淨土，而與淨土合一，在精神上、境界上合一，然後得證淨土。㉑

在這種理解的脈絡下，我們可依哲學、宗教的語言這樣說，一個真正的得救贖因而超越世界的超越者，應該依倒流的原則，通過超越的實在的回流方式，從超越的境域（transzendentaler Horizont）回流到經驗的境域（empirischer Horizont），由未來回流到現在。㉒若以淨土佛教的語言來說，是由彼岸世界回流到娑婆（sahā）世界。西方淨土作為一種真正超越的境域（Horizont），是由未來回流向現在的。這中間的關鍵點，在於一個「信」字。便是由於這個「信」字，讓宗教救贖的思維模式突破了人們一般認為是理所當然的那一種，成就了境域的倒流導向。

這便涉及淨土宗的一對極其重要的觀念：往相與還相。這兩個觀念是就宗教活動或救贖活動的導向而言的，特別是對超越性（Transzendenz）的處理、置定方面。宗教救贖的導向倘若是由此岸的娑婆世界向彼岸的淨土超越過去，精神只是不停地向上、向外超升，是單方向活動的，則是往相。在獲得救贖後，由超越的淨土向娑婆世界反顧，回向世間，救渡世間，進行雙向活動的，則是還相。很明顯，往相的

㉑ 日本淨土真宗的宗師親鸞的名著《教行信證》把信放在證之前，應該是基於這樣的理據。

㉒ 我在這裏用 Horizont（境域）字眼，與胡塞爾（E. Husserl）的現象學有點關連。這個觀念在胡氏的現象學中有很重要的意義。有關胡氏對這個觀念的理解與我自己的詮釋與發揮，參看拙著《純粹力動現象學》（臺北：臺灣商務印書館，2005）中〈作為動場的世界〉一章。

導向接近小乘佛教和婆羅門教，要獨享救贖和「梵我一如」（Tat tvam asi）境界的樂趣，掉頭不顧，不眷懷世間。還相的導向則接近大乘佛教與基督教，要留惑潤生，普渡眾生，道成肉身（Inkarnation），為世人贖罪。

往相與還相分別表示不同而且是相反的宗教修行方向。二者是分開的。依一般理解，往相在先，還相在後，起碼在時間次序上是這樣。在終極的意義上來說，這兩者不應分開，不然便都不能真正成立。往相是開端，還相是終結，兩者合成一完整的、圓滿的宗教救贖活動。往相是基礎，還相是開拓。若往相無還相，則救贖只成個人孤獨的事，是一條鞭式的流逝；還相而無往相，則在工夫上缺乏根基，即使在境界上有所得，亦不會長久。從圓教的角度看，往相與還相必須連成一體；往相是權宜方便，還相是終極真實。權實應該合一，兩者本來也是合一的。

第三，上面所陳的境域的倒流，有絕對的隔閡問題，是要解決的。這是無限與有限、絕對與相對、未來與現在、救贖者與被救贖者（阿彌陀佛與眾生、耶穌與教徒）、他力與委身他力我之間的隔閡。我們必須把這絕對的隔閡消除，或克服它，完全的救贖才能說。如何能解決這個問題呢？我認為，最平實的途徑，是通過對話，讓委身他力我與他力溝通，藉著深沉與誠懇的信賴與信仰，委身他力我以生命融入他力之中，兩者成為一體，「因信起合」（信是信仰，合是合一）。所謂對話，可以是溫柔的念佛、深心的祈禱，也可以是無言無相的冥思。㉓

要注意的是，這裏所說的信或信仰，是對他力而言，表示在精神上的委身與歸附。這委身與歸附，是故故不留，刻刻翻新的。每一刻都貫徹著一種突發的、開啟的、當下的新的精神。那作為境域的世界也是不斷在創新地自我呈露，這新的世界隨著委身他力我的刻刻翻新的信仰而敞開。而他力大能（阿彌陀佛與耶穌）也不斷地以

㉓ 關於絕對與相對的關係問題，武內義範依於其師田邊元的說法，提出如下綱要式的解析，頗有參考價值：

1.若相對與絕對二分，則相對、絕對處於相對的關係。

2.若相對與絕對處於相對的關係，則絕對變成相對。

3.若以絕對與相對為一體，則娑婆即寂光，只今便是永恆。兩者若作一者想，則能拔除人的有限性。（筆者按：這有讓人臻於無限的意義或成為無限的存在之意。）

（武內義範著〈親鸞思想の根本問題〉，《淨土佛教の思想第九卷：親鸞》，頁 127-128。）

其悲願與愛向委身他力我呼喚，讓它作出果斷的決定，把整個生命存在交付出來。

六、救贖問題

以上探討了委身他力我的自我轉化問題。以下要論最後一點，這即是救贖問題。委身他力我透過對話與他力溝通，一方面誠心念頌他力的名號，向他力祈禱，懇求他力的支援，另方面他力亦以悲願與愛來回應，向委身他力我呼喚。最後，委身他力我融入他力之中，「因信起合」，與他力結成一體。這種情況，很像猶太哲學家布伯（M. Buber）所提的我與汝（Thou）的關係，後者指一個超越者，可以是永恆的佛（eternal Buddha），如彌陀，也可以是永恆的上帝（eternal God），如耶和華。這都是非對象性格的。委身他力我通過對話，通過因信起合，而與他力的「汝」（Thou）合一，這是往相。同時也由作為永恆的境域的淨土或天堂回流到世間，以完成自助、助人，自救、救人的終極完滿的宗教理想，這是還相。委身他力我最初由於現實環境的關係，只能是一個有限的存在。它透過與他力對話、得到他力的援助，和回應他力的呼喚，自覺到自身的有限性，同時又參予、參入他力的無限性之中，有無限的自覺，而自身亦由有限的存在而成為無限的存在。最後透過還相而普濟眾生，成就大覺。這便是委身他力我的救贖。

這裏有一點要鄭重提醒。上面我們說過倒流、回流的走向或導向問題。由現在到未來是歷史的走向，以歷史為主導；由未來到現在則是宗教的走向，以宗教為主導。相應地也可以說，由世間到出世間，由罪苦到救贖，是經驗的走向；由出世間到世間，由救贖到罪苦，則是超越的走向。我們在說自我轉化時，強調回流、倒流，即超越的走向。直前說救贖時，則同時強調經驗與超越兩種走向。分析性的、經驗的、歷史的走向是較平實的，也較容易讓人理解。超越的、宗教的走向則具有辯證意味，理解不易。兩種走向回應不同情境，各具自身的作用與價值。在完滿性或圓教的立場來說，經驗的、歷史的走向相應於往相，彼岸與此岸始終分隔，不能結成一體。超越的、宗教的走向相應於還相，透過由淨土與天堂向現實世界的回流，可以讓彼岸與此岸結成一體，讓彼岸與此岸同在一個覺悟了的、獲得了救贖的生命存在中運作，這應該是理想的、沒有缺憾的走向。

京都哲學家武內義範以「阿彌陀佛」這個名號來說他力，並認為這個名號具有殊勝的力量，它也代表淨土，能作為一種具有絕對性、永恆性的理想（宗教理想）由超越的境域回流到世間，拯救眾生。而淨土與這個世界（現實世界）、諸佛與一切眾生，會組成一宇宙的大合唱隊，對那個名號發出回應、回響，其聲音宏大，直徹入十方世界。在這種情況下，世間一切主客的對立都熔化掉，具體的實在都以其純粹的面貌出現在充滿活力、活動的場地上，而作為神聖的相會的我與汝（Thou）的遇合和相互呼喚便出現了。㉔武內的這種說法，未免誇張，有宗教神話的意味。不過，其中亦有一些具有宗教意義、現象學意義的元素。我想起碼有幾點值得注意，在這裏提出來。

1. 在這種具有場域或境域（Horizont）意義的世界中，每一事物都以其純粹的、剝落一切經驗內容的姿態出現，即是以物自身（Ding an sich）的方式存在與呈現。
2. 一切主客的對立的、相對的二元性（Dualität）都被消解，故一切事物都是絕對的主體，都有其不可替代的價值。
3. 一切都與作為汝（Thou）與作為永恆的佛（eternal Buddha）的阿彌陀佛的名號甚至阿彌陀佛自身相遇合，而與後者消融在一起以成為一體。

最後，若以筆者倡導的純粹力動或睿智的直覺觀念來說委身他力我，我認為有兩點是值得注意的。第一，純粹力動雖說恆時在動態中，沒有所謂靜止完全不動的狀態，但它的動勢會有強弱或主動被動的不同情況。它能伸能縮。伸則動勢強，為主動；縮則動勢弱，為被動。這反映在宗教義的自我上，便有本質明覺我與委身他力我的不同。前者主健動，力量充沛，憑著自己本身的能力便能成就覺悟，得救贖，它是如孟子所云「沛然莫之能禦」的。後者主靜歛，動勢輕微，未能如前者般主動求覺悟以成就救贖，需借助他力大能扶持一下，才能激發起內部的潛能，而覺悟得救贖。另外一點是眾生特別是人的生命軀體的資具問題，這即是所謂形氣。形氣雖然都是純粹力動所詐現，但它本身有清濁不同的質素。清的形氣障礙少，睿智

㉔ Takeuchi Yoshinori, "Shinran and Contemporary Thought." *The Eastern Buddhist*, New Series, Vol. XIII, No.2 ,Autumn 1980, p.45.

的直覺容易在以形氣為質料的生命載體中發揮其明覺的作用，而成本質明覺我。這表現在學習的生活上，是思路清晰，領悟力強，記憶牢固。因而本質明覺我能藉自力便可覺悟得救贖。另一濁的形氣則多障礙，讓睿智的直覺難於主動地表現其明覺。理解力強的人聞一而知十，這種人聞一只能知一，故需藉他力的幫助，才得覺悟得救贖。這便近於委身他力我了。

七、迷覺背反我

現在說迷覺背反我。以上所論述的本質明覺我、委身他力我與跟著要探討的迷覺背反我，都是宗教意義的自我的導向。如上面所說，就覺悟或得救贖言，本質明覺我屬自力主義的形態，委身他力我則屬他力主義的形態。迷覺背反我的情況比較複雜，它的覺悟、得救贖，基本上是走自力主義之路。關於這點，待我們把這種自我詳盡探討後，自會有清晰明白的展示，在這裏我們暫不多說。倘若就宗教的自覺這個意義言，則可以提出兩種模式：信仰的模式與理性的模式。很明顯，本質明覺我的自覺是理性的模式，委身他力我的自覺則是信仰的模式。迷覺背反我的自覺模式則是理性的模式。而所謂宗教的自覺（religiöse Selbst-Verwirklichung），則仍是在得救贖、解脫一類目標的脈絡下說。

倘若以康德哲學特別是他的方法論（Methodologie）中的詞彙如「分解的」（analytisch）與「綜合的」（synthetisch）這兩種表示邏輯性格的字眼來形容這幾種宗教的自我，則可以說本質明覺我與委身他力我基本上是分解性的自我，而迷覺背反我則是綜合性的自我。㉕下面將會提到，迷覺背反我在現實上是以包括了迷執與明覺這兩種相對反的成素的「平常心」或「一念無明法性心」出現的，其中的綜合涵義非常明顯。

還有一點是，本質明覺我、委身他力我與迷覺背反我這三種宗教性格的自我都源於純粹力動在主體方面所表現的睿智的直覺，本源是同一的睿智的直覺，為甚麼

㉕ 委身他力我初步來說，是分解性的。但在它的發展歷程中，特別是從他力方面承受了一些力量的資源而變得堅強起來的脈絡下，我們可以說它具有綜合的意味。

在宗教的現實中會成就三種不同形態的自我呢？此中的理由，主要是睿智的直覺對純粹力動凝聚、下墮、分化而詐現的現象世界（這亦即是睿智的主體活動於中的動場的世界）有不同的反應所致。本質明覺我的情況比較簡單。睿智的直覺是純一無雜的，它在一切的自我的導向中都保持其自身的超越的、普遍的同一性（我們不妨這樣說，純粹力動或睿智的直覺的內容是一致性 Einheit）。現象世界則是經驗性格，其內容多姿多采，千差萬別。這現象世界包括我們所執持的感官、肉身和氣稟在內。㉖特別是在氣稟上的不同，與我們所處的作為世界的一部分的周圍環境，可以實質上影響到睿智的直覺的表現。感官、肉身和氣稟都是人的生命存在在經驗方面的要素。特別是氣稟，一般以清、濁的相對反的性格來說，當然亦有不特別傾向清、濁而表現為中和的氣稟。宗教上的本質明覺我、委身他力我與迷覺背反我主要是依氣稟的不同而有不同的表現。氣稟上有清的傾向的人，生命上的障礙較少，睿智的直覺較易表現其明覺，因而成宗教上的本質明覺我。氣稟上傾向濁方面的人，生命上有很多障礙，睿智的直覺不易順利表現，意志力薄弱，信心也不足，因而形成依賴性，需藉著一個外在的權威來解決生命上特別是宗教救贖上的問題，這便成就了委身他力我。關於這點，上面也提過。情況最複雜的，是氣稟浮動不定，是清是濁，都不穩固的人。在這種情況，睿智的直覺時顯時隱，生命的經驗因素總是不能凝定下來。這些經驗因素時而表現為負面力量，對睿智的直覺的實現構成嚴重的障礙；但有時也會收斂下來，其障礙為睿智的直覺所克制，讓生命表現明覺。人在這種情況，睿智的直覺與負面的氣稟成為一體，兩者性格、質素相反，但又總是此起彼落，或此落彼起地交互主宰生命，不能使生命問題永遠解決。這便是迷覺背反我。

在道德哲學的脈絡中來說人的生命存在，人的睿智的直覺表現為自由意志。若再從道德哲學上提至形而上學的層次來說人的生命存在，則人常不能免於矛盾或弔詭：你以自由為本質，你愈是自由，便愈無保證，愈無保障。自由自然是好的，但由自由而引致這樣的弔詭，則不一定是幸福。這方面的問題可謂錯綜複雜，亦可以

㉖ 這裏說的「執持」，大體上同於佛教唯識學（vijñāna-vāda）所謂的執受（upādhi）中的執持、執著的意味。依唯識學（特別是護法 Dharmapāla 的唯識學），眾生的第八阿賴耶識（ālaya-vijñāna，一般指自我、靈魂）執著種子（bīja）與根身作為自己的生命存在。其詳參看拙著《唯識現象學一：世親與護法》（臺北：臺灣學生書局，2002），頁 45。

生起人生無窮的悲哀與莊嚴，我們不能多說。在這裏我只想提出一點，人的生命的這種弔詭可以向兩面發展：要避開、逃離這弔詭，向外尋求一個他力的權威來保證、保障自己的幸福，便成就委身他力我。人若不願意向外求助力，要與生命的負面因素周旋、抗爭，要彰顯自由，以自己的力量來克服這個弔詭，便成就迷覺背反我。這種活動若是成功，人便幸福；若是不成功，人便痛苦。自由是好的，但由自由而讓自己孤立無援，需要獨自上路（人生之路）作戰（與負面的因素例如迷執作戰），則是不好的。人到底要怎樣做呢？他自己仍總是有選擇的自由。

作了上面幾點重要的交代後，我可以深入探討迷覺背反我了。首先要解釋「迷」、「覺」與「背反」這幾個重要的觀念。「迷」（graha, saṅga）在佛教來說是迷執，對於一切沒有實在性的東西執著不捨，以致在這種執著、追逐外物中迷失、忘失了自己。這種活動的根源，可以追溯到生命存在、個體生命的所自來的無始（時間上沒有開始）的無明（avidyā）。著名的十二因緣（dvādaśāṅgika-pratītya-samutpāda）的說法，便從這無明開始。[27]道家的《莊子》〈齊物論〉篇開首以「芒」說人生的迷亂狀態，意思便近於這無明了。「覺」則是覺悟、覺醒、明覺，梵文作 buddhi、bodhi；與無明相對反的明（vidyā），便傾向這個意思。迷與覺的涵義相反，這是很清楚的。

至於背反（Antinomie）或二律背反，則是矛盾之意。康德在其《純粹理性批判》（*Kritik der reinen Vernunft*）中提到，純粹理性（reine Vernunft）或知性（Verstand）只有知識論的功能，若把它應用到形而上學與宇宙論的觀念上時，便會出現矛盾、背反的情況。我在這裏說背反，則是把重點從知識論移至存有論與宗教救贖方面去。即是，兩種東西性格相對反，但在存有論上總是糾纏在一起，不能分開。這種情況便是背反。這背反在人生方面，可引致情感與理智上的矛盾與衝擊，帶來無窮無盡的苦痛煩惱。實際上，背反在人生多個領域中都會出現，但自然在宗教救贖中出現最多，問題也較為深廣。如知識上有真與假、理性與非理性，藝術上有美與醜，道德上有善與惡，一般生活上有樂與苦，宗教上則有生與死、罪與福、輪迴與解脫、迷

---

[27] 十二因緣是原始佛教的極其重要思想，其旨趣是解釋、交代個體生命的來源、形成與生死流轉、輪迴的情況。詳見拙著《佛教思想大辭典》（臺北：臺灣商務印書館，1992），頁 42b-44a。

（迷執）與覺（明覺、覺悟）、沉淪與救贖。一些特別的宗教，例如佛教，更有它的較確定和具體的說法，如無明與法性、煩惱與菩提、生死與涅槃、真與妄、染與淨，等等。

八、久松真一論背反

日本的京都哲學家久松真一對於人在宗教方面的背反有極其深刻的體驗與反思，從現象性格的背反滲透至終極的背反。在這裏，我謹引述他的說法作為參照，以突顯迷覺背反我這種宗教導向的自我的深層涵義。他是關連著宗教的契機（religious moment）來說人的背反問題的。㉘久松認為，人生最嚴重的問題或危機是罪與死，這兩者是最重要的宗教的契機，並認為這些契機具有背反性格，它們所指涉的背反是終極的背反。㉙他強調人由罪與死所引生的宗教問題，必須深化到它們的終極的背反性格，才能得到徹底的解決。具體地就死來說，我們的生命的苦痛煩惱，其根源在於生命的生死的性格。這性格可以進一步深化、擴展，以至於生滅、有無或存在非存在的強度與外延（存在是有，非存在是無）。久松認為，人的生死危機，可深化、擴展至有無或存在非存在的危機。就罪來說，久松的思路亦是一樣，他認為人的生活總是在價值反價值或理性非理性的背反中盤旋的。

久松進一步強調，在人中普遍地存在著的存在非存在的危機與價值反價值或理性非理性的具體形式是不能分開的。只要我們對存在或生命具有期望，便證明存在非存在的危機已與價值問題相連了。㉚因此，存在與價值不可分地交織在一起，構

㉘ 所謂宗教的契機，是指那些引領人作宗教上的反省以至進入宗教的殿堂（信仰某種宗教）的關鍵性的因素、機緣，例如苦痛與死亡（對死亡的恐懼）。英文表述式 religious moment 中的 moment，並不是時間義。

㉙ 對於久松所提罪與死是人生最嚴重的問題，我是持異議的。如上面曾透露過，我認為苦才是人生最嚴重的問題，它的外延（extension）也最廣闊。

㉚ 久松的意思，依我的理解是，存在的目的是價值，或我們要求存在，是要實現有價值的事。故存在與價值兩者有密切的關連。一般來說，存在是存有論的概念，價值是價值論的概念。在哲學上，存有論與價值論是分開來說的，雙方各有自己的問題，但這並不表示在人生中兩者互不關連。關於這點，後面很快便會涉及。

成人的本質及具體的構造。

就存在非存在的終極的背反言，久松認為，要徹底處理死的問題，必須要從根柢處著手，對生死以至存在非存在的背反徹底否定。就理性非理性的終極的背反言，久松認為，在理性的構造中，存在著理性非理性的終極的背反。理性的這種構造，是一切苦痛煩惱的源頭。久松認為，我們要徹底克服理性非理性的背反，這樣才能得到覺悟。久松的小結是，存在非存在的背反與理性非理性的背反這兩個終極的背反，在具體的、現實的人來說，是連成一體的。此中的理據，依我的思索所得是，生死的問題不能當作純然是生死的問題來處理，必須涉及真妄、善惡與淨染方面。存在的問題，從現實的角度看，必涉及取捨的不同抉擇，這必須預認價值或理性。故存在與理性是不能截然分開的，它們所各自導致的終極的背反也是相連的。

進一步的探討便涉及覺悟了。要徹底解決人生的苦痛煩惱的問題，必須突破這存在非存在與理性非理性或價值反價值的終極的背反。此中的關鍵，依久松，是要走宗教之路，在精神上超越存在非存在、價值反價值的矛盾或二元對立關係。如何能這樣做呢？久松的答案是：要覺悟到那個不具備存在非存在、價值反價值性格的主體性。這亦是我們的真我。這主體性或自我不是存在非存在的自我，也不是價值反價值的自我，卻是非「存在非存在」的、非「價值反價值」的自我，它超越一切定義與形相，它是一無相的自我。㉛

這裏我們可能要提一個問題：要解決存在非存在、理性非理性或價值反價值所成的終極背反，為甚麼不直接地干脆以存在克服非存在，理性克服非理性或價值克服反價值，而要另外去做工夫，覺悟那個沒有存在非存在、理性非理性或價值反價值的無相的自我呢？這裏牽涉一個存有論與價值論上挺重要的問題。即是：存在與非存在就義理層面或次元（dimension）來說是對等的，就存有論一面言，存在對於非存在來說，亦即有對於無來說，並不具有先在性（priority）與優越性（superiority），因此，存在不可能克服非存在，另一面，非存在亦不能克服存在。我們不能透過非存在即是存在的否定這種以存在來界定非存在的方式，來判定存在較諸非存在更為

㉛ 以上有關久松真一對終極背反的論述，是我根據他的一篇重要論文〈絕對危機と復活〉整理而得。該文載於《久松真一著作集 2：絕對主體道》（東京：理想社，1974），頁 138-195。

根本（fundamental），而以存在來克服非存在。同樣，就價值論的角度看，理性對於非理性來說，或價值對於反價值亦即善對於惡來說，也不具有優越性，因此，理性不可能克服非理性，價值也不可能克服反價值，亦即善不能克服惡。另一面，非理性、反價值、惡亦不能克服理性、價值、善。其理由仍是，理性與非理性、價值與反價值、善與惡，在義理層面或次元來說是對等的。解決這些終極背反的唯一途徑是突破背反本身；即是，突破背反的雙方所成的對峙的、相持不下的關係，而逼顯一超越的主體。這主體是敻然絕待的絕對主體；這相當於久松的無相的自我。㉜

九、迷執與明覺：一念無明法性心

現在我們回返到對於迷覺背反我的探討。這種自我是生命上的迷執與明覺混合以至糾纏在一起的自我。所謂迷執，是對事物的本性的迷執。即是，事物是純粹力動為了展現、實現其自身而詐現而成的，這詐現是整個實現歷程中的一個重要環節。事物既然是純粹力動的詐現，因此，它是不具有常住不變的實體、自性的，這便是事物的本性、本質。倘若不明白事物的詐現性格，而錯誤地認為它有其自身的實體、自性，為這實體、自性所迷，而對它執著不捨，便成迷執。明覺則是明晰地覺察到事物的這種詐現性格，知道它是沒有實體、自性可得，因而以正確的態度對待事物，而不對之執著不捨。這裏要一提的是，說到事物的本性、本質，我用自己的純粹力動現象學的「詐現」字眼，在唯識學來說，則是「識轉變」。

迷執與明覺在自我中的關係是怎樣的呢？它們是自我的不同部分，合起來構成自我，抑是自我的整體，只是自我的不同面相的表現呢？這個形而上學、存有論的

㉜ 嚴格來說，久松一方面說存在非存在、價值反價值為終極背反，同時又提要突破這些終極背反而顯無相的自我，這無相的自我應是絕對性格的。這便有問題了。存在非存在、價值反價值倘若是終極背反，則這背反是終極性格，如何可說被突破呢？終極的東西是最後的、最根本的、最高層次的，它不可能被一比它層次更高的東西所突破。倘若能被突破，則背反不可能是終極性格。倘若背反不是終極的，則背反的雙方如存在、非存在，價值、反價值便不應是終極性的。久松提「終極背反」（久松自己是用「絕對的二律背反」，我以「終極背反」字眼來譯）便有問題了。這個問題複雜深沉，在這裏我姑且按下，有機會再提出來討論。

問題，具體地說即是：在自我中，迷執與明覺是異體抑是同體呢？我要明確地說，迷執與明覺不能是異體，而是同體。即是說，在我們的自我或心靈（以心靈說自我）中，迷執與明覺具有同一的體性。但這並不表示迷執與明覺在心靈中同時存在，各佔心靈的一部分。心靈是一個精神性的主體，不是一般經驗性質的物體。我們不能想像它可以分成兩個部分，其中一個部分是迷執狀態，另一部分則是明覺狀態。心靈是一個整體，不能被切割成部分。我說在心靈中，迷執與明覺總是糾纏在一起，不能分開，並不是在心靈中有迷執與明覺兩部分的意思。我的意思毋寧是，心靈有時是迷執作主，有時是明覺作主。迷執作主時，整個心靈是一迷執的心靈；明覺作主時，整個心靈是一明覺的心靈。其背後的意思是，心靈在不同階段，總是呈現或是迷執或是明覺的狀態。當某一狀態得勢呈顯，心靈的活動會隨順這種狀態而進行。但另一狀態總是隱伏在背後，不會被消滅掉。當它一朝得勢，它便會呈顯出來，而主導心靈的活動；而另一狀態便又隱伏。我們可以這樣說，心靈不是迷執，便是明覺。它不可能同時有迷執，同時又有明覺。當心靈在迷執狀態，生命的活動便是迷執的活動；當心靈在明覺狀態，生命的活動便是明覺的活動。這種情況，禪宗六祖慧能在《壇經》中所說的兩句偈語差可說明：心迷《法華》轉，心悟轉《法華》。㉝迷執與明覺在心靈或自我中具有同一的體性。當心靈或自我是迷執時，心靈或自我便是一迷執的心靈或自我；當心靈或自我是明覺時，心靈或自我便是一明覺的心靈或自我。

天台宗的智顗大師提「一念無明法性心」一複合觀念，其中的無明與法性的關係，很類似我在這裏說的迷覺背反我中的迷執與明覺的關係。迷執相應於無明，明覺相應於法性。這一念無明法性心是一個兼攝無明與法性這兩種導向完全相反的面

㉝ 佛教唯識學以阿賴耶識（ālaya-vijñāna）來說我們的心靈或意識（下意識、潛意識），表示阿賴耶識中藏有無量數的種子（bīja）；這些種子是我們所做過的行為或業（karma）的精神凝聚。一個一般的眾生的阿賴耶識中有有漏的種子，也有無漏的種子；前者相應於我在這裏說的迷執，後者則相當於明覺。這裏，作為下意識的心靈的阿賴耶識便可分成兩個部分：有漏部分與無漏部分，兩者可以同時存在於阿賴耶識這樣一個精神性的倉庫中。我所說的迷覺背反我完全不是這樣的心靈。

相的心靈，無明與法性成一個背反；故這一念無明法性心是一個無明法性背反心。❸❹在這個心靈中，無明（avidyā）與法性（dharmatā）是同源的，二者具有同一的體性；它們的不同，只是心靈狀態上的不同而已。在這一點上，智顗以水來作譬，水有兩種狀態：固體是冰，液體是水。冰與水屬同一東西：水（H_2O），只是固體與液體的狀態不同而已。智顗強調，在這種背反的心靈中，若無明作主導，則法性隱藏，或轉而為無明，心靈的活動是無明的、迷妄的活動。若法性作主導，則無明隱藏，或轉而為法性，心靈的活動是契合作為真理的法性的、覺悟的活動。智顗稱無明與法性在心靈中的關係為「相即」。❸❺此中的「即」，不是等同意味，而是不離之意。即是，我們不能在無明以外，在離開無明的情況下，求得法性。無明也不是在法性之外生起，而是在法性中生起的。無明與法性是相即不離的。

對於無明與法性的相即不離的關係，智顗更進一步以竹與火作譬，並關連著價值論上的善與惡的相生相剋一點來說。他提出，竹有火性，或火性是在竹中，兩者擁抱在一起，但亦早有一種潛在的抗衡性：當竹中的火性有機會發展成真正的火時，它還是反過來把竹燃燒起來。在我們生命中的善與惡的因素的關係也是一樣，兩者總是和合在一起，但又互相排斥。❸❻惡總是存在於善的推翻中，善也總是存在於惡的推翻中。這是具有動感的和合義。善與惡總是在一個相生相剋的情況中存在，它們都屬於同一個生命，也可以說是同一生命中的兩面性相。既然都是附屬於同一生命，我們便不能離開惡而求善，也不能離開善以求惡。❸❼

---

❸❹ 這「一念無明法性心」的字眼見於智顗的《四念處》卷 4，《大正藏》46・578 上-下。

❸❺ 關於無明與法性的相即關係，智顗說：「以迷明，故起無明。若解無明，即是於明。……不離無明，而有於明。如冰是水，如水是冰。」（智顗著《法華玄義》卷 5 下，《大正藏》33・743 下。）

❸❻ 這裏說「和合」，並不是部分合起來以構成全體的那種和合。毋寧是，一個現象的出現，總是依於和它相對反的現象的退隱（不一定是消失，更不是完全消失）。這種和合是指在活動上的相配合，不是物質的結合，希讀者善會其意。

❸❼ 關於這個生動的譬喻和對於善與惡的互動關係，智顗說：「秖惡性相即善性相；由惡有善，離惡無善。翻於諸惡，即善資成。如竹中有火性，未即是火事，故有而不燒。遇緣事成，即能燒物。惡即善性，未即是事。遇緣成事，即能翻惡。如竹有火，火出還燒竹；惡中有善，善成還破惡。故即惡性相是善性相也。」（《法華玄義》卷 5 下，《大正藏》33・743 下-744 上。）

善相應於法性，或明；惡則相應於無明。法性或明與無明都同屬於一心，或同一個自我，兩者就同統屬於一心、同一自我而相即。因此在修行上來說，兩者是可互轉的。明可轉變為無明，無明亦可轉變為明。在哪裏轉呢？不在別處，正是在心或自我中轉。如心或自我在迷執，則無明流行，明隱伏；如心或自我在明覺，則明流行，無明隱伏。由於明或法性與無明都是心的狀態，兩者總是相應地活動的：一方在展現，另一方則在隱伏。反之亦然。我們要顯現心中的明或法性，總是要把心中的無明克服過來。但我不是說以明或法性來克服無明，而是要通過一種智慧上的突破（intellectual breakthrough）。關於這點，下面跟著便要討論了。有一點可以確定的是，我們不能在與無明成一完全隔絕的脈絡下以顯現明或法性，起碼在實踐上不能這樣做。故我們可說不離無明，而有明或法性。㊳

以上我把迷覺背反我關連到天台智顗大師的一念無明法性心的思想特別是他所說的心的無明與法性的互動的關係。我認為我們可參考這種思想特別是心的無明與法性的互動的關係來解讀迷覺背反我。在這裏，我想就迷覺背反我提出兩點，跟著便詳細探討對於迷執的對治問題。第一，我們說迷執與明覺是同體的，這是在純粹力動的脈絡下說的。明覺是睿智的直覺的直接的作用，這睿智的直覺是純粹力動在主體方面的表現。迷執則是純粹力動詐現現象事物之中，在構築生命存在方面形成沉重的濁的氣稟，這氣稟讓人滯著於事物之中，為事物所束縛，睿智的直覺不能暢順地表現自身的明覺作用，反而在紛亂的事象中迷失了自己。㊴第二，基督教神學的保羅（Paul）曾說過，人的罪過愈是深重，他所得到的救恩也愈是深重。保羅這樣說，顯出他對人的罪過有深沉的自覺與他的深刻的宗教智慧。就迷覺背反我來

㊳ 關於智顗大師有關法性或明與無明的關係的思想，參看拙著《天台智顗的心靈哲學》（臺北：臺灣商務印書館，1999），頁 69-73。又可參考我的英文著作 *T'ien-t'ai Buddhism and Early Mādhyamika*. Honolulu: University of Hawaii Press, 1993, pp.170-177。

㊴ 京都哲學家阿部正雄有《非佛非魔：ニヒリズムと悪魔の問題》（京都：法藏館，2000）一書，提到迷覺同體、佛魔同體。但這是在本性空的義理脈絡下說的。它的基礎在臨濟的佛魔同源說，不在智顗的一念無明法性心一觀念。而它的理論立場是絕對無，不同於我的理論立場是純粹力動。以絕對無與純粹力動比較，前者的力動畢竟嫌弱，未必足以充量地自覺到生命中的佛魔同體的問題。純粹力動則概括絕對無與絕對有這兩個終極原理，其力動是較為充裕的，它在主體中所表現的睿智的直覺很能自覺到迷覺同體這一弔詭的、背反的關係。

說，我想我們也可以說，一個人的迷執愈重，障礙愈多，他的覺悟會愈難實現，而由覺悟帶來的精神上的收獲也會愈豐厚。

十、迷執的對治

以下我要集中地探討有關生命的迷執的對治問題，這個問題自然指涉甚至包括生命的明覺的顯現問題。我是在迷覺背反我的脈絡中探討的；也會參考天台智顗大師的一念無明法性心的說法。首先我要提出的是，要消除生命的迷執，而透露睿智的直覺的明覺，是一個有關自己的生命存在的出路問題。這種工作若是成功，我們的生命存在才能上揚，才能有一般所謂「豐盛的人生」。若是失敗，則我們的生命存在便會下墜、沉淪，沒有出路。我們特別要警覺的是，迷執是我們的生命自己的事，化解迷執是自我化解，不是把迷執當作一種外在對象來化解。而我們的明覺，或發出明覺作用的睿智的直覺，亦是我們自己的主體性，是超越於一切經驗性的對待關係的主體性。它不與迷執相對峙而有一主觀的對象性。在這種情況下，即是，在迷覺背反我的實踐中，必須排棄一切對象性的思維。這種轉迷成覺的活動，具有物自身的行動轉向意義，應是物自身的層次，而不是現象的層次。

轉迷成覺的這種存在性的、主體性的性格非常重要，這自然不能不涉及作為救贖方法的自力主義與他力主義的問題。自力主義的救贖是存在性的、主體性的，這點沒有問題。他力主義則不能免於對象性格，因而總會有「著相」（對對象性的執取）。就基督教的人格神耶和華和佛教淨土宗的阿彌陀佛來說，始終還有人格性（Persönlichkeit）這樣的對象性格。這種性格讓所謂我與「汝」（Thou）的關係淪於相對性（Abhängigkeit）。當然這種相對性與在知識論上的自身與外物所成的主客的相對關係是不同的。倘若「汝」有對象性格，則我與「汝」的關係的另一面的我亦不能免於對象性格，這便不能成為一絕對地沒有對象性、絕對無相的最高主體。（此中的「最高」並不與比它低的層次、次元 dimension 相比較。）因此，就終極的意義來說，這種我與「汝」的雙方的對象性格還是要被超越、被克服的。能超越、克服這種對象性格的，只有作為終極原理的純粹力動，或它在主體方面所表現的睿智的直覺。

本來，佛教的空（śūnyatā）義可以克服這樣的對象性格。㊵不過，空的涵義太浮泛，讓人的活動不知如何聚焦，反而會引人進入一種漠漠無歸的境域（Horizont）；這種漠漠無歸性可使宗教的主體成一弱勢的主體，成一功用貧乏的力動。這樣便不利於普渡眾生的宗教救贖目標的達致。但要注意，這種漠漠無歸的境域並不就是德國神秘主義（Deutsche Mystik）大師如艾卡特（Meister Eckhart）、伯美（Jacob Böhme）他們所說的無基底者（Ungrund）。這無基底者可說是西方基督教神學中與正統派異調的具有否定意味、無的意味的終極原理。㊶這個終極原理自身有伸縮性，它一方面可以在自己的境域中自我聚焦而成就基底（Grund）；另方面，它又能恆常地保持無基底的狀態，不讓基底落於對象性格。這是無基底者的力動的表現。在這一點上，它實可與純粹力動相比較。但我的這種發揮，已溢出德國神秘主義者言無基底者的底線之外了。

以上是論轉迷成覺是生命存在自身的事，需要全情投入地、存在地、主體性地去做，剝落一切對象性格，包括他力主義的耶和華、阿彌陀佛的對象性格。這所謂「全情投入」，正是「存在的」、「主體性的」的參與，必須是自己親身參與，不能假手於他人。即使是借助於他力，自身亦要融化入他力之中，與他力成為一體，藉著他力的引領而得救贖。倘若當事人徹底融入他力，真能與他力結成一體，則他力的對象性格會減殺。在基督教神學中，保羅聲稱我們不要得到善，而要得到惡。這是先死而後生的弔詭的做法，是釜底抽薪的做法。他又聲稱自己是憂愁而充滿著煩惱的人，並頻頻追問由死亡的絕望境域中救出自己的人到底是誰呢？這當然是指耶穌而言。保羅深深地自覺到自己是置身於罪惡與死亡之中。他是通過參予耶穌的死亡與復活，讓耶穌在自己的生命中再生。他是真正能融入作為他力的耶穌中的

㊵ 阿部正雄提「自我淘空的神」（Self-emptying God）一觀念的一個意圖，是要以佛教的空義把神的對象性格克服掉。參看 M. Abe, "Kenotic God and Dynamic Sunyata", in John B. Cobb and Christopher Ives, ed., *The Emptying God: A Buddhist-Jewish-Christian Conversation*, pp. 3-65.參看拙文〈阿部正雄論自我淘空的神〉，載於拙著《絕對無的哲學：京都學派哲學導論》，頁 215-240。

㊶ 無基底者作為一終極意義的觀念，很可與京都哲學的核心觀念絕對無（absolutes Nichts）相比較，兩者都可視為以否定方式展示其內涵的終極原理。京都哲學家上田閑照對這個問題有很深刻的理解，參看他所編集的《ドイツ神秘主義研究》（東京：創文社，1982）。ドイツ即是德國。

人。他是以非對象化（不把耶穌他力視為對象）的方式而得救贖的見證。

對於他力以至任何事物加以對象化（objektivieren），固然是轉迷成覺的大忌。另一方面，對於要克服的迷執的覺識，也是決不能缺少的程序。對於迷執的覺識，並不表示視迷執為對象，把迷執對象化。毋寧是，我們要視迷執為自己生命存在的一部分，要對它有鮮明的覺識。這便是所謂「迷執的覺識」。這是對於生命的負面的覺識。在佛教來說，這是對於無明的覺識；在基督教來說，這是對於惡魔、罪過的覺識。未經歷這樣的覺識，不能有徹底的宗教的自覺。這真如古人所說「不經一番寒徹骨，哪得梅花撲鼻香」。這覺識不是只限於佛陀與耶穌所有，而是任何人都要具有的，倘若他要得到徹底的、完全的宗教的自覺的話。再來的是，我們要克服這「迷執的覺識」，由這「迷執的覺識」上提，以達於「同時否定迷執與明覺的覺識」。㊷只有達致這一境界，才能徹底臻於生命的無對象性格。

在這裏，我們是在探討生命的迷執的對治問題。有人會提出惡（Böse）來，認為惡較諸迷執更為根本，或迷執竟是惡的一種。實際上，惡主要是就人與人之間的關係這種倫理的面相說的，這是一般的人間性的問題，是一般的倫理學或道德哲學所處理的問題。迷執則是宗教的問題。對於惡來說，迷執應是更難對治的，因它的根深藏於潛（下）意識中。惡雖有根本惡為根基，可追溯到原罪（Original Sin），亦是潛藏於下意識中。但上帝造人，並未造他的原罪。原罪是人自己招惹的。迷執則不同，它的底子是無明（avidyā），是無始時來與生命相俱的。你不知它是從何時何地開始發生，沒法追蹤它的根源。這樣便更難對治了。

上面提到「轉迷成覺」，其意是轉捨迷執，彰顯明覺。這是心靈或自我的同一事體的不同表述。我們甚至不能說「兩者」是同一事體，因根本無所謂「兩」。「兩者」云云，只是分析地說轉捨迷執、彰顯明覺而已。就實情、實際（Realität）言，只是轉迷成覺這樣一種工夫而已。這是迷覺背反我的一種自我發展、自我呈顯的事體。

㊷ 這即是，我們不能以明覺來克服迷執，不能以明覺來取代迷執，因兩者是在同一層面、次元之中。我們要突破由迷執與明覺所成的背反，才能徹底解決問題。關於這點，下面會有更詳盡的闡釋與發揮。我們在這裏姑且先說，這種突破是在迷覺背反我的救贖實踐中的一種有辯證性格的工夫。

順著分解一路下來，光是轉迷而不成覺是沒有用的，這只是虛無主義（Nihilismus）而已。虛無主義否定一切，甚至連自身也否定掉，讓為了轉迷的虛無主義而扮演催生成覺、顯覺的基礎的角色作用也被否定掉，這真成了極端的虛無主義（radical nihilism）了。這樣子的虛無主義是完全負面意義的。不過，從實踐角度言，若善於運用虛無主義，則它亦可發揮正面的功能；這便是把一切迷妄認識與行為都加以虛無化、否定掉，好像胡塞爾（E. Husserl）的中止判斷（Epoché）的做法那樣。分解地言，不做這一步，不把迷妄掃蕩淨盡，是不能真正顯露明覺的。

十一、京都學派哲學的觀點

西谷啟治是京都哲學家中最重視虛無主義的問題與作用的。他認為虛無（Nichts）本身可有積極的作用：摧破一切迷執，以助進於空的境界。阿部正雄承其師說，把虛無主義分成兩重。一是宗教以前的虛無主義，其重點是對虛無的自覺。這種虛無主義超越一切，包括神以至一切偶像權威在內。另一則是宗教內部的虛無主義，這是對惡魔（魔性）的自覺，對惡魔的對象性格否定掉。阿部以為虛無主義的這種二重性可以讓人的精神狀態步步升進，其程序為：

虛無→無→有（妙有）→無化的力動體→真正的無相
→絕對「無化」的力動→真正的主體

其中，無化的力動體的主要作用是對「相」（對象性格）的否定：否定有與無、生與死、善與惡、罪惡與救贖、信與不信、破（破壞）與立（創造）、真與妄、神與魔、佛與魔等等的一切相。而絕對「無化」的力動則涵括一切，一切都在此力動中，在力動以外，一物也無。㊸阿部在他的總結中，未有強調絕對「無化」的力動，卻強調由「非佛非魔」（同時否定佛與魔）的工夫實踐而達致的無相（無對象性格）的立場。

㊸　阿部所提的這種力動，粗略看，似可與我的純粹力動相比較，二者有不少相通之處。只是阿部強調「無化」，我則強調「純粹」。在我看來，「無化」仍不能完全免去虛無主義的消極意味。「純粹」則排除一切經驗內容，以突顯力動的超越性格。

可見他最關心的，不是形而上學的存有論、現象學的問題，而是宗教上的信仰與覺悟的問題。絕對「無化」的力動是一形而上學的觀念。他的偏向宗教方面，很明顯地是受到他的老師久松真一的影響。㊹

在對於生命的迷執的對治與生命的明覺的展露這一宗教的大問題上，阿部下過很深沉的觀察與反省的工夫。這在他的《非佛非魔》書中可以清楚看到。不過，他運用另類的詞彙來表述。他以「魔」來說迷執，以「無」來說明覺，而以「神」來說基督教神學的那個我們所遇合的具有永恆的神（eternal God）的意味的「汝」（Thou）。他提出，我們對於魔有虛無主義性格的自覺。㊺這種自覺至少有兩面。其一是突破作為我與「汝」中的「汝」或神的實體主義的立場，而與這立場的背後的非實體主義的「無」相遇合。這一面亦涉及對神的否定原理。即是，它包含對「神的否定原理」（否定神的那種原理，亦即是魔）的自覺在內。對於阿部來說，這種自覺即是對於魔的自覺。此中的關鍵點在於神仍然是有對象（相）性格的。但這種對象性格不是普通在知識論中的對於認知心而言的對象性格。至於作為「汝」（Thou）的神，則是全然非對象性格的。㊻

另外一面的自覺是，阿部強調，對於神所具有的「不是對象性的對象性」（見註㊻），仍然需要超越。必須有這種超越，才能達致徹底的非對象化的境界。即是說，具有「不是對象性的對象性」而作為「汝」的神的立場必須被超越，被突破，在神面前與神的一體性還需崩壞，才能開啟出在神背後的無。這表示信仰立場的瓦解。在這種瓦解中，魔的立場（自覺）便出現了。這魔的立場是反對原理、否定原

㊹ 以上有關阿部正雄所提的兩重虛無主義的說法，參看他的《非佛非魔：ニヒリズムと悪魔の問題》（京都：法藏館，2000），頁 17-22。

㊺ 這虛無主義性格是良性的，它可以助成覺悟或明覺的展露。它的作用在於否定、突破、超越我們生命中的機械性的、實體主義性格的執著。

㊻ 阿部這樣說，顯然表示神有兩種：有對象性格的神與無對象性格的神。後者是從信仰的立場而言的，信仰者與神已一體化了，故神沒有對象性格。阿部稱這種在一體化狀態中的神為具有「不是對象性的對象性」（不是相的相，無相之相）的神。與這種神成為一體的人，是真正的主體，他具有對於根源的實在（reality）的主體的自覺。至於「不是對象性的對象性」（相ならぬ相）這種表述式中的兩個「對象性」（相）自是就不同層次而言，前一「對象性」指在知識論中主客對峙關係中的對象性，後一「對象性」則指以信仰為基礎的、被人所信的神的實體性。

理。阿部強調，我們要轉換到這魔的立場中去，這轉換使神信仰的立場、與神的一體化具有主體的意義。㊼這種在神背後而作為神的基礎的無，透過主體的轉換，作為魔而被自覺出來。阿部更強調，倘若神背後的無不是作為魔而被自覺，而只單純地作為無而被自覺，則便墮於非主體性的思辯立場中了。㊽阿部強調，神否定的原理、神的反對原理需要在「對神的體證」的主體性的崩壞的脈絡下，才能有存在的、主體性的自覺。㊾

虛無主義在宗教救贖上有其一定的作用：它能把人在思想上的矛盾、情意上的葛藤、知見上的迷執徹底否定掉、虛無掉，必須先做這一步工夫，才能求進境。不過，光是虛無主義是不足的，它畢竟傾向於消極方面的破壞，在正面方面無所建樹，只讓人產生團團疑惑，以至禪宗的大疑。故西谷啟治提出要克服虛無，向空轉進。㊿阿部亦以魔的自覺來說虛無主義，並勸人克服虛無，透過大死的自覺，以直接悟入絕對無的境域。㉛

十二、我的省思與對京都哲學的回應

以下我要站在自己提出的純粹力動現象學的立場，來探討對治生命上的迷執與

㊼ 阿部似有這樣的意味，神是外在的，神的立場使神哲理化、概念化，因而作為神的另一方的人的主體性便滅殺。魔則是內在的，是人自己的生命存在中的問題。由對神的信仰轉移到對魔的自覺，表示把關心的重點從外在的神轉到自己的生命存在方面，這樣會加強人的主體自覺，增強人的主體性。

㊽ 無傾向於抽象的、思辯的意味，魔則是自家生命內部的負面問題。對無的自覺，是思想的、思辯的事；對魔的自覺，則是涉及自身的生命存在、自己的主體性。阿部顯然有這種想法。

㊾ 阿部似有這樣的意思，我們反對神的存在、否定神的存在，不能鮮明地、具體地展示於思想的、思辯的作業之中，卻是展示於在主體性層面所發生的對神的信仰、體證的事的崩解中。即是，倘若我們對神具有存在的、主體性的不信任，則這不信任只能發生於我們的主體性對神的信仰的崩壞中。又以上所論述阿部有關虛無主義、魔、神、無與覺悟、救贖諸問題，是據他的《非佛非魔：ニヒリズムと悪魔の問題》而來，頁 15-17。在有些未夠清楚的地方，我加上了自己的詮釋和意見。

㊿ 參看拙文〈西谷啟治的空的存有論〉，拙著《絕對無的哲學：京都學派哲學導論》，頁 121-149。

㉛ 《非佛非魔：ニヒリズムと悪魔の問題》，頁 15-23。

獲致明覺得救贖的問題。我在上面已暗示過，迷執的克服與明覺的獲致並不是兩件相互分開的事，而是不能分開的事，或竟是同一事體的不同面相、不同表述方式。當迷執被克服，明覺便被獲致了，救贖便出現了。絕對不是迷執被克服，隔了一段時間，才獲致明覺得救贖。這是因為這些事情都在同一的心靈或自我中發生。心靈或自我是一個整一體；說迷執便是整體的迷執，說明覺便是整體的明覺。有整體的迷執，便無整體的明覺；有整體的明覺，便無整體的迷執。心靈或自我決不會出現一部分是在迷執狀態，另一部分是在明覺狀態的情況。

這裏，我想評論一下上面所述阿部正雄以至京都學派對覺悟問題的說法。首先，他們很強調覺悟活動本身是存在性的（existential）和主體性的（subjective）。即是，覺悟是個人在時間中、空間中發生的事，當事人必須要全情投入到這種活動中去，把整個任務承擔起來，不能推委於他人。田邊元雖提出他力覺悟的方式，但在他的所謂「懺悔道的哲學」的懺悔實踐中，當事人必須誠心懺悔，勇於承認過失，甚至承認自己不再值得存在於世上。只有這樣，他才能得到他力大能的慈悲救贖，給予信心，讓自己生命內部的力量得以反彈，而重新肯定自己。他們都強烈地排拒以一種思辯的、置身事外的客觀態度來處理覺悟與救贖問題。其次，他們很重視虛無主義在個人的覺悟歷程中所扮演的角色：蕩除一切負面因素，如知見上的執著與對世間事物的癡戀，同時也很能明白到虛無主義的弱點，特別是它的否定的、摧破的傾向，認為必須克服虛無主義，向空的或絕對無的境域轉進。在這種實踐思想中，尼采（F.W. Nietzsche）、龍樹（Nāgārjuna）中觀學（Mādhyamika）與禪的影響非常明顯。尼采是虛無主義（Nihilismus）的倡導者，龍樹是空（śūnyatā）的發揚者，絕對無（absolutes Nichts）則是禪的無進一步向救贖論、存有論方面發展的成果。第三，在處理背反的問題上，京都學者總是強調突破背反，而對於以背反的一方（如善）克服背反的另一方（如惡）的提議不以為然。他們認為，背反的雙方在層次或次元（dimension）上是對等的，任何一方都不具有對另一方的跨越性（superiority），因此，在背反內部試圖解決問題，以一方克服另一方，如以善克服惡，以生克服死，是不可能成功的。只有突破整個背反，同時否定背反的雙方，從它們所成的相對格局超越上來，以臻於絕對的境界，才能徹底解決問題。對於這一點，久松真一持之最力，阿部正雄也很受到他的影響。這種提法，基本上是正確的，與我自己所提的很相若。不過，他們通常只說突破背反，但對在實際情況中應該如何去突破，則不予深究。也不問這種突破的力量是來自背反的內部呢，抑是來自背反的外部呢？都不清楚。

現在我要集中評論阿部正雄在對治生命的迷執與展露生命的明覺這一點（兩方面其實是屬於同一事體，故說「一點」）上所提出的說法。總括而言，就阿部所提各項而予以獨立的處理說，他的意見是很好的，每一項都有其自身的意義與作用。這些項目包括對虛無的自覺、對魔的自覺、無化的力動體、作為「我與汝」中的「汝」的神、在神背後的無，以至「非佛非魔」的終極的實踐格局。特別是他提到一般的神的觀念仍有對象性格，這種性格必須解除，以進於沒有對象性格的「我與汝」的「汝」的神。他認為這「汝」的神還不夠徹底，仍有「不是對象的對象性」，這仍要超越，以臻於完全沒有對象性的絕對無的境界，其實踐的思維形式便是他的書所標榜的「非佛非魔」的對神聖性與世俗性的雙邊否定。

不過，阿部的說法顯然有其弱點或不足之處。最明顯的是，一般的神、「汝」的神、魔（他在書的後面還分為「天魔」與「陰魔」）、無（絕對無）這些關鍵性的觀念在救贖的脈絡下如何緊密地連結起來呢？他未有清晰的處理，特別是，他未能把這些觀念恰當地擺放在一個完整的實踐的程序上，讓人可以按著次序來作業，以達致覺悟、救贖的目標。他對魔的問題的闡釋，更有雜亂無章的傾向，讓人難以把捉它的適切意義。如上面所展示，他以虛無主義來說魔的自覺，以魔來說迷執，這是可理解的。但他又以對神的否定原理（否定神的那種原理）來說魔，以反對原理、否定原理說魔的立場，又提到要把作為神的基礎的無視為魔而加以自覺。值得注意的是，他又參考歐陸哲學特別是存在主義、現象學的說法，視魔為由人格神到無（絕對無）之間起隔離作用的無限的深淵；痛陳對於這深淵的自覺即是對於魔的自覺。[52]這些說法缺乏一致性。本來，罪、苦、惡、魔、死這些表示人生的幽暗面的東西，是宗教實踐中挺重要的題材，裏面充滿著無助、無奈、悲哀與莊嚴，都交雜在一起。一套好的宗教學說、哲學，必須正視這些題材，對它們有妥善而有效的處理。阿部對人性中的魔性的處理，是這方面的美中不足點。

---

[52] 同前，頁 14。

雖然如此，我仍認為《非佛非魔》是一部上乘作品，阿部對人性中的魔性的確有很深邃的體會，對我們對神所生起的對象性格念之繫之，這兩者都是人走向救贖之路的障礙。他提醒謂，我們對神的體證仍有對象性，因此，我們要在對神的體證的崩解這一點上，展示覺悟的存在性格與主體性格。即是，對於覺悟、救贖這樣的宗教活動，我們必須有存在性的、主體性的參予，盡量減殺對神的對象性的執取。[53]

十三、我對迷覺背反問題的總的省察

現在我要正面探討迷執與明覺的背反問題，以結束有關迷覺背反我的討論。如上面提到，迷執與明覺在存有論（ontology）與救贖論（soteriology）上是對等的，任何一方都不可能克服另外一方，因此，這個背反不能透過以明覺來克服迷執這種方式來解決。只能通過對背反的突破來解決，這也是京都哲學家所提的背反問題的解決途徑。但要突破背反，特別是迷執與明覺的背反，談何容易？這兩者在生命中都有其根深蒂固的存在性。首先出現的問題是，突破背反的力量出自何處？是出自背反本身呢？抑是出自背反之外的某處呢？這自然又涉及自力與他力的問題。倘若突破的力量來自背反本身，則救贖是自力主義性格；倘若突破的力量來自背反外部，則救贖是他力主義性格。就我自己的思考與體會來說，突破背反的力量是不能來自背反之外的任何處。理據有二：一，突破背反的力量倘若來自外界，則迷覺背反我在根本的意義來說便同於委身他力我，若是如此，則在委身他力我之外另立迷覺背反我便無必要。委身他力我的覺悟、得救贖的源頭不在自身，而是在自身之外的他力大能，不管是耶和華也好，阿拉也好，阿彌陀佛也好。若迷覺背反我需要借助自身以外的力量來突破內部的背反，則這個自我仍要依賴他力才能覺悟得救贖，仍不免於委身他力的模式。其背反性格只是在他力主義的大脈絡下與委身他力的自我不同而已。理據二是，就純粹力動的立場說，所有東西（存在的 ontisch 與存有論的 ontologisch）不外乎是自我與世界而已，其存有論的根源都是純粹力動。除此之外，更無他物。自我之外，具有導向意義（價值意義）的，有藝術或美學的靈臺明覺我、

---

[53] 請覆看註[49]。

道德的同情共感我、宗教的本質明覺我、委身他力我和迷覺背反我。認知我的導向意義是權宜性格，工具性格，不能說真正的導向。這在拙著《純粹力動現象學》中有詳盡的闡述。在這些自我中，除迷覺背反我本身不計外，其他形態的自我都不能提供助力，以突破迷覺背反我中的背反。至於世界方面，這是一個動場（力動場所）的世界，它雖是有機的性格，與自我也有感應，能回應自我的呼喚而呈露、開顯自己，但力動（Vitalität）總是微弱，不足以幫助迷覺背反我突破其背反。

基於上面所提的兩個理據，我們可以肯定地說，要突破迷覺背反我中的背反，只能倚靠背反自己。它必須進行自我突破。故迷覺背反我的覺悟得救贖必是自力主義的。這個背反由迷執與明覺兩個性質相對反的要素構成。如上面所述，迷執是純粹力動所詐現的氣稟使然，這是一種沒有運作方向而只是不斷絕地向所接觸到的事物癡戀、執取的生命要素，其中不可能有突破背反的力量。明覺則是純粹力動在主體方面所表現的睿智的直覺本有的明覺；但這明覺由於迷執的氣稟常在左右障礙與干擾，致狀態不穩定，有時明覺顯露，有時則明覺沉隱。分析地說，當明覺顯露時，迷執即暫時收斂起來，不起障礙與干擾；當明覺沉隱時，迷執即出動，橫行無忌地肆虐，讓生命沉淪。這種情況不停地重複發生，迷執與明覺這兩種性格相反的生命要素總是癡纏在一起，處於敵對狀態，不停地相互鬥爭抗衡，讓生命動蕩不穩。突破背反的力量便存在於作為背反的一邊的明覺裏頭。

要特別指出的是，在背反中的迷執與明覺雙方應該都是在相對的次元（dimension）中。特別是明覺，它本來是睿智的直覺的明覺。睿智的直覺直承純粹力動而來，而且在一切有情眾生中都有其自我同一性（self-identity），故是有普遍性的，因而也應是絕對性格的。明覺既是睿智的直覺的明覺，自然也是絕對性格的。但由於它與迷執成一背反關係，凡在關係網絡中的東西都有限制性，都無真正的自由可言，都是相對性格的。因此，在背反中的明覺也應是相對性格的，只要它脫離不了背反關係，它總是相對性格。這相對性格是由睿智的直覺下陷到背反之中而沾上的。它沉淪到背反的關係網絡，以明覺的身分而與迷執相對峙，明覺即不得不轉成相對性格。明覺雖是相對性格，它總是睿智的直覺下陷到背反之中而成，故還是潛藏著後者的自由性與絕對性。一旦明覺能從與迷執所成的背反中霍然而起，超越、突破背反，自我上提而回歸向睿智的直覺，便能回復原來的絕對性格。因此，在背反中的明覺有自我霍然躍起、突破背反的能力。若以天台宗智顗大師的詞彙來說，在一念無明法性心中，法性與無明這兩個正反因素糾纏在一起，而成一個背反。由於法性心淪於背反中，為無明所纏，它便因此失去自由性與絕對性。一朝法性心悟得自身本來自性清淨無染，便能自背反中反彈而起，突破背反，回復原來的法性的絕對自由的狀態，而且能轉化無明。這便是所謂「無明即法性」。

在迷覺背反我的脈絡下講覺悟得救贖，是最難講的。即是說，在迷覺背反我的背景下尋求覺悟得救贖，難度是很高的。這種宗教實踐有很濃厚的辯證意味。具體地說，此中有兩面辯證作業。第一面是明覺自身要隨時警覺，對自己的行為時常保持一種批評甚至批判的眼光，一感覺有下墮傾向，便要把注意力提起，採取果斷行動，努力把自己從本來所置身於其中的相對性的次元上提至絕對性的次元。這是通過否定自身的相對性格以達於絕對性格的辯證作業。同時在另一面，要以自身的明覺照察恆時與自己癡纏在一起的迷執，在背反這一整一的狀態中盡力鬥爭，衝破背反，突越開來，回頭把迷執轉成明覺。這是另一面的辯證作業。要注意這兩面辯證作業是同時同步進行的，只是一面是在明覺內部中進行，另一面則是在作為一個整體的背反中進行。[54]

以上所論述的在迷覺背反我之中對於背反的突破，是以分析的方式來進行，那是為了易於理解的緣故。實際上，這種突破是一種綜合性的宗教實踐。分析地說，在背反中的明覺與迷執都是相對性格；特別是明覺，它作為明覺，只是一種光景。真正的、絕對的明覺隱匿在這光景的明覺之中。絕對的明覺突破光景明覺，同時也突破這光景明覺與迷執所造成的背反。絕對的明覺突破光景明覺與後者跟迷執所造成的背反，而成就了迷覺背反我的覺悟得救贖的宗教目標，是絕對的明覺的呈顯、自我呈顯。這正應合海德格（M. Heidegger）的名言：實有的本質便是呈顯（Sein west als Erscheinen）。在一念無明法性心的情況也是一樣。與無明相結合而成一背反的法性是光景法性，真正的、絕對的法性匿藏在這光景法性之中。真正的、絕對的法性

[54] 這種辯證的宗教救贖作業並不只限於迷覺背反我的範圍之內。委身他力我的實踐也有強烈的辯證色彩。日本淨土真宗有「惡人正機」的說法，認為愈是窮凶極惡的人，愈能成為他力救贖的對象。這點便展示出濃烈的辯證意味。

突破光景法性，同時也突破這光景法性與無明所結成的背反，而呈顯自己。而作為「平常心」或「平常一念心」的一念無明法性心便成就了無明即法性的自我轉化。

我要澄清一句在我們日常生活中常聽到的話。一般人總是喜歡說「正邪不兩立」、「邪不能勝正」的話，又表示正義最終會克服、戰勝邪惡。就背反的立場來說，正義與邪惡正好構成一個背反，由於兩方在存有論、價值論上是對等的，其次元相同，故不可能有一方克服、戰勝他方的情況出現。除非你從正義一方用功，突破這個背反。這樣，正義與邪惡的相對性格都被克服，最後達致絕對的正義。一般人總喜歡說邪不能勝正這樣的話，只表示他們的主觀願望或信仰而已；從理論、義理上言，這種話是無效的。

十四、關於總別觀照我

上面所闡述的幾種自我，都具有宗教現象學的意味，都是我們要努力達致的目的性的、價值性的、理想性的自我。有人可能會提出，藝術是求美的，道德是求善的，宗教則是求神聖的。還有知識，它是求真的，也應有目的性、價值性、理想性，何以它的主體，即認知我，不受到注意呢？我的看法是，嚴格來說，認知我的現象學的導向義並不強，它比較傾向於一種工具性的、權能性（Vermöglichkeit）的自我。它可以幫助我們對事物建立正確的、清晰的知識，我們可藉著這種知識去做有價值的事。這種知識分兩種：總相的知識與個別相的知識，因而就自我來說，認知我可被視為總別觀照我。以下是我在這方面的一些說明。

這裏所說的認知，或認識論，是取廣義的說法，不是取狹義的說法。狹義的說法的認識論是以感性（Sinnlichkeit）與知性（Verstand）這兩種認識機能為基礎的；它們所能認識的只限於現象（Phänomen）的範圍，不能涉及物自身（Ding an sich）。廣義的認識論則是以知性（感性也包括在內）與睿智的直覺（intellektuelle Anschauung）這兩種機能為基礎；它們所認識的東西，則由普遍的性格或總相與特殊的性格或別相轉移到物自身與現象方面去。

進一步來說，在拙著《純粹力動現象學》中，我提出純粹力動（reine Vitalität）作為終極原理，在主體方面表現為睿智的直覺。依海德格（M. Heidegger）的真實或實在的本質（Wesen）是呈顯（Erscheinung, Erscheinen）這一存有論的原則，睿智的直覺會自然地由超越界走向世俗化而凝聚、下墮，詐現為氣，再由氣分化而詐現為具體事物，而自身則屈折成知性（也包括感性在內）以理解現象，以時間、空間一類感性直覺的形式與知性的概念特別是範疇鎖定現象為對象（Objekt），建立對它們的客觀的、有效的知識。在理解現象、建立對象的同時，知性亦在心理學上起情執，執取對象為具有常住不變的自性（svabhāva）、實體（substance）。這樣地依認識論與心理學的進路以建立存在世界，便成就所謂有執的存有論。在這種思維下所浮現的對事物的理解，或所獲致的真理，是現象層面的真理，不能展示事物的物自身或事物的在其自己方面的真理。這現象層面的真理相應於佛教所說的世俗諦（saṃvṛti-satya）。而建立這種真理的知性，便是一種世諦智（saṃvṛti-satya-jñāna）。這種世諦智是感性與知性的結合，其認識作用是由感性自身所挾帶著的時空形式接受由睿智的直覺所詐現而成的有關存在世界的原始的資料（data），這些資料或與料是個別的、特殊的，也可說是具體的。這即是別。此時知性只依其範疇概念不能如實地理解與料的詐現性格，卻囿限於與料的特殊相、個別相之中，只能識取這些個別事物的現象性格，復進一步執持這些個別事物，以之為具有常住性的實體、自性。知性始終困囿於個別事物之中，只能掌握它們的特殊性格，亦即是個別性格，而不能領悟它們都平等地、無分別地是睿智的直覺的詐現這樣的普遍性格、總的性格。

睿智的直覺雖然自我屈折而成知性，如上所述，因而認識活動由知性帶動，但睿智的直覺並未因此而消失，它只是隱藏起來，它的明覺還在作用著、照耀著，只是不能彰顯而已。在機緣成熟之時，它能脫縛而出，展露其光輝，一方面牽制知性的作用，不讓它對事物起執；另方面貫串入作為現象的事物中去，滲透入其內層，了達它的總的、普遍的性格：詐現。再進一步，睿智的直覺復能霍然躍起，綜合事物的別相與總相，或特殊性格與普遍性格，觀照兩者的相即不離的關係：別相是總相的別相，總相是別相的總相，因而兼攝總別。純粹力動便是這樣，以睿智的直覺的形式，存在於眾生的生命存在中，而成為其主體性。透過詐現現象的事物，屈折成知性，對事物起執，最後升揚上來，克服執著，保存知性所得到的別相，復以自身的明覺，照耀事物的總相：本質性格、物自身性格。這樣便可兼攝總別，把自家的真實性帶出來，呈顯了自己。

在這種意義脈絡下成立的總別觀照我，其功能明顯地超越於一般所說的認知我，因而不完全是工具性格、權能性格，在一種寬鬆的程度下，也可以說展現終極真理，有助於覺悟與解脫。另方面，在我所提的佛教的判教中，有挾相立量與捨相立量這兩種教法，有相當濃厚的知識論或認識論意味，也與終極真理相通。特別是陳那（Dignāga）、法稱（Dharmakīrti）和他們之後如法上（Dharmottara）、寂護（Śāntarakṣita）、蓮華戒（Kamalaśīla）、脫作護（Mokṣākaragupta）、寶作寂（Ratnākaraśānti）、智作護（Prajñākaragupta）、智勝友（Jñānaśrīmitra）、寶稱（Ratnakīrti）等，都是在一定程度下強調知識論，重視我們對世俗事物的知識的。我們在這裏提出總別觀照我，正好對這些重要的學者的成果有相應的交代。

十五、由判教的線索到判教的基準

以上我探討了宗教現象學的自我的三種形態。至於有濃厚的認知義的總別觀照我，嚴格來說，不能作為宗教現象學的自我看，但它直接關涉到佛教知識論特別是陳那（Dignāga）與法稱（Dharmakīrti）的那一套理論，而在他們以後的印度佛學，都脫不了知識論的問題。因此，在後面相關的地方，我會對於這總別觀照我作相應的說明。現在我所關心的，是在判教方面由線索通到基準的問題。

所謂線索即是導向，是指心靈的運作的導向、方向而言。西哲康德（I. Kant）在他的批判的大動作中，提出了心靈或自我的四個運作的方向，那即是知識的、道德的、藝術的和宗教的四者。他有深刻的與廣遠的睿見（Einsicht），能把人類的一切文化活動，以這四個導向來概括。我在這裏的工作範圍比康德的要狹得多，只處理作為宗教的佛教的判釋問題。便是由於只聚焦於宗教範圍，故提出的方向比較細緻，延伸及三個方向：本質明覺、委身他力和迷覺背反。若把知識的或總別觀照的方向也算在內裏，便是四個方向，或四條線索。

基準或判教的基準的處理，是本書下一章的工作。我在這裏只簡明地說一些，俾能由這一章的題材引領出下一章的題材。基準即是準繩，涉及某一宗派教義的結構與張力，也關連到某種宗教的立教根基，這根基能否讓有關的宗教在廣遠而堅強的理論效力下站起來，而且長時段地站起來，影響現實的世界，幫助這現實的世界從苦難中解放開來。此中自然需要一種宗教意義的熱忱。同時，宗教自身需具足動力、動感，能夠有效地回應以至解決眾生的訴求與苦衷。另外，宗教自身需要具有在安危方面對眾生的關心，這種關心可以上提到生死相許的忠誠。宗教也需要具有有關眾生和他們所置身於其間的環境的知識，和種種有效的方便法門。例如，面對著一群孤苦無依而又饑寒交迫的眾生，你總要想辦法替他們找尋食物和衣物才行，你老是在他們旁邊為他們向上帝祈禱，或念誦阿彌陀佛的名號，有甚麼用呢？以上所述諸點，便是我所謂的基準。

第三章　我的判教基準

以下我要展示我自己的判教理論，對佛教的教義作分判。首先要說明的是，我的判教對象，是在印度和中國發展出來的佛教。主要的原因，一方面是佛教的義理，在印度和中國有較卓越的發展；其他區域的佛教，如在西藏、高麗、日本、蒙古、絲綢之路周圍的發展，基本上是沿著印、中佛教加以繼承和配合該有關區域的文化、風土人情來開拓出自己的義理和實踐體系，原創性（originality）不夠強，當然其中亦有例外，例如西藏佛教的宗喀巴（Tsoṅ-kha-pa）和日本佛教的道元。另方面是我自己對印、中佛教比較熟悉，較能順利處理有關文獻；同時，自己的時間與精力也很有限，光是作印、中佛教的研究已感到局促，更遑論其他地域的佛教了。不過，對於發源於日本的京都哲學，我還是拿來處理，因為它的發展範限，已超出日本本土，走向國際宗教研究與開拓的舞臺了。它具有相當雄厚的潛力，並且還在不斷進展中，早已備受國際的哲學界、宗教學界和神學界注目。我個人估計它對國際的思潮，在跨宗教與跨哲學方面，將會有深遠的影響與實質的貢獻。

我要在本書中把佛教判釋為十一個宗派：捨邊中道、法有我無、即法體空、識中現有、挾相立量、空有互融、佛性偏覺、佛性圓覺、委身他力、無相立體和佛性解構。以下先交代一下我對佛教的判釋所立根的基準。

一、判教的基準：動感問題

佛教是一個很大的宗教，它的義理非常豐富，所謂「三藏十二部」，讓人有不知從何說起的感覺。這個義理大海，是自釋迦牟尼（Śākyamuni）創教以來，佛教弟子和佛教研究者透過悠長的歷史與遼闊的地土所共同發展出來的研究成果。這研究成果是上述有關人士艱苦經營而來的，同時也包含了教外各種不同的刺激的元素。

例如印度方面在佛教出現之先的婆羅門教（Brahmanism，今為印度教（Hinduism））、在義理上與佛教相互論諍的其他哲學派系，如六派哲學；中國方面則有原來的儒家與道家和它起種種激盪；到了今日，又有基督教和西方一些主流哲學和它諍辯和對話。對於佛教來說，這些多元的思潮與佛教的遇合（Begegnung），肯定會刺激它的發展，甚至使它進行自我轉化。

面對佛教所含藏的這樣多元化的義理：觀念論、實在論、救贖論（或解脫論）、存有論（或存在論）、認識論、推理論（或因明學）、實體主義、非實體主義，等等，我們應該如何理解，如何把它們一一放在一個總的架構之中，把它們綜合起來，為它們作恰當的定位呢？這便是判教或教相判釋所要做的。

對於佛教的判教或教相判釋，很早便有人做了。在印度佛學方面有《解深密經》（*Saṃdhinirmocana-sūtra*）和寂護（Śāntarakṣita）；在中國佛教方面則更多，上面所舉的智顗、法藏、宗密、太虛和印順，都是著名的例子。在他們的判教中，通常都可以看到一些線索，作為判教的基準。在這一點上，天台宗智顗大師的判教，顯得最為清晰俐落。他以真理觀為主軸，以實踐真理的方法為輔軸，來進行分判。在真理觀方面，他提出兩層真理：空與中道，在他的理解中，中道與佛性是等同的。至於實踐或體證真理的方法，他提出析法與體法；析法是分解、析離諸法，體法則不作析離，當下就法本身來看。在更高層次方面，他提出歷別與圓頓；歷別是依循階段去做，是漸次的，圓頓則是不必經歷階段，而是頓然地、一下子地成就。因此，他便很自然地以真理觀與體證方法來進行判教，判藏教或小乘（包括原始佛教❶在內）為「析法入空」的模式，通教（包括般若思想、中觀學和《維摩經》思想）為「體法入空」的模式，❷別教（包括佛性或如來藏思想）為「歷別入中」的模式，最後以圓教為「圓頓入中」的模式。其中，「空」（śūnyatā）作為自性（svabhāva）的否定，是一種狀態（Zustand）義，是靜態的，不具有動感。「中」是中道（madhyamā pratipad），等

❶ 《阿含經》（*Āgama*）是佛教最早期的經典，記載了釋迦的生平和思想，這便是一般所謂的「原始佛教」（Primitive Buddhism）。我們可以說，以《阿含經》為依據的原始佛教，最接近、最能表示釋迦的言行與思想。原始佛教為一切教法所宗，智顗把它放在三藏教中，未必恰當。

❷ 智顗以《維摩經》（*Vimalakīrtinirdeśa-sūtra*）屬通教，頗令人困惑不解。此經盛發揮淫怒癡是解脫、諸煩惱是道場的弔詭思維，與其說是屬於通教，不若說是屬於圓教來得貼切。

同於佛性，故具有動感。在智顗看來，真理特別是終極真理，是具有動感的。

以下我要交代我自己判佛教各種思潮或義理所採取的基準。如上一章所說，基準可以包含很多點，這裏我要聚焦於動感與認識兩大項中，其他的點則在相關的地方加以回應與處理。我想這樣會眉目清楚些。當我們談起佛教的義理，總會先想到「空」。原始佛教說意念無常、質體無我，都含有空的意味。下來般若文獻，由《心經》（*Prajñāpāramitā-hṛdaya-sūtra*）說「色即是空」、「五蘊皆空」，中觀學的《中論》（*Madhyamakakārikā*）也說「眾因緣生法，我說即是空」、「以有空義故，一切法得成」。說佛教的主要觀念是「空」，似乎沒有嚴重的問題。下來我們會想到「佛性」（buddhatā）、「般若」（prajñā）、「菩提」（bodhi）、「如來藏」（tathatāgatagarbha）、「涅槃」（nirvāṇa）、「解脫」（mokṣa），等等。空、涅槃都有事物的真理狀態意，是一種靜感的觀念；般若、菩提則指智慧，能發揮明覺的作用，去觀照事物的空性（śūnyatā-svabhāva）；而佛性、如來藏則表示一種主體性的心靈，是般若、菩提智慧的所由出，結果是涅槃境界的獲致。在這裏，我想就佛性的問題，多說幾句。佛性是成佛的體性（這體性不是實體義），是成佛的主體性、成佛的超越的依據（transcendental ground），有很強的動感義。在佛教的重要觀念中，「心」與佛性最為相應；它是活動的主體，故智顗提出「佛性真心」一觀念。這些說法，基本上都沒有問題，但我們都忽略了一點：由佛性、如來藏所發出來的般若、菩提智慧可以照見事物的無自性空的真理狀態，最後便能覺悟，得解脫，證得清涼的、沒有煩惱的涅槃境界。這整個覺悟的歷程，必須基於宗教實踐，在宗教實踐的脈絡下，才是可能的。實踐甚麼呢？實踐的原則是甚麼呢？這個問題必須先得到解決，其他的一切才能說。這實踐的原則，便是中道（madhyamā pratipad）。而具體的做法，便是實行八正道：正見、正志、正語、正業、正命、正精進、正念、正定。這八正道表示我們實踐中道的八種途徑。「八」是無所謂的，你增或減一兩個途徑，都可以。但中道這個總原則，必須要持守，在實踐中持守，才能有覺悟可言，否則一切都是空說。

中道之為重要，可以在最能代表佛祖釋迦牟尼的教說中的《雜阿含經》（*Saṃyutta-nikāya*）中找到文獻學與義理的理據。此經典有謂：

> 如實正觀世間集者，則不生世間無見。如實正觀世間滅者，則不生世間有見。……如來離於二邊，說於中道。❸

所謂「世間集」，指世間種種因素的集合，具體的現象與事物，便是這樣出現，它不是一無所有，不是虛無，故我們不必對這些東西產生無、虛無的見解。另方面，世間的現象與事物是依因待緣而成立，因、緣離散，則這些東西便會隨之變異，以至消失，故我們不應視這些東西為有，為常住。這便突顯出佛陀不執取有與無兩個極端，超越它們的相對性，而直契入真理，這便是中道。《雜阿含經》又說：

> 世人顛倒，依於二邊，若有若無。❹

這是說一切顛倒見解與顛倒行為，都源於對有、無或其他相對的兩極端有所迷執而起，故我們應該突破、克服有、無二邊的見解，而行中道。該經典又說：

> 若世間無者，不有世間滅，如實正知見。若世間有者無有。是名離於二邊，說於中道，所謂此有故彼有，此起故彼起。❺

這是說，倘若世間事物的本性是虛無的話，則便無滅可說。因滅是在有的狀態的東西的消失，倘若沒有有的狀態，則亦無有的滅去。又若世間事物是有，是常住，則無所謂生起，而成為有。既然世間事物已是有自性，是有，由無變有的情況便無從說起。因此我們要遠離極端的偏見或邊見，而居於超越二邊的中道。最後以緣起來說中道。

以上的《雜阿含經》的有關中道說法的引文，都是就對於有、無兩個極端的超越來說中道，那是由於有、無這兩個範疇（Kategorie）常被人執取，而陷於一種背反

---

❸ 《大正藏》2・67 上。

❹ 《大正藏》2・66 下。

❺ 《大正藏》2・85 下。

中，不能自拔的緣故。以中道為本而要超越的極端或邊見，當然不限於有、無。凡是被執取而成為極端，因而被視為具有自性的範疇或性格，都要被克服，否則人便會因此而陷於顛倒見解之中，繼而生起顛倒的行為，覺悟便無從說起。在這個意旨上，《雜阿含經》有時也用有、無之外的其他極端的被克服來作例示：

> 煩惱生歡喜，喜亦生煩惱。無惱亦無喜，天神當護持。❻

這是說煩惱與歡喜會相互挑惹而生起對方，讓人的情緒不得安寧，因此要同時克服這兩種極端，臻於惱、喜雙泯的中道心境才成。《六祖壇經》中所記敘慧能的一句名言：「不思善，不思惡」，也是一個很好的例子，它勸誡我們超越相對的善、惡兩極端，而達致無善無惡，善、惡兩忘的絕對的中道境界。

實際上，佛祖釋迦牟尼自己的生活經驗和生命歷程可以提供判教的基準一個活生生的例證。在出家之先，他過著豪奢的、淫欲的生活，這在很多佛陀傳記中都可以看出來。但釋迦並不滿意這種生活方式，認為豪奢淫欲不能讓人內心感到平和、寧靜，不是生命歸宿的所在。於是他毅然放棄這種生活方式，獨自離開他所自出的大家族，跑到郊野的叢林去，加入五個修習苦行的瑜伽行者的行列，所謂「沙門」（samaṇa, śramaṇa），刻意折磨自己的身體，有飯不吃，有衣不穿，有屋不住，只棲息於叢林中，勉強維持生命。他們認為這樣對待自己，可以消除以往積存下來的惡業，最後得到永恆的寧謐：解脫。這樣捱了六年，把自己弄成人不似人、鬼不似鬼的狼狽樣子，內心還是不感到安寧，只有焦慮而已。釋迦於是感到、悟到苦行的生活與淫欲一樣，都是極端的做法，不是謀求覺悟成道的正途，最後他放棄苦行，過著簡樸的生活，希望以平淡的心境，悟到生命的真諦與理想。他沿著包括人在內的萬物的緣起性格、無自性（無我 anātman）、空的本質這樣的脈絡思維、瞑想，最後終於悟得中道之理：當人能從淫欲與苦行、有與無、善與惡、煩惱與欣喜這樣的相對的二邊或兩個極端所成的背反（Antinomie）中突破開來，超越上來，中道的超越的大門便同時敞開，人便因此得覺悟而成道。原始佛教的重要思想，如四聖諦

❻ 《大正藏》2・155 下。

（satya-catuṣṭaya）、十二因緣（dvādaśāṅgika-pratītyasamutpāda）和三法印（dharma-uddāna-traya）等便被提出來了。

在這裏，我們可以在苦、樂及超越苦樂的問題上作些反省。對於苦、樂而言，倘若這兩者是不可避免，但也不是被刻意地弄成一種極端，相信釋迦不會反對。就樂來說，他會承認合理的樂是人生中的幸福的事，所謂合理，是指不是淫樂那一種。在他看來，遠離自己平時過著的現實生活，刻意揀擇一種極端的苦行來折磨自己，弄至骨瘦如柴，了無生氣，像垂死的人那樣，不會有樂可言，對於人的精神境界的提升，也不會有助益。因此，他最後離開那五位修苦行的沙門，接受村女所供養的乳糜（odanakummāsa），回復正常的飲食生活。這應是他追求覺悟、解脫的一個關鍵點。即是，浪費的、奢華的淫樂的生活固然不好，勉力地、過分地努力、精進也不好。對於那五個苦行的沙門認為他轉軚，捱不住，不能堅持，不能精進，而自我墮落，❼他也不介意。

正是在這個關鍵點上，釋迦不再追隨那五個沙門，自己確立一種新視野，或場域（Horizont），開拓屬於自己的價值觀，走另外一條實踐之路，這即是雙捨苦樂兩極端的中道之路。他的心聲是：我不能糾纏在兩個極端之中：淫樂、粗鄙與刻意摧殘、作賤自己。我們只有一條路可走，那便是中道，由一切極端中超越上來，以智慧眼生起明覺，以體證涅槃的、寂滅的境界。❽爾後佛教的發展，起碼就前期與中期言，是環繞著這種思維方式或導向而進行的。

中道（madhyamā pratipad）與空（śūnyata）無疑是理解佛教特別是大乘佛教的核心觀念，兩者在意義上有相通的地方，也有相異之處。我的判教的第一基準，落在動感（Dynamik）一點上。我認為一種宗教必須在教義、教理上強調動感，憑著這動感，才能有力地開展出宗教運動，對社會大眾產生廣泛的、實質性的影響，如佛教（大乘佛教）所強調的「普渡眾生」。換言之，宗教所立基的終極原理，應該是活動性格的，能夠在世間起用的，對後者產生教化、轉化的作用。一種圓滿的宗教應該

---

❼ bāhuliko samaṇo Gotamo padhānavibhanto āvatto bahullāyā.(*Mahāsaccaka-sutta, Majjhima-nikāya*, 36, Vol. 1, p.247).

❽ *Tathāgatena-sutta, Saṃyutta-nikāya*, LVI, Sacca-saṃyutta, II, Dhammacakkapavattana-vagga , Vol. V, pp.420-425.

是這樣的宗教，一方面它有超越的面相，超越現象世界、經驗世界的種種染污的、虛妄的因素；同時也要能與現象世界、經驗世界保持密切的關係，有導引的作用，俾能在世界中發生苦難時，能及時施以援手，拯救眾生。因此，圓滿的宗教應該具有既超越而又內在的兩重性格。捨離的宗教，不食人間煙火，讓眾生陶醉於一種清幽脫俗的環境而遠離凡塵世界的宗教，不是好的宗教，更不是圓滿的宗教。這便涉及我的判教的第二基準：宗教應與世界有密切的關聯。以下先論述第一基準。

中道與空都是佛教強調的終極原理。佛教徒一般都較注意空的一面，喜歡以空來鎖定、characterize 佛教的本質。但佛教也強調緣起（pratītyasamutpāda）一面。空傾向於表示世界的本性亦即是無自性性一面；而緣起則傾向表示世界的現象的、因果性一面。不過，我們不能把空與緣起截然分開，兩者的關係非常密切，密切到兩者都是指涉同一個義理，只是從不同的角度來看它而已，兩者只是一物的不同的面相而已。在狀態方面，兩者給人的印象是，空是靜態的，是指述事物的真理或真正的狀態、不虛妄的狀態；緣起則涉及事物的生起、依緣或條件而生起，因此，好像能說一些動感，但這亦只限於在現象的、經驗的層面說。在性空的本質方面，動感實在很難說。

關於緣起與性空或空性的問題，我們暫時擱置一下。我想直就可靠的佛教的文獻探索一下中道與空的意義。先說空。要討論空的問題，當然不能不關涉空宗的文獻，這亦即是《般若經》（*Prajñāpāramitā-sūtra*）和龍樹（Nāgārjuna）的中觀學（Madhyamaka, Mādhyamika）。經的說法比較鬆散，缺乏論證，論是對經義的發揮，說法嚴謹而有系統。在這一點上，我挑龍樹最重要的著作《中論》（*Madhyamakakārikā*）來說。

到目前為止，我對龍樹《中論》的空義的研究，可以歸結為對自性（svabhāva）的否定和對邪見（dṛṣṭi）的否定。依龍樹，自性作為常住不變的質體，或實體，是不存在的。這個觀念違反了緣起的正義。事物是依因待緣而成就的，不能有自性。以事物有自性，是錯誤的認識，是邪見，我們必須否定自性，也必須否定以自性為有的見解。故對自性的否定可以納入對錯誤的認識的否定中，亦即納入對邪見的否定之中。❾倘若是這樣，則空表示一種有關事物的無自性的真理的、真正的狀態，

---

❾ 關於這點，參看拙著 Yu-kwan Ng, *T'ien-t'ai Buddhism and Early Mādhyamika*. Honolulu: University

和對邪見的否定。事物的狀態、沒有自性的狀態（Zustand），是在知見上的認識，或洞識，是靜止的，沒有動感可言。而對邪見的否定只是不承認某種見解是真正的、正確的見解而已，狀態（Zustand）的意味還是很濃，不能說強烈的動感，一般程度的動感也難說。❿

原始佛教提及我們對心靈的修習方面，提出四種修習方式，所謂四種三昧。三昧（samādhi）是心靈的靜止狀態；心靈若能自我專注，自己的力量不離散，不生起種種雜念，不「心猿意馬」，不讓自己的力量虛耗在不切實際的想法之中，不生戲論，便能達致定止的狀態，便是「三昧」。這是一種禪定的工夫，或後來佛門特別是中國佛教所強調的「止觀雙運」中的止的工夫。這種工夫，基本上都是以一種低調的、負面的、不是進取的方式被表達出來，因而所指涉的心靈，是處於安祥寧靜的狀態，沒有很多動感的狀態。《雜阿含經》說：

> 尊者那伽達多告質多羅長者：「有無量心三昧、無相心三昧、無所有心三昧、空心三昧。云何長者？此法為種種義，故種種名，為一義有種種名。……」長者答言：「無量三昧者，謂聖弟子心與慈俱，無怨、無憎、無恚，寬弘重心，無量修習普緣。……是名無量三昧。云何為無相三昧？謂聖弟子於一切相，不念，無相心三昧身作證，是名無相心三昧。云何無所有心三昧？謂聖弟子度一切無量識、入，處無所有，無所有心住，是名無所有心三昧。云何空三昧？謂聖弟子世間空，世間空如實觀察，常住不變易，非我非我所，是名空心三昧。」⓫

---

of Hawaii Press, 1993, pp.13-22.

❿ 京都哲學家阿部正雄在 John B. Cobb 與 Christopher Ives 合編的 *The Emptying God: A Buddhist-Jewish-Christian Conversation* (Maryknoll, New York: Orbis Books, 1990)一書中，發表了一篇長文〈淘空的上帝與動感的空〉（"Kenotic God and Dynamic Sunyata", pp.3-65），其中盛言空的動感。按阿部所理解的空，基本上是就空宗亦即是般若思想與中觀學特別是龍樹的空義說的。依我自己的研究，龍樹的空的動感性是較弱的，與阿部以「動感的」（dynamic）來說空，非常不同。不知阿部的說法的文獻依據是甚麼。

⓫ 《大正藏》2·149 下-150 上。

這裏提出心靈在止或禪定修行方面的四種方式：無量、無相、無所有與空。這些心靈的活動（即使是靜態的活動）都是負面的形態，在內心因擾蕩、熾熱而生起種種妄想、計執的情況、脈絡下提出來的，目的是要回復心靈與對象本來的安寧、沉寂的狀態，動感都非常弱。例如，無量三昧是要去除一切怨、憎、恚這些煩惱，而生起慈讓的心，寬敞宏遠的懷抱。無相三昧是要消棄一切對對象的分別、計執、佔有的妄念。無所有三昧是要克服一切虛妄認識的官能（感官）活動，而處於一切平鋪、放下、不佔有的心境。最後的空三昧，是要人明瞭世間事物的因緣和合，因而沒有恆常不變易的本質、自性的性格，以如實的眼光洞見一切法的虛妄不實性。最後提出「非我非我所」，勸人不要陷於我（主體自身）與我所（對象方面）的主客分裂、分離的關係之中；在這一點上，中道的涵義呼之欲出。⓬

在這裏，我想我們應該注意一點。《雜阿含經》在這裏是說及一種修行方法，那便是三昧禪定或止。修行本來是一種活動，一般而言，免不了涉及動感。但在這裏所說的修行，卻完全是收斂導向的，沒有開發的意味。這只是個人內心的一種凝注的、定靜的工夫，與其他人無涉，更沒有與他人的互動關係。像這樣的修行的方式，在阿含文獻中說得很多。即使是由空說到中道，也不過是教人不要執取相對的兩個極端、雙離二邊而已，完全沒有爾後佛教傳到中國而成為中國佛教，成為天台、華嚴與禪三宗所強調的濃烈的動感的意味。不過，不管怎樣，就動感來說，中道肯定比空強得多。空是事物的真理的、真正的狀態，有很強的理想義。而中道則是實踐的方法，讓人由此而體證空的真理。一說實踐，便離不開活動，離不開動感。當然中道亦有真理的涵義，這個問題比較複雜，我會在下面交代，這裏暫不多說。

下來要說般若思想。般若思想最重要的觀念，自然是空。至於其他重要觀念如佛性、如來藏、中道等，般若文獻較少提及。這種思想有些地方與如來藏或如來藏自性清淨心一觀念相通，這則較少人留意，我在後面會提到和討論及。如上面透露過，《般若經》一類文獻雖常提及空，但說法流於鬆散，又缺乏嚴密的論證。只是

⓬ 這裏的「世間空世間空」的重疊的表述式，可解作就世間是空的性格而如實地理解之為空，無自性可得。

在說到般若智（prajñā），說到以般若智來觀照諸法，洞悉它們的空的本性時，頗有認識論的意味。這種認識論自然不是在現象層、經驗層的認識論，沒有主體與對象對峙，在時空的直覺形式與範疇概念下認知對象的意味。毋寧是，主體以睿智的直覺（intellektuelle Anschauung）的身分去認識作為物自身（Ding an sich）的對象，視它們共同有無自性的、空的性格。不過，這種物自身層次的認識，與西方大哲康德（I. Kant）所提睿智的直覺可以把存在內容提供給對象或物自身不同。般若智只能如其所如地認識事物的空的本質，它並不能給予事物以存在的內容。即是，康德的睿智的直覺能創造事物，佛教的般若智不能創造事物，而只能觀照事物。這樣，般若智的動感便大大減殺了。

與中觀學相對揚的唯識學（Vijñāna-vāda）也說空，但不多說中道。不過，它是以唯識來解讀空一觀念的。即是，依唯識學，存在世界的一切事物都沒有獨立實在性（independent reality），都是心識（vijñāna, vijñapti）的轉變（pariṇāma），或詐現（pratibhāsa），因此，它們都是無自性的，都是空的。至於中道，唯識學比較少涉及，但不是完全沒有注意。玄奘把唯識學的文獻帶回中國翻譯，又有弟子窺基的協助，而成立法相宗。這個宗派根據《解深密經》（*Saṃdhinirmocana-sūtra*）的義理，確立有、空、中三時教。有教指原始佛教和小乘教，以一切事物都是因緣和合而成，在某一程度承認這些構成要素的實在性。空教指般若思想，以一切事物都是緣起不實，都是空。中教是第三時教，強調中道，主要是《華嚴經》（*Avataṃsaka-sūtra*）和《解深密經》的所說，以非空非有、亦空亦有的中道境界作為一切事物的最後歸宿。這中道也是唯識學的所宗。不過，唯識學，不管是印度的，抑是中國的（法相宗），所關心的焦點，是心識如何透過變現（parāvṛtti）以開出主體的自我和客體的外境或存在世界。它說動感，是以用來說，以真如具有用的動感性。護法（Dharmapāla）的《成唯識論》（*Vijñaptimātratāsiddhi-śāstra*）便說：

> 真如出所知障，大悲般若常所輔翼。由斯不住生死、涅槃，利樂有情，窮未來際，用而常寂。⓭

⓭ 佐伯定胤校訂《新導成唯識論》（奈良：法隆寺，1972），頁 448。

這裏提到真如「用而常寂」，表示能對世間起用，但力量終是有限，故用「寂」一字眼。

唯識學其後為《大乘起信論》所繼承，⓮此書強調強勁的動感，提出「三大」的說法：用大、體大、相大。所謂用大，是就能生一切世間、出世間善因果言。⓯這種創生義的動感，是由眾生心發出來的，後者是一切事物的存有論的根源。

唯識學、《大乘起信論》的思路，為華嚴宗所繼承，這已進入中國佛教的範圍了。中國佛學三宗：天台、華嚴、禪，都非常強調動感，天台與禪尤其認為，個人與群體的救贖，或覺悟、得解脫，是一體的，不能分開的。華嚴在這方面則略遜，但其動感與對世間的關懷，還是高於印度佛教。它常用來表示動感的字眼，是「繁興大用」。它的立宗創教者法藏便常常提起要在世間開展出繁興大用，進行宗教的教化活動。追隨者淨源則喜歡提「力用」觀念，他說：

> 力用相收，卷舒自在。一有力，收多為用，則卷他一切，入於一中，即上文一切即一。皆同無性也。多有力，收一為體，則舒己一位，入於一切，即上文一即一切，因果歷然也。⓰

卷或捲是收攝，舒是放開、讓開。在充滿現象學意義、價值意義的法界緣起的真理世界中，各種事物之間都有一種互動的圓融關係。某種事物有力用，便能收攝其他事物，把它們捲藏在自己的存在性之中。當其他事物有力用時，則倒過來把該事物收為己有，這事物便放開，放下自己，而渾融於其他事物的存在性中。此中要注意的是，華嚴宗說動感義的力用，並不是實際的力用，它既不是物理的力用，也不是形而上的精神實體的力用，而純是從虛處說，即從關係、態勢中說。即是，在法界緣起的作為目的的理想世界中說。即是，在法界緣起中，能發揮主導作用，在實現的、現起的狀態中的事物，是有力用；只發揮輔導作用，在潛存狀態中的事物，則

⓮　傳統以《大乘起信論》為印度詩人馬鳴（Aśvaghoṣa）所撰，真諦（Paramārtha）所譯。我並不認同這種說法，而認為此書的成立，應在護法的唯識學之後，它的作者不可能是馬鳴。

⓯　《大正藏》32・575 下。

⓰　淨源述《金師子章雲間類解》，《大正藏》45・665 上。

是無力用。在法界緣起中的事物，並不以自性說，即是不具有自性；其力用也不是從它們自己的實體、質體中發出。其自身亦不是決定的概念（determinate concept），涵有獨立自在性的意義的概念。

另外一點要說明的是，華嚴宗的文獻雖然較少提及中道，但它的主要教理法界緣起是以中道的義理為基礎而成立的。我在自己的很多著作中曾指出中道的意思是非有非無：事物不具有自性，這是非有；事物也不是一無所是，一無所有，這是非無。這正是龍樹言中道的旨趣。法界緣起所建立的四層世界是事法界、理法界、理事無礙法界、事事無礙法界。其中，事事無礙法界是法界緣起的終極歸宿。事與事或事物與事物之所以能有無礙的關係，而遊息於事事無礙的場所之中，是基於事物自身都是緣起性格。既是緣起性格，則事物不可能具有常住的、不變異的、孤絕的自性，因而事物與事物之間不會相互排斥，而能處於相互融合的關係。另方面，由於事物是緣起性格，它的存在性是依緣起而來，通過種種因素依一定的方式而聚合而成立。這存在性不是虛無，因而事物自身具有一定程度的穩定性，而它們之間也能維持一種沒有障礙的和諧關係。這是中道的非有非無的義理所達致的境界。而這非有非無在邏輯上可轉成事物的亦有亦無。即是，事物是有，但不是有自性的有；事物是無，但不是虛無。其結局仍是事物之間的融通無礙的關係。

天台宗言真理，有極為濃烈的動感性。它對用一觀念，有更詳盡、更周延的發揮。它以中道等同於佛性，而成中道佛性一複合概念。這是理，也是心。這便是天台宗的真理。作為開宗立教者的智顗曾批評通教（般若思想、中觀學）的中道無功用可言，他提出其圓教的中道佛性，具足功用。這是就終極真理在現象世界、經驗世界生起種種化用而言。《法華玄義》卷五謂：

> 明功用者，若分字解義，功論自進，用論益物。合字解者，正語化他。若豎功未深，橫用不廣；豎功若深，橫用必廣。譬如諸樹，根深則枝闊，華葉亦多。⓱

⓱ 《大正藏》33·736 下。

這是把「功用」分開為「功」與「用」，功是就自身的努力言，用是就對世間的作用言。其總的目標是教化他人，普渡眾生。像樹木那樣，根基深厚，便能璀璨地開枝散葉，花果繁茂。實際上，《法華玄義》卷一開頭即點明全書的組織為釋名、辨體、明宗、論用、判教，可見智顗對用的重視。其中論用的要點為：

> 用者，力用也。於力用中更分別：自行二智照理理周，名為力；二種化他二智鑒機機遍，名為用。⑱

這是以力是就自身修習見真理言，用是就教化、轉化世間言。智顗又在他的晚年著作《四教義》卷十一論圓教，在解妙覺地時，更謂：

> 實相智慧，窮源盡性，化用之功，則彌滿法界，無方大用，究竟圓極也。⑲

這裏提出「化用之功，彌滿法界」，則真理的出假化物，在世俗的界域裏周濟有情眾生的意味，至為明顯。

進一步，智顗又以應身說用。他在《法華文句》卷九中說：

> 神通之力者，三身之用也。神是天然不動之理，即法性身也。通是無壅不思議慧，即報身也。力是幹用自在，即應身也。⑳

按應身是佛、菩薩為化度眾生而示現的身相，這是作為普遍理法的法身在世間的顯現。以應身說用，這種用自是對世間的眾生起教化、轉化之意。故下文有云：

---

⑱ 《大正藏》33·683 上。有關此段文字的闡釋，參考拙著《法華玄義的哲學與綱領》（臺北：文津出版社，2002），頁 153-156。

⑲ 《大正藏》46·764 上。

⑳ 《大正藏》34·129 下。

隨所應度，為其現身及命長短。㉑

稍下又以體用說三身：以法、報身為體，以應身為用。㉒我想我們應該留意應身所展示佛、菩薩對所要教化、轉化的眾生的謙卑和他們對自己所從事的宗教事業的尊重、認真、專業精神。為了對眾生進行救渡、轉化（conversion），佛、菩薩施設種種方便，包括以眾生的不同的身分、形相，不管可能是怎樣的卑賤、粗鄙甚至邪惡的身分、形相，而示現相應的身分、形相，俾能有效地取得眾生對自己的好感、認同，而提高救渡、轉化的成效。在這種行動中，一切矜持的、尊嚴的感受都沒有容身的處所。

天台宗言中道、佛性或中道佛性的動感性是很強的。下來的禪宗祖師在開導生徒衝破種種迷執、走向覺悟之路所施展出來的奇詭的、激烈的動作，所謂「臨濟的喝，德山的棒」，所展示的動感，較天台宗祖師只限於以言說來開示，甚至提出應身的宗教神話式的做法，自然是有過之而無不及了。但禪師的這種種不同的開示方式，都淵源自慧能所強調的自性或「不思善，不思惡」的中道主體；這自性或中道主體，與智顗的中道佛性，應該是同一內涵的東西，只是說法不同，顯現方式也不同而已。

二、判教的基準：認識問題

上面闡釋我在判教問題上提出的一個基準：動感或動感性。即是，有關的宗教派系所宗的終極真理，必須要具有充足的動感，才能發出強有力的功用，教化、轉化眾生，解決他們在生命上的、心靈上的歸宿問題，讓他們能安身立命地生活。由於宗教的轉化、教化是在世間中進行的，而所要教化、轉化的眾生也存在於、生活於這現實的世間，因而宗教的超越的真理必須在現實的世間活動，開展它的無方大用，與現實世間有一密切的關係，因此宗教所宗的終極真理應是內在的，內在於現

㉑ 《大正藏》34・130下。

㉒ 《大正藏》34・133中。

實的世間事物之中。即是，宗教的終極真理應具有終極而內在的性格。

但光是說終極真理要與現實的世界有密切的關係是不足夠的。一個宗教倘若要在現實的世間起用，進行教化、轉化的工作，它對現實世間需有充分的理解，才能影響後者，發揮它對後者的啟導的、引導的作用。這便涉及認識論的問題。即是，我們要對現實世間建立客觀的、準確的、有效的知識，宗教的作用才能順利進行。因此，宗教的終極真理除了要具足動感外，我們也需要認識現實世間，對後者有知識。因此知識論或認識論便顯得非常重要，這便是判教的第二基準。由於知識是有關現實存在的事物的知識，因此存有論的問題也包含在內。

西方哲學很重視知識論（Erkenntnistheorie）。東方哲學則比較忽略，中國哲學是一個明顯的例子。印度哲學比較好些。六派哲學的正理勝論派（Nyāya-Vaiśeṣika）、數論學派（Sāṃkhya）、彌曼差學派（Mīmāṃsā）和吠檀多派（Vedānta）在較早期已有知識論的雛形了。作為哲學與宗教的佛教，則要到唯識學派（Vijñāna-vāda）特別是陳那（Dignāga）及法稱（Dharmakīrti）出，才有較為嚴謹而完備的知識論。法稱以後，佛教的知識論者輩出，包括帝釋覺（Devendrabuddhi）、智作護（Prajñākaragupta）、法上（Dharmottara）、寂護（Śāntirakṣita, Śāntarakṣita）、蓮華戒（Kamalaśīla）、智勝友（智吉祥友 Jñānaśrīmitra）、寶稱（Ratnakīrti）、寶作寂（Ratnākaraśānti）和脫作護（Mokṣākaragupta）等。他們的知識論都有一個共同點，即是把邏輯推理和辯證法也包括在內。在這裏，我只注意作為知識論的主要內容的知覺論，這知覺論的知覺（pratyakṣa）有時也作直覺說，一般稱為現量，與邏輯推論的比量（anumāna）對說。日本學者有時把這 pratyakṣa 字眼翻譯為「直接知覺」，這則近於感覺或感性（Sinnlichkeit）的意思，所謂「認識手段」、「量」（pramāṇa）也。

進一步，我們看知識的對象問題。在認識活動中在我們的感官或知覺面前呈現的對象或形象，是不是就是客觀的、外在的東西呢？是不是就有實在性（reality）呢？抑是外在的、實在的東西反映在我們的知覺面前的效應呢？又抑是根本沒有外在的、實在的東西，那些在我們的知覺中呈現的形象，只是我們的心識所變現的結果呢？這些都是佛教的知識論所要探討的問題，也是佛教要建立我們對外界對象的

知識所必須碰的問題，甚至是我們要建立外在世界所要面對的問題。㉓

這些問題都是作為我的第二判教基準所必須涉及的問題。對於這基準的具體闡釋，我會拿陳那的知識論和有形象的、無形象的唯識學的知識論來說。先說陳那的知識論。陳那在知識論方面的最重要著作是《集量論》（*Pramāṇasamuccaya*，或作《知識論集成》）。在陳那以前，印度哲學界當談到知識問題時，往往說到知識的機能或量，或認識手段，如上面所說。這知識或認識的機能有多少種呢？當時並沒有特定的說法。有些說法以為人的認識機能只有一種，有些學派則認為超過一種。佛教由陳那開始才確立認識機能有兩種，他所依的理據是我們所認識的對象。我們認識的對象有甚麼類，便決定我們的認識機能有多少種。他認為認識機能是要與認識對象相應的。他把認識對象規定為兩種，於是確定認識機能也有兩種。兩種認識對象是：一者是個別相，或叫自相、特殊相，它指對象的獨特相狀，是對象自身的相狀，與其他對象不同的相狀。另一叫一般相，或共相、普遍相。所謂一般相就是共通於其他東西的相狀。它有共通性，共通於多個分子。個別相或自相則沒有共通相，只限於是某個特定個體的特殊相狀。這相在梵文中是 lakṣaṇa，相當於英文的 feature 或 characteristic。

相應於個別相，陳那提出一種特殊的機能來認識它；相應於一般相，他又提出另一種特殊的機能來認識它。認識個別相的機能，正是現量，亦稱直接知覺、perception，這是認識事物的個別相狀而已。認識事物的普遍相狀的是比量，相當於推理。陳那認為人只有這兩種認識機能，分別對應於事物的個別相與一般相：現量認識個別相，比量認識一般相。

陳那的這種知識論有原創性，表現了與前人不同的觀點。當時流行外界實在論，由勝論（Vaiśeṣika）所提出。他們認為外界的，在我們心識之外的東西，都有實在性。這種理論與唯識學的說法相衝突，後者認為外界的東西是不實在的，外界東西的根源在人的心識之中。這外界實在論認為人的各種認識機能都認識同一個對

㉓ 天台宗智顗大師有所謂「一心三觀」的說法，分別觀照事物的空、假、中道三個面相。他把這三觀稱為「從假入空觀」、「從空入假觀」、「中道正觀」。他以「立法攝受」字眼來說「從空入假觀」。（智顗著《維摩經略疏》卷三，《大正藏》38・597 中。）「立法」即建立對事物的正確的理解；「攝受」即攝受眾生，讓他們隨順真理。這樣，「立法攝受」便具有知識論的意義。

象。陳那則不同，他認為兩種認識機能分別認識不同的對象。一種對象是個別相，一種對象是一般相。例如對火的認識。我們可有兩種認識火的方式，一種是憑視覺的機能認識火這對象，另一方式是透過山上生煙，看不到有火，但因為看到煙，就憑推理這種認識能力，推想出有火使煙生起。勝論則認為人現前所看到或接觸到的火，及透過推理而得的火，是同一的東西。不同的認識機能都是認識同一個對象。陳那則認為我們以現量或視覺觀火，及由看到煙而推理得的火，是不同東西。陳那的知識論與西方康德的相近。後者把認識機能分成兩種：感性（Sinnlichkeit）與知性（Verstand），感性相當於現量，知性相當於比量、推理。

現量與知識論有較密切的關連，比量則近於邏輯的推理。以下我要把探討的焦點放在現量一邊。甚麼叫現量或直接知覺呢？陳那透過人的思維（kalpanā）作對比而加以說明。直接知覺是透過對思維的否定而顯出的，凡認識能力不含有任何思維成分在內，就是直接知覺。他透過否定思維的存在來界定直接知覺，所謂對思維的「觀離」（apoha）。對於他來說，思維與直接知覺的性格是完全相反的。直接知覺是不運用任何概念去了解事物。人與事物往往有一種面對面的接觸，在這接觸中無任何概念、言說加於其中，便是直接知覺。而思維則是透過思想作用，運用概念去了解、分別事物。陳那在《集量論》有如下的說法：

pratyakṣaṃ kalpanāpodham.㉔

其意是：現量是沒有分別的。這正是表示現量與思維或分別不可能共同存在。另外，陳那的《正理門論》（*Nyāyamukha*）也說：

現量除分別。㉕

㉔ R. Sāṃkṛtyāyana, ed., *Pramāṇavārttikavṛtti of Manorathanandin. The Journal of the Bihar and Orissa Research Society*, Vols. XXIV(3)-XXVI(3), Patna, 1938-1940; Vibhūticandra's notes, p.174.

㉕ 玄奘譯本，《大正藏》32・3 中。

這些說法，都是上面所說「觀離」的明顯例子。這「觀離」有時又作「他者的排除」（anyāpoha）。

直接知覺或單純的知覺是對應於梵語名相 pratyakṣa 而言的。pratyakṣa 由兩部分組成：prati 與 akṣa。akṣa 是主要部分，指感官、感性，是印度文獻中十分常用的詞彙。prati 是附加詞，猶英語中的 prefix，或德語中的 Vorsilbe，指「相對於」、「相關於」、「在前面」、「相近於」、「在於」等多個意思，但相差並不遠。這兩個部分合起來，便成一個複合詞，意思非常明朗，都是環繞著「相對於感官」、「相關於感官」、「在感官的範圍內」一類。

因此，現量與感官的關係便非常密切。陳那在《正理門論》的他處，更正面地、直接地表示現量與感官的關係。他說：

> 現現別轉，故名現量。㉖

此中的意思應該是：就各個個別感官而分別運轉的，是現量，是 pratyakṣa。我們也可以說，現量的作用要通過感官來表現。《正理門論》一書的梵文本子已佚，也沒有西藏文譯本，只有漢譯現存，我們似乎無法確知此中「現現」的現，是否就感官言。不過，在後期的中觀學學者蓮華戒（Kamalaśīla）的文獻中，我們可找到他引述陳那的一段文字，顯示出「現現」的現，正是感官。這段文字是這樣表示的：

> akṣam akṣaṃ prati vartate iti pratyakṣam.㉗

這句文字，意思是「所以稱為 pratyakṣa，是由於它與每一感官有密切的連結之故」，意思與結構，與「現現別轉，故名現量」句，非常相應。可以確定，漢譯的「現現」的現，表示各個個別的感官之意。

㉖ 同前。

㉗ E. Krishnamacharya, ed., *Tattvasaṃgraha of Śāntarakṣita*, 2Vols., G.O.S., XXX, XXXI, Baroda, 1926; *Kamalaśīla's Pañjikā*, p.373.

再者，陳那、法稱的傑出信徒法上（Dharmottara）更明顯地表示 pratyakṣa 與感官的關係：

pratyakṣam iti pratigatam āśritam akṣam.㉘

其意思是，pratyakṣa 指那種屬於感官，或以感官為基礎的認知。

這樣，我們便可確認陳那知識論的基本觀點：人只有兩種認識的機能，一種是直接知覺，即現量；一種是思維推理，即比量。而遠離思維、分別，沒有思維、分別的認識，便是直接知覺，是現量。㉙

對於現量或直接知覺，我們還可以依陳那的意思作如下的闡發。我們所能夠直接地知覺的東西是事物的個別相，這些個別相不能以語言、概念來表述。每當我們運用語言、概念，就牽涉分別的問題。任何語言、概念的運用都指涉分別，只有直接知覺能例外。例如看到一頭牛，人的認識可有兩個層次：第一層是憑人的直接知覺認識牛的個別相，這是最先的認識。然後透過思維、分別的作用，將牛的個別相關連到「牛」的概念中，說這是一頭牛，這便是分別。換言之，人把牛的個別相關

㉘ P.D. Malvania, ed., *Nyāyabinduṭīkā of Dharmottara*, Tibetan Sanskrit Works Series, Vol., II. Patna, 1955, p.38.

㉙ 實際上，離思維、分別之外的東西，是否只限於直接知覺，如陳那所說呢？有沒有其他東西是無思維、無分別的呢？陳那這種界定直接知覺或現量的方式可能有漏洞，因為他不從正面去界定直接知覺是甚麼東西，卻從側面、否定的方式來說，否定那些不是直接知覺的東西，但餘下的東西有可能不屬於直接知覺的範圍，也有可能是其他東西。陳那嚴格規定人認識外物的機能是要與外物種類相應的，外物對象不外乎兩種相狀：個別相與一般相或普遍相，所以人的認識機能限於兩種。在他看來，人的認識機能有這兩種，而且只有這兩種。在這前提下，他提出現量的離思維、離分別是可以接受的。但以現代的眼光看，離思維離分別的東西除了直接知覺外，還有睿智的直覺，或智的知覺（intellektuelle Anschauung）。這種直覺沒有思維，沒有概念分別，康德曾提出過，這種直覺有認識作用，但不是認識現象方面的面相，卻是認識事物自身，即物自身（Ding an sich）。另外，胡塞爾（E. Husserl）也提本質直覺（Wesensanschauung, Wesensintuition），有時說純粹直覺（reine Intuition）、活現直覺（lebendige Anschauung），它的認識作用不涉事物的現象，卻是對著事物的本質（Wesen）的。另外，陳那之後的法稱曾提瑜伽直覺，或瑜伽現量，與康德、胡塞爾的提法有相通處。在這種脈絡下，陳那的知識論顯然有待補充的地方。

連到思想上的「牛」的概念，因而生起對這牛的判斷、分別。這是第二層的認識。如果嬰兒看到牛，他不會說這是一頭牛，因為他還未有「牛」的概念，來加以分別，把牛從其他東西分別開來。他對牛只運用直接知覺來理解，說不出這是甚麼東西。我們的情況不同。我們在認識牛這動物之前，已經有「牛」這概念在我們的思想中。「牛」這概念所對應的一般相或普遍相已經在我們的思想中有一個輪廓。當我們見到一個個體物與自己思想中的普遍相相應時，就馬上用「牛」這概念指述那個個體物，說這是一頭牛，甚至可以說這是水牛、犀牛、黃牛，進一步分別事物的特性，這是運用了思維、概念的結果。當嬰兒見到牛的個別相時，還未能用「牛」這概念去指述，將「牛」這一概念帶到個別相中，概括這東西是一頭牛。他根本沒有「牛」的概念。他所能運用的認識機能只是直接知覺，他還未有思維的分別活動。

我們認識外物，首先以直接知覺來把握個體物的個別相狀，然後用能夠概括個體物的普遍性格的概念來概括個體物。後一步驟需要運用思維來作分別，概念本身便是一種思維作用。牛的共性不是個體物，是所有的牛共同分有的特性，被抽象到思想之中。當說出牛性或牛一般（cow in general）的概念時，我們已經經歷了一種抽象的作用，將以往曾遇上的很多頭個別的牛的特性抽離，用概念來概括。這不是現量的作用，而是比量的作用。㉚

㉚ 對於以上所闡述判教的基準有關知識論的問題，除參考古典文獻外，還部分地參考了下面所列出的現代學者的研究：

服部正明著〈中期大乘佛教の認識論〉，載於長尾雅人、中村元監修、三枝充悳編集《講座佛教思想第二卷：認識論、論理學》（東京：理想社，1974），頁 103-143。

桂紹隆著〈世界、存在、認識：概念～アポーハ論を中心に〉，載於長尾雅人等編集《岩波講座・東洋思想第十卷：インド佛教 3》（東京：岩波書店，1992），頁 135-159。

桂紹隆著〈ディグナーガの認識論と論理學〉，平川彰、梶山雄一、高崎直道編集《講座大乘佛教 9：認識論と論理學》（東京：春秋社，1984），頁 103-152。

梶山雄一譯注、モークシャーカラグプタ著《論理のことば》（東京：中央公論社，1975）。

武邑尚邦著《佛教論理學の研究》（京都：百華苑，1968）。

吳汝鈞著〈pratyakṣa 與知覺〉，載於吳汝鈞著《佛教的概念與方法》（臺北：臺灣商務印書館，1988），頁 279-285。

吳汝鈞著《印度佛學的現代詮釋》（臺北：文津出版社，1994）。

三、形象與外物：知識論與存有論

說到知識論，便不能不涉及存有論，因為知識的對象，不管是作為現象看也好，作為外物（獨立的外物）也好，都是存有論的課題。在這裏，我要從形象說起。

在知識論中，形象（Bild, image）指在我們認識外在對象的時候，在我們的感官面前出現的形象；而所謂外物，是指在我們的認識經驗之外的，我們無法憑感官接觸到的東西。㉛這東西往往被我們假定為置身在認識對象之外，作為認識對象的來源，或者作為我們的認識形象的來源的一種外在的東西。外物是認識形象的根源，它們不同的地方是：認識形象是內在於認識活動中的，可讓我們的感官去把握及認識的；外物則在我們的認識經驗之外，是我們置定的一種外在的東西，作為出現在我們面前的形象的來源。

形象及外物的關係在認識論或知識論中是非常重要的。這牽涉到應採取外界實在論抑或採取純粹知識論的立場來看對象的問題。外界實在論認為外物是存在的，它預設有這些外物在我們的認識經驗之外，作為我們在認識活動中所接觸到的形象的背後來源。但是佛教的知識論一般不假定這些東西（只有說一切有部 Sarvāsti-vāda 與經量部 Sautrāntika 是例外），不假定外物有獨立存在性，它認為離開經驗之外的東西沒有獨立存在性。如果從陳那的立場來說認識的對象或形象與外物之間的關係，認識的對象就有兩種：個別相與一般相或普遍相。個別相是具體的，為我們的感官所接觸到的形象；普遍相是在思想中出現的普遍概念。他認為在這兩種認識對象中，只有個別相指涉實在；而普遍或共相是我們以思想去捕捉的，只是思維假構出來的東西，它本身無實在性。這裏說的實在性指在時間及空間下呈現出來的性格。陳那屬於唯識學派，根據唯識學派的基本說法，他並不承認外界對象的獨立存在性。所謂外界對象是外在於心識範圍所能到達的地方或我們的認知範圍所能達到的地方的東西。陳那認為這些對象是沒有存在性的。所以，他認為不可能擬設外物有個別相，

M. Hattori, tr., *Dignāga, On Perception*. Cambridge: Harvard University Press, 1968.

J. Prasad, *History of Indian Epistemology*. New Delhi: Munshiram Manoharlal Publishers Pvt. Ltd.1987.

㉛ 這有點像康德所說的物自身的意味。

因為這個別相不可能被我們的感官所把握。

我們通常會說在認識活動中，呈現在我們的感官面前的現象，應該在外界方面有外物作為它的根源，那是我們以推想所假設出來的。實際上，這些作為形象的根源的外物是不可以為我們的感官所接觸到的。㉜至於個別相是甚麼呢？依唯識的說法，個別相是心識變現出來的相狀，不是實有其相，而是心識的詐現（pratibhāsa），是假的。為甚麼會有變現或詐現的現象呢？按心識在最原初時，是抽象的狀態，或者說是渾沌的狀態。為了要表現自身的性能或功德，它內部起分裂，分裂出相分（nimitta），然後自己以見分（dṛṣṭi）的身分來認識這相分，並執取之為具有實在的自性（svabhāva）。於是，相分成為在認識活動中的一個認識對象，為見分所認識。在這情況下，相分相對於見分來說，有所謂個別相，它為見分所認識。但這個別相不是獨立於心識之外的東西。它是由心識所變現的，或者說相分或個別相是心識自己產生出來的一種表象（vijñapti，不是 vijñāna）。這裏很清楚，在這認識活動之中，見分就是認識主體，相分就是認識對象；由見分認識相分，把握它的個別相，這個別相本身在認識活動的這脈絡下，有它的實在性，因為它為見分所直接把握。它對於見分有明證性可言。但是有些人推斷在相分之外應該有作為相分的形象的來源，這個來源是在心識或認識活動之外的一個外物。陳那的唯識學不會接受這種說法。以胡塞爾的思路來看，這樣的外物沒有明證性，見分不能認可它的存在性，心識也不能。在這裏的確有一種不可知的情況，即外物為不可知。既是不可知，則便不能說存在性、實在性。㉝

㉜ 這些外物，若以胡塞爾的現象學來說，是不具有明證性（Evidenz）。依胡塞爾，對於缺乏明證性的東西，我們不宜多說，應把它們懸擱起來，止息對它們的任何判斷。

㉝ 有些學派認為相分（即在認識活動中出現的形象）其實是一種對外在事物的模仿，這種實在論的看法是一般人所持有的。譬如這個足球，他們認為這呈現在我們的感官面前的足球的形象與這足球本身很相似，我們的感官從這足球本身去取得這足球的形象，像攝影實物一樣。以此類比，人認識東西是由東西本身去捕捉它的形象，我們現在所認識到的東西就是東西的模擬圖像。但這說法是不通的。因為當我們說攝影時，是由一個實物取得一個形象，而這個實物是完全在我們的認識活動中，我們清楚地、實際地和它接觸，所以得出來的相片與本來的實物的關係是相當密切的。相片是實物的模擬圖像，這種說法是確定不疑的，因為雙方都可在我們的感官面前出現，都在我們的認識範圍之內。但是人在一般的認識層面，永遠不能達致足球的自己（football in itself），

有一種知識論的說法，以為知識本身或知識的形象本身有一種功能以描繪外物自己的形象。這種說法在唯識學的立場來說是不會被接受的。因為我們對外界事物一無所知，故不可說它就是要認識的某個東西的根源。陳那採取的態度十分謹慎。當我們說相分在認識活動中出現，成為形象，可以說這些形象在知識論中是有意義的，因為它們在我們的經驗中出現。但是當我們說相分有它在外在世界的根源，而說這根源的性質是如何如何時，陳那會說這沒有知識論的意義。所謂知識論的意義決定在是否對某東西有所知，是否真能經驗到某東西，是否能憑認識的機能接觸到它。接觸到的便是有所知，可將它的形象說出來。但是對於那些認識機能無法達到的東西，卻說它具有怎樣的性質，這樣說在知識論上是沒有意義的。

印度佛教發展到中、後期，特別是後期，偏向對知識的探討方面去，這在唯識學中最為明顯。他們的討論或論諍的焦點，是在知識論中的相或形象（ākāra）的有、無問題。此中有兩種相互對反的說法：有形象的知識論（sākārajñāna-vāda，或作有相量論）和無形象的知識論（anākārajñāna-vāda，nirākāra-jñāna-vāda，或作無相量論）。㉞至於人物方面，據智勝友（智吉祥友 Jñānaśrīmitra）的說法，前者有彌勒（Maitreyanātha）、無著（Asaṅga）、世親（Vasubandhu）、陳那（Dignāga）、護法（Dharmapāla）、法稱（Dharmakīrti）、智作護（Prajñākaragupta）、智勝友（Jñānaśrīmitra）、寶稱（Ratnakīrti）。至於無形象的知識論的人物，一般作安慧（Sthiramati）、法稱（Dharmakīrti）、智作護（Prajñākaragupta）、寂護（Śāntirakṣita, Śāntarakṣita）、寶作寂（Ratnākaraśānti）。㉟

以下我要扼要地闡述有形象的知識論與無形象的知識論的觀點。前者認為，一切有關外界事物的形象都存於心識的作用中，這些形象都是心識變現而成，在外界並沒有實在物和它們相應。因此，他們認為，我們認識對象或形象，是識的自己認

他只能在認識活動中取得足球的形象，只能就這形象說這形象，不能就這形象本身推斷出在形象之外卻作為形象的來源，對後者有所闡述。在知識上不能這樣做，在存有論上也不能這樣做。

㉞ 寂護在他的《中觀莊嚴論》（*Madhyamakālaṃkāra*）對這兩派則作有相唯識派（Sākāravijñāna-vādin）與無相唯識派（Nirākāravijñāna-vādin）。

㉟ 有關有形象知識論和無形象知識論所包含的人物方面，自古至今難有共識的說法。特別是早期人物如彌勒、無著、世親等，甚至陳那，說法都難以確定。以上的羅列，基本上是綜合的見解，但仍不免於異議。如覺賢（Bodhibhadra）認為無著是無形象知識論者。法稱則有被視為無形象知識論者，亦有被視為有形象知識論者。

識（svasaṃvedana）。更詳細地說，我們不能見到在我們的認識領域外的事物自身，這事物自身有康德的物自身（Ding an sich）的意味。以我們看到一頭狗而言，這頭狗的形象，是我們的心識的變現物，並不是外界的具有實在性的狗。對於這外界的實在的狗，我們只能推想（依形象來推想）它的存在性，推想它是狗的形象的來源。就知識論的立場言，特別是就胡塞爾的現象學（Phänomenologie）的知識論而言，這頭來源不明的狗是甚麼樣的東西，甚至牠是否存在，我們不能置一詞，只能以懸擱（Epoché）的方式來處理，中止對牠作任何正面意義的判斷。這是所謂有形象的知識論。

無形象的知識論則持相反論調，它也不是只出現於唯識學之中，一些中觀學者也有這種說法。這種學說認為，一切存在都不能離開我們的認識，這與有形象的知識論相似。不同的是，雙方對錯誤的形象有不同的看法，有不同的處理。有形象的知識論者認為，形象可以有錯誤，但它在心識中的存在性仍可保留。例如，在黑暗中見杜為人，這是錯誤的知覺，人的形象是錯誤的。但這形象畢竟是形象，雖是錯誤的，但在心識中仍有它的存在性。當我們走近杜，而有杜的知覺、杜的形象，則這杜的形象是正確的。但我們不能以杜的形象來校正人的形象。我們要接受人的形象與杜的形象在心識中的存在性，不能以杜的形象來取消人的形象，以之為完全是子虛烏有。此中的理據是，人的形象是錯誤的，杜的形象是正確的。但它們在不同瞬間中成立，因此沒有矛盾。這兩種知覺都可以成立。兩種形象的現實度是對等的，不存在一方真實他方虛幻的情況。

無形象的知識論者則不是這樣想。他們比較接近般若思想所強調的那種心靈的、生命的明覺，這種明覺除卻一切形象的謬誤與虛妄，認為這謬誤與虛妄只是暫時性的。他們認為這明覺有恆久性，在這一點上，他們與《勝鬘經》（*Śrīmālādevīsiṃhanāda-sūtra*）、《寶性論》（*Ratnagotravibhāga-śāstra*）的佛性或如來藏自性清淨心頗有相通處。在對形象的看法方面，他們認為以杜為人雖然是事實，具有謬誤和虛妄，但這謬誤與虛妄可以透過後續的以杜為杜的正確的形象認識所校正。故形象有虛妄的可能性，這虛妄性是他們所強調的。人的形象與杜的形象畢竟不同，但只要是形象，便不能說知識的當體或知識的本質。他們對形象總是缺乏信任、信心。由於外在世界完全不可說，故形象與外在世界不能建立任何方式的關連，形象的來源只能以心識的分別作用、思維作用來交代。而知識的本質，便只能就遠離形象的心靈明覺或般若明覺說了。這樣，知識的形象或對象最後會被置換掉，崩解掉，而認識活動最後也會被提升到睿智的層面。

關於知識的有形象與無形象的問題，在這裏不妨作一總論性的陳述。這個問題的提出，始自寂護的《中觀莊嚴論》，那是八世紀的事。三個世紀後，以智勝友與寶稱為代表的有形象的知識論與以寶作寂為代表的無形象的知識論，曾進行過激烈的、熾熱的評論。評論的焦點在：在知識中到底有沒有對象的形象，或外界東西的形象。而在唯識學的內部，也展開一種討論：知識中的形象是真實的呢，與知識本身同樣地是實在的呢，抑是，與作為知識的本質的自己認識是真實這一點對揚，這形象是不是真實的？所謂有形象、無形象，正相應於真實的、不是真實的，或形象真實論、形象虛偽論，或唯識學所說的有相、無相。在這裏，我仍沿用杜與人的例子。在黑夜裏，我們看到某一豎立著的東西，以為是人，走近才知是杜，不是人。在這種情況，我們的認知中的人的形象，是否與知識的本質一樣是實在的呢？或不是實在，而是虛偽的呢？在認知中的杜是客觀的，而我們作人的認識，則是主觀的。形象虛偽論者把人的客觀形象改正為杜的形象，這人的客觀形象是虛偽的。這沒有問題。倘若客觀形象是虛偽的，杜也好，人也好，形象虛偽論者認為，它們兩者之一被看到的事實，亦即是知覺活動進行而得到的自己認識（svasaṃvedana），才是實在。寶作寂把這作為純粹認識活動的自己認識稱為「唯明照性」（prakāśamātratā）。但在形象真實論者看來，不管是杜或是人，我們不可能獨立地認識沒有客觀形象的自己認識自身，形象不能從知識的本質方面被切割開來。他們認為錯誤是在「不是杜而是人」這樣的陳構方面，直接知覺自身是沒有所謂錯誤的。因此，他們認為，形象與知識的自己認識同樣地是實在的，這是知識的本質。而真正的錯誤是在對於直接知覺的形象與解釋這形象的概念知識、分別知識沒有區別開來。[36]

---

[36] 以上所論，特別是有關有形象、無形象或有相、無相的知識論問題，除參考相關的文獻和翻譯外，部分內容也曾參用下列研究：

梶山雄一著《佛教における存在と知識》（東京：紀伊國屋書店，1983）。

梶山雄一著、吳汝鈞譯《龍樹與中後期中觀學》（臺北：文津出版社，2000）。

我自己的判教，基本上是以動感與認識兩大點進行。此中的認識自是指對世間的認識，同時也包含對世間的關心在內。光是說認識世間是不足的，認識要在關心的脈絡下來說，才有意義。至於宗教現象學的自我的導向問題，則會在動感與認識兩點居間作適合之處理。另外，一些重要的觀念，如佛性，會隨文闡述與評論。[37]

沖和史著〈無相唯識と有相唯識〉，平川彰、梶山雄一、高崎直道編集《講座大乘佛教 8：唯識思想》（東京：春秋社，1982），頁 177-209。

其中，沖和史的論文對於有形象唯識學的知識論與無形象唯識學的知識論提供頗多資料，但有多處說法隱晦、不清晰，令人覺得可惜。

[37] 以上所述，是我在判教的整個脈絡中所採取的基準。關於以甚麼為基礎來對佛教作教相判釋，是沒有定準的，只要具有理論的效力便可。如取對真理的看法、解讀和體證這真理的實踐方法，也可以作為基準。天台宗智顗便採取這種所謂真理與方法的基準來作他的判教。他提藏、通、別、圓四教，以析法入空說藏教，體法入空說通教，歷別入中說別教和圓頓入中說圓教，便是順著真理與方法這種模式來進行。空與中或中道是真理，析法、體法、歷別與圓頓則是實踐真理的不同方法。關於這點，我在後面談到天台宗的判教法時便會作較詳盡的解說。我自己對佛學的研究，也常應用這種模式。拙著《佛教的概念與方法》（臺北：臺灣商務印書館，1988，2000 增訂本）也大體上採這種方式入路。概念指真理的概念、對真理的理解，方法則是實踐、體證真理的方法。這種入路的方式有它的好處，如思路的清晰性與嚴整性，但有時不免淪於機械化。在我自己的判教說中，我不想對真理與方法守得過於死煞，因此捨而不用，而用自己近年在研究中開拓出來的真理的動感性與對世界的關懷、認識作為主軸。但有時也會關涉到真理與方法的問題。

第四章　先賢的教相判釋

一、關於教相判釋

以下我要關連著上面所詳細論述的宗教性的現象學的自我設準，配合著動感、認識等基準，提出我自己對佛教的判教或教相判釋。要注意的是，並不是每一種自我設準都能直接地、密切地與我所判釋的一切佛教教理有關。但我們可以說，在某些重要的處所，這些自我設準可作為參考，較深刻地與廣面地展示出所判釋的教法或教相的形態。另外，我所判的教法，有些是溢出以上的自我設準的，例如在印度中、後期發展的挾相立量、捨相立量與空有互融等教法，強調知識（量）有或無形象（相），與其說是純宗教現象學義的，不如說是較多關連到知識論與存有論方面問題的，這則與我所提出總別觀照我這種在本質上偏離宗教的現象學的自我設準相連，而近於認知我或知識我的設準了。

首先讓我交代所謂教相判釋或判教（在本文中，「教相判釋」與「判教」兩個述詞是交互使用的）的意義與旨趣。「教相」表示教法的形態，或教法的義理形態。教相判釋是對不同的教法和義理作一全盤性的判別，並將它們安置在適當的位置上。在佛教，判教是挺重要的綜合的思維、理解、詮釋的活動，透過判教，我們可以看到判教者如何理解與詮釋整套佛教教義。這種做法，在早期的佛教已有出現。大乘（Mahāyāna）與小乘（Hīnayāna）的區分，可視為一種取義較寬的判教活動。唯識學者在他們所宗的《解深密經》（*Saṃdhinirmocana-sūtra, Dgoṅgs-pa ṅespar-ḥgrol-pa*）便有有、空、中的三時判法。中觀學後期的寂護（Śāntirakṣita, Śāntarakṣita）也作過判教。他把當時流行的佛教教派分為有部（Sarvāsti-vāda）、經量部（Sautrāntika）、有相唯識（Sākāravāda）、無相唯識（Anākāra-vāda）與中觀派（Mādhyamika）。他自然以自己所屬的中觀派為最高。中國的學者或僧人更重視判教，天台宗、華嚴宗都各自發展他們的判教，那是以整個佛教義理體系為對象而作出的。禪宗的宗密也有他的判教法，❶那是專就禪的思想、義理和修行法而作出的。當代新儒家學者牟宗三先生也曾以分別說與非分別說、對於諸法的存在性有無根源的說明，來分判佛教諸派，這都可見於他的《佛性與般若》之中。唐君毅先生著《生命存在與心靈境界》，以三進九重的方式來判釋種種義理，也有判教的意味；他最後視基督教的義理核心為歸向一神境，佛教所宗的是我法二空境，❷儒學強調的是天德流行境，這更有判教的旨趣了。不過，他所判釋的對象，不是限於佛教本身，而是以世界的哲學與宗教作為對象的。在西方，黑格爾（G.W.F. Hegel）也有類似的做法，他以其《精神現象學》

---

❶ 對於天台宗、華嚴宗的判教法，留意的人比較多。對於宗密就禪的不同義理形態與實踐方法所作出的判釋，則較少人留意。實際上，宗密對於禪法，起碼提出過兩種判釋。一是偏重在派系及實踐方法方面的所謂「五味禪」：外道禪、凡夫禪、小乘禪、大乘禪及最上乘禪。（宗密著《禪源諸詮集都序》，《大正藏》48・399 中。）
另一則聚焦在實踐與義理形態方面的：息妄修心宗、泯絕無寄宗和直顯心性宗。（同上書，《大正藏》48・402 中。）另外，禪本來是從印度傳入中國的，在印度禪方面的一些文獻，如《楞伽經》（*Laṅkāvatāra-sūtra*），都對禪作過判釋。此經提出所謂「四種禪」：愚夫所行禪、觀察義禪、攀緣如禪與如來禪。前兩種分別指述小乘（二乘）的清淨修行與觀取人法二無我。後兩種則涉及主體性；但攀緣如禪仍有對象性之嫌。

❷ 唐先生以我法二空境來特顯（characterise）佛教的教說，是有問題的。這種說法只能對印度佛教中的般若思想與唯識思想有效，對於這兩系思想之外的其他思想，如強調如來藏（tathāgatagarbha）的思想，其效用便有問題了。般若思想說一切皆空，這一切自然包括我（主體）與法（客體或客觀存在）在內。唯識學（vijñāna-vāda）強調境不離識，識亦非實，亦是空。即是，外境或諸法由識（vijñāna）所變現（parāvṛtti, pariṇāma），故是空無自性的；但識自身亦無自性，亦是空，不是實在。這識是以第七末那識（mano-vijñāna）特別是第八阿賴耶識（ālaya-vijñāna）為主，這兩者都是就現象的自我言。至於如來藏思想，則強調如來藏心或如來藏自性清淨心，這是印度大乘佛教在空思想（般若思想、中觀學）與有思想（唯識思想）這兩大系統之外的第三系統。它一方面說空如來藏，另方面又說不空如來藏。雖然不空如來藏並不表示如來藏或超越的主體具有自性、實體，因而是空無自性之意，但它的「不空」除具有空思想與有思想的空的意味外，基本上卻是突顯一種體性義（不必是實體義、自性義）的主體，這便是佛性（buddhatā）。這佛性顯然具有空義之外的意涵，不能光以我法二空說。至於這種佛性思想傳到來中國，開出天台、華嚴、禪三大體系，則更不能以我法二空說了。天台的智顗更強調佛性即是中道（madhyamā pratipad），具有體性義。關於唐先生的我法二空境的說法，參看他的鉅著《生命存在與心靈境界》，下冊（臺北：臺灣學生書局，1977），頁 753-832。

（*Phänomenologie des Geistes*）為本而寫《歷史哲學》（*Vorlesungen über die Philosophie der Geschichte*），更是演述與平章世界宗教與哲學的做法，不過，他是順著史地、時空的脈絡來做的，失之於人工化、機械化。最後他以日耳曼民族的宗教與哲學屬最高的、最成熟的實踐與思維形態，更明顯地展示出一種種族的傲慢心理。

下來是，我們了解教相判釋，不能忽略它背後的宗教動機。即是說，佛教的經律論三藏十二部（dvādaśa-aṅga-dharma-pravacana），篇幅浩繁，成一文獻大海。每部文獻的內容都不盡相同，甚至有在義理上相矛盾的、相衝撞的。如三法印中的無我（anātman）思想與涅槃（nirvāṇa）境界中的常、樂、我、淨中的我（ātman）思想，在表面上、文獻字眼上便不協調，但這不同的對我的說法，必須歸於佛陀（Buddha）釋迦牟尼（Śākyamuni）的說法內容。如何辨呢？佛陀不可能同時說出相互矛盾的義理。於是佛教徒便提出佛陀在不同時間、不同地域對不同的眾生說法，俾他們都能吸收領受，沾法語甘露。❸在這些情況下說的法，自然有出入，不可能完全一致。特別是對不同眾生說法方面，佛陀要考慮及現場眾生的興趣、根器，特別是在知見上的不同優點和缺失，而施以適切的說法甘露，俾作為聽者的眾生都能受益。例如，對於那些有我執的眾生，佛祖便以無我的教法開示，以調減他們對自我的迷執。對於那些有虛無觀傾向而對自己缺乏信心的眾生，佛祖便向他們宣說常、樂、我、淨中對於自我的積極教法，讓他們強化自己的能力，對自己多點自信。於是便在「我」這一題材上有「無我」與「我」的不同教法了。有些佛教徒甚至認為，佛陀面對一大群信眾都只宣示一種教法，各信眾竟能就他們自身個別的知識、性格、修行方面得到相應的理解。這些理解各自不同，但眾生都能各得所應得的教誨。只有佛陀有這種法力、本領，這則近於宗教神話了。這便是流行於佛弟子的「佛以一音演說法，眾生隨類各得解」（《大乘起信論》語）了。另外，佛陀亦會就不同內容、不同的實踐方法等向眾生說法，這便是天台宗所謂的「化法四教」與「化儀四教」了。

---

❸ 例如，天台宗智顗大師的判教中有所謂「五時」的說法，謂佛陀一生的說法，分五個階段，對眾生的個別情況作出善巧的回應。這五個階段或時段為華嚴時、鹿苑時、方等時、般若時與法華涅槃時。

另外，某一種判教法也往往展示判教者自己的佛教思想和他如何看這思想，如何以這思想與其他佛教思想作比較。特別是，他如何透過比較以突顯他所宗的思想的高明處與圓融處。他通常把自己所宗的教說排在自己的判教系統的最後位，這也是最殊勝之位。這在華嚴宗與天台宗的判教說來說，特別明顯。在華嚴宗的法藏大師的判教中，開首是小乘教，中間經大乘始教、大乘終教、頓教，最後是圓教。法藏自己自然把自家的華嚴教法放在圓教。進一步，他又把圓教分成兩種圓教：同教一乘圓教與別教一乘圓教。他以同教一乘圓教指天台宗的教法，以別教一乘圓教指自己的教法，視之為境界最高的教法，也是最圓滿的教法。❹天台宗的智顗大師則提藏、通、別、圓四種教法，以藏教先行，表示阿含（Āgama）佛教或原始佛教，中間經以般若文獻與中觀學（Mādhyamika）為代表的通教與以《大乘起信論》、如來藏思想為代表的別教，而最後成熟於宗《法華經》（*Saddharmapuṇḍarīka-sūtra*）與《涅槃經》（*Mahāparinirvāṇa-sūtra, Yons-su mya-ṅan-las-ḥdas-pa chen-poḥi mdo*）的天台圓教。在他的判教中，華嚴思想或華嚴宗位別教之列。他認為天台教法是最圓實的教法。❺

二、法藏《華嚴五教章》所述前此的判教法

以上我舉出了佛教各家各派及其他學者的判教法，俾讀者知了一下種種判教法的輪廓。實際上，在佛教各家各派中，也有記述前此的不同判教法的，最後才提出自己的判教法。華嚴宗法藏在他的《華嚴一乘教義分齊章》或《華嚴五教章》中便是這樣做。以下我要就此書所提到的其他宗派的判教法作一扼要的評述。不過，我要先交代，法藏在這《華嚴五教章》中說的和他後來的《探玄記》（《大正藏》35·110 下 ff.）的說法略有不同。

一是菩提流支（Bodhiruci）的所謂一音教，那是依於《維摩經》（*Vimalakīrtinirdeśa-sūtra*）、《法華經》與《華嚴經》（*Buddhāvataṃsaka-nāma-mahāvaipulya-*

---

❹ 關於華嚴宗的判教法，參看拙著《中國佛學的現代詮釋》（臺北：文津出版社，1995），頁 87-97。更詳盡的理解與發揮，參看唐君毅著〈華嚴宗之判教之道及其法界觀〉，上、中、下，唐著《中國哲學原論原道篇》卷三（香港：新亞研究所，1974），頁 1244-1311。

❺ 有關天台宗的判教法，參看拙著《中國佛學的現代詮釋》，頁 38-52。

sūtra, Saṅs-rgyas phal-po-che shes-bya-ba śin-tu rgyas-pa chen-poḥi mdo，《大方廣佛華嚴經》）等文獻所立的。其意是，佛的教法是一音的，或是一味一雨的；但聽者可依自身的特殊根機而有不同的解讀。所謂「佛以一音演說法，眾生隨類各得解」（《維摩經》語；《大乘起信論》亦有同樣說法）。（參考鎌田茂雄解讀《華嚴五教章》（東京：大藏出版社，1979），頁 121。以下所引的判教法，悉依鎌田書所附《華嚴五教章》原文與選擇性地參考鎌田所附的要旨，故對於這些判教，只列鎌田書的頁碼，不另在附註中作交代。）

二是誕法師所提的漸頓二教。這是依《楞伽經》等而立的。其旨趣是先習小乘，後趨向大乘；大小乘並說，故為漸教。這亦是《涅槃經》的說法。頓教則是直接承受大乘而來，亦只宣說大乘教的宗旨。這教法的依據是《華嚴經》。淨影寺慧遠及後代諸大德便信奉這種說法。（《華嚴五教章》，頁 122-123。）

三是地論宗南道派的開祖慧光所提的漸教、頓教與圓教。根器未圓熟的眾生在學習了無常、空的義理後，再對他們說常、不空的教說，漸次令他們理解整全的佛法，這便是漸教。所謂頓教，是對那些根器圓熟的眾生演說一切佛法，在次序上沒有空、不空、無常、常這些說法的先後差別。至於圓教，則是專對那些已達致圓熟的一乘的根器的眾生說的，同時也對那些接近佛的境界的眾生說。此中的文獻依據是《華嚴經》。（《華嚴五教章》，頁 123-125）

四是大衍法師所提出的四種教法：因緣宗、假名宗、不真宗、真宗。因緣宗指小乘說一切有部（薩婆多 Sarvāsti-vāda）所宗。假名宗為《成實論》（*Satyasiddhi-śāstra*）所倡導；這本論典幾乎網羅了部派佛教亦即小乘佛教較有勢力的重要教法，但在很多地方批判說一切有部，持經量部（Sautrāntika）的立場，有涉入大乘的見解的傾向。不真宗指涉《般若經》（*Prajñāpāramitā-sūtra*）的義理，以一切法都是緣起，因而沒有常自不變的自性（svabhāva），因而是空（śūnya）。由於沒有自性、實體，因而是不真的。真宗則指那些說真常的佛性與法界（dharmadhātu）的教法，如《涅槃經》與《華嚴經》的所說。（《華嚴五教章》，頁 125-126。）

五是護身法師所立的五種教法。其中三種教法與上面提及的大衍所說的因緣宗、假名宗、不真宗相同。第四種為真宗教，指《涅槃經》等經典所說的有關佛性的教說。第五種為法界宗，相應於《華嚴經》的法界思想，以法界的自在無礙法門為教法的中心。這最後的兩宗：真宗教與法界宗其實是由大衍所提的真宗以一開二的方式而成就的。（《華嚴五教章》，頁 126-127。）

六是耆闍法師所確立的教說。這即是因緣、假名、不真、真、常、圓六種。最初兩種教說，與大衍的因緣、假名教說相同。第三的不真教說，聚焦在說諸法如幻如化的本質上，這應該是指般若學與中觀學言空、無自性的義理（鎌田在這裏說這第三種教說是指發揚諸法的假有性的法相宗，不妥當）。我們要特別留意這裏的「諸大乘通說」字眼。這通說應是就空義而言，那是一切大乘甚至包括小乘所共同遵奉的；這與天台智顗判教法中的通教是相通的，它是指般若學、中觀學與《維摩經》的義理。至於第四的真宗，法藏說是闡明諸法真空的義理，他提出的例證是三論宗。這沒有錯。但第三的崇奉般若學與中觀學的教說，亦通於三論宗。這樣，第三與第四種教說便重疊起來。這是耆闍法師判教有問題之處。第五的常宗，應是指真常的教說，即是發揚如來藏、佛性的教說，例如《如來藏經》（*Tathāgatagarbha-sūtra*）與《大乘起信論》的旨趣。最後的、第六的圓宗，法藏謂指涉闡述與發揚法界緣起、諸法自在無礙的教說，其文獻依據應該是《華嚴經》。（《華嚴五教章》，頁 127-128。）

七是天台宗的化法四教。法藏表示，這四教：藏、通、別、圓是就教法的內容而區分，由南岳慧思傳到天台智顗。藏教或三藏教指小乘，智顗的《四教義》卷一引《法華經》〈安樂行品〉的文字可以為據；《大智度論》（*Mahāprajñāpāramitā-śāstra*）亦有文字印證這點。通或通教是三乘（tri-yāna）共通的意味。三乘是聲聞乘（śrāvaka-yāna）、緣覺乘（pratyeka-yāna）與菩薩乘（bodhisattva-yāna）。法藏表示，《般若經》的乾慧地等提到三乘十地的說法，便是大、小乘共通之意。菩薩乘是大乘，聲聞乘、緣覺乘則是小乘。法藏認為這是漸教（按智顗的通教主要是指般若思想、中觀學、《維摩經》一類的教法，這種教法是否是漸教，可以商榷。就中觀學與唯識學對比著說，唯識學傾向於漸教，中觀學傾向於頓教）。別或別教則是除小乘外只通於大乘菩薩的教法，這亦稱為頓教（按法藏這樣理解，大有問題，智顗自己是以別教指涉佛性 buddhatā, buddhatva、如來藏 tathāgatagarbha 思想的，這種思想認為眾生需要歷劫修行，才能成佛，「歷劫」即是漸教意味）。最後的圓或圓教，則是發揮重重無盡的法門，是《華嚴經》的所說，亦稱為祕密教（按這裏的問題非常嚴重，法藏是以自己的圓教來解讀天台智顗的圓教。關於這點，我在下面論述天台宗的判教法時便會明瞭）。（《華嚴五教章》，頁 131-132。）

八是敏法師所立的兩種教法：釋迦經與盧舍那經。釋迦經是屈曲的教法，其旨趣是對機說法，展示真理的不同形態，最後破除眾生的執著。《涅槃經》即屬於這種教法。盧舍那經又稱為平道教，或平等道教。這種教法專講法身（dharma-kāya）問題，這即是《華嚴經》的所說。

九是光宅寺法雲法師所提的四乘教。這四乘教相應於《法華經》的〈譬喻品〉的長者火宅喻：以羊車、鹿車、牛車依序比配聲聞、緣覺、菩薩三乘，最後以大白牛車比配一乘。因此便有一乘與三乘兩種教法。在三乘中，各乘相互間有差別，這是後來信行禪師的補充。由於在三乘中，在義理上的理解與實踐修行方面都有落差，因此需要先修習小乘，然後進於大乘。經過信行禪師的補充，法雲法師的四乘教便成了三乘與直通於菩薩的法門了。這樣，三乘最後會歸於一乘。此中的理解與修行便有一種圓融的關係：一解一行即是萬解萬行，成就了解行相即的教法形態。法藏認為，這種形態是相應於《華嚴經》的。他又表示，法雲與信行在一乘的問題上的不同看法，相應於《法華經》與《華嚴經》在法門上的差別，也即是同教一乘與別教一乘的區別。（《華嚴五教章》，頁 131-132。）

十是玄奘所提的三種教法。他是根據《解深密經》、《金光明經》（*Suvarṇaprabhāsa-sūtra*）與《瑜伽師地論》（*Yogācārabhūmi*）而提出來的。第一種教說是轉法輪教，那是佛陀在鹿野苑最初說教中的講法，是小乘教。第二種是照法輪教，佛陀說諸法空的義理，而成般若教說。第三種則是持法輪教，由諸法空進而講真如不空與三性之理。（《華嚴五教章》，頁 133-134。）

最後，法藏對這十家立教的說法，作一總結。他盛讚提出這各種說法的人是「當時法將，英悟絕倫，歷代明模」。各人說法不同，目的是要透過相互補足，俾能盡量概括經、律、論三藏十二部的教說；各人的說法是相通的。（《華嚴五教章》，頁 134-135。）

三、前此的判教法的局限性

儘管法藏對提出這十家判教法的法師大德推崇備至，說他們是英悟絕倫，云云，我想這只是客氣之詞，出之於對先賢的敬仰之心。這十家的說法，大多數都是有問題的，可以進一步商榷之點很多。其中一個重要的原因是這十家人物比較早出，看不到佛教義理在後來的發展；同時，也由於缺乏對印度佛學各宗派的文獻的漢譯作參考，因而他們的判教法所能涵蓋的面便相當狹窄，難免有只見樹木，不見森林的弊端。以下我要就整全的印、中佛教（「整全」有包含那些提出這十家判教法的人所不及見的部分的意味）的發展來對這十家判教法的省思，並把焦點放在局限性方面。我這樣做，並沒有故意挑剔的意味，卻是關連及今後有心人關心判教的問題及判教的未來開拓，讓他們多一點參考而已。

首先是菩提流支的一音教。以一音來作判教，其實沒有甚麼意思，也不符合判教的旨趣。把全體佛教視為是同一個系統而出，是同一口徑，無異是從佛教史的角度，把所有佛教的教說，在歷史上出現過的，都會聚在一起，說這都是佛陀的說教，或依於佛陀的說教而來的發展。現在的問題是，我們發現佛教內部有很多派別，它們所講的義理，並不都是一致，甚至有相對反、相衝突的情況，我們要找尋一種做法，讓這些不同的義理可以放在佛教這一個大思想體系、哲學體系中，而不相衝突，不相妨礙，都符順佛陀的教說與實踐，可以視為是佛陀思想所包涵於其中，或是佛陀思想所能發揮的。一音教顯然不能解決這個問題。

誕法師的漸頓二教說，是以實踐或覺悟的方式來作教相判釋，有點像天台智顗的化儀四教的分判。不過，漸頓二教的判釋，是最素樸的做法，但就判別多種不同的佛教義理而言，沒有甚麼意義，而且是相對性的。中觀學（Mādhyamika）與般若思想對於唯識學（Vijñāna-vāda）來說，則後者是漸教，前者是頓教。但對於禪來說，則禪自是頓教，中觀學與般若思想變為漸教。實際上，中觀學強調二諦思想，要人先習世俗諦（saṃvṛti-satya），然後再習第一義諦（paramārtha-satya），這便有漸義；但屬於般若思想系列的《般若波羅蜜多心經》（*Prajñāpāramitā-hṛdaya-sūtra*）提出色空相即的關係，說色即是空，空即是色，強調需即就色（現象）自身當下證取它的無自性的空的真理，這又有頓義。而中觀學與般若思想在天台智顗的判教中，都是通教，是共法的意味，共通於多種不同教派也。

地論宗南道派的慧光提漸教、頓教與圓教，只能說是對誕法師的判教的補充而已，基本上仍是就學習上的、覺悟上的方式作為線索來分判。他講的圓教，其實可併入頓教中。同是利根的眾生，未發展到圓熟的階段，是頓教；發展到圓熟的階段，能夠以一乘教的方式，不必經聲聞、緣覺、菩薩三乘歷程，而直達佛境界的，便是圓教。

大衍法師所提的四種教法：因緣宗、假名宗、不真宗、真宗有點意思。每一宗可以一個觀念來概括，或指向一個觀點。因緣宗指向緣起（pratītyasamutpāda）；假名宗指向假名（prajñapti）；不真宗指向不真，或無自性，或空（śūnyatā）；真宗則指向佛性，具有恒常性的佛性（buddhatā）。這很容易讓人聯想到龍樹的名著《中論》（*Madhyamakakārikā*）中的一首關乎三諦（tri-satya）的偈頌：

> yaḥ pratītyasamutpādaḥ śūnyatāṃ taṃ pracakṣmahe,
> sā prajñaptir upādāya pratipad saiva madhyamā.❻

這偈頌的意思是：

> 我們宣稱，凡是相關連而起的，都是空；由於這空是假名，故它（空）實在是中道。

在這首偈頌中，首先出現的觀念是相關連而起（pratītyasamutpāda）；跟著出現的是空（śunyatā）；再下來是假名（prajñapti）和中道（madhyamā pratipad）。天台宗的智顗即基於空、假名和中道三個觀念而建立三種層次不同的真理或真諦：空諦、假諦與中諦，合起來是三重真諦，因此這偈頌稱為「三諦偈」。大衍所提的四種教法，正與這三諦偈中的幾個觀念相應：因緣宗相應於相關連而起，假名宗相應於假名，不真宗相應於空，真宗相應於中道。只是有一點是有異的：大衍的四宗中是假名宗先行，跟著的是不真宗；三諦偈則以空先行，跟著的是假名。這點差異並不重要。假名宗或假名相應於世俗諦；不真宗或空相應於第一義諦。先說哪一諦，影響不大。

在大衍的判教中，有由假名宗所展示的世俗諦，或俗諦；有由不真宗所展示的第一義諦，或真諦；亦有由真宗所展示的綜合真俗二諦的中道諦或中諦。這種判教

---

❻ *Mūlamadhyamakakārikās de Nāgārjuna avec la Prasannapadā Commentaire de Candrakīrti*, ed. Louis de la Vallée Poussin, Bibliotheca Buddhica, No. IV. St. Petersbourg, 1903-13, p.503.

法，有龍樹的中觀學的義理基礎。特別值得一提的是，大衍在解釋真宗時，提到此宗是闡明佛性、法界真理的。則真宗不單與中道相應，同時又與佛性相應。這樣，便不難說中道即是佛性。中道不純然是靜態的作為規範義的真理，同時亦是作為成佛基礎而具有動感的主體的心能。這便似《涅槃經》和天台智顗把中道與佛性等同的觀點了。同時，另外一應注意之點是，大衍在第一的因緣宗中，把小乘一些教派的說法也納於它的名下。因此，大衍在重視大乘之餘，也能兼顧小乘。但這小乘是指涉哪些學派和它們的義理為何，便不得而知了。不過，它應是環繞著說一切有部的說法（Sarvāsti-vāda）而立的。

初步來看，大衍的判教法的概括性是頗廣的。因緣宗攝小乘，假名宗攝現象論，不真宗攝空的義理，真宗攝佛性論。倘若以假名宗的現象論視為作為假名的諸法由心識所變現的話，則假名宗可與唯識學掛鉤。這樣，小乘、大乘有宗、空宗和真常的佛性論都包括在內了。但進一步看，還是有不少問題。第一，因緣宗只涉小乘，但佛陀的思想如何呢？是否可以概括在小乘之中呢？倘若因緣宗中的「因緣」（pratyaya）是指涉十二因緣（dvādaśāṅgika-pratītyasamutpāda）的話，則便可與佛陀扯上關係，但光是憑「因緣」一語詞，很難決定。第二，大衍說到假名宗時，特別提到《成實論》，這便與唯識學有很大的距離。按《成實論》是訶利跋摩（Harivarman）所著，鳩摩羅什（Kumārajīva）譯，這是講四諦問題的論典，由五聚 202 品組成，包括發聚、苦諦聚、集諦聚、滅諦聚、道諦聚，其主題聚焦在作為真理的「實」（satya）的問題。其中的滅諦聚最堪留意：它強調要滅除假名心、法心、空心，才能體證涅槃（nirvāṇa）之境。但有部亦說四諦，我們不能由於《成實論》言四諦而單獨把它的義理歸諸盛言四諦的佛陀的思想。不過，我們可以說，《成實論》所談論的題材很複雜，它概括小乘佛教特別是部派佛教的重要義理，但又隱約地包涵大乘的說法，以抨斥小乘，它可以說是經量部（Sautrāntika）的立場。這部論典在南北朝、隋、唐時代被視為說假名的宗派，被視為是介乎小乘文獻與大乘特別是般若文獻之間的過度性格的文獻，其中有很多由小乘過度到大乘的中介內容。另外一重要之點是，《成實論》提及中道，而且分為三種說法：世諦中道說、真諦中道說和二諦合論中道說。雖然這樣說中道，不一定是龍樹中觀學的中道涵義，但在中觀學與唯識學之間，《成實論》毋寧比較靠近中觀學，與唯識學的關連不算密切。因此，我們不能說《成實論》的義理是唯識學性格的，不能說它的假名宗中的「假名」可直接通到唯識學的境或現象由識所變現的思想方面去。❼倘若是這樣，則大衍的判教便沒有交代作為印度佛教的主要的義理體系之一的唯識學。第三，大衍的真宗所指涉的佛性是從哪種方式所建立、展示的佛性呢？對於佛性，我們通常可以依超越的分解的方式來說，來建立；這便近於達摩禪、神秀的北宗禪或法藏所判的別教一乘圓教所講的佛性。另外亦可以從平常心、經驗虛妄心來說的佛性；這則近於慧能禪的自性、馬祖禪的佛性與天台宗智顗以一念無明法性心來說的佛性。大衍說的佛性是哪一種呢？都不清楚。再下來是，大衍的判教法未有提及一向都相當普及的淨土教法，對印度佛教後期發展出來的重視量論或知識論的教法完全無涉。

至於護身所立的五種教法，其實是不值得提出的，不知法藏何以要把這種判教提舉出來。或許是為了湊足十種判教法這個完美數目吧。在這五種教法中，前三種是與大衍所提的重疊；第四種講佛性問題，也不能免於與大衍提的重疊。至於第五種強調法界（Dharmadhātu），有點意思，表示對客觀世界、客體性（Objektivität）的重視。但大衍的真宗也概括關於這法界的觀念。都沒有新意可言。

序列第六的耆闍的判教法，前三種教說與大衍的重疊，這很明顯。至於第四種

---

❼ 關於《成實論》，我國佛學研究界理解得很少，這是由於它的兩不著邊的內容所致：一方面有說存有、存在的有宗的內容，另方面又有說存有、存在的本性是空的空宗的內容。理論立場的界線模糊不清。不過，這部論典的內涵相當豐富，我們可以在其中看到小乘佛教如何在義理上作大乘佛教的轉向。這在思想史來說，有一定的意義。這本書本來只有漢譯，梵文原典與藏文翻譯都已散佚。在 1975 年打後，印度學者薩斯特力（N. Ajyaswami Sastri）依漢譯把它還原為梵文原本和進行英譯：

N. Ajyaswami Sastri, *Satyasiddhi-śāstra of Harivarman*, Vol. 1, Sanskrit Text, Gaekwad's Oriental Series, No. 159, Baroda, 1975.

N. Ajyaswami Sastri, *Satyasiddhi-śāstra of Harivarman*, Vol. 2, English Translation, Gaekwad's Oriental Series, No.165, Baroda, 1978.

關於此書的著者訶利跋摩，我們所能知道的不多。據說他是先習《吠陀》（*Veda*）聖典與印度哲學的，是婆羅門血統，其後皈依佛教，成為童受（Kumāralāta）的弟子。這童受是經量部（Sautrāntika）系的論師。在童受的指導下，訶利跋摩學習了說一切有部的迦旃延（Kātyāyamīputra）所著的重要論書《發智論》（《阿毗達磨發智論》，*Abhidharma-jñānaprasthāna-śāstra*）。這部《發智論》的註釋書，即是五百阿羅漢等造的《阿毗達磨大毗婆沙論》（*Abhidharma-mahāvibhāṣā-śāstra*）。

教說：真宗，則名與大衍的真宗相同，但不是指涉佛性，而是指涉諸法沒有自性，是真正的空、「真空」；在例證方面，耆闍提三論宗。這是空宗的重要的觀念。這本來不錯，但這「不真」的教說，如上所言，是直接關連到般若學與中觀學的觀點上去了，而這觀點正是無自性空。這又與耆闍自己提的第三教說——諸法如幻如化——重疊了。若要避免這種重疊性，則只有一個途徑：把第三教說的諸法「如幻如化」或「如幻化」說成是就唯識學而言的。諸法既是如幻化，則是不實、不真，這與境不離識的唯識旨趣正相吻合。這樣便得第三種教說涉唯識，或有宗；第四種教說涉及般若學與中觀學，或空宗的解讀方式。這樣便不會有重疊的現象。但問題是，佛教（特別是印度佛教）每提及諸法是如幻如化，或如幻化，多是就諸法的沒有實在性、真實性或自性而言的；即是，如幻化的說法的矛頭是指向空這一真理的，而不是指向作為對象的、唯識的境的。

讀者也許會辯駁，像「如幻化」這種字眼，為甚麼不可以指涉作為對象的境呢？為甚麼不可以就唯識而言呢？佛教也不是不談外在的境或外在的對象呀！它除了強調不著於世間外，也強調不捨世間呀！不捨世間便有存有論地肯定世間法的意味。我的回應是，這些話都是對的，佛教除了要世間法外，也要出世間法，更要世出世間法哩。問題的關鍵是在用語、用詞方面，佛教經論的慣常用法。說事物如幻化，是以遮詮的方式以透顯事物的緣起無自性，因而是空的意味，這是慣常的用法。這當然也可以指涉對象，指涉外境，但基本上不是把我們要留意的東西，聚焦在對象或外境上，不是正面說事物的緣起性、現象性，而是要指點出事物的本質，即是無自性的、空的本質。幻化指東西是不實在的東西、空的東西。空的觀點便這樣被指點出來了。我們舉一個例子看。《金剛經》（*Vajracchedikā-sūtra*）的末後部分，提出以下一首偈頌：

> 一切有為法，如夢幻泡影，如露亦如電，應作如是觀。❽

在這偈頌中，佛陀以夢、幻、泡、影、露和電來比喻一切緣起的有為法（saṃskṛta-

---

❽ 《大正藏》8・752 中。

dharma），都是幻有施設、變化無常的，當中沒有自性、實體。佛陀的意思是，這世界的一切景象，都離不開變化、無常的性格，它們是虛而不實，如幻如化。每一瞬間，它們都在消逝，又當下能引致新的景象生起。如是滅生生滅、循環無已。這如何能作為我們的生命心靈歸依之所呢？既無歸依之所，我們當下便安住於無歸依之所中，而成為海德格（M. Heidegger）所說的「無寄居的狀態」（Heimatlosigkeit），這便是住於無住、住於空之中。而成正覺、得解脫、證涅槃的宗教的終極目標，都自這裏說了。不過，海德格的說法完全地是負面的。《金剛經》在這裏的用意，並不是要建立具有正面意義的諸法或對象，不是要正面地建立外境或對象，而是要以「如幻如化」一類的述詞，教訓我們不要執取這些東西，以體證一切都是無自性空的真理。倘若讀者認為經文的意思是要建立世間法，以至教我們肯定世間法，便是捉錯用神了，起碼在這裏的經文脈絡中捉錯用神。實際上，整部《金剛經》都在述說空的道理，但卻沒有「空」這一字眼出現在其中。我們不能表面上去望文生義，而是應就大脈絡去把握作者的用心。

至於耆闍所說的第五項的常宗，如上面所說，應是發揚如來藏或佛性的觀念，這很好。佛性、如來藏或如來藏自性清淨心不是生滅法，不是有為法，卻是具有恒常的性格，這性格讓它成為一具有超越性的主體。這與上面四種教說都不同，判教肯定要給這常宗一個恰當的位置。但這又與下面第六的圓宗有重疊之處。對於這圓宗，法藏認為是圓實的、圓滿的教法，它發揚法界緣起、諸法圓融無礙的思想，是《華嚴經》的主要內容。法藏肯定有這樣的意味：圓宗正是他所倡導的圓教，特別是別教一乘圓教。❾現在的問題是，常宗與圓宗基本上都是以一種超越的分解（transzendentale Analyse）的方式，建立一個真常的主體（Subjektivität），把萬法的存有論的根源，都歸到這個主體上說，所謂「三界唯心造」。這心便是這真常的主體。在這種真常的主體的大脈絡下，常宗與圓宗並沒有本質上的不同；所謂不同，只能在萬法如何由這真常的主體所生起的發生的角度、歷程的角度來說。即是，常宗若

---

❾ 在法藏的判教中，最後的亦是最高階段的教說，便是圓教。而且圓教有兩種形態：同教一乘圓教與別教一乘圓教。他以同教一乘圓教指涉天台宗，以自己所創製的華嚴宗為別教一乘圓教的系統。有關這兩種圓教形態及其特性，下面會有詳盡的交代。

就《大乘起信論》來說，萬法的生起是真如緣起（不管這真如是真如心或心真如），或《勝鬘經》（*Śrīmālādevīsiṃhanāda-sūtra*）、《如來藏經》（*Tathāgatagarbha-sūtra*）的如來藏緣起。而法藏的別教一乘緣起，則倡導法界緣起。雙方的理論立場相近，都是建立一具有超越性（Transzendenz）的精神主體作為諸法的存有論與宇宙論（宇宙論取寬廣義）的根源。兩者正是在這一點上重疊。至於發生上、歷程上的生起，則雙方有不同說法。但這在先確認一超越的主體性（transzendentale Subjektivität）這一點下來說，都變得不那麼重要了。有人可能會提出，如來藏緣起或真如緣起所強調的是那個清淨無染的如來藏心或真如心，其重點在主體性方面；而法界緣起的重點則是在法界（dharmadhātu）方面，對於作為客體性（Objektivität）的萬法有較強的重視與肯定，這還是不同。我的回應是，這不同是在主客分際的層面上說的，不影響及雙方在理論立場上的類似性（Homogenität）。

至於天台宗的藏、通、別、圓四教的判教法，由於我會在下面有一專節論這種判教法，故在這裏不擬多說，以免重疊。不過，如上面提到，法藏以自己的圓來說天台的圓教，問題非常嚴重，我只想在這裏說明一下。法藏自己對圓教的理解，在關連到諸法的生起這一點上，完全是順著由唯識學的賴耶（ālaya）緣起經《大乘起信論》的真如（tathatā, tathatva）緣起以迄於《華嚴經》與他自己所提的法界（dharmadhātu）這一種超越的分解的思維方式來展開。他未有意識及圓教除了他自己所想到的那種基於超越的分解而來的形態外，還有另外的形態，這便是以綜合性的一念無明法性心為起步的具有弔詭、辯證性格的圓教模型。因此，他在說到天台四教中的圓教時，都運用他用來描繪自己的圓教的具有殊勝義的字眼如「法界自在具足一切無盡法門」、「一即一切，一切即一」等來形容，並表示這是《華嚴經》等文獻說的。（《華嚴五教章》，頁 128-129。）

關於敏法師所立的那兩種教法，如《涅槃經》的當機（眾生的根器）說教以破除聽者的迷執，和《華嚴經》關於法身問題的闡釋，都流於淺窄，其流弊明顯不過，不需多論了。

有關法雲提出的四乘教，其分法是從實踐的序列上說，不涉及教法的內容。即是，先修習小乘：緣覺乘與聲聞乘，然後修習菩薩乘，由此便得三乘。最後轉向佛乘的一乘的修習。這樣，就修行、實踐上來說，可說是三乘中有一乘，一乘中有三乘。前者是先修習三乘，然後進於一乘；後者則是在一乘的佛乘的果位中，涵有前此所修習的三乘在裏頭。

最後的玄奘的分法，是歷史的次序，也是義理的次序。即是，佛陀得道後，最初在鹿野苑說小乘教說。然後講空的義理。小乘教說特別是有部與經量部或經部的教說，都有執著客觀的諸法之嫌，因此佛陀其後宣說般若教說中的核心義理，這即是空義。最後講真常性的教法。第一階段講我空，第二階段講法空（般若的諸法皆空），最後講真常佛性，這是不空的，唯識的三性（tri-svabhāva）也包涵在內。這種判教法失之於簡約。特別是最後的、第三階段，一方面有唯識的教說，一方面有不空的佛性、如來藏的思想。但佛性或如來藏的教說如何與唯識教說結合起來呢？這是一個困難。另外一點是，此中並沒有圓教，自然也沒有圓教所涵攝諸法融通無礙的法界，這種判教法顯然未夠周延。⑩

四、太虛、印順的教相判釋

以上我交代了判教的性格和作用，並就華嚴宗法藏所列的在他之前已存在的十種判教法，並且對這十種判教法的扼要內容和它們的局限性一一加以辯解。為了進一步闡釋和評論年代較近的判教法，俾能對於我所提的判教法有所助益，以下我會聚焦在隋、唐以來的幾系較具規模、較有系統又較具影響力的判教法。在這些闡釋與評論中，我仍把重點放在局限性方面，但亦不會忽略各種說法的殊勝之點。

當代我國高僧太虛與印順都曾各自提出自己對佛教的判教法。太虛的提法是法性空慧、法相唯識與法界圓覺。法性空慧是沿著原始佛教的無我思想說下來，而以緣起性空這一基本命題為骨幹，以達於般若波羅蜜多（prajñāpāramitā）與龍樹（Nāgārjuna）的空觀。法相唯識是沿著原始佛教特別是佛陀的十二因緣（dvādaśāṅgika-pratītyasamutpāda）說中由識（vijñāna）至名色（nāma-rūpa）所開拓出來的現象義或相義的

⑩ 玄奘西行往印度取得佛典後回國，唐太宗盛大歡迎他，並為他開設規模龐大的譯場，俾那些佛典能轉成漢語。據說法藏也在其中參予譯事，其後退出，創立強調圓教的華嚴宗。法藏的退出，可能與玄奘的判教法中缺乏圓教這重要的一環有關。

主體（名）與客體（色）或自我與世界為主脈而發展下來，至無著（Asaṅga）與世親（Vasubandhu）而大盛的唯識說，其旨趣是一切主、客現象或相都不外是心識的變現（唯識），沒有自性、實體可得。倒是法界圓覺的說法的意義有點不精確。所謂「法界」（dharmadhātu），是華嚴宗的重要觀念，後者提四法界之說，而以最後的事事無礙法界為最圓熟之境。倘若是近於這個意味，則法界圓覺便表示對法界萬物有一種現象學意義的處理，不執著也不捨棄這個有法界作為基底（Substrat）的萬事萬物。另外，《大藏經》中有《圓覺經》這部文獻（《大正藏》17，913-922），唐佛陀多羅（此名意譯為覺救）譯，被視為偽書。其內容近於《大佛頂首楞嚴經》和《大乘起信論》，頗有上面提到華嚴系統的法界意味。至於「圓覺」，則是與偏覺對揚的一種對諸法圓滿了悟的活動。無論如何，法界圓覺應有對存在世界的正面而肯定的意味。

印順則提性空唯名、虛妄唯識與真常唯心。這種提法的意思比較確定。性空唯名很明顯是就強調空性或性空（svabhāva-śūnyatā）的般若思想與中觀學特別是龍樹的《中論》（*Madhyamakakārikā*）的思想而言，亦即是空宗。所謂「名」，是假名（prajñapti）之意，一切事物都是緣起性格，沒有常住不變的自性，這是性空。但這些事物在樣貌與作用等各方面都有其特殊性、差異性，不是虛無主義（Nihilismus）所說的一無所有，我們在現實生活方面需要識別、區別這些事物，因而確立種種名相，這些名相都是施設性格的，是約定俗成的，因而是假名。「假」是施設性、約定俗成性（conventionality），不是虛偽不真之意。虛妄唯識則是指強調一切法、事物都是唯識所現，它們的基礎在識，或心識（vijñāna）；故它們都是虛妄不實的。「虛妄」是特別就第八識阿賴耶識言，它內裏含藏著一切事物的種子（bīja）或潛勢，種子遇緣而現行，便成在時空下的具體的事物。第八識總的來說雖是中性的、無記的，但它的容易受外緣或外在的感官對象所誘惑，而生起虛妄的想法與行為。護法（Dharmapāla）所傳的唯識學傾向於視心識與由它們所變現出來的事物的虛妄性，這與安慧（Sthiramati）所傳的具有清淨識意味的唯識學不同，後者比較接近世親的唯識學的原意。⓫印順所說的唯識，基本上是護法的《成唯識論》（*Vijñaptimātratāsiddhi-*

⓫ 關於安慧的唯識學，注意的人不多，但不能忽略。其詳參看拙著《唯識現象學二：安慧》（臺北：臺灣學生書局，2002）。

śāstra）所展示的那套學說。唯識學作為強調事物或存有的緣生性格，又稱為有宗。至於真常唯心，則是指強調真常心、如來藏或佛性這些略具有體性義的觀念所開展出來的思想。這在佛陀的教說中也有其文獻學與義理的依據，這便是他所說涅槃所具有的四種德：常、樂、我、淨中的常。這亦是《涅槃經》的所說。分解地說，以常為其性格的真常心是超越的主體（transzendentale Subjektivität），它恒常地在動感中、活動中。這種觀念的重點是在作為具有體性義（不是質實的 rigid 實體義）的能照明的主體，與般若思想、中觀學所強調的諸法的空性及唯識學所重視的諸法的緣起的現象性不同。後二者偏重被觀照的客體方面；真常心則是能觀照的主體。在印度佛學中，般若思想、中觀學與唯識學是早出的，真常心思想或佛性、如來藏思想是後出。由前者發展到後者，有一種客體性的主體性的轉向的傾向。在文獻學方面，代表這種導向的有《勝鬘經》（*Śrīmālādevīsiṃhanāda-sūtra*）、《如來藏經》（《大方廣如來藏經》，*Ārya-tathāgatagarbha-nāma-mahāyāna-sūtra, Ḥphags pa de bshin gśegs paḥi sñiṅ po shes bya ba theg pa chen poḥi mdo*）和《大乘起信論》。後者所發揮的真如心正相應於真常唯心系統的真常心。⓬

⓬ 以上是有關太虛與印順的判教法的內容的闡述，也包括我自己的一些推想和見解在裏頭。關於這兩位現代中國高僧的判教思想，我在超過四十年前最初接觸佛教哲學時已有所聞，也看過他們在這方面的著作。由於時隔太久，我已忘記了他們的說法的出處。上面所述的他們的說法，只憑記憶寫出來。後來我翻檢舊書，發覺其中有載有他們的說法的。太虛的說法見於《太虛大師全書》第一編第二冊中（太虛大師全書編纂委員會編《太虛大師全書第一編：佛法總學》二（臺北：善導寺，1958），頁 523-525）。這裏所說的與我在上面闡述的很相近。法性空慧主要指般若學而言，法相唯識涉唯識學，特別是護法（Dharmapāla）的那一系。至於法界圓覺，法界指一切法，包括「法性」與「法相」，可概括於梵語 dharmadhātu（法界）一詞中。「圓覺」指佛的十號中的正徧知或正徧覺。太虛特別強調圓覺所關連及的「一切智智」、「一切種智」、「一切相智」，這些佛果位上的智，與圓覺的名義是一而二、二而一的關係。他又強調唯有圓覺智能圓滿覺知法界的一切法。這圓覺智即是佛智。至於這裏所提的幾種智，我估計「一切智智」相當於《大智度論》（*Mahāprajñāpāramitā-śāstra*）與天台宗所說的「一切智」，「一切相智」相應於「道種智」（這是觀取諸法的特殊相的智慧），再配合「一切種智」，便成就三智或一心三智了。虛公又把圓覺關連到天台宗、華嚴宗所判釋的圓教，認為這些都是佛智所攝。例如，天台圓教講一念圓具三千性相（一念三千），需要佛智才能了解。虛公作結謂，這法性空慧、法相唯識與法界圓覺三宗可概括一切大乘佛法，建立一種圓融的境界。按這裏所陳的，是虛公判教的扼要內涵，更詳盡的說法，則載於《全書》法藏部中的最後三部，即第五的法性空慧學、法相唯識學與法界圓覺學。

太虛、印順的判教，在當時來說，不能不說是沒有慧識。他們對大乘佛學，特別是印度發展出來的大乘佛學，在某個程度上確切地反映出來。法性空慧相當於性空唯名，這無疑是指向空宗的思想，包括最重要的般若學與中觀學言空的說法。法相唯識相當於虛妄唯識，這即是唯識宗或有宗的教法。法界圓覺相當於真常唯心，

至於印順的判教法，則載於他的《印度佛教思想史》中（臺北：正聞出版社，1988，頁 119-152；241-282；283-320）。不過，這種說法，在他的早期著作中已經有了。《印度佛教思想史》把它周詳地、系統地陳述出來。根據這本書的所述，性空唯名主要指龍樹（Nāgārjuna）與提婆（Āryadeva）的中觀學（印順未有如太虛那樣特提般若學）；虛妄唯識則指彌勒（Maitreya）、無著（Asaṅga）、世親（Vasubandhu）他們的那套唯識學。文獻方面，則以《瑜伽師地論》（*Yogācārabhūmi*）、《攝大乘論》（*Mahāyānasaṃgraha*）、《中邊分別論》（*Madhyāntavibhāga*）、《大乘莊嚴經論》（*Mahāyānasūtrālaṃkara*）、《唯識三十頌》（*Triṃśikāvijñaptimātratāsiddhi*），再加上《解深密經》（*Saṃdhinirmocana-sūtra*）。在解讀世親的《唯識三十頌》方面，印公留意護法的《成唯識論》（*Vijñaptimātratāsiddhi-śāstra*）中的觀點，未有注意安慧（Sthiramati）的《唯識三十論釋》（*Triṃśikāvijñaptibhāṣya*）。印公也提到如來藏（tathāgatagarbha）的自我，這是他所提的真常唯心思想中的挺重要的觀念。不過，他認為這是世親下來的陳那（Dignāga）、護法與戒賢（Śīlabhadra）他們所忽略的。至於真常唯心一系，印公比較重視經，如《大般涅槃經》（*Mahāparinirvāṇa-sūtra*）、《楞伽經》（*Laṅkāvatāra-sūtra*）、《如來藏經》（*Ārya tathāgatagarbha nama-mahāyāna-sūtra*）、《勝鬘經》（*Śrīmālādevīsiṃhanāda-sūtra*），還有《無上依經》與《央掘魔羅經》。在論方面，印公特別重視《究竟一乘寶性論》（*Ratnagotravibhāga-mahāyānottaratantra-śāstra, Theg-pa chen-po rgyud bla-maḥi bstan-bcos*；梵名簡作 *Uttaratantra*，藏名簡作 *Rgyud bla-ma*）和《法界無差別論》，兩者都是堅慧（Sāramati）所作。（印順《印度佛教思想史》兩度皆作「堅意」，頁 312，皆誤。）《寶性論》尤其重要，它有組織地闡述如來藏思想，是印度佛學論如來藏思想的代表性之作。據梵文本，它有五章，分別論如來藏、菩提、功德、佛業、稱頌功德。這本論典強調如來性即是佛性，是成佛的性能。對於佛、法、僧三寶來說，它是生起這三寶之源，可視為是三寶之因，因此稱為「寶性」（ratnagotra）。這本著作強調轉依（āśraya-parāvṛtti），認為如來的功德與慈悲的動感，正依於這轉依而全無保留地展現出來。印順特別留意及《寶性論》與唯識學或瑜伽學相應合的地方，認為它所說到的有垢真如（samalā-tathatā）和無垢真如（nirmalā-tathatā）、轉依、三身、二障：煩惱障與所知障（kleśa-jñeya-āvaraṇa）、兩種出世間無分別智（jñāna-lokottara-avikalpa）和無漏界（anāśrava-dhātu）這些重要的觀念，都是承受自唯識學的。但他又注意到唯識學的一些重要說法，如五法、三自性、八識、四智，卻不見於《寶性論》。它也沒有種子（bīja）說，不講諸法唯識所現的義理。印順因此推想，《寶性論》可能是由唯識學派發展而來，但又自我開拓而成一派。或是如來藏的倡導者吸收唯識義理來鞏固自己而成。（《印度佛教思想史》，頁 312-313。）

強調如來藏、佛性觀念，是繼空宗、有宗之後在印度出現的思潮。這思潮在印度的發展不算興旺，跟不上中觀學與唯識學的發展，但卻在中國隆盛起來，開拓出天台、華嚴與禪等具有中國思維與實踐的教法。這已是中印佛教史中的常識了，在這點上也就不多討論。

寫到這裏，我又收到玄奘大學的陳一標博士寄來的更多有關太虛與印順的判教法的資料：

一、太虛：〈議印度之佛教〉，《太虛大師全書：雜藏、書評》。

二、太虛：〈再議印度之佛教〉，《太虛大師全書：雜藏、書評》。

三、印順：〈法海探珍〉，印順著《華雨集四》，竹北：正聞出版社，1993。

四、印順：〈空有之間〉，印順著《無諍之辯》，竹北：正聞出版社，2000。

五、印順：〈敬答議印度之佛教：敬答虛大師〉，印順著《無諍之辯》，竹北：正聞出版社，2000。

六、印順：〈大乘三系的商榷〉，印順著《無諍之辯》，竹北：正聞出版社，2000。

七、印順：〈讀大乘三系概觀以後〉，印順著《無諍之辯》，竹北：正聞出版社，2000。

這些文獻對本章很有用，我因此擇其要點，作為上面所述的補充。⓭

在太虛方面，他所判的三系，很明顯地是以法界圓覺系最值得留意，在文獻方面，他推尊《大乘起信論》為這系的最重要的文獻，而且依傳統的說法，視之為馬鳴（Aśvaghoṣa）所撰。馬鳴是很早出的人物，比龍樹更早。他自己提出的大乘三系說，說到義理方面，通常把法界圓覺系放在最後，而以法性空慧、法相唯識先行。但從歷史發展來說，則是法界圓覺最為早出。⓮他並且強調這一系佛學的廣泛的圓實性，以之概括《大乘起信論》外，還兼攝天台、華嚴、淨土、密教。⓯在其中，

⓭　由於上面在正文與附註中已論述了不少有關太虛、印順的判教法，為了不想打斷文思的脈絡，因此在這裏把由這些文獻所讀到的要點作補充式的闡述，希望讀者垂注。另外，這些文獻中所提到的《印度之佛教》，是印順撰寫的。

⓮　虛公說：「基佛世之淳樸，握持馬鳴、龍樹、無著之一貫大乘。」（〈議印度之佛教〉，頁 50。）

⓯　同前，頁 64。

他又把禪放在天台的脈絡中，視之為天台的離言諦。[16]這樣，天台與禪便相通起來：天台在超越一切言說的束縛的那一面，便是禪。因此，在他的判教法中，便不必安立作為頓教的禪。而禪也不必被視為「教外別傳」，它是隸屬於天台的義理形態的。

太虛所判的三教，有沒有一貫性呢？倘若有的話，這一貫的觀念是甚麼呢？這一貫性是有的，便是原始佛教甚至佛陀所悟得的緣起無我、無我緣起的洞見（Einsicht）。他說：

> 以佛知見所見之諸法實相，應具緣起無我之法性，無我緣起之法相，緣起無我、無我緣起之法界三義。[17]

由知諸法是緣起，因而沒有獨立的自性，或實體性的自我，便能體證空的真理，這是法性。倒轉過來，由沒有常住不變的自性、自己，而知諸法的緣起性、現象性，這是法相。兩者的綜合，便能成就一種兼攝法性與法相的法界、現象學的世界、生活世界（Lebenswelt）。

在這裏，我特別要強調一點，太虛不但是一個學僧，同時也是一個宗教運動者，他的目標不是在純粹學術研究方面，而是要轉化、渡化眾生。在這種脈絡下，他認為他所提出的大乘三系說，不單可以作理論看，同時也可有實用的（pragmatic）性能。他的佛學，有思想的一面，也有現實的事功一面：淨化人心，成就人間佛教。關於這點，他說：

> 基上民國與人世之時機所宜，則於佛法首應強調闡明者，乃為五乘共理之因緣所生法。進之乃為對因緣生法深一層闡明之法相唯識學。再進揭示眾生至佛之人群淨化世間解脫、法界圓覺之三重進境，堅定信仰之目標。對確求世間解脫或直趨法界圓覺者，乃專明三界皆苦，諸法性空促深悟證。其主潮乃

---

[16] Idem.

[17] 同前，頁 53-54。

在闡明因緣生法，懸示法界圓覺，策進人間淨化。而苦空寂滅但為過程或旁果，不應偏事激揚，阻國民及世人接近佛法之機會。⓲

在這裏，太虛明確指出大乘佛教不單有其三系的理論體系、思想，同時亦可進行實用的轉向（pragmatic turn），有助於促使世人覺悟、得解脫，渡己渡人。為了實現這個目標，他勸人少講佛教的消極的一面，這正是小乘所時常強調的：苦、空、寂滅，以免國人變得消沈、衰頹，面對世間事務處於被動的狀態。他甚至表示一種雄圖壯志，要建立一「佛教新體系」，強化法界圓覺的義理的力量，讓人的心靈得以純淨起來，實現精神上的革新。⓳可惜他壯志未酬，不足六十歲便圓寂了。

在印順方面，他是太虛的高足，但有自己的獨特的想法，並不完全在學問上隨著師父的腳跟轉。在判教的問題上，他有承受於太虛，但有自己的偏重。他自己提到虛公立大乘三宗，自己又別立三系。在內容上有相應於虛公的：如性空唯名相應於法性空慧；虛妄唯識相應於法相唯識；真常唯心相應於法界圓覺。不過，兩人的所重不同，虛公著重中國宗派，印公則重視印度經論。⓴如上面說過，兩人的分別在於第三宗或第三系：虛公說法界圓覺，印公說真常唯心。圓覺強調對事物的圓覺，亦即法界圓覺，客體性意味重，而覺悟的方式建立在對弔詭思維的突破。唯心是對真常的主體的體證，主體意味重，覺悟的方式在於對超越的、分解的真常清淨的主體作徹底的、深層的認悟。

印順對於他所判立的大乘三系有很明確的解析，這種判立在一九四一年便確定下來。上面提到，印順比較注重印度佛教的經論，特別是論方面。他認為龍樹（Nāgārjuna）的《大智度論》（*Mahāprajñāpāramitā-śāstra*，他認此書是龍樹所撰著）是性空唯名系的論典依據；《成唯識論》（*Vijñaptimātratāsiddhi-śāstra*）是虛妄唯識系的依據；馬鳴（Aśvaghoṣa）的《大乘起信論》（他以為《大乘起信論》是馬鳴所寫）是真常唯心系的

⓲　〈再議印度之佛教〉，頁 67。

⓳　太虛說：「闡明萬有因緣生滅之遍理，懸示法界圓覺之佛境，在眾生有達現之可能性，導由人間淨化以漸漸上趨，為一再議建『佛法新體系』之理論」。（同前，頁 68。）

⓴　〈大乘三系的商榷〉，頁 125。

依據。他更認為這三部著書是華文大乘論的精髓。㉑

印順的判教內容，眉目很清楚。我在上面正文中依他的三系說的三系名目及在附註中據他的《印度佛教思想史》作過闡述，兩種說法很相近。為求真確性（precision）起見，我把他自己寫的文字引出來，這應該是再清晰不過了。印公說：

> 一、性空唯名論：依《般若》等經，龍樹、提婆、清辨、月稱等論而安立。依這一系說，一切法無自性空，為最根本而最心要的。離卻性空，生滅無常，不外是斷見。……二、虛妄唯識論：……這是彌勒、無著、世親以來的大流。……識通於虛妄，依他通於清淨，但總是依虛妄分別識為本。……三、真常唯心論：這是依宣說如來藏、如來界、常住真心、《大般涅槃》等一分大乘經而立；攝持《起信論》。……真常大乘一致的傾向，是「自性清淨心」、「常住真心」、「如來藏心」、「如來藏藏識」等。本淨真性，總持於性；以此真常心為依而有生死、涅槃事，為流轉、還滅的主體，所以稱為「真常唯心論」。㉒

概括地說，印順對大乘佛學的判釋是般若思想和中觀學的性空說、唯識學的境無識有說和同時是空與不空的如來藏（自性清淨心）的真心說。這與我最初依這三系說的名目而作的闡述相若。現在的問題是，在這三系中，印公如何作出自己的抉擇呢？他視三系在義理上是平等抑是傾向某一系呢？很明顯，印公是對性空唯名這一系較具好感的。他讚揚這一系的思想是究竟了義。㉓因此，在他的講演與著作中，闡述這一系的義理最多。對於虛妄唯識，他比較欣賞前一段的發展，認為是出於瑜伽實踐，重在止觀內證；但到了後來，便輕視這種禪修，向理論、教義方面集中發展，結果成為名相之學。㉔這顯示出，印公雖被一般人視為學僧，重視學術思想的研究，但他畢竟不廢禪修，而且很重視它。

㉑ 〈法海探珍〉，頁 87。

㉒ 〈大乘三系的商榷〉，頁 127-132。

㉓ 〈讀大乘三系概觀以後〉，頁 137。

㉔ 〈空有之間〉，頁 113。

至於印順對真常唯心這一系的看法，則比較複雜，因此在這裏起一新段來討論。他先表示真常唯心論是真常心與真常空的結合；這一系不滿性空的說法，卻強調所謂「如來實不空」。而這不空的如來，是一切眾生所本來具有的，因此與強調「自性清淨心」的思想結合起來。㉕按這裏提出「真常空」一觀念，不知它的確義，它的文獻學依據為何。就上下文脈絡看，似是不滿性空或空寂之性的人所提出，他們重視如來（tathāgata）或如來藏（tathāgatagarbha）思想，而與說「自性清淨心」相結附，於是便有「如來藏自性清淨心」這一複合概念。依印順，所謂「真常心」是關連著萬有本真常淨的實在論方面去，而展開為佛性、如來藏、圓覺、常住真心與大般涅槃的思想。㉖這裏提到「實在論」（realism）思想，這對於佛教徒來說，特別是宗大乘的佛教徒來說，並不是好東西。印度哲學和小乘佛教都有實在論的說法，認為在我們的心識之外可以建立外在世界的實在性。在這裏，我只想舉幾個例子：正理學派的《正理經》（*Nyāyasūtra*）、勝論學派的《勝論經》（*Vaiśeṣika-sūtra*）、佛教的一切有部（Sarvāsti-vāda）與經量部（Sautrāntika）。實在論是不是好的東西，我在這裏暫不作討論；但真常心是否一定與實在論掛鈎呢？我們不能無疑。我想這種掛鈎並沒有必然性。《大乘起信論》的眾生心是真常心形態，它一心開二門：心真如門與心生滅門，兩門總攝一切染淨法。而這一切染淨法都是在眾生心的脈絡中說的，根本不需涉及、提及外界實在或實在論。

不管真常唯心是否涉及實在論，但這種思想在印度佛教中，愈到後期愈為流行。用印順自己的說法是「以真常攝性空，以唯心攝唯識，融治世俗而大成於密教。故吾從印度佛教之趨勢以觀其變，不能不以真常唯心論為後期佛教之正統」。㉗在這裏，印順似說得有點無奈：不管你是否喜歡真常唯心這一系，它在印度佛教後期的發展盛勢，已蓋過了性空與唯識兩系了。最後，他甚至感嘆地指出那些繼承真常唯心系的人，把婆羅門教的梵我（brahman-ātman）的思想吸收入佛教中，融化之，擴充之，這是真常唯心論者的不可告人的祕密。㉘最後，印公以貶抑的口吻把

㉕　同前，頁 107。

㉖　〈法海探珍〉，頁 80。

㉗　〈空有之間〉，頁 108。

㉘　同前，頁 115。

真常心關連著佛性、如來藏、常住真心甚至圓覺來說。㉙他顯然未有察覺到圓覺作為一種具有現象學意義的活動（phänomenologische Aktivität），包涵有對世間諸法的如其所如的物自身（Ding an sich）層面的覺證在裏頭，所覺證而得的自然是價值義的、救贖義的法界（dharmadhātu），那是佛教徒所不能反對的。

在這裏，我要轉換一下題材，單就太虛與印順的判教法作一概括性的比較，著眼點是在邏輯性與諧和性方面。我的看法是，太虛所判的三教在這著眼點上較印順所判的三教為優越。虛公表述三教，都以「法」（dharma）一觀念領銜。法性空慧把法或存在匯聚於無自性空這一本質（Wesen）上；法相唯識則把存在的生起以心識來交代。前者重於存在的本質，後者則著重存在的現象性方面。就認識論言，存在的本質——空（śūnyatā）——是以一切智或虛公自己說的一切智智來照見的；存在的現象性——緣起（pratītyasamutpāda）——則是以道種智或虛公所說的一切相智來照見的。存在的本質是一種普遍性（universality），存在的現象性則是特殊性（particularity）。雙方合起來，成為一種辯證的統一：普遍性存有論地在特殊性或特殊的事物中，特殊性也存有論地在普遍性中，雙方相即不離。而把這兩種性格綜合起來，視之為相即不離的統一體，則要靠一切種智了。

太虛所說的一切相智，相當於護法（Dharmapāla）在他的《成唯識論》（*Vijñaptimātratāsiddhi-śāstra*）中所說的成所作智（kṛtyānuṣṭhāna-jñāna），特別是妙觀察智（pratyavekṣaṇā-jñāna, pratyavekṣanika-jñāna）；一切智智則相當於護法的平等性智（samatā-jñāna）；一切種智則相當於護法的大圓鏡智（ādarśa-jñāna）。虛公所強調的圓覺，正是大圓鏡智的作用，這其實是佛覺，或佛智的作用，能同時觀取事物的普遍性與特殊性。㉚

㉙ 〈法海探珍〉，頁 80。

㉚ 關於護法所說的這幾種智，參看拙著《唯識現象學一：世親與護法》，頁 246-263。這裏的智（jñāna），是與識（vijñāna）對說的。一般來說，識的對象是現象（Phänomen），這現象是生滅法；智的對象則是本質（Wesen），本質是無生無滅的，它不是生滅法。粗略而言，護法在這裏所說的智，相當於康德（I. Kant）的睿智的直覺（intellektuelle Anschauung），而識則相當於康德的知性（Verstand）。但康德的知性是中性的，它有認知作用，但不涉心理學意義的執取行為。唯識學的識則傾向於虛妄性格；它認識現象，同時也執取它為具有自性的東西。

印順的判教，在這一方面不如太虛。即是，太虛能以法一觀念把三教連合起來，分別展示法的普遍性（法性空慧）、法的特殊性（法相唯識），最後展示這雙方的統合（法界圓覺）。特別是，印順所提的真常唯心這一種教法被鎖得太呆板、太死煞。它的分解意味太重，因而展示一種排斥性。排斥甚麼呢？排斥真常性格以外的東西：虛妄的、無常的東西。這樣便難說轉化。像天台智顗所說的「煩惱即菩提，生死即涅槃」那種表面上是矛盾，內裏卻有深刻的耐心與智慧的現象便無從說起。生命是有辯證的玄機的。

五、太虛、印順的判教法的局限性

以下我要把討論聚焦在他們兩位的判教法的不足之處或局限之處。很明顯，他們的說法只能概括印度大乘佛教的三種義理，而在這三種義理中，他們對中觀學（包括般若學）與唯識學的闡述是沒有問題的。對於第三種的如來藏或佛性思想，便顯得不足，有商榷的地方。印順的真常唯心系，概括了印度方面的佛性、如來藏或如來藏自性清淨心等重要觀念，對於《大乘起信論》的眾生心思想也具適切性。但這樣說的真常唯心，是分析地、分解地宣示那一清淨無染的超越的主體性、成佛依據；這主體性、成佛依據可透過《大乘起信論》的眾生心特別是真如心或心真如而通到華嚴宗的「心如工畫師，一切唯心造」的真心真性，以性起的方式成就整個事事無礙的法界（dharmadhātu）。在義理上我們可以說由《大乘起信論》可順通到華嚴宗的這個境界，但印順提真常唯心系，是以印度佛學的真常心思想為上限，到《大乘起信論》的眾生心思想而後止，不見得會超越這個上限，而直通到華嚴宗方面去。至於天台宗與禪宗，則真常唯心的關聯恐怕更為單薄。真常唯心不契天台宗的思維方式，前者是分解形態，後者則是綜合形態，或者可說為辯證的、弔詭的形態，在心方面表現為一念無明法性心的平常心，這不是直下的真常心，也不是直下的虛妄心。這平常心走哪一個導向（orientation），要看你的當前的一念心如何活動，如何轉生。在禪方面來說，真常唯心可通到達摩禪法的真性觀念，也可與神秀的北宗禪掛鈎，而看心看淨，把心視為類似本來清淨的明鏡。再來是，真常唯心也可通到神會禪和宗密禪方面去。㉛印順對禪，不大有義理方面的興趣，他寫的《中國禪宗史》，基本上是文獻學、歷史學、考據學的旨趣，很少涉及哲學特別是心靈形態方面的問題。故就思維與實踐形態言，印順的真常唯心的提法可概括上面所說的印度佛學中強調佛性、如來藏思想方面；在中國佛學方面，則只對華嚴宗、達摩及早期禪，以及神會與宗密的禪法有效。它對於天台宗後來作歧出發展的山外派（與山家派對揚）也有適切性。

至於太虛提的法界圓覺系，在內容與外延（所概括的範圍）方面都有點模糊。特別是，這裏的「圓覺」觀念若實質上與《圓覺經》有關連的話，則由於《圓覺經》很早以來便被懷疑為一部偽經，法界圓覺的適切性更成問題。無論如何，圓覺思想在印度佛教（大乘佛教）並不很流行，圓融的意義並未受到應有的重視。毋寧是，它與中國的天台思想有較密切的關係；智顗判教中被放在最末尾的圓教（藏、通、別、圓中的圓教）是明顯的例子。另外，太虛是一個佛教這種宗教的運動的創始人，對於學問、義理的鑽研有欠深入與廣泛，起碼與印順相較是如此。他的壽命並不長久，有太多宗教事務要處理，對於關連到法界圓覺的哲學思想問題，思考得不夠周延。

由上面看來，太虛與印順的判教法雖然能點出印度大乘佛教的重要流派的義理，但規模仍是嫌窄，遠遠未能反映出佛教由印度分別傳入西藏與中土，繼續東傳

㉛ 我對於禪，特別是它所展示的心靈走向、取向方面，頗有自己一貫的看法。在這一點上，我認為禪有三個方向可說。一是分析性格、分解性格的，心靈作為覺悟成佛的主體，是清淨無染的，是超越於經驗層面的。達摩禪、慧能以前的早期禪、神秀的北宗禪，以及由慧能下來開出的曹洞禪，都是這種性格或形態。這種思維比較接近華嚴宗。這便是傳統下來所說的「如來禪」，表示它是從如來藏自性清淨心觀念開拓出來的。禪的另外一個走向則是綜合性格、辯證的、弔詭的性格，它的心靈不純是清淨，也不純是染污，而是一種平常心。這種心靈同時涵有清淨的與染污的內容，這兩種不同的、相對反的內容總是擁抱在一起，而成一個背反（Antinomie）。你需要從這背反翻騰上來，突破背反，臻於無清淨無染污的絕對境界，才有覺悟可言。這便是所謂「祖師禪」。慧能禪便是一種典型的祖師禪。由他所開拓出來的臨濟禪，更把它發展到一個高峰。在此（臨濟禪）之先的馬祖禪，更強調充實飽滿的動感。這種禪法的思維方式不接近華嚴，而接近天台。禪的第三個走向則是如來禪與祖師禪的折衷性格的遇合。它一方面講清淨心，這近於如來禪；另方面它走頓悟之路，師法慧能禪。走這個路向的有慧能的直下弟子神會。宗密也屬於這一系。關於筆者對禪的解讀、理解，參閱拙著《游戲三昧：禪的實踐與終極關懷》、《中國佛學的現代詮釋》，頁 126-255。

至日本、朝鮮所開拓出來的豐碩成果。單就在印度與中國的發展言，早期佛陀的教說、阿毗達磨（Abhidharma）與經量部（Sautrāntika）對存在事物的分析，這些原始佛教與小乘教法都未有概括在裏頭。在大乘佛教中，《維摩經》（*Vimalakīrtinirdeśa-sūtra*）的弔詭思考與《法華經》（*Saddharmapuṇḍarīka-sūtra*）的權實思想（開權顯實，發跡顯本）都付闕如。再下去，唯識學發展到中期以迄後期對量（知識）的探索與開拓，亦即是陳那（Dignāga）、法稱（Dharmakīrti）所倡導的有相量論或具形象的知識論（sākārajñāna-vāda）與安慧（Sthiramati）、寶作寂（Ratnākaraśānti）的無相量論或不具形象的知識論（nirākārajñāna-vāda）一類與西方哲學有廣大的對話空間的學問也沒有交代。到最後，寂護（Śāntarakṣita, Śāntirakṣita）與寶作寂他們對中觀學與唯識學綜合起來而成的瑜伽行中觀派（Yogācāra-Mādhyamika）自然也不需提了。在中國佛學來說，幾乎所有具有中國思維色彩的重要義理，如天台宗的一念無明法性心的弔詭說法、華嚴宗的四法界特別是事事無礙法界的境界與禪宗的公案中所展現的動感，都沾不上邊。還有的是，在社會的低下階層流行的淨土宗的信仰與實踐，這是與筆者所提的委身他力我有直接而密切關連的，也不能兼顧了。

近年在日本以至美洲方面掀起一種所謂「批判佛教」（Critical Buddhism）的思想熱潮。日本學者袴谷憲昭與松本史朗在他們的多本著書與論文中提出佛教的批判性格，認為佛教必須是具有批判性的性格，以批判性（criticism）來鎖定、突顯（characterise）佛教。他們特別對那些講佛性、本覺問題的義理標籤，認為它們不是佛教。與它們相關的如來藏思想、《維摩經》的「不二」說法和禪的思想與實踐，都被拒於佛教的門外。甚至京都哲學也被抨擊，被排斥，被視為與佛教無關。在他們眼中，佛教的天地或範圍並不廣闊，只有原始佛教、中觀學與唯識學才能與於佛教。㉜原始佛教，特別是佛陀的「無我」（anātman）觀點應具有最強的批判性，那是針對婆羅門教的梵（Brahman）一觀念而被提出來的。佛陀以梵為一大實體、大自性，而「梵我一如」（Tat tvam asi）中的我則是一般的自性（svabhāva），梵也好，我

㉜ 有關袴谷憲昭、松本史朗的批判佛教思想與由這個問題所引生出來的種種回應與爭論，參看 Jamie Hubbard and Paul L. Swanson, eds. *Pruning the Bodhi Tree: The Storm over Critical Buddhism*. Honolulu: University of Hawaii Press, 1997。另外，有關批判佛教的較專門而直接的理解，參看袴谷憲昭自己的著作《批判佛教》（東京：大藏出版社，1990）。

也好，只要它是實體形態，便要被批判、被否定。由此便顯出無我的義理；再說緣起性空，便很順暢了。㉝倘若我們就關連著袴谷、松本他們的批判佛教的觀點來說，則在虛公、印公的判教中，法界圓覺、真常唯心一類講佛性、如來藏的思想，便沒有適切性；而原始佛教又未有被列入，未被給予一個適當的位置，則在他們的判教中，便只剩中觀學與唯識學了。佛教的廣大的空間，便被強烈地壓縮了。

以下我要就太虛與印順在關連到判教問題所顯示他們的一些不恰當理解作些清理。首先，就太虛的法界圓覺而言，他以這一系或教說通攝台（天台）、賢（華嚴）、禪、淨、密，㉞是浮泛不切。法界圓覺思想基本上著眼於中國佛學，這是沒有問題的。但即就中國佛學而言，天台與華嚴在教說上與實踐上都有一定的差距，關於這點，我會在下面一章有系統地、周延地、詳盡地交代。就思維的導向而言，華嚴所持的是真心真性論，最後它所開出的是無礙的法界，特別是事事無礙法界。這種境界，現象學的意義（phänomenologische Bedeutung）非常明顯。天台所持的是一念

㉝ 就我個人來說，我並不認同批判佛教的觀點。佛教具有批判性，或佛教需要強調、堅持批判性，這沒有問題。但一種偉大的宗教教義，不可能只有批判性。在批判、破斥世間的邪說之餘，它應有所建樹，應能提出積極的、正面的義理，把世間建設起來，而且建設得更好。天台智顗在他的《維摩經略疏》中闡發一心三觀中的空觀與假觀時，分別以「從假入空」與「從空入假」來解讀這兩種觀法。這表示他未有如一般人那樣，把空觀與假觀各自孤立起來說，卻強調雙方的關連性。即是，空觀不是純然的空觀，而是有假作為基礎的；假觀也不是純然的假觀，而是有空作為基礎，這便是「從假」、「從空」的微意。對於空觀或從假入空觀，他以「破法折伏」來解讀；對於假觀或從空入假觀，他則以「立法攝受」來解讀。（《大正藏》38·597 中；同樣的說法，也出現在智顗的《維摩經文疏》中，《續藏經》28·19 上）破法折伏即是破除我們對諸法的執著，不讓這執著或邪見肆虐，要讓它折伏下來。立法攝受則是在破斥、折伏了對諸法的迷執與生起的邪見之餘，不是把它們捨棄或消滅，而是要重新依正理把它們建立起來，對它們加以包攝、容受。對於諸法的處理，這樣才成。智顗這種看法，對我們理解佛教有很深遠的啟發意義。批判佛教強調它的批判、拒斥邪說的作用，但不是做了這一步工夫便完事；更重要的是，要重新建立諸法，讓它們在緣起性空的義理脈絡下發揮應有的作用。建立諸法相應於立法攝受，批判邪說則相應於破法折伏。對於世間諸法，要有批判與建立這兩步才行。只有批判而無建立，會淪於虛無主義（Nihilismus）。關於智顗在這裏的說法與我的解讀與發揮，參閱拙著 *T'ien-t'ai Buddhism and Early Mādhyamika*, pp.145-147；《中國佛學的現代詮釋》，頁 82-84。對於批判佛教，我想亦應作如是觀，佛教不但要有批判作用，同時或更重要的是要能建立：建立一個我們能自在無礙地遊息於其中的璀璨的世界、法界。

㉞ 〈再議印度之佛教〉，頁 64。

無明法性心，這是一種凡夫的平常心，它綜合了生命的無明與法性亦即染污與清淨這兩類純然不同的內涵，而成一個背反。由這種一念無明法性心所開拓出來的法界，或世界，便不一定是現象學的意義，它也可能是現象論的意義（phänomenale Bedeutung）。這樣便很難說圓覺。我的意思是，圓覺所體證得、開拓出來的世界，應該是相應於胡塞爾（E. Husserl）現象學中由絕對意識（absolutes Bewuβtsein）以其意向性（Intentionalität）指向或構架出來的具有現象學導向的生活世界（Lebenswelt）。由一念無明法性心所開拓出來的世界，倘若是順著無明即法性這一導向而發展的，則自然會導致現象學義的生活世界；但若順法性即無明這一導向而發展，則只會導致現象論意義的經驗的世界。所導致的是生活世界抑是經驗世界，全看當前一念心如何運作，如何轉。

至於說法界圓覺攝禪、淨土、密教，問題更為複雜。先不說淨土與密教，只就禪而言。禪起碼有三個面相的發展：一、如來禪，那是透過超越的分解以突顯一真心真性。達摩禪與北宗禪便是這種形態。二、祖師禪，那是由慧能所開出，其後南宗禪幾乎都朝這個導向發展；這是強調綜合的、弔詭形態的平常一念心。三、神會禪，這是介於如來禪與祖師禪之間：一方面承受如來禪的真心真性觀念，另方面則汲取祖師禪的頓悟方法。㉟現在的問題是，法界是一存有論特別是現象學的觀念，它概括一切具價值導向的、自在無礙的事物，以物自身（Ding an sich）形態展示的事物。禪不能建立存有論，因而無所謂法界。《壇經》所說的自性能生萬法，這「生」不是存有論義，更不是宇宙論義，它只是邏輯地助成的意味，它與萬法同起同寂。它是主觀的境界義、工夫論義，不是客觀的構造論義。

另外，虛公說唯識與台、賢、禪都注重盡其在我的自力，而淨土、密宗則只有輔護修行的作用。這點也有問題，問題是在唯識為自力覺悟一點上。按唯識學自世親後，分成兩派：安慧與護法。安慧（Sthiramati）派傳入西藏，護法（Dharmapāla）派則傳來東土。虛公所說的唯識，自是護法所傳的唯識學無疑。這種唯識學強調熏習，才能得覺悟。而最有效的熏習，莫如能聽聞現前的佛、菩薩在說法，由此而誘導眾生內藏的清淨種子現行（parāvṛtti），覺悟才能說。但一切熏習，一般來說，都

㉟　拙著《中國佛學的現代詮釋》，頁 175-198。

是外在的，連透過現成的智者的說法開示，也是一外在的、經驗性格的事件，亦即是他力。自力云云，在護法的唯識學言，是行不通的。㊱

下來，太虛與印順的判教都涉及如來藏的問題。虛公的法界圓覺觀念中的圓覺，是佛的圓覺、如來的圓覺、如來藏的圓覺。印公的真常唯心觀念中的真常心，亦不外指如來藏或如來藏自性清淨心。不過，他們都有一個警覺，恐怕這如來藏會演化，演化而成像婆羅門教所強調的那個大梵實體，這個大梵實體可以侵蝕佛教的緣起性空的精義，讓它萎縮起來，最後被大梵實體所吞併。例如，太虛說：

> 四期～原著五期，如來為本之佛梵一體，可無異議。而如來為本之不同佛陀為本者，則如來兼有「外道神我」之含義，故易轉佛梵一體，其表現者為持行密咒。㊲

按如來藏（tathāgatagarbha）又稱如來胎，通常被視為真如、佛性的異名，這其實是成就如來（tathāgata）人格的可能基礎，是宗教意義的最高主體性。它本來清淨，故又稱自性清淨心（prakṛti-pariśuddhaṃ cittam）。它之所以成為問題，主要是在「自性」（prakṛti）這個字眼所起的誤導作用。prakṛti 是婆羅門教的核心觀念，它不變不壞，有常住性，其本質同於大梵（Brahman），因此又被譯作「神我」，被當作外道神我看。這個字眼被放在 prakṛti-pariśuddhaṃ cittam 這一佛教用語之中，不免被視為佛教的一個核心觀念，與如來藏相通，因而引生種種聯想，以為它表示佛教的清淨體性，同時又通於婆羅門教的大梵，成為溝通佛教與婆羅門教的橋樑，因而便有虛公所說的「佛梵一體」的表示式。虛公為了提升佛弟子的警覺性，認為如來（藏）為本不同於佛陀為本，讓佛弟子把如來（藏）與佛陀區分開來。實際上，如來或如來藏與佛陀是相通的，都涵有對真理有所覺悟的勝義。虛公要我們嚴分如來或如來藏與佛陀，不致落入佛梵一體的虛妄認識之中，用心煞是良苦。

在這一點上，印順也說：

㊱ 關於唯識學的他力性格，參考拙著《佛教的概念與方法》，頁 141-143。

㊲ 〈再議印度之佛教〉，頁 60。

> 真常論者，從有情本位的真我常心，演化到萬有的大我與真心。佛性、如來藏，雖因無始塵染，把它局促在小我中，一旦離繫，就成為遍通萬有的實體了。㊳

首先我要指出，印公的這番話是在提出性空唯名、虛妄唯識與真常唯心這三大系的思想這一脈絡下說的。他明顯地表示性空的思想最為正確。他對真常唯心的論者或真常論者披露出自己的憂慮，恐怕真常心這樣的主體性一旦脫卻種種凡塵雜染後，會不斷擴充、發展，致不守界限，從小我、真心主體演化成一種具有實體、自性義的大我，這即是婆羅門教所極極強調的大梵（Brahman）。這樣，佛陀所覺證到的緣起性空的生命真理便會受到挑戰與衝擊，最後守不住陣腳，被大梵常住化、實體化了。

太虛與印順所擔心的問題，我覺得不難解決，倘若我們以理性來處理的話。就理論立場言，如來藏和真常心都是指同一東西，那便是我們要求道、覺悟、得解脫的一種宗教義的主體性，是非實體主義（non-substantialism）的立場。這主體性是超越的性格，不易與日常看到和經驗到的事物混雜在一起。它不是生滅法，但沒有自性、實體；它是一常在現起流行、常在動感狀態中的超越的主體性（transzendentale Subjektivität）。它不是存有，不是靜態的存有（Sein），而是一具有充足的動感（Dynamik）的活動（Aktivität）。我們有時說「真常心」，說它具有常住性，並不表示它的本質（Wesen）便是不動的實體（Substanz）或自性（svabhāva），卻是表示它能恒常地在起動，在作用，向著一個具有宗教義的、救贖義的目標邁進。它不是生滅法，而是非生非滅的；它突破了、超越了、克服了生滅的二律背反，是一種健動不息的主體。《易傳》說「天行健，君子以自強不息」，它正是一自強不息的主體。這樣的主體，早已超越了實體主義（substantialism）的立場了。只有自性（svabhāva）、神我（prakṛti，或作原質）、大梵（Brahman）是實體主義的理論立場。一個實體主義的東西，倘若終日處於一種靜止的狀態（Zustand），僵化的、光板的、呆滯的（stagnant）狀態，則變化便不能說，道德義的、宗教義的轉化更不能說。這便是印公所說的「遍通萬有的實體」，但這種實體根本不存在。在這種思維下，虛公所說的「佛梵

㊳　〈法海探珍〉，頁98。

一體」的情況是不會出現的。佛是非實體主義，梵則是實體主義；在這樣的義理脈絡下，雙方怎能成為一體呢？

六、禪宗宗密的判教法及其缺失

判教既如上述，實際上，就思想史而言，幾乎每一位有學問與修行的僧人，都或隱或顯地透露或提出他的判教法。而判教所涉的範圍，或僅限於某一教派，或遍及佛教全體。在這裏，我謹先就禪宗的宗密、華嚴宗的法藏與天台宗的智顗的判教法，作為我提出自己的判教法的參考。在這一點上，我特別強調與闡釋智顗的判教法，因為他的說法與我的提法，有相當密切的關聯。

首先看宗密的判教法。按宗密是禪宗荷澤神會的禪法的繼承者與闡揚者，也是華嚴宗的第五祖。在判教方面，他比較著重禪的教法，把它開列為三種。這即是：息妄修心宗、泯絕無寄宗與直顯心性宗。這種判法，同時強調義理與實踐方法，但還是以實踐為主。先說息妄修心宗。這專指神秀的北宗禪而言。宗密的《禪源諸詮集都序》說：

> 初息妄修心宗者，說眾生雖本有佛性，而無始無明覆之不見，故輪迴生死。諸佛已斷妄想，故見性了了，出離生死，神通自在。當知凡聖功用不同，外境、內心各有分限，故須依師言教，背境觀心，息滅妄念。念盡即覺悟，無所不知。如鏡昏塵，須勤勤拂拭，塵盡明現，即無所不照。又須明解，趣入禪境方便，遠離憒鬧，住閑靜處，調身調息，跏趺宴默，舌拄上腭，心注一境。㊴

㊴ 《大正藏》48・402 中。按宗密本來著有《禪源諸詮集》（又作《禪那理行諸詮集》），但此書的本篇部分已散迭，只餘它的總序，所謂「都序」，因此便有《禪源諸詮集都序》。由於宗密在華嚴宗與禪宗所具有的特殊地位，因此他主張教（華嚴宗）禪（禪宗）一致，並有意把三種教法與三種禪的宗旨結合起來，以成一種一一相應（one one correspondence）的關係。三種教法是：密意依性說相教、密意破相顯性教、顯示真心即性教。三種宗旨或宗是：息妄修心宗、泯絕無寄

宗、直顯心性宗。（關於宗密的思想，參看拙文〈宗密的靈知與王陽明的良知的比較研究〉，拙著《佛教的概念與方法》（臺北：臺灣商務印書館，修訂版，2000），頁 530-552；唐君毅著〈宗密論禪原與禪宗之道〉，唐著《中國哲學原論原道篇三》（香港：新亞研究所，1974），頁 1312-1337。更詳盡的說法載於冉雲華著《宗密》（臺北：東大圖書公司，1988）；鎌田茂雄著《宗密教學の思想史的研究》（東京：東京大學出版會，1975）。）

按有關宗密思想的研究，自上面提到的日本東京大學教授鎌田茂雄的《宗密教學の思想史的研究》出版，頗引起歐美學者研究宗密的熱潮。就國際的學術研究來說，對於宗密思想的研究卓具成果的，要數鎌田茂雄和冉雲華。冉對宗密的研究，見於國際間的學報、集刊、專刊中，都是以英文來寫。上面提及的《宗密》，可說是冉研究宗密的多年來的結集，此書以說理周延、清晰見稱。對於宗密作出最大規模研究的，則是鎌田茂雄。在上提他的那部鉅著中，鎌田對於宗密的教禪一致說（頁 175-266）、宗密的禪宗史觀（頁 293-390）這些重要課題，都有實質性的（substantial）交代。但鎌田的研究，基本上是文獻學的和思想史進路的，批判性不足。筆者看完這部鉅著，即感覺這是一部思想史方面的佳作；但批判性總是不足，對於宗密的判教的說法，描述總是多於反思，特別是對於宗密的平章佛教與禪的諸派的思想走向、取向，鎌田回應得不足，甚至可說是疲弱，雖然對相關的文獻、資料有相當全面的、周延的處理。鎌田的這種缺乏批判性的研究弱點，最明顯還是表現他對宗密的《原人論》的研究中。在他對這部具有判教性（判釋儒、道諸家）性質的書（東京：明德出版社，1973）的解讀中，大部分篇幅都用於陳述宗密對儒、道等思想的評論。但宗密對這些思想的理解和批評，是不是中肯呢？宗密的質疑，是否客觀地與這些思想本身相應呢？鎌田便很少提及。我曾把自己看鎌田的著作的這種反應（feedback）跟冉公雲華提過，他也點頭稱是，表示鎌田的研究確有這個問題。我們都感到日本學者對中國佛學的研究，都有這種通病，不單是鎌田一個人而已。從長遠的視角來說，這不利於中國佛學在國際學術界的發展與開拓。

又在另外的場合，我跟當時仍是京都大學文學部印度哲學史的教授服部正明談到鎌田茂雄對他所擅長的華嚴宗思想的研究。由於服部是我在京大的指導教授，我對他所從事研究的陳那（Dignāga）的邏輯與知識論特別是「觀離」（apoha）問題有一定的認識，因此談話的氣氛很好。談話間我們由知識論問題轉到與京都大學在學風上迥然不同的東京大學方面去。當時鎌田在東大擔任中國佛教史學部的講座（chair），我們的話題突然轉到鎌田身上。我就閱讀鎌田的著書所得的知識與理解，表示華嚴宗的哲學廣大深遠，在很多問題上與西方哲學特別是形而上學有很多比較與對話的空間，例如懷德海（A.N. Whitehead）的機體主義的宇宙論。我提到鎌田雖然勤於研究華嚴宗，他在東大也成立了一個研究群來跟他合作，減輕他的負擔，但鎌田本人的哲學學養，特別是在形而上學與現象學方面，顯得相當疲弱，不足以 tackle（應付）體大思精的華嚴宗哲學，在他的著作中也未見提及懷德海。服部點頭稱是。我又提及在對佛學研究方面，日本的青年學子中在理解與記憶方面有較強資質的，都選擇印度佛學來專攻，較差的才讀中國佛學。服部回應說的確有這種現象，而且這種失衡有愈來愈嚴重的趨向。我在當時也在留意日本學者對天台學的重要問題的解讀，如智顗的佛性觀、一心三觀說、一念三千說，和他的判教思想，然後瞭然日本很多著名的天台學者，如安藤俊雄、關口真大、佐藤哲英、田村芳朗等對智顗的理解，總是對於息妄修心宗，宗密由修行者首先自信自身有佛性或真心說。這佛性或真心本來是一明覺的主體性（Subjektivität），這明覺猶如明鏡，能無所不照。但就現實情況言，這明覺的主體性常為虛妄的、外在的客塵所覆蓋，我們要做的，是要息滅客塵，突顯真心的光明。這種禪其實是承達摩禪的餘緒，它的基本觀念佛性，相當於達摩《二入四行》的真性；而它的修行方法「背境觀心」，亦通於達摩的「凝注壁觀」。㊵至於以鏡來比喻真心真性，可以明照萬物，但需不時拂拭，讓它不失明照作用，則是在工夫實踐上走漸悟的導向，與北宗神秀的「身是菩提樹，心如明鏡臺；時時勤拂拭，勿使惹塵埃」完全是同調了。㊶

關於泯絕無寄宗，宗密說：

> 泯絕無寄宗者，說凡聖等法，皆如夢幻，都無所有，本來空寂，非今始無。即此達無之智，亦不可得。……無法可拘，無佛可作。凡有所作，皆是迷妄。如此了達本來無事，心無所寄，方免顛倒，始名解脫。㊷

宗密認為這宗的宗旨是空，從此空看，一切都是假構的存在，法界（dharmadhātu）亦只是假名而已。故我們的心靈不應住著於任何對象之上。解脫之道，在於「無寄」，心靈無所寄繫也。宗密更強調，這種無寄繫的修行，不單對一般世俗的凡塵諸法有效，即使對於勝義的種種法，例如讓人達致空的境界的那種智慧（達無之智），也不繫念，不予執取。這讓人想到龍樹（Nāgārjuna）的《中論》

不及玉城康四郎那樣清晰、確定，和切中問題的要害。原來玉城有很深厚的德國觀念論的基礎，也熟悉印度近代哲學思想，他的專攻是比較哲學。安藤俊雄概念矇朧不清；關口真大對天台與禪的界線不能清楚劃分，特別是涉及止觀的修行方面；佐藤哲英長於考證，機械化地以三體結構（threefold pattern）如三觀、三諦來鎖定智顗思想的特色；田村芳朗則信仰性強，理性不足。

㊵ 關於達摩禪，參看拙文〈達摩及早期的禪法〉，拙著《游戲三昧：禪的實踐與終極關懷》，頁 1-27。

㊶ 神秀的這首偈頌的意趣，需要通過與慧能的「菩提本無樹」偈頌對比來解讀，才能清楚。關於這點，參看拙文〈壇經中神秀偈與慧能偈之哲學的解析〉，拙著《游戲三昧：禪的實踐與終極關懷》，頁 61-70。

㊷ 《禪源諸詮集都序》，《大正藏》48·402 下。

（*Madhyamakakārikā*）、《大智度論》（*Mahāprajñāpāramitā-śāstra*，傳為龍樹所作，鳩摩羅什 Kumārajīva 所譯）和般若文獻（Prajñāpāramitā literature）所說的空空思想和無住的實踐：不執著於空的真理，也不住著於第一義的法，例如涅槃（nirvāṇa）。宗密認為這宗的代表人物是石頭希遷和牛頭法融，他們的思維依據是般若思想。

關於直顯心性宗，宗密說：

> 直顯心性宗者，說一切法若有若空，皆唯真性。真性無相無為，體非一切，謂非凡非聖，非因非果，非善非惡等。然即體之用，而能造作種種，謂能凡能聖，現色現相等，於中指示心性。㊸

在宗密看來，這宗強調人人都本來便有自性清淨的如來藏心，這是成佛的超越的依據（transzendentaler Grund），所謂「佛性」（buddhatā, buddhatva）。它是心，亦是性，是真心真性。這宗的主旨在要人直接徹見這成佛的超越的依據，而當下成佛。在這裏，又分馬祖的洪州宗與神會的荷澤宗。

在這裏，有一點我們要搞清楚。對於這直顯心性宗，宗密心目中所指涉的，是神會的禪法。但他又用馬祖禪法的字眼來形容：神會說的是「非凡非聖，非因非果，非善非惡」，馬祖則說「無是非，無取捨，無斷常，無凡無聖」。㊹實際上，馬祖是屬於另一類的禪法，他講的心，是平常一念心，這心可善可惡，到底是善是惡，要看修行者如何運轉。他一念無執，便是善；一念有執，便是惡。這執並不限於對染污法的執著，也可包括對清淨法的執著。而這無執、有執的心，便是我們的平常一念心，它是一善惡相纏在一起的背反心，亦是筆者所提的迷覺背反的自我設準。宗密無此覺識。

這三宗是禪。它們分別與教或教法相應。在註㊴我們已列出那些教法的名目。宗密的意思是，息妄修心宗相應於密意依性說相教，泯絕無寄宗相應於密意破相顯

㊸ Idem.

㊹ 《江西馬祖道一禪師語錄》，《禪宗全書》語錄部（四）三九卷（日本慶安年間刊本），四家語錄卷一，頁 7b-8a。

性教，直顯心性宗則與顯示真心即性教相應。這種比配能否真正達到教禪一致或禪教一致呢？我想有些問題。首先，息妄修心宗與直顯心性宗在意義上有重疊之嫌。由止息妄念而自覺到真心真性（這心、性不可能是虛妄性格），與直顯心性宗的心性，其實都屬於同一思維系統，那便是以如來藏自性清淨心為真心真性（心即是性，以心說性，或即心言性）。只是在工夫實踐方面不同：息妄修心是透過階段性的止息妄念工夫來做，這是漸進方式，倘若說悟，則是漸悟。直顯心性則是以頓悟或頓然、一下子覺悟為工夫實踐方式；此中的關鍵字眼是「直」字：直是直接、一下子的意味。直顯心性是頓然地、非屈曲地覺悟真心真性，這自然是頓悟。實際上，這種思維形態和實踐方法，是神會禪的特色。神會一方面說靈知真性，另方面說頓悟這靈知真性。即是，他先以超越的分析、分解（transzendentale Analyse）方式建立如來藏自性清淨心或真性觀念，這近於達摩禪與神秀的北宗禪；但在另方面又說頓然覺悟，這又回到慧能的南宗禪的工夫論了。㊺這種思維與實踐，若以具有現象學義的自我的設準來說，正相應筆者所提出的本質明覺我。這種自我或心靈具有明覺本質的作用，這本質可就世界的存在物而言，也可涵蓋作為明覺主體的自己、自我。宗密在禪的傳承方面，屬於荷澤神會的一支，他有這樣的思想，是很自然的。

第二，教方面的三宗，通常應該概括有宗或唯識學，空宗或中觀學，如來藏或真心思想。倘若是這樣，則說直顯心性宗相應於顯示真心即性教，泯絕無寄宗相應於密意破相顯性教，應該是沒有問題的。直顯心性表示當下地、直接地展示超越的主體，顯示真心即性則有以心說性、以如來藏自性清淨心來彰顯佛性的意味，這是《大乘起信論》與華嚴宗一直以來的思路，也符合我所提的本質明覺的自我設準的旨趣。至於泯絕無寄宗，則泯絕有否定一切對象相，無所住著（無寄），而獨顯諸法是無自性、是空的終極性格的意味。這與破相顯性也相吻合。泯絕是否棄一切對象性，或對象相，這正是破相。而無寄是無所住著，所謂「無住」，指從一切束縛解放開來、超越一切相對關係而展示那絕對的空理，而顯空寂之性。這正是般若思

㊺ 關於神會的禪法，參看拙著《中國佛學的現代詮釋》，第十三章〈神會禪：靈知的光輝〉，頁175-198。

想、中觀學分別言無住與空觀念的精義。㊻至於以息妄修心宗配密意依性說相教，則大有問題。依性說相作為教法的一種，自是交代有宗或唯識學的義理。「相」（lakṣaṇa）指由心識（vijñāna）所變現出來的對象、諸法，這些對象、諸法只對心識而有其存在性，離開心識，便沒有存在性可言，這是變現（pariṇāma, parāvṛtti）的意思。心識雖能變現諸法，但它自身仍是本性空寂的，仍是沒有自體、實體可得。這便是「依性說相」；「性」指空寂的本性，亦即是空。因此，依性說相的重點在存有論，不在工夫論；依於空而開拓、交代種種相、存在也。但宗密所說的息妄修心宗的「息妄修心」則是在工夫論的脈絡下說，教人如何修心，如何止息妄念而體證真心真性也。它根本沒有要建立種種相或存在世界的存有論的意味。

第三，如上面所說，宗密在教方面不能交代諸法以安立唯識學；在禪方面，他也不能充分交代和安立最重要的禪法，那即是慧能和他傳下來的祖師禪法，雖然宗密屬荷澤神會系，而荷澤神會按傳統的說法，是慧能的五大弟子之一。㊼在宗密所判的三種禪之中，泯絕無寄宗近於般若學、中觀學，那是沒有問題的。但其餘兩宗：息妄修心宗與直顯心性宗如上面所說，在涵義上有重疊之處，這便是兩者都是清淨心、真心或如來藏思想的導向，而由慧能所開出的祖師禪則被架空了，或者說，宗密未有意識到這是一種另類的禪法，是在達摩經慧可、僧璨、道信、弘忍所成的早期禪和神秀的北宗禪之外的具有弔詭義的禪法，而且是作為南宗禪的主流的禪法。這種禪法並未在超越的層面以分解的、分析的方式建立一清淨的真心真性，

㊻ 這裏只有一點不太順適。「破相」中的「破」一字眼不是很好，特別是用到般若思想與中觀學來說。天台智顗在他的《四教義》及解《維摩經》的疏釋中，提出他的判教法。他以通教來概括般若思想、中觀學與《維摩經》（*Vimalakīrtinirdeśa-sūtra*），強調它們體證空的真理的方式是體法空，由此與三藏教特別是阿毗達磨（Abhidharma）的析法空不同。體法空是即就法或事物的原來狀態便能體證得它的空的本質，析法空則是要析離、破壞事物然後體證得它的空性。關於這點，我會在後面再提及與討論。宗密在這裏以破相而顯空義、空性，若在般若思想、中觀學這種通教的義理脈絡下說，便不適切。般若思想、中觀學甚至是《維摩經》都不贊成破相或捨棄、否定事物或諸法的意味。

㊼ 據南宗禪的傳統的說法，慧能座下有五大弟子，他們是永嘉玄覺、南嶽懷讓、青原行思、南陽慧忠和荷澤神會。其中以南嶽懷讓與青原行思最為重要，後來的所謂「五家」：臨濟、曹洞、溈仰、雲門、法眼，都由他們二人所開出。參看拙著《中國佛學的現代詮釋》，頁 199。

卻是在經驗的層面直從一凡心、平常心說起。這種心是迷妄與覺悟、無明與法性、染污與清淨雙方性格迴異的生命要素所成的二律背反（Antinomie）。慧能及其下來的馬祖道一、南泉普願和臨濟義玄，都屬同一個系統，不設超越的、分解的真心，卻強調經驗的、綜合的平常心。所謂「綜合」，是同時兼具上面提及的迷妄與覺悟、無明與法性等相互對反的生命要素。禪的這條主線，與達摩禪、北宗禪、神會禪等近於華嚴宗的真心真性的導向不同。它毋寧近於天台宗的一念妄心、一念無明法性心的辯證的、弔詭的導向。宗密在他的有關禪的判教法中，未有正面地涉及、交代禪的這條主線。而這種辯證的、弔詭的導向，正是我所提的迷覺背反的自我設準的表現形式。

七、華嚴宗法藏的判教法

以上是我對宗密的判教法：包括教與禪二方面的判教法的闡述，我特別著重它的缺失方面，這由我對它的批評可以見到。跟著要論述的是華嚴宗的判教法。我也特別著重它的缺失方面，並且加以批評。我這樣做，主要是為了展示跟著要探討的天台宗的判教法和我自己提出的判教法較它們為周延與殊勝之處。

按華嚴宗的判教法，其初祖杜順原先已就實踐的觀點來判別五教：小乘教、大乘始教、大乘終教、頓教與圓教。三祖法藏則更就教說或義理一面來判分五教（但在判頓教上便出了問題）。在這方面，他在其《華嚴一乘教義分齊章》（或作《華嚴五教章》）一書中說：

> 聖教萬差，要唯有五：一、小乘教，二、大乘始教，三、終教，四、頓教，五、圓教。初一即愚法二乘教，後一即別教一乘。……中間三者，有其三義：一、或總為一，謂一三乘教也。……二、或分為二，所謂漸頓。以始終二教，所有解行，並在言說，階位次第，因果相承，從微至著，通名為漸。……頓者，言說頓絕，理性頓顯，解行頓成，一念不生，即是佛等。……以一切法本來自證，不待言說，不待觀智。如淨名以默顯不二等。……三、或開為三，謂於漸中，開出始終二教。……以空門為始，以不

空門為終。……約空理有餘，名為始教。約如來藏常住妙典，名為終教。又《起信論》中，約頓教門，顯絕言真如。約漸教門，說依言真如。就依言中，約始終二教，說空、不空二真如也。㊽

法藏把全體佛教義理，判為五種形態。最初的義理或教法，指小乘（Hīnayāna，二乘 yāna-dvaya）。這又分兩種：聲聞乘（śrāvaka-yāna）與緣覺乘（pratyekabuddha-yāna）。前者是經由聽聞佛法的開示而得覺悟；後者則單憑自身的努力而得覺悟。不管怎樣，兩者都只關心自己的覺悟得渡，沒有悲心宏願，普渡眾生的志業。最後一種教法是指華嚴宗自己；法藏視自身的教法為殊特，與其他教法不同，稱自己的教法為「別教」。同時，自己是一乘（eka-yāna），一乘即是佛乘（Buddha-yāna），一下子便臻於佛的境界，不必通過聲聞乘、緣覺乘與菩薩乘（bodhisattva-yāna）。後三者是三乘（tri-yāna）。

然後法藏解釋在小乘與別教一乘之間的三種教法。他以三種不同的方式來說。第一種方式是，把三種教法總合起來，而成一種三乘教。但這三乘教法中，含有小乘在其中，這便與第一小乘教重疊了。第二種方式是就修行、實踐的方式說，此中有兩種不同方式：漸與頓。所謂漸是漸進，一步一步地升進，而成一個歷程；不是一下子便升進了，頓然地升進了，後者便是頓。法藏的意思是，始終二教是大乘的始教與大乘的終教，這兩種教法都表示由修行而升進至覺悟境界，需要透過言說的解釋，次第地由一個階位上升至較高的階位。而且有因果、微著的關係。修行（漸進的修行）是因，是微，不易覺察；升進是果，是著，顯著而易見的。至於頓，是超越言說的解釋，一下子便能展示理性亦即是最高境界，修行者在理解（對教法的理解）和實踐兩面即時成就；甚至當下能斷絕種種妄念，而能臻於佛的境地。一切教法本來是現成的，潛藏於我們的智慧中，不必倚仗觀察與知解，便能明瞭。他並借維摩詰（Vimalakīrti）居士回應文殊師利（Mañjuśrī）菩薩有關展現不二真理的故事，表

㊽　《大正藏》45·481 中-下。

示這種終極真理、絕對唯一的真理是在默然中、超越一切言說中展現的。㊾第三種方式仍依修行作為線索來分三種教法。即是，在漸教的修行中，開出大乘始教與大乘終教。前者盛談空義，依空的義理漸次升進；後者則強調不空（修行時所積集得的各種功德 guṇa 和方便 upāya 法門）的義理，這指涉闡發具有恒常性的如來藏（tathāgatagarbha）自性清淨心的經論。例如，在《大乘起信論》中，說起真如（tathatā），便有二種。其一是不用言說而能傳達的絕言真如，這是頓教形態；另一則需通過言說才能傳達的依言真如，這是漸教形態。而在後者方面，又可就其說空與說不空的不同，而區別為大乘始教與大乘終教。

法藏所判的五教，基本上在《華嚴五教章》中已說得很清楚。他在另一著作《大乘起信論義記》中又作些補充，特別列明哪些教法包括哪些經論文獻。以下我們即根據這些文獻闡述法藏判教的具體藍圖，這包括五教的思想重點和它們所分別概括的經論。

一是小教。這即是小乘的教說，其代表的經典是闡述原始佛教教義的《阿含經》，論典方面的代表則是《阿毗達磨俱舍論》（*Abhidharmakośa-bhāṣya*）和《成實論》。《阿毗達磨俱舍論》是說一切有部的重要文獻，它把存在事物還原為七十五種要素，所謂「法體」。而這七十五種要素又可劃歸為五類，這便是「五位七十五法」。這部論典由世親（Vasubandhu）所寫，是唯識學的前身。《成實論》則介乎小乘與大乘的論典之間，其中有不少說法是與中觀學相符的。

㊾ 淨名是達致極高的修行與精神境界的 Vimalakīrti 居士的意譯，音譯即是維摩詰。有關文殊菩薩與維摩詰居士的對談，載於《維摩經》或《維摩詰所說經》（*Vimalakīrtinirdeśa-sūtra*）的〈文殊師利問疾品〉中。「文殊師利曰：如我意者，於一切法無言，無說，無示，無識，離諸問答，是為入不二法門。於是文殊師利問維摩詰：我等各自說已，仁者當說，何等是菩薩入不二法門？時維摩詰默然無言。文殊師利歎曰：善哉善哉，乃至無有文字語言，是真入不二法門。」（《大正藏》14・155 下。）在這裏，文殊與維摩詰在討論如何做法才能契入、體證那絕對的、沒有二元性（Dualität）的終極真理的問題。文殊認為，對於這種沒有二元性或不二的真理，只能透過對言說、標示與識別的否定來體證。他說得不錯，但是還是藉著言說把這個道理展示出來，最終亦落於言說。因此，到維摩詰表示如何體證這終極的不二真理時，便默然無言，甚麼言說與動作都沒有。這的確是接著文殊的所說的下一步應有的回應：對於終極真理的體證，只能無言無行。因此文殊不由得不讚歎說：「這是真正契入不二的真理的做法了。」

《阿毗達磨俱舍論》或《俱舍論》和《成實論》被視為屬於小乘佛教。小乘的教法與大乘的有同有異。大乘佛教認為我們生命存在的主體和客觀的事物、法都沒有自性（svabhāva）、實體（Substanz），都是空的（śūnya）。這便是「人無我」和「法無我」，或總稱為「人法二無我」。我是自性、實體的意思。法藏認為，小乘教對於「人無我」方面有透徹的理解，但對「法無我」則欠缺深刻的理解。這批評明顯地是針對《俱舍論》的觀點的。《俱舍論》亦言諸法是緣起的，但它將事物還原到七十五種要素後，便止住了，以為這「五位七十五法」即是事物的法體，是不空的，有我的。

二是始教。始教和終教都是大乘佛教，前者是大乘始教，後者是大乘終教。大乘始教主要強調世間一切事物在本質上都是空。其代表的經論為般若思想和中觀學的文獻。這是大乘始教的一面。它還有另一面：強調緣起思想。它認為現象界種種事物雖然本質是空，但也有一定的作用和形相，這便是它們的「有」的一面，我們不應視為虛無（Nichts），一無所有。它是有宗，與說空的空宗對揚。有宗的經典是《解深密經》和唯識學的論典。

三是終教。這是大乘佛教空、有二宗外的另一學派，強調佛性（buddhatā）、如來藏（tathāgatagarbha）或自性清淨心（如來藏自性清淨心 tathāgatagarbha-prakṛti-pariśuddhaṃ cittam），作為最高的主體。這種觀念的提出，是緣於空宗與有宗只強調事物的空性、緣起性方面，卻忽略了證取這作為對象性的空、緣起的智慧。這智慧需有一源頭，這源頭便是覺悟的基礎，這便是佛性、如來藏、清淨心。終教的義理，便是集中討論這佛性、如來藏、清淨心的問題。這種教說的文獻很多，經典方面有《如來藏經》、《不增不減經》、《楞伽經》、《大法鼓經》，論典方面則有《寶性論》、《佛性論》、《大乘起信論》。

在這裏，我想補充一點。在法藏的判教中，始教和終教大體上概括了印度大乘佛教的三大宗派：中觀學派（空宗）、唯識學派（有宗）和如來藏思想派。終教思想在印度未有受到重視，到了後期比較好些。但如來藏派傳入中國後，卻廣為中國佛教徒所留意。中國佛教的三個重要學派，即天台、華嚴與禪，基本上是順著這如來藏思想發展出來的。

再來是頓教。在華嚴宗的判教系統中，頓教是較為特別的一教。華嚴宗在判別

「小」、「始」、「終」、「圓」四教時，基本上是就其教法的內容、義理形態方面說的，例如將偏重空和有的教法放在始教中，而偏重佛性、如來藏自性清淨心的教法則置於終教。但對於頓教，法藏所重的，不是在教法方面，而是在實踐的方式方面。所謂頓，是頓然、一下子的意味。頓教是要人透過頓然的方式去體證真理，特別是要人超越文字、概念所附有的相對性和種種約定俗成的局限性。禪宗自然是主張頓然覺悟的，起碼就其主流的慧能所開拓出來的南宗禪為然。在大乘經典中，《維摩經》也有這方面的意思。此中的理據是，一切解釋、說法，都需要藉著語言文字來進行，但語言文字是相對性格的，不足以傳達絕對真理的訊息。因此禪宗的宗匠喜歡用動作、聲音，甚至詩文、圖畫來突破語言文字的有限性、相對性，以展示所謂「祖師西來意」的終極真理：道。這就是頓教的教法，是從實踐方法上說的。若從義理的角度看，頓教和大乘終教沒有本質上的分別。特別是由菩提達摩（Bodhidharma）所倡導的如來禪，即強調自性清淨心，以之為最高的主體性，作為人的覺悟的基礎。

最後是圓教。據法藏的判教，圓教可分為二：一是同教一乘，一是別教一乘。何以有這種分法呢？因為法藏判教晚於天台智顗，當法藏提出小、始、終、頓、圓的判教法時，智顗已先判教，且以天台宗為圓教。現在法藏要重新判釋眾教，建立自己的圓教理論，唯有標舉兩種圓教，即天台宗的同教一乘與華嚴宗的別教一乘。按智顗所判，教分藏、通、別、圓，《華嚴經》的思想屬於別教，而天台宗所宗的《法華經》和《涅槃經》則屬圓教。這即是以天台義理為最高的圓教教法。到了法藏判教，便將《法華經》、《涅槃經》及天台宗的思想歸入同教一乘，而將自身華嚴宗所宗的《華嚴經》及華嚴思想歸入別教一乘。至於同為「一乘」，則沒有改變。所謂「一乘」（eka-yāna）與「三乘」（tri-yāna）是就實踐而體證得終極真理的不同步驟言。一乘即是佛乘，修行者以一種頓然覺悟的方式，一下子便證得終極真理。三乘則是聲聞乘、緣覺乘和菩薩乘，修行者次第經過這三乘，最後才證入終極真理而成佛。同教一乘與別教一乘既共言一乘，則其分別只在於同教與別教之異。

所謂同教即修行而成佛的人將所修證得的境界、功德通達至佛以下的九界眾生：菩薩、緣覺、聲聞、天、人、阿修羅、畜牲、地獄、餓鬼。「同」是指得道成覺的人要將自己在精神上的所得，與這九界眾生分享，這便是圓。他不應停駐於超越的境界，孤芳自賞。在這裏，同教行人採取一種向橫伸展的取向，將這得道成覺而獲致的精神果實不斷地擴展開去，以達於九界的眾生。此中的「圓」是圓滿之意，是就橫向的拓展、融攝來說的。《法華經》、《涅槃經》和天台宗即屬於這同教一乘的思維形態。

至於別教則指華嚴宗自身的思想。法藏標舉法界緣起的境界，只為佛陀所有。即是，毗盧遮那大佛（Vairocana Buddha）在進行海印三昧禪定（sāgara-mudrā-samādhi）中，雙眉間發出白色大光芒，照見世間事物都處於無礙自在的狀態，相即相入。法藏把這種關係或境界稱為「法界緣起」。[50]按華嚴宗的說法，這種境界只為佛陀所具有，不能與眾生分享。它乃透過九界眾生的不足性，來突顯佛界或法界緣起的圓足性。在這情況下，別教所標示的圓的理境是崇高的、超越的。因此，在同教一乘，「圓」是無所不包、圓滿具足的意思；在別教一乘，則是崇高及超越的意思。在法藏來說，標榜崇高性、超越性的別教一乘才是真正的圓教。這在後來，便被天台宗所批評，說它的教法是「緣理斷九」。所謂「斷九」，就是隔斷與九界的關係。而「緣理」，則表示專心一志地向具有分解義的真如理做工夫的意思。[51]

---

[50] 「海印三昧」這一語詞，出自《華嚴經》，其意思是，過去、現在、未來一切法都同時在一心中印現，一如淵深不可測量的大海，湛然映現一切景象。而這種種景象或事物，都處於相互融通無礙的關係中。《華嚴經》卷 14 謂：「眾生形相各不同，行業音聲亦無量，如是一切皆能現，海印三昧威神力。」（《大正藏》10·73 下。）法藏在他的《妄盡還源觀》中說：「言海印者，真如本覺也。妄盡心澄，萬象齊現。猶如大海，因風起浪，若風止息，海水澄清，無象不現。」（《大正藏》45·637 中。）又在《遊心法界記》中說：「海者，即諸像重重無盡，際限難源。窮一竟無有窮，隨一宛然齊現。是故云海也。印者，眾像非前後，同時品類萬差。即入無礙，一多兩現，彼此無違，相狀不同，異而非異。故云印也。定者，類多差別，唯一不殊，萬像競與，廓然無作。故名為定也。」（《大正藏》45·646 下。）按海印三昧是一種禪定工夫，在定中所得，或在定後所得，重點始終是諸像、諸法的相即相入的無礙關係，這肯定是現象學意義的（phänomenologisch）景像，需以睿智的直覺（intellektuelle Anschauung）來照見，感性直覺（sinnliche Anschauung）是無能為力的。至於《遊心法界記》中把「海印定（三昧）」折開來解，那是無所謂的，這語詞是梵語 sāgara-mudrā-samādhi 的意譯，法藏的解釋，是借題發揮而已；但也解得很好。

[51] 關於同教一乘圓教與別教一乘圓教的同異分際，新儒家學者唐君毅與牟宗三二先生都曾作過深入的探討。唐先生的看法見於他的《中國哲學原論原道篇三》，頁 1294-1301。牟先生的看法見於他的《佛性與般若》上（臺北：臺灣學生書局，1977），頁 556-572。

八、法藏的判教法的缺失

以上是有關法藏的判教法的闡釋。以下是我對這種判教法的批評，我主要還是聚焦在它的局限性來說，當然也不會不理會它的殊勝之處。首先，與上面的太虛、印順、宗密的判教法比較，法藏的判釋所概括的範圍可說有很大的改善。「小」概括小乘，特別是聲聞乘和緣覺乘。「始」概括大乘中較為早出的般若思想、中觀學和唯識學。「終」則概括發揮如來藏、佛性思想的文獻，有經典也有論典。「頓」概括禪宗與《維摩經》。「圓」在同教一面概括《法華經》、《涅槃經》及智顗的天台思想；在別教一面則概括《華嚴經》與法藏自己的華嚴宗思想，當然法藏的前輩杜順、智儼的思想也包括在裏頭。佛教的主要思想與理論，大部分都被概括在裏頭。不過，有些重要的思想仍是闕如的。原始佛教或佛陀的思想與實踐未有包含在內。判教中的「小」或二乘，自然可以涉及說一切有部與經量部。「始」與「終」的概括性最好，印度大乘佛教的最重要的三支都沒有遺漏地包括在其中：中觀學（Mādhyamika）、般若文獻（Prajñāpāramitā literature）、唯識學（Vijñānavāda）和如來藏思想（Tathāgatagarbha thought）。但唯識學在中、後期的發展，例如陳那（Dignāga）、護法（Dharmapāla）、法稱（Dharmakīrti）、智作護（Prajñākaragupta）、智勝友（Jñānaśrīmitra）、寶稱（Ratnakīrti）和後期的經量部（Sautrāntika）所代表的有相唯識派（Sākāravāda-yogācārin, Satyākāravāda-yogācārin）和世親（Vasubandhu）、安慧（Sthiramati）、寶作寂（Ratnākaraśānti）和後期的有部（Sarvāsti-vādin）所代表的無相唯識派（Anākāravāda-yogācārin, Alīkākāravāda-yogācārin）都完全沒有涉及。另外，在後期的中觀學中，寂護（Śāntirakṣita, Śāntarakṣita）、蓮華戒（Kamalaśīla）與寶作寂把唯識學吸收到中觀學中，而成就了瑜伽行中觀派（Yogācāra-Mādhyamika），有相唯識又與經量部合流，而形成經量瑜伽派（Sautrāntika-Yogācāra）。對於這些新的發展和新的教說，法藏都不及見，因而也沒有在他的判教法中提及。這些新的東西可能是在法藏死後才出現，因此他未有列入，也不必負這個責任。但他的判教法缺了這一截，總是一種缺失。

第二，關於圓教的問題，法藏以天台宗義理連同天台宗所宗的經典《法華經》與《涅槃經》劃歸同教一乘圓教，而自宗的教說與《華嚴經》則列為別教一乘圓教。對於這種區別法，他是就兩種教法是否通於九界眾生而定的：教法通於九界眾生是同教一乘，不通則是別教一乘。這種區別法的線索：兼顧與不兼顧九界眾生，只有外延的（extentional）意義，只是邊緣性格的（marginal）線索，沒有觀念上亦即是本質方面的意義。一種宗教的特色，應該就它的本質、內涵來鎖定：它是超越而內在呢，抑是超越而外在呢？它的重點是在主體性呢，抑是在客體性呢？它的內容是愛呢，抑是慈悲呢？在佛教來說，它是空呢，抑是不空呢？或是佛性呢？這些才是關要之點。至於它所能被分享、共通的範圍，意義不大，起碼不是被考慮的重要因素，也缺乏理論上的、觀念上的效力。華嚴宗的義理形態，毋庸置疑，是分析性的、分解性的。它的核心觀念，是那個超越的真心真性，或說為是上面引及的《妄盡還源觀》所說的真如本覺。這真心真性不能被視為諸法或萬象的存有論的根源，與宇宙論更扯不上關係。萬象早已被置定、被擺放在那裏，但由於我們有妄心，不能照見它們。當一切虛妄都被除去，心靈得到澄明，萬象便被映照出來了。在這種思維下，虛妄不是真心真性，但能遮蔽真心真性，讓它不能映現萬象。這種思維，分明是分析的、解析的性格。虛妄即使是在心中，但虛妄仍是虛妄，心仍是心。虛妄可以讓心失去照明的作用，但虛妄一旦被除去，心的照明功用便回復過來了。這讓人聯想到北宗禪的神秀的偈頌：心是菩提樹，是明鏡臺，本來清淨，但會有客塵蓋著，不能照物，只要時時拂拭，把塵埃抹去，便能以原來的明覺照耀萬物了。這正相應於這裏所說的「妄盡心澄，萬象齊現」。達摩禪的《二入四行》中說到「含生凡聖同一真性，但為客塵妄覆，不能顯了。若也捨妄歸真，凝住壁觀，……與真理冥符」，52其中的真性，也是超越的、分解的。達摩勸我們作壁觀的工夫，捨妄歸真，便能體證真理了。53這種對於真心真性作超越的分解，把它從虛妄的凡塵、經驗的世界方面撤離開來，進行宗教意義的處理，正是乘著《大乘起信論》的思路或思維方式而來，而這真心真性，正相應於這《起信論》的真如心或心真如，故法藏在上面引及的他自己的著作《妄盡還原觀》中，索性稱之為「真如本覺」。「真如」與「本覺」都是《起信論》的核心觀念，法藏只是把它們放在一起，而成一複

52　達摩著《二入四行》，收入於柳田聖山編著《初期の禪史》I，《禪の語錄》二（東京：筑摩書房，1971），頁10。

53　「壁觀」不是向著牆壁作觀的工夫，而是要像牆壁一樣堅定地、矢志地作內觀禪定。

合觀念而已。

法藏所說的對真如的明覺，作為超越的主體性來說，實相應於筆者所提的具有宗教現象學意義的本質明覺我這一自我設準（參看上面第二章）。明覺或本覺都不是一般的感性直覺（sinnliche Anschauung），而是睿智的直覺（intellektuelle Anschauung）；它所明照的是事物特別是虛妄的客塵的本質：不具有自性、實體性，只是依附在真心方面的光景性格的虛妄的存在而已。光景性格被拆穿，明覺便立時展現其作用，回復它原來的照明功能，照明萬物皆是緣起，皆是空，無實體性可得也。

法藏的別教一乘圓教所說的真心真性（以心顯性，以心著性），作為一種通過超越的分解的思維方式而被建立起來的主體性，是沒有問題的。這種「圓」、「別」，是崇高、莊嚴、難以湊泊的意味也是沒有問題的。它之被天台宗人批評為「緣理斷九」，與九界隔絕，因而是「高處不勝寒」，也是很自然的事。與此相對揚，法藏把天台宗的義理視為同教一乘圓教來說它的圓的性格，便有問題了。以和同於九界、與九界眾生分享覺悟的殊勝性來說「同」，是非常樸素和膚淺的觀點，不能突顯（characterize）天台圓教的特徵所在。相對於華嚴宗的真心真性是一種本質明覺我的表現形式，天台宗的思維可以被視為接近筆者所提的迷覺背反我這一自我設準。天台智顗的「一念無明法性心」一觀念所展示的弔詭的心性，心具染淨的觀點，和智顗在他的《法華玄義》中所倡導的「煩惱即菩提，生死即涅槃」的染淨相即的思維形態，是一種辯證的綜合（dialektische Synthese）。這種獨特的正負兩端的緊密聯繫，展示一種存有論與工夫論的洞見（Einsicht），怎能以和同九界這樣一種邊緣的、表面的關係（marginal and peripheral relationship）來說呢？以同教一乘圓教來為天台思想定位，表面上是通過與華嚴思想的「別」的殊特性格來安置天台，其實是架空了智顗、湛然、知禮這些深具辯證智慧的人的思維方式。法藏在他的判教法中以同教一乘來解讀天台的圓義，以為可以給天台一個恰當的交代與位置，其實是隔靴搔癢，只碰到天台的皮肉，進不了骨髓。

法藏的判教法，除見於五教的分判外，還有十宗的說法，那是具體地羅列出佛教的十個宗派的名目的分判，其中也沒有任何一宗派能包涵、融攝天台宗的那種弔詭的義理的。關於這十宗，下文即將有簡單但扼要的交代。

法藏既然只能對天台思想隔靴搔癢，則對天台所宗的《法華經》與《涅槃經》

的義理模式的理解的不足，也不用說了。

九、關於頓教的問題

第三，這也是最具爭議性的一點，在法藏的判教法中，小乘、大乘始教、大乘終教與圓教都是依自身的教說的內容而被確立，但頓教則不涉內容，而是就體證真理的方法即是頓然地開悟而立。這便不協調。小乘說空，只說人空，不說法空。大乘始教如般若思想、中觀學都說人空與法空；唯識學雖強調諸法的緣起性、有性，但它們所由而起的心識亦是空的，由種子（bīja）及其他因素（緣）聚合而生起也。大乘終教則基本上為如來藏思想、佛性思想定位，由始教的重視客體性的空性轉到主體性方面去。法性是空，法相是識，是有；但總是脫不了空的終極性。不管是法性空也好，法相識也好（用太虛的字眼），都需要智慧來體證，故有太虛所提出的「法性空慧」中的慧。但智、慧或智慧是一種心的明覺，這明覺需有一源頭，這便是如來藏（tathāgatagarbha）、佛性（buddhatā），或自性清淨心（prakṛti-pariśuddhaṃ cittam）。因而有確立專門發揮這種明覺義理的需要。像《如來藏經》、《勝鬘經》、《寶性論》和《大乘起信論》的提出與成立，有其義理上的必然性。至於圓教，則一方面判別教以其崇高性與超越性（Transzendenz）和同教區別開來；另方面也有圓融無礙的意味。關於這點，我在上面未有特別強調，謹在這裏作些補充。按華嚴宗特別是法藏對這無礙可分兩個層次來說，這便是現象與真理無礙；現象與現象無礙。這便是有名的四法界的說法，是華嚴宗的具有現象學意義（phänomenologische Bedeutung）的存有論。初祖杜順以法界（dharmadhātu）來說法。第一層是現象的法界或境域（Horizont）；現象即是事。第二層則是真理的境域；這真理或理自是無自性的空的真理。第三層是現象與真理相即或相互融攝而無礙。[54]第四

---

[54] 這種現象與真理的無礙關係，或事理無礙，令人想到般若思想所強調的色空相即的關係。《般若波羅蜜多心經》（*Prajñāpāramitā-hṛdaya-sūtra*）有色空相即的名句：「色即是空，空即是色」。色（rūpa）是現象、空（śūnyatā）是真理。兩者相即不離、融通無礙。杜順、法藏他們很可能是受到《心經》的啟發，而開拓出他們的法界中一切法都與空理處於融通無礙的關係。關於《心經》的這種思想，參看拙著《佛教的概念與方法》，頁 33-34；拙著《印度佛學的現代詮釋》

層則是現象與現象相互攝入而無礙。在這裏，無礙主要是就現象與真理（事理）、現象與現象（事事）的圓融無礙的關係說。現象與現象之所以能融通無礙是由於它們的無自性空的本質。自性（svabhāva）有常住性，有對礙性。現象倘若是緣起，是空無自性，則無常住性與對礙性，它們之間自能融通無礙。[55]

按法藏的判教法以事理無礙、事事無礙來說五教中的圓教，其殊勝之處，非常明顯。「圓」是圓融、融通的意思，它的另一表述詞彙是無礙。圓融、融通、無礙在於諸法是空，是無自性，才能說。而這空、無自性的諸法的共同性格，是對於超越的主體性而說的，也為這超越的主體性所照見。這主體性是甚麼呢？這正是大乘終教的如來藏、佛性或自性清淨心。這如來藏、佛性或自性清淨心自身亦需具有無自性空的性格，才能與空無自性的諸法相應，才能觀取諸法相互無礙的關係。這樣，我們便可以鎖定圓教的內容為本於本性是空的如來藏、佛性或自性清淨心對於

（臺北：文津出版社，1994），頁 71-74。

[55] 杜順的這種四法界的說法，見於他的《法界觀門》之中。這部著作存於宗密對它的註釋《註華嚴法界觀門》之中。宗密在這部註釋書中說：「清涼新經疏云：統為一真法界，謂總該萬有，即是一心。然心融萬有，便成四種法界。一、事法界；界是分義，一一差別，有分齊故。二、理法界；界是勝義，無盡事法，同一性故。三、理事無礙法界；一切分齊事法，一一如性融通，重重無盡故。」（《大正藏》45・684 中-下。）宗密此中舉出四法界為事法界、理法界、理事（或事理）無礙法界、事事無礙法界。杜順在本文中，並未列出這四法界；他只列出真空第一、理事無礙第二、周遍含容第三三種境界。宗密以真空第一為理法界，理事無礙第二為理事無礙法界，周遍含容第三為事事無礙法界。（《大正藏》45・684 下。）關於這四法界的內含和關係，我們可以現代的觀點與詞彙來解讀。事法界是指差別歷然的現象界而言，此中的特性是諸法的特殊性（particularity）或差別性。理法界則自然是空理的世界，此中的特性是空理的普遍性（universality），或同一性。理事無礙法界是理中有事，事中有理；特殊性與普遍性互不相礙，兩者可以綜合統一起來。事事無礙法界則是每一特殊性的事都顯現同一的理，因而事事之間都可通過此理而融通無礙。這四法界實顯示一智慧的辯證的發展歷程。由觀常識層面的事進到觀真理層面的理，而至於觀雙方的綜合，而不相礙，最後泯去理事的對立，每一現象都從理中解放開來，而自身又包涵著理，以臻於現象與現象之間的大諧和（grand harmony）境界。
在這四法界之中，事事無礙法界被置於最後位，自是被視為華嚴宗的最高理境。依杜順，這理境是「事如理融」，宗密的解釋是一一事皆「如理」，故能「融通」。（《大正藏》45・689 下。）此中的理當然是性空之理，一一事都本著此無自性的空理而成其為事，這即是緣起。

客體性的建立和觀照。[56]此中，圓教的內容，歷歷可說，由確立如來藏自性清淨心，而觀自性空的諸法，透過空理與諸法的融通，最後達致諸法自身之間的融通。由此越過頓教而下推，先是大乘終教，立空與不空如來藏心。再下推而得相始教與空始教，分別相應於有宗與空宗，或唯識與般若、中觀，內容都很實在、清楚。再下推便是作為小乘的二乘教，近於釋迦的四諦、十二因緣的說法，而聚焦於《俱舍論》的一切有部的思想，強調我空法不空。都是就教法的內容而立教。但頓教則頗為突兀，它所涉的，主要是說不二法門的《維摩經》。另外的最受人矚目的禪宗，對於華嚴宗來說，是被視為相應於頓教的；但在較早期，仍未有這種固定的說法。在法藏的眼中，所謂頓或頓悟，主要指那種越過抽象的概念的思考，而依於直覺來把得、體證得真理而覺悟。[57]漸漸地，頓教便與禪法建立起關聯，最後被視為相互等同的東西。[58]而「頓」的越過抽象的概念思維、單憑直覺以體證真理的一下子動作的意味便確立起來，特別是當它與漸進式的求知方式對比這一脈絡下為然。

為了徹底把這樁事情弄清楚，我們不妨把法藏論頓教的文字拿來仔細理解一下：

> 頓（教）者，言說頓絕，理性頓顯，解行頓成，一念不生，即是佛等。故《楞伽》云：頓者，如鏡中像，頓現非漸，此之謂也。以一切法本來自正，不待言說，不待觀智。
>
> 如淨名以默顯不二等，又《寶積經（論）》中亦有說（名）頓教修多羅，故依此立名。[59]

在這裏，法藏一氣貫下，強調絕言說，顯理性，成解行，都是說「頓」。言說是約定俗成的，是相對性格，不能展示絕對的、終極的真理，故要「頓絕」。理性不是

---

[56] 這作為主體性的如來藏、佛性、自性清淨心當然也有其不空的性格。但這不空不是具有自性、實體的意味，而是就具有種種功德，能恰當地運用方便法門（upāya）以轉化眾生的宗教救贖義說。

[57] 這直覺必須是睿智的（intellektuell），不能是感性的（sinnlich）。

[58] 我在這裏的闡述，略同於鎌田茂雄的見解。參看鎌田編註《華嚴五教章》，頁140-141。

[59] 同前，頁142。

一般作思維用的主體能力、心力，而是終極真理，而由於終極真理不是在主客相對、對立的知識論的脈絡下說的，而是在主體性冥證客體性、主客合而為一體的工夫論的脈絡下說的，在這種情況下，客體已然是主體，所證的真理與能證的主體是一而非二，故說「理性頓顯」。這理性可指作為客體性的真理，也可指作為主體性的如來藏心、佛性，也可指主方冥證客方而達致的不二境界。再來是「解行頓成」。這種表述式用得妙絕。「解」與其說是知解，特別是依於抽象的思維而得的認知，毋寧應被視為一種道德轉化甚至宗教救贖的取向。倘若是這樣的話，則解行相應便不成問題。因為在這種脈絡下，基本上已涉及意志的導向、價值意識，你如何去做，如何表現，如何行，便需與你的意志導向、價值意識相應了。

「頓」在這種情境，是一方法論的詞彙，不是存有論的詞彙。法藏所引《楞伽經》的話：「頓者，如鏡中像，頓現非漸，此之謂也」，其中的頓與漸對著說，已是實踐真理的一種方法，不涉及對真理的看法，或以甚麼樣的路數來解讀真理了。而法藏舉維摩詰（淨名 Vimalakīrti）以沉默的方式來指點不二的、絕對的真理，很明顯展示出沉默便是體證真理的方法，是沒有方法的方法（前後的「方法」不是在同一層面，因而沒有矛盾，說這是弔詭，亦無不可）。至於所體證的真理，以空來說，或以中道來說，或以佛性來說，或以中道佛性來說（「中道佛性」是天台智顗慣用來說真理的名相、複合的名相），則是另一問題了。這與教說的內容有密切關連，與只涉及實踐或體證的方法完全不同。這樣看的結論是，《華嚴五教章》（《華嚴一乘教義分齊章》）中所說的頓教是就實踐的方法說，與其他四教（小、大乘始、大乘終、圓）強調真理的內容的確有不一致、不協調之處。這不能不說是法藏判教法的一項缺失。

本來，一種教法的體證、實踐方面非常重要。但所體證的、所實踐的，是終極真理（satya, tathatā）。在理論上、邏輯上來說，真理的內容或你所建構（不是構造論的那種建構）的真理的形態，是先在於、層次高於體證這真理的方法的。在天台智顗的判教說中，體證作為終極真理的佛性或中道佛性與空便很不同，那是由於雙方所涵的內容有落差的緣故。[60]這個問題表面看來，好像很簡單易明，其實不是。當我

---

[60] 關於這點，我在下面論天台宗的判教法時會有較詳細的、系統性的交代。實際上，我在自己的很多著作中都提過這點。

們說建構真理的形態，並不是把真理視為一種純粹是客觀的東西來處理。真理具有客觀性，這不錯。但真理也是對於我們作為人的真理，它的意義、內容是對著我們作為人而確立的，它不可能完全脫離我們作為人的生活、活動而存在於一個純然是外在的客觀的世界中。即是說，真理的內容或形態，總不能離開我們的生活、活動，而我們的生活、活動基本上關連到甚至受限於我們的心靈取向、精神方向。我們說我們建構真理，已表示這心靈取向、精神方向的意味在其中了。至於這心靈取向、精神方向在不同地域、不同種族的人中何以總是有差異，不能完全相同的問題，不完全是一個哲學的問題，這裏不能多作討論。但不同的價值觀、不同的文化背景，可以孕育出不同的真理的內容或形態，這倒是事實。即是說，我們建構真理，或真理的形成，不能完全外於我們的價值觀與文化背景。這樣的真理是就它的內容、形態而言，不是就怎樣去達致它、體證它而言。我們必須分解地、分析性地抓住這點。

十、唐君毅先生論華嚴宗的頓教與我的回應

說到真理的形成，當代新儒家唐君毅先生有極其精闢之了解，或可說為洞見（Einsicht），而這也是他在探討華嚴宗的判教法特別是它的頓教與圓教的成立問題時提出的。以下我把他的觀點扼要寫出來，然後再作研究與評論。唐先生認為頓教是直顯言語道斷、空有雙泯的無二之境，此境依相對的兩邊之恆相奪而顯。即是說，事與理這兩邊恆常相奪，以一邊的充極其量，以奪盡另一邊，使之更無所有；而此另一邊，亦復奪盡此一邊，使之更無所有。故凡分別說此兩邊的一切思想言說，都可相奪，而歸於寂然相絕，以入於一不思議之境。這便是頓教、禪的境界。至於圓教，是乘著頓教而來，由相對的兩邊的相奪而互相蕩盡，在另一面即顯現互相融攝義，而相入相即。由相入相即之重重無盡，即成一大緣起法。這是圓教三昧。此大緣起之所以為大緣起，在於一法可展一切法，亦可卷一切法，對一切法收放自如。一切法自其相對言，以一法為自身，則其餘一切法，可視為他者。由自觀他，一切法都可對自為空；在此空中，一切法都為自所奪所攝，而皆入於自中。每一法都可如是觀。

唐先生又對法藏所判的五種教法，以歷程的角度來解讀與概括，即是，這五教的次序，正顯示精神的重重開展的歷程：由小（乘）而大（乘），大中又由始（教）而終（教），又由漸（修）而圓（證），由偏（性）而圓（性）。唐先生又把法藏對佛教所判分的十宗，也納入歷程中，以展示這種精神的導向性的發展。即是，十宗中的前六宗（我法俱有宗、法有我無宗、法無去來宗、現通假實宗、俗妄真實宗、諸法但名宗），都是小乘教，而其排列次序，是強調實有者在前，強調空者在後，以逐步縮減一般所謂真實有的範圍，以向於空。而第六宗的諸法但名宗，則是到大乘始教的一切皆空宗的過渡。更由此一切皆空宗，過渡至真德不空宗，以言真正的實有，說一切法唯是真如，因具有如來藏的實德。由此再進，是相想俱絕宗，這便是頓教的絕言之教。最後是圓明具德宗，這即是別教一乘，主體與伴隨者都各自完足，而顯一無盡自在的境界。這正是華嚴宗自身。唐先生作結謂，綜言這十宗的排列，實表示一辯證的思想歷程，即先次第縮減一般所謂實有的範圍，而趣向於空，再由空而趣向於真德的不空，歸結於別教一乘圓教的法界大緣起的最高理境，這是佛以其圓滿的性德在其海印三昧中所示現的諸法圓融境界。[61]

以下是我的評論。唐先生這樣來解讀法藏的判教法，特別是頓教的觀點，的確展示了對華嚴宗的總體的發展取向的辯證的洞見，而且亦有文獻上的依據。[62]在這

[61] 以上兩段是筆者綜述唐先生在其《中國哲學原論原道篇三》中第十一、十二與第十三章的說法整理而得（頁 1244-1311）。其中也有筆者的助解在裏頭。

[62] 法藏在其《遊心法界記》中論到頓教，為了展示它是超越一切言說概念的境界，說：「第四入言語道斷、行心處滅方便者，即於上空有兩門，離諸言論心行之境，唯有真如及真如智獨存。何以故？圓融全奪，離諸相故。隨一切動念，即皆如故。竟無能所，為彼此故。獨奪顯示，染不拘故。……問：若云空有圓融，語觀咸絕者，既離言觀，云何證入耶？答：非是無語不言，但以語即如故；不異於真，是以無言。……問：空有無二，遂令大士（按大士指維摩詰 Vimalakīrti）無言，性相鎔融。致使觀心無措者，信如其說。今修學者未審以何等方便而得入耶？答：即於空有之上消息取之。何者？以空全奪有，有空而無有，有見蕩盡也。以有全奪空，空有而無空，空執都亡也。空有即入，全體交徹。一相無異，雙見俱離也。即以交徹無礙而不壞，兩相雙存，非見咸泯也。得是方便，而入法者，是即契圓珠於掌內，諸見不拘。證性海於心端，逍然物外。超情離念，迴越擬議，頓塞百非，語觀雙絕。故既妄心永滅，諸見雲披，唯證相應，豈關言論？有相應者當自思之。故論云：如人飲冷水，唯證者自知等。《楞伽經》云：真實自悟處，覺、想、所覺離。結意在言外，勿執言思，理不出言，莫捐言解。」（《大正藏》45．644 中-下。）

種解讀中，五教和十宗都展現了一種辯證的進程：真理由對實有的肯定，繼而對實有的否定，而達致空的狀態。重要的是，真理最後仍回歸到對實有的肯定。但前後被肯定的實有，並不是在相同的層次。第一次被肯定的實有，是一種在實在論的脈絡下的實有，此中仍有執取，以實有為終極真理。因而有中間的對實有的否定，讓實有作空的轉向。最後還是回歸到實有方面去，但這實有是經過空的淘洗，是實有和空的綜合。這兩種判教（五教十宗）的進程，都一致地展示出辯證的導向。最初對實有的肯定是正，中間實有被否定是反，最後雙方被綜合起來，這正是合。[63]這種依辯證歷程而達致的合的境界，諸法能遊息於這種到處是諧和關係的場域（Horizont）中，而各自具足，自然是現象學的（phänomenologisch）意義，而不是現象論的（phänomenal）意義。唐先生以「圓融的緣起論」名之。[64]

以下我要就唐先生對華嚴宗在判教方面的思維方式的理解作一總的省察，看看頓教是否真有理據被列入五教之中。我先引述唐先生的說法如下：

> 一、頓教之所以為頓教，即在依此圓融義中皆有相對之兩邊，而即此兩邊之相對，以見其絕對相反相矛盾，而使其由相即相順以相與，而歸在相奪，使對兩邊之義，皆心無可思，亦言無可說。此即由見不可思議，而直證此兩邊相奪，所顯之空有不二之真實。……此頓教所示之境，要在依凡為相對之兩邊者，皆有此相奪之義說。此相對之兩邊之相奪，乃一邊之充極其量，以奪盡另一邊，而另一邊則更無所有，而此另一邊，亦復奪盡此一邊，亦使之更無所有而說。[65]

> 二、法藏之言之特色，乃在依空與有之相對而相奪，以互相蕩盡，以歸於全體交澈，亦全體蕩盡。一切法無不可相對而觀其互為自他。於此中自中觀

[63] 實際上，唐先生寫他晚年的鉅著《生命存在與心靈境界》（臺北：臺灣學生書局，1977），以三進九重的方式來寫，平章世界諸大哲學與宗教，其方法論便是辯證性格的。這需要一種能綜觀全局的廣泛的視野，也需要一種洞悉諸種思想間的內部（intra-）關聯的慧識，才能竟其功。

[64] 《中國哲學原論原道篇三》，頁 1283。

[65] 同前，頁 1289-1290。

> 他，則自有他無，於他中觀自，則他有自無，遂互為空有。一切抽象之思想範疇，如因與緣、始與本（末），以及全體與部分、同與異、一與多，其相對者各自有義，而無其相對之他義，即互為空有。[66]

以上二段引文，都在說凡一切相對的東西，都可相互奪蕩對方：奪對方的存在性，使之蕩然無存。因此，在這種情況中，事物的是空是有，都不能作定說：事物奪蕩相對的一方，則前者是有，後者是空；相對的一方奪蕩此方事物，則彼方是有，此方是空。是空是有，皆可依序換位。就某一事物的存在的態勢言，它可以是有，也可以是空：以自觀他，而奪蕩他，則自為有，他是空；以他觀自，而奪蕩自，則自為空，他是有。故一事物的存在態勢，可以與任何他者的存在態勢，相互奪蕩；任何一種事物都從容地為有，亦可從容地為空，這便成就了空有不二的真實性（reality）。

至於唐先生以歷程特別是辯證的歷程來說五教與十宗的升進，對研究華嚴宗的辯證智慧來說，也是一種有意義的說明。在這裏，我試引述唐先生在解讀十宗的分判而展示辯證性格的文字：

> 此十宗之排列，即表示一次第縮減一般所謂實有之範圍，而趣向於空；更由空而趣向於真德之不空，而有之一辯證的思想歷程者也。於此中之大乘始教，若於般若宗之說空外，再加法相唯識宗，為始教之重說有者，而以終教之《大乘起信論》及《楞伽》之言如來藏者，為真實空亦真實不空之一綜合之教；則可說此大乘教中，有一正反合之辯證歷程。然此皆屬有言教之漸教，而後之頓教，則以絕言教為教，又與其前之以言教為漸教者相對反。而最後之圓教，則又當為緣此對反再升進所成之合。[67]

以上的引文，展示出唐先生強調法藏的判教法含有濃厚的辯證思想在裏頭，另外也

---

[66] 同前，頁 1292-1293。

[67] 同前，頁 1252。

涉及他對頓教的解讀，認為頓教在五教與十宗中的位置並沒有問題，它並未以一種從教法的形式或實踐的方法來看頓教，因而不認為法藏判教中所提到的頓教（禪宗與《維摩經》）是涉形式或方法，與其他涉內容的教說放在一起有任何不協調甚或矛盾之處。

對於唐先生的這種看法，我有很大的保留。我認為一般學者對法藏判教法的批評，特別是把頓教也放在其他教說中並列並不恰當這種共識，還是站得住腳。法藏的判教法在處理頓教這一點上的確有缺失，即使他的判教法表現出深遠的洞見，也是如此。以下我以兩點來回應唐先生的說法。首先，唐先生提出分別說的事物的相對兩邊，如事與理、有與空的相互奪蕩結果是寂然無所有，由此引人入於一不可思議之境，這便是以禪和《維摩經》所代表的勝境。這是頓教的勝境。這樣說，只能給人一個印象，即是頓教是依何種方式——不管是思維或實踐——而被安立起來的。它未有告訴我們除此之外有關頓教的其他情況，特別是頓教所宗的是哪種形態或內容的真理。它是空呢，中道呢，佛性呢，如來藏自性清淨心呢，抑是其他呢？都不清楚。在五教的判教法中，除頓教之外的其他四教的內容特別是所宗的真理形態都很清楚。小乘所宗的真理是空，是無自性的空的真理，但小乘有它的限制，它只證得人空，未能證得法空。大乘始教包括空宗與有宗，或中觀學（Mādhyamika）與唯識學（Vijñāna-vāda），所宗的真理是空，但與小乘不同，它所證得的是人空與法空。雖然空宗與有宗有不同旨趣，前者喜歡說法性（dharmatā, dharmatva），後者喜歡說法相（dharma-lakṣaṇa），但這是支問題，不影響雙方所宗的真理的內容。至於大乘終教，則所宗的真理的旗幟非常清楚，這便是佛性或如來藏，那是《大乘起信論》的核心觀念，討論這方面的問題的經論多得很。這佛性或如來藏是一種主體義的體性，是覺悟、得解脫的根基，一切宗教的智慧（觀空的智慧、般若智 prajñā）都由它發出來。它一方面是主體義的真心，同時也是客體義的真理。到了這個階段，主體與客體已渾然為一了。故《大乘起信論》有「心真如」或「真如心」的複合觀念。心是主體，真如是客體。至於圓教，特別是法藏自己所標榜的別教一乘圓教，則仍是佛性、如來藏的體系，但與諸法有更圓融的關係，在它的作用下，一切法和它都保持融洽、互不相礙的關係，而法與法之間，也由於同源於這佛性、如來藏的關係，也由於同是空的性格，因而也處於融洽、互不相礙的關係。諸法所成的世界，是現象學義的（phänomenologisch）法界（dharmadhātu）。至於五教中的頓教，其本質仍是佛性、如來藏，只是透過事物或概念的相互奪蕩而展現出來的寂然無對的境界。它與大乘終教、別教一乘圓教的不同，不在於主客的體性方面，而在於顯現的方式方面。它的凸顯，是方法論義的。因此，在義理上，它不能獨立於大乘終教與別教一乘圓教而另外成一教法。

十宗的情況與五教的情況相似，只是所立教派多了，複雜一點。基本上，前六宗（我法俱有宗、法有我無宗、法無去來宗、現通假實宗、俗妄真實宗和諸法但名宗）相當於五教中的小教或小乘。一切皆空宗相當於大乘始教中的般若學、中觀學，但不包含唯識學。真德不空宗則相當於大乘終教。相想俱絕宗則相當於頓教，那是絕離對象、絕離概念思想的境界，其真理內涵與真德不空宗相同。最後的圓明具德宗則相當於五教中的別教一乘圓教。❻❽

明乎此，我對把頓教列入五教中或十宗中的回應是，一切事物（例如理與事、有與空）由於在態勢上有相互奪蕩的互動影響，結果相互奪蕩的兩邊都變成寂然，亦不能以言說來展示，它們是不可思議。這是遠離一切語言文字、對象相、概念思維而展現主體性、實相。頓教只能在實踐或體證的方法上說，不涉主體性、實相的內容。❻❾至於由頓教到圓教，如唐先生所指出，這是由事物的恆相奪蕩而另一面變為相互融攝，以成一相入相即的關係，而入於別教一乘圓教，我想以空與有的相互奪蕩以至於雙方相互奪蕩淨盡來說。在這種奪蕩的活動中，奪蕩的一方是有，被奪蕩的一方是無，是空。由於奪蕩活動是雙向的，奪蕩的一方可以變成被奪蕩的一方，而被奪蕩的一方也可變成奪蕩的一方，因而任何事物的態勢，可有可空，這樣，有空的分別便可被超越。被超越即無有空可言，這最後又歸於寂然。因此，頓教變成

---

❻❽ 在這裏，我們可以看到，十宗雖較五教有更多的名目，但概括性卻不及後者：它對唯識學與天台學（華嚴所謂的同教一乘圓教）都沒有交代。關於後一點（對天台學無交代），我會在後面評論之。

❻❾ 在主體性、實相上來說明內容，最明顯不過的是天台智顗所提出的中道佛性。它是主體性、心能，也是客體性、真理，在它的內裏，並無所謂主客的分別。至於它的內容，則有三面：常住性、功用性、具足諸法。關於這個展示主客實相的複合概念、觀念，我會在下面探討天台宗的判教法中有周詳的交代。

我們的精神境界不斷層層升進，最後臻於圓教境界的一種歷程、過程。就這歷程而言，頓教仍是以方法說：以進入圓教的真理的方法說，這樣，頓教仍是一個方法論的觀念，而不是一真理特別是涉及真理的內容的觀念。故頓教畢竟不能說教，與其他四教並列。

第二，有關辯證的智慧或辯證的歷程方面，唐先生認為法藏在五教與十宗的說法方面，都展示一種以實有的強調為開始，中間經歷空，然後再轉出真德不空，這即是如來藏的實德。再由真德不空上提而為相想俱絕的頓教，最後達致圓明具德的別教一乘圓教。他並強調由實有以轉入於空，再轉入於不空，有辯證的意味。即是，實有是正，空是反，而再轉出真德不空，這便是合。於是完成了整個辯證的歷程。但這種由實有經空而轉出真德不空的辯證歷程，仍是一漸進的歷程。經過這漸進的歷程的教法，需經一頓然的階段，以達於絕言慮的教法。其中，頓教即相應於十宗的相想俱絕宗，而所達致的絕言慮的教法，則是圓明具德的圓教。倘若是這樣，則頓教便成了一種中介，把由實有經空而至真德不空的整個以漸教為基調的歷程，提升到絕言絕教的圓教，而這種提升，由於是以頓教作中介，因此自然是頓然的提升。這樣，頓教仍只能被視為一種讓人精神超升的方法，是方法論概念，不能是一種教法。因此，五教中的強調方法義的頓教固然不能與其餘四教並列而為一獨立的教法，而十宗中的相想俱絕宗也不能作為頓教或頓宗而與其他九宗並列為同格（性格、性質）的獨立的一宗，即是說，作為頓宗的相想俱絕宗並不與其他九宗同為對等的一宗。[70]

---

[70] 對於把作為實踐、體證終極真理的方法的頓教放到以教法的內容為主脈的判教法之中所引起的問題，唐先生自己也意識及。他也坦白指出把頓教放在終教之後，初看似有把智顗的化儀教放進化法教之中，前者以修證、說法的方式為主脈，後者則就教法的內容立說。這樣便混亂了化儀與化法的分別，亦即混淆了教法的解說方式與教法的內容。他又提到法藏的弟子慧苑亦曾對這種做法提出質疑，以為五教中不應把頓教列入其中。但唐先生仍然以為法藏說一切相對的兩邊的義涵是不二的（筆者按：這「不二」應是就相互奪蕩的效應而言）。法藏是要在這兩邊之間，除了可以見到可依據中道來進行相統、相即、相順、相與之外，更可展示一種「絕對相反、相矛盾、相違以至於相奪」的義涵，這便要依賴頓教所展示的那種絕言慮的境界了。（唐君毅著《中國哲學原論原道篇三》，頁 1290。）不過，我認為，不管你怎樣說，頓教始終不能脫離那種覺悟、得解脫的方式、方法，不管要覺悟的對象是超越的空理，抑是自家的真心真性，或者是中道，或者是佛

十一、日本學者論頓教

在這裏，我要把探討的焦點轉移一下，轉移到日本學者的研究方面去。日本一直都是國際佛學研究界的最大的研究中心，這不單是在印度佛教、西藏佛教方面為然，在中國佛教、日本佛教甚至絲綢之路佛教（按即西域佛教）方面，也是如此。日本學者在華嚴佛學（《華嚴經》與華嚴宗）的研究，一直相當興旺，而且成為一個研究的傳統。我在這裏只挑幾個較近期而又具有一定分量的學者和他們的著作來看看。他們是坂本幸男、鎌田茂雄、木村清孝、吉津宜英和玉城康四郎。[71]

首先看判教一般的問題。木村清孝明確點出，中國佛教是一種「判教的佛教」（教判の佛教），強調判教或教相判釋是中國佛教特有的。[72]這可能是有點誇張的說法，印度佛教也盛行判教之說，例如《解深密經》和後期的中觀學學者寂護（Śāntarakṣita, Śāntirakṣita）都有判教的說法。不過，說中國佛教非常重視判教問題，倒是對的。特別是華嚴宗。法藏在他的《華嚴五教章》卷 1 與《探玄記》卷 1 都歷述種種教法。吉津宜英在他的著書中以一音出六種教法（一音教、二種教、三種教、四種教、五種教、六種教），列出在中國進行的佛門的多種判教法。[73]

性，或者如智顗所提的中道佛性。只要頓是相對於漸，而表現為頓然覺悟，它的方法義、化「儀」義總不能免。因此智顗在以化法四教來指涉四種內容（真理內容）不同的教法外，另立以修證、說法方式為主脈的化儀四教，並把頓教與漸教同時放於其中。這樣才能保持義理上的一致性。

[71] 坂本幸男著《華嚴教學の研究》（京都：平樂寺書店，1956 年發行，1976 年第 4 刷）；《大乘佛教の研究》（坂本幸男論文集第二）（東京：大東出版社，1980）；鎌田茂雄及上山春平著《佛教の思想 6：無限の世界觀～華嚴》（東京：角川書店，1969 年初版發行，1974 年 6 版發行）（主要留意部分是鎌田茂雄著〈華嚴思想の本質〉，頁 11-167）；鎌田茂雄著《中國華嚴思想史の研究》（東京：東京大學出版會，1965 年初版，1970 年第 2 刷）；〈華嚴哲學の根本的立場：法藏における實踐の解明〉，載於川田熊太郎監修、中村元編集《華嚴思想》（京都：法藏館，1975 年 4 刷發行，頁 417-449）；鎌田茂雄註譯《華嚴五教章》，佛典講座 28（東京：大藏出版社，1979）；木村清孝著《中國華嚴思想史》（京都：平樂寺書店，1992）；吉津宜英著《華嚴禪の思想史的研究》（東京：大東出版社，1985）；玉城康四郎著〈唯心の追究：思想と體驗との交涉〉，《華嚴思想》，頁 333-416。

[72] 《中國華嚴思想史》，頁 55。

[73] 《華嚴禪の思想史的研究》，頁 172。

在關聯到華嚴宗的判教方面，特別是它所判釋的頓教方面，日本學者做的研究很少，在上面列出的諸種著書中，只有坂本幸男在他的《大乘佛教の研究》中有一章是專門論及華嚴宗的判教中的頓教問題的：〈華嚴教判における頓教論攷〉。[74]但所論非常簡要。至於有關事物或概念之間的相互奪蕩，到最後雙方都奪蕩淨盡而導致一寂然無相的境界，如唐君毅所長於論述的，日本學者也鮮有提及。此中只有鎌田茂雄在他的〈華嚴哲學の根本立場：法藏における實踐〉一文中解釋《五教止觀》中與頓教相應的語觀雙絕門時，用過「圓融相奪」因而能遠離諸相、沒有能所的世界的字眼。他總括謂這語觀雙絕門所反映的是一種宗教直觀的世界。[75]至於唐先生所洞見到的五教或十宗所展示出的辯證性格的思維，日本學者在這方面完全沒有留意及。

在這一節，我們本來是要看日本學者如何理解法藏的頓教義的。這基本上是順著他的五教的判教法而來的探討。不過，法藏在確立了這五教的判教法後，有時也沿用自己另外提出沒有頓教在內的四宗的判教法，而且越到後期，越多引用這四宗的判教法。我在這裏試從另一個角度來看他的頓教義，和日本學者對這頓教義的理解。我要做的，是由法藏的五教說轉到四宗說，看看五教法中沒有了頓教而變成四宗，會成為一種甚麼樣的判教法。

按五教是在《華嚴五教章》中提出的，至於四宗，則最初是在法藏的《起信論義記》中提出的，而這一作品較諸他的其他著作，更多地提及四宗的問題。[76]法藏自己顯然認為，佛教中的種種義理，不管是小乘抑是大乘，都可概括在這四宗之

---

[74] 《大乘佛教の研究》，頁 139-151。

[75] 《五教止觀》，《大正藏》45·512 上；《華嚴思想》，頁 426。按《五教止觀》傳統作杜順的著書，但鎌田提到這本書，卻以作者為法藏，並著讀者參看結城令聞的〈五教止觀撰述者論考〉，《宗教研究新第七卷》。《華嚴思想》，頁 433。

[76] 這部《起信論義記》的全名當然是《大乘起信論義記》，載於《大正藏》44·240 下-287 中。這是對於《大乘起信論》挺有名的疏解文獻。它是要在唯識學這一基盤上建立性相融合的關係的著作。同時，法藏也要借助這部作品作為橋樑，由唯識學過渡到他的華嚴宗的法界緣起的旨趣方面去。從緣起的義理來說，法界緣起自然是較五教中的大乘終教的如來藏緣起更成熟的說法。與其說它是解讀特別是客觀地解《大乘起信論》的著作，不若說它是法藏借題發揮自家的思想特別是法界緣起說的著作。

下。第一宗是隨相法執宗，指小乘而言；它是跟隨著現象的流向的，現象流向到哪裏，這宗便執取到那裏，執取現象的自性也。第二宗是真空無相宗，指空宗如般若思想與中觀學（Mādhyamika）；它強調現象的本性是空，無自性（svabhāva）可言。第三宗是唯識法相宗，指法相宗或唯識學（Vijñāna-vāda），特別是《解深密經》、《瑜伽師地論》的所述。這一宗強調我們的心識的實有性，在存有論來說，識或心識較諸外境具有先在性（priority）、優越性（superiority）。第四宗是如來藏緣起宗，指發揚如來藏或佛性的思想，主要文獻有《楞伽經》、《密嚴經》、《寶性論》和《起信論》。[77]

上面說，法藏最初在《起信論義記》提出四宗說。其後他在《大乘法界無差別論疏》中，提出同樣的說法。六十歲以後寫《入楞伽心玄義》，把四教的名字略作修改為有相宗、無相宗、法相宗、實相宗。四宗的內容基本上沒有改變。[78]

關於法藏的四宗說，木村清孝表示，法藏的這種判教法，並不是一概括佛教全體的一個完備的體系。不過，他提出四宗說有如下特點。第一，法藏的十宗與四宗比較起來，前者所述的法相宗系的唯識思想有點曖昧，後者則以第三宗說到，並給予明確的位置。在這一點上，木村認為四宗可補五教、十宗的缺失。第二，《入楞伽心玄義》對四宗的稱法為有相宗、無相宗、法相宗、實相宗，這種判法，簡略化地把義理的焦點集中在「相」方面。木村強調，當我們想到法藏在晚年更關心作為相或現象而顯現的存在的姿形，這種判法有助於我們對佛教全體作統合性的整理。特別是在以實相宗來說第四宗方面，讓我們更徹底地探測到究極的緣起真理，所謂「性相交徹」、「理事俱融」。[79]按木村的說法有點道理。在十宗之中，由第一宗法我俱有宗到第六宗都不離小乘的範圍；第七宗一切皆空宗很明顯是指涉五教中的大乘始教中的般若思想與中觀學，但不包括唯識學在內。第八宗真德不空宗指涉發揮如來藏、佛性觀念的義理，相當於五教中的大乘終教。至於第九宗相想俱絕宗與第十宗圓明具德宗則分別指向頓教與圓教，特別是五教中的別教一乘圓教。在這十

---

[77] 這是我對四宗的理解。類似的說法，見於木村清孝的《中國華嚴思想史》，頁 129-130。

[78] 關於法藏的四宗的判教法，參看吉津宜英著〈法藏の四宗判の形成と展開〉，《宗教研究》，240，1979。

[79] 《中國華嚴思想史》，頁 131-132。

宗之中，我們的確找不到妥當地與唯識學相應的宗。同時，對五教中的頓教與同教一乘圓教也未有交代。法藏實在花了太多篇幅去講小乘教法，因而他的十宗判教法便變得不夠周延，忽略了大乘佛教中的一些重要部分。特別是，當我們考量五教的判教法，注意到第四教的頓教與第五教的圓教時，在法藏的四宗說中，都找不到與這兩教相應的宗；頓教沒有，圓教也沒有，這可以說是四宗說的大漏洞。不立頓教，可以沿襲古來的說法，以之為只涉形式、方法，不涉內容。但不立圓教，則不但漏掉天台宗的弔詭的圓義，連自家的別教一乘的教法也置在一邊不顧了。木村所說的第四宗實相宗的「性相交徹」、「理事俱融」的義理，是別教一乘的存有論的旨趣，《寶性論》、《大乘起信論》的所述，是如來藏緣起或真如緣起的宗旨，與別教一乘的法界緣起尚有一段距離。

不過，法藏在暮年寫的《入楞伽心玄義》以有相宗、無相宗、法相宗、實相宗這種字眼來說四宗，以「相」這一概念一氣貫下，的確讓人感受到一種一致性、規律性，也展示法藏對緣起的現象世界或相的世界的重視。倘若我們把這四宗的字眼與上面探究過的太虛的三系：法性空慧、法相唯識、法界圓覺強調「法」一概念比較，雙方對於世間法、世間現象的重視，便很明顯了。

在這裏，我要強調一點，五教的判教法成立在先，四宗的判教法成立在後。前者包含頓教，後者則未有提及頓教。這便給我們一個訊息：判教法中可以不包含頓教，這是法藏晚期的看法。其中理據，是否在於頓教只涉及覺悟的形式，不涉及教法的內容，因此四宗之中沒有頓教這一宗呢，法藏後來是不是這樣想呢？對於這個問題，我想不能倉卒下定論，容以後有機會時再作全面的探究。

現在我們把焦點移轉到法藏的弟子特別是慧苑對頓教的質疑甚至批判方面來。按法藏門人眾多，其中最傑出者有釋宏觀、釋文超、東都華嚴寺智光、荷恩寺宗一、靜法寺慧苑、經行寺慧英。其中慧苑對五教中立頓教批評最烈，因此我們鎖定他來探究。按慧苑在當時被視為法藏的上首門人，自幼閱讀《華嚴經》，追隨法藏有十九年之久，最後終能通達《華嚴經》的深遠旨趣。但他因嚴刻地批評頓教而被法藏的繼承者澄觀所強烈質疑，被視為異端分子。

慧苑的著作不少，但現存的只有《音義》2 卷與略稱為《刊定記》的《續華嚴略疏刊定記》15 卷。後者是接續法藏的《新華嚴經略疏》而作成的，被視為可以展示慧苑思想的重要文獻。

慧苑在《刊定記》中對五教中的頓教嚴加批判，也批判其他有關判教的說法。[80]他根據《寶性論》的說法，[81]提出自己的四教的判教法：一是迷真異執教，相應於凡夫。二是真一分半教，指二乘或小乘。三是真一分滿教，指大乘始教，包括真空無相的般若思想、中觀學、唯識學。四是真具分滿教，這又分兩門：理事無礙門和事事無礙門。前者指大乘終教，強調如來藏緣起的教法；後者則指圓教。[82]注意在這四教中，並沒有頓教。理由很簡單：頓教不涉及教法的內容，只涉及體會、體證教法的方法。

慧苑判四教，而排拒頓教，吉津宜英認為，慧苑是以為法藏五教中的頓教不是能詮之教，而是所詮的法性之理。他這樣看，正是以法藏所導入的法性融通的立場作為基準而予以較高的重視。另外，說慧苑視頓教為法性之理，毋寧應說它是判定諸教的基準。[83]吉津的這種理解，把頓教的定位顛倒過來，不視之為能詮，而視之為所詮。能詮表示方法，不管以甚麼形式出之。不過，通常是以言說來進行。我們可以說，能詮是言說。吉津的意思是，慧苑視頓教不是言說，而是言說所要表述的東西，他用「法性之理」來說，這其實是真理，像他所提的「法性融通」的基準。這樣解讀，倒有點道理。頓教正是不要透過漸進式的言說上的解釋來展示真理，卻是要在言說之外，採取一種單純的、直覺式的頓然的方式，讓聽者得到開示，得到覺悟。

吉津氏又認為，在慧苑的判教法中，頓教被配到作為判分各教的根據的所詮的法性方面去，因此沒有對配項目。[84]即是說，我們不能把頓教配對到其他教法方面去。這種說法有點屈曲。我想毋寧可以這樣說，頓教不是一種教法，或義理，而是

---

[80] 《續華嚴略疏刊定記》1，《續藏》1-5-1，12 右上。

[81] 《究竟一乘寶性論》卷 4：「一切眾生界中有四種眾生，不識如來藏，如生盲人。何等為四？一者凡夫，二者聲聞，三者辟支佛，四者初發菩提心菩薩」。（《大正藏》31・839 中。）

[82] 《續華嚴略疏刊定記》1，《續藏》1-5-1，12 右上。關於慧苑的四教的判教法的詳情，這裏不能交代。有興趣的讀者可參考坂本幸男的《華嚴教學の研究》，頁 266-297；木村清孝的《中國華嚴思想史》，頁 209-212。在坂本的書中也提及和討論澄觀對慧苑的這種判教法的批判。

[83] 《華嚴禪の思想史的研究》，頁 150。

[84] 同前，頁 156。

讓人直截了當地、頓然地理解法性或真理的途徑。這樣說，頓教便成了方法的性格，使人頓然地體證真理的方法。

十二、頓教作為實踐方法看

頓教作為一種實踐方法，其實很有文獻學的理據，這便是作為一種「門」或「法門」而被提舉出來。法藏的先輩智儼便這樣說過：

> 三乘真如復有二門。一頓教門，二漸教門。頓教門者，如《維摩經》不二法門品。維摩直默以顯玄意者是。此如絕於教義，相想不及。[85]

這是說，在三乘（tri-yāna）之中，亦即是聲聞乘（śrāvaka-yāna）、緣覺乘（pratyeka-yāna）與菩薩乘（bodhisattva-yāna）這種三階段的實踐中，有頓教三乘與漸教三乘的分別。頓教三乘指由聲聞乘逕自上升到菩薩乘，由菩薩乘頓然而成佛，而達於佛乘（buddha-yāna），中間不必經由階段而入覺悟之門。漸教三乘則指修行人需逐階段而上，最後達佛乘而成佛。智儼又說：

> 上之十玄門，並皆別異，若教義分齊與此相應者，即是一乘圓教及頓教法門。若諸教義分與此相應而不具足者，即是三乘漸教所攝。[86]

上段引文以「門」來說頓教，這段引文則以「法門」來說，門或法門都是方法論的字眼，頓教門也好，頓教法門也好，都是指頓教的頓然的方法。吉津宜英認為，頓教三乘對應於《華嚴經》；他又表示頓教有在判教上稀薄的意味，這是迄智儼教法為止的認識。這影響及法藏的判教中對頓教的印象。[87]按這裏所謂在判教上稀薄，

---

[85] 智儼《孔目章》卷2，《大正藏》45·558下。

[86] 智儼《大方廣佛華嚴經搜玄分齊通智方軌》卷1，《大正藏》35·15中。

[87] 吉津宜英著《華嚴禪の思想史的研究》，頁22。

表示頓教在判教法中作為一種教法看，它的意味比較稀薄。但即使是稀薄，法藏仍以教法視之，與其他教法對揚。

吸收了智儼的觀點，法藏乃有在他的《探玄記》中的一段話：

> 頓教者，但一念不生，即名為佛。不依位地漸次而說，故立為頓。[88]

依位依地（階段）漸次地進行，是漸教。不這樣，只一念不起，便頓然見佛、成佛、得覺悟，這便是頓教。這段話與吉津宜英所引述的法藏《華嚴五教章》中的說法非常相應：

> 若依頓教，一切行位皆不可說，以離相故。一念不生，即是佛故。若見行位差別等相，即是顛倒故。[89]

以「離相」來說「一念不生」，或以「一念不生」來說「離相」，都是可以的。離相便能一念不生，或一念不生便能離相，都是分析命題（analytic proposition）。所謂見到行位差別一類相狀，便成顛倒，這是站在頓然覺悟的立場說的，但說得太死煞。修行人在初始階段有行位差別的意識，然後慢慢地、漸進地遠離這行位差別，有何不可？但這已落於漸法，不是頓法了。吉津宜英認為，法藏《五教章》的這種說法，是繼承《探玄記》所展示的五種教法的判教說而來的，這也是對頓教的定位的說法。[90]

說起頓教，我們不能不想及禪宗。說起禪宗，我們也不能不提頓教。到底雙方的關係是怎樣呢？在甚麼情況下這兩者被安放在一起呢？我們先看法藏的繼承者澄觀所說的一段話：

---

[88] 《大正藏》35·115下。

[89] 法藏《華嚴五教章》卷2，《大正藏》45·486中。

[90] 《華嚴禪の思想史的研究》，頁94。

> 不同前漸次位修行，不同於後圓融具德，故立名頓。頓詮此理，故名頓教。……頓顯絕言，別為一類離念機故，即順禪宗。[91]

按這段文字本來是澄觀反駁慧苑對法藏在五教中立頓教的批判的。澄觀所提的論據是頓教既不同於五教中前面三教：小乘教、大乘始教、大乘終教，也不同於在它之後的圓教，因此用「頓」的字眼，表示有一種教法是「頓詮此理」的，它便是頓教。但問題是這教法所頓詮的理，到底是甚麼東西呢？這是決定頓教能否成為與其他教法並列的教法的關要之點。理是真理，或終極真理，這沒有問題。但在當時的佛教的發展的情況來說，理或真理不外是空（śūnyatā），或非有非無的中道（madhyamā pratipad），或涅槃（nirvāṇa），或如來藏心（tathāgatagarbha-citta），或佛性（buddhatā），或智顗所提的中道佛性。後三者是預認心即理的思維模式的。就法藏的五教來說，小乘教的理是空，是我空法不空的空；大乘始教的理則是我與法俱空的空；大乘終極的理轉到心或主體方面來，指如來藏心或佛性；至於圓教，同教一乘的理是中道佛性，[92]別教一乘的理則是具有隨緣與不變兩義的華嚴宗的真心，這其實是如來藏心。頓教所要頓詮的理，未有超出這幾個觀念的範圍。這幾個觀念，分解地說，不外是超越的客體性（transzendentale Objektivität，如空、中道、涅槃）、超越的主體性（transzendentale Subjektivität，如如來藏心、佛性），或雙方的綜合（Synthese，如中道佛性）。頓教未有提出新的、在本質上不同於上述的諸觀念的終極主體或終極原理，則很難被視為一種有別於法藏所提的小、始、終、圓四種教法的「頓教」。它有別於這四教，不是在確認甚麼是作為終極真理、終極真實（ultimate reality）方面，而是在實踐、體證這終極真理、終極真實上。這實踐、體證不是漸次的、一步一步的活動，而是一種頓然的、一下子成就的活動。頓教只能在這種脈絡之中說，這便是「頓詮此理」。就此點言，頓教的「頓」的作為方法論意義的實踐、體證的方法、方式、形態的意味，實在非常明顯。而頓教的與禪宗的連繫，並不在於雙方所

---

[91] 澄觀撰《大方廣佛華嚴經疏》卷 2，《大正藏》35·512 下。

[92] 中道佛性是我自己用來說天台宗（同教一乘）的真理觀的。我在自己很多著作中都說及這個複合觀念。

宗的真理、真實是相同的，而是在於「絕言」，如上面所引澄觀的說法。這絕言即是超越一切言說文字的意思。禪宗對所宗的真理、真實的表述，是「不立文字」的，是「直指本心」的，頓教也是一樣，因此澄觀說頓教「順禪宗」。吉津宜英也認為，這正成了五教中頓教與禪宗的配對、並排在一起。[93]

以上的所述，其背面隱藏著一個意思：能詮的教法與所詮的理或真理，是息息相關的。或者可以進一步說，能詮的教法之成為甚麼教法，是要看它詮的真理是甚麼樣的真理，或是哪一層次的真理而定的。關於這點，澄觀在他的《大方廣佛華嚴經隨疏演義鈔》卷 9 說：

> 所詮是理，今頓說理，豈非能詮？夫能詮教皆從所詮以立。若詮三乘，即是漸教。若詮事事無礙，即是圓教。豈以所詮是理，不許能詮為教耶？[94]

這段文字本來是澄觀提出來駁慧苑批評法藏在五教的判教法中判頓教，並把它放在小、始、終教與圓教之間的。關於這點，我們這裏暫不管它。我們要留意的是，從較寬鬆的角度看，能詮的教與所詮的理是相對地說的。沒有了任何一方，另一方便不能成立。在法藏的五教中，小、始二教作為能詮，所詮的是空理。終教作為能詮，所詮的是如來藏心、佛性，由於在這個層次，或如來藏心、佛性作為終極的主體性，它與客體性的空理正處於等同的關係，故終教所詮的，既是如來藏心、佛性，也可是空理（空中也有不空的意味在裏頭）。而圓教所詮的，則是事事無礙之理，這是佛所證得的現象相互之間的無對礙的關係、境界。這都沒有問題。但頓教作為能詮，所詮的是甚麼理或真理呢？它所詮表的（詮表取鬆動義），不外也是空（不空）、如來藏心、佛性。它的所詮，與小、始、終三教的所詮，並無本質上的不同，只是詮表的方式不同而已：小、始、終三教是以漸進的方式來詮表，而聽者也以漸進的方式來理解、體證，理解、體證真理也。圓教（別教一乘圓教）所詮的，則是事事無礙的真理，這也離不開空理。倘若事事不是空無自性的話，它們便不可能

[93] 《華嚴禪の思想史的研究》，頁 94。

[94] 《大正藏》36・62 上。

有無礙的關係。現在我們要問：頓教（倘若在五教中可以成立的話）所詮的，是甚麼樣的真理呢？照我看，它所詮的，基本上與四教所詮的並無本質上的不同，只是它所詮的真理較為曖昧，不清晰，真理觀念的界線難以劃定而已，但總不出空、中道、如來藏心、佛性的範圍。倘若是這樣，我們便可引用澄觀的話，提出如下的問題：「夫能詮教，皆從所詮以立」，則頓教以詮解、詮表甚麼樣的真理以立（成立）呢？我想澄觀自己也說不出來，只能以上面的話語來回應：「若詮三乘，即是漸教；若詮事事無礙，即是圓教」。但這並未有回應我們的問題。倘若把它與三乘的漸教相比較，則它便是圓教。但小、始、終教的三乘都各有其清晰的、層次分明的真理作為它們各自詮表的真理；對比之下，頓教並無清晰的、層次分明的真理作為它要詮表的真理。它只是在詮表的方式上明顯地與小、始、終三教不同而已。三教的詮表方式是漸，頓教的詮表方式則是頓。而這頓，正是一個方法論的觀念。因此，頓教中的「頓」，與其作為一種教法、教義，不若視為是一種實踐、體證真理的方法，來得恰當。

相應於頓教的這種性格、作用，坂本幸男提出「遮詮」字眼，以助對頓教的解讀。他表示，就法藏來說，像維摩詰（Vimalakīrti）的默然那樣，訶教勸離，毀相泯心，所謂遮詮的表現，正是頓教。慧苑則以頓是說法的儀式，即化儀，不關說法的內容，所謂化法，來反駁。法藏則認為所謂頓教，是依據對於能詮之教的遮詮，而自然地展示所詮之理。⑮按這裏所謂遮詮，是要透過否定的方式，特別是否定言說，以展示真理。這讓人想到大乘佛教中期的陳那（Dignāga）的「觀離」（apoha）說法，即是，以否定、離棄的負面方式來展現真理。所謂「毀相泯心」、「訶教勸離」，都是遮詮的做法。⑯這遮詮是與表詮對說的，一是否定意，一是肯定意，都是就表達真理的方式言，它們的方法論意義，非常明顯。

在這一節裏，我一直強調，五教中的小、始、終、圓教所要體證的真理，都有確定的內容；但頓教所關涉的真理，則是不確定的，它可以是空、中道、如來藏心、佛性、涅槃，以至中道佛性。在這一點上，法藏自己也說不清楚，只具體地提

---

⑮　《大乘佛教の研究》，頁 141。

⑯　坂本幸男提出的這種表述方式，其實是法藏所用的字眼。參看下文。

出「真性」。他說：

> 頓教中，總不說法相，唯辯真性。亦無八識差別之相。一切所有，唯是妄想。一切法實，唯是絕言。訶教勸離，毀相泯心。生心即妄，不生即佛。亦無佛不佛，無生無不生。如淨名默住，顯不二等，是其意也。[97]

法藏說頓教並不關心法相亦即是現象方面的問題，卻是要簡別（辯）真性。但真性是甚麼呢？不清楚。我們只能說真性是超越的本性、本質（transzendentales Wesen），如菩提達摩（Bodhidharma）在他的《二入四行》中所強調的真性，那是一切眾生，不論是凡夫，抑是聖者，所共同稟有的。不過，依達摩，這真性是需「藉教」才能領會到的，這「教」即是經教，亦即是載在經論中的言說文字。這種方式，自然不是頓教的方式。這便與法藏提出以頓教來簡別、體認真性的旨趣不同。[98]可以肯定地說的是，作為被體證的真性的內容不能弄清楚，頓教作為能體證的能力便難以說教，只能被視為方法義的力量。法藏在這裏，明顯地透露出兩層的對象：法相、八識差別之相、一切所有，是一層，那是可以透過言說來表顯的；真性與法實則是另一層，那是離言說的，是「絕言」的，只能依頓教而被體證。這樣，頓教便成了一種方法義的認識對象的能力。「訶教勸離，毀相泯心」便成了頓教認識對象的方式、形態，是負面義、否定義的方式、形態，「呵」、「離」、「毀」、「泯」，都是明顯的例子。這是一種先否定然後肯定、先死而後生的具有辯證義的歷程。但有不足之處，因而不是圓教的認識形態。「呵」、「離」、「毀」、「泯」都有破壞對象、析離對象的意味。在認識上要通過破壞、析離對象才能滲透到它們的本性、本質的方式，讓人聯想到天台宗智顗的判教法中所提及的藏教與通教在處理對象的不同方式。藏教是要先析離諸法，讓它們步步瓦解，到最後變成無有，才體會到它們的空性、無自性性（svabhāva-aśūnyatā）這樣的認知，認知諸法為空，稱為「析

---

[97] 法藏撰《探玄記》卷 1，《大正藏》35·116 上。

[98] 關於達摩所述有關真性的問題，參看拙文〈達摩及早期的禪法〉，拙著《游戲三昧：禪的實踐與終極關懷》，頁 4-6。

法空」。通教則不同，它不需析離、破壞諸法，卻能即就存在著的諸法而體會到它們的空的本性，這種認知方式稱為「體法空」。很明顯，法藏的頓教理解對象的方式接近析法空，他的圓教理解對象則接近體法空。而就法藏所言的頓教的性格與作用來說，亦不能免於偏頗。所謂「生心即妄，不生即佛」的做法，的確是片面的（one-sided），不是圓融的（perfect）。生心為甚麼一定會走向虛妄方面呢？為甚麼必須不生心才能成佛呢？生心而不執著於心，不為心所繫縛，行不行呢？心或心靈是一個活動的主體，它的有機的生命需要表現在這些活動之中，這即是心生。慧能在《六祖壇經》中便說：

> 於自念上常離諸境，不於境上生心。若只百物不思，念盡除卻，一念絕即死，別處受生，是為大錯。[99]

念即是心生。心靈是不斷在活動中，不斷地生起念頭。若心不生，不活動，人便死了。故必須心生。關鍵在於，心不斷在生，在活動，生起念頭，但人不必受限於這些念頭，不必為這些念頭所束縛，便行了。

最後，上面提到法藏五教中的頓教與禪宗的緊密關連。鎌田茂雄認為這種頓教的內容是頓悟成佛（筆者誌：這是就覺悟的方法說，不必扯到內容方面），是直接的、直覺的成佛，與漸悟相對說。在經典上則與《維摩經》的「不二法門」相應。其後華嚴宗把這頓教與禪宗配對，但初期不是這樣，不是與禪宗相配對的。在法藏的年代，禪宗以長安為中心，只有北宗禪在繁榮發展，並未把頓教比配到禪宗方面去。[100]按北宗禪在實踐上是講漸悟的，實在難以與華嚴宗的頓教長時期拉上密切的關係。倒是南宗禪憑其頓悟法門才易與華嚴宗的頓教掛鉤。由慧能座下的神會講頓悟開始，傳到宗密，南宗禪與華嚴頓教交結在一起，宗密成了南宗禪與華嚴頓教雙方的祖師。鎌田本人也強調頓教的心識說是「離言，絕慮，不可說」，與禪宗特別是慧能所開拓出來的南宗禪的「不立文字」的路數完全相同。

---

[99] 《大正藏》48・353 上。

[100] 鎌田茂雄著〈華嚴思想の本質〉，《佛教の思想 6：無限の世界觀～華嚴》，頁 98-99。

由上面所述，法藏五教中的頓教的方法論意義已非常明顯。與此相關的是境界的問題；即是，頓悟能給予修行人帶來甚麼樣的心靈境界呢？在上述的日本的諸學者中，木村清孝比較重視這個問題。他對五教中的頓教的解讀，是就「一念不生」的境位而如如見佛。他在說到十宗中的相想俱絕宗時，表示這是頓教的境界，是離言說的即此即展現真理的境界。[101]

十三、法藏的思路

以下我要關連著判教或教相判釋一點來綜合地看看法藏的思路，希望由此可以更密切地展示出他的判教理論的真面目。說到思路，自然要從著作說起。法藏的著作，就內容的性質言，可以分為三類：一、關於義理上的闡述，這自以《華嚴五教章》（《華嚴一乘教義分齊章》）和《探玄記》為主。二、關於實踐問題的討論。三、對於經論的疏釋。綜合地說，傳統以法藏的著作有三十部左右，但有些不純是他本人寫的，而是有其他人添加的在內。據木村清孝的意見，《華嚴旨歸》、《華嚴綱目》、《華嚴五教章》、《探玄記》、《起信論義記》、《十二門論疏》、《法界無差別論疏》、《般若心經略疏》、《入楞伽心玄義》、《密嚴經疏》、《梵網菩薩戒本疏》、《華嚴經傳記》等可視為法藏自己的親撰書。[102]至於撰著的時間，大部分已不可考，只知道《般若心經略疏》是在 702 年寫的，而《探玄記》則在他 45 到 50 歲期間寫的。[103]

我們還是環繞著判教的題材來說。法藏在這方面有三種提法：五教、十宗、四宗。這三種提法在上面都有涉及。最矚目的，自然是五教的說法，這種小、始、終、頓、圓教的定位之議，在法藏的上一輩亦即是華嚴宗第二祖智儼的《孔目章》中已出現了，法藏以他的前輩的說法為基礎，而加以拓展，完成確定的說法。

如所周知，華嚴宗是始源於《華嚴經》的。在法藏的五教的判釋中，這部作品

---

[101] 《中國華嚴思想史》，頁 128。

[102] 同前，頁 126。

[103] 此中詳情，亦可參考吉津宜英著〈法藏の著作の撰述年代について〉，《駒澤大學佛教學部論集》10，1979。

最受重視，被當作圓教文獻來看。不過，就歷史的角度看，這部文獻已在南北朝時被視為屬於頓教了。其後智儼把它共同地安放於圓教與頓教之中。到了法藏，才把《華嚴經》與頓教分開，視為圓教最重要的經典，而且把以這部經典為依據而開拓出來的圓教，標為「別教一乘」，與天台宗及其所依經典《法華經》的圓教思想對揚，後者被視為「同教一乘」。不過，法藏說到圓教，在別教一乘方面，意味明確，指《華嚴經》的教法與由它開拓的一切義理，這自然包括華嚴宗在內。但說到同教一乘，便有曖昧，意思不清。例如，《華嚴五教章》就法或內容方面來判分，則有五教，說到第五的圓教時，只點名「別教一乘」，未提「同教一乘」。就論終極之理方面，提出十宗，最後的圓明具德宗，也是只點名「別教一乘」，未提「同教一乘」。又，在說到佛陀依序說法方面，提出最先說的是稱法本教，其後說逐機末教。這稱法本教是就圓教而言，但法藏也只提「別教一乘」，未提「同教一乘」。[104]只有在論到以教攝乘或以義理、教法來概括諸種法門時，提及一乘，以此一乘涵攝別教一乘與同教一乘。[105]另外，法藏在《華嚴五教章》中提及教義分齊（平章、分判之意），強調在教相（亦即是教義，但有象徵作用在裏頭）方面，有三種：

> 一者如露地牛車，自有教義，謂十十無盡，主伴具足，如華嚴說。此當別教一乘。二者如臨門三車，自有教義，……當三乘教，如餘經及瑜伽等說。三者以臨門三車為開方便教，界外別授大白牛車，為示真實義。此當同教一乘，如《法華經》說。[106]

法藏表示，在教相或教義方面，有三乘與一乘的差別。在教相或教與義示相方面，可有別教、三乘、同教三種教義。別教（按即別教一乘圓教）以諸法具有重重無盡的關係為內容，這是《華嚴經》的旨趣。三乘教方面，在教上要人出離三界，在義方面強調出離三界的事實。這是《解深密經》與《瑜伽師地論》的所說。至於同教一

[104] 《大正藏》45・481 中-482 中。

[105] 同前，45・482 上。

[106] 同前，45・480 上。

乘，是在教上吸收三乘的方便意涵，在義方面則歸向同教一乘，這便是《法華經》的所說。按法藏的這種簡別三教，為三教定位，明顯地揚《華嚴經》的別教一乘，而抑《法華經》的同教一乘。在這種一揚一抑之中，法藏的這種做法，讓人感覺到他好像有刻意迴避《法華經》和天台宗的同教一乘圓教的傾向。難怪吉津宜英也說智儼的《孔目章》以法華的會三歸一說圓教，法藏的理解也相若，但智儼以同教一乘內在於圓教，法藏則把第五圓教只限於別教一乘，把同教一乘由第五圓教排除開來了，他認為這是法藏與智儼在處理圓教問題上非常不同之處。[107]

順著上面的評論說下來，吉津宜英認為，有關五教內容的規定，由第一的小乘教至第四的頓教，法藏與智儼並沒有不同。只是在一、《華嚴經》與五教的配對與二、對第五的圓教的規定這兩點上，法藏與智儼完全不同。即是，在第一點來說，智儼視《華嚴經》為一乘圓教與頓教，法藏則只把它配對到一乘圓教，把它從與頓教的關係切斷。在智儼，頓教是佛的說法方式，在漸、頓、圓三教中不但佔有重要的位置（筆者按：此中的意思應是，頓教作為佛的一種說法方式，對區別漸、頓、圓三教很重要），而且亦作為與《華嚴經》有關連的要素被處理。對於法藏來說，五教中的第四教概括了《大寶積經》（*Mahāratnakūṭa-sūtra, Dkon-brtsegs*）、《楞伽經》的頓然性、《維摩經》的默然和《大乘起信論》的真如，也被限定在這些東西方面，但與華嚴圓教無涉。智儼則很重視頓教與圓教的內部關連，法藏則從中予以切斷，視兩者為相互獨立的教法，而只把《華嚴經》歸於第五的圓教中。[108]吉津在這裏提出重要的一點：在智儼眼中，頓教是佛的說法方式，也可作為我們認識、體證佛的教法的途徑，在這一點上，他的看法與筆者相一致。

討論到這裏，法藏的思路，漸漸呈露出來。他對頓教的看法，始終存有曖昧之處。對圓教的看法，卻漸漸明朗起來。一言以蔽之，在他的系統中，頓教中的「頓」，是一個方法論的觀念，存有論的意味不顯。而在他的圓教中，其核心觀念理與事，都有濃厚的存有論的涵義，由此可以順通到他的法界緣起學說中的事事無礙的現象學意義的（phänomenologisch）境界。在這裏，我謹先引述他在《探玄記》中

---

[107] 《華嚴禪の思想史的研究》，頁 28。

[108] 同上書，頁 26。

所提的六教的說法如下：[109]

> 諸眾生若於人天位看，具足人法二我實物。若小乘教中看此眾生，唯是一聚五蘊實法，本來無人。若大乘初教，唯識所現，如幻似有。當相即空，無人無法。若約終教，並是如來藏緣起，舉體即如，具恒沙德。《不增不減經》云：眾生即法身，法身即眾生。眾生法身，義一名異。解云：此宗約理，眾生即是佛。若約頓教，眾生相本來盡，理性本來顯。挺然自露，更無所待故。不可說即佛、不即等也。如淨名杜默之意等。若圓教即一切眾生，並悉舊來，發心亦竟，修行亦竟，成佛亦竟。更無新成。具足理事。[110]

這是法藏的六教的說法，基本上仍如五教的說法，只是在小乘之前，加上人天之位；在這些階位的眾生，仍然執取人和法兩面都是實在，都有自性（svabhāva）。這是佛門中人用來為佛教之外的儒家、道家之屬定位的。智顗、宗密都是這樣，法藏自不例外。至於小乘，則知人無實體、自性，只是五蘊（pañca-skandha）的聚合而已，但他們仍執取諸法有自性。這正是阿毗達磨（Abhidharma）一類部派佛教的見解。大乘佛教如唯識學（Vijñāna-vāda）則以一切都是心識的變現的結果，無實在可得。般若文獻（Prajñāpāramitā literature）與中觀學（Mādhyamika）則以人與法或主體與客體現象都是即此即是無自性（asvabhāva）、都是空（śūnya）。這是大乘的始教。至於大乘終教則倡導如來藏（tathāgatagarbha）、佛性（buddhatā, buddhatva）觀念，以之不單有主體性的心義，同時亦是客體性的真如義。這是一種心即理的思路。真如或真如心能隨順無明（avidyā）的眾緣，而現起諸法，自身可不變。即是說，諸法或種種現象是依於真如心而生起的。就這種教法的主要的論典《大乘起信論》而言，此論有「眾生心」的說法，這眾生心相當於上面提及的如來藏、佛性。這眾生心是覺悟的基礎，它本來是清淨無染的，但會受外界各種無明的因素所煽動，而使內部出現分

---

[109] 法藏在他自己的判教說中，提過好幾種說法：五教、十宗、四教、六教。這些說法，在原則上、義理的基本層面上並沒有太大的差異，只是在一些細微的問題，展示他對某些事項著墨較多，較為重視而已。

[110] 《大正藏》35·413 中-下。

裂。它一方面分裂出生滅心或心生滅門，另方面仍以真如心而隱蔽地存在。生滅心可以生起染法或淨法，真如緣起或如來藏緣起便是在這種脈絡下說的。即是，染法和淨法都依生滅心為緣而被生起。《華嚴五教章》謂：

> 且如圓成，雖復隨緣成於染淨，而恆不失自性清淨。秖由不失自性清淨，故能隨緣成染淨也。猶如明鏡，現於染淨，雖現染淨，而恆不失鏡之明淨。秖由不失鏡明淨故，方能現染淨之相。……當知真如，道理亦爾。[111]

法藏的意思是，真如心或如來藏並不直接生起染淨法，但它可作生滅心的轉向，為生滅心所憑依，而生起染淨法。

至於頓教與圓教，法藏的說法雖有點模糊，他的意思還是可以看得出來。他說頓教所用的字眼「相本來盡，理性本來顯，挺然自露，更無所待」，「本來」、「自」、「無」都有自足意味，眾生或真理本來是好好的，但一時忘失了，頓教是用來作復位用的。這個意思不錯，但「理性」字眼，煞是曖昧，它到底指涉甚麼呢？未有說清楚。但頓教既是作為復位用的，則它便是一個工夫論的觀念。圓教也差不多，起碼在表達的方式上是如此。「悉舊來」、「發心竟」、「修行竟」、「成佛竟」、「無新成」，都是眾生或真理本來具足的意味。但關鍵在末後一句「具足理事」，按華嚴宗一向用語，說到「理事」，一方面有真理和現象的意味，也有兩者融合無間的關係的意味。說具足，實在有理、事、雙方關係一時並了之意，這是存有論或本體論與工夫論一時並了、即本體即工夫之意。存有論的意思尤其重要。此中散發出來的密意是，頓教只涉及工夫問題，圓教則不但涉工夫論，同時也涉存有論，而焦點尤其在於存有論。[112]為甚麼是這樣呢？我們可以重溫上面提過的概念或理事可以透過奪蕩的動作而吸納和發放一切法的意味：捲一切法與舒一切法。此中自然有工夫論的意味，但存有論的意味尤為重要。真理或心靈可以自在

---

[111] 同前，45，499 上-中。

[112] 吉津宜英認為，「舊來……竟」這種字眼表示理這方面的本來性（筆者按：這表示本來【舊來】已有【竟】的佛性佛理）。他並認為「由舊而來」正展示理事具足之意。（《華嚴禪の思想史的研究》，頁 107。）

地對一切法或捲或舒，或收納或發放，這無疑是對一切法的所自來存有論地提出明確的交代。這是現象學的境界，圓教要能展示這樣的現象學的、價值論的境界，才算完足，才有勝義三昧。法藏自己也說：

> 別教一乘即佛初成道第二七日，在菩提樹下，猶如日出，先照高山。於海印定中同時演說十十法門，主伴具足，圓通自在。該於九世十世，盡因陀羅微細境界。即於此時，一切因果、理事等一切前後法門，乃至末代流通舍利見聞等事，並同時顯現。何以故？卷舒自在故。舒則該於九世，卷則在於一時。此卷即舒，舒又即卷。何以故？同一緣起故，無二相故。[113]

以「日出先照高山」來說別教一乘的華嚴大法，正表示華嚴宗的境界與教說的崇高尊貴，一般眾生不能湊泊。於海印三昧禪定中展現種種法門的主伴具足，圓通自在，正宣示法門或一切法的出現與成立，是依海印三昧的禪定工夫的。至於對一切法的自在捲舒，或隨順己意而被收納或被發放，正展示一切法的存有論的根源在一心之中，一心能即捲即舒，即舒即捲，一切任運為之，所謂「心如工畫師，一切唯心造」也。當然，一切法的或捲或舒的所以可能，端在一切法的本性為空，沒有由實體帶來的對礙性，這又回到緣起的義理、它們的根本性格了。

這種通過一心的自在無礙的捲舒作用而呈現的佛在海印三昧禪定所證得的事事相融的境界，不是一般的事相論，或事相的現象論（Phänomenalismus），而是具有理想的、價值的導向的現象學（Phänomenologie），或現象學的存有論（phänomenologische Ontologie）。鎌田茂雄把這種境界稱為「現象絕對論」[114]，或「現象圓融論」。[115]他又認為，在這種事相無礙的境界中，現象的「事」正是絕對的「事」。[116]此種解讀不錯。在這樣的境界中，每一種事物都不是以現象呈現，而是以物自身（Ding an sich）的姿態呈現，而物自身是自足的、絕對的。

---

[113] 《華嚴五教章》卷 1，《大正藏》45·482 下。

[114] 鎌田著〈華嚴哲學の根本的立場〉，《華嚴思想》，頁 436。

[115] 同前，頁 446；鎌田著〈華嚴思想の本質〉，《佛教の思想 6：無限の世界觀～華嚴》，頁 134。

[116] 鎌田著〈華嚴哲學の根本的立場〉，《華嚴思想》，頁 425。

關於法藏的思路或思想，總體地說，特別是以《華嚴五教章》和《探玄記》這些重要的著作來說，玉城康四郎提出，此中的特徵，可以從法藏的重重無盡法界緣起的複雜但亦是整然有序的思維組織中看到。而法藏對唯心立場的探究，也在這種事事無礙的組織中消解下來，因而這種探究與疏解並未有構成一種對於事事無礙的煩厭的、重複的累贅感。⓱這種事事無礙的境界是靈巧的、跳脫的，它未有給予人一種機械性的、僵化的印象，卻是讓人感覺到這是一充滿生命力、生機的世界。

十四、關於性起問題

下面我要探討一下一個對華嚴宗的思路的理解上的問題。我要先從印度大乘佛教的發展說起。總的來說，印度大乘佛教有三個重要的學派分步發展，最後都先後傳到中國，而開花結果，成為具有中國的思維特色的中國佛教。這三個學派是：般若思想與中觀學、唯識學、如來藏思想。這分別相應於上面論述過的太虛的判教法：法性空慧、法相唯識、法界圓覺，和印順的判教法：性空唯名、虛妄唯識、真常唯心。般若思想與中觀學在中國先發展為由僧肇、吉藏等所倡導的三論宗，再展轉通過《中論》、《大智度論》、《法華經》、《涅槃經》而發展為以智顗為代表的天台宗。另一支唯識學則通過玄奘與窺基的翻譯與推介而成法相宗，再透過《大乘起信論》、《華嚴經》而演化成以法藏為代表的華嚴宗。至於如來藏思想則除了分別被吸收到天台宗與華嚴宗之外，也有自己的獨特的產物，這即是禪宗。它的經典依據是《楞伽經》、《金剛經》。這幾個偉大的中國佛教派系，在教義方面吸收了多少中國思維例如儒家、道家等的成分，是一個挺複雜的問題，這裏暫不討論。這裏要討論的，是在以緣起性空這一義理骨幹下所成立的佛教這個思想體系之內，各個教派的觀點如何相互區別、如何為我們所認識的問題。我們的探討聚焦在各個教派所強調的心靈形態和這心靈與現象界的種種存在的關係，當中自然也會涉及其他重要觀念如性、理、頓、漸等古典方面的，也會涉及現代流行的、通用的超越、經驗、分析、分解、綜合等觀念。

⓱ 玉城康四郎〈唯心の追究〉，《華嚴思想》，頁 391。

天台宗所強調的心靈是一個混雜著清淨與染污因素的背反心靈。在其中，超越性格的真心真性與經驗的凡心凡性總是糾纏在一起，而成一個背反。天台宗用來說這種心靈的字眼，是「一念無明法性心」，或是「平常一念心」。當心靈的走向是無明即法性時，人是在覺悟的狀態；當那走向是法性即無明時，人是在迷執之中。人與世界的關係，是密切的，所謂「一念三千」。人在一念之中，在平常一念之中，便涵攝三千世間法。這三千世間法所象徵的世界，會隨著人的心靈同起同寂，也同迷同悟。[118]華嚴宗所強調的心靈則是超越的、清淨的真心真性，這真心真性是通過一種超越的分解（transzendentale Analyse）而成立，與經驗的、虛妄的世界分開，而成一種對峙關係。人對於這世界，需要進行一種現象學的（phänomenologisch）點化、轉化。這便是著名的海印三昧（sāgara-mudrā-samādhi）的禪定工夫了。人與世界的關係，是世界萬物依待著人的真心真性而生起。具體的說法，則是「法界緣起」，或「性起」。[119]至於禪宗，由於它的發展遠較天台宗、華嚴宗為深遠，其心靈展現不同的導向。扼要地說，它可分成三個形態。一是如來禪，強調如來藏自性清淨心作為成佛的依據。這種心靈近於上面說的透過超越的分解而成就的真心真性。由早期的達摩禪所強調的真性，經二祖慧可、三祖僧璨、四祖道信傳到五祖弘忍，都是這種心靈形態，而後來發展出來的神秀禪或北宗禪，都是一樣。他們一致強調漸悟，把真心真性當作明鏡來看，為了避免它染上塵埃，不能照見事物，因此要「時時勤拂拭」，「看心看淨」。另一則是祖師禪，它從我們的平凡一念心說起，這一念心是一由無明與法性、迷與悟的相對反性格的東西所合成，而成一個背反（Antinomie）。人必須要能從這背反突破開來，超越上來，而達致一個無無明與法性、無善無惡的敻然絕待的境界，才能說覺悟。克服背反而得覺悟的方式是多樣化的，可以參話頭、公案，或是透過一些激烈的動作來讓自己悟到那本來自具的真心真性，或自性。這種覺悟是由祖師引導和印證的，故稱祖師禪。慧能禪是走這種導向的最顯明的例子，它發展開來的南宗禪，基本上也秉持著這種精神。南

---

[118] 這種心靈正相應於我在第二章所論述的現象學義的迷覺背反我。

[119] 關於法界緣起，詳情參看拙著《佛教思想大辭典》，頁 315b-316b。關於性起，後面會有詳盡的交代。而這裏所說的由超越的分解而成立的真心真性，正相應於我所論述的現象學義的本質明覺我。

泉普願說的「平常心是道」，正表示這種禪法是從我們的平常一念妄心出發的。另一則是慧能弟子荷澤神會所傳的禪法，由宗密繼承下來。這種禪法在存有論方面確認一個清淨無染的真心真性，所謂「靈知真性」作為覺悟成佛的超越的依據（transzendentaler Grund），但又採取頓悟的方式。這可以說是如來禪與祖師禪的巧妙綜合的結果。⑳

有關中國佛學的這種種不同的發展與導向，最有爭議性的要數華嚴宗。它是要透過超越分解的方式，吸收《大乘起信論》與《寶性論》，加上《華嚴經》，建立如來藏形式的真心真性，由《大乘起信論》的真如緣起或如來藏緣起發展出法界緣起，企圖在存有論上有新的突破。牟宗三先生便頗有這個意味，以華嚴宗為透過超越的分解方式，建立具有終極義的真心真性，這是轉迷成覺的主體，也是一切事物、現象所憑依以得生起的。㉑現在的問題是，華嚴宗所強調的心性，或真心真性，不能直接地如實體般創生萬法，而只作為一種憑依因，或提供憑依作用，讓萬法得以成立，成立為如是如是的以空、無自性為其本性的萬法，相對相關地、相互攝、入、即地存在，而成就法界緣起的現象學義的殊勝的境界或世界，㉒這是沒有問題的。不然的話，華嚴宗的境界便只能是純然的經驗世界（empirische Welt），而不是生活世界（Lebenswelt，用胡塞爾 E. Husserl 的字眼），沒有價值導向可言了。現在的問題是，說華嚴宗以超越的分解的方式建立真心真性，以助成法界大緣起的莊嚴的、璀璨的世界的「超越的分解」，其中的「超越」、「分解」的定位，可以達到甚麼程度呢？

這便是性起的問題。在華嚴宗來說，心是真心，性是真性；前者是主體性（Subjektivität），後者是客體性（Objektivität），兩者是同體，具有同一的內容。所謂

---

⑳ 有關禪宗的這三個導向或走向，我在上面本章註㉛也曾扼要提過。至於禪宗的世界觀，或心靈與世界的關係，著墨不多。它沒有較確定的存有論，更沒有宇宙論。《六祖壇經》的「自我能生萬法」的說法，與存有論與宇宙論都無涉。它所關心的，是如何能體證得「自我的本來面目」，如何參悟到「祖師西來意」。它的一切說法，都是為朝著宗教救贖（religious soteriology）的目標而提出來的。

㉑ 牟先生在他的著作的多處和在課堂上講課，都傳達這個訊息。

㉒ 關於法界緣起，參看拙著《佛教思想大辭典》，頁 315b-316b〈法界緣起〉條；關於攝、入、即的關係義，參看同書頁 352b-353b〈相即相入〉條。

「性起」，指真心真性起現諸法。起碼在表面上可先作這樣的解讀。現在我們要留意的焦點問題是，性起諸法，或真心真性起現諸法，這「起」、「起現」到底是甚麼意思？關於這點，我會依文獻學與哲學分析或現象學分析這雙軌的研究法來處理。首先，我要看法藏的前輩、二祖智儼的說法。

智儼在《搜玄記》中說：

> 如來者，如實道來成正覺。性者體，起者，現在心地耳。此即會其起相入實也。[123]

智儼表示，真性真心都是如來藏（tathāgatagarbha）。性是事體本身，心是它的起現的作用。智儼說得太簡，我們一時難以捉摸他的意涵。不過，可以確定的是，性起不是我們一般哲學特別是形而上的體用關係。這段短短的文字表示，性起是性體透過心念而作用，這作用指涉對實相或終極真理的體證（會）。「起相」是關鍵字眼，我會在後面再提及它。現在轉到法藏自己方面。

基本上，對於性起，法藏是依體與用的關係作為脈絡來解釋的。但這種體用關係是在佛教的緣起性空的非實體主義（non-substantialism）的義理架構中說的。我們把注意放到法藏的其他方面去。在《妄盡還源觀》中，在起始階段已提出體用問題。法藏說：

> 一、顯體者，謂自性清淨圓明體。然此即是如來藏中法性之體，從本已來，性自滿足：處染不垢，修治不淨，故云自性清淨。性體遍照，無幽不燭，故曰圓明。……《起信論》云：真如自體，有大智慧光明義故，遍照法界義故，真實識知義故，自性清淨心義故。[124]

這是說體。在整段文字中，法藏都是從真心真性的具有現象學義特別是救贖義的角

---

[123] 《搜玄記》卷 4，《大正藏》35·79 中-下。

[124] 《妄盡還源觀》，《大正藏》45·637 中。

度來說。同時也比照著《大乘起信論》所說的真如或真如心的智慧照明作用來說真心真性的作用。整段文字沒有涉及存有論或宇宙論的意涵。

跟著法藏談用的問題。他說：

> 自下依體起二用者，謂依前淨體起於二用。一者海印森羅常住用。……妄盡心澄，萬象齊現。猶如大海因風起浪，若風止息，海水澄清，無象不現。《起信論》云：無量功德藏法性真如海。……是心即攝一切世間出世間法。……二者法界圓明自在用，是華嚴三昧也。謂廣修萬行，稱理成德，普周法界而證菩提。言華嚴者，華有結實之用，行有感果之能。今則託事表彰，所以舉華為喻。嚴者，行成果滿，契理稱真，性相兩亡，能所俱絕。顯煥炳著，故名嚴也。良以非真流之行無以契真，何有飾真之行，不從真起？[125]

在這裏，一切關鍵性字眼如「妄盡心澄，萬象齊現」、「無象不現」、「無量功德藏法性真如海」、「是心即攝一切世間出世間法」、「廣修萬行，稱理成德，普周法界而證菩提」、「託事表彰」、「行成果滿，契理稱真，性相兩亡，能所俱絕」、「非真流之行，無以契真」，這些字眼都是修證的宗教現象學的涵義，最明顯的，莫如「廣修萬行」、「證菩提」、「契理稱真」，都是從宗教救贖的目標上說。其間雖然提到「結實」、「感果」，但這並不是從自然哲學的生起果實一面說，而是從有修證的行為便會享有果實的效應上說。故「生」、「起」的宇宙論、存有論的現象，還是無從說起。至於所謂「萬象齊現」，只是讓萬法展現而已，不是創生萬法。萬法早已在那裏了。唯一有點存有論意味的說法如「無量功德藏法性真如海」、「是心即攝一切世間出世間法」，其中的「藏」、「攝」有點存有論、實在論意味，但這無關乎實際的事物的存在，只是攝藏無量功德、一切世間出世間法而已，不是實際的事物、物體。「世間出世間法」是從虛的世間事物方面說的，這由「出世間法」一觀念可知。而藏有功德，那是就教化眾生的方便法門來說，與存有論、宇宙論完全沾不上邊。

---

[125] 同前，45・637 中-下。

現在我要把探究的問題轉換一下方式。在法藏的體系中，有沒有「對象」（Objekt）概念呢？有沒有真心真性能生起這些對象的意味呢？法藏的體系的確有對象的概念，那便是「塵」（viṣaya）。但這塵是無自性的，而「塵」一概念也不具有決定義（決定義要由自性所提供）。而塵與真心真性的關係，並不是被創生者與能創生者的關係。「塵無自性，攬真成立」；「塵無自體，起必依真」；「真如既具恆沙眾德，依真起用，亦復萬差」；「若山若河乃至樹林塵毛等處，一一無不皆是稱真如法界，具無邊功德」；「塵相生滅相盡，空無有實」；「塵性無生無滅，依他似有」。[126]此中的意思不外是，塵或對象是沒有自性的、空而不實的。但它作為現象，如何呈現於我們的感官面前呢？法藏的答案是「依真」、「攬真」，「稱真如法界」，都是以真心真性作為憑依，而得現成。這樣，對於一切對象來說，真心真性只是它們的所憑依，並不創生它們。但它們到底是怎樣來的呢？怎樣成立的呢？法藏把這個問題的答案敞開，從佛教的根本觀念「緣起」來回應：「緣生幻有」、「依他似有」。[127]所謂性起，其意即是萬法憑依真心真性而得現起、現前。

在這裏，我想對華嚴宗的性起問題，作一總的觀察與評論。萬法的生起，都依於作為最高主體性的真心真性。這真心真性即是佛所自證得的法界性起心性或第一義心性。一切諸法，都在一種相即、相攝、相入的大緣起境域中，依此真心真性而得現起、現成。就價值言，這真心真性是純粹淨善的，沒有染污，這很不同於天台宗所說的一念無明法性心或一念三千的一念平常心。但眾生在現實上的確有染有惡，依華嚴宗，那是由於未有同於佛的自證的緣故。倘若有此自證，則無染無惡。故這染與惡，是在理上沒有實在性，是空的。華嚴宗即在這裏強調，眾生在現實上所具有的染與惡的成素，只是憑依真心真性而起，而呈現於識心之前，這不是真心真性的本質、本有。故就理、原則而言，它們都是空的。就事相方面說，它們有種種姿態，亦有染、惡等相狀，但是我們不能說到它們所依之以起的真心真性的體性方面，也不能這樣說「起」。起是就萬法依真心真性而起這樣的脈絡中說，這是真心真性的作用。這樣說性起，意義雖然清楚，但不免零碎。我們可參考一下法藏、

---

[126] 此段所引的說法，皆出自法藏《妄盡還源觀》，《大正藏》45·637 下-638 上。

[127] 同前，45·638 上。

澄觀的後學宗密如下的說法：

> 性起者，性即上句真界，起即下句萬法。謂法界性全體起為一切諸法也。法相宗說真心，一向凝然不變，故無性起義。此宗所說真性，湛然靈明，全體即用，故法爾常為萬法，法爾常自寂然。……一切諸法，全是性起。則性外更無別法。所以諸佛與眾生交徹，淨土與穢土融通。法法皆彼此互收，塵塵悉包含世界。相即相入，無礙鎔融，具十玄門，重重無盡，良由全是性起也。……依體起用，名為性起。[128]

依宗密的說法，性起即是法性起現法界中的諸法。法性是理，但華嚴宗理解法性，不單是理，而且也是心。若只是理，則是靜態的狀態（Zustand），不能活動，因而不能具有憑依的作用，起現諸法。宗密說法相唯識宗的真如是「凝然不變」，即指它的真如（tathatā）或真理只是理，不是心，故為凝然，不能活動而起現諸法。華嚴宗所說的法性或真心真性（法性即是真心真性）則不同。它一方面是理，一方面又是心，心能活動，「湛然靈明」，因而能發揮出功用來，起現諸法。

另外，要注意的是，華嚴宗的性起，所起現的是法界緣起的無礙自由自在的諸法，每一法都具有自身的特別的價值，不能為其他的法所替代。故這性起是價值義、理想義、現象學義。實際上，此中所起的，是佛（毗盧舍那佛 Vairocana Buddha）在他的海印三昧的禪定中所示現的法界中諸法的種種自在無礙姿容和關係。佛之所以作出這樣的示現，是因應眾生的請求；他所以能這樣做，是已證得真心真性或佛性的緣故。所起現的，是他在修行中所積得的圓明性德投射到客觀世界所現的境界，這是具有精神義的法界（dharmadhātu），而不是一般在時空下呈現的物理的世界。宗密說性起是「依體起用」，此中的體，即指真心真性或佛性。這體有體性義、本源義，而不是實體義。

在這裏，我們看到性起這一觀念，由智儼經法藏到宗密，有了一定的進展。性在智儼特別是在法藏眼中，是萬法憑依真心真性而得現起、現成；在這種情況，真

---

[128] 宗密撰《華嚴經行願品疏鈔》卷 1，《續藏經》7・798 上。

心真性是被動意義的，而萬法則是主動意義的。真心真性是所依，萬法是能依。至於如何依法，法藏未有明說。不過，就他所提的《大乘起信論》所說的事例而言，種種景象在因風起浪的大海中，是無法顯現的。必須待風勢止息下來，海水變得澄清，種種景象才能顯現。⑫⁹這樣，真心真性有如澄清的海水，萬法則有如在海水中映現的景象。澄清的海水並不生起景象，只是景象若要顯現，便得憑依海水的澄清性。萬法依於真心真性也是一樣。它們不由海水生起，卻是依海水的明靜狀態而得顯現。在宗密的說法，真心真性由被動變為主動：主動起現一切法。但起現不是創生，只是提供一個合適的場地，供一切法起現而已。倘若捉錯用神，視起現為創生，特別是由實體創生，便失去佛教的非實體主義（non-substantialism）的涵義，而轉向實體主義（substantialism）的立場了。[130]

在這裏，我們可以對上面提出的問題，有初步的答案了。即是，華嚴宗以超越的分解的方式以建立真心真性，是可以說的。而這真心真性與諸法的關係，也不是創生的關係，只是作為諸法的所憑依，讓後者能生起。法藏在論真心真性與諸法的關係方面，以體與用的範疇來說。在論體方面，他只強調真心真性的清淨性和照明萬物的現象學意義，不涉及存有論、宇宙論的問題。在論用方面，法藏除了說真心真性有照明作用外，基本上是以宗教現象學的角度來處理。他有說及真心真性攝藏功德，但亦不超出宗教的救贖目標，未涉及萬物的存有性。另外，值得注意的是，法藏的學說有對象（Objekt）概念，這便是「塵」（viṣaya）。這塵的能成立，能現成，是「依真」、「攬真」、「稱真如法界」。而性起則是萬法憑依真心真性而起現，這亦與他的祖師智儼在《搜玄記》中所說的「起相入實」是同調：起是憑依而

---

[129] 《妄盡還源觀》，《大正藏》45·637 中。

[130] 在這裏，我們可能會聯想到胡塞爾的現象學（Phänomenologie）中以意識（Bewuβtsein）構架對象的說法。依胡氏，意識具有意向性（Intentionalität），通過這意向性，意識能本著自身的內涵（Inhalt）指向對象，因而構架對象。在這裏，意識具有很強的存有論意涵，它是對象之得以成立以至存在的基礎。法藏以真心真性作為憑依，作為萬法現起的助緣，特別是宗密強調真心真性能起現諸法，與胡塞爾的說法，有一定程度的類似性（Homogenität）。雙方都沒有宇宙論的意涵，沒有交代存在物的具體的生成與變化的情況。但雙方都指涉及存在物的存在的基礎，胡塞爾在這方面的表述，可能更強一些。這是一個很值得對比較哲學有興趣的朋友作進一步研究的題材。我們的探討只能作到這裏了。

生起，真心真性沒有存有論特別是宇宙論的創造、生起的作用，以交代萬法的來源。至於具有價值義的染法與惡法，亦是憑依真心真性而起，不是真心真性所本有，不是後者的本質。

第五章　天台宗智顗的判教法

一、天台宗智顗的判教法

最後，我們看天台宗智顗的判教法。我們在這裏把天台的判教法放在最後來說，在歷史、時間方面是次序逆轉了；不過，這是就判教法自家的完整性來說。即是，我們認為天台的判教法是比較完足的，能夠照顧到佛教在教義上的多元性，同時也能就著一個核心的觀念來做，對於所判的教法在真理觀、證取真理的方式、這種方式的性質和對各教的評價諸重要之點，都有明確的、清晰的交代，展現很強的系統性，而所涵蓋的宗派也很周延，沒有嚴重的缺失。就以上所提的諸點看，天台的判教無疑是較其他諸派的判教為優秀的。不過，這也未有表示天台的判教是十全十美。❶

上面提到天台宗的判教能就著一個核心概念來展開，這便是佛性或中道佛性。這應該是中國佛教思想中最重要的觀念，但日本和西方學者對它都沒有重視；我在這裏鄭重地提出來，有翻案的意味，因此在這裏特別闢一章來探討。

關於天台智顗的判教，傳統以來都是以「五時八教」來說。五時是依時序來描述佛陀說法有五個時段，這即是華嚴時、鹿苑時、方等時、般若時、法華涅槃時。華嚴時指佛陀成大覺後對眾生開示崇高的《華嚴經》的教說，由於境界太高，眾生無法理解，於是佛陀便從頭開始，在鹿野苑向眾生開示《阿含經》（*Āgama*）的教

❶ 關於判教的問題，的確很難做到十全十美的理想境界。這是因為判教牽涉判教者個人的一些特殊取向，例如他的價值觀；又，對有關文獻的掌握、對義理的解讀、對哲學問題的思考形態，甚至他自己的學養，這涉及理論立場、看問題的角度有如何的廣度與深度，等等，都會影響及判教的結果。本書所作的判教，自然也不能例外。

說，主要以十二因緣的義理為中心，而附以無我（anātman）的觀點，又有四聖諦、八正道等。這是小乘的教法。再來是方等時，佛陀所開示的教說，是介乎小乘與大乘之間，有引領小乘的眾生邁向大乘教法的意味。此一階段所涉及的文獻，有《思益經》、《維摩經》、《金光明經》、《勝鬘經》等。《思益經》是小乘經典，餘下的則是大乘經典，引小入大的意味相當明顯。再來是般若時，在這個階段，佛陀正式宣講大乘教法，特別是般若思想，如色與空的關係之屬。最後是法華時，這時佛陀所講的，是佛法的最高境界。此中又分兩個階段，第一階段是宣講《法華經》的義理，尤其重視「權實」的問題，是有關權宜方法與終極目的之間的關係。這表示要因應不同的情境，採取不同的說法內容與方式。第二階段是發揮《涅槃經》的思想，展示佛陀在入滅之前所說的教法，專講佛性和涅槃的問題。

據說在佛陀晚年，他的弟子見他的健康日漸惡化，非常擔心，恐怕他的肉身會壞滅而死去。當時佛陀安慰他們，說人的肉身雖會壞滅，但法身（dharma-kāya）卻不會。法身即是佛性（buddhatā, buddhatva），佛性這個觀念在智顗的思想中有非常重要的位置。我們在下面會明顯地看到。

以上是所謂「五時」。至於「八教」，則可分為化儀四教與化法四教。化儀四教是按佛陀說教的方式將佛教的各種教法分為頓教、漸教、秘密教和不定教。所謂頓教即以直接的方式去宣說佛法，要人於瞬息之間頓然地把握真理的整體。這種方法沒有階段可言，不能漸進。據說佛陀在華嚴時是採取頓教的方式宣講佛法，所以以這方式來宣說的內容又稱為無上道或無上法。漸教則是一由淺入深的說法方式，要人先學習小乘的教法，繼而大小乘的教法共修，最後學習大乘的教法。秘密教則沒有一定的說法方式，老師按著不同根器的眾生而有不同的說法方式和內容，聽者都能秘密地、個別地、互不相通地受益。《大乘起信論》有「佛以一音演說法，眾生隨類各得解」句，這正好說明佛有「辯才無礙」的本領。至於不定教則與秘密教相似，在宣講佛法時沒有固定的方式。但不定教的教法較諸秘密教更為豐富，因它包含秘密不定和顯露不定，後者包含顯露教（頓、漸教）的教法。

至於化法四教是智顗依佛教教義內容的不同而將之判分為四種：藏教、通教、別教、圓教，圓教更分為同教一乘圓教和別教一乘圓教。三藏教概括原始佛教及《阿含經》（*Āgama*）的思想，相當於小乘教法。通教則概括中觀學（Mādhyamika）、般若（Prajñāpāramitā）思想，也包含《維摩經》（*Vimalakīrtinirdeśa-sūtra*）在內。別教則概括唯識學（Vijñāna-vāda）和佛性思想。圓教則概括《華嚴經》（*Avataṃsaka-sūtra*）、《法華經》（*Saddharmapuṇḍarīka-sūtra*）和《涅槃經》（*Mahāparinirvāṇa-sūtra*）的思想。《華嚴經》代表別教一乘圓教的教法，《法華經》、《涅槃經》則代表同教一乘圓教的教法。佛教的大小乘的教義，差不多都涵於這藏、通、別、圓四教之中。我們在這裏講智顗的判教，以義理為主，因此會集中在化法四教的探討方面。❷

二、以佛性觀念為主脈來為四教定位

在智顗的化法四教中，最醒眼而又最具有觀念性的是提出佛性作為終極真理，同時又以是否闡釋、發揮這個觀念來判分四教。佛性被視為最高主體性，真正的、圓熟的覺悟，便繫在能否認證它和能否以一種頓然的、圓融的方式把它現成。智顗的《法華玄義》便這樣說：

> 大小通有十二部，但有佛性無佛性之異耳。❸

這是說，佛教經論繁富，教派多元化，不過，在代表著全體佛法的三藏十二部中，有一個明顯界線，便是有否說明和發揮佛性這個關鍵性的觀念。智顗的根本理解是，在他所判分的藏、通、別、圓四教中，藏、通二教未有說明、發揮佛性，別、圓二教則有說明、發揮佛性。這裏所謂的佛性，是與中道（madhyamā pratipad）等同的佛性，因此有「中道佛性」或「佛性中道」的說法。按佛性是覺悟、成佛的基

---

❷ 關於五時八教，傳統下來一直是以之歸於智顗所作的判教內容。近時日本方面的關口真大提出異議，認為這五時八教不是智顗所說，因為智顗的著作中沒有「五時八教」字眼，也沒有表示這種思想。佐藤哲英則強調智顗的著作中雖然沒有「五時八教」字眼，但確有這字眼所展示的思想。關於這個問題的論爭，可參考關口真大編著的《天台教學の研究》（東京：大東出版社，1978）。較扼要的說法，可參考岩城英規著〈日本天台宗的五時八教爭論考〉，載於《諦觀》第76期，1994，頁61-76。我在這裏不想涉入這種論爭，姑從傳統下來的說法，視五時八教為智顗的判教法。

❸ 《大正藏》33．803下。

礎，是超越的心靈能力；中道則是雙離空、有兩邊的真理、原理。把佛性視為等同於中道，有以心即是理的思維方式，這可以通到宋明儒學的心即理、良知即天理的說法方面去。

讓我們先總括四教所說的真理及證入真理的方式以引出智顗對佛性觀念的闡明與發揚，展示他對佛性觀念的洞見。就真理觀來說，智顗認為藏教與通教以空為真理，這空是緣起性空的空，表示沒有自性（svabhāva）、實體的狀態，主要是就諸法而言。別教與圓教則以中道為真理，而中道又與佛性等同，故可說是以中道佛性為真理。在體證真理方面，智顗認為藏教是析法入空的路數，通教是體法入空，別教是歷別入中，圓教則是圓頓入中。析法入空表示要析離諸法，把它們解構，將構成的成分一一從母體中分離，到了最後，便成一無所有，母體便消失了，看不見有甚麼自性，然後悟入諸法的無自性、空的終極性格。這是析法入空。這種入路，很明顯是衝著說一切有部（Sarvāsti-vāda）特別是《俱舍論》（*Abhidharmakośa-bhāṣya*）和《大毗婆沙論》（*Abhidharma-mahāvibhāṣā-śāstra*）的強調法有我無的思想而來。智顗形容這種入真理之路為拙，因為要破壞現象界也。

體法入空表示即就諸法的原來狀態，不予析離它們的構造，由外在的現象性而滲透到諸法的內裏，直下證取它們的本質是空。例如《般若心經》（*Prajñāpāramitā-hṛdaya-sūtra*）所說的「色即是空」的名言。其意是即就物理性的諸法（色）便能當下現成地證取它們的無自性的空的本質。智顗對這種體證真理的方式定位為巧，巧妙也。他曾說：

> 即俗而真。❹

又說：

> 體法即真。❺

---

❹ 《法華玄義》，《大正藏》33・702 下。

這很有中國佛學的僧肇、臨濟所說的「立處即真」、「立處皆真」的意味。智顗又特別針對般若思想作為無相教而說光是說無相、遠離一切相對相的流弊：

> 無相教明空蕩相，未明佛性常住，猶是無常。❻

無相教是指通教的教法，自然包括般若文獻的說法在內。這種教法蕩相遣執，否定我們對一切法的施設性的實在性的理解，這樣否定下去，最後會淪於虛無主義（Nihilismus），墮下至無常的消極立場。即使這種教法也強調中道，❼但是純然的中道，不是與佛性等同的中道。這只是理，不是心。他說：

> 離斷常名中道，非佛性中道。❽

這裏以「離斷常」來解讀中道，是正確的，起碼就原始佛教與中觀學來說是如此。《雜阿含經》說：

> 如實正觀世間集者，則不生世間無見。如實正觀世間滅者，則不生世間有見。……如來離於二邊，說於中道。❾

這很明顯表示中道是超越二邊或兩種相反的極端的見解，並以有與無來例示這二邊。這種說法，正與龍樹（Nāgārjuna）的《中論》（*Madhyamakakārikā*）言中道的意涵相吻合。以下我們列出鳩摩羅什（Kumārajīva）所譯的《中論》中同時否定有無這二邊來說中道的偈頌例示一下。這些偈頌很多時未有明白說出「中道」字眼，但其指涉中道觀念則非常明顯。

---

❺　同前，33·690 上。

❻　同前，33·801 下。

❼　實際上，阿含佛教也有說中道，那是通過八正道來說，修持意味很重，在存有論上並無適切性。

❽　《摩訶止觀》，《大正藏》46·7 上。

❾　《大正藏》2·67 上。

若人見有無，見自性他性，如是則不見，佛法真實義。（《大正藏》30·20上）❿

法住於自性，不應有有無。（《大正藏》30·29上）

如佛經中說，斷有斷非有，是故知涅槃，非有亦非無。（《大正藏》30·35中）

若非有非無，名之為涅槃，此非有非無，以何而分別？（《大正藏》30·35下）

分別非有無，如是名涅槃，若有無成者，非有非無成。（同前）

另外，青目（Piṅgala）解釋《中論》的三諦偈中明確表示：

眾因緣生法，我說即是空。何以故？眾緣具足和合而物生，是物屬眾因緣，故無自性，無自性故空。空亦復空。但為引導眾生故，以假名說。離有無二邊，故名為「中道」。是法無性，故不得言有，亦無空，故不得言無。⓫

青目在這裏明確地點出離有無二邊為中道，展示他在理解中道方面，直契原始佛教與《中論》的精神。

通教的這種對真理的理解，未為智顗所許可。他認為光是從空、中道來說真

---

❿ 以下引述的《中論》中有關超離有、無二邊的偈頌，為方便計，直接在正文中附出出處。又以上所引的羅什譯文，大體上都與下列的月稱（Candrakīrti）的梵文本《中論釋》所附《中論》原文相應：
Mūlamadhyamakakārikās de Nāgārjuna avec la Prasannapadā Commentaire de Candrakīrti, ed. Louis de la Vallée Poussin, Bibliotheca Buddhica, No.IV, St. Petersbourg, 1903-13.

⓫ 《大正藏》30·33中。

理，這真理太過於纖弱，缺乏動感。這招引出智顗的如下批評：

> 當教論中，但異空而已。中無功用，不備諸法。⓬

當教即是通教，智顗在上文下理中正在討論通教。他認為通教說中道，只在名字上與空不同而已，它沒有功用，又不能含容存在世界的種種事物。功用與備諸法是智顗認為終極真理所應該具有的性格。他的主要意思是，作為終極真理，不應只是消極的空，同時也應是積極的不空。他說：

> 破著空故，故言不空。空著若破，但是見空，不見不空。利人謂不空是妙有，故言不空，利利人聞不空，謂是如來藏，一切法趣如來藏。⓭

智顗的意思是，空是會被執著的，因此我們要去除這種執著，而說不空。不空不是對自性的否定的再加否定，這從邏輯上來說便是肯定自性了。不是這樣。這不空是以功德（guṇa）說，指具足種種普渡眾生的方便法門。我們不單要能空，還要能不空。不空的另一面是妙有，具有方便法門，成就妙有的存在世界，這是別教的境界。再進一步，由中道靠向具有常住性的如來藏（tathāgatagarbha），這便是圓教的境界了。

在智顗看來，如來藏即是佛性，是中道佛性。這是以心與理是一所表示的別教與圓教的真理，但兩者仍有不同，其不同處在於體證的方式的殊異。在別教，當事人以一種漸進的方式體證終極真理；漸進是分階段的，不是一下子的，是所謂「歷別」的。故別教的體證真理的方式是歷別入中，而中即是中道佛性。在圓教，當事人能夠頓然地、一下子地體證終極真理，不分階段，這是圓頓入中，中仍是中道佛性。對於別教的歷別入中的體證方式，智顗以之是拙，笨拙也；對於圓教的圓頓入中的體證方式，智顗稱之為巧，善巧也。智顗說：

⓬　《法華玄義》，《大正藏》33·704 下-705 上。

⓭　《法華玄義》，《大正藏》33·703 上。

> 別圓入中，即是佛道。⓮

不管是歷別入中也好，圓頓入中也好，其結果都是成覺悟，得解脫。智顗說：

> 解脫者，即見中道佛性。⓯

至於中道佛性與空、中道有些甚麼不同點，我在這裏不擬多說，讀者可參考拙著《中道佛性詮釋學：天台與中觀》（*T'ien-t'ai Buddhism and Early Mādhyamika*）及《中國佛學的現代詮釋》。⓰

三、四教的特色

上面我們說明了智顗如何從真理觀和體證真理的方式判釋四教，現在我們再就四教的特色作一概括的分析。藏教具有出世的傾向，對世界採取負面的、消極的態度。它主張捨棄現實世界，更有破壞世間法的傾向，這可見於它對四聖諦（cattāri saccāni）的闡釋之中。四聖諦即苦諦、集諦、滅諦、道諦，是佛教的基本教義。苦、集二諦專講世間法，屬生死界的事情；滅、道是從出世間法來說的，專講還滅的問題。前二諦可看作為因，後二諦則可看作為果。藏教將苦、集與滅、道看作是生滅次第的歷程，由滅除苦、集的因，可以得出滅、道的涅槃清淨果。這即是說滅、道的果的成立是依於苦、集的因的消失。若將這種看法推展到對世間法的態度上，則可引出如下的結論：理想（還滅的理想世界）的實現，依於現實（生死輪迴的現實世界）的捨棄。進一步來說，藏教看生、滅現象是從實在的眼光出發，以為事物的生是實在的存在，滅是實在的消失。生與滅是不能共存的，而是對立的。這樣，藏教對世界便走上決絕的態度；而在實踐的道路上，則要求與苦痛煩惱的世界分隔開

⓮ 《維摩經略疏》，《大正藏》38・683 中。

⓯ 同前，38・674 中。

⓰ Yu-kwan Ng, *T'ien-t'ai Buddhism and Early Mādhyamika.* Honolulu: University of Hawaii Press,1993, pp.62-89.吳汝鈞著《中國佛學的現代詮釋》（臺北：文津出版社，1995），頁 54-76。

來。得到解脫後，也不會回返到這世界進行渡化眾生的工作。這種對世界的捨離，是一種決絕的捨離，即永遠住著於寂滅的世界。這種偏頗的傾向，實源於藏教只執著性空的一面，而忽略了緣起一面。而性空便是決絕的空義，不與緣起有互動的關聯。站在性空的平臺上，便與緣起的世界隔絕，雙方沒有交集之點。這正是沉空滯寂，沒有動感可言。沒有動感，便沒有安立、證成世界的力量。

通教亦是以空為真理；不過，它以中道來說空，展示非有非無的意涵，造成雙邊否定的思考。它和藏教都是以空為終極真理，但較能善巧地處理事物的存在問題。它的有別於藏教的地方在，它能緊扣「緣起」來說性空，以把握事物的本質。通教一方面能見事物的「無自性」、「空」的一面，也能見事物的「緣生」、「假生」、「假有」的一面，因此不會墮落到虛無主義的情境，而成為一無所有、一無所是。也是因為這點，它對世界不會完全採取分隔以至捨棄的態度。具體地說，通教認為現實世界是緣生的，所以事物的生起而存在只是假生和假有；而事物的熄滅也不是實際的消失，只是一假滅而已，有再生起的可能性。這便讓世間事物的存在與消失成為幻有和幻滅。由於事物的有、無是幻有、幻滅，因此，我們不必一定要撤消現實世界，後者的幻化的性格不會對我們的成道、覺悟做成障礙。這樣，我們的主體、心靈可游息於現實世界與理想世界之間。這樣，人便可以在保存世界、世間法的前提下，證得涅槃的境界。

別教的最大特色，是不以空來說終極真理，而是以中道佛性來說。這可增強終極真理的體性義與動感，因為佛性本來是由能覺悟的心來說的。在宇宙一切事物之中，唯有心具有最強的動感。這動感可促發人或眾生爭取覺悟以至獲致覺悟，最後能普渡眾生。特別就普渡眾生來說，這主要是菩薩（bodhisattva）的任務，而要達成這個宗教目標，則菩薩必需要具足種種方便（upāya）法門，這便直接與菩薩的本領有密切的關連。照智顗的看法，別教是專為菩薩而施設的，所以別教的經、論亦多說及菩薩以多種不同的法門以教化眾生。為了保證每一眾生最後都能達致涅槃，別教特別建立了佛性遍在的觀點，表示每一眾生都有佛性。此外，又將佛性與中道等同起來，將對終極真理的體證規限於內在的佛性之中。於是體證真理便成為一種內省的工夫。眾生若能除去貪、瞋、癡等煩惱，即能朗現本有的、內在的佛性。在這去除污染、煩惱的實踐中，人必須經歷各種修行階段，所以天台稱別教的實踐方式為「歷別入中」，也稱這種方式為「思議解脫」。所謂「思議」（conceivable）即有經歷階段的意味，是理性的（rational）。又以這種方法為「斷斷」，第一個「斷」字指斷除煩惱，後一個「斷」字則指「了斷生死」。即是說，要斷除一切煩惱，了斷生死大事，才能獲致涅槃的寂滅境界。

圓教亦以人的生命中具有種種煩惱，這些煩惱障蔽了人本有的佛性，人若要覺悟成佛，便必須克服它。但和別教不同。圓教的覺悟成道的實踐方式是「圓頓」的，即講求在瞬息間將種種煩惱頓然地、一下子地克服。這種解脫方式是「不思議解脫」或「不思議斷」，也稱作「不斷斷」。即不需徹底地、完全地斷除煩惱而得解脫。這對於常人來說是不可思議的（inconceivable）。這「不斷斷」是相對於別教的「斷斷」而說的，指在不完全斷除煩惱的情況下而得解脫；我們對於煩惱，不必徹底斷絕，只要能克服它、超越它便行。煩惱也是生滅法，沒有自性可得，我們要克服它，不是要消滅它。這裏還有一深微的意涵：煩惱有時可以扮演一種負面角色，可被善巧地用來渡化眾生，所謂「以毒攻毒」也。在智顗看來，煩惱亦可以被點化為教化的工具，作為一種「法門」來處理。這種對煩惱的理解可說是一大突破。總括來說，佛教對煩惱或惡有兩種看法，其一是必須先掃除惡，然後才能得善，這是善惡不相容的觀點。其二是以惡作為方便法門、工具去教化眾生，這則是善惡可共存的觀點。這種以惡為法門，作為工具，而加以利用，進行化導的工作，而不加以消滅，是天台宗特有的觀點，是極其弔詭的圓融的觀點。⓱

以下我們引述智顗在《維摩經略疏》中的一段話，以概括四教的性格：

> 藏、通觀生、無生，入偏真理，名為真實。別、圓觀無量、無作，入中道佛性，名為真實。⓲

⓱ 關於智顗的判教的說法，在他的多部著作中都有零碎的描述。在他的《四教義》中，則有較周延而系統性的說法。在這方面，可參考拙著 *T'ien-t'ai Buddhism and Early Mādhyamika*, pp.39-47.又可參考牟宗三著《佛性與般若》下冊（臺北：臺灣學生書局，1977），頁 619-648；唐君毅著《中國哲學原論原道篇三》（香港：新亞研究所，1974），頁 1106-1150。

⓲ 《維摩經略疏》，《大正藏》38·607 中。

這是說，藏教主要是留意事物的生起，但這生起不是幻生、緣生，而是實實在在的生起，因此要遠離它們。它所追尋的空的真理，是有所偏頗的。通教所留意的是事物的幻生，即是不是實際的生，而是如幻如化的生。這樣的生，是不具有自性的生，因而是無生。它所追尋的真理，仍是空，這還是不夠殊勝、有所偏頗，偏頗於空寂的境界也。別教與圓教則不同，它所認證的真理，不光是空，也是中道，而這中道是與佛性等同的。佛性是具足動感的，能夠發出充實飽滿的力量，以教化、轉化眾生。不過，兩者還是有不同之處。別教以菩薩的教化為主，他們具有各種的、無限量的法門，自由自在地運用它們來普渡眾生。他們以中道佛性為終極真理，這種真理既是真空，也是妙有，故沒有偏頗。圓教與別教同樣以中道佛性為終極真理。不過，它不是無量，而是無作。「作」即是有為（saṃskṛta），是有意識地施展種種法門來渡化眾生；卻是默默地、不動聲色地點化、轉化眾生，讓他們能轉迷成覺，這便是無為（asaṃskṛta）。

四、四門入實相

以下我們專就體證真理或實相的方法來說藏、通、別、圓四教。當然我們在上面的所說，也有好些地方關涉到四教，但這一節所闡釋的，是四教的方法論問題。

智顗立四教，對於四教的體證，建立四門，讓人藉之來契入實相的境地。四門即是四種思考層面，或智慧層面，這即是有門、空門、亦有亦空門和非有非空門。有門是肯定，是正；空門是否定，是反；亦有亦空門是同時肯定，或雙邊肯定；非有非空門則是同時否定，同時超越，或雙邊否定。這四門的說法，實際上來自龍樹的《中論》的一首偈頌：

> sarvaṃ tathyaṃ na vā tathyaṃ tathyaṃ cātathyameva ca, naivātathyaṃ naiva tathyametadbuddhānuśāsanaṃ.[19]

---

[19] *Mūlamadhyamakakārikās de Nāgārjuna avec la Prasannapadā Commentaire de Candrakīrti*. p.369.

鳩摩羅什的翻譯是：

> 一切實非實，亦實亦非實，非實非非實，是名諸佛法。[20]

其中，一切實被視為是有門，一切非實是空門，亦實亦非實是亦有亦空門，非實非非實是非有非空門。這首偈頌展示出我們對事物的真理的看法可以有四個層次，這即是肯定式（有門）、否定式（空門）、綜合式（亦有亦空門），超越式（非有非空門）；這種思維方式顯然不是邏輯的，而是超邏輯的辯證法的。有門相當於辯證法的正命題，空門相當於反命題，亦有亦空門相當於合命題。最後的非有非空門則是超越辯證法的，在後者中找不到相應的思維方式，這是龍樹的獨創。或者更精確地說，是原始佛教本來有的，經龍樹加以進一步發揮。

智顗認為，藏、通、別、圓四教各有其自身的四門，經此四門可臻於較高的理地。藏教修析空觀而證作為偏真之理的空。它的有門即一切有部立三世實有、法體恆有之理；它的空門即成實宗立三種假而空我、法；它的亦有亦空門即《毗勒論》的雙照實有與空理；它的非有非空門即《那陀迦旃延經》的雙非有與空。[21]

通教的有門以即空之有以入道；空門以即有之空以入道；亦有亦空門以雙照空有以入道；非有非空門以雙遮空有以入道。按智顗在這裏提到「即空之有」與「即有之空」，很有意思。即空之有表示以空為依據的有，即有之空表示以有為依據的空，這在思路上展現有、空不能單獨地、孤立地運用，而需分別關連著空與有來運用。這與他在他的《三觀義》中提到「從空入假觀」與「從假入空觀」頗有關連。[22]從空入假表示假或有以空為依據以成觀法，從假入空則表示空以假或有為依據以成觀法。有即是存在、假，或假名，可作現象解；空即是無自性、因緣生的真理。假、有與空在運用中有一種互動關係在裏頭，不是孤離地各自施展其作用或影響

---

[20] 龍樹造《中論》，《大正藏》30·24上。

[21] 按《毗勒論》與《那陀迦旃延經》都沒有傳到東土來，依《大智度論》而知之。

[22] 《續藏》99·76上。相近似的文字，亦可見於《維摩經玄疏》，《大正藏》38·525中-下。

力。㉓

別教以但中之理為對象，但中即是中道，或中道佛性。它的有門觀取虛妄色盡，別有妙色，名為佛性；空門觀如來藏亦是空的，大涅槃亦是空的；亦有亦空門雙觀真空與妙有；非有非空門則觀但中法性之理，離四句，絕百非，言語道斷，心行路絕。在這裏我們需作些解釋。所謂「但中」，需與「不但中」一齊理解。對於中道或中諦，有但中與不但中不同。倘若以空、假是現象層面，中道是本體、實相層面，則這中道是但中。這是別教所說的中道。倘若以空、假、中道三者不是孤立的，而是其中一者即具足其餘二者，有圓融無礙的關係，所謂即空、即假、即中，這中或中道是不但中。這是一種把空、假兩面真理都收於「即空、即假、即中」之中的理解，讓中道同時涵有空、假的意涵，則這中或中道便成不但中。諦觀的《天台四教儀》說：

> 不空即中道。分二種：謂但、不但。若見但中，別教來接；若見不但中，圓教來接。㉔

這是以但中是別教的觀念，不但中是圓教的觀念。別教的有門指佛性而言，空門指如來藏的空的性格，又指大涅槃的境界。其實這些觀念都是相通的，內中的關係非常密切。這頗有佛性是有，如來藏與大涅槃是空的意味，有是妙有，空是真空，三者並不相互隔開，而是連結起來，為觀取、實現的對象。非有非空有超越義，超越一切言說作用，所謂「離四句，絕百非」，四句與百非，都是言說而已。

至於圓教，則它的有門觀見思假法即是法界，具足一切佛法，是由空、假、中道三觀念而成的三諦（空諦、假諦、中諦）相即的假面；空門觀一切法不在因，不在緣，我及涅槃皆空，是三諦相即的空面；亦有亦空門觀空假相即；非有非空門觀見思即法性，故見思不是有，法性即見思，故法性不是空，由此而顯示雙非的中

㉓ 關於從空入假觀與從假入空觀的詳細意涵，參閱拙著《天台智顗的心靈哲學》（臺北：臺灣商務印書館，1999），頁 132-134。

㉔ 《大正藏》46．778 上。

道。㉕在這裏，智顗最後又回歸到龍樹的非有非空的中道的根本義理。㉖至於見思，可視為以見代表的感性的認識與以思代表的知性的認識，因而見思可以概括感性與知性所能作用的現象世界、存在世界。

如上面所述，四教各有四門。但四教亦可與四門匹配：藏教配有門，通教配空門，別教配亦有亦空門，圓教配非有非空門。智顗在他的《四教義》中說：

> 其四門者，一者有門，二者空門，三者亦有亦空門，四者非有非空門。但四教各明四門，雖俱得入道，隨教立義，必須逐便。若是三藏教四門，雖俱得入道，而諸經論多用有門。通教四門雖俱得入道，而諸經論多用空門。別教四門雖俱得入道，而諸經論多用亦有亦空門。圓教四門雖俱得入道，而諸經論多用非有非空門。㉗

藏教強調質實性，特別是一切有部的法有我無思想及經量部（Sautrāntika）的承認外界實在思想，都有實在論的傾向，因此與有（Sein）一概念較為接近。通教則強調緣起性空教說，不講有體性義的佛性，因此有較空靈的特性，與空義相近。別教強調菩薩以種種法門去渡化眾生，這可以包含空的法門和有的法門，展示否定與肯定的態勢，因此與亦有亦空門較為接近。圓教則圓融無礙，不拘限於任何決定的（determinate）方式以自渡與渡他，而能隨機應變，依特殊情境而決定用何種方法，故與非有非空門較為接近。

五、天台宗判教的得失

以上我們花了很多篇幅來析論天台宗智顗的判教法。下面要做的，是對這種判教法作一具有廣度與深度的反思，看它的得失所在。關於這個問題，我想就下面幾

㉕ 關於上述種種，參看智顗《摩訶止觀》，《大正藏》46·73中以下；《法華玄義》，《大正藏》33·784中-785中。

㉖ 這裏說的非有非空與非有非無的意思應是等同。

㉗ 《大正藏》46·731下-732上。

點來說。第一，總的來說，在與佛教的其他派別所作的判教法作比較來說，智顗的判教是頗為殊勝的。第一，它所涵蓋的內容，有很強的周延性，幾乎包含全體佛教。此中包括原始佛教、說一切有部、經量部、般若思想、中觀學、唯識學、如來藏或佛性思想、禪、華嚴思想、涅槃思想與法華思想，又在涅槃思想與法華思想中，反映自家天台宗的根本教法，把自家的教法與其他教法特別是華嚴方面，劃清界線，最後匯歸到法華思想的圓實教法。

第二，也是最重要的一點，智顗以佛性觀念為關鍵性的分水嶺，把全體佛教大分為兩個導向：不說佛性和說佛性。這佛性亦即是中道佛性。依於佛性這一基本概念，他建立佛性詮釋學。這種詮釋學的根本意義在，一般的佛教派別，都以空作為佛教的核心概念或觀念，並以緣起來說空，說中道。這沒有問題，但是搔不到癢處，也失諸空泛、浮泛。全體佛法，從總的角度或範域看，有哪一種教法不強調「空」（śūnyatā），不強調「緣起」（pratītyasamutpāda）呢？這是佛教的根本義理所在，是非實體主義哲學的理論立場所在。但這種看法有向客體性趨附的傾向。空與緣起作為終極真理，是由我們的主體性去證取的、體證的，在這種實踐模式下，一方面顯示一種主客的二元對比關係，另方面也讓主體性變得貧弱，缺乏動感。此中的關鍵問題在我們以主體方面的菩提智慧去體證空理，這使作為主體性的菩提智慧與作為客體性的空不得不構成一二元性（Dualität）的關係；同時，以菩提智慧去體證空，則有空是第一序概念，菩提智慧是第二序概念之嫌，這便把菩提智慧壓縮了，不能作為最高的主體性，因而使整個佛教哲學向客體性傾斜，主體性變得是被動的，同時也是軟弱的。智顗以作為主體性的佛性取代空，而為不空、「不空如來藏」，而又以佛性等同於作為客體性的中道，而成中道佛性，於是把主體性與客體性或佛性與中道、空統一起來，克服了二元的對峙關係。同時，由於菩提智慧是由佛性散發出來的一種覺悟能力，而佛性或中道佛性具足充分的動感，它所散發出來的菩提智慧也隨之而有充分的動感，則軟弱無力的性格便不成問題了。㉘

第三，智顗的判教系統，整然有序，對於全體佛教的內容作出清晰的、具有邏

㉘ 我們在上面提到佛性或中道佛性的動感。詳細的討論，參考拙著 *T'ien-t'ai Buddhism and Early Mādhyamika*, pp.66-75；《中國佛學的現代詮釋》，頁 62-71。

輯性的分判，讓人一目了然。我們通常理解一種思想，特別是實踐形態的東方式的思想，是以對作為終極原理的觀念的闡釋與對這終極原理的實踐方法的解明作為主脈來著眼的。智顗在這一點上，表現得非常清楚。在終極原理方面，他以藏教與通教視空為終極原理，以別教與圓教視佛性或中道佛性為終極原理。而在實踐上，他提出藏教以析法入空的方法來體證空，通教以體法入空的方法來體證空；別教以歷別入中的方法來體證佛性或中道佛性，圓教則以圓頓入中的方法來體證佛性或中道佛性。他又分別以拙與巧的字眼來判分四教的體證真理方法，即是，藏教的析法入空的方法是拙的，通教的體法入空的方法是巧的；別教的歷別入中的方法是拙的，圓教的圓頓入中的方法是巧的。拙即是笨拙，巧即是善巧，這當然都是價值語詞：拙是不好的，巧是好的，我們應該有由拙到巧的轉向。

第四，天台的判教由藏而通，由通而圓，無論在義理上或在工夫上，都能擺出一種漸進的歷程，而且這個歷程具有理性的依據，不是憑信仰而說。藏教特別是部派佛教與經量部是講有的，講諸法的存在性。通教則是講空的，空不必與有相對反，反而可以對治有的思想發展到極端而向實體主義傾斜，在實踐上對於存在世界的執著，而生起種種煩惱的可能的流弊。空正能起著這種作用。但對空也不能執實，空作為一種客體性的真理，不能對主體性方面所著重的重點加以壓縮。因此，智顗提出佛性或中道佛性作為更為圓融的真理以取代空，這便有別教與圓教的提出與開拓。特別是佛教作為一種宗教，應該有一套可以讓人勉力去修行以達致覺悟、解脫的目標的工夫論，這便不能不把開拓的重點放在心一方面。佛性或中道佛性正是心、真心，它具有足夠的動感，以發出菩提智慧來證空，進一步明空見性（佛性）以成就大覺。這便是別教所由生。但這種明空見性的工夫的歷程非常遙遠，需要在以「劫」來算的長遠時間作工夫實踐，才能獲致，所謂「歷劫修行」也。這種修行只對鈍根的眾生而言，對於利根的眾生，則不必如此。覺悟成道對於他們來說，可以成就於頓然的一瞬間中，這便是圓教所由生。在圓教方面，智顗在別教之上提出圓融的、能夠兼攝九界眾生的圓教。這是不同於華嚴宗的地方。華嚴宗以天台宗的教法為同教一乘圓教，以自宗為別教一乘圓教。就崇高的教法來說，應先數華嚴；就博厚的教法來說，則非天台莫屬。對於智顗來說，天台教法並不企盼高絕的境界，卻是要與眾生、凡夫共苦共樂，這正合乎佛陀的慈悲的本懷。

第五，天台判教以《法華經》的所說是開權顯實，發跡顯本，在義理上與實踐上都有所據，同時亦有方法論的依據，這即是龍樹的四句邏輯（說四句辯證法更為妥貼）。按龍樹的這種思維方式，展示於他的《中論》的若干偈頌之中，也包括他的「三諦偈」在內。對於這些偈頌的梵文原文與鳩摩羅什的漢譯，我在自己的很多著作中，都有說明。在這一章中也曾提過。這種四句（catuṣkoṭi）思維基本上是透過四個命題：肯定、否定、綜合、超越，重重升進，展示真理的不同層次，最後成熟於離言說的絕對的、超越的理境。智顗所提的藏教、通教、別教與圓教，分別相應這四句思維的性質、形態，由藏而通，由通而別，由別而圓，讓真理有機地層層升進，最後達於圓教的圓熟境界。如上面所提過，肯定、否定、綜合分別相應於辯證法的正、反、合的思考，至於第四句所展示的超越涵義，是黑格爾的辯證法所無的，那是佛教特別是龍樹的獨創。而四句思維的重點，正落於這種真理的超越中。在這個階段，真理全面敞開，超越一切機械式的、固定的思維，把一切有建設性的、具有動感性的思維收納進來，以證成一種圓融無礙的宗教修行的境界。在智顗看來，藏、通、別、圓四教正分別與這四句思維所展示的真理的不斷開拓的進程（process）相應。即是，藏教相應於正命題或肯定的階段，表示對一切存在的肯定、包容形態。通教相應於反命題或否定的階段，表示對一切存在的執取的遠離、否棄，這正是空一觀念所要傳達的訊息，有很強的批判性，也正是般若思想與中觀學的根本精神所在。別教相應於綜合命題，表示對存在世界的種種事物都有正面和負面的認識，對於不同的多元觀點都能加以包容，這在佛教來說，是能同時包容有與空的觀點。至於在菩薩以其悲心宏願以化渡眾生方面，則更需要具有種種正面的、負面的方便法門，俾能在不同的場合彈性地運用恰當的、應機的法門來開展不同眾生的離苦得樂的問題。圓教則是超越性格的，它不為任何正面的與負面的環境所囿限，不會偏重於任何肯定形態和否定形態的觀點而墮至一個封閉的系統中。卻是讓一切眾生、質體都能自由自在地遊息於一個廣大的場所之中，保持一種圓融無礙而又互動的關係，各自能發揮與開拓自身所具足的價值。這倒有點像華嚴宗所說的四法界中的事事無礙的法界。我們甚至可以作這樣的比配：藏教強調事物的有的性格，相應於四法界中的事法界；通教說空，說事物的無自性、空的理法，這相應於四法界中的理法界，空即是空理也。別教強調綜合性，但這綜合性不是強施加於所綜合的事物之中，而是讓要綜合的事物雙方有適當的協調，這相應於四法界中的理事無礙法界，事是現象、質體，理即是空理，空理滲透入一切現象、質體之中，作為它們的存在的本質。最後的圓教，是現象與質體實現和開拓它們的價值的場所，如上所說。

第六，在華嚴宗的判教中，以禪為主的頓教被分判到五教中，而成小乘教、大乘始教、大乘終極、頓教與圓教。頓教是說教或覺悟的形式，與其他四教以內容為重不同，這成了華嚴判教上的難題。即是，形式的教法與內容的教法混在一起，這便不協調。智顗的判教則能善巧地解決了這個問題。他的判教分化儀四教與化法四教，前者講說法的方式，後者講說法的內容。其中，頓教被劃歸於化儀四教中，作為一種說法和覺悟的方式，而化法中無頓教，那是因為化法只講內容，不講形式的緣故。這便善巧地解決了華嚴把頓教列入以內容為主脈的五教中的問題。

以上所列六點，展示了智顗的判教的殊勝之處。但這並不表示他的判教是完美無缺，沒有過失一面。它是有的。第一，智顗的判教只及於原始佛教、小乘和初期的大乘，到《法華經》、《華嚴經》、《涅槃經》等，便停下來了。對於印度的中、後期的大乘佛教例如陳那、法稱等的教法，沒有片言涉及。此中雖有緣由，不能單怪智顗。因為智顗對於印度佛教，只能透過漢譯的經論來了解，那主要是鳩摩羅什等人（不包含玄奘在內）的譯本，不能閱讀梵文原典與西藏文的翻譯。而印度佛教中、後期的重要論師，如唯識學的陳那（Dignāga）、安慧（Sthiramati）、法稱（Dharmakīrti）、法上（Dharmottara）、智作護（Prajñākaragupta）、寶稱（Ratnakīrti）、智勝友（Jñānaśrīmitra）等，和中觀學的佛護（Buddhapālita）、月稱（Candrakīrti）、提婆設摩（Devaśarman）、求那師利（Guṇaśrī）、德慧（Guṇamati）、清辨（Bhavya）、智作慧（Prajñākaramati）、寂護（Śāntirakṣita）、蓮華戒（Kamalaśīla）、師子賢（Haribhadra）、寶作寂（Ratnākaraśānti）。他們或是生於智顗之後，或是其著作沒有漢譯。不管怎樣，他的四教的涵蓋面是不夠的。至於後期唯識學與中觀學結合，而成中觀瑜伽派（Yogācāra-Mādhyamika），般若思想又與如來藏思想合流，更不用說了。另外，淨土宗在印度和中國都非常流行，即使以它只講信仰（信仰他力大能）而不講義理，不應列入四教之中，也需有個交代。智顗在這方面未有怎樣措意。

第二，智顗以藏教來概括原始佛教與小乘佛教，並不是很合理。小乘講灰身滅智，態度消極，有濃厚的捨離傾向，這與原始佛教特別是佛陀的說法，導向很不一樣。佛陀的教法，就《阿含經》的內容來說，是大小乘所共遵的，不應把它與小乘放在一起，綜合而成藏教。例如佛陀的緣起（十二因緣）、空、無常、無我等義理，是大乘義理的基礎，怎能與小乘的法有我無混在一起呢？我的意思是，藏教只應以《異部宗輪論》（*Samayabhedoparacanacakra*）、《阿毗達磨發智論》（*Abhidharma-jñānaprasthāna-śāstra*）、《大毗婆沙論》（*Abhidharma-mahāvibhāṣā-śāstra*）及《阿毗達磨俱舍論》（*Abhidharmakośa-bhāṣya*）等的教法為主，不應把阿含佛教也放在裏面。若一定要包含阿含佛教，便應為它另闢一教。至於經量部，智顗也沒有認真處理。這個學派的最重要論書是《成實論》（*Satyasiddhi-śāstra*），幾乎吸收了小乘佛教或部派佛教的全部教法，也包含一些大乘的觀點在內。

第三，智顗把《維摩經》收入於通教之中，始終讓人難以信服。若說通教的「通」是就空而言，是一種共通於一切佛教教派的義理，那就沒有話說，一切佛典都可以納入通教之中。但智顗不是這個意思，他特別把通教關連著般若思想與中觀學來說。這無論就義理與思想史而言，都可說得過去。般若思想與中觀學的最重要觀念是空，是沒有問題的。空雖然是共法，但還是以般若文獻強調最力。至於中觀學，例如《中論》，除了說空外，還說中道。在它看來，空與中道是相通的。但這空如何能關連到《維摩經》方面呢？這部文獻是佛教書中最富有弔詭意味的奇書，有種種弔詭的說法：諸煩惱是道場；行於非道，即是佛道；淫怒癡即是解脫，等等，都可在其中找到。甚至智顗在《法華玄義》中說的煩惱即菩提，生死即涅槃一類的說法，都淵源於此。把它放在通教中，無論如何難有說服力。

第六章　捨邊中道

在上一章，我主要闡述了自己對佛教的教相判釋的兩個基準，這即是動感與知識，或認識。動感是在普渡眾生的救贖義的脈絡下說的；由動感而生力，或力用，必須憑著力用，才能有效地在大地上進行宗教活動、宗教運動，把眾生從煩惱、苦難的困境中帶引出來，對他們施以道德的教化與宗教的轉化，轉識成智，轉煩惱為菩提，轉生死為涅槃，最後達致救贖的目標，像當年摩西（Moses）率領以色列人從埃及的囚牢中出來，以得生天那樣。知識則是就對這個娑婆世界具有現實的理解，建立客觀而有效的知識說的。憑著這些知識，我們才能解決一切現實的困難，建立宗教的家園，向著超越一切苦痛煩惱的精神世界挺進。

正是依於動感與知識這兩個基準，我把印度、中國與日本的佛教在義理與實踐方法上概括為十一個教派。每一教派都有它在義理上與實踐方法上的特色，這些特色都在求覺悟得解脫這一共同的宗教目的的大前提下展示出來。有一點要說明的是，這十一個教派並不都是在動感與知識作為正面的、積極的因素或力量而發展出來的。毋寧是，每一教派都與這兩個基準具有或是正面或是負面的關連，都是在指涉這兩個基準所成的一個大關係網絡中被提出來的。因此，它們在義理上與實踐方法上並不見得都是完全一致的，它們反而有多姿多采的、各領風騷的內容，但大體上都是在緣起性空、非實體主義這一根本的哲學的認同下表現出來的。故多元會歸一元，一元開出多元。以下我即就這十一教派在義理與實踐方法上對動感與知識的開拓的或順或違、或合或離作一清晰的解析。在這之後，我也會在宗教義的現象學的自我（包括總別觀照我）方面作一些評論與反思。

一、捨邊中道

首先是捨邊中道。這主要指佛祖釋迦牟尼（Śākyamuni）和最能展示他的思想的《阿含》文獻（*Āgama*）。釋迦的生平，由享受豪奢生活到離家出走，實現他的理想，中間的六年的苦行生活，已在在顯出他的生命歷程的動盪性。最後在菩提樹下獲得覺悟，證得緣起（十二因緣）無我的存有論與救贖論，在內心進行生死交戰之際擊退惡魔的誘惑，都是濃烈的道德勇氣與剛毅的宗教信仰的表現，都有很強的動感性。他成道後便到處說法，讓很多處於生命的苦難中的民眾得到救贖。他的施教不是在大學的課室裏發生的，而是在樹林中，在荒野外進行；他自己也參予乞食、向民眾化緣的活動。這些生活節目，都是通過具體的行動來進行的，有令人感到親切的生活氣息在裏頭。❶在義理與實踐方法方面，我認為空（śūnyatā）與無我（anātman）的說法固然重要，但畢竟不如中道（madhyamā pratipad）那樣具有動感。在這幾個重要的觀念中，空與無我傾向於被拿來認識的，中道則傾向於被拿來實踐的。這是就相互比較而言。釋迦提出了中道的實踐原則後，接著便具體地提八正道，作為實踐中道的途徑。

在這裏，我想就佛陀與原始佛教所表現的動感，多說一些。佛陀最初的想法，是對於周遭環境以至個人的生命存在的現實的苦的性格，不免有捨離的看法：從這個一切皆苦的娑婆世界中出離開來，以求取精神上的自由與解放，無所繫念、執著。他的內心世界的實情是，他為眾生現實的苦痛煩惱而感到不安，也理解到眾生的生命存在有一種根本結構，這即是現象學家如海德格（M. Heidegger）在他的鉅著《存有與時間》（*Sein und Zeit*）所說的「在世間的存有」（In-der-Welt-sein）。這在世間

---

❶ 就宗教的覺悟與教化、轉化言，釋迦的激盪性明顯地遜於耶穌（Jesu）。後者被釘上十字架的淒烈慘情，對人心具有極大的震撼性。便是由於這點，柏格森（H. Bergson）視基督教為最具動感的宗教。此中的原因很多，其中之一顯然是東西方的宗教背景與氣氛不同。西方社會強調宗教的獨尊性，宗教徒只能信仰一種宗教，只能侍奉一個主，也常有大規模的宗教戰爭發生，讓人難得安寧。東方世界則重視人與人、宗教與宗教之間的融洽關係，宗教自身具有較深的寬容性，宗教戰爭也少得多。這種背景、氣氛或多或少會影響到宗教教主在創教與傳教上被構想出來的宗教神話的性格。我們可以說，基督教的神話性較強，佛教的神話性較弱；後者有較充分的理性性，前者的理性性在某一程度上為神話性、信仰性所掩蓋了。

的存有自身亦免不了一種「共同存在的存有」（Mitsein）的性格。即是，眾生特別是人應能與人多所凝聚、接觸，有問題一齊去解決。便是由於這一點，佛陀才決定從他所證得的四聖諦、三法印、十二因緣的理境中出來，集合眾人的力量。這樣便牽引出他的宗教性格的動感來。而與這點相應的是，如日本學者宮本正尊所提出，原始佛教所要深徹棄絕的，是當時正在流行著的虛無主義（natthika-vāda, Nihilismus），例如因否棄論（ahetu-vāda）、作用否棄論（akiriya-vāda）、努力否棄論（aviridya-vāda）、業否棄論（akamma-vāda）。佛教的這種態度，在《戲論否棄經》（*Apaṇṇaka-sutta*）中可以見到。這些論調鼓吹享樂主義，特別是肉體的、感官的享樂主義。❷對於虛無主義的堅決否定，是原始佛教的一貫立場，雖然間中亦有些文字展露出某種程度的捨離思想。實際上，原始佛教對於虛無主義的破斥，當亦包含對虛無主義的對立觀點常住論的否定，這樣雙離兩個極端，中道的意味便展露了。從這裏便可見出思想本身的動感性格。

在對世界的知識的建立方面，原始佛教的文獻（如《阿含經》*Āgama*）說得比較少，它們有五識（眼、耳、鼻、舌、身識）的說法，視之為感性直覺的機能，其作用是認識具體的、物質的世界。它們也有提及意識，視之為認識概括於「法」中的一切事物。❸至於末那識（mano-vijñāna）與阿賴耶識（ālaya-vijñāna）這兩種有濃厚解脫關聯的、有下意識、潛意識（sub-consciousness）義的識，則未有提及。這自然不表示釋迦和原始佛教不重視認識問題，卻是在創教初期未能發展出一套較完善的知識論而已。早期的佛教不太重視知識問題。但有一點要弄清楚，早期的佛教對於知識問題未有認真處理，重視得不足，並不表示它已不再關心世界了。毋寧是，它對於世間的苦難有非常強烈的確認、感受，因而更矢志要從這些苦難中解放開來。同時，如佛陀所想的和做的，佛弟子理解到佛陀對在受到苦難所煎熬的眾生，有無比廣遠與深刻的悲願，而以救渡眾生出離苦海為自身的無窮無盡的志業。這樣的悲心宏願和懷抱，已展示出在心靈方面的價值取向和熱情，這是心靈上的、精神上的動感。由

---

❷ 宮本正尊著〈佛教の真實、中道と涅槃〉，宮本正尊編《佛教の根本真理》（東京：三省堂，1974），頁33。

❸ 《雜阿含經》，《大正藏》2・152上。

這取向和熱情發而為具體的普渡眾生的行為，其動感性便很明顯了。❹

以上我以動感與知識為本對釋迦牟尼的教法作了扼要的定位式的闡釋。而一般學者所時常提及的「原始佛教」（Primitive Buddhism），其實也是以釋迦牟尼的說法

---

❹ 在闡釋早期佛教所強調的動感方面，佛陀以大醫王作譬，有如下的說明：

> 世尊告諸比丘：「有四法成就，名曰『大醫王』者所應王之具、王之分。何等為四？一者善知病，二者善知病源，三者善知病對治，四者善知疾已，當來更不動發。云何名良醫善知病？謂良醫善知如是如是種種病，是名良醫善知病。云何良醫善知病源？謂良醫善知此病因風起，癖陰起，涎唾起，眾冷起，因現事起，時命起，是名良醫善知病源。云何良醫善知病對治？謂良醫善知種種病，應塗藥，應吐，應下，應灌鼻，應熏，應取汗。如是此種種對治，是名良醫善知對治。云何良醫善知病已，於未來世永不動發？謂良醫知善治種種病，令究竟除，於未來世，永不復起。是名良醫善知治病，更不動發。如來應等覺，為大醫王」。（《雜阿含經》卷十五，《大正藏》2·105上-下）

按《雜阿含經》所舉的這個譬喻，相當恰當，的確可以展示出佛陀在教化眾生方面所具足的動感。它以醫生為譬，提出醫生的職責是醫治病人，他有幾方要做得很好，才配當一個良醫。他必須妥善地完成四個任務：一是弄清楚病人所患的是甚麼病，二是這病的原因是甚麼。這兩點弄清楚，然後對症配藥，這便是「善知病對治」。最後還要教導病者以後要怎樣做，注意哪些點，才能讓同樣的病不再出現於病人身上。這是醫生在治病時所表示的動感，而他所對治的是肉身上的病痛。至於精神上的、心理上的病痛，便須找相應的醫生了。這在佛教來說，最好的精神上、心理上的醫生，當然已經了達世間中不同形態的迷執，認定這迷執是哪一種迷執，它的來源在哪一方面，然後教導迷執的眾生要如何做，才能克服這迷執。最後又要告訴迷執後又能遠離迷執的眾生，需要注意哪些方面的點，以避免同樣的迷執會再度生起。能夠做到這幾方面的佛陀，可以稱為「大醫王」，他醫治的對象，不是眾生的物理的軀體，而是眾生的精神上的病痛。他不是物理軀體的「大醫王」，而是意識軀體的大醫王。不管是哪一種醫王，都是需要充量的動感，身體力行才行，不能只把自己關在與外界隔絕的局促的環境中，進行靜態的研究或作宗教的瞑想。

按這個譬喻頗令人想起天台宗智顗大師在說到真理的動感時所提出的類似的事例。智顗認為，一個能夠體證終極的、動感的真理的人，他勸化、誘導眾生捨惡歸善，成就正覺，亦要像閒常的醫生那樣，需對於病者能夠「知病」、「識藥」、「授藥」。即是，他要細心診視病者，看他患的是哪種病，然後憑著他對種種藥的不同性能的知識，去挑選適合的藥物，授與病者，讓他安心服用。（參看智顗著《摩訶止觀》，卷六，《大正藏》46·76上-79上。又可參看拙著《中國佛學的現代詮釋》（臺北：文津出版社，1995），頁63-67。）由於這兩個譬喻的相近似性，智顗可能參考過《雜阿含經》來提出他的譬喻。但這只是筆者的猜想。事實上，智顗在《摩訶止觀》中述說他的譬喻的上文下理，並沒有提到參考的事。

不管怎樣，智顗在其著作中常以具體的事例來譬喻他所要點明的想法，這肯定是受了《法華經》的影響。這《法華經》（*Saddharmapuṇḍarīka-sūtra*）是極擅長以譬喻來說教的，這由有名的「法華七喻」可以看到。

為主的。我要在這點上作些補充。先是釋迦牟尼對大眾開示他所覺悟到的真理（宇宙與人生的真理），其後四眾弟子把由佛陀方面所聽到的記錄下來，而成為四部《阿含》（*Āgama*）：

《長部》（*Dīgha-nikāya*），相當於漢譯《長阿含經》；

《中部》（*Majjhima-nikāya*），相當於漢譯《中阿含經》；

《相應部》（*Saṃyutta-nikāya*），相當於漢譯《雜阿含經》；

《增支部》（*Aṅguttara-nikāya*），相當於漢譯《增一阿含經》。

這四部《阿含》中，以《相應部》亦即《雜阿含經》最為重要，內容也最充實。一般來說，佛陀與《阿含》的義理有三個重點：

四聖諦，指四種神聖的真理（ārya-satya）；

三法印，指三種需要——印證的原理（dharma-mudrā）；

十二因緣（dvādaśāṅgika-pratītyasamutpāda）。

這些義理有實踐論與存有論的意味。例如四聖諦中的苦、集、滅、道，教人明白人生的苦痛煩惱是由種種因素聚合而成，我們應以中道的實踐為基礎，破除對這些因素的執著，而達致寂滅的涅槃（nirvāṇa）境界。而三法印中的諸法無我、諸行無常等則有存有論的意涵。實際上，在原始佛教的教法中，實踐論與存有論很多時是結合起來的，兩者中通常都以實踐論為重心。以《雜阿含經》為例，該文獻不常說空（śūnyatā），卻多說緣起（pratītyasamutpāda）與中道（madhyamā pratipad），特別是後者。該經說：

> 如實正觀世間集者，則不生世間無見。如實正觀世間滅者，則不生世間有見。……如來離於二邊，說於中道。❺

---

❺ 《大正藏》2·67 上。在這裏，我想補充一點。這裏提到經文常說緣起與中道，上面也提及十二因緣。從義理上說，十二因緣與中道有一定程度的關連，或者更精確地說，緣起說與中道觀有一定程度的關連，十二因緣是緣起中的一個重要說法。關於這十二因緣，原始佛教總是只列出十二個因果環節，如甚麼東西引起甚麼東西，之類，但它從來沒有說明整個十二因緣學說，到底在說甚麼問題，或傳達甚麼具體的訊息。以下姑引《雜阿含經》的一種有關十二因緣的說法：

集（samudaya）指世間因素積集而成某事物，亦即是緣起，故不會是虛無；滅（nirodha）則指世間事物是由種種因素聚合而成，因素有改變，例如離散，則相應的事物亦會改變，或者消失，故事物不能常住，不會永遠存在，不會是實有。虛無是無，實有是有，有關事物的真相，是既不是無，也不是有，是遠離這無、有兩種極端的偏見或邊見，這便是中道。

扼要而言，佛陀的開悟的思維契機，是有見於淫樂、放縱欲念固無與於實證真理；即使是苦行，也不過是自我折磨而已。這兩種行為都失之於偏頗，不是中正之道，無益於我們見真理，得覺悟，成解脫。於是他提出中道，要人從相對的、極端的生活中提升上來，養成心靈上的平衡、平和，達致絕對的無我（anātman）的狀態，而臻於涅槃的寂靜境界。中道是實踐的總原則，具體的做法是所謂八正道：正見、正志、正語、正業、正命、正精進、正念、正定。這種思維，是徹頭徹尾地工夫論性格的，它的生活氣息，非常明顯。佛陀對於形而上學的問題，並沒有興趣，這是小乘特別是部派佛教、說一切有部（Sarvāsti-vāda）所關心的題材。另外一點要注意的是，佛陀說苦、集、滅、道四諦，並不是在一種對等的脈絡下說的，而是以苦（dukkha）為中心來說：

苦的聖諦（dukkhaṃ ariyasaccaṃ）

苦的生起的聖諦（dukkhasamudayo ariyasaccaṃ）

苦的滅去的聖諦（dukkhanirodha ariyasaccaṃ）

> 彼等優婆塞於後夜時，端坐思維，繫念在前，於十二因緣，逆順觀察：所謂是事有，故是事有；是事起，故是事起。謂緣無明行，緣行識，緣識名色，緣名色六入處，緣六入處觸，緣觸受，緣受愛，緣愛取，緣取有，緣有生，緣生老、死、憂、悲、惱、苦。如是純大苦聚集。如是無明滅則行滅，行滅則識滅，識滅則名色滅，名色滅則六入處滅，六入處滅則觸滅，觸滅則受滅，受滅則愛滅，愛滅則取滅，取滅則有滅，有滅則生滅，生滅則老、死、憂、悲、惱、苦滅。如是純大苦聚滅。（《大正藏》2·156下-157上）

這種說法常出現於《阿含》文獻中，上面引的是比較完整的說法。它的總的訊息是甚麼，學者有不同說法。我的看法是我（有）的形成與執著，這有即是個體生命、個別靈魂。總的訊息是教人如何依因果規律或緣起理論來破除對生命各個環節的執著，最後達致老、死、憂、悲、惱、苦等生命現象的熄滅，個體生命、個別自我的突破，由此便得覺悟，證涅槃。關於筆者的這種說法，詳情參考拙著〈論十二因緣〉，《佛教的概念與方法》（臺北：臺灣商務印書館，1988），頁 1-4。

苦的滅去的途徑的聖諦（dukkhanirodhagāminī ariyasaccaṃ）
整個四諦學說聚焦在苦或人生的苦痛煩惱這一問題上，展示出對人生的苦痛煩惱的現實的、富生活色彩的感受與反思，佛教立教的根基，正是人生的一切皆苦這一生活的現實事件。它要徹底解決這個問題，讓眾生離苦得樂。

以上剛提到，佛陀特別重視我們生命中的苦的現實，因而在四諦之中，以苦的滅去的途徑的聖諦為壓軸。這「苦的滅去的途徑」正相應於道諦，這道正是中道，而中道的具體實踐的項目，是八正道。這「八」是無所謂的，說「六」、說「十」都可以。重要的是這作為道諦的中道作為一個實踐的總原則，它的內涵與概括性的做法是甚麼。或者說，在佛陀的緣起性空的根本立場下，我們應該怎樣去解讀中道。這正是我在目下要探討的問題。

按佛陀最初說法的內容，據最根本的文獻如《相應部》等所說，是不要靠近兩個極端。這兩個極端之一，是在欲望大海中不能自拔、自浮現，而導致的對一切事物的愛著；二是為苦行而苦行的心理，自己折磨、作賤自己。佛陀千言萬語，不外告誡佛弟子要徹底捨棄這兩個極端，而守中道。這樣才能開拓智慧，洞見一切事物的本性、本質，最後達致寂靜的涅槃（nirvāṇa）的場域（Horizont）。這便是中道（majjhimā paṭipadā, madhyamā pratipad）。這樣，由中道便可提出「涅槃的轉向」（sambodhāya nibbānāya saṃvattati）。這種轉向可以徹底地追溯到佛陀成道後的初轉法輪的文獻（指經典而言）。❻從哲學方面言，這種轉向應有超越空與有或其他背反而獲致終極原理、體證最高真理的意味在裏頭。

日本學者一般來說，都很強調中道的重要性，特別是在實踐方面。宮本正尊認為中道是理論與實踐的結合，是佛教的真理觀的基礎。他認為，理論相應於真理，實踐相應於真實。他還特意提出「根本中」一觀念，以展示中道的重要性。❼「中道」的梵文原名 Mūlamadhyamaka，便有根本（mūla）的意思，但把中道說到根本真

---

❻ 日本學者宮本正尊認為，佛門中的這種轉向，可以被視為理解佛教的主體性的中道原理的重點。（宮本著〈佛教の真實、中道と涅槃〉，頁 48。）

❼ 同前，頁 105。宮本還寫了下列兩本大書，對中道問題作深而廣的研究：
《根本中と空：佛教學の根本問題第一》（東京：第一書店，1943）。
《中道思想及びその發達》（東京、京都：法藏館，1944）。

理方面去，卻不多見。一般來說，學術界多是以空（śūnyatā）或緣起（pratītyasamutpāda）為佛教最重要的概念的。另一學者增谷文雄認為，「中」或「中道」是作為一種實踐原理而被使用的。即不偏向於快樂主義，亦不偏向於禁欲主義。一切以緣起立場為依歸。❽另外一個日本學者舟橋一哉則不大說中道，卻把原始佛教聚焦在緣起來說。他是認為中道與緣起是不能分割開來的。從緣起中講中道，才最平實，最切近於生活。他把緣起與實踐的問題標示於自己寫的書的副題中，便可見一斑。❾進一步說，緣起是微觀性格，實踐是宏觀性格。舟橋特別強調實踐的重要性。但這實踐範圍宏遠，我們應該從哪處著手呢？舟橋指出，佛教的基本樣態，是對真理（sacca）的自覺（pajānanā）與生活的體現。❿他認為佛教真理的自覺與生活的體現有密切的關聯，前者是內相，後者是外相。在邏輯上，前者在先，後者跟從。（筆者按：這先後不涉時間，舟橋自己也跟著說，兩者在時間中並無前後的關係。）我們對真理的自覺，不可能沒有生活上的影響。自覺不會即此即滯留在自覺之中；它若對實際生活完全無所涉及，則已不是自覺。在生活的體現中應即此即有自覺的表現在裏頭。⓫這與上面提及的宮本正尊的看法有交集之處。宮本認為理論相應於真理，以至對於真理的解讀，實踐則相應於真實，亦即我們日常的生活、實踐。這其實近於舟橋所提的對佛教真理的自覺與生活上的體現的密切聯繫。

最後舟橋表示《阿含》的原始佛教的實踐方式如下：

如實智見（yathābhūta-dassana）→厭離（nibbindati）→離貪（virajjati）→

---

❽ 增谷文雄、梅原猛著《佛教の思想 1：知恵と慈悲～ブッタ》（東京：角川書店，1974），頁159-160。

❾ 舟橋一哉著《原始佛教思想の研究：緣起の構造とその實踐》（京都：法藏館，1978）。

❿ 同前，頁126。

⓫ 同前，頁131。按舟橋這樣地把對真理的自覺與生活的體現合起來說，以義理上的內外、主從（主從不在價值問題上說）言之，與筆者一直堅持在真理的理解與真理的實踐的邏輯上的先後一點非常吻合。我一直認為，我們對真理的理解決定實踐、體證真理的方式。這裏有一種概念與方法的義理、邏輯上的主從可言：概念（對真理的理解）決定方法（對真理的實證方式），反之則不然。

解脫（vimuccati）→解脫智見（vimutti-dassana）⑫

這是實踐的方式，也可是在實踐生活上的一種漸進的歷程。如實智見與解脫智見都被視為智見（dassana），一在開始階段，一在結束階段，這兩個階段中所表現的見識、知見應該很是不同，不然的話，中間的厭離、離貪、解脫幾個修行的階段便變得無意義了。依我看，「如實智見」中的「如實」（yathābhūta）字眼用得不好。就文字學言，如實即如其為真實的實在，這有見道的意味。我想這如實只是就日常的、一般的見地說，這是我們平常的知解狀態，不免會有執著、迷妄在裏頭。而後面的「解脫智見」則指在成覺悟、得解脫的脈絡下說，這是終極義、超越義的智見，是一種對宇宙與人生的實情的一種洞見（Einsicht），不是一般的、日常的知見、知識。而中間的「厭離」、「離貪」則有捨離的意義，近於小乘的對世間的消極態度。這反映出在佛教的最早期，仍是在婆羅門教（Brahmanism）的影響下發展，出世的陰影仍在發揮作用。智顗以藏教來概括小乘和原始佛教的析法的消極的做法，是有一定道理的，但是以小乘為主。由小乘佛教發展到大乘佛教，的確需要經歷一段曲折的歷程。這曲折可以說是一種障礙（就大乘佛教來說），此中較明顯的障礙，自然是有部特別是說一切有部的出現了。

以下我要就宗教現象學的自我問題對佛陀及原始佛教作些析論。首先，佛陀的覺悟純然是自力導向的，委身他力在這裏不成一個問題。更要注意的是，他是主動要離開妻兒放棄奢華的生活，矢志向道，要成覺悟，得解脫。最初他跟隨幾個頭陀行者，作苦行式的修為，沒有結果，於是悟得淫欲（這是他本來在家庭中所能享受的生活方式）和苦修，都是極端，都不是提升精神狀態的正途。於是他雙離這兩極端，而行於中道，一本自己的生命與智慧苦思、體會不已，最後終於悟到世間的種種存在都是依因待緣而生，沒有恆常不變不滅的自性或實體可言。這正是四諦、三法印和十二因緣所共同指向或所奠基的真理：緣起性空，由此建立了佛教大小乘所共依的根本立場。特別是十二因緣所傳達的訊息是，我們之會沉淪於苦痛煩惱中而世世受苦的原因，是由於對自我死執不放而致；便是由於這自我或個體生命，我們才會流

---

⑫ 同前，頁 93。

轉於生死的三界（欲界、色界、無色界）中。因此，要為生命尋得出路，在人生道途中創造出生機，便需要「無我」，對自我徹底否定。在無我（anātman）的實踐中，我們不執取自我，也不離棄自我，一切順中道而行，雙離二邊。這便是人生的真理。要明瞭真理，徹底滲透到真理的底層，洞悉到人生的本質，需要一種洞見（Einsicht）、一種明覺。在此中用功的主體，正是本質明覺我。這本質明覺我若以佛教自身的詞彙來表達，則是佛性（buddhatā）、如來藏心（tathāgatagarbha-citta）。這是印度大乘佛教中除中觀學、唯識學之外的第三系思想「如來藏思想」所積極倡導的宗教現象學的主體性（Subjektivität）。

二、總的評論

以下我要對佛陀與原始佛教的義理和實踐思想，作一總的評析。我想先強調的是，佛陀開悟後即終身說法，自己沒有留下片言隻字，他的思想都具載於佛弟子所記述的《阿含》文獻中。因此，《阿含》文獻成了展示佛陀思想的最重要資料。故從思想史、哲學史的角度看，佛陀與以《阿含》文獻為基礎的原始佛教是分不開的。這種情況，與我國儒學創始人孔子和《論語》一書的關係很相近。孔子未曾執筆寫過書，但他的思想都由門人弟子記錄下來，輯成《論語》。因此，在思想上，孔子與《論語》是分不開的。

以下我要就幾點來表示自己的評論。首先，佛陀是一個很重視現實生活的踐履的人物，他鎖定自己的志業是求道、得覺悟、普渡眾生後，便切實地就這個方向去做，做一些切近的工作，不去想那些哲學上玄遠的問題，特別是形而上學的問題，或其他不大相關的問題。箭喻的例子，是大家所熟知的。他覺得處理為箭所傷的人的重要工作，是切實地、有實效地去給他治理箭傷，至於他為甚麼被箭所傷，讓他受到箭傷的是甚麼人，甚至那枝箭是從哪個方向射來的，種種與療傷沒有直接關係的問題，都可以擱在一邊。救人要緊。佛陀便是這樣，他要讓眾生儘快得到救渡，其他問題都可以放在一邊，如體性、佛性（buddhatā）問題可以暫時不管。⓭我們要

⓭ 佛性是佛教中挺重要的觀念，其重要性不低於空、中道、涅槃等。天台宗智顗的判教，便是以佛

做的，是實際對眾生有饒益的事。⓮同時，如增谷文雄所指出，緣起說法完全是作為客觀的觀點來說。「此有故彼有」、「此滅故彼滅」，人間的願望完全沒有介入的餘地。但佛陀對這種人間的有限性總是感到不安。在他的思想中，包含有必須以人的立場介入於其中一點。⓯增谷這種說法，可以引領讀者考量及佛陀對人間性或人文的重視。緣起是一條普遍的法則，沒有任何經驗性格的事物可以不涉於其中。人有其經驗性，但也有其超越性。人有自由意志（freier Wille），在某種程度下，他可以從緣起的因果的客觀規律方面解放開來，或與緣起的因果性作某種協調，俾能在緣起的因果律的洪流中，發揮他的影響力，以成就所謂「人文」。即是說，人可憑他的人文性，介入於緣起的洪流中，保留一些自己的主體性。不過，這個問題很

性的有與無作為主要線索來進行。他曾強調佛教的全部思想，最大的區別在於有說佛性與沒有說佛性而已。他說：「大小通有十二部，但有佛性無佛性之異耳。」（《法華玄義》卷 10，《大正藏》33·803 下）佛性既是這樣重要，但在佛陀眼中，並不是關要的問題，故棄置不談。或者可以說，他並未意識到佛性的問題。

⓮ 《雜阿含經》卷 16 謂：「眾多比丘集於食堂，作如是論。或謂世間有常，或謂世間無常，世間有常、無常，世間非有常、非無常。世間有邊，世間無邊，世間有邊、無邊，世間非有邊、非無邊。……如來死後有，如來死後無，如來死後有、無，如來死後非有、非無。爾時世尊一處坐禪，以天耳聞諸比丘集於食堂論議之聲。聞已，往詣食堂，於大眾前，敷座而坐。……佛告比丘：汝等莫作如是論議。所以者何？如此論者，非義饒益，非法饒益，非梵行饒益。非智非正覺，非正向涅槃。汝等比丘應如是論議：此苦聖諦，此苦集聖諦，此苦滅聖諦，此苦滅道跡聖諦。所以者何？如是論議，是義饒益，法饒益，梵行饒益，正智正覺，正向涅槃。」（《大正藏》2·109 上-中）按在這裏，佛陀勸誡徒眾不要太著重那些與人生現前的狀況沒有直接關連的問題，特別是形而上學的問題，例如世界是否有邊際可言，如來死後的有無問題。這些議論，即使找到答案，也與眾人的目下生活與將來實現宗教理想，例如義理（義）、存在（法）、清淨行為（梵行）等，沒有益處，沒有促發的饒益。這裏沒有對於宇宙、人生的智慧，不能成就正確的覺悟，也不能讓人達致涅槃的境界。佛陀並提議他們多留意苦、集、滅、道等真理（諦）的問題，這樣才有上面所述的種種益處、饒益。對於真理有正確的理解和恰當的實踐，才能成覺悟，得解脫。另外，在這裏佛陀更運用了四句（catuṣkoṭi）的思維方式：世間有常、無常、有常無常、非有常非無常；世間有邊、無邊、有邊無邊、非有邊非無邊；如來死後為有、為無、為有無、為非有非無。有關這四句問題，我在下面會再有涉及。日本學者舟橋一哉也留意到，佛陀對於世間在時間上是有限（無常）抑是無限（常住），在空間上是有限（有邊）抑是無限（無邊）等形而上的、超經驗的問題，只以「無記」稱之，不予討論。對於這些觀念性的問題，不感興趣。（舟橋一哉著《原始佛教思想の研究》，頁 14。）

⓯ 《佛教の思想 1：知恵と慈悲～ブッタ》，頁 127。

複雜，不是我們在這裏要討論的。

第二，佛陀的志業，說來很簡單，很平凡，但做起來卻是很艱難，能夠做得到，的確很不平凡。他是要眾生離苦得樂。要離苦，便得探討苦的源頭。在他看來，苦的直接基源在我們分別起執，以二元性來構架世界。而這又原於我們生來便背負著的無明（avidyā）。因此他專心講十二因緣，要人破除一切愛著、虛妄分別，要人「無我」。他的思想中沒有顯明的存有論、知識論；他的形而上學所牽涉的事物的自性（svabhāva），是本來無有的，是由人的執著而起的。在人與人的關係上，他只講些戒律意味的倫理關係，這自然是由於出家的緣故；他沒有嚴整的倫理學或道德哲學。他的思想體系，其實只有兩個面相，這即是真理論與實踐論。這兩個面相也不能相互獨立起來，而是雙方牽連在一起的。對於佛陀來說，宇宙與人生的真理、真相是空（śūnyatā）、緣起（pratītyasamutpāda），而交集於中道（madhyamā pratipad）的實踐中。即是，一切生命存在都是因緣和合而成，這是緣起。由於是因緣和合，緣（條件）聚便成事物，緣散事物便變化，甚至解體。事物不是一無所有，而是緣起，因此不是虛無的，這是非無；事物又正是緣起的，不可能具有常住不變的性格，故不是恆常的有，這是非有。非無非有，雙離兩邊，便是中道。中道既是真理，也是實踐，這便概括了佛陀的思想體系的全部內容。要理解佛法，便得從中道理解；要實踐佛法，便得依中道來實踐。即是，一切事物都是非有非無：不是絕對的有，也不是絕對的無；明乎此，便不對事物（包括自我在內）執著不捨，也不對事物捨離。中道的真理與實踐義，便是這樣了。⓰

第三，在上面所說的義理脈絡下，我們可以重新建立以空、緣起為根本性格的

⓰ 宮本正尊對佛教的真理、實踐義，跟我的說法大致吻合，但從另外的面相說，特別是從四諦說。他表示，苦集是從現象說，滅道是從理想說，這是兩重真理觀，亦是真俗二諦觀。這是由四種真理觀（四諦）組織而成，依於其中的中道（道諦），便成就了我們主體的實踐和人格活動。這道諦一方是有為的，同時也是無漏的。以有為與無漏的交雜的中道為媒介，成就了苦集的有為、有漏性，和滅道的無為、無漏性。前者的基礎在法住智，後者的基礎是涅槃智。（〈佛教の真實、中道と涅槃〉，頁 103）在這裏，宮本說到中道的問題，頗令人感到疑惑。說中道一方面是有為的，同時也是無漏的，有些問題。中道是引領我們體證真理的正途，它的意義較諸空、緣起更為重要，在性格上，它應是超越的，超越的東西如何能說是有為的呢？倘若這點未能交代清楚，便不能說作為有為與無漏的交雜的中道，也不能確定它是不偏不倚的媒介。

世間，這世間不單是存有論意義的，同時也是工夫論意義的。在這裏，純然是客觀的存有論的世間是不能說的，它已有人間性、人文性的介入。這人間性、人文性對於世間來說，可以有一種熏習、轉化的意味。另外，在工夫論或實踐論方面，中道一直都在扮演一種實踐原則的角式，而不能以體性說。⑰這種實踐原則可以幫助我們摧破一切有無、生死、罪福一類的二元性思維，讓我們在緣起的事物中展示非有非無的洞見，這也是空的理境。而能夠表現這樣的洞見，達致空的理境的，正是上面說到的本質明覺我。宮本正尊在上面註⑯中提到的涅槃智，也應該能有這樣的洞見與理境，才能達致涅槃的境界，而為一本質明覺我。

第四，佛陀與原始佛教在當時的印度提出空、緣起、無我、中道等思想，很有革新的意味。當時主宰印度思想界的，仍是婆羅門教（Brahmanism），種姓說仍然流行。⑱佛陀提出他的新說，如四諦、三法印、十二因緣之屬，主要是要摧破婆羅門

---

⑰ 天台智顗以中道等同於佛性，而提出「中道佛性」或「佛性中道」一複合概念（compound concept），這便給予中道某種程度的體性義。我在這裏所說的中道，遠遠未到智顗的具體性義的中道那個階段。另外，中道佛性在我的著作中時常被提及，故在這裏不另提供出處了。

⑱ 當時的印度社會仍分四個階層，相互之間少有來往，種姓分別的價值意識仍然濃烈。這四個階層以婆羅門僧侶（brāhmaṇa）為首，是宗教層次，最是尊貴。其次是剎帝利（kṣatriya），包括政治家與軍人。再次是吠舍（vaiśya），指從商的人。最後是首陀羅（śūdra），指徒手操作的人。在首陀羅之下，還有賤人，這則是指奴隸了。以下姑引《雜阿含經》的一段對話，這是借婆羅門之口，否定四姓說。

> 尊者摩訶迦旃延在稠林中住。時摩偷羅國王是西方王子，詣尊者摩訶迦旃延所，禮摩訶迦旃延足，退坐一面，問尊者迦旃延：「婆羅門自言：『我第一，他人卑劣。我白，餘人黑。婆羅門清淨，非非婆羅門。是婆羅門子從口生，婆羅門所化，是婆羅門所有。』尊者摩訶迦旃延，此義云何？」尊者摩訶迦旃延語摩偷羅王言：「大王，此是世間言語耳，世間言說言：『婆羅門第一，餘人卑劣。婆羅門白，餘人黑。婆羅門清淨，非非婆羅門。婆羅門從婆羅門生，生從口出，婆羅門所化，是婆羅門所有。』大王當知，業其實者，是依業者。」王語尊者摩訶迦旃延：「此則略說，我所不解，願重分別。」尊者摩訶迦旃延言：「今當問汝，隨問答我。」即問言：「大王，汝為婆羅門王，於自國土，諸婆羅門、剎利、居士、長者，此四種人，悉皆召來，以財以力，使其侍衛。……如是四姓，悉皆平等，無有勝如差別之義。……當知四姓世間言說，為差別耳。乃至依業，真實無差別也。復次大王，此國土中有婆羅門，有偷盜者，當如之何？」王白尊者摩訶迦旃延：「婆羅門中，有偷盜者，或鞭，或縛，或驅出國，或罰其金，或截手、足、耳、鼻，罪重則殺。……」復問：「……如是，大王，豈非四姓悉平等耶？為有種種差別異不？」王白尊者摩訶迦旃延：「如是義者，實無種種勝如差別。」（《大正

教的實體觀、梵思想：以捨離方式與梵吻合，在理論上要突出一切皆空的說法，在實踐上倡導雙離二邊的中道之路。⑲所謂實體，或 substance，是西方形上學的重要概念，在婆羅教來說，則是原質（prakṛti）、自性（svabhāva）、神我（puruṣa）。這都是實體主義或實在論所堅持的。佛陀講空，講緣起，講中道，是不容許這些形而上的概念的。它們在非實體主義如佛教之中，是沒有位置可言的。不過，在某種程度來說，梵的思想仍然流行，特別是透過對梵我一如（Tat tvam asi）的確認與瞑思大梵以求得與梵合一的境界，這樣便得解脫了。這種梵與自我（ātman）一如的說法，有很多表述方式，如：「Ahaṃ brahma asmi」、「Brahma-ātma aikyam」。

有關梵與我之間的受重視程度，最初自然是梵重我輕的。梵是宇宙的實體、本體，我則是梵分流下來，到眾生之中，以成就眾生的自我。故梵、我是同質的，必須要是這樣，梵我一如、自我與梵瞑合而得解脫這樣的工夫論與宗教理想的達致才能說。不過，如增谷文雄所說，在佛陀的時代，印度思想界處於自我覺醒的狀態，其思想重點已漸漸由梵移到自我了，那時的人強調自己是自己的根據，自己以外再無根據。這是高揚自我，要努力建立以自己為基礎的人間世界的時代了。不過，這並不表示自我是實在的意味。反之，當時很流行「無我」（anattā, anātman）的聲音，此中要無的、要否定的，並不是作為主體的自己，而是支配當時的時代思想界的對於自我的固定的、常住的想法。這種聲音要否定「我所」（mama，我的所有）、我（attan）。佛教要以緣起的立場來對抗《奧義書》的梵我一體的立場，反對婆羅教的自我觀。他們要否定「我體」（me attā），否定不變的本體我、本質我，亦即是靈魂。增谷最後強調，佛陀的看法是，這靈魂是一種我體形式，與緣起立場相反，是不存在的。這便成有名的「諸法無我」了。⑳故在佛教興起的初期，印度思想界已

藏》2・142 上-中）

⑲ 在摧破當時的梵思想方面，佛教進行得並不完全順利。當時印度各處仍然流行婆羅門教初期訂下的一個男子所需履行的四期生活方式：學生期（brahmacārin）、家居期（gṛhastha）、林棲期（vānaprastha）和遁世雲水期（sannyāsin）。在這四期不同的生活方式中，避世的、捨離的遁世雲水期仍被視為最重要的方式，而且出現很多所謂「遊行者」（paribbājaka）。佛陀自己到處說法，居無定所，亦可作遊行者看。

⑳ 《佛教の思想 1：知恵と慈悲〜ブッダ》，頁 129-132。

在醞釀著一種由客體性（梵）到主體性（我）的傾向，這在思想史來說，是一種進步現象。梵是外，我是內，把終極性由外移向內，是一種理性上的覺醒。佛陀順應當時的思想流向，要打破梵的權威性，視梵為眾生的虛妄的構想的結果，而提緣起、空、中道的義理，倡導「無我」的思想與實踐。由於這是順應客觀的思想界的潮流，故發展得很迅速。這「無我」的「我」，是與梵同質的實體性的我，與後來大乘佛教所強調的涅槃（nirvāṇa）的「常、樂、我、淨」中的「我」不同，我們要分別清楚。另外，增谷文雄以靈魂來說我體、不變的本體我、本質我，也有問題。我體、本體我、本質都是具有體性義的我，是假的，本來不存在的，但易為一般眾生虛妄執著為真正的我。佛陀反對這種我，如增谷所說，是對的。但這種我不是靈魂，靈魂是生滅法，一如後來發展出來的大乘唯識學（Vijñāna-vāda）所說的第八阿賴耶識（ālaya-vijñāna），都是生滅法，有變動的性格，這跟其中的種子（bīja）的增、減與有漏性、無漏性有關。這才是靈魂。諸法無我的「我」不是會變動的靈魂，而是眾生盲目執實的常住不變的自性我、本體我、實體我。後者是假的我。

最後，如上面提過佛陀與原始佛教在自我設準的問題上是依於本質明覺我，這種自我有一種洞見，能見到事物的本質，這本質是空，是緣起，也是中道。這三者是相通的，是從不同面相來說終極的真理。空是從本質說，表示事物以無自性來說的本質；緣起是說事物的現象性格，一切現象都是依緣起這一模式而得成就，因而是生滅法。這空與緣起的意義比較簡單，它們的重點在義理方面，當然也有實踐的涵義，但以存有論的義理方面為主。中道則不同，它基本上是實踐意義：遠離、超越一切相對的極端，不偏於有，不偏於無，而突破有與無所構成的背反，達於絕對無相的境域，便可成就覺悟，得解脫。另外，有一點我們需注意，佛陀說空，說緣起，很多時是直接地說空是事物無自性，緣起則是事物依因待緣而得生起、成立。但他說中道，很多時都是彎曲地說，特別是以四句（catuṣkoṭi）的辯證思維來進行。例如《雜阿含經》說：

> 佛告迦葉：「若受即自受者，我應說苦自作。若他受，他即受者，是則他作。若受自受他受，復與苦者，如是者自他作。我亦不說。若不因自他，無

因而生苦者，我亦不說。離此諸邊，說其中道。」㉑

在這裏面，自作是第一句，是肯定意；他作是第二句，是否定意；自他作是第三句，是綜合意。至於無因，則是指非自非他作。由於自作、他作已窮一切作的原因，若說無因而作，則是排除自作他作，而為非自非他作，這便是無因，這非自非他作，即是無因作，這是第四句，是超越義，超越自他作也。總起來說，自作、他作、自他作、非自非他（無因）作，合起來正是四句。至於經中又說自作、他作、自他作，「我亦不說」，是指前三句的否定；不因自他、無因，是非自非他作，這是第四句的否定。合起來正是四句否定。經中認為四句不能交代苦的作，苦的生起。故苦的生起的終極真理，不能透過作為言說的四句來解釋，只能求助於四句否定，後者是超言說的，是敞開的。㉒

在這裏我們不妨多舉一個例子，這個例子較上述的一個在構造上更為清楚，也更易解讀。《雜阿含經》說：

尊者舍利弗……復問：「云何老死自作耶？為他作耶？為自他作耶？為非自非他無因作耶？」答言：「尊者舍利弗，老死非自作，非他作，非自他作，亦非『非自他』作、無因作。」㉓

此中的意思是，老死這種生命現象，究其成立，不外乎自作、他作、自他作、非自非他作。這是肯定式的四句思維。佛陀認為，老死這種現象，其真相不能以四句來說明。它只能由非自作、非他作、非自他作、非「非自他」作或無因作而成。這是四句否定。佛陀的意思是，四句畢竟不能脫離概念、思維這樣的具有相對性的言

㉑ 《大正藏》2．86 上。

㉒ 有關四句與四句否定的思維方式，相當複雜，我在這裏不打算細論，讀者可參閱拙文〈印度中觀學的四句邏輯〉，拙著《印度佛學研究》（臺北：臺灣學生書局，1995），頁 141-175。又拙著 Yu-kwan Ng, *T'ien-t'ai Buddhism and Early Mādhyamika*, Ch. V, "Four Alternatives in Mādhyamika and Chih-i" Honolulu: University of Hawai'i Press, pp.90-123.

㉓ 《大正藏》2．81 上。

說，不能恰如其分地交代老死現象的終極性格。要徹底地、終極地了達老死現象，需要「離四句，絕百非」，以般若智慧（prajñā）來照見，這便是四句否定。以康德（I. Kant）哲學的詞彙來說，生命現象的真相或它的在其自己（an sich），不能經由感性（Sinnlichkeit）和知性（Verstand）而被了知，只能由睿智的直覺（intellektuelle Anschauung）而被了知。感性、知性的運用是在言說的範圍內進行的，睿智的直覺則是超越言說的。㉔

㉔ 以上是有關佛陀和原始佛教的思想。雙方時常混和在一起，沒有清楚的界線。有關這方面的思想，可進一步參考下列諸書或論文：

楊郁文著《阿含要略》（臺北：法鼓文化事業股份有限公司，1999）。

武內義範著《原始佛教研究》，《武內義範著作集》第三卷（京都：法藏館，1999）。英譯：Takeuchi Yoshinori, *The Heart of Buddhism: In Search of the Timeless Spirit of Primitive Buddhism*. Tr. James W. Heisig, New York: The Crossroad Publishing Co., 1991.

舟橋一哉著《原始佛教思想の研究》（京都：法藏館，1978）。

增谷文雄、梅原猛著《佛教の思想 1：知惠と慈悲〜ブッタ》（東京：角川書店，1974）。

水野弘元著《釋尊の生涯》增補版（東京：春秋社，1975）。

增谷文雄著《東洋思想の形成》，第二部〈佛教の成立とその發展〉（東京：富山房，1964），頁 197-389。

宮本正尊著〈佛教の真實、中道と涅槃〉，宮本正尊編《佛教の根本真理》（東京：三省堂，1974），頁 17-132。

中村元著《慈悲》（京都：平樂寺書店，1960）。

David J. Kalupahana, *Causality: The Central Philosophy of Buddhism*. Honolulu: The University of Hawai'i Press, 1975.

A.D.P. Kalansuriya, *A Philosophical Analysis of Buddhist Notions: The Buddha and Wittgenstein*. Delhi: Sri Satguru Publications, 1987.

Étienne Lamotte, *Histoire du Bouddhisme Indien*. Louvin: Publications Universitaires, Institut Orientaliste, 1958.

第七章　法有我無

一、說一切有部

這是指有部特別是說一切有部（Sarvāsti-vāda）和經量部（Sautrāntika）本著實在論（realism）的立場來詮釋和發揮原始佛教的思想體系。❶在他們看來，作為主體的我是沒有實在性（Realität）的，但作為客體的諸法或種種存在則有實在性，而且這實在性是通於過去、現在、未來三個時段的，所謂「三世實有，法體恆有」，這法體（svabhāva）即是實體，它隱藏在作為現象的諸法的背後，支持著它們，作為它們的基底。現象是生滅法、有為法（saṃkṛta），有生有滅。法體則是無為法（asaṃskṛta），無生無滅，永遠存在。這個學派以一種區別的分析法來看存在世界，把其中一切事物還原為七十五種基本要素。這些要素不可能被還原為更根本的東西，因而是終極性格的，他們便在這個意義下說法體。這法體可視為釋迦牟尼、原始佛教以至後來大乘佛教所共同拒斥的自性。這可以說是悖離了佛陀的諸法是緣起的、無自性的、空的這一基本立場。他們又進一步把這七十五種根本要素歸納為五大類：色法（rūpa）、心法（citta）、心所法（citta-saṃprayukta-saṃskāra, caitta）、心不相應法（citta-viprayukta-saṃskāra）、無為法（asaṃskṛta）。這便是有名的「五位七十五法」。色法是物質的東西，包括眼、耳、鼻、舌、身五種感覺器官與其相應對象：色、聲、香、味、觸，加上無表色（不能表示出來的實體），計十一種。心法是心王，或意識，或心的主體，只有一種。心所法即心所有法，簡稱心所，是伴隨著心而起的心理狀態，

---

❶ 實在論是一種哲學理論，它肯認我們現前所面對的世界的一切的事物的實在性。這有點像經驗主義（empiricism）的看法，而和超越主義或唯心論相對反。

計四十六種。這即是：⑴大地法（與一切心相應）：受、想、思、觸、欲、慧、念、作意、勝解、三摩地共十種。⑵大善地法（與一切善心相應）：信、不放逸、輕安、捨、慚、愧、無貪、無瞋、不害、勤共十種。⑶大煩惱地法（與不善心相應，與能障心相通）：無明、放逸、懈怠、不信、惛沈、掉舉共六種。⑷大不善地法（只與一切不善心相應）：無慚、無愧共二種。⑸小煩惱地法（只與無明相應，而且只孤獨地生起）：忿、覆、慳、嫉、惱、害、恨、諂、誑、憍共十種。⑹不定地法（無一定的相應法）：尋、伺、睡眠、惡作、貪、瞋、慢、疑共八種。心不相應法是不伴隨心靈而起的存在，可離意識而有其普遍性，它本身不是心法，也不是色法，而是語言的、邏輯的與修行境界的要素。語言要素是名身、句身、文身共三種。邏輯要素是得（即結合）、非得（即分離）、眾同分（即種類）、生、住、異、滅共七種。修行境界的要素是無想、無想定、滅盡定、命根共四種。無為法則是沒有生滅變化，不由做作而生的法，包括虛空（空間）、擇滅無為、非擇滅無為共三種。擇滅無為是依人的思慮而來的存在的消失，例如煩惱依修行而被轉捨，變成無有。非擇滅無為是不依人的思慮而來的、自然的存在的消滅，例如薪盡火滅。這三種無為法都無現實的存在性，但都被視為是實有。

這說一切有部所提出的對存在世界的事物的複雜分析，構成一種所謂「煩瑣哲學」。這種哲學的境界不高，但展示出對現象世界的存在的細微的觀察與分析，由此建構出一個規模宏大的存有論、宇宙論的網絡。我們一般所能說得出的、想得出的事物，都被網羅在裏頭。而所謂「法有我無」中的「法有」，正是通過這樣的區別、分析，把一切存在事物都加以考量，而定出這法的基體：法體是有實在性的。法（dharma）是有的，它們所能還原到的最根源性的法體是實有的，不是虛無的。但我們在這種種存在和它們所能還原為法體之中，找不到自我的存在，因而說「我無」。另方面，我們若把這我加以切割、析離，到了最後，得出所謂五蘊：五種聚合（skandha）：色（rūpa）、受（vedanā）、想（saṃjñā）、行（saṃskāra）、識（vijñāna），其中並沒有我，沒有我的法體，因而說「我無」。這與「法有」合起來說正是「法有我無」。嚴格來說，說一切有部的這種說法，在我無方面是遵循原始佛教的「無我」（anātman）的思路。但在法有方面，則悖離了原始佛教，他們不能理解這些所謂「法體」（svabhāva）根本上是不存在的，它們只是我們的虛妄的心識的一種執著

作用的結果而已。因此，他們的存有論是有問題的，起碼對於種種存在和作為它們的基礎的法體有虛妄執著，以無為有。❷

說一切有部的這種法有我無說，最詳細地記錄於世親（Vasubandhu）所著的《阿毗達磨俱舍論》（*Abhidharmakośa-bhāṣya*，省稱《俱舍論》）中。所謂「阿毗達磨」（abhidharma）的意思是對於佛陀的教法加以研究、詮釋以至組織起來而成為一種思想體系。abhi 是對向之意，dharma 是法，是經，abhidharma 便具有對法、對於經教加以詮釋的意味，這其實是「論」（śāstra）。這部文獻也包含了一些當時流行的經量部（Sautrāntika）的思想在裏面，是一部有強烈的實在論傾向的作品；在內容上與《阿含》文獻也有重複之處，被視為小乘佛教的重要文獻，在天台宗智顗大師的判教法中，與《阿含》文獻同被視為藏教的思想模式。❸

再回到說一切有部的對存在世界的種種法作精細的區分一點。這種區分存在的根本要素或法體（svabhāva），可以是物質與心靈的區分，也可以是有因果性（有為 saṃskṛta）與沒有因果性（無為 asaṃskṛta）的東西的區分。不管如何，一言以蔽之，這種對存在的分類、區別，目的不外是要建立一種實在主義的存有論（也略有宇宙論的意味在內），另方面也是要否定自我的存在性。他們的結論是，作為客體方面的根

---

❷ 說一切有部有五位七十五法的說法，其後唯識學（Vijñāna-vāda）有五位百法的說法，把一切存在分為百種，但並不視之為實體或法體，卻視之為假立的法。這百法分為五種：心王、心所有法、色法、心不相應法、無為法。這與說一切有部的說法非常相似。

❸ 在小乘教的論書中，與《阿毗達磨俱舍論》在內容上有相似性的著述很多，例如世友（Vasumitra）所著的《異部宗輪論》（*Samayabhedoparacanacakra*），由說一切有部的立場出發，記述小乘各派的發展與分化的歷史和它們的教法。根據窺基的《異部宗輪論述記》，世友曾經替世親的《阿毗達磨俱舍論》作過註釋。另外，有迦多衍尼（Kātyāyanīputra）所著的《阿毗達磨發智論》（*Abhidharma-jñānaprasthāna-śāstra*，省稱《發智論》），對於說一切有部的教法加以整頓，讓它有獨立的面目。這部書的註釋，正是有名的《阿毗達磨大毗婆沙論》（*Abhidharma-mahāvibhāṣā-śāstra*，省作《婆沙論》或《大毗婆沙論》）。這部大書據說是由五百羅漢所寫，隨文解釋《發智論》，最後提出一些獨立的說法蔚然成家。這本著作與《俱舍論》齊名，都被視為以有部為中心的部派佛教的重要文獻。在佛教研究界看來，這部著作的內容廣博但嫌繁雜，不如《俱舍論》般有明晰的論旨，而且體系整然。後者是阿毗達磨諸種論著中最有義理價值的名著。

本的諸法是有的，但作為主體的自我則是沒有的，這便是「法有我無」。❹就哲學史而言，說一切有部的這種法有我無說：一切存在被還原到法體的層面，都看不到有我，因而推導出我無，即是，作為實體、法體的我是沒有的，這樣的思維導向或方式，其實並不可取。這我無需要把世界所有存在加以還原和解構，到了最後，發現被還原出來的東西中沒有我；另方面又把自我析離、解構而為五蘊的五種聚合，便甚麼也沒有了。以這種方式來建立我無的義理，而付出析離存在與自我作代價，其實並不高明。因此，在天台智顗的看法，這是「拙」的方式，是笨拙的，不是「巧」、巧妙的、善巧的。這是析法（把諸法加以拆散、還原）和析我（把自我加以宰割），才能得到我無的結果。而法有中所涵的諸法中有法體、自性，更違離佛陀的性空緣起的本意。這樣的思維，實在並不可取。

說一切有部或省說的有部在筆者所提的判教的基準上又應如何被理解呢？首先，在動感方面，我們得注意佛性問題。因佛性是主體性，是心靈義，而心靈是最具動感的。有部並未有談及佛性的問題；在它的五位七十五法的架構中，並無佛性在裏面；即便把佛性也放在其中，佛性也不能被視為具有自性的法體。佛性是主體性，這是就活動、動感來說，不必涉及法體、體性的問題。說一切有部這種法有我無的立場，是與佛性最無緣的、距離最遠的。以實在論的立場來建立諸法的「有」性，根本不能容納像佛性那樣的超越的主體性。在筆者所分判的佛教的十二種教法中，法有我無是最違離佛陀的智慧與本懷的。❺在自我的判準方面，說法有，需要進行認知，因此涉及認知我或總別觀照我。可惜這種認知是虛妄的認知，以無（諸法沒有自性、法體）為有（諸法有自性、法體）的認知，總別觀照我不能如理地表現它的專長，認識事物的總相或普遍相和別相或個別相。至於我無方面，說一切有部一方

---

❹ 關於說一切有部的這種分別哲學或區別哲學的思路，可更參考梶山雄一著〈瞑想と哲學：一章空の思想 3・アビダルマの思想家たち〉，梶山雄一、上山春平著《佛教の思想 3：空の論理～中觀》（東京：角川書店，1973），頁 34-54。

❺ 世親寫《阿毗達磨俱舍論》，不曾提及佛性觀念。但他後來寫《佛性論》（*Buddhatā-śāstra*）則強調佛性，此中並無矛盾。世親早年宗阿毗達磨佛教，搞煩瑣理論是一事，他後來受到其老兄無著（Asaṅga）的影響而改奉大乘佛教，則是另一問題。他可能在改奉大乘後肯認佛性的存在性。這兩者不能相混淆，不能混為一談。

面在諸法被還原而為七十五種法體中找不到自我，另方面對自我或生命存在加以肢解、析離，而得色、受、想、行、識等五蘊，其中也沒有我。這正如智顗所批評為笨拙的做法，他們不能即就諸法的本身和自我的生命存在當體展示形而上的洞見（Einsicht），洞悉其中並沒有我（ātman）的存在。

進一步具體地理解法體的實在性問題，我以《俱舍論》為依據，看看世親的說法。《俱舍論》說：

> 五外二所識，常法界無為，
> 法一分是根，并內界十二。
> 論曰：十八界中，色等五界如其次第，眼等五識各一所識。又總皆是識所識。如是五界，各六識中，二識所識。由此准知，餘十三界一切唯是意識所識，非五識身所緣境故。十八界中無有一界全是常者，唯法一分無為是常。❻

按「五外」指十八界（aṣṭādaśa dhātavaḥ）中的五種外在對象：色、聲、香、味、觸。整個十八界範域包含人的生命存在的十八種構成要素。這即是六根、六境與六識。六根是眼、耳、鼻、舌、身、意六種認識器官，六境是色、聲、香、味、觸、法六種認識對象；六識是眼、耳、鼻、舌、身、意六種認識機能。按有部的看法，五外或五界是存有論地外在於主體的。「二所識」表示被兩種識所認識：色、聲、香、味、觸各各依次為眼、耳、鼻、舌、身所認識；另外，這五界又為意識所認識。所以這五界各各為兩種識所認識。至於其餘的十三界，則只為意識（mano-vijñāna, yid kyi rnam par śes pa）所認識，而不是前五識的認識對象。這十八界中沒有一界全是常住的，只有法界中的一分子：無為法是常住的。但這「常住」不涉及自性，而是超越緣起。

雖然《俱舍論》的作者世親（Vasubandhu）有實在論的傾向，但他並不是簡單地基於這種實在性便把這些事物視為常住的。這裏已經清楚表明，我們接觸到的具體的色、聲、香、味、觸都不是常住的。我們對世親的實在論的傾向可以這樣了解：

---

❻　《大正藏》29·13上。

外界事物都有著實在的基礎，基於這種實在性，它們應該是常住的。❼但以這種基礎而建立起來的具體事物卻是生滅法，是無常的。另外要注意的是，根據這樣的理解，世親並未有把外界事物的這種實在的基礎列入十八界之中，因為引文中清楚表示只有無為法是常住的。而這種實在的基礎既能構成具體的事物，則是構造論意義的東西，這樣的東西不應是無為法。這種實在的基礎不是無為法，但也與作為有為法的因緣和合而成的東西不同，則這基礎物到底是甚麼東西呢？世親沒有交代得很清楚。

另外，我們探究一下世親在《俱舍論》中所涉及的二諦（satya-dvaya）的問題。《俱舍論》說：

> 彼覺破便無，慧析餘亦爾，
> 如瓶水世俗，異此名勝義。
> 論曰：若彼物覺，彼破便無。彼物應知名世俗諦。如瓶被破為碎，凡時瓶覺則無。衣等亦爾。又若有物以慧析，除彼覺便無，亦是世俗。如水被慧析色等時，水覺則無。火等亦爾。即於彼物未破析時，以世想名，施設為彼。施設有故，名為世俗。依世俗理，說有瓶等，是實非虛，名世俗諦。若物異此，名勝義諦。謂彼物覺，彼破不無，及慧析餘，彼覺仍有，應知彼物名勝義諦。如色等物碎至極微，或以勝慧，析除味等，彼覺恆有。受等亦然。此真實有，故名勝義。依勝義理，說有色等，是實非虛，名勝義諦。❽

在這裏，世親把真理（satya）區分為世俗諦（lokasaṃvṛti-satya）和勝義諦（paramārtha-satya）。世親認為具體的、可被感官接觸的東西都屬於世俗諦，這是常識層面的真理。這些東西會改變，甚至壞滅，因為它們是生滅法。當這些東西壞滅後，我們很自然會失去對它們的知覺。因此，世俗諦有一個特點：這種真諦範圍中的事物所授

---

❼ 這外界事物不是指在我們的感官面前出現的東西，而是指隱藏在這些現前的東西的背後或內裏的東西。

❽ 《大正藏》29・116 中。

予給我們的知覺會跟著事物的狀態的改變而改變，甚至消失掉。如果我們運用自己的智慧對事物進行分析，分析到極微（aṇu）或原子時，所得到的知覺是恆在的，因為原子不會壞滅，是永遠存在的。由於原子是真實的存在，所以屬於勝義諦的範圍。❾

這裏明顯地可以看到世親對於事物的實在論的觀點。這種觀點是小乘教義中的一個特色，它在很大程度上影響到他們對外界事物的處理方式。由於要求得對勝義諦的知識，他們傾向於對外邊事物進行細緻的分析。在知識論的角度來說，他們所分析到的原子雖然超越知覺（Wahrnehmung）的範圍，但仍可憑推想而得。故這種分析仍不能被視為超越相對性的認識範圍。故世親所說的勝義諦應能透過知識論的途徑去加以了解。相反地，大乘佛教如中觀學（Mādhyamika）和唯識學（Vijñāna-vāda）所說的勝義諦則屬超越的、遠離相對性的認識層面，它超越感官知覺，不能單以一般的知識論的途徑來處理，而要訴諸睿智的直覺（intellektuelle Anschauung）來處理。

下面我們看著名的三世實有問題。《俱舍論》說：

> 三世實有，……以識起時必有境故，謂必有境，識乃得生，無則不生，其理決定。若去、來世境體實無，是則應有無所緣識，所緣無故，識亦應無。又已謝業有當果故，謂若實無過去體者，善、惡二業當果應無。非果生時有現因在。❿

按這裏是要證明外界事物除了在現前存在外，還有在過去和未來都是實在地存在的，這便是所謂「三世實有」的觀點。論者是先提出經文作證據，然後從義理上論證。在義理的論證方面，論者提出兩個論據。第一個論據是，識的生起必須以境為緣，沒有境便不能生起識。若事物在過去和未來是不存在的，我們便不能意識到過去和未來的事物。但事實上，我們可以憶念過去的事物，也可以預測未來的事物，讓它們呈現在我們的意識中。所以，論者認為過去和未來的境都是實在的。第二個

❾　這裏提原子是真實的存在，有些困難。關於這點，我會在後面評論部分交代。

❿　《大正藏》29·104 中。

論證是從因果報應來說：過去的業應能招引相應的果報，倘若過去了的事物實在地是沒有的，則過去的善、惡業便不能招引相應的果報，而果報不是由現前的因引致的。所以，過去的事物仍然是有實體地存在。

按在第一個論證中，由於前五識只能識取現前的境或對象，所以其中所說的「識」應是指意識。意識能識取過去、現在、未來的境，這點沒有爭議之處。但世親似乎認為事物的存在形態只能有兩種：要麼是實在有，要麼是實在無。他的目的是要論證事物在三世中都具有實在性，這便是「三世實有」。由於在現世的實有性是很明顯的，不需爭議，所以他集中在否證事物在過去和未來沒有實有性的說法，他以為這樣便能證成實有性。但世親忽略了事物的另外一種存在形態，這便是緣起、無自性、空這種存在形態。⓫事物不是實有，但可以是緣起方式的有，不一定需是實無、虛無主義的一無所有。倒過來說，事物不是實無，卻可以是緣起無自性的無，不一定需是實體主義式的有、實有。這便是佛陀與原始佛教所說的緣起、空與中道的密意，世親在這一點上，顯然未有留意。

二、經量部

至於經部或經量部，它差不多與說一切有部同時興起與流行，其獨立文獻比較少，不過，《阿毗達磨俱舍論》的對存在的實在論的分析，也是這一學派所認可的。在義理上說，經量部可以說是介於說一切有部與唯識學之間，它一方面接受唯識學的諸法是由心識所生起的說法，但同時也在某一程度承認外界實在性：我們當前所見到的東西，有一些常住的實在性的要素在這些東西的背後，作為這些東西的依靠。對於外界實在的問題，它持模稜兩可的態度：既不主動承認，也不嚴加否定。具體地說，它認為，我們對外界的東西雖然沒有知覺可以接觸，但可憑推理來確定它們的實在性。這所謂推理，便是上面所說的感官所接觸到的東西，其背後需有一些有常住不變性的東西作為支柱來支撐，這些感官所接觸的東西才能成立。它

⓫ 世親的論證方式，顯然是邏輯中的排中律：不是這便是那，中間的、第三者的情況是不可能的。但存有論不是邏輯，不能依這種排中律來決定事物的存在性的問題。

對佛教後來也有影響。唯識學派後期的法稱（Dharmakīrti）受到它的熏染，有承認外界實在的傾向。此中的要點是，在經量部看來，實在是具有效果的作用的東西（arthakriyāsamartha）。法稱的知識論便受到它的影響，亦強調效果的作用的重要性，認為只有個體物是具有有效的運作能力的東西，只有它才能成為真正的知識的對象。

經量部的教法遊離於說一切有部與唯識學之間，如上面所說，它的義理缺乏精確性（precision），因此在哲學史上未有確定的位置。它的起源已不明確；我們只知道這學派有一個譬喻師（Dārṣṭāntika）對說一切有部曾作過批評，被認為是經量部的一個先驅學者。另外，童受（Kumāralāta）、他的門徒吉祥受（Śrīlāta，又作勝受）和《成實論》（*Satyasiddhi-śāstra, Tattvasiddhi*）作者訶利跋摩（Harivarman）也在稍後批評過說一切有部，而童受的說法後來便被稱為「經量部」（Sautrāntika）。這個學派並沒有基本的論書，它的受到注意，是由於對外界實在的存有論與知識論的傾向。最後這學派與唯識學或瑜伽派結合，而成為經量瑜伽派（Sautrāntika-Yogācāra）。

「經量部」或 Sautrāntika 的名稱大抵是先用於吉祥受的教法方面的。至於文獻方面，如上面所說，哪一些是經量部的基本文獻，還未有定論。不過《成實論》可說是在某個程度上與經量部有關連。吉藏與玄奘認為《成實論》是經量部的論典，真諦（Paramārtha）則認為此書是大眾部（Mahāsaṃghika）中的多聞部的論典。日本學者在這點上也有分歧。水野弘元與舟橋一哉認為《成實論》是經量部的論典，桂紹隆則認為此書是多聞部的論典。泰本融則提出，《成實論》幾乎包含部派佛教或小乘佛教的重要教法，其中更有些見解是屬於大乘佛教的，亦有批判以至拒斥說一切有部的教理的。這裏我姑採吉藏、玄奘的說法，透過《成實論》來說經量部的思想。這部論典主要是探討四諦的問題，這可從書名中的 satya 或 tattva 見到。特別值得注意的是在滅諦的討論方面，它提出要滅除假名心、法心、空心這三種心，以體證涅槃的境界。它要人在對空一觀念的否定中，歸向世諦有、真諦空的二諦中道說。這種對中道的傾向，又近乎原始佛教與大乘般若思想的中道觀點了。這部文獻提出中道觀念，概括世諦有與真諦空，並同時肯定世諦與真諦，符合大乘空宗的空義。這樣以二諦來說中道真理，的確較說一切有部進了一步，而較具動感。中道是一工夫論的觀念，而不是一存有論的觀念，動感即在這一點上見到。但外界實在這一觀點，仍是展示此書的立場的主調。

在對於世界的認識方面，《成實論》顯然較《俱舍論》有較為深刻和全面的說法。先說被認識的客體。《成實論》認為客體對象只在現在存在，在過去和未來都不存在，這是對說一切有部的「三世實有，法體恆有」的根本觀點的反彈。再說識。《成實論》認為，在認識中，各種識不能同時生起。最初是由根、境或器官、對象相合而生識。若以眼識的視覺來說，眼識能「見」對象，或色（顏色），但不能取相，把對象的印象留下來，只有意識能這樣做。這樣便分清楚感官機能與思想、記憶機能的不同了。但雙方中哪一面在知識論中較重要呢？《成實論》認為，認識事物的能力不在根與境，或感官與對象，而在於識。相對於根與境，識是較為抽象、內在和有較強的動感，這顯出《成實論》的著者在知識論上由具體方面向著抽象方面發展，這對知識論理論的開拓，是一條順路。

三、總的評論

以下我要對有部特別是說一切有部（也包含經量部）的教法、義理作一總的檢討，反思它的限制。⓬首先，我要點出，以法有我空為立場的說一切有部，綜合了形而上學的實體主義與非實體主義這兩方面的思想。法有指作為一切現象、事物的基礎或這些現象、事物最後被還原而得的法體（svabhāva）是一種實體模式，是不變化、不壞滅的，它能跨越過、現、未三個世代而存在。這個部派的實體主義的思想性格，是毋庸置疑的。而作為包括人在內的精神主體的我（ātman）則是沒有的，說一切有部或部派佛教所提的對於人的生命存在的析離（disintegration），只能得到色、受、想、行、識等五種積聚或蘊（skandha），沒有我的因素或實體，於是成就了它的「我無」的立場。它也可以這種說法來回應原始佛教的「無我」思想。其實我無與無我的意思並不全然相同。我無是存有論的命題，表示自我的自性、實體是

⓬ 有部是小乘佛教的主流部分，而其中最有影響力的，則是說一切有部。至於原始佛教，很多時也被放在小乘佛教中來考量。天台智顗的藏教和華嚴法藏的小教，都是以有部為中心，同時也包含原始佛教。但太虛和印順的判教，都不設小乘，更不要說有部特別是說一切有部了。

沒有的。而無我則是一工夫義或實踐義的命題，表示要去否棄、「無掉」對自我（作為恆常不變的自我）的虛妄執著。從形而上學方面來說，法有是實體主義，我無則是非實體主義。同時強調這兩個相互對反的立場，在形而上學上是很少見的。

第二，說一切有部所提的法體（svabhāva），是物質性格，力的性格，抑是精神性的東西呢？倘若法體是物質性格，則它應可不停地分割，到最後變成不能再分割的原子或極微。原子既然是不能再分割，它應是不可見的。但無量數的原子可以聚合起來，形成可見的東西，例如石頭。⓭在這點上，原子聚合而成可見的石頭，但原子如何能相互聚合而不分離，最後成為可見的物質性的東西呢？這顯然需要預設一種力才行。但這種力存在於何處呢？是在原子之內抑是在原子之外呢？這些都可以形成問題，削弱多個原子構成法體的理論效力。又倘若法體是一種力，一種精神性的力，則精神力是虛的、抽象的，它如何由虛的、抽象的狀態變而為實的、具體的、立體的物質狀態呢？這顯然需要設定精神力的詐現（例如筆者提出的純粹力動的詐現或印度吠檀多 Vedānta 哲學所提的梵 Brahman 的幻現）來交代。但說一切有部沒有這種設定。

進一步說，法體倘若只滯留在抽象的狀態，不能與具體的、立體的經驗事物關連起來，則沒有動感可言。它充其量只能像柏拉圖（Plato）的理型（Idea）那樣，要藉著上帝的力量，把它從理型世界移離下來，以影響質料的、現象的東西，作為後者的原型，而後者也得到與理型相互接近的機會，成為它的倣製品。但柏氏的這種說法是不通的，存在著本體與現象分離的理論困難。作為世界的種種存在的依據的法體（種種存在最後被還原為只有一種體性、一種作用），倘若沒有動感，則世界勢必會成為一個沒有生命、生機的死潭。這樣的死的世界與我們當前所面對的欣欣向榮、千變萬化、活現不斷的世界不相協調。

第三，順著動感一點說下來，說一切有部所陳構的世界，是分裂形態的，這是橫亙著過去、現在、未來三世而不變的法體世界與我們所不斷接觸的、生於斯長於

⓭ 在這裏其實已有一個問題。說原子是真實的但又不能被見到，則原子便與感覺（Sinnlichkeit）、直覺（Anschauung）絕了緣，它的存在性只能透過推想、推理。推理是知性（Verstand）的事，例如見煙而推想出火來。嚴格地說，通過推想而被提舉出來的東西是難以說真實性的。

斯的現象世界的分裂。說一切有部頗有這樣的哲學傾向：重視不變的法體而輕視不斷變化的現象世界，這便類似柏拉圖的貴理型而賤現象、貴常住而賤變化、貴理性而賤情欲、貴普遍而賤特殊、貴抽象而賤具體最後貴形式而賤質料的價值存有論的旨趣。對於這種價值存有論的世界，我們所能做的事情並不多。在自我特別是主體性一面言，主體性可以理解客體性的世界，如柏拉圖說我們的智思可以了解理型；但主體性不能主動地去影響客體性的世界，更不要說創生客體性的世界了，一如柏拉圖所說我們不能創造理型，也不能在某種有效程度下改變世界。日本學者舟橋一哉提到，對於有部（包含說一切有部）來說，一切法分為有為法（saṃskṛta）與無為法（asaṃskṛta）（梵文為筆者所加）。前者為因緣所生，為無常；後者可離因緣而存在，為常住絕對之法。而「諸行無常」的「諸行」，表示種種有為法。⓮說一切有部的法體，正是無為法，而它所視為沒有實在性、變動不居的東西，正是有為法。對於這樣的世界，我們所能做的事並不多。除了以總別觀照我對這世界加以認識而不執取有為法的東西之外，似乎沒有其他重要事情可做了。我們可以認識無為法或法體，但不能改變它們。我們甚至對於這些法體如何隱藏在有為法的後面而作為有為法的基礎，這兩種性質完全不同的東西如何能結合在一起，也難以弄清楚。我們只能作一般的推想：在變動不居的東西的內裏（或後面），總應有些不變的東西去支撐它們，讓它們成為在有為法與無為法的對比下的變動不居的東西。在這種推想下，我們不能嚴格地說這些法體是實在的、實有的，因為它們是遠離時間與空間，我們的感覺機能又不能接觸它們，思維（意識）機能只能依理性一途來肯定它們的存在性。所謂實，總是要與這個現實的、我們當下所面對的、與我們的感覺有直接關係這樣的意味才能說。而法體在這方面並無適切性。

第四，由於說一切有部在基本問題存有論上與佛陀與原始佛教有嚴重的分歧，特別是強調客觀存在的東西具有自性、實體、法體，只是說我無，因此，這套被稱為「阿毗達磨」（Abhidharma）的區別（把事物的法體嚴加區別）哲學所具有的工夫論或實踐論的意義便很有限。它說我無，因此我們便可依據此一認識，了知常住的我體為無有，因而不對自我起執著，沒有我執的問題。但對諸法又如何呢？說一切有部

⓮ 舟橋一哉著《原始佛教思想の研究》，頁6。

強調法有、諸法有實在性，我們便因此而肯認諸法有實在的本性、法體，而以實體主義、實在論的立場來看客觀存在，視它們為有實性可得麼？倘若是這樣，則我們對佛陀與原始佛教所說的無我，在存有論上與工夫論上又如何交代呢？

跟著我想提一個另類的問題，我想它很具爭議性。我們通常對於真實的存在、真實有，甚至真理（Wahrheit），似乎有一種共識性格的看法，視之為一種靜態義的體性，起碼會從靜態的角度看。傳統形而上學一向都講實體，而這種實體很多時是靜態的，它以一種超越的或超離的（transzendent）身分和塵俗的世界區隔開來，人們由於自己的種種局限性，如罪、苦、死、煩惱，因而對那超離的實體或真理總是有一種欽羨（aspire to）之情，以為天上的實體是清淨的，地面的種種眾生是惡濁的。天上與地面或人間便存有論地相隔開來。結果在價值觀上便重天上而輕人間；說到人生的意義，人應該做的，往往是聚焦於天上，要打破天人的隔離，要天人合一，人的自我回歸於梵（汝即梵 Tat tvam asi），要與天地精神相往來，要追隨主耶穌，靠近上帝。這都有一種把價值外移、上推的思維方式，或思維導向。這種在形而上學方面的想法，到了近現代，才稍微逆轉過來。哲學家漸漸重視世俗中的人生，在日常的生活、節目中去找尋理想、歸宿，要在平常的、平凡的環境中建立不平凡的、當下即是的志業、成就。西方大哲懷德海（A.N. Whitehead）便提出形而上的價值在世俗中的轉向，說到終極真理時，不講實體（substance），而講機體（organism），認為在我們的日常生活中發生的事，即此即是價值的所在，或是人趨赴價值世界的歷程（process）中的一個環節。因此，在說到實在的、真實的目標時，他便提出很有現實意味的事件（event）、實際的質體（actual entity）、實際的境遇（actual occasion）。⓯這種思維導向，頗有《莊子》的「道在屎溺」、禪宗的「平常心是道」（南泉）、「是心是佛」（馬祖）、孔子的「道不遠人」、天台智顗的「煩惱即菩提，生死即涅槃」、《維摩經》（*Vimalakīrtinirdeśa-sūtra*）的「諸煩惱是道場」、「淫怒癡即是解脫」的旨趣。說一切有部在這個問題上，終極真理何所在的問題上，顯然是接近西方傳統形而上學的說法，以無為法或法體為價值的所在，而貶抑在日常經驗世界中

⓯ 關於懷德海的形而上學，參看拙著《機體與力動：懷德海哲學研究與對話》（臺北：臺灣商務印書館，2004）。

的事物、現象；在抽象的、靜止的法體中求理想，不在日常生活的種種事物的變化大流中尋求理想。所謂解脫，是要明白了「三世實有，法體恆有」而回歸於法體，才能說。

第五，關於自我的設準問題，說一切有部的哲學形態是區別的哲學，它基本上是依範疇（Kategorie）來分析、區別存在世界的種種事物，把它們還原到七十五種常住不變的自性、法體，分屬五組範疇。⑯進行這種哲學思維的自我，就正統的、標榜佛陀提出的緣起性空的佛教教義來說，不可能是宗教現象學的自我。既不是本質明覺我，也不是委身他力我，更不是迷覺背反我。反之，由於此一學派強調法體恆有，而法體在正宗的教佛中相應於不變常住的自性（svabhāva），說它恆有不滅，自然是一種虛妄執著：對終極真理的執著。這是一種錯誤的認知我，應被列入總別觀照我在認識存在世界時的一種下墮的、迷執的自我作用，妄構與真相、真理不相應的事物的自性、法體。至於這學派所說的我無，否定自我的存在與常住性，則與真理相應，與原始佛教的我無說相互呼應。但它為了獲致這我無的洞見而展開的對自我的生命存在所做的析離、解構（deconstruction）的做法，是為了要獲致這種認識所作出的犧牲。這樣做並無必要；這是智顗所說的「析法空」：透過對自我存在的解構，最後甚麼也沒有剩餘，而得到我無的結果。智顗稱這種解構的做法為「拙」。智顗認為，正確的做法應是即就生命存在自身而滲透到它的本質中而洞悉它是空的，沒有自我可得。智顗稱這種做法為「體法空」，並誇讚這樣做是「巧」。

最後，我想就說一切有部的「三世實有，法體恆有」這說法作一文獻學的（philological）、文本學的（textual）的交代。以「三世實有，法體恆有」來鎖定說一切有部的哲學立場的，是日本學者的做法。在說一切有部的文獻如《俱舍論》

---

⑯ 對於說一切有部或概括地稱為有部的這種哲學，日本學者多以「區別」（vibhāṣā）字眼來說，在他們看來，有部是以分析、研究存在作為自己的主要工作，這種處理方式和結果，稱為「區別哲學」。參看梶山雄一、上山春平著《佛教の思想 3：空の論理～中觀》（東京：角川書店，1973），頁 34-35。中譯有梶山雄一著、吳汝鈞譯《龍樹與中後期中觀學》（臺北：文津出版社，2000），頁 20-21。按這種持實在論立場的哲學，在當時頗受重視。相關的學派除佛教的說一切有部（Sarvāsti-vāda）外，還有婆羅門教系的數論學派（Sāṃkhya）、勝論派（Vaiśeṣika）、正理派（Naiyāyika）。

（*Abhidharmakośa-bhāṣya*）和《大毗婆沙論》（*Abhidharma-mahāvibhāṣā-śāstra*）中，就筆者所涉及的部分，未見有這樣的說法的文字，但它的意思和一些概念、觀念倒可以在該二書的多處見到。例如，《俱舍論》中有下列字眼：「自性」（《大正藏》29·8中，以下不列《大正藏》字眼）、「心體」（29·22上）、「境體」（29·104中）、「三世實有」（29·104中）；《大毗婆沙論》則有下列字眼：「自體」（27·200上-中）、「一切法各住自體」（27·200上）。上列《俱舍論》的「境體」和《大毗婆沙論》的「一切法各住自體」，雖未直接說到「法體」，但「境體」中的「境」，其實即是「法」的意思，故「境體」其實即是「法體」；「一切法各住自體」表示一切法都住守於它們的自體，法體的意思非常明顯。

至於「法體恆有」這種字眼，我暫時還未能在說一切有部的文獻中找到出處。不過，《大毗婆沙論》中有以下一段文字，講的正是法體恆有的意思：

> 轉變有二種：一者，自體轉變；二者，作用轉變。若依自體轉變說者，應言諸行無有轉變，以彼自體無改易故。若依作用轉變說者，應言諸行亦有轉變，謂法未來，未有作用；若至現在，便有作用；若入過去，作用已息，故有轉變。復次，轉變有二種：一者，自體轉變；二者，功能轉變。若依自體轉變說者，應言諸行無有轉變，以彼自體無改易故。若依功能轉變說者，應言諸行亦有轉變，謂未來世有生等功能，現在世有滅等功能，過去世有與果功能，故有轉變。復次，轉變有二種：一者，物轉變；二者，世轉變。若依物轉變說者，應言諸行無有轉變，以物恆時無改易故。若依世轉變說者，應言諸行亦有轉變，謂有未來、現在、過去世改易故。⓱

在這段文字中，世親展示了「法體恆有」的觀點。他認為事物的出現，是該事物在自體上生起了作用，這作用可以為我們所感知；事物的消失，是該事物的自體不再生起作用，讓我們不能再感知它的存在。但該事物的自體並不因為生起作用與否，或我們對它感知與否而有任何轉變。這表示事物是客觀地、恆常地存在的。我們對

⓱　《大正藏》27·200上-中。

事物的認知是依靠事物自體所生起的作用，倘若該事物自體不生起任何作用，我們就不能對它認識，但這絕不影響事物自體的存在。既然事物自體恆常地存在，則沒有任何因素可以影響該事物的存在性。即是說，該事物的存在條件是自足的。另一方面，我們對事物的認識，只是事物自體生起的作用被我們感知的結果。在這種認識關係中，真正成為認識對象的，只是事物的作用，不是事物自身。事物的這些作用，都是經驗性的（empirisch）；它們以現象（Phänomen）呈現在我們的感官面前，如色、聲、香、味等，為我們的感官如眼、耳、鼻、舌等所認識。

至於「三世實有，法體恆有」這種表述式，到目前為止我在有部的文獻中仍未能找到出處，我懷疑在佛典中並沒有這種字眼，但有部的佛典中的確有這個意思。我想這「三世實有，法體恆有」是出自日本學者的說法，他們以這兩句說話來概括有部特別是說一切有部的教法。我便隨手從書架上拿到由多屋賴俊、橫超慧日、舟橋一哉所編集的《新版・佛教學辭典》（京都：法藏館，1995）第 167 頁中果然有「三世實有法體恆有」這個條目，編集者解釋了這個條目的義涵，但未有交代它的文獻來源。⓲

⓲ 關於說一切有部和經量部的實在論的哲學，可參閱以下諸書：

櫻部建、上山春平著《佛教の思想 2：存在の分析～アビダルマ》（東京：角川書店，1974）。

西川實則著《アビダルマ教學：俱舍論の煩惱論》（京都：法藏館，2002）。

梶山雄一、上山春平著《佛教の思想 3：空の論理～中觀》（東京：角川書店，1973），頁 34-54。

佐佐木現順著《阿毗達磨思想研究》（東京：廣文堂，1958）。

Th. Stcherbatsky, *The Central Conception of Buddhism and the Meaning of the Word "Dharma"*. London: the Royal Asiatic Society, 1923.

Fumimaro Watanabe, *Philosophy and its Development in the Nikāyas and Abhidharma*. Delhi: Motilal Banarsidass, 1983.

Herbert von Guenther, *Philosophy and Psychology in the Abhidharma*. Delhi: Motilal Banardass, 1991.

Amar Singh, *The Sautrāntika Analytical Philosophy*. Delhi: Dharma Cakra Publications, 1995.

A. Berriedale Keith, *Buddhist Philosophy in India and Ceylon*. Oxford: Oxford University Press, 1923.

第八章　即法體空

跟著是大乘佛教，首先是即法體空。這是指般若學（Prajñāpāramitā）與中觀學（Mādhyamika）而言，亦即是一般所說的空宗。所謂「體空」即是即就當前的諸法、種種事物即此即能體會得它們的無自性空的本質，因而去除對它們的自性的執著。這是由於諸法是緣起（pratītyasamutpāda）的性質，依因待緣而生起，緣聚即生，緣去即滅，「此有故彼有，此無故彼無」。對於諸法的空的本質（śūnyatā），我們即此即能體證，不必析離諸法，破壞諸法，才能體證。這便是智顗所說的「體法空」與「析法空」中的前者，是早期的中觀學（如《大智度論》*Mahāprajñāpāramitā-śāstra*）所說的「不壞假名而說諸法實相」的深微旨趣。「假名」（prajñapti）是指被賦與權宜的名稱以資相互識別的現象界、經驗界的東西；「諸法實相」則指這些現象界、經驗界的東西的真實的狀態，這即是空，即是無自性性。❶

首先要澄清一點：「即法體空」應作「即法」「體空」的斷句式，而不是「即」「法體」「空」的斷句式。倘若是後者，則會有贊同「法體」的意味，那便和說一切有部的「三世實有，法體恆有」相通了。當然以這種斷句方式來解讀也可以：即就「法體」這種東西來證成它是空的，是無自性的。這樣便建立了「法體」這種東西，然後又把它否定掉、空掉，說這種東西是空的、沒有自性的，也即是根本沒有這種稱為「法體」的東西。這種解讀與「即法」「體空」的意思並不相悖，但在造句、理解方面有點彆扭、不自然。我的這種造句式，是參考了天台宗智顗在他的判教法中對於藏教與通教的不同的定位方式：藏教是「析法空」，是析離諸

❶ 以上探討過的原始佛教、說一切有部和經量部基本上被視為小乘（Hīnayāna）佛教，經量部中的一些教法可通到大乘（Mahāyāna）方面去，這有點像《成實論》（*Satyasiddhi-śāstra*），後者兼有小乘與大乘的內容，被視為由小乘通到大乘的橋樑。以下我們的判教，都是就大乘佛教（Mahāyāna）而言。

法，把構成諸法的因素、條件通通挪掉，最後甚麼東西也沒有，因此而說諸法是空的、沒有自性的。而通教則是「體法空」，是即就諸法當前所有的完整狀態，不施任何改變（也包含析離在內），直滲透到它們的本質（Wesen）層面，而體證它們的本質是沒有自性的，是空的。換言之，即法體空的意思是即就諸法、在擁抱著諸法而不予分離、析離的情況下體證諸法的空的、無自性的本性。在「即法」「體空」的造句中，「法」與「體」分開，「體」是動詞。在即「法體」空的造句中，「體」是名詞，「法」與「體」相連而成「法體」，是複合名詞。

一、中觀學

我在上面提到，空作為真理，是指事物的無自性狀態（Zustand），此中的動感不強，甚至難以說起，除非把它視為工夫論、救贖論的觀念，而把它的存有論問題放在一邊，不理它是存有或存在的根本的、本質的性格。但中道（madhyamā pratipad）便不同，它有極強的動感，並且有補空義的不足的意味。這動感主要是就它的「非有非空」的意思說，這種工夫是覺悟、解脫所不能免的，它不是意義（Sinn, Bedeutung），而是行動，動感性非常明顯。我可舉龍樹（Nāgārjuna）的《中論》（*Madhyamakakārikā*）的一首挺重要的偈頌作證。龍樹說：

> yaḥ pratītyasamutpādaḥ śūnyatāṃ tāṃ pracakṣmahe,
> sā prajñaptirupādāya pratipatsaiva madhyamā.❷

---

❷ *Mūlamadhyamakakārikās de Nāgārjuna avec la Prasannapadā Commentaire de Candrakīrti*, ed. Louis de la Vallée Poussin, Bibliotheca Buddhica, No. IV, St. Petersbourg, 1903-13, p.503.有關這首梵文偈頌的文法上的分析，參閱拙著《佛教的概念與方法》（臺北：臺灣商務印書館，1988），頁 64。又拙著 *T'ien-t'ai Buddhism and Early Mādhyamika*, (Honolulu: University of Hawai'i Press, 1993), p.30。對於這首偈頌作最詳盡解釋的，則見於拙著《龍樹中論的哲學解讀》（臺北：臺灣商務印書館，1997），頁 459-466。不管怎樣，對於這偈頌的梵文原文作文法的（grammatical）分析，最初見於拙文〈龍樹之論空假中〉，收入於《華岡佛學學報》（第 7 期，1984）。我這樣著意提最後一點，是由於這種分析為他人在其一篇文章中所盜用，此篇文章出現於《正觀：佛學研究雜

誌》中。這篇文章本來是被投到中央研究院中國文哲研究所的《中國文哲研究集刊》的，那邊剛好把文稿寄來讓我審查，我才發現盜用的事。結果這篇文章未有被接受，但在一段時間之後，在《正觀》中被刊出來。這種梵文原偈的分析之所以是重要，是由於它裏面提到中觀學的四個最重要的觀念：因緣生法（pratītyasamutpāda）、空（śūnyatā）、假名（prajñapti）和中道（madhyamā pratipad）。而後三觀念又是天台宗智顗的三觀說（空觀、假觀、中觀）與三諦說（空諦、假諦、中諦）的文獻學與義理學的根源、基礎。但龍樹本來沒有這三觀、三諦的意思，他只提二諦（真俗二諦）說。由這首偈頌發展出三觀、三諦思想，是基於《中論》的漢譯者鳩摩羅什（Kumārajīva）的錯誤翻譯而來。按梵文原偈的意思是：「我宣說：那些由緣起而來的諸法是空，由於這空是假名，因而這空是中道」。此中，空是用來描述諸法的；諸法都是由緣起而成，沒有常住不變的自性（svabhāva），故是空。而這空亦只是用來描述諸法的假名、施設性的名相。我們不應執著因緣生法，也不應執著作為假名的空，同時，也不應執著與空對舉的、對揚的有。由此雙非空與有，或非空非有，這便是中道。這正符合青目的解讀法。這樣，中道觀念的提出，是要補充空義，表示空亦只是假名，不應執取。我們不執取空，也不執取與空相對說的有（無），這樣不執取空也不執取有，雙離二邊，這是中道，也是空。但鳩摩羅什的翻譯卻作：「眾因緣生法，我說即是空（無），亦為是假名，亦是中道義」。（《大正藏》30・33 中）這樣，在這有關偈頌中，因緣生法成了主詞，而空、假名、中道都成了謂詞或賓詞，是用來描述因緣生法的。三者的位置是對等的。智顗不懂梵文，自然不讀原偈，只讀鳩摩羅什的漢譯。而在漢譯中，空、假、中道是對等的，龍樹既說真俗二諦，或空假二諦，智顗自然很容易把中道放到諦中，或把中道提升為中諦，以成立空諦、假諦、中諦三諦說。在觀上也說空觀、假觀、中觀三觀了。智顗的誤讀而發展出三諦、三觀，自有它兩者的價值在，更可以說是智顗對中觀學的二諦說的創造性發展、開拓。但從哲學史、思想史方面看，龍樹只持二諦說（如《中論》：「諸佛依二諦，為眾生說法：一以世俗諦，二第一義諦」。《大正藏》30・32 下，第一義諦即是空諦），不是持三諦說。而下面註❸所引青目的解釋，與梵文原偈相應，那正由於青目的詮釋的所依，是龍樹《中論》的梵文原本。在他那個時代，根本沒有漢譯本，即使有，他也不懂漢文，不能拿來讀。

寫到這裏，我不免想到一直以來的想法。一個學者要研究印度佛學，梵文的知識總是不能缺少的。倘若不能掌握這種語文知識，則對於很多重要的經典與論典，只能透過漢譯來理解；漢譯若有差錯，自己便跟著錯下去。這不是研究的正確途徑。上面那首同時包含因緣生法、空、假、中道的偈頌便是非常顯明的例子。我隨手翻了手邊的一本標題為「佛教哲學的建構」的學術研討會的會議論文集（臺灣大學哲學系、臺灣大學文學院佛學研究中心主辦，2006 年 5 月），發現其中有一篇施凱華寫的〈智者對中道實相的詮釋與運用〉，其中註 27 有作者自己的解讀，那正是對《中論》的那首包含那幾個重要觀念的偈頌的解釋：

對因緣所生法既承認其假名之一面，又見及性空之一面，此即中道。

這是一種望文生義、浮泛不切的解讀，我們不能說它錯誤地傳達了龍樹原偈的訊息，但沒有空也是假名的意味，因而解讀後面的中道便不著邊際了。這是不看原典所引致的缺失。

這首名作的意思是把空與中道連結起來，以緣起的事物是無自性，是空；而空亦不免於是假名（prajñapti），因此空也是中道。空表示真理的狀態，或事物的真正狀態，它只是表示這種意思的一個約定俗成的、權宜的施設的假名而已，我們不應想像著在另一高超的世界有實際的空存在，與作為假名的空相應。因此，我們不應執著空（śūnyatā）。同樣，我們也不應執著與空相對揚的有（bhāva）。這樣，我們實踐非空非有，同時遠離對空、有的執取，這便是中道。❸因此，中道的提出，可以說是對空義的補充。即是，空是對自性的否定，這是非有；空自己亦不得被對象化，被視為有自性，這被對象化，被視為有自性的空亦要被空卻，被否定，「空亦復空」。空既要否定，則與它相對的有也要否定，這樣，便得「非空非有」，或「非無非有」（《大正藏》把空寫成無）。這便是中道。空與中道在義理上是相通的，但空只是對有的否定，並不必涵有對空自身的否定。現在以非空非有來說中道，則中道除了有非有的意思之外，還有非空的意思，這正是對空義的補充。至於動感方面，空是自性的否定，即是非有，是實踐上的非有。中道不但有非有之意，也有非空之意，動感自然是較強了。

上面註❷提及龍樹的二諦思想，這是中觀學的重要立場，也有連接著這裏所討論的空的「非空非有」觀點的意味，因此我在這裏跟著探討這個問題。按龍樹的中觀學的真理觀，在他的二諦思想中可以清楚看到。這便是世俗諦（saṃvṛti-satya）與第一義諦（paramārtha-satya），後者又稱勝義諦。這兩諦合起來，便成所謂二諦（satya-dvaya）。有時，為了簡捷起見，學者也以真俗二諦來說龍樹及早期中觀學的這種真理觀。真諦是無自性的、空的真理；俗諦則是緣起，是諸法依因待緣而成立，因而作為這個二元的、現象的、經驗性格的真理。我們也可以鬆動地說，真諦是宗教的

---

❸ 龍樹之後的中觀學論者青目（Piṅgala）也表示：「眾緣具足和合而物生，是物屬眾因緣，故無自性，無自性故空。空亦復空，但為引導眾生故，以假名說。離有、無二邊，故名為中道。是法無性，故不得言有，亦無空，故不得言無。」（《大正藏》30・33 中。）這是說，事物是由眾多因素聚合而生起，因此沒有常住不變的本質、自性，這即是空。但空自身亦無自性、實體，在這個娑婆世界與其他世界中，我們亦不能找到與這空一假名相應的東西，故不應對空起執著，故（對）空（的執著）還是要被否定，「空亦復空」。說有說無（空）都不可以，因此是非有非無，而中道正是非有非無之意。

真理，俗諦是科學的真理。還有一點。上面說到空亦是假名這一偈句顯示出我們不應執取於空，同時也涵有不應執取於與空對說的有的意味，這便是中道的非有非空的旨趣，這旨趣補充了空的「眾因緣生法」、「因緣生」，因此不應執取因緣法的意味。即是說，空與中道一樣，同樣有非有非空或非空非有的意義。中道是超越有無二邊的，空亦是超越有無二邊的。最後，要指出的是，空是非有非空或非空非有，後者的空是一種虛無主義的一切無有的邊見，而前者的空則是超越邊見的中道之意，這兩個「空」的字眼的意義分屬不同層面，不能混淆。

作了那麼多交代，我們現在可以正式討論二諦觀的問題了。首先，我想說的是，龍樹二諦論中的二諦：saṃvṛti-satya 與 paramārtha-satya，有時可就真理本身說，有時也可就在相關的真理層面（如經驗層、現象層和超越層、真實層）中存在的事物說。基本上，龍樹是堅持真俗二諦並存，不可分離的立場，尤其是在實踐方面，勝義諦是必須依賴世俗諦的。下面是龍樹提出二諦和它們之間的關連：

> dve satye samupāśritya buddhānāṃ dharmadeśanā,
> lokasaṃvṛtisatyaṃ ca satyaṃ ca paramārthataḥ.❹

這偈頌的意思是，諸佛對於佛法的教示，基於兩種真理；即是，相對性的真理與絕對性的真理。此中的「相對性」（lokasaṃvṛti）有世間（loka）的意義，這即是現象的、俗世的、經驗的意味。而「絕對性」（paramārtha）則是最高的、勝義的意味。這首偈頌很清楚說明只有世俗諦和勝義諦，亦即是俗諦與真諦合起來的二諦。世俗諦相當於假諦，勝義諦則相當於空諦，哪有第三諦的中諦呢？只有二諦而已，哪裏來三諦呢？

至於真俗二諦或世俗諦與勝義諦在我們的生活中又有甚麼關係呢？龍樹說：

> ye'nayor na vijānanti vibhāgaṃ satyayor dvayoh,

---

❹ *Mūlamadhyamakakārikā de Nāgārjuna*, p.492. J.W. de Jong, ed., *Nāgārjuna: Mūlamadhyamakakārikāḥ*. Madras: The Vasant Press, 1977, p.34.

te tattvaṃ na vijānanti gambhīraṃ buddhaśāsane.❺

其意是，那些不知道這兩種真理之間的不同的人，不能夠明瞭佛陀教法的深邃性。又說：

vyavahāram anāśritya paramārtho na deśyate,
paramārtham anāgamya nirvāṇaṃ nādhigamyate.❻

龍樹的意思是，倘若不以日常的一般實踐為依靠，那絕對的真理是不能被呈顯的。倘若不趨赴那絕對的真理，涅槃是不會被體證得的。在這兩首偈頌中，龍樹清晰地解釋了真俗二諦的關係，而且是在實踐真理中的關係。即是，真俗二諦是不同的，我們要抓緊這種不同性格，而依序修行：我們需以俗諦為基礎，以呈顯絕對的真理；同時，要向著絕對的真理邁進，才能體證得涅槃的境界。即是，我們要能明晰地分清楚俗諦與真諦之間的不同（vibhāga），才能理解佛法、佛陀的教示的深邃的（gambhīra）內容。而且，我們要在實踐上依於日常的平實的生活方式，以呈顯終極的真理；要在盼望中向著這終極的真理，才能達致涅槃（nirvāṇa）的精神境界。

在這幾首偈頌中，梵文的結構很緊密，也很確定，只是最後那首偈頌中的 vyavahāra 需要解釋一下。龍樹以這個梵文語詞來說世俗諦；這個語詞指我們日常生活中的種種行為、行動，也有語言、言說的運用的意味，這便與 saṃvṛti 的傾向指言說相通了。❼

真俗二諦既然有那麼密切的關係，那我們在體證真理，或朝著真理的體證這一目標邁進，應如何處理俗諦的問題呢？或對於屬於俗諦層面的經驗性的、現象性的東西，應持甚麼態度或做法呢？在印度佛教來說，真諦或最高真理是空（中道是對空義的補充，如上所說），龍樹提出要體證這真諦，便需要依於俗諦，不可離開現象世

---

❺ *Mūlamadhyamakakārikā de Nāgārjuna*, p.494. *Nāgārjuna: Mūlamadhyamakakārikāh*, p.34.

❻ *Mūlamadhyamakakārikā de Nāgārjuna*, p.494. *Nāgārjuna: Mūlamadhyamakakārikāḥ*, p.35.

❼ 關於這裏相關的問題，特別是 vyavahāra 的所指，參看拙著 *T'ien-t'ai Buddhism and Early Mādhyamika*, pp.160-161.

界（現象世界是在俗諦之下說的，或現象世界即是俗諦）來體證空。這即是本章開始時提到《大智度論》的「不壞假名而說諸法實相」之意。但怎樣「依」呢？這「依」是鳩摩羅什的譯語，它的梵文字眼是 āśritya。❽這 āśritya 一方面有依靠的意味，另外也有在其中或不可離開、分離的意味。前者有要證取空，需依於現象世界來證取，或依於俗諦來證取之意。但是如果已證得這空的真理，便可捨棄現象世界，這便有視現象世界為一種工具的意涵。即是，把現象世界看作一種工具，把空的真理的證取視為目的。「依」的後者意味（即在其中或不可離開、分離）則無這種意思，它更有肯定現象世界，認為真理只能在其中實現的意味；若離開，真理便無處實現了。這與第一個意思不同，它強調現象世界是不能捨棄的，不可以被當作為工具看。這一點可以關連著下面即將討論的《般若波羅蜜多心經》（*Prajñāpāramitā-hṛdaya-sūtra*）的名句「色空相即」來理解。《心經》的意思是，我們體證真理就要肯定現象世界，離開了這個世界，便無勝義諦可得，可證取。龍樹是繼承了《心經》的這種入世態度的。

現在我們要討論一個重要的問題。龍樹認為現象世界是我們體證真理的場所，離開這場所，便沒有體證可說。但這現象世界是多元的。從價值、性格來看，現象世界中的東西有善有惡，有真實有虛妄，我們體證真理，要在這有善有惡的現象世界中進行，這不錯。而對於其中的善，要保留，這也無問題。但對於其中的惡，又如何處理呢？把它棄置、消滅，抑是把它保留，作另類用途呢？龍樹在這個問題上，提出很清晰的態度：要消滅一切惡。他在《中論》中說：

> karmakleśakṣayan mokṣa karmakleśā vikalpataḥ,
> te prapañcāt prapañcas tu śūnyatāyāṃ nirudhyate.❾

其意是，在對業力的染污的消滅中有解脫；這業力的染污正是概念化。這業力的染污由純然的戲論生起，後者在空性中被擯棄。即是，我們要棄絕、消滅所有業力的煩惱（karmakleśa），這些煩惱是由戲論（prapañca）生起的，我們要在對空性的體證中

---

❽　參看上面與註❹關連的梵文偈。

❾　*Mūlamadhyamakakārikā de Nāgārjuna*, pp.349-350. *Nāgārjuna: Mūlamadhyamakakārikāh*, p.24.

把這些戲論消滅淨盡。照龍樹的看法來說，一切惡：業的煩惱和戲論，都必須被消滅，才能有覺悟、解脫（mokṣa）可言。這惡對於我們的求道、得解脫會構成障礙，故必須消滅它。

龍樹的這種擯棄煩惱或無明而入真如實相，才能成就覺悟、解脫的主張，也可以在中觀學的早期著作《大智度論》（*Mahāprajñāpāramitā-śāstra*）中。❿此論說：

> 諸法實相常住不動。眾生與無明等諸煩惱故，於實相中，轉異邪曲。諸佛賢聖種種方便說法，破無明等諸煩惱，令眾生還得實性，如本不異，是名為如。實性與無明合，故變異，則不清淨。若除卻無明等，得其真性，是名法性。清淨實際，名入法性中。⓫

這部論典在我們現在正在討論的問題上，立場非常清楚。它認為眾生不能以正確的態度、觀點來看實相或真理，卻跟著無明等諸煩惱的腳跟轉，轉異邪曲，墮入與外道所犯的同樣的困境之中，這是實性或真理與無明結合的結果，一切異說邪行便由此而生，內心不能清淨。解決的方法很簡單，只要消除生命中的無明等諸煩惱，便能重新顯現真性、法性，或真理。

順著上面在討論中的善、惡問題說下來，我們可以更精確、更深刻地看。實際上，在求道得解脫的志業中，對於惡，可有兩種處理的方式，其一是龍樹所提的，要徹底掃除惡。另外，我們可研究另一種方式：不視惡為我們達致解脫的宗教理想的障礙，我們可以克服惡，不為它所熏染、影響，卻能回過頭來保留它，把它轉化成我們在求道得解脫這種宗教活動中的有用的法門，即是，把惡作為一種工具加以利用。⓬這裏的確有一種弔詭的思維方式在內；在這種想法中，壞的東西不必真是

---

❿ 《大智度論》有作者問題（authorship），這個問題很複雜。我在這裏姑依傳統的說法，視之為龍樹所撰著，譯者則是鳩摩羅什。

⓫ 《大正藏》25・298 下-299 上。按這段文字的第一句有點問題。論主說「諸法實相常住不動」，這便明顯地把諸法實相或終極真理定住為一種狀態，傾向寂靜的狀態，這便減殺了中觀學的真理（緣起、空、中道）的動感。

⓬ 對於生命中的負面東西，我們可以善巧地作為工具來處理、運用，這種事例，在佛典中常有說

壞的，只要你能控制它，善於處理，它可以被轉化成很好的東西。《維摩經》（*Vimalakīrtinirdeśa-sūtra*）的淫怒癡是解脫、諸煩惱是道場，天台智顗的煩惱即菩提，生死即涅槃的說法，都是傳達這樣的弔詭的思維方式。

關於動感問題，作為中觀學的終極真理的空（也包括中道在內）標示一種狀態，無自性的狀態，很難有強力的動感，如上面所說。不過，說空是一種狀態，無自性的狀態，隱含著一種在認知上以至在行為上的否定作用。由事物沒有自性這種狀態，可引導人生起對自性的否定的認知，從而在行為上排棄對於自性的執著。這樣，空、無自性便有了行動的轉向。但在龍樹的中觀學中，空是客體性的真理，是無力的，即便是在認知上和在行動上驅除對自性的執著，那又如何？倘若沒有在心方面建立一種主體性，特別是超越的主體性，提供一種智慧（般若智 prajñā），則行動的轉向如何是可能的呢？中觀學沒有確立這樣的動感形態的主體性，行動的轉向還是難說。⓭

至於對世間的關心和對世間的認識，中觀學大體上是重前者而輕後者。在對世間的關心方面，上面已略有所述，即是：我們要以世俗諦為基礎，來理解和證成第一義諦或真諦；要體證得第一義諦，才能得覺悟、成解脫，而入涅槃。在這裏，龍樹對第一義諦與涅槃之間的關係，未有明顯的區分，只是階段上有分別而已：第一義諦在先，涅槃在後。這兩者其實有相通、交集之處，也有不同之處；但這個問題

及。例如菩薩為了渡化一個好賭博的惡徒，並不像一般的想法那樣以其莊嚴法相去指斥惡徒，對他開示賭博的惡性和惡果，因為這不會讓惡徒對你有好感，而聽你的話。反之，菩薩自己化身為一個好賭博的惡棍，和那惡徒一齊去賭博，讓後者覺得自己是他的朋友，因而對自己產生好感和信任。然後伺機開導惡徒，跟他聊起賭博的害處，害人（家人）害己，非男人大丈夫所應為。惡徒自然會受你的影響，因為他覺得你是他的可靠的、忠實的朋友。你的勸誡便會容易為他所受落。這樣，他慢慢地會接受你的話，不終日沉迷於賭博中，你的努力便能開花結果了。因此，你與惡徒一齊去賭博作惡事的這樣的惡，對你化解惡徒的賭性，讓他捨賭從良，便是一件上好的方便法門，壞的行為便變為好的行為。到惡徒戒賭從良，他已不是惡徒了。做完這件渡生的事後，你便回復菩薩的莊嚴法相。這便看出惡並不必成為壞事而必須被消滅，反之，如處理得宜，它還是有價值的東西。

⓭ 鳩摩羅什所漢譯的《中論》中，有「無我智」一名相（《大正藏》30·23 下），這可以說是指一種般若智，是觀空的智慧，無我即是空的一種表達式也。但我查梵文原本，並未發現有這個名相。

並不重要。重要的是世間與涅槃的關係，龍樹把兩者在外延上等同起來。他說：

> nirvāṇasya ca yā koṭiḥ koṭiḥ saṃsāraṇasya ca,
> na tayor antaraṃ kiṃcit susūkṣmam api vidyate.⓮

這是說及涅槃的極限或外延（extension）與生死世界（saṃsāra）的外延的同一性。即是說，生死世界或世間伸延到哪裏，涅槃或第一義諦便伸延到那裏；涅槃的範圍不能超出世間的範圍。即是說，我們要體證真理、成覺悟而入涅槃，必須要在世間中進行，離開這個現實的、充滿苦痛煩惱的世間，是不能體證得涅槃的。此中，龍樹對於世間的重視、關心，是很明確的。眾生的理想在求解脫、證涅槃，要這樣做，便非得在世間中進行不可。離開世間，甚麼也不能作。

龍樹又說：

> sarvasaṃvyavahārāṃs ca laukikān pratibādhase,
> yat pratītyasamutpādaśūnyatāṃ pratibādhase.⓯

其意是，倘若有人就緣起方面拒斥空性，則等同於拒斥一切世俗日常的行為慣習。這日常的行為慣習（vyavahāra）與語言、言說有密切關係，這裏作世俗、世間解。這首偈頌的意思須倒轉過來解讀，才能清楚。即是，基於緣起、空的義理，我們必須接受、保持世間的一切行為慣習。這便顯出對世間的重視了。當然這種論調不能和

⓮ *Mūlamadhyamakakārikā de Nāgārjuna*, p.535. *Nāgārjuna: Mūlamadhyamakakārikāḥ*, p.39.要指出的是，美藉日本學者稻田龜男（Kenneth K. Inada）在他的 *Nāgārjuna: Translation of Mūlamadhyamakakārikā*. Tokyo: Hokuseido, 1970.引這個梵文偈頌作：nirvāṇasya ca yā kotiḥ saṃsārasya ca. (p.158.)其中間漏掉 kotiḥ，及把 saṃsāraṇasya 作 saṃsārasya，在近末端漏了-ṇa-，致這句只有 13 音節，不是正常的有 16 音節，其疏漏甚為明顯。一切有關《中論》的文獻學上的問題，都應以 Louis de la Vallée Poussin 所校印的天城體本子為本。

⓯ *Mūlamadhyamakakārikā de Nāgārjuna*, p.513. *Nāgārjuna: Mūlamadhyamakakārikāḥ*, p.37. Ramchandra Pandeya and Manju, *Nāgārjuna's Philosophy of No-identity*. With philosophical Translations of the *Madhyamaka-Kārikā*, *Śūnyatā-Saptati* and *Vigrahavyāvartanī*. Delhi: Eastern Book Linkers, 1991, p.115.

《維摩經》的「諸煩惱是道場」、智顗的「生死即涅槃」相比，不能到那個程度。但能這樣做已表示出對世俗事情的關懷了。

在對於世間事物的認識方面言，中觀學無疑是做得不夠的。它基本上是要建立空為終極原理，而以緣起來概括萬事萬物，由它們的依因待緣亦即是緣起的性格，把它們都放在空的義理脈絡下，給它們定位。但緣起是一個大共名，其外延汪洋無涯，無遠弗屆。一切生滅法、有為法都被延納於其中，都被視為沒有自性可得的東西。於是，緣起、無自性、空，便成了世間一切事物的共同性格，在這種性格下，一切區別、知識的事便可以放開。再有甚者，區別、知識這類東西若處理得好，便天下太平；倘若處理得不好，太重視事物的區別性、知識性，便會為經驗的、現象的花花世界所迷惑，所引誘，讓自己在不知不覺中跟著它們的腳跟轉，緊執它們而不放，而迷失了自己。實際上，空宗（包括般若思想和中觀學）本來便不很著意於認識世界，對其中種種事物建立客觀而有效的知識。

在宗教現象學的自我設準方面，中觀學無疑是與般若思想一樣，關連著本質明覺我。不過由於中觀學的主體性的意識不強，⓰作為一種超越的主體的自我的意味便不顯著。但這自我自身有一種明覺的作用：明覺事物的本質：空、緣起，甚至中道（中道是補充空義的觀念）。由這點便可說事物無自性、空，而不執取它們，不生顛倒見，不作顛倒的行為，這便沒有煩惱（kleśa），便能覺悟，得解脫。宗教的目標便達致了。

最後，有關中觀學的文獻，由於在這裏我只以早期的開創者龍樹（Nāgārjuna）作為代表，闡述他的空的哲學，或中道哲學，因此，在這裏要提的文獻，自然以早期特別是龍樹的著作為主。從哲學的角度來看，龍樹最重要的著作，自然是《中論》（*Madhyamakakārikā*），這是駁批外道，提出佛陀的緣起無我（自性）的觀點的名著。另外有《迴諍論》（*Vigrahavyāvartanī*），具有更強的辯破氣氛。由於在那個年代，印度哲學界有多派興起，龍樹需要費大力氣和它們辯駁，才能建立自己的空的哲學。另外，還有《大智度論》（*Mahāprajñāpāramitā-śāstra*）和《十二門論》（*Dvādaśamukha-*

⓰ 在這一點上，中觀學與般若思想不同，後者的般若智（prajñā），作為照見一切事物的空的本質、性格的主體，甚至是超越的主體。

śāstra），傳統一直以它們是龍樹所造，由鳩摩羅什翻譯，但兩部文獻都有作者問題，在這一點上，學者提出不同意見。但這兩部著作同為印度中觀學早期的重要作品，殆無疑義。另外，傳為龍樹弟子聖提婆（Āryadeva，又作聖天）著有《百字》（*Akṣara-śataka*）、《百論》（*Śata-śāstra*）和《四百論》（*Catuḥ-śataka*）諸書，基本上都是透過破斥外道的說法以確立大乘佛教的空、無我的義理。其中，以《百論》和《四百論》較為重要，其內容相互一致，有日本學者（如高崎直道）認為《百論》是《四百論》的撮要文獻。中國的中觀學者把這部《百論》加上《中論》、《十二門論》放在一起，合稱「三論」，其受重視可知。

印度中觀學發展到了中期，人才輩出，重要的有佛護（Buddhapālita）、月稱（Candrakīrti）、提婆設摩（Devaśarman）、求那師利（Guṇaśrī）、德慧（Guṇamati）、安慧（Sthiramati）、清辨（Bhavya, Bhāvaviveka）。當時的中觀學與唯識學的學者緊密交流，有很多辯駁、互動。中觀學者在義理上並沒有重大的、劃時代的發展，他們基本上是守著龍樹的空、中道、緣起的立場，透過嚴格的、全面的論證來證立這立場；但分為兩個派系：歸謬派（Prāsaṅgika）與自立派（Svātantrika）。歸謬派採取間接的論證方式，其重要成員為佛護、月稱；自立派所取的是直接的論證方式，以清辨和觀誓（Avalokitavrata）為主。以下我們先講自立派。此中最重要的人物是清辨，他寫有具影響力的《中觀心論註思擇焰》（*Madhyamaka-hṛdaya-vṛtti Tarkavālā*）一書，這是對於作者自著的《中觀心論頌》（*Madhyamaka-hṛdaya-kārikā*）的註釋書。前者較後者為重要，其中的一個重點內容是真俗二諦論，強調大乘佛教所體現的，正是佛陀的真正的意趣，同時又以空的立場來批判小乘仍有執著的傾向，不能成就佛乘。歸謬派則以月稱領銜。他寫有《入中論》（*Madhyamakāvatāra*）一書。這部作品包括本頌 239 偈和作者的自註。月稱認為，菩薩的達致，需要依賴大悲心、智慧（般若智 prajñā）與菩提心，而大悲心更是智慧與菩提心的基礎。進一步，月稱強調，佛陀由於具足大悲心，因此不入涅槃，而滯留在世間，以救渡苦難的眾生。月稱又從信仰的角度立論，認為不管如何修學其他學派的義理，都不能得到真實的智慧：對空性的自覺，只有修學龍樹的教法，才能達致覺悟、解脫的目標。另外，月稱又寫有展示其中觀學思想的《淨明句論》（*Prasannapadā*）。這部文獻收錄了龍樹《中論》的梵文本子，同時由於月稱在時代上與龍樹靠近，再加上這部中觀學最重要的文獻被收入，因此，月稱對《中論》及龍樹思想的理解，應被視為有優良的背景。印度中觀學發展到後期，中觀學內部各派及中觀學與唯識學、經量部有頻繁的交集、交流，頗有一統的傾向。有關中觀學在後期的發展，我會在後面相關處有詳細的闡述。⓱

⓱ 以上是有關中觀學哲學的闡述與判釋。我在這裏把重點放在印度佛教方面，那是由於中觀學在印度方面一直不斷地有發展。至於中國佛學方面，中觀學或所謂「三論宗」對印度的中觀學基本上是承接、理解，在思想與實踐方面比較缺乏本身的獨特的開拓，只有少數是例外，如僧肇與吉藏的教法。實際上，印度中觀學傳來中國，在中國繼續發展，能作出創造性的註釋的，要到智顗大師才正式開始，但那是天台宗方面的事了。以下我謹提供一些有關中觀學研究的成績：

Mūlamadhyamakakārikās de Nāgārjuna avec la Prasannapadā Commentaire de Candrakīrti, ed. Louis de la Vallée Poussin, Bibliotheca Buddhica, No. IV, St. Petersbourg, 1903-13.

Nāgārjuna: Mūlamadhyamakakārikāḥ, ed. J.W. de Jong, Madras: The Vasant Press, 1977.

Ramchandra Pandeya and Manju, *Nāgārjuna's Philosophy of No-identity*. With philosophical Translation of *Madhyamaka-Kārikā*, *Śūnyatā-Saptati* and *Vigrahavyāvartanī*. Delhi: Eastern Book Linkers, 1991.

三枝充悳著《中論偈頌總覽》（東京：第三文明社，1985）。

Kenneth K. Inada, *Nāgārjuna: A Translation of his Mūlamadhyamaka-kārikā*, Tokyo: The Hokuseido Press, 1970.

按：筆者主要是參考以上典籍所附的《中論》梵文本子。

吳汝鈞著《龍樹中論的哲學解讀》（臺北：臺灣商務印書館，1997）。

釋印順著《中觀論頌講記》（臺北：慧日講堂，1963）。

梶山雄一、上山春平著《佛教の思想3：空の論理～中觀》（東京：角川書店，1973）。

平川彰、梶山雄一、高崎直道編集，立川武藏等著《講座大乘佛教 7：中觀思想》（東京：春秋社，1982）。

長尾雅人著《中觀と唯識》（東京：岩波書店，1978）。

稻津紀三、曾我部正幸著《龍樹空觀・中觀の研究》（東京：飛鳥書院，1988）。

江島惠教著《空と中觀》（東京：春秋社，2003）。

宮本正尊著《中道思想及びその發達》（東京、京都：法藏館，1944）。

宮本正尊著《根本中と空》（東京：第一書房，1943）。

丹治昭義著《沈默と教說：中觀思想研究 I》（吹田：關西大學出版部，1988）。

丹治昭義著《實在と認識：中觀思想研究 II》（吹田：關西大學出版部，1992）。

奥住毅著《中論註釋書の研究：チャンドラキールティ「プラサンナパダー」和譯》（東京：大藏出版社，1988）。

岸根敏幸著《チャンドラキールティの中觀思想》（東京：大藏出版社，2001）。

塚本善隆編《肇論研究》（京都：法藏館，1972）。

梶山雄一、赤松明彥譯《大乘佛典中國、日本篇 1：大智度論》（東京：中央公論社，1989）。

二、般若思想

上面我們探討了中觀學，在這裏我們要接著探討般若思想。就思想史而言，般若思想成立於中觀學之先，按理應先說般若思想，然後處理中觀學。但在這裏我作一個逆轉，先講中觀學，然後講般若思想，理由是，般若思想與中觀學的關鍵性觀念都是空，因此後來被合起來，而成「空宗」，與唯識學的「有宗」對說。對於「空」這一觀念，般若思想基本上從負面說，以「無自性可得」來鎖定這種思想的

David J. Kalupahana, *Nāgārjuna: The Philosophy of the Middle Way*. N.Y.: State University of New York Press, 1986.

Richard H. Robinson, *Early Mādhyamika in India and China*. Madison: The University of Wisconsin Press, 1967.

K. Venkata Ramanan, *Nāgārjuna's Philosophy. As Presented in the Mahā-Prajñāpāramitā-Śāstra*. Delhi: Motilal Banarsidass, 1975.

Mervyn Sprung, *Lucid Exposition of the Middle Way: The Essential Chapters from the Prasannapadā of Candrakīrti Translated from the Sanskrit*. London and Henley: Routledge and Kegan Paul, 1979.

David S. Ruegg, *The Literature of Madhyamaka School of Philosophy in India*. Wiesbaden: Harrassowitz, 1981.

Chr. Lindtner, *Nagarjuniana: Studies in the Writings and Philosophy of Nāgārjuna*. Delhi: Motilal Banarsidass, 1990.

Thomas E. Wood, *Nāgārjuna's Disputations: A Philosophical Journey through an Indian Looking Glass*. Honolulu: University of Hawai'i Press, 1994.

C.W. Huntington, Jr. with Gesche Namgyal Wangchen, *The Emptiness of Emptiness: An Introduction to Early India Mādhyamika*. Honolulu: University of Hawai'i Press, 1989.

Peter Della Santina, *Madhyamaka Schools in India*. Delhi: Motilal Banarsidass Publishers, 1995.

Mervyn Sprung, ed., *The Problem of Two Truths in Buddhism and Vedānta*. Dordrecht: D. Reidel, 1973.

Ramchandra Pandeya, *Indian Studies in Philosophy*. Delhi: Motilal Banarsidass, 1977.

Yu-kwan Ng, *T'ien-t'ai Buddhism and Early Mādhyamika*. Honolulu: University of Hawai'i Press, 1993.

Gadjin M. Nagao, *Mādhyamika and Yogācāra*. L.S. Kawamura, tr., Delhi: Sri Satguru Publications, 1991.

E. Frauwallner, *Die Philosophie des Buddhismus*. Berlin: Akademie Verlag, 1969.

Saigusa Mitsuyoshi, *Studien zum Mahāprajñāpāramitā (upadeśa) Śāstra*. Tokyo: Hokuseido Verlag, 1969.

Étienne Lamotte, *Le Traité de la grande Vertu de Sagesse de Nāgārjuna*. Vol. 3, Louvain: Université de Louvain, 1970.

性格；有關它的文獻（我們通常稱為「般若文獻」Prajñāpāramitā literature）雖然很多，但來來去去都是在闡述與發揮空義，唯一讓人感到困惑的，是它很多時以弔詭的方式來說空，如日本的鈴木大拙所提及的「即非」與京都哲學家所提的「背反」。這種思維方式，中觀學承接下來，而且更有開拓。⓲例如《中論》以非有非無（空）說空，以非有非空說中道，和以所謂的「四句」、「四句否定」的思維方式來展開它的論證，故中觀學對般若思想有繼承，也有開拓。弄清楚這種繼承、開拓，便容易理解般若思想了。因此我先講中觀學，後講般若思想。

在這裏，要講般若思想，我想還是重溫一下所謂「即法」或「體法」的意味。「體法」是智顗所提的，「即法」則是筆者提的。我更提「即法體空」來概括般若思想與中觀學。這不單是一種認識，更是一種實踐。這種即法體空的實證的高明之處在，當事人面對諸法，能夠從它們的表層滲透到它們的內裏，洞悉它們都是緣起（pratītyasamutpāda）的性格，都是空（śūnya），沒有常住不變的自性（svabhāva）。他不需要與諸法作任何切割。這的確需要一種智慧，一種洞見：觀空的洞見，才能做到。在佛教，般若文獻和中觀學（Mādhyamika），都屬於這種思維導向。這正相應於智顗的判教架構中的通教，如上面註⓲所說。

在展示即法體空義理方面，我舉一些有代表性的說法作例證。《般若波羅蜜多心經》（*Prajñāpāramitā-hṛdaya-sūtra*，省稱《心經》）說：

⓲ 在天台宗的判教說中，所提的通教便是以般若思想與中觀學為主。在華嚴宗來說，也有相似的看法，這兩種思想都被列入大乘始教（華嚴宗的大乘始教也包含唯識學的有宗內）。在當代高僧的判教中，情況亦很類似。太虛所判三教中的法性空慧，印順所判三教中的性空唯名，主要都是指般若思想與中觀學。對於通教，可以進一步說，智顗的通教本來包含般若思想、中觀學和《維摩詰所說經》（*Vimalakīrtinirdeśa-sūtra*，省稱《維摩經》）。通教的「通」是通於大小乘的意思，大小乘在闡述和宗奉諸法無自性、諸法空這一點上，是相同的、相通的。不過，在闡釋空這個觀念最有力的、最徹底的，則是般若文獻與中觀學，因此，這兩者與通教便有著特別密切的關係。至於《維摩經》，它除了說空外，特別強調聖與凡或清淨與染污不二的有弔詭的綜合性格的思想，在這點上，它不同於般若文獻與中觀學。因此，我在這裏提的即法體空的教法，並不包含《維摩經》的思維在內。這是我與智顗在這個問題上的不同處。

yad rūpaṃ sā śūnyatā yā śūnyatā tad rūpaṃ ⓳

其意思是：

是色的，它便是空性。是空性的，它便是色。

這便是有名的「色即是空，空即是色」句，或色空相即的色與空的密切關係。⓴在這裏，我只想處理「是色的，它便是空性」這一句。這是說，是色或物質的東西，它直下、當體便是空的性格。在漢譯中，我們看不出直下、當下的意味。這「直下」、「當下」甚至「當體」的意思，可在梵文原典中的 yad……sā、yā……tad 的關係詞與相關關係詞的用法中看到。例如梵典前一句「yad rūpaṃ sā śūnyatā」，它的直接的、素樸的意思是「是色的那些東西，當體便是空」。這表示色即此即是空，我們不用對色作任何處理（包括分析、析離、拆解、解構之類），它直下便是空。這「當體」、「直下」正相應於「即」，是「即此便是」的意味。但漢譯的「即」，一般來說，沒有特別的意思，即使把這個字眼去掉，而成「色是空，空是色」，意思還是一樣，還是「色即是空，空即是色」之意。

這是般若文獻中的一個例子。《心經》是眾多的《般若經》中的一種。下面我們拿龍樹（Nāgārjuna）的中觀學的最重要典籍《中論》（*Madhyamakakārikā*）看看。其中有上面引過的如下一偈頌的前半部：

yaḥ pratītyasamutpādaḥ śūnyatāṃ taṃ pracakṣmahe.㉑

其意思是：

⓳ 引自 E. Conze 的 *Buddhist Wisdom Books* (London: George Allen & Unwin, 1980)中所附的《心經》的梵本原文（頁 81）。

⓴ 玄奘譯《般若波羅蜜多心經》，《大正藏》8・848 下。

㉑ *Mūlamadhyamakakārikās de Nāgārjuna*, p.503. *Nāgārjuna: Mūlamadhyamakakārikāḥ*, p.35.

我宣說，那些東西是緣生的，便是空性。

這句梵文的結構和上面引《心經》的那句說話，非常相似，都是運用關係詞與相關關係詞來寫成的。其直接的意思是，「我宣說，那些緣起的東西，直下、當體便是空性」。其中的關鍵點仍是 yaḥ……tāṃ 的關係詞與相關關係詞的用法，這使緣起的東西有當下的、當體的空或無自性的意味，而不經任何中介的東西、媒介。這句梵文的最直接的意思是，對於那些緣起的東西，我們不必另作任何方式的處理，便知道其自身當體便是空的性格，直下便是空性。

因此，即法體空的意思是即就當前我們所面對的諸法，便能直下地、當下地、不作任何處理地、不轉任何彎角地體證其無自性的、空的性格。這便是即法體空，或智顗所說的「體法空」，以與阿毗達磨佛教的析法空相對說。「析法」是析離、分解諸法；「體法」是即就這樣的諸法自身而不予以任何處理。這「體」字是關鍵性字眼，是神來之筆，以英語來說，可以「embody」或「embrace」來傳達它的真確的意味。

實際上，以這種方式來展示事物的終極真性、空性的，正是般若學和中觀學的文獻。般若學的文獻有很多種，或有很多本子，一般人所熟知的有《心經》、《金剛般若波羅蜜經》（*Vajracchedikā-prajñāpāramitā-sūtra*，又稱《金剛經》）、《八千頌般若經》（*Aṣṭasāhasrikā-prajñāpāramitā*，又稱《小品般若經》）、《摩訶般若波羅蜜經》（*Pañcaviṃśatisāhasrikā-prajñāpāramitā*，或作《大品般若經》、《二萬五千頌般若》）。最大部頭的，要數《大般若波羅蜜多經》（*Mahāprajñāpāramitā-sūtra*，或作《大般若經》）。在論典方面，一般都以《大智度論》（*Mahāprajñāpāramitā-śāstra*）和《現觀莊嚴論》（*Abhisamayālaṃkāra*）為重要。兩者都是對於《大品般若經》的註釋，但做法不一樣。《大智度論》是隨文註解及發揮，《現觀莊嚴論》則是提綱挈領地開導，較為精簡和有系統性。

像色空相即這樣的難解的、有弔詭意涵的說法，可以說是遍佈於般若文獻中。上面提及的鈴木大拙喜歡說的「即非」的思維方式，也很普遍，特別於《金剛經》為然。這《金剛經》是一部奇怪的般若文獻。整個本子沒有「空」（śūnyatā）這個字眼，但它整部經典都在發揚空義。這真是「說而不說，不說而說」（說空但全不提空，不提空但全是說空）。以下我要舉些例子：

> 如來所說身相，即非身相。……凡所有相，皆是虛妄。若見諸相非相，則見如來。㉒

> 所謂佛法者，則非佛法。㉓

> 莊嚴佛土者，則非莊嚴，是名莊嚴。㉔

> 佛說般若波羅蜜，則非般若波羅蜜。㉕

> 諸微塵，如來說非微塵，是名微塵。如來說世界非世界，是名世界。……如來說三十二相，即是非相，是名三十二相。㉖

在這些例子中，我們都可以看到一種思維不斷地在發展。這種思維的進行分三步：第一步是肯定；第二步是否定；第三步是綜合。倘若說這是黑格爾（G.W.F. Hegel）的辯證思考方式，亦不為過。而這中間的一步思維是否定性格，正是鈴木大拙所說的「即非」，或所謂「即非邏輯」。我們不應看輕這種思考，這裏面其實傳達出一種智慧，一種空的智慧，相當於禪的「大死」或「大死一番，歿後復甦」的導向。如何見得呢？我想可以這樣理解：第一步（設為 p）是一般性的提舉；第二步 $\sim p$ 是對自性（svabhāva）的否定，這便是空。但這空是超離的（transzendent）。因此還需有

㉒ 《大正藏》8・749 上。

㉓ 《大正藏》8・749 中。此處之意當是，「所謂佛法，即非佛法，是為佛法。」這個即非過程，經三步完成。第一步所謂佛法是泛說，其中的佛法或佛教真理，是在被執取中，被執為有自性。第二步即非佛法是否定，否定被執取為有自性的佛法，即否定它的自性。第三步才是佛法是肯定，肯定佛法所說的真理性，但不表示佛法自身有自性。在經文中，第三部有時會被略去。

㉔ 《大正藏》8・749 下。

㉕ 《大正藏》8・750 上。

㉖ 《大正藏》8・750 上。

第三步 $\sim\sim p$，而得 p；但這 p 與第一步的 p 不是完全一樣。第一步的 p 沒有否定這一思維動作，第三步的 p 則涵攝了第一步的肯定意味和第二步的否定意味，這是綜合。我們的智慧是隨著事物（主要指精神性的東西）的發展而上提的，到了最後的綜合階段，我們的智慧的發展便告一段落。鈴木所謂的「即非」，是指中間那一步的否定的意涵、發展。禪的大死一番，即是在這一步中徹底死去，棄除一切對實體、自性的思維，以一種虛無主義的否定方式、否定思維把包括實體、自性在內的一切被執的東西都排棄掉，這是一種在知見上、心靈上的一種大清洗的作用，大清洗後，一種涵攝著事物的正面的、肯定的而又是空靈的、無執的洞見便開拓出來了。這一方面是大死一番，另方面則是歿後復甦。以《心經》的色空相即來說這種思維，則色是第一步，空是第二步，相即是第三步。

至於中道，般若文獻較少提及中道，但中道的意味或思維倒是常出現的，這即是雙遮或雙邊否定：同時否定相對性的兩邊，以上達中道的絕對的理境。例如，《小品般若經》曾說：

> 般若波羅蜜於色不作大不作小，不作合不作散。㉗

這表示，般若智慧可展現超越的智慧，同時克服事物（色）的兩端的相對對象或性格，如大與小、合與散（結合與分離）。又說：

> 離相法無垢無淨，空相法無垢無淨。㉘

相（lakṣaṇa）指相對的相狀，離相法和空相法都是指絕對性格的東西，它超越一切相對性，如垢與淨（或染污與清淨）。這樣地透過對相對的極端的超越、克服而展示絕對的理境的思路、表述，在《般若經》的經叢中，可以說是隨處即是。讀者只要翻閱一下篇幅較少的《心經》和《金剛經》，便能領會。這種雙遮、雙遣的思維，

㉗　《大正藏》8・550 中。

㉘　《大正藏》8・571 下。

正是龍樹所說的「中道義」。倘若要說動感的話，特別是中道思維的動感的話，中觀學與般若學是一脈相乘的。般若學在先，中觀學在後。

現在我要處理《心經》中一個相當讓人感到困惑的問題。它的梵本這樣說：

sarva-dharmāḥ śūnyatālakṣaṇa, anutpannā aniruddhā, amalā avimalā, anūnā aparipūrṇāḥ.㉙

在這裏，我只留意其中一關鍵表述式 sarva-dharmāḥ śūnyatālakṣaṇa。對於這個短語，鳩摩羅什（Kumārajīva）與玄奘都譯為「諸法空相」。㉚對於這一短語，從字面看，可有三種解釋：

1.「空相」（śūnyatālakṣaṇa）作無相解。諸法空相即是諸法無相。此中的意思是：諸法就其本質言，是空無自性，因而不具有由自性分別而來的種種相狀。

2.「空相」作「空性」解。這樣，即是以相為性。這不是在意義層級上混現象為本體，而是在文字上以相作性。諸法空相即是諸法空性，因而有以下「不生不滅，不垢不淨，不增不減」的三句。㉛

3.「空相」的「相」（lakṣaṇa）不是實指字，而是虛字。即是，相不指現象，而是狀態之意。諸法空相即是諸法之為空無自性這一狀態之意。

這三種解釋都不必生矛盾。事實上，在《般若經》，「空相」一詞的出現，並不限於《心經》，在《八千頌》中便屢屢出現。但漢譯有這幾種可能解釋，當以何種為準，一時不易確定下來。在這裏，讓我們分析它的梵文原狀，看有何可得。

在 sarva-dharmāḥ śūnyatālakṣaṇa……中，sarva-dharmāḥ 相當於諸法，是整句的主詞，其他都是賓詞，處於平行位置，都是用來描述這 sarva-dharmāḥ 的。再進一步看，這些賓詞都是梵文文法中相當難解的所屬複合詞（bahuvrīhi）；sarva-dharmāḥ

㉙ E. Conze, *Buddhist Wisdom Books*, p.85

㉚ 參看《大正藏》8・847 下；《大正藏》8・848 下。

㉛ 鳩摩羅什與玄奘對於這幾句取同一譯法。

則是其前述詞。若把相當於「諸法空相」者抽出來，便得短句：

sarva-dharmāḥ śūnyatālakṣaṇāḥ.

後一字的最後一字母 ḥ 本來是有的，在長句中因連聲（saṃdhi）規則被刪去。這裏我們把它補上。在短句中，śūnyatālakṣaṇāḥ 這一所屬複合詞是關鍵字眼，其意思是空之相，或空這一相。梵文「lakṣaṇa」一詞，含義甚廣，可正面地指光、色等性質，也可負面地指無光、無色等狀態。漢譯皆作「相」。故就梵文文獻學言，「諸法空相」當解為諸法都具有空這一相，或狀態。

就梵文語法來看，śūnyatālakṣaṇāḥ 應被視為所屬複合詞來解，這是最自然的。故包括鳩摩羅什、玄奘的譯本在內的多個漢譯本，都作「諸法空相」。但亦有作諸法空而無相意的，這則是以另一方式來解 śūnyatālakṣaṇāḥ 所致。即是，不視這個詞為複合詞，而將之拆分 śūnyatā-alakṣaṇāḥ，這樣，śūnyatā 與 alakṣaṇāḥ 成為 sarva-dharmāḥ 兩個平行的賓詞，其意是，諸法一方面是空，一方面是無相。在這裏，alakṣaṇāḥ 自身仍是一所屬複合詞。這樣理解自亦可通，但不如把 śūnyatālakṣaṇāḥ 視為所屬複合詞來理解來得自然。

若取諸法空相，其意是諸法之為空這一狀態。若取諸法空而無相，則其意是諸法為無自性，為空，不具有由自性分別而來的相狀。兩種解釋都不必有矛盾。「空相」在表面上之所以似有矛盾，那是由於把空與相分開，以空歸於絕對，以相歸於相對之故。若訴諸梵文原本，作「空而無相」，固無矛盾；即使仍作「空相」，但如以重點置於空，解為無自性，而以相為虛說，作徵狀解，而附於空上，則仍無矛盾。

總的來說，般若思想的很多種思維方式，都為中觀學所吸收過來。實際上，我們可以在中觀學的一些偈頌中，看到般若的思維形態，其中最明顯的，莫如四句（catuṣkoṭi）。下面試提出《中論》展示四句思維的一首重要偈頌，看中觀學如何反映出般若思考：

sarvaṃ tathyaṃ na vā tathyaṃ tathyaṃ cātathyameva ca,

naivātathyaṃ naiva tathyametadbuddhānuśāsanam.㉜

這偈頌的意思，可以四個陳述句（statement）列出如下：

1.每一東西是真如。

2.每一東西不是真如。

3.每一東西同時是真如和非真如。

4.每一東西既不是真如也不是非真如。㉝

其中的「真如」（tathyam）是無所謂的，我以 x 代之，則得：

1.每一東西是 x。

2.每一東西不是 x。

3.每一東西同時是 x 和非 x。

4.每一東西既不是 x 也不是非 x。

很明顯，第一句是肯定句，第二句是否定句，第三句是綜合句，綜合 x 與非 x，第四句則是超越句，超越 x 與非 x。《心經》的「色即是空」，相應於第二句的思考，此中，空是自性的否定，亦即是不是 x。或者可說，「色即是空」相應於第一句的思考，以色配一切，以空配 x。《金剛經》的即非思考，相應於第一句與第二句的組合。《心經》的「色即是空，空即是色」有同時肯定色與空之意，這則相應於第三句的雙邊綜合的思考。《小品般若經》、《心經》、《金剛經》的雙邊否定、雙邊遮詮，如「無垢無淨」，則是相應於第四句的思考。另外，般若文獻的否定概念的相對兩邊以顯中道，也表現出這種思維模式。

四句的思維形式與般若文獻的詮釋方法的相應關係，也可以倒轉來說。例如，我們可以說，四句中的第四句所展示的不是 x 也不是非 x 的超越的思維導向，相應於《般若經》的雙邊否定的展示中道的思維方式。餘皆可以同樣倒轉來說。

至於對世界的了解、認識或知識論方面，由於般若學與中觀學的終極關心

㉜ *Mūlamadhyamakakārikās de Nāgārjuna*, p.369. *Nāgārjuna: Mūlamadhyamakakārikāḥ*, p.25.

㉝ 參看拙文〈印度中觀學的四句邏輯〉，拙著《印度佛學研究》（臺北：臺灣學生書局，1995），頁 142-144。

（ultimate concern）是在覺悟、解脫方面，故比較多談智慧，亦即是般若智慧（般若智 prajñā）的開拓，而少留意對世間事物的知識。般若智是觀取事物的真相、終極性格的智慧，這即是空性（śūnyatā）、無自性性（svabhāva-śūnyatā）。這種認識能力（倘若要用「認識」字眼的話）超越乎一般知識論所說的感性（Sinnlichkeit）與知性（Verstand）之上，能夠穿越現象層面，而直達事物自身而得其真相。這種認識能力，在康德來說，是睿智的直覺（intellektuelle Anschauung）；在胡塞爾來說，則是絕對意識（absolutes Bewuβtsein）。㉞在我自己所提的宗教的現象學的自我設準來說，則是本質明覺我。般若智透現一切法的無自性、空的本質，猶純粹力動主體化的睿智的直覺所表現為本質明覺我對宇宙萬物的本質的洞識：宇宙萬物是純粹力動凝聚、下墮、分化、詐現的結果。

以下的問題是在般若思想中所看到這一大乘佛教學派對世界的態度的問題。即是，《般若經》如何看這現實的世界？它與後者的互動為何？從思想史來說，般若文獻是最早出現的大乘佛教文獻，前者實是後者的先鋒。它不同於有捨離傾向的小乘，反而相當重視世間法。在《小品般若經》中便有這一句話：

> 不壞假名而說實義。㉟

「假名」（prajñapti）指一般的世間法，或現實世界。實義即是實相、終極真理，亦即是空。這句話的意思是，不破壞或拋棄現實世界來顯示空理。目的自然是說空，但並不背離世間。這雖不是正面表示入世，亦不必有中、後期大乘的不空特別是《維摩經》（*Vimalakīrtinirdeśa-sūtra*）的「諸煩惱是道場」的積極意義，但起碼表示空與世界可以並存，不必相互排斥。這種不捨世間的態度，在《小品般若經》的他處復有表示：

㉞ 關於般若學與中觀學在知識問題上的探討，特別是在資料方面，參看三枝充悳著〈初期大乘佛教の認識論〉，長尾雅人、中村元監修、三枝充悳編集《講座佛教思想第二卷：認識論、論理學》（東京：理想社，1974），頁 55-101。

㉟ 《大正藏》8・541 上。

> 不離色故，觀色無常。不離受想行識故，觀識無常。[36]

> 隨如來生，如如來如，不離諸法。如是如，不異諸法。[37]

> 譬如工匠，於機關木人，若男若女，隨所為事皆能成辦，而無分別。……般若波羅蜜亦如是。[38]

> 菩薩成就二法，惡魔不能壞。何等二？一者觀一切法空；二者不捨一切眾生。[39]

般若文獻在與世界的關連這一問題上採取的態度大體是：我們的人生目標自然是體證終極真理：空。但我們是腳踏著大地而生活的，體證空、成覺悟、得解脫，亦需在這世間的大地上進行，不能超離世界，自求解脫，作自了漢。

三、關於般若波羅蜜多

般若文獻最關心的，自然是如何看破現象世界，視其中所有事物都是緣起、無自性、空。作為客體方面的真理，空自是一種狀態（Zustand），表示事物的正確的狀態。而能了達這正確狀態的，不是我們一般所提到的認識外面的對象的那種認知心，而是一種超越的智慧，超越事物的種種現象性格而直接滲透到事物的本質層面的智慧。這超越的智慧即是《般若經》所時常提到的「般若智」（prajñā），或「般若波羅蜜多」（prajñāpāramitā）。「般若」（prajñā）是菩薩所必須修習的六種波羅蜜多或德目中的一項，而波羅蜜多則是完成、完滿的意味。故般若波羅蜜多是智慧的完成，或完成的智慧的涵義。能夠體現得這種智慧，便能成覺悟，得解脫。

---

[36] 《大正藏》8・546 下。
[37] 《大正藏》8・562 下。
[38] 《大正藏》8・576 上。
[39] 《大正藏》8・576 中。

般若智有別於一般所說的智慧，或世俗智（saṃvṛti-jñāna），而是一種勝義智，或第一義智（依世俗諦、第一義諦而提出）。就筆者的純粹力動現象學的系統言，純粹力動（reine Vitalität）在主體中表現的睿智的直覺（intellektuelle Anschauung），便相應於這般若智，這睿智的直覺自我屈折而成的世諦智則相應於這世俗智。世俗智是一種在時、空的直覺形式下以其自身的範疇概念（Kategorie）來理解現象性格的事物，把它們確立為對象（Objekt），對它們建立有效而普遍的知識。般若智則不涉事物的多元的、現象學性格的（phänomenologisch）知識，卻是觀取一切現象所共有的空、無自性性這樣的普遍性格的知識。

上面曾說，《般若經》是多部般若文獻的結集，在量來說，篇幅多得很；但其內容基本上是一貫的；以般若智觀照世間一切事物的空性、緣起性、無自性性。其重點集中在事物的空無自性的本質和般若智的運作方面。幾乎所有《般若經》都是這種內容。由於內容的清晰單純，各部般若文獻在內容上相互交集、重複的地方很多。我在這裏謹以早期成立的《放光般若經》（西晉無羅叉漢譯）為據，闡述一下般若文獻的思想。由於每部《般若經》的行文相似，都是在每一小節中敘述空與般若智（特別是後者）的義理，缺乏系統性。因此，我依《放光般若經》來說般若思想，順序抽取其中有關的文字，逐一加以詮釋。

> i) 菩薩行般若波羅蜜者，不見有菩薩，亦不見字，亦不見般若波羅蜜，悉無所見，亦不見不行者。何以故？菩薩空字，亦空空。（《大正藏》8・4下）

按「般若波羅蜜」是梵文 prajñāpāramitā 的音譯，是以智慧完成之意。這種智慧不同於一般所說的認識能力，或世俗智。這種世俗智涵攝康德（I. Kant）所說的感性（Sinnlichkeit）與知性（Verstand）。這種認識能力以現象世界的事物作為指標，在時、空的形式條件下，以範疇概念去處理這些事物，把它們建立為對象（認識論意義的對象）。這種認識活動是在一種主客的關係中進行的：主是認識者，指感性與知性，客則指外界的作為現象（phänomen）的東西。至於般若智，菩薩在體現這種智慧時，眼中並沒有下列的事物的存在性：作為認識主體的菩薩、名相或概念、作為對象看的般若智，以至於他者。這表示沒有能認識的主體、被認識的對象（Objekt）。

為甚麼會是這樣呢？因為在認識論中，主體與對象是在相互對反的關係中，而成為主客相對的二元格局（Dualität）。般若智不是這種做法，它超越主客的二元相對的關係，在它眼中，一切都是空的（śūnya）；連「空」（śūnyatā）這個概念或名相，都是空的，無自性可得。這一小段引文展示了般若波羅蜜的超越的性格。

ii) 菩薩行般若波羅蜜者，亦不念有法合與不合，等與不等。所以者何？以不見法合，亦不見法等，是為應般若波羅蜜。菩薩行般若波羅蜜者，亦不念我當疾逮覺法性，亦不不逮覺。何以故？法性者，無所逮覺，是為合。（《大正藏》8·6下-7上）

引文首先提到有關事物與事物間的關係。在一般的世俗認識活動中，我們的所知（jñeya）之間有合或不合、等或不等的關係。但菩薩在般若智的觀照中，不見事物之間有所謂「合與不合」、「等與不等」的關係問題。這裏運用了雙邊否定的思維方式來顯示出般若智的超越性，超越世俗認識對事物的自性執著。我們知道，在一般世俗的認識中，由於以自性（svabhāva）、實體（substance）來說事物的緣故，兩個物體只能有合或不合的關係，不可能有第三種關係。此中的關鍵點在於，物體都被執持為具有自性，由於自性是絕對的統一體，不能被分割成部分，因此，物體間的關係，只有兩種選項：完全相同或完全相異，不可能出現有部分相同、有部分不同的情況。後一選項要預設自性是可以被分割成部分的可能性。但這種可能性是沒可能兌現的、出現的，自性依據定義是不能分割的。但在般若智的觀照下，情況便完全不同。般若智並不執取物體為具有自性，而是知了它們是緣起、無自性、空的。既然沒有自性見、自性執，那麼物體便不再有分割的問題。即是，這些物體可以多次分割。因此，由部分分割的可能性可以導致雙方物體可有完全相同、完全不同和有部分相同有部分不同的情況。引文開始說菩薩「不念有法合與不合」，便表示這個意思。㊵通過註㊵的進一步剖釋，我們可以看到，龍樹的中觀學的論證方式

㊵ 這裏涉及龍樹的空的哲學的一種典型的思維方式。即是，龍樹要證立諸法是無自性，是空，這種觀點，他卻是先假定諸法有自性將會引致理論上、概念上的困難，而回頭反證諸法非得是無自

與般若文獻、般若思想的關連。

以上是說般若智對物體或事物的無執性，這無執性即是排除了在世俗認識的事物執著或法執。引文又進一步提及般若智排除世俗認識中的我執。在世俗認識中，我們總是執著自我為具有自性的東西，把它建立一個在相對關係（與事物相對）中的認識主體。而相對於自我的事物都會被視為具有自性的對象去處理。對於我們的對象能夠達成理解的，是「逮覺」；不能達成理解的，則是「不逮覺」，除這兩者之外，沒有第三種可能的選項。但引文指出，在般若智的觀照中，「亦不念我當疾逮覺法性，亦不不逮覺」。這表示，般若智的觀照超越了世俗知解層面所具有的對對象的認識。即是說，般若智的觀法雖然以事物的本質或法性（dharmatā, dharmatva）為對象，但這樣的「對象」實際上不具有世俗知解的那種與主體相對待的那種對象性。在世俗的知解中，自我與對象總是被視為在主客關係中，兩者都以自性說。但在般若智的觀照中，對自我自性的執著被排除，這便成為無我。在這種情況，主客對立的關係被剝落，般若智與所謂「對象」冥合為一體，超越了自我和對象的分別。這樣，法性並不是般若智逮覺的對象，所以引文說：「法性者，無所逮覺，是為合」。這裏所說的「合」，與上面提到「亦不念有法合與不合」當中的「合」，是屬於不同層次。「合與不合」所說的是事物之間的相對性的關係，而「無所逮覺，是為合」是指般若智與法性分別超越相對關係，在絕對的層面中冥合為一的關

性、是空不可。即是，若諸法是有自性，由於自性依定義是一個整一體，無部分可言，也不能被分割為部分。這樣，諸法便只能有兩種關係：完全相同或完全不相同，其他選項都不可能。由於自性的不可分割性，諸法的自性倘若相同，則諸法相互間便是完全相同；諸法的自性倘若不同，則諸法相互間便無關係可言，它們是完全相異。這是由於自性作為諸法的底子的自性的不可分割性所致。倘若要讓諸法在完全相同和完全不同之外，另外有有部分相同有部分相異的話，則只能放棄諸法具有自性的觀點。實際上，在我們的現實環境中，諸法的確除了完全相同和完全相異之外，還有第三種關係，即是部分相同部分不同的情況。只有肯認這第三種關係，諸法的變化才是可能的。自性的設定，讓我們不能有這第三種關係，不能講諸法的變化。要消除這個困難，便非得撤消諸法有自性這一前提不可。這樣便確認了諸法無自性、是空這一根本觀點了。筆者在京都大學留學時的指導教授梶山雄一便有這個意思，這個意思也可見於梶山與上山春平所著的《佛教の思想 3：空の論理〜中觀》一書之中，不過，梶山沒有突出、重視龍樹的這種論證方式：空的論證。筆者吸收了這種意思，再加上自己的苦心整合，把它突顯出來，視之為龍樹中觀學的最重要的空的論證方式。有關這方面的詳細情況，讀者可參考拙著《龍樹中論的哲學解讀》。

係。

> iii) 行般若波羅蜜菩薩，不見有法與法性別者，亦不見合。……亦不作念言：是法於法性現，亦不不現。何以故？初不見於法性現者，當知是則為合。（《大正藏》8·7上）

這段文字講述在般若智的觀照下，法（dharma）與法性（dharmatā, dharmatva）之間的關係。菩薩在實踐般若波羅蜜時，不見有法與法性別的，也不見合的。按「別」表示別異、不同；「合」表示同一。若從自性的角度看，事物間的關係，若不是完全別異，便是完全同一。沒有第三種可能性。自性地別異表示沒有任何共同之處；自性地同一則表示完全沒有分別。但在般若智的觀照下，法與法性不是自性地別異，亦不是自性地同一。這表示般若智突破自性的執著，而見到事物間的第三種關係。這種關係便是非別異亦非合一，而是法與法性相即不離而又不混同的關係。法性是法的性格，它不能外於法而有其本性、本質，這是「非別」。另外，法是現象，法性是本質，二者各在不同層次，這是「非合」。非別也好，非合也好，法與法性都是空無自性。

對於「亦不作念言，是法性現，亦不不現」，經典作者解釋謂「初不見於法性現者，當知是則為合」。這裏進一步描述般若智觀照法與法性的關係，這便是「合」。這仍是順著般若智觀照法與法性的相即不離而又不混同這一脈絡說下來的。一般的依時空、範疇對法的認識，不是把法與法性混同起來來認識，便是把法從法性抽離開來，孤立地認識。混同的認識是「法於法性現」，孤離的認識是對法「不不現」。此中的關鍵是，法是個別的（individual）、特殊的（particular）；法性則是普遍的（universal）真理。法是法性的法，法性是法的法性，雙方有其清晰界線，不容混同，同時又有密切的關係。這便是相即不離而又不混同的關係。般若智應能對法與法性的這種關係，有恰當的理解。不作「法於法性現」，是不混同兩者；不「不現」，是不孤立法，不使它脫離法性、不現於法性來理解。卻是在與法性有密切的關聯下了解法。這樣，般若智便能同時理解法的特殊性與法性的普遍性，對雙方都不作自性觀。41

iv) 菩薩行般若波羅蜜，以發等意。於一切人發等意已，便得一切諸法等。已得諸法等，便能等意於一切法。（《大正藏》8・10上）

---

41 有關對於法的特殊性與法性的普遍性作同時的把握，《放光般若經》都將之放在般若智之下來處理，並未作精細的區分。唯識學中、後期的護法（Dharmapāla）在其鉅著《成唯識論》（*Vijñaptimātratāsiddhi-śāstra*）中說轉識成智，把智（jñāna）精細地分為成所作智（kṛtyānuṣṭhāna-jñāna）、妙觀察智（pratyavekṣanika-jñāna, pratyavekṣaṇā-jñāna）、平等性智（samatā-jñāna）和大圓鏡智（ādarśa-jñāna）。其中，妙觀察智觀取諸法的特殊性格（particularity），平等性智觀取諸法的普遍性格（universality），亦即法性，而大圓鏡智則是這兩種智的綜合，能夠同時把得法的特殊性格與普遍性格。很明顯，《放光般若經》所說的般若智，是護法的這三種智的總合，由於《放光般若經》是早期的文獻，對智的理解較粗略，不及後期唯識學般精細，更不能想像護法這樣的思維細微的學僧會對智作出這樣的周延的解析。

實際上，中觀學承接般若思想，在智一觀念上亦有發揮，不讓唯識學專美。《大智度論》（*Mahāprajñāpāramitā-śāstra*，傳統以為是龍樹所撰）便認為，有關所有事物的概括性的、抽象的知識，是一切智。菩薩為了勸化眾生，而具體地了知真理的種別、層級，具體地理解作為方便（upāya）的法門與萬物，這些知識名為道種智。而圓滿的理解，即同時了解事物的平等相與差別相，就即平等即差別，即差別即平等這樣的圓融態度而了解，這則是一切種智。我們可以這樣看，一切智是聲聞、緣覺二乘行人所具有的，道種智是菩薩專擅的，一切種智則是佛的智慧。《大智度論》卷 27 謂：「佛盡知諸法總相、別相故，名為一切種智」。（《大正藏》25・259上）按《大智度論》是解釋《大品般若經》的，它的說法應與般若經的所說有關連。大體上，就般若思想來說，當時流行的是一切智，那是觀空、無自性性的智慧，是觀普遍性的智慧。但一切智是否能觀作為假名的東西，或事物的具體的、特殊的面相呢？當時未有統一的看法或共識。但不排除觀取特殊性的智慧已成為一個頗為熱門的問題了。

這個問題要到天台宗智顗大師，才得到徹底的解決。智顗就空、假名與中道的觀法來說三智：空是一切智所照見的空如理，這是普遍面；假是道種智所處理的世間種種法的特殊性，這是具體面；中是一切種智所照的真妄相融境界，這是具體而又普遍面，是至圓至實的智慧的表現。《摩訶止觀》卷 5 說：「若因緣所生一切法者，即方便隨情道種權智；若一切法一法，我說即是空，即隨智一切智；若非一非一切，亦名中道義者，即非權非實一切種智」。（《大正藏》46・55中）這是借龍樹《中論》的三諦偈來處理三智的問題，智顗認為，智慧需到具體而普遍面，才是最殊勝義，才最究極，最為圓融無礙（具體性與普遍性同時把得）。

日本學者川崎信定寫了一本專論一切智問題的書：《一切智思想の研究》（東京：春秋社，1992），是這有關方面的研究的專書，但所論只及於印度佛學，不涉中國佛學。

這裏說的「意」，指意義內容而言。它可有兩方面的涵義：認識論的涵義與價值論的涵義。從認識論上說，般若智照見一切人，以至一切法，所認識的是一切法的平等性，這是從一切法無自性、空的共同本質本性說的。倘若從現象的角度看事物，則各樣事物只有各自的特殊性，各自有它自身的關係網絡，沒有任何共通之處，這樣便無法說平等性。㊷而般若智照見一切法的無自性、空的本質，這種本質共通於一切法，由此可說平等性。所以般若智所達到的認識：意，是「等意」。

由平等性的認識這樣的認識論涵義，可引伸至價值論的涵義來。由於這種認識是著眼於事物的共同性上，基於這種共同性，我們不會由此而生起對事物的估值上的、價值上的不同取向，不會以甚麼是好的，甚麼是不好的。現象可以講價值，定貴賤；但說到本質，特別是空、緣起的性格，則一切都是如，一切無差別，這是從般若智的眼光看。這便是「等意」的第二面的涵義。

> v) 行般若波羅蜜菩薩摩訶薩，不於有為性中現般若波羅蜜，亦不見菩薩，亦不見菩薩字，亦復不於無為性中見。所以者何？須菩提，菩薩摩訶薩行般若波羅蜜，於諸法無想念故。（《大正藏》8·11下）

菩薩在般若智的觀照中，不於有為性（saṃskṛtatā, saṃskṛtatva）中見般若波羅蜜，

㊷ 這裏有一點要注意：特殊性是就現象說的。現象本身的經驗性格，都可各自不同，因而現象可各自有其特殊性。從自性言，各種事物只有完全相同及完全不同兩種關係。因就定義言，自性不是緣起法、生滅法，而是一個絕對的整一體，不能分割成部分；它沒有時間性、空間性，又不在因果的關係網絡中，以自性為其本質的事物，便是這種性格。即是，它們只能是完全相同，或完全相異，不可能有第三種關係，亦即是部分相同部分相異的情況。這第三種情況是要以事物可以分割成部分為前提的。依於這前提，各種事物可以有無窮無盡的分割方式，因而事物可以有無數部分相同無數部分相異的情況。這便使事物相互間千差萬異，而各有其特殊性。這種不能分割成部分與可分割成部分的特性，對判別自性與現象的分野，非常重要。現代學者中，就淺見所及，能注意及這點的，除筆者外，只有日本的梶山雄一。關於筆者的詮釋，可參考拙文〈龍樹的空之論證〉（拙著《印度佛學研究》（臺北：臺灣學生書局，1995），頁 107-139）及拙著《龍樹中論的哲學解讀》，後者曾在多處論及這一點。梶山的詮釋，則見於他與上山春平合著的《佛教の思想 3：空の論理〜中観》一書中。筆者的解說，遠較梶山的解說為詳盡。以上註㊵也提及相近的事項，可複看。

亦不見自家的身相，不見「菩薩」這個概念，不於無為性（asaṃskṛtatā, asaṃskṛtatva）中見般若波羅蜜。此中所指涉及的東西，如有為性、無為性、菩薩自我、「菩薩」概念，在菩薩的智照之中，都不作為嚴格義的對象（Objekt）而顯現，不是所知的對象。原因是，般若波羅蜜對於這些東西都不執取它們的對象性，不在想念（saṃjñā-smṛti）之中視它們為在能所的相對待關係中的所、對象。「想念」是關鍵性字眼，所謂「取象為相」，即是，不攝取對象的形貌，視之為具有獨立自在性的東西。但無想念並不單純地是沒有知的活動，不是無知（這知不同於僧肇《肇論》的〈般若無知論〉中所說的不活動的、死寂的知），卻是不斷地發出它的知的作用，認識到事物的假名性、空性、緣起性。[43]般若波羅蜜多的這種般若的知，其實是一種超越的智慧。經文說：

> 菩薩行般若波羅蜜，為已盡超越諸法之相。超越已，亦不見，亦不斷。（《大正藏》8·11下）

所謂超越（transzendental），表示對諸法的對象相的克服。從義理上言，超越、克服了諸法表面的與主體相對待的客體、現象性，便能滲透到事物的內裏的本質（Wesen），猶康德（I. Kant）所說的「物自身」（Ding an sich）。這種滲透，表示主體與客體的本質相吻合，相結合在一起，而再無主體與客體所成的二元關係（Dualität）。此中再無能知與所知的隔閡、分別。

引文中的「亦不見」在另一版本作「亦不著」。[44]著和斷都是對諸法的相或對象相（對自我亦可起對象相，而視之為現象義的自我，或經驗的自我 empirical self）來說。對諸法起執，以為是實在的，因而為諸法所繫縛，這是著於相。同樣是對諸法起執，視之為虛無，不能理解它們的緣起性格，因而要斷絕和諸法的關係，這是斷相。前者是一般凡夫對諸法的態度，後者則是小乘（Hīnayāna）行人的態度。兩者都有執著，

---

[43] 關於知與無知，參看拙文〈從睿智的直覺看僧肇的般若智思想與對印度佛學的般若智的創造性詮釋〉，拙著《純粹力動現象學》（臺北：臺灣商務印書館，2005），頁 685-752。

[44] 《大正藏》8·11 註 12。

不能對諸法作如理的處理。般若智超越諸法的對象相，並能一一操控它們，對它們不斷不捨，也不住著於其中。這種不捨不著，正是般若波羅蜜多的不捨不著的妙用。

> vi) 菩薩摩訶薩以薩云若意，不入於諸法而觀諸法之性，而無所倚；亦復教他人，令不入於諸法而觀諸法之性，而無所倚。是為菩薩摩訶薩般若波羅蜜，是為菩薩摩訶薩摩訶衍。（《大正藏》8・22下-23上）

薩云若亦有作薩婆若，都是一切智（sarva-jña, sarvajñatā）的音譯，這是般若智的主要功能，能照見諸法的共通性、普遍性，亦即是空性（śūnyatā）。菩薩能以一切智，不入於諸法而觀諸法之性。即是說，不住著於各各事物的對象相，便能觀取諸法之性，亦即是空性，而無所偏倚，不對諸法起分別心，有不同的對待。唯有不著於各各事物的對象相，才能觀照事物的如如的空的本性。這便是般若波羅蜜或般若智的功能。「摩訶衍」是 Mahāyāna 的音譯，大乘之意。大乘以普渡眾生為終極目標，要達致這個目標，便需要般若波羅蜜多、一切智。㊺

> vii) 舍利弗問須菩提：菩薩摩訶薩，何以故，行般若波羅蜜，亦不見般若波羅蜜？須菩提報言：以般若波羅蜜狀貌本實不可得見故。何以故？所有者無所有故。是故行般若波羅蜜無所見。所以者何？菩薩悉知諸法所有，無所有。（《大正藏》8・16上）

這段文字說得煞是精采。它並不說般若波羅蜜（多）到底有些甚麼東西，卻說它是一無所有；而這一無所有正是它的所有。這是一種弔詭性的文字，出自一種弔詭性格的智慧，這便是般若波羅蜜這種智慧。引文說般若波羅蜜的狀貌不可得見，

㊺ 這樣說大乘，是偏重它的認識論的觀諸法空的一面。但大乘還有剛才說過的普渡眾生的意涵，這即是對眾生的救贖（soteriology）。這樣，大乘目標的實現，不單是認識、觀解的事，同時也是行動、拯救的事。

又說這關連著「所有者無所有」。就認識論言，說某事物的相貌不可得見，即是說它沒有對象相，不成為一認識對象。此中的認識，是指一種建立在主客相對峙的關係中的認識。般若波羅蜜狀貌本實「不可得見」表示般若智並不落入相對待的關係之中，它毋寧是一絕對的主體性。「不可得見」是遮詮語，並不表示一無所有，而是有所有的，而有所有的「所有」，便是「無所有」。這「無所有」又是一遮詮性格的表述式，當然不是指虛無意義的一無所有、一無所是。「一無所有」或「無所有」是指絕對的般若波羅蜜的虛空狀態。能虛空，才能容物。至於說「行般若波羅蜜無所見」，則指般若波羅蜜這種智慧在作用（行）中，並無一嚴格意義的對象（在感性的形式如時、空之中被知性的範疇概念所範鑄而成的對象）可見。這種智慧並不取著對象，故無所見於對象，也無所得於對象；在它的眼中，根本無對象可言。它只對當前的現象（Phänomen）或雜多（Mannifaltigen）如如地觀取其緣起性、無自性性、空性。它是一個觀照的主體，不是一個存有論的主體，更不是一宇宙論的主體。至於說「諸法所有，無所有」則表示諸法作為緣起法、生滅法，並不是完全虛無（Nichts），而是有其現象性、緣起性，這是它們的「所有」，但這些東西都沒有自性（svabhāva）、實體（substance），或獨立自在性，這便是它們的「無所有」。

viii) 須菩提白佛言：菩薩行般若波羅蜜時作是觀：是時亦不見色，亦不入色，亦不生色，亦不住色，亦不言是色。（《大正藏》8・35中）

這是說以般若波羅蜜的智慧去看一般的事物、物體、色（rūpa）。「不見色」表示所觀照的物體沒有對象相。般若智的觀照並不是一種在主、客相對待的關係中進行的認識活動，物體不成為一被知的對象，因此，在觀照中不見色。「不入色」即是不理解作為物體的色。「不生色」意指不建立對象、認識論意義的對象。「不住色」表示不為事物、物體所囿而住著於物體之中。這些說法都表示不以一般熟悉的方式來了解物體，而以般若智的遮詮方式，在否定自性（物體的自性）的脈絡下了解物體。所識取的，是物體的物自身。至於「不言是色」則有總結的意味，表示不以物體作為實際的、真實的存在。一般人以為它們有實在性，那是把它們置定於一能所、主客的關係網絡中來認識的結果；這樣，主體執持對象、物體，以為它們是真實的存在。但在般若波羅蜜的觀照下，一切都被視為空無自性，無對象相可言。

> ix) 菩薩行般若波羅蜜，作是觀，使法法相續，法法相得，皆使具足。菩薩於念亦無吾我，若作異念，不應道念。拘翼，以不等念意，於道亦不可見，亦不可得。道無意念，意亦不可得，亦不可見。拘翼，菩薩行般若波羅蜜，當作是觀，於諸法無所得。（《大正藏》8・38 中-下）

此中，「法法相續」、「法法相得」和「具足」，都表示在般若波羅蜜的觀照下，諸法所呈現的狀態。法法相續表示事物之間相互連貫，每一事物都不能完全離開其他事物而獨自存在。就自性的立場言，事物都是獨立自在的，都是以自性為其存在基礎的。法法相續展示它們並無自性。在般若智的觀照中，事物都呈現為無自性的狀態，這正是空的境界。在這境界中，法與法之間除了是相續的關係之外，還是「相得」，而且諸法都是「具足」。「法法相得」表示每一事物都包含其他一切事物，同時亦為其他一切事物所包含。這即是每一法都具足一切法。而諸法「具足」，則表示每一事物都具有自身的完整性，每一事物並不由於它與其他事物相互包含而失去自身的完整性。每一事物仍然是它自身。

對於這種法法相續、法法相得，以及諸法各自具足的狀態，京都哲學家西谷啟治有很相似的說法。在他的空的存有論中，他把這種狀態或關係稱為回互相入。在空或絕對無的場所中，事物與事物之間的關係，是相互涉入，亦是相互包含，像佛教華嚴宗所說的相攝相入的關係那樣。在這種關係中，事物都不以實體（substance）的姿態而呈現，而是各各以一種虛空的、虛無的狀態相互碰觸，相互摩盪，而成一種相攝相入的關係。[46]這是一種以非實體主義的立場而構築成的存有論。一切事物都不是實體，毋寧是一種機體（organism）。倘若事物是實體，則各種事物都是獨立自在的，像萊布尼茲（G.W. von Leibniz）所說的單子（Monad）那樣，都沒有一出口，單子與單子間不能直接溝通。這種相攝相入的關係，把種種事物從實體的、自性的

---

[46] 有關西谷啟治的這種說法，參看拙文〈西谷啟治的空的存有論〉，拙著《京都學派哲學七講》（臺北：文津出版社，1998），頁 140-143。

層面提升上來，成為具有理想義、價值義的現象學的世界。

引文繼續說：「菩薩於念亦無吾我，若作異念，不應道念。」這是指出在般若智的觀照中的主體方面的狀態。在這種觀照中，主體與客體已融和而為一，沒有吾我的意識，也不視客體的事物為對象而加以構架起來。在一般認識之中，認識主體認識客體事物，它同時可以意識到自己與客體事物所構成的二元相對待的格局，同時對自己作為一個活動的主體有所自覺。但在般若智的觀照中，這些情況都不會出現。倘若有主、客區分的意識，即「異念」，便與般若智的觀照不相應，因為般若智是不會在主、客二分的關係中觀照事物的。

在般若智的觀照中，「不等念意」亦不可見，不可得。不等念意指一種在多元事物呈現的脈絡下所進行的認識，在其中，事物各顯其自身的經驗的性格、性質上的與別不同之點，例如大、小、方、圓、虧、盈等差別。這種念意的差別性、不等性只能在經驗性認知中可能；在般若智的觀照中，這些差別、不等性只能在經驗性認知中可能；因為在般若的智照中，所觀照的全是一切事物的平等性格，這即是緣起、無自性、空。一切事物（現象事物）對於般若智來說，都是平等無差別的。

引文繼續說：「道無意念，意亦不可得，亦不可見。」意在認識活動中，有思考、概念化的功能。在般若智的觀照中，沒有概念性思維，「道」就是般若智的觀照。「道無意念」表示在般若智的觀照中，沒有概念思考的作用，因為這些作用只在相對性的認識活動中才會出現。在般若智的觀照中，於法無所得，這表示不把諸法當作對象來處理。因為有所得是得到對象，在這樣的觀照活動中，並無對象，故為無所得。

按這整段文字對般若智的觀照有很全面的描述。首先是所觀照的諸法的狀態，即法法相續，法法相得，以及一切法各自具足。跟著是否定一般的相對性認識的特徵，包括主體意識，主體、客體的區分，認識對象的差別性，以及概念思考的作用。這些特徵被否定後，即顯出任運自在、不著不捨地作用的超越一切相對性的般若智觀照的主體。

x) 我所說者常不見一字，教亦無聽者。何以故？般若波羅蜜者，非文字，亦無聽聞。何以故？諸天子、諸如來無所著，等正覺，道亦無文字。（《大

正藏》8·39下)

說般若波羅蜜者，沒有說一字，亦沒有聽者。原因是般若波羅蜜不是文字，亦不是一般的所聽所聞的東西。本經雖然說了很多有關般若智的事，例如般若智是甚麼，般若智所觀的是甚麼，等等。但這裏強調一點，值得注意，這便是經主所說的沒有一字。這句話表面看有矛盾，因為若要「說」，就必定有「字」；沒有一字就沒有所說。「我所說者常不見一字」是不通的。疏通之道，是要從功用、方便來考慮。經主或菩薩說般若，要運用語言、概念，作概念性的思考，目的是要化渡眾生，而所用的是一種權宜性格的方便法門（upāya）。這裏指出，菩薩所說的沒有一個字，表示般若智本身並不就等同於這些語言文字，所以我們不應執取這些語言文字來了解般若智，而是要克服、超越這些語言文字造成的障礙，才能說對於般若智的理解。有一點特別要注意的：般若智（prajñā）不是拿來說的，而是拿來證現的、實行的。另外，「教亦無聽者」，這是就菩薩的觀點來說，並不是說沒有眾生在聆聽，不是說沒有眾生得到渡化。就菩薩自己的立場來說，在解說般若智時，並沒有想到自己正在教導眾生，讓他們都能明瞭佛法，最後得到啟發、覺悟。因為倘若有這種想法，就會不自覺地執持著自己的教導、啟示，而生傲慢心理，這樣便會由菩薩的階段沉淪、下降，而不再是菩薩了。

引文最後說，「諸如來無所著，等正覺，道亦無文字。」按「無所著」就是不著於任何事物，包括語言文字。不著文字才能等正覺，能體證平等、真實的真理。這種體證便是以般若智來觀照。這裏有一點要提出來，澄清一下。在《放光般若經》這一小段文字中，先後提到「不見一字」、「非文字」、「無文字」，一氣貫下，好像不斷增強對文字的拒斥，認為文字對於覺悟、解脫的宗教目標的達致，不只沒有積極幫助，反而會影響對宗教目標的追求。我想經主未至於有這個程度。他的這種提法，目的是勸誡眾生不要執著於文字，為文字所繫縛，致忘記了或減弱了覺悟求道的本意。文字是中性的，可說是一種工具，它不一定對於覺悟求道帶來負面的影響。我想關鍵之點在於我們如何處理文字這種工具，這才是重要的。文字記載著昔賢行道的經驗、明訓，這對於後來者來說，倘若能善於吸收其意涵，肯定是有用的。既然是有用的工具，何必一定要棄置它呢？我想正確的態度是善巧地吸收文字的內容，如其為工具而應用它，則它肯定地有助於我們實現宗教理想。但文字不是一切，它只能告訴我們有關古賢的經驗、心得，我們還是要以實行為主軸，在實行中參考記載於文字中的先人的教訓，這才是對待文字的正確態度。對於文字中所記載的內容，我們要活學活用；不要執著於文字，以之為萬靈丹藥，便無問題。

我們不妨參考一下《壇經》所載慧能所說的對於文字應有的恰當態度。文字是載於經典、論典中的，慧能在《壇經》便時常提及或引用佛經，此中包括《金剛經》、《大般涅槃經》、《維摩經》、《楞伽經》、《法華經》、《菩薩戒經》等，這些都是重要的大乘經典，其中的文字的所涵，對於後學在實踐上肯定是大有助益的。

實際上，整部《壇經》有很多處提到般若波羅蜜多，可見它與般若思想的淵源，非常深厚。慧能自己曾明確地說過：

> 吾傳佛心印，安敢違於佛經？[47]

又說：

> 經有何過，豈障汝念？只為迷悟在人，損益由己。[48]

慧能對經典的態度，非常清楚：佛經自身絕不會構成我們在思想方面的障礙。我們或迷或悟，都是自己負責。這裏似隱含一個意思：慧能固不排斥經典、文字，亦不鼓勵人過分倚賴經典、文字，卻要人努力修行，以自家的力量進於佛道。至於文字，那是記錄祖師大德或佛祖的求道經驗，慧能從未排斥，亦未過分強調，我們若能善巧地理解、參考便可。[49]

---

[47] 《大正藏》48・359上。

[48] 《大正藏》48・355下。

[49] 以上是有關般若思想的闡述。以下提供一些這方面的參考文獻：

E. Conze, *Buddhist Wisdom Books: The Diamond Sutra and The Heart Sutra*. London: George Allen and

四、總的評論

上面我用了不少篇幅探討般若思想與中觀學的義理，探討的範圍仍只限於早期階段。下面可能有其他機會作進一步探究，也會伸延到中、後期的發展，特別是中觀學為然。這兩個學派的思想非常近似；它們最大的、最明顯的特徵，是對空

Unwin, 1980.

按：這主要參考書中所附的《心經》的梵文本子。

Th. Stcherbatsky and E. Obermiller, eds., *Abhisamayālaṃkāra-Prajñāpāramitā-upadeśa-śāstra*. Tib. *Śes-rab-kyi-pha-rol-tu phyin-paḥi man-ṅag-gi bstan-bcos, "mṅon-par rtog-paḥi rgyan" shes-bya-ba*. Bibliotheca Buddhica XXIII, Leningrad, 1929.

荻原雲來校訂，*Abhisamayālaṃkārālokā Prajñāpāramitā-vyākhyā*.（東洋文庫，1932）。

吳汝鈞著《金剛經哲學的通俗詮釋》（臺北：臺灣商務印書館，1996）。

釋如石著《現觀莊嚴論一滴》（臺北：法鼓文化事業股份有限公司，2002）。

平川彰、梶山雄一、高崎直道編集《講座大乘佛教 2：般若思想》（東京：春秋社，1990）。

梶山雄一著《般若經》（東京：中公新書，1976）。

梶山雄一、丹治昭義譯《大乘佛典 3：八千頌般若經》（東京：中央公論社，1975）。

山口益著《般若思想史》（京都：法藏館，1966）。

西谷啟治著〈般若と理性〉，玉城康四郎編《佛教の比較思想論的研究》（東京：東京大學出版會，1980），頁 237-299。

真野龍海著《現觀莊嚴論の研究》（東京：山喜房佛書林，1980）。

谷口富士夫著《現觀體驗の研究》（東京：山喜房佛書林，2002）。

平川彰著《初期大乘佛教の研究》（東京：春秋社，2000）。

Donald S. Lopez, Jr., *The Heart Sūtra Explained: Indian and Tibetan Commentaries*. Delhi: Sri Satguru Publications, 1990.

E. Conze, *The Large Sutra on Perfect Wisdom*. With the Division of the Abhisamayālaṅkāra. Delhi: Motilal Banarsidass, 1979.

Lewis Lancaster, ed., *Prajñāpāramitā and Related Systems*. Berkeley: Berkeley Buddhist Studies Series, 1977.

E. Obermiller, *The Doctrine of Prajñāpāramitā as exposed in the Abhisamayālaṃkāra of Maitreya*, Leningrad, 1932.

Saigusa Mitsuyoshi, *Studien zum Mahāprajñāpāramitā (upadeśa) Śāstra*. Tokyo: Hokuseido Verlag, 1969.

Étienne Lamotte, *Le Traité de la grande Vertu de Sagesse de Nāgārjuna (Mahāprajñāpāramitāśāstra)*. Tome I-V, Louvain: Louvain-la-Neuve, 1949-1980.

（śūnyatā）一觀念的闡述與發揮，有最強的非實體主義（non-substantialism）的思維傾向。㊿但這兩系思想亦不是完全相同。以下我要把兩者合起來，作一總的評論與反思。首先，兩者最大的共同點，是在思想上以空為中心觀念，這沒有問題；而在實踐空這一終極真理的方法上，有一貫的關連，這即是天台宗智顗所提的「體法空」或「體空觀」。即是，雙方都強調空的真理即此即內在於現象或諸法之中，我們要體證這終極的空，必須即在現象方面作工夫；離開現象世界，便無處可證得空。智顗判雙方屬於通教，以空為真理，而以體法為入真理之門，確是的論。他以「體」來說這工夫的方法，而與以「析」來說小乘或二乘的工夫方法，的確有畫龍點睛的效果，真是再恰當不過。關於「體」，我在上面已說了不少，在這裏也就不擬多贅。我要補充的，是在佛教中，說到體證真理的方法，一直有漸頓二途。這在禪宗來說，特別顯明。這兩個字眼其實也可以被用來為小乘教即說一切有部與般若思想與中觀學在實踐方法上定位：有部要重重析離存在，到了最後才得到空、無自性的結論，這是漸的方式。般若思想與中觀學則不析離存在，卻是即就存在的現前狀態便能判斷它們的本質為空、無自性。這是頓然的、頓的方法。《心經》所說的「色即是空」和龍樹《中論》所說的「眾因緣生法，我說即是空」，此中的「即」字眼，便很有「體法」的「體」的意味。印度佛學的這種思維方式，傳到中國佛學，為一些高僧大德所繼承。如僧肇的《肇論》便有「非離真而立處，立處即真也」的說法。㉛臨濟也曾訓示徒眾「爾且隨處作主，立處皆真」。㉜南泉普願的名句「平常心是道」，傳達的也是同一的意涵。這種真俗和合的思想，表示真理與我們生於斯長於斯的世間有密切的關係，也間接地顯示空宗（包括般若思想與中觀學）對於世間的關懷。世間即此即是真理的所在，要體現真理，便不能遠離世間，甚至要

㊿ 宮本正尊認為，原始佛教經典最注目的，是如實知見（yathābhūtaṃ ñāṇa-dassanam）。大乘的諸法實相亦展示對法的即此即是空的知見。（宮本正尊著〈佛教の真實、中道と涅槃〉，宮本正尊編《佛教の根本真理》（東京：三省堂，1974），頁 17。）宮本的說法太泛，倘若把它從大乘佛教的範圍收窄，只限於作為空宗的般若思想與中觀學，便很好了。至於作為有宗的唯識學，則其思路比較曲折，不是馬上便可這樣說。

㉛ 僧肇著〈不真空論〉，《肇論》，原語出自塚本善隆編《肇論研究》（京都：法藏館，1972），頁 22。

㉜ 《臨濟錄》，《大正藏》48・498 上。

普渡眾生，也不能遠離世間。在這種思維脈絡下，對世間的關懷的態度，真是呼之欲出。

第二，說到對世間的關係，不能不談動感的問題。嚴格來說，般若思想與中觀學所涉及的作為真理的空基本上是一種沒有自性、實體的諸法的如如狀態（Zustand），沒有創生的大用。而般若智所照見的萬物，雖是「法法相續，法法相得，皆使具足」，如《放光般若經》所說，但不是存有論義，更無宇宙論可言，卻是展示修習般若智所能達致的對於諸法、種種存在有如是觀法而已，或者說，這是諸法在般若智照之下所呈現的現象學意義的境界，是一種工夫論的境界，也是一工夫論的觀念。離開了工夫，這種境界便不能說。這便引入中道（madhyamā pratipad）的問題。般若思想有中道的觀點，那是在它的雙邊否定的思維方式中見到的，如說般若智不見事物「合與不合」、「等與不等」、「不著不斷」（上面所引的《放光般若經》）的說法，中觀學亦視這種雙邊否定為展示中道的雙遮的、超越（超越有與空、有與無）的思維形態。但中道在這種思維脈絡下，仍是虛弱的，不足以擔負普渡眾生的志業。天台宗智顗便曾批評屬於二諦（真俗二諦）思維的通教（包括般若思想與中觀學）所說的中道缺乏體性的意涵，所謂「二諦無中道體」。㊳此中說的體性，並不是形而上學的實體的意味，而是具有質體性內涵，有力動於其中之意。另外，智顗又批評通教所說的中道為「中無功用，不備諸法」。㊴這是說，這樣的中道，只是空的異名（我在上面曾明言中觀學的中道是空義的補充，不能獨立於空而為中道真理、中諦）；空是狀態，中道也不能不有狀態的意味，或傾向，不具足足夠的力動以教化眾生。同時，這種中道與世間萬物萬法有一隔離，對萬物萬法有一超離的關係，不能擁抱它們，這樣便更不能說轉化、普渡眾生了。

此中最大的困難，是般若思想與中觀學都不講佛性、如來藏心。按般若或般若智是一種智慧，照見世間一切法都是沒有自性因而是空的智慧。這是一心靈能力、心靈作用，這作用需得有一個來源才行。㊵佛性（buddhatā, Buddhatva）便是這個

㊳ 智顗著《維摩經略疏》卷 10，《大正藏》38·702 下。

㊴ 智顗著《法華玄義》卷 2，《大正藏》33·705 下。

㊵ 在上面闡述《放光般若經》的思想時，提到菩薩在實踐般若智時，「不生色」。（《大正藏》8·35 中）這點很重要。不生色一問題，倘若以現代的詞彙來說，是不能構架、建立存在世界

來源。由佛性這種具有體性義的東西發出來的智慧才是有力的智慧，才有對眾生轉迷成覺的功能。《中論》不單不講佛性，也不建立一種有正面義、積極義的主體性（Subjektivität）。般若思想則較為好些，它講般若智，可說是一種主體性，但畢竟太弱，對世間的影響終是有限。佛性為甚麼能有較強的動感、力量呢？因為它是從心來說的，智顗便取即心言性的導向，以真心來說佛性，因而有「佛性真心」的複合語詞。他又說：

> 若觀心即是佛性，圓修八正道，即寫中道之經。明一切法悉出心中，心即大乘，心即佛性。[56]

在另一場合，智顗又以自性真心等同於佛性。[57]在天台智顗的哲學中，佛性有其極為殊特的意義，他甚至以有無說佛性、有無佛性的觀念來判釋各派。他說：

> 大小通有十二部，但有佛性、無佛性之異耳。[58]

佛教經律論三藏十二部，依智顗，可先就有無對佛性的意識而加以判釋。同時，心靈最具動感，佛性既等同於心或真心，則佛性亦是充滿動感的。只有佛性才能具有充分的動感、力量去教化眾生，般若思想與中觀學既然不強調佛性觀念，則其宗教功能便難以說起。它們即使講中道，但不是從心說，從佛性說，其動感總是有限。[59]

第三，動感與對世間的關心與理解是縱軸問題。現在我們看橫軸的自我的設準

（色）的意思。般若智沒有這種能力，這要到唯識學（Vijñāna-vāda）建立起來，才能說。

[56] 智顗著《摩訶止觀》卷 3，《大正藏》46·31 下。

[57] 智顗著《維摩經文疏》卷 7，《續藏經》27·951 上。

[58] 《法華玄義》卷 10，《大正藏》33·803 下。

[59] 智顗以中道等同於佛性，因而提「中道佛性」一複合觀念。在這種提法下，中道等同於佛性，佛性又是心靈義，心靈最具動感，因此，佛性亦具很濃烈的動感。以這種強勁的動感才能完成普渡眾生的悲願。若不以心來說中道，不把中道與佛性連起來，則中道仍只能是一種表述事物的超越二邊（如有無、生死、罪福）的真確狀態而已，真理而已。這樣的真理，是超離的，只能對世間提供一些價值義的準則，不能具體地讓它轉化，捨染求淨。

問題。關於這兩種軸的分別與交集，我想可以這樣說，縱軸是判釋諸派義理的基準，主要是指動感與對世間的關心與理解，這是使宗教能成為真正的宗教，真能解決眾生的精神上的、心靈上的問題的基本設準，或基準。這可以說是主軸。橫軸則主要是看宗教如何在自我方面建立它自身的設準，如何表顯其自我形態或導向，最後抉擇自己的宗教方向。在這裏，我想我們大致上可以作這樣的理解：縱軸是宗教的奠基；它決定宗教自身的可能性，即是，它能否成為一種讓人能安身立命、最後解決生命問題的宗教。在這種理解脈絡下，動感的強弱，可以起關鍵性的作用。一個理想的宗教，或宗教的存在的可能性，必須正視動感的問題。宗教不是藝術，它必須注意實際上影響人的終極關心的問題。能影響與不能影響，要從動感來說；宗教是否具有對世間的適切性，其中一個重要之點要看它是否具有動感、力量來推動。至於橫軸的自我設準，則涉及宗教自身要如何為自己的精神方向定位，較淺易地說，是要成為一種甚麼樣的宗教的問題。在這裏，我無意從價值方面評論縱軸與橫軸，因為它們各屬於不同的問題，不同的向度。我只想說，橫軸比較容易理解，但也不容易到哪裏去。

般若思想和中觀學應被視為對應於本質明覺我這一設準，起碼般若智是這樣。但這也不容易說清楚。我想我們可先從體法和析法這兩種實踐方法看。析法是一種很原始的、素樸的做法，談不上甚麼智慧。體法則不同，它表現一種直接而又深邃的洞識，能夠穿越事物的表層，滲透到它的本質方面去，確認它的根本的性格。本質是決定它之為如此的那種性格，明覺則是一種直覺（Anschauung）。本質明覺是對事物的本性（Wesen）、本根的直接的把捉，沒有任何概念性思維在其中。在佛教來說，這直接的把捉是頓然體證到有為法、生滅法的空性（śūnyatā）。直覺之即是明覺之，把關係物的根本性格來一個徹底的認證。《放光般若經》所說的般若波羅蜜多的「不逮覺法性」（不以概念思來看事物、對象）、在「想念」（saṃjñā-smṛti）中不取對象相，不執取對象的自性，和「法法相續，法法相得，皆使具足」，都是這樣的徹底的認證的處理方式。

另外，本質明覺是一種工夫論的語詞，倘若作為自我設準的明覺主體或般若智是一種清淨無染的心靈能力，能直下地、直接地體證得對象的本性，而不經過任何彎曲的思維（特別是辯證的思維），則這明覺主體是一分解形態的超越的主體，能對終極真理進行直接的體會。但般若智並不完全是這樣。它具有認悟對象的本性的明覺能力，是沒有問題的。但它的這種能力在運用上需經過一些曲折，這可被視為辯證的歷程，或對迷執與覺悟所成的背反（Antinomie）的突破。我們可以舉些例子看看。上面曾提及《金剛經》中的一些弔詭的思考，如「身相即非身相」、「佛法即非佛法」、「般若波羅蜜即非般若波羅蜜」等，都展示這種即非的弔詭思考。⑥另外，般若智也需突破正面與負面的背反、矛盾，如生與死、善與惡之類，才能展現體證本質的明覺能力。但不管怎樣，般若智的能力只能限制於對事物的照察、觀照的活動，不能改變事物，或從無到有地生起事物。這種從無到有的生起活動，只能透過唯識學所說的詐現（pratibhāsa）或筆者所提的純粹力動（reine Vitalität）或睿智的直覺（intellektuelle Anschauung）的凝聚、下墮、分化而詐現事物（具體的、立體的事物）。這便是存有論以至宇宙論的問題了。般若思想與中觀學對存有論、宇宙論的問題都沒有興趣與措意。

第四，對對象性的拆解，是轉迷成覺的關鍵。這若順著佛教的詞彙來說，便是去執。宇宙間的一切事物，包括過去的、現前的、未來的；以至抽象的、具體的；與普遍的、特殊的，更兼及於染污的、清淨的；再有是直覺的、思維的，等等，都可能成為我們執著的對象。對於對象的認識、態度，或迷或覺，是一心的事，與對象本身沒有關係。凡是迷執，都是虛妄；凡是明覺，都是真實。端在看你的自心如何轉，如何活動。心在迷時，一切是迷，如《金剛經》所說「若菩薩有我相、人相、眾生相、壽者相，即非菩薩。」⑥菩薩是具有極高修行境界的眾生，但是迷是覺，沒有保證，一念下墮，便入虛妄。心在覺時，煩惱可成菩提，生死可成涅槃。⑥慧能也有類似說法：心迷法華轉，心悟轉法華。⑥迷悟只是一線之隔而已。在這一點上，《金剛經》說得非常好：

---

60 上面闡述般若思想時所舉出的《放光般若經》的所有者為無所有這種思路，自然也是弔詭性格的。

61 《大正藏》8・749上。

62 這是天台智顗在其《法華玄義》的說法。此中義蘊，遍佈全書。

63 這是《壇經》的話語。

一切有為法，如夢幻泡影，
如露亦如電，應作如是觀。64

這首偈頌所要傳達的訊息，不外乎「空」（śūnyatā）。順著它的偈意，當我們面對整個現實世界，表面是一片璀璨，但都是有為法（saṃskṛta-dharma），都是如幻如化的，變化無常，像夢、幻、泡、影、露、電般，虛而不實，都不足以作為我們的生命心靈的歸依之所。既無歸依之所，我們當下便安住於無歸依之所中，這便是住於無住，住於無中、空中。這樣說，弔詭又來了。

在這裏，我想可以這樣說，在我們求道的途程中，不單不應執取物質事物為對象，不應執取概念為對象，不應執取宗教理想如天堂、涅槃、淨土，更不應執取真理如空、真如為對象。最後，不應執取終極原理自身為對象，不管你說它為神、天道、良知、絕對無、絕對有以至純粹力動或其他。你只能住無所住而已。

第五，這也是最後一點，般若思想與中觀學同屬於空宗，這是很多人都知道的。而且，雙方都講緣起、空、假名與中道。不過，他們的講法在方式上並不是一樣的。般若思想較多宣示自身的空的立場，中觀學則重於闡揚空的論證。大抵在般若經群出現的年代，佛教特別是大乘佛教要樹立佛陀所倡導的無我、空的立場，因而般若文獻多說這兩點，而且多以正面的、肯定的方式立說，這從《大品般若經》可以見到。而《大智度論》是解讀這《大品般若經》的，因而說法也傾向於肯定而溫和。到了中觀學立教，特別是龍樹寫《中論》（*Madhyamakakārikā*）前後時段，由於外教如正理派（Naiyāyika）、勝論派（Vaiśeṣika）、數論派（Sāṃkhya）和佛教內部的以說一切有部（Sarvāsti-vāda）為代表的阿毗達磨（Abhidharma）思想宣揚實在論、實體主義，以區別的方式來確立存在世界，龍樹為了要破斥這種哲學導向，闡揚空的非實體主義立場，因此著力於論證、理論建構方面的工作：先破斥邪說，以證立正法。故中觀學的文獻，如《中論》和龍樹的《迴諍論》（*Vigrahavyāvartanī*）、提婆（Āryadeva）的《百論》（*Śataśāstra*）和《四百論》（*Catuḥ-śāstra*），理論性與邏輯性都很強。特別是龍樹在《中論》所揭示的空的論證，其思維進路是先破後立的。在這

64 《大正藏》8·752 中。

方面，有兩點可說。第一點，龍樹要證立 A 命題，取反證法；即是，先設定非 A 命題，然後證驗這非 A 命題悖於常理，不能成立。非 A 不能成立，邏輯上便確立 A 命題了。㊄另外一點是善巧地運用四句（catuṣkoṭi）和四句否定法，一方面提出肯定、否定、綜合和超越的辯證方法，另方面又把四句都歸到語言的運用方面，然後對四句作總的否定，以展示語言在表顯真理的限制性；要超越語言的限制，便需用四句否定的思維方式，終極真理便頓然地展示於「離四句，絕百非」之中。㊅我們的研究注意到，龍樹的中觀學非常強調四句法（也包括四句否定法）的效能，而且時常運用。這種思維方式可直接上推到佛陀與原始佛教階段。㊆但般若思想在這方面則少有論及；它反而相當重視主體性，以般若智的理解與實踐作為整個思想體系的核心問題。

㊄ 關於空的論證，參看拙文〈龍樹的空之論證〉，拙著《印度佛學研究》，頁 107-139。

㊅ 關於四句和四句否定的論證，參看拙文〈印度中觀學的四句邏輯〉，拙著《印度佛學研究》，頁 107-139。Yu-kwan Ng, *T'ien-t'ai Buddhism and Early Mādhyamika*, pp.90-107.

㊆ 例如，《雜阿含經》（相應於巴利文經典 *Saṃyutta-nikāya*）卷 12 謂：

> 云何老死自作耶？為他作耶？為自他作耶？為非自非他無因作耶？答：尊者舍利弗，老死非自作，非他作，非自他作，亦非非自他作、無因作。（《大正藏》2・81 上）。

這裏以四句討論老死的作成，又以四句否定說老死的作成。同經卷 16 又謂：

> 眾多比丘集於食堂，作如是論：或謂世間有常，或謂世間無常，世間有常、無常，世間非有常、非無常。世間有邊，世間無邊，世間有邊、無邊，世間非有邊、非無邊。……如來死後有，如來死後無，如來死後有、無，如來死後非有、非無。……佛告比丘，汝等莫作如是論議，所以者何？如此論者，非義饒益，非法饒益，非梵行饒益，非智、非正覺，非正向涅槃。（《大正藏》2・109 上-中）

這是以四句的思維來討論形而上學的問題，如世間有常住性，無常住性；世界有邊際，世界無邊際之類。透過這些討論，顯示佛陀對這些形而上學的問題不感興趣，因為它們無益於我們對理解正法、真理，以至於成覺悟、證涅槃，都沒有益處。就這點看，佛陀是相當注意、關注宗教的現實問題的，一切都以有助於成正覺、證涅槃這一宗教目標為基礎。與這一大目標無關的一切議論，都是空談，浪費時間、精神。

第九章　識中現有

大乘佛教的空宗發展後不久，它的第二學派有宗亦即是唯識學（Vijñāna-vāda）也跟著興起了。空宗講諸法的本性為空（śūnyatā），有宗則講諸法的緣起（pratītyasamutpāda），亦即是有（bhāva）。二者雙軌發展，識中現有正是指唯識學而言。倘若我們說般若學與中觀學比較關心法性或事物的本質的話，則亦可以說唯識學比較關心現象世界的法相或事物的形相方面。更恰當的理解應該是，般若學與中觀學採取頓然的方式，直接探討諸法實相或法性的問題，唯識學則是要從法相方面著手，由法相入法性，對雙方加以理解。這兩個學派的終極目的，都是覺悟、解脫的達致。由於唯識學要從法相講起，因此不能不有一套現象論（Phänomenalismus），以交代存在世界事物的生起與變化，這也是存有論與宇宙論所涉及的問題。在這一點上，它從虛妄的心識（vijñāna）說起，而這些心識的根源，都在第八識阿賴耶識（ālaya-vijñāna）這樣的潛意識中。即是，阿賴耶識為每一個眾生所具有，它內藏無量數的或染或淨或中性的精神性格的種子（bīja）。它們都在潛藏狀態，是事物的原因；在一切輔助性格的因素（緣）具足的情況下，這些種子會從阿賴耶識中投射到外面去，形成種種具體的事物。這些事物由種子的潛存狀態到現行（pravṛtti）的現實或實現狀態，需要遵守一些規條，這便是所謂「種子六義」。❶這些規條展示出事物的存有論與宇宙論的內涵。種子六義有一定的動感可言，不過，就一般情況言，阿賴耶識內的種子，總是清淨的少，染污的多，因此，這動感基本上帶有染污性，表現出來便是虛妄的心識和流行的現象，因此要轉識成智。識（vijñāna）有染污的傾向，轉成智（jñāna）後，便可表現道德義與宗教義的動感。這種智有四種：大圓鏡

---

❶ 關於種子六義的詳細闡釋，參看拙著《唯識現象學一：世親與護法》（臺北：臺灣學生書局，2002），頁 41-42、70-71，不過，這個問題我們在下面會有討論。

智（ādarśa-jñāna）、平等性智（samatā-jñāna）、妙觀察智（pratyavekṣanika-jñāna）與成所作智（kṛtyānuṣṭhāna-jñāna）。❷

以上我們粗略地交代了「唯識」到底是甚麼意義的東西。其中的內容非常複雜，下面會有細密的探討。在這裏，我想先對這個學派的重要人物和著作作些闡述。首先，唯識學中最龐雜及最重要，起碼是最重要之一的文獻是《瑜伽師地論》（*Yogācārabhūmi*），其作者問題不能確定；漢傳系統以之為彌勒（Maitreya）所著，藏傳系統則以其作者是無著（Asaṅga）。❸唯識學的重要義理，如阿賴耶識說、末那識說、三性說、三無性說，都可在內裏找到。下來是《中邊分別論》（*Madhyāntavibhāga-śāstra*），彌勒先授這部作品的頌文予無著，至於長文或疏釋，則出自無著的兄弟世親（Vasubandhu）的手筆。其內容主要是有關中道（madhyamā pratipad）的闡釋與發揮，其中第一品與最後一品都是以中道作為核心觀念來闡揚的。另外，無著寫有《攝大乘論》（*Mahāyānasaṃgraha*），內容完整，涵蓋了大乘佛教的多方面的義理。有一點值得提出的是，相應於「識」的梵文語詞 vijñāna 與 vijñapti，被連在一起使用，如阿賴耶識作 ālaya-vijñāna-vijñapti，便成為「阿賴耶識識」，意識作 mano-vijñāna-vijñapti，即是「意識識」，這是其他文獻所少見的。❹除《攝大乘論》外，無著還著有《大乘莊嚴經論》（*Mahāyānasūtrālaṃkāra*），此書的重要性在於推尊大乘是佛所說，強調一切眾生都有佛性和如來藏大我。跟著便是唯識學的核心人物世親的《唯識二十論》（*Viṃśatikāvijñaptimātratāsiddhi*）和《唯識三十頌》（*Triṃśikāvijñaptimātratā-siddhi*）。這兩本論典的重要性在於前者駁斥當時流行的印度的其他學派及佛教小乘所倡導的實在論，後者則重新整合唯識學的宗旨，進一步強化唯識學的內容。此外還有護法的《成唯識論》（*Vijñaptimātratāsiddhi-śāstra*）和安慧的《唯識三十論釋》（*Triṃśikāvijñaptibhāṣya*）。這兩本著作都是解釋《唯識三十頌》的。護法（Dharmapāla）的解釋傳入中土，因為有玄奘的漢譯本。安慧（Sthiramati）的解釋則未有被翻譯成漢

---

❷ 有關這四種智的性格與作用，參看拙著《唯識現象學一：世親與護法》，頁 245-263。有關這四智，後面也會有闡釋。

❸ 彌勒是傳說中的人物，以作者為無著應較為可靠。

❹ 按 vijñāna 與 vijñapti，玄奘都譯作「識」。實際上，vijñāna 與 vijñapti 意味不是完全一樣。前者傾向於心識的主體之意，後者則客觀意味重，傾向於表象方面。

文，因而在中土沒有流傳開來，但卻傳入西藏，因為有藏人的藏譯。二人對世親這部挺重要的著作的詮釋並不一致，因而分別開出漢傳佛學與藏傳佛學，雙方少有溝通。現在安慧的思想被注目，被重視，這的確是唯識學界的一大喜訊。

一、唯識與阿賴耶識、末那識

以下我們考察一下唯識這一觀點和最重要的識：第八阿賴耶識。「唯識」的原來表述式是「唯識性」，梵文為 vijñaptimātratā。vijñapti 是識，mātra 是唯有、只有，結尾的 tā 是抽象名詞，表示某種性格之意。三部分合在一起，便成唯識性。它的具體的、整全的意思是，一切存在（entities），包括具體的、抽象的、物質的、心靈的、精神的，都是由識或心識（vijñāna, vijñapti）所生起，沒有其自身的獨立自在性，所謂「境不離識」、萬法唯識。境是存在、對象之意，法（dharma）則指種種事物，不管是特殊的也好，普遍的也好，都是我們的心識的產物。一切存在既然是由心識所生，那識是不是實在（bhāva, reality）呢？識並不是實在，它不過是在存在性方面較一切事物為根本而已。它亦有其生起的根據，這即是種子（bīja），這些種子是精神性格的，它作為生起事物的主要原因，藏在我們的下意識或潛意識的內裏，作為一種潛存性（potentiality）。一旦種子遇到適合的、足夠的因素，便會變成或發展成實現的（actualized）東西，在時空中出現，這便是現行（pravṛtti）。這實現出來的東西，除了其種子作為主要原因（hetu）外，另外還需要其他輔助的因素：緣（pratyaya），現行或實現（realization）才可能。這些輔助的因素，有三種：所緣緣、增上緣、等無間緣。這些都是唯識學的常識，一般接觸佛學的人都會知道，我在這裏也就不多贅了。我只就種子由潛存狀態變為實現的事物所依從的規則簡單地說明一下，這即是所謂「種子六義」。即是，種子發展成現行，或現實的東西，需要依於六個規則。這六個規則是：一、剎那滅；種子是不斷地進行轉化的，不能停留在任何剎那中，它轉化或滅去後，新的但與原來相近似的種子便會馬上轉生，這即是二、恆隨轉。三、果俱有；在種子中，早已潛藏著它將會轉生、變現出來的結果，這結果在因緣和合的條件下，便成為現實的東西。四、待眾緣；現行需要足夠條件才可能。這在上面已說過。五、性決定；因果兩端會協和：清淨種子生清淨現行，

染污種子生染污現行。六、引自果：這是順著第三義果俱有而來，種子與實現果在類別上相一致：色種子生色法；心種子生心法。❺

「識」（vijñāna, vijñapti）在唯識學中是一個概括性的概念，實際上，在現實生活中，依唯識學，我們有八種識：眼識、耳識、鼻識、舌識、身識、意識、末那識、阿賴耶識。前五識是感識或感覺機能，第六識意識是思維、理解的機能。末那識（mano-vijñāna）是第七識，是介於意識與潛意識之間的心識，是意識的基礎。當我們在意識的層面發生作用時，這末那識已在潛意識中作為意識的基礎、依據而起動了。同時，末那識又執取第八阿賴耶自身或其見分為自我，為生命體的靈魂。最後是阿賴耶識（ālaya-vijñāna），這是一切識的總持，一切識或心識和事物的種子都藏於這阿賴耶識之中，只要在適當的情況（上面所說的待眾緣等），條件具足，這些種子便會自阿賴耶識中投射出來，現行而成現實的事物（包括心識在內）。對於這種現象，唯識學的文獻稱作「詐現」（pratibhāsa）。

有關唯識學的義理內容和修行方法，現代學者，特別是日本方面的，已作過大量的研究；我自己也盡過一些力，寫了《唯識現象學》。為了避免重複研究，我在這裏只選取唯識學在義理上最重要的問題作扼要的說明，來回應自己現在正在從事的判教或教相判釋的探討。在這一點上，我想阿賴耶識和末那識應是最受注目和最為重要的選項。至於文獻方面，我鎖定世親的《唯識三十頌》和護法與安慧的解讀

---

❺ 關於種子六義的問題，在多本唯識學論典都有闡述，在《成唯識論》中便有周詳的說法。現代學者也曾作過廣泛的研究，特別是日本方面的唯識學學者為然。拙著《唯識現象學》（臺北：臺灣學生書局，2002）、《印度佛學的現代詮釋》（臺北：文津出版社，1994）也曾作過探討。以下我謹引述《成唯識論》中所載有關阿賴耶識的文字如下：

> 種子義略有六種。一、剎那滅。謂體才生，必間必滅。有勝功用，方成種子。此遮常法。常無轉變，不可說有，能生用故。二、果俱有。謂與所生現行諸法俱現和合，方成種子。此遮前後及定相離。現種異類，互不相違。……未生已滅，無自體故。依生現果，立種子名。不依引生自類名種，故但應說與果俱有。三、恆隨轉。……顯種子自類相生。四、性決定。謂隨因力，生善惡業。功能決定，方成種子。此遮餘部執異性因生異性果，有因緣義。五、待眾緣。謂此要待自、眾緣合，功能殊勝，方成種子。此遮外道執自然因，不待眾緣，恆頓生果。……六、引自果。謂於別別色、心等心果，各各引生，方成種子。此遮外道執唯一因生一切果。或遮餘部執色、心等互為因緣。唯本識中功能差別，具斯六義，成種非餘。（《大正藏》31・9 中）

按此中所提種子六義與我的解說在次序上不盡相同。

和開拓，這即是上面提及的護法的《成唯識論》和安慧的《唯識三十論釋》。有關世親與安慧的文獻，我用法國學者李維（Sylvain Lévi）發現和校對過的梵文本子：

Vijñaptimātratāsiddhi, deux traités de Vasubandhu,
Viṃśatikā accompagnée d'une explication en prose et
Triṃśikā avec le commentaire de Sthiramati, Paris, 1925.
（此梵文本以下省作 *Vijñaptimātratāsiddhi*。）

至於護法的《成唯識論》，則依《大正藏》第 31 卷所載的文本（頁 1 上-59 上）。❻

現在我先引述世親《唯識三十頌》梵文本述及阿賴耶識的文字：

tatrālayākhyaṃ vijñānaṃ vipākaḥ sarvabījakam//
asaṃviditakopādisthānavijñaptikaṃ ca tat/
sadā sparśamanaskāravitsaṃjñācetanānvitam//
upekṣā vedanā tatrānivṛtāvyākṛtaṃ ca tat/
tathā sparśādayas tac ca vartate srotasaughavat//❼

對於這段梵文，我試翻譯如下：

異熟即是稱為阿賴耶的識，它具有一切種子。阿賴耶識的執受、住處與了別都微細難知。它常伴隨著觸、作意、受、想、思（等心所而生起），受中只有捨受。又，這是無覆無記的。觸等亦是這樣。又，這好像瀑流那樣，在流動中存在。

文中指阿賴耶識是異熟（vipāka）識，這異熟主要指種子來說。按唯識的說法，一切

---

❻ 又有關梵文的引文，可參考拙著《唯識現象學一：世親與護法》及《唯識現象學二：安慧》（臺北：臺灣學生書局，2002）的有關部分。

❼ *Vijñaptimātratāsiddhi*, p.13.

善惡行為自身過去之後，其影響力仍然留存，成為一股潛在的勢力，當這種勢力成熟時，亦即是因緣巧合時，這勢力會招引果報。異熟是就種子的這種變化歷程來說的。善惡行為的餘勢存留下來，這就是種子。種子形成後要經過一段潛在的過程，在另一個時間才能成熟，招引果報，所以說種子是「異時而熟」，簡言之為「異熟」。這是有關異熟的一種說法。另一種解釋是從因果的相異來說。善或惡的行為過去後，其餘勢對第八識有熏習作用，熏習而成種子，同時也潛藏在第八識中。這第八識作為一個果報體，它整體來說是無記的，即沒有特定的善惡性質。但由或善或惡的行為的餘勢力熏習成種子，而成為第八識的一部分，這第八識的種子成熟而為無記性跟它本來或善或惡的因相異，故稱為「異類而熟」，亦簡稱為「異熟」。❽

在這裏，我們先留意頌文中的「一切種子」（sarvabīja）一概念。護法的理解是：

> 此能執持諸法種子，令不失故，名一切種。（《成唯識論》或《成論》，卷 2，《大正藏》31・7 下-8 上。）

護法的意思是，阿賴耶識藏有一切法的種子，不讓它們失散。故阿賴耶識又名「一切種子識」（sarvabīja-jñāna）。便是由於阿賴耶識對種子有執持的作用，不讓它們離散，才能保住阿賴耶識作為一個整一體而存在。這阿賴耶識其實相當於心理學所說的靈魂或自我，是受胎轉生的主體。這種觀點，或類似阿賴耶識的這種作用的說法，也流行於其他學派中，例如化地部說窮生死蘊（āsaṃsārika-skandha），赤銅鍱部（上座部、分別說部）說有分識（bhavāṅga-vijñāna），大眾部說根本識（mūla-vijñāna）。在這些說法中，輪迴主體的說法真是呼之欲出了。

跟著的問題是「阿賴耶識的執受、住處與了別都微細難知」的說法。在這方面，有兩種了解方式。第一種是上列的梵本文義，這了解方式與《成論》相應，其意是阿賴耶識的行相和所緣是非常細微的，一般人很難理解。阿賴耶識的行相是指

---

❽ 日本學者橫山紘一提到，關於異熟，除了異時而熟與異類而熟外，還有變異而熟。這是指因經過變化，而產生出果來。（橫山紘一著《わか心の構造》（東京：春秋社，1996），頁 78-79。）

了別，所緣是指執受和住處。另一種解釋是日本學者上田義文提出的，他的意思是：阿賴耶識是指對於不可被了知的執受和住處的了別作用。即是說，阿賴耶識是一種了別作用，這種作用是針對非常隱密的執受和住處的。❾下面看看護法的解釋，《成論》說：

> 此識行相、所緣云何？謂不可知執受、處、了。了謂了別，即是行相，識以了別為行相故。處謂處所，即器世間，是諸有情所依處故。執受有二，謂諸種子及有根身。……執受及處俱是所緣。阿賴耶識因緣力故，自體生時，內變為種及有根身，外變為器。即以所變為自所緣，行相仗之而得起故。此中了者，謂異熟識於自所緣有了別用。此了別用，見分所攝。❿

這是對第三首偈頌的前半部即「asaṃviditakopādisthānavijñaptikaṃ ca tat」的解釋。此識的行相（ākāra）和所緣（ālambana）是甚麼呢？若以護法的用語來說，「行相」就是見分（dṛṣṭi），「所緣」就是相分（nimitta），而此識的行相是了別，所緣是執受和處。以現代的語言來說，行相就是指作用的相狀，而此識的作用的相狀是了別；所緣是指作用的對象，此識的作用的對象是執受和處。這第八識的行相和所緣都是不可知的，這是就一般人來說。

這裏我們總括了前半首偈頌的意思，接著要逐一解釋其中的概念。「了」是指了別（vijñapti），是此識的行相，基本上是傾向於境方面。這第八識是以了別作為其作用的相狀。處（sthāna）指處所，此識的處所是器世間，是我們生活所處的地方。執受（upādhi）即所執持的東西，第八識所執持的東西有兩種：種子和根身。如何執持這兩者呢？阿賴耶識以因和緣的作用力，當其自體生起時，內部方面變現種子和根身，外部方面則變現器世間。此識繼而以本身所變現的種子、根身和器世間作為所緣，而依仗這些所緣使自身的行相生起。前面所說的「了」，就是指第八識對於自身所緣的種子、根身和器世間的了別作用。但這了別不是一種理智的作用，

---

❾ 上田義文著《梵文唯識三十頌の解明》（東京：第三文明社，1987），頁 17。

❿ 《成論》卷 2，《大正藏》31·10 上。

而是盲目的執持，將種子、根身和器世間執為自體。這種作用是阿賴耶識的見分所特有的。

跟著的梵文偈頌「upekṣā vedanā tatrānivṛtāvyākṛtaṃ ca tat/tathā sparśādayas tac ca vartate srotasaughavat//」的完整意思是：

> 這第八識沒有苦樂的感受。而且，它的性格是「無覆無記」的。此外，觸、作意、受、想、思這五個心所亦是無覆無記的。這第八識像瀑流一樣持續地流動著。

這裏說第八識是無覆無記的，護法在《成論》中也用了很多文字來解釋阿賴耶識是無覆無記（anivṛtāvyākṛta）。所謂「覆」意即覆蓋真理，是負面義。護法對於阿賴耶識的無覆無記性，提出幾點說明。第一，阿賴耶識是由善、惡業引生出來的一個總的果體，後者可以引生出清淨或染污的果報。故這果體本身應是無記的。也因為這樣，染污的流轉與清淨的還滅才可能。第二，善和惡的果報都是依著阿賴耶識而生起的，若此識本身已確定地為善或染，就不能同時作為善法和染法的所依。第三，第八識是被前七識所熏習的。如果第八識是明確地具有善或染的性格，正如極香或極臭的氣味，就不能受熏習。第四，「覆」是一種染法，它能障礙我們對聖道的體證，又能夠遮蔽我們的心，使之變成不淨。上面已列舉了三個理由，證明此識不可能是染性的，因此是無覆。「記」指一種記號，有善的記號，亦有惡的記號。阿賴耶識無所謂善，亦無所謂惡，所以沒有善惡的記號，而稱為無記。⓫

至於梵文偈說阿賴耶識像瀑流那樣，在流動中存在，護法有相當詳細的解釋，這裏只說明它的要點。護法認為，從存有論和活動的角度來說，阿賴耶識是非斷非常、超越斷、常兩端的。種子有非斷（恆隨轉）、非常（剎那滅）的動作，阿賴耶識是種子的執持者，因而也是非斷非常的。這種狀態好像瀑流（augha）那樣。瀑流的水每一剎那都在流動，不斷地流去，又不斷地有新的水補上，流個不停。瀑流的水不會斷絕，亦沒有一點水可以停住不動。第八識亦是一樣，在無始時以來已是相續

⓫ 以上的說明，在意思上取自《成論》卷3，《大正藏》31・12上。

地存在，非斷非常。亦由於此識傾向於染污性，令有情生命沉溺於其中，不能脫離這種困局：輪迴。⓬

以下我們看末那識。此識以「末那」（manas）為根本性格，即是思量，但與一般的思考、思想不同。我們即就這點為主軸來看末那識（manas-vijñāna, mano-vijñāna）。世親的《唯識三十頌》有以下說法：

> tadālambaṃ manonāma vijñānaṃ mananātmakam//……
> yatrajas tanmayair anyaiḥ sparśādyaiś cārhato na tat/⓭

我試翻譯如下：

> 名為「意」的識（依於這阿賴耶的識），以它為所緣而生起。以思量作為其性格。……它又隨著所生處而存在，及伴隨其他的觸等。它在阿羅漢（arhat）的階位中便消失了。

這是說，末那識名為「意」，依止於阿賴耶識，而以它為執持的對象而生起，其作用是思量。阿賴耶識在哪裏出現，它也在那裏存在，其他如觸等心所也是一樣。這末那識在阿羅漢的階位便被克服了。要注意的是，末那識的所緣是阿賴耶識，⓮而自身的種子也藏於阿賴耶識中，因此可說是依附於（āśritya）阿賴耶識。這裏我想提出幾點加以注意。第一，末那識執持阿賴耶識，以它為對象。這種執持活動是在潛意識的層面進行的，正是基於這點，我們的第六意識才有自我的概念，才有自我意識。第二，阿賴耶識作為一靈魂主體，存在於眾生的生命中，作為他們的自我，這自我在某一生命個體壞滅後，會轉生到另一生命個體去，第七末那識也會隨著阿賴耶識投入這生命個體中。它的種子存在於阿賴耶識中，它總是追隨著阿賴耶識的。

⓬　《成論》卷 3，《大正藏》31·12 中-下。

⓭　*Vijñaptimātratāsiddhi*, p.13.

⓮　在唯識學中，有說末那識以整個阿賴耶識作為其對象，亦有說以阿賴耶識的見分作為其對象。這不是很重要的問題，我在這裏不加細論。

第三，末那識的作用是思量，由於這是潛意識層次的事，我們的意識不會察覺到。同時，它總是不停地作用的，所謂「恆審思量」也。⓯第四，這是最重要的，末那識有思量的作用，這不錯，但這種思量作用並不是概念的、邏輯的思考，這是第六意識的事。末那識的思量，是執持第八阿賴耶識，把它作為一個恆常的自我來考量。這是眾生對自我生起執著，而生起所謂四煩惱：我見（ātma-dṛṣṭi）、我癡（ātma-moha）、我慢（ātma-māna）及我愛（ātma-sneha）的根本原因。同時，也由於末那識是四煩惱生起的泉源，這心識總的就價值一面來說，是有染污傾向的，所謂「有覆無記」（nivṛtāvyākṛta）是也。nivṛta 是有覆，avyākṛta 是無記。以上有關末那識的解讀，基本上是護法的《成唯識論》的意思。

二、安慧的詮釋的啟發性

以下我們看安慧的說法。為了便於比較起見，我大體上依據上面的闡述次序分以下數點來敘列安慧的解讀。首先，他強調阿賴耶識是一場所，其中存藏著一切迷妄存在的力量，這力量正是指種子而言。安慧認為，「阿賴耶」（ālaya）與存藏著一切事物的基體、一切事物的場所是同義語。我們可以說，所有迷妄的存在，作為結果，都被內藏在這阿賴耶識中，這裏有一種依存關係。又可以說，阿賴耶識作為原因，在所有迷妄的存在中被內藏起來。這裏又有一種依存關係。前者的依存性是迷妄的存在依存於阿賴耶識；後者的依存性是阿賴耶識依存於迷妄的存在。⓰按安慧以場所來說阿賴耶識，很有意思。這一方面可與《唯識三十頌》第一頌的識轉變以位格（locative）來表示（即是：vijñānapariṇāme）相應。世親有以識轉變為處所、場地之意，因位格有「在其中」的意味。阿賴耶識與識轉變都有場所的意思，這表示兩者是相通的；或者說，識轉變主要是環繞著阿賴耶識來說的，雙方都有作為一切存在的存藏處、保存地的意思。在這點來說，安慧對世親的識轉變說顯然有所繼承。

⓯ 《成論》卷 4，《大正藏》31·19 中。

⓰ Sthiramati, *Triṃśikāvijñaptibhāṣya*, p.18.這文獻內藏於李維編校的 *Vijñaptimātratāsiddhi* 中，以下有關安慧對《唯識三十頌》的詮釋，都取自這 *Vijñaptimātratāsiddhi*。又，有關安慧的 *Triṃśikāvijñaptibhāṣya* 略為 *Bhāṣya*，請讀者留意。

另外，安慧以場所來說阿賴耶識，這讓人想到京都哲學創始人西田幾多郎的「場所」觀。但我們只能初步有這種聯想，不可以妄自比附，說這兩個觀念有密切的關係。最明顯的是，阿賴耶識中的種子遊息於這個心識之中，是一種現象論（Phänomenolismus）的背景，因為種子與整個阿賴耶識有很濃烈的染污性。而西田的場所說，是一種現象學（Phänomenologie），遊息於其中的質體，都有價值性可言，是場所的存有論中的終極存在。而阿賴耶識也好，種子也好，雖是在潛意識的層面，但總不能脫離經驗性格。另外，阿賴耶識的種子是生滅法；阿賴耶識自身也是生滅法，它的生滅性格是由種子所引致的。西田的場所由純粹經驗開拓而出，它是超越的性格，沒有主客的二元性、相對性。在其中，一切存在不單不會有生滅活動，同時有一種相互融攝的關係。這近於佛教華嚴宗所說的法界緣起境界，在這種境界中，一切質體都有一種相互攝入的關係。⓱這又近於西哲懷德海（A.N. Whitehead）的機體主義哲學（philosophy of organism）中的實際的存在（actual entity）、實際的境遇（actual occasion）的相互攝握（mutual prehension）的關係。⓲兩方所述的事物與事物、質體與質體間的相互摩盪的狀態，就寬鬆的角度言，與胡塞爾（E. Husserl）的生活世界（Lebenswelt）很有對話的空間，雙方的形而上學的導向或形態是相通的，可以比較的。

第二，安慧很強調阿賴耶識是挾持著對象的形相（ākāra）而顯現的，這便是阿賴耶識的行相問題。安慧認為，凡是識（不管是甚麼識），不能沒有對象，也不能在沒有對象的形相的情況下顯現出來。⓳這裏提及識不能在沒有對象的形相的情況下顯現，說得雖然簡單，但意義重大，不可忽視。識需要有對象才能顯現，才能有所作用，這當然有認識論意味。所謂認識活動，必須要在主客對立的關係下進行。主客是主體與客體，而客體即是對象。主體是能，對象是所，以能緣所，才能成就認識。故說識需要有對象作為它所認識的一面，才能發生認識作用。另外一面意義是

⓱ 有關華嚴宗的事物的相攝相入的融貫關係，參看拙著《中國佛學的現代詮釋》（臺北：文津出版社，1995），頁 102-113。

⓲ 有關懷德海的這種有宇宙論傾向的形而上學，參看拙著《機體與力動：懷德海哲學研究與對話》（臺北：臺灣商務印書館，2004）的多處相關部分。

⓳ *Bhāṣya*, p.19.

存有論的，或本體宇宙論的。識自身是一個抽象的機體，它需要分化，變現對象，才能作用於對象，完成對事物的生成與變化的歷程，識亦在這種變現對象中顯示其自己，以至成就其自己。故安慧說識變現我、法，護法說得更具體，以識變現相（nimitta）、見（dṛṣṭi）二分，以相分概括諸法，以見分概括主體，因而主體緣諸法，了別與執取之。這便是識的虛妄分別作用。胡塞爾說意識哲學，也提到意識開出能意（Noesis）與所意（Noema），或意向作用與意向對象。由之建立主體與客體，或自我與世界。

第三，安慧強調阿賴耶識作為現象而顯現的主客兩面：在主觀方面，它作為統合的力動（執受，upādhi）而顯現；在客觀方面，它挾持著難以個別地、清晰地了知的事物的形相而表現，這些事物的形相，合起來便成器世間。他特別強調主觀的統合的力動是一種熏習力，是對人、法的自體（svabhāva）的周遍計度（parikalpita）的熏習力。這力動也是對根身的物質存在（色）與心理存在（名）的統合力量。⓴在這裏，安慧強調阿賴耶識作為主觀現象與客觀現象的根源性。在主觀方面，阿賴耶識顯現為對一切存在進行構想（構想它們具有常住不變的自性、自體）的執受主體。在客觀方面，它是整個存在世界即器世間的依據，因器世間的一切種子都內藏於阿賴耶識中。這與胡塞爾現象學以意識構架世界而成為包括自我在內的一切存在的根源的說法是同調的。不過，他有單一意識與綜合意識的不同說法，後者是前者的統合的結果。而安慧說阿賴耶識，則只有一個，即每一眾生只有一個阿賴耶識。世親與護法也是這種看法。

第四，護法相當重視種子的問題。他在《成論》中解《唯識三十頌》或《三十頌》的第二頌時，花了很多篇幅闡述種子運作的規則，所謂「種子六義」。安慧對種子討論得比較少，他在解釋《三十頌》言阿賴耶識藏有一切種子時提到。㉑在解讀第十八頌中，他亦提到一切種子（sarvabīja）。㉒他未有詳細闡述種子六義的問題。這種子六義的說法，顯然是護法自己特別重視的，也可說是上承無著

⓴ Idem.

㉑ 同前，頁 18。

㉒ 同前，頁 36。

（Asaṅga）的《攝大乘論》（*Mahāyānasaṃgraha*）中〈所知依〉章中的種子思想而加以發揮的。《攝大乘論》也有種子六義的說法，但發揮不多。護法似乎對這六義的規則義特別感到興趣，提出很多意見。他對建構現象世界的客觀架式比較關注，要探討現象世界的構造模式。安慧的取向不同，他無寧把關心設在識心方面，而且他的識心並不如護法的那樣具有濃厚的染污性。在他看來，識心或心識可以有其清淨的一面。這清淨的一面會增長它的力動的影響力，特別是在熏習的力量方面。

第五，順著上面第一點說阿賴耶識作為一個場所、種子的場所，存藏著一切迷妄的存在的力量；第二點說阿賴耶識自我分化而變現出對象，這變現自身是一種力量的表現；第三點說阿賴耶識具有執受（upādhi）的統合性格的力動，特別是一種熏習的力量；第四點說阿賴耶識有其清淨性的一面（雖然不是很明確的清淨性），這一面會增強它的熏習力量。這幾點合起來，展示出阿賴耶識的力動性格：統一的力動。具體地說，這即是上面剛提到的執受（upādhi）的力量。安慧提出的這些要點都匯集於他對《三十頌》第三頌的前半頌中：asaṃviditakopādisthānavijñaptikaś ca tat。㉓對於這半首頌，我試作如下翻譯：

> 阿賴耶識的執受、住處和了別都是微細難知的（不可知 asaṃvidita）。

此中的執受（upādhi），顯示出阿賴耶識的動感：它執持著一切存在的種子，在適當時候（待眾緣）投射出去，而展現為現象、實際事物。日本學者荒牧典俊的譯法略有不同：

> 這阿賴耶識是作為不能清晰地被認知的統一的力動和住處而展示為現象。㉔

荒牧更強調動力、動感一點，他提出「統一的力動」來說執受，表示阿賴耶識自身

㉓ *Bhāṣya*, p.19. *l*.9.「*l*.9」即是第九行之意；*l*.是指 line。

㉔ 荒牧典俊譯《唯識三十論釋》，長尾雅人、梶山雄一監修《大乘佛典 15：世親論集》（東京：中央公論社，1976），頁 54-55。

有一種力量來執持種子，不讓它們消散，以成就它的作為眾生的生命主體或靈魂的角色。安慧認為，這統一的力動具有一種統合的作用，一方面統合種子，另方面也統合它把種子投射開去而成的現象世界。對於這些現象，安慧分為物質現象和心理現象，它們都為阿賴耶識所統合。在欲界和色界，有物質現象和心理現象被統合；在無色界，則有心理現象被統合。㉕

第六，由阿賴耶識的綜合的、總合的力動性說下來，安慧在提到阿賴耶識好像瀑流那樣延續不斷地作用，便很自然了。他特別強調阿賴耶識不是一貫的個別延續不變的存在，而是在每一瞬間都在作出生滅相續的存在。㉖此中的關鍵性字眼是「轉」（vartate）。這表示阿賴耶識內部的轉生作用，亦即轉舊生新作用。對於這個字眼，安慧的解讀是：因與果相續不斷地生起。㉗這「因」應是指在某一瞬間滅去的阿賴耶識，而「果」則是指在同一瞬間（因果同時說）或跟著的下一瞬間（因果異時說）生起的阿賴耶識。這樣地因滅果生，便成因果相續。㉘

安慧在這裏特別強調阿賴耶識的轉的作用是持續不斷的，一如河（srota）中的水流（augha），不能有一瞬前與一瞬後的分別。在這種心識之流中，帶來福果的福業、帶來禍果的非福業與帶來不確定果的不動業這三種業所積聚而成的種子或潛勢力，以各式各樣的方式，帶領著觸、作意、受等心理狀態漂流著，無間斷地轉化，造成迷妄的存在的不斷生滅流轉的現象。㉙

第七，以下兼攝及末那識（mano-vijñāna）。安慧強調，末那識總是以阿賴耶識作為它的存在根據而恆常地與它成為一體。末那識的存在，也實在是依於阿賴耶識的，因為後者是一切力動的根本條件。㉚按這是說明末那識對阿賴耶識的「依」

㉕ *Bhāṣya*, p.19.

㉖ 同前，頁 21。

㉗ 同前，頁 22。

㉘ 要注意的是，這裏說因果，是就阿賴耶識的連續的兩種狀態說，這是相應於安慧以因果概念來說識轉變的（關於識轉變，下面會有清楚的交代），與識的轉化為見分與相分無關。而安慧在這裏也沒有提及見分與相分。這是判別安慧與護法在唯識思想上的不同的一個關鍵點，後者以識變似見分與相分來說識轉變。

㉙ *Bhāṣya*, p.22.

㉚ Idem.

（āśraya）的關係。這依是在阿賴耶識作為一切力動的根本條件下說的。安慧的立場很清楚，在阿賴耶識的存在與活動這一問題上，他是傾向於以活動來說阿賴耶識的；而末那識的依於阿賴耶識，也從它的活動一面顯現出來，它是依阿賴耶識而轉的（tadāśritya pravartate）。怎樣依法呢？安慧的回應是末那識以阿賴耶識為認識的對象（ālambana），把它構想成自我（ātman）。即是，末那識是本著身體本身便是實在，便是自我（有身見 satkāyadṛṣṭi）這種根本的觀點而構想出這阿賴耶識便是自我（ahaṃ），便是自我的所有（我所 mama），因而以阿賴耶識為所緣的對象。㉛

安慧跟著說，就識的作用言，剛剛滅去的識可作為力動的根本條件，現前正在思考的識正基於這根本條件而生起。而剛剛滅去的識正好成為被思考的對象，使現前正在思考的識生起。㉜安慧在這裏似是以剛剛滅去的識指阿賴耶識，以現前正在思考的識指末那識，以說末那識與阿賴耶識的認識論與存有論的關係。即是，阿賴耶識滅去，引生末那識，而正是那滅去的阿賴耶識成為末那識的思考的對象。這種思考應該是概念性的，不是直觀性的，因為當末那識思考阿賴耶識時，後者已滅去了。㉝

末那識是「稱為自我意識的識」（mano nāma vijñānaṃ）。安慧的解說是阿賴耶識是力動的根本條件，而正是這末那識把阿賴耶識構想成對象。這便規限了末那識不能是阿賴耶識，也不是知覺與思考的現前識。安慧隨即表明，末那識的本質，在構想阿賴耶識為自我及自體，它即在這種構想自我和自體的本質的情況下，被稱為「自我意識」（manas）。㉞安慧的意思很明顯，末那識不是阿賴耶識，後者是一切力動的根源。它也不是前六識。它的作用純在構想阿賴耶識整體或它的見分為常自不變的自我，而對它執持不捨。它因此稱為「自我意識」。這所謂「自我意識」不

㉛ Idem.

㉜ Idem.

㉝ 直觀（Anschauung）必須設定能與所的同時關係，思考則可有時間上的分野，能可以在所之後產生。不過，有一點是富質疑性的，說阿賴耶識滅去作為末那識生起的條件和思考的對象，是有問題的。阿賴耶識是下意識層面，它不是意識，它的滅去應如何理解呢？下意識的東西的生起與滅去，有甚麼不同呢？這裏應有一個存有論的說明，以分別兩種情況的不同。安慧未有留意及此，我們在這裏也暫時擱置不談。

㉞ *Bhāṣya*, p.22.

是意識對自己本身的證覺、認證，而是視阿賴耶識為自我的那種「視」的意識。

第八，這也是最後一點，倘若就末那識與阿賴耶識的關係來比較安慧與護法的觀點，則可以說，護法很強調末那識的「恆審思量」的作用，表示它是恆常地作審思計量的，其計量的對象便是阿賴耶識，更精確地說，它恆審思量阿賴耶識的見分為自我。在這恆審思量一點上，末那識的作用是超過其他識的。而安慧則強調阿賴耶識的動感或力動，特別是它對人的存在與法的存在的執受，把二者鎖定為具有實體、自性。

若再就末那識與阿賴耶識的關係來將唯識學與胡塞爾的現象學（Phänomenologie）作比較，則情況比較複雜，但問題富挑戰性。胡塞爾曾把笛卡兒（R. Descartes）的我思（cogito）發展為三個階段：我（ego）、我思（cogito）和我思對象（cogitatum）。若以我比配末那識，則我思可說為相當於末那識的恆審思量作用，而我思對象則可以指阿賴耶識。但阿賴耶識被末那識執為內自我，則阿賴耶識與末那識都有「我」的意味，這我便在這兩種心識中往返重疊。我想胡塞爾的我比較單純，它是多個剎那意識流集成的一個總的結果，也可說是剎那意識的總合。不管是經驗的意識流或絕對的意識流，所分別成就的經驗的我或超越的我，都是意識的層面，不涉及下意識的問題。㉟在對意識問題的處理上，唯識學顯然較現象學（胡塞爾現象學）為深入與細微。

三、識轉變的宇宙論涵義與動感

以上我們花了不少篇幅探討唯識學中的「唯識」一詞彙的意思，並特別就唯識理論的八識說法中交代了其中最重要的兩個心識：第八阿賴耶識與第七末那識的意義與作用，和雙方的關係。這些探討都是基於唯識學中的重要人物世親（Vasubandhu）、護法（Dharmapāla）和安慧（Sthiramati）的觀點進行的。有了這些探討作為依據，我們可以進一步看唯識學的識的理論架構了。這主要是宇宙論與動感的

㉟ 有關胡塞爾的意識論或意識現象學，參看拙著《胡塞爾現象學解析》（臺北：臺灣商務印書館，2001），頁 69-116。

問題。宇宙論是關於事物的生成與變化，唯識學的種子學說和變現觀，與此大有關連；而動感則是宇宙論（也包括存有論在內）的來由與發展的基礎。

首先我得說清楚，識本來表示機能、作用的意味，我們不能以體性來說它，把它作為「識體」看。不過，識作為一種原始的機能，自身是抽象的，無形無相；初步來說，我們難以驗證它的存在性。但是，如海德格（M. Heidegger）所說，實在的本質是呈顯（Sein west als Erscheinen），㊱這句話有很深遠的現象學意義，即是，實在（Sein）需要作為呈顯以成就它的本質；或者，存在需在它的呈顯、開顯的狀態中才能展示其本質。識作為一種實在（即使是染污性格的實在），也需要顯示、展現它自己，才能成為恰如其分的識（consciousness proper）。因此，它需要進行自我否定、自我分化和分裂，以詐現出具體的、立體的事物。這在護法來說是，識作為一個能活動的抽象的機體，需要自我分裂出相分（nimitta），而自身則以見分（dṛṣṭi）的身分來認識這相分，並執取之為具有自性（svabhāva）的東西、存在。識即在這樣的活動中呈現了自己，或自己的存在性。而眾生亦由於執取相分為具有自性的、真實的東西而生起種種顛倒見，引致各種顛倒的行為，招引煩惱（kleśa），讓自己在生死流轉的輪迴的世界中打滾，為種種苦痛所折磨，不能出離。對於識的這種現象，包括識的一連串的作用和最後招致的結果，泛稱為識轉變。

這識轉變（vijñāna-pariṇāma）具有宇宙論的涵義，也具有濃烈的動感。這概念在唯識學的一個奠基者世親的《唯識三十頌》中曾有提及，但語焉不詳，有種種解讀的可能性。此中主要有兩種說法：護法的說法和安慧的說法。前者見於他的《成唯識論》中，後者則見於他的《唯識三十論釋》中。《成唯識論》由玄奘譯為漢文，流傳於中土，《唯識三十論釋》則無漢譯，卻流傳於西藏，有藏文翻譯。

在這裏，我們先看世親《唯識三十頌》中有「識轉變」字眼的那首偈頌，這是全文的第一偈頌，有提綱挈領的作用：

㊱ 這是海德格的存有論或現象學的一句名言，其中的「west」是本質義的 Wesen 的動詞第三身單數形成。我在拙著《純粹力動現象學》（臺北：臺灣商務印書館，2005）中常提及這句話。此中有一很具關鍵性的意味，那便是把一般被視為靜態的本質（Wesen）與動感義的概念呈顯（Erscheinen）關連起來，表示事物的本質不能在虛懸與超離的狀態中被理解，卻是要在與實際的存在世界有密切關連的脈絡下被理解。

ātmadharmopacāro hi vividho yaḥ pravartate /
vijñānapariṇāme 'sau pariṇāmaḥ sa ca tridhā //[37]

對於這首偈頌，我試翻譯如下：

不管實行哪些種種的我、法的假說，實際上，這只是在識轉變中。同時，這轉變有三種。

在這裏，世親只輕輕提及「識轉變」（vijñāna-pariṇāma）一字眼，並表示我（ātman）與法（dharma）都與這識轉變有關連，僅此而已，我們很難據此而得出識轉變的確定意義。這便需要參考護法與安慧兩大詮釋系統了。

先看護法。他在《成唯識論》卷 1 說：

世間、聖教說有我、法，但由假立，非實有性。我謂主宰，法謂軌持。彼二俱有種種相轉。……轉為隨緣施設有異。如是諸相，若由假說，依何得成？彼相皆依識所轉變，而假施設。[38]

我與法分別概括主觀與客觀方面的一切存在。在性格上，它們都沒有獨立實在性，而只是假立。這假立是關鍵詞，表示實際上沒有這種東西，只是依認識上、存在上的需要而施設性地、方便性地確立起來。具體地說，它們以種種相狀被轉生出來。他們的存有論的基礎在心識，特別是上面論述過多次的阿賴耶識（ālaya-vijñāna）。阿賴耶識藏有一切存在的可能性或潛能性的種子，這些種子遇緣而現行，便成具體的事物，被虛擬地、方便地設定為有。

光是這樣說自然是不足夠的。事物如何被轉生，被施設為有呢？護法繼續說：

---

[37] *Triṃśikā*, *Vijñaptimātratāsiddhi*, p.13.
[38] 《大正藏》31・1 上。

> 識謂了別。……變謂識體轉似二分，相、見俱依自證起故。依斯二分，施設我、法。……或復內識轉似外境。我、法分別熏習力故，諸識生時，變似我、法。此我、法相雖在內識，而由分別，似外境現。諸有情類無始時來，緣此執為實我、實法，如患夢者患夢力故，心似種種外境相現，緣此執為實有外境。❸❾

護法先以「了別」（khyāti）來解釋「識」，了別是對事物進行區分、分別。不過，這裏所說的了別，不單具有認識論的意思，同時亦具有心理學的意思，更具有宇宙論的意思。不單是存有論的意味，同時更是宇宙論的意味。即是，「識體」（這裏提出「體」，有體性的、形而上學的意味）自身起分化，由一元的體轉化為二元的見分與相分，這兩分分別概括了主觀的事物與客觀的事物，「轉似」有變現、詐現的意思，表示事物好像是真正地呈現的意味。這便是詐現（pratibhāsa）：好像是真的，其實是妄構的、虛假的。這種詐現的說法，可現象論地交代事物的特定的、立體的、具體的形貌，這是一種存有論以至於宇宙論的開拓。在這種變似活動的同時，識自身會對見、相二分起認識作用和執持作用，執持被概括在見、相二分中的事物為實在的、客觀的、具有獨立不變的自性（svabhāva）或獨立實在性（independent reality）的東西。一切心識（不限於阿賴耶識）在生起時，在作用時，分化、變現的活動便同時出現，沒有瞬間的先後次序可言。存有論、宇宙論、認識論、心理情執各種活動一時並了。護法認為，這些活動，包括我法、相見的成立，都是由一種自證分（pratyātma-vedya）來認證、看管，這其實是識體自身。進一步說，這自證分是相分與見分的存有論的基礎，「彼二離此，無所依故」，這「所依」應該是指存有論的所依。離開這存有論的自證分，相分與見分便無從說起。亦正是由於這作為自證分的內識，才能使我、法擬似外境而生起。「此我、法相雖在內識，而由分別，似外境現」，是關鍵語。我與法的存有論根據在識之中，但由於分別作用，這分別導致我與法、主體與客體的二元對待關係，在這種關係中，我與法擬似外境而生起。這「似外境現」表面看是假設外境的存在性，設定這外境是獨立於識而存在於外面，

---

❸❾　《成唯識論》卷 1，《大正藏》31·1 上-中。

有其種種姿態，我與法便模仿這些姿態而表現於時空之中。我在這裏特別聲明，不能作這樣的解讀，否則便捉錯用神。實話實說，在唯識的前提下，根本不可能有外境，無所謂我、法相「似外境現」。這外境只是虛說而已。在這個問題上，我們可以看到唯識學與說一切有部（Sarvāsti-vāda）、經量部（Sautrāntika）在形而上學上的立場的差異。說一切有部強調識外的獨立自在的法體，經量部則推導外在實有說，這「法體」、「實有」都可作為認識論中的認識對象的根源，若關連到唯識學方面，特別是護法，我們可以說識「似外境現」，這外境即是法體、實有。但唯識論者不能這樣說，護法不可能沒有察覺這點，因此我說這外境只是虛說，而「似外境現」的實際意義也被架空了。倘若我們進一步追問：你既然說我、法相擬似外境而呈現，則這外境是甚麼樣子的呢？護法勢必無法回應，因在他所宗的唯識學中，根本不容有外境的存在性。我們再看《成論》稍後的文字：

> 內識所變似我、似法雖有，而非實我、法性，然似彼現，故說為假。㊵

內識所變現的東西，不管是我或是法，只是「似我」、「似法」，都是擬似而已，不是真的，而是假的。但真的是甚麼呢？「似彼」而「現」，這個彼在哪裏呢？都說不出來。但倘若沒有這個「彼」，則我、法是模仿甚麼而成立，而為似我、似法呢？問題還在那裏。這個「彼」是拿不出來展示給人看的，因它是似我、似法所擬似而成為似我、似法的，但依唯識的立場，根本沒有供給這似我、似法來模擬的東西，它是外界實在，其存在性在唯識學中根本不能說。

在這裏，我們可以替護法所提識轉變作一小結了。識自身起分化、分裂而成相、見二分，概括客觀的存在與主觀的存在。但這些存在不是真的，它們是擬似某一「事物」或「彼」而成立的。這「彼」是甚麼，根本不能說。或許這是形成現象世界之為迷妄的重要因素吧。

以下看安慧對識轉變的解讀內容。安慧的觀點是，

㊵ 同前，《大正藏》31・1 中。

kāraṇakṣana-nirodhasamakālaḥ kāraṇakṣaṇavilakṣaṇaḥ kāryasyātmalābhaḥ pariṇāmaḥ.[41]

我所作的翻譯是：

轉變（pariṇāma）即是因的剎那滅去的同時，有與它相異的果得到自體（ātman）生起。

安慧的意思是，識轉變是關於識本身的轉變，識從一種狀態轉變為另外一種狀態。即是，結果是某一現行識的存在、生起，替代了前一瞬間的現行識。現行識是心，故是主觀的心或心識的生起。至於與心識相對的對象或境，安慧沒有涉及。護法則在這一點上，處理得較為周延。簡約言之，識自身起分裂，變現相分（nimitta），作為對象或境，自身則以見分（dṛṣṭi）的身分去了別和執取相分，這見分即是自我。就動感言，護法的解釋有較強的動感，這從相、見二分都由識變現而生起可見。但這識傾向虛妄性格，需要進一步實行轉識成智，覺悟、解脫的理想才可以說。關於這點，我們在後面會再作討論。

另外，安慧在解釋《唯識三十頌》的第一頌時，特別注意到識轉變中的「轉變」（pariṇāma）的意思。他認為轉變可以作為原因的力動與作為結果的力動來說。[42]這作為原因的力動，即是因相，或因能變（hetupariṇāma）；而作為結果的力動，即是果相，或果能變（phalapariṇāma）。這兩者應是不同。關於作為原因的力動或因能變，安慧說：

tatra hetupariṇāmo yālayavijñāne vipākaniṣyandavāsanāparipuṣṭiḥ/[43]

---

[41] *Bhāṣya*, p.16. *ll*.1-2. *ll*.即是 lines 之意。

[42] *Bhāṣya*, p.18.

[43] *Bhāṣya*, p.18. *ll*.6-7.

關於作為結果的力動或果能變，安慧說：

> phalapariṇāmaḥ punar vipākavāsanāvṛttilabhād ālayavijñānasya pūrvakarmākṣepaparisamāpta yā nikāyasabhāgāntareṣv abhinirvṛttiḥ/ niṣyandavāsanāvṛttilabhāc ca yā pravṛttivijñānānāṃ kliṣṭasya ca manasa ālayavijñānād abhinirvṛttiḥ/㊹

對於這兩段文字，我略述其大意如下。安慧認為，這作為原因的轉變的力動與作為結果的轉變的力動可關連著阿賴耶識（ālaya-vijñāna）來說。在阿賴耶識中，有兩種潛勢力不斷增長（paripuṣṭi）。這作為原因的轉變的力動，可就這兩種種子說。至於作為結果的轉變的力動，則比較複雜。當過去世的善、惡業的牽引終了時（亦即是眾生死亡時），阿賴耶識的種子開始現勢化或現起，阿賴耶識即依此而在另外的眾生的生命中生起（abhinirvṛtti）。在這當中，由於種子不斷現起，因而也生起染污的末那識和六轉識。㊺故這原因是種子，結果則是現行識。

按安慧在這裏把識轉變的因果關係移到阿賴耶識中的種子的變化來說，即以種子為因（hetu），通過它的現行，使阿賴耶識持續下來，而以果（phala）的形式轉生到下一個世代或眾生的下一期生命中。即是說，識轉變表示以種子為因，轉變成現行的識，而歸結到阿賴耶識的轉生到下一期的生命體。這點反映出安慧對第八阿賴耶識有特殊興趣。本來種子與現行的關係，可以只是一般的說法，不必要特別指涉阿賴耶識。安慧多涉阿賴耶識，顯示他的唯識思想的宏觀性格，企圖以識轉變貫串到生命的延續的脈絡中。這種思維，把識從單單限於只涉及一期生命的活動中解放開來，讓它貫通於多期生命的序列之中，明顯地延展它的理論效力。這點應該受到注意與重視。

㊹ *Bhāṣya*, p.18. *ll*.7-10. 太長的梵文表述，我作了適度的分析。

㊺ *Bhāṣya*, p.18.

四、識中現有

以下我要就識的轉變這一題材，特別是就識與現象的關係、就它如何轉生現象界的事物等等問題，作一交代，以顯出唯識學的動感觀點。這些問題基本上是唯心論或觀念論的性格，正是「識中現有」之意。由於世親在這些問題上的看法，只就他的《唯識三十頌》來說，文簡意繁，比較難以把握，因此，我基本上是就護法與安慧的詮釋來說。首先，「識中現有」是一種存有論特別是宇宙論意義的命題，它確定存在、質體的根源不是它自己，而是心靈意義的識，不管這是淨識或妄識。這是整套佛教理論的根本立場，也是它與當時流行於印度各地的勝論（Vaiśeṣika）、數論（Sāṃkhya）一類實在論最不同之處。此中的「現」是變現、成就的意思；「有」則是作為現象的種種存在。一切存在、現象（心靈現象與物理現象）的存有論的根源在心識，不在外界的實在，後者根本不存在。這些現象的生起、成立，都是由心識中轉生出來，通過某些活動、運作而生起、現起，這便是識中現有。

首先，我要指出，最能展示唯識學的動感與存有論、宇宙論的思想的，是種子的學說。護法所發揮出來的種子六義說，特別是其中的剎那滅、恆隨轉，述說種子的活動狀態，非常傳神，表示種子恆時都在動態之中；待眾緣與引自果則表示種子依據一定的規律來產生、現起現象、事物。即是，動感的表現，是依據一定的規則，不是任意地（randomly）、恣意地活動，便能盲目地生起事物。這是種子六義的義理價值。這樣地由種子生起事物，不管是在虛妄面（妄識的一面）、清淨面（轉識成智的一面）的層次上作用，都是一樣的。即是，種子六義作為規管規律，不但對有漏種子有效，對無漏種子亦同樣有效。當然，現象學的意義的存有論、宇宙論需要在清淨的層面中進行，但這不會影響及種子的動感性。同時，由於種子內藏於第八阿賴耶識之中，因此，阿賴耶識也分享這動感性。染污的阿賴耶識作為七識的總根源，需要被轉（依護法，需被轉為大圓鏡智（ādarśa-jñāna））。但這是另外的問題，對動感問題不構成影響。

跟著來的，是種子在阿賴耶識中的活動，如瀑流（augha）那樣，這更能襯托出種子的動感性了。以水為關係物的瀑布、瀑流自上流下，是永續不斷的（這永續不斷是就經驗一面說），種子的剎那滅、恆隨轉也是一樣，沒有一粒（取稻米的種子作譬）種子能夠停留，那怕是一瞬間，一剎那。再者，阿賴耶識有執受（upādhi）作用，執持一切種子，在適當機緣（待眾緣）下投射出去，而成就種種事物。安慧即就這執受作用而強調阿賴耶識的統合的力量：種子被投射開去而成為種種事物，而這些事物也依據因果律則而有所變化，這便構成了阿賴耶識對於事物的生成與變化的宇宙論的作用了。

就唯識學來說，宇宙論（包括存有論在內）的核心說法在「轉」（vartate）這一概念上。上面提及護法強調識體「轉似二分」、「我、法相雖在內識，而由分別似外境現」，我已指出其中的存有論上的困難，即是，外境根本是沒有的，但由於分別（虛妄分別）的作用，讓在內識中的我、法相轉出主、客二分，作為外境而展現出來。這個問題涉及外界實在論的觀點，需先承認外界有實在的東西，識才能轉，才能生起類似外界的實在物的形相的見分、相分或我、法。但唯識不容許外界實在觀，一切存在都是由識生起，因此，這個問題不可能有正確的、清晰的解決。你說識轉變而成擬似外物的主、客或見、相兩方面的東西，而又不容許「外物」、「外境」概念，這樣，識便只能在沒有現成的事物作為模仿的對象的情形下，自己轉生一些東西，但這些東西既不能擬似現成的外界東西，則其「相」或特性、形相只能由識來交代。識如何交代呢？一切東西都止於它本身，在外界不能找到任何參照，則識的轉生作用、轉生出具有特定特性、形相便落了空。關於這點，我不想說下去了。我只想指出，識有一種轉生、轉變的作用，其結果是種種我、法相或見分、相分的生起和變化。所謂宇宙論的涵義便在這裏說。這也是「識中現有」的概括性的意思。倘若就這點來比較護法與安慧兩種說法的宇宙論的開拓，護法是比較強的。他提種子六義，而作詳細而善巧的說明；同時，他提出識變現出見、相二分，明確提出由見分（dṛṣṭi）與相分（nimitta）所概括的一切主觀、客觀的東西的存有論的根源在識，特別是阿賴耶識。在安慧方面，他只提識變現我、法，未提見、相二分；在交代現象世界的主、客的事物上，他的說法比較含糊，不如護法那樣確定和清晰。不過，我們也不應忽略安慧在識轉變以開拓出現象世界這一基本認定中所表現的動感性，這即是它強調阿賴耶識對諸種子的執持因而具有統合的力量這一點，也不應忘記他把阿賴耶識視為一種位格義的場所（參看安慧說因能變的梵文語句中的「ālayavijñāne」），和視阿賴耶識的統合力量為一種熏習力，這力量是對於主、客觀現象的自性（svabhāva）的周遍計度的熏習力。

最後，我要提一下唯識學的種子學說在說明我們日常生活上的種種遭遇（即使是匪夷所思的、很難想像的事）方面具有很強的理論與詮釋效力。此中的關鍵點是，我們的阿賴耶識是一個精神性的倉庫，可以含藏無量數的種子，這些種子是作為種種事物、現象的潛能、可能性（potential, potentiality）而內藏於阿賴耶識中的。由於阿賴耶識與種子是精神性格，不是物理性格，因而這些種子可以是無盡的、無窮的，沒有空間上的限制。換言之，整個宇宙中任何事物、任何現象的潛在的存在性，都可以種子的方式存在於我們的阿賴耶識或一般所說的靈魂中。甚麼事情現在展示在你的眼前，或你現在做著甚麼事，以種子理論來解釋的話，可以這樣說，那些存在於你的阿賴耶識中的事的種子，遇到足夠的條件（緣 pratyaya），實現出來了，從潛在狀態發展成實現狀態，所謂「現行」（pravṛtti）。已經發生過的事，現在不出現了，這表示曾經實現出來的、經歷現行狀態的事，以種子的形式潛藏在你的阿賴耶識中。將來若遇到足夠的條件，可以復以現行的方式再度出現在你的眼前。因此，同一的事可以不止一次地發生在你的身上。至於現在未有發生而在將來發生的事，則可以這樣看：這些事的種子正潛藏在你的阿賴耶識中，將來若碰上適當的、足夠的條件，會由潛藏狀態發展成現行狀態，出現在你的眼前。世間的事無奇不有。一個窮光蛋在一夕之中變成富翁，一個健碩的猛男突然暴斃，甚至一個男人突然變成女人，雖然難以想像，但不是不可能。這些現象都可以透過種子理論得到理性的解釋。這是唯識學的有趣、富有生動性與魅力的地方。

在這裏，我想就唯識學在關聯於真理問題方面所展示的動感的強度作一小結。如上面所陳，安慧在說到第八阿賴耶識在執持種子這一點上表示阿賴耶識有相當強的動感性。但由於阿賴耶識在原理上雖然是無記的，沒有特別偏向或淨或染的倫理性，但在實際的活動上，在唯識學的大脈絡下，識（包括第八阿賴耶識、第七末那識及前六識）畢竟是傾向染污性格的，故有「虛妄唯識」的說法。㊻因而有「轉識成智」

㊻ 當代高僧釋印順在他的判教法中以「虛妄唯識」來為唯識學定位。這種說法，就護法以至陳那（Dignāga）之前的唯識學來說，是可接受的。陳那、護法他們以後，唯識學有比較複雜的發展，能否再以「虛妄」字眼為它定位，便可有許多爭論。關於這點，我們暫時擱下不談。

的要求。動感問題較多涉及宗教理想的實現，多涉及於智而較少涉及於識。安慧的唯識思想較強調第八阿賴耶識的執持種子的動感，對於宗教理想或覺悟，關係不是那麼大。護法對種子理論，特別是上面詳盡地說及的種子六義，有較明晰的解說與動感。這是對比著安慧的唯識思想而言的。㊼種子六義不單對染污的有漏種子有效，對清淨的無漏種子也同樣有效。作為成佛的根本機能或可能性的無漏種子在現起問題上倘若處理得好，例如它的動感能被善巧地理解，則會提升它在理論方面的效用、強度，也會讓它具有更大的作用的廣延性或範圍。但種子說來說去，有漏也好，無漏也好，都是生滅法，都不能作為真正的成佛基礎。關於這一點，我在拙文〈唯識宗轉識成智理論之研究〉中有比較周詳的交代。㊽

有一點必須提出：護法的識轉變思想雖較安慧的具有較強的動感，但就護法的整套唯識思想特別是就轉依（āśraya-parāvṛtti）一問題上來說，護法唯識學所涵的動感終是有限，不能與後起的《大乘起信論》和中國佛教的天台、華嚴、禪三宗比較。這主要涉及護法一系對其重要觀念真如（tathatā）的闡述上。護法唯識學的真如有終極真理義，這便是「唯識實性」（vijñaptimātratā），但這是客體性的理，不是主體性的心（在護法看來，這主體性的心是智，不是真如）。它是「無生無滅，湛若虛空」的常住的東西，「其性本寂」，㊾不能運作、活動，因此被外派譏評為「凝然真如」。凝

㊼ 在這裏，我想就護法與安慧的唯識思想交代幾句。我在文中所說及的護法的唯識思想，主要是就他所著的《成唯識論》而言（實際上，這《成論》也不全是護法解讀世親的《唯識三十頌》而撰寫的，它也包括世親門下除護法外的其他論師的見解在內。不過還是以護法的說法為主，故作護法所著）。而安慧的唯識思想，則以他的《唯識三十論釋》為據。實際上，他們的思想並不只限於對《唯識三十頌》的註釋、解讀，卻是有其他著作，如護法有《成唯識寶生論》五卷（《大正藏》31·77 中-96 下）、《大乘廣百論釋論》十卷（《大正藏》30·187 上-250 中）、《觀所緣論釋》一卷（《大正藏》31·889 上-892 上）；安慧則有《大乘中觀釋論》九卷（《大正藏》30·136 上-158 下）、《大乘阿毗達磨雜集論》十六卷（《大正藏》31·694 中-774 上）、《大乘廣五蘊論》一卷（《大正藏》31·850 下-855 中）。這些文獻我都未有參考，這是限於時間與精力所致。我想若能對這些著作也仔細地看一遍，會對二人的思想（不一定限於唯識學）有較周延的理解。

㊽ 拙著《佛教的概念與方法》（臺北：臺灣商務印書館，2000，增補本），頁 98-208。

㊾ 《成唯識論》語，見於窺基的《成唯識論述記》所附的《成唯識論》原文之中。窺基著《成唯識論述記》，第五冊，民國增修大藏經會校印本，N.D.，頁 171。又有關護法對於真如的觀點，參看拙著《佛教的概念與方法》，頁 145-147。

然即是凝結不動也。安慧的情況，略有不同。他以心來說無漏界，表示心的清淨性格。無漏界有真理的涵義，這便開出清淨心與真理是一體的關係的思路，這樣，真理或真如便可說動感，這便近於印度佛學的第三系如來藏自性清淨心的思想了。[50]再有一點是，真正的動感，只能就超越的質體說，經驗性的事物，即使是唯識學所說的種子，在構架世界，建立存有論與宇宙論方面，有重要的意義。但世界一朝未能轉化，眾生一朝未能體證到終極真理，成覺悟，得解脫，種子即使有動感，也不能被作為基礎而建立宗教意義的現象學的世界。另外，超越的質體應是恆常地在動感之中，而無所謂靜態的、不動的。此中的理據是，質體倘若是經驗性格，則它的動感勢必要由一外在的、經驗的因素來啟動，而這因素的啟動超越的質體，同樣也要由另一經驗的因素來啟動。這樣便會不斷推溯啟動的因素，以至於無窮。故啟動的因素不能被設定為經驗性格的，它必須是超越性格；而它所啟動的質體，是主導著它的，這主導者在存有論的層次上，不能較它為低，故這主導者也必須是超越性格，是超越的質體。這超越的質體由超越的因素來啟動，啟動既發自超越的因素，則這啟動應是超越時間與空間的限制，而恆常地發出啟動的力量，則它所啟動的超越的質體便永遠在動感的狀態之中，沒有所謂靜態。在這一點上，護法唯識學的識是經驗義、現象義，這特別就六識說為然。因此，真正的動感便很難說。它所說的真如，情況也好不到哪裏去。安慧的情況比較好些，他的心識有清淨心的傾向，如上所說。在這一點上，安慧唯識學可能有較強的動感。但我們不能作實說，需待進一步的研究，特別是要細看上面註[47]所列出的安慧的其他著作。

在虛妄唯識的定位下，唯識學所展示的動感比較模糊。由於這動感主要是就終極真理的動感而言，我們不妨看看唯識學的真理觀，俾能得到多一些的參考。唯識學所強調的真理，可說為「空」（śūnyatā）。但這太空泛，佛教各派都可以這樣說。另外一種說法是「唯識性」（vijñaptimātratā），這說法當然有空的意味，也兼有緣起（pratītyasamutpāda）義。這緣起是在識中說。即是，一切事物都由因緣和合而成，而這和合的因緣，應以識（vijñapti）為主，特別是第八阿賴耶識（ālaya-vijñāna）中所藏著的種子（bīja）。但阿賴耶識與內藏於其中的種子，都傾向於虛妄的、染污

---

[50] 關於這點，參看拙著《唯識現象學二：安慧》，頁166。

的性格，不易關連到動感方面去，如上面所透露的那樣。最後我們想到中道，這盛是一個值得探討的題材。

在中道（madhyamā pratipad）的問題上，唯識學的論典很少談到中道觀念，倒是它所宗的經典《解深密經》（《深密解脫經》*Saṃdhinirmocana-sūtra*）有提及。在唯識學研究界流行這樣一種說法，認為《解深密經》有簡單的判教思想，這便是所謂三時教：有教、空教、中道教。51但我查閱玄奘譯的《解深密經》，發現確有第一時、第二時、第三時字眼，但未有明說第三時是發揮中道教法的。根據這部經典所載，佛陀對眾生開示，轉法輪，說四諦的教法，是對聲聞乘說的，這教法是未了義。這是第一時的說法。在第二時中，佛陀對那些要趨入大乘的眾生說法，說法的內容是一切法都沒有自性，沒有生、沒有滅，本來寂靜。這是以隱密方式說的，但仍是未了義。到了第三時，佛陀對要趨入一切乘的眾生說法，內容仍是一切法都沒有自性，沒有生、沒有滅，本來寂靜。但這是以顯了的方式說的，而且是了義。52就佛陀說法的時序與內容而言，初轉法輪說四諦，這是原始佛教的重要的義理，視之為「有教」，或者未夠周延。但若把說一切有部與經量部所關心的問題也放在裏面，特別是「法有我無」的「法有」，便未可厚非，因法有正是指諸法的實在性，這實在性是說一切有部所奉持的。第二時說一切法的無自性性、無生無滅性、寂靜性，這正是空宗特別是般若文獻所涵有的義理，說它是空教，是沒有問題的。第三時亦即是最後時說中道教，便令人感到困惑。首先，中道教的內容仍是一切法無自性，無生無滅，本來寂靜，與空教相同，為甚麼對相同的教法內容截然分開，以其一是空教，另一是中道教呢？佛典說到中道，一般都是遠離二邊、兩種極端的而又相對反的性格，把一切二元性（Duatlität）、背反（Antinomie）加以克服、超越，而達致一種離有離無的絕對的理境的意思。中道有表示這個理境的意味，同時也有體現這個理境的實踐的意味。這是對於同一內容的義理冠以不同的觀念（空、中道），讓人混淆起來。亦是在這一種說法之中，使隱密的說法方式與顯了的說法方式的分別，和

51 水野弘元監修，中村元編集《佛典解題事典》（臺北：地平線出版社，1977）。在此書中，勝又俊教在解釋、介紹《解深密經》時便提及這種說法。（頁 101a）

52 《大正藏》16·697 上-中。

不了義與了義的不同層次的區分，失去了適切性。❺❸

在這裏，我們碰到唯識學在義理上的不一致處。即使是就世親、護法與安慧三個重要人物的唯識思想來說，已頗有歧異之點。當然，他們三人在「識中現有」這一總綱領上並無異議：一切存在、存有，或現象，都是依於心識而有，自身並沒有獨立自在性可言。但進一步看這總綱所概括的較為微細的義理內容，其中的分歧非常明顯。世親的《唯識三十頌》提到識的三分法：第八阿賴耶識、第七末那識和前六識（第六意識和前五感識）。這三類識合成的識的總體，都會進行識轉變（vijñāna-pariṇāma）的活動。世親說識轉變，只提到識變現為我與法；當說到阿賴耶識，基本上視它是虛妄的。❺❹安慧說識轉變，視之為識在不同剎那中變為另外的識的狀態，在其中，識變現為我、法兩方面的東西。當說到阿賴耶識，強調這種識在執受種子方面所表現的動感，也強調它的清淨的一面，但對種子述說得少，沒有提種子六義的積極的具有創生作用的宇宙論的法則。安慧的說法有矛盾：阿賴耶識在執持種子方面有一定的力動，這力動應可傳達到種子方面去，但種子並未被提及有六義，這六義是讓種子具有動感以開拓出存有論與宇宙論的世界的。但安慧卻在這裏忽略了。至於護法，他上承世親而走虛妄唯識之路，在這方面，他幾乎沒有注意，強調動感問題。但到了說識轉變時，以嚴謹的哲學語言來說識的分化，這便是見分與相分的成立。同時，他又盡情地闡發種子六義的存有論、宇宙論方面的涵義，增強他在唯識說上的力動取向。

按唯識學（Vijñāna-vāda）在義理上的複雜性、分歧性，與它的實際始創者世親（Vasubandhu）的曲折崎嶇的思路頗為相應。世親初習小乘有部思想，特別是說一切有部（Sarvāsti-vāda），寫了著名的《阿毗達磨俱舍論》（*Abhidharmakośa-bhāṣya*），對存在進行廣泛的認知與分類。其後他受到老兄無著（Asaṅga）的熏陶，轉宗大乘，寫了多部重要的論著，特別是《唯識三十頌》（*Triṃśikāvijñaptimātratāsiddhi-śāstra*），續承無著的志願，奠立了唯識學的根基。但在義理上又有另外的發展：一方面留意如來

---

❺❸ 不過，《解深密經》在另一處，的確正確地說起中道來。他以「遠離增益、損減二邊，行於中道」來解讀慧，這樣以遠離極端的兩邊來理解中道，又近於阿含文獻了。

❺❹ 字眼上是「無覆無記」，實則有以之為虛妄的傾向。印順提「虛妄唯識」，不為無理。

藏（tathāgatagarbha）思想，寫了《佛性論》，提出一切眾生都有佛性的重要主張，破斥小乘的無佛性說和外教各派所持的無我說（我是 ātman）。另方面，他又在淨土實踐上用功，寫有《淨土論》，其大意是觀照安樂世界，見阿彌陀佛，以此為基礎，往生於阿彌陀佛的淨土世界。世親的思想這樣多元化，難怪他的追隨者在唯識說上表現出多元性、分歧性了。

五、對世間的關懷與認識

唯識學在環繞動感問題方面有種種義理上不一致之處，主要是由於它的整套理論內容聚焦於虛妄唯識一點上。佛教是一種教人遠離邪見，從虛妄中解放開來，正確地理解和體證終極真理，最後獲致覺悟而得解脫的宗教。一切活動、動感都是指向這一宗教目標的。也唯有這個目標，才能讓動感具有正面的價值義、現象學義。但唯識學作為一套哲學的理論和宗教的指引，其重點不是在這方面，而在披露眾生的生命存在在性格上的無明性、虛妄性。在這一點上，唯識學做得很出色、很成功。但在伸張人性的真、善與美，開拓出神聖的宗教世界方面，便相對地被忽略。試看護法的《成唯識論》，他費大力氣探索眾生的愚昧與醜陋，和妄情妄識；卻只留下小小的空間來處理轉識成智的問題。對於宗教的實踐，只以「五位修持，入住唯識」，便輕輕帶過。所謂動感，是在生命情調的昇華而不陷於沉淪這種導向中說的。動感在唯識學中不能暢順地伸展，論主只在生命、精神的境界不斷下滑時才想到它。這讓人覺得，動感在唯識學中受到委屈。

不過，唯識學畢竟是大乘佛教的一支，在對於世間的關懷，普渡眾生的志業上，還是未有消滅。這種關懷與志業，在很多重要的唯識論典中，都有展示出來。例如：護法在《成唯識論》卷一便這樣說：

> 稽首唯識性，滿分清淨者，我今釋彼說，利樂諸有情。今造此論，為於二空有迷謬者生正解故，生解為斷二重障故。由我法執，二障具生。若證二空，彼障隨斷。斷障為得二勝果故。由斷續生煩惱障故，證真解脫；由斷礙解所知障故，得大菩提。又為開示謬執我法、迷唯識者，令達二空，於唯識理如

> 實知故。復有迷謬唯識理者，或執外境如識非無，或執內識如境非有，或執諸識用別體同，或執離心無別心所。為遮此等種種異執，令於唯識深妙理中，得如實解，故作斯論。55

護法在這裏交代造《成唯識論》這部巨著的動機、用意，非常清楚。這是要讓對我空與法空的真理有迷謬的眾生得到正確的理解，而能斷除煩惱障與所知障，最後能證得解脫，開顯菩提智慧。另外，對於那些執取我與法，或主體與存在，而在唯識正理方面有迷妄的眾生，加以開示，讓他們都能了達這甚深微妙的唯識真理，而成正覺。這些都是「利樂諸有情」的慈悲的事。

護法在這裏的發言，有代表性。唯識學的宗匠的確是很關懷世間的眾生的，他們都懷有佛陀的抱負，要普渡眾生，誘導他們遠離邪見，擁抱正法，最後都能體證終極真理，成就佛果。在這一點上，我想不必花費筆墨來說明了。在這裏我想探究的，是唯識論師對世間的認識。眾生畢竟是生活於這個娑婆世界，踏著大地的泥土成長的。要普渡眾生，把他們從火獄中拯救出來，便得正確地了解他們生於斯長於斯的生活環境。在這一點上，我提出三點來說。第一點是虛妄的識對世間或世界的認識，第二點是清淨的智對世界的認識，最後一點是探討有關三性的問題。

先說第一點。如上面約略提過，在唯識學看來，識或識體自身是一呈抽象狀態的存有論、認識論和心理學的機能，其中的存有論義更可進一步發展出宇宙論義。但這些內容需待識具體化地呈顯自己才能說，而呈顯是一個實現本質的原則，如上面所提及的海德格的實在的本質是呈顯那個意思。識要具體化地呈顯自己，讓自己在時空性的現象界有一個位置，便需進行自我否定、自我分裂。因此，它先分裂出相分（nimitta），然後以見分（dṛṣṭi）的身分去了別、認識相分，視它為一種具有自性的實在的東西而執持之。就主客關係來說，由識分裂出來的相分概括存在世界、客觀世界；識的見分的身分概括主體、自我。識分裂出相分是一種存有論甚至宇宙論的活動；以見分認識相分或以自我主體認識客觀世界是一種認識論活動；而見分執取相分，視之為具有獨立自在性或自性（svabhāva）則是心理學中的情執活動。在這

55　《大正藏》31·1上。

幾種活動中，自然是以認識活動為主，雖然是虛妄活動。在這種活動中，識不能覺察到所認識的東西是自己分裂出來的東西，不知它是緣起（pratītyasamutpāda）的性格，卻以為它是獨立於自己的存在性之外的具有實體、自性的東西。在這種情況，世界像是被網上一層面紗，在自我的認識主體面前相對待，而與後者構成一種主體與客體相對峙的關係。

下來是第二點：清淨的智或智慧對世界的認識，這涉及轉識成智的工夫。虛妄的識錯誤地認識世界為實在，以現象（Phänomen）為物自身（Ding an sich），以繩為蛇。為了取得準確的、清淨的知識，識（vijñāna, vijñapti）需被轉化成智（jñāna），這即是唯識學特別是護法唯識學所說的「轉識成智」，或「轉依」（āśraya-parāvṛtti, gnas gyur pa）。唯識學把識分為四種：感識、意識、末那識、阿賴耶識，故轉識成智也分四種不同層次進行：感識轉為成所作智，意識轉為妙觀察智，末那識轉為平等性智，阿賴耶識轉為大圓鏡智。

成所作智（kṛtyānuṣṭhāna-jñāna）指成就世間種種事務而表現出來的智慧。這可說是一種俗諦（saṃvṛti-satya）的智慧，是在解決日常生活中種種困難時表現出來的智慧，也可說是近乎科學研究的知識、智慧。妙觀察智（pratyavekṣanika-jñāna, pratyavekṣaṇā-jñāna）是觀取事物的特殊相狀的智慧，它也包含一切令人進入覺悟境界的法門。平等性智（samatā-jñāna）關連到一切事物的無自性空的性格。這是事物的普遍的性格，在它的觀照下，一切存在的自相、他相都是平等無自性的，都是空的。這可說是一種真諦或第一義諦（paramārtha-satya）的智慧。大圓鏡智（ādarśa-jñāna）則可粗略地說為是同時觀照事物或存在的特殊相與普遍相。這是一種總持的智慧，前面三種智慧可說都匯集於其中，它觀取事物、存在，同時也建立事物、存在；認識論與存有論同時並了。[56]在我們的世俗的生活中，以直覺來吸收事物的個別的、特殊的相狀，而以思想、思維來把這些相狀加以綜合，而得出它們的普遍的、抽象的性格。如同陳那（Dignāga）所說的那樣，以直接知覺或現量（pratyakṣa）來把握事物的自相（sva-lakṣaṇa），以推理或比量（anumāna）來把握事物的共相（sāmānya-lakṣaṇa）。

---

[56] 有關這四種智慧和轉識成智的總持的、詳盡的說話，參看拙著《唯識現象學一：世親與護法》，頁 245-263。

自相即是個別相，共相即是普遍相。陳那認為，就我們一般所認識的對象而言，事物不能同時具有自相與共相，因為這兩者互不相容；共相或普遍相並無真實性，它只是識在概念上的構作而已；只有自相或個別相具有真實性。倘若我們不囿限於世俗的、經驗的活動，而指涉及超越的活動，例如作道德實踐或宗教瞑想，則我們可同時把握事物的自相和共相，而我們所運用的機能，既不是知覺或感性直覺（sinnliche Anschauung），也不是比量或知性（Verstand），而是一種睿智的直覺（intellektuelle Anschauung）。這種睿智的直覺在康德的哲學中，曾多次被提及，它能同時認識事物的自相和共相。但這種認識不是在時、空的形式中進行，也不必運用知性的概念範疇（Kategorie）。這睿智的直覺是智思與直覺渾融成一體的，但超越智思與直覺的限制。智思與直覺只能把對象作為現象來理解，這睿智的直覺則能超越現象的層面，而滲透到對象的本質的層面，了解其本來的自己，或物自身（Ding an sich）。唯識學的大圓鏡智可粗略地被視為相應於這裏所謂的睿智的直覺。

跟著而來的是最後一點：三自性的問題。這點與上一點有密切的關連。所謂三自性或三性（tri-svabhāva）可以是一個存有論的問題，也可以是一個認識論的問題，當然雙方是互相關連的。此中的「自性」（svabhāva）並不是佛教所亟亟要拒斥的那個常自不變的實體，而是指事物的存在的形態，是如何看待、認識事物的問題。這即是遍計所執性（parikalpita-svabhāva）、依他起性（paratantra-svabhāva）和圓成實性（parinispanna-svabhāva）。[57]遍計所執性屬於染污方面，眾生對於緣起的東西生起周遍計度，以為這些東西有實自性，而不知它們的本性是空，由此對這些東西生起實體的執著，這被執著的東西的狀態正是遍計所執性。依他起性是就緣起來說事物的生起；「他」即是因、緣。事物從因緣和合而起，這種生起的狀態便是依他起性。圓成實性是在依他起的東西之上，不作或去除遍計所執，而正確地以依他起的性格來了解這些東西的依他起性。這即是一種對事物的如實的了解，這種如實了解事物的狀態便是圓成實性。事物在這樣的理解下，在唯識學的脈絡來說，便是由識的作用

---

[57] 如上面剛提及，三性中的「性」或「自性」（svabhāva）易使人誤以為表示實在論的觀點，日本學者長尾雅人提議這「性」應譯為「實存」，三性即是三種實存。（長尾雅人著《攝大乘論：和譯と注解》上（東京：講談社，1997），頁 24。）這實存正是我所說的存在的形態。

而生起，而有其存在性。這即是唯識（vijñaptimātra）、唯識性（vijñaptimātratā）。

要注意的是，這三種事物的存在形態的地位並不是對等的。事物並不是分成三大類，其中一類是遍計所執性，第二類是依他起性，第三類是圓成實性。在三自性中，依他起是根本的結構，這是就事物以緣起的方式成立說的。然後，對於依他起的事物可以有兩種了解方式。如果對依他起的事物有執著，不了解事物的依他起的性格，而執著它們具有自性，對事物進行周遍計度，由此產生種種煩惱。在這種情況下執取的事物的形態，就是遍計所執性。如果對依他起的事物不產生遍計所執，而能如實地了解事物的依他起的性格，沒有產生顛倒的了解，這種如實地了解事物的狀態就是圓成實性。所以，依他起是最基本的，表示一切事物的緣起的性格，而遍計所執和圓成實是對於依他起的事物的兩種不同的處理方式。

由上面的理解說下來，可見依他起可以分成兩面。如果就依他起本身如實地了解，沒有進行周遍計度，便是清淨的依他起。如果對依他起的東西起周遍計度，以為它們具有實體，因而加以執著，便成染污依他起。故三自性其實應只有兩自性：清淨的與染污的。事物是清淨依他抑是染污依他，要看主體的態度行持。對於三自性的問題，我們不應以平面的、對等的方式來看，而應以一種立體的方式看，將依他起從一個對等的地位突破開來，確立一種根本的構造。而所謂覺悟，在理解世間事物來說，是對於依他起的事物如其為依他起而了解之，不把種種屈折的、扭曲的想法加於其上，只是簡簡單單地還它們一個本來面目，便行了。

六、總別觀照我

以上基本上是就縱軸方面來說唯識學的識中現有的意義。此中的「有」，指一切存在、質體（entity）而言。唯識學認為，一切存在、質體是由識變現的，識通過自我的否定（negation）、分化（differentiation）、分裂（splitting）和變現（apparition）這幾重活動，讓自己在現行（pravṛtti）中宇宙論地開拓出自我與世界。自我是主體的、主觀的，世界則是客體的、客觀的。這也是所謂「識轉變」（vijñāna-pariṇāma）的歷程與結果。不過，由於唯識學所言的識的染污性傾向，動感便嫌不足；在對世界的理解這一點上，也相應地靠染污那一邊站。論師只說識的轉變，未有說智的轉變，因此，在以智為基礎而開拓出有理想的、勝義的、第一義的現象學的世界這一宗教目的上，便不免落了空。它所說的阿賴耶識雖說是無覆無記，但總是傾向於染污一面，而末那識的有覆無記性格，沒有清淨的阿賴耶識為它把關，更是無限度地向染污面發展下去，最後導致我癡、我愛、我慢、我見等四大煩惱的泛濫，讓生命不斷地沉淪下去，覺悟、解脫的宗教目標便不能說，更不用提普渡眾生了。

在橫軸的自我設準方面，轉識成智的智，頗有本質明覺我的意味。智的作用，是徹底明瞭在唯識的思想背景下的事物，都是唯識性格，都是緣起，這緣正是識，「識中現有」也。而本質明覺我的作用正是明覺這種唯識性或識中現有的本質。不過，唯識學的宗匠，如無著、世親、陳那等，都傾向染污唯識一面，只有安慧強調唯識思想中的清淨傾向，以為識可以開出清淨心，或識本身便含有清淨無妄的心。但像安慧這樣想法的唯識中人很少，影響不大。而安慧的清淨心的思想，又相當薄弱，強度不夠，不足以扭轉虛妄唯識的立場，開出清淨心的轉向。而在迷覺背反我一點，就識的強度的虛妄性來說，很難說虛妄的識與清淨的智合成一個背反（Antinomie），不能講從背反方面突破這種善惡的二元對立性的境地。

委身他力我可以說是宗教現象學的自我設準中與唯識學較有交集性的，特別是在依待他力才能達致宗教目的這一點上。就委身他力我方面，當事人覺得自己罪業深重，力量薄弱，單憑自己的力量是無法使自己從罪業中釋放出來，追尋宗教意義的解脫。於是他投靠他力，藉著他力大能（上帝或者阿彌陀佛）的愛與慈悲，讓自己和過去訣別，得到新生，做一個正人君子，把生命貢獻給社會。在這一點上，唯識學有相近的觀點，只是說法不同而已。唯識學是講種性說的，它認為有一種稱為一闡提（icchantika）的眾生，由於根器過於頑劣，不管你以甚麼方法幫助他們，都無法讓他們去惡遷善。另外，大部分的眾生都是愚癡的，自己沒有力量改變現實條件，而步向解脫之路。於是他們借助外邊的力量，例如閱讀佛教經論，尋求善知識的幫助、指引，甚至親身碰到已經成覺悟、得解脫的現實的佛、菩薩，聽聞他們講授正法，以熏習自己的阿賴耶識中的種子，讓有漏種子變成無漏種子，讓無漏種子變成清淨的現行，這便是著名的「正聞熏習」。這樣不斷接受熏習，最後得到覺悟、解脫。這種達致宗教目的的方式，便是他力主義的思維導向。當然其中也有自己的努力在裏頭，但還是以他力為主。

唯識學在認知問題上的複雜的思維、觀點，毋寧與認識論的自我設準較為相應，這即是總別觀照我。這種自我可以觀取對象的總相，也可觀照對象的個別相。這對西方哲學的認識論來說，有包含康德的感性（Sinnlichkeit）與知性（Verstand）的意味。感性是接觸事物的個別相的，知性則以其概念思考的能力，把得事物的普遍相。這種自我對於陳那的認識論來說，總的觀照相應於陳那的比量、推理（anumāna），別的觀照則相應於陳那的現量、直接知覺（pratyakṣa）。比量知事物的共相，現量知事物的自相，正符合這自我的總、別兩面的認識作用。

以上只是概括性地說，不免鬆散。在這裏，我試提出兩點，需要特別注意。第一，在唯識學的八識之中，第八阿賴耶識與第七末那識並沒有認知的意義，它們所直接相應的，是潛意識中的自我問題。陳那在他的認識理論中，也沒有強調這兩種識。但六識則較能與總別觀照的認識相應。第六意識具有推理、思維、回憶等作用，其中的推理和思維，近於總別觀照中的總的觀照的作用。但也不能說完全相同。意識的作用畢竟主要在思維方面，所思維的東西是抽象物；而總別觀照中的總方面的觀照並不完全限於抽象的事物，它自身也不是純粹的思維、概念思考的作用。意識與前五感識是世俗諦層面中的認識能力，總別觀照我具有對總相與別相的認識能力，它自身並不只滯留在分別的、現象的層面中進行認識活動，它也有覺照的能力，這種覺照不完全是世俗諦的覺照，也有勝義諦的覺照的意味。

第二，總別觀照我所具有的對總相、共相與別相、自相的觀照能力，有相當濃厚的認識論意義，雖然它們並不分別全同於感性與知性。我在拙著《純粹力動現象學》中，提到總別觀照我的權能性格（Vermöglichkeit）。即是，從嚴格的意義言，總別觀照我基本上是一種認知能力，它能認識事物的共相，也能認知事物的殊相。不過，雖然我們有對事物的共相與別相的知識（Erkenntnis），這種知識或認識並不能作為我們人生的終極目的看。它具有價值，這是一定的，但不能說是終極的價值。所謂終極的價值是我們人生的大目標、大方向，是最高的價值，不能被還原為比它更為根源性的價值。一句話說了：終極價值是我們生死相許地要追尋的價值。在文化範疇中，能提供終極價值的項目並不多，它們不外是道德、藝術、宗教等而已。道德是求善的，藝術是求美的，宗教則是求神聖的。人的文化生活的標的，不外乎這幾方面而已。至於文化中的知識或真方面，雖然重要，但還說不上終極的價值。

這裏顯然有一個非常關鍵性的問題有待解答：終極價值與非終極價值的不同在哪裏？它們的分野在甚麼地方？我的答案是：雙方的分野在，終極價值具有精神上的創造性（Spiritual creativity）；非終極價值則不具有這種創造性。科學家是求真的，要對一切事物建立客觀的、有效的知識。但科學家不能停止於客觀有效的知識的鑽研中，因為這知識不能提供他終極價值，因為知識不具有嚴格意義的終極價值。我們很多時看到或聽到很多傑出的科學家一旦從實驗室出來，便向教堂處跑。這是由於宗教信仰具有終極價值，道德與藝術也是一樣。有成就的科學家不見得便是一個道德行為的踐履者，也不見得便具有心境兩忘的藝術情操。道德、藝術、宗教都有終極價值可言，都能展示創造性。科學則不是這樣。科學或科學知識的發展，需服從因果律，受限於時間與空間。這些規律、形式，都會阻礙創造性的開拓。但科學知識確實是非常重要的，它能使我們可以過活，並且在過活之外，還能追尋有精神價值的東西，讓我們的精神生活變得更為充實飽滿。在這些點上，科學知識有很重要的、實用的、方便的、橋樑性質的作用。便是在這個意義下，我說科學知識有權能性格，亦即是說，作為總別觀照我的效應的科學知識具有權能性，或總別觀照我自身具有權能的價值。[58]

七、總的評論

以上判說了唯識學，並為它定了位，那便是識中現有。即是，一切存在都離不開心識，為心識所變現；而心識自身也不是實在，它也需遵循既定的法則而生起，這便是所謂「緣起」（pratītyasamutpāda）。對於這種哲學或義理，我要作如下的總的評論。首先，唯識學（Vijñāna-vāda）又稱「有宗」，與般若思想、中觀學所成的「空宗」對揚，為印度大乘佛教最重要的兩個宗派、兩種學說。有時它也稱為「瑜伽」或「瑜伽行」（Yogācāra）。「唯識」這個名目，自是唯有識之意，這是對於境或客觀對象而言，即識比境更為根本。但識亦非獨立實在的，它並沒有自性（svabhāva）

---

[58] 關於總別觀照我，參看拙著《純粹力動現象學》（臺北：臺灣商務印書館，2005），頁 250-267。

可言。在翻譯方面，對應於「識」一概念，有兩個梵文名相：vijñāna 與 vijñapti。玄奘都把這兩個梵文名相譯為「識」，未加區別。其實，vijñāna 與 vijñapti 不盡相同。當我們說心識或細分的阿賴耶識、末那識和意識等前六識時，用 vijñāna。說識的運作、轉變，也是用 vijñāna 字眼。識轉變即是 vijñāna-pariṇāma。但對應於「唯識」字眼，則說 vijñapti，而成 vijñaptimātra；說唯識性，或唯識的性格或本質，則說 vijñaptimātratā。vijñāna 是心識，或識心，是主體的意味，有很強的主觀的傾向。vijñapti 則略有不同，它是表象的意味，是 representation，有客體、客觀的意味。但雙方的意思，出入不大，表象的根源仍是識、內識，不是境、外境。對於 vijñāna 與 vijñapti，我認為並無嚴加區別的必要。

有一點頗為有趣的是，在《攝大乘論》（*Mahāyānasaṃgraha*）中，作者無著（Asaṅga）以 ālaya-vijñāna-vijñapti 來標示阿賴耶識，又以 mano-vijñāna-vijñapti 來標示意識，把 vijñāna 與 vijñapti 收在一起。

第二，唯識學的名相非常多，問題也繁複。所涉人物，數目也很大，包括早期的傳奇性人物彌勒（Maitreya）、無著（Asaṅga）、世親（Vasubandhu）。追隨世親的，更有所謂十大論師：護法（Dharmapāla）、德慧（Guṇamati）、安慧（Sthiramati）、親勝（Bandhuśrī）、難陀（Nanda）、淨月（Śuddhacandra）、火辨（Citrabhānu）、勝友（Jinamitra）、勝子（Jinaputra）、智月（Jñānacandra）。其中有重要的唯識學的詮釋者安慧與護法，分別把其學傳入西藏與漢土。其他論師也各有發展。這都是造成唯識學的多元化的原因。尤其值得注意的是，世親集唯識學的大成，但他自己的思想並不局限於唯識學中，而是兼有說一切有部、如來藏、佛性與淨土的思想傾向。他的重要力作《阿毗達磨俱舍論》（*Abhidharmakośa-śāstra*）是有部的最重要典籍之一。他後來寫的《百法明門論》，其中的百法，是繼承《俱舍論》說七十五法，但有補充。他又有《佛性論》（*Buddhatā-śāstra*），闡釋佛性（buddhatā）與如來藏（tathāgatagarbha）的義理。日本學者曾提出這可能是偽撰，其作者不是世親，但又提不出有力的證據。另外，他又有《淨土論》，由曇鸞傳播開來，作《淨土論註》，為淨土宗開路。另外，他又為《無量壽經》、《法華經》與《十地經》作註，學問規模很宏闊。總言之，這個龐大的唯識集團，著作繁茂，讓唯識的文獻在量方面冠於佛教各個宗派，其中恐怕只有禪籍能比美。

第三，由於唯識學主要是處理世間法，雖然也討論成覺、成佛的修證、實踐的問題，例如《成唯識論》對於「五位修持，入住唯識」的闡述，但畢竟失之於簡單，不能與八識理論的闡釋與發揮的複雜說法成比例。由於唯識學對於世間法的偏重，文獻雖多，境界不高，又傾向漸修方法，故理解不難，只要逐步跟著那些重要的論典用力便可；因此，在它的發展的軌跡中，不能吸收高明睿智之士，如華嚴宗法藏半途從玄奘主持的譯場中退出，自鑄偉論，終於成立華嚴宗，便可見一斑。這種情況，導致唯識學在印度與中土的屈曲的發展，不能順遂地開拓更大的義理空間。在印度方面，它與經量部（Santrāntika）合流，而成經量瑜伽派（Sautrāntika-Yogācāra）；又與中觀學合流，而成瑜伽行中觀派（中觀瑜伽派 Yogācāra-Mādhyamika）。而在唯識學內部，又分為兩派，那是在處理對象或形象亦即是相（ākāra）的問題而有兩派的說法：無相唯識（Anākāra-vāda, Alīkākāra-vāda-yogācārin）和有相唯識（Sākāravāda, Satyākāra-vāda-yogācārin）。無相唯識派以世親（Vasubandhu）與安慧（Sthiramati）為主，人數較少。有相唯識派則有陳那（Dignāga）、法稱（Dharmakīrti）、護法（Dharmapāla）、智作護（Prajñākaragupta）、智勝友（Jñānaśrīmitra）、寶稱（Ratnakīrti）等。這種與外派合流和自身起分化都表示唯識學已不能作為一個獨立學派而整一地發展下去。即便是玄奘在印度所師承的戒賢（Śīlabhadra），也沒有重要著作留存下來，他只是按護法的思維來解讀唯識學而已，他所主持的那爛陀（Nālandā）寺也維持不了很多年，便變成密教的道場了。在中土方面，玄奘把唯識學傳與窺基及圓測；窺基把它發展成法相宗，但傳了兩三代如慧沼、智周，便漸衰微了。

唯識學有龐大的理論體系，而玄奘的譯場又得到皇室的大力支持，何以那麼快便在歷史中衰微下來，以至煙滅無聞呢？何以一些重要的文獻在近代要由唯識學者楊仁山向日本學者南條文雄從日本寄贈過來呢？其中一個重要原因，我想是唯識學到了陳那、法稱他們，漸漸從解脫論這些具有宗教實效的問題遠離開來，而以唯識的立場來探討知識論的問題了，因而開出無相知識論與有相知識論兩個取向。在他們的著作中，已經不大看到對於與解脫有密切關係的第八阿賴耶識與第七末那識的討論，只有對意識及前五感識的討論了。他們說的現量（pratyakṣa）與比量（anumāna）分別相應於感識與意識。這兩種識都是認知能力或認識手段；感識了解事物的自相，意識則了解事物的共相。阿賴耶識與末那識沒有認知意義，卻是迷執的根源，是要在達致解脫目標的過程中必須要破除或轉化的。不涉及這兩種識，便不能處理捨妄趨淨的問題。眾生要解決苦痛煩惱的問題，必須要在第八識、第七識方面入手，現在陳那、法稱卻不大談這些，卻集中探討知識論上的認識問題。在這一點上，即便你做得很好，解脫問題還是無從說起。佛教的主流思想既然是這樣，本來作為以解脫為目標的佛教，便鮮為人問津了。

第四，從學術研究的角度看，研究唯識學的重要文獻，特別是護法的《成唯識論》與安慧的《唯識三十論釋》，可以有幾個方向。其一是鑽研這些文獻，透過參考它們下來的註釋來還原它們的思想、義理面貌，如透過窺基的《成唯識論述記》來解讀《成唯識論》，以《成唯識論》、《唯識三十論釋》為主要的參照來解讀世親的《唯識三十頌》。但這只是「想當然耳」。實際上，在唯識學的典籍中，真有讓人一級一級難讀的傾向。《成唯識論述記》較《成唯識論》難懂，《成唯識論》與《唯識三十論釋》較《唯識三十頌》難讀。這所謂「難」，包括文獻學與義理兩方面。這頗有使人越讀越難的感受。詮釋本來是幫助讀者理解原典的，在唯識學，很多時並不是這樣，反而讓人沮喪、迷失。

另外一個方向是，由於唯識學要處理的問題是多元性的，其中涉及存有論（緣起論）、認識論、宇宙論（識轉變），這都是西方哲學的重點問題，因此我們發現唯識學與西方哲學有一定程度的交集性。就存有論與宇宙論而言，這兩者在西方哲學中，正構成了形而上學。不過，我在這裏說的存有論，不是偏向本體一面，而是聚焦在存在或存在物一面，不一定是 Being，而毋寧是 beings。這便鎖定了作為具體存在原因的緣起性，而不是那個作為宇宙的終極存在的本體。本體是不能說緣起的。由存有論透過動感，讓事物能夠說生成與變化，而不限於只是有靜態意涵的存有論，便是宇宙論了。唯識學在哪一方面可以說指涉及宇宙論呢？或者，唯識學如何可被視為一種宇宙論呢？答案是種子六義。有關種子六義的說法，在《攝大乘論》已出現了，但要到《成唯識論》，其確定的說法才成立。即是，種子不斷進行生滅、滅生，遇到足夠的條件，便能生成現行的東西。按緣起說，這些條件並非必然地聚在一起不可，其中如有些條件走失，或有條件加入，這東西便會變化。宇宙論便可在這裏說。

說到唯識學與西方哲學的交集性，最顯明的，同時也是最為學者所留意的，莫如在現象學（Phänomenologie）方面。在胡塞爾（E. Husserl）的現象學中，意識（Bewuβtsein）是一個關鍵性的觀念；它有兩層：經驗意識（empirisches Bewuβtsein）與絕對意識（absolutes Bewuβtsein）。胡塞爾比較重視絕對意識，把它與超越的主體性（transzendentale Subjektivität）等同起來，並把它作為純粹的活動（reine Akt, reine Aktivität）看。他認為意識有其意向性或意向作用（Intentionalität），憑著這種作用，意識可以開拓出能意（Noesis）與所意（Noema），分別概括自我與存在世界，或主體與客體。這便有意識構架世界的思想，以意識作為世界的根源的觀念論立場；存有論與宇宙論都可在這方面說，當然宇宙論是弱很多的。這種思維模式，與唯識學以識作為核心而開拓出我與法、見分與相分，以這兩分分別開展出自我與世界這種說法有很大的比較空間。此中，我與法是佛教一般的說法，唯識學的世親和安慧便這樣說；見分與相分則是護法的說法，這說法比較精緻與具有確定性（precision）。護法進一步以種子來說見分與相分，那便更具足精確性了。不管怎樣，唯識學以我、法的根源，特別是存有論的根源在識，在阿賴耶識，與現象學以主體與客體的存有論的根源在意識，在思維形態來說是相同的。不同的是，胡塞爾是從理想義、價值義的現象學方面說，因此他所強調的意識是正面的絕對意識，這也有清淨的意味。而唯識學特別是護法的唯識學則是從生死流轉的、負面的面相方面說，他所強調的識特別是阿賴耶識則是虛妄的、染污的，但這虛妄性與染污性可以透過轉依（āśraya）或轉識成智被轉化為清淨的性格。

第五，佛教是一種宗教，它的根本教說或終極真理是緣起（pratītyasamutpāda）、性空（svabhāva-śūnyatā），要人了達這真理，從種種執著中解放開來，消除苦痛煩惱，而成正覺、得解脫。這是大乘（Mahāyāna）佛教各派的共識。這沒有問題。有問題的是成正覺、得解脫這種宗教目標是如何達致的；或者說，成正覺、得解脫是依於哪一種機能而得成就。對於這個問題，不同教派有不同的說法。如佛陀與原始佛教要人遠離以有、無為基礎的二邊的偏見，而進於中道（madhyamā pratipad）。但遠離二邊這種活動，是由甚麼機能來進行呢？在這方面，嚴格來說，有關的文獻（包括阿含 *Āgama* 經典在內）並沒有明確的說法，好像假定人只要能正確地修行、反思，便能達致。包括般若思想與中觀學在內的空宗則強調般若智（prajñā），要人展露這種智慧來體證緣起、性空、中道的真理便行。另一派大乘佛教如來藏系則提出如來藏（tathāgatagarbha）思想，認為這如來藏具足智慧，若讓它正確地運作，便能了達佛教的真理而得悟。這如來藏中有成就如來（tathāgata）或佛的寶藏（garbha），或潛能，它隱藏在我們的生命之中，若能把它善巧地表現出來，便能破除色身，而證得法身（dharma-kāya），最後得到解脫。所謂「隱名如來藏，顯名法身」也。如來藏與法身是同一東西，只有隱、顯之別而已。這同一的東西、或機能，便是佛性（buddhatā, buddhatva）。佛性是成佛的機能，它能發出般若智慧，照見緣起性空的真理。我們也可以說，佛性是成佛的超越根據（transzendentaler Grund）。佛教中多數學派都認為佛性具有普遍性（Universalität），是一切眾生所普遍地具有的，只有少數教派是例外。

在唯識學來說，它的論著沒有「佛性」的字眼。世親著有《佛性論》，但這部文獻能否確定為世親所著，日本研究界頗有不同的說法。無著與安慧略有清淨心的思想，但不足以構成作為成佛的超越依據的佛性。護法的《成唯識論》倒是提出了具有佛性的內涵，但不以「佛性」來立的觀念，這便是「無漏種子」。依《成論》，我們的第八阿賴耶識中有無量數的種子，其中有些是有漏的，也有是無漏的，故有有漏種子和無漏種子。這無漏種子有些是本來有的，有些是由熏習而成的，這熏習基本上來自佛、菩薩的說法、善知識的教導。這些無漏種子是成佛的潛能；若能把第八阿賴耶識中的有漏種子熏習成無漏種子，把它們與原來有的無漏種子會集起來，同時讓它們都由潛存狀態變而為實現狀態，轉成現行（pravṛtti），當事者即能證得佛教真理，成就正覺，而得解脫。

這樣的成佛說法，有沒有問題呢？是不是可行呢？答案是否定的。種子是生滅法，不具有常住性。種子不管是有漏抑是無漏，都需服從種子六義，特別是剎那滅、恆隨轉這兩義。佛性或成佛的基礎不可能是生滅法，而需是超越而又有動感的真常主體。成佛或覺悟是一種超越一切經驗性格的條件的活動，具有永恆的精神價值、絕對性與終極性。無漏種子是清淨性格，這不錯，但這清淨性是相對意義的，它的載體畢竟是生滅法。它有生時，也有滅時。它在生時，便很好，能把覺悟的活動持續下來。但在滅時怎麼辦呢？一切修行和依這修行而成就的功德，都會化為烏有。無漏種子滅去便是滅去，下來轉生的新的無漏種子的修行和積聚功德便得從頭做起。這種或生或滅、生滅滅生的情況會循環地發展下去，何時能真正成佛，便無了期。

第六，即使具足無漏種子，也需要讓它們現起，發而為無漏現行、行為，覺悟成佛才能說。據唯識學特別是護法的唯識學，要使無漏種子現起，需要依賴外來的熏習，這可以是良師益友的誘導，或誦讀佛教經典而受益。但最有力量、效果的熏習，是所謂正聞熏習。這種熏習需要有現成的佛、菩薩等已經開悟得渡的賢聖親自說法，而你又要在旁有機會聆聽才行。但如何能獲得這樣的機會呢？這很難說。在目下這個娑婆世界中統率眾大菩薩而展開渡化活動的，仍是釋迦牟尼（Śākyamuni）佛陀；彌勒（Maitreya）仍在兜率天上等候接班。要抓到機會得聽聞佛陀及諸大菩薩說法，而你又能聽得懂而受益，非常渺茫。起碼你要碰到這些賢聖才行。但碰到碰不到，是看機緣，這機緣是經驗性格的，沒有必然性。你運氣好便碰上，運氣不好便碰不上。不管你怎樣努力去追尋這些賢聖，還是要靠運氣。總之這完全是經驗上的事。不管你怎樣發心，祈求機會的到來，但這總是外緣，你無法控制。你此生可能碰不上這種機會，那便無法開悟成佛，只能等下一生了。但下一生的情況如何，誰能料呢？

第七，以上所論，特別是第五、六兩點，點出唯識學在成佛一問題上的觀念上與理論上的困難。我雖著眼於護法所傳的唯識學，但這理論困難也適用於安慧的唯識學與無著的唯識學，特別是他的重要著作《攝大乘論》。在這本論典中，無著也說及種子六義，大體上未有超越護法《成論》的說法。此中最嚴重的問題在哪裏呢？我想正是在以種子來說成佛基礎或佛性這一點方面。種子的本質，如上面所提及，是經驗性格，猶中國儒學所謂的「氣」，都是材質的、本能的、質料的（material）。覺悟成佛是一種超越的、逆思的活動，它的基礎，亦即是佛性，亦應是超越的性格。唯識學以經驗的種子來說超越的佛性，是一種錯置的思維：把佛性錯置到種子方面去，要解決這種錯置的困局，需從佛性的思維著手，不以種子來說佛性。這涉及觀念特別是核心觀念的逆轉問題、改造問題，是一種大動作，不可等閒視之。筆者曾提出唯識學的現象學的轉向，以解決這個困局。[59]有興趣的讀者，可以找來看看。另外，有關上面第五、六兩點所討論的內容和我自己的回應，加上

---

[59] 拙著《純粹力動現象學》，第十七章〈虛妄唯識的現象學轉向〉，頁 528-561。

所涉及的原典文字與文獻，我都在另處有詳盡的說明與交代。60為了避免重複，這裏便不多贅了。

---

60 拙文〈唯識宗轉識成智理論之研究〉，拙著《佛教的概念與方法》，頁 98-208。另外，有關本章所涉及的參考文獻，我試列舉如下：

Vasubandhu, *Viṃśatikāvijñaptimātratāsiddhi*. Sylvain Lévi, *Vijñaptimātratāsiddhi*, deux traités de Vasubandhu, Viṃśatikā accompagnée d'une explication en prose et Triṃśikā avec le commentaire de Sthiramati, Paris, 1925, pp.1-2.

Vasubandhu, *Triṃśikāvijñaptimātratāsiddhi*. Ibid,. pp 13-14.

Sthiramati, *Triṃśikāvijñaptibhāṣya*. Ibid., pp.15-45.

Sthiramati's Triṃśikāvijñaptibhāṣya: Critical Editions of the Sanskrit and its Tibetan Translation. Hartmut Buescher, ed., Wien: Verlag der Österreichischen Akademie der Wissenschaften, 2007.

吳汝鈞著《唯識現象學一：世親與護法》（臺北：臺灣學生書局，2002）。

吳汝鈞著《唯識現象學二：安慧》（臺北：臺灣學生書局，2002）。

吳汝鈞著〈唯識宗轉識成智理論之研究〉，吳汝鈞著《佛教的概念與方法》（臺北：臺灣商務印書館，1992），頁 98-208。

唐君毅著〈法相唯識宗之佛學道路〉，唐君毅著《中國哲學原論原道篇三》（香港：新亞研究所，1974），頁 1177-1213。

服部正明、上山春平著《佛教の思想 4：認識と超越～唯識》（東京：角川書店，1974）。

横山紘一著《わが心の構造：唯識三十頌に學ぶ》（東京：春秋社，1996）。

横山紘一著《唯識の哲學》（京都：平樂寺書店，1994）。

横山紘一著〈世親の識轉變〉，平川彰、梶山雄一、高崎直道編集《講座大乘佛教 8：唯識思想》（東京：春秋社，1982），頁 113-114。

上田義文著〈Vijñānapariṇāma の意味〉，《鈴木學術財團研究年報》（1965），頁 1-14。

上田義文著《佛教思想史研究》（京都：永田文昌堂，1967）。

上田義文著《梵文唯識三十頌の解明》（東京：第三文明社，1987）。

長尾雅人著《中觀と唯識》（東京：岩波書店，1978）。

長尾雅人著《攝大乘論：和譯と注解》上、下（東京：講談社，1997）。

玉城康四郎著〈カントの認識論と唯識思想：先驗的統覺とアーラヤ識を中心として〉，玉城康四郎編《佛教の比較思想論的研究》（東京：東京大學出版會，1980），頁 301-393。

武內紹晃著《瑜伽行唯識學の研究》（京都：百華苑，1979）。

竹村牧男著《唯識三性說の研究》（東京：春秋社，1995）。

渡邊隆生著《唯識三十論頌の解讀研究》上、下（京都：永田文昌堂，1995，1998）。

結城令聞著《世親唯識の研究》上、下（東京：大藏出版社，1986）。

Lambert Schmithausen, *Ālayavijñāna: On the Origin and the Early Development of a Central Concept of Yogācāra Philosophy*. Tokyo: The International Institute for Buddhist Studies, 1987.

Thomas E. Wood, *Mind Only: A Philosophical and Doctrinal Analysis of the Vijñānavāda*. Honolulu: University of Hawai'i Press, 1991.

Stefan Anacker, *Seven Works of Vasubandhu*. Delhi: Motilal Banarsidass, 1986.

Ashok Kumar Chatterjee, *The Yogācāra Idealism*. Delhi: Motilal Banarsidass, 1975.

Thomas A. Kochumuttom, *A Buddhist Doctrine of Experience*. A New Translation and Interpretation of the Works of Vasubandhu the Yogācārin. Delhi: Motilal Banarsidass, 1989.

D. Lusthaus, *A Philosophic Investigation of the "Ch'eng Wei-shih Lun": Vasubandhu, Hsüan-tsang and the Transmission of Vijñaptimātra (Yogācāra) from India to China*. A PhD Dissertation, Temple University, 1989.

Gadjin M. Nagao, *Mādhyamika and Yogācāra*. Tr. L. S. Kawamura, Delhi: Sri Satguru Publication, 1992.

Th. Stcherbatsky, *Buddhist Logic*. 2 Vols., Bibliotheca Buddhica xxvi, Leningrad: Izdatel' stov Akademii Nauk S.S.S.R. 1932.

E. Frauwallner, *Die Philosophie des Buddhismus*. Berlin: Akademie-Verlag, 1958.

E. Frauwallner, "Amalavijñānam und Ālayavijñānam." In *Beiträge zur indischen Philologie und Altertumskunde*. Walther Schubring zum 70. Geburtstag dargebracht. Hamburg (ANIST vol.7), S. 148-159.

Lambert Schmithausen, *Der Nirvāṇa-Abschnitt in der Viniścayasaṃgraṇī der Yogācārabhūmiḥ*. Wien (Österreichische Akademie der Wissenschaften, Philos.-hist. Klasse, Sitzungsberichte, 264. Bd., 2. Abh.) 1969.

Lambert Schmithausen, "Sautrāntika-Voraussetzungen in Viṃśatikā und Triṃśikā." *Wiener Zeitschrift für die Kunde-sud- (und Ost) asiens* xi, 1967, S.109-136.

E. Husserl, *Ideen zu einer reinen Phänomenologie und phänomenologischen Philosophie*. Erstes Buch. Den haag: Martinus Nijhoff, 1976.

E. Husserl, *Cartesianische Meditationen und Pariser Vorträge*. Den Haag: Martinus Nijhoff, 1973.

E. Husserl, *Die Idee der Phänomenologie*. Den Haag: Martinus Nijhoff, 1973.

第十章　挾相立量

一、佛教知識論的建立與陳那的有關著作

知識論（epistemology, Theorie der Erkenntnis）是哲學中的一個重要部分，是研究對於外界事物如何建立客觀和有效的知識的學問。這種學問在西方發展得很早，由柏拉圖（Plato）開始已經有講習，中間經過理性主義和經驗主義，開出兩種不同的路向，至康德而達致一個嚴格的理論總結。康德（I. Kant）對理性主義和經驗主義的知識論都有所批評，也有吸收。在他的鉅著《純粹理性批判》（*Kritik der reinen Vernunft*）中，他為知識論刻劃出一個龐大的圖像。他認為我們有兩種認知機能：感性（Sinnlichkeit）與知性（Verstand）。前者具有接受的能力，能把外界的存在資料或與料在時間與空間的直覺形式下吸收過來，移交給知性，後者可借助自身所提出來的範疇概念對這些與料加以整理、範鑄，使它們成為對象。對象的成立標誌著知識的開始。

康德之後，西方的知識論向各方發展，先後出現了羅素（B. Russell）、維特根斯坦（L. Wittgenstein）的分析的知識論、懷德海（A.N. Whitehead）的機體主義知識論、杜威（J. Dewey）的實用主義知識論、胡塞爾（E. Husserl）的現象學知識論等。西方知識論之那麼盛行，發展得那麼興旺，自然與西方人重視存在世界有密切的關連。佛教的情況很不同，它的關心點是解脫，從現實的種種苦痛煩惱解放開來，向一個具有永恆性格而又超越苦與樂的相對性的目標趨附。這是宗教意義的，與現實世界沒有那麼切近的聯繫。經過原始佛教、部派佛教、般若思想、中觀學而後到唯識學（Vijñāna-vāda），由於後者強調事物的緣起性格，特別是它們是由心識所變現，這樣才注意起心識的問題。經過彌勒（Maitreya，傳說中的人物）、無著（Asaṅga）、世親

(Vasubandhu)的闡揚，才從心識的活動聚焦到識(以意識 mano-vijñāna 為主)對外物的認知方面。陳那(Dignāga)的知識論或認識論才在這種殊勝背景之下產生。在某一程度來說，他的知識論有點像康德的那一套，特別是他強調我們的認識機能只有兩種：現量(pratyakṣa)與比量(anumāna)，這分別相應於康德的感性與知性。我們可以說，佛教的知識論的發展，要到陳那出，才建立出西方意義的穩健的知識論。陳那之後的法稱(Dharmakīrti)、寂護(Śāntirakṣita)、脫作護(Mokṣākaragupta)等，都沿著陳那的路向各自發展自己的知識論。

陳那的知識論是在「挾相立量」的脈絡下建立的，這是有相唯識的路向，與無相唯識對揚。相(ākāra, lakṣaṇa)即是認知對象。挾相即是帶著對象來進行認知。關於有相唯識與無相唯識的詳情，我會在下面談到空有互融一章中交代。

知識論在佛教的相應梵語是 pramāṇavidyā。pramāṇa 是量、知識，vidyā 則是明、解明。知識論在佛教來說是量論。佛教知識論要到陳那才算真正成立。陳那在知識論(也包括邏輯，logic)方面的著作很豐富。但很多作品都已全部消失，沒有一本梵文原典能完整地流傳下來。不過，有不少藏譯與漢譯現存，這對我們理解陳那的思想，有一定的助力。在知識論方面，陳那的最重要的著作，自然是《集量論》(*Pramāṇasamuccaya*)，這是以偈頌寫成的。陳那自己也曾對這部精采但難讀的著書作過註疏(vṛtti)，而成《集量論註》(*Pramāṇasamuccayavṛtti*)。這是陳那晚年的著作，可說是表達了他最成熟的知識論觀點。這部鉅著的梵文本基本上已散失，不過，其中很有一些文字散落在他的一些著作中，也被他的後學如法稱所徵引，也有些被引用於他的反對論者的著作中。

可喜的是，我們要完整地理解《集量論》的知識論思想，還是可以的。它有兩種藏譯。其一是印度學者金鎧(Kanakavarman, Gser-gyi go-cha)和西藏學者信慧(Dad-pa śes-rab)所譯出的，這即是：

《集量論》(*Tshad-ma kun-las btus-pa, Pramāṇasamuccaya*)，北京版，第 130 卷，第 5700 號。

另一是印度學者持世護(Vasudhārarakṣita, Nor-ḥdsin bsruṅ-ba)和西藏學者師子幢(Seṅ-rgyal)譯出的，這即是：

《集量論》(*Tshad-ma kun-las btus-pa, Pramāṇasamuccaya*)，東北版，第 4023 號。

只有偈頌而沒有註疏的論書稱為《量集》：

Tshad-ma kun-las-btus-pa shes-bya-baḥi rab-tu-byed-pa, Pramāṇasamuccaya-nāma-prakaraṇa

偈頌與註疏合在一起的，稱為《量集註》：

Tshad-ma kun-las-btus-paḥi ḥgrel-ba, Pramāṇasamuccayavṛtti

這《量集註》一如《集量論》，都是分別由金鎧、信慧和持世護、師子幢譯出。

《集量論》有六章（品），分別處理現量（pratyakṣa）、為自比量（svārthānumāna）、為他比量（parārthānumāna）、觀喻似喻（dṛṣṭānta-dṛṣṭāntābhāsa）、觀離（apoha）、觀過類（jāti）諸問題。其中的現量品（pratyakṣapariccheda），探討知識或認識的問題。我們這裏主要是依據散落在其他諸種著作中、為其他諸種著作所引述的這一章的文字，來看陳那的知識論。

陳那的《觀所緣緣論》（*Ālambanaparīkṣā*）及他自己所作的註疏（*Ālambanaparīkṣāvṛtti*）也是研究他的知識論的重要作品。這是論述對象、認識對象問題的專著，篇幅不多。其中的論證對於《集量論》在闡述相關問題上提供了依據。例如，在這部著作中，陳那論證了認識對象不外是認識活動中的對象的表象而已，他因此在《集量論》中提出自我認識（svasaṃvitti）的說法。❶

另外一部有關知識論的著作是《正理門論》或《因明正理門論》（*Nyāyamukha*）。這本小著與傳為陳那弟子的商羯羅天主（Śaṅkarasvāmin）寫的《因明入正理論》或《入正理論》（*Nyāyapraveśaka*）性質相同，都是有關因明（hetu-vidyā）學的入門書。而《正理門論》的部分語句亦有收錄於《集量論》之中。這本書只有漢譯現存。

我在這裏探討陳那的知識論，基本上以上面所提三書（《集量論》、《觀所緣緣論》、《正理門論》）為依據。實際上，陳那的其他著作，都有涉及知識論的說法。❷

---

❶ 這本《觀所緣緣論》有法勞凡爾納（E. Frauwallner）的德譯：E. Frauwallner, tr., “Dignāga's Ālambanaparīkṣā.” *Wiener Zeitschrift für die Kunde des Morgenlandes*, Vienna, Bd.37, 1930, pp.174-194.

❷ 關於陳那的多方面的著作，參看 M. Hattori, *Dignāga, On Perception*. Cambridge: Harvard University Press, 1968, pp.6-11.另外，宇井伯壽寫有《陳那著作の研究》（東京：岩波書店，1979），以以

在這裏，我想只應用那三本著作便夠了，起碼在判教的脈絡下的需要是如此。

二、唯識學與經量部之間

有一個問題，我們需要注意。在漢譯傳統，陳那一直都被視為唯識學派的人，特別是世親的追隨者。而世親原來是學習小乘說一切有部（Sarvāsti-vādin）的義理的，並寫有《阿毗達磨俱舍論》（*Abhidharmakośa*），發揮五位七十五法的實在論思想，開展出一套繁瑣哲學。後來受到他的老兄無著的熏陶，於是改信大乘，先後寫有《唯識二十論》（*Viṃśatikāvijñaptimātratāsiddhi*）、《唯識三十頌》（*Triṃśikāvijñaptimātratāsiddhi*）等重要的唯識學的經典著作，儼然成了唯識學理論的奠立者，鋒頭蓋過了無著。但《俱舍論》與《二十論》、《三十頌》在內容、立場上相差太遠，一為實在論，一為觀念論，世親由小乘轉入大乘，如何可能呢？這是筆者最初接觸唯識學時所感到的疑惑。不過，若再深一層去思考，有部持法有我無，唯識學則持我法二空，雙方不同只是在對法的自性的看法上，在我的問題上，雙方都以我為空。在法與我之間，我應佔較重要的位置，這是從工夫論方面說：破除我執比破除法執更具關鍵性。對於我執的破除，不難推廣開去，以及於法，因而破除對法的執著。因此，《俱舍論》與《二十論》、《三十頌》在工夫論上並不必然對立，雙方的差異若透過思維歷程上的轉化來看待，未必不可能。即是，世親在寫《俱舍論》時，執法而不執我，到寫《二十論》與《三十頌》時，則不再執法，不再執之為實在，因而雙破我法之執。

其後讀到法勞凡爾納的研究，問題又變得複雜起來。他提出兩個世親的說法，其一是疏釋彌勒與無著的著書的世親，另一則是撰著《俱舍論》、《成業論》（*Karmasiddhiprakaraṇa*）、《二十論》與《三十頌》的世親，兩者並不相同。很多人

下五本漢譯的陳那作品為研究對象：《觀所緣（緣）論》（*Ālambanaparīkṣā*）、《解捲論》（又作《掌中論》，*Hastavālaprakaraṇavṛtti*）、《取因假設論》（*Upādāyaprajñaptiprakaraṇa*）、《佛母般若波羅蜜多圓集要義論》（*Prajñāpāramitāsaṃgrahakārikā*）和《觀總相論》（*Sāmānyalakṣaṇaparīkṣā*）。在其中未有論述《因明正理門論》，這是由於他在其《印度哲學研究》第五：《佛教論理學》中已對這本文獻作過詮譯的緣故。

都知道這種提法，日本學者不大認同。

另外，最近我細看印度學者辛格（Amar Singh）的著作，他提出另外一個可能性：經量部。他的文獻學的依據是，陳那在他的著作中，有提《俱舍論》，但沒有提《三十頌》，也沒有提彌勒、無著著、世親註疏的《中邊分別論釋》（*Madhyāntavibhāgabhāṣya*）。倘若他是唯識系的世親的弟子，他應提這後面的兩部文獻，不應提《俱舍論》，後者被視為毗婆沙師（Vaibhāśika）或經量部（Sautrāntika）的作品。這表示他的老師世親是經量部的人物，不應是唯識派的。❸

這裏辛格又提另外一個世親，那是經量部的。這點很值得注意。按經量部有《經藏》（*Sūtrapiṭaka*）的追隨者的意味。辛格指出，經量部的開始，是在佛教中一群稱為「Sūtradharas」要維護佛陀的本來教法，對抗阿毗達磨的修正觀點，經量學便由是開始。❹這樣一來，便有三個世親了：一是詮釋、發揮彌勒、無著學說的世親；二是屬於有部譜系的世親；三是經量部的世親。如何抉擇呢？這是一個重要的問題，它的解決對陳那、法稱屬哪一系統或譜系有重要的影響。陳那是世親的親密信徒，世親是哪一系統的人物，也決定陳那是該系統的人物。

讓我們依據漢文資料再說起。漢文資料方面認為世親早年是一個有部（說一切有部）的毗婆沙師（Sarvāstivādi Vaibhāṣika）。後來受到兄長無著的影響，而投向大乘（Mahāyāna），由有部實在論者變成唯識學觀念論者。在著述方面，他先是作為一個喀什米勒毗婆師（Kāśmīra-Vaibhāṣika），撰寫了《俱舍論》。後來成為唯識論者，又撰作了《三十頌》等作品。這種轉變，如我在上面所說，是由法有我無觀點轉為我法二空觀點，其重點在我的一邊，不在法的一邊。這是可能的，但嫌過於曲折，難以為人接受。法勞凡爾納便是其中之一人，他索性提出兩個世親說：年長的唯識論師、無著的兄弟；年幼的有部毗婆沙師。現在辛格又提另外一個屬經量部的世親。他除了提出上述的文獻學的佐證外，又表示一些可靠的、可信的批評者把世親、陳那、法稱稱為經量部論者（Sautrāntikas），又說他們是唯識學的反對者。❺另外，辛

❸ Amar Singh, *The Heart of Buddhist Philosophy: Diṅnāga and Dharmakīrti*. Delhi: Munshiram Manoharlal Publishers Pvt. Ltd., 1984, p.61.

❹ 同前，頁 23。

❺ 同前，頁 7。

格又指出陳那與法稱從來未有在他們的著作中稱自己是唯識學派的人。❻他又列舉一些外在的因素，說一些現代學者與古典學者都視陳那、法稱為經量部學者。❼以陳那與世親的密切關係來看，倘若陳那是經量部人士，則世親亦然。

說到陳那、法稱與經量部的關係，讓我想起陳那、法稱雖依漢文佛教傳統隸屬唯識譜系，但他們特別是法稱在存有論的思考上，頗有外界實在的傾向，這便離開唯識學而接近經量部了。在這裏我們即從文獻方面轉到義理方面看陳那與唯識學和經量部的關連，特別就辛格的說法來考量，我自己也會作些回應。

首先就認識機能或認識手段來說。辛格提到，在有效的認識手段方面，陳那與法稱將之限制在現量與比量方面，這種處理源自經量部傳統，而非唯識學。後者除了認可這兩種機能外，還提出聖言（āptāgama）。❽按這種說法並不完全正確。在唯識學傳統方面，本來有八識之說，前五識是感識，可以說相當於現量，第六識的意識，則相當於比量。第七末那識（mano-vijñāna）與第八阿賴耶識（ālaya-vijñāna），則牽涉到下意識的問題，沒有認識或知識的意義。陳那提出現量與比量，可以說是分別沿襲唯識學的感識和意識，不一定要取法經量部。

其次，辛格又提到，從存有論來說，陳那、法稱把知識對象分為兩種：具體者（sva-lakṣaṇa）與普遍者（sāmānya-lakṣaṇa），這是基於經量部而來，他所提的經量部的世親也曾加以解釋，毗婆沙師亦持此說。但唯識學則說三性（tri-svabhāva）。在法稱的作品中，從來沒有提及三性問題。❾辛格這樣說，並不周延。唯識學以三性來概括事物的存在形態：偏計所執性（parikalpita-svabhāva）、依他起性（paratantra-svabhāva）、圓成實性（pariniṣpanna-svabhāva）。但雖說三性，其實只有二性即偏計所執

---

❻ 同前，頁 77。

❼ 這些現代學者有 S. Mookerjee, S. Dasgupta 等。古典學者有 Dharmottara, Durvekamiśra, Vācaspati, Pārthasārathi, Udayana, Mallavādin, Siṃhasūri 等。（同前，頁 92）但關於這個問題，筆者曾與研究陳那、法稱的認識論的服部正明、戶崎宏正面談過，他們都不認同辛格的觀點，他們認為一個世親便夠了，沒有提出另一個的需要。也不必強把陳那、法稱拉到經量部方面去。戶崎更強調，一個論師在不同時期嚮往不同的義理，對不同的聽者說不同的教法，在東方傳統是常有的事。西方學者對於這一點並不是很懂。

❽ 同前，頁 109。

❾ 同前，頁 110。

與圓成實是說事物的現前的、真實存在的狀態，或對象的狀態。依他起是無所謂現前的存在形態的，它是事物的基本構造方式。對於我們來說，依他起構造的事物不是徧計所執便是圓成實，並沒有純粹是依他起性格的事物出現在我們眼前。這樣，事物或對象便只有兩種：徧計所執與圓成實。徧計所執涉及對事物自身的種種不同狀況，圓成實則概括事物的共同性格、真理的性格，這即是空（śūnyatā）。故兩者分別相應於對象的具體相、自相與普遍相、共相。⑩故陳那所說對象的兩種相或性格，不必只是從經量部而來，唯識學本身便有這兩個涵義，供他取法。

第三，辛格認為《俱舍論釋》（*Abhidharmakośa-bhāṣya*）和《言說品類》（*Vādavidhāna*）是經量部的世親的作品，而陳那的著作也是基於此二作品的。他認為陳那、法稱都是經量部世親的詮釋者和辯護者，他們應該是經量部學者。同時，陳那、法稱的學說與經量部的世親的很相似，特別是他們反對唯識學的八識（aṣṭavijñāna）說，排斥阿賴耶識（ālaya-vijñāna）說。⑪我的回應是，陳那的著作的根本觀點，並未與世親的《俱舍論釋》有密切的關連。而陳那也沒有反對八識說，排斥阿賴耶識。他在《觀所緣緣論》中便曾三度提到阿賴耶識：兩次提「本識」（《大正藏》31·888 下、889 上），一次提到「異熟識」（《大正藏》31·889 上）。這兩種說法在唯識學來說，都是指阿賴耶識。

第四，辛格提到印度的佛學者渥達爾（A.K. Warder）的意見，說後者把陳那從唯識學派分離開來，而成為「量學派」（Pramāṇa School），因為陳那與法稱都是實在論者，以感性對象為真實。渥達爾同意，若陳那是與有部、經量部有密切關係的世親的學生，則應屬經量部的譜系。⑫渥達爾的意思是，倘若我們認為有兩個世親：世親 I 與世親 II，則前者是承彌勒、無著的，後者則是有部與經量部的論師。倘若陳

⑩ 有關唯識學的三性問題，參看拙著《唯識現象學一：世親與護法》（臺北：臺灣學生書局，2002），頁 176-200。也可參看長尾雅人著〈唯識義の基礎としての三性說〉，長尾雅人著《中觀と唯識》（東京：岩波書店，1978），頁 455-501。上田義文對於這三性說的闡釋，多次出現於他的名著《佛教思想史研究》（京都：永田文昌堂，1967）中。對於這個問題的探討，最詳盡的當數竹村牧男的《唯識三性說の研究》（東京：春秋社，1995）。此書本來是作者向東京大學提交的文學博士學位論文。

⑪ Amar Singh, *The Heart of Buddhist Philosophy*. pp. 6-7.

⑫ 同前，頁 92-93。

那是世親 I 的學生，則他是唯識學系；倘若陳那是世親 II 的學生，則他是經量部系。但作為歷史人物的世親的何所屬問題未解決，陳那是哪一系學者的問題便得被擱置。這種處理，顯然是把陳那放在世親的脈絡下來定位，世親的問題一日不解決，陳那的位置便無從說起。我想這不是一個合理的做法，我們應該把陳那從世親的陰影下移離，單從他的哲學特別是認識論的觀點來確定他的何所屬。至於握達爾說陳那、法稱是實在論者，以感性對象為真實，實欠妥當。對於佛教內部如般若思想（Prajñāpāramitā）、中觀學（Mādhyamika）來說，陳那、法稱講現量、比量的知識論，講有相唯識（sākāravijñāna-vāda），自然可說是有實在論的傾向；但對於佛教之外的實在論學派如勝論派（Vaiśeṣika）、正理派（Naiyāyika）等來說，則陳那、法稱的那一套知識論或量論，則是很富觀念主義色彩的理論了。我們頂多只能叫陳那、法稱的觀點有實在論的傾向，比真正的實在論（realism）還差得很遠。他們在知識問題上持自我認識的說法，以知識的對象在識方面，在外界沒有對應物，包括感性對象在內。不知握達爾何以說陳那、法稱是實在論者，以感性對象為真實。

第五，承著感性的對象、外界對應物說下來，辛格指出，在有關對象的問題方面，陳那、法稱傾向於經量部的看法，反而遠離了唯識學的看法。陳那在《觀所緣緣論》中，對於對象（ālambana）的了解，是指心識對象（vijñānālambana），而不是指感官對象（indriyaviṣaya）。前者是抽象的共相（sāmānya-lakṣaṇa），後者則是具體的自相（sva-lakṣaṇa）。陳那並不否定（感官）對象的存在性，但卻否認意識的對象。這便不同於唯識學，而近於經量部了。特別是，他近於經量部、阿毗達磨傳統的世親，不近於唯識學的世親。唯識學的世親在其《二十論》與《三十頌》中，明顯地反對由原子或極微（aṇu）所構成的對象。⓭辛格在這裏要說的是，陳那、法稱有限度地接受經量部的實在論、外界實在的傾向，與唯識學的反實在論而宗觀念論的立場很不同。按這樣說法不為無理。特別是，法稱較陳那更有認可外界實在的趨向，這可見於對象的實用義的有效性一點，這有效性是就外界的感性對象而言的。

第六，辛格認為，有關個別相或自相的問題，陳那承接世親 II 的觀點，視自相為感覺（知覺）的對象（vṣaya）。這是與普遍相或共相對說的，後者是推理的對

⓭ 同前，頁 61-62。

象。陳那在他的《觀所緣緣論》中，承接經量部和世親 II 的觀點，批判毗婆沙師和勝論派的原子說或極微說。陳那持「原子聚合說」（aṇusamudāya-vāda），視之為經量部所說的視覺對象（rūpadhātu）。法稱承其說，視自相為感覺的對象，其形象之或明或暗，由與感官的距離決定：距離近便明，遠便暗。但在唯識學來說，沒有對象的明暗問題，一切由心識中的力量（筆者按：這力量應當是熏習 vāsanā，特別是第八阿賴耶識的種子 bīja）向外投射而成就。特別是，法稱以自相為由原子的聚合（aṇusañcaya）而成，這本來是經量部的說法，進一步，辛格提出世親 II、陳那、法稱都強調原子之間有空隙，這是經量部傳統的說法。但唯識學的世親則批判這種原子說，不承認原子的存在性。辛格復強調，世親 II、陳那、法稱都視自相指述一種主動的物理力量或一群原子的聚合，並不是如徹爾巴特斯基（Th. Stcherbatsky）所說那樣缺乏能動性的絕對者。⓮按辛格所說的意思，是就認識對象一點把世親 II、陳那、法稱這一組合從唯識學的世親（包括寫《二十論》、《三十頌》的世親）區隔開來。前者接受具有空隙的極微特別是它們的聚合是感性的認識對象，他們在某種程度可以被視為實在論者，承認外界實在。後者則取唯識學的立場，從觀念論的角度來看對象，視之為心識特別是第八阿賴耶識中所藏的精神性的種子遇緣而得以現行，被向外投射而得的結果。

以上是辛格有關陳那在佛教中屬於哪一教派的問題的探討和我的回應，其中也涉及世親與法稱的同樣問題。辛格極力提出依據，文獻學的和義理方面的都有，要證成陳那是經量部的學者，而不是如傳統所說屬於唯識系的。辛格的說法並不能完全讓人同意他的結論，但也有一些可取的觀點，值得我們注意。我在這裏姑提出一個總的回應如下。佛教的發展，到陳那、法稱，已踏入中、後期了。早期的發展，如原始佛教、般若思想、龍樹中觀學，以至彌勒、無著、世親的唯識學，基本上都是獨自進行的，只有龍樹的《迴諍論》（*Vigrahavyāvartanī*）、世親的《二十論》、《三十頌》等涉及一些外教的思想而加以批判、辯駁。到了中期，形勢逆轉，外教的反對的聲浪越來越大，這反而促使佛教內部各派的警覺，為了維護佛教的本旨，如緣起無我一類，而團結起來，一致對外。在這種情況下，佛教中各學派有很頻繁

⓮　同前，頁 122-124。

的交集、對話，這表現在義理上，便是各派義理的會通，存異求同，最後不同派系竟結合起來，如經量部與唯識學結合而成經量瑜伽派（Sautrāntika-Yogācāra）、唯識學與中觀學結合起來而成瑜伽行中觀派（Yogācāra-Mādhyamika），而中觀思想也漸與講自性清淨心的如來藏思想有更多的來往。這樣的交集已是大勢所趨，陳那、法稱既與經量部有頻密的接觸，在存有論上受到後者的影響、熏習，是自然的、難免的事。他們的思想有外界實在的痕跡，也就不難理解了。何況在那個年代，唯識學在認識論分成兩派：有相唯識（sākārajñāna-vāda）與無相唯識（nirākāra-vijñāna-vāda）。有相唯識認為一切有關外界事物的形象或相（ākāra），都存在於心識的作用中，它們為心識所變現，在外界沒有相應的實在物。對於外界，我們一無所知，甚麼也不能說。無相唯識也持相同觀點，只是雙方對錯誤的相有不同的處理。有相唯識論者認為，我們認識對象而得其相，即使這相是錯誤的，如以柱為人，這錯誤的人相可以保留，在心識中仍有它的存在性。無相唯識論者亦以一切由心識變現，而認識上的錯誤，如以柱為人的人相，並無知識論的意義。陳那、法稱都屬有相唯識派，他們對對象的相比較重視，也不免有些微以外界有實在與相相應的觀點，法稱尤其是如此。但他們的基調應該都是走唯識路向的，以一切存在都是心識所變現。

還有一點需要提出，辛格等人（包括握達爾在內）強調陳那是屬於經量部的，和世親一樣。但經量部到底提出甚麼樣的思想呢？我們要精確地理解經量部的義理，可以根據甚麼可靠的文獻呢？辛格沒有回應這些問題。⓯整個佛學研究界對這個問題的回應都是消極的，或者不加以討論。⓰實際上，經量部是印度部派佛教中的一支，由有部（Astivāda）分離開來，這是因為它反對有部以三藏中的論藏為關心、研究的重點的緣故。它認為應以經藏為主。我們可以在小乘論書《阿毗達磨大毗婆沙論》（*Abhidharma-mahāvibhāṣā-śāstra*）中找到一些闡述這個學派的思想的文字。另外，

⓯ 辛格後來在 1995 年出版了《經量部的區別哲學》（*The Sautrāntika Analytical Philosophy*. Delhi: Dharma Cakra Publications）一書。他也提不出一本完整的文獻，展示經量部的思想，只是在其他文獻中挑選一些與經量部思想有關的文字來解說。

⓰ 日本學者高井觀海寫過一本《小乘佛教概論》（東京：藤井文政堂，1928），其中有論及經量部之處，但早已過時了。另一學者櫻部建，在《印度學佛教學研究》（二の一，1953），刊過一篇題為〈經量部の形態〉的文字，也是過時了。

較它後出的《俱舍論》和《成實論》（*Satyasiddhi-śāstra*）曾引述過它的思想。它的根本論書未有傳流下來，連它的始祖是誰，也不知道。我們只能透過這些引述約略地知道它的一些觀點。例如，它反對有部的多元的實在論，認為過於極端。在存有論上，它只承認地、水、火、風四大的原子、極微，只說心王，不重視心所，也不談不相應行法，不承認無為法。在過去、現在、未來的時相方面，只接受現在為實有。在哲學立場上，經量部可說是一種經驗主義、現象主義，與觀念論隔得很遠。它雖與唯識學有一些交集，但關係並不密切。辛格把陳那擺放到經量部的殿堂，似乎粗心了些。

三、認識對象的條件

以下我們正式看陳那的知識論或認識論。所依據的文獻有他的《集量論》（*Pramāṇasamuccaya*，包括作者的〈註疏〉*Vṛtti*）、《觀所緣緣論》（*Ālambanaparīkṣā*，也包含作者的〈註疏〉，玄奘譯，另外有真諦（Paramārtha）譯《無相思塵論》）、《正理門論》（*Nyāyamukha*，玄奘譯）。此外還有護法（Dharmapāla）著、義淨譯的《觀所緣論釋》。其中最重要和最要注意的，自然是陳那的《集量論》。如上面所說，這部文獻的梵文原本已無存，但有些文字散落在法稱（Dharmakīrti）的著作和反對陳那觀點的其他著作中，很有參考價值。這樣的古典的參考書目，對於專門研究陳那知識論來說，自然是不足夠的。但就目下的判教的需求來說，我想是足夠了。

先看認識對象問題。⓱在這個問題上，陳那在其《觀所緣緣論》中作過詳盡的考察，得出他所提出的作為認識對象或所緣的條件，這即是：

一、內色的相顯於識中，為識所認知；

二、內色能令五識生起。

這裏所謂內色的相相當於認識對象或所緣。這兩點可以以現代文字說得更周延而清晰：

⓱ 陳那的認識論的一個重要之點是，認識對象先在於認識機能。即是，認識對象有兩種：自相與共相，我們也有分別對應於它們的現量與比量這樣的認識機能。

一、內在質體的形相在識中顯現，而為識所認識；

二、內在質體能使五感識生起。⓲

前一點表示所緣，後一點表示緣，合起來正是所緣緣。

現在看《觀所緣緣論》的文字。先看內在質體或內境的形相或形象在與識俱時而生以作為識的生起因或緣。陳那說：

> 此內境相既不離識，如何俱起，能作識緣？「決定相隨故，俱時亦作緣，或前為後緣，引彼功能故。」境相與識定相隨故，雖俱時，亦作識緣。因明者說：若此與彼，有無相隨，雖俱時生，而亦得有因果相故，或前識相為後識緣，引本識中生似自果功能令起，不違理故。（《大正藏》31·888下）

陳那表示，「境相與識定相隨」，境是內在的，不離於識，那就應與識俱起俱滅，這與識俱起的境如何能作為識的生起的緣或原因呢？在很多情況，具有因果關係的兩件事物都有先後的次序，因在先而果在後。但陳那指出，只要兩件事物是相隨的，則即使是同時發生，亦可有因果關係。他又引因明學者所說：若兩件事物，此有則彼有，此無則彼無，則這兩事物雖是同時發生，亦有因果關係。這種因果關係與前識的對象為因，引生後識為果的因果關係沒有不同。⓳

⓲ 這兩點與日本學者服部正明所提的陳那規定的認識對象需符合兩個條件相應。這兩個條件是：

一、它使表象生起；

二、它具有與表象相同的形象。

（服部正明著〈中期大乘佛教の認識論〉，載於長尾雅人、中村元監修、三枝充悳編集《講座佛教思想第二卷：認識論、論理學》（東京：理想社，1974），頁 135。中譯吳汝鈞譯〈陳那之認識論〉，吳汝鈞著《佛學研究方法論》，增訂本，下冊（臺北：臺灣學生書局，2006），頁 431。）

第一點內在質體的形相在識中顯現，而為識所認識與服部氏的第二點具有與表象相同的形象相應，第二點內在質體能使五感識生起則與服部氏的第一點使表象生起相應。使表象生起與使五感識生起相通；在認識活動中，表象與感識是不能分開的。

⓳ 陳那在這裏提出了他對因果關係的看法，他認為檢定兩件事物間是否有因果關係的準則就是兩者是否「決定相隨」。若兩者決定相隨，則不論是同時或異時，兩者都有因果關係。在這裏理應補充一點，就是兩者若為異時，則在先的為因，在後的為果，不能顛倒次序。

陳那又提另一問題：眼等五根亦是識之緣，亦有生起識的作用。他說：

> 若五識生唯緣內色，如何亦說眼等為緣？「識上色功能，名五根應理，功能與境色，無始互為因。」以能發識，比知有根，此但功能，非外所造故。本識上五色功能名眼等根，亦不違理，功能發識，理無別故。在識在餘雖不可說，而外諸法，理非有故，定應許此在識非餘。（《大正藏》31·888下-889上）

五識生起以內境為緣，不牽涉及外在事物。為甚麼仍說眼等五根為識之緣呢？內境或內在對象能生起識，即使是五根，也能生起識。這可視為內境或內在對象能生起識的補充。在這裏，陳那對五根提出一種較為獨特的看法。一般把五根視為物質性的東西，具有認識能力。陳那亦認同五根是色法，但他認為五根不是作為物質性的存在而被確立，而是作為本識亦即阿賴耶識的功能而被確立。這即是說，五根的確立，並不是基於我們見到五根的存在，而是由於見到從本識生起五識的現象，而生起這五識必基於某些功能，我們便把這些屬於本識的功能稱為五根。⓴這樣便可說五根是五識之緣。陳那又指出，這五根功能只能由本識中來，不能由其他地方來。這包括外界，但外界在唯識學來說，指超越識所能及的東西，它們的存在性我們不能說。識所能及的東西，都是內在於本識中，因此陳那說只有本識能生起這些功能。

上面是說內色或內境的形相生起識。現在看這種形相能作為識的對象（認識的對象）的問題。陳那說：

> 「內色如外現，為識所緣緣，許彼相在識，及能生識故。」外境雖無，而有內色似外境現，為所緣緣。許眼等識帶彼相起及從彼生。（《大正藏》31·888下）

⓴ 本識的這些功能，自然是指種子（bīja）。但陳那不喜說種子，因此說功能。兩者都指同一東西。

這段文字除了說內境或內色為識的認識對象外，又能生起識。關於後一點，上面已探討過了。這裏集中看內色如何為識所認識而成為對象，此中的關鍵說法是「內色似外境現」及「眼等識帶彼相起」。在唯識學來說，外境是不能說的，因此在認識論上不能說對外境加以認識為對象，但對象可以在識的脈絡中說：內色擬似外境而顯現，為識所認識，成為它的對象、所緣。進一步，「眼等識帶彼相起」，即是，識挾帶對象的相或形象而活動，儼然是識可認識外界的對象。實際不是這樣，對象只對識產生一種形象而使識有所認識；對象是內色或內境，為識所變現，或更確切地說為第八阿賴耶識（ālaya-vijñāna）中的種子向外投射而成，並無獨立於識之外的外境或對象。㉑

以上陳那提出並論證了對象的條件：它令識生起，又提供形象或相為識所認識。跟著陳那駁斥三種外道的說法，他們提出極微與它們的集合體一類說法，以極微或它們的集合體為對象。㉒他先提第一、第二種說法，然後加以破斥。《觀所緣緣論》說：

> 諸有欲令眼等五識以外色作所緣緣者，或執極微許有實體，能生識故。或執和合，以識生時帶彼相故，二俱非理。所以者何？
>
> 極微於五識，設緣非所緣，
>
> 彼相識無故，猶如眼根等。
>
> 所緣緣者，謂能緣識帶彼相起及有實體，令能緣識託彼而生色等極微。設有實體，能生五識，容有緣義。然非所緣，如眼根等於眼等識，無彼相故。如是極微於眼等識，無所緣義。

㉑ 說識挾帶著對象的形象生起，其實不大好說。我們通常的看法是，在識之外有獨自存在的東西，這些東西為識所認識，對於識顯現一種形象。但唯識學不能這樣說，它認為一切不外於識，即使某些東西為識所認識，而顯現為某種形象，這某些東西的來源仍只能在識中找，例如視之為潛藏於阿賴耶識中的種子。說「似外境現」好像在存有論上預認有離識之外的外境，其實不是這樣，都是「似」這個字眼在作怪。外境云云，只是虛說，其來源還是識。

㉒ 這種思維頗有陳那在其《集量論》論排除（apoha）的意味：排除其他不正確的說法，以突顯自家的正確的說法。

和合於五識，設所緣非緣，

彼體實無故，猶如第二月。

色等和合於眼識等，有彼相故，設作所緣，然無緣義。如眼錯亂，見第二月，彼無實體，不能生故。如是和合於眼等識，無有緣義故。外二事於所緣緣，互闕一支，俱不應理。（《大正藏》31·888中）

所緣緣是四緣之一。四緣是事物生起的四種因素。若從認識論的角度說，所謂事物生起就是指事物被認識。所以「所緣緣」是構成認識的一種因素。「所緣」指認識的對象。認識的對象作為構成認識的一種因素——緣，稱為「所緣緣」。論主陳那在這裏先指出兩種對所緣緣的解釋，然後對這兩種說法進行批判。這兩種說法都是以外在的物質作為五識的所緣緣。第一種說法指極微就是五識的所緣緣，當中認為極微具有實體，能令識生起。第二種說法認為和合就是所緣緣，因為識生起時帶著和合之相。陳那認為這兩種說法都不合理。對於以極微為所緣緣的說法，陳那指出極微對於五識，雖然可能為緣，但不是所緣，原因是在生起的識之中沒有極微的相狀。引文中說「設緣非所緣」，當中用「設」字，表示陳那並不是同意極微真的能夠成為五識的所緣。他的意思是，按照執這種說法的人所言，極微有實體，可以讓識依託而生起。但他認為，即使極微有實體，能令五識生起，可以作為五識的緣，但亦不是五識的所緣，因為五識之中沒有極微的相或形象，猶如眼根，雖然能令眼識生起，但眼識中沒有眼根的相，所以眼根不是眼識的所緣。

第二種說法指「和合」是五識的所緣緣，但陳那認為即使和合是所緣，但它卻不是緣，因為和合本身不是實體，猶如眼所見的第二月。「和合」指眾多極微的結合，這樣的結合形構成某種相狀。執和合為所緣緣的人以為，由於和合而成的相狀出現在五識之中，所以和合就是五識的所緣緣。但陳那反駁說，即使和合具有所緣的意義，但由於和合無實體，不能令識生起，所以沒有作為緣的條件，猶如眼錯亂時所見的第二月。這第二月的相狀雖然出現在眼識之中，但它根本是不存在的，所以不能成為眼識的緣。

對於以上兩種說法，陳那指出兩者各欠缺一種條件，極微欠缺所緣的意義，而和合則沒有緣的意義，所以兩者都不能成立。

陳那提出第三種以外在物質為所緣緣的說法，並再進行批判。他說：

> 有執色等各有多相，於中一分是現量境故，諸極微相資，各有一和集相，此相實有，各能發生似己相識，故與五識作所緣緣。此亦非理，所以者何？
>
> 和集如堅等，設於眼等識，
>
> 是緣非所緣，許極微相故。
>
> 如堅等相，雖是實有，於眼等識，容有緣義，而非所緣，眼等識上無彼相故。色等極微諸和集相，理亦應爾，彼俱執為極微相故。執眼等識能緣極微諸和集相，復有別失。
>
> 瓶甌等覺相，彼執應無別，
>
> 非形別故別，形別非實故。
>
> 瓶甌等物，大小等者，能成極微，多少同故，緣彼覺相，應無差別。若謂彼物形相別故，覺相別者，理亦不然。項等別形，唯在瓶等假法上有，非極微故，彼不應執極微亦有差別形相，所以者何？
>
> 極微量等故，形別惟在假，
>
> 析彼至極微，彼覺定捨故。
>
> ……形別物析至極微，彼覺定捨，非青等物，析至極微，由此形別，唯世俗有，非如青等，亦在實物。是故五識所緣緣體非外色等，其理極成。（《大正藏》31·888中-下）

這第三種說法稱為和集說，它認為物質的基本單位，即極微，各自有多種相狀，其中一種相狀就是現量境。現量境即是五識的所緣境。各各極微當集合起來，各自微細的相就會合併成一個較大的相，這種相就是和集相。和集相是由眾多極微的相結合成的，由於認為極微是實有的，所以和集相也是實有的；而當中的各各極微的相又能顯現在識之中。故此，執和集說者認為這和集相就是五識的所緣緣。

對於這種說法，陳那提出了兩點批評。首先，和集說認為各各極微都有本身的相作為五識的現量境，然而，在識之中，並沒有各各極微的相。陳那的意思是，如果每一極微都有作為五識的所緣境的相，則五識中應有各各極微的相顯現，但事實上並沒有。又如果說個別極微的相不為五識所見，只有集合起來才能見到，這也是不合理的，因為如果一個極微不能成為所緣境，則多個極微也應不能，因它們的性質沒有分別。

陳那的第二點批評是，假使五識所見的相是一一極微的相的集合，則在五識中顯現的相狀應只受兩種因素影響，第一是極微本身的相狀，第二是極微的數目。瓶和甌同樣是由地大構成的，即構成兩者的極微的相狀是相同的，假使兩者的大小也是相等，即極微的數目相等，按照和集說所言，兩者在識中顯現的相狀應是相同的。但事實不是這樣。如果說瓶和甌由於形狀不同，以致在識中顯現的相狀也不同，這也不合理，因為形狀只是假法，並不屬於極微。陳那的意思是，所謂「形」，並不是極微本身就具有的，他進一步說，倘若將事物分析至一一極微，我們原來所見的事物的形狀就必定消失。按照和集論者所說，極微有實體，而且能在五識中顯現它們的相狀，所以能作為五識的所緣緣。但陳那在這裏指出，在五識中顯現的形相並不屬於極微。所以，即使說極微有實體，但也不能作為五識的所緣緣。

以上，陳那先後破斥了三種實在論的說法。實在論者的一個基本立場是認為，我們所接觸到的事物，是客觀地具有實體的。所以，事物必須具有兩種特性：第一是有實體的；第二是能夠被認識，這即是能夠在五識中顯現它們的相狀。這些事物既然是我們認識的對象，就即是五識的所緣緣。所以實在論者必須證明所緣緣具有實體，而且能在五識中顯現它們的相狀。陳那以這兩項條件來檢驗實在論者的三種說法，而得出它們都不能成為認識的對象。

在批判和集說的最後部分，陳那指出五識中顯現的形相只是假有，不是真實，因為在實在論者認為是真實的極微中，找不到這些形相。由此，陳那推論出，顯現在我們的五識中的形相，其根源並非在主體以外的東西。

蘇聯學者徹爾巴特斯基（Th. Stcherbatsky）提出，陳那、法稱的哲學表示，空華、陽燄、兔角、石女兒都純粹地是想像，是字眼，在它們背後沒有任何客觀的真實性。與它們直接相反的，是純粹的真實，在其中，沒有絲毫想像的建構。在這兩者之間，我們有一半想像的世界，它雖由建構性的想像而成，但有客觀的、真實的根基，這便是現象世界。在這裏，徹氏區分兩種真實。其一是由瞬間的點（point-instants, kṣaṇa, sva-lakṣaṇa）成立，它們在時間上、空間上沒有確定的位置，也沒有任何感性的屬性。這是終極的或純粹的真實（paramārtha-sat）。另一種真實包含被客觀化的意象或形象，在時空中被賦與一個位置，又具有種種感性的與抽象的性質。這是現象的或經驗的真實（saṃvṛti-sat）。㉓在真實的問題上，徹氏明顯地是以龍樹（Nāgārjuna）的二諦（satya-dvaya）亦即是真諦與俗諦來解讀陳那的真實的觀點，也有康德（I. Kant）的物自身與現象的區別痕跡。不過，我想陳那對真諦或物自身層次並未有那麼濃烈的意識，他的關心點毋寧是在世俗層次的真實的建立，這亦是要安立現象世界，要對它裏面的種種事物建立客觀而有效的知識。徹氏對於陳那在真諦、勝義諦方面的留意，未免有過甚其辭（over-interpretation）之嫌。

徹氏跟著指出，與這兩種真實相應，知識的資源也分直接的與間接的，分別理解終極的真實性與受條件限制的真實性。直接的資源是感覺，間接的資源是概念思考。前者是被動的反照（pratibhāsa）；後者是受條件限制的反照（kalpanā）。前者是對對象的把握（gṛhnāti），後者則是對相同的對象的想像（vikalpayati）。㉔

對於陳那在《觀所緣緣論》中的思想，徹氏指出，他的論證是，先聲明外界對象是一原子，或原子的聚合。倘若我們能證明它兩者都不是，則它只是一觀念，沒有外界實在與之相應。即是，陳那要堅持認識對象的觀念性、拒斥外在世界的實在性的具體論證是提出無限分割性的背反：對於一個可分割的對象的經驗的看法的矛盾性格。徹氏認為陳那的思路是，假設外界對象是瞬息都在逝去的力量，它能刺激感覺，讓一個意象或形象被建構起來。他反駁勝論派的看法，後者視外在對象有兩重：原子是一重，原子的聚合是一重，而且被視為自身，存在於構成它們的原子之中。陳那認為，原子並不能產生意象，因而不能被視為對象的原因。作為一個聚合而成一個物件，亦只是幻象而已。陳那的意思是，我們需要有一個對象，以產生感覺和意象；但原子不能生起意象，它們的聚合也不能生起感覺。徹氏指出，陳那的結論是，那些被認為不可分割的原子、它們的聚合和對象的形象都沒有實在性，不

㉓ Th. Stcherbatsky, *Buddhist Logic*, I. Bibliotheca Buddhica XXVI, Leningrad, 1932, p.70.

㉔ 同前，頁 71。徹氏這裏以 pratibhāsa 一語詞說感覺上的被動的反照，與唯識學論典運用這個語詞來說詐現、似現、顯現並不完全吻合。

過是觀念（sāṃvṛta）而已。勝論的實在論不能成立，我們的感官所知覺得的對象不是外在的。徹氏跟著即提出和建立自己的觀念論。他認為，認識的對象是內在地通過反照而被認識的對象，它們宛然地像是外在的東西呈現在我們眼前。終極實在是觀念（vijñapti-vijñāna-mātratā）。㉕在邏輯上作為外在的點剎（point-instant）、物自身，實際上只是內在的「觀念」。主體與客體都是內在的。㉖

徹氏又把外界實在的問題，就唯識學的觀點來作為代言。他提出我們所面對的世界，即使是不實在的，也應有個來源，他以阿賴耶識（ālaya-vijñāna）來交代，而稱之為業（karma）的生機力量（biotic force）。㉗他在另外地方又提出，阿賴耶識被拿來取代外在世界，又以熏習（vāsanā）來說生機力量。㉘他作結謂，在陳那看來，外在世界作為無限的和可無限地分割的東西，是不實在的，它是「觀念」。㉙

總觀徹爾巴特斯基對陳那的認識論特別是就他的《觀所緣緣論》的觀點而作的闡述，他把陳那的真實性觀念分為兩種，其一是終極的真實性，另一則是受條件限制的真實性。這很明顯展示他是以康德的那套認識論來理解陳那的，同時他的真實觀是觀念論的。首先，說到真實問題，他表示在陳那來說，知識的資源分別相應於終極的真實性與受條件限制的真實性。直接的資源是感覺，間接資料是概念思考。這分別相應於康德知識論中的感性（Sinnlichkeit）與知性（Verstand）。而與間接的概念思考相連的，正是知性所提供的思維形式：範疇（Kategorie）。不過，在康德來說，感性與知性合起來作用的結果，是對象的成立，知識即在這對象（Gegenstand）的成立中說。這種知識只能說俗諦的知識，不是真諦的知識，與徹氏所提陳那的終極的真實性並無交集之處。即是，在陳那的認識論中，起碼就關連著他把認識對象二分：自相與共相來說，談不上終極的真實性。這終極的真實性在康德來說，是指以睿智的直覺（intellektuelle Anschauung）所成就的對物自身（Ding an sich）的體證而言的。陳那的知識論並未到這個程度。他所提出的對對象的自相與共相的認知，只指

㉕ 徹氏在這裏以觀念來說 vijñapti, vijñāna, 比較少見。後二者通常作心識、識看，有虛妄的意味。

㉖ Th. Stcherbatsky, *Buddhist Logic*, I. pp.518-520.

㉗ 同前，頁 520。

㉘ 同前，頁 527。

㉙ 同前，頁 521。

涉現象（Phänomen）層面的知識，這是非終極的真實性的知識，不是終極的真實性的知識。

至於徹氏以觀念論來作為他的真實觀的基礎、依據，是沒有問題的。在胡塞爾發展他的現象學之先，在歐陸已流行觀念論的實在說，這自然包含德國觀念論在內。不過，觀念也得有它的來源，這在胡塞爾來說，便是意識（Bewuβtsein），特別是絕對意識（absolutes Bewuβtsein）。意識構架對象，而以觀念來表顯它們。但徹爾巴特斯基卻把觀念下滑到不實在的外在世界方面去，又以觀念來說心識（vijñāna）、表象識（vijñapti）。這便令人感到惑亂。在唯識學的脈絡來說，心識是虛妄的，會對對象起分別心，而加以執取，視之為具有獨立自在性。又就護法（Dharmapāla）的唯識學來說，識體本身是抽象的，它要自我呈顯，便分出相分（nimitta），概括現象世界的一切存在；自身則以見分（dṛṣṭi）或自我來了別相分，視之為有自性，而加以執取，煩惱由是生起。實際上，相分不過是虛妄心識的分裂、變現而已。徹氏把它關連到有真實意涵的觀念方面去，實在令人不解。

四、認識對象及其種類

上一節所論述的，是認識對象的條件。跟著我們看合乎這條件的認識對象有多少種，和它們的性格。陳那在這個問題上有很確定的說法，特別是在《集量論》中提到「akṣaṇa-dvayam」字眼，㉚表示認識對象有兩個面相，即有兩種。對於這兩個面相，分別有兩種認識機能或認識手段去認識。當時流行的正理學派（Naiyāyika）則提出有四種認識機能。陳那所提的是哪兩種認識機能呢？《集量論》說：

na hi sva-sāmānya-lakṣaṇābhyām aparaṃ prameyam asti.（*PVBh*, p.169.9）

即是說，在認識對象方面，我們只有兩種：自相（sva-lakṣaṇa）與共相（sāmānya-

㉚ Prajñākaragupta, *Pramāṇavārttikabhāṣya*. R. Sāṃkṛtyāyana, ed., Tibetan Sanskrit Works Series, vol. 1, Patna, 1953, p.213.6.此書以下省作 *PVBh*。

lakṣaṇa）。自相指事物或對象的特殊相，只有它自己具有，不與其他對象分有。這相當於一般知識論的特殊性（particularity）。共相則指對象的普遍相，為某一類對象的分子所共同分有，這是普遍性（universality）。陳那強調，在對象方面，除了自相與共相外，沒有另外的對象了。這亦是上面所引的梵文語句的意思。

陳那的《正理門論》有些文字可以作為補充，其中說：

> 為自開悟唯有現量及與比量。彼聲喻等攝在此中，故唯二量。由此能了自共相故。（《大正藏》32·3中）

這裏說開悟，不必是嚴格的宗教救贖義的意思，而是一般的理解（verstehen）的意思。所謂聲（śabda），指文字，指文字上的解讀，那應屬於比量。這現量與比量分別理解對象的自相與共相。說到對象，陳那屬唯識學（Vijñāna-vāda）譜系，他的對象觀還是應該以唯識學作為背景來說。唯識學認為，一切外境都是心識或識（vijñāna）所變現（pratibhāti），因此，識有主體（svābhāsa）與對象（arthābhāsa）兩面。陳那自己的知識論觀點，顯然是由這樣的根本理解而來。特別是關於認識對象（ālambana）方面，在我們的心識之外，並沒有獨立的認識對象。所謂對象，只是指在認識活動中的對象的表象（pratibhāsa）㉛而已。客觀獨立的對象並無存在性。直接產生認識活動的不是感官或根（indriya），而是心識。這心識一方面作為認識活動的表象或作為表象自己（svābhāsa）而作用，另方面又作為對象的表象（viṣayābhāsa）而作用。這樣我們便可說心識是同時通於認識活動與認識對象。就認識對象來自心識而不來自外界來說，這種在認識活動中對對象的認識，正是所謂「自己認識」（svasaṃvitti）。這是陳那的知識論的特性。這自己認識的觀點為法稱所繼承，並加以發揮。便是在這一點上，我們可把陳那的唯識學說與經量部（Sautrāntika）區別開來。經量部認為認識機能或認識手段（pramāṇa）可認識外界的對象，而成表象，因而無所謂自己認識。在陳那來說，表象不是來自外界，而是來自心識，是心識的變現，因而心識認

㉛ pratibhāsa 是唯識學的重要概念，出現在唯識學的多部論典之中，有時譯為顯現、詐現、似現，基本上都是負面意味的。

識表象是一種自己認識。至於對象，特別是外界對象，陳那是不會說的。到了法稱，這個問題便鬆動下來，可以推想認識表象在外界有對象。但仍不是那麼確定，法稱仍然是持自己認識的說法。㉜

現在有一個問題：唯識學否定外界的存在，在外界方面不能說實在、真實，則對於存在世界，對於我們生於斯、長於斯的現象世界、經驗世界，有否實在性可言呢？上面提到的徹爾巴特斯基認為，對於陳那、法稱來說，真正的、真實的存在，要以效應（efficiency）來說。在因果關係上，有效應便是真實。一切思維的建構都是構想（fiction），都不是終極真實。一個能燃燒和煮食的火頭是真實的火頭。一個不存在的、想像的、從來不能燃燒、不能煮食、不能發光的火頭，是不真實的火頭。㉝關於外在世界，徹氏提出，觀念主義的唯識學者全然拋棄了外界實在的假設。陳那、法稱則回歸至經量部的說法，他們接受徹底具體和特殊物的實在性，接受物自身（sva-lakṣaṇa）的實在性，把知覺判斷轉為介於終極實在和意象之間的連繫。這終極實在是在純粹感覺中反映的，而意象則由我們的智思所建構。㉞陳那、法稱在存有論方面提出效應一概念，以取代實在性一概念。這點很有意思。對於實在性、真實性，我們通常會想到靜態的存在；現在說效應，則有由靜態的存在到動感的活動的轉向的意味。效應是在活動中表現出來的，它的動感也是在活動中說。徹氏提純粹感覺（pure sensation）一概念，也是饒有意思的。他的說法是，終極實在可從這純粹感覺中說。這讓人想到京都學派西田幾多郎的純粹經驗一觀念，後者也有終極實在的意味。不過，純粹感覺畢竟是一種感覺，雖然不具有經驗內容。嚴格來說，感覺或感性（Sinnlichkeit）與直覺（Anschauung）不同，它不是睿智的（intellektuell），不能成就康德意義的睿智的直覺（intellektuelle Anschauung）。而徹氏所說的意象，是智思（intellect）的產物，這意思也不是睿智意味（intellektuell），它與純粹感覺合起來也不能成就睿智的直覺。徹氏在這裏提出的純粹感覺與意象、智思，意義實在有點模

㉜ 在這裏，我對對象與表象不是分得那麼清楚、死煞。與心識相對而為它所認識的是表象（Vorstellung），作為表象的來源而在外界的是對象（Gegenstand）。有時我也以對象替代表象，與心識對揚。希望讀者不要以辭害意。

㉝ Th. Stcherbatsky, *Buddhist Logic*, I. p.69.

㉞ 同前，頁 225。

糊。它們似乎介於感性直覺與睿智的直覺之間，介於現象與物自身之間，與睿智的直覺有交集，但又不是那麼清楚。

大體上，陳那與法稱的認識論仍是著重二諦（satya-dvaya）中的世俗諦（saṃvṛti-satya）的層次，其直覺是感性的，因而是感性直覺，亦即是現量；其智思是理解的，因而是知性，亦即是比量。徹爾巴特斯基提純粹感覺和智思，容易把人誤導到睿智的直覺方面去，而關連到勝義諦或第一義諦（paramārtha-satya）那一面。陳那、法稱的認識論或知識論其實未到那個水平、層次。

回返到認識對象方面。陳那在《集量論》中說：

> dharmiṇo 'neka-rūpasya nendriyāt sarvathā gatiḥ svasaṃvedyam anirdeśyaṃ rūpam indriya-gocaraḥ.（*PVBh*, p.298.1）

陳那的意思是，一個具有多種性質的物體，其一切面相（sarvathā）不能為感官所認識。感官對象只是如其所如地（svasaṃvedya）被認識的形相，它是不能被表述的。在這裏，所謂「一切面相不能為感官所認識」並不表示感官對面相不能認識，而是表示感官不能同時認識一切面相。服部正明在這裏的解說，提到被排除（vyāvṛtta）的問題：一個對象被認識為藍色，只有在它被從非藍色的東西中分離或排除開來的情況下進行，而這種排除，其實是一種概念的建構作用。[35]按「藍」與「非藍」是概念，它們的確立，需經概念的建構作用。例如「nīlaṃ vijānāti」一表述式表示我們對對象有直接的覺知。另方面，「nīlam iti vijānāti」一表述式則表示我們以一名稱來指謂這對象。nīla 是藍色。兩表述式的分別在 iti 的有無。有 iti，表示藍（nīla）是一概念，或知對象是「藍」。沒有 iti，則表示藍的感覺，「藍」不是概念。iti 本來便有表示言說分別的意味。

認識對象與認識機能或認識手段（pramāṇa）相應，我們通常也稱認識活動為「認識手段」，因為後者被視為包括認識活動在內，雖然它的基本意思是結果，所謂「量果」（pramāṇa-phala）。陳那在《集量論》中說：

---

[35] M. Hattori, *Dignāga, On Perception*, p.91, n., 1.43.

savyāpāra-pratītatvāt pramāṇaṃ phalam eva sat.（*PVBh*, p.349.5）

陳那在這裏把認識手段或量與認識結果或量果等同起來，這指涉到有相唯識或有形象知識論（sākārajñāna-vāda）。根據這種說法，認識活動自身包含有對象的形象（ākāra）在內。陳那是有形象知識論者。所謂量果，是在認識活動中接觸到對象。有形象知識論的對立面是無相唯識或無形象知識論（anākārajñāna-vāda, nirākāra-jñāna-vāda）。這種觀點認為在認識中沒有形象（anākāra, nirākāra），形象是在對象方面。若是這樣，則認識本身不管是認識甚麼對象，都是一樣的。實際上，倘若認識是對對象的把握的話，它必須是有形象的（sākāra），它必須攝取得對象的形象（viṣayākārāpanna）。這便是陳那所說的「果」（phala）。

五、認識對象是自己與「自己認識」

由有形象知識論很自然地可以推出認識活動的「自己認識」的情況，即是，心識的認識的形象即是心識自己。陳那說：

svasaṃvittiḥ phalaṃ cātra.（*PVBh*, p.349.7）

即是：自己認識或認識活動認識自己是認識活動的結果。這便是識的「自己認識」（svasaṃvitti）。由於沒有外界對象可言，心識的認識對象只能是自己內部的內境或內色，或由這些東西所提供。當然認識活動可以認識自己，它同時也覺知自己在認識自己。我們也可以這樣說，認識活動認識對象，取得它的形象，這形象是自己提供的，故認識活動只是自己認識自己，同時也覺知到這種自己認識。

關於這個問題，正理學派（Naiyāyika）有近乎常識的說法：當外在感官（如眼）接觸一對象時，會把捉（vyavasāya）對象，但這把捉並不覺知到自己的這種把捉作用。這種覺知是要由內在感官（如視覺）或意識（manas）完成的，它視這種把捉為它的對象。關於這個意思，陳那在《集量論》中說：

sarvatra pratyakṣa-viṣaye jñātur indriyeṇa vyavasāyaḥ, paścān manasānuvyavasāyaḥ.㊱

這樣，我們便可以說，認識活動並不是自己認識自己，而是由另一認識活動來認識自己。這另一活動即是意識的作用。

對於自己認識，我們可以提出它的成立的理據。陳那提出的理據是對象的確認（artha-niścaya）與自己認識相符順。《集量論》說：

tad-rūpo hy artha-niścayaḥ.㊲

在這裏面，artha-niścaya 或對象的確認的意思是一個對象被確認為甚麼，依於自己認識是甚麼。這是陳那的看法。實在論者則持不同意見：一個認識活動之被確認為甚麼，依於外界對象是甚麼。陳那不贊成外界實在，故無所謂依於外界對象，他認為自己認識才是重要的。

就唯識學來說，自己認識（有時也作 svasaṃvedana）便是認識的結果，陳那也不例外。即是，當某甲覺察到在他的認識活動中有一雙皮鞋出現，這雙皮鞋便被視為對象，或更精確貼切地說是表象。除了在認識活動中的這個表象外，外面並沒有甚麼對象了。因此，對於那雙皮鞋的認識的「覺察」，或警覺到自己是在認識那雙皮鞋的活動之中，便是自己認識，便是對對象的認識活動這一結果。更恰當的說法是，這種自己認識不單含有自己對自己的認識的結果，同時也含有自己對自己認識這一認識活動的覺察。這種覺察也可作一種認識的結果看。

實際上，對象是很難說的。必須以外在事物為對象，承認外境或外面的世界的存在性，才好說。對於這一點，陳那只能說，認識這對象的手段，正是認識活動自身具有對象的形象。但這種說法有點勉強、不自然，這是以「認識活動自身具有對

㊱ G. Jha, ed., *Nyāyabhāṣya of Vātsyāyana*. Poona: Poona Oriental Series 58, 1939, ad I, i, 4.此書以下省作 *NBh*。

㊲ E. Krishnamacharya, ed., together with Kamalaśīla's *Pañjikā, Tattvasaṃgraha of Śāntarakṣita*, 2 vols., Baroda: G.O.S., XXX, XXXI, 1926, 1328d.此書以下省作 *TS*。

象的形象」這樣的認識結果為認識手段。但陳那不認可外界實在、外界對象，不能像經量部那樣以認識的對象在外界有實在性。他所能說的，只此而已。換句話說，當某甲覺察到在他的認識活動中有煙，這煙不外是對被認識的煙的認識活動而已，而不是作為一外在對象的煙。這樣，在認識活動中，必有自己認識的機能，作為認識手段，視具有煙的形象的認識活動為對象，因而產生作為結果的自己認識。[38]這便是陳那與唯識學對自己認識的理解。但經量部則總是以為這對象是外界的東西。

六、認識機能或手段：現量

上面所闡述的，是陳那的認識對象的觀點。認識活動有兩大要素：認識機能和認識對象。陳那認為，我們的認識機能決定於認識對象。認識對象有自相與共相，因而我們的認識機能便相應地有現量（pratyakṣa）與比量（anumāna）。現量認識對象的自相，比量則認識對象的共相。在佛教邏輯（Buddhist logic）中，通常以現量為知覺（perception），或直接知覺（direct perception），處理知識論的問題；以比量為推理（inference），處理形式邏輯的問題，有時也涉及辯證法。我們這裏只留意知識論，因此只討論現量。

關於認識機能或認識手段的數目，古印度不同學派有不同說法。陳那提出兩類說，確定認識手段有兩種。《集量論》說：

> pratyakṣam anumānaṃ ca pramāṇe（*PVBh*, p.169.3）

即是說，在認識手段中有現量（pratyakṣa）與比量（anumāna），認識手段用於格或處格。現量需要是由感官發的，感官是規定現量之為現量的唯一條件。《集量論》說：

---

[38] 這自己認識也可說是一種自我意識，是自我意識到自己。

akṣam akṣam prati vartata iti pratyakṣam.[39]

akṣa 是感官之意。整個梵文語句是說，現量即是感官對於（prati）它的對象的作用。這是以感官來說現量，表示現量與感官有直接的連繫。

在《正理門論》中，陳那對 pratyakṣa 一語詞也作過文字學的分析：

現現別轉，故名現量。（《大正藏》32・3 中）

此中的「現現別轉」，正相應於《集量論》的「akṣam akṣam prati vartata」，幾乎是字字相應。

在這裏，我們必須注意一點：現量是直接地關連著感官的，我們不能離感官而說現量。在這一點上，陳那也提出這樣的問題：為甚麼我們把現量叫作與感官有直接關連的 pratyakṣa，而不叫它與對象（viṣaya）有關連的 prativiṣaya 呢？（*PVBh*, p.277.24）陳那在《集量論》中回答：

asādhāraṇa-hetutvād akṣais tad vyapadiśyate.[40]

陳那的意思是，現量是依感官而被命名，因為感官是它的特定的原因（asādhāraṇa-hetu）。對於這一點，我們可以作如下了解：在我們的認識中，可以有很多對象，例如燈飾，但感官只有一個，這便是眼睛。故眼睛是視覺現量的特定原因。

我們可以說，與感官密切相連是現量的一種特性。由這一點我們可以提出現量的另一種特性，這便是不含有分別或概念思考。《集量論》說：

pratyakṣaṃ kalpanāpoḍham.（*TAV*. p.53.29）

---

[39] *Tattvasaṃgrahapañjikā of Kamalaśīla*. Published with *Tattvasaṃgraha* of Śāntarakṣita in G.O.S., p.373.26.此書下省作 *TSP*。

[40] M.K. Jain, ed., *Tattvārtha(rāja)vārttika of Akalaṅka*. Jñānapīṭha Mūrtidevī Jaina Granthamālā, Sanskrit Grantha, no.10, Benares, 1953, p.53.30.此書以下省作 *TAV*。

《正理門論》中有極其近似的說法：

> 現量除分別。（《大正藏》32・3 中）

這樣的確認的邏輯基礎，很明顯地是在對象方面的自相與共相的分別。自相是遠離分別的，是獨一無二的形象，因此，把握自相的認識手段即現量也沒有分別可言。❹¹

現量被視為遠離概念構思。陳那再進一步提出一些心靈的現量，例如對一個外在對象的覺察和對心理活動例如意欲的自我證知。陳那認為，這些現量也是遠離概念構思的。《集量論》說：

> mānasaṃ cārtha-rāgādi-sva-saṃvittir akalpikā.（*PVBh*, p.303.23）

在這裏，artha-rāgādi-sva-saṃvitti 是一個複合詞，有重疊的地方。它可拆分為 artha-saṃvitti 與 rāgādi-sva-saṃvitti。前者是指對於對象的覺察、認知；後者則是指對於貪欲的自我證知，rāga 即是貪欲。不過，這個意思已離開了純認知意義，而有心理學上的情執的意味了。

上面說，現量是與感官直接關連的。印度學者柏來薩特（J. Prasad）特別譯 pratyakṣa 為直接知識（direct knowledge），而不作感覺認知（sense cognition）、知覺（perception）或直覺（intuition）。理由是 pratyakṣa 有感性的（sensuous）和非感性的（non-sensuous）兩種，pratyakṣa 是通於這兩者的。❹²對於這一點，筆者有兩點回應。一是現量（pratyakṣa）的直接性（immediateness），這讓人想起所謂純粹感覺。陳那可

---

❹¹ 印度學者穆克己（S. Mookerjee）認為，陳那對知覺的定義「pratyakṣaṃ kalpanāpodhām」（知覺不含有概念構思）已足夠排除推理，後者總是與概念的構思（kalpanā）相連起來。（S. Mookerjee, *The Buddhist Philosophy of Universal Flux*. Delhi: Motilal Banarsidass, 1980, p.275.）他又補充說，法稱對於陳那的這個定義，加上「abhrānta」（無錯亂）字眼，目的是要從知覺中排除一切錯亂。（同前，頁 276）實際上，認知上的一切錯亂，是需要依賴前後經驗的比較才能成立，而一切比較都不能不涉及概念的運用。

❹² J. Prasad, *History of Indian Epistemology*. Delhi: Munshiram Manoharlal Publishers Pvt. Ltd.,1987, xiv.

能有這個意思。當一個人專注於某一圓形時，他感到這「圓性」，但不知道這是圓形，只知道它是面對著我們的一個對象，但是哪一種對象呢？並不清楚。徹爾巴特斯基也提過這樣的純粹感覺的經驗。㊸另外是承著這一點，倘若感覺是純粹的，則亦應是直接的，這樣的感覺，仍未是知覺，則認知云云，仍然難說。另方面，這也無與於睿智的直覺（intellektuelle Anschauung），後者雖不能建立對象性、現象性的知識，但能建立物自身的知識，甚至能提供物自身的存在性。但這已不光是認識論的問題，而是存有論的問題了，甚至以存有論為主要的性格。

現在的問題是，現量是如何認識對象的呢？陳那認為，現量由感官透過接觸多個對象的集合體，例如原子或極微（aṇu）的集合體而生，但就它的運作而言，它是認識整體對象的。《集量論》說：

tatrānekārtha-janyatvāt svārthe sāmānya-gocaram.（*PVBh*, p.279.10）

語句中的 an-eka-artha 即清楚地表示對象不是單一的。感官不能接觸單個原子作為它的對象，而是同時接觸多個原子，或原子的集合體，這即是 sāmānya 所表示的整體原子的意思。但感官不能概念地把握這個整體，對它產生知識。要這樣做，便得依賴意識或知性所提供的概念，此中最明顯的，莫如範疇。

認知上會出現錯誤，是一定的。法稱無疑對這個問題念之繫之，陳那也早已留意及了。他很小心地檢別那些不是真正的知覺，而是含有隱晦性（sataimira）的認知方式；它們是錯誤的認知（bhrānti-jñāna）、對經驗實在的認知（saṃvṛti-saj-jñāna，這種認知具有概念成分）、比量（anumāna）和由比量而來的結果。《集量論》說：

bhrānti-saṃvṛti-saj-jñānam anumānānumānikam,
smārtābhilāṣikam ceti pratyakṣābhaṃ sataimiram.（*PVBh*, p.332.20）

這些含有隱晦性、不清晰的知覺或現量，便是一般所謂「似現量」（pratyakṣa-

㊸ Th. Stcherbatsky, *Buddhist Logic*, I, p.153.

ābhāsa）。

七、心靈現量與瑜伽直覺

我們一般說到知識論或認識論，在認識機能方面，總會提到感性（sensation，Sinnlichkeit）或知覺（perception, Wahrnehmung）和知性（Verstand）或理解（understanding）。兩者的共同運作，便產生知識。這自然是康德的說法，但已為一般所接受，成為認識論的常識了。同時，這知識是就現象世界、經驗世界說的，不是就本體世界、物自身世界說的。而要理解後者，則會涉及一種具有睿智性格的直覺。這在康德來說，是睿智的直覺；在胡塞爾來說，是本質直覺（Wesensintuition）；在道家例如莊子來說，則是靈臺明覺，這可與天地精神相往來，而天地精神是物自身的、本體的境界。

在佛教陳那（Dignāga）、法稱（Dharmakīrti）的認識論來說，以至他們之後的認識論來說，他們除了提現量與比量以與西方哲學家的感性與知性的說法相應外，也提心靈現量或意識現量（mānasa-pratyakṣa）與瑜伽現量（yogi-pratyakṣa），這則相當於西方哲學的睿智的直覺與本質直覺。關於心靈現量的問題，陳那、法稱之後的確有很多討論。法稱認為，在心靈現量中被知覺的，是直接地跟著感性或感性直覺之後而來的對象。他因此說心靈現量是一種行者、活動者（gantṛ），但還未能體證得對象。他的隔代門徒法上（Dharmottara）認為心靈現量有神秘性，難以證實，但又未有否定、否認它。智藏（Jñānagarbha）則以媒介意義來說心靈現量，視它為介於感性與知性之間的一種能力。這種能力有感性成分，也有知性成分，因此能溝通這兩者。感性與知性是很不相同的認識手段，需要心靈現量來作中介，把兩者連合起來。倘若沒有這種認識手段，則感性從外面吸收到的感覺與料（sense-data）便不能為知性所處理，人的思維、言說便不可能了。智藏的這種心靈現量觀，有點像康德所說的判斷力（Urteilskraft），後者有類似的媒介作用，可以把感性與知性連接起來，共同作用，以知性的範疇概念把現象性格的外界與料規範成對象，成就客觀的知識。有些學者也認為，心靈現量或心靈知覺是一種睿智的直覺，能夠直證一切事物的真相、本質，是一種全知狀態（sarva-jñatva），與瑜伽智（yogi-jñāna）無異。

就陳那自己來說，他的《正理門論》便提到心靈現量的問題：

> 意地亦有離諸分別，唯證行轉。又於貪等諸自證分、諸修定者，離教分別，皆是現量。（《大正藏》32·3中）

意地即是意識。意識的作用本來便是以概念來思考對象，而加以分別。因此，說意識「離諸分別」、「離教分別」，而又是現量，是有矛盾的，因為現量如前所說，是「離分別」。若要從矛盾中釋放出來，勢必要對意識的作用作另類的解讀，由知性的轉為智性的，由在二元性的關係中的理解力轉而為超越二元的相對性的絕對性格的智慧力，轉為所謂一切智（sarva-jñāna）。這便得如徹爾巴特斯基所說，陳那否認內感（inner sense）的存在，而以思維或智性感覺來代替。[44]

徹氏對於現量與意識的問題，提過不少觀點，我在這裏扼要地介紹一下，供讀者參考。徹氏認為，梵文「現量」（pratyakṣa）的所指，在外延上較感性知覺（sense-perception）為廣。現量指直接知識，或直覺，而感性知覺只是直覺中的一種，此外還有智性直覺（intelligible intuition）。徹氏以為，一般人並不具有這種直覺（按這也指睿智的直覺），只有聖者具有之，而聖者是超人的存在。[45]徹氏指出，陳那取消了第六感官，以純粹感覺代替物理的感官。對於一束顏色的知覺，他理解為最先瞬間是純粹感覺，跟著便有智性（intellect）建構意象或形象。徹氏在這裏提出知覺（perception）的不同步驟：知覺的第一瞬間是感性的感覺（sensuous sensation），第二瞬間是智性的感覺（intelligible sensation）。我們可以視前者為純粹感覺（pure sensation），後者為思維感覺（mental sensation）。而智性直覺（intelligible intuition）則是聖者的神秘直覺。徹氏強調，思維感覺是純粹感覺與知性（understanding）的中介。這思維感覺自然也有康德所說的判斷力或構想力（imagination）的意味，它被徹氏視為相當於意

---

[44] 同前，頁164-167。

[45] 關於睿智的直覺，康德在其《純粹理性批判》（*Kritik der reinen Vernunft*）認為只有上帝能有這種直覺，人不能有之。徹爾巴特斯基在這個問題上鬆動了一些，提出聖者可有這種直覺，但他們具有超人性格。我曾在拙文〈關於現象與物自身的分離問題的現象學與歷程哲學的解決〉（待出版）中，提及胡塞爾與懷德海都認為人是可以具有這種直覺的。

識現量。[46]

下面看這一節要討論的第二種認知能力：瑜伽直覺。陳那認為這是對一個物體的現證，不帶有任何權威主義色彩。這亦是一種知覺。《集量論》說：

yogināṃ guru-nirdeśāvyatibhinnārtha-mātra-dṛk.（*TAV*, p.54.14-15）

陳那強調，這種知覺與任何經典言說沒有關連（avyatibhinna），也不指涉感官，沒有條件限制。心靈知覺或心靈現量則與感官連結，才能作用。這是法上提出的，陳那在這點上未有清晰討論。

這種瑜伽直覺可說與上面提過的瑜伽現量相通。徹爾巴特斯基提到，陳那認為宇宙不能透過邏輯來建立，只能由神祕的直覺來認識，這神秘的直覺正是瑜伽現量。[47]他以「超越的直覺」（transcendental intuition）來譯瑜伽現量（yogi-pratyakṣa），強調這種現量不是一種正常意義的量（pramāṇa，認識手段），卻是對於一種條件的直覺，這種條件不能以邏輯的方法來認識（aprameya-vastūnām aviparīta-dṛṣṭih）。這樣的直覺可與康德的睿智的直覺相比較。[48]

基於以上的理解，徹氏向上追溯與向下推演，對佛教的認識論作出扼要的反思。他指出，在早期佛教，純粹感覺（pure sensation）與概念思考（conception）已被明確地區分開來，後者在佛教邏輯中是非常突出的，是第六感官的作用。這「第六感官」被視為「純粹意識的聚合」（vijñāna-skandha，識蘊），而與「概念的聚合」（sanjñā-skandha）及其他聚合（skandha，蘊）區分開來。徹氏強調，這種看法在大乘中完全變了樣。早期的觀念論者無著（Asaṅga）與世親（Vasubandhu）否決了外在世界的實在性（reality），把整個認識活動視為對我們的心靈的作用的審察歷程。他們提出阿賴耶識（ālaya-vijñāna，意識的倉庫），以代替外在世界。陳那、法稱否決了這阿賴耶識，視之為靈魂的偽裝形式。他們建立兩個異質的要素：一是非建構性的純粹感

[46] Th. Stcherbatsky, *Buddhist Logic*, I. pp.161-162.

[47] 同前，頁 539。

[48] Th. Stcherbatsky, *Buddhist Logic*, II. p.32.

覺，一是建構性的概念的綜合。他指出，這兩者加上自證（svasaṃvedana）的理論和意象並名稱的理論，成就了佛教知識論的根本特徵。㊾

對於徹氏在上面的說法，筆者有以下的補充與回應。第一，徹氏認為早期佛教已明確區分純粹感覺與概念思考，又把概念思考關連到純粹意識的聚合。按早期佛教倘若是指原始佛教與小乘（說一切有部 Sarvāsti-vāda、經量部 Sautrāntika）而言，我們看不到這內裏有對感覺與思維的嚴格區分。毋寧是，原始佛教很重視苦（duḥkha）的問題和如何以中道（madhyamā pratipad）來解決這個問題。小乘佛教則很強調我（ātman）與法（dharma）的區分：我是空的，法是有的。因而大乘佛教提出我、法二空，以糾正小乘的偏差觀點。至於把概念思考與純粹意識的聚合，而以第六感官來說後者，則明顯地有胡塞爾現象學的思想在裏頭。胡氏以多束意識（Bewuβtsein）的聚合而成自我（Ich），而又把自我的焦點放在意識之中，這意識正是唯識學所說的第六意識，或徹氏所說的第六感官。不過意識能否說是一種感官，頗值得商榷。第二，徹氏以概念的聚合來說 sanjñā-skandha，恐怕也有問題。sanjñā-skandha 通常作想蘊看，為五蘊之一，其作用是取像：執取對象的形象，或記取對象的形象。這牽涉形象的問題，與感覺有一定的關連，不是純粹的概念的聚合問題。徹氏的用詞，並不夠精確（precise）。第三，說無著與世親把認識活動視為對心靈的作用的審察，很明顯地是預設了心識的自己認識這一前提。即是，我們對對象的認識，是以對象給予我們的形象（ākāra）為準的。我們確實地知道對象的形象存在於認識之中，但對於對象，依唯識學的一切唯識（vijñaptimātra）的立場，不承認外界實在，因而不能說對象是外界（識之外）實在，則它的來源只能在心識中說。於是，我們認識對象的形象，在唯識學的系統下只能說我們認識由心識所給出來的形象。在這種情況下，認識者是我們的心識，作為被認識者的形象也是來自心識。這樣的認識活動正是心識或識的自己認識，這亦即是徹氏所說的認識活動是對我們的心靈作用的審察。但徹氏說得太快，太簡單，讓人難以明白。特別是，識的自己認識問題，要到陳那、法稱的階段才被矚目，並不流行於無著、世親的年代。第四，徹氏認為無著、世親提出阿賴耶識來代替外在世界。他的意思應該是我們面對現象世界的種種事物，不能

㊾ *Buddhist Logic*, I. pp.173-174.

說它們在外在世界有其根源，但又要交代這些事物是怎麼來的，於是唯識學者便提出第八阿賴耶識，以之為一切事物的存有論的根源。此中的關鍵性概念是種子（bīja）：它含藏於阿賴耶之中，是一切現象事物的潛在狀態，只要條件具足，這種子便能現行，以現象事物的姿態呈現。徹氏說唯識學者提出阿賴耶識來取代外在世界，便是這樣的意思。不提種子，一切便無從說起。第五，徹氏說陳那、法稱否決阿賴耶識。倘若從存有論方面這樣說，便有問題，起碼就陳那來說是如此。如上面我們研究陳那的《觀所緣緣論》所示，陳那提到「本識」、「異熟識」，都是指阿賴耶識而言，他何曾否決阿賴耶識呢？最後，徹氏總結陳那、法稱的認識論有三要素：非建構性的純粹感覺、建構性的概念的綜合和自證。這很明顯表示他自己心目中已有一套認識論，那是康德形態的。非建構性的純粹感覺相應於康德的感性（Sinnlichkeit），其作用是集取外界的感覺與料（sense-data）；單靠它，是不能成就對象（Objekt），不能建立知識，故是「非建構性的」，至於「純粹」，則是指沒有思維、概念成分，純然是感官方面的接觸。建構性的概念的綜合則相應於康德的知性（Verstand），其作用是以範疇概念來整合由感性或非建構性的純粹感覺由外界得到的感性的資料（sensuous materials）；範疇（Kategorie）具有規限、範式義，能夠整理感性的資料，使成為對象。知識（Erkenntnis）正成立於對象的形成之中。徹氏所謂的「建構性」，正是指感性的資料的被範鑄、被鎖定為對象言。建立了對象，也建立了知識。至於徹氏所說的「自證」，則是以當事者自己為證知的對象（泛說的對象），這約略相應於康德的睿智的直覺。但這只是約略相應而已，雙方的差異仍然很明顯。康德的睿智的直覺是知了對象的物自身（Ding an sich），而不是知了對象的現象（Phänomen）。陳那、法稱他們說的自證，則是證知當事者對對象的形象的認識，它的所對的、所證知的，是當事者自己與形象之間所成立的認識活動。不管是對象、形象或整個認識活動，都不能離開認識者的心識所能覺識的範圍，所謂「自證」，正是指對於這種自己進行認識活動的整體事件的證知。這樣的證知，應該不是對對象的現象層的證知，而是對處身於認識活動之中的當事者自己的證知。但這當事者自己是否能超越現象層面，而以物自身的姿態被證知，我想還是很難說。康德對於自我的理解有三個層次：現象的自我、物自身的自我和純粹是作思考活動的一種智思的自我，這是沒有任何經驗成分而只有思維內容的自我。徹爾巴特斯基所說的自證，對這三種自我中的任何一種都不具有足夠的相應性。我在這裏把這自證與知了物自身的睿智的直覺拉在一起的，的確有點勉強，在這一點上，筆者也不能說服自己。

毋庸置疑，徹爾巴特斯基是近現代最傑出的佛教學者之一，筆者在上面對他的負面評論，例如他在比較德國觀念論特別是康德的知識論與陳那、法稱的知識論方面欠缺精確性（imprecision），也無損於他的大師的地位。在近現代的國際佛學研究界，我們很難找到像他那樣在文獻學與哲學分析方面具有既深且廣的學養的學者。在文獻學方面，他有深厚的梵文、藏文的訓練，又通俄、德、法、英諸種現代佛學研究的語文（他的《佛教邏輯》本來有德文、法文的底稿，其後又以英語更詳盡地、周延地寫一遍，這便是我們今日所用到的 *Buddhist Logic*）。他只是不涉日文，和只能讀漢譯的印度佛典而已。在哲學方面，他對西方與印度哲學知得很多，特別是康德的批判哲學。也是由於這點，他喜以康德哲學的概念、理論來解讀佛教特別是陳那、法稱的知識論。雖然他的解讀有不少欠精確性之處，但在輪廓上、規模上，他的這種解讀的比較方式，還是很有啟發性。他在知識論方面，為佛教哲學與康德哲學建立了很寬廣的比較平臺。在這一點上，後學做得還是很不足夠。

八、認識機能與認識對象之間的關係

以上數節我們基本上是單獨地探討認識對象和認識機能。在這一節中，我要把兩者拉在一起，看它們兩者的互動關係。一般意義的知識，需要這兩者具足而又經過認識活動，才能出現。在這裏，我們還要回歸到「量」（pramāṇa）一語詞，作些說明。按 pramāṇa 這一字眼在佛教特別是陳那的認識論中，其涵義並不是很清晰、確定。它可以具有以下諸項意思：認識手段、認識方式、檢證的過程，也可以直接地指知識本身。這最後一點可能是 pramāṇa 的最為適切的意思。一說到知識，我們還是離不開認識主體與認識對象之間的關係，這兩者在陳那來說，分別是現量與比量。為了精確地了解陳那在認識問題上的觀點和對認識對象的實在性的評估，我在這裏仍是從現量、比量和它們分別的對象說起。《集量論》說：

sva-lakṣaṇa-viṣayaṃ hi pratyakṣaṃ sāmānya-lakṣaṇa-viṣayam anumānam iti pratipādayiṣyāmaḥ.（*PVBh*, p.169.9-10）

這段文字顯示出典型的知識或認識活動的綱要：現量以自相（sva-lakṣaṇa）為對象，比量則以共相（sāmānya-lakṣaṇa）為對象，以進行認識活動。自相具特殊的個體性，不能被概念化。共相則是普遍性格，由意識從多數個體物抽出它們共同擁有的特性而成，因而是概念。就實在性（reality）而言，陳那認為，只有自相具實在性，共相則不具實在性。對應於這兩種對象，分別有兩種認識手段（vyavasthā）來認知：現量認識自相，比量認識共相，兩者絕對不能相混。這與正理學派的說法不同，後者認為同一對象可為不同的認識手段來認知。

進一步，陳那以一種綜合的活動來看認識問題。他認為，認識手段（pramāṇa）或認識者與被認識的對象（prameya）的區別與關係，只是譬喻地設定（upacaryate）而已，這是形象上的區別（-ākāra-bhedena pramāṇa-prameyatvam upacaryate，ākāra-bhedena 是關鍵字眼，以具格表示，即是以形象的區別來展示之意）。（*PVBh*, p.393.30-31）陳那的意思是，此中實際上沒有這種區別，只有自己認識（svasaṃvitti）整個活動、整一活動而已，沒有認識主體與認識對象的分別。[50]

對於這種分別或分化，陳那更提出二邊三個部分的說法：在認識對象方面是對象（prameya），在認識主體方面是手段（pramāṇa）和結果（phala），並提出這三者的不可分性如下：

yad-ābhāsaṃ prameyaṃ tat pramāṇa-phalate punaḥ grāhakākāra-saṃvitti trayaṃ nātaḥ pṛthak-kṛtam.

---

[50] 在護法的唯識學來說，識變現相分（nimitta）而自身以見分（dṛṣṭi）來了別、執取相分，亦只是施設性地、方便地、分析地這樣說，這是分別、構想作用（parikalpita），在真理（satya）方面，只能說整個認識活動、執著活動（在唯識學來說，認識常為執取所伴隨），或者說，是識的虛妄活動。就存有論言，這正是只是識、唯識（vijñapti-mātra）的意思。

這是《集量論》的說法。[51]

但通常我們視認識活動為有兩個面相（dvi-rūpa），這即是自身形象（sva-ābhāsa）和對象形象（viṣaya-ābhāsa）。為甚麼是這樣呢？這自身形象與對象形象是否分別相應於認識主體與認識客體呢？陳那的答覆是，這是由於有「對對象的認識」與「對該認識的認識」之故。《集量論》說：

viṣaya-jñāna-taj-jñāna-viśeṣāt tu dvi-rūpatā.（*PVBh*, pp.403.17, 425.12）

即是說，認識活動包含作為對象的「對象的表象」和作為主體的「自己的表象」。這分別相應於「對對象的認識」與「對該認識的認識」。陳那解釋說，倘若認識活動只有一個面相，只有對象的表象或只有自己的表象，則在前一瞬間被認識的對象在跟著而來的認識活動中便不能出現。因為前一瞬間的對象在跟著而來的認識活動生起後便不存在了，這樣便不能成為跟著而來的認識活動的對象。《集量論》在下面的說法，正表示這個意思。

na cottarottarāṇi jñānāni pūrva-pūrva-jñāna-viṣayābhāsāni syus tasyāviṣayatvāt.（*PVBh*, p.409.1-2）

對於陳那這樣說，我的推斷是，在認識活動中，對象的表象是被認識的客體，自己的表象則是認識的主體。倘若只有前者而沒有後者，則對象的表象能否在整個認識活動中自我同一地持續下去，便成問題。若同時兼有自己的表象，則這自己的表象如同整個認識活動，它能確認對象的表象的同一性，特別是在認識歷程中的自我同一性，認識活動便能持續著發展，而不會中斷。

至於在認識活動中的認識者對於被認識的對象的認識，陳那在他的《觀所緣緣論》中有明確的說明，並關連著第八阿賴耶識及其中的功能或種子來闡釋。他以根

[51] *Nyāyamañjarī of Jayantabhaṭṭa*. Kashi Sanskrit Series 106, Benares, 1936, p.67.30-31.此書以下省作*NMañj*。

來說認識者，或識，以境來說對象，以內境色來說認識中的形象。這部論典說：

> 此根功能與前境色，從無始際，展轉為因，謂此功能至成熟位，生現識上五內境色，此內境色復能引起異熟識上五根功能。根境二色，與識一異，或非一異，隨樂應說。如是諸識，惟內境相為所緣緣，理善成立。（《大正藏》31·888 下-889 上）

引文交代五根功能與內境的關係。陳那指出，五根功能與內境從無始以來，展轉為因。五根功能成熟時，生起五內境，這時五根功能為因，五內境為果。接著，這五內境反過來引起異熟識上產生五根功能，這時五內境為因，五根功能為果。根、境與識可說是一，亦可說是異。陳那最後總結說，諸識惟以內境為所緣緣。即是以在認識所得的形象為所緣緣。

在這段文字中，陳那總結了根、境與識的關係。按照他所說，「五根功能」應等同於唯識學所說的種子；而五內境則是現行，因為他說「此功能至成熟位，生現識上五內境色」，這即是種子生起現行。另外，他又說「此內境色復能引起異熟識上五根功能」，這即是現行熏習種子。要注意的是，這裏說五內境是現行，與它們作為五識在認識中所把得的形象，並不矛盾。認識中的形象是以現行亦即是具體的、顯現在識之前的東西說的，不是以潛藏在阿賴耶識中的種子說的。

綜合來說，陳那認為整個認識過程都是識的內部作用。本識的五根功能成熟時生起五內境，此五內境作緣生起五識，同時，這五內境的相或形象顯現在五識之中，由此構成了認識。在這種關係中，五內境成為了五識的所緣緣。

九、範疇問題

範疇理論是認識論或知識論中極其重要的一環。它的作用是就普遍性相方面規限、鎖定現象，使之成為認識主體的對象。範疇作用的結果是對象的成立，而嚴格意義的知識論的知識，是建立在對象的基礎上的。對象的認識論的意義，在於它是一種已客觀化了的東西，而建立在這種已客觀化了的東西之上的知識，應有其客觀性。在它的實體、屬性、運動等重要面相上有一定程度的固定性、堅穩性，與認識者的主觀情緒、感受沒有根本的關連。對於一個月亮，情緒欠佳的人看它會覺得它淒冷，熱情的人看它會覺得它溫暖、明亮。這種情況的發生，是月亮尚未成為一個客觀化的對象的緣故。倘若它已經過範疇的範鑄作用而成為一客觀的對象，則它可以平等地為多個人所認識，而對它形成知識，這些知識有客觀性，不因當事人的主觀感受或情緒所影響。

範疇論的重點在範疇與對象的關連，而不在範疇的數目。亞里斯多德立十範疇，康德立十二範疇，懷德海的範疇理論很複雜，範疇的數目也特別多。印度各派，包括正理派（Naiyāyika）、勝論派（Vaiśeṣika）、數論派（Sāṃkhya）、吠檀多派（Vedānta）都各各有自己一套範疇論。佛教各派也各自有其範疇論。中觀學的龍樹以八不來表示他對對象世界的自性見的否定，他提出八個範疇，但都以否定態度提出。這八個範疇是生、滅、一、異、常、斷、來、去。陳那則站在要建立現象世界、經驗世界而提出他的範疇論。

蘇聯學者徹爾巴特斯基（Th. Stcherbatsky）對於陳那的範疇論有頗為多面的、周延的研究。我在這裏姑闡述他在這方面的說法，在有關地方也會作些評論。徹氏表示，正理勝論派（Nyāya-Vaiśeṣika，這是正理派與勝論派的結合）的範疇有七個：實體、屬性、運動、普遍性、分化、內屬和非存在。這是以句義（padā-artha，名稱）來表示的七種存在狀態或意義。陳那則提實在的五體分別說（pañca-vidha-kalpanā）。這其實是有關名稱的分類（nāma-kalpanā）：專有名稱（分別）、類（普遍）、屬性、運動、實體。按這是徹氏對陳那的說法的轉述，陳那自己所用的字眼則是：名稱（nāman）、種屬（jāti）、性質（guṇa）、動作（kriyā）和實體（dravya）。此中的動作也可作運動狀況看。徹氏自己跟著解釋說，這都是名稱，不是物件（svasiddhaiva kevalā kalpanā[nāma-kalpanā]）。他舉例說明，一個物件能隨意以聲音（非詮義的專有名稱）來命名，如「達多」（Ḍiṭṭha，沒有意義的聲音）。在類名方面，可被貫以「牛」。在屬性名稱方面，可被貫以「白」。在動詞方面，可被貫以「煮食」。在實體方面，可以另一實體來說，如「棍棒的持有人」、「角的持有者」、「有角的」。（*TSP*, p.369.23ff.）對於陳那的範疇說，徹氏認為，專有名詞並不真正是個人的名稱，它們實際上是一般的名稱。他引述蓮華戒（Kamalaśīla）的說法：雖然像「達多」一類名稱一般被視為專有名稱，但由於它指涉一綿延的存在，由生起到消失，它不能指述一個在每一瞬間都在變化和與其他東西沒有共通性的實在物件，它所著意的亦是一個類，內屬於一個物件中的類。（*TSP*, p.370.17ff）㊾但徹氏指出，由於這種名稱不詮義，它們還是從系統中被區分開來。（ta eva bhedā avivakṣita-bhedāḥ sāmānyam iti, *TSP*, p.370.27）至於實體，如「棍棒的持有人」、「角的持有者」、「有角的」，可稱為「具有性的形容詞」（possessive adjective, daṅḍī, vasāṇī）。它們是次元的實體，表達其他實體的特性。㊿徹氏以為，只有事物的第一本質永遠不能成為謂語，所有其他實體都可成為其他對象的性質。因此，就實情來說，它們是次元的或譬喻性格的實體。它們可以是實體，也可以是性質。倘若是實體，則它意味著一個性質的具有者。[54]重要的是，徹氏指出，所有性質的終極的和真正的具有者是物自身。一切被建構的對象，可以作為實體的性質，但當它們被定性為具有其他實體，便可以譬喻地被視為實體。按在這裏有很濃厚的相對相關的關係：A 可以為 B 所具有，則 A 是一種性質、特性，但當 A 被視為具有 C，則 A 便被視為實體了。A 的是實體抑是屬性、特性，要看它在有關脈絡中與其他物體有甚麼關係來決定。

徹氏作總結說，倘若以陳那的範疇思想與正理勝論派的作比較，則他其實只有三個基本範疇：實體、屬性、運動。普遍性一範疇需要除去，因為所有範疇都具有普遍性。分別範疇就終極的分別一義來說，亦需除去，因為它是在每一對象的底層

---

[52] 徹爾巴特斯基在這裏的解說，意思不是很清晰，需要解釋。像「達多」這樣的名稱，作為專有名詞看，好像很自然地可用到與這名稱相應的人物方面。但人物本身是生滅法，不停變化，沒有一常住不變的狀態，而「達多」這名稱有要求它所指涉的東西具有常住不變性的意涵。即是說，「達多」是個死的專有名詞，它所指涉的，卻是一個刻刻在活動、在變化的人物，與任何其他東西都沒有完全的交集性的人物，則名詞與實物怎能相應呢？之所以有這樣欠缺清晰性的情況，與其說是由於徹氏說明得不夠好，毋寧應說佛教知識論並不太重視範疇問題。到了陳那、法稱的階段，在處理範疇問題方面，還是在多處做得不夠周延。我們不能以既深且廣地開拓範疇理論的康德的表現作準來批評陳那、法稱。約實而言，陳那的範疇論已稍具規模，法稱在這方面好像沒有作過努力，交了白卷。我以之詢問法稱認識論研究專家戶崎宏正，他也說法稱在範疇問題上沒有建樹，不知何以如此，云云。

[53] 例如「棍棒的持有人」表示人持有棍棒，這棍棒是實體，是次元的實體，它表示為人所持有，表示作為實體的人持有棍棒這樣的特性。

[54] 例如人是實體，則它意味著棍棒的持有者，具有棍棒便是性質。

的不能言詮的要素。[55]按我們可以這樣理解徹氏的這種觀點：範疇本身具有建構性，建立對象的世界。這是一個言詮的世界，一切都在言說範圍之中。分別或分化是在對象的底層，是對象的成立的基礎；它可以詮述某些東西，但自身不能被詮述，故不符合範疇的言詮性格。

範疇是建立對象世界的基礎、根本概念。西方哲學重視存在世界、對象世界，因此有比較複雜的範疇理論，範疇的數目也很多。康德的範疇論更是整然有序，富有系統性質。他把範疇分為四大類：量、質、關係、模態諸種類，每種類又由三個範疇構成。再加上感性作用的時間、空間形式，總體上有十四個範疇。懷德海的範疇論更為繁複。東方哲學未有像西方哲學那樣重視對象世界，它的終極關心不是要建立一套存有論，而是要超越對象世界，建立有救贖義的精神境界。它一方面設立對象世界的範疇，這是世俗諦的範疇，如上面提到的正理勝論派和陳那的範疇理論。在超越世界方面，我們也可以說它有勝義諦的範疇，如有（Sein）、無（Nichts）、空（śūnyatā）之類，但這是另類的範疇了。陳那本來立五個範疇，徹爾巴特斯基進一步濃縮為三個：實體（dravya）、屬性（guṇa）和運動（kriyā）。他的分別和普遍，相當於一般所謂特殊性（particularity）和普遍性（universality）。徹爾巴特斯基把這兩個範疇排除開來，其理由如上所說。我認為這兩個概念的確可以從範疇內裏排除掉，但不必依徹氏所提的理由。我的意思是，在對象世界或世俗諦中，特殊與普遍在意義上相互矛盾，雙方同時作為範疇以描述對象的普遍性相，是有問題的；[56]只保留其中一個而捨棄另一個，又嫌偏頗。只有把兩者同時揚棄，才沒有矛盾的困難。範疇的數目，本來便沒有嚴格規定，減少兩個，並不礙事。

在餘下的三個範疇中，實體與屬性可以互轉，如上面所說。至於運動，則是指

---

[55] Th. Stcherbatsky, *Buddhist Logic*, I. pp.217-219.

[56] 作為範疇的特殊性與普遍性不可同時存在於嚴格意義的對象之中，或世俗諦的事物中，是很明顯的，不必多作解說。但這兩種性格卻可以同時存在於本體（noumena）或物自身（Ding an sich）層面的事物中，則需要作些解釋。此中的要點是，本體、物自身的世界是絕對的、超越的世界，其中一切事物都自由自在地遊息於其中，沒有時間性，也沒有空間性，也不受範疇概念的範鑄。在它們的存在性中，特殊性與普遍性可以同時並在而不相妨礙，此中並沒有相對性的東西，也沒有與這相對性相對的絕對性。華嚴宗的事事無礙法界的事物與京都哲學家西谷啟治所提的空的存有論中的事物自體，都可說是這種世界的東西。

對象的存在狀態。在這一點上，對象或是處於靜止狀態，或是處於活動狀態，都有困難。對象若是靜止，則它的發動，需要有效的原因；對象若是活動，則它的靜止，同樣需要有效的原因。實際上，以靜止與活動來說對象的存在狀態，過於死煞；另外，對象的狀態的轉變需要有效的原因，這原因問題，也不易處理。我認為對象是生滅法，是變化著的，故絕對的靜止是不可能的。我們只能說對象總是在活動中的，它的動感有強有弱，當弱至我們的感官無法確定它的活動程度，便說它是靜止了。故靜止與活動，只是動感、動勢不同罷了，世間決無絕對靜止不動的東西。基於這個理由，我們可以接受運動作為對象的一個範疇。57

十、分別與離分別

陳那的知識論建立在現量（pratyakṣa）或直接知覺上，他的邏輯（狹義的邏輯）則建立在比量（anumāna）或推理上。這現量與比量構成了他的知識論中的兩個機能或手段。通常我們說起他的知識論或認識論，是就現量說，其作用是把握、現證對象的自相（sva-lakṣaṇa）或特殊相，其比量則理解對象的共相（sāmānya-lakṣaṇa）或普遍相。上面的闡釋，主要是說明這些問題。現在我們集中說現量與比量之間的關係，進一步看他的兩種認識手段的意義與互動。這互動並不必只指兩者的正面的合作，也可指兩者的負面的排斥。現量與比量的互動的適切性在於後者。

即是說，現量是離分別的，這是透過排除（apoha）的思維來說現量。要了解現量，便得先把握分別，才有離分別可言。一般來說，分別（vikalpa, kalpanā）是指概念構思（conceptual construction），透過概念、言說來作指謂。在陳那來說，一切與名稱（nāman）、種屬（jāti）關連起來，便是分別。陳那在《集量論》中說：

> ...... nāma-jāti-ādi-yojanā.（*TAV*, p.53.29）

說得直截了當一點，所謂分別是把名稱配置到實物上去。名稱是類名，實物是個體

---

57 關於範疇問題，下一節會有進一步的探討。

物；把具有普遍性的概念配置到性質相同的一類事物中去，以概念來概括該具有相同性質的分子，讓它們從不同性質的東西方面區分開來，便是分別。進一步說，把一個東西從另一東西方面區分開來，而給予特別不同於另一東西的名稱，都是分別。以「孔子」來說（denote）儒家的開祖，又以「孟子」來指謂在孔子之後而為孔子思想建立理論基礎的繼承者，便是分別。

對於這種冠以名稱以分別事物的例子，陳那在《集量論》中列舉如下（這與上面說到的事例有重疊的情況）：

> yadṛccha-śabdeṣu hi nāmnā viśiṭo 'rtha ucyate ḍittheti, jāti-śabdeṣu jātyā gaur iti, guṇa-śabdeṣu guṇena śukla iti, kriyā-śabdeṣu kriyayā pacaka iti, dravya-śabdeṣu dravyeṇa daṇḍī viṣānīti.（*TSP*, p.369.23-25）

即是，在專有字眼（yadṛcchā-śabda）上，一個東西（artha）可以一字眼如「達多」（Ḍittha）作為名字（nāman）被區別開來。在種屬字眼（jāti-śabda）方面，一個東西可被說為「牛」（go）來區別其種屬。在形容性質的字眼（guṇa-śabda）方面，一個東西可被說為「白」（śukla）來區別其性質。在動作字眼（kriyā-śabda）方面，一個東西可被說為「煮食」（pācaka）來區別其動作。在實體字眼（dravya-śabda）方面，一個東西可被說為「持竿者」（daṇḍin）或「負角者」（viṣāṇin）而被區別出來。58在這裏，陳那把他自己立的五個範疇逐一列舉出來；它們是名字、種屬、性質、動作、實體。59我們在這裏要特別注意一點：對於這五種範疇的名目，陳那都用處格或於格（locative）來表示：-eṣu，即是，在這五種範疇名目之中，陳那都相應地提出一個具體例子作為佐證，這對讀者來說，非常有用。之所以用處格或於格來說那些範疇的名目，正表示這些範疇名目可概括多個分子，表示它們在涵概上的廣遠性。或者說，它們都有很廣闊的（extensive）的外延。

58　有關這段文字的意思與發揮，也可參考 M. Hattori, *Dignāga, On Perception*, p.25。

59　在範疇的個別提舉方面，陳那的範疇名目與當時的印度的實在論者所提的有重疊之處，例如實體、性質、動作等，不過，他們稱實、德、業。

這些範疇都有一共同點，那便是分別性（distinguishment, discrimination）。這是與現量的最大不同點。現量是當前對對象（泛說的對象）的現證，對於對象不起任何分別、思辨，只是如如地與對象相照面，成為一體。故陳那以「離分別」（kalpanāpoḍha）來界定現量，那是通過排除（apoha）的方式來展示的。所謂排除，即是把不是 A 的要素都全部否定、排棄，餘下的便是 A 了。此中自然有辯證的意味在內。印度學者柏來薩特（J. Prasad）也指出，陳那認為，直接知識（pratyakṣa，柏氏以直接知識說現量，應以直接知覺來說才對）是遠離構想分別的，而且與名稱、種屬等沒有連繫（nāmajātyādyasaṃyutam）。❻⓪柏氏指出，陳那在這裏未有依慣例提及五種感官對認識對象的接觸，這樣便可以讓這種說法可以概括心靈的認識（mano-vijñāna）、自我意識（ātma-saṃvedana）和神秘的認識（yogi-vijñāna）。後三者在法稱的《正理一滴》（*Nyāyabindu*）中被視為直接知識。❻①按陳那說直接知識或直接知覺與名稱（nāman）、種屬（jāti）沒有連繫（asaṃyutam），正符合他的「現量除分別」的對於現量的理解的根本原理，名稱、種屬都是範疇，後者是分別的基礎。柏氏的指陳不錯。這是第一點。至於第二點，柏氏認為陳那說到現量，不依慣例提感官與對象的接觸，表示感官不一定要接觸對象才能成就認識，這樣，像心靈的認識、自我意識與神秘的認識，也可以納入現量的認識中。這個意思頗有思考、研究的價值。倘若現量的認識包括上述的三種認識，則現量的認識層次可以大大提高，它不單止能認識一般被認為屬感性、經驗層次的對象的自相，更能具有智性的或睿智的（intellektuell）能力，以認識物自體、本體。但陳那作為一個西方意義的認識論哲學家，其關心的焦點應該不會超出可能經驗範圍的對象，他的認識論所指涉的認識機能或認識手段：現量與比量，應該只相應於康德的感性與知性，倘若現量可包含心靈的認識、自我意識與神秘的認識，則它的認識層次勢必提升，提升至康德的睿智

---

❻⓪ 按這個語詞或複合詞是印度學者維地雅布薩納（S.C. Vidyabhusana）依《集量論》（*Pramāṇasamuccaya*）的藏譯還原為梵文的寫法。（S.C. Vidyabhusana, *A History of Indian Logic*. Delhi: Motilal Banarsidass, 1978, p.277）維氏的還原用梵文天城體（Devanāgarī）印出，柏氏在他的《印度知識論史》（*History of Indian Epistemology*）中轉寫為羅馬體，有很多錯亂。（p.119. note 2; p.120）

❻① J. Prasad, *History of Indian Epistemology*. p.119.

的直覺（intellektuelle Anschauung）的層次。這樣，現量所認識的對象，應該包含對象的自相（sva-lakṣaṇa）和物自身（Ding an sich）了。❻❷我想陳那的認識論未到那個程度，自相不是物自身。如以禪宗流行的山水公案來說，在看山水的三個階段中，自相比較接近第一階段的山水，不是第三階段的山水。❻❸倘若是這樣，則自相是為感性或感性直覺（Sinnlichkeit）所認識，而成為對象。而物自身則為睿智的直覺所認識。自相與物自身在不同的認識主體的認識活動中成立，它們不可能是同一東西，不可能是等同的。

戶崎可能會回應：自相是無分別的，為現量所認識，而現量是離分別的。自相與現量正好在離分別、無分別一點上具有共通性。但問題在：無分別的自相，是否一定是物自身呢？而作為認識者的現量也是無分別的，但這沒有分別的現量是否一定是康德義的睿智的直覺呢？這都是很值得討論、商榷的問題。筆者的看法是，自相不管是怎樣沒有分別，它畢竟是感性或感性直覺的對象，它是呈現在我們的感官面前的，是現象（Phänomen）的層次，為現量所認識。物自身（Ding an sich）則是超越乎作為現象的自相之上，是本體的層次，為睿智的直覺所認識。自相與物自身是層次不同的東西，我們不應「無分別地」把這兩者混同起來。❻❹

---

❻❷ 二〇〇七年六月我經過日本九州的福岡市，往訪住在附近太宰府市的戶崎宏正，閑敘於茶室。我提到陳那的自相（sva-lakṣaṇa）和康德的物自身（Ding an sich）。戶崎說 sva-lakṣaṇa 即是 Ding an sich，我頗不以為然。

❻❸ 第一階段的山水是一般感官所對的山水，是沒有分別意識的山水，山水作為對象與觀者作為主體混成一片。第二階段的山水是有分別的山水，這是自性分別，分別山水為有自性，不見它們的緣起性格（pratītyasamutpāda）。第三階段的山水的自性見被排除，臻於空、無自性的見地，這是山水的本質。山水作為對象和觀者作為主體實際上由主客的二元對待關係被克服、被超越，而成為絕對層次或性格的存在物，山水的特殊性與普遍性能夠並存而不相妨礙。

❻❹ 自相與現量是沒有分別性的，這沒有問題。但物自身與睿智的直覺是否也是沒有分別性呢？這是一個煞費思量的問題。京都哲學家西田幾多郎提「純粹經驗」，聲言這種經驗沒有感性內容，也沒有分別，他又以這純粹經驗來說絕對無，後者是具有終極義的主體與客體的統合，更確切地說應該是主體與客體的根源。由於這是終極真實的層次，故無一切分別、二元的對待性可言。就這點來說，籠統地說，純粹經驗可說是相當於康德的睿智的直覺的活動。但就佛教方面來說，唯識學（Vijñāna-vāda）特別是護法（Dharmapāla）的《成唯識論》（*Vijñaptimātratāsiddhi-śāstra*）講轉識成智的義理與修行，提到作為諸種智的綜合體的大圓鏡智（ādarśa-jñāna）不愚不迷一切境相，對於境相、對象不愚不迷，自然對這些對象具有分別的作用，這顯示即使在最高主體性來

「分別」在梵文中有時作 vikalpa，有時作 kalpanā。vikalpa 是較常見到的字眼，其原來意思，是以字眼來表示的知識（śabdajñānupāti），其自身是不具有對象的（vastuśūnya）。既不指涉對象，則這 vikalpa 的分別意，純粹是主觀的觀點或分別，與客觀的對象世界無關。或者說，這 vikalpa 涉及對語言的處理問題。說到語言的問題，徹爾巴特斯基提到，陳那認為由文字語言帶導出來的知識，與推理無異。名稱只能透過拒斥與自己相反的意涵，以表示自身的意義。㉟

徹氏所說的推理，即是比量（anumāna）。陳那認為推理是有分別性的。徹氏強調陳那的追隨者堅持智思的獨特工作是作概念思維和作判斷，它不應含有感性的實在（sensuous reality），而只應是給予名字（nāma-kalpanā, artha-śūnyaiḥ śabdair eva viśiṣṭā）的機能。例如法稱、法上等即承其說，把建構性的智思或概念的判斷界定為把握可言詮意象的機能。這可言詮性是判斷活動的特性。㊱關連到這點，我們可以說，可言詮性即是分別，這種性格的關鍵即是概念，分別的關鍵也是如此。超越言詮的範圍，或概念所不能表述的範圍，便是離分別、無分別。

說，分別還是不能捨棄的，也不必捨棄。另外，天台智顗也曾說除無明有差別，表示要掃除一切無明（avidyā）的染污性，但還是要對現象世界的諸法或事物加以區別，不要一合相地把它們視為空，視為無自性。這些事物自然是空的（śūnya）、無自性（asvabhāva）的，但這是從第一義諦或終極義說是如此，從生活世界來說，它們還是各自不同，各自具有自身的形相與作用，此中便不能不說分別了。由於這個問題的深微性格，我在這裏姑暫擱下不論，希望以後有機會作進一步深、廣的探討。

㉟ *Buddhist Logic*, I. p.459.這裏又帶出排除（apoha）的思想。另外，由文字語言帶引出來的知識，徹爾巴特斯基認為等同於推理，這即是由純推理所得的知識，與實際的世間沒有關係，這「知識」並不表示對實際的世界、歷史有所知。這在三段式的推理來說，便是如此。由大前提與小前提合，而得出結論，只要推理的程序合乎邏輯，則結論便為有效，它不必與現實世界有任何聯繫。例如我們以「凡是貪錢的都是賣國賊」為大前提，以「文天祥是貪錢的」為小前提，則依推理規則，我們可合法地推導出「文天祥是賣國賊」的結論。這結論當然不合乎歷史現實，但它是有效的結論。

㊱ 同前，頁 225-226。

十一、穆克己論分別與離分別

印度學者穆克己（S. Mookerjee）在論到佛教特別是陳那與法稱的認識論時，頗具主見性的理解，讓人有深刻的印象。在這裏，我想在關連到陳那與法稱的分別與離分別的觀點方面，考察一下他的看法，並作出回應。穆克己說到法稱（這同時適合於陳那）論分別（kalpanā），很重視 yogya（competent，涵概）這一字眼，表示對概念性認知的包涵。他認為（這當是就法稱的觀點說），即使是小孩在未學習語言的使用之先，亦有簡樸的判斷，與思考相連起來。他甚至認為，嬰兒在出生之日，他的知識亦不脫觀念思維。例如，他在看到母親的乳房和接觸它時，便停止哭泣了。穆氏認為，這種知識預設一個動作：把一個現前的感覺與料關連到一過往的經驗上去，這種認識上的同一性有相連於字眼的涵概性。概念思維即存在於某些內容的不確定的、模糊的呈現中（aniyatapratibhāsatvāt，按這裏是用主要字眼 pratibhāsatva 即呈現性的具格或奪格 instrumental，表示從呈現性方面來看之意）。這不確定性是由於缺乏感覺與料而來，後者是確定的、不變的呈現的原因。但當客觀的與料不在眼前出現，而概念思維獨立於這客觀的實在之外生起時，內容的呈現便缺乏直接知覺認識的清晰的飽滿性和鮮明性了。穆克己強調，概念的知識（vikalpa）具有一種過往的和未來的指涉，能確認經驗的過往的和現前的與料，因此是真正的知識，這是基於和決定於現前的事實的知識。[67]按穆氏的這種看法的思維背景，表面上是休謨（D. Hume）式的知識論，實際上是康德（I. Kant）的知識論。嬰兒見到母親的乳房而想到有奶吃，便不哭了。這表示他能把乳房與吃奶關連起來，又記憶起過往的經驗：看到和接觸到乳房，便有奶吃了。休謨正是運用這種論證來否定因果關係。這與清晰而確定的知識沒有關連。這樣的知識，來自離分別性的確定的感覺與料，再加上分別性的概念思維的生起而在這些感覺與料中作用（穆氏以客觀的實在字眼來說感覺與料，並不諦當），雙方都具足，便能有真正的知識生起。確定的感覺與料是由感覺從外界受納過來的，這感覺正相應於康德的感性；而概念思維則是範疇的作用，這正是康德眼中的知性的作用。感性（Sinnlichkeit）與知性（Verstand）合作而生知識，正是康德知識論的要義。不過，

---

[67] S. Mookerjee, *The Buddhist Philosophy of Universal Flux*. pp.282-283.

穆氏的所述，有一點頗為難解；他說感覺與料是確定的和不變的呈現的原因。光是靠感覺與料是很難說呈現的，除非這些與料被看成是物自身。這些與料必須在知性範疇的範鑄作用下，才能呈現，而且以對象的方式或身份呈現。穆氏以感覺與料為客觀的實在，確定而不變，的確近於經量部的外界實在的立場。

便是由於思想上接近經量部，穆克己不同情思維知覺的說法。他提到，有些思想家認為我們需要設定思維知覺，俾能交代分別（vikalpa）的生起。感官知覺沒有生起概念思考的能力，後者純然地是智思性的，需要依賴智思性的質體作為其生起的原因。因此便認為意識（mano-vijñāna，即思維知覺）可作為不決定的感官知覺與決定的詮釋性格的知識之間的媒介，而發揮其效用。不過，穆克己自己不是很支持這種看法。❻❽按意識自身是思辨性格，只能思想、記憶、推敲，但沒有直覺或知覺的作用，以之為感官知覺與決定的知識亦即是能提供概念的知識之間的媒介，實無必要。意識自身相應於康德所說的知性，它自己尚且要找媒介以與感官知覺相關連，又如何能作為感官知覺與智思性的質體通連的媒介呢？實際上，意識便可以被視為一種智思能力，而五感識則有感官知覺作用，雙方需要一仲介才能相連。康德便在類似的脈絡下提出構想力（Urteilskraft）以連結感性與知性。當然康德也要以構想力來連接純粹理性與實踐理性。後期印度佛教流行的意識現量的說法，顯然與這點有關連。即是，有一種認知機能，它既能表現感覺的力量，同時也能進行思維、分別，讓感覺所得的資料、材料對象化，以構成知識。筆者估計穆克己是受到康德知識論的影響，因而不支持思維知覺的設定的提議。

顧名思義，思維知覺是一個複合詞，包含思維與知覺。思維是分別性格，知覺則是離分別性格。雙方的導向相反，穆克己不同情雙方的結合，有他的充分的理據。在這一點上，徹爾巴特斯基有比較圓融、善巧的看法。他提出辯證與排除的思考方式來處理這個複合詞所包含的矛盾。他認為，智思是辯證性格，它常是負面作用的。它需透過拒斥、排斥（apoha）其他的意涵，以確定它自身的意義。例如，白色的東西是通過非白色的東西而被知的，而非白色的東西是通過白色的東西而被知

---

❻❽ 同前，頁 314。

的。[69]徹氏特別喜歡以排除來說辯證法。他認為，佛教的辯證法的要點是，一切概念和陳述這些概念的名稱（筆者按：這即是一切概念與名稱）都是否定性格，因為它們是透過否定其相反面來表達其自身的涵義。[70]這種排除或辯證的思維方式，能否用到思維與知覺的統一上呢？以至進一步用到分別與離分別（思維是分別的，知覺是離分別的）方面呢？在這個問題上我的想法是，倘若我們對存在的認識只有思維或分別與知覺或離分別的話，即是，倘若思維或分別與知覺或離分別能夠窮盡我們對存在的理解的話，以排除或辯證來處理有關的問題，是可以的。但我們理解存在，是否只有分別與離分別兩種相互對反的方式呢？我們能否在這兩種方式之外，提出另外的方式以理解存在呢？對於這個關要的問題，很多傑出的近現代哲學家的回應是肯定的；他們包括康德、懷德海、胡塞爾、西田幾多郎、西谷啟治、牟宗三等。在他們看來，這第三種理解存在的方式，正是睿智的直覺。[71]至於睿智的直覺與分別與離分別的關係為如何，則溢出本文要討論的範圍了。

回返到穆克己論分別與離分別的問題。關於分別（vikalpa）與離分別（nirvikalpa），穆氏提醒說，一個知覺只有在它從分別或限定解放開來（nirvikalpa）的狀態下，才能被視為接觸實在性，即使它不具有實際的用途。而要具有實際的用途，便需要接受限定作用。另外，當我們把限定的反思（vikalpa）帶到知覺上去，後者才會變為有用的知識；而那限定的過程是純粹地智思的（purely intellectual），與實在性毫無關連。未有限定的知覺是沒有實際價值的，只有它被視為對於某些東西的知覺而被限定，才有實際的價值。而所謂限定，是一種反省的、智思的活動，它能確定「這被覺知的東西是藍色，而不是紅色或其他顏色」。[72]穆氏在這裏所說不多，但甚為重要。第一，穆氏認為實在性是從離分別亦即是從分別逸脫出來說的，分別是與實在性無緣的。倘若把這觀點關連到陳那對現量的「現量離分別」的排除性的解讀方面，則穆氏無疑認為離分別的現量（pratyakṣa）較有分別的比量

---

[69] Th. Stcherbatsky, *Buddhist Logic*, I. p.460.

[70] 同前，頁 476。

[71] 如所周知，睿智的直覺（intellektuelle Anschauung）是康德最先用的，用以表示理解存在的第三種方式。這裏提到的其他哲學家並不全用這個字眼，但他們的觀點基本上是相通的。

[72] *The Buddhist Philosophy of Universal Flux*. p.343.

（anumāna）對於展現實在性來說，有更大適切性。第二，分別即是限定，有分別、限定，才能說實際的用途、有用的知識。穆氏雖然沒有說甚麼是實際用途、有用，但他把分別關連到實效方面去，把離分別關連到實在性方面去，是毋庸置疑的。大體來說，分別牽涉概念的運用與操作，這與我們日常生活是分不開的。例如，我們對各種用具有越多知識，便越能運用它們，越能有效地發揮它們的優點，讓我們的生活過得更好。例如電腦。這種儀器對我們的生活有很大的實效，對它越知得多，便越能利用它的效能，提高我們生活的質素。在佛教認識論史來說，陳那開始已很注重知識的實際功效，法稱在這一點上，更為著緊。穆氏對知識的實效性的重視，肯定地受到陳那、法稱的影響。第三，限定或分別是智思的活動，是純粹的概念的思維，與睿智的直覺的睿智很不同，後者常能表現對存在的洞見（Einsicht），因而較易關連到實在性方面去。純粹是限定或分別的那種智思活動則完全沒有實在性（reality）的意涵。

限定即是分別，以概念來層層縮窄存在的外延，最後收緊到作為個體物的東西，於是實在性、真理性與存在的交集便越貧乏。由上面的闡述可以看到，在穆克己眼中，分別與離分別之間，離分別更接近實在性、真理性。而離分別性是表現於知覺中的，這便有離分別的知覺問題。穆氏認為，離分別的知覺是一種單純的、同質的和統一的認識活動。在其中沒有主體與客體、知覺與被知覺的物質的區別，而只是渾然一片。但這種知識（按穆氏也視之為知識，它顯然不是常規的知識）完全是無用的，沒有實用價值。只有在知覺的知識被我們以繼起的反思作用，將之分解為主觀的與客觀的要素，把兩者的關係確認下來時，它才會在我們的實際生活中變得有用（按這是感性、知性所成的知識的效用）。穆克己認為，這是一種基礎的、渾一的經驗（nirvikalpa pratyakṣa），可檢證外在的實在性（external reality）。而那反思性的思考和那關係性的知識則純然是主觀的事情，無與於客觀的實在性：物自身（sva-lakṣaṇa）。[73]穆氏這樣看離分別的問題，有幾點需要清理一下。穆氏以無主客分別、渾一一片的經驗為一種知識，這與我們一般理解的感性與知性結合起來而成的知識不同，後者是有對象性的，前者則無對象性。至於有沒有用，「用」是甚麼意思？穆氏未有

---

[73] 同前，頁 343-344。

說明，他只是順著陳那、法稱的知識論的效用概念說下來。這用可能有實用主義的轉向（pragmatic turn）的意味：對實際的生活有裨益，例如延年益壽，便是有用。但穆氏沒有說清楚，我在這裏也就不多作推敲。另外，有一個嚴重的問題：穆氏以渾一的經驗可檢證外在的實在性。這實在難以說得通。既然是渾一的，便沒有明確的界線，不管是內與外、超越與經驗、自我與世界等，又如何能檢證「外在的」（external）實在性呢？穆氏在此處的思考、闡釋，甚為疏鬆，缺乏嚴緊性。復次，穆氏以反思性的思考和指涉關係的知識只是主觀的事，不涉及物自身方面的客觀的實在性，說法也有缺乏精確性（imprecision）之嫌。所謂反思性和關係性的思考，其實即是智思性的邏輯性格的思考，這有一定的客觀性在其中，與個人的主觀感受、條件無關。何以反而說是純粹主觀性呢？至於物自身，若依康德的觀點，只是一個限制概念（Grenzbegriff），限制知識所能通行的範圍。即是，我們的知識只能達於現象，不能達於物自身。故物自身不能被說為客觀的實在。另外，以物自身為自相（sva-lakṣaṇa），有點像上述戶崎宏正的看法。自相是現量所能把握的對象，它的意義是正面的；或者說，它對於我們有存在性可言。物自身則是消極的限制概念，沒有正面的、積極的性格，也無存在性可說。

最後，穆克己為陳那的哲學特別是認識論定位，以「批判的實在論」（critical realism）稱之，表示陳那的學派，就它是實在性格的（realistic）一面言，較近於康德哲學，反而不近於正理勝論學派（Nyāya-Vaiśeṣika）和彌曼差學派（Mīmāṃsā）。[74]倘若實在論是指陳那以現量認識自相方面具有實在性，但這實在性是在唯識的義理下說，因而有批判性格的話，我以為這樣定位是恰當的，陳那畢竟屬唯識學的譜系，其思想不能說獨立的實在論，說它是批判的實在論，則庶幾近之。

十二、徹爾巴特斯基論陳那與康德

對於佛教的認識論，西方和印度方面頗有學者喜歡把它與德國觀念論特別是康德的認識論拉在一起，創造對話的空間和哲學的類似性（philosophische Homogenität）。

---

[74] Ibid, x/vi, Introduction.

此中最明顯的，當推蘇聯的徹爾巴特斯基（Th. Stcherbatsky）和印度的梅爾蒂（T.R.V. Murti）。他們所作出的對陳那與龍樹的認識論的詮釋具有開創性與啟發性，有不少同情者，當然亦有反對的聲音，認為他們的做法有過當（over-interpretation）之處。上面提到的法稱認識論研究專家戶崎宏正便曾對筆者表示他贊同徹氏以康德哲學來解讀陳那與法稱的認識論的做法。以下我謹闡述徹氏如何以康德的超越哲學來詮解陳那的認識論，並提出個人的補充與回應。

首先，徹氏提出在知識論上康德與佛教徒（以陳那、法稱為主）有以下多方面相類似性：

1. 康德與陳那都強調我們的知識有而且只有兩個根源，它們極為不同。⓯
2. 這兩個根源雖然是極為不同和在理論上是分開的，但常經驗地混在一起。二者的分別不是經驗的（empirical），而是超越的（transcendental）。
3. 在一般的哲學體系，清晰的思考常被視為真理的保證，知性或理性（Vernunft）可以清楚知了終極實在或物自身。⓰而感官所得的現象則是混亂的。康德則不同，他認為清晰的認識只涉及現象，在現象中相應於感覺的東西則形成對象的超越的成分，即物自身（Sachheit）。⓱佛教徒認為，物自身是由純粹感覺認識的。被清晰地認識的事物，是客觀化了的意象。
4. 康德認為，物自身不可知，是知識界限。佛教徒亦認為，終極的特殊者非我們的認知所能達。⓲
5. 康德說物自身是存在的和有效力的。⓳法稱亦認為終極的特殊者是終極實

⓯ 按康德所提的根源是感性（Sinnlichkeit）與知性（Verstand），陳那所提的根源是現量（pratyakṣa，直接知覺）與比量（anumāna，間接推理）。現量相應於感性，比量相應於知性。

⓰ 按徹氏在這裏並未舉出哪一個人或系統這樣說，但我們可猜出這是理性主義者的說法。

⓱ 徹氏在這裏說在現象中相應於感覺的東西，應是指睿智的直覺。

⓲ 這終極的特殊者應是指真如而言，但不知徹氏何以用「終極的特殊者」這種字眼。一般來說，特殊者是經驗性格的，只有普遍的東西才具有終極的性格。下面第五項又提法稱說的終極的特殊者，我想這是指自相（sva-lakṣaṇa）而言。

⓳ 說康德以物自身是存在的和有效力的，顯然有問題。物自身在康德的理論中只有消極的意義，表示知識的界限，它實際上不具有存在性，不能成為現實的東西。

在，它具有效力（efficiency）。[80]

如筆者在附註中所表示，徹氏對康德與佛教特別是陳那的認識論的闡釋有些問題，但大體上他是把握得不錯的。最重要的地方是，康德與陳那只認可兩種認識機能或認識手段：感性與知性（康德），或現量與比量（陳那）。康德的提法，是從認識的成素，亦即是認識的機能方面說的，而陳那的提法則是就我們的認識對象只有自相與共相因而認識手段相應地有現量與比量兩種說的，徹氏在這點上沒有辨別清楚。至於範疇問題，康德的範疇論在知性中立，陳那的範疇論在哪裏立呢？徹氏未有注意及。在認識機能方面，徹氏一方面說這兩者（在康德來說是感性與知性，在陳那來說是現量與比量）在經驗中常相混，另方面又說兩者的分別是超越的。這亦使人難以明白。感性與知性、現量與比量各有自身的對象和功能，怎會在經驗上相混呢？至於兩者的分別問題，若就範疇來說，範疇可整理我們在感性和現量由外界承受而來的資料（康德說為雜多 Mannifaltigen）。這在康德來說尤其是如此，範疇對於雜多有超越和綜合的作用，而雜多也能服從範疇的綜合形式（如綜合實體與屬性），這便不光是超越的分別了。我們說超越，嚴格來說，是沒有存有論的指涉意義的，它基本上是邏輯意義的。在陳那來說，現量或直接知覺接觸和吸收事物的自相，但由於離分別的原因，故知識還是不能成立。徹氏自己也說，只有感覺，作為純粹感覺，不能產生知識。只有概念思維，即純粹構想，也不能生起真的知識。只有在這兩要素聯結起來，在知覺的判斷（judgment of perception）下，真正的知識才可能。他在解讀陳那的認識論，是以康德的認識論作為背景、參照的。他表示，感覺把實在性（reality, vāstavatva）、特殊性（sva-lakṣaṇatva）、清晰性（sphuṭābhatva）和有效力的確認（vidhi-svarūpatva）授與知識，概念思維則把普泛性（sāmānya-lakṣaṇa, sārūpya）、邏輯性格（saṃvaditva）、必然性（niścaya）和明顯性（niyata-ākāratva）等，授與知識。[81]徹氏這樣說陳那的認識論，很明顯地是康德的觀點的影響所致。他以純粹感覺來說現量，以概念思維來說比量。在康德的情況是，感性吸收外界的雜多，由知性提供範疇來處

---

[80] *Buddhist Logic*, I. p.200.

[81] 同前，頁 212。

理這些雜多，使成為對象。對象成立，知識也成立。至於超越問題，陳那認為，現量或直接知覺認識事物的自相，而比量或間接推理則是認識事物的共相。自相是實在，共相不是實在，只是思維構作。由自相與共相分別推溯它們各自的認知主體，亦即現量與比量，比量由於不涉實在，對於涉實在的現量來說，的確有超越的不同。至於物自身問題，徹氏強調知性或理性可以清楚地知了終極實在或物自身，這是不對的，在康德來說，只有睿智的直覺（intellektuelle Anschauung）可以了解物自身（Ding an sich, Sachheit），但那不是人可擁有的，只有上帝才可擁有。而物自身也不如徹氏所說的是存在的和有效力的。物自身不是具有實質性的質體，只表示知識的界限，故是一個限制概念（Grenzbegriff）。這在上面已提過。法稱的終極的特殊者則不同，它是指自相（sva-lakṣaṇa），具有質體性（rigidity）與效力。

在德國觀念論者方面，徹爾巴特斯基不單關心康德，也關心黑格爾。他曾就感官、知性、理性三者的關係比較陳那、康德和黑格爾的知識論如下：

1. 康德認為我們有三種認知機能：感官、知性與理性。只有理性具有辯證的性格。
2. 黑格爾取消感官與知性的區別，改變知性與理性的關係。知性非辯證地處理一切對象或概念，理性則辯證地這樣做。
3. 陳那取消知性與理性的區別，保留感官與知性的徹底區別。感官是非辯證的，知性則是辯證的。
4. 康德與陳那都視物自身為終極性格的，是「非辯證的」（non-dialectical）。
5. 康德視實在或物自身為無關乎邏輯的。按這有以邏輯為知性的功能之意。在黑格爾來說，實在與邏輯是混同的。
6. 在陳那來說，實在、物自身在形而上學層面被匯歸於一元的整體。[82]

陳那、康德和黑格爾都是深具理論能力的哲學家，把他們三人拉在一起而平章他們的認識論，的確很不容易。徹爾巴特斯基能作用上述的評論，尤為難得。在這裏，

---

[82] 同前，頁 486。

筆者謹作一些回應。說到康德對認知機能的說法，主要以感性與知性為主，至於理性，康德似未視之為認知機能，起碼不是如同感性、知性般的認知機能。他提出理性，特別是實踐理性（praktische Vernunft），目的是要處理有關自由意志、上帝存在、靈魂不朽和道德方面的問題。倘若一定要在這些問題上說認知，也無不可，只是要把認知的意義重新界定，特別是要把它的適用範圍擴展得很遠很廣才成。至於理性在具有辯證性格上不同於感性與知性，則所涉問題更為複雜，是一個專門的課題，我在這裏沒有討論、回應的空間了。在黑格爾來說，他並不很重視感官與知性，故他的認識論很難說。他的哲學的精采處，在於對理性的辯證的發展、開拓。這已不是認識論的範圍，而涉及存有論以至形而上的真實的範圍了。在他看來，真實不是在康德義的對象上說的，那是立根於感性與知性上的。真實特別是精神（Geist）方面的真實，有它的發展歷程，而這發展是辯證形態的發展。陳那的情況，則比較清楚、簡要。他講認識論，主要是就五感識與第六意識說的。前者相應於現量，後者相應於比量。現量借感官而作用，比量則借意識而作用。說感官是非辯證的，這沒有問題。但說陳那的知性或比量是辯證的，令人難以明白。比量的主要作用是推理，那是邏輯的工作，與辯證法有甚麼關係呢？[83]關於物自身的問題，康德的物自身是終極性的，這沒有問題。陳那的物自身，當是指現量所把握的自相。但自相能否說是物自身呢？這是上面遺留下來的問題。關於邏輯與實在的關係，倘若這邏輯是取狹義，只就形式思考來說的話，則不能說存有論的指涉，實在必須從存在論方面說。則康德說的實在或物自身的確無關乎邏輯。黑格爾的情況則大大不同。他所說的邏輯，其實是指辯證邏輯、辯證法。精神的實在需要經過一連串的辯證的發展歷程，最後才能臻於完滿。徹氏說在黑格爾來說，實在與邏輯混同起來，此中的「邏輯」，其實是辯證的邏輯。最後，有關陳那的實在與物自身匯歸於一元論的說法，在實在方面是沒有問題的；但物自身在陳那的體系中如何定位，是一個問題。我們要先解決這個問題，才能說它是一元抑是多元。

---

[83] 關於這一點，我曾與研究陳那、法稱的認識論的日本學者桂紹隆提過，他說就陳那的《集量論》論直接知覺與論排除（他者的排除 anyāpoha）的部分來看，不見有辯證的意味。他並補充說，辯證法可用於龍樹的中觀學，對於陳那的認識論，並不見得具有適切性。

承著上面的物自身的題材，徹爾巴特斯基以物自身為相應於純粹感覺（pure sensation）的對象，視之為不可言詮的。而概念思維與判斷則是言詮性格，具有名稱的。概念思維可把握可以被言詮的思想（jātyādi-yojanā, kalpanā），而排斥感覺，後者的內容不可被言詮。徹氏並表示這是陳那的思想。[84]按以物自身為相應於純粹感覺，由於這物自身是康德慣用的字眼，一般提起這字眼，總離不開康德的脈絡。故要把物自身與純粹感覺連在一起，後者需要通於康德所堅持的能體證物自身的睿智的直覺才行。康德義的睿智的直覺只限於上帝所有，而上帝又無感官，則純粹感覺無與於睿智的直覺可知，如是，徹氏的說法難以成立。

又承著上面說到的邏輯與辯證法的問題，徹氏提出，康德以辯證法是幻覺中的邏輯（logic of illusion）。當人類的理性在處理以下四種問題時，便會生起幻覺性格的弔詭。這四種問題是：無限、無限的分割性、自由意志和必然的終極存有。這是四種背反（antinomy），對於它們的可能性，我們不能說是抑不是。黑格爾則認為，每一概念都是辯證的性格；一個概念的普遍性需透過它的否定性而被置定，只要概念是其自身否定的否定，它即是自身同一性格。徹氏以為，這與印度哲學有關普遍問題的理論是同聲同氣的，例如，一頭牛正好是牠的自身否定的否定，牠是「非『非牛』」。在形式邏輯來說，「非『非牛』」在值上是等同於牛的，事物經過雙重否定，最後還是回歸到自己方面來。[85]

在形而上學方面，徹氏提到實在的問題，這基本上是沿著陳那、法稱的思路說的。他以純粹感覺為一純粹的實在性（pure reality），而純粹觀念性（pure ideality）則是概念的非實在性。實在的是特殊的，觀念的則是普遍的。絕對地實在的是事物的「在其自己」（in itself），這是純粹肯定。不實在的則是「在他者眼中」（in the other）的事物，或從他者分化出來，因此是否定的（或是辯證的）。徹氏因此把事物

---

[84] Th. Stcherbatsky, *Buddhist Logic*, I. p.215.

[85] 我們要注意，由排除而導致的否定的否定或雙重否定的思考，不同於鈴木大拙所提的「即非」邏輯，與京都學派所喜歡強調的否定的否定的思想也不同。京都哲學家說否定的否定，目的是要提升真理的層次，以達於絕對的境界。否定的否定的結果是肯定，但這肯定是絕對的肯定，也即是絕對無（absolute Nichts）。關於這點，我在自己所撰寫有關京都哲學的著作中都有闡釋，在這裏也就不重複了。

二分（dichotomy）。一邊是實在、感覺、特殊、物自身、肯定。另一邊是觀念、概念思維、普遍、在他者眼中的事物、否定。徹氏認為，後者完全是內在的，在外在世界方面沒有普遍和任何否定。前者則有內在的和外在的；感官是內在的，物（自身）是外在的。[86]按陳那、法稱本是屬唯識學的譜系，以觀念為實在，其後受到經量學派的影響，有限度地認可外界實在（external reality）的觀點，因而略有從觀念論移行到經驗主義的傾向。因此便有徹氏的以感覺為實在，以觀念為非實在看法。這是揚感覺而抑觀念的立場。但我們要很小心看這個問題，徹氏所說的純粹感覺在陳那、法稱的系統中不見得便是京都哲學的開創者西田幾多郎所說的具有終極義、實在義的純粹經驗，它所把握的對象的自相也不即是物自身。他以分析法、分解法把事物二分為實在、感覺、物自身和觀念、概念思維等，這樣，實在便有所對，與觀念、概念思維相對待，這樣，實在也不免要落於相對性格中，絕對性便難說了。同時，他說物自身是外在，那是對於甚麼東西而為外在呢？感覺麼？但感覺只能得現象，不能得物自身。同時，若物自身為外在的東西，則它作為實在是需要一種覺識去確認的，甚麼東西去扮演這個角色呢？只有概念思維能這樣做，但它被視為是非實在的，非實在的東西如何確認物自身而為它作實在性的定位呢？這是困難的所

---

[86] *Buddhist Logic*, I. p.506，說到事物的二分法，一邊有感覺，另一邊有概念思維。徹氏在另一處，提到對於對象的把握，有感官（senses）與理智（intellect），兩者是不同的認識能力。按這感官與理智分別相應於感覺與概念思維。就作用言，徹氏提出，感官是攝取（apprehend）的，理智則是建構（construct）的。最初常是感覺（sensation）先行，它具有燃點起理智的活動的作用，後者能依其自身的法則產生剎那間的綜合。（Ibid., p.65）這便是徹爾巴特斯基的觀點下的陳那、法稱的認識論，它明顯地是以康德的知識論為基礎而被提出來的。所謂感官攝取，理智建構，相應於康德知識論中的感性（Sinnlichkeit）接受外界的雜多，由知性（Verstand）來整合這些雜多。理智依其自身的法則生起剎那的綜合很明顯地相應於知性以其自具的範疇（Kategorie）以不同的方式對雜多進行連結，使它們成為對象（Gegenstand）。進一步，徹氏又提「這是一頭牛」的判斷（judgment），而以康德的範疇表來處理。首先，就量言，這判斷是單稱的。「這」這一主詞，是徹底地單一的。而謂詞「一頭牛」則是一個普遍。就質言，這判斷是肯定判斷。就關係，這判斷無疑地是定然判斷。就模態言，這判斷是必然判斷。判斷是這樣，非判斷（non-judgment）又如何呢？徹氏引法稱的說法：非判斷是一種反照、反射（pratibhāsa），他認為感覺不會帶來知識的必然性，倘若知識把握一個對象，那是反照的現象。（Ibid., pp.222-223）按最後一點很有意思，知識把握對象是反照作用所致，這便表示對象不是外界實在，而是內在地有其根源。

在。

徹氏又站在以陳那、法稱的立場來說大乘佛教，特別是唯識學。他表示，一切觀念、感覺、意欲，只要是由智思（intellect）建構的，都是觀念性的，不是實在的。嚴格來說，任何具有智思性的構作（intelligible construction），都不能算是實在。實在即是物自身。他強調，這實在正相當於康德的 Realität，Sachheit，與純粹感覺相應的東西。❽⑦若是這樣，則純粹感覺便相應於康德義的睿智的直覺。如上面曾提過，這是一個有爭議性的問題。

最後，關於知識的種類，徹氏依陳那、法稱的說法為據，表示由文字語言帶導出來的知識與推理無異，表示它是非直接的知識。知識可是直接的或間接的，它可由感官生起，或由智思（intellect）生起，可以是知覺（感覺）或推理（概念思維）。❽⑧這樣，知識便儼然可以分為兩種：直接的知識和間接的知識。前者由感官作為機能或手段，後者則由智思作為機能或手段；這兩種手段分別相應於陳那、法稱的現量與比量。比量能作推理，因而引生形式義的邏輯知識。這沒有問題。現量或感官能否單獨作用便能成就直接知識呢？這是可以商榷的。以康德的理論為據，感性或現量可以直接吸收存在世界亦即外在的資料。但光是這些資料不能成就知識，它們需要接受範疇概念的整合，成為對象，知識才可能。這些範疇概念，依康德，是由知性所提供的。比量相當於知性，但比量能否提供範疇概念呢？問題正在這裏。範疇概念是對存在世界有指涉的，但比量則是純然的推理，即使陳那、法稱沒有明說，我們也可以推定，倘若比量只是一種形式性的邏輯機能的話，則它不指涉存在世界，範疇概念還是出不來。這是陳那、法稱與康德在知識問題上最不同的地方，徹爾巴特斯基顯然未有考量及這點。❽⑨

---

❽⑦ 同前，頁 507。

❽⑧ 同前，頁 459。

❽⑨ 以上論述了陳那的知識論。以下要對有關陳那知識論的研究資料作些介紹。依循慣例，不列《大正藏》的文獻。

Dignāga, *Pramāṇasamuccaya*. Ed., H.R. Rangaswamy Iyengar, Mysore: University of Mysore, 1930.

Dignāga, *Nyāyamukha*. Ed., Giuseppe Tucci, Heidelberg, 1930.

Prajñākaragupta, Pramāṇavārttika. Ed., R. Saṃkṛtyāyana, Tibetan Sanskrit Works Series, vo.1, Patna, 1953.

Nyāyabhāṣya of Vātsyāyana. Poona: Poona Oriental Series 58, 1939.

Nyāyamañjarī of Jayantabhaṭṭa. Kashi Sanskrit Series 106, Benares, 1936.

Tattvārtha(rāja)vārttika of Akalaṅka. Ed., M.K. Jain, Jñānapīṭha Mūrtidevī Jaina Granthamālā, Sanskrit Grantha, no.10, Benares, 1953.

Tattvasaṃgraha of Śāntarakṣita. Ed., E. Krishnamacharya, together with Kamalaśīla's *Pañjikā*, 2 vols., Baroda: G.O.S., 1926.

Tattvasaṃgrahapañjikā of Kamalaśīla. Publ. With *Tattvasaṃgraha* of Śāntarakṣita, Baroda: G.O.S., 1926.

武邑尚邦著《佛教論理學の研究》（京都：百華苑，1968）。

服部正明著〈中期大乘佛教の認識論〉，載於三枝充悳監修《講座佛教思想第二卷：認識論、論理學》（東京：理想社，1974），頁 103-143。中譯：吳汝鈞譯〈陳那之認識論〉，載於吳汝鈞著《佛學研究方法論》下冊（臺北：臺灣學生書局，1983）；增補版（2006），頁 399-440。

桂紹隆著〈ディグナーガの認識論と論理學〉，載於平川彰、梶山雄一、高崎直道編集《講座大乘佛教 9：認識論と論理學》（東京：春秋社，1984），頁 103-152。

服部正明著〈ディグナーガの知識論〉上、下，《哲學研究》第 462-463 號（1959）。

梶山雄一著《佛教における存在と知識》（東京：紀伊國屋書店，1983）。

宇井伯壽著《宇井伯壽著作選集第一卷》（東京：大東出版，1966）。

東方學院關西地區教室編《チャンドラキールティのディグナーガ認識論批判：チベット譯〈プラサンナパダー〉和譯、索引》（京都：法藏館，2001）。

宇井伯壽著《陳那著作の研究》（東京：岩波書店，1979）。

金倉圓照著〈陳那研究の一側面〉、〈陳那のクンダマーラー〉，載於金倉圓照著《インド哲學佛教學研究 III：インド哲學篇 2》（東京：春秋社，1976），頁 429-444、445-456。

中村元著〈直接知覺の問題〉，載於中村元著《論理の構造》上（東京：青土社，2000），頁 71-173。

上田昇著《ディグナーガ論理學とアポーハ論》（東京：山喜房佛書林，2001）。

北川秀則著《インド古典論理學の研究：陳那（Dignāga）の體系》（東京：鈴木學術財團，1973）。

梶山雄一著〈存在と認識〉，載於《岩波講座・東洋思想第十卷：インド佛教 3》（東京：岩波書店，1992），頁 112-134。

岩田孝著〈言語と論理〉，載於《岩波講座・東洋思想第十卷：インド佛教 3》（東京：岩波書店，1992），頁 186-222。

M. Hattori, *Dignāga, On Perception*. Being the Pratyakṣapariccheda of Dignāga's *Pramāṇasamuccaya* from the Sanskrit fragments and the Tibetan versions. Cambridge: Harvard University Press, 1968.

S. Mookerjee, *The Buddhist Philosophy of Universal Flux*. An Exposition of the Philosophy of Critical Realism as Expounded by the School of Dignāga. Delhi： Motilal Banarsidass, 1980.

Th. Stcherbatsky, *Buddhist Logic*. Vol.1, Bibliotheca Buddhica xxvi, Leningrad, 1932.

Rita Gupta, *The Buddhist Concepts of Pramāṇa and Pratyakṣa*. Delhi: Sundeep Prakashan, 2006.

Alex Wayman, *A Millennium of Buddhist Logic*. Vol.1, Delhi: Motilal Banarsidass, 1999.

B.K. Matilal, *Logic, Language and Reality*. Indian Philosophy and Contemporary Issues, Delhi: Motilal Banarsidass, 1990.

J. Prasad, *History of Indian Epistemology*. Delhi: Munshiram Manoharlal, 1987.

R. Bhatt and Anu Mehrotra, *Buddhist Epistemology*. Westport: Greenwood Press, 2000.

B.K. Matilal and R.D. Evans, eds., *Buddhist Logic and Epistemology. Studies in the Buddhist Analysis of Inference and Language*. Dordrecht: D. Reidel Publishing Company, 1986.

Zhihua Yao, *The Buddhist Theory of Self-Cognition*. London and New York: Routledge, 2005.

Richard P. Hayes, *Dignāga on the Interpretation of Signs*. Dordrecht: Kluwer Academic Publishers, 1988.

B.K. Matilal, *Perception. An Essay on Classical Indian Theories of Knowledge*. Oxford: Clarendon Press, 1986.

L. Bapat, *Buddhist Logic. A Fresh Study of Dharmakīrti's Philosophy*. Delhi: Bharatiya Vidya Prakashan, 1989.

Bu-ston, *History of Buddhism (Chos-ḥbyung)*. Tr. E. Obermiller, Heidelberg, 1931.

E. Frauwallner, *History of Indian Philosophy*. 2 vols. Tr. V. M. Bedekar, Delhi: Motilal Banarsidass, 1973.

Amar Singh, *The Heart of Buddhist Philosophy: Diṅnāga and Dharmakīrti*. Delhi: Munshiram Manoharlal, 1984.

A. Singh, *The Sautrāntika Analytical Philosophy*. Delhi: Pharma Cakra Publications, 1995.

John Powers, *The Yogācāra School of Buddhism: A Bibliography*. Metuchen: The Scarecrow Press, Inc., 1991.

E. Frauwallner, *Die Philosophie des Buddhismus*. Berlin: Akademie Verlag, 1994.

E. Steinkellner und M.T. Much, *Texte der erkenntnistheoretischen Schule des Buddhismus*. Systematische Übersicht über die buddhistische Sanskrit-Literatur II. Göttingen: Vandenhoeck und Ruprecht, 1995.

略號表（Abbreviations）

NBh	G. Jha, ed., *Nyāyabhāṣya of Vātsyāyana*. Poona: Poona Oriental Series 58, 1939.
Nmañj	*Nyāyamañjarī of Jayantabhaṭṭa*. Kashi Sanskrit Series 106, Benares, 1936.
PVBh	*Prajñākaragupta, Pramāṇavārttikabhāṣya*. R. Sāṃkṛtyāyana, ed., Tibetan Sanskrit Works Series, vol. 1, Patna, 1953.
TAV	M. K. Jain, ed., *Tattvārtha(rāja)vārttika of Akalaṅka*. Jñānapīṭha Mūrtidevī Jaina Granthamālā, Sanskrit Grantha, no.10, Benares, 1953.
TS	E. Krishnamacharya, ed., together with Kamalaśīla's *Pañjikā, Tattvasaṃgraha of Śāntarakṣita*, 2 vols., Baroda: G.O.S., XXX, XXXI, 1926.
TSP	*Tattvasaṃgrahapañjikā of Kamalaśīla*. Published with *Tattvasaṃgraha* of Śāntarakṣita in G.O.S., 1926.

第十一章 空有互融

印度的大乘學派發展到後期，漸有一種融合、連合的傾向。當時流行的，有三派：中觀學、唯識學和如來藏思想。在這個階段，中觀學與唯識學都有長足的發展，如來藏思想則要待傳入中國，才興旺起來。特別是中觀學，展現一種要統合各派的傾向。一方面與唯識學合流，倡議最力的，是寂護；另方面又關連到如來藏自性清淨心思想方面去，這則以寶作寂為主力。其時，知識論方面的講習也很流行，尤以唯識學內部為甚。這基本上有兩種講法：一是有形象的知識論（有相唯識，sākāravijñāna-vāda），另一則是無形象的知識論（無相唯識，nirākāra-vijñāna-vāda）。形象即是相，梵文為 ākāra。前者人數眾多，以陳那（Dignāga）、法稱（Dharmakīrti）為主力，後者則有安慧（Sthiramati）和寶作寂（Ratnākaraśānti）。這兩種學問是當時的思想背景，我們在這裏講空有互融，也得在這方面交代一下。

一、無形象知識論與有形象知識論

形象或相（ākāra）是行相，相當於一般的知識論所涉及的對象。知識則是量（pramāṇa），包括現量（pratyakṣa）與比量（anumāna）。量也指認識機能、認識手段，後者是日本學者所喜歡用的。現量相當於感覺、知覺，是主力。我們一般說的知識論，總是有外界實在的假設，認為在外在世界、我們的感覺經驗所不能夠到達的世界中有許多東西，我們在日常生活中所見到的事物或對象，正是以這許多東西作為來源而呈現在我們的感官面前。這有點像早期經量部（Sautrāntika）的看法。他們認為，我們在現前以感官所接觸到的東西，背後必定有它們的依據，這依據使它們在我們面前以相當穩定的姿態呈現、存在，即使這呈現、存在不能確定為常住不變的自性、原質（prakṛti）。但對於這些東西的存在程度，他們又沒有辦法加以確定，因為我們對它們沒法直接接觸，我們只能推想其存在性而已。因此，經量部只能施設性地說外界實在。但唯識學並沒有外界實在的想法，它是以為在我們的感官面前出現的東西、形象，都是自己的心識的變現，或詐現（pratibhāsa）。在知識論上，有形象的唯識學與無形象的唯識學都持這種看法。它們之間的不同點在於，有形象的唯識學認為，正確的形象固然有它的位置，即便是錯誤的形象，也可以在心識中保留它的存在性。正確的形象與錯誤的形象之間並沒有矛盾，雙方都能成立，因為這兩種形象是在不同瞬間中出現的，因此沒有矛盾。我們不必以正確的形象替代錯誤的形象。他們在一定程度上肯定、接納形象或對象，但不能從終極的角度來說形象或對象的實在性，後者是實在論或新實在論所倡議的。無形象的唯識學則認為形象可以有正確的與錯誤的，但這錯誤可以依後續而來的正確的形象所校正。它所堅持的論點是，不管是正確的形象抑是錯誤的形象，只要是形象，便無知識的本質或真正的知識可言。此中的理據在，我們根本無法接觸客觀的、外在的世界，無法把我們在認識活動中所得到的形象和外在世界相連起來，因而無客觀的、獨立的知識可言。我們只能以心識的詐現對象和思維構想對象來交代形象的來源。真正的知識或知識的本質只能在不是虛妄而是真實的明覺中找。這樣，知識的焦點便從形象轉移到明覺方面去，這便近於般若文獻所強調的般若明覺，形象的情狀便變得不重要了。形象在外表上雖是千差萬別，在般若明覺看來，它們都是心識的變現，都無獨立的存在性，都是空。❶因此，形象或對象在有形象知識論中雖無實在性可言，但

❶ 關於這兩種知識論的不同，我們可以不厭其煩地作進一步的探討。這不同主要在於雙方對錯誤的形象有不同的處理。有形象的知識論者認為，形象可以有錯誤，但它在心識中的存在性仍可保留。例如，在黑暗中見柱為人，這是錯誤的知覺，人的形象是錯誤的。但這形象畢竟是形象，雖是錯誤，但在心識中仍有它的存在性。當我們走近柱，而有柱的知覺，則知道柱的形象是正確的。但我們不能以柱的形象來校正人的形象。我們得接受人的形象與柱的形象在心識中的存在性，不能以柱的形象來取消人的形象，以之為子虛烏有。人的形象是錯誤的，柱的形象是正確的。但它們在不同瞬間中成立，因此沒有矛盾。而這兩種知覺都可以成立。兩種形象的現實度是對等的，不存在一方真實他方虛幻的情況。

無形象論者則不是這樣想。他們比較注意般若思想所強調的那種心靈的、生命的明覺，這種明覺除卻一切形象的謬誤與虛妄，認為這種謬誤與虛妄只是暫時性的，沒有久住性。他們認為這明覺有恆久性，在這一點上，他們與《勝鬘經》、《寶性論》的佛性或如來藏自性清淨心思想頗有同調的意味。

作為一種被認識的對象，還是有一定的位置，也因此成就了陳那、法稱的輝煌的知識論，他們都是有形象知識論的倡導者。至於無形象知識論，他們所關心的焦點，不在形象或對象亦即是客體方面，卻轉而重視主體的明覺。這是作為無形象知識論者安慧和寶作寂所重視的，也因此做成了後二人不大有探究知識論問題的興趣，知識論畢竟是以客體方面的對象世界為重點的。但這也成就了他們的明覺思想，最後做成無形象知識論向一向講般若明覺的般若思想甚至清淨心思想傾斜。這種發展是世親本人所難以預料的。

在這裏，有一點需要說明一下，唯識學自陳那以後，已經不大提第七識末那識或我識、第八識阿賴耶識了。這兩種心識與覺悟、解脫的宗教理想有直接的關連，唯識學早期的重要人物如無著、世親都很重視這兩種心識；現在陳那、法稱他們都不大談了，這是否表示他們不再關心覺悟、解脫的問題呢？表面看來似是如此，但細想卻不盡然。覺悟、解脫這些宗教行為畢竟要在這個現實的世界中成立，同時，這些宗教行為也必涵容著對這個現實的世界的正確的、如實的理解。知識論的工夫，正是對準這種理解而被提出來的。難道我們能遠離這個現實的世界，到一個清淨無染的虛無縹緲的、不食人間煙火的境界去修行，以達致覺悟、解脫的宗教理想麼？知識論的講求，對我們生於斯、長於斯的世間建立正確的認知，絕對是必要的。問題是我們不應為認識而認識，視知識為具有至高無上價值的東西，而終日埋首於對知識論的探究與建立之中，而忘記了人生在宗教上的終極目標。另外，有一點不得不說，當我們面對著現實世界的種種存在，要對它們建立正確而有效的知識，我們與存在需處於一種對立的關係中。我們是主體，存在是客體，此中有一種

與有形象論者不同，無形象知識論者認為以柱為人雖然是事實和具謬誤和虛妄，但這謬誤與虛妄可以透過後續的以柱為柱的正確的形象所校正。故形象有虛妄的可能性。這虛妄性是此派所強調的。人的形象與柱的形象畢竟不同，但只要是形象，便不能說知識的當否或知識的本質。這一派對形象總是缺乏信心。由於外在世界完全不可說，故形象與外在世界不能建立任何方式的關連，它的來源只能以心識的思維作用來交代。而知識的本質，便只能就遠離形象的心靈明覺或般若明覺說了。這樣的知識，有無執的、物自身的意味。

這種知識論，如上面所說，與般若思想、如來藏思想較有相通處。這學派的人較少，如上面所說，寶作寂是其中的一個，他有把般若思想與如來藏思想結合起來的傾向。他自己是屬於中觀學的譜系，與般若思想有緊密的聯繫。

主客關係在裏頭。此主客關係基本上是靜態性格的，主體與客體都不能說強烈的動感。若動感太強，認識便不能周延、深入。同時，此種認識活動是在現象層面上進行的，由始至終都是在時空形式與範疇概念下進行；在這個活動中所建立的對象（Gegenstand）和知識，基本上都是經驗性格的（empirisch），不是超越的（transzendental）性格，因此也很難說中道的絕對的理境。

法稱的情況應該可以讓我們對這裏所涉的問題有些具體的理解。如所周知，他是印度佛教中、後期的邏輯與知識論專家，他的主著《量評釋》（*Pramāṇavārttika*）基本上是探討知識與推理問題的，但其中亦有一專章〈量成立〉（Pramāṇasiddhi）討論宗教實踐問題的。把這點關連到法稱哲學的實用性一面，我們可以看到法稱並未只談知識的概念、理論的問題，卻同時也論及宗教實踐的問題。❷印度佛教的衰亡，即使關連到論師對第七、八識的解脫作用未有足夠的重視，也應還有另外的原因。關於這點，不是我們這裏要研究的。對於這一衰亡問題的探索，我們缺乏足夠的、有力的文獻依據，思想史的知識也顯得薄弱。

回返到有形象知識論和無形象知識論，我們可以說，這兩者在價值論上都是中性的，它們所成立的知識論，在義理形態上，相應於我自己的自我設準中的總別觀照我。關於這種自我的性格與功能，我在拙著《純粹力動現象學》第十一章有詳細的說明。❸

二、寂護的思想方向

現在我們就義理方面看最具有空有互融的特色的瑜伽行中觀派（Yogācāra-Mādhyamika）。這是印度佛學發展到後期的最具分量（在教法與實踐方面）的大乘派系，主要人物有智藏（Jñānagarbha）、寂護（Śāntirakṣita, Śāntarakṣita）、蓮華戒

❷ 在有關這方面的問題，可參看以下的研究：
木村俊彥著《ダルマキールティ宗教哲學の原典研究》（東京：木耳社，1981）。
木村俊彥著《ダルマキールティにおける哲學と宗教》（東京：大東出版社，1998）。
Tilmann Vetter, *Der Buddha und seine Lehre in Dharmakīrti's Pramāṇavārttika*, WSTB, 12, Wien, 1984.

❸ 吳汝鈞著《純粹力動現象學》（臺北：臺灣商務印書館，2005），頁 250-267。

(Kamalaśīla)和寶作寂(Ratnākaraśānti),其中尤以寂護和蓮華戒最為重要。在主要的論典方面,智藏有《二諦分別論》(*Satyadvayavibhaṅga*)、《二諦分別註》(*Satyadvayavibhaṅga-vṛtti*)、《瑜伽修習之道》(*Yogabhāvanāmārga*)。❹寂護有《攝真實論》(《真理綱要》,*Tattvasaṃgraha*)、《中觀莊嚴論》(*Madhyamakālaṃkāra, dBu-maḥi rgyan*)、《中觀莊嚴論註》(*Madhyamakālaṃkāra-vṛtti*),另外又有對智藏的《二諦分別論》的註釋。❺蓮華戒則有《修習次第》(*Bhāvanākrama*),和對寂護的《攝真實論》的註釋、《中觀莊嚴論》的再註釋(寂護自己有作註),又寫有《中觀明》(《中觀光明》,*Madhyamakāloka*)等重要著作。❻寶作寂則有《般若波羅蜜多論》(*Prajñāpāramitopadeśa*)和《內遍滿論》(*Antarvyāptisamarthana*)等書。❼限於篇幅,我們只能談寂護與蓮華戒,特別是寂護的思想方向方面。

寂護對於當時大小乘佛教流行的教派,依據對實在論的減殺、動感的強調、世間知識的開拓和對覺悟、解脫的達致這樣一種導向(orientation),依序列舉各派的名目如下:

說一切有部→經量部→有形象唯識→無形象唯識→中觀學→瑜伽行中觀學(Yogācāra-Mādhyamika, rNal-ḥbyor-spyod-paḥi dbu-maḥi lugs)

寂護的目的,是要把當時流行的學派如說一切有部、經量部、唯識派和中觀派綜合起來,把它們的教法串連起來,一一安排於恰當的階位之中。他自身屬中觀學的譜

---

❹ 關於智藏的二諦思想,可參考 M.D. Eckel, *Jñānagarbha on the Two Truths. An Eighth Century Handbook of Madhyamaka Philosophy*. New York: State University of New York, 1987.

❺ 關於《攝真實論》,G. Jha 連同蓮華戒的註釋有英譯:G. Jha, tr., *The Tattvasaṅgraha of Shāntarakṣita, with the Commentary of Kamalashīla*. Delhi: Motilal Banarsidass, 1986。《中觀莊嚴論》方面,有一鄉正道的研究:一鄉正道著《中觀莊嚴論の研究:シャーンタラクシタの思想》(京都:文榮堂,1985),其中又附有寂護自己對此書的註釋和蓮華戒的複註。

❻ 參考芳村修基著《インド大乘佛教思想研究:カマラシーラの思想》(京都:百華苑,1974)。此書附有作者對《修習次第》一書的日文譯註。另外,英文翻譯則有:P. Sharma, tr., *Bhāvanākrama of Kamalaśīla*. Delhi: Rajkamal Electric Press, 2004.

❼ 瑜伽行中觀派在義理上和文獻上都相當複雜,故在這裏多列些有關撰著。

系，又深受唯識學在論證方法上的影響，於是特別吸納唯識學，尤其是它的實踐方法，而成為瑜伽行中觀派。由於當時（印度大乘佛教的末期）西藏佛學深受印度佛學的影響，其學僧康卓知克昧斑波（dKon mchog 'jigs med dbaṅ po）❽撰有《宗義的寶環》（*Grub mtha' rnam bçag rin chen phreṅ ba*），❾把唯識學與中觀學的分派、結合的情況標示如下：

- 中觀學
  - 歸謬論證派（Prāsaṅgika）
  - 自立論證派（Svātantrika）
    - 經量行中觀（Sautrāntika-Mādhyamika）
    - 瑜伽行中觀（Yogācāra-Mādhyamika）
      - 形象虛偽派（無相唯識）—— 師子賢（Haribhadra）
      - 形象真實派（有相唯識）
        - 智藏（Jñānagarbha）
        - 寂護（Śāntirakṣita）
        - 蓮華戒（Kamalaśīla）
        - 自在軍（Vimuktisena）

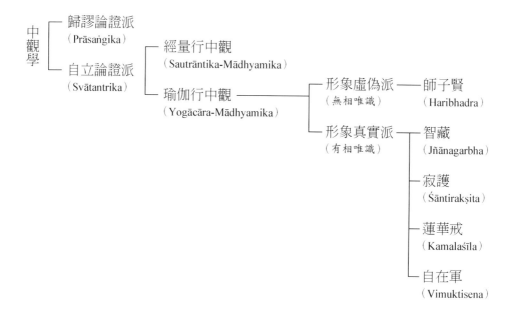

就《宗義的寶環》中所記述在認識論上的區分而言，可如下表：❿

---

❽ 中文學界對此一學僧的名字似未有公用的稱法，在這裏我姑依藏文讀法為他立這樣的名字。

❾ 所謂「宗義」（grub mtha'），在西藏佛學中，指一種評估的、估值的文獻，在其中，作者就他解讀、判斷種種著作的所得，對著作的教法加以總結。日本學者立川武藏便曾寫有《西藏佛教宗義研究第一卷：トゥカン「一切宗義」サキャ派の章》（東洋文庫，1974）。

❿ 這裏有兩點要注意。第一點是在認識機能上只強調前六識，沒有列出第七末那識與第八阿賴耶識。第二點是識的認識主體、認識對象或能、所二元性被克服、被超越，世俗諦即此即可轉為勝義諦。

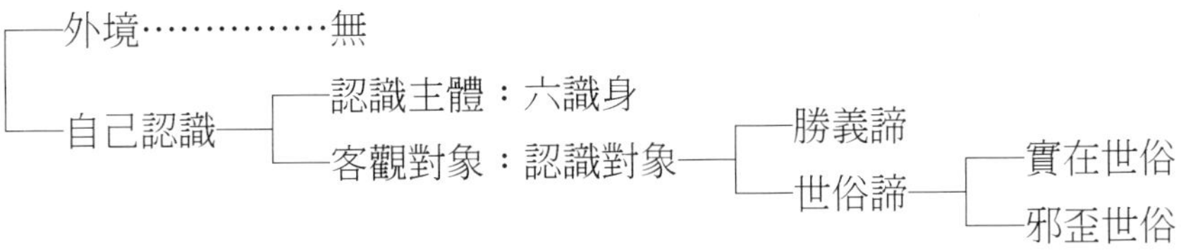

就瑜伽行中觀派的觀點言，人的思想歷程是由經驗的存在層面上提而為唯識所現的真理層面，也同時在實踐上消除我執。寂護通過對這些思想加以排比，表示存在雖然有數目上的由一至多的不同，但就勝義的角度言，它們都是無自性的（asvabhāva），都是空（śūnyatā）。因此，儘管中觀學把瑜伽行或唯識學引進自己的系統中，而成空（中觀學）有（唯識學、瑜伽行）互融，但最後仍是謹守著龍樹（Nāgārjuna）的空的立場。至於覺悟、解脫的方式，寂護與蓮華戒所代表的瑜伽行中觀派走的是漸教之路，這與他們在義理上倡導多元的教法一點並無矛盾。

還有自己認識（svasaṃvedana）問題，對象既然是由識所變現，則識認識對象，只是認識本來由自己發展出來的東西而已，自己認識是很自然的事。寂護最後把唯識學的這種觀點歸結到無我方面去。即是，依唯識學，外界的東西是不存在的，一切對象都沒有自性，都是識的變現的結果，而唯識學的識也沒有自體、自性、自我，它只是較它所變現出來的對象具實在性而已，就終極層次言，唯識畢竟也是無我的，這「我」當然是指實體性的自我。寂護的這種觀點，把包含清辨（Bhavya, Bhāvaviveka）的中觀思想的含有外境說也否定過來，也否定「堅持唯識的立場的說法」，最後回歸到龍樹的空的哲學方面去。這樣，我們便可以把寂護或瑜伽行中觀派的整個思想進程表示如下：

外界實有→唯識（有形象唯識→無形象唯識）→無我

最後的無我便是中觀，這便成就了瑜伽行中觀派的根本思想。

以上我說明了瑜伽行中觀派的思想的成立，特別是寂護的思想旨趣。下面要說一下我們所謂實在、存在性、存有性的基準。即是，在怎樣的條件下，我們能說某種東西具有存在性呢？首先，說一切有部認為，「通過知識活動而達致的定止狀態」（pratisaṃkhyānirodha），或者涅槃（nirvāṇa）境界，是一種沒有條件制約的、整一的實在（Realität），這種實在能恆常地、獨立地存在，不為我們凡夫所接觸、理解，但一個瑜伽行者（yogin）透過禪定工夫可以直覺到它。這種直覺，在某一意義下，可被視為具有胡塞爾（E. Husserl）的現象學（Phänomenologie）所強調的明證性（Evidenz）。但如何確認這種直覺具有明證性呢？這樣的直覺（Anschauung）的判準是甚麼呢？佛教中傑出的知識論者法稱提出，事物的存在性的判準在於它是否具有因果的效應。具體地說，事物若能展現它的因果性格，能作為原因而產生結果的，便可說是有存在性。因此，恆常定止而不變化的東西，即是，不能活動，不能以自身為原因而產生結果的東西，便沒有因果效應，便沒有存在性。法稱的這種以因果效應來解讀存在性，在後期印度佛學界中已成為一種共識了。這種因果效應可以說有動感的意義。不過，這種因果效應是現象間的效應，是經驗層面的事，具有時空性；因此，具有這種效應的東西的存在性是存在於時間與空間之中。⓫另外一點是，這因果效應讓我們想到如來藏思想體系所提到的「不空如來藏」中的「不空」。我在自己很多著作中都強調過，這「不空」不是「不是空無自性、實體」，而是「具足功德」的意味，這功德特別是指佛、菩薩所擁有的救渡眾生的方便（upāya）法門。「空」不具足普渡眾生的方便法門，「不空」則是具足這些方便法

⓫ 這裏涉及一個饒有意義的存有論的問題，雖然與目下所論及的主題沒有直接的緊密的關連，但也值得討論一下。當我們談及某一東西的存在性，倘若這東西是經驗性格的，則它的時間性與空間性應能使它在現象世界有一個位置，亦即是在感覺方面有一些作用、影響，這是實質的（substantive）、實體的（substantial），我們奈何它不得，不能任意忽視這種作用、影響，而視為無有。但若那東西不是經驗性格的，而是超越性格的，是形而上的，它超越時空，卻反過來能操控時空，或作為時空的根源。譬如我們說的上帝、梵、天道、良知、佛性，或一般說的形而上的實體，或是一種力動，如柏格森說的衝性的生命力量、原動力量（élan vital），或筆者所提的純粹力動（pure vitality, reine vitalität），甚至佛教所說的空（śūnyatā）、京都學派所說的絕對無（absolutes Nichts）、場所，甚或柏拉圖所說的理型（Idea），又如何呢？它們能否說存在性呢？倘若能說的話，怎麼說呢？這涉及比較複雜的問題，大體而言，我想它們還是可以說存在性的，只要它們對我們生於斯長於斯的日常的生活世界（Lebenswelt，借用胡塞爾的字眼）產生積極或消極的作用、影響的話。在它們之中，絕大部分是具有動感的、能運作的、活動的，少數是靜態的，如柏拉圖的理型、佛教（般若思想、中觀學）的空，對世間還是有作用、有影響。它們的存在性，必須從這作用、影響中說。

門。

日本學者梶山雄一提出，寂護把不同的哲學系統分類為兩種：一種是二元論（dvaya-naya），在這種二元論中，二元的認識活動和被認識的對象都是實在的，這包含說一切有部和經量部的教法。另一種則是非二元論（advaya-naya），如唯識學或瑜伽行學，它只承認心靈或觀念具有存在性。後來寂護又把二元論再細分為無形象知識論（anākārajñāna-vāda）和有形象知識論（sākārajñāna-vāda），說一切有部與經量部便分別對應於這兩種教法。⓬在這裏，我們可以提出兩個問題：

i) 這樣的二元論如何關聯到因果效應的問題上呢？存在性又如何被扯到對象方面去呢？

ii) 如何決定心靈或觀念具有存在性呢？

關於第一個問題，說二元的認識活動和被認識的對象都有存在性或實在性，其理據是這種牽連著被認識的對象的認識活動可以產生對被認識的對象的知識，這自然是一種因果的效應。這因果效應使認識活動與被認識的對象的存在性得以成立。⓭

⓬ Y. Kajiyama（梶山雄一）, "Later Mādhyamikas on Epistemology and Meditation", in Y. Kajiyama, *Studies in Buddhist Philosophy*, eds., K. Mimaki et al, Kyoto: Rinsen Book Co., Ltd. 1989, p.105.又同氏著〈シャーンタラクシタの批判哲學〉，載於玉城康四郎編《佛教の比較思想論的研究》（東京：東京大學出版會，1980），頁 395-426。

⓭ 關於存在性特別是實在性，上面已說了一些，在這裏，我們不妨再進一步探討一下。寂護並不如早期的中觀學者那樣保守和極端，他提出，世間很多東西，不外是人在觀念上的構想而已，不具有實在性。愚癡的人對這些構想，作種種的執著。這讓人想及德國康德以後的西南學派的瓦興格爾（Hans Vaihinger）提及的形而上的東西不外是人的妄構（Als Ob, fiction）而已。寂護提到種子（bīja）或潛在的印象；這是過去的行為和新生的生活所留下的結果，積存於心中；這些種子不是外界的事物，而是心識中顯現出來的觀念與形象。這些觀念與形象是順序而生的，與某些形而上學的觀點不同，後者如倡導無因生的「虛無主義」與張揚常住的神、上帝和根本的質體的「常住論」。這些種子的存在性是以我們過去的生活經驗和遭遇為依據而有於心中的，不是沒有原因的、突如其來的事物，也不是恆常地永不變化的自己同一的因素。信守中觀學的人不是虛無主義者，也不是常住論者，他們是相信日常生活中所展示的因果性格的。能夠洞悉因緣真理的人，才能得到解脫。種子的說法接近唯識學。

在這背景下出現的東西，是觀念呢，抑是外界的實在呢？中觀學中的一派以為，這是強調佛陀所言「一切唯心」的唯識傾向的說法。他們的看法是，恆常的、實體性的自我是沒有的，在生活的、日常的真理中，外界的事物與心識一樣，具有實在性。這是一種二元論的說法，承認外界事關於第二個問題，說一切有部認為，一個瑜伽行人能夠以禪定工夫所帶來的直覺去接觸實在，則此中所涉及的直覺一定不是一般的感性直覺（sinnliche Anschauung），而是一種神秘的直覺，或康德（I. Kant）所常提及的睿智的直覺（intellektuelle Anschauung）。這種直覺可使我們建立對對象的知識，但這知識不是現象義、經驗義的知識，而是對象的本質的、在其自身（Ding an sich）的知識。這種知識的建立，展示作為神秘的直覺的認識活動有其存在性或實在性，它對於事物的本質方面具有因果效應，能對它們建立物自身層、非現象層的本質方面的知識。

由以上所述，我們可以看到，寂護對印度佛學的理解與處理，實有濃厚的判教意味，他是從說一切有部小乘的實在論開始，依對於這種理論所持的對於諸法的實在性的減殺而向無自性、無實在性的空的趨附和對於世間的關切和救渡，把當時在印度流行的佛教區分為說一切有部、經量部、有形象唯識派、無形象唯識派、中觀學，最後進於唯識學與中觀學的綜合，而成瑜伽行中觀派。在他看來，瑜伽行中觀學是印度所發展及的最高、最圓滿的學說。此後印度佛學便在思想界中漸趨衰微，而為婆羅門教亦即是印度教所取代了。

三、空有互融說的一些關連點

以上我們凌空地闡釋了寂護的中觀思想，指向瑜伽行中觀派的思想的成立。以下要集中地以哲學思想史和比較哲學為主軸並沿文獻學的依據來詳細闡釋這種思想的要旨：所謂外界實在是沒有的，是空的，但在這空之中，事物仍能如如顯現，這顯現即是存在，即是有。讓我們從智藏開始。智藏認為，實在的世俗的東西是在我們面前如實地顯現的東西，它們不具有自性。他表示，世俗的東西有兩種：實在世俗與邪歪世俗。此中的區別原理有二，其一是看有無遍計、虛妄分別在內，沒有便

物在某程度上有其實在性。這種說法把存有論的問題關連著我們的日常生活來說，很有意思。另外一派以為，經量部為了要替心識中的形象找尋原因、根源而提出外界實在，並不如理，我們的認識的對象根本不是外界的存在。這一派參考唯識學的說法，不視外界的實在為我們當前心識中的形象的根據，而是以我們在直前的一剎那的心識為根據，這心識包含種種印象或種子。寂護比較認同上一派的二元論的看法。

是實在世俗，有便是邪歪世俗。另一是看是否具有引致效果的作用，具有便是實在世俗，不具有便是邪歪世俗。⑭進一步具體地說，我們可以根據智藏的《二諦分別註》（*Satyadvayavibhaṇga-vṛtti*）梳理出世俗的東西的實在面與邪歪面的區別：實在的世俗遠離遍計與虛妄分別，依因待緣而生起，具有帶來實效的作用，和能夠同時展示於智慧者與愚癡者的所知中。邪歪的世俗則與這些點剛好相反。⑮在寂護與蓮華戒來說，智藏的說法是正確的。他們所說的實在的世俗，是依慣習、約定一類東西被處理的，其中的內涵（內容）是：有生滅性格，具有生起結果、功效的作用、能力，在世間被經驗、被認證是實在的東西。⑯蓮華戒更強調表現的方式一點。即是，實在的世俗是在世間、經驗的層面無掩飾、加工地表現（upalakṣaṇa）的東西；而不能在世間、經驗的層面表現出來，要越過實在的世俗的東西而存在的，如自在天（Iśvara）這樣的神靈，則是邪歪的世俗。

瑜伽行中觀派的殿軍寶作寂沿著蓮華戒的這種強調表現的思路說下來，同時也涉及自己認識的問題。他提出，種種存在是通過自己的顯現（svaprakāśa）的被知覺、被發現而得以成立。這種顯現是光耀的，具有照明的作用。這不是物質性的東西，卻是一種直截了當的全面的顯現。倘若這種顯現不能成立，則便沒有任何存在能展示自身了。相反地，倘若這種顯現能成立，則它即此即是知識，一切存在便得以知識作為其自性或本性而成立了。⑰倘若是這樣，則所謂存在，便是就顯現說，而這顯現也是關連著知識說，而且這種知識不是從現象的範疇化而得以成為對象（Objekt）的主客對立的知識，如康德所說的知識論那種，卻是寶作寂承接著般若思

---

⑭ 在這裏，我們看到法稱的因果效應論對智藏以至後期大乘佛學的影響。也由於智藏是寂護的先輩，我們可以看到空的思想如何遊行到有的思想（由因果效應表現出來）方面去。但此中是有極限的，寂護、蓮華戒與寶作寂對於空的究極義還是守得很緊的。

⑮ Jñānagarbha, *Satyadvayavibhaṅga-vṛtti*, Der. No. 3882, 6b.在這裏，我參考了一鄉正道的〈瑜伽行中觀派〉一文，平川彰、梶山雄一、高崎直道編集《講座大乘佛教 7：中觀思想》（東京：春秋社，1982），頁 193-194。

⑯ Śāntarakṣita, *Madhyamakālaṃkāra-vṛtti*, Pek. Vol.101, 9, 1; Kamalaśīla, *Madhyamakālaṃkāra-pañjikā*, Pek. Vol. 101, 30, 1-2; 29, 5-30, 1.又參看一鄉正道〈瑜伽行中觀派〉，頁 190-191。

⑰ Ratnākaraśānti, *Prajñāpāramitopadeśa*, Pek. Vol. 114, 242, 1; 一鄉正道〈瑜伽行中觀派〉，頁 197-198。

想、如來藏思想所開拓出來的清淨光輝的心靈（prakāśamātra）的無形象的知識。這其實是般若智所成就的知識，它能穿越存在的表層，而直探其內裏的本質、空的本質，而一切存在在這種智慧的照耀下，即此即是清淨的知識，而以後者為其本性、自體，不能與它分開了。這分明是般若思想、般若智思維的導向。而由於這種顯現有照明、明覺的作用，因此所顯現的東西應該不是現象（Phänomen），而是物自身（Ding an sich）。這顯現能否通到海德格（M. Heidegger）的「實有的本質是呈顯」（Sein west als Erscheinen）的觀點方面去呢？⑱我想應該可以，起碼雙方都是在現象學的、價值的導向上說的。在終極層次言，我們不能說外界實在，那是沒有明證性（Evidenz）的，在胡塞爾來說是如此。我們只能就顯現說存在，而這存在是在廣義的知識（有照明義的知識，不光是主客對立而成就的知識）中說的，不被照明及的外界存在是不能說的。

順著上面的探討說下來，寂護提出，知識絕對不能認識外境。⑲這又讓人想到胡塞爾所提的明證性（Evidenz）與懸擱（Epoché）觀念所構成的名言：凡是不具有明證性的東西，都需擱置在一邊，終止所有有關判斷。蓮華戒更強調，知識不管有無對象的形象，或知識具有與「對象的形象」不同的形象，都不能接觸外界。知識只是自己認識（ātma-saṃvedana），這便成就了唯識的性格（vijñaptimātratā）。⑳寂護與蓮華戒對「自己認識」這樣的唯識學的觀點的支持，的確有使人認為他們是唯識學者的傾向。事實上，他們師徒兩人，特別是寂護，在不少的場合中被人視為唯識家或唯識論者。

以下我們集中在寂護與蓮華戒的文獻，以解讀空有互融的確切而又深邃的意義，這得從蓮華戒和摩訶衍的一場大論諍說起。按蓮華戒是寂護的門人，而摩訶衍

---

⑱ 海德格的這句話有深遠的意義，表示存有需要開顯自己，這依賴存有本身的動感性（Dynamik）。我在拙著《純粹力動現象學》中便常提及這種具有存有論的洞見的話語，參看該書（臺北：臺灣商務印書館，2005），頁104。

⑲ *The Tattvasaṅgraha of Shāntarakṣita with the Commentary of Kamalashīla*, tr. G. Jha. Delhi: Motilal Banarsidass, 1986, Vol.2, p.949.－鄉正道在這裏以有關說話出自《攝真實論》（*Tattvasaṃgraha*）第1998偈後半部分（〈瑜伽行中觀派〉，頁197），誤，應為第1999偈。

⑳ Kamalaśīla, *Tattvasaṃgraha-pañjikā*, Bauddha Bharati Series, 1, p.682.

（大乘和尚，Mahāyāna）則是禪宗神會系的信徒。當時印度盛行中觀學，而中國則崇尚禪宗。西藏王難以取捨，不知應信奉哪一系，便邀請蓮華戒和摩訶衍在西藏的桑耶寺（bSam-yas）舉行一場佛教義理與實踐的大辯論，這亦是中觀學與禪的對決。結果如何呢？印度佛教文獻以蓮華戒為勝者，中國佛教文獻則以摩訶衍為勝者。但此後西藏便盛行中觀學，禪宗與整個中國佛教體系都未有在西藏流行，發出重要的影響。關於那次大辯論，大概是蓮華戒勝了。㉑不過，雙方的修行進路不同，摩訶衍取頓門（ston-min-pa），蓮華戒則取漸門（tsam-min-pa）。西藏人的思考，大概是近於漸門的，他們的進路是質實的、有階段性，對於漸教較能相契。

四、寂護的空有互融說

對於空有互融一點，我們先看寂護的說法。按與寂護同時期的一個後輩艾些依廸（Ye śes sde，或 Ye-śes sde）㉒曾寫有《種種看法的特徵》（*lTa-baḥi khyad-par*），其中提到軌範師寂護依據無著所著《瑜伽行論》而寫出《中觀莊嚴論》一書，提到世俗一概念，與無著的宗義相若，視之為一唯識學的概念，或竟是唯識的意思。而在世俗之外的勝義，則以識仍是沒有自性的。這與中觀學的宗義不同。不過，他說到蓮華戒的《中觀明》，以此書所說的世俗概念與中觀學的說法不一致，但就勝義方面來說，則外境與內心或內識等一切現象都是空的、沒有的。㉓按印度佛學各派對於世俗的看法，一向都不是完全一致的，特別是說一切有部取肯定的態度，以之為具有真實性。唯識學則在某一程度承認世俗的存在性。中觀學對世俗雖在存有論上持保留態度，但在工夫論方面，則持正面的肯定態度，認為勝義要在世俗的基礎上才

㉑ 關於桑耶寺的論諍，布頓（Bu-ston）的《佛教史》（*Chos-ḥbyuṅ*）有記錄，宗喀巴（Tsoṅ-kha-pa）的《菩提道次第論》（*Byaṅ-chub lam-gyi rim-pa, Lam-rim*）也有提到。對這論諍要有詳細理解的，可參考：P. Demiéville, *Le concile de Lhasa*. Bibliothèque de l'Institut des Hautes Études Chinoises, Vol. VII, Paris, 1952；佐藤長著《古代チベット史研究》上下（京都：京都大學東洋史研究會，1958、1959）；上山大峻著〈曇曠と敦煌の佛教學〉，《東方學報》，京都，第 35 冊。

㉒ 在中文佛學界甚少提及此人，也似無中文譯名，我今依藏文讀音，作「艾些依廸」。

㉓ Ye śes sde, Derge edition, *sNa-tshogs*, jo-pa 215a. 關於宗義的意思，參考註❾。

能證成。㉔

寂護有兩本重要的著作：《攝真實論》與《中觀莊嚴論》，這在上面已經提過。在這兩本作品中，《中觀莊嚴論》似乎更能展示出他的思想的旨趣。他在這書中，視中觀學與唯識學有如馬車的兩條韁繩或車軌，人要作大乘佛教的信徒，必須學習這兩學派的理論。在這兩條車軌中，中觀學固然重要，唯識學或瑜伽行說也不能忽略。要總持、真正滲透到大乘佛教中，便要概括這兩種思想。這明顯地預示中觀學的空與唯識學的有（緣起、心識所變現的境）的融合訊息。蓮華戒也深受寂護這種觀點的影響，他在其《修習次第》中，以寂護的說法為依據，以空為勝義，瑜伽為世俗。這主要應該不是存有論的說法，而毋寧是工夫論的說法。我們很難就存在性來說空，說空是一種存在。但在實踐上、工夫上，寂護秉持龍樹的說法，表示勝義的空必須在世俗的有中體現、落實。

現在我們把討論焦點放在有融合意義的兩條車軌上。寂護在他的《中觀莊嚴論註》中便提到「大車軌」（śiṅ-rta-chen-po），表示乘坐在走大車軌的馬車的人，宛如手執著馬的韁繩那樣，能夠獲致、證取大乘的真實義。㉕這讓人想到中國天台宗智顗在其著作《修習止觀坐禪法要》（又作《小止觀》、《童蒙止觀》）中以「車之雙輪，鳥之兩翼」來說止與觀；即是說止與觀應同時進行，才能得覺悟、解脫，這猶如車要有兩輪才能行走，鳥要有兩翼才能飛翔。㉖寂護所說的兩條車軌，正是指中觀學與唯識學而言。這正符合空（中觀學）有（唯識學）互融的意趣。

㉔ 龍樹的《中論》（*Madhyamakakārikā*）即表示我們若不依賴日常的一般行為、相對的真理，不能說勝義諦、絕對的真理。我們若不皈往絕對的真理，不能證成涅槃。"vyavahāramanāśritya paramārtho na deśyate, paramārthamanāgamya nirvāṇaṃ nādhigamyate" (*Mūlamadhyamakakārikās de Nāgārjuna avec la Prasannapadā Commentaire de Candrakīrti*, ed. Louis de la Vallée Poussin, Bibliotheca Buddhica, No. IV, St. Petersbourg, 1903-13, p.494) 參考鳩摩羅什（Kumārajīva）的漢譯：「若不依俗諦，不得第一義；不得第一義，則不得涅槃。」（《中論》24：10，《大正藏》30·33上）梵文偈中的 vyavahāra 即是俗諦、世俗，亦即是日常的一般行為。

㉕ "śiṅ-rta chen-po la shon-pa dag kha bsṅams-paḥi srab-skyobs legs-par-bzuṅ-ba bshin-du don daṅ ldan paḥi theg-pa chen-po shes-bya-ba yaṅ-dag-par ḥthod-par byed-do" (Derge edition, dBu-ma, sa-pa 80a).

㉖ 《修習止觀坐禪法要》：「止是禪定之勝因，觀是智慧之由藉。若人成就定慧二法，斯乃自利利人，法皆具足。……當知此二之法，如車之雙輪，鳥之兩翼，若偏修習，即墮邪倒。」（《大正藏》46·462中）。

實際上，寂護所倡議的空有互融的主張，在智藏的《二諦分別論》中已有提及。智藏的意思是，若能沉溺於依佛所說而分別二諦這樣的大車軌中，便不需要理會其他的說法了。㉗爾後蓮華戒在他的《修習次第》中說空有兼涵，便是基於寂護之說而來。不過，他強調中觀是勝義層面，唯識是世俗層面。

倘若再進一步看寂護的空有互融思想，則可注意他以空有或中觀學與唯識學作為真理的綱要、真理的韁繩一偈頌。他以空與有為真理的兩種旨趣，或兩個面相，這旨趣、面相有車軌的作用，能提供駁車者路軌，讓他沿著這路軌駁車前進，以達致作為目標的真理本身，而認悟到大乘修行者的目標，或大乘佛教的真實義。㉘接著，寂護又就這首偈頌作註釋，表示《入楞伽經》（*Laṅkāvatāra-sūtra*）把這兩面旨趣（按指空與有、中觀學與唯識學）綜結起來，以展示大乘佛教的真理。所綜結的大乘項目為：五法、三自性、八識和二無我的正理。㉙寂護強調，一切大乘佛教（Theg-pa chen-po thams cad）的正理基本上可在這旨趣亦即中觀學與唯識學中被集合起來。關於這點，蓮華戒也是首肯的。在這裏，讀者或許已感覺到一個問題：寂護說大乘佛教的旨趣，只著眼於中觀學與唯識學，而未有措意如來藏或佛性思想。這的確是研究寂護思想所要深入注意的。如來藏自性清淨心思想要到寶作寂才受到重視，但到了這個階段，印度佛教已步入衰亡期。

日本學者芳村修基表示，寂護採納了《入楞伽經》的境識俱泯，開拓出無相瑜伽的中道觀，確定這觀點是大乘教法的根本立場。㉚芳村的說法是對的，寂護的確深受《入楞伽經》的影響，此經典到處都提到境由心識所變現，其本性是空的，我們不要在這方面起分別心，要能深切地體會境與心識的分別只能在俗諦中說，在第

㉗ “bden-pa gñis-pa rnam-phye yaṅ, śiṅ-rta che dag rmoṅs-kyaṅ ñid-na, gshan-rnams smos-yaṅ ci dgos-te, de bas bdag-gis rnam-par-dbye” (Derge edition, dBu-ma, sa-pa 3b-4a).

㉘ “tshul-gñis śiṅ-rta shon-nas-su, rigs-paḥi srab skyobs ḥjug-byed-pa, de-dag de-phyir ji bshin don, theg-pa chen-po-pa ñid ḥthob” (Derge edition, dBu-ma, sa-pa, 79b).這正是《中觀莊嚴論》中極為重要的第 93 偈頌。

㉙ laṅ-kar gśegs-pa las, tshul gñis-kyis bsdus-paḥi theg-pa chen-po de mdor-bstan-pa ni ḥdi snad-de, chos-lṅa-dag daṅ raṅ-bshin gsum. rnam-par-śes-pa brgyad-ñid daṅ. bdag-med gñis-kyi dṅos-por ni. theg-pa chen-po thams-cad ḥdus shes ḥoyuṅ-ṅo. (Derge edition, dBu-ma, sa-pa 80a).

㉚ 芳村修基著《インド大乘佛教思想研究：カマラシーラの思想》，頁 226。

一義諦方面，境源於心識，而心識自身也是空的、無自性的。這裏所說的心識，概括了八識：五感識、意識、末那識與阿賴耶識。在《入楞伽經》中，我們可以在多處見到非有非無、諸相空無的說法，這非有非無正是龍樹及中觀學者用以說空的。至於境由心識所變現、生起，則無疑是唯識學的說法。在義理上，唯識思想與《入楞伽經》有很密切的關係。就以上所闡述看，《入楞伽經》中涵有濃厚的中觀與唯識的思想痕跡，我們實可初步確定《入楞伽經》的思想有涵攝中觀學與唯識學或空有相融的旨趣，寂護更是在這個問題上作進一步的開拓。至於所謂「無相瑜伽」，那是強調唯識學方面，但需以無相這種般若思想與中觀學的觀點為基礎。而無相的字眼或意涵，正多處出現於《入楞伽經》之中。㉛

至於上面提到寂護所留意及的《入楞伽經》的五法、三自性、八識和二無我的說法，《入楞伽經》的確有論及，而且不止一次提到。㉜就中，五法（pañca-dharma）指五蘊（pañca-skandha）。五蘊自是色、受、想、行、識，或作名、相、妄想、正智、如如。三自性（tri-svabhāva）是無著（Asaṅga）、世親（Vasubandhu）所提的存在的三種狀態：徧計所執性、依他起性、圓成實性。八識則是前五感識、第六意識、第七末那識、第八阿賴耶識。二無我則是人無我、法無我。這些都是一般所孰知的法數名相，在這裏也就不多闡述了。

五、蓮華戒的空有互融說

蓮華戒是寂護的弟子，能在義理與實踐方面弘揚寂護的學說。他的空有互融說旗幟鮮明。如上面所說，寂護對自己的《中觀莊嚴論》有註釋（vṛtti），蓮華戒又對這註釋作復註，展示自己對中觀學與唯識學的理解，並突出空有或中觀學與唯識學相互涵容、結合的旨趣，進一步穩住（consolidate）中觀學與唯識學相互補充、同步發展的基礎。㉝約實而言，說到唯識性的宗旨，與其從教義內容來看，不若視之為

㉛ 如《大正藏》16·532下、533上、536下、567上、568上等。

㉜ 如《大正藏》16·514下、525上、558上等。

㉝ “tshul-rnam-pa-ḥdi gñis ni shes-bya-ba ni rnam-par-rig-pa-tsam-ñid-kyi tshul daṅ dbu-maḥi tshul-lo” (Derge edition, dBu-ma, sa-pa 130a).

一種瑜伽行來得恰當。這是直指唯識的實踐了。這讓人想到護法（Dharmapāla）的《成唯識論》（*Vijñaptimātratāsiddhi-śāstra*）的「五位修持入住唯識」的宗旨了。在這裏，我們可以看到寂護與蓮華戒師徒雖然同宗中觀學，亦同吸納唯識學，二人終究不同。寂護的思想有較強的原創性，因此能中興中觀學。蓮華戒則重視實踐，在這方面，中觀學說得比較簡單，因此要取法唯識學，後者說到修菩提之路，是一步一步上的。[34]

從《修習次第》的梵文名 Bhāvanākrama 來看，可分為 bhāvanā 與 krama 兩部分，bhāvanā 是從四諦中的道諦來說的，即是，我們對苦、集、滅、道這四諦進行知、斷、證、修這四種程序的實踐。而 krama 則是階次、次第之意。因此，這部著作是探究、實現苦、集、滅、道這四聖諦的深微意義，這便要依知曉、斷定、體證和修行、修習這四個程序來進行。由此可見，蓮華戒的思想是承著釋迦牟尼、原始佛教的教法而來的，特別是四聖諦的義理。苦、集、滅、道並不表示四種真理。真理是絕對的，說一已不可以，何況說四呢。四聖諦實是指實現真理的四個階段，而這實現表示一個歷程，是漸進式的，故說「次第」。這次第是苦的聖諦（dukkhaṃ ariyasaccaṃ）、苦的生起（集）的聖諦（dukkhasamudayo ariyasaccaṃ）、苦的滅去的聖諦（dukkhanirodha ariyasaccaṃ）和苦的滅去的途徑的聖諦（dukkhanirodhagāminī ariyasaccaṃ）。故四聖諦的中心概念是苦，而四聖諦的實踐是如何滅除苦，如何離苦得樂。[35]蓮華戒以「實踐」來作書名，可見他對實踐的重視。這本書共有三章，順次詮述《入楞伽經》的境由識變以至境識俱泯的證得。

對於真理的證得的實踐，通常有兩種：頓與漸，這即是頓悟與漸悟。頓悟是頓然的、剎那的覺悟，不必依循一步一步的漸進的程序。漸悟則是次第的、階段性的覺悟，在一定時期、時段中由淺入深地覺悟真理。在覺悟上，這與中國禪的頓與漸的分別相似，印度佛學後期和西藏佛學好說頓與漸的實踐方式，這即是頓門（ston-

---

[34] 日本學者梶山雄一說到後期中觀學的實踐，主要聚焦於蓮華戒的思想上，特別是他的《修習次第》一書。（梶山雄一、上山春平著《佛教の思想 3：空の論理～中觀》（東京：角川書店，1973），頁 184）。後期在印度發展的中觀學，就實踐方面來說，應數《修習次第》最為嚴整。

[35] 有關四聖諦的詳情，參看拙著《印度佛學的現代詮釋》（臺北：文津出版社，1994），頁 36-39。

min-pa）與漸門（tsam-min-pa）。蓮華戒一方面承受寂護所開拓出來的瑜伽行中觀說，㊱同時也構作出自己的漸門的修行法。這漸門修行法主要關心兩個問題：一是有關瑜伽行中觀說的組織，另一則是擺出或發展這種學說的具體的修行程序，或漸門的程序。

這裏有一些點要交代的是，在蓮華戒的空有互融或瑜伽行中觀的思想中，唯識學與中觀學並不是處於對等的、平行的關係，而是以中觀學特別是龍樹的諸法無自性的空的立場為根基，而導入唯識學的實踐方法。蓮華戒畢竟是以中觀學為正統、主流的。另外，上面提到頓門與漸門的實踐方法，並不是絕對性格，而是相對性格的。即是，倘若以禪宗與中觀學相比，則禪宗是頓門，中觀學是漸門。倘若以中觀學與唯識學相比，則中觀學是頓門，唯識學是漸門。還有，說蓮華戒把唯識學的實踐法導入中觀學之中，這無疑有表示中觀學的不足之意；但另方面，從中觀學看唯識學，唯識學由於說心識止於虛妄的第八阿賴耶識，不能建立人的真正的、清淨的主體性，也易讓信徒陷入負面的、無所肯定的虛無主義方面去。這則是唯識學的不足之處。即便說第八阿賴耶識中含藏有清淨無漏的種子（bīja），但種子（不論善種抑是染種）終究只是經驗的性格，不脫氣的材質，難以與於清淨的主體性的超越的性格。由這點我們可以說，關連到最高的超越主體性的問題，唯識學不是能獨立說的，它必須求助於說佛性或如來藏（tathāgatagarbha）的重視超越性的學派。此中只有兩個選項：向講習如來藏自性清淨心的經典與論典取經，或向般若思想傾斜。後者正是無形象知識論的宗匠寶作寂（Ratnākaraśānti）的做法，他有時又被視為一中觀瑜伽行論者。㊲但這已超越本章要說的範圍了。

實際上，印度大乘佛教發展到後期，由於交集頻頻，各派相互捨短取長，不免

㊱ 瑜伽（yoga）除了指唯識學外，還指印度六派哲學中的瑜伽學派。在唯識學方面，倘若特別強調它的實踐性格、實踐旨趣，則為瑜伽行（yogācāra）。像寂護、蓮華戒那樣以中觀學為基礎而吸納唯識學特別是它的實踐方法，稱瑜伽行中觀派（Yogācāra-Mādhyamika）。另外，有人把有形象知識論或有形象唯識學與經量部結合起來，則稱經量瑜伽派或經量瑜伽行派（Sautrāntika-Yogācāra）。

㊲ 在中觀學與唯識學的結合之中，傾向中觀學的，是瑜伽行中觀派（Yogācāra-Mādhyamika）；傾向唯識學或瑜伽行的，則是中觀瑜伽行派（Mādhyamika-Yogācāra）。寶作寂是屬於後者。

吸收了別派的優點，以補己方的不足，派別之分便沒有那麼清楚了。其中有經量部與唯識學、般若思想與如來藏思想的相互含融。前者有法稱（Dharmakīrti），後者則有寶作寂。當然還有寂護與蓮華戒所開拓出來的瑜伽行中觀派。這也符合思想發展或思想史的傾向：要不斷與別派溝通、比較，才能明顯地發現己派的弱點，俾能作自我轉化，求得進步。蓮華戒便是在這種背景下，發展出自家的實踐思想。

在這裏，我們試以《修習次第》為依據述論一下蓮華戒的實踐法。他從次第概念著眼，把修行分為三個程序：聞、思、修；具體地說是聞所成慧、思所成慧和修所成慧。此中的旨趣是，智慧與修行並不分離，透過修行，可以增長智慧。梶山雄一認為，聞、思、修分別相應於學習、批判與瞑想。我們要學習佛陀和其他論師的義理、訓誨，通過理性的思維，以緣起性空這種立場為依據，對佛教內部與佛教以外的其他派系的思想進行反省與批判，特別是批判勝論（Vaiśeṣika）、數論（Sāṃkhya）和正理（Nyāya）諸派的實在論的觀點。另外，也要簡別和批判佛教內部的小乘（Hīnayāna）的說一切有部（Sarvāsti-vāda）的法體恆常說。在此之餘，還要進行瞑思（yoga），把由學習和批判的所得加以真切體會，以開拓出種種洞見。㊳

由於本書重在對哲學義理的闡發，對於實踐的問題，我不想著墨太多。我只想回返到車軌的問題。實際上，車軌概念不是寂護、蓮華戒先提起的，在龍樹（Nāgārjuna）與提婆（Āryadeva）的著作中，已有思想上的關連的痕跡，也關連到彌勒（Maitreya）、無著的觀點。在車軌作為一歷史脈絡中的旨趣方面，中觀學與唯識學顯然有很廣很深的對話空間。西藏佛教的極重要人物阿底峽（Atīśa, Ryo-bo-rje，另一名字為燃燈吉祥智 Dīpaṃkaraśrījñāna, Mar-me mdsad ye-śes）的著書《菩提道燈論》（*Bodhipathapradīpa, Byaṅ-chub lam-gyi sgron-ma*）已展示這種教派之間的相互融合了。宗喀巴（Tsoṅ-kha-pa）即以這《菩提道燈論》為基礎而寫出他的名著《菩提道次第論》（*Byaṅ-chub lam-gyi rim-pa*，通作 *Lam-rim*）了。㊴

㊳ 參考梶山雄一、上山春平著《空の論理：中觀》，頁 185-187。在這裏，我作了恰當的簡化，也補充了一些自己的看法。另外，對於相同論題，也可參考芳村修基著《インド大乘佛教思想研究：カマラシーラの思想》，頁 218-221。

㊴ 此書有廣論與略論兩種，前者是宗喀巴四十六歲時作，後者則是他五十三歲時所作。

六、從動感與知識看

由以上的闡論可以看到，寂護與蓮華戒，特別是前者，已提出一種旗幟鮮明的判教法，這在上面已提過，但這判教法只局限於印度佛教的大小乘方面。他對有部特別是說一切有部、經量部、唯識學（著重知識論方面：有形象唯識學、無形象唯識學）都進行過批判，最後把唯識學吸收到自己的中觀學方面來，而開拓瑜伽行中觀學派。規模雖然有限，但判教的意涵歷然可見。由於本書以動感與知識作為判教的基準，以下我試就這兩面基準在寂護和蓮華戒對當時佛教各個系統的理解與處理中所看到的瑜伽行中觀派的空有互融的哲學思想形態，分幾方面來說明。

i) 同時認可心識的實在性和外界對象的實在性，這是說一切有部的做法。此中的心識在說一切有部的「法有我無」的基本存有論的前題下，只能說是一種經驗主體（empirische Subjektivität），其動感只能在現象的、經驗的層面說，在廣度與深度方面都有限制，也只能成就經驗主義的知識論，把認識活動限制在感覺機能上，而所得的知識也是以經驗知識為主。

ii) 以心識的形象作為認識的對象，而以外界存在或對象作為形象的根據，但對於外界的存在，我們不能有知覺。這是經量部的說法。這是以現量（pratyakṣa）來認識現象，以比量（anumāna）來推斷作為現象的根源的外界實在。這只有經驗性的作用、動感，而無超越性的動感可言。經驗性的動感只能表現於經驗主體對外在感性與料（sense-data）的接受之中，經驗主體沒有超越的明覺，對感覺與料只能認識，不能創造。

iii) 以心識中的印象來代替外界存在，認為心識中的形象與心識的明照、向外面投射作用都是實在。這是唯識學的形象真實論，亦即是有形象唯識學。這樣，心識活動中或認識活動進行中的形象由心識的變現而成立，這正是識的自己認識。這不是典型的知識論以對象獨立於認識主體而與後者構成一種主客關係的導向。由於在主客關係中主體的活動受到一定程度的限制，因而動感的空間也很有限。

iv) 只承認心識的明照投射作用為實在，而以形象為虛妄。這是唯識學的形象虛偽論，亦即是無形象唯識學。這種明照投射作用較有動感可言，但因明照、投射而達致的形象無實在性，這便不能交代被認識的形象從何而來，如何成立的問題。

v) 以心識的明照投射作用，所明照投射的事物的存在性是虛幻，而加以否定。這是中觀學的空的立場，同時也是原始佛教的無我的觀點。故寂護雖提出瑜伽行中觀說，但最後還是謹守龍樹與釋迦的立場。空與無我基本上都是就事物的狀態或真理的狀態（Zustand）說，不能有很強的動感。不過，倘若我們不集中在義理、哲學思想方面說空與無我，卻是從修習、修行一面來說，則瑜伽行中觀說也有一定的動感可言。這特別顯現於蓮華戒的《修習次第》（*Bhāvanākrama*）一著作中。在這本重要的書中，蓮華戒強調智慧的開拓，需經聞、思、修（學習、批判、瞑想）三個階段，而在最後的修或瞑想階段中，修行者積極地實踐瑜伽行，而進行止與觀的工夫，正是對於空與無我的體證，體證事物的無實在性，只是心識的顯現而已。止觀雙運之後，便是菩薩的十地的積極修行。❹⁰這便不能不表現動感。而且，這十地明顯地有唯識學的瑜伽修行的痕跡，這便是護法在他的《成唯識論》（*Vijñaptimātratāsiddhi-śāstra*）所述的五位修持入住唯識的五位：資糧位、加行位、通達位、修習位、究竟位。在這一點上，我們也可以看到中觀學如何把唯識學的修行實踐吸納到自己的系統中，而成為瑜伽行中觀派（Yogācāra-Mādhyamika），或以唯識學為重的中觀瑜伽行派（Mādhyamika-Yogācāra）。

vi) 在這裏，我要提出一個問題，細心的讀者可能也會察覺到。如上面所說，晚期唯識學分為兩個導向，這即是有形象唯識學與無形象唯識學；它們分別開展出有形象知識論與無形象知識論。就有形象知識論言，知識的對象即是由識自身所展現的形象。這沒有問題。但在無形象知識論來說，它強調一清淨而光耀的心靈，它有明覺的作用，能即此即見到形象的虛假性、空性。但這種知識論並不預留形象，因而便有知識無確定的對象一問題。既然無確定的對象，則知識是對甚麼東西的知識呢？這一系顯然要成立光耀的心靈作為認識的主體，這主體不應是有執的認識心，而應該是無執的智慧心，但它總需有一被認知的對象，知識論才能說。無形象知識論者並不認同任何被認知的形象，他們認為，這形象根本無法被關連到外在世界的對象方面去，因此，知識的本質不在這被認知的形象中，而在看破這形象的虛

---

❹⁰ 我在上面未有說及止觀與十地這些煩瑣的修行問題，是為了避免重複的緣故。對於止觀與十地，我認為在這裏交代較好。

妄性的光耀的心靈或主體方面。這正是他們不重視這形象，甚至否定它的存在性的理由。但知識論倘若沒有了被認知的對象或形象，則即使我們說知識的本質不在這對象或形象裏頭，而在清淨而光耀的認知主體，也難以建立整全的知識論。這是我對無形象知識論或無形象唯識學感到疑慮的地方。無形象唯識學是一種存有論，不說形象，仍可以是一種存有論。但知識論不立形象或對象作為所知的東西，而只強調清淨而光耀的主體作為認知者，終究是難以說得過去。這個問題非常複雜，我在這裏不想討論得太多，希望在以後有機會再予以探討。[41]

---

[41] 以上我闡述了印度大乘佛教到了中期，特別是後期唯識學與中觀學的結合情況，也略及於般若思想與如來藏思想的連結。以下試提供一些在這方面的研究成果：

Ramchandra Pandeya, ed., *The Pramāṇavārttikam of Ācārya Dharmakīrti*. With the Commentaries *Svopajñavṛtti* of the Author and *Pramāṇavārttikavṛtti* of Manorathanandin. Delhi: Motilal Banarsidass, 1989.

S.D. Shastri, ed., *Pramāṇavārttika of Acharya Dharmakīrti*. With the Commentary *Vritti* of Acharya Manorathanandin. Varanasi: Bauddha Bharati, 1968.

P.D. Malvania, ed., *Paṇḍita Durveka Miśra's Dharmottarapradīpa*. Being a Sub-commentary on Dhavmottara's *Nyāyabinduṭīkā*, a Commentary on Dharmakīrti's *Nyāyabindu*. Patna: Kashiprasad Jayaswal Research Institute, 1971.

H. Buescher, ed., *Sthiramati's Triṃśikāvijñaptibhāṣya*. Critical Editions of the Sanskrit Text and its Tibetan Translation. Wien: Verlag der österreichischen Akademie der Wissenschaften, 2007.

Sylvain Lévi, *Vijñaptimātratāsiddhi*, deux traités de Vasubandhu, *Viṃśatikā* accompagnée d'une explication en prose et *Triṃśikā* avec le commentaire de Sthiramati. Paris, 1925.

Louis de la Vallée Poussin, ed., *Mūlamadhyamakakārikās de Nāgārjuna avec la Prasannapadā Commentaire de Candrakīrti*. Bibliotheca Buddhica, IV, 1903-1913.

M. Ichigo, ed., *Madhyamakālaṃkāra of Śāntarakṣita*. With his own Commentary or *Vṛtti* and with the Subcommentary or *Pañjikā* of Kamalaśīla. Kyoto: Buneido, 1986.

梶山雄一著、吳汝鈞譯《龍樹與中後期中觀學》（臺北：文津出版社，2000）。

海野孝憲著《インド後期唯識思想の研究》（東京：山喜房佛書林，2002）。

長尾雅人、中村元監修、三枝充悳編集《講座佛教思想第二卷：認識論、論理學》（東京：理想社，1974）。

平川彰、梶山雄一、高崎直道編集《講座大乘佛教 9：認識論と論理學》（東京：春秋社，1984）。

平川彰、梶山雄一、高崎直道編集《講座大乘佛教 8：唯識思想》（東京：春秋社，1990）。

平川彰、梶山雄一、高崎直道編集《講座大乘佛教 7：中觀思想》（東京：春秋社，1982）。

長尾雅人、井筒俊彥、福永光司、上山春平、服部正明、梶山雄一、高崎直道編集《岩波講座・

東洋思想第十卷：インド佛教3》（東京：岩波書店，1992）。
長尾雅人、井筒俊彥、福永光司、上山春平、服部正明、梶山雄一、高崎直道編集《岩波講座・東洋思想第八卷：インド佛教1》（東京：岩波書店，1998）。
梶山雄一譯注《論理のことば：モークシャーカラグプタ》（東京：中央公論社，1975）。
梶山雄一著《佛教における存在と知識》（東京：紀伊國屋書店，1983）。
御牧克己編《梶山雄一著作集第四卷：中觀と空1》（東京：春秋社，2008）。
梶山雄一、上山春平著《空の論理：中觀》，佛教の思想3（東京：角川書店，1973）。
武邑尚邦著《佛教論理學の研究》（京都：百華苑，1968）。
谷貞志著《刹那滅の研究》（東京：春秋社，2000）。
谷貞志著《無常の哲學：ダルマキールティと刹那滅》（東京：春秋社，2000）。
松本史朗著《佛教思想論上》（東京：大藏出版社，2004）。
袴谷憲昭著《唯識思想論考》（東京：大藏出版社，2001）。
上田昇著《ディグナーガ、論理學とアポーハ論：比較論理學的研究》（東京：山喜房佛書林，2001）。
本多惠譯《ダルマキールティの認識批判》（京都：平樂寺書店，2005）。
桂紹隆著〈ダルマキールティにおける「自己認識」の理論〉，《南都佛教》第23號，南都佛教研究會（奈良：東大寺，1969）。
戶崎宏正著《佛教認識論の研究：法稱著「プラマーナ・ヴァールティカ」の現量論》，上、下卷（東京：大東出版社，1979，1985）。
伊原照蓮、大鹿實秋、高井隆秀、宮坂宥勝編集《渡邊照宏著作集第七卷：正理一滴法上釋和譯、調伏天造正理一滴論釋和譯》（東京：筑摩書房，1982）。
木村俊彥著《ダルマキールティにおける哲學と宗教》（東京：大東出版社，1998）。
木村俊彥著《ダルマキーティ宗教哲學の原典研究》，付・ダルモーッタラ釋「ニヤーヤ・ビンドゥ」和譯（東京：木耳社，1981）。
一鄉正道著《中觀莊嚴論の研究：シャーンタラクシタの思想》（京都：文榮堂，1986）。
芳村修基著《インド大乘佛教思想研究：カマラシーラの思想》（京都：百華苑，1974）。
川崎信定著《一切智思想の研究》（東京：春秋社，1992）。
矢板秀臣著《佛教知識論の原典研究：瑜伽論因明，ダルモッタラテイッパナカ，タルカラハスヤ》（成田：成田山新勝寺，2005）。
S.R. Bhatt a. Anu Mehrotra, *Buddhist Epistemology*. London: Greenwood Press, 2000.
J. Prasad, *History of Indian Epistemology*. Delhi: Munshiram Manoharlal Publishers Pvt. Ltd., 1987.
B.K. Matital a. R.D. Evans, eds., *Buddhist Logic and Epistemology*. Studies in the Buddhist Analysis of Inference and Language. Dordrecht: D. Reidel Publishing Company, 1986.
Th. Stcherbatsky, *Buddhist Logic*. Two Vols. Containing A Translation of the Short Treatise of Logic by Dharmakīrti, and of its Commentary by Dharmottara, with Notes Appendices and Indices. Bibliotheca Buddhica, XXVI, 1930-1932.

Alex Wayman, *A Millennium of Buddhist Logic*. Delhi: Motilal Banarsidass Publishers, 1999.

E. Obermiller, tr., *History of Buddhism by Bu-ston*, I. Part: *The Jewelry of Scripture*; II. Part: *The History of Buddhism in India and Tibet*. Heidelberg, 1931,1932; 東京：鈴木學術財團，1964.（複刊叢書：プトン《佛教史》）

I.C. Harris, *The Continuity of Madhyamaka and Yogācāra in Indian Mahāyāna Buddhism*. Leiden: E. J. Brill, 1991.

J. Hopkins, *Meditation on Emptiness*. Boston: Wisdom Pubications, 1996.

S. Mookerjee, *The Buddhist Philosophy of Universal Flux*. An Exposition of the Philosophy of Critical Reslism as Expounded by the School of Dignāga. Delhi: Motilal Banarsidass, 1980.

M. Hattori, *Dignāga, On Perception*. Being the Pratyakṣapariccheda of Dignāga's *Pramāṇasamuccaya* from the Sanskrit Fragments and the Tibetan Versions. Cambridge: Harvavd University Press, 1968.

Richard P. Hayes, *Dignāga on the Interpretation of Signs*. Dordrecht: Kluwer Academic Publishers, 1988.

J.D. Dunne, *Foundations of Dharmakīrti's Philosophy*. Boston: Wisdom Publications, 2004.

L. Bapat, *Buddhist Logic: A Fresh Study of Dharmakīrti's Philosophy*. Delhi: Bharatiya Vidya Prakashan, 1989.

P.P. Gokhale, ed. a. tr., *Hetubindu of Dharmakīrti* (A Point on Probans). Delhi: Sri Satguru Publications, 1997.

Tom J.F. Tillemans, *Scripture, Logic, Language: Essays on Dharmakīrti and His Tibetan Successors*. Boston: Wisdom Publications, 1999.

R.R. Jackson, tr., *Is Enlightenment Possible? Dharmakīrti and rGyal tshab rje on Knowledge, Rebirth, No-Self and Liberation*. New York: Snow Lion Publications, 1993.

G.B.J. Dreyfus, *Recognizing Reality: Dharmakīrti's Philosophy and Its Tibetan Interpretations*. New York: State Univevsity of New York Press, 1997.

M.R. Chinchore, *Dharmakīrti's Theory of Hetu-Centricity of Anumāna*. Delhi: Motilal Banarsidass Publishers, 1989.

Amar Singh, *The Heart of Buddhist Philosophy: Diṅnāga and Dharmakīrti*. Delhi: Munshiram Manoharlal Publishers Pvt. Ltd., 1984.

R. Gupta, *The Buddhist Concepts of Pramāṇa and Pratyakṣa*. Delhi: Sundeep Prakashan, 2006.

The Padmakara Translation Group, tr., *The Adornment of the Middle Way*. Shantarakshita's *Madhyamakalankara* with Commentary by Jamgön Mipham. Boston a. London: Shambhala, 2005.

J. Blumenthal, *The Ornament of the Middle Way*. A Study of the Madhyamaka Thought of Śāntarakṣita. New York: Snow Lion Publications, 2004.

G. Jha, tr., *The Tattvasaṅgraha of Shāntarakṣita, with the Commentary of Kamalashīla*. 2 Vols., Delhi: Motilal Banarsidass, 1986.

P. Sharma, tr., *Bhāvanākrama of Kamalaśīla*. Delhi: Aditya Prakashan, 2004.

D. Lusthaus, *Buddhist Phenomenology*. A Philosophical Investigation of Yogācāra Buddhism and the

Ch'eng Wei-shih lun. London: Routledge Curzon, 2002.

A.C. Klein, *Knowledge and Liberation*. Tibetan Buddhist Epistemology in Support of Transformative Religious Experience. New York: Snow Lion Publications, 1998.

J. Soni, tr., *Erich Frauwallner's Posthumous Essays*. Delhi: Aditya Prakashan, 1994.

Th. Stcherbatsky, *The Conception of Buddhist Nirvāṇa*. With Sanskrit Text of *Madhyamaka-Kārikā*. Delhi: Motital Banarsidass, 1978.

K.N. Chatterjee, *Vasubandhu's Vijñapti-mātratā-siddhi With Sthiramati's Commentary*. Text With English Translation. Bhadaini, Varanasi: Kishor Vidya Niketan, 1980.

J.A. Silk, ed., *Wisdom, Compassion and the Search for Understanding*. The Buddhist Studies Legacy of Gadjin M. Nagao. Honolulu: University of Hawaii Press, 2000.

K. Puhakka, *Knowledge and Reality: A Comparative Study of Quine and Some Buddhist Logicians*. Delhi: Motilal Banarsidass, 1975.

J.P. Keenan, tr., *The Foundation Standpoint of Mādhyamika Philosophy by Gadjin Nagao*. Delhi: Sri Satguru Publications, 1990.

M.D. Eckel, *Jñānagarbha on the Two Truths*. An Eighth Century Handbook of Madhyamaka Philosophy. Delhi: Motilal Banarsidass Publishers, 1992.

John Powers, *Jñānagarbha's Commentary on Just the Maitreya Chapter From the Saṃdhinirmocana-Sūtra: Study, Translation and Tibetan Text*. Delhi: Indian Council of Philosophical Research, 1998.

Amar Singh, *The Sautrāntika Analytical Philosophy*. Delhi: Jayyed Press, 1995.

Donald S. Lopez, Jr., *A Study of Svātantrika*. New York: Snow Lion Publications, 1987.

Y. Kajiyama, *Studies in Buddhist Philosophy: Selected Papers*. K. Mimaki, ed., Kyoto: Rinsen Book Co., Ltd., 1989.

E. Steinkellner, hrsg., *Studies in the Buddhist Epistemological Tradition*. Proceedings of the Second International Dharmakīrti Conference. June 11-16, 1989. Wien: Verlag der österreichischen Akademie der Wissenschaften, 1991.

S. Katsura, ed., *Dharmakīrti's Thought and Its Impact on Indian and Tibetan Philosophy*. Proceedings of the Third International Dharmakīrti Conference, Hiroshima, November 4-6, 1997. Wien: Verlag der österreichischen Akademie der Wissenschaften, 1999.

E. Frauwallner, *Die Philosophie des Buddhismus*. Berlin: Akademie Verlag, 1994.

Tilmann Vetter, *Erkenntnisprobleme bei Dharmakīrti*. Graz-Wien-Köln: Kommissionsverlag der österreichischen Akademie der Wissenschaften, 1964.

Tilmann Vetter, *Dharmakīrti's Pramāṇaviniścayaḥ I. Kapital: Pratyakṣam* Einleitung, Text der tibetischen Übersetzung, Sanskritfragmente, deutsche Übersetzung, Graz-Wien-Köln: Kommissionsverlag der österreichischen Akademie der Wissenschaften, 1966.

E. Steinkellner u. M.T. Much, *Texte der erkenntnistheoretischen Schule des Buddhismus*. Systematische Übersicht über die buddhistische Sanskrit-Literatur II. Göttingen: Vandenhoeck a. Ruprecht, 1995.

第十二章　佛性偏覺

到此為止，我一直都在探討印度佛學，包括佛陀教法、原始佛教、說一切有部、經量部、般若思想、中觀學、唯識學、挾相立量、捨相立量、瑜伽行中觀學。下面論佛性偏覺，則除了處理印度佛學的如來藏思想外，還涉及佛性問題，由這佛性問題會轉到中國佛學方面來。中國佛學的佛性思想，自然是以天台學、華嚴學與禪學為主。其中一部分將收在佛性偏覺中說。佛性偏覺指強調佛性或如來藏自性清淨心的思想。這種思想透過超越的分解（transzendentale Analyse）的方式，建立佛性（buddhatā, buddhatva）或如來藏心（tathāgatagarbha-citta），作為成佛得覺悟的超越依據。❶人人都具足這佛性或如來藏心；即是，這佛性或如來藏心是一普遍物（universal，「物」取寬泛義）。但由於大多數的人被後天的、經驗的客塵所掩蓋，不能表現它的明覺而已。❷修行者只要覺識、省察到這種超越的、清淨的心能或主體，保住它的明覺，不讓它迷失，另方面把生命上的雜染、不淨的客塵掃除開來，像菩提達摩在其《二入四行》中所說的捨妄歸真，便能使這佛性或如來藏心重顯它的明覺，最後開悟而成佛。這佛性偏覺有很廣的概括性，包括如來藏思想、華嚴宗思想、早期禪、北宗禪、神會禪。以下我們分述這些思想與禪法，看它們如何闡述與發揮如來藏與佛性觀念。不過，我在這裏先要交代所謂超越的分解的哲學、形而上學的意涵。

---

❶ 這如來藏心的全名是「如來藏自性清淨心」（tathāgatagarbha-prakṛti-pariśuddha-citta）。

❷ 這明覺或明覺主體相應於我在本書所提出的宗教現象學意義的自我設準中的本質明覺我。

一、超越的分解

在形而上學方面，有所謂「超越」（Transzendenz）和「內在」（Immanenz）兩個意思相對反的範疇。所謂內在通常指現象性格、經驗性格、個體性格和存在於時空中或時空性格的東西，我們在日常生活中所碰到的東西，都是內在性格的。超越則是對內在的超越，越過現象的、經驗的、個體的和時空的質體而有其存在性。超越的東西不是內在的東西，這沒有問題，起碼在我們一般的理解層面是如此，或者說，邏輯地是如此。但我們並不是存在於只有邏輯的世界中，很多時我們會越過邏輯的層面或範圍，去探索一些超邏輯的弔詭的生命現象，去鑽研那些較邏輯的真理更為深入的，或更具本質性的真理（Wahrheit），這便是辯證的真理（dialektische Wahrheit）。這種真理不是分解的、分析的性格，而是綜合的性格；所綜合的正是在分解的兩端的相互矛盾的質體或體性。

超越的分解是很順適的，我們的理性（Vernunft）通常便是走這條思路，沿著這條道路或導向向前發展。不管是經驗主義抑是理性主義，都屬這種沒有矛盾的思維方式。自康德（I. Kant）的《純粹理性批判》（*Kritik der reinen Vernunft*）出現，提出先驗綜合判斷的可能性，超越的綜合的思維形態才成為問題。康德在這個問題上，基本上是就範疇（Kategorie）來說。到了黑格爾（G.W.F. Hegel）則明顯地提出辯證法，以「反」來說辯證，認為反或矛盾是深化真理的一個必須經過的歷程，這便類似上面提及的般若思想中的「即非」思考：要確認一個質體的真實狀態，需要否定它的自性（svabhāva），排除它的實體主義（自性是一種實體）的可能性，以取得對質體的終極真理的認知。如對於般若波羅蜜多或世界，需要否定它們的自性，再加以肯定，才能確認它們是無自性亦即是勝義諦的般若波羅蜜多或世界。這即非可被視為相應於反的思維方式，最後確認終極真理，便是綜合，便是辯證法的合。

在黑格爾的辯證法中，正和反都是分解性格，但正和反合起來，而成一綜合，便有辯證的意味了。康德在判斷方面說分解，又說綜合，最後變成既是分解又是綜合的先驗綜合判斷，也有辯證的意味。分解是形式的、邏輯性的，是先驗的（a priori），是理性的；綜合則是反邏輯、超理性的結合，是矛盾的雙方的直接合在一起。我們說綜合，通常是在經驗的層次中說，因而有經驗的綜合的思考，這沒有問題。例如說「這雙皮鞋是黑色的」，皮鞋是經驗的東西，黑則是感覺的、經驗性格的，雙方所成的「這雙皮鞋是黑色的」是一經驗的命題。但康德卻把先驗的性格和綜合的東西合起來，而成一先驗綜合命題，如因果命題，便成先驗綜合判斷，這便有問題，起碼是邏輯上的矛盾問題。康德要建立另外一種命題，是既是先驗又是綜合的先驗綜合命題，用來說範疇，說一切知識（先驗知識與綜合知識）的可能性、基礎。於是爭論便開始了。

我基本上接受康德的說法，認為終極真理應該是既先驗又是綜合的；我也認受黑格爾的辯證法，認為我們需要透過辯證歷程，才能達致更高的真理境界，但我認為光是辯證法還是不夠，正、反、合之後，還需有超越，才是圓滿。佛教中觀學的龍樹（Nāgārjuna）的四句法（catuṣkoṭi）曾把到真理（終極真理）的歷程分成四個步驟：肯定、否定、綜合、超越。其中的肯定、否定、綜合相應於辯證法的正、反、合，合或綜合之後，還需有超越這一步，真理的大門才真正敞開。❸不過，我在這裏並不想細論辯證法或四句的問題，我只是要透過以上的闡述，來探究在形而上學的脈絡下的超越的分解的問題。在哲學上，特別是在形而上學方面，我們通常會把存在（廣義的存在）分為超越的存在與經驗的存在，這兩者與我在上面說的「超越」與「內在」兩個概念相應。佛教也有世間與出世間的區別，大略而言，世間是經驗的，出世間則是超越的；它還說世出世間，表示世間與出世間的綜合，是內在與超越的合一。哲學與宗教需要到這個階段、境界，才算完美。

回到佛學方面，所謂超越的分解，是在形而上學特別是存有論方面確認一個終極的原理，它與存在世界有某種程度上的關連，但畢竟是超越性格，與經驗性的、內在性的事物在存在上與價值上有間隙。便是由於這種價值上的間隙，終極的原理不能直線地、垂直地與這些經驗的、內在的事物分享它自身的價值，因此需在實踐上作工夫，讓這阻隔雙方關係的間隙消除，俾超越者與經驗性能夠連繫起來，甚至結合在一起。這在西方的哲學與宗教來說，是結合本體與現象，道成肉身；在東方方面則是天人合一，或與天地精神相往來。即是說，作為價值之源的終極真理、原

---

❸ 關於四句否定，參閱拙文〈印度中觀學的四句邏輯〉，拙著《印度佛學研究》（臺北：臺灣學生書局，1995），頁 141-175。

理，不管它是主體性抑是客體性，在價值上與現實的經驗存在有一種本原的、原始的隔離。不過，這種在價值上的本原的隔離並不是必然的、無法突破的。我們可以通過工夫實踐或某種神秘經驗（mystische Erfahrung）與終極原理相遇合、相契接，俾能提升我們的生命價值與境界。這樣的超越性格的原理與經驗性格的存在、質體在存在特別是在價值上的區別、分離狀態，便是所謂超越的分解。在佛教，與經驗世界或世間法有超越的分解關係的，有如來藏思想的如來藏自性清淨心，《大乘起信論》的眾生心或心真如、華嚴宗的法界性起心、達摩與早期禪的真性真心、神會禪的靈知真性與北宗禪的菩提明鏡心。特別是神秀的北宗禪以菩提樹和明鏡臺說超越的心，以塵埃說世間法，要前者遠離後者，其中的超越的分解的意味，至為明顯。

在超越的分解這個總脈絡下，作為終極原理的覺悟成佛的基礎的如來藏心、真性真心、佛性要能有所作為，悟入真理而得解脫，勢必要和世間法保持一段距離；即使最後覺悟而成佛，也是和九界眾生劃清界線而成佛，甚至捨九界眾生而成佛，如天台宗人批評華嚴宗人「緣理斷九」，斷除九界眾生而獨自緣入、體證真理。這樣的覺悟，便成偏覺：偏離九界眾生而成佛，而不是與九界眾生成為一體而覺悟成佛的圓覺。即使確認一切眾生都具有這如來藏心、真性真心、佛性，情形還是這樣。

二、關於佛性偏覺

對於上面所述具有超越的分解這種導向的佛教思想所提出的覺悟成佛的方式，我以「佛性偏覺」來概括，來突顯它的性格（characterize），其理據是以下兩點。一是佛性是佛教中挺重要的觀念，其重要性不低於空、中道、涅槃等；在中國佛教來說，佛性可說是最具關鍵性的觀念。天台宗智顗大師的判教，便是以有關的思想有無佛性觀為主要線索來進行。在他所判的四教（藏教、通教、別教、圓教）中，藏教與通教是不說佛性的，別教與圓教則盛談及發揮佛性的義理。他認為，佛性是我們覺悟成佛的超越潛能，必須開顯它，覺悟成佛的理想才能說。任何佛教派系的思想，在義理上與實踐上，必須涉及佛性的問題，才能周延。如上面提過，他曾強調，佛教的全部思想，最大的區別在於有說佛性與沒有說佛性：「大小通有十二部，但有佛性無佛性之異耳」。❹二是智顗以發揚佛性、如來藏（佛性即是如來藏，如來藏是成就如來（tathāgata）人格的寶藏）思想的教法為別教，其「別」有多個意思，而偏覺的意味亦在這些意思中顯現出來：

i). 隔絕九界眾生而成佛。佛教以眾生所生存的、存在的界域有十個層面（十界）：佛、菩薩、緣覺、聲聞、天、人、阿修羅、畜牲、餓鬼、地獄。智顗以為，在經方面以《華嚴經》為代表的思想盡情喧染佛陀成道後所投射而成的世界亦即法界（dharmadhātu）的崇高璀璨，只有佛能理解、領會，其他九界眾生則茫然無所知。這是佛「別」於九界眾生之意。依於此，偏覺的意義便突顯出來。華嚴法界崇高，難以湊泊，只有佛能體證，九界眾生無緣接觸、理解。因此，在對於華嚴法界的體證而得覺悟上來說，只有華嚴中人能做到，九界眾生不能做到，這便是偏覺，覺悟是偏於華嚴方面也。

ii). 天台智顗以發揚佛性、如來藏思想的教法為別教。這「別」有隔別、歷別之意。即是，不是圓頓地、一剎那地體證存在世界的事物的空的本性，而得覺悟成佛。卻是要經歷階段；這是從時間說；同時在同一時間也只能對部分的、偏頗的存在的本性有所體證，不能一下子、當下便能體證一切存在、一切法的本性，這是從空間說。因此，以佛性、如來藏為本而得的覺悟，不是圓滿的覺悟、圓覺，而是偏頗的覺悟、偏覺。❺

有一點我很想指出：印度佛教在論及佛性或如來藏的問題時有很強的分解意味。即是，它把佛性、如來藏與一切法、一切東西劃分得很清楚：前者是超越的、清淨的，與染污的世間法有一定程度的隔離。後者則是經驗的、不淨的，對人的覺悟、得解脫而成佛，有一定程度的障礙。而中國佛教的佛性、如來藏思想則未有把

---

❹ 智顗著《法華玄義》卷10，《大正藏》33・803下。

❺ 要注意這裏所說對於部分的、偏頗或偏歸一邊的覺悟，並不是指一切存在、一切法的本性、空的真理可以切割成部分，而偏覺是指對真理的一部分覺悟，不是完全覺悟。這是由於真理是一個整一體，不能被分割成部分，因而逐一部分去覺悟。此中的意思毋寧是，偏覺不能就存在世界的整一體去覺悟真理，而只能從世界被切割成部分而漸次地、一部分一部分地去覺悟。這種覺悟是偏覺，不是下面要論述的圓覺。這種偏覺顯然有分裂世界、法界之嫌。

超越的佛性、如來藏和經驗世界區分得那麼清楚，雙方的界線比較模糊。❻關於這點，我謹在這裏舉一些文獻來例示一下。限於篇幅，在印度佛學方面我只選取《勝鬘經》、《寶性論》與《佛性論》三部經論來說。至於一直為學界所重視的《大乘起信論》，由於討論已多，在這裏也就不提了。在超越的、清淨的佛性與經驗的、不淨的東西被分隔開來的義理脈絡下，所謂覺悟便只能就對於佛性的明覺說，覺悟不能同時兼及於佛性之外的種種世間事物。人只集中於對自身所本具的佛性覺悟，不能對於其他東西的本性（空、緣起的本性）覺悟，這便有所偏，偏於佛性也。❼這便是佛性偏覺。這種意義下的佛性，作為覺悟者與被覺悟者（兩者其實是在內容上同一的東西），便很像我所提的現象學中而有宗教義的自我設準中的本質明覺我。

《勝鬘經》的關聯到佛性或如來藏問題的最重要觀點，是提出兩種如來藏：空如來藏與不空如來藏。空如來藏（tathāgatagarbha-śūnyatā）表示如來藏的本性是空，而不是一形而上的實體（Substance）。不空如來藏（tathāgatagarbha-aśūnyatā）並不表示與空如來藏相矛盾，而是強調如來藏具有種種功德（guṇa）以教化、轉化眾生。這「功德」觀念在該經典中非常重要，被高調地作為方便法門提出來。其中有如下的說法：

> 為攝受正法，捨三種分。何等為三？謂：身、命、財。

這是說，為了受納得正確的教法，我們要犧牲（捨）三種一般人認為是寶貴的東西：身、命、財。捨身方面是：

> 生死後際等，離老病死，得不壞常住、無有變易、不可思議功德如來法身。

捨身即是要超越、克服我們的物理軀體上的老病死諸種現象，這些東西都是有為

---

❻ 例如天台宗智顗在其《法華玄義》中把煩惱與菩提、生死與涅槃等同起來，在印度佛學中便非常少見，只有少數文獻如《維摩經》（*Vimalakīrtinirdeśa-sūtra*）是例外，它強調淫怒癡即是解脫。

❼ 對於佛性覺悟，是覺悟到它是一超越性格的能動的主體，對於其他東西的本性覺悟，是覺悟到它們的法性（dharmatā, dharmatva）、空性（śūnyatā）、緣起（pratītyasamutpāda）的本質。

法、有生有滅。我們不要癡戀自己的物理軀體，要達致具有常住性、不變性和殊勝功德的精神的法身（dharma-kāya）。捨命方面是：

> 生死後際等，畢竟離死，得無邊、常住、不可思議功德，通達一切甚深佛法。

捨命像捨身那樣，要突破物理軀體的限制，了悟佛教的真理，貫穿到它的根深蒂固之處。捨財方面是：

> 生死後際等，得不共一切眾生，無盡無減，畢竟常住、不可思議，具足功德，得一切眾生殊勝供養。❽

捨財也是一樣，不貪著錢財，要努力修行，獲致不與一切眾生相共有的殊勝之點，最後必能得眾生的供養，維持生活所需。錢財再多也沒有用。最後一段文字特別提到，在物理軀體或色身之外，所謂「生死後際」，得到與一切眾生不共同分享的功德。這是哪一種功德呢？經中沒有明說，但既然不共於眾生，這功德必定有特殊的性格、功能，對覺悟成佛的理想有密切的關連。這裏頗有「偏」的意味，在覺悟成佛方面有所偏，偏於修行人自己一邊，這便是偏覺。

至於其他兩論，《寶性論》強調一切眾生都具足如來藏、佛性，它是本來清淨；要得覺悟，只需恢復它的本性便可。這部文獻也提及《勝鬘經》所闡發的如來藏的空性與不空性，並明顯地以功德來解讀不空。對於功德問題，在佛教論典之中，這部文獻提得最頻，也最著力於功德的宗教功能。這點可以說是《寶性論》的一種特色。《佛性論》則強調佛性本來清淨，不為不淨法所污染；又明確地說不空如來藏中的「不空」是具足功德義，並說法身（dharma-kāya）與應身（nirmāṇa-kāya）各有四種功德。又此論傳為世親（Vasubandhu）所作，不管作者問題是否如此，此論實質上展示了某種程度的唯識學（Vijñāna-vāda）的內容，如論三性，說唯識智，在心識

---

❽ 以上三段《勝鬘經》的引文，見《大正藏》12·218下-219上。

方面區分心（六識心）、意（阿陀那識）、識（阿梨耶識）。由於此論說及心、意、識的區分，若視之為唯識學文獻，則應是在較後期成立者。

以上所述，是印度佛學中強調佛性或如來藏心的佛性偏覺的義理形態。這種義理形態傳到中國，受到高度的重視，特別是在禪學的發展方面。禪學由菩提達摩（Bodhidharma）開始到五祖弘忍，及弘忍以後由神秀所開拓出來的北宗禪，都屬於這種義理形態的佛教教法。它的特徵在於先透過一種超越的分解的方式以建立一清淨的真心真性，作為我們的成佛的超越基礎（transzendentaler Grund）。由於種種後天的、經驗的、無明的因素所障礙，致我們不能覺悟和顯現這種清淨的真心真性，而沈淪於塵俗的凡夫層面。我們要做的，主要是如何追蹤到、察識（逆向的察識）到這種先驗的（a priori）真心真性，而當下予以把捉，把它擴充開來，實現出來，最後便能覺悟而成佛。上面只省略地闡述了印度方面的佛性或如來藏思想，至於後來的達摩禪與北宗禪的有關說法，則留待後面專節中探討。在這裏我想就佛性偏覺的義理形態作關聯著判教的一點提示：華嚴宗法藏的判教中的大乘終教，便屬這種佛性偏覺的思想模式；就緣起的觀點來說，真如緣起是這種模式；法藏自己所提的法界緣起，則不屬這種思維形態，而接近下來要探討的佛性圓覺的形態。❾至於以達摩為代表的早期禪和以神秀為代表的北宗禪，如上面所說，與佛性偏覺在思維導向上有密切的關連，但法藏未加留意。以下我要分節探討佛性偏覺這一導向所能概括的各派思想。

三、如來藏系的自性清淨心

首先我們看如來藏系統所說的自性清淨心（prakṛti-pariśuddha-citta）的清淨覺悟成佛的思想。這個思想體系概括多部經典與論典。經典方面有最受注意的《勝鬘夫人經》（《勝鬘師子吼一乘大方廣方便經》*Śrīmālādevīsiṃhanāda-sūtra*, *“Lha-mo dpal-phreṅ-gi seṅ-geḥi sgra” shes-bya-ba theg-pa chen-poḥi mdo*）、《如來藏經》（*Tathāgatagarbha-sūtra, Rgya gar skad du / Ārya-tathāgatagarbha-nāma-mahāyāna-sūtra / Bod skad du / Ḥphags pa de bshin gśegs paḥi sñiṅ po shes*

---

❾ 實際上，華嚴宗的圓教在某種內容來說，也可與佛性圓覺相通。關於這點，下面會有交代。

bya ba theg pa chen poḥi mdo）、《大般涅槃經》（*Mahāparinirvāṇa-sūtra, Yons-su mya-ṅan-las-ḥdas-pa chen-poḥi mdo*）、《無上依經》（*Anuttarāśraya-sūtra*）、《央掘摩羅經》、《楞伽經》（*Laṅkāvatāra-sūtra*）。論典方面則有《大乘莊嚴經論》（*Mahāyānasūtrālaṃkāra*）、《佛性論》（*Buddhatā-sūtra*）、《究竟一乘寶性論》（*Ratnagotravibhāga-mahāyānottaratantra-śāstra, Theg-pa chen-po rgyu bla-maḥi bstan-bcos (rnam-par bśad-pa)*）、《大乘起信論》。另外，有些學者也把《華嚴經》（*Buddhāvataṃsaka-nāma-mahāvaipulya-sūtra, Saṅs-rgyas phal-po-che shes-bya-ba śin-tu rgyas-pa chen-poḥi mdo*）、《大寶積經》（*Mahāratnakūṭa-sūtra, Dkon-mchog brtsegs-pa chen-poḥi chos-kyi rnam-graṅs leḥu stoṅ-phrag-brgya-pa*）、《不增不減經》（*Anūnatvāpūrṇatvanirdeśa-parivarta*）、《大乘法界無差別論》（*Dharmadhātvaviśeṣa-śāstra*）等列入如來藏系統中。

如來藏既是自性清淨心，則當我們說起自性清淨心，便是指這如來藏而言；即使其他東西有清淨性與心靈義，也不會混淆過來。從文獻學（philology）特別是字源方面來看，我們可以把 tathāgatagarbha 拆分為 tathā-āgata-garbha。tathā 是如是這樣，真理如是的意思，亦即是真如。āgata 即是來到之意。gata 是梵文動詞語根 gam 的過去分詞，是去之意，在這分詞前加 ā，是與 gata 相反的來或 come 之意，來的梵文動詞語根正是 ā-gam。至於 garbha 則指胎，這胎可以生長出豐富的東西來。所有這些部分連在一起，其意是：人證得菩提智（bodhi）、領悟到空（śūnyatā）的真理，可以說是從真理而來，以真理作為他的本質。而胎這個藏（寶藏），是可以產生如來的。於是，如來藏是指成就如來的人格的寶藏。也可以說，如來藏是成就如來人格的潛能。因而在大乘佛教文獻中有「佛性隱是如來藏，顯是法身」的說法。「法身」（dharma-kāya）指由佛性顯現自己而成的精神性的主體。法身的潛隱狀態，即是如來藏。這樣說如來藏，好像以它具有體性的意味，好像可以通到形而上的實體方面去，其實不然。如來藏有很強的精神的意義，但畢竟不是精神實體，不是實體主義的路向，而是非實體主義的路向。

以下我要集中探討如來藏思想的成立的意義，這有三點可說。第一，如來藏是覺悟成佛的寶藏，是成佛的潛能。在這個意義下，確定如來藏是成佛的潛能，可以替眾生的成佛理想確立一種形而上的超越依據。如來藏不是經驗界的東西，經驗界的東西有相對性、時間性和空間性；它作為一種覺悟成佛的潛能，內在於眾生之中，這自然不表示眾生已經得到覺悟，證得佛果。這內在性只表示眾生有成佛的可能、機會，他還是要不斷修行，累積功德（guṇa），這不必只是一生的事，卻是要累世修行，甚至歷劫（kalpa）修行，才能讓如來藏發出火花，燃燒起來，最後放大光明，證得佛果。第二，如來藏是一種潛在的主體性，是佛性、真心、清淨心。所謂主體性（Subjektivität），是從超越性格方面說。通常我們說主體性，是經驗性的主體性（empirische Subjektivität），這是一種主體的心理狀態，它的功能是感覺，概括一切喜怒哀樂愛惡欲等感受能力，其作用有時空性。超越的主體性（transzendentale Subjektivität）則超越時空性，恆時在動感之中，沒有止息之時，只有顯現不顯現之別。第三，如來藏作為主體性，是最後的實在，處於最基要的層次，不能被還原為比它更為根本的東西。這點很容易使人將這如來藏與婆羅門教（Brahmanism）所提的梵（Brahman）和我（ātman）混淆起來，以為雙方是同一東西。實在說來，雙方有非常明顯的差別。如來藏是最高的真實（highest reality），但不是實體（Substance），不是那具有常住不變義的自性（svabhāva）。它不是實體主義（substantialism）的導向，而是非實體主義（non-substantialism）的導向。老子所說的道、儒家所說的天道、天理、天命都是實體形態，基督教的上帝和柏拉圖（Plato）的理型（Idea）都是實體。作為主體性、終極主體性的如來藏不是實體，但卻是實在，而且是最高的實在。這實在是真實不虛妄的意味，不是實在論（realism）所說的客觀實在。如來藏不是如一般所說的實體那樣，埋藏在現象的背後，作為一種基體（substratum）來支持它們，呈現寂靜的狀態。它毋寧是一充滿動感（Dynamik）的主體性，其本性、本質仍是空的主體性。

關於這點，我想在這裏多說幾句，澄清一些似是而非的論點。如來藏既是成佛、成如來的潛能，而覺悟成佛是心的活動結果，因為心能活動，能發動行為，使人捨染成淨，故如來藏是心能，是活動狀態的主體性。嚴格地說，它不具有體性，更不是形而上的實體。它是活動，而不是存有。如來藏是絕對性格，超越一切相對的、比較的考量，是敻然獨立的。它與佛陀與原始佛教所說的「無我」（anātman）思想並不矛盾。「無我」的我是個別自我、個體生命，是私欲、私念、煩惱的載體。人有自我意識，也有自我的潛在意識，這便是唯識學所說的末那識（mano-vijñāna）。這種自我意識會讓人生起虛妄的想法，而貪著自我，排拒非我，或貪著自我所有的東西，排斥非我所有的東西，而使世界分裂。如來藏不是這「無我」的我，卻是證取無我真理的主體性。它能起用，發而為智慧（buddhi），照見生命中的無我性格。這個體證無我真理的如來藏，有時亦確被說為我義。但這是另一層次的我，是超越我、法的相對性的絕對的大我。傳為無著（Asaṅga）所著的《大乘莊嚴經論》（*Mahāyānasūtrālaṃkāra*）說：

> 偈曰：清淨空無我，佛說第一我，諸佛我淨故，故佛名大我。釋曰：此偈顯示法界大我相。清淨空無我者，此無漏界由第一無我為自性故。佛說第一我者，第一無我謂清淨如，彼清淨如即是諸佛我自性。諸佛我淨故，故佛名大我者，由佛此我最得清淨，是故號佛以為大我。由此義意，諸佛於無漏界建立第一我，是名法界大我相。❿

這裏明顯表示，此「大我」實以「無我」為本性（自性），而「無我」即是清淨真如、真理，故這大我是以無我的真理為根本性格。即是說，大我實已超越、摧破私欲、私念的我所張羅起來的種種藩籬、網絡，直證這種我體的本性為空，不可對之起執。這種我體的空的本性，即是真理，是無我的真理。《大般涅槃經》（*Mahāyānaparinirvāṇa-sūtra*）說：

> 諸法無我，實非無我。何者是我？若法是實，是真，是常，是主，是依，性不變易者，是名為我。⓫

這段文字顯示另一層次的超越的主體性或真我。它有實（實在）、真（不虛妄）、常（常住性）、主（自主性）、依（為諸法的依據），和不變易的性格。這其實是如來藏我、佛性我。

---

❿　《大正藏》31·603 下。

⓫　《大正藏》12·379 上。

四、如來藏的普遍性與現起問題

如來藏作為一覺悟成佛的超越依據，普遍地存在於一切眾生的生命存在之中，眾生是平等地具有此一覺悟成佛的能力的。問題是眾生能否和如何將它顯發出來。從現實的角度看，眾生都是凡夫，都充滿著種種苦痛煩惱、顛倒見解。但這並不表示眾生的生命本質。他們的本質，應在於如來藏的內在性方面。只要一朝能顯發這如來藏，眾生即能當下覺悟，而得解脫。《華嚴經》有云：

> 無眾生身如來智慧不具足者，但眾生顛倒，不知如來智。遠離顛倒，起一切智、無師智、無礙智。……如來智慧、無相智慧、無礙智慧，具足在於眾生身中。……云何如來具足智慧在於身中，而不知見？我當教彼眾生，覺悟聖道，悉令永離妄想、顛倒、垢縛，具見如來智慧在其身內，與佛無異。⓬

這裏提到如來智（慧），與一切智、無師智、無礙智、無相智慧並列，謂俱有於眾生生命中，眾生只是不知而已。這些智慧雖有種種不同稱法，都是同一的覺悟智慧，與佛所具的無異，都是使人成就如來、佛的人格的根本能力。《華嚴經》在後面才正式提到「如來藏」之名。⓭這如來藏應是如來智，故亦應具足於眾生的生命存在之中。不過，由如來藏到如來智，有一細微的思想歷程。說藏（garbha）是從根源方面著眼，說智（jñāna）則是從勝用上說。若以體（substance）與用（function）的範疇來說，則如來藏是體，如來智是用。《華嚴經》所強調的，是智、用方面，對於如來藏的體性（體性是借說）一面，只約略一提而已。可見其中的如來藏思想尚未成熟。

另一經典《大般涅槃經》則直言如來藏即是佛性，即是我，一切眾生都具足這個主體能力：

⓬ 《大正藏》9·623 下-624 上。

⓭ 《大正藏》9·631 上。

我者即是如來藏義。一切眾生悉有佛性，即是我義。如是我義從本已來，常為無量煩惱所覆，是故眾生不能得見。……如彼貧人，有真金藏，不能得見，如來今日普示眾生諸覺寶藏，所謂佛性。⓮

即是說，如來藏作為一成佛、成如來的主體性的潛能，普遍地內在於一切眾生的生命存在中。眾生之所以仍是眾生，是由於未覺察到有這寶藏，而將它顯現出來。為甚麼未覺察到呢？經說是「無量煩惱所覆」。經中多處強調一切眾生悉有佛性，亦即說一切眾生悉有如來藏，即使是最愚癡的一闡提（icchantika），也有佛性。雖然如此，由於眾生有無量罪垢，致佛性不能顯現。經中說：

一闡提雖有佛性，而為無量罪垢所纏，不能得出。⓯

要注意的是，經中一方面說一切眾生悉有佛性，一方面又說眾生有無量煩惱。前者為後者所覆蓋，不能顯露，故眾生只以凡夫的姿態出現，而不以覺者或佛的姿態出現。按在這裏很能顯示佛性或如來藏的超越的分解義。超越是指佛性、如來藏具有超越的性格，分解是指這佛性、如來藏和現實的經驗性的事物分離開來，雙方不是同體，而是異體。同體是一物二面之意，即是，雙方是同一東西，同一質體，但以不同的方式顯示出來。異體則是不同的東西、質體相互分開，它們不單是在時間上、空間上分開，更重要的是，它們各自保有其內容、性格，即使兩者被存有論地放在一起，還是沒有交集，像水與油，始終是相互分離狀態，不能混融在一起。超越的佛性與經驗的罪垢雖然碰在一起，但雙方沒有存有論上的交集，佛性仍然是清淨的佛性，罪垢仍然是污染的罪垢，始終呈分離狀態。即使在佛性為罪垢所掩蓋，不能顯露出來的情況，還是不能相互滲透，相互融合。這便是超越的分解。超越是就佛性作為一超越的主體性而言。進一步說，佛性與罪垢的「有」、「存在」，是不同的。佛性的有，是超越的、本質的存在，這存在性超越時空、範疇；罪垢的

⓮　《大正藏》12·407 中。

⓯　《大正藏》12·419 中。

有，則作為一種經驗性格的東西而存在，存在於時間與空間中，受到思想範疇的作用，以至規限。這兩種有、存在，在層次上並不相同。以中國傳統哲學的詞彙來說，佛性是理上有，原理上有；罪垢則是事上有，實然地有。兩種「有」出現在不同的層次，這便是超越的分解。

由理上有、原理上存在很自然地會想到現起、實現的問題。眾生理上有佛性或如來藏，並不表示如來藏已實現出來了，在經驗的現象中顯現出來。這是事上的現起（pravṛtti）問題。這個問題可以追溯到唯識學的無漏種子的說法，後者在功能上相當於如來藏，兩者都是覺悟成佛的基礎。這些種子（bīja）得到適當的條件，才會現起，讓眾生得到覺悟而成佛。關於無漏種子的現起，唯識學提出正聞熏習說，如上面所說過。這種熏習的可能，依於閱讀佛典，最好能碰到現成的佛、菩薩開示佛法，能夠聆聽。不過，這些條件都是經驗性格，沒有必然性的保證。故正聞熏習作為一種機緣來說，是經驗性的、偶然性以至實然性的。你能否遇見現成的覺者在說法，是你的造化，這便有開顯覺悟的可能性，若遇不上，也沒有辦法。這樣，成佛成了靠外緣來決定的活動，不管當事人如何企求，如何盼望，甚至如何努力，也沒有用。這種觀點不能確立自主自律的成佛理論。

另外，正聞熏習的主角佛、菩薩，初時都只是一般的眾生、凡夫而已，他們之能夠成為佛、菩薩，也需要現成的佛、菩薩這正聞熏習的載體才行，他們的無漏種子才能現起。這樣不斷上推、上溯，可至於無窮。這便出現無窮追溯的理論困難。因此，唯識學的這種說法是行不通的。

如來藏的現起並無這樣的困難。它是自緣現起的，不是如唯識學所說需要有正聞熏習這種他緣而得現起。即是，唯識學所說的無漏種子要藉他緣才能現起，而如來藏自身內部便具有一種促發自己現起的力量。《大乘起信論》便明顯地提到這點。它用「自體相熏習」這種字眼來說這自我促發或自緣現起；它也用「眾生心」或「本覺」來說如來藏和佛性。本覺指本來就具有的覺悟潛能，它本來就具有一種無漏的功德或清淨的功德，後者能發出一種力量，以進行自我熏習。因此，這叫作「自體相熏習」。《大乘起信論》說：

自體相熏習者，從無始世來，具無漏法，備有不思議業，作境界之性。依此

> 二義，恆常熏習，以有力故，能令眾生厭生死苦，樂求涅槃，自信己心有真如法，發心修行。⑯

即是說，我們本來便有無漏的質素，又能積聚不可思議的、殊勝的業力，這兩者作為一種對象或外境，可牽引眾生心或如來藏，讓後者產生一種力量，在生命存在內裏進行自我熏習，使自己遠離苦惱，而趨赴涅槃，因而發心修行，生出世求道心，最後令自己覺悟成佛。由於眾生都具足這自體相熏習，在這方面可以說超越的和絕對的平等性。眾生一方面有成佛的潛能，另方面有顯發這潛能而趨向覺悟之域的能力。這都可以說真正的平等性。

這是眾生的超越的賦稟，另外又有後天的氣質相交涉。這個問題比較複雜。從原理上說，每一個眾生都具備如來藏心，他們都具有成佛的基礎，而且每人都有自體相熏習，自己能熏習自己，產生智慧，照見真理。但落在現實的層面，每一個眾生能否做得到呢？這就不是簡單的事，因為後天的氣質的影響是很大的。在這一點上，各人所稟受的氣質不同，有些人清明，較能體證真理；有些人昏濁，生命的障蔽多，對體證真理造成障礙。《大乘起信論》便這樣說：

> 無量無邊無明，從本以來，自性差別，厚薄不同。故過恆沙等上煩惱，依無明起差別，我見、愛、染煩惱，依無明起差別。⑰

眾生從久遠以來便稟有無量無邊的無明氣質，無明程度不同，各人體證真理的情況便各異。無明厚，則難以體證，無明薄，則易於體證。依據眾生在無明上的稟受，便有不同的煩惱。故即使眾生都平等地具有如來藏或本覺，同樣具備自體相熏習力，但由於後天的氣稟清濁不同，對覺悟的或遲或早，會構成重大的影響。

---

⑯　《大正藏》32·578 中。

⑰　《大正藏》32·578 中-下。

五、華嚴宗的性起思想

以下我們看華嚴宗的超越的分解的哲學路向，我分兩個重點來說：性起與法界緣起。在中國佛教以至印度佛教方面，以最複雜的內容和多元性思維著稱的，當推華嚴宗。此中的緣由，我想主要可就兩點來說。其一是華嚴宗的思想分幾個階段發展，最後才成熟起來。另一是華嚴宗的祖師或核心人物較多，他們各有自己的思想上的創發，在創發中也看到沿承脈絡，最後終於成就這一個規模宏大而又璀燦的思想體系，呈現出一華采四溢的華藏世界。⑱此中的祖師或核心人物有杜順、智儼、法藏（還有他的同門新羅的義湘、元曉）、李通玄、慧苑、澄觀、宗密，其中尤以法藏、澄觀和宗密為重要。他們的重要著作有杜順的《法界觀門》、智儼的《孔目章》、法藏的《華嚴五教章》（又作《華嚴一乘教義分齊章》）、《探玄記》、《遊心法界記》、《大乘起信論義記》、澄觀的《華嚴隨疏演義鈔》、宗密的《禪源諸詮集都序》、《原人論》、《中華傳心地禪門師資承襲圖》、《華嚴經行願品疏鈔》等，著作很多。以上諸人除了自己有個人的創意外，也吸收了《華嚴經》、唯識學和《大乘起信論》的義理資糧。法藏早年便習唯識學，又參加過玄奘的譯場，其後則退出，自己開宗。而宗密除了是華嚴宗的祖師外，同時是禪的祖師。他們二人的學問非常宏闊。

性起與法界緣起有密切的關連，是對應著天台宗的性具說的。它的要旨是，萬法的生起，都依於作為最高主體性的真心。此真心即是佛所自證的法界性起心或第一義心。萬法都在一種相即、相攝、相入的大緣起中，依這真心而現起。就價值言，這真心是純淨純善，無染無惡。但眾生有染有惡，那是未有同於佛的自證的緣

⑱ 在我國思想界，最欣賞華嚴宗的光彩奪目姿態的，要數方東美與唐君毅二位。方先生以美學的觀點或視角來看華嚴宗的富麗堂皇氣派，重於描繪而少說理。唐先生則重於說理，把華嚴宗的法界的事物的重重向各方投射而又吸收各方的迴響的深微關係說得廣大而又深密，對事物的空、有兩邊相互蕩奪對方的存在性而最後歸於寂然無相的辯證思維方式刻意描劃，令人有深刻的印象。他對華嚴宗的判教說也有詳盡而周延的說明，特別對於頓教之被定位於五教之中有同情的理解，雖然這一點本來便讓人難以信服。方先生的說法見於他的《華嚴宗哲學》（上、下冊，臺北：黎明文化事業公司，1982）中；唐先生的說法則見於他的《中國哲學原論原道篇》（卷三，香港：新亞研究所，1974）中，其中有三章是專論華嚴宗的（頁 1244-1268、1269-1288、1289-1311）。

故。如有此自證，則無染無惡。故這染與惡，是在理上沒有實在性，它是畢竟空的。故眾生在現實上所有的染與惡的成素，只是依真心而起，而呈現於識心面前，不是真心的本質，不是它所本有。故就理而觀，都是空的。就諸法的事相來說，有種種姿態，亦有染惡等相，但是不能說到它所依之以起的真心的體性方面，也不能這樣說起。起是就萬法依真心真性而起上說，這是真心真性的作用。宗密在他的《華嚴經行願品疏鈔》卷一說：

> 性起者，性即上句真界，起即下句萬法。謂法界性全體起為一切諸法也。法相宗說真如，一向凝然不變，故無性起義。此宗所說真性，湛然靈明，全體即用，故法爾常為萬法，法爾常自寂然。……一切諸法全是性起，則性外更無別法。所以諸佛與眾生交徹，淨土與穢土融通。法法皆彼此互收，塵塵悉包含世界。相即相入，無礙鎔融，具十玄門，重重無盡，良由全是性起也。……依體起用，名為性起。⓳

按性起即是法性（dharmatā, dharmatva）的起現法界（dharma-dhātu）中的諸法。法性是理，但華嚴宗了解法性，不單是理，而且是心。若只是理，則是靜態的（static），不能活動，因而不能起現諸法。宗密批評法相唯識宗的真如是「凝然不變」，即指其真如或真理只是理，不是心，故為凝然，不能活動而起現諸法。華嚴宗所說的法性或真如（tathatā）則不同，它一方面是理，另一方面又是心，心能活動，「湛然靈明」，因而能發揮其功用，起現諸法。另外，要注意的是，華嚴宗說性起，所起現的，是法界緣起的無礙自在的諸法，每一法（dharma）都具有其特別的存在價值，不能為其他法所替代，故這性起純然是價值義、理想義、現象學義（phänomenologische Bedeutung）。實際上，此中所起現的，是佛在他的海印三昧中所示現的法界的分子的種種樣相。佛能作這樣的示現，是已證得真性、法性、佛性或終極真理的緣故。而所起現的，實際是他在長時期中耐心修習所累積得的圓明性德在客體方面的反映。宗密謂性起是「依體起用」，此中的體即是真性、法性、佛性，

⓳　《續藏經》7·798 上。

也就是真心。

有一點非常重要：這裏說真心或佛性起現一切法中的「起現」，或性起的「起」，並不是在物理的層次依因果律而得的生起，或產生，如母雞生蛋那樣。宗密也沒有這樣說的意味。他說「依體起用」，故這種起或起現，有形而上的意義。但這又大不同於上帝創造世界那種創生的動作。這裏沒有從無中生有的生，作為體（就宗密的「依體起用」的字眼說）的真心、真性、真如並不生起、自內部生起諸法。法藏有真如隨緣不變，不變隨緣的說法，若把這個意思連同「依體起用」來理解，則真心或真如只能作為一種萬法起現的憑依因而已。真心、真如只提供萬法一種憑依、依傍，俾後者能起現，能生起而呈現；生起萬法的，別有所在，不是真心、真如。但這別有的「所在」是甚麼呢？華嚴宗未有明說，依解讀佛典的一般慣例，對於那些找不到來源的負面的東西，只能訴諸無明（avidyā）。但這裏所涉及的萬法、諸法，不是負面的東西，而是有價值義、現象學義的東西。問題便因此變得更為複雜。我們可順著在這一點上的關注，由性起轉到法界緣起的問題方面去。

六、法界緣起

這是華嚴宗所說的緣起。按緣起（pratītyasamutpāda）是佛教的根本義理，它的另一面的說法是性空（svabhāva-śūnyatā）。這法界緣起又稱法界無盡緣起、一乘緣起。要理解華嚴宗的這種緣起的義理，我們最好是把佛教不同學派的緣起觀提出來，採揭它的要義，以與華嚴宗的法界緣起相比較，才能清楚。佛教的緣起觀，有五種不同說法：八不緣起、業感緣起、阿賴耶緣起、真如緣起和法界緣起。先說八不緣起。「八不」是龍樹（Nāgārjuna）的中觀學（Mādhyamika）的重要論題，表示對事物的生、滅、常、斷、一、異、來、去等八個範疇（Kategorie）的否定：事物沒有自性的生、自性的滅、……。⑳這是說，生、滅等活動不可能以自性（svabhāva）的立場

---

⑳ 參考龍樹的《中論》（*Madhyamakakārikā*）：
anirodhamanutpādamanucchedamaśāśvataṃ /
anekārthamanānārthamanāgamamanirgamaṃ //

看。即是，「八不」是要否定自性立場的生起、消滅等現象，我們看不到有具有自性的東西被生起、被滅去，等。我們也可以說，「八不」並不否定緣起現象，但這緣起必須是無自性的緣起。「八不」並沒有正面地解釋緣起，我們只是從它對自性的否定中，間接地看到它對緣起的看法，即緣起的基本性格必須是無自性的，這其實是一種虛說的緣起理論。

業感緣起是小乘佛教的緣起觀。小乘佛教以為，現象、事物的生起與變化，是依於人的惑、業、苦三者因果相續而成立的。所謂「惑」是指人所具有的種種無明的顛倒見與煩惱，這些東西往往會使人做出種種惡事，這便造就了人的惡業，以此惑為因，帶出惡業的果。而惡業又會召來生死苦果，於是業又為因，苦又成了業的果。人受到生死苦果，於是不斷在輪迴的界域中打滾，起惑造業，再受各種苦痛煩惱折磨，由是惑、業、苦這個因果的串鏈相續不斷地發展下去，而現象界的事物的生滅變化便附隨著這生死苦果而說。這便是小乘佛教的業感緣起說。

阿賴耶緣起是唯識學（Vijñāna-vāda）的緣起觀。唯識學認為人的第八阿賴耶識（ālaya-vijñāna）是生命存在和現象世界的中心。在阿賴耶識中累積了無量數的各式各樣的種子，這些種子若現行起來，便會成為各種具體的行為和種種不同的事物。即是，人的行為以至現象界都是第八阿賴耶識的種子在遇到適當機緣、條件後現起的。這種說法以阿賴耶識為緣起的基礎，所以叫作阿賴耶緣起或賴耶緣起。唯識學認為阿賴耶識裏藏有無量數的精神性的種子，這些種子的性質不一樣，有清淨與染污的分別。當這些或淨或染的種子遇上適當的機緣、條件，便會由潛藏的狀態變成實現的狀態，這樣便構成我們的行為與我們在其中活動的環境，和我們所接觸到的外境。這種對緣起的解讀便是阿賴耶緣起。

真如緣起又作如來藏緣起；真如即是真如心或真常心。這種緣起指事物的生起是以真如或如來藏為基礎或依據。即是說，現象界的種種事物是依於真如或如來藏而生起的。這個意思較為曲折，我們就以積極倡導這種緣起的《大乘起信論》的說

此偈錄自 Kenneth K. Inada, *Nāgārjuna: A Translation of his Mūlamadhyamaka-kārikā*. Delhi: Sri Satguru Publications, 1993, p.38.鳩摩羅什（Kumārajīva）的中譯作：

不生亦不滅，不常亦不斷，不一亦不異，不來亦不出（去）。（《大正藏》30・1 下）

法來解釋。《大乘起信論》有「眾生心」的說法，這相當於如來藏。眾生心是覺悟的基礎，其基本性格是清淨的，但它會受到外界各種無明因素所煽動，使內部出現分裂。如大海本來是平靜的，但不知從哪裏吹來一陣風，使水面生起很多微細的波紋，海水不能再維持它原來平靜的狀態。海水因受風的影響而生起變化，眾生心也是如此，它受到種種無明因素的影響，讓自己分裂出一種生滅心或心生滅門。眾生心在分裂出生滅心後，自身仍以真如心或心真如存在。㉑這生滅心可生起種種染法和淨法，真如緣起就是在這種情況下說的；即是，染法和淨法都依生滅心為緣而被生起。㉒而生滅心本身是附屬於眾生心，它是由眾生心受到外界無明的因素所影響而分裂出來的。因此，緣起是就生滅心而說的，這與唯識學的阿賴耶緣起以阿賴耶識種子為緣起的基礎有著明顯的不同。此外生滅心既附屬於眾生心，我們也可以說眾生心才是緣起最終的基礎或依據，而眾生心即是如來藏、佛性，所以我們也叫這種緣起為如來藏緣起。

這裏始終還有一個問題作為懸案而未得交代清楚，這即是事物依如來藏或佛性而生起、起現的問題。依是依賴的意味，只是提供憑依的作用，而不是如母雞生蛋的那種方式。若只是憑依的作用，則事物的成立應有其直接的生產者，憑依不是生產，不是如阿賴耶識把種子投射到外面而起現事物，這可說存有論與宇宙論。倘若只是憑依，則不可能有生產、存有論、宇宙論那種意味。

現在我們可以詳細論述法界緣起了。首先，我們要提出，前面三種實說（不是八不緣起的虛說）緣起有一共同點，即它們都是從現實層面來展開緣起的作業。這現實層面的緣起並不代表任何價值、理想的義涵，它們只是從現實的角度說明現象界的事物是如是如是地生起。如就阿賴耶緣起來說，當第八阿賴耶識的種子遇上各種現實的因素，亦即是種子六義中的待眾緣的眾緣或條件，便會由隱伏的狀態（potentiality）轉而為現實的狀態（actualization），由是現起而成具體的事物，這明顯地是從現實的處境下說緣起，當中沒有價值、理想或現象學導向的意味。業感緣起

㉑ 在《大乘起信論》來說，真如心即是心真如。二者都表示理與心的等同關係。

㉒ 由生滅心生起的染法和淨法，是相對義，都是所謂生滅法。即是說，這些法都是現象義、經驗義，不是超越義，因而沒有絕對的性格可言。

和真如緣起或如來藏緣起亦如是。

至於華嚴宗的法界緣起，則不是從現實層面或處境來說緣起，而是從一價值的、理想的角度來說緣起的。這種緣起觀和觀照者有著密不可分的關係，這是由於法界緣起所起現出來的事物，是從修行者內在的修證工夫中映照出來。根據華嚴宗的說法，其教主毗盧遮那大佛（Vairocana Buddha）在深邃的禪定中獲致一種稱為「海印三昧」的禪定（sāgara-mudrā-samādhi）；在這種禪定中，佛將自己所體證得的關於現象世界的真相投射到這個世界中，而成就法界緣起的境界。在這種境界中，各種各類事物都處於圓融無礙的關係中，那是透過諸法的相即相入的形式而得的。整個法界或宇宙的諸法，都浸沒於這種相即相入的緣起關係中，而成所謂「大緣起陀羅尼（dhāraṇī）法」。法藏的《華嚴五教章》（又稱《華嚴一乘教義分齊章》）這樣說：

> 初中，由自若有時，他必無故，故他即自。何以故？由他無性，以自作故。二，由自若空時，他必是有，故自即他。何以故？由自無性，用他作故。㉓

此中，相即是透過空、有兩概念來說明。若以一自一他的兩面的緣起法為例來說，相即是「互相地即」、「交互地即」之意，即是「他即自」或「自即他」。「他即自」的成立，是「自若有時，他必無」，其理由是「由他無性，以自作」。即是，己方的緣起法若是居於有的、實的、肯定的、實現的狀態，則相應的他方的緣起法必居於空的、虛的、否定的、潛存的狀態，這是「他即自」。他方的緣起法處於虛位、否定位，是「無性」，因而趨順於處於實位、肯定位的己方的緣起法，後者因此而能「自作」。這是緣起法的本性如此。「自即他」的成立，則是「自若空時，他必是有」，其理由是「由自無性，用他作」。總之都是處於虛位、否定位、潛存位的一方趨順於處於實位、肯定位、實現位的一方之意。趨順（即）有依於之意。整個大緣起陀羅尼法界都依這種趨順或即的關係而成立，其結果即成就事事無礙法界。

關於法界緣起的要義是如此。若進一步探尋其中所涉的概念的邏輯性格，則可

㉓ 《大正藏》45·503 中。

以這樣說，在法界緣起中的事象的依緣而起，不是有對礙的、有定相的生起，而是無對礙的、無定相的生起。此中的關鍵點在，此種緣起所牽涉的一切概念，包括經驗的、邏輯的、數學的，與先驗綜合的，都應視為無決定性（determination）。即是說，此等概念都不指涉任何決定的意義、任何定相，因而都是非決定的概念（indeterminate concept）。由於不指涉決定的意義，因而這些概念都在相依相待的關係中成立，其意義都是相對待的。舉例來說，法界緣起最明顯的例子，是六相圓融。㉔此中所涉及的概念，若以世間的理解來說，六相（「總別」、「同異」、「成壞」）應是先驗綜合概念，「一」、「一切」應是邏輯字，「椽」、「舍」、「瓦」應是經驗概念。總之都應具有決定的意義和定相，有決定性。但實際不應這樣理解。又在這種緣起中，具體顯示緣起事象的關係的表示式，如相即、相入、相攝，其中的即、入、攝，都不應視為決定的概念。㉕「即」不能作數學上的決定的等同意看。「入」、「攝」都無決定的時空相。再進一步，這些即、入、攝的關係概念，又是通過有力、無力的力用概念來說，而這些力用又不是決定的物理意義的力用，不具有時空相，而純粹是虛說。㉖凡此都應視為非決定的概念。否則圓融無礙的義理便不能成立。

又由於此等概念無決定性，因而不在主客的對偶關係中。故這種緣起不是知識的對象，它毋寧是實相，是佛智之所證見。每一緣起法自身都應視為一實在，是一整全，而無部分之分。就六相圓融的例子來說，舍或屋宇以椽或柱來支撐，每一椽必「全力」作舍，而不是「少力」作舍，故椽即此即是舍。全力表示整全，少力則表示部分也。

㉔ 參看「六相圓融」條，拙著《佛教思想大辭典》（臺北：臺灣商務印書館，1992），頁 131 右-132 左。

㉕ 參看「相即相入」條，拙著《佛教思想大辭典》，頁 352 右-353 右。

㉖ 這裏所說的力用，若是就筆者自己所倡導的純粹力動現象學言，它既不是物理的力用，甚至也不是精神的力用，倘若這精神的力用是由精神實體所發出來的話。真正的力用、純粹力動現象學的力用，只是作為活動、純粹活動自身。宇宙萬物都是純粹力動自身的凝聚、下墮、分化而詐現（pratibhāsa）的結果。而純粹活動自身便是力用的表現；更真確地說，純粹力動既是活動，則力用已包涵在其中，不必為它在外界找一個源頭，如精神實體或物理機械體。拙著《純粹力動現象學》整部書都是環繞這個力用、力動、活動的問題而開展的。

再深一層看此種緣起的義理根據，可說是在「空」一基本觀念。空是自性空，是自性的否定。這是《般若經》與中觀學的說法，用以說作為現象的緣生法的本質。華嚴宗吸收此一說法，而特別用來說概念的無決定性與相對性。即是，一切概念，都在本質上是空，都無自性，因而不能有決定意義和定相，因而是非決定的，其意義只能相互依待地成立。華嚴宗的法藏且以一般來說是先驗的數學概念的「一」為例，以之不是「自性一」，而是「緣成無性一」，由此而說「一即十」。自性一即是具有由自性而來的決定意義的數目的一，緣成無性一則是作為無自性的緣起法的一，它不具有決定性。故此種緣起說的理路為，由空義以說概念的無決定性，由概念的無決定性以說緣起事象的生起及相互關聯，以遍於整個法界。這種法界緣起可說是實相在動態中呈現，而不是在空寂中呈現。而能體證以至實現這種法界緣起的真理境界的，便能覺悟成佛。

我們還可以順帶一提，華嚴宗的法界緣起和天台宗的五時判教也有密切的關係，它們都是關連著《華嚴經》（*Avataṃsaka-sūtra*，簡寫）的內容而說的。按《華嚴經》中所描述的覺悟境界十分崇高，充滿理想、價值與宗教解脫意味。華嚴宗的法界緣起說即據此而作發揮，而天台宗的五時判教亦把《華嚴經》的教法放於五時中的首位，認為這是釋迦在覺悟後最初的說教內容。由於佛陀直接將他所證得的真理境界宣講，眾生都無法把握佛陀的教法，「如聾如啞」，佛陀才翻過來從佛教的基本的義理說起。這也可以看到《華嚴經》的義理是偏向崇高或理想方面的，所以由此經所引申出來的法界緣起說也有這方面的傾向。而我對它的定位為「佛性偏覺」中的「偏」與此也有關連：這種法界緣起在理解上只偏向根器較優的眾生，一般根器的眾生便難以湊泊也。關於這點，我在後面會作更詳盡的解說。

七、達摩與早期禪的真性真心觀

印度佛教的如來藏自性清淨心或佛性的思想傳到中國，在禪佛教一面，開拓出豐盛而又璀璨的發展。這種發展有二種形態：超越的分解與超越的綜合。超越是就那作為最高主體性的佛性說。分解則如上面提及，是最高主體與經驗世界的事物有一定程度的分離；綜合則是最高主體與經驗世界的事物合而為一，在存有論上難以把雙方分離開來，但在理解上雙方還是有其自身的走向、導向。大體上，在關連到一般人對中國佛教的禪分為北宗禪與南宗禪這兩個流派來說，北宗禪走的是超越的分解之路，南宗禪走的是超越的綜合之路。但這種說法有欠缺精確性（imprecision）的流弊，需要再次分判、定位。我個人的理解是，達摩（菩提達摩 Bodhidharma）和慧能以前（不包括慧能）的早期禪、慧能弟子神會禪和與慧能相抗衡的神秀的北宗禪，都是屬於超越的分解的導向，確認一種清淨的真性特別是清淨的真心作為成佛的主體，與上面說及的強調如來藏自性清淨心或眾生心（特別是心真如或真如心）的說如來藏、佛性經論和《大乘起信論》，以及於說法界緣起的華嚴宗，都屬於這種超越的分解的思維走向。而由慧能開始的南宗禪，包括他的後學如臨濟義玄、馬祖道一、南泉普願、趙州從諗等所強調的平常心或平常一念心的禪法，則是走超越的綜合的思維導向。其中含有弔詭或辯證成分，不是那麼好理解。這種導向與印度佛學的《維摩經》（*Vimalakīrtinirdeśa-sūtra*）所說的諸煩惱是道場、婬怒癡性即是解脫，以及天台宗的一念無明法性心的思想，有很大的比較空間。至於宗密，則應列於超越的分解的走向。

超越的綜合作為一種思維方式，自不同於超越的分解，也較後者難懂。就這一點看，我們不妨先考量經驗的綜合，這是很易理解的，同時也可舉出很多事例。例如父母與子女合而為家庭，老師與學生合而為學校，都是經驗性格的綜合活動。超越的東西突破經驗性的限制，例如以本於道德良知不受錢財、權力的引誘，而固窮守節，甚至損己利人，捨生取義，這內裏的確有一種弔詭的智慧在裏頭。這種弔詭的智慧具有辯證的性格，讓當事人的行為成為一種辯證的綜合活動：損己利人、捨生取義與固窮守節的綜合。構成這種辯證的綜合的雙方可以成正比例，固窮守節的決心越是堅定不移，則損己利人，捨生取義便越是要爭取更大的空間。文天祥說「時窮節乃現，一一垂丹青」是一個很好的說明：時越窮，節便越是要現，這是如孟子所說「沛然莫之能禦」的。人的現實的境遇越是艱難困苦，堅持理想的心念便越是穩固。這真是人生價值的高下的分水嶺，精神的向上升揚抑是向下沉淪，只在一念之間而已。生與死、善與惡、苦與樂、罪與福都足以考驗人的價值觀與人格取向。

以下我們看達摩和他以下的初期祖師的禪法。在這一點上，我先把總的觀察提出來：達摩喜歡說真性，他下來的祖師則傾向於真心。兩者都是真實無妄，只是在動感上，真心較真性為強。有關達摩禪法的文獻，應以《二入四行》和《達摩禪師論》為準。前者分本論與雜論，我在這裏以本論為據，而不涉入雜論。本論可代表達摩本人的思想，雜論則雜有他的弟子的意思。至於《達摩禪師論》，是日本學者關口真大發現的一個敦煌本子。我以《二入四行》為主，《達摩禪師論》為輔，來看達摩的禪法。㉗

《二入四行》以入佛道有多途，要約而言，則不外理入與行入。關於理入，達摩說：

> 理入者，謂藉教悟宗，深信含生凡聖同一真性，但為客塵妄覆，不能顯了。若也捨妄歸真，凝住壁觀，無自他，凡聖等一，堅住不移，更不隨於言教，此即與真理冥符，無有分別，寂然無名，名之理入。㉘

所謂理入，應是在原理方面悟入。所悟入的，是眾生本來平等具有的真性，這是內在的真性，為一切覺悟的根本。或者說，所謂覺悟，是體證到自己生命中本來具足的真實之性，而顯發之。這應該是達摩禪的最基本的觀念。如何悟入這真性呢？達摩提出「藉教悟宗」。教是經典中的訓示，藉著經典的教法，以悟入佛教的宗旨：真性。

這裏有一點值得留意。「含生凡聖同一真性」明顯地是說眾生的本質，但達摩不以心說，而以性說。心是主體，性是客體，主客分際不同。以性來說眾生的本質，有把這本質置定為某種存有的傾向；而且性有時被認為是不能活動的。心則不同，它是能活動的，能表現種種有功德涵義的作用。禪門後期盛言心，這是很不同於早期的達摩之處。現在的問題是，眾生既本來具有真性，何以在現實上仍是一個凡夫，有那麼多煩惱呢？達摩以為，這是由於這真性為外在的對象與虛妄的想像所覆蓋，而不能顯發開來所致。故我們要「捨妄歸真」，捨棄種種纏繞生命的虛妄

㉗ 有關這兩種作品的文獻學和義理的問題，參看拙文〈達摩及早期的禪法〉，載於拙著《游戲三昧：禪的實踐與終極關懷》（臺北：臺灣學生書局，1993），頁 1-4。

㉘ 柳田聖山編著《初期の禪史》I，《禪の語錄》二（東京：筑摩書房，1971）。此書收入《二入四行》原文，我在這裏所引，即是這一原文。

性，而回歸至本來的真性。「捨妄歸真」這幾個字眼非常重要，這是表示眾生本來是具足清淨無染的真性的，但為外在因素所障礙，「為客塵妄覆」。這樣，生命中的真性與客塵便鬥個不停，而超越的分解的思維方式便於焉成立。捨妄歸真的確是達摩禪在實踐上的大原則。說到實踐，便涉及具體的工夫、行為，這需要由心來做。但達摩在這裏並未提及心，只在後面討論行入的問題時，才說「心無增減」。可見他對心的意識，是比較淡的。他所較為重視的，是客觀的性問題。

現在我要把討論集中在真性一觀念上。這真性既然以「真」來說，自然是清淨性格的。在這方面，《達摩禪師論》表示得非常清楚。它說：

> 以舉眼觀法界眾生，一體一相，平等無二，一等看故一種，皆是如來藏佛故，以常用一清淨心故，以常乘一理而行故，即是頓入一乘。

又說：

> 法佛者，本性清淨心，真如本覺，凝然常住，不增不減。

又說：

> 從本已來，身心清淨。㉙

這裏明顯地提出「清淨心」觀念。這清淨心內在於法界的眾生的生命中，等一無二，故有普遍性可說。所謂「一清淨心」，這「一」不是數目的一，卻是絕對的一，表示清淨心是一絕對的主體性。這心本性，本來清淨。這與《二入四行》的真性比較，可以說是同一東西。不過，說心是強調主體一面，說性則是強調客體一面。

㉙ 以上所引幾段文字，都出自《達摩禪師論》，這部作品載於關口真大著《達摩大師の研究》（東京：春秋社，1969），頁463-468。

達摩禪經慧可、僧璨、道信而至弘忍，眉目越來越清楚。我在這裏只引一些道信和弘忍的文字，展示他們的清淨真心觀。㉚道信的《入道安心要方便法門》便多處展示達摩的清淨真性或清淨心的思想。在這裏略引幾處如下（所附是柳田《初期の禪史 I》一書的頁碼）：

> 心本來不生不滅，究竟清淨。（頁 213）
>
> （心體）體性清淨，體與佛同。（頁 225）
>
> 心如明鏡。（頁 205）
>
> 眾生不悟心性本來常清淨。（頁 205）

清淨的觀念在道信的思想中，佔很重要的位置。不過，他與上代的祖師們終有不同。他較強調清淨的心體，而少說清淨的真性。他對主體性顯然有一明確的自覺，這是與達摩的《二入四行》很不同的。

道信後的弘忍，亦即神秀與慧能的師輩，規模逐漸宏闊，努力建立寺院，接引四方學眾。他的《最上乘論》基本上亦是同一意趣，亦以清淨心為根本觀念。如其中謂：

> 自心本來清淨。㉛

又說：

> 一切眾生清淨之心亦復如是。只為攀緣、妄念、煩惱、諸見黑雲所覆。但能凝然守心，妄念不生，涅槃法自然顯現。故知自心本來清淨。㉜

㉚　道信仍略有真性的意識，但到弘忍，則純是真心觀了。

㉛　《大正藏》48．377 上。

㉜　《大正藏》48．377 上-中。

又說：

此真心者，自然而有，不從外來。㉝

又說：

眾生佛性本來清淨，如雲底日。但了然守本真心，妄念雲盡，慧日即現。㉞

此中更謂這清淨的主體性「自然而有，不從外來」。這「自然而有」不應是經驗意義的本來有之意，而應是超越意義的本來有之意。即是，這清淨的主體性不是事上本有，而是理上本有；它內在於（不從外來）眾生的生命中，有其絕對的普遍性與必然性。這樣便建立這真心為眾生覺悟成佛的超越根據（transzendentaler Grund）。眾生之所以未覺悟成佛，是經驗的外在的虛妄因素障礙所致。這在達摩來說是「客塵妄覆」，在弘忍來說是「攀緣、妄念、煩惱、諸見黑雲所覆」。覺悟成佛的關鍵，是否定這些虛妄因素，把它們轉捨掉，所謂「捨妄」、「妄念雲盡」，而回復真心的明覺。

到了這裏，弘忍已完全說心，不再說性。這顯示弘忍的禪法集中在主體性的闡揚方面，傾向客體義的真性已漸被忘懷了。這是禪法由達摩到弘忍這一早期階段的重要轉變。《二入四行》主要是說真性，《達摩禪師論》則補說真心或清淨心一面。這兩篇作品合起來看，達摩基本上是心、性兼容，但以性為主的。道信則心、性並舉，而重點則在真心方面。弘忍則幾乎全說真心。故由達摩到弘忍，我們可以看到早期禪的發展是由客體的性漸漸轉移到主體的心上來。不過，不管是說性抑是說心，它總是本來清淨的，之所以有染污、不清淨，是受到後天的經驗的客塵的影響所致。在清淨的取向上，超越的分解的導向是非常明顯的。以下我即要順著這個思想脈絡討論即清淨心是佛的實踐旨趣。

㉝ 《大正藏》48・377 中。

㉞ 《大正藏》48・378 上。

八、即清淨心是佛

以上是達摩及早期禪的思想，以下我要討論工夫實踐問題，這便是即清淨心是佛的總原則。這清淨心可以是佛性，也可以是如來藏，各家各派有不同的字眼，但都直指一本性是清淨無染的覺悟成佛的主體性（Subjektivität）。這工夫實踐的總的導向、走向，可以「即清淨心是佛」一命題來概括。這是超越的分解的哲學形態在實踐上的一個總綱要：我們即就這清淨心本身做工夫，自覺到自家具足這樣的主體性，而讓它在我們的日常生活中展現出來。倘若這清淨心為後天的煩惱、妄想所遮蔽，則需要對治這些煩惱、妄想，把它們克服、驅除，清淨心的明覺會即在這種對煩惱、妄想克服、驅除之際，顯露出來，回復它原來的明覺作用。這猶如浮雲聚在天空，遮擋了太陽的光輝，只要這些浮雲移離，太陽的光輝便能普照大地。

進一步和更清晰地看這個問題，我們可以說，禪法的目的是覺悟成佛，此中的著力點在心。這在禪宗來說，是一種共同的看法，沒有甚麼可爭論的。但這心到底是甚麼樣的心，則是一個極堪注意和可以充滿爭論的問題。就宗教實踐來說，這問題不外有兩個答案：是清淨的如來藏心，或是染污的識心。由此便有兩個命題：即清淨心是佛與即染污心是佛。選取不同的命題，當然會影響整個實踐的方法與程序。這裏讓我們先對這兩個命題作一種知識論的分析。

就即清淨心是佛而言，由於清淨心即是成佛的可能性，故說這命題等於說即成佛可能性是佛。這後一命題是一定的，有其必然性，佛自然是要在成佛的可能性中。以康德哲學的詞彙來說，這是一分析命題；作為謂詞的佛的涵義，包含於作為主詞的成佛可能性的涵義中；或者說，佛的涵義包含於清淨心的涵義中。就即染污心是佛而言，佛是清淨的，其涵義當然不能包含於染污心中，故這命題是一綜合命題。更明顯的是，佛的清淨性與染污心的染污性剛成一強烈的對比。

分析命題不表示經驗知識，而表示一謂詞與主詞的邏輯的必然的連繫。綜合命題則表示知識，謂詞與主詞如何連結起來，不能是一種邏輯的決定，卻是涉及經驗的觀察或某些特別的智慧。說即清淨心是佛，此中當然有智慧在，這可以說是邏輯的智慧或分解的智慧。說即染污心是佛，此中涉及一種如何從染污心與清淨性所成的背反突破的思考，有弔詭的成素，這或可以說成一種辯證的智慧，或綜合的智慧。就哲學的思考言，邏輯的分解的思路有確定性；就宗教體驗言，辯證的綜合的思路能使人臻於較圓滿的真實。

達摩禪的真性觀，應該是屬於即清淨心是佛的思考。這在《二入四行》中雖未有明說，卻明顯地透露於《達摩禪師論》中。該文謂：

> 如是清淨心故，即此身心，名為淨土，名為淨法身。

這種思想為道信所繼承。他在《入道安心要方便法門》中謂：

> 念佛即是念心，求心即是求佛。……即看此等心，即是如來真實法性之身。亦名正法，亦名佛性，亦名諸法實性實際，亦名淨土，亦名菩提金剛三昧本覺等，亦名涅槃界般若等。㉟

上面引弘忍《最上乘論》的說法，如「眾生佛性本來清淨，如雲底日。但了然守本真心，妄念雲盡，慧日即現。」也是同一旨趣，都是以佛為成立於清淨心或清淨的心性的顯發中，而這清淨的心性，是眾生本有的，不必外求。這種思路對禪思想有極大的影響；即神會以「靈知真性」說成佛，亦是這個方向。宗密對這種思路所成的禪法，有極深刻的印象，評價極高，以之為最根本的禪法。這可見於他在其《禪源諸詮集都序》的一段話語中：

> 若頓悟自心本來清淨，元無煩惱，無漏智性本自具足，此心即佛，畢竟無異，依此而修者，是最上乘禪。亦名如來清淨禪，亦名一行三昧，亦名真如三昧。此是一切三昧根本。……達摩門下展轉相傳者，是此禪也。……唯達摩所傳者，頓同佛體，迥異諸門。㊱

㉟ 柳田聖山：《初期の禪史》I，頁 192。

㊱ 《大正藏》48·399 中。

這段話很能道出達摩及早期的這種禪法的本質。但它能否是「一切三昧根本」，便很難說。這種禪法所表示的，是一種分解的智慧。由這智慧設定一超越的清淨心，作為因，由此分析出作為果的佛來。就這一意義言，這清淨心似可說為是一切三昧根本。但分解的智慧的這種運用，未免把成佛的事推到超越方面去，而與日常的心識與現實的世間構成對立。這則使人有不圓滿之感。這使我們想到即染污心是佛的辯證的禪法，由此可達致淨與染、超越與經驗兼收的圓滿境地。[37]其後慧能開出的禪法，即是這個路向。

這裏兼及一些工夫實踐的問題。達摩禪既是即清淨心是佛的思路，而這作為真性的清淨心在現實上又往往為虛妄的、染污的客塵所覆蓋，因而不能顯現；故覺悟成佛的關鍵，自然是要捨棄一切虛妄性、染污性，回歸至本來的清淨的真性。這種思考程序，仍然是分析的。由此便得所謂「捨妄歸真」的實踐方法。這是達摩禪法的另一特色。捨妄歸真是《二入四行》的說法。《達摩禪師論》說「息妄入真」，「化邪歸正」，都是同一旨趣。後來的道信與弘忍都是這種說法。如道信的《入道安心要方便法門》謂：

> 住是心中，諸結煩惱，自然除滅。[38]

弘忍《最上乘論》謂：

> 妄想斷故，則具正念。[39]

又謂：

---

[37] 宗密自己也提及這種禪法。他論馬祖禪時，便謂：「即今能語言動作，貪嗔慈忍，造善惡、受苦樂等，即汝佛性。即此本來是佛，除此無別佛也。」（《禪源諸詮集都序》，《大正藏》48·402 下）

[38] 柳田聖山：《初期の禪史》I，頁 192。

[39] 《大正藏》48·377 下。

> 妄念雲盡，慧日即現。㊵

這種實踐的觀念基礎，是把真與妄分開為兩種互不相容的範疇，真不是妄，妄不是真，妄能障真，故要捨妄歸真。這是把覺悟嚴格地限於真的一面，所表現的仍然是分解的智慧。如即清淨心是佛不同於即染污心是佛那樣，這種實踐亦不同於不捨妄而證真的實踐。後者所表現的是辯證性格的綜合的智慧。這在《維摩經》中有很清楚的表示，《壇經》也有這種傾向。㊶馬祖以後的禪法，更是如此了。

捨妄歸真是達摩與早期禪的共通的實踐原則。在具體的修行方面，達摩與早期禪特別是道信與弘忍有顯著的不同，即是，他並不著重具體的修法程序與技術。他提出「壁觀」，似是具體的修法技術，但壁觀不是觀壁，而是像壁那樣地堅固不移地觀，這即是凝住，目的是要把精神集中起來，觀照空理。至於他的繼承者如道信與弘忍，便很不同。道信特重「守一不移」的修法。他在敘述修行的具體方法時謂：

> 初學坐禪看心，獨坐一處，先端身正坐，寬衣解帶，放身縱體，自按摩七八翻，令腹中嗌氣出盡，即滔然得性，清虛恬靜。身心調適，能安心神，則窈窈冥冥，氣息清冷，徐徐斂心，神道清利，心地明淨。觀察分明，內外空淨，即心性寂滅。如其寂滅，則聖心顯矣。㊷

弘忍則特重「守本真心」的修法。他提出具體的修習法是：

> 坐時平面端身正坐，寬放身心，盡空際遠看一字，自有次第。若初心人攀緣多，且向心中看一字。證後，坐時狀若曠野澤中，迥處獨一高山，山上露地

㊵ 《大正藏》48·378上。

㊶ 《維摩經》謂：「諸煩惱是道場。」（《大正藏》14·542 下）又謂：「婬怒癡性即是解脫。」（《大正藏》14·548 上）《壇經》謂：「凡夫即佛，煩惱即菩提。」（《大正藏》48·350中）

㊷ 《入道安心要方便法門》，柳田聖山：《初期の禪史》I，頁255。

> 坐。四顧遠看，無有邊畔。坐時滿世界，寬放身心，住佛境界。清淨法身無有邊畔，其狀亦如是。㊸

達摩雖強調大乘安心之法，但對到底循何程序，用何方法，才能達到這個地步，並未有明說。雖說壁觀，也只是提供一個原則性的途徑而已，到底不易落實。即是，面向曠遠無人之野，或在斗室中，如何坐法，觀甚麼東西，是否還想著某些東西，或完全淘空腦中一切思想內容，都沒有明說。道信與弘忍便不同。他們分別提出的方法，都涉及技術性的程序，學者較易依法修習。這可說是早期禪在修習禪道方面的一種發展。

以上闡述了達摩、道信、弘忍的禪法。他們都是即清淨心是佛的超越的分解的工夫論導向，都在現象的、經驗的世界之上置定一超越的真心真性的覺悟成佛的主體性，把這主體性從昏濁的客塵世界抽離開來，把周圍的染污因素一一掃除，以漸次地彰顯這清淨的主體性，以至於覺悟成佛的正果。此中有一懸案問題：據《壇經》所載，五祖弘忍是透過同時考量弟子神秀和慧能各自抒寫心中悟境的偈頌而決定誰是接班人的，結果他選中慧能，把衣缽傳授給他。但據《壇經》所列出慧能與神秀的偈頌看來，慧能的悟境顯然不同於神秀，是辯證的綜合路向，神秀的悟境是超越的分解路向。前者不與弘忍為同路，後者或他所開拓出來的北宗禪反而近於弘忍，何故經中說弘忍認為神秀的修行境界未到家，而慧能的悟境為圓熟，而把衣缽傳與慧能呢？這個禪學的宗教問題一直少有人提起，更不要說精細的研討了。以下我們即帶著這個懸案來考察神秀和他所建立的北宗禪的思維與實踐。

九、明鏡心與客塵煩惱的分離

關於神秀與北宗禪法，慚愧得很，我一直沒有作文獻學上的研究。現在說這種禪法，也只是就《壇經》中所載的神秀的偈頌來理解。這樣的研究，就我自己所提的文獻學與哲學分析雙軌並進的學術研究法來說，自然是不及格的。不過，我在這

㊸　《楞伽師資記》，《大正藏》85·1289下-1290上。

裏的著眼點不是學術性（scholarship），不是思想史性，而是哲學思維，故不會有太大的影響。而就《壇經》來說，我也不會涉及作者的問題，特別不會評論胡適以《壇經》是神會所作的問題。我只就《壇經》可以代表慧能和南宗的禪法這點著眼而已。另外，《壇經》有多個版本，因而神秀與慧能的那兩首偈頌在行文上也有些出入，但主要的意思則是一樣。我在這裏所據的，是載於《全唐文》中的釋法海所撰的本子。

神秀的偈頌是：

身是菩提樹，心如明鏡臺；時時勤拂拭，勿使惹塵埃。

有關這偈頌，我們可作如下解讀。第一，這裏以菩提樹喻身，以明鏡（臺）喻心，很明顯地是運用譬喻（analogy）的手法。這種手法是傳統的印度佛教所優為的，最明顯的和最為人所留意的是《法華經》（*Saddharmapuṇḍarīka-sūtra*），有所謂「法華七喻」的說法。在這首偈頌裏，菩提樹、明鏡都是外物。不管我們如何把這兩者與覺悟、清淨的性格相連起來（據說釋迦族的王子在菩提樹下覺悟成佛，被稱為「釋迦牟尼」Śākyamuni），兩者都是外物，是外在的東西，這是毋庸置疑的。以明鏡來譬況心，不能不有一種把心推卻開去，視之為外物或對象之嫌。即是說，這是把心外在化（externalize）、對象化（objectify）。心是覺悟的主體，具有絕對的性格，是不能外在化的；外在化的作用會把心從絕對的性格拉扯下來，成為相對的事物。另外，身與心同是我們的生命存在的內容，神秀偈把兩者拆開來說，以至對說，無異將生命存在分裂為二分：身與心，因而淪於身與心的二元性（dichotomy）的狀態。這破壞了生命存在的同源性、整一性。具體地說，從筆者所倡導的純粹力動現象學（Die Phänomenologie der reinen Vitalität）來說，身是作為終極原理的純粹力動（reine Vitalität）為了自我呈現而凝聚、下墮、詐現為氣，再由氣分化、詐現而成。而心方面，倘若這心是超越的明覺心，則是純粹力動直貫到生命主體中而表現的睿智的直覺（intellektuelle Anschauung）；倘若這心是經驗的主體，則是純粹力動所詐現而成的氣而凝結於生命主體之中。把身心切割，即把生命存在的同源性摧毀掉。就覺悟的境界來說，心或主體性的外在化、對象化，與身、心的分離，去掉雙方的同源性，都是不能容許的。這是神秀未臻悟境的一個重要的理由。即使他後來發展出北宗禪，但也不能長久。

第二，神秀偈的重點在說心，這是可以肯定的。但他是以甚麼方式、意義來說心呢？就偈意來說，他是以超越的分解的方式，把心從經驗層的種種現象、事物分離開來，置定（posit）於一個超越的位置。康德（I. Kant）在其名著《純粹理性批判》（*Kritik der reinen Vernunft*）中，運用超越的分解（transzendentale Analytik）的方式，把作為思想的形式的範疇（Kategorie）建立起來，置定在超越的位置，使之從經驗的現象分離開來，而具有超越的性格。但這些範疇如因果、關係之類，又不是與現象沒有交集之處，卻是它們被視為具有客觀有效性，能展示現象界的事物的普遍性相。這裏我們說超越的分解，取康德的前一截的意思，即是，它把心的超越的性格突顯出來，使它從現實界的事象的經驗性格析離開來，把心置定於一個超越的層面或位置中。這樣，超越的心與經驗的事象便被分割成兩截，而成一種超越與經驗的對立。這種對立關係並不出現於筆者所提的純粹力動現象學之中，超越的心是純粹力動作為一個客體物（以終極原理言）在主體中直貫地表現為睿智的直覺，而經驗的事象則是純粹力動由凝聚、下墮以至最後詐現為現象事物的結果，雙方同源於純粹力動這一終極原理，因而無所謂超越性與經驗性的對峙關係。不過，雙方在意義上分開而各有它們所扮演的角色，則是一定的了。

讀者或許會問：如何能就偈意看到神秀是以超越的分解的方式，把心置定於超越層面之上呢？我的答覆是，偈文把心看作明鏡，又教人不時拂拭，使不致沾染塵埃；此中，明鏡有照明作用，心亦如是，所照明的當是經驗的事象，而為了保持此種照明作用，需要不時拂拭，不使之沾染塵埃，塵埃即是經驗上的東西，象徵塵濁的東西，故在這裏的界線很清楚：心是超越的（transzendent），我們要讓它與經驗的塵濁的東西隔離開來，以保持它的照明作用。這正是超越的分解所要做的事情。另外很明顯的一點是，這心是清淨心，或本性清淨。我們不要染污它，否則它即不能有照明的作用；一如不能染污明鏡，不然，它便不能照見萬物的真相。

超越的清淨心若與經驗的世界對立起來，便難以說心的內在性（Immanenz）。心若只是超越而不內在（內在於經驗世界，或一般說的現實世界），則就覺悟的境界來說，只能說真，而不能說實。心是清淨無染、無虛妄成分，這當然是真；但若不內在，若在現實世界之外，不能包容現實世界，則不能說充實。充實需就在時、空、範疇中存在的經驗事象說。真而不實，不能既真且實，不是圓滿的覺悟境界。

第三，清淨的本心可以說是我們的真性，這真性是覺悟的基礎，像明鏡能照見世間一切事物的樣相那樣，它能表現智慧的光輝，照見萬物的本來樣貌。明鏡所照得的世間萬物是多采多姿的，個別不同，這是分殊（particularity）方面。心的智慧所照見的，可有兩方面。第一方面應是萬物的共同性（universality），這在佛教與禪來說，自然是空（śūnyatā）或無自性（svabhāva-śūnyatā）。另一方面，既以明鏡為喻，則亦可說心能照見萬物的散殊相狀。唯識學言轉識成智，提出四種照物的智慧：成所作智、妙觀察智、平等性智和大圓鏡智，所謂「四智相應心品」。若以這四智的明照作用作為背景，神秀或北宗禪的清淨心最相應的，是平等性智（samatā-jñāna），這是觀照諸法或種種事物所共同具足、分享的性格，這即是空的、無自性的性格。另外，這種清淨心若能以靜態狀態運作，在沒有其他客塵煩惱的障礙下，與種種事物保持一種適中的距離，也應能照見事物的緣起（pratītyasamutpāda）性格，而由於各有自身的緣起狀況，因而有種種外貌與作用，這便是事物的特殊性格，關於這方面，清淨心應該也能照見，這即是四智中的妙觀察智（pratyavekṣanika-jñāna）的功能。概括地言，依唯識學，大圓鏡智（ādarśa-jñāna）應是綜合了平等性智和妙觀察智的不同功能，能同時照見事物的共同性格和個別性格。神秀和北宗禪的清淨心也應該有這種功能。至於四智中與具體事物有最具體關係的、涉及對於經驗世界的直接的建立與認知的成所作智（kṛtyānuṣṭhāna-jñāna），清淨心恐怕無適切性，與這種智慧沒有真切的關連。[44]在這一點上，我的考量是清淨心為了保持自身的清淨性、照物性，不得不採取一種較極端的態度，不涉入事物的實質的現象性、經驗性方面去，和它們隔離太遠，因而不能表現這種功能，對它們沒有適切性。

第四，偈中既說「時時勤拂拭」，則顯然有被拂拭者的心與能拂拭者的分別。此能拂拭者是甚麼，偈中未有交代。按理應是一種層次較高的心或主體性；只有心或主體性能夠說作用、活動，表現拂拭的作用。倘若是這樣，便會生起二重主體性

---

[44] 有關唯識學所強調的轉識成智和四種智慧的功能，參看拙著《唯識現象學一：世親與護法》（臺北：臺灣學生書局，2002），頁 245-263。

的問題，因而那個如明鏡般明亮的清淨心便難以說是覺悟的基礎，因為它不是較高層次的；同時，它是被拂拭的，被處理的，覺悟的基礎應該是在那較高層次的能拂拭、處理這清淨心的另一主體性說。這是甚麼樣的主體性呢？偈中並未有透露。這都是問題所在。

這裏也牽涉一個難解的困局。倘若心或清淨心不能自我拂拭，需要另外一個層次較高的主體性來拂拭，才能保持它的照明的作用，則這個較高的主體性自身亦需時常警策、被監督以保持自己的明覺與功用，才能對心或清淨心起作用。這樣，又要推設一更高的主體性來作拂拭。這樣下去，心或主體性要不斷往上推，理論上可至於無窮，因而產生無盡追溯的困難。這便是所謂「頭上安頭」也。神秀在這一點上，顯然未有足夠的省察。

第五，在實踐方面，心既被視為如明鏡般，被置定為照明萬物的覺悟的基礎，則必須保任之，「時時勤拂拭」，不使它為塵俗所掩蓋，而失去照明的作用，「勿使惹塵埃」也；不然的話，心便為塵俗所掩，不能起照明的作用，如明鏡為塵埃所熏蓋而不能照現物像那樣。拂拭是一種保護任持的工夫，而且要不斷地（時時）作這種工夫，這表示一個不斷努力修習的歷程。不斷努力修習，步步臻向最高境界、最後的覺悟，這便有漸教的意味。其實，偈文以譬喻的方式來說心，已有一種漸的意味。譬喻即不是直指的、直截了當的，而是繞了一個彎來做，這是一種權宜的方便（upāya）做法。它可以幫助說明和指點道理，在實際的修行上提供漸進的階梯。但這終是權法，目的達到後，終要捨棄。

以上是有關神秀及其北宗禪法的要義，很明顯是超越的分解路向，肯定一個超越的真心，但會為客塵所遮掩，不能發揮明覺、照明的作用，故需時常加以保任，俾它的照明作用能維持下去。就上面我們根據《最上乘論》解讀而得的弘忍的禪法，也不外是以自心本來清淨，只是會為後天的因素所障蔽，不能生起覺照的作用，一旦這些後天的障蔽消除，自心便能重現本來的明覺。這在基本的思維導向上與神秀禪沒有兩樣。我無法理解《壇經》作者何以說弘忍不許神秀的禪法，反而嘉許慧能偈所展示的那種綜合的平常一念心為覺悟的本源所在的禪法。胡適曾大膽假設《壇經》純是慧能的弟子神會所撰，不能全部代表慧能的思想。其後我細心研究神會的禪法，發覺在基本導向上還是即清淨心是佛那個路向，但他自己沒有覺察到這一點，因而撰著《壇經》，說五祖弘忍嘉許慧能而不許神秀，於是慧能得為六祖，而神會是慧能的門下，便可以自命為七祖了。實際上，神會出自慧能門下，但未能抓緊慧能的辯證的綜合的思維模式，認為乃師得到五祖弘忍的真傳，而他自己是六祖慧能的繼承人，這樣，便很自然地把神秀從禪門正統的譜系中剔除開去了。從客觀的義理模式來說，弘忍、神秀、神會的禪法都是同一路的東西，都是走「即清淨心是佛」的超越的分解的路向，慧能禪則與他們三人不同，他是「平常心是佛」的辯證的綜合的路向。不過，這樣的客觀的想法，又引出另外一個問題：《壇經》所說的是慧能的禪法，而神會的禪法又不同於慧能，則在義理上我們便不能確定《壇經》是神會所撰寫；更嚴刻地說，以神會的超越的分解的思維方式，根本無法產生出《壇經》所表現的那種與此思維方式迥異的以辯證的綜合為主導的禪法。胡適在判斷《壇經》的作者是神會時，顯然沒有注意這個問題，他也沒能清晰地意識到中國禪有超越的分解與辯證的綜合這兩種分殊的導向。他是弄歷史考據方面的學問的，未有足夠的哲學與宗教的學養去研究《壇經》的作者問題。以下我們即懷著這些想法去探究神會的禪法。

十、如來禪與祖師禪

禪自慧能以後，分為兩種形態：如來禪與祖師禪。所謂如來禪是透過一種分解的、分析的方式，超越地設定一如來藏自性清淨心作為覺悟成佛的基礎，並以此真心來解釋生死流轉與涅槃還滅的現象。一切佛教的修行，都概括在這如來藏自性清淨心（tathāgatagarbha-prakṛti-pariśuddha-citta）之下來進行。達摩和早期禪、北宗禪、神會禪，都是這種禪法的形態。而慧能所開出的禪法，所謂南宗禪，則基本上是祖師禪的形態。所謂祖師，是專指慧能而言。這種禪法不同於如來禪的即清淨心是佛的路向，卻強調平常心是佛，或即一念識心是佛的路向。它是就當前所表現的善惡兼備的一念識心或平常心作一頓然的轉化，或克服這同時具有淨、染成素的背反心而覺悟成佛的宗旨。此中有一辯證的歷程：對一念淨、染心作強力的突破，而作具有絕對意義的純淨無染的轉向。由淨、染的識心到純淨無染的覺悟，沒有邏輯上的必然關係，一切要看修行者如何同時超越淨染的綜合性的組合而趨於正覺而言。簡約地說，如來禪的即清淨心是佛的導向，而覺悟成佛的結果或可能性是潛藏在清淨心之內的，覺悟成佛可以分析地由清淨心的觀念中推算出來，這中間的工夫作業是分析的、分解的。祖師禪則是綜合的思路，是辯證的綜合。這種綜合是要通過對負面因素克服而對它的反的因素吸納過來而成就的。故如來禪是分析的（analytic），而祖師禪則是綜合的（synthetic）。

我們通常說禪，都會提到它的「教外別傳，不立文字，直指本心，見性成佛」的宗旨，一般人都有一些誤解，認為禪是排斥文字，文字愈多便愈不好。這是不對的。禪其實與多種印度佛學的經論有密切的關聯。在這兩路的禪法中，都可以找到經論的根據。如來禪或分解路向的禪是以《大乘起信論》（這書依傳統說法作為印度佛教典籍看）和《楞伽經》（*Laṅkāvatāra-sūtra*）作為其經典的依據；而綜合的禪法，則是以《維摩經》（*Vimalakīrtinirdeśa-sūtra*）和般若（Prajñāpāramitā）系統的經典作為其義理的根據。若把這兩個路向的禪法放在中國佛教中，試圖替它們找尋配搭的思想派別，則我們可以說，分解的路向自然近於華嚴宗，故我在上面把華嚴思路放在超越的分解的義理脈絡下說。而綜合的路向則近於天台宗。所以說禪是「教外別傳」，並不是說禪可以脫離整個佛教傳統，在這個傳統之外另立一個稱為「禪」的宗派。它仍然是以佛教的根本立場作為其基礎來發展其義理，仍然是佛教中的一個重要的教派。如佛教的「空」和「緣起」這些根本義理，禪也不可以違悖，它還是要本著這根本立場，作進一步的發展。

回返到神會的如來禪思想，他以超越的分解的方式確立清淨而超越的真心作為成佛的根據，並且強調這一真心為一普遍心靈，為一切眾生超越地擁有，不是後天積習而來。以下試列舉一些文字來印證神會在這方面的思想。《荷澤神會禪師語錄》說：

> 我今能了如來性，如來即在我身中。㊺

「如來」或「如來性」應是就成就如來人格的清淨心而言，這是即清淨心是佛的思

㊺　《荷澤神會禪師語錄》，鈴木貞太郎輯（香港：大乘精舍印經會，1992），頁 75。

路。神會強調本心或清淨心是成佛的基礎，只要我們真能顯發這清淨心，最後便能得到覺悟。這是分解的說法，說清淨心的超越性。但說得簡單，不夠集中。以下一段文字有更確定的意涵：

> 佛性者，無得無生。何以故？非色非不色，不長不短，不高不下，不生不滅故。以不生不滅故，得稱為常。以常故，得稱為本。[46]

佛性即是真心。它是甚麼東西呢？神會說「非色非不色」，即是說佛性既不是物質性的東西，也不是非物質性的東西。因為物質性和非物質性是一相對的關係，而佛性是超越乎「色」與「不色」兩種事物之上。他又說「不長不短，不高不下」，這些所謂長短高下是我們用來形容經驗性的東西的相狀，但佛性是超越乎一切經驗的相對性，所以也不能以長短、高下等來形容它。這些概念都是相對的，佛性則是超越的，是一絕對者，不能以相對的詞彙來形容。它也是最根本的，不能由任何東西推導出來，它是一切現象的基礎。

說到佛性，便自然會生起一個問題。我們既說佛性是超越的、清淨的，並且是一切眾生本來具有的，則眾生的表現，也應當是依循佛性而都是清淨的、善的。何以在現實生活上，人總是有種種迷執和染污的顛倒行為呢？關於這一點，神會指出，佛性本來是清淨的，但不排除會受到外在的染污因素所覆蓋的可能性，致其清淨性無法顯露出來。對於這清淨和染污的關係，他提出兩句話來說明，即「本有今無」和「本無今有」。這兩句話表面是矛盾的，但實則不然，因為本有今無是言佛性，而本無今有則是指染污或煩惱。這兩句話既是指涉不同的對象，所以兩者並無矛盾。所謂本有今無，是指佛性本來具備於一切眾生的生命之中，從本質上講，這是「本有」。但現實上的眾生，卻大都不能顯發佛性，這是因為後天有種種煩惱及顛倒見解、行為等因素覆蓋著佛性，所以在現實上，人有很多煩惱、迷執的表現，倣如沒有佛性一樣。從現實上講，這是「今無」。此謂之「本有今無」。至於本無

[46] 《神會錄》，石井本，載於鈴木大拙《禪思想史研究》，第三（東京：岩波書店，1987），頁244。

今有乃是就煩惱言，從人生命最初的狀態來說，本來是沒有煩惱，人本來便有佛性，是清淨的。所以從本質上講，煩惱是「本無」。但現實上並不是如此，人往往被種種煩惱、染污的因素所裹著。這些煩惱是從外面粘附過來的，漸漸變成生命的一部分似的。所以從現實上講，它是「今有」。

我在上面說神會的思路是如來禪的思路，是分解的性格，他把佛性或真心或如來藏自性清淨心與現實世界種種染污的事物明顯地分割開來。所謂分解、分析即是這個意思，把清淨和染污的因素分離開來。這裏我們又看一段文字去說明他這一意思：

> 眾生本有無師智、自然智。眾生承自然智，得成於佛。佛將此法展轉教化眾生，得成等正覺。……眾生雖有自然佛性，為迷故不覺。被煩惱所覆，流浪生死，不得成佛。㊼

這裏說的無師智、自然智其實都是指佛性或如來藏所發出來的智慧。它是依分解的路數而成立，透過與經驗的種種煩惱隔離開來，超越地被置定下來。所謂「眾生承自然智，得成於佛」，此中的「承」是關鍵性字眼。這即是承繼、顯發這自然智，便能覺悟成佛。不論無師智、自然智、如來藏自性清淨心，都是同一東西，都是成佛的基礎。只要能在這方面作培養、下工夫，使它從種種染污、煩惱的成素解放出來，披露其光明，最終便可成佛。神會在成佛這一關鍵問題上，其實是走達摩的道路，即是「捨妄歸真」。「妄」即是指那些後天的染污因素，「真」即是達摩所講的真性，亦即這裏的無師智、自然智、佛性，都無分別。

十一、靈知真性

「靈知真性」是神會禪中最重要的一個觀念，他把主體性稱作「靈知真性」，這其實也是指自己的真心、佛性，只是以「靈知」去界定它。到底甚麼是靈知呢？

㊼　同前，頁 278。

「靈」即是靈明，「知」是知覺。靈知即是具有靈明性的知覺。靈明有比較特別的意義，它不是感性，與感官沒有特定的關連；它卻是超感覺而接近睿智性的。故靈知不應是康德（I. Kant）所說的感性直覺（sinnliche Anschauung），而毋寧是他所說的睿智的直覺（intellektuelle Anschauung）。這種知不是知識論的意義，不是一種認知外界事物的作用，它不是要對外界建立客觀而有效的知識。另方面，它也不是道德的意義，不是王陽明所說的道德的良知。有些人以為靈知是德性的知，也有人以為這是知識的知，都不對。神會的靈知是宗教性格的，它能從事物的表層滲透到它的內裏的本質，而知其為空，為無自性；同時，它也能自覺自悟，自發睿智，知自己自身是一覺照的主體，是覺悟成佛的基礎。這靈知觀念是神會提出來描述佛性或清淨心的，其後為隔了幾代的宗密所繼承。他們是以這個觀念來解讀在超越的分解脈絡下說的佛性、如來藏、清淨心的。

對於神會的靈知真性的性格與作用，宗密在他的《禪源諸詮集都序》中有相當精確的解釋，他說：

> 妄念本寂，塵境本空。空寂之心，靈知不昧，此即空寂之知，是汝真性，任迷任悟，心本自知。……知之一字，眾妙之門。由無始迷之，故妄執身心為我，起貪瞋等念。若得善友開示，頓悟空寂之知，……覺諸相空，心自無念，念起即覺，覺之即無。㊽

這段文字十分扼要地點出神會思想中最重要的觀念的性格與作用。他說「妄念本寂，塵境本空」，人的虛妄的念想本來是不存在的，妄念都是後起的，一切境相原來都是空寂，沒有自性，但「空寂之心，靈知不昧」。所謂空寂之心即是靈知真性，這真性本身也是空寂的，卻能照察到「塵境本空」，了悟一切境相的本質。這真性即是真心，它有一種靈明的睿智，恆常地發揮其作用，而不被蒙蔽、覆蓋。它有「空寂之知」，這「知」是由一空寂的主體所發出，這主體便是真性。

神會的真性或靈知真性，讓我們想起達摩禪的真性觀念，雙方是否在義理層面

㊽ 《大正藏》48·402 下-403 上。

上有連繫呢？我想連繫是有的，但不是那麼明顯。達摩在《二入四行》中，一直都是說理說性，除了上面解理入提過的「含生凡聖同一真性」外，也說「真理」、「性淨之理」，在《達摩禪師論》中說到「心」、「清淨心」，隔了兩三個世代，到弘忍才多說心。神會重提真性或靈知真性，可能是要借助達摩的第一祖師的地位，鞏固他的靈知真性的說法。但宗密在上面的引文中已表示得很清楚，他已是以心為主，以性為輔，雖然兩者的內涵，都是一樣。宗密的引文「任迷任悟，心本自知」，表示人不論是處於迷執的狀態或是覺悟的狀態，這真性都是知道的。但人能自覺在迷，並不等於馬上能脫離迷的狀態。所謂「知之一字，眾妙之門」，即知所包含的，是眾妙之門。妙即是妙用，一切在世間生起的妙用，都是由知處開出來。沒有這知，則靈知真性的活動、世間所有教化的妙用，便無法開出。所以說它是眾妙之門，是人能在世界興起種種妙用的根本。在自我一點來說，宗密認為，由於人在久遠以來，便迷失了真理，不知人生命中有一精神意義的真我，於是執取身心，以之為自我。這身心指經驗層面的肉體的、心理學的身心，是感受性格。心可以有不同的層次，靈知真性是最深層的，具有創發作用的主體性，一切理想、價值都是由它開拓出來。生理、心理的身心，是自然的、生物學的，不是真正的主體性。人執取俗情的身心，以為是自己的真我，是在迷的狀態中。迷是迷失，迷失自家本具的靈知真性也。迷失了真性，便會向外面求索，對外在事物起貪瞋的心念、煩惱。最後需要明師善友開導，才能轉頭頓悟到自己原來的靈知真性。

宗密在這裏提到頓悟，是承神會的禪法而來。神會雖然與北宗禪一樣，屬如來禪的思路，但就覺悟的方法來說，兩者又不同。北宗禪言漸悟，講「時時勤拂拭，勿使惹塵埃」。神會則說頓悟，認為人的覺悟，由「覺諸相空」一直到「覺之即無」，這中間是沒有歷程的，而是一下子、一瞬間發生的，這便是頓。覺甚麼呢？「覺諸相空」，諸相包括經驗意義的身心，都是空的、無自性可得的。這又回到般若思想的般若智（prajñā）了。既然悟得諸相、萬法都是空，則「心自無念」，心或靈知之心對於這些空無自性的東西，自然不會執取，無癡戀追逐的念想。「念起即覺，覺之即無」也。

神會與宗密以「空寂之知」來解讀「靈知真性」。寬鬆地說，靈知真性有體性的意味，而空寂之知則是靈知真性所發出來的用。這裏說「寬鬆」，是表示這種體用關係只是虛說，不是實說。佛教的義理大海，是容不下體用關係的。體是實體（Substance），在佛教來說，即是自性（svabhāva），是常住不變的體性。佛教講緣起（pratītyasamutpāda）、空（śūnyatā），是沒有自性、實體的意思。一切法都是這樣。既無實體、自性，又如何能夠說用、發用呢？不過，我在這裏只講作用、工夫問題，不講存有論問題。空是自性的否定，寂則是遠離煩惱。能夠達致這種境界，便有空靈、清淨的感受、快樂。這也可以說是處於靈知真性的狀態，是一種超越的知覺（transzendentale Wahrnehmung）。這是一種知，但不是德性的知，也不是知識的知，而是一種宗教意味的知。知甚麼呢？知存在世界是空無自性的，也知自己是空寂的。因此不會執取存在世界，也不會執取以空性為本的自我。這樣便不會起顛倒的見解，不會起顛倒的行為，這樣便沒有煩惱，而達致自由自在的解脫的境界。

這種知其實可上溯至佛教般若思想的核心觀念般若智（prajñā）。不過，般若智強調發用的一面，是一種作用的表現。而靈知真性則是從真性來講，即從發用的源頭，能生起般若智慧的本源上講。㊾其實都是同一回事。但我們如何確定靈知真性是從般若智一觀念發展出來的呢？如何能確認前者可追溯至後者呢？我們可看神會以下一句話，以印證這一講法：

> 本空寂體上，自有般若智。㊿

所謂「空寂體」是指靈知真性。對於這句話，特別是「體」一觀念，不能執實看，視之為形而上的實體、自性，它只有虛說義。一切佛教都不能說嚴格意義的體，亦即是實體。神會這句話的意思是，以空寂的真性為本，可生發出般若智。這般若智是本來已有，並非外在所加。它的作用是觀照真理。人在修行上達到成熟的階段，可藉著某種契機引發出智慧的火花，其結果是對整一的真理（緣起、性空之理）有一全面的覺悟。神會在覺悟的方式這一點上，是強調頓悟的，這是與達摩禪、北宗禪

㊾ 這本源不能被視為體用關係中的具有實體義的體，本源與發用不能輕率地被視為形而上學意義的體用關係。參看拙文〈熊十力的體用論和有關問題〉，拙著《純粹力動現象學》（臺北：臺灣商務印書館，2005），頁 14-19。

㊿ 《神會錄》，頁 249。

的不同之處，後二者是漸悟的形態。神會在這一問題上是守著慧能的頓門的家法的。

十二、總的評論

以下，我要就佛性偏覺這種思維模式作總的評論。在這一點上，我仍依縱軸、橫軸和真理與方法三方面來處理。

在縱軸的動感方面，我擬分下面幾點來說。首先，我們對於本具的超越的明覺的自我、般若心，應該像孟子和宋明儒者那樣，有一套工夫論，特別是在認同的問題上，向內追溯、察識，確認它的存在性，並視這存在性是一切功德（guṇa）的根源，而起一種悲心弘願，要把這明覺的自我、般若心從迷妄的塵境中認取和透顯出來，也幫助別人這樣做，衝破一切障蔽的因素。這便需要一種堅強的意志和挺拔的勇氣才能成就，故動感是免不了的。即使說人人都普遍地具有佛性、如來藏清淨心，也需要認取它，不斷修行，進行自我轉化，以累積功德，這未必只是一生的事，卻是歷劫修行的事，故不單要具動感，而且要有動感的持續性，不能講速戰速決。雖說有頓悟，一下子便能成就覺悟、解脫，但只有極少數的聰明睿智的人才能做到；我們大部分都是凡夫，只能艱苦地步步移動，向理想、目標漸次地邁進。

但在另一方面言，佛性偏覺的基礎的超越的分解本身已預認動感的收斂，因為這需要分立兩界：超越界與經驗界、現象界。兩界分離，佛性或如來藏心便不能直接參予一切經驗的、現象的事務。超越的分解的意涵充量地表示於真妄分離的思維中。真不是妄，妄不是真。若真妄和合，兩者糾纏在一起，則真心真性或如來藏清淨心無由顯露。解決之道，必須把兩者分開，讓雙方界線分離兩邊而無交集，然後捨妄歸真，讓真心真性或如來藏脫離虛妄事物的纏繞，盡量展現其光明、覺悟，覺悟成佛才能說。但這樣便影響動感問題。在超越的分解的兩端的東西，如佛性與罪垢，呈遙遙相對的分離狀態。雙方的「存在性」、「有」都不同。佛性的有是理有，是超越的、本質的存在，超越時空而存在。罪垢的「有」、「存在性」則是事有，是後天的、經驗的，而且其存在有時空性。理有不能開展出強烈的動感。

第二，就分解與綜合比對著來看，超越的分解在原則上其動感是較超越的綜合或辯證的綜合為弱的，因為分解本身已邏輯地預認綜合。分解之所以可能，必須預認綜合。沒有綜合，哪來分解呢？再從存有論看，分解本身是從某些東西分隔開來，在現前這脈絡來說，分解先已預設超越的真理與經驗的事物有一隔離，這隔離會拖延真理施於經驗事物的作用，結果是真理的動感不能自然地、暢順地施展開來。因此，我們可以說，分解是一種動感的活動，綜合也如是，且較分解有更強的動感，理由是綜合需把性格相反的質體結合起來，超越和克服雙方的矛盾，這種超越和克服需要較強的動感才可能實現。

第三，如所周知，佛教以緣起（pratītyasamutpāda）、無自性（svabhāva-śūnyatā）、空（śūnyatā）、中道（madhyamā pratipad）、法性（dharmatā）、佛性（buddhatā）等觀念來說真理；此中與我們生於斯長於斯的現象世界有最密切關係的，自然是緣起，這是以因緣結合來交代現象世界種種事物的成立，相應地，緣起也最具有動感。在佛教所說的諸種緣起中，龍樹（Nāgārjuna）所提的「八不」緣起最缺乏動感。它是我們探尋真理的一種思想過濾的工夫，是主體思想方面的運作。由業感緣起開始，是由八不的虛說到緣起的實說，以惑、業、苦的因果相續為主軸，涉及經驗的因果關係。阿賴耶緣起則加上種子（bīja）的現行（pravṛtti）概念。種子由潛藏狀態（potentiality）到實現狀態（actualization），表現很強的經驗性格的動感。到了真如緣起，如上面所說，是真如（tathatā）作為所依而生起現象世界，如來藏（tathāgatagarbha）作為一超越分解形態的主體能力，提供諸法在生起上的所依處所，動感性不大。華嚴宗的法界緣起的動感在主體於其海印三昧（sāgara-mudrā-samādhi）的禪定工夫中見，那是在心靈的觀照下所現的境界，故能說動感，但只限於超越的法界方面，不能通於經驗的世界一面。故法界緣起是宗教的理想主義的導向，心靈有但不是很強的動感。在這種緣起中，法與法的關係、法與理的關係，都不存在於現象的、經驗的層面。倘若把動感傾向於物理、生理以至心理方面，法界緣起的法與法的圓融關係便不能說很強的動感了。

說到華嚴宗的法界緣起，它的重點已由空一觀念轉到緣起一觀念去。若空只作為真理的狀態亦即無自性來看，動感不可能很強。但緣起則不同，它主要涉及事物如何依緣而生起，而依緣而生起基本上是一種經驗的組合、活動，易見動感。不過，這緣起不是一般的構造論的因果關係，而是有理想義、價值義的活動，主體心靈需在其中作禪定與觀照的工夫。這是一種化世間的俗見為智慧的真理的工夫，主體心靈的作用很重要，不可能沒有動感，雖然不是在宇宙論中見到的那種。不過，華嚴宗的性起的說法又如何呢？能不能說動感呢？在性起這個問題上，性是所依，不管是佛性也好，法性也好，性只提供一種憑藉，讓事物能依傍著它而得生起，它不是直接的生起的原因。而在其中的事物的相即、相攝、相入都是從靜態的關係說，而且是基於一種三昧禪定而成，不是實際的、物理的即、攝、入的動作，故談不上宇宙論，動感是有限的。而起，也不是由真心真性所生起，不是宇宙論義的創生。「性起」的意涵，有很大的隱晦性（ambiguity）。宗密對性起有「法界性全體起為一切諸法」的解讀法，此中的「起」易生誤解。[51]由他所說「性外無別法」，說「一切法全是性起」，我們可以看到前者是存有論義，後者則可有宇宙論意味，法藏的真意是性外無別法，不是後者。前者所含有的動感很是有限。因此，他說「法爾全為萬法，法爾常自寂然」，這純粹是海印三昧的工夫義，所謂「心如工畫師，一切唯心造」亦不是宇宙論意味。「依體起用，全是性起」更不是由實體產生作用以成就萬法之意，華嚴宗根本無實體可說，而體用亦不是一般所理解的涵義。[52]

以上的評論是有關動感方面的問題。以下看對世界的關心與理解的問題。在超越的分解的脈絡下，超越指睿智界（包含佛性、如來藏清淨心、真性、真心等）對於經驗的、塵俗的眾生界的隔離、疏離，這意味作為主體性的真理對作為客體性的經驗世界的疏遠，這種疏遠對於主體性對客體性的關心與理解，都有負面的影響。就理解來說，主體性對客體性只能有經驗性格的理解，在主客的對待、對峙關係中的理解。這是橫向性的理解，不是直貫性的理解。橫向性的理解只能涉及現象層的理解，只有直貫性的理解是本質、本性的理解；前者是表面的，缺乏深度，後者則是本質的，具有深邃性。或者可以進一步說，橫向的理解是知識論的理解，以知性、

---

[51] 參看上面第五節。

[52] 在這裏，我想提出一個問題。華嚴宗法藏他們所說的事事無礙與事理無礙似不能完全被劃入超越的分解的路向。因為事事無礙背後有真心真性在作用，事與真心真性應有一種圓融的交集在內，不純粹是分解形態。至於事理無礙，更是超越的真心真性與經驗的事渾而為一的關係，分解不是這樣的。

感性為主，後者則是存有論的理解，是睿智性格的理解。[53]

如上面提過，真性與真心都是超越性格，性傾向客體性的理，心則是主體性的心靈。心與性明顯不同，最明顯的是在動感方面。性或理有較重的規範義，被置定於一個固定的地方，供人在行為上作參考，以之為準則來生活。心本身便是一活動的主體，不管是超越的真心或經驗的氣心，都是一樣。早期禪由真性發展到真心，展示出實踐上的世俗化轉向：由隱居山林野外作頭陀行轉到與塵俗的世間事物去，直接和它們打交道，和它們建立較密切的關係，以利於普渡眾生的宗教目標的實現。這種轉向（把焦點由清幽的山林轉到十字街頭的市纏方面），對動感的表現和對世間的關心與認識、理解，都會有積極的幫助。這種宗教活動的所在地的移位，由清靜的山林走向喧鬧的市纏，是很自然的事；特別是禪，越是向前發展，便越傾向於這種轉變。淨土宗雖強調「淨土」，卻是與眾生有最低層但最緊密的連繫。結果是，在中國佛教來說，禪與淨土有最多信眾，兩者後來更有頻密的交集、互動，甚至結合起來，在工夫上採取禪淨雙修的方法。

以下我要轉到橫軸方面，探究佛性偏覺的宗教現象學的自我的設準問題。佛性偏覺的思維是以超越的分解方式把一切存在分開為兩界：超越界與經驗界，而發揚超越界，貶抑經驗界，視兩界為屬於不同價值的存在界域。它是先確認一清淨的心靈或佛性作為覺悟成佛的依據，這需要一種能超越存在的表現的、表面的性格，滲透到存在的核心深處，洞悉它們的真相、本質（Wesen）的心能。此中最重要的是能清晰地、不含糊地把存在作兩面的分解：超越的一面和經驗的一面。而能作這種對存在的分析、分解的，當然也是具有超越性格的心靈、佛性或如來藏清淨心。這心靈、佛性或如來藏清淨心可以說是一種佛教式的本質明覺我。這種自我既是佛教式的，它對於存在的真理，亦即佛教所強調的緣起、無自性、空，要有相應的認識、體證。此中所需的動感，不會很強；而對於世間的關心，雖是不太濃烈，但也不能忽視。特別要提的是，在佛教的網絡下，本質是存在的我、法均無自性，這即是我

---

[53] 或者可以這樣說，佛性、如來藏心與現象諸法雙方不是同體，而是異體。同體是一物二面之意，即是，雙方是同一東西、同一質體，但以不同的方式展示出來。異體則是不同東西、質體相互分開，各有不同的時空關係，而且各有其內容、性格，沒有存有論上的交集性。關於同體、異體的分別，我們只能說到這裏，具體的解釋，要在下一章探討佛性圓覺的問題才好交代。

空與法空。本質是分解的、分析的；明覺亦是分解的、分析的。此中基本上沒有綜合的、辯證的運作在裏頭。

在現實生命和宗教理想的關係方面，本質明覺我的橫軸基本上清一色地設定眾生有與生俱來的經驗的客塵煩惱，掩蓋了我們的佛性或如來藏心的光明。因此需要掃除客塵煩惱，讓佛性或如來藏心能夠展現其光明。如雲霧消散，陽光便能免除雲霧的遮蓋，而照耀大地那樣。達摩禪提的捨妄歸真，神秀禪的對明鏡（心靈明鏡）的「時時勤拂拭，勿使惹塵埃」，以至《華嚴經》的「永離妄想、顛倒、垢縛，具見如來智慧在其身內，與佛無異」，基本上都是同一旨趣。這種說法，清楚易明，也符合現實的真正情況，只是說得多了，便讓人覺得流於機械化（mechanical），難道眾生的生命的現實，都是這樣麼？

除了本質明覺我外，橫軸的總別觀照我與佛性偏覺有某種程度的適切性。這個問題比較複雜，較難處理；這是由於總別觀照我游離於俗諦智與真諦智之間，或世諦智（saṃvṛti-satya-jñāna）與第一義智（paramārtha-satya-jñāna）之間，界線比較模糊。同時，這種自我基本上是權能性格，在某些方面可以接連世諦智，在另外的方面可以接連第一義智。我在這裏的處理，也只能就某種趨勢、傾向說，不能精確地說。大體而言，總別觀照我與唯識學的轉識成智而成的四智有較大的比較空間，而在這四智中又與除成所作智（kṛtyānuṣṭhāna-jñāna）外的其他三智較能說適切性。[54]倘若以總別觀照我作為背景來看佛性偏覺，特別是北宗禪的清淨心，同時又以與總別觀照我有一定程度的相應性的唯識學的三智比較，則我們大體上可以說，這清淨心最相應於平等性智（samatā-jñāna），照見萬法平等一如的平等空性，也相應於妙觀察智（pratyavekṣamika-jñāna），照見萬法的特殊相狀，也相應於大圓鏡智（ādarśa-jñāna），同時照見得萬法的平等性與別異性。但與成所作智則沒有甚麼連繫可說。這是由於成所作智較傾向於事物的經驗性格、現象性格，最有現實世界的意味，而北宗禪最關心的是守住清淨心的明覺性，不讓客塵煩惱有熏染它的機會，這樣，便減少清淨心與「與客塵煩惱都屬經驗性格的現實世界」的連繫。同時，我們對現實世界的關心與理解也無從說起。

---

[54] 關於這點，我只能說到這裏。進一步的觀點，則有待進一步詳細的研究，才能提出來。

十三、真理與方法

最後，我想對佛性偏覺在有關真理與方法或實踐方法的問題上作些闡揚。我並不是在本書每一章之後部都提出這個問題來作探討，而是看該章所論述的題材而作個別的考量。考量的準則也並不是很嚴格，只是隨著有關內容範圍的或廣或狹、理論效能的或高或低和觀念的或深或淺來權衡。佛性偏覺在這些準則上有些地方需要澄清，有些地方具有啟發性，有些觀念牽連很廣，因此在這裏作些討論作結。

在真理方面，佛陀與原始佛教所提出的緣起（pratītyasamutpāda），無自性（svabhāva-śūnyatā）與空（śūnyatā），是毋庸置疑的。但到了後來，特別是東傳到中國，與中國傳統思想碰面而相互交集，讓原來的真理在內容上變得豐富了，在思考上、在實踐工夫上變得多元而細密了，特別是在對真理的解讀隨著與其他思想融合而作出不同的說法。在這一點上，佛性偏覺與下一章要討論的佛性圓覺便顯示出強烈的對比。佛性偏覺以超越的分解的方式，置定一個超越的佛性或如來藏或自性清淨心，作為覺悟成佛的基礎。這超越的佛性能發出一種智慧（例如般若智 prajñā），洞見宇宙和人生的終極的（ultimate）真相、真理，這便是一般所說的真如（tathatā）。以超越的智慧去認識終極的真如，有兩種不同的方式。其一是智慧在一種靜態的、主客相對峙的方式來體證真如。這樣，智慧是主體，真如是客體，雙方所成的關係，頗近於一般認識論（Erkenntnistheorie, epistemology）所說的認識主體與被認識的客體或對象之間的認識關係。唯識學（護法 Dharmapāla 系）所說的智與真如便近於這種關係。55不過，唯識學不屬於佛性偏覺形態，它是講無漏種子的，不是講佛性的。另外一種智慧與真如的關係是佛性偏覺中強調佛性或清淨心的思想所持的。如達摩說自己的真性與真理冥符，沒有分別；神會說我們的空寂之知能夠覺諸相空，心自無念。這諸相空，其實即是真如。在這種覺悟活動之中，覺悟的主體或智慧與所覺悟的客體或真如，是在一種冥合的狀態中，其中沒有主客的意識分別，智慧與真如已相互滲透、融入對方之中，而成為一體。

---

55 關於唯識學所言的智與真如的關係，參看拙文〈唯識宗轉識成智理論之研究〉，拙著《佛教的概念與方法》（臺北：臺灣商務印書館，修訂本，2000），頁 145-148。

另外一個重要的問題是，我們通常都以終極性格來說佛性、如來藏、清淨心，和空、真如、法性，等等，《大乘起信論》更把前者概括為眾生心、真常心，把後者概括為真如。由於雙方都具有終極性，因而不能被化約為較它們更為根本的東西。它們都對覺悟有非常密切的關係：真常心體證得真如，而覺悟成佛。真常心由於是心，故可言動感，這沒有問題；而作為覺悟的對象的真如，自然有價值基準、原理的理的意味。我們通常說理，都有把它視為靜態的傾向。但依達摩禪，自己的真性與真理冥符，既然是冥符，則真性或真心應與真理冥合為一體，真心有動感，它與真理冥符，真理也應該有動感才行，不然的話，雙方冥合為一又如何可能呢？這的確是一個煞費思量的問題。真心是心，是活動的主體，具有動感，這變不了。現在只能在真理方面來考量。倘若要維持真心與真理冥符的一體無間的關係，則非要把理確認為心，等同於心不可，這便出現心即理、心理為一的命題了。這種主體性與客體性等同的思維導向，在中國儒學中實在不乏知音，例如孟子、陸九淵、王陽明，只是雙方運用不同的詞彙來表述這種關係而已：孟子說「盡心，知性，知天」，陸九淵說「宇宙便是吾心，吾心便是宇宙」，王陽明說「良知即天理」。儒者的說法，除了有心理為一的意涵外，還有宇宙論（本體宇宙論）的意思，佛教則在這方面措意很少。

這種主體性即客體性、心即理的思維，在佛性圓覺的思路中更為明顯，這是下一章要討論的。在這裏我想只就佛性偏覺的範圍中進行探討。如來藏系的文獻，便時常提到這種傾向；《大乘起信論》便提出「真如心」、「心真如」，把主體性（心）與客體性（真如）等同起來。在本源方面、原則方面是如此，但就現實來說，眾生能夠體證到這一點，更能在工夫實踐中做到的，真是少之又少。即就單方面能夠體會到心、理的超越性，把它從經驗現實中區隔開來，認證出來（identify），也不多見。在他們的現實的生命存在中，總是明覺與無明、清淨與染污混同起來，在這種情況下，他們的行為（包括思想），總是隨順流俗的腳跟轉，他們甚至對這樣的現實生活缺乏鮮明的、清晰的自覺。對於這種清淨要素與染污要素的混同處境，我們應該怎樣做呢？佛性偏覺所提出的對治方法，是先把雙方分開，在混同中把超越明覺從經驗的無明檢別開來，把力量集中在去除經驗的無明因素。一方面這樣做，他方面明覺便自然顯露出來。達摩禪所說的「捨妄歸真」和弘忍禪說的「眾生佛性本來清淨，如雲底日。但了然守本真心，妄念雲盡，慧日即現」，便是傳達這個訊息，只是弘忍教人把重點放在守護著真心，待妄念無明除去或自動移散，太陽的光芒便自然呈現，這種說法比較消極、被動。實際上，我們應積極地、主動地驅散妄念之雲、妄念無明。不過，大體而言，弘忍的提法原則上是正確的。佛性偏覺是基於以超越的分解置定佛性或如來藏或清淨心，那是透過把升揚的佛性從沉淪的經驗世界、塵俗世界中上提出來而成的。現在雙方存有論地混在一起，解決的方法自然是把雙方分離開來，使佛性不再受塵俗的染污所遮蓋，而重新展現自己的明覺。這種捨妄歸真的做法，是假定妄或無明可以為真或明覺所克服的，當然還可有其他覺悟成佛的方法。讓我們記取這點，來探討下一章的佛性圓覺的問題。[56]

---

[56] 以上是有關佛性偏覺在義理上的探討。以下謹列出有關思想方面的著述。我基本上是依如來藏問題、華嚴宗、達摩與早期禪、神秀的北宗禪與神會禪的發展脈絡來開列有關研究、論著。

E.H. Johnston, ed., *Ratnagotravibhāga-mahāyānottaratantra-śāstra*. Patna: Bihar Research Society, 1950.

印順著《如來藏之研究》（臺北：正聞出版社，1981）。

唐君毅著〈原性（八）佛心與眾生之佛性〉、〈原性（九）華嚴之性起與天台之性具及其相關連之問題〉，唐君毅著《中國哲學原論原性篇》（香港：新亞研究所，1968），頁 221-280。

唐君毅著〈大乘起信論之佛學道路〉、〈華嚴宗之判教之道及其法界觀（上、中、下）〉，唐君毅著《中國哲學原論原道篇三》（香港：新亞研究所，1974），頁 1214-1243、1244-1311。

牟宗三著〈前後期唯識學以及起信論與華嚴宗〉，牟宗三著《佛性與般若》上（臺北：臺灣學生書局，1977），頁 435-572。

吳汝鈞著《游戲三昧：禪的實踐與終極關懷》（臺北：臺灣學生書局，1993）。

吳汝鈞著《中國佛學的現代詮釋》（臺北：文津出版社，1995）。

冉雲華著《宗密》（臺北：東大圖書公司，1988）。

高崎直道譯《大乘佛典 12：如來藏系經典》（東京：中央公論社，1980）。

平川彰、梶山雄一、高崎直道編集《講座大乘佛教 6：如來藏思想》（東京：春秋社，1984）。

高崎直道著《如來藏思想の形成》（東京：春秋社，1975）。

高崎直道著《如來藏思想》I、II（京都：法藏館，1988，1989）。

小川弘貫著《中國如來藏思想研究》（東京：中山書房，1976）。

久松真一著〈起信論の課題〉，《久松真一著作集 6：經錄抄》（東京：理想社，1973），頁 11-99。

柏木弘雄著《大乘起信論の研究：大乘起信論の成立に關する資料論的研究》（東京：春秋社，1991）。

柏木弘雄著《大乘とは何か：大乘起信論を讀む》（東京：春秋社，1991）。

袴谷憲昭、荒井裕明校注《大乘莊嚴經論》（東京：大藏出版社，1997）。
高崎直道譯註《寶性論》（東京：講談社，1989）。
中村瑞隆著《梵漢對照究竟一乘寶性論研究》（東京：山喜房佛書林，1961）。
高崎直道著《佛性とは何か》（京都：法藏館，1985）。
小川一乘著《佛性思想》（京都：文榮堂，1982）。
袴谷憲昭著《本覺思想批判》（東京：大藏出版社，1995）。
松本史朗著《緣起と空：如來藏思想批判》（東京：大藏出版社，1993）。
張文良著《澄觀：華嚴思想の研究～「心」の問題を中心に》（東京：山喜房佛書林，2006）。
禪文化研究所編注《神會の語錄：壇語》（京都：耕文社，2006）。
鎌田茂雄著《宗密教學の思想史的研究》（東京：東京大學出版會，1975）。
J. Takasaki, *A Study on the Ratnagotravibhāga (uttaratantra)*, Roma: IsMEO (S.O.R. XXXIII), 1966.
Surekha Vijay Limaye, tr., *Mahāyānasūtrālaṃkāra by Asaṅga*. Delhi: Sri Satguru Publications, 2000.
Yajneshwar S. Shastri, *Mahāyānasūtrālaṃkāra of Asaṅga: A Study in Vijñānavāda Buddhism*. Delhi: Sri Satguru Publications, 1989.
Alex and Hideko Wayman, trs., *The Lion's Roar of Queen Śrīmālā*. Delhi: Motilal Banarsidass Publishers, 1990.
Sallie B. King. *Buddha Nature*. Albany: State University of New York Press, 1991.
Jamie Hubbard and Paul L. Swanson, eds., *Pruning the Bodhi Tree: The Storm over Critical Buddhism*. Honolulu: University of Hawai'i Press, 1997.
Lambert Schmithausen, "Philologische Bemerkungen zum Ratnagotravibhāga", *Wiener Zeitschrift für die Kunde Südasiens*, Vol. 15, 1971, S.123-177.

第十三章　佛性圓覺

一、背反與圓覺

下來是佛性圓覺。這指倡議覺悟成佛成立於一種對所謂背反的突破與克服中的教法。背反（Antinomie）是指兩種性格上相互對反但在存有論上總是常纏在一起而不能分開的極端的（extreme）矛盾關係，如生與死、善與惡、有與無、罪與福、存在與非存在、理性與非理性，等等。從宗教救贖的角度來說，這樣的背反必須被突破、被克服，才有生路可言。在突破的方法上，我們不能以正面或正價值的一方（如生、善）克服負面或負價值的一方（如死、惡）；不能把背反的兩端視為構成一條棍子，一端是生，是善，他端是死，是惡，然後把棍子切割為生、善與死、惡兩段，而保留生、善的那一段，丟掉死、惡的那一段。此中的理據是，背反的兩端在存有論上是對等的，沒有任何一端對對反的另一端在存在的層面具有先在性（priority）與跨越性（superiority）。解決背反的方法，只能從相對性格的兩端所成的背反內部突破開來，超越上來，而達致絕對意義的不生不死、無生無死的理境。而所謂突破、超越的發生，是頓然的、一下子的。生與死、善與惡不是兩碼子事，可以相互分開。毋寧是，它們是一個存在的整一體，是同一事體（event, entity）的不同面相，是無所謂的分開的。❶我們享受生，同時也要接受死。這是生命的現實。

背反與圓覺有很密切的關聯。我在上一章探討佛性偏覺時，曾提出一種思維：

❶ 最明顯地要以生來克服死的，莫如道教。它教人實踐內丹、外丹的修行，俾能讓人長生不死，永遠做神仙，這是不知道生與死是同一事體的不同面相，不能分割開來，而成為兩種存在：生與死，因而取此捨彼。在歷史上，道教從未製造出一個神仙，反而很多人（特別是帝皇）由於服食過量的外丹丹砂，而致速死，縮短了自己應有的壽命。

透過一種超越的分解（transzendentale Analyse）的方式，確立一普遍的佛性、如來藏自性清淨心、真心或真性，作為覺悟成佛的超越的依據、基礎（transzendentaler Grund）。修行者只要能驅除障蔽這超越的基礎的外在的、經驗的因素，便能讓佛性發揮其本來的明覺，最後便能覺悟成佛。佛性圓覺走的則是另外一條路。它對佛性或真心的理解，不是從理想主義出發，確認一超越的、分解的清淨主體，由它去承擔覺悟成佛的事。它卻是從我們凡夫的平常一念心說起，而我們的平常一念心，就現實來說，有染有淨，通常是染方面作主，淨方面附隨。因此，在佛教看來，我們是生活於浸沉著染污的生死苦海之中，歷世輪轉，不得出離。解決之道，是從那染淨和合的平常一念心中突破出來，超越上來，不讓心的清淨部分隨順心的染污部分的腳跟轉，而獨顯明照世間的光耀。

以下我想對圓覺中的「圓」一觀念作些交代，有些地方是比對著佛性偏覺中的「偏」來說的。「圓」有一個重要的意味，是周遍，對全體均等地加以概括，不特別關照某一部分。在圓覺的覺悟中，修行者的覺證範圍是一切存在、一切法，不偏頗於某些殊勝的法（dharma）。而且這種覺照、覺證是在動感中進行的，不是在靜態中進行的。靜態的覺照、覺證傾向於只是認識論的（epistemological）理解、把握；動態的覺照或覺證則一方面是認識論的，同時也是存有論的（ontological）。所謂「存有論的」，並不表示從無生有而使所生的東西成為存有，毋寧是，我們對於一切法，在認識之中，同時也實證它們的存在性。這實證與認識是同時進行的，並不是先實證一切法，然後去認識它們。進一步說，這實證與認識比一般的生起、生產與認識、了知要高一層次。前一層次是現象論的（phänomenal），後一層次則是現象學的（phänomenologisch）。當某一法被生起（如雞蛋由母雞中生出來）和被認識是在一種主客的關係中作為對象而被處理，則生起與認識的活動是現象論的。但當它被認證為像筆者所提而作為終極原理的純粹力動（reine Vitalität）的詐現而成，又作為詐現而被認識，則生起與認識是現象學的；而在其中活動的主體，則是純粹力動在個別生命中所表現出來的睿智的直覺（intellektuelle Anschauung）。❷

---

❷ 有關純粹力動、詐現、睿智的直覺等觀念，涉及筆者近年構思的現象學理論的問題，我在這裏不能詳盡交代，有興趣的讀者可找拙著《純粹力動現象學》（臺北：臺灣商務印書館，2005）有關

相對於佛性偏覺的超越的分解的思維形態，佛性圓覺傾向於內在的綜合（immanente Synthese）或辯證的綜合（dialektische Synthese）的思維形態。這種思維形態可見於不同性格（如超越性 Transzendenz 與內在性 Immanenz）的辯證的結合中，如抽象與具體、普遍與特殊、體與用、天與人、超離與經驗。這種綜合，在邏輯上是不通的，它毋寧是有一種矛盾的、弔詭的、反的性質在裏頭。在佛教，內在性通常被視為關連著世間性而言的；超越性則關連著出世間性而言的。超越性與內在性的結合，表示超越的東西能存在於以至實現於內在的東西之中，對於這樣的結合、連繫，佛教稱為「世出世間性」。具有這種性格的東西，我們稱之為「超越而內在」。對於任何超越而內在的東西，佛性圓覺可以於當下頓然地把得，它能克服、突破這兩種性格上相對反的東西，把兩者融成一體，而表現辯證義的洞見（dialektische Einsicht）。這種辯證義的洞見，便是佛性圓覺；佛性正是在這種圓覺活動中貫串於其中的主體。

「圓」有另一所指，即是，所陳的義理、教法，在理解上，需顧及根器較低的眾生，不能陳義過高，只讓一小部分眾生明白。即使是艱深的、繁複的義理，亦需透過由淺入深、循序漸進的方式進行闡述。真實的、圓實的教法，應該是清晰的、簡要的、有生活意涵的、與我們的日常活動有直接的關連，和可理解的。艱澀繁瑣的義理，只能是真，而不能是實。「實」需要從現實生活來說，讓人可以理解和體驗，以至體證。按天台宗的五時判教，闡述第一時的華嚴時，謂毗盧舍那佛（Vairocana Buddha）從深沉的禪定出來，便向眾生宣說他在禪定體證得的華嚴大法：相即相攝相入的法界緣起的義理，結果只有小部分眾生聽懂，大部分都如聾如啞，不知佛在說些甚麼。這便是陳義過高，眾生不能同沾法雨。這樣的教法，的確是真但非實，不是圓實。佛有見於此，即轉換說教內容，從華嚴大法轉到他最初在鹿野苑（Mṛgadāva）得道時所悟到的四聖諦（cattāri saccāni）、無我（anātman）、十二因緣（dvādaśāṅgika-pratītyasamutpāda）等義理方面去，善巧地宣說其中富有生活氣息的教法。結果在坐眾生都能聽懂，領受法益。這才可以說圓。在這裏，我們可以就華嚴宗與天台宗在有關問題上作一比較，眉目便很清楚。華嚴宗強調崇高的覺悟境界和

部分來看。

種種遠離常識的玄談，結果九界眾生都無法領悟，不能得解脫，只能遊離於生死輪轉的世界中受苦，而華嚴宗則一人成佛，不能有效地協助眾生，因而招來「緣理斷九」的譏評。「理」是指法界緣起的真理境界，只有佛才能達致，九界眾生都無由領受、分享。

「圓」還有一種重要的意義，那是純粹從修行方法、工夫方面說的。自印度佛教開始，以迄中國、日本佛教，在修行方法上一直流行兩種方法：漸與頓。漸修是有階段的，從淺入深地依規定的階段來修行，不能逾越。到了最後便能周遍地了達佛教的多派教法，但仍以自家所宗的教法為主。到了成熟階段，瓜熟蒂落，便覺悟成佛。頓修則是不經既定的階段來修行，只是低調地生活，留意世間一般的事情，看它們如何能與終極真理連結起來。最後藉著某種突然發生的事故，或讀到某些重要的佛典的章節，生命智慧的火花突然地迸發出來，突破一切疑惑，而頓然地覺悟成佛。禪宗文獻中所記述的公案，都展示著這樣的突然而來的覺悟現象。❸圓這一觀念也有指在修行上的頓然的、一下子圓成大覺的意味。天台宗智顗大師的圓頓止觀，便是指涉這種讓人一下子便能爆發智慧（prajñā）的火花，悟到宇宙與人生的真相，而直下成佛。他的鉅著《摩訶止觀》，便是探討這方面的頓悟現象的。關於圓頓止觀，他有如下的闡釋：

> 圓頓者，初緣實相，造境即中，無不真實，繫緣法界。一念法界，一色一香，無非中道。己界及佛界、眾生界亦然。陰入皆如，無苦可捨。無明塵勞，即是菩提，無集可斷。邊邪皆中正，無道可修。生死即涅槃，無滅可證。無苦無集，故無世間；無道無滅，故無出世間。純一實相，實相外更無別法。法性寂然為止，寂而常照為觀。初後無二無別，是名圓頓止觀。❹

在這段文字中，智顗提出很多背反，如；五陰十二入與真如、無明塵勞與菩提、邊

❸ 禪門的公案集很多，較重要的有《碧巖錄》、《無門關》、《從容錄》等。像《臨濟錄》、《馬祖語錄》等記述祖師的生活起居和談話，以至記述禪門典故的《景德傳燈錄》，都兼涉不少公案。

❹ 智顗著《摩訶止觀》卷 1，《大正藏》46·1 下-2 上。

邪與中正、生死與涅槃等，對於這些背反，智顗都未有提及要以背反的一面（正面）去克服、超越背反的另一面（負面）：不以真如來克服五陰十二入，而捨苦；不以菩提來克服無明塵勞，而斷集；不以中正來克服邊邪，而修道；不以涅槃克服生死，而證滅。這是說，他未有透過超越的分解去確立純淨無染的要素：真如、菩提、中正、涅槃，然後以這些要素去破除生命的負面要素：五陰十二入、無明塵勞、邊邪、生死。他不走超越的分解之路，以生命的正面去消除生命的負面。而是視這正面與負面結合為一背反：五陰十二入與真如的背反、無明塵勞與菩提的背反、邊邪與中正的背反、生死與涅槃的背反。對於這些背反一一超越、一一突破，從背反脫卻開來，而又以背反的雙方亦即是世間與出世間（如五陰十二入是世間，真如是出世間）作為依據、基礎，開拓出一突破、衝破一切有相對性格之嫌的背反而達致的絕對、真正的絕對的理境，這理境仍然是肯定經驗的、現象的世界的。引文中的「初緣實相，造境即中，無不真實，繫緣法界。一念法界，一色一香，無非中道」便有這個意味。所謂「造境」意義玄深，這表示境或對象不是製造的、製作的，而是經過一番對真理的探索與體證，突破一切背反而後成就的與真理合一的境或對象。「即中」便是這個意思，但所即的不單是中，還有空與假在內，「即空即假即中」也。這即空假中是對真理的全面概括、包容的意味；智顗說「即中」，當含有即空即假的意思。而他所說的中或中道（一色一香，無非中道），是中道佛性，是在作為原理的中道與作為心能的佛性雙方等同的意義脈絡下提出來的，它包含世間、出世間、世出世間這三個領域中的無盡的內容。

對於以上的析論還需作些補充、確認。智顗在自己的判教法：藏、通、別、圓四教中，認為藏教與通教以空（śūnyatā）來解讀終極真理，別教與圓教則以中道（madhyamā pratipad）來說終極真理。而中道又等同於佛性（buddhatā, buddhatva），於是，在他看來，別教與圓教的真理觀都是中道佛性。不過，雙方的體證真理的方法不同，別教是採取漸修的方式，循序漸進地體證，所謂「歷別入中」。圓教則以圓頓的、一下子的方式來體證。他提出一心三觀的體證法，體證諸法的空（śūnyatā）、假（prajñapti）、中道，而說「即空即假即中」，其中「即」字一氣貫下，便有同時發生的、頓然的、剎那間的對中道佛性的空、假、中三個面相一次過體證的意味，而這一次過是當下的、直接的、直覺（睿智的直覺）的活動，不經任何概念思維、思議一類曲折的途徑。這便是他所說的「圓頓入中」。他以歷別入中的方法為拙，以圓頓入中的方法為巧。

在全體佛法中，走這樣的思維形態的，有天台宗、南宗禪中的慧能禪、馬祖禪、臨濟禪。以下我即依序闡發這幾方面的教法、義理。特別要聲明的是，天台宗是中國佛教中的一個龐大而有悠久歷史的宗派，涉及很多人物，義理也非常湛深和繁富，我在這裏只能處理理論的開宗者智顗大師；至於往後的發展，如湛然、知禮的思想，和山家派和山外派的爭論的問題，因篇幅所限，只能擱置了。❺另外，這種佛性圓覺思想在印度佛教方面也有其淵源，最明顯的莫如《維摩經》（*Vimalakīrtinirdeśa-sūtra*）、《大般涅槃經》（*Mahāparinirvāṇa-sūtra*）和《法華經》（*Saddharmapuṇḍarīka-sūtra*）。

在文獻的運用方面，自然是以智顗的著作最多，此中包括天台三大部（《法華玄義》、《法華文句》、《摩訶止觀》）和對《維摩經》的疏釋（《維摩經玄疏》、《維摩經義疏》、《維摩經文疏》、《四教義》）。另外，他的一些小品也有參考價值。慧能禪、馬祖禪與臨濟禪方面，則分別有《六祖壇經》、《馬祖語錄》和《臨濟錄》。

二、一念無明法性心

依天台宗智顗的說法，佛性（buddhatā, buddhatva）即是法性（dharmatā, dharmatva），它與無明（avidyā）常以一種背反的方式出現，所謂「一念無明法性心」。法性使人覺悟，無明使人迷執。如上面所說，我們不能以法性克服無明，而變為明；也不能以善克服惡，以生克服死。卻是要從內部突破背反，達致無無明無法性、無善無惡、無生無死的絕對的、終極的理境。在《六祖壇經》中，慧能說「不思善，不思惡」，便表示善與惡所成的背反被突破，使人臻於無善無惡的境界。這種超越、突破的力量，來自背反自身所潛藏著的精神主體，亦是慧能所說的「自性」。它相應於我在拙著《純粹力動現象學》所提的在宗教上具有現象學意義或轉化意義的迷覺

❺ 在這些方面的研究，可參考牟宗三先生的《佛性與般若》下有關部分（臺北：臺灣學生書局，1977）。

背反我。在這背反之中，迷執與醒覺糾纏在一起，無法分開。解決的方法，是迷執與醒覺同時地、一齊地被超越，被克服。不然的話，便兩者永遠夾雜在一起，對生命作永無休止的腐蝕。

所謂佛性便是指潛藏在背反中的精神主體。而圓覺一方面有頓然的、一下子成就覺悟的意味；同時也有圓滿無缺，周遍不遺的微意。從宗教方面來說，佛性圓覺正是佛性偏覺的進一步發展與開拓，當事人要與九界眾生共苦難，與九界眾生對苦難有同情共感的慈悲心。這同情共感的慈悲心，頗有拙著《純粹力動現象學》中所說的自我設準中的同情共感我的意味。不過，拙著所提的同情共感我是道德意義的，它是德性我，或道德自我；而這同情共感的慈悲心則是宗教意義的，它要救贖眾生，要與九界眾生共苦難。若要說覺悟，則是與九界眾生相俱，共同進退，展示若有一眾生未脫三界（欲界、色界、無色界）之苦，我亦誓不成佛的悲心弘願。這便與華嚴宗的緣理斷九，只求契接那崇高、廣大的華嚴世界，體證那重重無盡的、事事無礙法界的璀璨的欲求，迥然不同了。關於這點，上一節也提及一些。

另外，圓覺也有涵概整個三千大千世界的氣魄。它固然能對小如一花一草起正覺，所謂「一色一香，無非中道」，同時也能對作為一個整一體而又是散殊形態的宇宙的一切花草樹木、山河大地起正覺，所謂「一是一切法，一切法是一」也。

如上一節約略提到，佛性圓覺主要指天台教法，其特性是在種種矛盾與弔詭關係中實現圓融的、不思議的理境。它也兼及《維摩經》（*Vimalakīrtinirdeśa-sūtra*）的「諸煩惱是道場」、「淫怒癡即是解脫」的奇想。如同法性與無明是一個背反那樣，諸煩惱與道場是一個背反，淫怒癡與解脫也是一個背反。另外不能不提慧能開出的南宗禪。佛性圓覺作為天台宗的義理形態，除了思維、對終極真理的理解外，還有實踐方面，這便是智顗的鉅著《摩訶止觀》所說的止觀工夫。但把這整套義理形態徹底世俗化，把它帶到我們日常生活中去，讓它成為我們一般生活的一重要部分的，是慧能所開拓出來的南宗禪。

以下我們進一步看一念無明法性心。天台宗說一念心，是就平常心說，我們的現實的心識，雖有善有惡，但整體來說是傾向於虛妄方面的。如同唯識學派（Vijñāna-vāda）的阿賴耶識（ālaya-vijñāna）是無覆無記那樣，阿賴耶識就其自身言，是中性的、無記的，但在現實的行為中，它總是倒向虛妄方面，覆蓋真理。在天台宗的性具（佛性、法性具染淨法）系統下，一念妄心即此即是染淨法的所在，或無明與法性的所在。無明（avidyā）是就十法界或十界的差別相說：佛沒有無明，菩薩以下九界依序有或少或多的無明，法性則是就空如之理說，這便是「一念無明法性心」。這觀念見於智顗的《四念處》：

> 念只是處，處只是念，色心不二，不二而二。為化眾生，假名說二耳。此之觀慧，只觀眾生一念無明心。此心即是法性，為因緣所生，即空，即假，即中。一心三心，三心一心。……今雖說色心兩名，其實只一念無明法性十法界，即是不可思議一心，具一切因緣所生法。一句，名為一念無明法性心；若廣說四句，成一偈，即因緣所生心，即空，即假，即中。❻

對於這段文字，需要有些智顗的思想背景，才好解讀。首先，說念與處、色與心各自不二，有視心與境、心靈與物質為一個背反的意味。此中的處與色，都有物質之意。處是境和根，都具物質性；色也是物質之意。在俗諦來說，在眾生的認知水平來說，心與境是不同的，是二。但在終極真理或真諦的層面來說，心與境是不能分開的，是不二的，雙方構成一個背反。眾生每發一念，總是傾向虛妄的心念，是無明心。但這無明心又有法性（dharmatā）在裏頭。從哪裏看到法性呢？從心是因緣所生，當下即是沒有自性，是空（śūnyatā）。當下又有假名（prajñapti）的作用，以名稱來判分存在世界。最後，對於包含心在內的存在世界，認取它是緣起，是空，不予執取；但在日常生活上，存在世界是我們生活的處所，其中有種種不同的事物，我們一一為它們起一個名字、假名，這便是中道（madhyamā pratipad）。中道正成立於俗諦事物的知而善巧地利用這知、不加執取的態度之中。在這樣的脈絡下，我們的心有三種作用來處理存在世界的事務：心的空、心的假、心的中（道）。但這處理不同事務的三心，其整體仍是一心，這便是所謂「一心三心，三心一心」。即是，一個心靈可以發揮三種作用，發揮這三種作用的，仍是同一的心靈。

就存有論而言，心靈包含心與色或精神與物質的內容，亦即是一切事物。就當

---

❻ 《大正藏》46・578 上-下。

前一念心來說，以無明與法性所分別概括的一切染法與淨法，都存在於一念心之中。亦即是說，一念心含具一切因緣所生法，這些因緣生起的法，有染有淨，分別概括於無明與法性之中，無明法是染法，法性法是淨法。一念心同時包涵這雙方的法，便成一念無明法性心，智顗稱這一念無明法性心為不可思議（inconceivable）。

對於這一念無明法性心，智顗以龍樹（Nāgārjuna）的《中論》（*Madhyamakakārikā*）的一首著名的偈頌來解讀。這首偈頌是：

yaḥ pratītyasamutpādaḥ śūnyatāṃ tāṃ pracakṣmahe,
sā prajñaptirupādāya pratipatsaiva madhyamā.❼

這偈頌的意思是眾多因緣生起的事物是空，這空是假名，因此，這空是中道。在這裏，空、假名、中道不是並排的，不都是因緣生法的謂詞。但智顗依據鳩摩羅什（Kumārajīva）的誤譯：

眾因緣生法，我說即是空（無），亦為是假名，亦是中道義。❽

這樣，空、假、中道便並排地成了因緣生法的謂詞，因而有對等的地位了。❾因緣生法既是空、假名、中道，則心作為一種因緣生法，自然也是空、假名、中道了。然後以「即」這種字眼加上去，使空、假、中道一氣貫下，便得出因緣所生的心是空，也是假，也是中道了。再往前看，心是一念無明法性心，一個背反的心靈，它同時是空，是假，是中道。空、假、中道都有真理（Wahrheit）的意味，因此，一念無明法性心，作為無明與法性的背反，正是真理。

說有背反性格的一念無明法性心是真理，或許是說得太快，我想應該說一念無

❼ *Mūlamadhyamakakārikās de Nāgārjuna avec la Prasannapadā Commentaire de Candrakīrti*, ed. Louis de la Vallée Poussin, Bibliotheca Buddhica, No. IV., St. Pertersbourg, 1903-13, p.503.頌中的「,」、「.」，有時可分別作「/」、「//」。

❽ 《大正藏》30・33中。

❾ 關於這點，我在自己的著作的多個地方都有說及，在這裏也就不擬多作重述。

明法性心這個背反的突破是真理，即是，真理存在於對一念無明法性心這個背反的突破、超越、克服中。現在的問題是，如何突破法性與無明所成的背反以表現心靈的明覺，最後能悟道成佛呢？對於這個兼有存有論與工夫論性格的問題，我的答覆是對法性與無明當體一如關係的醒覺，也兼及於兩者的相即互轉的實踐。

三、法性與無明當體一如

「一念無明法性心」表示心有法性與無明兩個面相。法性一面可導致心的正面功能，無明一面則導致心的負面功能。但應如何克服心靈的這個背反呢？我想此中的關鍵點是探討法性與無明的存有論意義的根源問題：兩者具有不同的根源，抑具有相同的根源呢？智顗提出清晰的回應：法性與無明都源於同一的心體；它們是同源的，而不是異源的。它們的不同，只是狀態上的差異而已。在這一點上，智顗以水一現實事物來作譬，謂水有兩種狀態：固體的冰、液體的水。冰與水屬同一東西，只是狀態不同而已。他說：

> 問：無明即法性，法性即無明。無明破時，法性破不？法性顯時，無明顯不？答：然。理實無明，對無明稱法性。法性顯，則無明轉變為明。無明破，則無無明，對誰復論法性耶？問：無明即法性，無復無明，與誰相即？答：如為不識冰人，指水是冰，指冰是水。但有名字，寧復有二物相即耶？如一珠，向月生水，向日生火；不向則無水火。一物未曾二，而有水火之珠耳。❿

又說：

> 凡心一念，即皆具十法界。一一界悉有煩惱性相、惡業性相、苦道性相。若有無明煩惱性相，即是智慧觀照性相。何者？以迷明，故起無明。若解無

❿ 智顗著《摩訶止觀》卷6，《大正藏》46·82下-83上。

> 明，即是於明。大經云：無明轉，即變為明，淨名云：無明即是明。當知不離無明，而有於明。如冰是水，如水是冰。⓫

按這裏的討論問題是法性與無明是不是相互分開的兩個物體，可以聚在一起而相即。智顗的觀點是，法性與無明是同一物體的不同面相、狀態，因此說相即。此中不是有兩個分開的物體的相即。他舉水與冰為例，兩者不是不同的、分離的東西，卻是同一東西（水，H_2O）的不同狀態而已。法性與無明也是一樣，「一物未曾二」，而是同一東西的不同面相或狀態。兩者既是同一東西，因此我們不能在水之外求冰，不能在無明之外求法性，兩者本來是同一體性。

對於法性與無明的不可分離性，智顗又舉竹與火的例子。竹有火性、可燃性，兩者擁抱在一起，但亦有一種潛隱的對抗性：當竹中的火性有機會發展成真正的、現實的火時，它還是反過來把竹燃燒起來。故竹與火性中存在著合與反的傾向：竹自身是可燃的，它有火性，這是合；但當這火性燃燒起來，它還是反過來把竹燒毀，這是反。進一步，智顗又把這個例子關連到善與惡的關係來。在我們的現實生活中，善與惡成一個背反，兩者總是相互關連，但又互相排斥。惡總存於善的推翻中，善也總存於惡的推翻中。但惡自身不能推翻善，善自身也不能推翻惡，兩者在存有論上是對等的，具有相同的力量。要拆解這個背反，只能訴諸工夫實踐，從根基上突破這個背反，讓善站立起來，突越出來，成為絕對善。作為背反的一邊的善與惡，屬於同一個生命，因此，我們不能離開惡而求善，也不能離開善以求惡。善與惡存在於同一生命中，離開善或離開惡，生命便無從說起。沒有生命，惡或善便無容身之處，它們的存在性也不能成立了。對於這些譬喻，智顗有頗為生動的描述：

> 凡夫一念心即具十界，悉有惡業性相。只惡性相即善性相；由惡有善，離惡無善。翻於諸惡，即善資成。如竹中有火性，未即是火事，故有而不燒。遇緣事成，即能燒物。惡即善性，未即是事。遇緣成事，即能翻惡。如竹有

⓫ 智顗著《法華玄義》卷 5，《大正藏》33·743 下。

火，火出還燒竹；惡中有善，善成還破惡。故即惡性相是善性相也。⓬

這些文字，很易理解，這裏不多作解釋了。

不過，從義理上說，我們要注意一個問題。即是，文中「竹有火，火出還燒竹；惡中有善，善成還破惡」，善與惡的關係，如同火性與竹一樣，是結合在一起而成一個背反的。但火的冒起，要藉著燒竹；善的突出，要藉著破惡。這便有火與竹分離，善與惡分離，最後竹被燒掉，剩下了火（這其實不是完全通達，竹被燒掉，火失去燃燒的對象，會自動熄滅），善的成立，是成立在破惡之中，惡既破，便剩下了善。這樣，火與竹、善與惡，雙方好像是有衝突，結果是火把竹燒掉，善把惡破掉，這都是相對的東西在活動，在爭持，爭贏的一方：火、善，都是相對性格。這樣，剩下的善，便不是絕對善，而是相對善了。這仍不能臻於絕對，以絕對性為本根的覺悟成佛的目標仍不能說。這是智顗在解說背反問題在思維上的漏洞。正確的思維應該是這樣：在相對性格的善與惡的背反之中，存有論地埋藏著一種純然是力在裏頭。這純然的力有創造的作用，它不停地、無間地在作用、運轉，但總是礙於善與惡的背反的壓力與障蔽，不能自由自在地、善巧地舒展它的力動。這力動具有偏向正面價值的傾向，這是依於它的創造的功能；創造自身是一種生的、生生不息的活動。這生、生生不息有一個指向或矢向。或者說，這生、生生不息不是盲目的、盲動的，卻是要昂揚地向上動轉的，動進的。這「向上動轉」正是它的生、生生不息的表現的理性的理由。正是基於這種價值義的矢向，當這力動能夠自由地舒展時，便總是傾向背反中的具有正面價值那一方開拓。在善與惡所成的背反中，善是正面價值的，惡則是負面價值的。若力動能突破背反，從容地、昂揚地向前、向外開拓，便融入於善這一邊。由於背反已被突破，善與惡的相對性便自動消失。較周延地說，善、惡的背反是成於相對性的善與相對性的惡的交相黏纏而無法拆解中。這背反一旦被銷熔，便無所謂善、惡的相對性了。而為力動所融入的善便絕對化了，成為絕對善了。但力動如何能在不停的運作、活動之中，有效地發揮堅強的作用以突破、克服善與惡的背反呢？這則只有依賴工夫實踐，而且是自己主動作出的工夫

⓬ 《摩訶止觀》卷 6，《大正藏》46・82 下-83 上。

實踐。除此之外，沒有他途。此中的艱苦，如人飲水，冷暖自知。外來的幫助，如師友的引導、提點，有些用處，但結果如何，能否突破背反，獲得新生，還是要看自己的造化。這讓人想到禪門所常提到的「大疑團」。當事人或修行者必須親自突破、摧破生命中的大疑團，斬斷一切生命上的疑惑的葛藤，才能竟其功。⓭另外，對於背反的突破，並不是指在背反的雙方之外有一第三者在背反中冒起來，突破背反的雙方，如法性與無明所成的二元對峙格局（Dualität），摧毀了背反，而以自己來代替它。毋寧是，突破背反的力量，還是內在於背反自身，而背反的雙方是同一體性的、同體的。

以下看法性與無明的當體一如的關係。由於法性與無明都是同屬於一心的面相、狀態，二者就同統屬於一心而相即，這便是「當體一如」。上面也約略提過法性與無明是同源的，不是異源的。兩者既是同源，則可當體即如地相即互轉，其中可說對背反的突破、克服。⓮在這一點上，智顗把大乘與小乘的情況區分開來。他認為大乘在心上的當體一如的關係，或法性與無明的相即關係，有正負兩面。⓯小乘則不是這樣看，它是把正負雙方、法性與無明雙方區別開來的。關於大乘方面，智顗說：

> 體無明顛倒，即是實相之真，名體真止。如此實相，遍一切處，隨緣歷境，安心不動，名隨緣方便止。生死涅槃，靜散休息，名息二邊止。⓰

又說：

> 一念空見具十法界，即是法性。法性更非遠物，即是空見心。淨名云：諸佛

⓭ 在這裏，我用了自己提出的力動（Vitalität）、純粹力動（reine Vitalität）的觀念來助解。關於這一觀念的一切，參閱拙著《純粹力動現象學》。

⓮ 這點與上面剛提及的力動的說法並不衝撞，反而可相輔相成。力動說是原則性的，同源而相即互轉則是技術性的，涉及一些具體的工夫實踐的步驟。

⓯ 「正負」不是價值義，只表示做法、關係方面的積極、平和的不同性格。

⓰ 《摩訶止觀》卷 3，《大正藏》46·25 中。

> 解脫當於眾生心行中求，當於六十二見中求。⑰

又說：

> 佛一切種智知一切法，明、無明無二。若知無明不可得，亦無無明。是為入不二法門。⑱

至於小乘，智顗說：

> 若小乘明惡中無善，善中無惡，事理亦然。此則惡心非經，則無多含之義，隘路不受二人並行。⑲

然後，智顗以大乘的做法與小乘對比，分別便很清楚：

> 若大乘觀心者，觀惡心非惡心，亦即惡而善，亦即非惡非善。觀善心非善心，亦即善而惡，亦非善非惡。⑳

這些引文的意思不難理解。智顗認為小乘對心的看法，是「惡中無善，善中無惡」，善與惡在心中區分得很清楚，各自守著自己的性質範域，善與惡不相互逾越，不相互混雜；善是淨善，惡是淨惡，淨與惡沒有交集，因而沒有背反可說。善對於惡來說，好像有一種佛性偏覺的超越的分解的關係，與經驗世界隔離開來的關係。對於小乘的這種狀況，智顗很不以為然，評論它是「惡心非經」、「無多含之義，隘路不受二人並行」。他以為小乘對於惡心極端地排斥，不容許它是經中所說，以為經中所說的都傾向於善心方面，這便縮減了經中多元的內涵，好像狹窄的

---

⑰ 《摩訶止觀》卷 10，《大正藏》46・140 中。

⑱ 《法華玄義》卷 1，《大正藏》33・692 上。

⑲ 《法華玄義》卷 8，《大正藏》33・778 下。

⑳ Idem.

路不能承受二人同行那樣。大乘則不同。它看惡心，並不視之為有惡的自性，因而認為惡是可以轉化的，可以「即惡而善」，即就惡的法而當體使之轉而為善的法，因而無決定而不能改變的規定，「非惡非善」，一切要看心自身如何運轉。它看善心，亦是同樣的看法，不視之為有善的自性，因而認為善是會變的，今天是善心，明天可以轉而墮落，而成惡心，「即善而惡」。善也沒有常性，可以當下轉成惡，此中亦無決定而不能改易的規定，「非善非惡」。

在智顗眼中，法性與無明是同體，因而無明與種種顛倒的意見、行為，實藏有實相、真理的實質在裏頭。有虛無主義的空見（śūnyatā-dṛṣṭi），可轉成正見、法性。法性也沒有定性，它可以變成持守著空見這樣的邪見的心，故雙方可以相互轉化。在佛的一切種智（sarvajña-jñāna）中，在佛的眼中，一切法的法性與無明都沒有決定的態勢，都可以是一樣的，雙方並不排斥，而是「無二」的。㉑

上面我闡釋了法性與無明的同體關係和這兩方面的因素都存在於我們的心中而成一個背反。這心圓滿周遍地含藏法性與無明雙方淨、染的內容，而心本身又是覺悟的源頭，是覺悟成佛的依據。這樣的心，有佛性的背景；或者說，這種心是佛性的一種表現。在這種思維脈絡下，便有佛性圓覺的意涵。這種意涵向存有、存在世界方面拓展，便是智顗的著名的一念三千的說法。以下我便探討一念三千的問題。

四、一念三千的存有論義與工夫論義

上面我們剛說，心圓滿周遍地含藏法性與無明雙方淨、染的內容，這表示心的存有論義：它含藏一切淨染諸法。另外，心自身又是覺悟的源頭，是覺悟成佛的依據，這又表示心的工夫論義，或救贖論義。這兩方面的意義，都概括在一念三千的觀點中。以下我們先引《摩訶止觀》所載原文來研究：

㉑ 一切種智通常被視為一切智與道種智的綜合。一切智知事物的普遍面，是聲聞、緣覺所具的智慧。道種智知事物的特殊面，是菩薩所具的智慧。一切種智則是佛的智慧，能同時知事物的普遍面與特殊面。《大智度論》卷 27 謂：「佛盡知諸法總相、別相故，名為一切種智。」（《大正藏》25·259 上。）此中，「總相」指普遍面相，「別相」指特殊面相。

> 夫一心具十法界，一法界又具十法界、百法界。一界具三十種世間，百法界即具三千種世間。此三千在一念心，若無心而已，介爾有心，即具三千。亦不言一心在前，一切法在後；亦不言一切法在前，一心在後。例如八相遷物，物在相前，物不被遷；相在物前，亦不被遷。前亦不可，後亦不可。秖物論相遷，秖相遷論物。今心亦如是，若從一心生一切法，此則是縱；若心一時含一切法者，此則是橫。縱亦不可，橫亦不可。秖心是一切法，一切法是心故。非縱非橫，非一非異，玄妙深絕，非識所識，非言所言，所以稱為不可思議境。㉒

這裏以十法界、三世間、十如是等法數來說心的三千種境地，所謂「一念三千」。關於這點，大家都很熟諳，我不在這裏多著墨了。我們要注意的是「此三千在一念心，若無心而已，介爾有心，即具三千」一段文字的確切意思。「三千」是無所謂的，四千也好，五千也好，只是表示一念心起所可能停駐的境地。人若不生起一念心，便不必說。只要猝然生起一念心，這心念便可流連、遊離於三千或更多境地之中，而停駐於其中，因而「具三千」。進一步看，這「具」是甚麼意思呢？心具三千諸法，是表示心在實踐上觀照三千諸法，抑亦在形而上學或存有論上具足三千諸法，而作為它們在存在方面的依據呢？倘若心在實踐上或工夫上可停駐於其中任一法上，而這法是有修行境界可言的，則心停駐於哪一法上，即表示修行者在心方面所達致的那種境界。不然的話，則是表示心在三千存在事物的存有論的根源。

對於這「一念三千」，日本學者安藤俊雄、玉城康四郎和田村芳朗等都作過研究，提出自己的觀點。其中玉城康四郎與安藤俊雄的說法較為相近，他們都強調實踐的一面。玉城強調觀，認為這三千法只在觀中成立，不能形而上地在一心中有其實在性。安藤也說這日常的一念是修道的要處，是虔敬嚴肅的修道自覺的基礎。田村則強調一心或一物與三千法在形而上學或存有論上的相即關係。在我看來，這種關係也不能完全地在現實中建立。在現實上，一念或一物是一念或一物，如何能在時間與空間下與三千法相即呢？這應該也是一種觀的境界，或實踐修行上的體

㉒ 《摩訶止觀》卷5，《大正藏》46·54上。

驗。㉓

以下是我個人對一念三千的詮釋。我想我們最先要注意的問題是，一、一念與三千法相即，這「即」不是認識論意義，我們認識一念，並不能同時也認識三千諸法。二、一念不能當作一個容器，一個物理的容器，讓三千諸法作為物理的東西存在於一念的容器中。三、一念也不是一個形而上的場所，存有論地貯藏三千諸法。這「即」應有心的感應的意味，便是在心的感應中，有三千法中的一法生起，這法不是獨立地存在於某一處所，應心的感應作用而現身。毋寧是，三千諸法中任何一法，都沒有獨立存在性，它們的存在性是由心的感應作用而成立的；因此，它們的成立的基礎不是一個實體，這裏無實在論（realism）可言，反而有觀念論的傾向。但觀念論（idealism）的意義過於偏重形而上學方面，與我們在這裏的論調不完全相應。這種感應是從心而起的。心在不同的涵養、境界而作用，三千諸法中或淨或染的相應的法便會相應地隨順著心的這種涵養、境界而生起。由於心的涵養、境界是工夫論義的，因而相應地生起的諸法也不能免於工夫論義。由於人的一念心是平常心、平常念，故有較強的染污的傾向，因而回應而生起的諸法也有較強的染污性格。

進一步了解，人只要發一念心、一心念，便總會有一法相應地生起現前。或者說，總會有三千種境地中的一種境地現前，與這一念心相應。心具有召感在境界上與它相應的法現前的作用。一念心或一心念總與三千種境地的其中一種同時生起，也同時沉降。既有生起，便有沉降。這亦表示一念心或一心念是可以與三千種境地同時沉降的。進一步深思這個問題，我們可以說，一念心或一心念有創造性的功能，這是存有論的帶引功能，帶引三千諸法的現前也。這帶引是否表示一念心或一心念是三千諸法的存有論的根源呢？牟宗三先生似乎有這個意思，在他的鉅著《佛性與般若》中，他提出心靈或佛性對諸法的圓滿的具足或圓具有兩種：作用上的圓具與存有論的圓具。前者是就般若思想或空宗而言，後者則是就天台宗的義理而言。甚麼是對諸法有存有論的圓具的意涵呢？牟先生的回應是對諸法的存在性有根

㉓ 有關安藤俊雄、玉城康四郎和田村芳朗的一念三千觀，參看拙著《天台智顗的心靈哲學》（臺北：臺灣商務印書館，1999），頁 79-82。

源性的說明。就對諸法的存在性的根源性的說明來說，唯識學（Vijñāna-vāda）是有這種說明的，它的識轉變（vijñāna-pariṇāma）和阿賴耶識（ālaya-vijñāna）說可提供這種說明。㉔但唯識學不是圓教，因此它的具足諸法不能說是圓具。只有天台宗所說的佛性或一念心具足諸法是真正的圓具。㉕在理論上能支持並突顯這種存有論的圓具的，正是一念三千的說法。㉖

對於牟先生的這種說法，我一直持保留態度，說一念三千有存有論意義，這表面看來是不錯的。不過，我們得注意，一念三千說不能作為獨立的存有論看，我們不能說我們日常的一念心包含著三千種或一切存在，特別是不能從構造論看，以為一念心是由三千種存在構成的；這離智顗的思想實在太遠太遠。就我自己來說，一念三千說作為一種存有論，是不能獨立地成立的，它只能依附著工夫論來說。即是，在以工夫論作主導下，或在工夫論的脈絡下，我們可以說一念三千說具有存有論的意義，離開了工夫論，甚麼也不能說。進一步言，佛教自釋迦牟尼創教以來，它的終極關心（ultimate concern）的問題，或念之繫之的事情，從來都是眾生如何能從生命的苦痛煩惱這種現實情境中解放開來，脫卻過來。這是它作為一個為廣大眾生所接受的宗教的立根處。一切理論上的、思維上的問題，都只能在這個終極關心的問題的脈絡下說。一念三千說亦不例外，三千諸法或存在世界是重要的，但它們需要被轉化，由染污的三千諸法轉為清淨的三千諸法。此中的轉化的焦點，不在三千諸法，而在我們的一念心或一心念。一念淨心能帶引三千淨法，一念妄心只能帶

㉔ 此中最明顯的例子是唯識學的種子（bīja）說。種子是一切存在的直接的原因，它由潛存狀態展現為實現狀態，便成就諸法的現實的存在性。而一切種子都是貯藏在阿賴耶識中的。

㉕ 在天台宗特別是智顗來說，佛性與一念心是可以互轉的，這互轉當然是在工夫論的脈絡下才能說。他的「一念無明法性心」，如上面所解說，便有這個意思。同時，在他看來，法性即是佛性。

㉖ 在如來藏思想中，例如《大乘起信論》的說法，也包含華嚴宗的真如隨緣而現起一切法的說法，很難說對諸法的存在有根源的說明。它們說諸法以真如作為其憑依因而現起。但真如只是提供諸法現起的一種憑依作用而已，它並不實際地現起或產生一切法。此中略有存有論義，但不強：至於宇宙論義，則不用說了。另外，華嚴宗有性起的說法，這在上面〈佛性偏覺〉章第五節已表示過，這是依體起用的意思，體與用雖有關係，但不免於隔閡。這還不如天台宗所言的性具、一念三千的體用不隔義，以體為源、為本，以用為跡、為痕。但本源與痕跡仍然有別，不是徹底的、完全的等同。

引三千妄法。一心是淨是妄，端在工夫。

現在我們回返到一念心或一心念與三千諸法的同時生起、同時沉降的關係。這種關係非常重要。「一心在前，一切法在後」，或「一切法在前，一心在後」，都不算同時，因此被否決掉。又如「八相遷物」㉗、「物在相前」、「相在物前」，相都不能遷物，影響物，因不是同時。必須要是「物論相遷」、「相遷論物」，才能有物依相而變，相使物變的效果，因物與相或八相是同時的。

就心本身來說，智顗提出，「從一心生一切法」或「心一時含一切法」，都不能建立心與法的關係。從一心生一切法是先有心，然後才生起一切法，這只是從心下貫下來，是縱的方向，不是同時的關係。心一時含一切法是先有心的種子含藏一切法，然後這些種子依緣而現起一切法，然後再帶動心的生起。這則是以心的種子含藏一切法為主，是橫的方向，心與法也不是同時的關係。故「縱亦不可，橫亦不可」，二者都不能交代心與法的同時生起、同時沉降的關係。要讓一念心或一心念能與三千種境地或一切法同時生起同時沉降，形成濃烈的互動關係，便只有一種可能性，這便是「秖心是一切法，一切法是心」。特別要提出的是，這內裏的「是」不是一般的繫詞，而應作動態的解釋，解作同時現前的意思。即是，一念心或一心念與一切法同時現前，也同時沉降。心與一切法有同起同寂的關係，心與法在起、寂的狀態方面步伐相一致，在作用（起）與不作用（寂）中同調。這樣，心與法便在作用與不作用中建立其關係：在作用中，兩者同起；在不作用中，兩者同寂。這作用是就心說的，心在法在，心不在法亦不在。心總是能帶引著法。心不斷在作工夫而向上昂揚，法亦隨著心的工夫而在境界上向上提升。這便是心具諸法的確當意思。諸法對於心來說，是工夫論的關係，不是存有論的關係。故最後智顗謂「非縱非橫，非一非異，玄妙深絕，非識所識，非言所言，所以稱為不可思議境」。㉘

㉗ 這裏的八相恐怕是指有為法（saṃskṛta）的四相生、住、異、滅，再加上它們各自的推動因素生生、住住、異異、滅滅。

㉘ 日本學者玉城康四郎在說到十界與一心的關係時，表示十界並不是相互隔絕開來，而是在主體的觀照中，作為主體的存在方式各各顯現出來，在這個意義下，十界與一心是同在的。（玉城康四郎著《心把捉の展開》（東京：山喜房佛書林，1961），頁 249。）這便有我所說的心與一切法同起同寂的意味。

在這裏我們可對心與諸法的關係或較確定地說心具諸法的意義作一總的闡述與推論。心是我們的主體，較切當地說是我們的日常生活的主體、經驗的主體，在其中有惡有善，但通常是惡的方面突顯，善的方面隱蔽的。諸法則泛指存在世界、現象界。心與存在是在以作用作為樞紐而建立兩者的關係的。而作用主要是心的作用，心如何作用，又要看心的工夫達致哪一階段。因此，諸法的存在性不大有獨立的意義，它們與心的關係基本上不是存有論的，而是工夫論的。諸法的存在境界是要視心的工夫境界而定的。心的作用總會對諸法有一定的影響。在心方面發生作用，心與諸法同時冒起；在心沒有作用時，心與諸法同時沉降。心與諸法或存在同起同寂。有作用與沒有作用，總是在心方面作的，總是在心方面說的，因心是具有能動性，能活動的。諸法的存在形態或境為何，要看心的狀態、工夫來定，它們自身沒有獨立的存有論。不過，諸法沒有獨立的存有論，並不表示諸法不重要，我們可以隨時捨棄它們，遠離它們，到一個空曠寂寥的地方去修行。我們是踏在大地、吸取日常經驗到的空間的空氣生活的，諸法以至周圍環境，應該不會構成障礙，讓我們無法作工夫，以提升自身的生命境界與生活質素。所謂圓具或心圓具一切法，便從這裏說起。心的加持作用，總是無遠弗屆的、圓融周延的。心即使是妄心，也可通過工夫而轉化成淨心、佛性，這便是佛性圓具一切法。妄心與佛性是可以互轉的，這是頓然一念便可以確定下來。通過這種心靈圓具諸法的工夫論意義的觀法，便能保住存在世界，對後者有正面的肯定，不會像小乘和斷滅論者那樣，走虛無主義的路線，使存在下墜以至泯滅。對於這種心藉著作用為樞紐而與存在同起同寂的關係，智顗稱為「不可思議境」。「不可思議」表面看來是難以信受、遠離常識的、矛盾的意味，它的真實的意味是含有弔詭（paradox）、曲折的而不是直接的思維的內容，通過弔詭或辯證法的「反」的轉折，讓我們能從更深的層次理解與體證真理。與其說不可思議是矛盾的、遠離常識的意味，不如說它含藏有對真理的洞見（Einsicht）在裏頭。

以上我探討了以智顗大師為代表的天台宗的佛性圓覺的思想。以下要繼續討論南宗禪在這方面的觀點，首先要談的是慧能禪法。

五、如來禪與祖師禪

這個題材，我在上一章〈佛性偏覺〉第十節中已論及，那是就佛性偏覺這一主題而提出的。同樣的題材，與本章〈佛性圓覺〉的內容也有密切的關連，因此又提出來討論。不過，這是在佛性圓覺的義理下提出的。

在探討慧能的禪法特別是他的佛性圓覺思想之先，我想先重溫一下佛性圓覺思想的要點。首先，佛性圓覺不預先設定一種超越的而又清淨的主體性，作為覺悟成佛的基礎。它不走超越的分解的導向，卻是從我們日常的平常一念心出發，這平常一念心在性格上有清淨的和染污的，通常是染污的一面較被留意，而且也有較大的影響力。就本質言，這平常一念心是一種背反心，在它裏面，淨染、正負的要素總是纏繞在一起，不能分開，因為這兩面要素是同體的。要解決這個背反而得覺悟，需要突破這背反，以展現佛性的明覺。這佛性也不是在背反之外，而在背反之中；但它不內屬於背反的任何一端，它不是淨，也不是染，而是超越淨染的相對的二元關係，因而是非淨非染。說它是絕對的淨亦無不可，這則是相對的淨的絕對化了。這作為主體性的絕對淨或絕對清淨心恆時在動感中、在活動中，只是為背反所掩蓋而不能展現出來而已。它也不是遠離背反而有其自體，它與背反是同體的。它的動感即是明覺，但這明覺要在背反被突破或被克服才能展示出來。這點是宗教哲學最難處理的問題。我也只能說到這裏了。第二，佛性圓覺所覺照到或體證到的對象是全體的、周延的，不是部分的。整個法界（dharmadhātu）都是它所覺證的範圍。第三，它的覺悟並不是只限於一己的覺悟，而是整全的眾生界的覺悟。即是說，在覺悟這一理想上，是全體眾生的覺悟，不是如小乘那樣，只是當事者自己覺悟，而其他眾生則仍在迷執之中，在作生死流轉。這正是圓覺之所以為圓覺的要點。第四，佛性圓覺的覺悟方式是頓然的、一下子的，不由漸階。不過，平時的用功還是需要的，到了成熟階段，便會由於一些契機或機緣的引發，而爆發出大智慧的火花，覺悟便如瓜熟蒂落般發生了。慧能是大智慧者，他的覺悟也不是一朝一夕的事；他在五祖弘忍的東山法門下修行多年，不會耳無所聞，目無所見。他亦作了很多準備工夫，最後聽五祖弘忍講《金剛經》（*Vajracchedikā-sūtra*）的「應無所住而生其心」句而豁然大悟，絕不是僥倖而致。不過，開悟的明覺在甚麼時候、甚麼情境下如山洪爆發或萬馬奔騰般衝將出來，那便不能逆料了。每個禪門大德都各自有其覺悟的契機與經驗，我們凡夫俗子實無必要作主觀的推敲。

以下我要細論如來禪與祖師禪。約實而言，特別是就義理形態而言，禪只有兩種：如來禪與祖師禪。「如來禪」中的「如來」，指的是如來藏自性清淨心。這是一種以清淨為性格的超越的真心真性，它經由超越的分解的方式被確認、確立起來。它是透過分解的、分析的方式，把超越的分析的要素從經驗的綜合的要素清晰地分離開來，而開拓出一個清淨無染的世界。這清淨無染的世界與染污的世界是區分得很清楚的，雙方並無交集點。而這清淨無染的世界的核心觀念便是如來藏自性清淨心，或如來藏心（tathāgata-citta）。它是一切價值之源，也是成覺悟得解脫的動力所在。如來（tathāgata）或佛（buddha）的理想人格正是這種動力開拓出來的。它的覺悟，便是佛性偏覺。如上面所陳，屬於這種覺悟形態的，在禪來說，有達摩及早期禪、神秀的北宗禪和神會、宗密所倡導的靈知真性的禪法。㉙

祖師禪則是指南宗禪，特別是慧能的禪法。祖師最初指慧能而言。其後慧能禪法一枝開五葉，拓展出註㉙所提到的南嶽懷讓等五種禪法，㉚這五種禪法的路向最後凝結為兩種，這即是公案禪與默照禪。公案禪以臨濟禪為代表，以臨濟義玄為中心；默照禪則以洞山良價和曹山本寂為代表。臨濟禪以參話頭公案為參禪的主要活動，配以棒、喝的激烈的動作來促使學人猛然省覺，體證得禪的終極消息、終極真理而成悟得道。默照禪由於由曹山和洞山兩大禪師開拓出來，故又稱曹洞禪。這種

㉙ 這裏有一重要之點需要作些澄清與說明。荷澤神會雖是慧能所教導出來的五個大弟子之一（其他四大弟子是南嶽懷讓、青原行思、南陽慧忠與永嘉玄覺），但他的覺悟形態是佛性偏覺的，不是佛性圓覺，如上所論。神會自己似乎未有清楚地覺察到他自己與慧能在覺悟形態上是異途的。他只是沿襲慧能在工夫論上的頓然覺悟而非漸悟的方法而已。另外，有關神會禪的研究委實很少，胡適作過一些，但他是從史學方法入路，只在文獻學、文字問題下工夫，在義理上則完全不契。他以一般意義的知識說神會的靈知，如同他以知識來說王陽明的良知那樣，完全是不相應的。他推斷《壇經》是神會所作，也同樣錯誤。神會是佛性偏覺之路，《壇經》（不管它是何人所作）則是佛性圓覺之路，相差得很遠。對於神會，連日本人的研究也很少，近年（2006）有禪文化研究所所作的研究：《神會の語錄：壇語》（京都：耕文社），算是比較嚴肅的對神會禪法的研究成果。

㉚ 亦有人以為這五葉指南嶽懷讓和青原行思兩大慧能弟子所開展出來的五個宗派：臨濟宗、曹洞宗、溈仰宗、雲門宗、法眼宗。

禪法不如臨濟禪法般具有棒、喝的動感，卻是偏向寂靜方面，以靜坐的方式來參悟禪理，所謂「達摩消息」或「祖師西來意」，便是指此而言。日本著名禪師道元在宋代來中土，承繼了當時的天童如淨的默照禪法，將之帶回日本發揚光大，成為日本方面最重要的禪師。這些都是有關禪的發展的知識，大家都知道了，我在這裏也不多贅下去。

祖師禪的祖師，如上面所說，可以上溯到慧能。慧能是一個富有跳脫動感的禪僧，在他的五大弟子中，以南嶽懷讓最能得其宗要。南嶽懷讓傳法予馬祖道一；馬祖門下眾多，而以南泉普願和百丈懷海最為傑出。南泉有很多名言，「平常心是道」便是他提出的。百丈則以說「一日不作，一日不食」而著名於時。百丈之後有黃檗希運，黃檗之後便是臨濟了。祖師禪最重動感，喜以弔詭的方式傳達真理的消息。在這方面，又以馬祖禪和臨濟禪最具代表性。這些有關的禪匠的思維方式，都傾向於佛性圓覺，不近於佛性偏覺。倒是默照禪強調靜坐，在靜態中體證真理，這便有佛性偏覺的超越的分解的意味。我在這裏探討祖師禪的佛性圓覺的思維導向，便以慧能禪為主，而輔以馬祖禪和臨濟禪。

祖師禪的思想基本上不是從分解方式來建立佛性作為成佛的基礎，如上面所說。我在這裏要先提出的是，祖師禪的基礎是那在現實中不停地活動，但對現實世界種種事物若即若離、既不取著又不捨棄的主體性（Subjektivität）。這表現出其靈動機巧的性格，我因此稱它為不捨不著、靈動機巧的主體性，這便是祖師禪的本質。這不捨不著、靈動機巧的主體性不是純然的佛性，更不是佛性偏覺中以超越的分解的方式建立起來的清淨無染的心靈。它卻是內在於無明與法性（法性即是佛性）、迷與悟的背反之中。它當然是一主體性，恆常地在活動，但卻夾雜於無明與法性的背反中。它需要突破、克服這背反，才能積極地、正面地發揮其明覺的作用。但這無礙於它的既不捨棄經驗世界，也不取著這世界的矢向，它是恆常地在作靈動機巧的活動的。

六、無住與無一物：工夫論與存有論的交集

以下我要從無住與無一物來說慧能的不捨不著、靈動機巧的主體。無住與無一

物都是就這一主體說的；無住傾向於工夫論的說法，無一物則傾向於存有論的說法。在這兩種無或否定之中，無住是基要的，無一物是輔成的。這表示在慧能禪中，工夫論是主導思想，存有論則是在工夫論的脈絡下而有其意義的。

有人會說無住與無一物之間，應該以無一物為基始，然後才能說無住；因此，存有論在理論上對工夫論具有先在性（priority）與跨越性（superiority）。這種說法近於常識，容易為人所受納。先體會到沒有一物可得，沒有一個物體可得，在存有論上根本沒有任何獨立自在的物、物體，然後在工夫論上不對這物、物體起執著、住著，不是很暢順自然麼？但問題不是這麼簡單、直接，這尤其是在佛教為然。不捨不著、靈動機巧的主體是常時處於動感中的，它是絕對的、無對的，世間上並沒有任何現成的事物可以為它所捨棄、住著。任何事物，都需要在這主體的活動的脈絡下，才能說其存在性。它們的存在性，需要這主體的認可才成。即是，不是存在（Sein）決定活動（Aktivität），而是活動決定存在。主體是活動，事物是存在，在理論上，主體對存在具有先在性與跨越性。就我自己近年所致力構思的純粹力動現象學而言，純粹力動是一超越的力動、活動，它凝聚、下墮、分化而詐現成世間種種存在事物。職是之故，作為活動的純粹力動是先在於任何經驗的存在事物的。京都哲學的締造者西田幾多郎的純粹經驗觀點也有類似的意涵。西田指出，在我們的經驗活動（這經驗不是在哲學上所說的與超越對揚的經驗，而是一般意義的經驗）中，不是先有經驗者與被經驗者，然後經驗者去經驗（作動詞看）被經驗者，以完成整個經驗。毋寧是，經驗自身是一種純粹意義的原理，沒有感性的內容；它自身先分化，開拓出被經驗者與經驗者，然後經驗者作為經驗主體去經驗或接觸、認識被經驗者，形成經驗活動。在這種經驗活動中，經驗者經驗被經驗者，雙方分別以主體與對象或客體來活動。此中有一種主客的二元對立、對峙關係在裏頭。而作為這主客雙方（經驗者與被經驗者）的理論的基礎的經驗，則無所謂主體或客體，它不在主客關係之中，卻是主客雙方的存有論的根據。它不是存有，而是活動，而且是終極的活動。由於不具有感性的、感覺的內容，故西田稱之為「純粹經驗」（pure experience，reine Erfahrung）。這純粹經驗是處於一種渾融一體的狀態，沒有主客關係可言，主客關係卻是依它而起。西田以為這純粹經驗是終極原理、終極真理，是場所（place）、絕對無（absolutes Nichts）、上帝（Gott），是一種形而上學的綜合力量。[31]

有人可能認為活動先在於存在或純粹經驗先在於主客雙方這樣的思想遠離常識，實在的世界不是這樣。應該先有物體，或作用的主體與客體，然後作用（主體對客體的作用）才可能。物體、主體、客體是具體的、個別的，關係的形成，是具體的、個別的東西有所接觸才是可能的。這表面看來不無道理。在我們的常識或認識中，總是以具體物、個別物為主的，有了這些東西，才能說關係。例如有兩個蘋果A與B，A重150克，B重100克，在外形看，A較B為大。於是我們便有A蘋果較B蘋果大的關係。不過，若深一層看，問題便不是這麼簡單。像這樣的常識的看法，不免有機械主義（mechanism）的思維在裏頭，也離不開直覺主義。直覺並不是常常可靠的，它的認識形態是順取的，所注意的焦點是具體事物的表面情況。除此之外，我們可有另外一種更有深度的認識方式，那便不是直覺的，而是理智的、理性的。此中可表現一種反思性格的洞見，它的焦點在事物的本質，而不是外表。我所提的活動先在於（這不單是時間的，同時也是理論的、邏輯的先在）存在，西田所說的純粹經驗先在於經驗的雙方，這樣的認識形態，不是順取的，而是逆反地溯源的。順取是容易的，逆反溯源是困難的，但所能達致的認識結果，便有淺深之別。

回到無住與無一物的工夫論與存有論的問題方面。工夫論的主軸是工夫實踐，這當然是一種活動。我們要先注意，活動與有無的問題，分別相應於工夫論與存有論的問題。當然我們也承認活動與有無、工夫論與存有論雙方的問題有密切的關係。但其中的主從分際，必須辨別清楚。就慧能在《壇經》的說法而言，[32]在工夫

---

[31] 在西田哲學中，這幾個觀念曾出現在不同的地方，但都是指同一的東西，這即是終極原理、終極真理。西田只是就不同面相來運用這些觀念而已。這種理解，貫串著西田的整個哲學體系。從他的成名作（亦即是處女作）《善の研究》到他晚年最重要的著作《哲學の根本問題》，都是這樣。這種哲學通常稱為「場所哲學」、「絕對無哲學」或「西田哲學」。這也是整個京都哲學體系的最重要的、最具根源性的部分。

[32] 《壇經》的作者問題，一直都是佛教特別是禪方面的思想史的問題。傳統方面一直以《壇經》為慧能所講述，由弟子記錄。故《壇經》雖不是慧能所親撰（傳統說慧能根本不識字哩），但可代表慧能的思想。這應該沒有問題。胡適則獨排眾議，強調《壇經》的作者是慧能的大弟子神會所杜撰，其中涉及一不可告人的意圖：神會要在《壇經》中借五祖弘忍為慧能說《金剛經》而使後者開悟，因而把衣缽傳給他。這樣，慧能便是六祖了。故六祖是慧能，而不是北宗的神秀。神會

論方面，他強調無住；在存有論方面，他說無一物。在這裏我想分別探討無住與無一物的問題，然後看雙方的交集、關係。首先看無住。所謂「無住」，即無任何住著、執取，對經驗的與超越的對象，都不粘滯於其中。這無住也包含另一面的意思，即是，我們不執著這個現象世界，也不捨棄這個現實世界。這後面一個意思非常重要。倘若我們不執取現實世界，而離棄它、否定它，這便成了虛無主義（Nihilismus）、灰身滅智，像小乘那樣。無住的意思，起碼就慧能言，應該也包含對世界的積極態度，不捨離世間，在世間開展自由無礙的活動，以普渡眾生。這正是南宗禪的精神，不是北宗禪的那種看心、看淨的消極態度。

無住是一種活動、工夫，它下貫下來，便成無住的主體。這是南宗禪的本質。它雖強調「教外別傳」，不以經典教說為最高權威，但這本質還是有經論上的依據、淵源。這淵源可分兩方面：其一是般若思想所強調的對世間的不捨不著、不捨棄亦不滯住的態度和作用。這即是我們所說的般若智（prajñā）的不停地運轉的作用。不過，般若思想較重視的是這作用本身，卻較忽略這作用、活動下貫下來的精神主體，這即是略有體性義（但不是有實體）的佛性。㉝般若思想是不大講這佛性的。但南宗禪則很重視這佛性，視之為無住的另一淵源。因此，它一方面講無住的作用，另方面也講無住的主體、無住的佛性。

既是慧能的得意門人，慧能既是六祖，則神會便有充足的理據立自己為七祖了。胡適是史學家，長於考據。但神會禪不是一個史學問題，而是一個哲學、宗教學的問題。神會禪是走如來禪的路向，強調即靈知心或靈知真性是佛，與祖師禪的重視背反、強調平常心是道（佛）的路向完全不同。《壇經》所展示的整個禪法模型，正是祖師禪的，它怎麼可能會是思路迥異的神會所撰呢？我在這裏以義理為主，以《壇經》的內容可代表慧能的思想，至於歷史與考據問題，非我所長，故擱置不論。

㉝ 我在這裏兩度用「下貫」字眼，來指涉超越的、普遍的原理下落到我們的自我方面而表現出來的佛性，有點類似我在拙著《純粹力動現象學》中的純粹力動貫徹到我們的個體生命中而成為睿智的直覺的意味。超越的、普遍的原理並純粹力動和佛性、睿智的直覺都是正面義，是清淨無染的，也是在主客二元性之外的絕對的、無對性格的。這與西田哲學的純粹經驗下滑到主客關係的經驗者、被經驗者的情況並不完全相同。其不同之處是經驗者、被經驗者是相互對礙的，它們的關係是二元對立的關係。而佛性、睿智的直覺則是無對礙的。這佛性是主體性，是活動的主體，其「體性」是指正面的、具有質體的（entitative）、質實的（rigid）內涵而言，這是擬似實體，但不真正是實體。

在論述佛性（buddhatā）的問題上，印度佛學的《大般涅槃經》（*Mahāparinirvāṇa-sūtra*）表現得最為熱心和顯著。它和南宗禪在思想上也有深厚的關聯。慧能在《壇經》中曾多次提及這《大般涅槃經》。至於作用方面，如上所說，慧能承襲了般若思想的不捨不著的作用觀點。因此，我們可以說，慧能禪在經論上和思路上有兩面淵源。其一是吸收了般若思想對現象世界的不捨不著的作用，同時將這作用套在《大般涅槃經》所說的佛性一觀念上，把這作用視為由佛性所發出來的作用。所謂般若智，其實也是指由佛性發出來的明覺的作用、照見事物的本性的作用。一言以蔽之，以佛性能發出不捨不著的妙用，在這個現象世界中不停運轉以教化、轉化眾生，讓它們遠離迷執，從一切苦痛煩惱方面脫卻開來，而覺悟成道。這便是以慧能為首的南宗禪的基本精神、本質。在這方面來說，慧能禪的高明處是承襲前賢的思想淵源：般若思想所強調的對世界不捨不著的作用和《大般涅槃經》所提的佛性觀念，將這兩方面的養分吸取過來，善巧地結合起來而提煉出一新的觀念，這即是「無住的主體」，或「無住的主體性」。「主體」（Subjekt）與「主體性」（Subjektivität）在這裏交替地使用，並沒有本質的分別。

關於無住的主體性，除了不捨不著的性格外，我們還要注意它作為一主體性或佛性，是成佛的心靈力量，是成佛的基礎。這種心靈力量、基礎是從甚麼地方說呢？我認為仍然是從佛性圓覺的那個重要環節：對背反的突破中說。慧能在《壇經》中曾提出多種背反，其中最有代表性的是所謂「不思善，不思惡」所突出的善惡的背反。在這種突破背反的工夫中，我們不能以善來克服惡，因為在我們的生命存在中，善與惡都是人的第一序的事物，雙方在存有論上是對等的，其中並不存在著一方對另一方的先在性（priority）與跨越性（superiority）。徹底地解決這個背反的有效方法，只能依靠與背反的雙方是同體的佛性從背反的深邃處所超拔上來，突破開來，克服善與惡的背反。這正是《壇經》的那一名言「不思善，不思惡」的確切涵義。由於善與惡在存有論上具有對等的地位，因此我們不能在存有論的層次上以一方克服另一方，以善克服惡。我們只能從工夫論上作工夫，把埋藏在背反的內裏的普遍的佛性或超越的主體確認出來，把它上提到積極的、動感的平臺，突破善惡的背反，讓佛性作為西田哲學的純粹經驗，下貫至善惡的相對層次，把相對的善惡壓下去，而使佛性的靈光獨耀。成覺悟、得解脫的宗教目標、理想只能在這裏說。[34]

如同西田的純粹經驗和筆者的純粹力動是活動那樣，覺悟作為一種具有濃厚的宗教的轉化（religious transformation）活動，它下貫下來而向兩面開展：覺悟的主體與覺悟的對象，覺悟的主體指佛性，或慧能的自性；同時，由於佛性與法性是相通的，故覺悟的主體也可就法性說。而覺悟的對象是作為一切苦痛煩惱的根源的無明（avidyā）。這樣的思維方式，可以連貫到天台宗智顗大師的一念無明法性心的背反方面去。在這裏，我們可以找到慧能與智顗的交集點，亦即是南宗禪與天台宗的交集處。雙方在關連到這樣的背反一點上，實在很有對話的空間。慧能肯定有作過向天台宗借鏡的工夫，但雙方的關連（思想史的關連和義理上的關連）可以說到哪種程度，這關連在廣度是如何，在深度又是如何，是一個很有研究價值的問題。我不想在這個問題上涉入太多，只能在這裏止住了。

上面我對無住的主體或無住的主體性的闡述，是以現代的概念來詮釋。慧能沒有用主體或主體性的字眼，但意思還是在那裏。現在我們看《壇經》中的一些文字，以印證我的說法。其中說：

> 於一切法不取不捨，即是見性成佛道。[35]

又說：

> 自性能含萬法是大，萬法在諸人性中。若見一切人，惡之與善，盡皆不取不捨，亦不染著，心如虛空，名之為大。[36]

---

[34] 如所周知，慧能《壇經》在說到佛性時，時常用「自性」字眼。這與佛性的涵義完全相同。慧能好說自性，而少說佛性，可能意味著成佛需要靠自力，必須自己捨命忘身地作工夫，不能假借他人的手，即使能得到佛（buddha）、菩薩（bodhisattva）的加持，也無濟於事。無論如何，自性在《壇經》來說，絕對不是佛教所最要拒斥的那個基於虛妄構想而成的常自不變的自性（svabhāva）。

[35] 《大正藏》48・350 下。

[36] 《大正藏》48・350 中。

又說：

> 念念無滯，常見本性真實妙用，名為功德。[37]

又說：

> （清淨心體）湛然常寂，妙用恆沙。[38]

以下是我對上面四段文字的詮釋。所謂「於一切法不取不捨，即是見性成佛道」表示對現象世界的事物都不取著，都保持某種程度的疏離。當你一取著它們時，便會為它們所囿限，而失去真正的自由。不過，我們也不必捨棄它們，因為這些東西都是緣起的，沒有常住不變的自性的，因而不會對我們構成真正的障礙。能這樣理會，而依之去做，便是見性成佛之道。「見性成佛」是禪的宗旨；在禪門，都說禪是「教外別傳，不立文字，直指本心，見性成佛」，這被視為菩提達摩（Bodhidharma）由西域來中土的目標，讓中土人士能體證自身的本心本性（心即是性），這即是佛性，最後能覺悟，得解脫。

跟著的是「自性能含萬法是大」，這句話很有意思。「含」是包含、包容的意思，即自性能包含萬法。這包含不是創造萬法的意思，像上帝從無（Nichts）中創造萬物那樣。自性不是上帝，它是一主體性，而不是創造者（Creator）。它的意思是，萬法之所以是萬法，它們的價值是從自性的角度來確定。說「萬法在諸人性中」，表示萬法含藏在人性中，人性即是佛性，一切法是從佛性的覺照下而有其當有的地位、作用、價值。佛性是一切價值之源頭。在價值這個問題上，佛性是絕對的、無對的，它的價值也是如此。同時，這價值也不是常人自然地想到的道德的價值，而是宗教的價值。在宗教上彰顯佛性，讓自己成覺悟得解脫，那是有無上價值的。「若見一切人，惡之與善，盡皆不取不捨，亦不染著，心如虛空，名之為

---

[37] 《大正藏》48・352 上。

[38] 《大正藏》48・360 上。

大」，表示佛性這主體性對於一切人，不論是善是惡，都不會有分別見，如特別喜歡善人而厭棄惡人等。它是以一種平等一如的眼光去看一切善人和惡人的，對他們都有一種既不捨棄、亦不取著的無住的心境。此中的善人、惡人是以相對的角度看的，善人可變而為惡人，惡人亦可變而為善人，對於他們採取固定的性質與態度來看待，並無意義。只需以廣大如虛空的心量予以護持、包容便可。

「念念無滯，常見本性真實妙用，名為功德」，即要在每一個意念生起之中，都沒有任何執著、滯礙，隨時可以活轉，應付生活上的一切事情，這樣，自性的妙用便能充量地發揮出來。這「妙用」的「用」有濃厚的用世的意味。佛教特別是禪與天台，特別強調用這個問題，一點也不出世。它不是教人避開這個世界，跑到不食人間煙火的地方修行。㊴這不是佛教，特別不是大乘佛教的基本精神與立教宗旨。它的宗旨就是要用，用於這個世間之中，而且要用得妙。所謂「妙」即沒有滯礙，妙用即是自在無礙地、善巧地運用種種方便法門（upāya）和日常修行所累積得的功德（guṇa），如小孩遊戲般自然地、無造作（作意）地在世間引發種種作用來教化、轉化眾生。

「（清淨心體）湛然常寂，妙用恆沙」，這清淨心體即是無住的主體性。它有動靜兩面。靜方面是空靈地、明淨地處於一種寂然的狀態之中。這寂或寂然並不表示一種完全沒有生命的、生機的死體、死潭的狀態，無住的主體性應該是恆常地處於動感中，它的作用是不停地運轉的，「寂」只表示這種運轉相對地比較平靜、溫和，不易被察覺而已。㊵它隨時能展現濃烈的動感，持續地、廣遠地發出有效的作

㊴ 關於這點，後面在論及佛教的動感性時會有較深入的說明。

㊵ 這裏有一點非常重要，值得特別注意。佛教中的動靜問題，只有相對意義，不能說絕對性。即是說，我們的思想、動作，可以很細微，一時不易察覺，意識也感觸不到，但思想、動作仍然在那裏，在無意識中存在，不能絕對地、全然地停息。慧能很能覺識到這點，他說：「於自念上常離諸境，不於境上生心。若只百物不思，念盡除卻，一念絕即死，別處受生，是為大錯」。（《壇經》，《大正藏》48·353 上。）即是說，我們的心靈與生命存在總是在循環不息的動轉狀態中，沒有停止的一刻。我們需無時或息地作用於對象（境），但不能隨順著對象的腳跟轉，在對象方面生起分別心、執取心。倘若一時不慎，墮入完全不思不想、一念不生的死潭中，便一切都完了。連個別自我都保不住，不能再在別處受生，生命便真正地灰飛煙滅。這讓人想起佛教唯識學（Vijñāna-vāda）所提出的阿賴耶識（ālaya-vijñāna），生命便是以這種下意識或無意識的心體

用，以影響、感化眾生，讓他們斷除種種迷執、煩惱的葛藤，成就覺悟與解脫。

以上我們花了很多篇幅論無住問題，主要是工夫論方面。跟著要看所謂「無一物」。按在《壇經》中，五祖弘忍的兩個弟子分別寫了一偈以展示自己的覺悟境界，這是很多人都耳熟能詳的事。神秀偈為：

身是菩提樹，心如明鏡臺，時時勤拂拭，勿使惹塵埃。㊶

慧能偈則為：

菩提本無樹，明鏡亦非臺，本來無一物，何處惹塵埃？㊷

神秀的偈頌，以菩提樹、明鏡喻身、心，這很明顯地是透過超越的分解，確立一超越的真心，我們要做的，是看守緊這個真心，不讓它為種種經驗的染污成素所障礙，正如我們要時常拭抹明鏡，不讓它為塵埃所遮蔽，致失去照明的作用。這是看心、看淨的漸進方式。慧能偈則完全不同，它否定菩提、明鏡的存在性，提醒本來便沒有這些東西，因而亦無所謂惹上塵埃的事。他的意思是，世界萬事萬物都是因緣和合而生起，因而沒有作為獨立對象的菩提樹與明鏡，亦即沒有作為對象而被處理的心靈。心靈在存有論上根本無實物可得，世間亦沒有可執取的事物，一切都是緣起（pratītyasamutpāda），都是空無自性（svabhāva-śūnyatā），故是「無一物」。這無一物中的「物」，可以指一般說的客觀的事物，更可以指涉我們的心靈，特別是覺悟的心靈，所謂明覺心。慧能的意思是，這明覺心不能被視為像神秀的北宗禪所強調

繼續存留下去，致在一期生命結束時，可以中陰身的身分，離開原來的已死亡的身軀，而到另外的身軀中受胎而生。這阿賴耶識有如我們的靈魂、個別自我，是受生的主體，沒有停息、不活動的時候。除非一個眾生得渡，成就解脫，這個主體便自動崩解，生命存在會融入涅槃境界之中，再無個別自我或自我意識存在。在這種情況，包括阿賴耶識在內的一切心識（八識）都得以轉識成智。這樣，生死流轉便停息了。

㊶ 《大正藏》48·348 中。

㊷ 同上。

的清淨心那樣擺在一個超越的地方，讓我們去認識它，分析它。心靈是要透過對清淨的菩提樹、明鏡和染污的塵埃作一種本質性的突破而呈現的，現成的。這清淨的菩提樹與明鏡與染污的塵埃剛好構成一個背反，這個背反一朝不被衝破，被克服，覺悟是無從說起的。

無一物就表面言，表示沒有一個作為具有獨立的自性（svabhāva）的東西、物，這是存有論的有無問題。但我們可對它作進一步的深層解讀，把存有論意義的沒有那一物解為不以獨立對象來看那一物，這便引出一物的沒有自性的空性的真理。這種否定、克服一物的作為對象的存在性，是一種空的工夫論：在工夫的層面去探究一物的真相，結果體證得獨立的、沒有自性的一物是空的，是本來沒有的：本來無一物。這樣，我們作出了對無一物的存有論的解讀的工夫論的解讀的轉向。這種在解讀上的轉向可以是洞見性格的，這是無的洞見。若以西田幾多郎的純粹經驗與筆者的純粹力動這些觀念來看，我們可以說，整個世界本來是渾然無物的，只有純粹經驗或純粹力動以終極真理的身分在作用。這是從邏輯的、理論的意義方面說的，不是從時間的、實然的意義方面看。終極原理下墮而分化出心物世界，復以洞見的智慧看這個心物世界，不視心物為具有獨立自在性、實在性的東西，卻是終極真理在作用歷程中的一個表現的環節，這便是無心物、無一物。

上面詳論過無住的主體性，這裏又說無一物，似乎表示在終極真理或原理下有主體性與物雙方所形成的相對關係，甚至是對峙關係。但細看並不是這樣。在禪來說，它的根本觀念是無，無是終極原理，但不是在實體主義（substantialism）的脈絡下成立的。在大方向來說，無即是空，但較空有更強的積極涵義。無（Nichts）的主體性便是在無的原理下下貫到個體生命中的主體性，相當於康德哲學與筆者的現象學中的睿智的直覺。與這無的主體性相應的，應該是空。雖然禪的無的主體性有很強烈的動感，但禪畢竟是佛教中的一支，在最根本處還是守著釋迦牟尼（Śākyamuni）和原始佛教的空、無我的立場。而無一物中的物，則是現象界中被執取為有自性、實在性的東西，這執取是虛妄性格的，亦只限於現象界、經驗界的東西。無住的主體性則不在現象的、經驗的層次，卻是超越性格的，是本體或物自身（Ding an sich）的層次。故無住的主體性還是不能與無一物中的物構成對等的、相對的、對峙的關係。

七、體與用的交融

禪學自慧能禪發展至馬祖禪，在啟導弟子覺悟的方法上，開始走向激烈程度，讓禪成為一種陽剛的宗教。這由馬祖經黃檗而至臨濟，都是如此。他們講求動作，展現出很濃烈的生命力與動感，希望藉著這種激情的手法有效地摧破修行人在煩惱上與知見上的種種迷執的葛藤，以此為契機引導修行人猛然醒覺。在這種陽剛性的禪法中，他們又不時加上弔詭的思考，增加禪的圓覺、圓融意味，使禪更為生活化，其極致方面，有使禪成為生活中的一部分的意向。這樣，禪與一般民眾時常有著密切的關係。很多文人雅士都喜歡弄一點禪，以增加生活上的雅興。同時，當時在禪門中談得最多的，是體與用的關係問題，這種風氣，由馬祖開始。慧能當然也說體用問題，例如在他的三無的實踐中，便有以無相為體的說法。㊸但無相為體的這種體，根本不是體用關係的體，只是體段、本源、旨趣的意味而已，與馬祖禪說體差得很遠。實際上，馬祖雖歸宗慧能，但在實質上，他的禪法與慧能有顯著的不同，有很大的跳躍。

在探討馬祖禪的體用觀之先，我們要回顧一下慧能禪的本質，從這種本質說起。我在上面多次提及，慧能禪的本質是強調一不取不捨、充滿靈動機巧的無住心。慧能認為只有心或主體性能對一切事物持一既不捨棄、亦不取著的態度，主體性的靈動機巧性才能充分地發揮出來。倘若不是這樣，倘若人遠離作為現象看的一切事物，對現象世界抱著捨棄的態度，又或住著於現象世界，便不能實現那靈動機巧的主體性。因為人若捨棄這現象世界，則主體性便失去了作用的對象，它所表現出來的種種功德（guṇa），便虛懸而無所掛搭。作用而沒有作用的對象，則作用也不成作用了。另方面，人若取著事物，取著這個現象世界的一切，便會為後者所繫縛，不能表現靈動機巧性了。因此，人對現象世界中的一切，必須不捨不取，才能保住自身主體的靈動機巧性，和自由無礙地在世間中發揮他的妙用。馬祖便是繼承了這種不取不捨的態度、精神，但他在逗引弟子開悟而運用的機鋒與表現的動作，又較慧能進了一步，他可說是把禪的動感推向高峰。這高鋒可從他的體用思想方面

㊸ 在慧能禪的實踐中，有三無的說法：無念為宗，無相為體，無住為本。

看到。

所謂體用觀或體用思想，即哲學上講的本體（noumena）或實體（Substance）與現象（phenomena）或表現（appearance）之間的關係。幾乎每一大哲學學派都會涉及體用關係這一形而上學的問題。西方哲學通常認為體與用或實體與現象是分割開來的，體是常住不變，超越現象世界，同時不受時間與空間的限制。而用則是不停地在變化中的現象，後者存在於特定的時間之中，是有限制性的。這樣則實體是實體，現象是現象，雙方有明顯的區分。此中最明顯的例子莫如柏拉圖（Plato）的理型說。他認為現象的實體是理型（Idea），這些理型存在於形而上的理型世界，沒有時空性。至於我們日常所面對的，與之發生關係的東西，則是感官的、經驗的性格的，這些東西存在於現象世界。理型世界與現實世界相互區隔開來，沒有交集。唯一的關連是所有不同類別的事物都是理型的仿製品（copy）。但究極地說，這種理論所表示出來的體用關係是十分疏離的。在西方哲學，一般言體用關係，都是有所隔閡。即使是以為兩者有一定的連繫，亦不會是雙方結合而成為一體的狀態那種。

東方哲學的體用思想一般都不是這種形態。它往往認為體與用或實體與現象兩者間有非常密切的關係，以為兩者是打成一片的，是同體的。儒家與道家都是如此。馬祖更把體用關係推到極點。在這方面，我們可以參考宗密的《圓覺經大疏鈔》的文字來看馬祖的說法。宗密在禪學中屬神會的法脈，他對不同的禪法作過總的批判，其中很貼切地描述及馬祖的禪法如下：

> 起心動念、彈指、謦咳、揚扇，因所作所為，皆是佛性全體之用，更無第二主宰。如麵作多般飲食，一一皆麵。佛性亦爾。全體貪瞋癡，造善惡，受苦樂故，一一皆性。……貪瞋、煩惱並是佛性，……故云觸類是道也。[44]

在解讀這段文字之先，我想先提出一點。體用關係特別是密切的體用關係，有助於佛性圓覺。倘若我們以用可表示現象世界的種種事物和以體表示終極真理的話（實際上很多學者是這樣看的），則密切的體用關係可以把作為實體的體與作為現象的用拉

---

[44] 宗密《圓覺經大疏鈔》卷3之下。

在一起，讓修行者即就現象或日常生活中所見到的事物本身，便能體證得終極真理，不必遠離現象世界，這便有圓融的意味了。再關連到覺悟和作為覺悟的主體的佛性，便有佛性圓覺的意味了。就上面一段文字言，宗密有以佛性為體的傾向，認為在馬祖來說，我們日常生活的一切行為，大大小小，如發出某些心念，彈手指、咳嗽、舉起小扇等，都是佛性全體的表現。要注意「全體」字眼，這是指這些行為是佛性的全體或整體的佛性的表現。這並不難理解，佛性不是經驗性、現象性的東西，可以分割成多個部分，它卻是超越的整一體，沒有部分可言。要麼便佛性的整體表現為某些行為，要麼便完全不表現。不能有部分表現，其他部分不表現。宗密以麵粉作譬，我們可以麵粉造出各種不同的食物，但其原料都是麵粉。麵粉作為原料是一體的，這一體的東西可以造成多種不同的食物。有些人可能會這樣想，我們有一團麵粉，然後把它切割成若干部分，把這些部分造出各種不同的食物，這樣便無所謂全體了。但馬祖與宗密不是這一意思，麵粉的全體是就質料說，不是就可切割開來而成多個部分說。麵粉便是麵粉，你把它切割開來，仍然是麵粉，它的質料始終沒有變化。故全體是就這質料說。

一般人常有一種理想主義的傾向，認為在日常生活之中，只有好的一面是佛性的表現，壞的則歸因於另外的因素，說是後天的、外在的客塵所做成。他們以為佛性本來是至善至正的，不包含惡的成素，所以亦無惡的表現。這是一種透過超越的分解的思維去看佛性的問題，把佛性建立為一種超越的、清淨的主體性，例如如來藏思想的視如來藏為一自性清淨心；這種看法在禪表現為如來禪。馬祖明顯地不走這種思路，他是慧能的隔代嫡傳弟子，他的禪法最能承接祖師禪的精神，宗密以他的禪法是「全體貪瞋癡，造善惡，受苦樂故，一一皆性。」這便表現出他的思想特色：生活中任何行為，不論是清淨的抑是染污的，都是佛性全體的表現。所以宗密又說他以「貪瞋、煩惱並是佛性」。馬祖的這種觀點，相當奇詭，可以溯源到天台智顗的一念無明法性心，雖然我們難以確定馬祖本人和智顗在思想史上的交集、關聯。在馬祖看來，佛性可以與一切邪惡的、染污的東西成背反。此中的理由很簡單：佛性與那些負面的東西是同體的。一個學生可以是懶散，也可以是勤奮，可以是愚蠢，也可以是聰明；孫悟空雖有七十二種變化身（apparition），但他始終是孫悟空，不是如來佛，也不是唐三藏。一切眾生對於自身的體性、體段，必須認同，這是他們在存有論上的現實，改不了的，但他們有足夠的自由去選擇自身或正或負的矢向。這便涉及工夫論的問題。人有自由去作工夫，去踐履道德與宗教的行為，以達致自己的理想。在這一點上，工夫論可以突破存有論；前者的動感可以克服、超越後者的寂靜。工夫實踐的活動可以決定存有，反之則不然。但就體性來說，就當事者（agent）來說，則沒有轉換、改變的空間。

從馬祖的觀點，我們可以作以下重要的推論。佛性不單含有善的質素，也包含惡的質素。這不是說佛性的內涵和本質是惡，而是說佛性中的確包含有惡的、染污的成分。這是一個存有論的問題。對於這個存有論的問題，人可以工夫論來處理：徹底改過遷善，轉識成智。㊺經過這種轉化，人可以由凡夫進而為阿羅漢、菩薩，甚至作佛，但他的體性、體段，還是原來的體性、體段，改變不了的。另外，既然善行和惡行都是佛性的表現，這意味佛性要對這一切善惡行為負責，不應如如來禪般只把清淨的事歸到佛性上，卻是對於染污的、惡的事，佛性也要全部負責。這推論在存有論和倫理學方面都有重要的意義。從存有論的角度來說，人的一切表現，不論是善是惡，其根源都要歸到佛性上。這並不是說人存有論地便有善有惡，則在行為上有善的表現，也有惡的表現。因此，對於惡的行為，人便有放肆的藉口，認為是很自然的事。如上面所說，人在工夫論上可以制約生命本來便存有著的惡，工夫是主體的工夫，因此，人的主體應對自己可能為惡的事有戒慎之心，不讓惡事變成行為上的存有，而應盡量遠離惡事，趨附善事，棄惡從善，轉惡為善。這從倫理學方面來看也很自然：一切善惡既都根於佛性，則佛性對此種善惡的行為，都要一一負責。如何負責呢？我看只能在工夫論上用功，如上面所說。

所謂「觸類是道」，指凡是我們在日常生活中所看到的、接觸的事物，都包含著真理。道即是真理。這種看法，自然不是存有論的說法。如若不然，則馬祖肯定是對凡俗與神聖等同起來。這在認知上說是無知，把凡聖混淆。另外是盲目的理想

㊺ 天台宗的《觀音玄義》有佛性有惡、性惡的思想，這與馬祖的觀點頗能相應。傳統以這部著作為智顗所寫、所講，日本學者多以此為偽書，非智顗的著作。我傾向認同日本學者特別是佐藤哲英的研究，以此書為智顗後學所為。不過，我想這個問題不是很嚴重，即使此書不是智顗作品，但它的佛性有惡、性惡的思想也可包含在智顗的一念三千和性具觀點中。性具表示佛性具足善惡諸法，三千法中也有善有惡，而一念又可由惡念轉為淨念，而與佛性相通。

主義，甚至是空想主義，認為我們不必作工夫修行，真理便能現前，覺悟便能達致。天下間哪有這樣廉價的覺悟呢？哪能這樣不勞而獲呢？《莊子》書中有「道在屎溺」的極端的說法，表示真理的無處不在，連骯髒的糞便、尿液中也有真理的存在，這當然不是存有論的說法，而是工夫論的說法。這種泛道主義、泛真理主義的意思是，表面上，屎溺固然是污穢的，但也有它本身的作用，例如魚會以之作食糧而充饑。這些對人來說是污穢的東西，對其他動物卻未必是污穢，它有自身的作用與價值。我們不應單單從人的主觀的角度看世間事物，而應該從多方面和宏觀的角度看。深一層來說，在屎溺這樣低賤的事物中也有真理在。真理是遍在的，它在天堂，也在地獄；在寶石，也在糞便。它無所不在。這能否說得通，端看我們如何處理，如何表現我們自身對相關的東西的教化、點化，以至轉化。例如賭博是很嚴重的負面行為，可以讓人傾家蕩產，最後連性命也可能賠上。對於一個狂妄的賭徒，我們應如何做呢？我們不能以一個道貌岸然的導師去訓誨他，數說賭博的種種害處，而要他戒賭，他不會聽你的，他覺得與你有隔離，你不是真正地為他設想的。那應如何辦呢？你可以和他一齊去賭博，兩個賭徒碰在一起，關係分外熟絡。最後你和他成為好朋友，讓他對你信任，而俟機會好言提醒他，賭博起自一種拼運氣的心態，不是正常的活動，非大丈夫所為。這樣，他對你有信任，以為你真的是為他好而作這種勸說，結果終於下了決心，不再賭博。他不再是賭徒，你自然也停止賭博的行為。賭博是很不好的行為，作為一個善人君子，絕不應墮入其中，但為了勸服賭徒，讓他不再參予這種具災難性的行為，便以賭博為方便（upāya），自己也參予其中，最後終能完成任務，把一個邪惡的賭徒轉化過來，而捨惡從善。這樣的賭博，便是善而不是惡，不是虛妄的事，而是與真理相應的事。在這種事例中，可以看出虛妄、污穢的事物，也可以當作方便法門看，在宗教、道德的轉化上扮演不可或缺的角色。《莊子》書中的化腐朽為神奇的說法，很足以形容馬祖在這方面的思想。貪瞋癡與佛性、屎溺與道、腐朽與神奇交會在一起而成為一體，真是圓融不過了；能覺悟、體證得這個道理，便是圓覺。以佛性作為基礎而成就的這種圓覺，正是佛性圓覺。

現在我們回到馬祖的體用思想方面。上面說體是指本體、實體，這是就一般對體用問題的理解說。實際上，馬祖的體不是本體、實體，而是佛性。佛性不是實體，佛教不能有實體的觀念，因此不能說嚴格的體用關係。而即使是嚴格的體用關係，實際上也有問題。關於這些點，我會在下面漸次解釋、清理。現在只集中進一步探討馬祖的體用思想。此中，體指佛性，如上面所說；用則是指佛性的表現，包括人的行為。㊻馬祖對這兩者的關係，採取一種極端的觀點來說。他認為我們日常生活中所有的行為都是佛性的表現，並且是佛性全體的表現，不是部分的佛性表現，而其餘的佛性不表現。佛性是一個整一的精神主體，沒有部分可言。他說用也是就全體而為一整一體說。這樣，他提出全體是用和全用是體的極端關係。全體是用表示全部的佛性都表現為作用、行為；全用是體即全部生活節目、行為、動作都是由佛性表現出來。在馬祖看來，只有部分的體表現為用，而用亦只有部分根源於體，是不可能的事。我們可以進一步說，「全體是用」即「體外無用」，抑亦沒有所謂「體外」；而「全用是體」即「用外無體」，抑亦沒有所謂「用外」。以佛性來說，所謂「用外無體」即在我們的生活、行為（用）以外，再沒有佛性。佛性全體都表現在這一切生活行為上。所謂「體外無用」，即離開佛性，再沒有其他作用、行為可言。一切現象、行為以至一般說的生活，都是由佛性處表現出來。㊼

以上是說馬祖的體用思想。在這種體用思想下，人應該如何去做，去生活，以體證、證成這佛性心體呢？我們看一則公案：

> 祖曰：自家寶藏不顧，拋家散走作甚麼？我這裏一物也無，求甚麼佛法？師遂禮拜，問曰：阿哪個是慧海自家寶藏？祖曰：即今問我者是汝寶藏。一切

㊻ 「用」的意思可以很廣泛、多元。它可以指現象，也可以指物體，這兩者相當於我們一般所說的事物：現象是事，物體是物。雙方都是經驗性格的東西，起碼一般的看法是這樣。西哲懷德海（A.N. Whitehead）曾提出 event 與 actual entity 兩觀念，這可依次譯為「事件」與「實際的存在」，這兩者可與「事物」相應。不過，懷德海的事件與實際的存在有終極真實（ultimate reality）的涵義，與事物之為現象與經驗性格不同。

㊼ 這裏說全體是用與全用是體，並以佛性來說體，具有存有論與工夫論的意義，但仍是以工夫論為主脈。馬祖以至其他禪者，對存有論沒有多大注意，也不大重視。此中的存有論，是在工夫論的脈絡下說的。這與筆者所提的純粹力動現象學不同。後者強調純粹力動作為終極原理，為了要開顯自身，因而凝聚、下墮、分化而為種種存在，這裏有相當濃厚的存有論意味。再說到種種存在的流變，則更可說具有宇宙論的意味了。

具足，更無欠少。使用自在，何假向外求覓？師於言下自識本心。[48]

上面說過，馬祖認為體用的關係應該是「全體是用」和「全用是體」。我們的行為不能離開佛性而得成立，而佛性亦必表現為行為。這體與用兩者既然有這樣密切的關係，[49]很自然地會引生出這樣的思想：人若要體現佛性，必須要在當前的平常生活中著手，因為佛性就在這平常的生活、行為之中，在這些東西之外，再沒有佛性了。人不可離開日常的平實生活去外面尋求佛性，證取真理。佛性便是真理，它正表現於我們平日最普通、最平凡的生活中。這段文字正是要表達這個意思。慧海求教於馬祖，希望他指點有關體證真理或佛性的途徑，他大概主觀地認為佛性、真理是很高不可攀的東西，要以一種特別的方式，或做一些特別的事，才有成就。結果他給馬祖罵了一頓：佛性、真理這樣的寶藏正存在於你自己的生命存在之中，何必到處去向外追求呢？他作為祖師，卻一無所有，慧海找錯了對象。騎驢覓驢，驢子在你的胯下，你正騎著牠，卻向外面到處找尋牠，怎能找到呢？同樣地，佛性、真理是每一個人自身都擁有的寶物，它正表現於我們自身的日常生活中，你不在這裏認取，卻往外東找西找，怎會有結果呢？但慧海未能領略馬祖的意思，故禮拜再問甚麼是自家的寶藏，馬祖便進一步正面回應。在這進一步回應中，馬祖表現出一種極為活潑生動的機鋒：即今問我者是汝寶藏。馬祖指著他說，現在問我的人正是你的寶藏呀！這是說，問者自身便是寶藏，寶藏不在別處，只在自己身中，不必向外尋覓。這一招有很強的啟動力量，問者終於明白自己自身便是寶藏，便是佛性、真理。

要注意的是，馬祖的「一物也無」說法，明顯地是繼承慧能的「本來無一物」的意思。他的意思是，真理、佛性是內在的，不能把它看作對象而推向外邊，外邊根本沒有一個可以作為真理、佛性的對象供我們去尋找。真理、佛性就在人的生命

---

[48] 《景德傳燈錄》卷6，《大正藏》51·246下。

[49] 這裏說體與用有非常密切的關係，是在佛教特別是禪的義理脈絡下說，並不表示體與用在實體主義（substantialism）中的精神實體與精神作用或現象的不可分離的關係，如熊十力先生的體用不二說，也不表示筆者在純粹力動現象學中所說體與用完全相同的圓融意涵。關於這些問題，下面會有較完整的討論。

中，所以說「即今問我者是汝寶藏」。這的確是一非常應機的說話。

八、平常心是道

馬祖的極端的體用論，最終會導致平常心或平常心是道這一生活的真理。所謂「生活的真理」，其意思很簡單：人是腳踏著大地而生活的，真理是就人的現實的、具體的、互動性格的生活而說的。我們對真理（truth, Wahrheit）的解讀，是就我們作為人在自家的生活中所體驗到、體證得的道理說的。有些人喜歡講形而上學、神學、宗教學、知識論等哲學的學問；在這些學問中，當然各有其獨特的真理觀和思維方法，但它們必須扣緊著人的現實生活和在這生活中的體驗，才能算數。上帝有上帝的真理，祂眼中的世界，與我們人的世界可以不同，甚至相差很遠。這便有上帝的真理與人的真理。人的真理是在現實生活中建立的，離開現實人生的種種玄談、思維探討、圖式與理論架構等，固然可以展示人的心靈能力的既深且廣的極限，但我們無法認證，或者沒有能力去認證，則很難說生活的真理。這並不表示這些東西沒有價值，它們或許有價值，但不會是肯定、提升我們的生活質素的價值。它們的價值是在哪方面的呢？這不是我在這裏要討論的問題。價值（axiology）是一個很麻煩的問題，我沒有能力對它作細密而客觀的解析，我只想說的是，與生活切割開來的所謂「價值」，我們是很難認證的。而這生活是指我們人的日常生活而言。對於不同動物的同樣東西，價值（倘若能這樣說的話）可以很不相同。我們的糞便是污穢的、惡臭的，是不被歡迎的。但糞便可以作肥料用，讓植物快高長大，它也可以作為魚類的食糧。牛的糞便更可以曬乾，當柴來燒，比柴還好火哩。

對馬祖來說，真理是表現在一切平凡的、家常便飯式的生活之中；在日常的言說與活動中，都有真理浸潤於其中。他說：

> 非離真而有立處，立處即真。㊿

㊿ 《江西馬祖道一禪師語錄》，《禪宗全書》語錄部（四）39卷（日本慶安年間刊本），《四家語錄》卷1，頁8左。

僧肇在他的《肇論》中也說過這樣的話。在我們日常的生活行為之中，語默動靜，去到哪裏，那裏便有真理在。因此不必特別揀擇，要到深山靜寺中去修行求道。人即就當前煩囂的環境中，當下便可發現真理，表現真理。在十字街頭、鬧市之中，也可認證、體證真理。宋代廓庵禪師作有〈十牛圖頌〉，其最後一個圖頌便是〈入鄽垂手〉，表示在囂鬧的市鄽中，也是真理的發現處、表現處。我們若能以謙卑的態度、忍耐的心情利益眾生，便是對真理的見證。馬祖強調平常心，目的便是教人安心去過自己的日常生活，不要好高騖遠，也不要刻意攀附、討好有德行、操守的人，以為和他們多接近，便能接近真理，實現真理。這種想法與做法是不切實際的。佛道全在自家身上，別人不能增加你的佛道涵養，也不能減損它。馬祖罵慧海「我這裏一物也無，求甚麼佛法？」就是這個意思。自身的生命擁抱著真理的全部內涵，所以說在當前的日常事件中，便有真理在。從這極端的體用觀中，我們可分析出平常心這個觀念來。馬祖的體用觀本身便肯定了平常心，因為用包含一切日常生活的內容，內中有平常的、沒有刻意造作的因而是自然的心態。故這個肯定是一分析性格的肯定。即是，平常心邏輯地包含於那體用的圓融的思想之中。

我們再挑一段文字，看馬祖如何闡述平常心。馬祖說：

> 道不用修，但莫污染。何為污染？但有生死心，造作趨向，皆是污染。若欲直會其道，平常心是道。何謂平常心？無造作，無是非，無取捨，無斷常，無凡無聖。……只如今行住坐臥，應機接物，盡是道。[51]

馬祖說「道不用修，但莫污染」，道即是真理，對於這真理，我們不用刻意去修習，以為自己是真理的踐履者、體證者。這一方面會讓自己感到傲慢，以為只有自己是真理的實踐者，別人都不是。同時，刻意即不自然，諸多造作，這便把真理對象化，由超越的層次下墮到經驗的層次。實際上，真理不是對象，也不必造作種種行為、活動，來對向真理。若有人這樣想，這樣做，便遠離了自己的平常生活的基礎。真理或道就在人當下的生活之中，不是在另外一個超離的（transzendent）世界。

---

[51] 同上書，頁 7 左-8 右。

道原來是非常親切的，你卻將它看作高高在上，劃地為牢，不與道相通、相互對話，這是不對的，這只遮蓋了道或把它染污而已。對於這所謂染污或污染（馬祖用污染字眼），怎樣看待呢？以生死心來看道，便是污染。若人有羨慕生而厭離死這種分別見解，便是未明白生死的本質。生死是一個背反（Antinomie），有生便有死，它們本來是同一回事。能這樣了解，便是體會了道。最重要的是，我們不應刻意地把道推向外邊，視之為對象，這便是讓道與自己切割開來，自我孤立，自我封閉。那我們應怎樣做呢？馬祖表示，我們應該恆常地保持一平常的心情，不要造作，順其自然，既來之則安之，徐圖解決困難，如此而已。馬祖的這種見解，頗有道家的順任自然的放開懷抱的胸襟，也很類似海德格（M. Heidegger）的放手、放開（Gelassenheit）的義蘊。最重要的是，我們不能把生死以存有論的眼光看成是兩件互不相干的獨立的事，然後以價值論的角度貴生而惡死，在工夫上希望能存生而棄死。這樣處理生死問題，是看不透生死的一如的本質，而墮入執生而捨死的顛倒見解與顛倒行為中。結果是妄自走曲折的人生道路，自添煩惱。這便是馬祖所說的「造作」，也是執著。我們應恆時保持著一種平常的、自然的、方正的心情，不造作，不執取，才能於親切的日常生活中體現真理、道。所以馬祖說：「若欲直會其道，平常心是道。」以平常心過日常生活，不激發感情，不矯飾心境，不扭曲道理，一切合情合理，「直會其道」，是體證真理的最佳方式。「直」、「會」，用得很好，表示對道或真理的理解，不是通過概念、思維、理論，而是以直覺（Anschauung）體會、會得真理。這直覺不應是感性的直覺（sinnliche Anschauung），而應是睿智的直覺（intellektuelle Anschauung）。

進一步，馬祖強調，道或真理是超越一切二元對立所構成的二律背反（Antinomie）的。二律背反如是非、取捨、斷常、凡聖等，都是我們體證真理的障礙，是需要同時突破、克服背反的兩端的，而不是要以我們喜歡的一端（如是）來摧破我們不喜歡的另一端（如非）。因為在存有論上，背反的兩端是對等的，其中並不存在一端對另一端的先在性（priority）與跨越性（superiority）。[52]解決背反問題的

---

[52] 這種以存有論的思維來理解二律背反，流行於京都學派的哲學家群中，如久松真一、西谷啟治、阿部正雄等。

有效方法，是由背反內裏激發出一種主體性力量，突破背反，同時也克服了、超越了背反。這樣，主體性（宗教意義的主體性）便能遨遊於一切矛盾之上，而絕對地敻然獨立。[53]再進一步，馬祖指出，在我們的日常生活中的種種活動，如行住坐臥，和與人相處，教化弟子、眾生，都有道或真理在內。這帶出一種訊息：真理不是外在於人的生命、生活，而是內在於其中，在我們的日常生活中，處處都可體會真理。

馬祖說平常心是道，他的弟子南泉普願也說。這平常心的提出，縮短了我們的日常生活與佛法、真理之間的距離，使宗教覺悟成為一非常具體和平實的活動，在我們當下的日常生活之中便可成就。這是把禪和日常生活打成一片，使禪的真理表現出更濃厚的生活氣息，和對一般人來說，更加具體而親切。另一方面，他提出「平常心是道」這樣的實踐原則，實在是對傳統以來坐禪、靜坐這種修行方式的一種挑戰。自達摩以來，禪一直都很強調靜坐。馬祖卻教人在日常生活中接觸禪，無需離開現實生活，找尋一個僻靜的地方作打坐去體會禪的真理。相較之下，坐禪式的實踐是比較形式化、呆板而缺乏生活氣息，使人缺乏親切感。馬祖提出要在日常生活、平常事中去體會道，自然是活潑生動得多。同時，馬祖的禪法可說是充實了禪的內容。過去的禪都強調打坐，而打坐是要把精神集中在清淨的、善的事情上，如北宗禪的看心、看淨的做法；它不會念及染污的事。但在我們的現實生活中，卻是要與不同方面的事情接觸，有善的、清淨的，也有惡的、染污的。馬祖的禪除了重視清淨的事外，又涵蓋及染污方面的東西，他把禪所涵蓋的面由善推廣到惡，由清淨推廣到染污，所以我說馬祖豐富了禪的內容。[54]至於禪的目標，則仍是一樣：求覺悟得解脫。不過馬祖禪在這裏豐富了禪的內容，同時包容善與惡、清淨法與染污法的觀點，更有圓融的意味，佛性圓覺的教法在他的影響下有進一步的推進、彰

---

[53] 像上面第二節（一念無明法性心）說及無明與法性共有同一的心體那樣，這裏所說的背反，都是從心說，這即是是心、非心、取心、捨心、斷心、常心、凡心、聖心等。這些心與突破背反的主體性，都是同一心體。

[54] 天台智顗提一念無明法性心，同時注意無明與法性或染與淨的因素，與馬祖在這方面的說法與做法相類似。只是一屬於天台佛教，一屬於禪佛教而已。這讓我想到雙方有同樣的宗教導向，都是佛性圓覺的方向、模式。

顯。

最後，我們說平常心是道，說道或真理可隨處在日常生活中體證、實行，但如何能這樣做呢？我們如何具體地、以實例的方式說明日常的生活、活動可展示道或真理呢？關於這點，上面的確沒有好好的交代。我在這裏試解釋一下。佛教說慈悲，禪也不例外。慈悲的矢向，自然是普渡眾生。這種活動有大有小，有繁有簡；只要對眾生有益的事，通統都可以或間接或直接通到這個矢向。例如到醫院當義工，為病人服務，對病人自然有益，自己也能增長功德（guṇa），有利覺悟。又如見盲人過馬路，這對他們來說是危險的事，於是心生憐憫，扶他們過馬路，意思也是一樣。有人死了，你去幫助他的家人辦喪事，對死者與活者都有好處，也提高自己的宗教自覺，知有生必有死，然後培養出勇氣，面對自己的將來的死亡，這又是既助人也助己。這樣的事例很多，也不一定要直接關連到佛教或禪方面去。只要有增上緣的作用，便是好事，增長自己在宗教覺悟上的資糧。

九、強烈的主體性意識

馬祖有三個大弟子：南泉普願、西堂智藏和百丈懷海。其中以百丈懷海最受注目，也影響最大。55百丈傳法與黃檗希運，後者又傳法與臨濟義玄。禪發展到臨濟，又有新的突破與開拓。新的突破指濃烈的主體性的建立，新的開拓則指禪的動感發展到了巔峰狀態。

先看新突破。按禪的發展，就主流的中國禪來說，雖然在義理上與實踐方法上有其特色，但它與原始佛教（代表著佛陀的教法）的根本教說，如應機說法與施教、注重普遍的慈悲與救贖、處中道而行等方面，仍有一定的關係。不過，原始佛教教法中的無我（anātman）觀點，則是貫徹佛教全體的根本立場，連有實在論傾向的說一切有部（Sarvāsti-vāda）與經量部（Sautrāntika）也不能例外。到如來藏（tathāgatagarbha）思想出來，才稍為扭轉思想的傾向，由無我說轉為對如來藏自性清淨心的倡導。但

55 說到百丈懷海，人們會想到他的「一日不作，一日不食」的豪語，表示他對勞作、動感的生活方式的忠誠。

在如來藏學派（Tathāgatagarbha-vāda）看來，這如來藏自性清淨心還是空的性格，並沒有體性的意味，即使它提出不空如來藏（tathāgatagarbha-aśūnyatā），有「不空」（aśūnyatā）的字眼，但這只是就功德（guṇa）而言，不是具有實體、自性（svabhāva）的意味。不過，這種說法已被佛教內外的一些宗教人士視為向《奧義書》（*Upaniṣad*）的梵（Brahman）的婆羅門教思想傾斜了。有些實在論如勝論（Vaiśeṣika）、數論（Sāṃkhya）、正理（Nyāya）等學派也抨斥這如來藏思想有移離佛教而向所謂原質、神我（Prakṛti）投靠的趨勢，在他們眼中，如來藏與神我、原質沒有根本的分別，都是實體主義（substantialism）的思想。臨濟禪正是在這種思維背景下，不顧慮被人抨斥為背離原始佛教的無我說，大膽地提出他自己的獨特見解：建立強勢的主體性，並以無位真人來說這主體性，以無位真人為理想的人格。

要強化、提升主體性，便需要從獨立性、不向任何權威傾斜方面著手，這包括觀點與行為兩方面。臨濟先在觀點上思索，認為我們需要有個人自身的見解，他把這種性格的見解稱為「真正見解」。這真正見解不必涉及某種特別的學說或理論，卻是要對人生、宇宙的問題加以認真的反思，然後作出自己的看法，不盲從他人。由真正見解可以反映真正的自己，建立自己的主體性（Subjektivität）。若不經思考，而順從他人的意見，即使是佛、祖師的意見，都只是應聲蟲而已，談不上真正見解。祖師、佛對於自己來說，都是外在的性格，不是自己內在的主體性。下面先引一段臨濟的文字看看：

> 今時學佛法者，且要求真正見解。若得真正見解，生死不染，去住自由，不要求殊勝，殊勝自至。56

臨濟認為人要有自家的真正見解，由此突現自己的主體性。若能這樣，便可「生死不染，去住自由」。這樣說真正見解，顯然不是從知識論上立說，而著眼於工夫論或救贖論方面。即是說，真正的、自家的主體性超越一切由生死、善惡、淨染等矛盾或背反。換另外一種方式說，我們在日常的生活中，會提出種種說法與作出種種

56　《臨濟錄》，《大正藏》47・497 上-中。

做法，這些說法與做法，都是由自己作為一獨立的主體性的反省而成立的。在這反省的過程中，我們要超越和克服種種背反，如生死、善惡、淨染等，讓自己成為一絕對的、超越的主體性。惟有自己作為一絕對的、超越的主體性，才能作出、提出屬於自己的真正見解。57所謂「不要求殊勝，殊勝自至」，意謂人若能建立絕對的、超越的主體性或真我，便無需刻意地去尋求、索取精采的、殊勝的事，這些事會自然地、自動地來到你身邊。因為一切殊勝都依於真正的主體性或真我而立。真正的主體性或真我會導致人生的精采與殊勝，是一分析命題（analytic proposition）。

臨濟又說：

> 夫出家者，須辨得平常真正見解。辨佛辨魔，辨真辨偽，辨凡辨聖，若如是辨得，名真出家。58

臨濟認為佛與魔、真與偽、凡與聖的分別，不是一個認知的問題，不必經由認識論來解決。認識論是針對特定的對象而說，在時空形式與範疇概念下來確定對錯、真偽、正確不正確一類問題，這不是臨濟所關心的問題。他所關心的，主要還是人在日常生活中能否建立真正的自己或主體性，以提出真正的見解與行為。若你能就當前的日常生活中樹立起自己的真正見解、真實的主體性，便當下是佛、是真、是聖。否則便是凡、是偽、是魔。這些「佛魔」、「真偽」、「凡聖」，不是研究外在對象的知識問題，卻是涉及一內在的精神境界的提升。若你能不斷提升自己的精神狀態，以至能真正地樹立起自己的真我、主體性，你的生命便能由魔轉為佛，由偽轉為真，由凡轉為聖。臨濟以為這是真正的出家。出家與否不是從形式上去區別，不是剃光了頭、披上袈裟便是出家，卻要在生死、善惡、凡聖、煩惱菩提、生死涅槃這些背反上作徹底的工夫，以突破背反，讓自己的超越的主體性透顯出來，發出光輝，出家才能說。

57 這裏所說的絕對的、超越的主體性，是哲學特別是形而上學的詞彙，一般來說，可說為真我。這預認有另一種自我存在，那便是假我，被虛妄地執著為有常自不變的自性（svabhāva）的自我。原始佛說無我（anātman），所無的或否定的，便是這樣的自我（ātman）。

58 《大正藏》47·498上。

臨濟進一步指出，人若能有自己的真正見解，便能建立自信，不會受人愚弄、迷惑。他說：

> 如真正學道人，念念心不間斷。自達磨大師從西土來，只是覓箇不受人惑底人。[59]

又說：

> 如山僧指示人處，只要爾不受人惑，要用便用，更莫遲疑。如今學者不得，病在甚處？病在不自信處。爾若自信不及，便茫茫地，徇一切境轉，被他萬境回換，不得自由。[60]

他說達摩（磨）從印度東來，目的是尋求一些不受他人迷惑的人。所謂不受他人迷惑，即其人能挺立自己的主體性，有自己的見解與主張，而不會搖擺不定，事事跟著別人的腳跟轉。真正見解最終要從主體性的樹立處講。人若能挺立自己的主體精神，不受外在事物的引誘及別人知見的迷惑，便能「要用便用」，所謂用即是表現。你要如何表現，便能如何表現，自己作自己的主人，順應著你原來的主體性去做，不會因別人的影響而遲疑不決。但現在的人便不能這樣做。臨濟指出當時的出家人的弱點乃「病在不自信處」，對自己沒有自信，主意搖擺不定，於知識上、行為上都不能建立自己的主張或方針。自信是由真我、自我、主體性的樹立而來。若不能建立自信，便「茫茫地，徇一切境轉」，茫茫然地被一些外在因素所影響，跟著它們兜轉，不能有自家的主張。這些因素使人四處流蕩，左右搖擺，所以說「被他萬境回換，不得自由」。

由具有真正見解、強化主體性，便能說無位真人。無位真人是臨濟禪的一個很重要的觀念，代表著臨濟禪的理想人格，猶儒家的聖人、賢人，道家的至人、真

---

[59] 《大正藏》47·502 上。

[60] 《大正藏》47·497 中。

人、神人。在大乘佛教，傳統一直以菩薩（bodhisattva）作為理想人格，但臨濟不說菩薩，而提出「無位真人」，這與道家的真人觀念可能有點關連，道家也是不重名位一類世俗性的尊號的。不過，我認為最主要的是，臨濟有見於菩薩一向予人一種崇高操守的印象，親切感不足，很多人更把菩薩當作神靈或偶像來崇拜。這都是一知半解的做法。為了避免這種情況出現，臨濟便提無位真人來取代菩薩。所謂無位真人的直接意思是人的最純真的狀態、最本源的狀態。當人在最純樸、最直截了當、最無修飾的狀態，便是真人。「無位」即是無一切世俗的名利、權位、權勢、地位之類的相對性格的東西，從一切名利、權位、權勢、地位這些世俗的、經驗的事物與觀念中解放、剝落開來，透顯出人的本來面目，這當然是以佛性作為其內在的基礎。不論是對世俗事物的超越，或是本來面目的透顯，都是從佛性上講，是直下從佛性處開顯出來。這是在知見上、行為上無任何約束而能來去自在的一種人格。我們要特別注意臨濟這種說法的特別涵義，他不依著大乘佛教的傳統說菩薩，卻提出無位真人。這種眾生仍是人，因而與現實的人有較強的親和感。他認為人能將佛性這寶藏直截了當地表現出來，便是理想人格，便是無位真人。

透過無位真人，臨濟將主體性觀念推向高峰。無位真人是能夠真正展示和落實超越的主體性（transzendentale Subjektivität）的理想人格。而主體性是一切覺悟成佛活動的核心內涵，是在解脫論上的自力主義的樞紐。只有它能說自力主義。自力主義的主體性具有最強的動感，他力主義的主體性的動感是疲弱的。我們即在這裏展開動感問題的探討。

十、動感的巔峰發展

在南宗禪中，有兩個主流：默照禪與公案禪，雙方的性格頗不相同。我們可以粗略地說，默照禪是靜態的，因它強調打坐，在禪坐中體證真理。公案禪則重視動感。所謂公案，是禪師開示弟子的充滿生命力的記錄；對於這些記錄加以參契、反思，看看其中透露甚麼訊息，這有助於我們求覺悟得解脫的宗教目標。在這些記錄中，我們可以看到很多禪師的粗野行為。為了達到開示得覺悟的結果，很多禪師的表現常常有「無厘頭」性質，使人摸不著頭腦，不知何故出之以這樣奇詭的、生動的甚至殘暴的手法。黃檗希運和他的弟子臨濟義玄，特別是後者，其動作、手法的剛烈程度，常常讓人覺得不可思議，其動感的表現，可以說是達到巔峰狀態。[61]

我們不應小看這些公案的記錄所展示的祖師的有暴力傾向（起碼初步看來是如此）的行為。他們不是故意刁難弟子，顯示自己的大師地位。毋寧是，他們這樣做，是出之以慈悲之心，一看到有契機，是時候施教的時刻了，便毫不考慮地施展具有濃烈的戰鬥性的動作，讓弟子在極其危險或苦痛的際遇中猛然醒覺，而得悟成道。弟子都是非常認真的，對於成覺悟得解脫，是生死相許的；其中的確有些弟子是為了苦苦參究禪的最高訊息（所謂「祖師西來意」），解決生死大事，最後失敗而喪身失命的。所謂「不成功便成仁」也。臨濟正是在以生動的、激烈的甚至粗暴的動作來促使生徒開悟中有其代表性。

臨濟的「喝」非常有名，禪門文獻有關這方面的記錄很多。至於如何地「喝」，具體情況已不可知，只能從文獻記載中窺其大略。他會突然向弟子大喝一聲，在一剎那間震破弟子的迷執，使他在癡戀、無明中驚醒，猛然覺悟。喝是要對機的，即要在適當時候表現這種動作。甚麼是適當時候，並沒有客觀的標準，這全要看禪師的判斷、估量。另外還有「棒」。禪師有時向生徒的肩膊棒打下來，作用與喝相類似。兩者合起來，便是我們常聽人說的「棒喝」。這都是禪門特別是臨濟禪最常用的誘導弟子開悟的方法。此外還有其他不同的動作，如用拂子去撩人，用腳踢人或以拳頭打人。以下我引一段文字，看看臨濟如何描寫無位真人的性格，及他如何運用激烈的動作和言說來開示弟子。他的《臨濟錄》說：

> 上堂云：赤肉團上，有一無位真人常從汝等諸人面門出入。未證據者看，看！時有僧出問：如何是無位真人？師下禪床，把住云：道！道！其僧擬議。師托開云：無位真人是甚麼乾屎橛！便歸方丈。[62]

---

[61] 有些公案被人稱為「鐵饅頭」，表示難以索解，難以消化吸收之意。禪門的公案結集很多，其中最著名的有《無門關》、《碧巖錄》和《從容錄》等。

[62] 《大正藏》47·496下。

這是《臨濟錄》中一段非常有代表性的文字，展示一種活生生的開示方式，文字非常淺白，也很簡短。所謂「赤肉團」即是指人的生命軀體。臨濟說正是在我們這肉團軀體之中，便有一無位真人，不時在面門上出入，展現他自己，也不斷地在運作。他促使那些未有體會這無位真人的人快快自行體會，體會這正存在於自己身上的無位真人，即生命的最高主體性。這些話其實已說得非常清楚明白。當時有一個根器尚淺的和尚走出來問道：如何才是無位真人呢？對大師提這樣的問題，當然會遭殃了，要挨罵了。果然臨濟聽了，便立即從禪座撲將下來，扯著那個和尚，大聲喝他：快些說，快些說呀！喝他是逼使他在這樣迅速的動作和短暫的時間之間把握箇中道理，了悟和體證無位真人。這種做法很能展示臨濟禪的特色。若換作是馬祖，面對這種場面，或許不會這樣回應，馬祖會用一種對機的方法，但態度較溫和，他或會對那個出來提問的和尚說：現在正在問我何為無位真人的這個人便是無位真人了。臨濟則較猛烈，動手動腳地大聲喝他趕快回答、回應。可惜這個和尚還是不知所以，只管思議構想，大抵在想這個無位真人是誰，在哪裏可以找到他。臨濟知他不對機，便很失望地撇開他，說這無位真人是甚麼乾屎橛。所謂「乾屎橛」大抵是曬乾了的動物糞便，是十分下賤的東西。他的意思是，無位真人是內在於人自身生命之內，所謂「常從汝等諸人面門出入」，他便在我們的日常生活中出出入入，無時無刻地在作用著。他是非常平實親切的東西，是我們自家的主體性。我們應該這樣理解他。倘若不是這樣理解，卻把他從自身方面推出去，視之為一外在的東西，或對象，而對它諸多測度、擬議，則無位真人便不再是自家的最高的主體性了，卻變成一種超離的、妄構的下賤的東西了。

上面一段是描述臨濟的喝的動感禪。若進一步看他的這種動感的喝，可有四種。這四種喝的成立、運用，是因應不同的眾生的根器、修行的程度、特別的環境或現場的狀況而施設的。但目標都是一樣：震破生徒在知見上、行為上的迷執，使他們在最短促的時間中，覺悟過來。《臨濟錄》說：

有時一喝如金剛王寶劍，有時一喝如踞地金毛師子，有時一喝如探竿影草，有時一喝不作一喝用。[63]

第一種喝的作用，「如金剛王寶劍」。寶劍是非常鋒利的武器，能削鐵如泥，臨濟以此比喻喝的氣勢，一種非常犀利、敏銳的作用，能斬斷人種種在知解、情量、名相運用、言說以至行為上的虛妄的、迷執的葛藤。有很多人都執著於文字言說，執著於理論概念，以為透過這些東西可以體證得真理。他們不知道真理本身超越乎一切文字言說、一切理論概念這些葛藤。大喝一聲，就是要發出一種虎吼般的聲威，將人的這些葛藤摧破淨盡。這是很有效的方式。至於喝的第二種作用則「如踞地金毛師子」。金毛獅子是一種十分威猛的動物，臨濟以這威猛的氣勢來比喻喝的震懾作用，要喝破、解構對方所賣弄的一些小聰明、小花樣。這些都是小智的作用，與悟道相去很遠，但也要把它們克服。喝的第三種作用則「如探竿影草」，這基本上是一種試探作用，好像把竿插入水中，或看水草在水中的影子，可看到水的深淺程度。對於修行者施以這樣的試探性的喝斥，可從他的反應窺測到他用力的深淺、他在修道上的功力。至於喝的第四種作用，則是「一喝不作一喝用」。這種喝不像前面所述的三種方式，而只是向上的一喝，有鼓舞的作用，讓弟子對自己有多些信心，百尺竿頭，更進一步。

在禪門中，祖師總是棒、喝交替運用的。「臨濟喝」、「德山棒」，流行於當時。不論是喝抑是棒，作為一種施教的手段，都是要人從種種迷執與妄想中醒覺過來，直截了當地體現自身的主體性，所謂「屋裏主人公」也。說它是真我，亦無不可，只是這「真我」的「我」與原始佛教的「無我」中的「我」屬不同層次而已。在形式上，棒喝有其粗野及暴烈的性格，工夫愈是深厚的禪師，其暴烈的程度往往是愈高的。實則在這暴烈動作背後，常埋藏著禪師對其弟子的具體而親切的關懷。禪師在這一棒喝中實蘊含著對弟子很大的期望，希望能透過這一次的粗暴動作與言說，把對方的困惑一下子解決。臨濟是其中一個在這些方面具有代表性的祖師。

以上所論的佛性圓覺的思想，基本上以天台學、南宗禪為主，這都是在中土發展的思想。在印度佛學方面，亦有屬於佛性圓覺的導向的，這即是《法華經》、

[63]　《大正藏》47·504上。

《大般涅槃經》和《維摩經》。《法華經》與《大般涅槃經》是智顗後期最關心和讀得最熟的印度佛學文獻（他在前期研讀的文獻以中觀學的《大智度論》*Mahāprajñāpāramitā-śāstra* 為主）。在我個人看來，《大般涅槃經》主要宣揚佛性和涅槃兩個觀念，都具有絕對性格和終極性格，但比較缺乏本章所著重的那種圓融或圓覺的意味。智顗後期重視這部經典，在自己的五時判教中，把這部經典放在第五時的法華涅槃時中，視為圓教經典，似乎過當。[64]《法華經》的主旨，則是開方便門，示真實法。以種種方便法門，向眾生展示實相、終極真理。這部經是以發揚方便法門而著名於教界內的，這方便法門有所謂「法華七喻」，是以譬喻的方式，具體而生動地教化眾生，讓他們在求道的歷程中，矢志不懈，把對於目標的志業，貫徹到底。另外一個與開方便門示真實法的宗旨相通的旨趣是從本垂跡，發跡顯本。其意是，佛陀從久遠以來，早已成佛；但為了勸化、轉化眾生，因而透過佛陀以太子、王子的身分，示現於世，經歷多年的艱苦修行，最後終於成就大覺。這是從本垂跡。逆轉地以釋迦降生，娶妻生子，出家，成道得解脫這些歷然可見的事跡，以展示真理之本（真理自身便是本，不是在真理之外復有其本源）。這是發跡顯本。我們可以方便來說跡，以證真理而成道來說本；在智顗看來，本跡只是一事，不能分開。《法華經》把方便與真理、跡與本建立成一圓融關係，以成就圓教模型。這樣理解《法華經》，當然有圓融的意味，可以建立佛性圓覺。但智顗所發揮的佛性圓覺，是超越這個程度的。在他的思想中，所謂圓，其意是指那不可思議的弔詭所成的辯證性格的綜合關係，例如他的著名說法：煩惱即菩提，生死即涅槃。煩惱、生死是染法，菩提、涅槃則是淨法，能把雙方結合起來，自然有濃厚的圓融意味，這不是存有論的圓融，而是工夫論的圓融。不過，如上面所顯示，工夫論可以帶動存有論。智顗的這種思維導向，有他的創見在裏頭，不是《法華經》所能概括。即使《法華經》強調權實的關係，所謂「開權顯實」，以助成「發跡顯本」，把權與實、跡與本結合、融合起來，而把權與實、跡與本一體化，也未到智顗那種弔詭的、辯證的因而是徹底的

[64] 所謂五時判教，是天台宗依佛陀說法的時間上的先後次序而提出的。這五種教說依時序為華嚴時、阿含時、方等時、般若時、法華涅槃時。這是一種有宗教信仰意涵的說法，目的是透過佛陀在不同時段向生徒說示不同的教法，俾能把所有教法，包括那些有矛盾的，都歸到佛陀一人方面去。這當然與歷史事實無關。

圓融思想。《法華經》被智顗視為佛性圓覺的經典依據，這是他的謙恭，不超越佛陀。但從義理言，從理論來考量，他的圓融思想肯定地是超過《法華經》的。

反而《維摩經》的思路，較《法華經》更接近智顗的佛性圓覺或圓融思想。在這部經典中，我們可以看到很具弔詭義、辯證義的說法，如說諸煩惱是道場，淫怒癡是解脫，把作為染法代表的煩惱、淫怒癡與作為淨法代表的道場（覺悟之場）、解脫綜合起來，圓頓地結成一體，其佛性圓覺的思維張力，較《法華經》為強。但智顗在自家的以圓融義作為標的的判教中，以通教概括《維摩經》，把《法華經》歸於圓教。我必須承認，在這一點上，百思不得其解。㉟

十一、總的評論

在上面我們花了不少篇幅探討佛性圓覺的教法，以下要作一總的評論。在這個評論上，我希望能盡量保持客觀性，但有時也會從自己所建立的純粹力動現象學的觀點看問題，目的是要透過比較的方式，突顯佛性圓覺的教法。在這一點上，我會盡量作如實的評論，不多涉及價值的問題，避免評論哪種教法好，哪種教法不好的觀點。首先是縱軸方面看的動感問題。在這一點方面，我想先把佛性偏覺與佛性圓覺兩者拉在一起說。佛性偏覺概括如來藏思想、早期禪和北宗禪，其中尤以華嚴宗為代表。關於華嚴宗的動感性，主要可從它的力用觀點看到，本章第二節已作過扼要的陳述，不擬重複說了。總的來說，華嚴宗、如來藏思想、早期禪和北宗禪基本上都是以一種超越分解的方式，確立佛性、如來藏心或真心真性為最高的主體性。這種主體性（Subjektivität）本身雖可說為一種行動（Akt）、活動（Aktivität），但其超越性也很強，與現象諸法有一定的隔離，而超越的明覺是需要在現象諸法中表現的。因此，我們不能說這一系的思想具有很強的、很濃烈的動感。佛性圓覺的情況

㉟ 特別是當我們把這點關連到智顗在晚年花了很多時間與精力撰寫《維摩經》的註疏、疏解（《維摩經玄疏》、《維摩經略疏》、《維摩經文疏》、《四教義》）一點時，更感到茫然。智顗非常重視《法華經》，是一定的，不然他也不會講演《法華文句》與《法華玄義》（二書都是由其弟子灌頂記錄成書）。但到了最後兩年，卻集中地為《維摩經》作了幾部大疏釋，但把該經放在通教中，這是何解呢？

便很不同，就智顗的天台學來說，他強調作為真理和心能的中道佛性具有三方面的性格：常住性、功用性、具足諸法。這功用正是就動感而言，修行者本著這種功用，出假化物，救度眾生，讓他們當下便能轉煩惱為菩提，轉生死為涅槃。66至於南宗禪，所表現的動感更為濃烈。上面提到臨濟喝、德山棒；另外，臨濟以「逢佛殺佛，逢祖殺祖」的氣概，教導生徒不要倚賴佛陀與祖師的權威，向上一路的覺悟的事，主要還是自己要用力，親力親為，才能嚐到覺悟的甘露味，如人飲水，冷暖自知也，在這一點上，假借不得。

「用」一概念有相當濃厚的動感意涵，表示具體的、在時空中的作用、動作。這個概念在印度唯識學特別是護法（Dharmapāla）的《成唯識論》（*Vijñaptimātratāsiddhi-śāstra*）和窺基的《成唯識論述記》中有提過。發展到中國佛學，更受重視。天台宗說功用，華嚴宗說力用，禪宗說作用，都是著名的說法。在強調以用來帶起的動感方面，中國佛教實較印度佛教有更強的動感性。天台宗智顗大師對於功用問題的闡述與重視，尤其值得注意；他的獨特之處是善巧地運用種種具體而易明瞭的譬喻來助解。以下我會在這一點上作些描述和評論。按功用性是智顗所提的作為真理的中道佛性的重要性格，也最能表現出天台宗的實相觀或真理觀的特色。一般的宗教或哲學說到真理，多將它放在客觀的、超越位置，並把它看成是人行事、活動的規範。這種真理觀是以真理為外在的和靜態的；柏拉圖（Plato）的理型（Idea）觀是一個明顯的例子。天台宗的真理觀則不同。它以中道佛性為真理，在其中，它把中道（madhyamā pratipad）與佛性（buddhatā）等同起來。佛性是一種心能，故有「佛性真心」的說法。佛性既是心能，則由於心有活動性，因而佛性、中道佛性也具有活動性，具有能動性（Dynamik）。這樣看，真理自然也具有能動性、動感。由於真理有動感，所以它可以主動地引發一些作用，在世間進行渡化的工作。更精確的說法應是，能夠體證真理、與真理成為一體的人，如佛、菩薩，可以主動地以其由真理承受而得的動感，引發種種宗教活動、動作，履行救贖、救渡的宗教使命。同時，天

66 「出假化物」的說法，通於大乘佛教各個宗派，但以天台宗為主。所謂「出」是從超離的清淨環境出來，進入「假」或假名（prajñapti）的世界，或現象的、經驗的世界，以教化、轉化眾生。「物」不作死物看，卻是指眾生世界。

台宗以中道佛性為真理，由於佛性是普遍地內在於人的生命存在中，故真理亦不是外在的，卻是內在於眾生之中的。在這種思維中，真理便同時具有動感和內在性，是實踐普渡眾生的宗教目標的動源。

現在我們看天台宗如何說中道佛性的動感。智顗說：

> 功論自進，用論益物。合字解者，正語化他。[67]

從這幾句話，我們看到天台宗說功用，是分開來分別說。「功」是個人自身的不斷精進，屬個人方面的主觀的努力。「用」則是向外發用，利益眾生，將自己努力得來的功德，與一切眾生共享。合起來說，功用是一種含濃厚的轉化和教化意味的宗教活動，使人從種種苦痛煩惱中得到解放。這轉化的活動是以自進為基礎，繼而以之轉向眾生，助成他們的解脫。前者為功，後者為用。關於功和用的關係，我們再看下面一段文字：

> 若豎功未深，橫用不廣。豎功若深，橫用必廣。譬如諸樹，根深則枝闊，華葉亦多。[68]

這段文字是以植物的生長比喻功和用的關係。「豎」即直立，「豎功」即努力精進，尋求突破。「橫用」則就對他人的影響說。智顗的意思很清楚，若自進的工夫不深，便不能廣泛地影響他人。樹木的情況也是一樣，若植根不深厚，則枝葉亦不能繁茂地生長；若植根深厚，則能開枝散葉，繁茂地生長。若就動感而言，便是開枝散葉，產生遮蔽的作用，讓人得免日曬雨淋之苦。這也是救濟眾生，讓他們能離苦得樂。

至於功用如何運作，以救渡眾生，普濟世間呢？在這個問題上，智顗善巧地以菩薩醫治眾生的病痛以比喻中道佛性或真理的功用，以說明真理的功用如何運作以

---

[67] 智顗著《法華玄義》卷 5，《大正藏》33．736 下。

[68] Idem.

助益世間。他將功用的運作比喻為治病，並將其中的過程分作三個階段。這三個階段為「知病」、「識藥」和「授藥」。「知病」指在治理病人之先，需了解病痛的真相及其原因，然後對症下藥。「識藥」是把握各種治病的藥物，了解其性質和功能、療效。至於「授藥」則是將適當的藥施與病人，讓他們服後能斷除疾病，回復原來的健康狀態。這樣的比喻是物理性格的，智顗是要藉著它來例示體證得真理（佛教的真理）的人，如佛、菩薩如何在精神上、心理上幫助眾生，解決他們在這些方面的困擾，讓他們遠離顛倒的和虛妄的想法和行為，而得解脫。至於「識藥」、「授藥」的「藥」，也不是指藥材、藥物，而是指廣濟眾生的法門，或方便（upāya）。以下是對治療眾生在精神上、心理上的病痛的過程的具體說法。

關於知病，我們看下列一段文字：

> 我見為諸見本，一念惑心為我見本。從此惑心，起無量見，縱橫稠密，不可稱計。為此見故，造眾結業，墮墜三途，沈迴無已。[69]

人的病痛，其根本處在於不了解包括自己的生命存在在內的事物的本質，由此導致人在知解上的種種顛倒見解，並由此顛倒見解引發出虛妄的行為。文中說人的種種邪見，都是由「我見」而生，所以說「我見為諸見本」，即一切邪見都本於我見而生。所謂我見即是對自我（ātman）的錯誤的見解（dṛṣṭi）：以自我為有實在性；由此會生起執著（graha），一切以自我為中心。這種自我中心除了會產生見解上的顛倒外，最麻煩的是導致價值上的顛倒，而重己輕人。重己輕人的虛妄見解發而為行為，人人都以自身的利害關係為考量的尺度，社會便亂了。這我見的根源，是「一念惑心」，故說「一念惑心為我見本」。惑心即心靈上的迷惑、迷失。甚麼東西讓人的一念惑心生起呢？這生起者正是眾生帶著來到世界的無始無終的無明（avidyā）。這無始無終的無明是就眾生的現實的生命情況說。這一念惑心讓我想到本章第四節所探究過的一念三千的觀點。這一念惑心可使人在存有論上帶引著三千或更多的法或環境、境界。人的一念惑心可以隨著三千或更多的染污的存在的腳跟

---

[69] 智顗著《摩訶止觀》卷 6，《大正藏》46．76 上。

轉，而失去自己的主體性。不過，一念惑心或一念三千除了有其存有論義外，還有工夫論義；而且以工夫論義為主，存有論義是其附隨，因而三千染法可以依實踐修行而得以轉化。雖然如此，人在現實上總是以一念惑心或一念三千開始的，我們不能輕視這種自然的、實際的存有論的傾向。

關於識藥，我們看下面一段文字：

> 一一法有種種名、種種相、種種治，出假菩薩皆須識知。為眾生故，集眾法藥，如海導師。若不知者，不能利物。為欲知故，一心通修止、觀、大悲、誓願及精進力。⑩

菩薩醫治眾生不同的精神病痛，乃採用各種法門，它們各有其名稱、性格，分別對治不同的病痛。法門是菩薩用來醫治眾生煩惱的工具，故稱之為「法藥」。我們可以將它理解為使人認識真理的藥。化渡世間的菩薩，必須熟知各種法門的性質、使用方法和效能，如何施設於相應的對象上。倘若菩薩不熟知各種法門的性質和效能，便不能為眾生治病，利益世間。所以菩薩必須先有自進之功，專心修習止、觀，發大悲宏願，精進勇猛，做好個人的修養工夫。所謂止、觀，智顗在其《摩訶止觀》中曾說「法性寂然為止，寂而常見為觀」，這是凡是熟悉智顗的思想體系都知道的。⑪我們也可以說，止是去除分別，遠離邪念，使心能安住於一境中（安住

---

⑩　《摩訶止觀》卷6，《大正藏》46·77下。

⑪　這兩句說話的意思，表示處於寂靜狀態的是止，在寂靜中常惺惺地發揮覺照、明覺作用的是觀。這樣，止觀是一體的，都是證成法性或終極真理的。不過，止不應是絕對寂靜的意思，不是一切動作、作用都全然停息，讓當事者變成死體，只是相對於觀的恆常地發揮明覺、照明作用而顯得較為閑靜而已。觀具有強烈的動感，在這一點上，止是不可比較的，它是在非常凝斂的狀態。法性與止觀的這種關係，在佛教的脈絡，可視為一種體用關係：法性是體，止觀是用。有些人可能以止為體，以觀為用，這是不對的。止、觀都是工夫論上的名相，指修行的兩種方式，雙方都是由法性發出來的。不過，就純粹力動現象學來說，止與觀都是活動，止是凝斂的、陰柔的活動，觀則是有強烈動感的活動，既然是活動，而且是超越的活動，則自然有力發揮出來，不需為這活動向外求一個體，作為這活動的依據。活動（止觀活動）自身便是依據。關於這點，我先說到這裏，後面論體用問題時會有較周延而深入的闡述。

不是執著），以凝聚精神；觀則是發起正智，歷歷分明地照見諸法。止是定、禪定（dhyāna），有靜態傾向；觀則是慧、智慧（prajñā），動感性強。故止觀又作定慧。智顗在其《摩訶止觀》中，以車的兩輪、鳥的雙翼來比喻，兩者必須相輔而行，才能成事。同時，止觀的修習，需有悲心宏願作為基礎。大悲（mahā-karuṇā）是以拔除眾生的苦惱為志業，誓願即菩薩立下堅定不移的宏願，以教化、轉化眾生為目標。

最後是授藥。我們看下面一段文字：

> 隨其病故，授藥亦異。謂下、中、上、上上。下根……智慧鈍故，斷淫、怒、癡，名為解脫，是為授因緣生法之藥。……次中根人授藥者，……為說因緣即空，授即空藥。上根人授藥者，……得入中道，是為受即假藥。……上上根授藥者，……為如理直說，……入究竟道，是名授即中藥。72

智顗所說的疾病，並不是肉身性的，而是精神性的、心理性的。其中最為根本的，是貪、嗔、癡等。各人所患的病不同，因而菩薩用來對治的藥物也不同。這其實是比喻菩薩在教化眾生時，會按著眾生不同的條件、處境而運用不同而又相應的方便法門來處理，務使各人最終都能得著覺悟、解脫。所謂「下、中、上、上上」，是將眾生的根器分成四等：「下」為根器最低的，「上上」則是根器最高的，「中」與「上」則是介乎兩者之間的。73下根的眾生，其最大的煩惱是淫、怒和癡（這是順著《維摩經》的說法而來）。他們缺乏智慧，看不透事相的本質，以為它們是有實體、自性（svabhāva）的，不知它們是緣起（pratītyasamutpāda）性格的，因而執持不捨，劃地為牢，心靈為所執持的對象所繫縛，不得自由。為了勸化他們，菩薩給他們「因緣生法」的藥或教化，為他們宣講緣起的道理，讓他們明白一切事象都是由因、緣聚在一起而成，其中並沒有甚麼實體、自性，不必執著它們，這樣便能斷除

---

72 《摩訶止觀》卷 6，《大正藏》46・78 下-79 上。

73 在佛教特別是唯識學派有種姓的說法，認為眾生中有一種最為愚癡的，稱為一闡提（icchantika），它們的障業過重，不管你用甚麼方法施教勸善，都沒有作用。天台宗則不認同有這種眾生，它是承著《大般涅槃經》的說法而來，即一切眾生都有佛性，都有成佛的潛能，一闡提也不例外。

煩惱。中根的眾生較有智慧，菩薩可以直接對他們宣說諸種事物的本質：空性（śūnyatā），使他們明白事物當下便是空，故不能對它們起自性執。這是「即空」之藥。至於上根的眾生，其智慧較前二者為高，菩薩既無需授因緣生法之藥，亦不偏面地予即空之藥。我們說一切法都沒有自性，故為空，而「空」自身亦無自性，故這「空」亦是空。這有虛無主義、消極疲弱的傾向，故菩薩強調假名（prajñapti）或假。這假名是用以區別世間事物的，有表示現實世間的意味；同時，假名或假可指助益世間眾生的方便法門。不管怎樣，倘若空表示世間事物都是無自性的話，則假有平衡空的可能有的虛無意味，它表示事物雖終歸是空，但它們是緣起的、現象性的，是我們體證真理和進行救渡眾生的場所，故應該肯定它們，不應捨棄。這是「即假」之藥。至於上上根的眾生，其智慧最高，菩薩可直接跨越空與假二邊，而授予「即中」之藥。所謂「為如理真說」，即直接宣示最高真理，使他們悟入中道（madhyamā pratipad）或中道佛性。中道是超越空有二邊的絕對的、圓融的真理，根器為上上的眾生聽了菩薩的即中的說法，便能善巧地、周延地理解世界：它既不是虛無，也不是實有，而是同時超越這兩邊，又同時綜合這兩邊的真理之域、法界（dharmadhātu）。能這樣理解，便能達致圓覺：圓滿的覺悟。

綜合上面所述，引文提到四種藥方，以對治眾生的四種病痛。這四種藥方可說是代表四種真理層次：因緣生法的真理、空的真理、假名的真理和中道或中道佛性的真理。這樣的安排，其靈感明顯地是引發自龍樹（Nāgārjuna）的《中論》（*Madhyamakakārikā*）的三諦偈：

> 眾因緣生法，我說即是空，亦為是假名，亦是中道義。[74]

這四句偈頌，每一句都代表一個真理層次，並且都與天台宗授藥的說法相應。首句「眾因緣生法」是從現象如何生起來肯定現實世間，同時也隱伏著無自性、空的意涵。這相當於天台宗所言的「因緣生法藥」。第二句「我說即是空」則是從現象無

---

[74] 《大正藏》30・33 中。要說明的是，《中論》的漢譯者鳩摩羅什（Kumārajīva）在這首偈頌上有誤譯，下半偈的梵文不是羅什的漢譯的意思。關於這點，我在自己的很多著作中有提及，在這裏不想重提，也無重提以作澄清的必要。

自性的本質立論，而直接突出空的義理。這相當於天台宗所說的「即空藥」。至於第三句「亦為是假名」則是說否定自性的空，但也不滯於空的潛在的消極意涵，而肯定作為緣起假名的現象世間，同時也帶出菩薩為了普渡眾生而善巧地運用的種種方便法門。這相應於天台宗所說的「即假藥」。最後，第四句「亦是中道義」提出中道超越空、假而又能綜合空假的殊勝性，提出中道為最高真理而結案。這相當於天台宗所說的「即中藥」。

還有一點要注意的是，天台宗說授藥，亦是配合著其判教理論而說。它把全體佛法歸結為四種形態：藏教、通教、別教、圓教。它以藏教的人為下根，故相應地授予因緣生法藥。通教的人為中根，相應地授予即空藥。別教的人為上根，相應地授予即假藥。至於圓教的人，則為上上根，故相應地授予即中藥。由此可見天台宗的判教理論亦以授藥說為依據。

這種知病、識藥與授藥的實踐，有很濃烈的動感意味，也展示天台佛教對眾生的親切關懷。特別是動感方面，它不單指涉具體的行動、苦口婆心地教化眾生；同時，在這種教化眾生的歷程中，菩薩自身的精神境界也相應地自我提升：由因緣生法提升至空，由空提升至假，最後由假提升到中，而成就佛性圓覺。我們可以說，這種以授藥方式來勸化眾生，不但能讓眾生得大益，同時也讓自己得益，在宗教實踐的過程中，在思維與體驗、體證這兩方面，慢慢精進，最後趨於成熟。

在這裏，我想提出一個理論性的理解，這也涉及形而上的動感性格。在空、假、中這幾個觀念方面，智顗是先提空，再說假，最後說中，這種空、假、中的次序，從理解與實踐來說，都是無可厚非的。就理解而言，諸法是緣起而成，故無自性，故是空。但諸法不是絕對虛無，卻各有其狀態與作用，要成就世間生活，便要在這兩方面做些工夫，替諸法立名，立便宜性、方便性的名或假名。但空與假名（有時亦以「有」bhāva，Sein 來說假名，以概括緣起的、非終極性的世界）都不免有所偏頗，不是偏於無（空），便是偏於有（假），因此以中或中道來平衡空與假，超越空與假同時又綜合空與假。在實踐方面，先掌握諸法的無自性、空的性格而不取著它們，同時也在諸法或諸法所成就的世界中實現價值，以開拓豐盛的人生，最後工夫圓熟，成就本質（空）與現象（假）互涵、互動的中道境界。[75]但在存有論上，在超越的存有論上，空、假、中這種次序是可以逆轉的。即是，以中道為基礎，而開出空與假名，空與假名展示作為終極真理的兩個面相：清虛的、靈明的與質實的、凝聚的面相。前者相應於空，後者相應於假名。即是，空與假名是分析性格，它們的存有論的泉源，正是中道。有人可能認為，空與假名的概括性較中道為小，它們兩者的和合，即是中道。即是說，空與假名都是分析性格的，而中道則是綜合性格的。應該以分析的為先，以綜合的為後。如全體與部分的關係，先有部分，才有全體；部分聚合起來，便成就全體，部分是構成全體的。因此，在義理上，分析性的空與假名構成綜合性的中道。我們應該這樣想。若以中道開拓出空與假名，以綜合的中道為分析的空與假名的根基，是悖理的。我個人認為，這些人的想法過於單純、表面，不夠周延與深密。這種想法是知識論的二元格局，甚至是構造論的格局。超越的、辯證的存有論不是這種看法。我們說分析（Analese）是單純的，綜合（Synthese）則是複雜的，分析的應先行，然後才到複雜的，這表面看來的確不錯。但從邏輯上、理論上來說，分析是預認綜合的。例如我們說：這個蘋果是酸的，我們可對這一句子進行分析，把蘋果與酸性分開。但蘋果之能與酸性分開、分析過來，已預認在它們之間的綜合了，起碼是在一種綜合的形式之中，那便是個體物與性質的綜合。空、假名與中道的情況也是一樣，從存有論來說，空與假名都是分析性格，它們都是由中道分析出來；它們本來是存有論地在中道中的。它們存在於中道之中，存在於中道的綜合之中；或者說，中道存有論地便具足空與假名，中道本來便有空與假名的意涵，因此由中道這一綜合可以分析出、分解出空與假名來。[76]

---

[75] 在中道境界這一點上，智顗的思維與西方現象學家胡塞爾（E. Husserl）很有比較與對話的空間。在胡氏的現象學（Phänomenologie）中，有所謂生活世界（Lebenswelt），在這個世界中，現象（Phänomen）與本質（Wesen）結合而成為一體，因而胡氏有本質是具體物（Konkreta）的說法。

[76] 我在這裏所作的思考，靈感來自西田哲學的純粹經驗觀念和我自己提出的純粹力動（reine Vitalität）觀念。這兩種觀念的思維進路，不是知識論的，更不是構造論的，而是存有論的、形而上學的。純粹經驗是一種經驗活動，但這經驗不是感性經驗，而是一種不含有感性內容的活動，說它是超越的活動，亦無不可。在純粹經驗方面，並沒有經驗者與被經驗者的二元分別，但純粹經驗是經驗者與被經驗者的存有論的根源，兩者都由純粹經驗開拓出來。在我的純粹力動現象學

進一步看這個問題。就中道來說，我們可以從分解的角度，把它區分為兩個階段：在開拓出空與假名之先的階段與開拓出空與假名後的階段（分別簡作前階段與後階段）。在前階段，空與假名性質相互對反而又潛藏於中道之中，不能分離，故可視為一個終極的背反（Antinomie）。所謂終極背反是指那些具有終極義、不能向根源處還原的背反。[77]空與假名的背反可施設性地、方便地看作是無與有的背反。這個背反必須從中道中分解、分析出來，才能在中道的義理脈絡下，有妥善的解決，以彰顯中道的存在的與價值的性格。這解決是一重要分水嶺，把中道的前階段與後階段區分開來。

中道作為一終極真理，像純粹力動那樣，是需要實現的、彰顯的。必須要這樣，它的價值才能充分地顯示出來。在這一點上，存有論、工夫論與價值論結合在一起。彰顯的第一步，是把其中所藏的空與假名釋放出來，雙方自身能互動，同時，雙方與中道本身也能互動。空表示宇宙諸法都是緣起性格，不具有自性，這有普遍性（Universalität）的意涵，故是一普遍性原理。假名則表示宇宙諸法不是虛無，而是有緣起性，諸法便是依於它們各自的緣起性，個別地具有其自身的形態與作用，故假名有特殊性（Partikularität）的意涵，是一特殊性原理。中道兼攝這兩種原理，它作為終極真理，比空與假名都更為周延。

以上所論，是中道或中道佛性作為終極真理與空、假名之間的關聯，當然也涉及動感的問題。實際上，中道在天台宗的理解下，是很具動感性的，天台宗以佛性特別是真心來解讀中道，便展示出中道的濃烈的動感，而這種動感是直接關連著對眾生的教化、轉化的脈絡而說的。就義理的層面言，中道或中道佛性是全體佛教特別是印中佛教中最具動感的觀念。至於行動或實踐方面，則這種宗教的動感明顯地是由慧能及其後輩馬祖、臨濟等透過身體力行的方式展示出來。這可見於筆者所提

來說，純粹力動自身是一超越的活動，無所謂認識論或現象論的主體客體，卻是它凝聚、下墮、分化成種種事物，其中有主體的，亦有客體的。現象世界便是在這種脈絡下成立的。

[77] 京都哲學家也曾用過終極背反或絕對背反這一字眼，例如理性與非理性、存在（有）與非存在等。這與他的先輩西田幾多郎所提的「絕對矛盾」是相通的。西田以自我同一來處理這個背反的問題。關於這點，我在這裏無法兼顧，可參看拙文〈西田哲學的絕對無與絕對矛盾的自我同一〉，《正觀：佛學研究雜誌》53, 2010.6，頁 67-161。

的禪的本質之中，這本質便是一種對於現象界諸法的不捨不著的靈動機巧的主體性。這主體性就現實的狀況言，不直接是純然的佛性、清淨心，卻是埋藏於多種背反之中，如生死、有無、善惡、罪福等等。它恆時地處於動感、活動之中，其存在性是在活動中見的。這有化存在歸活動的意味，即是，我們不能靜態地、客觀地證成主體性的存在性，卻是要在它的活動和由這活動所產生的效果而證成其存在性的。它的存在性只能在活動的意義脈絡中說。就慧能禪來說，他提出無一物的存有論命題，又提出無念、無相、無住的三無實踐，特別是無住可以接上《維摩經》的從無住本立一切法的觀點；後者顯明地標示出一切法的基礎在無住的根本實踐。[78]而無一物也不光是存有論意義的，它也帶出不執取任何一物、不住著於其中的工夫論意涵。這樣，我們可以看到慧能對無一物的存有論的解讀的工夫論的轉向。這種轉向為後來馬祖與臨濟的極為濃烈的動感禪法播下了種子，打開了大門。

十二、總的評論（續）

以上所評論的，是在縱軸方面的動感問題，這部分的評論比較多。以下要就縱軸方面的對世間的關心與認識問題作些回應，及在橫軸方面的宗教現象學的自我設準問題上作些評論。

---

[78] 《維摩詰所說經》（《維摩經》）卷中云：「（文殊師利）又問：善不善孰為本？（維摩詰）答曰：身為本。又問：身孰為本？答曰：欲貪為本。又問：欲貪孰為本？答曰：虛妄分別為本。又問：虛妄分別孰為本？答曰：顛倒想為本。又問：顛倒想孰為本？答曰：無住為本。又問：無住孰為本？答曰：無住則無本。文殊師利，從無住本立一切法」（《大正藏》14·547下。）又，有關「從無住本立一切法」的觀點，牟宗三先生論之甚深甚詳，參看他的《佛性與般若》下，頁675-760。另外要澄清的是，「從無住本立一切法」與「無一物」對事物表示不同取向，一是要否定掉、無掉一切事物，一是要建立一切事物。這並不表示矛盾。「無一物」的物是指被執取的、作為對象看的事物；「從無住本立一切法」的「一切法」是指在正確的觀點、無執的脈絡下要肯定的事物。天台宗智顗在他晚年的著作《維摩經略疏》中，以從假入空觀與從空入假觀分別發揮他的一心三觀中的空觀與假觀。從假入空的意思是「破法折伏」，是破除對種種事物的虛妄執著，這並不表示要捨棄世間，只是要破執而已。從空入假的意思是「立法攝受」，這是要在緣起的非有非無、亦有亦無的中道觀點下安立種種事物，要以空、假、中三者作為基礎來建立世間法。有關智顗的「從假入空」與「從空入假」的提法，參看《維摩經略疏》卷3，《大正藏》38·597中。

首先是對世間的關心問題。在這一點上，我們幾乎可毫無疑問地概括地說，大乘佛教對世間的關心一直都是很熱切的，它強調要普渡眾生，這便必須預認對世間的眾生的關懷。特別是在佛性圓覺方面來說，圓覺的「圓」的意義，已有了廣泛地、甚至無限制地關愛眾生的覺悟的意味在裏頭。如天台宗智顗大師的「煩惱即菩提，生死即涅槃」和《維摩經》的「諸煩惱是道場，淫怒癡是解脫」這些說法，都強烈地展示宗教現象學意義的理想如菩提智慧的證成、涅槃境界的達致、道場（覺悟之場）與解脫的圓成，與表示染污、虛妄執著的要素和行為如煩惱、生死、淫怒癡等有非常密切的關連。就智顗和《維摩經》的作者的看法言，菩提、涅槃、道場、解脫的有效的外延（extention），在實踐上是與煩惱、生死、淫怒癡的是完全相同的。即是說，菩提、涅槃、道場、解脫這些理想，必須而且只能在煩惱、生死、淫怒癡這些負面的活動中求取，完成；離開了這些負面的活動，這些宗教理想便無從達致。宗教理想是指地面的、現實的、世間的宗教理想，是以我們人與其他眾生為主的。我們不可能設想宇宙間有一個特別的世間，那裏充滿著菩提、涅槃、道場與解脫，我們可以撤離這個充塞著煩惱、生死、淫怒癡的骯髒世界，到那個特別的世間尋找、實現菩提、涅槃、道場、解脫。這種想法是完全不切實際的，也是完全不能實現的。我們是以雙腳踏著大地生活的，要實現宗教理想，到頭來還是要踏著大地的世界來做。這種思維，自慧能開始，到馬祖、臨濟，已趨於成熟，為廣大善信所承受。越是窮兇極惡的，便越需要愛心與耐性，在日常生活中向他們進行教化、轉化。日本的淨土真宗的著名僧人親鸞曾經有「惡人正機」的說法，表示愈是兇殘的人，便愈需要對他關照、幫忙，他愈是我們要教化、轉化的對象。這與我們目下的論題也有關係。馬祖道一和南泉普願所說的「平常心是道」，也是在這種思維脈絡下提出的。我們在日常生活中所發出的剎那一念心，都是未經深思熟慮而出現的，這多是虛妄的、計著性格的心，與智顗的「一念三千」的一念相近似。這便是虛妄、計著的心念，宗教理想或道，便是要從這平常心做工夫。慧能的名言「心迷法華轉，心悟轉法華」也有相近似的意思。心迷是平常心的迷，要覺悟，還得在這平常心中下工夫，轉迷成覺。除了這平常心，沒有其他的工夫的落腳處了。進一步說，平常心是一個背反，是淨與染、生與死、善與惡、有與無所成的一個背反。宗門中的大批公案，不外要傳達「平常心是道」這樣一個訊息而已。

最能反映禪對世間的熱切關懷的作品之中，有宋代廓庵禪師的〈十牛圖頌〉。廓庵是大隨元靜的法嗣，在法脈上屬臨濟宗。他的〈十牛圖頌〉生動地展示出一個大乘的僧人在修道上的十個歷程。由第一歷程「尋牛」經「見跡」、「見牛」、「得牛」、「牧牛」、「騎牛歸家」、「忘牛存人」等七個歷程，到第八歷程「人牛俱忘」，顯示出修行者的自我內修，精進不斷地積聚功德（guṇa）的過程。最後功德圓滿，覺悟到宇宙與人生的真理而臻於主客雙忘的終極境界。然後經「返本還原」而下落到俗情的世間，以無比的悲願與耐心去教化、轉化眾生，而得覺行圓滿。這是〈十牛圖頌〉的最後階段，為「入鄽垂手」。[79]在這整個歷程的系列中，前八圖頌相當於智顗大師所說的功，後二圖則相當於用。以淨土教法的詞彙來說，前八圖頌合起來成「往相」，後二圖合起來是「還相」。

由上面所闡述的內容看，佛性圓覺對世間的關懷，是毋庸置疑的。但關心眾生的苦痛煩惱，而要幫助他們離苦得樂，需要具足對世間的知識和一些專門的技術，也是確定的。有一個人要跳樓自殺，你想勸止他，挽救他，把他從死亡的邊緣拉回來，得有有關他的身世及尋死的原因等方面的知識才行；同時也要有專業的遊說技巧，把他說服才行。這可總說為客體知識。佛性偏覺與佛性圓覺都不大注意與重視對客體方面的知識的建立。在這一點，他們與儒家王陽明都顯露出弱點。王陽明講知識，只提「溫凊奉養」事項，未能正視認知活動是外於道德實踐的另一獨立的學術領域。[80]至於佛性偏覺，《勝鬘經》有「建立眾生」字眼。[81]但這不是指要從知

---

[79] 〈十牛圖頌〉可說是展現出一個大乘禪者的圓滿的修道歷程的寶典，在日本方面，不斷有人拿來作禪修的參考和哲理的研究，可惜在我國學界，留意的人很少。以下謹介紹對這部古典文獻的解讀與探討的資料。從修證（實修實證）的角度看的有：山田無文著《十牛圖：禪の悟りにいたる十のプロセス》（京都：禪文化研究所，1999）；Zenkei Shibayama（柴山全慶），*A Flower does not Talk: Zen Essays*. Tr. Sumiko Kudo, Rutland: Charles E. Tuttle Company, 1975。從義理方面入路的有：上田閑照、柳田聖山著《十牛圖：自己の現象學》（東京：筑摩書房，1990）；橫山紘一著《十牛圖：自己發見への旅》（東京：春秋社，1996）；吳汝鈞著〈十牛圖頌所展示的禪的實踐與終極關懷〉，吳汝鈞著《游戲三昧：禪的實踐與終極關懷》（臺北：臺灣學生書局，1993），頁 119-157。

[80] 有關王陽明對知識問題的態度，參看勞思光先生著《中國哲學史》卷 3，上（香港：友聯出版社，1980），頁 441-450；拙著《儒家哲學》（臺北：臺灣商務印書館，1995），頁 187-189。

[81] 《大正藏》12・219 上。

識方面培養、建立眾生，讓他們對世間事物具有一定的知識；卻是指從宗教救贖的角度來扶持眾生，讓他們最後都能達致覺悟成佛的宗教理想。在佛性圓覺，天台智顗說到一心三觀思想中的從空入假觀時，以「立法攝受」字眼來說，[82]這與知識的建立也無關聯。「立法」是肯定世間法，不遠離世間而到偏僻的地方去修行。「攝受」是把眾生安定下來，使他們隨順真理。這立法攝受也是從達致宗教理想一面說。不過，其中也有少數例外之處，在其中，智顗比較認真而具體地說到知識的問題。在《摩訶止觀》中，智顗談到作為真理的中道或中道佛性具有三方面的性格，其中一方面性格是功用性。如上面所說，他以功用的運作比喻為治病，並將這過程分為三個階段：知病、識藥、授藥。知病與識藥表示要驗證得對方所患的是哪種病，要弄清楚應該用哪種藥來治療。但這只是打譬喻來說，這裏的所述，並不是真的指肉體上的疾病，而是指人在精神、心理上的病痛。而「識藥」中的「藥」，也不是指實際的藥物，而是指渡化眾生，使他們得到覺悟的法門。即是說，智顗說的這些知識，並不是以一種純然是求知識之心去對種種事物建立知識，他只是在普渡眾生這一宗教的大理想下來說知識，來求取知識。在他的想法，知識只有附屬的地位，附屬於宗教理想的達致，而無獨立的地位。離開了宗教理想，一切知識都無從說起。舉一個例子來說，一個人不幸被汽車輾過，雙腿受到重傷，骨頭都折了，智顗大師在場，能做甚麼呢？他或許會說些因果報應的道理，說傷害是因緣和合而成，沒有自性，所以傷者會痊癒。這些話對傷者有甚麼用呢？他的心情可能會平靜些，但畢竟不實際管用。他痛苦萬分，在這種情況，他需要一個外科醫生幫助他，醫生憑著他的專業的骨科知識和嫻熟的開刀手術，為傷者檢查，判準傷勢，然後施手術治療。大師即使說盡千言萬語，不及醫師引刀成一快。智顗或天台宗的法師缺乏相關的知識與專技，畢竟幫不上忙。

南宗禪的情況也好不到哪裏去。對於南宗禪者來說，標示禪的宗旨的「教外別傳，不立文字，直指本心，見性成佛」的口號已很明顯地說出禪是超越經教與文字，而直接地在本心方面作工夫，體證自家的本性亦即是佛性而成佛。傳說這幾句口號是發自菩提達摩（Bodhidharma）本人的。關於這點，從佛性偏覺與佛性圓覺的

---

[82] 智顗著《維摩經略疏》卷3，《大正藏》38·597中。

差異來看，也不無道理。達摩強調清淨的真性，進行壁觀修行，直接從本心本性入路，最後體證之而得覺悟。此中的本心本性，應該是屬於佛性偏覺的即清淨心是佛的思維形態。倘若是這樣，把自家放在經教之外，又不運用文字，知識便完全無從說起；參悟真理又以壁觀為根基，則一切技術也不能說。這是壓縮知識與技術。達摩禪是這樣，以慧能為開祖的南宗禪也認同，則禪的確是輕視甚至要廢棄認知活動了。

在慧能禪中，其實並不排斥文字，反而教人尊重文字，不要違背經教。《壇經》說：

> 執空之人有謗經，直言不用文字，人亦不合語言。只此語言，便是文字之相。[83]

又說：

> 直道不立文字，即此不立兩字，亦是文字。汝等須知，自迷猶可，又謗佛經。不要謗經，罪障無數。[84]

這幾段文字的意思，都很清楚。慧能的確不反對運用文字，不違離經教。[85]但這只表示慧能對文字、經教的容忍態度而已，並不表示他正面提倡認知活動，對世間事物建立客觀的、有效的知識。《壇經》也沒有提倡人要掌握專業技能的意向。經中反而說：

> 惠（慧）能沒伎倆，不斷百思想。[86]

---

[83] 《大正藏》48・360中。

[84] Idem.

[85] 這兩點與達摩禪的宗旨「教外別傳，不立文字」的確不同。這是我們說慧能禪不同於達摩禪的理據之一。

[86] 《大正藏》48・358中。

在說到無念的工夫修證時，慧能教人「離諸境，不於境上生心」，[87]境即是對象，是認識心所要處理、認知的東西。慧能教人不要涉入這些東西中，避免生起執著這些東西的心念。這雖然不是反對對這些東西建立知識，但亦絕對沒有提倡成立這些東西的知識的意向。

總括上面所論述的佛性圓覺的對世間的關懷與知識的態度，很明顯地可以看到一個嚴重的鴻溝。一方面，佛性圓覺表現出對世間的熱切的關懷，普渡眾生是這種思想的終極的宗教目標；另方面，它在對世間的理解、對對象世界的知識方面持消極的態度，只是有限度地倡導宗教知識。這便出現一個難以克服、解決的困難：眾生無量，他們的苦痛煩惱無盡，沒有有關世界方面的多元的知識和技能，只靠貧乏的一些宗教知識，如何能普渡眾生呢？有人可能會說，普渡眾生是一種精神性的志業，只要從精神上、心靈上著意、作工夫便可，有關世間的知識與技術並不重要，也不急切。這種理解實在是似是而非。普渡眾生的確是精神性的、心靈上的志業，但不能單靠精神性的、心靈上的入路來完全解決。對於一個痛苦萬分的垂死病人，應如何做呢？先替他治病，抑為他開示緣起無我的真理呢？當然是治病要緊。但倘若你沒有醫學知識與技能，便只能對他說法，法未說完，他可能已死了。雖然佛教有輪迴之說，但人已死了，要他往生淨土，乘願再來，是不切實際的。佛祖釋迦牟尼（Śākyamuni）當年是因食物中毒而死的，那可能是他缺乏世間的醫學知識，分辨不出食物有毒，便吃了，也圓寂了。

以上是從縱軸一面評論佛性圓覺。下面轉到橫軸一面，看佛性圓覺的宗教現象學的自我設準問題。佛性圓覺的自我形態，毫無疑問地是迷覺背反我。在這種自我中，迷執與明覺性質相反，卻又總是相互牽纏起來，而成為一體，不能分開。對這種自我的拆解，不能依常識的想法，以明覺的一邊來克服迷執的一邊，而使自我變成一個明覺的自我。其理由是，如在上面屢次提到，明覺或法性與迷執或無明在存有論上是對等的，雙方具有相同的力量、層次，不能以一方克服另一方。解決這個背反的途徑只有一種：隱伏在背反內而又與背反結成一體的主體性或自我直接向上衝刺，突破背反，超越背反的兩邊而敻然獨立。這是一場決定生死的鬥爭，不成功

[87] 《大正藏》48·353 上。

便成仁。即是說，倘若不能突破背反，主體性便向下沉淪，最終崩解掉，不復存在。故主體性能否突破背反，而展示自己的明覺，是關鍵點。而如何強化主體性，把它建立為一具有足夠力動、無堅不摧的主體性，便要靠平日的工夫修為了。

對於這個背反性格的自我，天台宗特別是智顗大師稱為「一念無明法性心」，他是以心說我的。一個人在迷執時，是這個自我，在明覺時，也是這個自我，迷執與明覺是一體的，這可以稱為「迷覺同體」、「迷覺背反我」。一念無明法性心便是要表示這種比較複雜的自我，只是所用詞彙不同而已：無明（avidyā）相應於迷執，法性（dharmatā, dharmatva）相應於明覺；一念無明法性心則相應於迷覺背反我。這樣的複合觀念，是佛學以至哲學方面挺難明瞭的，其中有辯證性，或弔詭性。在一念中有迷有覺，有無明有法性，而且又是同體，沒有分開而以一方克服另一方而得出線機會的可能性。要徹底拆掉這個背反，只能讓又是同體的主體性從內部醒覺，透顯出來，突破背反的牽纏，讓背反連同背反的雙方自動崩解，問題才能解決，覺悟、解脫才能說。說得更清徹一些，更有分析性，迷執的主體性與明覺的主體性是同體的，雙方同時兼作為這同體的體的主人，由於存有論上的對等性，沒有一方能克制、摧破另一方的可能性。必須由作為這同體的體以主體性的身分突越出來，突破這同體的體的迷與覺的二元相待性（Dualität），讓這二元相待性崩解下來。這邊二元相待性崩解下來，那邊主體性即成為絕對的、無相的主體性，這絕對無相的主體性是終極的、最高的主體性。有一點非常重要的是，我們超越、突破背反的能力，不在外面，不管那是阿彌陀佛也好，上帝也好。從理性的立場來說，這種力量應來自那潛在於背反之中的主體性，它內在於背反之中，而又與背反的兩端有同體的關係。天台所提的一念無明法性心，是把法性與無明歸於同一的根源，這即是惡性相與善性相的背反，這背反的主體性內在於背反之中，而為其體性。它的突破，會摧破背反的相互對峙的兩端，如善與惡。這雙方都失去了原來的一端的意味，而相即起來：即惡性相是善性相。這樣，背反被克服，埋藏在背反之中的主體性便無礙地透露出來，而為絕對的、無對的主體性。這也是佛性圓覺的作為佛性的最高主體性。再進一步說，無明、法性與隱伏於其中的主體性合成一個三位一體（Trinität）。這三位一體的結構不是終極的，而是達致終極目標的發展的一個歷程（process）。主體性最後需要突破無明與法性的背反性格，讓後二者所成的相待性崩解，主體性敻然展露，獲致佛性圓覺的終極目標。

在宗教活動上突破背反以求覺悟的生機而得解決，特別是在禪的突破大疑團而向空轉進，是京都哲學家久松真一、西谷啟治和阿部正雄等人所積極提倡的。在這一點上，禪特別是南宗禪的典籍也時常提到這一點，意思是一樣的，但表達的方式和所用的詞彙有不同。它喜歡就善惡的問題說：要突破善與惡的對反，不執於善，也不執於惡，讓心自由思量，自由活動便成。關於這點，除上面提到慧能要人「不思善，不思惡」外，在他處也有提出，那是聚焦在善與惡的同時否定一點上。例如《壇經》說：

兀兀不修善，騰騰不造惡。88

又說：

佛性非常非無常，……佛性非善非不善。89

又說：

但一切善惡都莫思量，自然流入清淨心體。90

又說：

若是一切人，惡之與善，盡皆不取不捨，亦不染著，心如虛空，名之為大。91

又說：

---

88 《大正藏》48·350 中。
89 《大正藏》48·349 下。
90 《大正藏》48·360 上。
91 《大正藏》48·350 中。

汝若欲知心要，但一切善惡，都莫思量。[92]

大體上，在慧能看來，善惡的背反在一般人的生活中，是時常存在的。善惡的道德義也很明顯。因此，他要人突破這善惡的背反，歸於無善無惡的心靈境界，不對善惡的背反起執，也不對其他背反起執，卻是要從種種背反中突破上來，才有出路。同時，善與惡有比較濃厚的道德意味，慧能似有如下意思：我們要先對善惡的道德意識與道德行為不起執，要突破、超越道德的相對的領域，才能談宗教的覺悟、救贖問題。這種在存有論與工夫論上把宗教問題放在道德之上，要先處理好道德問題，才能及於宗教問題的觀點，與京都哲學家阿部正雄的立場頗似。後者認為，道德必須被超越、被克服，才能臻於宗教的境界。宗教不是存在於善惡對立的道德世界的延續線之中，而是通過道德世界的崩壞，才有宗教世界的現成。[93]

天台宗智顗大師的「一念無明法性心」觀念發揮到南宗禪，從思想史方面來說，聚焦於「平常心」。[94]我們的日常生活中自然而出的，是未經反省的心念，其

---

[92] 《大正藏》48·360 上。

[93] 阿部正雄著《非佛非魔：ニヒリズムと悪魔の問題》（京都：法藏館，2000），頁 22-23；拙著《純粹力動現象學》（臺北：臺灣商務印書館，2005），頁 284-287。

[94] 平常心觀念主要出現於南宗禪方面。在達摩禪、早期禪和北宗禪中，不多見到。它是辯證的、弔詭的，因而是綜合的性格；禪門中只有南宗禪是走這條路向的。較細密地說，如來禪以如來藏自性清淨心為依據而發展開來，此中包括達摩及早期禪、北宗禪、神會、宗密禪，與華嚴宗的性起思想相近，宗密的同時能作為禪與華嚴的祖師，其理由在此。祖師禪則屬另一路向，在存有論上說背反心，在工夫論上則強調對背反心的突破。天台宗的一念無明法性心在先，南宗禪的平常心在後，在思路上，或思維形態上，兩者一脈相承。不過，有一點要指出，在思想史來說，南宗禪以平常心的背反性格來承接天台宗的一念無明法性心，平常心也好，一念無明法性心也好，是存有論義的，以背反作為存有性的焦點。光是這種背反自然只有經驗義，沒有現象學義、價值義；這背反必須要作一工夫論的轉向，透過工夫實踐來突破背反，現象學義、價值義才能說，也才能說覺悟、解脫。但在南宗禪的個別禪師中，例如馬祖與臨濟，以工夫論來說平常心，因而在這樣的平常心中，背反已被克服，這樣，平常心便不是一個存有論的觀念，而是一個工夫論的觀念。馬祖便曾說：「道不用修，但莫染污。何為染污？但有生死心、造作趨向，皆是染污。若欲直會其道，平常心是道。何謂平常心？無造作，無是非，無取捨，無斷常，無凡無聖。……只如今行住坐臥，應機接物，盡是道。」（《江西馬祖道一禪師語錄》，頁 7 左-8 右。）臨濟也說：「無事是貴人。但莫造作，只是平常。」（《臨濟錄》，《大正藏》47·497 下。）馬祖與臨濟在這

中含有種種背反，這些背反可以承著一念無明法性心而來，基本上與後者是相同的模式。因此，它也像一念無明法性心那樣，其背反需要被突破。

十三、體用問題

平心而論，佛性圓覺的思想，在佛教（印度佛教、中國佛教、西藏佛教、日本佛教）各派思想來說，應該是最難理解的，同時也是最具洞見（Einsicht）的。特別是其中所涵的背反的思維和它的突破，同樣令人頭痛，我亦只能做到這個程度了。到了這裏，本章的探討應該可以結束了。不過，我再審視全章的內容，覺得這種思想的圓融性格還未能充分展示出來，而這種性格在一個理論體系之中，有其不可取代的意義，特別是在替我們的日常生活提供較好的、較充實飽滿的品質方面，尤其重要。哲學的目標不單是在知性方面探尋宇宙與人生的真相、真理，它還應有一種有務實傾向的作用，建立我們對於生活模式的價值觀，然後依這價值觀而生活。倘若要在佛性偏覺與佛性圓覺之間考量這個問題，我們可以說，圓融的生活較破裂的、疏離的生活為好，或有更高的價值（生活價值）。佛性偏覺在這一點上便不及佛性圓覺。前者有疏離理想與現實、超越與經驗的傾向；後者則有把理想與現實、超越與經驗雙方拉在一起而謀求一種圓融關係的意涵。但要達致圓融的生活，必須要付出代價，作多一些的工夫，突破、克服埋藏在佛性圓覺中的背反。有關這一點，倘若仔細地審視一下體用問題，便會比較清楚。因此，下面要探索的，便是體用問題。

體用問題一方面是一個存有論問題；它關涉到本體、實體的存在與本體、實體的作用，與由此作用而得的、導致的結果。另方面，體用問題是一個工夫論的問

裏說「平常心」或「平常」，是從工夫論方面說。在日常生活中，若能做到不造作，對事物不起二元對待的分別意識，也不執著它們，這需要深厚的工夫涵養才能做到。這種心靈境界，自然是高於、超越於一念無明法性心的。至於我們平日對於眼前事物有一種心念，想東想西，則有清淨的和染污的成分在裏頭，是有「造作」的。這種心念相應於一念無明法性心，有背反在裏頭，在背反方面起分別、執著的活動。這樣的心念是現象論義、經驗心理學義，不是現象學義的（phänomenologisch），是要被轉化的，由一個存有論的概念轉為一個工夫論的觀念，覺悟、解脫才能說。我們理解南宗禪，應該注意及這兩個意義層次。

題；它展示出我們如何從用方面，或種種事物與活動去追溯它們的源頭、根源。體與用的互動、交相融攝可以提升我們的生活質素，由破裂形態轉向圓融形態。特別是在佛性圓覺方面，所謂圓，或圓融，與體用問題是分不開的：體發展為、表現為用，用溯源至體，顯示體；由體達用，由用歸體，雙方有一種相即不離的圓融關係。這種關係，頗有《法華經》（*Saddharmapuṇḍarīka-sūtra*）所盛發的本跡、權實關係的意味，也通於現代哲學的本體（noumena）與現象（phenomena）的關係，及在工夫論上如何綜合本體與現象而達致圓融、圓滿的理想生活，解決本體與現象的分離的理論困難。

不過，這些說法都嫌空泛，不夠具體、確定，讓人有太多聯想的空間，因此有進一步探討的必要。特別是圓融的生活的精確意義是甚麼，如何達致這種圓融的生活，它的價值義如何才能鎖定下來。這些都是與佛性圓覺有非常密切的關係的問題。而圓融、圓融的生活與佛性圓覺中的圓義的關係應如何思考、如何建立，更是首先要探討的問題。在這裏，讓我們先回顧一下本章上面所涉及到的佛性圓覺的圓義。一、圓有周遍、周延義，有明顯的對全體加以概括而不是偏於部分的意義。這個意思，在與華嚴宗被譏評為「緣理斷九」的說法相比較，顯得更為特出。所謂「緣理斷九」，是向終極真理鑽牛角尖，越鑽越深，忘記了九界眾生仍生活在苦痛煩惱中。[95]這種周遍、周延義顧及一切眾生，無有偏私。由於眾生是平實地在大地過生活的，你的法雨甘露遍潤他們，這便有真而且實義。實是就眾生所成的現象世界、經驗世界言的。二、佛性圓覺是認識論同時也是存有論意義的。在認識論方面，覺照一切法都是緣起無自性，都是空。這種空的認識論（Erkenntnistheorie der

---

[95] 按這是天台宗人對華嚴宗的教法所作的嚴刻的批評，抨擊後者只關心和追求佛的覺悟，而捨佛界之外的、仍在生死苦海中的九界眾生於不顧。這九界眾生是菩薩、緣覺、聲聞、天、人、阿修羅、畜牲、餓鬼、地獄。這種批評，不無道理；我在上一章中便列華嚴宗的思想屬佛性偏覺，「偏」即有這個意思。不過，九界中的菩薩（bodhisattva）、緣覺（pratyeka-buddha）、聲聞（śrāvaka-buddha）這三階的眾生，已經得覺悟；特別是菩薩，他早已得覺悟，隨時可以提升到佛的境地而入涅槃。他留有肉身煩惱，不入涅槃，只是要保留肉身，和有限量的煩惱，在世間方便渡生而已，所謂「留惑潤生」，惑即是煩惱（kleśa）也。另外，緣覺與聲聞亦已得覺悟，只是缺乏大悲宏願，只著力於個人的覺悟，不關心其他六界眾生的覺悟而已。至於此外的其他天、人等六道，則的確仍在生死苦海中。故說「緣理斷六」，較為妥當。

Śūnyatā）保證了開悟的可能性。同時，佛性在覺照一切法的當兒，同時亦實證諸法的存在性，它們都具有存在論的意涵。用天台大師的用語來說，佛性是以建立諸法（「立法攝受」），成就一個完整無缺的現象世界或經驗世界為務的。另外，圓表示超越而又內在的性格。佛性是超越的主體性，具有充量的普遍性。但它也有內在性，內在於諸法之中，成就它們的存在性。佛性即是法性（dharmatā, dharmatva），是諸法的本性、本質。三、在覺悟的方法上，佛性圓覺的覺悟方式是頓然的、圓頓的，不分階段的。憑著平時不斷努力精進，一朝契機到來，覺悟智慧的火花一瞬間迸發開來，不分漸階，也不講歷別。[96]四、佛性圓覺不必如佛性偏覺那樣，要透過超越的分解，以確立一純淨無染、純善無惡的主體性作為覺悟的主體。這主體是眾生超越地便具足的，只是由於現實的關係，常為經驗世界各種染污的因素所遮蔽、纏繞，不能起明覺、覺照的作用。因此，在實踐上，需要作「時時勤拂拭」的工夫。通過這種工夫，分解性格的超越的主體性便能盡發本有的明覺，最後覺悟成道。佛性圓覺則強調非分解性格，而是綜合性格的一念無明法性心，或平常心，內藏無量數的背反。覺悟的關鍵在作為超越的主體性的佛性能否對背反作直接的、直下的突破，讓背反自動崩解，佛性顯露光明，當下成就正覺。此中的圓義，顯現於佛性對背反雙方的清淨與染污、善與惡等的內涵同時兼容，不以超越的分解的方式把佛性與染污的、惡的要素區隔開，也不排斥後者，覺悟的達致，是佛性從性格相反而又相互牽纏的要素所成的背反內部突破開來，同時超越清淨與染污、善與惡等所成的二元性，而成一圓融而無對的、絕對的主體性。此時，一切染污與惡的東西可以保留，在必要時作為惡的法門被方便施設，作渡化眾生的用途。圓或圓融的意思正展示於對於染污與惡的東西的同時容受之中。五、這也是最後一點，佛性圓覺有很強烈的動感義，與佛性偏覺不同。這種動感性的覺悟，一方面能悟得一切清淨法都無自性，都是空，故不能因為它們的清淨性而執取之，抓著它們不放手。同時也悟得一切染污法同樣是無自性，是空，自然也不執取之。對於這清淨法與染污

---

[96] 天台宗智顗認為圓教與別教有不同的覺悟方式。別教是「歷別入中」，經歷無數階段，層層上升，甚至需經歷劫修行，才能成辦。「中」即是中道佛性，是別教與圓教對終極真理的稱法。圓教則是「圓頓入中」，不由漸階，更不需歷劫修行，而是頓然的、一下子的覺悟，而且是一生可辦，在此生即能成辦，不需等到下一期的生命歷程。

法，同時證成，這便是圓覺中的「圓」的妙義。這種「圓」進一步可有一勝義，便是把清淨法與染污法同時綜合起來，讓染污法轉成清淨法，而更助成原來的清淨法，產生更強大的圓覺力量，使佛性圓覺的作用更快速地、更廣泛地展開，讓頓悟發揮更好的效果。

以下我們回歸對體用問題的探討。就佛性圓覺所涵攝的宗派言，天台宗與南宗禪都很重視體與用這兩個範疇（Kategorie），而且都有較明確的說法。上面我們曾詳盡地探討過智顗的「功用」或「用」觀念，但未有怎樣把它關連到「體」方面去，這裏要作些補充。智顗基本上認為，真正的功用或用，是要從體方面發出的，但這體只有較輕微的體性義，表示用的凝聚在一起，而互動起來，儼然是一種用的組合。這不能被視為實體（substance）或自性（svabhāva）。首先，智顗批判通教的二諦觀念，認為這種二諦觀不立作為體的中道，即不立「中道體」。❾❼沒有體或中道體的話，就不能生起作用，以普渡眾生。智顗在《法華玄義》卷 2 便也批評通教的中道為沒有功用，只是別異於空，作為對空義的補充而已。❾❽在他看來，只有中道佛

---

❾❼ 智顗著《維摩經略疏》卷 10，《大正藏》38·702 下。在這裏，智顗說得太省略，需要解釋一下。按二諦（satya-dvaya）指真諦（satya），又稱勝義諦（paramārtha-satya），這是指空而言，和俗諦（saṃvṛti-satya），指假或假名而言。雙方分別相應於超越的真理與經驗的真理。前者可泛指宗教、哲學知識，後者則可泛指科學知識。這二諦的說法，是龍樹（Nāgārjuna）開創的中觀學（Mādhyamika, Madhyamaka）所大力提倡的。另外，他又說中道。龍樹的原意，是以中道來補充空義，並未有視中道為一獨立的真理或諦。這涉及鳩摩羅什（Kumārajīva）對龍樹《中論》（*Madhyamakakārikā*）的三諦偈的誤譯和智顗的誤讀問題。關於這點，我在自己的著作中，曾多次提及，這裏不擬重複說了。對於中道（madhyamā pratipad），智顗是以佛性來解讀的，故有「中道佛性」的複合詞的出現。佛性略有體性義，中道佛性自亦應有體性義，光是中道是沒有體性義的。智顗在他的判教中，把般若思想、中觀學和《維摩經》都收入其中。他認為，中觀學是二諦論，雖亦說中道，但這中道是懸空的，沒有正面內涵的，它不是體，不是「中道體」。只有別教和圓教的中道通於佛性，故有體（體性）可言。

❾❽ 《法華玄義》卷 2，《大正藏》33·704 下-705 上。智顗的批評的原文為：「當教論中，但異空而已。中無功用，不備諸法。」按在這段文字的脈絡中，智顗是談及別教如何引領通教以提升它的義理的。他所說的「當教」，是指通教。他認為，通教說中道，只是以另一種方式來說空而已（在上面註❾❼中，我已提到龍樹的中觀學對中道的理解，是視之為對空義的補充），這種中道只是在說法上與空不同，不是本質不同；這本質是從是否具有功用，和具足諸法來說的。關於這點，參看拙著 Yu-kwan Ng, *T'ien-t'ai Buddhism and Early Mādhyamika*. Honolulu: The University of

性具有或即是中道體，具有足夠的作用以轉化眾生，空或中道都嫌軟弱，不能成事。智顗的總的意思是，通教的二諦觀不談中道體，因而不具有功用；沒有功用，便不能勸化、轉化眾生。在這裏，「體」與「用」的字眼已出來了，體用關係實已呼之欲出。

但智顗仍然嫌不足，最後他以法身與應身的三身法的內容來說體用關係。一般的理解是，法身（dharma-kāya）是精神主體，應身（nirmāṇa-kāya）則是法身行使功德（guṇa）以渡化眾生的變化身（apparition）。這應身可以任何形態的外貌出現，端看當時情境特別是被救渡的眾生的情況而定。佛和菩薩有這種本領。在這一點上，智顗說：

> 初得法身本故，即體起應身之用。[99]

又說：

> 法身為體，應身為用。[100]

又說：

> 由於應身，得顯法身。[101]

又說：

> 由此法身，故能垂不思議應用之跡；由此應用，能顯法身。[102]

Hawai'i Press, 1993. pp.59-60.

[99] 《法華玄義》卷 7，《大正藏》33·764 下。

[100] 智顗著《維摩經玄疏》卷 4，《大正藏》38·545 中。

[101] 《法華玄義》卷 7，《大正藏》33·764 下。

說來說去，無非是以法身為體，應身為用，以建立體用關係。而「顯」、「本」、「跡」的字眼，更讓人聯想起智顗所宗的《法華經》所說的「從本垂跡」、「發跡顯本」、「開權顯實」的說法。權即是跡，實即是本。

南宗禪繼承了智顗的體用思想，繼續強調體的動感。慧能先以真如（tathatā）來說體用：真如即是念之體，念即是真如之用。[103]又以清淨心體具有寂、用的動靜狀態，[104]可謂體用一如。又以法性（dharmatā, dharmatva）的生滅現象來說體與用；就生滅這些現象來說，法性是它們的體，五蘊（pañca-skandha, phuṅ po lṅa）是它們的用。生滅分開來說，生是從體起用，滅是攝用歸體。[105]熊十力先生吸取了這些字眼，展示他所選取的思維導向是攝體歸用。[106]對於這從體起用的體，慧能有時以自性來說。[107]如上面提到，他的自性是指佛性而言，因而佛性便有體性的意味了。這與智顗的中道體、中道佛性的觀念是相通的。以上所說的用，顯然是以顯現、作用、事件為主。最後，慧能索性以萬法來說，即是，萬法、千百萬物體，都是自性起用的結果。[108]這便把體用問題複雜化：由體說用，由用說物體、萬法。

南宗禪自慧能以後，大抵都是沿著佛性圓覺這一路向發展下去，只有神會與宗密有些例外。但神會仍守住體用關係的架構，他說：

> 本空寂體上，自有般若智。[109]

---

[102] 《維摩經玄疏》卷 4，《大正藏》38·545 中。

[103] 《壇經》，《大正藏》48·353 中。

[104] 《壇經》謂：「（清淨心體）湛然常寂，妙用恆沙。」（《大正藏》48·360 上。）

[105] 《壇經》謂：「法性是生滅之體，五蘊是生滅之用。一體五用，生滅是常。生則從體起用，滅則攝用歸體。」（《大正藏》48·357 上。）

[106] 參考拙著《純粹力動現象學》，頁 10-12。

[107] 《壇經》謂：「生六識，出六門，見六塵，如是一十八界，皆從自性起用。……用由何等？由自性有。」（《大正藏》48·360 中。）又謂：「一切般若智皆從自性而生，不從外入。」（《大正藏》48·350 中。）此中的般若智是從作用說。

[108] 《壇經》謂：「一切萬法皆從自性起用。」（《大正藏》48·358 下。）

[109] 《神會錄》，石井本，載於鈴木大拙《禪思想史研究》，第三（東京：岩波書店，1987），頁 249。

這又把「體」與「用」的字眼關連起來，般若智即是用，起碼是一種重要的用。但體是空寂的，「無一物」的，又如何能產生般若智的妙用呢？這裏隱含著佛教的體用論的重大問題，下面會有詳細的探討。至於馬祖禪，宗密在他的《圓覺經大疏鈔》卷 3 之下論馬祖禪，便涉及體用問題：

> 起心動念、彈指、謦咳、揚扇，因所作所為，皆是佛性全體之用，更無第二主宰。

這裏明顯地點出，我們生活上的一切節目、活動，都是佛性展開它的作用的結果。「佛性全體」雖不必表示佛性是體，但馬祖禪是透過南嶽懷讓直承而來的，慧能以佛性為自性，為體，馬祖應是順著這一脈絡說下來的。另外，文中指我們日常生活的動作云為，除佛性外，更無其他東西來作主，則作為體的佛性能起用，意思應該是很明顯了。⑩

以下我要探討空寂之體如何能生用的問題。通常說體用，可從兩方面看：常識的看法和形而上的看法。就常識的看法言，力用、作用、功用是扣著現實世界的實體（substance）說的，這可稱為物理的（physical）或機械的（mechanical）體用關係。例如一架發電機，必須要有發電機這機器本身，加上電能（電能可從能量 energy 說，可概括於經驗的事物中，能量本身屬生滅法），才能發出光和熱的作用。又如一個農民，他需要有健康的體魄，才能有力氣下田作業。倘若他有病，或健康條件不好，便沒有氣力下田工作了。這是日常生活層次的體用關係，其要點是有體便有用，便有力，無體便無用，便無力，所謂「體力」也。這種體用關係雖是生活化的，但是經驗層面，缺乏普遍性。

真正的體用關係建立於形而上的超越層面。它先肯定一形而上的實在，不管你如何稱呼它：上帝（Gott）、真主（Allāh）、梵（Brahman）、天道，無或精神

---

⑩ 有關佛教義理的體用關係問題，我們說到這裏。更詳細的探討，可參考牟宗三著《心體與性體》（一），〈附錄：佛家體用義之衡定〉（臺北：正中書局，1968），頁 571-657；拙文〈佛教的真理觀與體用問題〉，拙著《佛教的概念與方法》修訂本（2000），頁 504-529。

（Geist）。這是一種精神實體，是形而上性格；它能發出精神力量，創生、引領、影響存在世界。這精神實體與它所發出的精神力量，便構成一種形而上的體用關係：精神實體是體，精神力量是用。在西方，這精神實體是上帝、真主、精神，在東方，這精神實體是梵、天道、無。這精神實體是存在世界的根基，它是常住不變的，但能運作，具有動感（Dynamik）。存在世界的事物的成立、流動與變化，都依於這精神實體。而精神實體是抽象的，它要展示、彰顯自己的德性、性格（如愛、仁、平等、平衡各方），⑪便得依靠存在世界作為這自我彰顯的場域（Horizont）。

現在有一個問題：體與用到底是一還是二呢？一般的說法是體用是二，是兩種質體，體歸體，用歸用，體在存有論、宇宙論方面使用或萬物成立、流動、變化，但自身卻不與這些萬物混雜起來（以用來泛說萬物），結果是體與萬物或用分開，像母雞生蛋那樣。亦有說體與用是不分離、不二的。體創生萬物，自身的存在性即流注、貫徹到萬物中去，而萬物亦不能獨自存在，卻是要依於體。這樣，體與用是不二，以相互依從的方式而存在，而成體用不二的形而上學特別是存有論的觀點。

倡導體用不二關係最力的，當推當代新儒家的宗師熊十力先生。他並且根據這種理論來質難佛教的緣起性空思想：佛教以性空（svabhāva-śūnyatā）、空寂為本，則如何起用，以成就此大化流行的存在世界呢？如何能有使其大化流行的作用呢？即是說，佛教強調空性（śūnyatā），空性是對自性的否定，以一切事物都是沒有自性，都是空，而自性（svabhāva）是體或實體的一種詮述，故佛教不能說體、實體，無體則無力，這樣，又如何去交代存在世界的成立與變化呢？結果熊先生撰《新唯識論》，歸宗儒家，以《大易》的生生不息，大用流行的易體為終極真理，來取代佛教的性空觀，以構成他的體用不二理論。⑫筆者則更進一步，認為終極真理是一

---

⑪ 如基督教的耶和華上帝的愛、平等（在上帝面前，人人平等），儒家的仁，道家《老子》的道（天之道，損有餘而補不足）。

⑫ 有關熊氏的體用不二理論的周詳探討與研究，參考拙文 "Xiong Shili's Metaphysical Theory about the Non-Separability of Substance and Function", in John Makeham, ed., *New Confucianism: A Critical Examination*. New York: Palgrave Macmillan, 2003, pp.219-251.實際上，這種體用不二的思想，在儒學特別是宋明儒學中已見到，如「體用一源，顯微無間」（程伊川的說法）。以體與用有同一的根源，雙方不能相互分開；顯明的用與幽微的體相互間沒有隔閡。同樣的體用關係的看法，更早地出現於僧肇的〈般若無知論〉中：「用即寂，寂即用，用、寂體一，同出而異名。更無無用之

種超越的活動，既然是活動，便有力、用，不必為它在外面找一個體，作為其根源。在這種思維導向下，體與用完全是同一東西，不必提體用關係了。我們通常說關係，是在兩個或以上不同的東西說的，熊十力、程伊川以至僧肇，都說體用關係，說之為不二。不二只是體與用不能在存有論上分開而已，雙方還是兩樣東西。從圓融的角度來說，體用不二的關係仍不夠圓融；必須要提體用完全相同，以至不必立「體」、「用」名目，廢除體用關係，才是真正的、圓滿的圓融。這便是拙著《純粹力動現象學》之所由作。⑬

寂，而主於用也。」（《大藏經》45·154 下。）不過，兩人雖對體用關係說法相若，但立場畢竟不同。程伊川是實體主義（substantialism）的路向，僧肇則是非實體主義（non-substantialism）的路向。

⑬ 以上是有關佛性圓覺的教說的闡釋與評論。下面我要列出在有關問題上的研究：先列天台宗方面的，再列南宗禪方面的。又由於《法華經》與天台宗思想有極為密切的關聯，因此這裏也把有關該經的重要研究列出來。

Saddharmapuṇḍarīka-sūtra. Eds. H. Kern and Nanjio, Bibliotheca Buddhica, No.10, St. Petersbourg, 1908-1912.

Saddharmapuṇḍarīka-sūtra. Eds. U. Wogihara and C. Tsuchida, Tokyo, 1934.

唐君毅著〈智顗之判教之道（上、下）〉、〈智顗之圓頓止觀論〉，唐君毅著《中國哲學原論原道篇三》（香港：新亞研究所，1974），頁 1106-1150；1151-1176。

牟宗三著《佛性與般若》下（臺北：臺灣學生書局，1977）。

吳汝鈞著《中國佛學的現代詮釋》（臺北：文津出版社，1995）。

吳汝鈞著《游戲三昧：禪的實踐與終極關懷》（臺北：臺灣學生書局，1993）。

吳汝鈞著《天台智顗的心靈哲學》（臺北：臺灣商務印書館，1999）。

吳汝鈞著《法華玄義的哲學與綱領》（臺北：文津出版社，2002）。

郭朝順著《天台智顗的詮釋理論》（臺北：里仁書局，2004）。

坂本幸男編《法華經の中國的展開》（京都：平樂寺書店，1975）。

勝呂信靜編《法華經の思想と展開》（京都：平樂寺書店，2001）。

勝呂信靜編《法華經の成立と思想》（東京：大東出版社，1996）。

横超慧日編著《法華思想》（京都：平樂寺書店，1975）。

平川彰、梶山雄一、高崎直道編《講座大乘佛教 4：法華思想》（東京：春秋社，1996）。

佐藤哲英著《天台大師の研究》（京都：百華苑，1961）。

佐藤哲英著《續天台大師の研究：天台智顗をめぐる諸問題》（京都：百華苑，1981）。

玉城康四郎著《心把捉の展開：天台實相觀を中心として》（東京：山喜房佛書林，1961）。

安藤俊雄著《天台學：根本思想とその展開》（京都：平樂寺書店，1973）。

田村芳朗、梅原猛著《佛教の思想5：絕對の真理～天台》（東京：角川書店，1974）。
關口真大著《天台止觀の研究》（東京：岩波書店，1969）。
池田魯参著《摩訶止觀研究序說》（東京：大東出版社，1986）。
池田魯参著《詳解摩訶止觀》（東京：大藏出版社，1997）。
大野榮人著《天台止觀成立史の研究》（京都：法藏館，1994）。
菅野博史譯注《法華玄義》上、中、下（東京：第三文明社，1995）。
菅野博史著《法華玄義入門》（東京：第三文明社，1997）。
日比宣正著《唐代天台學研究：湛然の教學に關する考察》（東京：山喜房佛書林，1975）。
新田雅章著《天台哲學入門》（東京：第三文明社，1988）。
關口真大編著《天台教學の研究》（東京：大東出版社，1978）。
鈴木大拙監修、西谷啟治編集《講座禪第一卷：禪の立場》（東京：筑摩書房，1974）。
鈴木大拙監修、西谷啟治編集《講座禪第六卷：禪の古典～中國》（東京：筑摩書房，1974）。
上田閑照編《禪の世界》（東京：理想社，1981）。
鎌田茂雄注釋《禪源諸詮集都序》（東京：筑摩書房，1979）。
久松真一著《久松真一著作集1：東洋的無》（東京：理想社，1982）。
西谷啟治著《西谷啟治著作集1、2：正法眼藏講話》（東京：創文社，1991）。
玉城康四郎著《正法眼藏》上、下（東京：大藏出版社，1993）。
西谷啟治監修、上田閑照編集《禪と哲學》（京都：禪文化研究所，1988）。
上田閑照、堀尾孟編集《禪と現代世界》（京都：禪文化研究所，1997）。
山田無文著《十牛圖：禪の悟りにいたる十のプロセス》（京都：禪文化研究所，1999）。
秋月龍珉注釋《臨濟錄》（東京：筑摩書房，1987）。
平田高士注釋《無門關》（東京：筑摩書房，1986）。
平田高士注釋《碧巖集》（東京：大藏出版社，1990）。

S. Suguro, *Introduction to the Lotus Sutra*. Tr. Nichiren Buddhist International Center, Rev. Daniel B. Montgomery, Fremont, Cal.: Jain Publishing Company, 1998.

Paul L. Swanson, *Foundations of T'ien-t'ai Philosophy: The Flowering of the Two Truths Theory in Chinese Buddhism*. Berkeley, Cal.: Asian Humanities Press, 1989.

Yu-kwan Ng, *T'ien-t'ai Buddhism and Early Mādhyamika*. Honolulu: University of Hawai'i Press, 1993.

Brook Ziporyn, *Evil and/or/as the Good: Omnicentrism, Intersubjectivity, and Value Paradox in Tiantai Buddhist Thought*. Cambridge, Mass.: Harvard University Asia Center, 2000.

Neal Donner and Daniel B. Stevenson, *The Great Calming and Contemplation: A Study and Annotated Translation of the First Chapter of Chih-i's Mo-Ho Chih-kuan*. Honolulu: University of Hawai'i Press, 1993.

Zenkei Shibayama, *A Flower do not Talk: Zen Essays*. Tr. Sumiko Kudo, Rutland, Vermont: Charles E. Tuttle Company, 1975.

Hans-Rudolf Kantor, *Die Heilslehre im Tiantai-Denken des Zhiyi (538-597) und der philosophische*

Begriff des "Unendlichen" bei Mou Zongsan (1909-1995). Wiesbaden: Harrassowitz Verlag, 1999.

W. Gundert, Übers., *Bi-yä-lu. Die Niederschrift von der smaragdenen Felswand*. 3 Bde, München, 1964, 1967, 1974.

H. Dumoulin, *Der Erleuchtungsweg des Zen im Buddhismus*. Frankfurt am Main: Fischer Taschenbuch Verlag, 1976.

H. Dumoulin, *Zen: Geschichte und Gestalt*. Bern: Francke Verlag, 1959.

第十四章　委身他力

上面我們有專章探討宗教性的現象學涵義的自我設準，我們提出三種自我形態：本質明覺我、委身他力我與迷覺背反我。在這裏，我要集中探討以委身他力我為基礎所開拓出來的宗教義理，這即是淨土宗與唯識學的教說。關於唯識學方面，上面已有闡述，在這裏我只著眼於淨土宗的教說的探索。有關委身他力的意味，上面也已有相當詳盡的討論。我只想提一下，委身他力表示他力主義的義理與實踐，其中設定一個他力大能。由於我們自身的煩惱問題過於繁重，我們的能力有限，不足以單獨解決這煩惱問題而得著覺悟，需要倚靠一個外在的他力大能的慈悲接引才能成事，並且要完全委身於這大能。這便是他力主義的立場，與自力主義對揚。這是本章要探討的內涵。另外，京都學派對淨土宗的教說，有重要的、創造性的發揮，我們也會留意，加以討論。

一、淨土教法的基本文獻與信仰

首先處理文獻的問題。學界方面有一個初步的認定，認為淨土教法的最重要的文獻是所謂「淨土三經」，這即是《無量壽經》、《阿彌陀經》與《觀無量壽經》。❶關於《無量壽經》，其內容是阿彌陀佛以菩薩的身份教化眾生而起本願，說明依這本願可獲致阿彌陀佛的淨土，特別是淨土的清淨莊嚴性。《阿彌陀經》則是最短、最多人誦讀、最受注意的文獻。《觀無量壽經》詳述往生淨土的實踐，描

---

❶ 日本學者塚本善隆提出，最古老的淨土經典，不是淨土三經，而是《阿閦佛國經》，這是在大乘佛教初期成立的。參看塚本善隆、梅原猛著《不安と欣求：中國淨土》，佛教の思想 8（東京：角川書店，1974），頁 48。

劃出人的最深最重的生命存在的矛盾，特別是有關王舍城的悲劇。這是僧、俗、庶民所喜愛頌讀的經典。對於這淨土三經，中國淨土宗的倡導者曇鸞曾有如下的想法：這三經是佛為一切惡人、凡夫而說的，俾他們聽後能往生極樂淨土。倘若他們能遵循其中的教條，如不誹謗正法、不犯五逆罪（殺父、殺母、殺阿羅漢、傷佛身體以至於讓它流血和破壞僧伽的團結），最後都能依信佛因緣而得往生。能得往生，便容易覺悟成佛。

淨土思想與實踐源自印度，而流行於中國與日本。在印度佛教，中觀學（Mādhyamika）的龍樹（Nāgārjuna）對《十地經》作過註釋：《十住毗婆沙論》（*Daśabhūmika-vibāṣā-śāstra*），把佛教在修行方面分為兩種：難行道與易行道，確認一切眾生最後都會得到救贖，沒有遺漏。難行道是自力主義，採取只依自力不依他力的方法；易行道則是他力主義，通過對佛的信賴，以此為基礎，祈願能生於淨土，為佛的他力大能所加持，向覺悟之門進發，不會退轉。具體言之，《十住毗婆沙論》第九章〈易行品〉曾說及對阿彌陀佛的信仰。這信仰可展示龍樹的淨土思想，也對淨土思想的形成有重要影響。❷另外，唯識學（Vijñāna-vāda）的世親（Vasubandhu）也寫過《淨土論》，曇鸞對這部文獻作過註解《淨土往生論註》。由於唯識學在成佛思想上有他力主義的傾向，世親寫《淨土論》來發揚淨土教法，並

❷ 但《十住毗婆沙論》有作者問題，曇鸞堅持這是龍樹所作，但未能為某些淨土信眾所接納。《十住毗婆沙論》第九謂：「能行四諦相，疾得佛菩提；又行四法者，三聖所稱歎。何等為四諦相？一、求一切善法故，勤行精進。二、若聽受讀誦經法，如所說行。三、厭離三界，如殺人處，常求勉出。四、為利益安樂一切眾生故，自利其心諦，名真實不誑；得阿耨多羅三藐三菩提故，名為不虛。復有四法，為三聖稱歎。何等為四？一、乃至失命，不為惡事。二、常行法施。三、受法常一其心。四、若生染心，即能正觀染心，起染因緣。是染根者，何名為染？何者是染？於何事起？誰生是染？如是正憶念，知虛妄無實、無有。決定信解諸法空故，無所有法故。如是正觀染因緣故，不起諸惡業。除一切煩惱，亦如是觀。」（《大正藏》26・67 中-下）這段文字表達了佛教的實踐要點，有戒律意味，是一般的說法，不難理解，這裏也就不一一說明、疏解。只是其中有「信解諸法空」一句，值得注意。諸法空是大乘空宗的根本義理，是般若文獻和中觀學所特別強調的，龍樹是中觀學的創始者，他的最重要著作《中論》（*Madhyamakakārikā*）便對這個根本說法抓得很緊，以這點為據來確認《十住毗婆沙論》是龍樹所寫，或與龍樹在義理上有一定程度的交集，並不為過。不過，空是佛教各派的通義，不是只有龍樹來說它，這也構成視這部著作為龍樹所作的保留性。

非不可能。

如上面所說，淨土思想肇始於印度，在中國得到推廣、宏揚，發展為兩種信仰，一是彌勒兜率天信仰，另一則是阿彌陀西方淨土信仰。在日本，淨土教更發展為多種流派：淨土宗、淨土真宗、時宗和融通念佛宗。在這之中，自然以親鸞所創發的淨土真宗最受注目，影響日本的宗教發展最大。以下我們便轉入淨土信仰的問題。

讓我們從「厭離穢土」和「欣求淨土」這種帶有口號性格的說法說起。在淨土教法中，一般眾生感到自己生存於其中的充滿苦痛煩惱的現實世界無法讓他們生存下去，而自己的力量又有限、渺小，沒有可能憑藉一己的能力以求覺悟，得解脫，而形成「厭離穢土，自力絕望」的心理。他們內心有一種濃烈的願欲，希望在外面有一慈悲的他力大能能幫助他們求覺悟，得解脫，因而有「欣求淨土，他力投歸」的渴望。這「厭離穢土，自力絕望」與「欣求淨土，他力投歸」構成一種濃烈的、鮮明的對比。這便成了淨土信仰的基礎，這兩種想法也是一體的，只是面相不同而已。他們全心全意地歸向他力大能，把一切前途、希望、理想都託附在這他力大能中。這便成了淨土信仰。

這種淨土信仰存在於小乘佛教與大乘佛教之中，而尤以後者為重。小乘佛教認為，同時同地只有一個佛出現。在這個娑婆世界中，目前仍是由釋迦牟尼（Śākyamuni）佛來統率，將來釋迦佛會退隱，而由彌勒（Maitreya）來替代；這彌勒菩薩現下正在兜率天（Tuṣita）上。大乘佛教則認為，在同一時間的多個處所中，可以有多佛出現；他們所施予教化的眾生，以現在在當下這個世界中生活著的眾生為主。即是說，我們居住的世界是穢土，我們可以透過對諸佛的助力，脫離穢土，而臻淨土。宇宙的淨土有很多，例如東方的阿閦佛（Akṣobhya）便有他自己的淨土，阿閦佛是 Akṣobhya 的音譯，是無執著、無瞋恚之意。據說在遠古年代，在妙喜國有大日如來出現，發大誓願要修行，斷除生命中的瞋恚與淫欲而成阿閦佛，他所統率的世界是阿閦佛淨土。目下他仍在該淨土中說法。

上面提到的兜率天也是佛教的淨土。它的教主是釋迦牟尼。他在現時的世界中開展種種教化、普渡眾生之前，滯留在兜率天上，到機緣成熟，便借釋迦國的王妃摩耶（Māyā）的胎而誕生，統率這個娑婆（sahā）世界。世緣盡時，便像過去諸佛那樣離開這個世界，然後彌勒菩薩會由兜率天下來，接替釋迦佛。彌勒亦會像釋加佛那樣，由王妃出生，然後出家，修行而成佛，在龍華樹下三度說法，救渡無量眾生，至八萬四千歲便入滅。另一說是釋迦佛預言，他在四千歲（在人來說是五十六億七千萬年）時緣盡，彌勒會下生在這個世界中，接釋迦佛的棒子。一般民眾信徒對彌勒有深厚的期待，總是希望在自己命終時，能得到彌勒的悲願加持，讓自己能受生於兜率天。

發出淨土的慈悲的光輝，確是能遍照各方，讓在現象世界中的受苦的眾生能夠過渡到彼岸。即使是犯有惡罪的凡夫，也能沐浴在淨土世界的溫暖中，被包容過來，向佛道精進，不會退轉（vivartate）。最後能在大自在的喜樂中，超越、克服老、病、死，在佛法中得到重生。

按在他力主義中，仍能包容自力的奮進。菩薩有一種自力行的實踐，誓願以自己的力量為一切眾生拔苦與樂，這即是慈悲行。慈（maitrī）是把快樂施予眾生，悲（karuṇā）是拔除眾生的煩惱。這種慈悲的懷抱，能夠讓眾生在全心全意地放棄一切計謀、念慮以投向無量壽佛、無量光佛時，體會到真正的生命的喜悅，因而更為精進勇猛。在這種殊勝的環境中，一切貪、瞋、癡的煩惱都會消棄，眾生相互間能夠以佛眼來看待對方，在意志與身體方面都感到無比的自在。❸

二、《無量壽經》的思想

以下我們看淨土三經的思想，這自然包括信仰與實踐的內容。首先看《無量壽經》（*Sukhāvatī-vyūha-sūtra*）。「無量壽」即是阿彌陀佛。這阿彌陀佛有很多名字，以「無量壽佛」（Amitāyus）與「無量光佛」（Amitābha）為較流行。若把這有關字眼拆

---

❸ 塚本善隆對於淨土的殊勝環境有如下的描述：

大小便時，地會裂開，讓大小便沉沒下去，因而地面無臭穢。男女起淫欲，可進入園林，盡情享樂。此中沒有男女的專屬問題，亦無所謂我的妻子、他人的妻子。懷孕女子可在八日間產子；若在路邊生產，四方八面自有人來照顧、幫助，伸出手指，嬰兒吸之，便有乳汁流出。七日內，可成長為二十至二十五歲之青年。眾生的壽命可至千歲，沒有疾病或早夭的事。最後死掉，可再生於天上。在天上壽盡，又可托生於大富貴或婆羅門之家。但這不是真正的佛教的樂土。佛教的樂土並不是要滿足眾生的欲望的，主要還是要悟得清淨的精神、本質。（《不安と欣求：中國淨土》，頁 40-41）

解地看，amita 是無限、無量，ayus 是壽命。amita 與 ayus 相連，由於連聲的關係，而作 amitāyus，這是無量壽。ābhā 即有光之意，與 amita 相連，而成 amitābha，這便是無量光。這阿彌陀佛有時也被認為無量無邊（aparimitam āyuḥpramāṇaṃ）。

《無量壽經》首先以音樂的美妙來展示無量壽佛的淨土的殊勝性：

> 佛告阿難，世間帝王有百千音樂。自轉輪聖王乃至第六天上伎樂音聲，展轉相勝，千億萬倍。第六天上萬種樂音，不如無量壽國諸七寶樹一種音聲，千億倍也。亦有自然萬種伎樂，又其樂聲無非法音。清暢哀亮，微妙和雅，十方萬世音聲之中，最為第一。❹

在這裏我們可以看到，經文的作者用了很多誇張的字眼來說音樂的聲音，這些字眼都是無所謂的，作者的用意只是在誇耀、烘托出淨土世界的一切環境的優美、殊勝。宇宙間一切音樂，在音聲來說，都不如在淨土中所聽到的音樂的「清暢哀亮，微妙和雅」，這些音樂中的一種聲音，已遠遠超過一般音樂的聲音了。這不是普通的聲音，這是「法音」，是只能在淨土世界中聽到的真理的聲音。

在無量壽佛統率下的淨土世界，是何等的潔淨莊嚴！無量壽佛具足過於其他任何佛的光明神武，他遇到種種眾生，所傳者神，所過者化，立時可以除去他們的一切煩惱，即便是貪、瞋、癡之屬的根本煩惱，讓他們的心靈變得佳善、歡喜。「永拔生死根本，無復貪、恚、愚癡、苦惱之患。欲壽一劫、百劫、千億萬劫，自在隨意，皆可得之。無為自然，次於泥洹之道」。❺劫（kalpa）是極長的時間單位，一劫已不得了，何況千億萬劫！無量壽佛的法力，煞是廣大深微呀。

按無量壽佛或阿彌陀佛本來是一個稱為法藏比丘的佛道修行人，曾為了要救渡眾生而發出四十八個願，想著自己一朝成了佛，便矢志實現這四十八個願。在目

---

❹　《大正藏》12・271 上。

❺　《大正藏》12・275 上。按這段話是釋迦佛對彌勒的開示，但中村元卻說這是釋尊對阿難的說教，不知何故。（中村元著《現代語譯大乘佛典 4：淨土經典》（東京：東京書籍社，2004，頁 20）另外，「無為自然」一意，不見於梵文文本之中，這是道家的語詞，可能是譯者康僧鎧自己加上去的，他受了道家的影響。

下，法藏比丘成為佛，正在西方極樂淨土以悲心宏願救渡眾生，履行過去所作過的誓願。在這些誓願中，我們要注意第十八願。《無量壽經》謂：

> 設我得佛，十方眾生至心信樂。欲生我國，乃至十念。若不生者，不取正覺。❻

十念以念佛為主，那是要往生到極樂淨土必定要施行的工夫實踐。這中間自然包含對阿彌陀佛的誠心信賴、信仰，把一切前程都歸於他，這即是委身他力。阿彌陀佛是他力大能。

上面提過，成覺悟、得解脫有自力主義與他力主義兩種途徑。自力主義表示一切工夫都要自己承擔、努力，不倚仗他人，這自是困難的。他力主義則可把作業委身於別人：他力大能，由後者慈悲發願，引導修行者往生於極樂淨土，依於淨土的殊勝環境，可較順利地成正覺，得解脫。這與自力主義相較，自然是較容易的，但也不盡是一般人所想像的那麼容易。《無量壽經》便作如下表述與警誡：

> 佛語彌勒：如來興世，難值難見。諸佛經道，難得難聞。菩薩勝法諸波羅蜜，得聞亦難。遇善知識聞法能行，此亦為難。若聞斯經，信樂受持，難中之難，無過此難。是故我法如是作，如是說，如是教，應當信順，如法修行。爾時世尊說此經法，無量眾生皆發無上正覺之心。……於將來世當成正覺。爾時三千大千世界六種震動，大光普照十方國土，百千音樂自然而作。無量妙華芬芬而降。佛說經已，彌勒菩薩及十方來諸菩薩眾、長老、阿難、諸大聲聞，一切大眾，聞佛所說，靡不歡喜。❼

這裏亟亟述說成覺悟、得解脫、成佛的種種難處，還是在他力主義的脈絡中說的。

---

❻ 《大正藏》12・268 上。有關文中所提到的「十念」，在這裏沒有細述的必要，可參考拙著《佛教思想大辭典》（臺北：臺灣商務印書館，1992），頁 52b。

❼ 《大正藏》12・279 上。

這即是，世間難得有覺悟成道的如來或佛出現，即使出現了，也難得見到他；世界這麼大，我們人壽不過百年，說難有理。即使見到如來或佛，能否便能聽聞他解說、開示佛理，也是問題。就是能聽到種種菩薩宣說波羅蜜多（pāramitā）的慈悲與智慧的表現，也不見得輕易。不提菩薩也罷，就是遇到善知識、深入佛教經藏的人，聽到他們的看法、經驗，那也是難。而最難的，莫過於能聽到有關這部《無量壽經》的解說，而後起信，感到無限歡喜，接受它的教說，持受戒律，實實在在地去修行。以上所述，是這段引文的要點。引文的後半部是頌揚釋迦佛說法的功德，讓眾生聽來接受，各得其所的殊勝結果。這是一切佛教經典的寫法，不在話下。

以上是細說修習他力主義的佛教教理的困難。其中有一點應該提及但沒有這樣做的是，要行他力主義的路向，必須全心全意歸向他力大能，說他的所說，行他的所行，將整個生命的命運付託給他力大能，不容有絲毫留戀、抗拒。這則非要放棄一切自我意識、排除我執、我見、我慢、我愛諸方面的煩惱不可。絲毫不留有自己的主體性，不沾有任何我執的想法與行為，一切委身於他力大能。徹底的他力主義的信奉與實行，必須最後能拆除我執與主體性這一圍牆，而任運於他力大能的慈悲的指引之中。這點才是最難的。

以下是以釋迦牟尼降生、出家、修苦行、得正覺、普渡眾生的宗教修行歷程為參考，來述說無量壽佛的整個生命歷程。《無量壽經》說：

> ……菩薩皆遵普賢大士之德，具諸菩薩無量行願，安住一切功德之法。遊步十方，行權方便，入佛法藏，究竟彼岸，於無量世界現成等覺，處兜率天弘宣正法。捨彼天宮降神母胎，從右脇生。現行七步，光明顯曜，普照十方無量佛土，六種振（震）動。舉聲自稱：吾當於世為無上尊，釋梵奉侍，天人歸仰。……現處宮中色味之間，見老病死，悟世非常，棄國財位，入山學道。服乘白馬，寶冠瓔珞，遣之令還，捨珍妙衣，而著法服，剃除鬚髮，端坐樹下，勤苦六年。……跏趺而坐，奮大光明。使魔知之，魔率官屬而來逼試。制以智力，皆令降伏，得微妙法，成最正覺。釋梵祈勸，請轉法輪。……常以法音覺諸世間，光明普照無量佛土。一切世界，六種震動，總攝魔界，動魔宮殿。眾魔懾怖，莫不歸伏。……以諸法藥救療三苦，顯現道

意，無量功德，授菩薩記，成等正覺，示現滅度，拯濟無極。消除諸漏，殖眾德本。❽

按在這裏記述無量壽佛的故事，大抵參照《阿含經》（*Āgama*）述釋迦牟尼的故事而寫成。近似的故事，常見於經典中，幾乎已成範本。故事的結構，不外是誇張與譬喻。誇張若就宗教方面來說，是無可厚非的，這是為了爭取宗教的生存空間，吸納更多信眾。因此，宗教要誇張，似乎成了宗教界的共識了。哪一種宗教沒有誇張成分呢？在這方面，佛教已算是較保留的了，與其他宗教如基督教、猶太教和伊斯蘭教比較，佛教算是最理性的了。引文中的「捨彼天宮，降神母胎，以右脇生，現行七步」，的確不符合事實，而是奇跡。一個嬰兒從母親的右脇生出來，然後行七步，如何可能呢？「魔率官屬而來逼試，制以智力，皆令降伏」也顯得不科學。既然是魔道，怎會那麼容易便能制伏呢？「一切世界，六種震動，總攝魔界，動魔宮殿。眾魔懾怖，莫不歸伏」，這是神話故事才會出現的現象。另外，很明顯的一點是，在淨土教法的文獻中，總是把淨土或極樂世界以極其誇張的說法鋪陳出來。例如，淨土之中環境優美，鳥類能唱出美妙的歌聲。沒有老虎、獅子、毒蛇一類害人、吃人的猛獸、爬蟲。地上滿是用高質素的瓷石鋪成的道路，兩旁有黃金造成的亭臺樓閣，光輝耀目。樓閣頂部四邊都繫著金、玉造的風鈴，微風吹過，玲瓏清脆地作響，讓人聽後身心愉悅。路的近邊到處都是花園果園，花卉香麗，果實清甜，可以即時摘下來吃，不用洗淨，它們已是清潔無比。最重要的是，淨土中沒有壞人，所有人都是善知識，他們不會加害於別人，只會饒益別人。你心中有甚麼疑難，他們都能耐心聆聽，酌情給你幫助，解決你的疑惑。特別是，他們都是在修行佛道方面有經驗的善人，會以智慧助你精進，邁步朝向覺悟、解脫的目標進發。因此，能夠往生於淨土，雖然不是成佛，但在這樣善巧的環境中修行，又有機會親自聽聞阿彌陀佛說法（阿彌陀佛天天都在淨土中說法），加上自己勇猛精進，在這一切正面因素之下，覺悟成佛的理想便指日可待了。

至於譬喻，則在佛經中也廣泛地被用來闡述義理。以眾所周知的具體事例，展

---

❽ 《大正藏》12·265下-266上。

示抽象的概念、觀點，讓聽者與讀者易於理解，從教育的立場來說，是完全合理的。不過，譬喻的應用，應該以理性為基礎，不然便流於神話怪誕了。在大乘佛教的經典中，最能善巧地運用譬喻作為方便以開示、開導眾生的，無可懷疑是《法華經》，其中的法華七喻是明顯的例證。❾淨土經典稍後於《法華經》而成立，亦是多用譬喻來闡釋佛理的文獻。在上面一段引文中，《無量壽經》提出「法藥」概念，這是以我們在日常生活中服用藥物來治病作譬。對付身體上的疾病，我們會用西藥、中藥，要理解不同層次的佛教義理，便用「法藥」，亦即是佛法之藥、真理之藥。我們要善巧地運用不同的法藥，以治療眾生的種種式式的迷執。另外，引文中的「魔」可以譬喻我們生命中的無明（avidyā）。無明會障礙體證真理的明覺，對治之道，各派佛教有自身的說法，原始佛教說八正道、中道；般若思想與中觀學說空；禪宗說無的實踐：無念、無相、無住，最後一歸於無一物。這些說法，在《壇經》中有很好的說明。

三、《阿彌陀經》與《觀無量壽經》的思想

接著看淨土教的另一部重要文獻《阿彌陀經》（*Sukhāvatīvyūho nāma Mahāyāna-sūtra*，Sukhāvatīvyūho 本來是 Sukhāvatīvyūha，因連聲關係作 Sukhāvatīvyūho，此詞又可分開，作 Sukhāvatī-vyūha，梵文本名字的意思是「名為極樂莊嚴的大乘經」）。❿「阿彌陀」原名為 Amitāyus，整個名字 Amitāyur nāma tathāgato'rhan samyakṣambuddha 的意思是「無量壽的如來、應供、正等覺者」。漢譯者鳩摩羅什以原語 Amita 作音譯，為「阿彌陀」。這阿彌陀佛的所在地，是西方的極樂淨土，梵文為 Sukhāvatī；sukhā 是快樂，vatī 是地方、所處地。

從教義與實踐方法言，淨土三經的內容都差不多。故我們在這裏把《阿彌陀經》與《觀無量壽經》的思想合在一節依次述說。先看《阿彌陀經》如何交代「阿

---

❾ 關於法華七喻，參看拙著《佛教思想大辭典》，頁 317a。

❿ 藏文譯本名為 *Phags pa pde ba can gyi bkod pa zhes bya ba cheg pa chen po'i mdo*，其意為「名為神聖的極樂莊嚴的大乘經」。《阿彌陀經》的梵文名與《無量壽經》的大體相同。

彌陀」這個字眼，此經說：

> 舍利弗，於汝意云何，彼佛何故號阿彌陀？舍利弗，彼佛光明無量，照十方國，無所障礙，是故號為阿彌陀。又舍利弗，彼佛壽命及其人民，無量無邊阿僧祇劫，故名阿彌陀。⑪

上面已就梵文原名交代過阿彌陀的意思。在這裏，經的作者對於這個名稱或語詞作多些闡釋，而且集中在無量光明一意涵上。阿彌陀佛具足無量的光明（prabhā），能夠照遍一切國土，以其智慧光明為十方眾生開路，讓他們都能步向正法的、真理的坦途，而不會遇到種種障礙。特別是，阿彌陀佛和由他所統率的眾生，都經歷了極其久遠的時間，所謂「阿僧祇劫」；阿僧祇的梵文為 asaṃkhyeya，不可勝數之意，劫（kalpa）是極長的時間單位。故阿僧祇劫指無限無盡久遠的時間。

要言之，《阿彌陀經》的內容有一大特色，這便是極盡文字之能事，來描述、莊嚴、讚歎淨土世界的殊勝環境，特別是就有利於修行以求覺悟、得解脫而成佛這一終極的宗教目標而言。以下我試依由略到詳、由簡到繁的次序列出一些在這方面具有代表性的文字，並作簡要的評論。

> 1.舍利弗，彼佛國土，常作天樂。黃金為地，晝夜六時，天雨曼陀羅華。⑫

這裏提到音樂，稱之為天樂，以示它的特別清淨的（prabhāsvara）性格。同時有遍地黃金，日日夜夜都有曼陀羅花（māndārava）如天雨降下，洗滌眾生心靈上的塵埃、染污。這「曼陀羅花」又作「天妙花」、「悅意花」，這種花據說是拿來供奉濕婆（Śiva）神靈或濕婆天的。這裏所說的，當然是象徵性格。

> 2.彼佛國土，微風吹動，諸寶行樹及寶羅網出微妙音，譬如百千種樂同時俱

---

⑪ 《大正藏》12·347上。

⑫ Idem.

> 作。聞是音者，皆自然生念佛、念法、念僧之心。⑬

這裏進一步強調音樂對眾生的心靈的作用，讓他們生起念想佛、法、僧三寶之心。

> 3. 舍利弗，彼國常有種種奇妙雜色之鳥：白鵠、孔雀、鸚鵡、舍利、迦陵頻伽、共命之鳥。是諸眾鳥，晝夜六時出和雅音。……是諸眾鳥，皆是阿彌陀佛欲令法音宣留變化所作。⑭

這裏又提到音樂，再加上殊勝的雀鳥，能唱出美妙的歌，這是阿彌陀佛的慈悲安排，都是為了眾生的福祉的。白鵠（haṃsa）是白色的鵝鳥。舍利是梵文 śāri 的音譯，指鷺這種禽鳥。迦陵頻伽（kalaviṅka）是梵文音譯，是妙音鳥。共命之鳥（jīvaṃjīvaka）是人面兩頭，可發出悅耳的音聲，是鷓鴣之類的禽鳥。

> 4. 佛告長老舍利弗：從是西方過十萬億佛土，有世界名曰極樂。其土有佛，號阿彌陀，今現在說法。舍利弗，彼土何故名為極樂？其國眾生無有眾苦，但受諸樂，故名極樂。又舍利弗，極樂國土七重欄楯、七重羅網、七重行樹，皆是四寶周匝圍繞，是故彼國名曰極樂。又舍利弗，極樂國土有七寶池、八功德水充滿其中，池底純以金沙布地，四邊階道，金、銀、琉璃、頗梨合成。上有樓閣，亦以金、銀、琉璃、頗梨、車渠、赤珠、馬瑙而嚴飾之。池中蓮花大如車輪，青色青光，黃色黃光，赤色赤光，白色白光，微妙香潔。舍利弗，極樂國土成就如是功德莊嚴。⑮

這裏的敘述最為詳盡，但基本上不出上面的意思，都是以在世人眼中極為寶貴、貴重的東西來鋪陳，表示這些東西在極樂淨土中到處都有，俯拾皆是。欄楯（vedikā）

---

⑬ Idem.

⑭ Idem.

⑮ 《大正藏》12・346 下-347 上。

即是像欄干的石垣。羅網（kiṃkiṇī-jāla）是以珠玉裝飾的網。行樹（tāla-paṅkti）是並列的樹木。四寶是四種貴重的東西，作配飾用的：金（suvarṇa）、銀（tūpya）、青玉（vaiḍūrya）和水晶（sphaṭika）。七寶（sapta-ratna）指除了上列四寶之外，加上赤真珠（lohita-mukta）、馬瑙（aśma-garbha）和琥珀（musāra-galva）。八功德水則指八種不同性質的水，這些性質是：澄淨、清冷、甘美、輕軟、潤澤、安和、解渴、健體。最後的解渴和健體其實是作用、功效。琉璃（vaiḍūrya）是青玉。頗梨（sphaṭika）是水晶。車渠（musāra-galva）是琥珀。以世間中被視為寶貴難得的東西來烘托出淨土環境的優越性、殊勝性，本來無可厚非，但亦要善巧處理才行。倘若沒有限度地以一切寶物來說淨土，則淨土易流於世俗化、物質化，令人生起奢華的想法、念頭，把這些東西與淨土等同起來。這樣，作為精神境界的淨土，便會淪於物化的低俗環境了，而淨土宗一向所強調的往相、還相：一方面勇猛精進向超越的境界邁步，同時也不會只關心自己的修行福祉，而遠離眾生仍在受苦的經驗世界，掉頭不顧，卻是能不忘世間，將自己所修得的功德，迴向世間，便無從說起了。

基於此，《阿彌陀經》的作者還是要回到與修行有直接關連的問題方面來，這可從以下三則文字中看到：

1. 彼佛國土，無三惡趣。舍利弗，其佛國土當無三惡道之名，何況有實？⑯

2. 釋迦牟尼佛能為甚難希有之事，能於娑婆國土五濁惡世：劫濁、見濁、煩惱濁、眾生濁、命濁中得阿耨多羅三藐三菩提，為諸眾生說是一切世間難信之法。⑰

3. 若有善男子、善女人，聞是經受持者，及聞諸佛名者，是諸善男子、善女人皆為一切諸佛共所護念，皆得不退轉於阿耨多羅三藐三菩提。⑱

---

⑯ 《大正藏》12·347上。

⑰ 《大正藏》12·348上。

⑱ Idem.

淨土中沒有畜牲、餓鬼、地獄這些障礙聖道的壞因素，修行人不必擔心會受到它們的不良影響。連它們的名字都沒有，更沒有實際的存在了。即使是在五濁惡世，也有釋迦佛為眾生說法，讓他們得覺悟。淨土沒有這些負面成份，有阿彌陀佛的加持，覺悟自應沒有問題。《阿彌陀經》是易讀易解的，又有阿彌陀佛的開示，眾生應不難獲致阿耨多羅三藐三菩提（anuttara-samyak-sambodhi）的無上正等正覺而成佛。⓳

最後要闡述的，是《觀無量壽經》（*Amitāyur-dhyāna-sūtra*）。為了與《無量壽經》區別開來，後者又稱《大無量壽經》。這部淨土宗文獻一如《阿彌陀經》，花了很多篇幅來渲染淨土的殊勝之處，同時又對無量壽佛和有關的觀世音菩薩的形貌和法力以譬喻、誇張的方式加以陳述。關於無量壽佛，《觀無量壽經》說：

> 無量壽佛……眉間白毫右旋，宛轉如五須彌山。佛眼清淨如四大海水，清白分明。身諸毛孔演出光明，如須彌山。彼佛圓光如百億三千大千世界。於圓光中有百萬億那由他恆河沙化佛，一一化佛亦有眾多無數化菩薩，以為侍者。⓴

按《觀無量壽經》的核心內容，是對於觀想阿彌陀佛的莊嚴法相與慈悲懷抱。上面一段文字，便是明顯的例證。須彌山（Sumeru）是佛教所視為世界的中心的山。那由他（nayuta）是極大的數量單位。化佛（nirmāṇa）是佛的分身，是佛以神通力變現出來的形相，相應於眾生的根器而示現種種形相的身體模式。這段文字意思簡單易明，不需詳細說明了，它描述無量壽佛或阿彌陀佛的殊勝形相與盛大功能，是凡人無法想像的。

《觀無量壽經》又對無量壽佛的侍者加以誇張性地描述，如對觀世音菩薩（Avalokiteśvara）有如下說法：

⓳ 在《阿彌陀經》裏面又說「是經」，是在經內說該經，是不合邏輯的；不過，很多佛經都有這種情況，最明顯的，莫如《法華經》。

⓴ 《大正藏》12·343中。

> 此菩薩身長八十億那由他恆河沙由旬，身紫金色，頂有肉髻，項有圓光，面各百千由旬。其圓光中有五百化佛，如釋迦牟尼。一一化佛有五百菩薩、無量諸天以為侍者。……觀世音菩薩面如閻浮檀金色，眉間毫相備七寶色，流出八萬四千種光明，一一光明有無量無數百千化佛。一一化佛，無數化菩薩以為侍者，變現自在，滿十方界。㉑

由旬（yojana）是印度的空間單位，約相當於七哩或九哩。閻浮檀金（jambū-nada-suvarṇa）指閻浮樹的大森林，有河流流經其間，河底盛產砂金。整段文字用誇張手法來說，其意甚明白，不須說明了。

《觀無量經》當然也談到往生修行問題，如下文所示：

> 若有眾生願生彼國者，發三種心，即便往生。何等為三？一者至誠心，一（二）者深心，三者迴向發願心。具三心者，必生彼國。復有三種眾生，當得往生。何等為三？一者慈心不殺，具諸戒行。二者讀誦大乘方等經典。三者修行六念，迴向發願，生彼佛國。具此功德，一日乃至七日，即得往生。㉒

所謂「六念」又稱「六隨念」、「六念處」，持續不斷地憶念佛、法、僧三寶與戒、捨（施）、天等六方殊勝的東西。照這裏的說法看，要能往生淨土，只要做些工夫便行，的確不困難。往生淨土後，藉著該處種種殊勝環境，成覺悟、得解脫的目標便在望了。難怪社會大眾普遍地對淨土起信修行，的確是易行道也。

以上所闡釋的，是印度佛教淨土教法的最重要的三部文獻的大意。按淨土思想的興起，稍晚於《法華經》。其後有龍樹出來弘揚（依傳統說法），強調他力易行道，在他的《十住毗婆沙論》中力陳易行道的種種好處。其後有世親繼起，作《淨土論》，先後傳來中國與日本。中國淨土宗方面有曇鸞的《淨土論註》，闡述世親的意趣。另外先後有道綽的《安樂集》、善導的《觀經疏》、迦才的《淨土論》和

㉑ 《大正藏》12・343下。

㉒ 《大正藏》12・344下。

懷感的《淨土群疑論》。日本方面，有原信的《往生要集》、《橫川法語》、法然的《選擇本願念佛集》、《一枚起請文》、親鸞的《教行信證》、《淨土和讚》、唯圓的《歎異抄》、一遍的《一遍上人語錄》。為了與中國淨土宗區別開來，親鸞開拓出淨土真宗，是具有濃厚的日本佛教特色的宗派。

四、由淨土三經到京都學派

以上我們闡述了淨土三經的思想和簡略地提到淨土教法由印度而中國，而日本的人物與著作。我們可以「古典淨土」加以概括。這亦可與「現代淨土」作一對比，後者是就現代日本方面對淨土教所作的新的詮釋與開拓而言。日本的國教，自然是神道教，但真正影響日本人的生活與文化發展的，則是佛教，其中尤其以禪與淨土為然。關於禪，我在很多自己的著作中提過，這裏只集中來說淨土。說起淨土，特別是就原始精神而言，最重要的思想，自然是淨土三經中所說的。㉓這個傳統由印度經過中國發展到日本，基本上是一脈相承的。這個脈或脈絡，是由他力主義的立場開出。眾生自身罪業深重，又為無明（avidyā）所遮蔽，自己沒有足夠的力量去破除無明，贖回藏在罪業內裏的福德，故對他力大能如阿彌陀佛、彌勒菩薩深深信賴，希望藉著他們的慈悲願力，讓自己能往生淨土，而速得解脫成佛。這是眾生的本願（praṇidhāna）。這即是我為淨土教定位的「委身他力」。委身是關鍵語詞，要完全地放棄自己的主體性、自我，把一切的福祉寄託在他力大能身上。中國、日本的佛教的淨土信徒，一直都是本著這種本願來修行、行事、盼望的。歷代淨土祖師都是如此。到了日本的親鸞，把這本願發展開來，推向高峰，提出「真

㉓ 關於淨土三經的研究，無論從量與質方面來說，都頗為可觀。我手頭所有的，便有下列諸種，是以日文和英文寫的：

中村元著《現代語譯大乘佛典 4：淨土經典》（東京：東京書籍社，2003）。

藤田宏達譯著《梵文和譯《無量壽經》、《阿彌陀經》》（京都：法藏館，1975）。

藤田宏達著《淨土三部經の研究》（東京：岩波書店，2007）。

Hisao Inagaki, *The Three Pure Land Sutras: A Study and Translation*. Kyoto: Nagata Bunshodo, 2000.

Richard K. Payne and Kenneth K. Inada, eds., *Approaching the Land of Bliss*. Delhi: Motilal Banarsidass, 2008.

宗」的名堂，甚至強調「惡人正機」的思想，認為越是罪業深重、大奸大惡的眾生，便越是他力大能要慈悲幫助的對象。近幾十年來，日本淨土教法方面頗湧現出一種研究親鸞思想的熱潮，這種傾向也影響及西方的淨土思想的研究界。㉔在思想的發展方面，近代有清澤滿之與山崎弁榮進行淨土教的革新；較後又有鈴木大拙、曾我量深、金子大榮推行現代的淨土思想。在京都學派方面，田邊元是宗淨土教的，他以其中的反省、悔過的想法為基礎，配合自己在學養上的專長，建立懺悔道的哲學，弟子武內義範繼承之。至於以西田幾多郎和西谷啟治為代表的主流思想，雖然宗禪佛教，另方面亦開拓淨土思想，那是走比較宗教之路的。㉕就近現代的情

㉔ 關於親鸞的淨土思想的研究，我手頭便有以下諸種：
武內義範、石田慶和著《淨土佛教の思想第九卷：親鸞》（東京：講談社，1991）。
武內義範著《教行信證の哲學》（東京：弘文堂，1941）。
三木清著《親鸞》，《三木清著作集16》（東京：岩波書店，1951）。
鈴木大拙、曾我量深、金子大榮、西谷啟治著《親鸞の世界》（京都：東本願寺出版部，1961）。
星野元豐著《現代に立つ親鸞》（京都：法藏館，1970）。
上田義文著《親鸞の思想構造》（東京：春秋社，1993）。
釋徹宗著《親鸞の思想構造：比較宗教の立場から》（京都：法藏館，2002）。
古田武彥著《親鸞》（東京：清水書院，2004）。
草野顯之編《信の念佛者：親鸞》（東京：吉川弘文館，2004）。
Hee-Sung Keel, *Understanding Shinran: A Dialogical Approach*. N.P., Asian Humanities Press, 1995.

㉕ 近二三十年來，日本佛學界梶山雄一、長尾雅人、坂東性純、藤田宏達、藤吉慈海任編集委員，以十五卷編集了佛教淨土教的思想，展示了淨土思想的十五個面相或性格。它們依序為：一、淨土思想的源泉：《無量壽經》、《阿彌陀經》；二、觀想與救濟：《觀無量壽經》、《般舟三昧經》；三、淨土思想源流的祖師：龍樹、世親、西藏淨土教、慧遠；四、中國淨土教的祖師：曇鸞、道綽；五、中國淨土教的確立：善導；六、叡山的淨土教：新羅的淨土教、空也、良源、源信、良忍；七、南都、高野山的淨土教：永觀、珍海、覺鑁；八、日本淨土教的確立：法然；九、日本淨土教的發展：親鸞；十、法然淨土教的宣揚：弁長、隆寬；十一、淨土教的宏通：證空、一遍；十二、真宗教團的形成：蓮如；十三、妙好人的世界：妙好人、良寬、一榮；十四、淨土教的革新：清澤滿之、山崎弁榮；十五、現代淨土思想：鈴木大拙、曾我量深、金子大榮。不過，在淨土教的革新與現代淨土思想方面，藤吉慈海有另外一份名單：山崎弁榮、渡邊海旭、矢吹慶輝、椎尾弁匡、友松圓諦、林靈法、山本空外，認為他們努力實現淨土教的現代化。而在淨土真宗方面，他舉出有分量的清澤滿之、曾我量深、金子大榮和星野元豐。（藤吉慈海著《現代の淨土教》（東京：大東出版社，1985），〈序〉。）

況來說，淨土教法的推行、發展，只限於日本。其內部曾出現過幾種宗教運動：山崎弁榮的光明主義運動、椎尾弁匡的共生會運動、友松圓諦的真理運動。其中，友松圓諦的真理運動突破淨土宗的框架，回歸到早期佛教的基調，重視佛教的一般性、世間性。友松本人是淨土宗出身，對於淨土宗的發展、走向，有深刻的關切。光明主義運動與共生會運動與其說是淨土宗內部的事，不若說它們是一般的佛教、宗教運動。但這兩種運動的發展仍在開始階段，未來如何，且拭目以待。㉖

不過，我們在這裏可以肯定的是，傳統的淨土教法進入近代特別是現代階段，不能不面對現代性問題，即是，它需要接受現代思潮的洗禮，與時俱進，在教義與實踐方面作適度的調整，才能真正地具有生命力，以解決現代人的複雜的信仰和覺悟的問題。在這些方面，我們可把探討的問題，就山崎弁榮與椎尾弁匡他們的宗教運動來審視一下，看看在思想信仰與傳道教化方面可以作些甚麼努力、工作。山崎弁榮的光明主義運動重視透過念佛的實踐以達致光明的生活，要人過念佛三昧的生活。具體地說，這即是所謂「念佛七覺支」。「覺支」是指能導致覺悟的七個項目。這即是：一、擇法覺支；選取教法中真實不妄的成分，捨棄其虛妄不真的成分。二、精進覺支；努力不懈以進於道。三、喜覺支；因實踐真實的教法而感到喜悅，而安住於喜悅中。四、輕安覺支；身心都感到快慰輕鬆，沒有壓力。五、捨覺支；捨棄對對象的執著，明瞭它們都是空，都沒有自性（svabhāva）。六、定覺支；心意專一，不散亂，俾能凝聚求道的力量。七、念覺支；修習佛道時，要能定（dhyāna）、慧（prajñā）並用。定是禪定，慧是觀照。佛教說七覺支，基本上是在念佛的實踐、體驗中說的，所謂稱名念佛，亦與七覺支的實踐結合起來進行，這可起策勵的作用，增強對佛教的信仰。

椎尾弁匡的實踐，有異於光明主義者。他並未把念佛體驗與信心增強作為特別的問題來處理，卻是強調對人與社會整體的救渡、救贖，重視宗教生活應有的樣式，和念佛體驗要與現實生活結合起來。在這裏，我們可以看到淨土教法的實踐的深層現代化的性格。椎尾氏特別提出業務念佛的範式，即是：不但要在清淨、平靜的處境中念佛，同時也要在繁忙的生活作業之中念佛，他認為這有助於社會淨化作

㉖　參看藤吉慈海著《現代の淨土教》，頁 6。

用的提升。由這一點，我們自然會想到淨土教法的往相與還相的問題。所謂往相是不停作工夫，不停念佛，讓自己的心念集中到清淨的佛方面來，遠離生命的煩惱與世俗的煩囂，從經驗世界走向超越世界，讓精神境界步步提升，最後駐留於超越的世界中。但超越世界高處不勝寒，眾生仍在六道輪迴的生活中飽受苦痛煩惱的煎熬。修行者於心不忍，復又從超越世界下來，迴向經驗的、濁塵的世界，慈悲渡生，這是淨土教法的還相。這便是椎尾弁匡所謂的社會實踐。這也是渡邊海旭所說的人間革命，有很深刻的入世意味。淨土宗中所謂社會派便走這種還相的導向，熱心於社會事業，從普渡眾生的社會俗務中為自己定位。㉗

在日本，如同禪教法一樣，淨土教法無論在個人修行、社會實踐和學術研究方面，都有多元而豐碩的發展。很多在家的學者，都信仰淨土，作念佛的實修實證。有些學者甚至禪淨雙修。在表面來說，禪的路向是自力主義，淨土的路向是他力主義，雙方立場針鋒相對，好像水、火不相融那樣。其實不必這樣看，習佛的人，目的不外要解決生活上的種種煩惱、病苦，以達致平和、真實不虛妄的境地，讓心靈、心性涵養不斷向上提升而已，這於人於己都有好處，對自己固然是好，把自己所修習得的經驗、功德，與他人分享，何嘗不是一樁美事呢？至於要如何入門，追隨哪一個宗派的說法，是沒有所謂的，擇善而從而已。特別是，我們不要存有太深的宗派意識，不要把自己釘緊於某一門派之中，要把心靈、懷抱全面敞開，包容、吸收有用的教法與實踐，提升自己的境界，豐富自己的人生。京都學派主要是宗禪法，但也開拓出淨土法，而且開創出深具啟發性、正面涵義的懺悔道的哲學，為淨土宗締造出一個突破前人教說的新的思想上與工夫實踐上的體系。以下我們即把探討的焦點轉到京都學派對淨土宗的詮釋與開拓方面。這裏還要補充一點，能行自力

㉗ 以上的說明，部分參考了《現代の淨土教》一書的意思。又，說到淨土教法的還相問題，一九七四年，筆者在京都大學研習梵文與藏文，一日往大谷大學內的《東方佛教徒》（*The Eastern Buddhist*）（鈴木大拙所創辦的刊物）的辦事處看書，遇到在大谷大學任教的坂東性純教授，他拿出一份淨土宗的文獻，其中圈點出「指方有在」的字眼，問我當作何解。當時我不是很熟諳淨土教法，也未留意往相與還相的問題，便說無法確定它的意涵，並會向在香港的老師請益。於是回家後寫了一封短函，提出這個問題，寄給唐君毅先生。唐先生很快便有回函，他是從淨土教法的還相方面來解讀這句文字的。即是，淨土宗修行者所指之處，所詣之處，都有真理在，這真理是指淨土而言，而所指、所詣，便是還相所強調的濁塵世界，云云。

主義，靠自己的能力來解決自己的生命問題，最後能得解脫，自然最好。但不是人人都能這樣做，而且大多數的人都不能這樣做。他們可以行他力主義，藉著一些外力來幫助自己，不但沒有不可，而且非常好。其實對於他力、外力，我們可以吸收它、融化它，讓它內在化，成為自己生命上的有益的一部分，有助於自己的宗教的轉化的大業的實現。但要做到這點，並不容易。單是勇於承認自己的弱點，進而以謙恭之心，向他者請益、求助，已是非常難得了。有多少人能真正克服自己的傲慢心，而放棄對自己的執著和自我中心主義的想法，如道家《莊子》書中所說的成心、繆心、人心呢？要完全地承認自己的無能（impotence），徹頭徹尾、徹內徹外地委身於他人、他力大能，把整個生命都付託與他，讓他決定自己的前程，需要極其堅忍的、釜底抽薪的巨大勇氣，才能成辦。一般凡夫俗子是不易做到的。從這裏我們可以感到淨土宗的實踐，並不如一般人想像中那麼簡單，只需唸幾下佛號便成。你得放棄自己的主體性，對他力大能有全面的馴服（submission），已是一種難得希有的能力（potence）了。說得透徹一些，這是對他力的信或信賴、信仰。宗教的信成立於自己從生命的內部敞開自己，由之與他力相連起來，透過、借助他力來支撐自己的生命。這種自我敞開而與他力建立關係，可以讓修行者把握到、經驗到宗教的普遍性、公共性，或宗教的真實義。修行者可以通過與他者的遇合（encounter）、相互呼應以證成自己。這遇合不是一般的物理性格的會見，而是在精神的內裏把他者吸收進來，此中最為關鍵性的，是信的問題。與京都學派有密切關係的長谷正當表示，自己若能接觸到在內面超越自己的他者，便可以破除自我的閉固性。自己在這根抵中接觸到的，可以說是絕對的他者，這在淨土教來說，是「如來的本願」。而涉及這種接觸的人的心所開拓出來的自由的空間，便是「信」。在這信中，有所謂「一念喜愛心」的深邃的動力伴隨著。這種影響不會停滯於自己自身中，卻是可以向他人作動，而招來無限的、無窮的共振、共鳴。長谷認為，宗教在這種根柢中有一種「敞開的動感」，其中有創造性與真理性。㉘

㉘　參看長谷正當著《欲望の哲學：淨土教世界の思索》（京都：法藏館，2003），頁 82。

五、西田幾多郎論悲哀

以下我們看京都學派對淨土教法的解讀與發揚。在這個學派中，西田幾多郎、久松真一、西谷啟治、阿部正雄和上田閑照是宗禪的，但對淨土也有一定程度的深邃的理解，特別是西田和西谷。田邊元和武內義範則是宗淨土，特別是田邊元，他對淨土有創造性的開拓。我在這裏將順次說明和評論西田、西谷、田邊和武內諸人的淨土理解。

首先說西田。在這裏，我想先作一些熱身的工作，看看西田與淨土宗特別是淨土真宗的關係，這又得先看西田的宗教觀。我們可先考量一下哲學與宗教的性格。一般來說，哲學是概念、觀念與命題的組合，它的最後結果，就西方哲學來說，是一套理論性很強的關乎人生與世界的真相的體系，那自然是相當抽象的。宗教則不同，它多元地涉及現實的、具體的問題。在西田看來，我們從最具體的、特殊的東西開始，追尋其中的抽象的、普遍的原理。他曾說宗教是心靈的事實，這心靈正是我們當下表現出來的知、情、意的活動，這些活動是具體的，但也有普遍的一面，宗教便是要把這普遍性給展示出來，在我們的具體的、特殊的生活中證成。而西田所說的宗教，實際上有它的存在的所指，這即是淨土真宗與基督教。當然他並不是把注意的點放在具體的現象（宗教現象）方面，他還是抓緊宗教的普遍的一面來探索的。因此，他的宗教哲學並未有喪失其普遍性。例如，他在以場所邏輯來說明宗教的世界觀時，有一念之繫之的現成的宗教亦即是淨土真宗放置在心頭。但這並不會損害他講普遍的宗教原則，他所著力的仍是宗教的普遍性。㉙

西田所涉及的淨土，主要是親鸞所開拓出來的淨土真宗。他欣賞和尊敬親鸞，其中一重要之點是，他察覺到親鸞的思想中有「絕對無的場所」的意涵。他提到極惡與墮罪的問題，㉚這惡與罪都是人性中的負面因素，親鸞也曾深邃地感受到。而

㉙ 西田與淨土教法的關係，可見於他的〈愚禿親鸞〉一短篇中，他的宗教哲學可見於早年著書《善の研究》以及多篇作品中，包括晚年力作《場所的論理と宗教的世界觀》。他並不多談淨土，也不多談禪，但每有及之，多為洞見。

㉚ 《場所的論理と宗教的世界觀》，《西田幾多郎全集》（東京：岩波書店，1979），第十一卷，頁 411。

西田的弔詭思想：逆對應——一種深層的宗教世界的結構，也可看到。㉛在具有弔詭性格的創造的活動中，我們可以看到絕對者的愛，也可看到絕對者的自我否定。特別是與惡與罪對揚的絕對者的愛不時出現在對我們的救渡、救贖活動中。絕對者造出有惡與罪的人，他也需要解決人的惡與罪的問題。他不能不理會這些問題，不然的話，他自身也有惡與罪了。在西田看來，神是一絕對性格的他者，惡與罪的可能，是祂作絕對的自我否定而致的。㉜祂必須也能作絕對的否定即肯定，才能消除惡與罪。這絕對的否定即肯定，當然也是一弔詭歷程。西田認為，神創造世界，但亦要處理伴隨著創造而來的惡與罪的問題，祂的愛才能彰顯出來。同時，神不能只是超越性格的，超越的神只是抽象的神而已，祂必須能作絕對的否定，才能交代惡與罪的存在。㉝同時，祂也需要作絕對的否定即肯定，才能除去惡與罪，才能完成整個救贖活動。倘若神只有絕對的否定，則祂只有絕對的自我下墮，從而分化而開出現象世界與惡、罪。祂必須同時能作出絕對的自我否定即肯定，才能完成創造活動，也才能證成人的救贖。㉞

上面剛談到救贖問題，若就淨土教法來說，這是他力的救贖，不是自力的救贖，後者直接指涉如來藏（tathāgatagarbha）或佛性（buddhatā, buddhatva）的確立與證成。我們的生命存在本來便具足這種只憑自身便能成覺悟、得解脫的心靈力量、主

㉛ 關於逆對應，限於篇幅，我在這裏只能扼要地說這是一種富有弔詭意味的思想方式，如《維摩經》所說的諸煩惱是道場、淫怒癡是解脫和天台智顗說的煩惱即菩提、生死即涅槃那樣。其詳請參看小坂國繼著《西田哲學を讀む 1：場所的論理と宗教的世界觀》（東京：大東出版社，2008），頁 57-100；大峯顯著〈逆對應と名號〉，上田閑照編《西田哲學：沒後五十年紀念論文集》（東京：創文社，1994），頁 417-439。又筆者在上面提及之拙文〈西田哲學的絕對無與絕對矛盾的自我同一〉也有多處涉及這個概念。

㉜ 《場所的論理と宗教的世界觀》，頁 404。

㉝ Idem.

㉞ 在這裏，我需作些澄清與補充。絕對的神本來是完美的，但若只作絕對的否定，則能開展出現象世界，同時也包含惡與罪在其中。祂必須再作翻騰，作出絕對的自我否定即肯定，才能解除惡與罪，以完成對世間的救贖。而由絕對的自我否定到絕對的自我否定即肯定，則是一逆對應的弔詭歷程。關於這點，我在拙文〈西田哲學的絕對無與絕對矛盾的自我同一〉有詳細的探討，在這裏我只想簡短地說明：按京都學派的思維，絕對的否定即是否定的否定，是雙重否定，結果否定互消，而成肯定，但這肯定不是相對的肯定，而是絕對的肯定，這即是絕對的否定即肯定。

體性。淨土教法不這樣看，不認為這種力量的本有性、內在性。要能成覺悟、得解脫，我們自己太脆弱，不能憑自己的力量便能成辦。我們只能也必須借助他力大能的力量，誠心地對他起信，念誦他的名字，希望他能有回應，以慈悲的願力把我們引領到西方極樂淨土，借助這淨土的殊勝環境，最後便能成覺悟、得解脫。這是佛教特別是淨土教法的常識，很易理解。但西田不止於此，他進一步探討，發現人的生命中有一種悲哀的情結（complex），這與成覺悟、得解脫有直接的、內在的關連。

這悲哀要從西田對親鸞的創造性的解讀說起。按西田寫有一篇〈愚禿親鸞〉的短文，展示出自己的為人與生命情調，因而有所謂「愚禿意味」，即是人的內賢外愚的形態。㉟這是親鸞為人的風格，也是他的自況，透過這意味，我們可以看到親鸞教法的依據和為人原則，強調生命內部要賢德，有實質，外表則無所謂，即使表現為愚昧無知也可以。另外一點重要的意思是，我們的內心要謙厚，特別是在面對如來的場合，要徹內徹外地、絕對地放棄自己的知見與經驗。所謂「愚禿」正表示這種徹底的自我放棄，沒有保留，這正是「禿」的所指。這愚禿風格成了西田的悲哀觀點的基調，也是悲哀在感情上的表現。悲哀與愚禿實有相通處，從人生的負面面相來切入，以求得人生理想的實現。悲哀與愚禿都涵有宗教的性格，宗教是心靈上的事實，對於這種事實，英雄豪傑與匹夫匹婦並沒有甚麼分別。㊱這是說，人人都有心靈上的事實，以田立克（P. Tillich）的終極關懷觀點來說，人人都有他們自己的終極關心的事，亦即不能遠離宗教。西田進一步具體地表示，「愚禿意味」是自己本來便有的姿態，是人間自己要歸向的本體，是宗教的骨髓。他說：

> 他力也好，自力也好，一切宗教都不外乎這愚禿二字。不過，這愚禿二字並

㉟ 西田著〈愚禿親鸞〉，《思索と體驗》，《西田幾多郎全集》（東京：岩波書店，1978），第一卷，頁 407-409。西田在這篇文字中，表示自己生長於淨土真宗信仰的家庭，母親是真宗的信徒，自己則不是，對真宗理解不多，但很重視「愚禿」這一語詞，認為它能表達親鸞的為人，真宗的教義和宗教的本質。（同前，頁 407）。

㊱ 同前，頁 408。

不單獨地來自與切合真宗，但真宗是在這方面最為著力的宗教。[37]

回返到悲哀的問題。西田曾強調，哲學起於「驚異」，是一般的說法。實際上，哲學應是起自深邃的人生的「悲哀」。[38]這一時或許不易理解。在一篇題為「《國文學史講話》の序」的文字中，西田就一般生活與倫理關係的角度說明悲哀的問題。他提到自己的兒子的死亡，讓他淪於情何以堪的悲哀的情感中。他又回顧自己在十四歲時失去最親愛的姊姊，在那個時期才經歷到死別帶來的悲哀之情。他不堪思念亡姊之情，也不能忍受見到母親的悲哀，飲泣不能自已。他以年幼的稚心，想到希望自己能替代姊姊的死亡。他說親人間的愛是純粹的，其間沒有可以容納利害得失的空間。本來，人的老死是平常不過的事，而死去的又不單單是自己的兒子，這就理智、理性來說，是無從悲哀的。但雖是人生的平常事情，悲哀便是悲哀；人感到飢渴，也是常事，但飢渴便是飢渴。人的死亡，不管是以甚麼方式，在甚麼時候，都無法避免，在親人看來，是極難堪極苦痛的事。這裏有「親之誠」（親の誠）在裏頭。[39]這「誠」觀念所傳達的真情實感，可謂點滴在心頭。

在西田幾多郎看來，悲哀中有苦痛煩惱，同時也有超越和克服苦痛煩惱的潛在力量。這是一種矛盾的複雜情結。在心理學看來，我們日常生活中的情結通常會向生命內部求發洩，表現情緒上的扭曲，結果帶來自我閉塞、自我束縛的負面的心理行為。西田的悲哀則不是這回事，它能對自我採取主動的融通、疏理，解除閉塞、固鎖，以求得自我解放、自我放鬆。這種心理行為，或心靈的暢通，是宗教性的，可通到佛教的解脫（mokṣa）方面去。此中的宗教性，可以理解為悲哀是宗教的基礎。我們經驗到人生的悲哀的現象，如貧窮、殘疾、意志左搖右擺不堅定，以致衰老、死亡，便會生起宗教的問題。即是，向宗教傾斜，想在宗教內裏找到出路、生機。這樣，悲哀便獲得了宗教意義，有它的穩定性、恆久性，不是一些主觀的情感、感受。有人會問：我們如何去感到悲哀，確定它在我們心裏的存在性呢？我們

---

[37] Idem.

[38] 西田著〈場所の自己限定としての意識作用〉，西田著《無の自覺的限定》，《西田幾多郎全集》（東京：岩波書店，1979），第六卷，頁116。

[39] 西田著《思索と體驗》，頁417。

如何區別悲哀與主觀的情緒、失意感、失落感呢？

首先，我們要明白，悲哀不是一種純然是否定性格的感情。即使從表面看來是如此，讓人沮喪，但實際情況不是這樣簡單。我們通常說內心的悲傷，總有一種負面的、否定的語調。就西田的理解來說，我們在悲傷、否定之中，有一種要超越悲傷、否定的意願，這便可說悲哀。譬如說，一個偉人，例如聖雄甘地（Mahātma Gandhi）遇刺而倒下、死亡，我們感到悲傷，覺得愛、和平的質素被否定了。但倘若我們的情感不止於這悲傷、否定，而是進一步要與聖雄建立某種關係，要和他相遇合，要做一些能夠超越這悲傷與否定的事，則又不同。聖雄不存在於現實中，但卻存在於我們的心中，則他可以說是以不存在的方式而存在，這便是悲哀情感的流露，我們會在這種悲哀的情感中感到激發、鼓舞，讓自己的意志昂揚起來，考量到自己應進一步要做點甚麼。悲哀和悲傷、否定的不同便在這裏：悲傷、否定是消極的，悲哀則是積極的。至於在哪些方面積極，便是下一輪的問題了。

西田說過如下的話：

> 自己一旦陷於極度不幸之中，不是總會感到一種宗教心由自己的心的底層湧現上來麼？宗教是心靈上的事實……哲學家應該對這心靈上的事實究明出來。❹⓪

對於這段文字，長谷正當指出，這種由自己的心的底層湧現出來的宗教心，自己內部並不含有有關的依據。所謂宗教心，是要超越自己的生命，或可說是如來的清淨心從自己的心的底層湧現出來。這樣的清淨心湧現出來的場所，正是悲哀。此中有悲哀的感情的超越性在。❹❶悲哀作為一場所看，是一種新的提法，有其洞見在裏頭。❹❷但從這場所湧現出來的心，不必鎖定為清淨心。就筆者所提的宗教的自我設準看，我們可以確認三種自我：本質明覺我、委身他力我和迷覺背反我。就宗教的

---

❹⓪ 《場所的論理と宗教的世界觀》，頁 371。

❹❶ 《欲望の哲學：淨土教世界の思索》，頁 96。

❹❷ 以場所來說悲哀，並非始於長谷正當。大橋良介在他的《悲の現象論序說：日本哲學の六テーゼより》（東京：創文社，1998）已經這樣看了。（頁 133-135）

心來說，這三種我分別相應於本質明覺心、委身他力心與迷覺背反心。清淨心只能說相應於本質明覺心，未能概括其他兩種心。倘若以主體性來取代清淨心，便可避開這種困境。這主體性應該是超越性格的，我們的現實的生命存在，便欠缺這種主體性，後者通常是以隱閉的方式存在於我們內裏，因此說是在心的底層；它的湧現，也是由心的底層湧現出來。我們對這種宗教心可以有一種自覺：我們的生命存在中有惡與罪，必須要以這種宗教心來對治、處理。

以下我們要關連著淨土宗的教法與實踐來看西田的悲哀觀念、觀點。他是對悲哀持肯定態度的，認為悲哀是我們的生命存在的內裏開拓出來的絕對的平臺、場所。這悲哀在我們越是為苦痛和疾病所折磨時，便越是大量地從生命中湧現出來，是一種沛然莫之能禦的生命感情。這種感情有主觀成分，但亦有客觀的、理性的基礎。倘若它能凝聚起來，可以穩住我們的意志，讓它變得堅強、不屈曲，並爆發出巨大無倫的生命力量，摧破擋在我們面前的大路的種種障礙，讓我們更能達致宗教的理想。這悲哀無疑是一種生命的力動，是我們勇猛向前精進以求渡己渡人的力量的源泉；它當然也能治療我們心靈中的傷痛，同時也能激發起他人的心靈力量，以治療各自的傷痛。一般哲學家以驚異作為哲學的基礎，讓我們向外對存有方面發出種種問題，也向內作自我反躬，提出種種疑難，並試圖尋求答案。西田則不這樣看，他認為悲哀才是哲學的基礎，讓我們關心自我與世界的真實性，並致力於證成這真實性。說得具體一點，悲哀是一種愛的情感，表現在我們對子女或至親的關係中。我們可以點化這悲哀，讓它凝聚成力量，以幫助子女和至親克服、超越生命中的苦難。這悲哀能有起死回生的力量，讓不存在的存在，死去還能生存。此中自然有一種生命上的大弔詭在：人越是陷於災難之中，越是淪於背反之境，便愈能振作出生命的大勇，越能逼顯出生命上的洞見；這大勇與洞見可以化為一種巨大無倫的力量，特別是宗教的力量，讓人生更為精采，讓宇宙更為璀璨。古哲的「置之死地而後生」，正可以展示於悲哀之中。田邊元說懺悔可以反彈，成就不朽的業蹟，悲哀也可以反彈，證成有益的、積極的行為。

不過，以上所說的悲哀所能成就的多元的功德，不能獨立說，而是需要在淨土教的脈絡來說。即是，人的不朽的表現，要在他力大能的加持下，才能現成。在一般情況，人不能免於是渺小的，不能發出足夠的力量來應付周圍的環境，卻是要對淨土教法起信，以無保留的方式，委身於淨土教的他力大能，希望他能慈悲回應，引導我們往生於淨土，才有成道可說。在他力大能的面前，人要徹底地、全心全意地剝落生命中的一切品飾，如西田的〈愚禿親鸞〉一文所說的「禿」般，承認自己的一無所有性格，而把生命的前程，交託給他力大能，委身於他，最後融入於他力大能之中，或與他力大能一體化，讓超越的他力大能內在於自己，才能成辦種種功德。這樣的做法不是自我放棄、投降主義；我們不是向他力大能告解，變得趨吉避凶，沒志氣，沒出息。這卻是要成辦大事的一種屈曲、委屈，大丈夫要能屈能伸，屈伸自如也。內賢外愚，難得糊塗，有何不可？

六、論名號

以下我們看西田對淨土教法中的名號與信的問題的詮釋與發揮，中間也涉及意志與言說的問題。這些問題有比較強的宗教信仰的意味。按西田說到淨土教法，主要是就淨土真宗而言，而在淨土真宗中，他把注意點集中在親鸞方面，因此我在這裏說淨土教法，主要是就親鸞的教法而言，此中包含義理與實踐兩方面，特別是以實踐一面為重。在上面一節我提到清淨心的問題，這裏一節也就以清淨心觀念來展開探討，由它透過名號以通到信的問題。親鸞認為，我們的清淨心潛藏在心靈的底層，而心靈的表層或上層，則是一些含有染污的雜念、想法。清淨心在心靈的根深處湧現出來，在修行中的眾生通常是如此；而一般的眾生則由於生命中遍佈著污穢，清淨心不能展現出來，佛、菩薩對他們予以迴旋地、屈曲地教化，俾他們的清淨心能徐徐顯露，發揮作用，對言說中的名號加以理解與把捉。而清淨心自身又與名號相認同，投入人的心中，由此而生起信、信仰。這名號是諸佛、如來的名號，特別是阿彌陀佛的名號。在親鸞來說，名號具有殊勝的力量，內裏又充滿慈悲的意願、本願（praṇidhāna），能夠透過言說，或與後者結合起來，有效地影響眾生，進行救贖、救渡。而信或信仰則是指佛、菩薩的清淨心透過內在的轉換作用，發揮出治療眾生的病痛（精神上、心理上的病痛）的功能，滲透入他們的心中，讓他們對淨土教法起信。按以言說來說名號，或以言說為名號，而表現為信，有救贖的作用。名號不是一般的名稱，卻是有象徵的意義，可象徵某種願力，充滿救贖的動感。以言說為基礎可以發展出存有論、形而上學。古印度六派哲學之中，便頗有些說法是設定言說的形而上作用的。㊸佛教中的密教有阿字觀，亦可列入這種哲學思維之中。

就西田來說，在佛教，特別是淨土真宗，佛是以名號展示的。倘若能對名號不思議地起信，便有救贖可言，如上面所說的。絕對者亦即佛與人的非連續的連續，亦即矛盾的自我同一的媒介，不外表現而已，言說而已。要表顯佛的絕對悲願，只能依賴名號。㊹在這裏，西田把名號與佛等同起來，讓名號具有實質的意義，而不只是抽象的字眼。即是，名號可以具有不可思議的、弔詭的作用，能救贖眾生。名號作為一種言說形式，可以把佛與人關連起來；佛是連續的，是綜合性格的普遍者，人則是非連續的，是分析性的個體。雙方成一種矛盾的自我同一。矛盾是分析的，自我同一是綜合的；超越與經驗的連繫，分析而又是綜合，非連續而又能連續，都是名號的作用使然。分析與綜合、非連續與連續，是逆對應的關係，這種關係依名號而可能。在這裏，名號實有一種辯證的涵義。關於逆對應問題，我曾在拙文〈西田哲學的絕對無與絕對矛盾的自我同一〉中有頗為詳盡的處理，在這裏不想重複，姑視之為辯證的關係便可。言說或名號能把普遍的佛與個別的人辯證地關連起來，以證成矛盾的自我同一的真理。這是名號的不思議的作用。

說到逆對應問題，西田接著發揮：絕對者或普遍者與相對的或特殊的人總是處於一種逆對應的關係中，這正是名號的表現，它是不思議的。他指出，名號不能說是感覺的，也不能說是理性的。理性總是內在的，這是人的立場，無涉於與絕對者的交集。在這裏，西田提出意志的問題，他強調我們自身在個人的意志的尖端與絕對者相對待著，而神亦以祂的絕對意志超越而又臨在於我們自己，這超越而又臨在便表示出逆對應的意味。意志與意志的媒介，正是言說。言說是道（Logos），又是理性的。而超理性的，更而是非理性的東西，只有通過言說被表現出來。意志超越理性，更是破除理性。在超越我們自己、臨在於我們自己之中，便有客觀地表現自己自身的事。藝術也是客觀的表現，但這是感覺的，不是意志的。宗教的表現則總

㊸ 中村元寫有《こどばの形而上學》一書，便是處理印度哲學中以言說來建立形而上學的說法。山內得立著有《意味の形而上學》，是以意義為基礎來講形而上學。意味或意義即表現於言說之中。

㊹ 《場所的論理と宗教的世界觀》，頁 442。

是絕對意志的事。㊺在這裏，西田提出兩種意志：人的意志與神的意志。人的意志是相對的，可透過言說來溝通；神的意志則是絕對的。人的意志是理性的，神的意志則是超越理性的，但也臨在於我們，因此可說是超越而又內在的，由此可帶出逆對應的涵意，這是宗教的事，不是藝術的事。另外一重要之點是，西田說名號不是感覺的，也不是理性的；它超越感覺與理性。這便讓人想到康德（I. Kant）說的實踐理性（praktische Vernunft），後者不處理知識的問題，而是處理道德的以至形而上的問題。這是逆對應的、不思議的。名號也是如此，它是逆對應的性格，同時也是不思議，配合上面說名號等同於佛，能表現佛的絕對悲願，它作為言說的形式，卻又超越言說的相對性，而通於絕對。這便迫出名號的形而上的、存有論的意義，指涉及絕對的意志。

探討到這裏，名號的意涵便逐漸明顯了。它一方面是言說的形式，而言說是人的言說；另方面，它超越感覺與理性，是不思議的、逆對應的，也是辯證的，這種性格只在神或佛方面出現。故名號是人與神或佛的媒介，它通於這兩者。上面說佛是連續的、綜合性格的，人則是非連續的、分析性格的。故名號也是連續性格與非連續性格的媒介、綜合者。這樣，名號的宗教意涵，在宗教中扮演重要的角式，便呼之欲出了。㊻

對於名號，西田有進一步的發揮。在佛教來說，名號即是佛。㊼佛是以名號來展示自己的。名號是一種特殊的言說，那種有創造意義、救贖性格的啟示，作為一種言說，所謂「背理之理」，並非單純是超理的，也不是非合理的。相應於絕對者的自我表現，我們要開拓真正的自我，開拓真正的理性，像親鸞的做法，在念佛中以無義開拓出義來（無義をもて義とす）。這並不表示無意識，卻是有無分別的分別在運作。這是知與行的矛盾的自我同一，在絕對現在的自我限定中有創造性的東西

㊺ 同前，頁 442-443。

㊻ 在這裏，我想補充一點。意志與意志之間需要有一個媒介予以連結，這便是言說。這是西田的意思。在親鸞來說，這是「行」。親鸞以行來替代言說，勢必引出一種另類的連結。言說的連結是思辯性質的，行的連結則是實踐性質的。思辯是向哲學傾斜的，實踐則是向宗教傾斜的，西田與親鸞畢竟是不同形態的人物。西田是哲學家，親鸞是宗教家。

㊼ 按這裏所說的佛教，是就淨土教法而言。而以名號等同於佛，同時具有存有論與工夫論的意義。

在運作。[48]這裏西田連續地用了幾個弔詭來說名號的辯證性格：背理之理、以無義開拓出義、無分別的分別、知與行的矛盾的自我同一。這樣的思考，恐怕是受到佛教的無執的影響所致。不執著於理、義、分別與知與行，而高一層次的理、義、分別、知與行自然地冒起，讓我們對事物有深一層的洞見。以無分別的分別一例來看，對於事物，我們要能靈活地去了解，理解它們的相對性、緣起性，不呆板地死執它們具有絕對的、不變的自體、自性。這樣，我們對事物不起自性的執著，知道事物的無常性（常住不變的本質），但事物之間的不同，如形狀、功能的不一、多元性，仍然可以展示出來，這形狀、功能仍然有分別可言。這樣認識事物，可以說是本於真正的理性，或真理。名號也是一樣，它不是死板的、呆滯的東西，卻是有其象徵的對象。在這裏，去象徵的名號，如「阿彌陀佛」與所象徵的阿彌陀佛本尊，在存有論上是融合為一的。這樣，我們便能賦予名號真實的、在活現狀態中的內容。我們念起「阿彌陀佛」的名號，心中便有真實無妄的阿彌陀佛現成。這內裏當然有工夫論的意涵。故名號是存有論的，也是工夫論的。

關於名號的工夫論義，西田作進一步的深層闡釋。他指出，名號是佛的大慈大悲的表現，我們在它的加持下被救贖、被涵容，以至於自然法爾的境地。這「自然法爾」並不是一般人所想的那種物理的自然，也不涉及宗教經驗中的對象邏輯，卻是所到之處，莫不有絕對悲願所圍繞。大智是起自大慈大悲的，真理是見物如其為物，這是絕對者的自我否定的肯定的力動在運作，同時又是無念無想。慈悲並不否定意志，它毋寧是真正的意志成立的依據，存在於我們自己的根柢中。慈悲總是相互對反的，但也是矛盾的自我同一中的一。而意志是由這樣的場所中的有或存在的自我限定而生起。這種純粹的場所的自我限定，無一毫私我在裏面，而是我們所說的「誠」。這裏是實踐理性的所在處。[49]按說佛的大慈大悲可表現於名號中，這不只是實質的說法，同時是象徵式的說法，有方便的意義。修行者要理解阿彌陀佛的大慈大悲的行願，一時不知在何處入手，阿彌陀佛的名號象徵這大慈大悲，修行者可即從念佛的名號入，對名號起信，比較容易做到，也能很快便把自己的心念凝定

[48] 《場所的論理と宗教的世界觀》，頁 443-444。

[49] 同前，頁 444-445。

下來，專心於修行的功課。即使只做這一步，也已收到救贖的功效。慢慢便可臻於自然法爾的境地，感到四周都有佛的悲願所加被，因而心念便可貞定下來，達到《壇經》所說的無念、無相等的境界。慈悲也不與意志起衝突，毋寧是，我們由念佛而感染到後者的慈悲，內心變得積極起來，不刻意求救贖，而救贖自然到來。這是一種逆對應的效應：我們否定自己的惡罪，另方面即能作出我們否定即肯定，救贖即直接從這肯定中說。一切是這樣自然適意，是自然法爾，在平常底的心情中發生，不求功德，而功德自至。由佛的慈悲而導致自己的悲哀的情懷，在這悲哀的場所中，作為終極主體性的絕對無會作自我限定，讓我們各各形成自己的意志。慈悲並不否定意志，它毋寧是證成意志的。意志通於康德所說的實踐理性，超越於純粹理性，但又不否定它。因此我們仍可保留純粹理性作為知性，而了解萬物。這了解萬物是知，而基於真理而發出來的動作是行，知與行雖在導向上取徑不同，但在慈悲的懷抱下，證成了矛盾的自我同一。親鸞曾提出「大行」，說它是功德的寶海，也包含知在裏面，這也可以說是名號所具足的表現的形成力量。表現甚麼呢？表現逆對應也。西田即透過逆對應與表現的概念來說行與信。在這裏我們便進入對信的問題的探討。行的問題也可概括在裏面。

七、論信

在一般人的理解來說，信基本上是信仰、起信。淨土宗要人全心全意地信仰阿彌陀佛，由後者來安排自己的前程、幸福。基督教則提出更重的話：信者得救。淨土真宗的親鸞說信，當然有這種意涵。西田說信，則比較有形而上的個人與他力大能在心靈上的交流、溝通的意味。不管是哪一方面的意思，總是把信關連到人與超越者之間的內在聯擊。這「內在」字眼傳達出一個很重要的訊息：人信阿彌陀佛，信耶和華真神，都必須在內在方面與超越者建立精神上的、靈性上的關連。外表的宗教儀式或行為，如念佛、拜佛、祈禱、告解、守戒律等等，都需要以這內在的關連為基礎，才有意義，也才有功效。在這一點上，親鸞與西田說信，都不例外。

先說「內在」問題。在我們的生命的基底，有一種生活的力量，一種很容易體會的力量：人的現實，無論是他的身體或周圍環境，都可以是很殘酷、很折磨人的，這可以是貧困、疾病、親人的死亡等情事。但人總是可以存在於這些負面因素中而如常生活，承受與忍耐這些逆境，並表現出生機、希望。這不難理解。就佛教特別是淨土教來說，這是因為有如來的生命流入我們自己與周圍環境中。我們可以從這裏開始說信，信如來與我們面對與處理種種逆境的勇氣。這如來的生命，在淨土教法中稱為「如來的本願」。而信正是在如來的本願的流注與感召下，不會退轉（vivartate）、不妥協的心理或意志。這信的內裏有著一種不思議的力量，這力量不但能把自己推向前面，勇猛精進，也能影響、促使他人同樣地勇猛精進，以造成沒有份限的共鳴、共振。這種心理、意志可以說是一種宗教意義的敞開的動感、力動，在其中有真理性和創造性。

這種「內在」的東西，嚴格來說，不是具有普遍性的佛性，它不是我們本來便具足的，卻是如來的願力流向我們方面來的。既然流過來了，便儼然成了我們自身的東西。因此，就心理學、心理分析來說，這種「內在」的行為因素或力量，是在我們生命的內裏，但又不是真正屬於我們的東西。它作為我們的生命的依據、世界的依據而存在於我們自身之中，即是說，我們自己內部含容不是自己的卻又是自己和世界的依據。這便是我們的淨土教法的信。我們靠著這信，才能讓生命挺立起來，面對嚴刻的、嚴酷的現實而不會倒下，才能讓自己成為一個負責任的主體。長谷正當指出，倘若這種內在的世界敞不開，閉塞起來，我們便無法有尊嚴地生活下去了。人沒有食物，身體便會出毛病；同樣，人的內面的世界若被侵凌，被掠奪，便會生起精神上的病痛。人的所謂「秉持內面的依據之所」即是「在自己的根柢中接觸到超越自己的他者」，因而獲致在其中生起的活力、能量。宗教意義的生命，就淨土的他力立場來說，不外是在這樣的內面的世界中被遇合得的他者而已，即使這他者是絕對的、超越的。倘若我們能夠開啟出內面的世界，便可說是與在信中被接觸到的如來或阿彌陀佛的心相連起來。在淨土教法，所謂「如來之信」，即是作為我們生活特別是宗教生活的基礎的內面的世界打從自己的根柢中開拓出來。[50]

在淨土教法來說，釋迦牟尼的覺悟、解脫的證成、現成，需就如來的本願、信如來的本願來理解，才能深刻與正確。特別是，以阿彌陀佛的本願展現出來的如來

---

[50] 長谷正當著《欲望の哲學：淨土教世界の思索》，頁 78-79。在一些地方我作了適度的調整。

的心，可通過信在人的心靈中映現出來。這如來的心或本願遍佈於整個宇宙，沒有絲毫遺漏；這是無私的、是平等慈悲的。親鸞的《教行信證》中的信，展示在我們的心中有如來的心在貫注，在作動，而信可理解為如來以他的心來培育、啟發我們的心，讓我們有一種真摯的、赤誠的感受。從積極一面來說，信是一種自覺：自覺到自己的生命的根深處有他者、絕對的、超越的他者在，他不斷地向我們激勵、鼓舞，為我們加油。因此，信主要不是自己的心在作動，而是在自己的生命中的絕對的、超越的他者在作動。在這種義理脈絡下，我們可以說，信是我們對於絕對的、超越的他者的心在我們自己的心的根柢處不停運動而發揮影響力的真實性的認證。[51]

上面提到內面世界的開啟、開拓。在這種開啟、開拓的宗教活動中，那些本來隱藏在人的內裏的生命力量、生機便有空間敞開來了。親鸞即以信來解讀這空間的敞開。關於這點，我們可以拿植物的成長作譬來說明。植物需要接受多種因素才能生長，例如陽光。信，便有這陽光，開啟生活的空間；不信，便沒有這陽光，自我關閉起來。這是自我破壞，自尋沒路，這便是人的惡。不過，這種自我破壞一旦遇上光明，便會停止破壞，開啟出一條生活的康莊大道。親鸞稱這種開啟現象為「往生」。

以上是西田對信的問題的概括性理解，這些理解，在西田的多種著作中可以看到，從初期的《善の研究》、中期的《無の自覺的限定》，到晚年的《哲學の根本問題》和《場所的論理と宗教的世界觀》中都可以看到。在這裏，我們由信回返到名號的問題。親鸞以信和行來說名號，西田則以逆對應與表現來說。這個問題涉及意志與言說與兩者的關係。西田在《場所的論理と宗教的世界觀》中指出，絕對者與人是處於逆對應的關係中，個體透過絕對否定為媒介，在前者的意志的前端中面對絕對者。[52]在這種情況，絕對者以絕對意志而臨於我們的存在之上。而意志則是在場所的自我限定而成立的，說絕對意志其實是說絕對者或者場所的意志。[53]意志與意志碰在一起，會相互否定而對峙起來，此中會出現兩者的絕對的斷絕的現象，

---

[51] 同前，頁 77-78。

[52] 按意志有其普遍性，它不會局限於個體之中而存在，而表現，它也是絕對性格的。

[53] 《場所的論理と宗教的世界觀》，頁 442-445。

而成立於這意志與意志相互對峙之上的，正是信。所謂絕對的斷絕並不是完全斷絕而沒有絲毫交集，卻是脫除絕對的性格，而成為相對的性格，相互對峙的意志與意志沒有了絕對性格，便成就了信。故信可以是生活的、經驗的。

故一說信，便不能不涉及意志，在這裏，我姑提一下意志的問題，以結束這一節的探討。關於意志，西田說：

> 所謂意志即是，我們自己作為世界的自我形成點，藉著在自己中表現出世界，世界的自我表現而形成世界，意志即是這形成（筆者按：這形成是動詞）世界活動的動力。[54]

西田的思想有博大精深的美譽，但在這裏的說法卻不免於模糊。他提出表現世界的兩種方式：在自己中表現世界，和世界自我表現而形成世界。一邊說世界可以在我們自己中表現出來，這明顯地有觀念論的傾向，與胡塞爾（E. Husserl）所說的意識（Bewuβtsein）通過意向性（Intentionalität）而構架世界有相似的旨趣。另一邊他又說世界自我表現而形成世界，這則近乎實在論的觀點，以世界的形成不需依賴意識或主體，世界自身便可以形成世界了。但這兩種活動有因果關係：在自己中表現世界為因，世界自我表現而形成世界為果。我想我們可以寬鬆地這樣理解：表現世界與形成世界的意味並不完全相同，但自然沒有根本的矛盾，這裏有一個歷程：表現世界在先，形成世界在後。表現世界有較強的主體意味，意志的意涵也較明顯。以這表現世界作為基礎，進一步對所表現的世界作客體義的構作，而形成有較強客體義的世界。而意志始終貫串其中，是世界的構成的動力。因此，整段文字的意思，可以這樣理解：我們作為人，面對世界，並不與後者截然分割，了無瓜葛。毋寧是，我們是世界的自我形成之點，是世界的支柱。在意志上，我們有表現世界的意志，把世界的圖像勾劃出來。但世界仍是在我們的構想之中，未成一客觀的存在。故下一步是世界從構想狀態轉而為客觀的現實的東西，成為一客觀的構作（Konstruktion）。但世界作為一構作，仍不是完全客觀的、外在的，仍離不開我們的意志，後者是前

---

[54] 同前，頁 440-441。

者的動力根源。而重要的一點是，我們以意志為本，透過言說來描劃、象徵世界，由表現到形成，即使說世界本於象徵活動，其中亦總應有歷史、歷程可說，故言說不可少，而意志更是表現、形成歷史的世界的力量。55倘若這樣看的話，言說便不單是語言學的、表義的，同時也是現象論的、存有論的。

八、由虛無主義經空到身土不二思想的轉向

以下我們看京都學派第二代重要哲學家西谷啟治的淨土思想。西谷與西田雖同屬於自力主義的義理與實踐的禪的譜系，但與西田對於淨土思想都具有同樣深刻的洞見。不過，西田的淨土思想比較注重一般的普遍的、有抽象傾向的面相，而西谷則較能照顧及淨土思想的具體的、現實的事項。我們也可以說，西谷的思想更近於生活化，與現實的經驗有較頻密的交集。56

關於西谷對淨土思想的闡述與發揮，我們可以從他的虛無主義觀點說起。按西方的虛無主義發展到尼采（F.W. Nietzsche），可謂到了頂峰，這種思想把一般為人所認同的價值序列打亂，發揮強烈的破壞性，摧破思想史上一切二元的思維形態。但光是虛無主義是不足夠的。在西谷啟治看來，在突破人的二元思維模式方面，虛無主義（Nihilismus）功不可沒，但我們不能止於虛無主義，不能只講虛無、破壞，而不求建設。他認為我們發揮、發揚了虛無主義後，便應向積極的而又是無執的空轉進。這空是佛教的般若學（Prajñāpāramitā）、中觀學（Mādhyamika）倡導的。最後本於空以建立空的存有論，建立以空為骨幹的事事無礙的多元的世界，像華嚴宗講的四法界中的最終極的法界那樣。但尼采沒有這樣做，西谷認為這是尼采的思想上的不

---

55 同前，頁 441。

56 我在這裏闡述西谷的淨土思想，在語調與氣氛上略不同於對西田的闡述。這一方面由於西谷較多注意現實的、平實的情態，同時也由於我跟西谷有個人的接觸，對他的思想感到具體而親切。因此，我在這裏對他的闡釋較為輕鬆與自由。另外，長谷正當在他的《欲望の哲學：淨土教世界の思索》一書中，喜歡就構想力、情意與土等概念來說西谷，給人留下深刻的印象。在這一點上，我從長谷的書中得到深刻的印象和親切的感受，把他的觀點吸收過來，成為自己的看法。基於此，我談起西谷，在某些點來說，與長谷頗為相近，希望讀者垂注。

足之處。57

西谷先從宗教的超越性問題說起。他認為宗教固然會涉及超越性，人與超越者有關係，但這個現實世界與超越者也有關係。人是世界中的一分子，是要以雙足踏著大地生活的。這大地即是場所，人不能與場所分割開來。世間有某種東西，例如有人，便有這東西所居處的處所、場所，因而也有這東西與場所的關係。西谷甚至強調，當我們說有某種東西，則在這種東西的構造中，已具有「在場所中」這一意味。即是說，說「有」，分析地包含有「在場所中有」的意味。58同時，「有」某種東西，表示有它的「場所」。59這場所很容易會讓人想起和辻哲郎所優言的風土。而這場所或風土，與所涉的東西應有某種程度的關係、連貫性，不能隨意指涉任何的場所或風土。舉動物為例，譬如熊，牠有牠的適切的場所或風土；即是，北極熊有牠獨特的場所、風土，這便是北極或極地、寒冷之地。北極熊若被帶離北極的地方，被移到炎熱的地方，牠便不能生存。這便構成了某種東西與它所存在的場所的密切連繫。離開適切的場地，該東西便無法生長，無法存在了。正是在這種脈絡中，西谷建立了淨土的觀念：要得到覺悟（起碼就某些人來說），便得存在於淨土；淨土對於某些求覺悟得解脫的人來說，是不能或缺的。即是說，某些人要得渡，便得面對淨土，往生淨土。

西谷的思想，就關連著淨土問題來說，可以分為兩個時期：前期以《宗教とは何か》一書為中心，後期則以他由京都大學退休後在大谷大學開講的〈大谷大學講義〉為中心。這兩種文獻都收入於《西谷啟治著作集》中。在前期，他相當關注虛無主義的問題，這在一定程度上受到尼采與海德格（M. Heidegger）的影響。到了後期，他所關心的問題，是身體的問題，這包含著自然與土地或土的問題。倘若再關連著他對宗教的傾向這一面來說，則身體的問題、生命的問題涉及超越的問題的定位性的改進，這即是由空轉移到土來探究超越的問題。但怎樣把土跟超越性關連起來呢？西谷是要超越土，由空之中的超越轉而為土之中的超越。雙方都有中道的意

57 有關西谷的空的存有論，參看拙文〈西谷啟治的空的存有論〉，拙著《絕對無的哲學：京都學派哲學導論》（臺北：臺灣商務印書館，1998），頁 121-149。

58 西谷啟治著《西谷啟治著作集》（京都：法藏館，1991）卷 24，頁 302。

59 同前，頁 136。

涵在裏頭。關於這種超越性，西谷以很平實的事例來說明。所謂宗教上的救贖，在西谷來說，是人得以生存下去的動力在我們的最內在的處所中展現出來，發揮它的動能。人在身體方面，需要呼吸空氣、吸收水分和陽光，才能生存、發育，讓生命能持續地成長。在心靈方面，則需要如來的本願力（佛教的說法）與神的愛（基督教的說法）來滋潤。所謂土，作為一種場所，它的作用便很明顯：必須要有淨土與神的國，才能讓人在根本的層面生長、延續下去。

在這裏，西谷提出空的「形象化」與有的「透明化」這兩個概念來解說。這兩個概念頗不容易說明。我們可姑作如下的理解：如來為了方便渡生，需要展示如來的本願和神的愛。為了這種展示，就西谷來說，空要讓自己發揮動感，主動地移向淨土、神的國土中，而形象化為土，如來自身亦內在於這土中。這內在於土的內裏的空，可以說是「形象化」，這起碼可作為一種現象來看。即是說，空移行或呈顯為淨土，便是形象化。[60]這形象化的土不能被執取為滯礙的東西，而是要被超越的，要轉為有的「透明化」。這樣，形象不是質實而有礙的東西，卻是有其透明性格。在這裏，形象化與透明化可同時證成。這亦可以說為是「土的內裏的超越」。西谷的意思是，在人的生命存在裏，本來便有形象化的傾向；也可以說，在我們的身體中，有一種無意識的力動在湧現，走向形象化，這是在人所居住、滯留的世界中的原始的、內發的活動。

要注意的是，這種可稱為「自我的」身體不是一被認知的對象，它是非對象性格的。世界作為一個大客體，並不與我們的身體相對峙，我們的身體不是對象性的、現象性的主體；此中並沒有通常的客觀與主觀的相對待的關係。毋寧是，我們的身體的焦點與世界的焦點是重合的，有一種交集的關係。兩者之間即使有區隔，但這是透明的區隔，雙方還是互通的。世界是一個大我，我們的身體是一個自我。即使以體性來說，這雙方的體性是非對象性地成立的，在原點方面，雙方是結合為一的。進一步說，全世界的原點與我們的存在的原點是重合的，也是透明的。所謂

---

[60] 在這裏，說空呈顯為淨土而形象化，需要一種形象的推演甚至宇宙論的推演。但空在空宗（般若思想與中觀學）中只被理解為一種展現於緣起現象中的理、沒有自性的理。它如何能有力動或力量作移行、形象化的活動，仍是一個問題。西谷在這裏沒有交代，可謂一間未達。

透明，指種種不同的生命都是在透明性中成立。61在這種透明性、生機性中，任何障礙、隔閡都是說不得的。這便是生命。當然其中有某種程度的神秘主義的意味在裏頭。西谷以透明性來象徵生命，也是確切的。至於所謂原點或中心點，世界的中心點與我們自己的中心點都可以在重合為一的處境或關係中存在，自然與自我可以融通無間。也可以說，世界與自我的隔板是透明的，我們即以奔流的生命來說這透明性。這便是「身土不二」。身是我們，特別是我們的身體；土是世界、自然界、淨土；不二即是透明性。這身土不二正是西谷的淨土觀念的基礎。62

以上是西谷所闡發出來的身土不二的淨土思想，這是從客體方面說。從主體方面說，特別關連到工夫實踐方面來說，身土不二可視為修行者的心與淨土的阿彌陀佛之間的不二、相即不離，同時也證成了阿彌陀佛的既超越而又內在的雙重性格。「超越」表示阿彌陀佛或淨土，他完全是清淨、無染性格的，不含有現實的經驗世界的後天的負面東西。「內在」則表示阿彌陀佛的如來的慈悲的願力隨時會作動，滲透到眾生的生命的內裏，對後者起加持作用，幫助他們儘快脫離穢土，往生於淨土，最後成覺悟、得解脫。

如來的慈悲的願力，在淨土宗的文獻中，稱為「如來本願」。它表示阿彌陀佛的生命的透明性流向當事人自己，也流向外面的世界，確認如來的生命（無限的生命）所流經的場所亦即是佛國土、淨土的證成與開拓，同時也讓當事人或修行者以身體的存在的身份對自己的自覺、認同。此中有修行者對作為他者的阿彌陀佛的深心的、無限的信在裏頭，這種信不單純是信仰，而且有智慧在；從宗教的角度來說，這信可視為智慧的原型。在這裏，信與智慧或理性是不分離的：信中有智慧，智慧中有信。

九、身體觀與情意中的空觀

上面提及〈大谷大學講義〉。在其中，西谷發揮他自己經營而獲致的有關身體

---

61 按這透明性應該有「生機」的意味，與一般透明的玻璃不能混淆在一起。

62 《西谷啟治著作集》卷 24，頁 391-393。在這裏，我參考了長谷正當的意見來助解。

的宗教哲學的探索，闡發我們的作為生命的基礎的身體的意義與構造。按在生命科學中，或在自然科學、醫學中，本來便有一種學問是處理我們的作為身體與器官的有機體的問題的分析與探索。這些身體、器官、有機體在哲學與宗教中並不是作為觀察的對象而為研究的焦點。哲學與宗教所關心的，是把身體作為一種場所、一種自覺的基礎來看待，在其中進行對實在的體證。在這種脈絡下，身體有場所的意涵。西谷的理解是，要去除病痛，得到健康，讓自己的存在狀態能不斷地翻新，便得抓緊以身體的形式而存在的人加以探討。

西谷在這裏所說的主題是身體。身體是有生機的，是生物，不同於物體。甚麼是生物呢？西谷由自我、自己（self）來說。即是，生物具有自我的性格，它是具有生機、生命而能在生活中成長的。就人來說，他的生活，與世界上種種東西有關連，例如要攝取食物以充饑，飲水以解渴，吸收氧氣以維持精力。他又要與其他人有種種接觸，置身於種種不同的文化與歷史中，讓自己能夠堅持下去，不被淘汰。在這種網絡中，身體是一個重要的場所、居所。更重要的是，身體的存在與土有密切的連繫，才能維持生命力。因此，土也是一種場所，一種物理的場所，不完全是西田所說的作為意識的空間的場所。在這整個環境、氛圍中，自我是凝聚的中心點，把身體與土都概括起來，聚歛起來。對於西谷來說，身體是小場所，土是大場所，身體最終要還歸到土方面去。這樣的土或自然世界不完全是物質性格的，它也能開啟出超越的空間、場所，而淨土與神的國便在這種脈絡下被提出來了。[63]

長谷正當指出，在西谷的身土不二的關係中，重要的是「土」這一概念的實在論性格。即是，土是穩固的、不動的，是一切有、存在生於此而又居於此的場所。一切動、植物都不能離開土，包括飛鳥、游魚在內。在西谷來說，人自己通過身體而與土相連，身體與土基本上都是物質性格。不過，人在身體中展開種種活動、生活，而以土作為所依，仍可說透明性，在人的種種活動中都可展現生命的透明性。自己、身體與土連繫而為「一」，生命正是在這一中洋溢著、流行著。這生命可以被感覺、被直覺，可從自己的存在的根源來說。長谷認為這是淨土觀念的來

---

[63] 同前，頁 243。

源。[64]

這種對身體的重視的態度，與知識成立的基礎大有關連。在知識論方面，西谷並不傾向觀念論，卻是以實在論作為知識成立的基礎。這樣，在知識論問題的處理上，便向感覺、欲望方面傾斜，反而不重視知性或認知理性了。法國當代的哲學說起知識問題，大多是這樣的。感覺、欲望不是屈居於知性、理性之下，卻是越過知性、理性，跟人的具體的生命存在有密切的關聯。身體的物質性格，作為知識的實在的依據，便成了重要的考量要素。西谷的哲學並不很強調知識論，但也不能完全不照顧，人畢竟是以雙腳踏著大地生活、成長的，對於周圍環境，包括大地在內，需要具有足夠的知識。因此，西谷亦不能免於為知識尋求一實在的基礎。他以知識的基礎是感覺，特別是作為具體存在的肉身的感覺，故需要就身體一面來把握，建立感覺、自覺的基礎。同時也要探求身體與土的關係。就這個角度來說，西谷是更接近實在論的。這便讓西谷的哲學與重視身體問題的法國哲學拉近距離。

回返到作為佛、菩薩或神的國的淨土方面，我們需要認許這淨土的經驗性格，於是種種誇張淨土的華麗的話語便不能免了。人的構成因素有精神的、思想的自我和物理的身體。就一般的理解來說，人是先有身體而後有自我的，自我成立於身體的存在這一平臺之上。從現實一面來說，這自我是染污的，不是清淨的。人要先超越、消滅這染污的自我，才能說救贖。依西谷，消滅自我的場所，正是空。故需以空來消滅自我，這是自我的超越。至於身體，則需在作為場所的土中來處理，這是身體的超越。西谷強調，自我要消滅在空的場所中，而身體在生起之處，需以土作為回歸、回返的場所。[65]所謂「淨土」或「神的國」，正是土與自然世界敞開而成為超越的場所的結果。

關於空與土，從中道的工夫論的角度來說，兩者都可能產生問題：空可讓人傾向虛無，土則可讓人傾向實有。只有同時超越這兩者，才能說中道。故西谷一方面說空的超越，一方面也說土的超越。若能超越空，則空可由心境上下降到身體與作為後者的基盤的土方面來，而滲透於其中。在西谷的思想中，對於空的超越可轉為

---

[64] 《欲望の哲學：淨土教世界の思索》，頁 60-61。

[65] 《西谷啟治著作集》卷 24，頁 243。

佛國土、淨土、神的國的在土中的超越而展現，而證成。

西谷早年講習般若學中的空的義理，以空來說京都學派的核心觀念「絕對無」。到了後期，提出「情意中的空」（情意における空）一觀念，並探討與開拓構想力的問題。66這「情意中的空」是形象（image）的世界的證成的基礎：空由虛空、虛無下降、沉澱，在情意的脈絡中顯現出來，以形象的形式，在我們眼前展現。所謂「形象」是指「色形」與「色形的知」結合為一體。譬如說，我們聽見波濤的聲音，便知道有海水在衝擊岩石的現象；聽到狗吠的聲音，便知道附近有狗隻。波濤聲與狗吠聲是色形，海水衝擊岩石和狗吠是色形的知。我們對於這兩種聲的確認、一一分別，其基礎在於海水、岩石與狗的形象。西谷指出，「形象作為形象自身本來存在的姿態而呈現」，正是從內裏、內側看到的事實。67進一步，西谷認為，在見與分別的根源中，有構想力的動力在裏頭。這種動力是一種「共通的感覺」，更恰當地說，是五感的根柢、基礎。這共通的感覺可以指涉事物、自我，或兩者同時被映照出來的明朗化的現象。這不是純感覺，因為在其中，有理性特別是知性的思維力量的開展。西谷也曾把最高層次的思維活動納入其中，讓感覺有更穩固、更確定的基礎。因此，構想力中同時存在著感覺與思維的要素，與康德所說的構想力（Urteilskraft）有相通處。它與胡塞爾所說的範疇直覺（kategoriale Anschauung）有對話的空間，更可與陳那（Dignāga）與法稱（Dharmakīrti）等唯識學者特別是後者所說的意識現量（mano-pratyakṣa）相對比、比配。

西谷在他的後期的論文〈空と即〉中，論到潛藏在構想力或共通感覺內裏的原初的覺，並把它關連著空這一觀念或義理來把握，在這樣的脈絡下，空可在人的內在的心情、心境中被映現出來。即是說，構想力可以作為「在情意中映現的空」而被理解，被捕捉。這樣的空可被形象化，或者它自身形象化，在我們的心中映現出形象的世界。68對於這「在情意中映現的空」，西谷有如下的描述：

---

66 這最明顯表現於他的長文〈空と即〉之中。《西谷啟治著作集》（京都：創文社，1994）卷 13，頁 111-160。

67 同前，頁 141。

68 說空可形象化為內心所映現出來的形象的世界，需設定空是一種力或力動，這力動自身可透過一種凝聚、下墮的程序而變現出形象性格的事物才行。這頗類似筆者在自家的純粹力動現象學中設

> 空這種東西，在日本和中國文學中以種種意味結合起來而展露開來。此中的特色是，這空在日常經驗所包含的感覺、知覺、感情、心情等等中作為規定它們的契機而展現出來。空是感性的東西、情意的東西自身或特殊的特徵。⑲

就這說明來看，西谷對於空有他自己一套獨特的理解。它不是如《中論》中所見到的對自性的否定和對邪見的否定，⑳而傾向於靜態義，卻是有美學、存有論與知識論等多元的意涵。這是西谷自己提出的創見，超過印度佛教的般若思想與中觀學所闡明的空的原有的內容。如長谷正當所說，在我們在身體中開拓出來的明朗性，存在於「我們所居住的世界」亦即是「情意的世界」的基礎之內，而情意的世界正是空所映現出來的地方。西谷在〈空と即〉中，以「在情意中的空」來把捉構想力。長谷特別強調，西谷所說的形象是同時跨越空與情意這兩個世界的。㉑在這種理解的脈絡中，我們可以說，西谷的空有一種存有論特別是美學的轉向（aesthetic turn）的意味，那是西谷對空的創造性的詮釋與開拓，是前人所未留意及的。他把空關連著形象來說，這形象是美學的形象，而不單是存有論的形象。我們甚至可以說，美學的形象較存有論的形象更接近京都哲學所時常強調的「真空妙有」中的「妙有」的意味。

以上說了一大堆有關情意中的空的東西，這與淨土教法有甚麼關係呢？有的，不過，這關係相當深微，不容易體會出來。西谷說情意中的空，其實是他自己心目中的淨土。因此，這空需作進一步的轉向，由美學的轉向進至宗教的轉向（religious turn）或救贖的轉向（soteriological turn）。這種亦美學亦宗教的淨土包含兩個面相：空的形象化與有的透明化。前者相應於真空，後者相應於妙有。空的形象化或真空與

定絕粹力動透過詐現（pratibhāsa）而分化出萬物的情狀。西谷似乎未有注意及這點，也未有提出詐現的活動。

⑲ 《西谷啟治著作集》卷 13，頁 117。

⑳ 關於龍樹的空，特別是他在《中論》中所說及的空，筆者曾作過相當深入而廣泛的探討，最後確認為對自性（svabhāva）和邪見（dṛṣṭi）的否定。Yu-kwan Ng, *T'ien-t'ai Buddhism and Early Mādhyamika*. Honolulu: University of Hawaii Press, 1993, pp.13-20.

㉑ 《欲望の哲學：淨土教世界の思索》，頁 52。

淨土思想中的往相相接軌，是以超越的活動、自我淨化為修行的重點。但它不是純然的空寂而與世間斷絕關連，卻是有形象化一面，以世間種種形象作為其最終目標的宗教淨化的活動。因此，空的形象化表示空這種空寂的、無形體的超越的原理來到我們的經驗世界而展現其姿態。他引孟浩然的詩句來表示空寂的境界：

義公習禪寂，結宇依空林。戶外一峰秀，階前眾壑深。
夕陽連雨足，空翠落庭陰。看取蓮花淨，方知不染心。

西谷表示這不是表顯天空的虛空性格，而是表顯禪房周圍的情境，或是表顯一種無形的無限的氣氛，作為空的虛空與情意的密切接觸狀態。❼這是對超越這個世界的東西的映現。超越的空在這個世界中的映現而成的形相，是「空的形象化」。

西谷的淨土的另一個面相是「有的透明化」，這與淨土思想中的還相接軌。構想力將其根下降到意識以前的東西，而為無意識的東西，也可說是身體方面的東西。西谷把這種導向稱為「有的透明化」。這即是對於有以至生命的根底加以照耀而展示它的澄明性格。這透明化是構想力的一種作用，它使存在或有的世界不停滯於固結的、靜止的、不流動的狀態，卻是使它透明化、空靈化。這是對現象世界的一種活現作用，不孤立現象世界，而是把自身積集得的功德，迴向現象世界。現象世界經歷這種迴向作用，便能表現明朗性。

十、懺悔與懺悔道

以上是西田幾多郎和西谷啟治對淨土思想的說明和開拓。他們的終極立場，不是淨土宗，而是禪宗，因此他們的說明和開拓，雖然展示洞見，但不是那麼親切。田邊元的年代，介於西田與西谷之間，是地道地宗淨土宗的，特別是發展到日本的淨土真宗，而以親鸞的思想作為焦點。他所闡釋和開拓的淨土思想，予人以更親切、更有宗教意味的感覺。他把淨土思想發展為一種懺悔道的哲學，這正是我們在

---

❼ 《西谷啟治著作集》卷 13，頁 113。

下面要處理的。

田邊元所提的懺悔與懺悔道，表面看來好像很簡單，很容易理解；但認真思考這個問題，則不容易說清楚，主要的問題在它牽涉及生命的一種由懊悔、失望、自責、羞慚、無力種種負面的感受而逼引出的生命力的反彈、要自強的衝動，最後這些負面的感受會凝聚、轉化而證成一種有濃烈的道德的、宗教信仰的巨大的力量。這懺悔活動或行為有一個對象，那便是作為他力大能的阿彌陀佛。當事人要把整個生命存在都託付給這他力大能，向他告解，表示內心的悔咎與傷痛，祈求他的慈悲的願力，讓自己從無明、罪惡、卑賤的負面處境翻騰上來，向一個有光明前途的理想趨附，而重獲新生。

懺悔便是這樣一種行為、活動，以哲學的角度、導向來處理這種行為、活動，而建構一套哲學理論，便是懺悔道（metanoetics）。metanoia 本來是希臘語，有懺悔、迴心的意味，田邊元把它和淨土宗所歸宗的他力關聯起來，而成就懺悔道哲學（philosophy of metanoetics），開出他力信仰的宗教現象學。

在田邊元看來，任何宗教上的救渡或救贖，都要依於懺悔，在懺悔活動中證成。兩者是不能分割開來的，它們總是相即地交流著，而成一種辯證的關係。而即在這種辯證法的對峙局面中呈現不同不異的動感的統合狀態。[73]那麼兩者是否在生命中成一個背反呢？所謂背反，是指兩種東西的性質相反，但又總是牽纏在一起，成為一體，不能分離，如生與死、善與惡、罪與福等。我認為懺悔與救渡還不能說是一種背反，因為雙方有一種因果關係，不如背反必須設定背反的雙方在存有論上的對等地位。即是，懺悔是因救渡是果。任何救渡都涉及一種心境上的提升、轉化。這種心境上的提升、轉化，都要基於一種心靈上的自我否定，否定過往作過的行為，然後才能帶出希望與新生。我們不可能想像一個過往作了惡事而又死不悔改的人會得到救渡。他必須承認自己的過失，而感到後悔，希望能作一些事情，對別人有益的事情，作為補償，即是說，必須要懺悔，改過自新，救贖才能說。田邊似有認為懺悔與救渡是一個背反之意，他認為救渡與懺悔總是在否定的對立狀態中，

---

[73] 田邊元著《懺悔道としての哲學》（東京：岩波書店，1993），頁 16。

不能成為一體，卻又相即交流。[74]這有問題。懺悔為因，救渡為果，雙方有一種時序上、理論上的因果關係，不能說背反。

實際上，田邊元對懺悔頗有自己的一套看法，他認為，哲學一方面依從理性的自律而由當前的自我出發。這自我通過由世界而來的限定的一連串關係，而自覺到絕對無的媒介作用，無中有有，亦即是空有，通過死而得生，因而是超越生死的復活的生命。當事人必須有這種信、證。這信、證的媒介行為，正是懺悔。[75]對於田邊的看法，我認為應該注意兩點。第一，田邊提出自我透過由世界而來的限定而自覺到絕對無的作用。媒介經由絕對無的中介作用而成絕對媒介，在這絕對媒介作為精神、意識空間中，種種事物得以相互交集、相互連貫。作為這種種事物的一分子的自我，自覺到絕對無的這種中介作用，與其他自我溝通起來。通過這種溝通，自我自身能對比出自己的過失、錯誤，而實行懺悔。第二，田邊元說自我通過死而得生，因而是超越生死的復活的生命。這個意思有廓清的必要。救渡與懺悔不是背反關係，因而不必同時克服、超越救渡與懺悔兩個東西，以達致高一層次的存在的、生命的境界，如其後出現的京都哲學家久松真一、阿部正雄所說的那樣。毋寧是，這倒有禪門所說的「大死」、「絕後復甦」的旨趣。這個旨趣是，我們要對生命中的一切負面要素如無明、罪惡、煩惱等作徹底否定，徹底埋葬它們，才有救渡可言。必須「大死一番」，才能有復甦的、新生的生命。

在關於救渡與懺悔的內在關係的問題上，田邊特別強調懺悔對於救渡的媒介作用，認為救渡需要懺悔才能得到保證，我們實在可以說，懺悔是一種活動，也是一種原理，一種救渡原理。田邊說：

> 倘若救渡是不需要懺悔的媒介作用而得到保證的話，則是最早發生的救渡，不是人的精神對於絕對者的精神的關係，而是與人的行為完全離脫開來的同一性的自然存在這樣的事實了。這便不是作為最初的精神的轉化的行、信、證的救渡活動了。還有，倘若懺悔單單只涉及自家的分別心的問題，不涉及

---

[74] Idem.

[75] 同前，頁 19。

> 在救渡性的轉化中的媒介，卻是只及於心理經驗的話，則這只是悔恨、後悔之類的有限的、相對的經驗事實而已，不能說精神性的體驗，沒有絕對的、超越的轉化意義的行、證可言。[76]

概括這一段話語的內容，很明顯，田邊認為懺悔是在精神上、自覺意識上與救渡有密切關聯的活動、行為。他雖然未有提到「良知」、「良心」或「道德良知」字眼，但他理解懺悔，是與這種道德主體的道德反省分不開的。即是，倘若當事人沒有德性的、道德自覺的悔意，則一切救渡只能是一種機械的、刺激與反應意義的自然活動、事實，不能觸及當事者在精神上、良知上的覺醒，這不是真正的救贖，無所謂「行、信、證」。心理義的、經驗性的、從分別心說的轉化，不能帶來內在良知的、道德的轉化，只指涉心理的、經驗性的變化，只是心理上的後悔、悔恨而已，而無關於良知的、道德的、自覺的救贖（soteriology），這種轉化亦缺乏超越性、絕對性與永恆性。

田邊的這種意思應該不是很難懂。救贖或救渡是良知上的、自覺方面的事，自應從精神的層次處理，不能從自然的層次來看。而作為媒介的懺悔，亦應是精神上的、自覺意義的。他還指出，這樣的救贖之路，其大門總是開放的，對一般人來說是敞開的。此中有一種辯證的思維，一般人都能理解。即是，在懺悔與救贖之間有辯證關係，懺悔與救贖之間的媒介作用，即建立在這種辯證關係上。這樣，我們便可清晰地理解到懺悔道對一般人敞開了救渡之路。這是一種辯證性格的表現：在絕對轉化的絕對媒介作用中發生的任何肯定都包含否定，和被轉換為否定；在其中，否定可被轉化為肯定，而不必被捨棄。[77]這其實是生命力的一種反彈，這點非常重要，我會在下一節中詳盡地處理它。

在這裏我只想重申一點：懺悔道哲學對一般人來說，永遠是敞開的，這是毋庸置疑的。其理由很簡單，作為絕對無的條件是媒介作用，這便成就了絕對媒介。懺悔是絕對媒介，它的根源在絕對無，而絕對無是一終極原理，它具有普遍性，因而

---

[76] 同前，頁 13-14。

[77] 同前，頁 17。

內在於各人的生命中，因此，每一人都能進行懺悔，這便是田邊元說懺悔道對一般人敞開的理據。

田邊對自己的懺悔道的哲學非常有自信，他曾表示自構思這種哲學以來，一切想法都立根於自己個人的實存的自覺。在他看來，在作為懺悔的自覺的懺悔道之外，不存有其他哲學的途徑了。❼❽他又表示，在現實的不合理（按即非理性）的狀況中，他對國內（按指日本）的不正、不義以至偏見與妄斷的事，都有自己的責任感；對於他人所犯上的罪惡與錯誤，有自己也負有責任的感覺。他又承認自己的哲學在解決實際事務上的無力性（按當時是在第二次世界大戰末期，日本已呈敗象），因此不得不為自己的哲學的無力絕望而告解、而懺悔。最後，他坦言倘若要再向哲學之路出發，只有懺悔一途。❼❾哲學本來便是一種思辯的學問，那是對終極真理的思辯。西方哲學便是一直在這種根本理解下發展的。田邊早年也是學西方哲學起家的，到他接觸親鸞的淨土真宗的教義與實踐，已是後來的事了。為甚麼他說哲學無力呢？我想他是就思辯的哲學而言哲學，這種哲學不能涉足現實的政治、經濟、軍事等務實事情。政治哲學又如何呢？我想也不行，實際的政治家，特別是那些掌權的人，是不大會留意這種哲學的。田邊的哲學有很多精采之點，包含洞見在內，但與現實社會沒有關聯。他的一生只是在大學講課和寫書而已。這從現實的角度來看，不能不說是一種憾事。

不過，我們也不應過分低估哲學的力量，特別是在文化形態與價值意識的開拓方面。釋迦、孔子、蘇格拉底等不是一直在影響著東西方以價值標準為主的精神文化麼？田邊的懺悔道哲學雖一時不能有甚麼影響，但它提出一種有普遍意義的道德與宗教活動的理論；就與其他的哲學作比較來說，他的那一套算是與實際的世界距離較短的了。他曾對自己的懺悔道哲學作過估量，提出懺悔不單是一種事後的後悔，那是一種痛苦的憶念，對自己過往的罪過的追悔，或者是一種痛苦的感受，而

---

❼❽ 同前，頁 29。讀者可能認為田邊的這種說法過分誇大懺悔道哲學。不過，倘若我們把哲學只就實踐的導向來說，亦即以生命哲學或生命的學問來說哲學，則懺悔的確是一種非常重要的行為。人不是上帝，不能沒有錯失；只要承認錯失，而樂於懺悔，才有自我轉化可言。自我轉化是一切生命的、行為的哲學的基礎。倘若就這點說，說懺悔道是唯一的哲學路向，並不為過。

❼❾ 同前，頁 28-29。

深深希望那些罪過未有發生過。它卻是一種自我的突破（Durchbruch）或自我的放棄。[80]這自我突破、自我放棄可以激發起生命存在內部潛藏著的正面的強大的力量，讓當事人與過去作過的不當行為徹底地切割開來，而開展出一種全新的生命旅程。以下一節我們便討論這個問題。

十一、自我放棄與「大非即大悲」

在田邊元的救渡、救贖哲學中，有兩點需要注意，其一是自我放棄，另一則是「大非即大悲」。在田邊看來，當事人由於作了惡事或犯了罪，陷入情感與精神的苦痛中，受到良知的責備，自己無法憑自力解決這些生命上的問題，於是求助於他力，希望藉著阿彌陀佛的願力加被、加持，讓自己從生命的苦痛的深坑中逃生，並且得到覺悟與解脫。這是一般的說法，沒有問題。不過，田邊提出一極其重要之點：他力大悲的救贖行為並不是施與那些完全不作出倫理上的努力，而只抱怨自己的脆弱性、無能性，歌頌他力的全能性的耽於安逸生活而不覺得羞慚的人。他力的救贖只應施與那些盡了自力而對自己的無力性感到慚愧，因而實行懺悔的求道者。他特別強調，大悲只會在大非的否定轉化中現成。[81]田邊的意思是，一個人犯了罪，作了惡事，應該全力在自己能力中努力，盡量去解決這惡、罪的問題，即使這樣去做，還是解決不了問題，才應委身於外在的因素，向彌陀佛求助，藉著後者的

[80] 同前，頁 4。以上是討論田邊元的懺悔道哲學，亦即是他的宗教哲學的問題。讀者也可參閱拙文〈田邊元的宗教哲學〉，拙著《絕對無的哲學：京都學派哲學導論》，頁 25-56。又可參考林鎮國著〈在廢墟中重建淨土：田邊元的懺悔道哲學〉，劉述先編《中國思潮與外來文化》，思想組（臺北：中央研究院中國文哲研究所，2002），頁 471-489；西谷啟治著〈田邊哲學について〉，中埜肇編集、解說《田邊元集》（東京：筑摩書房，1975），頁 399-424；James Fredericks, "Philosophy as Metanoetics: An Analysis", in Taitetsu Unno and James W. Heisig, eds., *The Religious Philosophy of Tanabe Hajime*, pp.43-71; Makoto Ozaki, "Other Power and Repentance", "Species as Expedient", Makoto Ozaki, *Introduction to the Philosophy of Tanabe: According to the English Translation of the Seventh Chapter of the Demonstration of Christianity*. Amsterdam-Atlanta, GA: Eerdmans Publishing Comp., 1990, pp.95-97, 97-99; Fritz Buri, "Der Inhalt der Metanoetik", in Fritz Buri, *Der Buddha-Christus als der Herr des Wahren Selbst*. Bern und Stuttgart: Verlag Paul Haupt, 1982, S.92-99.

[81] 《懺悔道としての哲學》，頁 19。

悲願，讓自己在精神境界上、心靈狀態上得以昇華。倘若不這樣做，光是坐著等候外力的援助，是不會有結果的。他又表示，在求取絕對意義的轉化中，涉及絕對的否定的行為，這作為絕對轉化的絕對否定的行為，亦即是「大非」，是作為救渡的大悲而被信、被證的，這是他力信仰的核心點。❽即是，先有大非然後有大悲。大非是對過往的行為與行為的主體的徹底否定，在這之後，才能有大悲的願力出現，這種大悲的願力，是出自彌陀的至誠悲願的。而這大非即大悲、無即愛或大悲即大非、愛即無是一種具體的、需要親身參與的行動，這是一個實踐的問題，涉及懺悔道的問題，不是可以就理論上的辯解來解決的。關於「大非」、「大悲」、「無」、「愛」這些字眼，常出現於田邊的著作中，「大非」與「無」是負面說，「大悲」與「愛」則是正面說，兩方面都有辯證的意味。當事人須已徹底否定自己的惡行，才會得到彌陀的大悲助力；而他所蒙受的愛，是從絕對無而來的，這絕對無即是他力彌陀。

關於大非即大悲、無即是愛中的「大非」與「大悲」、「無」與「愛」的辯證性格，田邊也表示這種關係不能以邏輯的眼光來看。他提出，倘若大非即大悲這樣的信仰的事實是依某種邏輯而論證出來，則在最早的邏輯便沒有行、信、證的內容，也不是信仰的立場了。這樣便失去他力信仰有別於同一性的神祕主義的成立的理由了。❽田邊這種說法，是讓淨土宗的教說特別是淨土信仰與邏輯切割開來，強調在以理性為基礎的邏輯的真理上，還有更深刻的辯證的真理。大非即大悲、無即是愛不是邏輯的真理，而是辯證的真理。在田邊看來，淨土宗的他力信仰中的行、信、證都是實際的行動，當事人只有全力去行動，去信仰，在行動與信仰中與他力的悲願合而為一，越是脆弱而在行動上越是積極的人，便越是淨土悲願要救渡的對象，親鸞所提的「惡人正機」便有這個意思，即是，罪與惡越是深重的眾生、根機，便越是救贖的正確對象。這與一般的神祕主義（mysticism）不同，後者不考慮個體的特殊條件而施救，而只籠統地強調抽象的、無分別性的同一性。

因此，辯證性格的救渡是要考量具體情境的，也有一定的救渡程序。在這些點

---

❽ 同前，頁 9。

❽ 同前，頁 11。

上，田邊說：

> 只有在懺悔的媒介作用中放棄自己，否定自己的存在價值，只有以這種情況作為媒介，才有救渡可言……對於救渡的不可思議性的戰慄與感恩，當事人即使是懺悔過，得到救渡，也應覺得這仍是不足夠的，難以讓自己繼續生存下去的。這種大非即大悲的不可思議的救渡力，並不能消滅這些沉重的罪惡。在懺悔中，戰慄、感恩與誹謗總是在相即相入的循環狀態中，而懺悔與救渡、罪惡也交相互動起來。依於這種循環狀態，在懺悔、救渡和罪惡之中，一種媒介性格的關係會生起。在這種循環的歷程中，誹謗與罪惡能夠在懺悔性格的媒介作用中，被轉化為救渡，而不必消滅罪惡。這種懺悔的無限構造能引生恐懼與戰慄，但可讓人傾向於救渡的目標。懺悔的媒介作用可以在不斷除煩惱罪障之中讓人得到轉化。[84]

對於田邊元的這種語重心長的敘述，我想作如下的說明。第一，以懺悔作為媒介而放棄自己，並不等同於自暴自棄，甚麼也不作，只等待大救星的降臨。這卻表示當事人徹底地要埋葬過去作盡惡事的自己的決心，和期待轉化來臨的熱切渴求。他始終保持著一種謙卑的心態，總是覺得自己改過自新的工夫作得不夠，不值得讓自己繼續生存下去。他越是這樣想，越是這樣否定自己（大非），便越能得到彌陀願力的加持（大悲），越能啟導出不可思議的救贖。當然，這只展示當事人的自省、懺悔與謙卑，並不把救贖置在心頭，作為一種目的。倘若不是這樣，則失卻懺悔道的原意了。第二，在懺悔的活動中，戰慄、感恩和誹謗這三種心態結集起來，而成為一個三位一體（triad）。戰慄是面對自己過往所作過的罪惡的事，感到不安，不能定下心來。誹謗則是咒罵，理性失了常態，自己禁制不了。感恩則是對他力彌陀的悲願表達感激，為後者不但不嚴責自己過往的惡行，反而對自己慈悲加持的恩典感念不已。第三，在懺悔道或懺悔性格的媒介作用中，人的邪惡犯罪的心被轉化，而不必斷除煩惱罪障；這煩惱罪障反而可以作為方便（upāya）而被利用，警惕自己，

---

[84] 同前，頁 15-16。

也警惕他人。這是大乘佛教特別是天台宗的圓融智慧的表現：煩惱即菩提，生死即涅槃。

以上的所述，都離不開一個總的確認：懺悔是救渡、救贖的媒介。沒有了這種媒介，救贖便無從說起。而懺悔或真正的懺悔應是發自心的真切的反省與感受，是絕對地自願性格的，不能有任何來自自己之外的壓力在裏頭。關於這點，田邊作出更深入的反省、反思。他指出，在懺悔道中，救渡的大非力作為大悲心而運作，絕對無的絕對轉化即以這大悲心作媒介，而懺悔即這樣地成為哲學的通道了。在這裏，田邊提出「無の絕對轉換」，以大悲心作媒介而成就懺悔道，這如何可能，田邊未有解釋。[85]我在這裏姑補充幾句。所謂無（Nichts），是絕對無（absolutes Nichts），它是終極原理，有一定的客觀義，若要作出轉化，成就宗教目標，便得借助能夠運作、運轉的心，這即是大悲心。以大悲心為媒介，把絕對無的訊息傳達到眾生世界，教化他們，便成就所謂「無の絕對轉化」了。這也可以視為懺悔道的轉化，或哲學的轉化，懺悔道自身便是一種轉化義、救贖義的哲學。

在田邊看來，懺悔是救渡的媒介，它的相對的自力成為絕對的他力的媒介，這絕對的他力即是彌陀的悲願。依於此，懺悔為絕對他力所帶引，而被轉換為作惡犯罪之前的心態，體驗到不可思議的、超越的復位的喜悅。我們可以見到，哲學以「媒介的邏輯」把理性（按應指康德所說的純粹理性）媒介進（媒介作動詞解）不可思議的宗教的轉化中，讓人由概念的、理論的並且有否定傾向的媒介，了得宗教的直接體驗。[86]

這裏所說的宗教的直接體驗，是在實踐的活動中說的，不是在像宗教的定義那樣的概念、理論中說的。以下我們即看田邊如何看懺悔道的實踐意涵。田邊說：

> 我們以懺悔為絕對媒介來行動，其中的行、信、證是要求絕對知識的哲學的必然（要走）的路向。而自覺地實踐這種路向的，正是懺悔道。這是我自己所意指的哲學。這不是就懺悔而說「懺悔的哲學」，這是實踐懺悔的他力哲

---

[85] 同前，頁 13。

[86] Idem.

> 學。進一步說，哲學的懺悔，便是懺悔道。懺悔不是在哲學中作為一個外在的問題而被提出來，也不是止於在方法上提出一些規定……懺悔道是在哲學中發展出來的。哲學須是哲學的懺悔，才能達致它所要到達的目的地。有（being）是相對的，不可能是絕對。絕對無必須是無，如我曾說過那樣。無是轉化。因此，有作為無的媒介，是轉化的軸心。[87]

按田邊在這裏所說的絕對知識，應是指有關終極的、絕對的真理的知識；這只能透過具有強烈的實踐意味的行、信、證來達致，辯解的、分解的途徑是沒有用的。懺悔的哲學不是思辯的哲學，而是行動的哲學；而懺悔不是拿來說說的，卻是拿來實踐的。在這個前提下，自力與他力便變得不重要了。在實踐中，能夠以自力的方式解決問題，自然很好，倘若不能，而得求助於他力，也無可厚非。人的能力是有限的，他不是上帝。在這裏，田邊把實踐、行動放到最高位置。他強調哲學須是哲學的懺悔才管用；只有在懺悔的行動中，宗教意義的轉化才是可能的。而轉化的根源，正是作為終極真理的絕對無。絕對無是宗教的泉源，它是通過對一切相對性的東西的突破而成就的。相對關係必須先崩潰，才有絕對性的現成。相對關係存在於作為「有」的存在世界中，要達致絕對性，便只能在存在世界中努力，離開了存在世界，一切都是空談。基於此，有或存在世界便成了絕對無的媒介。在這方面，我們可以看到田邊元的思想在作實效性的轉向（pragmatic turn），也可以說是有實在論的傾向。他很明顯地與西田幾多郎的觀念論的導向分途了。這是他後來批評西田哲學的一個線索。

在這裏，有一個重要的問題可以提出來，那便是自覺的問題：懺悔道在他力的遮蔭下，自覺或主體性意識會不會受到傷害呢？一種哲學倘若缺乏超越的反思與自覺，便會淪於自然論，更精確地說，是機械化的自然主義。一切活動會因此而失去主宰性，其軌跡會由外在的自然現象或因果性來決定，則價值特別是主體性的價值便無從說起。在這方面，田邊也考慮及。他表示，真正的自覺，不是同一性的「生的連續不斷」的自覺，而是作為在絕對與相對之間的「否定的轉化」的「死與復

---

[87] 同前，頁 24。

活」的自覺。懺悔的自我放棄與他力的復活的轉化的媒介，加上對自覺的明證，可以為哲學帶來一種客觀的基礎。[88]田邊的意思是，真正的自覺，不是邏輯意義或層次方面的對同一的生的現象的連續不斷地出現的自覺，這是經驗性格的。真正的自覺應是超越的、辯證的；這是對由「否定的轉化」而來的「死與復活」的自覺。這一點非常重要。否定而又有轉化，顯然不是邏輯性的，而是辯證性的，只是其方向不是由正面的肯定開始，而是從負面的否定開始，因此接下來的應是一種肯定，或可說是大肯定，在這大肯定中，有「死與復活」的現象學意義的事件不停地出現，而為當事人所自覺。「死」是「否定」，「復活」是「肯定」；由死到復活，是一種徹底的精神活動，與物理的、身體的經驗性活動無涉。當事人可以在復活、生命的與精神的復活中得到保證，也可自覺到這種復活、復甦。這「死與復活」是一種主體性的活動，但也有客體性、客觀的基礎，其來源應該是他力。

就關聯到他力來說，田邊表示，我們要信任他力，在他力的恩寵下，放棄自我，或自我放棄，把自己的實存性放在自己的死亡之中，才有真實的實存性可言，才有自由可言。[89]在死亡之中放進自己的實存性，讓這實存性被否定，然後才能確立、認證自己的實存性。這是生命的一個大弔詭，是先死而後生的生死智慧的醒覺。即是說，自己的實存性或生命存在在他力的蔭護和恩寵下，先行自我放棄，必須經過這種自我否定、自我放棄的精神活動，才能建立自己的真實不虛的實存性，亦只有在這種情況下，自由或主體自由才是可能的。他力是客體性（Objektivität），但對主體性並無施加壓力，反而對後者關懷與寵受；這與他力彌陀的悲心弘願非常相應，當事人在這種情境下仍可享有充分的主體自由。

在主體自由與他力之間總保持著一定的均衡關係，主體自由並不是要完全失去自己，他力也不是要一方獨大，把主體自由視為被壓在五指山下的孫悟空，讓它變成完全被動狀態。有關這一點，田邊說：

> 促使我們去放棄自己，正是讓我們回復自己的力量。曾經否定「我們的存在

---

[88] 同前，頁 12-13。

[89] 同前，頁 5。

> 性」，而又讓我們得以復歸於原來的肯定的，是同一的力量。一度單方面承認自己的無價值性與空無性，卻又率真地確認自己對負面價值的反抗性。不思議地，一度被否棄的自我存在轉而為被肯定。我們的存在便是在這種絕對轉化的否定與肯定中被確立的。[90]

這段文字有非常重要的意義，它展示出田邊的他力主義的限度和對主體性的積極觀點。他力對於意志和能力較為薄弱的人是很重要的，當事人在求解脫、求新生的心路歷程中的確很受他力的慈悲願力的影響，但他並不是一面倒地依附他力的助力，他在某種程度上是能保留自己的主體性的。這是因為，如田邊所言，那在開始階段自願放棄自己而委身於他力的悲願的自我，與那最後達致目標，回復原來的自我，是同一的主體性。在整個求道、成覺悟、得解脫的宗教進程中，當事人都能維持自我的主體性。他力是無條件地助成自己的宗教目標，但未有取代自我、割裂自我，自我由始至終都是完整無缺失的。特別是在這整個實踐歷程中，自己憑著他力的慈悲，能夠在自己感到最無價值、最空虛的狀態中，把深藏於自己的生命內部的力量發揮出來，造成生命力的強勢反彈。自我否定的自我轉化成自我肯定的自我；自我始終保持著連貫性，是很不容易的，委身於他力的自我卻能作到。即是，主體一方面全面地委身他力，把整個生命存在的前程都託付給他力，同時又能保留自己的主體意識、自我同一性。淨土信仰的獨特性與殊勝性，便在這裏。對於這樣的不可思議的宗教性的歷練與體驗，田邊用這樣的字眼描述出來：

> 在懺悔的媒介作用下，對於一切存在都放棄追求，在精神上斷除在救渡義下的存在的回歸、復活，在絕對的大悲心的轉化力之中，才能超越地媒介地使被轉換的存在回復過來。這是屬於絕對的大悲心、大非力的不可思議的活動，與同一性的自然與必然性無涉。[91]

---

[90] 同前，頁 6。

[91] 同前，頁 14-15。

這種宗教性的歷練、體驗不同於同一性的自然與必然性，雙方也沒有必然的聯繫。這只能說是真誠的懺悔活動與大非即大悲的辯證的、弔詭的思維運作的結果。在這裏，難免有一些神祕主義的意旨隱藏於其中。既然是神祕主義，我們便不想多說。不過，有一點要指出的是，一切有關宗教理想，也可包含神祕主義在內，都必須通過實際的行為、活動才能竟其功，光是思想或思辯是不足夠的。

十二、懺悔道哲學的力動轉向

以上我們已頗詳細地討論過懺悔哲學的內容、旨趣和它在我們的宗教救贖活動上的理論依據。以下我們要進入本文最核心的問題探討，那便是懺悔道哲學的力動轉向問題。我在這裏要先提出一點：懺悔道哲學是徹頭徹尾、徹內徹外的一種行動的、實踐的哲學；即是說，它不是拿來作概念上的、理論上的探討研究的，而是作為我們在求取得宗教義的救贖、救渡上的行動、行為的要點、程序上的參考。在理論上，它的可能性是毫無問題的，這在上面的說明中已清晰地展示出來。我在這裏要處理的，是懺悔道或懺悔的媒介性如何轉為實際行動上的轉化力量，讓懺悔這種表面上看是消極的活動轉而為一種堅強的、無與倫比的巨大的心靈力量（也包括信仰力量在內），由個人的無能、焦慮、無奈的心態轉而為一求積極向上的、堅定不移的「不成功便成仁」的生死關頭的鬥爭，以開拓出一種具有美好遠景而可以付諸實行的宏大的精神空間。這空間可以是宗教的，也可以是道德的、美學的、睿智的人文空間。

這種懺悔道哲學的力動轉向的實現可以分為幾個程序而發展。關於首次的程序，田邊元說：

> 完全放棄對自己的存在性的要求，而一味依從、倚賴懺悔，可以引致由否定到肯定的轉化（筆者按：這應是存有論同時也是價值論的轉化）。當事人在這種以救渡為不可思議的信、證之中，可以感到救渡的善巧的（溫暖的）恩寵，而把自我否定轉而為自我肯定，但還有一種未能被確認得到救渡的疑慮。這是因為自己仍有執著的煩惱，並以為這煩惱不可以永遠被驅離，不管你對救渡有

> 多麼強的信心。而在彌陀的自我肯定之中，仍潛藏著對這本願的依靠心理，覺得自己沒有一個立場，一個在其中可以自覺到懺悔與救渡之間的動感的關係的立足點。[92]

這是實踐懺悔的開始的情況，當事人雖然相信彌陀的悲願，認為藉著他的加持，可以讓自己的處境由否定的、負面的狀態轉而為肯定的、正面的狀態。但由於對懺悔道涉入未深，生命的深處還有煩惱存在。同時，由於委身於他力大能，自己的存在性好像突然失落了，讓自己處於沒有了立足點的感覺。彌陀雖然以慈悲願力相助，但當事人在那個階段看來，他畢竟是一個他力，與自己的關係仍未夠密切，不知這他力能否無條件地加持、支持自己脫出困境。在這些情況下，當事人的種種疑慮是可以理解的，有這些疑慮也是正常的。

當事人並未氣餒，繼續努力、堅持下去。畢竟他力救渡是一個漸進的歷程，需要耐性等待，不能馬上便見到殊勝的效果。他既然已委身於他力彌陀，便不應該爭朝夕了。[93]只要堅持下去，自然會有進步。田邊元說：

> 當絕體絕命（筆者按：這是日文用語，和「一生懸命」的意思相近，都是盡心盡力去打拚之意）的自我放棄被視為無力的自覺而懺悔到了極限之點，則可由這沒落的無底之底轉換方向，轉向絕對他力的行、信、證的活動。在這種情況下，由自力方面來說是不可通的矛盾便作為矛盾而被容受，在歷史的每一階段中的必然的行動便會展開。所謂「沒有途徑的途徑」便會被他力伸張開來。而哲學便會由聖道門的自力的理性立場轉到淨土門的他力的行、信立場方面去。[94]

這段文字表示由自力向他力轉換的關鍵性的開展。在這個階段，自我放棄不再是一

---

[92] 同前，頁 16-17。

[93] 委身他力是就委身他力我的宗教現象學的自我設準說的，那是一種毫無保留地、全心全意地信仰他力、求助他力的行為。關於委身他力我，參看拙著《純粹力動現象學》，頁 213-226。

[94] 《懺悔道としての哲學》，頁 30-31。

種自我的消極活動，卻直指一自由的主體，那是放棄自我主體、不再堅持自我的決定性的主體。這裏頗有一些弔詭的意味。自我是真我，是自由自在的，是具有自主自決能力的主體。但自我作為一種超越的主體性，在自主自決之餘，可以自由地放棄這自主自決，而成為一放棄自己的自主自決的權利的主體。這裏自然可以有主體的意味，但這是從正常的自我的主體兜轉開去，而成為另一層次的主體了。而在這種情況下，所謂矛盾也獲得了新的意味，不是自力主義、邏輯性格的矛盾，而是在他力主義下的矛盾了。此時他力已取代了自力，而對自力有效的、在自力的脈絡下成立的矛盾，對於他力來說，便不再是矛盾了。自力與他力既已相翻轉，則矛盾問題也須重新考量。在這種新考量中，他力信仰對一切東西、義理來說，有先在性與跨越性。在他力大能的加持下，理性要順從信仰，在一般經驗來說是不可能的會轉換為可能的。在歷史方面作為實然的事體在他力主義的義理下，會轉為必然的事體。「沒有途徑的途徑」這種含有絕對的、超越的意義的途徑便會敞開。[95]

不管如何，在他力信仰導向的淨土教法來說轉化，必須立根於懺悔的修習中。而懺悔的生起，又須由他力來推動。田邊元說：

> 在我看來，懺悔的生起，不是來自我一個人的自力，而是在我的自力發動時，有絕對轉化的他力作媒介，使自己的自我放棄、自我否定轉而為自我肯定。我們應該這樣思維這個問題。在這種轉化中，自力與他力是相入相通的……最初出現的不是依據我的自力而來的哲學的繼續發展以至再建構，而是以懺悔作為媒介由他力的轉化而來的無作之作的哲學。我作為在絕對轉化中被空卻存在性的一分子，可被視為絕對否定的媒介，以隨順的姿態讓自己自然法爾地活動。[96]

田邊在上面多次提及，他力轉化是需要懺悔為本根條件的。在這裏他又強調他力對

[95] 田邊在這裏所說的「沒有途徑的途徑」（途無き途）的表述式，讓人想到禪宗無門慧開名其公案結集為「無門關」，這是沒有門檻的門檻。門檻本來是很清楚的，你一看便知，但沒有門檻的門檻便不同，需要一些智慧或洞見來識取。

[96] 《懺悔道としての哲學》，頁 30。

懺悔的生起的推動作用，這推動作用其實是一種媒介作用。因此我們可這樣理解，懺悔與他力特別是他力轉化之間有一種互為媒介的關係、作用。這是田邊的看法。這種看法強化了他力的作用，特別是在轉化這種宗教活動中的作用。轉化需要懺悔作為依據，這並不難理解。但反過來說，懺悔須以他力作為媒介才能生起，或者說，懺悔除依靠自力外，還需要他力，才能有轉化的現成。這需要多些解釋。最要者是，這釋出一個意思：在存有論與工夫論上，懺悔與他力是對等的，不存在一方比另一方的先在性與跨越性的問題。就邏輯（符號邏輯）來看，懺悔與他力互為媒介，表示雙方相互蘊涵，因而雙方是同一的，但這同一不是在內容上、質料上同一，而是在存在的機會上同一。這增加了他力的重要性。我們通常是這樣想的：懺悔是他力救渡的基礎，要得到他力救渡，便得先懺悔。故他力救渡必須以懺悔為條件，才能成就。但懺悔只是自家對過往的行為（壞的行為）感到羞慚，因此進行懺悔。這與他力救渡沒有必然的關係。現在田邊強調，懺悔須有他力來推動，以他力作媒介，才能成就。這樣，他力或他力救渡的重要性便得以增加。淨土宗是以他力彌陀為根本觀念的；他力得以提升其重要性，相應地，淨土宗也得以提高其重要性。

另外一點是，懺悔催生他力，他力又使當事人在轉化活動中，由自我放棄、自我否定轉而為自我肯定。這點非常重要，這表示當事人在意願上與在力量上的反彈現象。自我否定、自我放棄是虛無主義（Nihilismus）的路向，有破壞而沒有建設。這在宗教活動上來說，並沒有積極的意義，頂多只能讓修行者或當事人變成一個苦行頭陀而已，不能說普渡眾生。普渡眾生包括自渡與他渡。自己先要積極自責，自強，在宗教上成覺悟，得解脫，才能幫助他人。這種在意願上與力量上的反彈現象，其實表示一種力動的轉向。當事人由無能、無助、失望、消極種種負面現象、感受而進行宗教意義的反彈，由否定自己、放棄自己轉而肯定自己、成就自己，感到自己的生命力量的強勁，「沛然莫之能禦」。這種如山洪爆發地湧現出來的生命力量是從哪裏來的？田邊先是說這是自力與他力合起來作用的結果：在轉化中，自力與他力相入相通。後來又不多提自力，而強調懺悔的力量，認為這是以懺悔作為媒介，由他力的轉化而催生出來的「無作之作」的力量。這「無作之作」字眼很堪注意。它表示一種超越了物質的、物理的、生理的力量之上的無形無相的、絕物絕身的巨大的精神力量。人由於過往所作過的大奸大惡的事，讓自己坐立不安，良心不好過，因而進行深沉的反思、懺悔，結果陷於完全消極的、無建設性的情緒中，覺得自己的存在傷害及其他人，自己過往的行為讓一切人蒙羞，因而確認自己的卑賤、邪惡到這樣一種程度：自己根本不值得存在於這個世界中了，甚至有自己要自行了斷的想法，一死不足以謝天下人。

遇到這種情況，生命如一潭死水、了無生氣的完全絕望的人，通常有以下幾種處理方式。一是覺得自己既然不值得生存於世界，乾脆去自殺，自己毀滅自己。一種是如德國現象學的重要開山釋勒爾在他的名著《妒恨》所說的人的作法。這種人天生脆弱、無能（impotent）、缺乏現實感、沒有辦法解決現實生活的種種問題，又常為人欺凌，又無能力去抵抗、報復，只能藏身於自己的斗室之內，製造種種幻性的現象，想像自己如何威武有力，嫉惡如仇，把曾經欺凌、毆打過自己的人，如何被他還擊，被他打得頭破血流，跪地求饒。另外一些人則想著與其打不過別人，甚至沒法還手，便虛幻地造出一個顛倒的價值系統，以強而有力為不好，為不文明，為小人；以弱不禁風為好，為斯文，為君子。或以長輩為位高，以後輩為位低，致為人欺侮時，不能還手，便想著這是兒子打老子，這樣便把自己抬上高位了。這不過是魯迅筆下的阿 Q 精神的表現而已。97

另外有一種人，他本來也是無能的，在現實上是一個弱者。但他有志氣，不甘心被人欺侮。他在過去也作過大奸大惡的事，在反思與懺悔中，內心感到非常痛苦無助，感到自己的存在，讓周圍的人蒙羞、丟臉，自己的確不值得存在於這個現實世界了。但他不去自殺，也不會製造出顛倒價值的假象，以自欺欺人，枉過這一生。在面對他力彌陀的懺悔中，他要改過自新，作一些有意義的、正面的、積極的事，以平衡自己過去做過的大奸大惡的事，作為彌補。他越是深沉地懺悔，這樣的心願也跟著變得越來越堅強，最後凝聚成一種如鋼鐵般的鬥志。自己越是不值得存在，卻越是要存在，要生死相許地作些有益社會的事。對於外界施加下來的越來越重的賤視、唾棄，以自己的生命存在整體地頂上去。目的不是為了自己的生存，苟延殘喘，卻是要作一些事，不讓自己不值得存在，卻是要自己值得存在。他自己不

---

97 關於這個問題，筆者曾寫過一篇文字〈釋勒爾論妒恨及其消解之道〉，《西方哲學析論》（臺北：文津出版社，1992，頁 225-239），讀者可拿來參考，與在這裏所說的作一比較。

認輸：人還未上戰場，戰鬥還未開始，怎可以還未與對方過招，便自動退縮，認輸了呢？這種不甘於沉淪、要自強的志氣，再加上他力彌陀的慈悲的加持，這種釜底抽薪、背水一戰的決心，會讓生命產生一種巨大無倫的力量。「力拔山兮氣蓋世」，這不單是生命張力的試煉，也是意志強度的試煉。結果如何，是成功抑是成仁，反而不重要了。

這是懺悔、忠誠的懺悔所能引致的效應。這除了有他力在背後推動外，也不能沒有自力的堅持。人在這種關頭，他力與自力是不清澈地分開的。他力固然重要，人亦可以放棄自己的自由的抉擇，一切委諸他力。但人亦可以在緊急存亡之際，發出潛藏在生命內部的巨大的求生（不一定是求生存的生，也可以是求精神出路的生）意志與力量，讓自己的生命存在由負面價值轉為正面價值。這便是由懺悔而來的，或以懺悔行為發動的力動轉向。田邊元盛言「大非即大悲」，對於大非，他多次提出「大非力」，而大悲即是大悲心。大非力是絕對否定的力動，那是在終極的、絕對的層次上的否定，同時也是一種帶有終極義、絕對義的肯定。兩者之間只有一線之隔而已。而大悲心則是一種發自慈悲願力的心，心是活動的主體，活動便有力在其中，故大悲心也是一種力動。

人越是懺悔，越是覺得自己不值得存在，反而會自強起來，不想死，要讓自己過一種值得存在的生活，這樣，生存的意願與力量便會凝聚起來，俾能克服困境，帶來新生。這是生命力的反彈，也是生命的弔詭。

這裏有一些補充。完整的懺悔的想法與行動，是一個經過不同關節的歷程。首先理性要被批判，然後被突破，進入無的轉化，產生超理性的理性的行為，最後則是懺悔的想法與行動。就田邊而言，要批判理性，便得面對理性的二律背反（Antinomie），而沉澱到無方面去。在其中，肯定或否定都不能說。在追求自律的歷程中，理性最後必須突破開來。但理性下沉到無之中，如何能夠在自身的突破中求得一據點，讓自身從無中被轉化和被復活而成為新的有或存在呢？田邊的回應是，這只能透過理性實際進行自我批判才行。我們必須在信念中確認絕對者只成立於絕對無的轉化力量中，才能滲透到真實的真理深度中去。理性由自我批判而自我突破，餘下便會由自我突破的無方面復活過來，而成為「超理性的理性」的「行之事」。這作為行的超理性的性格不能從理性的立場加以合理化，這便是懺悔。這是隨順無的轉換而來的無作之作。這是在絕對他力的立場下方便地成立的有或存在。[98]另外，田邊表明，理性進行自我批判，而成就懺悔的行為，這在哲學上來說是懺悔道。因此，懺悔是我們在哲學方面追求理性的批判的不可避免的結果，田邊為了提高我們對理性的批判的注意，也突出這種批判的宗教哲學的性格，便稱這懺悔哲學或懺悔道為絕對的批判。[99]

田邊在上面所闡述的意思，需要作些解釋和導引。田邊的意思是，要批判理性，便得面對理性的二律背反，從這背反突破開來，達致無亦即絕對無的境界。絕對無自身含有轉化的力量，使理性超越背反，而得以復活，成為「超理性的理性」的行之事，或具體行為。這是無作之作：沒有動作的痕跡，但的確能表現動感，這便是懺悔。這種懺悔的結果是新的世界、新的存在的來臨。但這新的世界是在懺悔的背景下的世界，它作為有，作為存在，是已轉化了的有、存在，是已轉化了的世界。這轉化的根源是無，特別是絕對無。在田邊看來，這絕對無正是上下迴向，同時具有往相與還相的阿彌陀佛或他力大能。

最後，田邊又回返到傳統的淨土宗甚至禪宗方面去。田邊最初是習禪的，其後轉到淨土教法。他認為我們從事哲學探究，應該像禪宗的修行那樣，要本著勇猛心向前精進，超越生與死的背反。他又認為淨土真宗的親鸞真正能夠達致他力信仰，在宗教的徹底實踐方面與禪相通。雙方都立根於前後際斷的絕對境界。[100]信仰的立場必須窮極日常的思考方式，以開拓出對哲學的認真的、嚴格的反省。他又指出，哲學與宗教同樣地要從死亡的道路中復活過來。祁克果（S. Kierkegaard）對黑格爾（G.W.F. Hegel）的不滿，正是因為後者在這方面做得不夠徹底的緣故。禪宗的「大死一番」是哲學的第一要件，絕對批判正相當於批判哲學的「大死一番」、徹底否定。這是理性批判所不能達致的。[101]田邊的這種說法，在字眼上容或有同樣想法的人不多，但意思仍可在淨土宗中說。即是，在他力大能的阿彌陀佛面前，當事者要徹底地淘空自己，對他力大能毫無保留地馴服（submission）。「大死一番」中的

---

[98] 《懺悔道としての哲學》，頁 43-44。

[99] 同前，頁 40。

[100] 所謂「前後際斷」，是就在時間上無前後可言。這即是超越時間。

[101] 《懺悔道としての哲學》，頁 41。

「大死」，正是當事人深沉地、徹頭徹尾地否定自己的現實性，藉著彌陀的慈悲本願與加持，一切重新做起，確立自己的自我認同。

十三、田邊哲學與西田哲學

以上我們釋論過田邊元哲學的幾個重要觀念、問題，這即是絕對無、絕對媒介、懺悔、懺悔道哲學。在這裏，我想再溫習一下田邊以這幾個觀念、問題為骨幹而建構成的懺悔道哲學的要義。然後集中評論一下田邊哲學的意義與價值，特別是它有進於西田哲學方面的。

絕對無是西田哲學中的核心觀念，表示終極真理，雖然西田不是時常提到它。他反而喜歡用純粹經驗、場所、神、形而上的統合力量、絕對矛盾的自我同一來說絕對無，展示終極真理的多面性。基本上，西田哲學是一種自力主義的哲學，以非實體主義（non-substantialism）立場為依據。在這一點上，田邊對西田有所繼承，但也有新的開拓。西田喜以場所來說絕對無，視之為一可讓萬物自由無礙地遊息於其間的意識空間、精神空間。萬物遊息於其中，是以物自身的形式進行的，不是以現象的形式進行的。因此，這場所作為一種空間，是觀念性的，不是物理性的。田邊承接了這種絕對無思想，但又有新的詮釋。他以絕對媒介（absolute Vermittlung）來替代場所，表示它有如下的意義。第一，絕對媒介是行動的主體性，與他力（佛教的彌陀願力）通而為一。第二，絕對媒介有中介性格，讓周圍的事物脫離現象性格，而為物自身性格。第三，絕對媒介能使諸法相互聯繫，使絕對無與諸法相互聯繫，如耶穌之聯繫神與人。[102]第四，在絕對媒介之中，一切事物在存有論上是對等的，不可為其他事物所取代。[103]第五，絕對媒介不是一種抽象的、觀念性的東西，而是具有濃烈的實踐意涵，其具體表現即是懺悔，在行、信、證中表現的即時即地的當下的

---

[102] 耶穌一方面是神，另一方面是人。神與人可在耶穌身上找到交集點。

[103] 魏晉玄學的郭象解《莊子》〈逍遙遊〉篇所提的萬物都存在於逍遙自得之場、海德格的泰然任運（Gelassenheit）、佛教華嚴宗的事事無礙境界、懷德海的實際存在（actual entity）、實際境遇（actual occasion）的相互摩盪、相互攝入的關係，都表示萬物的互為獨立、相互攝入而又不相礙的關係。

懺悔。

懺悔道哲學是田邊元哲學最重要的部分。田邊元早年習科學與數學，其後轉習哲學，最後則建立自己思想中最有特色的懺悔道哲學。他跟西田幾多郎同被視為京都學派最重要的人物，田邊比西田少十五歲，初期受西田的自力觀點和直覺主義的影響。後來不完全滿意西田的哲學，甚至提出批評。到了懺悔道哲學的完成，他完全擺脫了西田哲學的影響，而獨自成家，成為他力主義思想的大師。他和西田在哲學特別是在造論（建立理論）方面各有成就，只是學界特別是西方學界比較重視西田哲學，對田邊哲學則未有足夠的注意。對於這兩個哲學體系，我們可作如下概括性的區別與評論。第一，西田強調絕對無為終極原理、終極真理，他特別喜歡以場所這一形而上的觀念來發揮絕對無的哲學。這場所觀念比較抽象，難以理解。他的後學對這個觀念作了多方面的解讀，並以不同的觀念來說它。他以自己在後期發展出來的絕對矛盾的自我同一思想來說絕對無，可以說是難上加難。田邊思考問題則比較多從一些具體的事例進行，也注重現實生活的多元狀態。他以絕對媒介來說絕對無，並把焦點鎖定在懺悔一宗教意義的活動中。這比較容易理解，也容易實行。懺悔思想發源於淨土宗，特別是在日本發展的淨土真宗。田邊提出這套哲學，對西田的抽象思維和忽視動感的傾向帶來一定的衝擊。

第二，西田的思想淵源有德國觀念論（Deutscher Idealismus）、萊布尼茲哲學、詹姆斯（W. James）心理學、佛教華嚴宗和禪，也有多年參禪的經驗。這些思想和實踐，動感不算強。對於終極實在的探尋，作了大量的辯解工夫；對於這真理有否體證，如何體證，都可以成為問題。他所用來描畫終極實在的觀念：場所、純粹經驗、無之自覺之限定、絕對矛盾的自我同一，玄思性很濃，不好解讀。田邊哲學在展示動感一點上，較西田為強烈，也較清晰。他的思想淵源，有淨土宗，特別是親鸞的淨土真宗的教、行、信、證的教法，其中的行、信、證，實踐意味都很濃厚。另外，他也受到基督教、馬克斯主義和儒家思想的影響，這些教法都很強調真理與人生的動感性。他講到相應於西田的場所的絕對媒介，聚焦在懺悔這種具有很強的宗教實踐意味的行為，動感性特別明顯。

西田哲學中有一個頗特別的名目：行為的直覺（觀），我要在這裏澄清一下。這個名相中的「行為」字眼，好像表示西田對行為、活動的重視，因而讓人想到西田哲學的動感性。但問題不是這麼簡單。所謂行為的直覺是一個複合概念，表示行為與直覺的等同關係。行為是一種動作，直覺則是見到或有見到的意涵。在西田看來，動作即是見，見即是動作。他有一本書，書名便是《從動作者到見者》（働くものから見るものへ）。在這裏，我們看到行為與認識的關係：在行為的直覺中，行動與見有一種矛盾的自我同一的互動關係，也有一種相互協調的關係。所謂直覺，是依行為而見到物體的意味。[104]西田強調，直覺是場所自身限定自身。[105]但場所如何自我限定呢？這「限定」又是甚麼意義呢？這很不易索解。西田在另處的說法也許可以提供一些線索。他指出，真正的自我同一，表示作為個體物與個體物之間的媒介者 M 的存在性。[106]場所的自我限定，可視為在作為一媒介者 M 的場所中的個體物的相互限定，這相互限定是透過個體物所存在於其中的場所作為媒介而相互限定、相互分別開來。個體物是存在於場所中的，它們以場所作媒介而相互限定、相互區別，可被視為場所對自身的限定。對於這樣的限定、分別，西田稱之為「直覺」。就這個觀點而言，直覺自身既指涉到作為絕對無的場所，則不應是一般的感性的直覺（sinnliche Anschauung），而應是睿智的直覺（intellektuelle Anschauung）。[107]就以上所作的解釋而言，「行為的直覺」中的「行為」，並不表示強烈的動感之意，而表示睿智的意味，與終極真理有較密切的關聯。

第三，在宗教理想的達致方面，很明顯地，西田是走自力主義的路向，田邊則走他力主義的路向。自力主義確認人自身便具有成覺悟、得解脫的能力，這能力是一種潛能，存在於我們的生命之中；人只要認取這種潛能，努力學習、修行，最後是可以憑自己的力量，發揮這種潛能，而達致宗教理想的。西田以下的京都學派成員，如久松真一、西谷啟治、阿部正雄、上田閑照等都走這自力主義的路向。其中尤以久松真一的自力覺悟的傾向，最為明顯。他力主義則認為人的本能過於脆弱，自己不能單獨解決宗教上的罪、惡的問題，須求助於他力大能，藉著他的慈悲願

---

[104] 西田幾多郎著《論理と生命》（東京：岩波書店，1972），頁 103。

[105] 同前，頁 84。

[106] 同前，頁 64。

[107] 關於西田的行為的直覺的詳細意涵，可參考竹內良知著《西田哲學の行為的直觀》（東京：農山漁村文化協會，1992）。

力，讓自己往生於淨土，而有利於獲致宗教目標。田邊元便是他力主義的倡導者。不過，如上面所顯示，他的他力思想並不如一般人所理解的淨土法門那樣簡單。在京都哲學家之中，只有武內義範承接他的思想。[108]實際上，自力主義自然不易讓人獨個兒摧破一切邪魔惡毒的干擾而得證解脫；他力主義亦不見得很容易便能成功，你不能天天守在家裏等待他力彌陀的出現。你需要積極努力，盡了心力仍達不到目標，才能求助於他力彌陀。這方面也是一個相當艱苦的心路歷程。你要把整個生命存在的前程交付出來，讓他力彌陀為你作主，同時你也得在某種程度上保持自己的主體性，如上面所說。你要放棄自己的自由、自決，全心全意委身於他力大能，便很不容易。

第四，淨土思想中最具有震撼力但總是少人提及的，正是內在生命力的反彈問題。田邊元約略地提過這點，我在這裏要特別提出來，而且加以發揮。這是懺悔道哲學之能夠成為宗教哲學或解脫哲學的重要的一環。田邊提出，在作為絕對媒介的懺悔之中，當事人對過往作過的大奸大惡的事作徹底的、全面的反思，覺得這樣的大奸大惡根本不應存在，而自己正是這些醜惡行為、活動的肇事者，因而進一步懺悔，確認自己已不值得存在於這個世間，自己繼續存在，只會對世間造成傷害，使他人丟臉。但正在這種嚴酷的自我否定、自我放棄的同時，生命的另一邊正在作動起來，這可以說是人的良知、羞惡之心。自我否定、放棄的張力越強，越是覺得自己不值得存在，良知、羞惡之心的壓力也越大，內心的沉痛、自責、懺悔的感受也

[108] 在這個脈絡下，上面提到的長谷正當值得注意。他是京都大學宗教學專攻，任京大教授，退休後在大谷大學任教。近年出版了一部著作《欲望の哲學：淨土教世界の思索》，以京都學派所宗的「無」的哲學來發揮淨土思想。他認為，對於由意志能支配的範圍之外而生起的欲望，不能以意志力加以抑制、消除。對於自我中心主義的欲望，應予否定。這內裏有一種沒有對象的欲望，這不是「自我擴大」的欲望，而是「自己無化」的欲望。這不是傾向於「存在」的欲望，而是傾向於「無」以至「善」的欲望。他認為，要否定惡的欲望，不必能直接地去克服它，卻是要實現善的欲望，或向善的欲望趨附便行。但他又吸收鈴木大拙的觀點，認為在空與無中所沒有的動感，卻可在淨土信仰中找到。他指出煩惱不能經由空與絕對無來消除，需要有淨土，才能作得到（上舉書，頁 2-8、34-35）。這位長谷先生很可能是京都學派的人物，上面提及的書，便是他拿來要迴向給幾年前逝世的武內義範的。他很可能是武內的學生，但一般人講起京都學派，很少提到他。另外，長谷還有一本新著：《心に映る無限：空のイマージュ化》（京都：法藏館，2005），其中有一章專論武內的宗教哲學，這是很少見的。

越深。這種感受可以發展到這樣的深入程度：自己越是覺得不值得存在，便越是要自強，越是要警惕，發願要振奮起來，有所作為，要作一些對世間有益的事，以補償以往所作過的大奸大惡的事，起碼要在這兩方面之間取得一種平衡。這樣想著想著，心靈會生起一種極度深沉的轉化，生命力隨著也會作出空前堅強的反彈，最後凝聚成一種不可思議的巨大無比的力量。憑著這股力量，當事人可以作很多對社會有貢獻的事，讓自己由不值得存在轉化為非常值得存在。在這一點上，西田幾多郎著筆不多，田邊元則作了很詳盡的闡釋。這是後者有進於前者的地方。

補記

我寫完這一章後，留意到大陸近年出版了好些說明、論述淨土教法的著作，如以下幾種：

林克智編著《實用淨土宗辭典》（北京：宗教文化出版社，2007）。

賴品超、學愚主編《天國、淨土與人間：耶佛對話與社會關懷》（北京：中華書局，2008）。

聖凱法師著《中國佛教懺法研究》（北京：宗教文化出版社，2004）。

溫金玉主編《中國淨土宗研究》（北京：宗教文化出版社，2008）。

肯尼斯·K·田中著、馮煥珍、宋婕譯《中國淨土思想的黎明：淨影慧遠的〈觀經義疏〉》（上海：上海古籍出版社，2008）。

在這裏，我只想對前面三書作些評論。首先，《實用淨土宗辭典》無疑是一部有特殊意義與作用的辭典，是中文佛學界少有的作品，辭典的文筆相當流暢，有現代化的意義。只是在文獻學上有不少錯失。特別是，很多具有印度淵源的條目未附相應梵文表述式，即使有列出一些，大部分都是錯的。條目裏所引述的古典說法，都未註明足夠的出處。

《天國、淨土與人間：耶佛對話與社會關懷》的撰著有比較宗教的意味，原意很好，但對多種古典經典與人名處理不周，如頁 251《法華經》的梵名 *Saddharmapuṇḍarīka-sūtra* 誤作 *Saddharma Pundarika Sutra*，連釋迦牟尼的梵名 Śākyamuni 也誤植為 Sakyamuni。前一頁的松本史朗更誤寫為松元史明。光是在這連續的兩頁中，已有如此嚴重的錯誤，怎能不讓人歎息呢？

最後，聖凱的《中國佛教懺法研究》歷述中國佛教各宗派及各高僧的懺悔法，這是比較有系統地研究懺悔法的著作。此中自然是以懺悔為主要內容。不過，這是一部思想史式的作品，研究的意味相當明顯，不同於田邊元透過理論與實踐把懺悔問題擴展、開拓為一種哲學理論，所謂「懺悔道」或「懺悔道哲學」（philosophy as metanoetics）。作者在理論思考上的功力，也不能和田邊比肩，落差實在太深。

另外，臺灣方面亦出版了好些有關淨土宗特別是懺悔法的專著，和內含有關於淨土思想的重要論文、章節的著書，如以下諸種：

釋大睿著《天台懺法之研究》（臺北：法鼓文化事業有限公司，2000）。

汪娟著《敦煌禮懺文研究》（臺北：法鼓文化事業有限公司，1996）。

慧廣著《懺悔的理論與方法》（高雄：解脫道出版社，1993）。

廖明活著《淨影慧遠思想述要》（臺北：臺灣學生書局，1999）。

如石著《入菩薩行衍義》（臺北：諦聽文化有限公司，2008）。（其中有兩篇論懺悔的文字）

如石譯註《入菩薩行譯註》（臺北：諦聽文化有限公司，2009）。（其中有一品專講懺悔罪業）

定方晟著、劉欣如譯《須彌山與極樂世界》（臺北：大展出版社，1996）。[109]

---

[109] 有關本章的參考著作，我謹試錄如下：

松本文三郎著、張元林譯《彌勒淨土論》（北京：宗教文化出版社，2004）。

黃啟江著《因果、淨土與往生：透視中國佛教史上的幾個面相》（臺北：臺灣學生書局，2004）。

鈴木大拙著《淨土系思想論》（京都：法藏館，2001）。

武內義範、石田慶和著《親鸞》，《淨土佛教の思想第九卷》（東京：講談社，1991）。

武內義範著《教行信證の哲學》，《武內義範著作集第一卷》（京都：法藏館，1999）。

武內義範著《親鸞の思想と歷史》，《武內義範著作集第二卷》（京都：法藏館，1999）。

上田義文著《親鸞の思想構造》（東京：春秋社，2004）。

釋徹宗著《親鸞の思想構造》（京都：法藏館，2002）。

古田武彥著《親鸞》（東京：清水書院，2004。）

草野顯之編《信の念佛者：親鸞》（東京：吉川弘文館，2004）。

武田龍精著《親鸞淨土教と西田哲學》（京都：永田文昌堂，1997）。

田邊元著《懺悔道としての哲學》（東京：岩波書店，1993）。

田邊元著、中埜肇編集、解說《田邊元集》，《近代日本思想大系 23》（東京：筑摩書房，1975）。
武內義範、武藤一雄、辻村公一編《田邊元：思想と回想》（東京：筑摩書房，1991）。
氷見潔著《田邊哲學研究：宗教哲學の觀點から》（東京：北樹出版，1990）。
藤吉慈海著《現代の淨土教》，《大東名著選 9》（東京：大東出版社，1985）。
阿部正雄著《非佛非魔：ニヒリズムと悪魔の問題》（京都：法藏館，2000）。
長谷正當著《欲望の哲學：淨土教世界の思索》（京都：法藏館，2003）。
長谷正當著《心に映る無限：空のイマージュ化》（京都：法藏館，2005）。
氣多雅子著《ニヒリズムの思索》（東京：創文社，1999）。
Hajime Tanabe, *Philosophy as Metanoetics*. Tr. Yoshinori Takeuchi, Berkeley, Los Angeles, London: University of California Press, 1986.
The Three Pure Land Sutras: The Larger Sutra on Amitāyus, The Sutra on Contemplation of Amitāyus, The Smaller Sutra on Amitāyus. Tr. Hisao Inagaki in collaboration with Harold Stewart, Berkeley, California: Numata Center for Buddhist Translation and Research, 2003.
Hisao Inagaki, *T'an-luan's Commentary on Vasubandhu's Discourse on the Pure Land*. Kyoto: Nagata Bunshodo, 1998.
Taitetsu Unno and James W. Heisig, eds., *The Religious Philosophy of Tanabe Hajime*. Berkeley, California: Asian Humanities Press, 1990.
Makoto Ozaki, *Introduction to the Philosophy of Tanabe: According to the English Translation of the Seventh Chapter of the Demonstration of Christianity*. Rodopi: Amsterdam / Atlanta; Eerdmans: Grand Rapids, Mich, 1990.
Makoto Ozaki, *Individuum, Society, Humankind: The Triadic Logic of Species According to Hajime Tanabe*. Leiden, Boston, Köln: Brill, 2001.
Johannes Laube, *Dialektik der absoluten Vermittlung: Hajime Tanabes Religionsphilosophie als Beitrag zum "Wettstreit der Liebe" zwischen Buddhismus und Christentum*. Freiburg: Herder, 1984.

第十五章　無相立體

一、京都學派的定位與成員

毋庸置疑，西田幾多郎所開拓的京都學派的哲學已漸向世界哲學推進，成為西方哲學界、宗教學界、神學界理解東方哲學與宗教思想的一個重要媒介。這個學派的很多重要的哲學著作已有了英文與德文譯本，還有少量的中文譯本。其中最受注目的，和外文譯本最多的，自然是西田幾多郎，由他最早期的《善の研究》到後期的《哲學の根本問題》，都有了很好的西方文字的翻譯。估計這套哲學會對國際的人文思潮帶來深遠的啟示與影響，而這個哲學學派的成員的哲學還不斷在被研究、被發掘中，新一代學者亦即第四代的成員也正在成長中，其哲學思想也在不斷發揮中。這個哲學學派是當代東亞最強而有力（分量）的學派，較諸當代新儒學尤有過之。

「京都學派」的名稱早已確定下來。由於它是由日本近現代最傑出的哲學家西田幾多郎所創，而其中很多有關人物都是追隨西田，或是他的授業門人，因此這學派又稱「西田學派」，他們（包括西田本人在內）所任教或活動的地方，主要是京都，特別是京都大學，因此其學派稱為「京都學派」，其哲學稱為「京都哲學」。

京都學派的成員可以很多，而他們的哲學思想也涉及非常廣泛的範圍或多方面的、多元的問題。這使留意或研究它的哲學的人可以帶來極大的困惑。這些問題所涉的哲學家和宗教家包括柏拉圖（Plato）、亞里斯多德（Aristotle）、基督教的保羅（Paul）、德國神秘主義（Deutsche Mystik）的艾卡特（Meister Eckhart）、伯美（Jacob Böhme）、聖法蘭西斯（Francesco d'Assisi）、斯賓諾莎（B. Spinoza）、萊布尼茲（G.W. von Leibniz）、康德（I. Kant）、費希特（J.G. Fichte）、謝林（F.W.J. von Schelling）、黑格爾（G.W.F. Hegel）、尼采（F.W. Nietzsche）、海德格（M. Heidegger）、懷德海（A.N. Whitehead）和占姆斯（W. James）等，以上是西方方面的。中國方面則有孔子、老子、莊子、王陽明等。和他們有最密切關係的，還是佛教，如印度佛教的釋迦牟尼（Śākyamuni）、龍樹（Nāgārjuna）、般若思想（Prajñāpāramitā thought）、《維摩經》（*Vimalakīrtinirdeśa-sūtra*）等。中國佛教則關連最大，如華嚴宗、淨土宗與禪宗。而在關連最多的禪宗中，又以《壇經》、《臨濟錄》、《無門關》、《碧巖錄》和《從容錄》等語錄文獻所涵有的思想最受注意。

至於取義較寬鬆的成員，他們所擅長的和重視的思想，也差別極大，有時更是南轅北轍。如高山岩男、高坂正顯有很強的西方哲學基礎，特別是知識論。下村寅太郎則是科學哲學家，又精於宗教哲學，曾寫了一部有關上面提到的聖法蘭西斯的巨著。❶和辻哲郎的研究重點是倫理學，又熟諳原始佛教，對日本民族的風土人情更非常熟識。三木清則早期是西田的信徒，其後轉向共產主義方面去。山內得立是形而上學的專家，又精於邏輯、道（Logos）的問題。辻村公一則是海德格專家，對於禪也有一定程度的理解與涉入。山本誠作則是懷德海哲學研究的權威學者，另方面也講西田哲學。

日本國內的學術界流行這種取義較寬的京都學派成員的看法，甚至有人把國際著名的禪學倡導者鈴木大拙也包括在內。鈴木是西田的好友，與西田的一些門人如西谷啟治、阿部正雄、上田閑照也有往來。他的學問淵博得很，幾乎無所不涉獵。他有哲學家、宗教家、心理學家、禪修行者、佛教佈道家等多重身分，好像甚麼地方都可以把他容納進來，不獨京都學派為然。

照我看，京都學派應是一個哲學學派，它應該具有一個核心觀念，其哲學思想可由這一核心觀念所包涵和發揮出來。而其中的成員，都應對這觀念有自己的詮釋。同時，作為京都學派的成員，他自身應已建立起自己的哲學體系，不應只是在宣揚西田幾多郎的哲學，當然對西田哲學的深度與廣度的理解是少不得的。另外，寫出具有一定分量的著作，也是不能缺少的。現在的問題是，這核心觀念是甚麼呢？如何決定呢？我們得先看創教者也是最具洞見、理論能力最強的西田幾多郎的

---

❶ 下村寅太郎著《アッシシの聖フランシス》（東京：株式會社南窗社，1998年）。

著作。在他龐大的著作林中，我們發現有幾個觀念是時常出現的，它們的意義相一致，都反映終極真實或終極真理的一個面相。這些觀念包括：純粹經驗、超越的主體性、場所、形而上的綜合力量、絕對無、神、絕對矛盾的自我同一，等等。這些觀念的意義，我們可以「絕對無」（absolutes Nichts）來概括。有關這些觀念的意義，在西田自己的著作和研究他的哲學的著作（也包括我自己寫的），都有涉及。我試在這裏作一扼要的提醒。純粹經驗展示對主客二元性的超越，表示在經驗者和被經驗者成立之先的一種超越的活動，由此可通到超越的主體性，這主體性超越主客的二元對立關係而為一絕對無對象相的終極原理、真理。形而上的綜合力量表示這終極原理的動感，它具有概括一切的作用，本性是精神的，不是物質的。神不是西方基督教所立的具有人格性的至尊無上的創造主，卻是指那種具有創造性的非實體性的終極原理，它是萬物或一切法的存有論的基礎。場所則是一精神空間、意識空間，這有胡塞爾（E. Husserl）的絕對意識（absolutes Bewuβtsein）的意味，也有佛教華嚴宗所說的法界（dharmadhātu）的涵義，事物可以其自身本來的姿態遊息於其中，而相互間沒有障礙，這是「萬物靜觀皆自得」（程明道語）的「自得」的境界。魏晉玄學家郭象解莊子的逍遙境界為「自得之場」，也很能展示這種場所的意義。在這種場所之中，一切大小等的經驗性格、相對性格都會消失掉，都不作現象看，而是以物自身（Ding an sich）的身分存在於這「即場所即法界」之中。❷至於絕對矛盾的自我同一，則是西田哲學中挺難明白與處理的觀念。一般來說，矛盾是相對的，不可能是絕對的。但若相對的矛盾而被置定於絕對的場所之中，則成了絕對矛盾：在場所中的絕對矛盾。這樣的矛盾最終會被解構，因矛盾的雙方或兩種物事會在這絕對的場域或場所中被轉化而成互不相礙，而同一起來。

綜合以上所說的那幾個觀念的意味，都是環繞著絕對無一觀念而展開的，它們可為絕對無所概括，展示出終極原理或真理的多元的面相，而這終極原理即是絕對

---

❷ 另外一位傑出的京都哲學家田邊元提出「絕對媒介」來解讀絕對無、場所。這絕對媒介（absolute Vermittlung）的涵義頗為複雜，若要扼要地來說它的意思，我想可以華嚴宗的法界觀念作為參照來理解。在法界中，事事無礙，一切質體（entity）、事件（event）能自由自在地遊息於其中，而各自各精采。這種境界，需要有法界作為它們的存在基礎才可能。絕對媒介即是法界：它是絕對性格，而又能含容萬法，讓它們在其中圓融無礙地互動，這便有媒介的意義。

無。其中的「無」表示負面之意，即是，絕對無指透過負面的、否定的方式來展示的終極原理。這「負面」、「否定」字眼並沒有估值意味。

這樣，我們便可以確定京都學派哲學的核心觀念是絕對無。作為這個學派的成員，都須對絕對無有深入的認識，並且有所發揮，不能完全依恃西田的說法。關於這個學派的成員問題，也可以確定下來，他們是：西田幾多郎、田邊元，這是第一代。第二代是久松真一、西谷啟治。第三代是武內義範、阿部正雄、上田閑照。他們都強調絕對無，並以不同的方式來說、開拓這個觀念。關於西田自己，不用說了。田邊元歸宗淨土，以他力大能亦即阿彌陀佛來說絕對無。久松真一以無相的自我來說。西谷啟治以空、事物的回互相入的關係來說。武內追隨田邊元，也以他力大能來說絕對無，但加入一些西方神學家的元素，他們包括布爾特曼（R. Bultmann）、巴特（K. Barth）、鄂圖（R. Otto）、羅賓遜（J. Robinson）、邦霍費爾（D. Bonhöffer），以至哲學家海德格和雅斯培（K. Jaspers）。阿部正雄則以非佛非魔、佛魔同體來說絕對無。上田閑照則以人牛雙亡、主客雙泯來說絕對無。我的這種確定京都學派成員的方式，與阿部正雄與西方學界的看法相近。因此，有些人以為我對京都哲學的理解，是受到阿部的影響。初期的確是如此，我最初接觸的京都學派哲學家的著作，便是阿部正雄和久松真一的，自己與阿部也有較頻密的私交。但不久我已越過阿部與久松，而看西谷啟治、田邊元和西田幾多郎的哲學著作了。現在已很難說是受誰的影響，我自己已建立純粹力動現象學體系，與京都哲學分途了。但還是經常接觸他們的著作，以相當嚴刻的、批判的眼光來看，同時也吸取他們的好處。❸

---

❸ 我以絕對無觀念的提倡來決定京都哲學的核心思想的說法，最初的知音自然是阿部正雄。後來發現有好幾本講京都哲學的專著，其書名都是用「絕對無的哲學」一類字眼的，也包括我自己寫的一本在內：

1. 吳汝鈞著《絕對無的哲學：京都學派哲學導論》（臺北：臺灣商務印書館，1998）。
2. 花岡永子著《絕對無の哲學：西田哲學研究入門》（京都：世界思想社，2002）。
3. 根井康之著《絕對無の哲學：西田哲學の繼承と體系化》（東京：農山漁村文化協會，2005）。

第一本《絕對無的哲學：京都學派哲學導論》是概論性質的書，探討西田幾多郎、田邊元、久松真一、西谷啟治、武內義範、阿部正雄、上田閑照等七個京都學派成員的哲學，以「絕對無」一概念把他們貫通起來。第二、三本《絕對無の哲學》則主要是講西田幾多郎的哲學。不過，花岡永子的書中有一專章講到神的問題，那是從宗教的角度來說的，她選取了以下多人的思想作例子，看他們在這方面的思想：西田幾多郎、田邊元、西谷啟治、瀧澤克己、武內義範、武藤一雄、玉城康四郎、阿部正雄、辻村公一、上田閑照、八木誠一。這些人當與京都學派有直接的或密切的關連。其中未有提久松真一，花岡很可能認為，久松是京都哲學家中最反對他力宗教的，基督教正是首當其衝，它的一神觀與久松無交集處。根井康之的書則本著現象學的立場，把哲學區分為三種形態：分別態、疏外態和真實態。分別態是以主觀、客觀的二元對立為本；疏外態則是分別態的倒轉；真實態則以存在與意識同時成為一體的形態。三者之間，真實態是主導形態，其他二態則是真實態的派生形態。作者以京都學派的絕對無的哲學為真實態，其終極原理即是絕對無，其邏輯構造則是絕對矛盾的自我同一。

另外有幾本講京都哲學的書，其名稱雖不是「絕對無的哲學」，但都帶著「無」或「絕對無」的字眼，很明顯都是以絕對無來說京都學派的哲學。

1. Hans Waldenfels, *Absolute Nothingness: Foundations for a Buddhist-Christian Dialogue*. Tr. J.W. Heisig, New York: Paulist Press, 1980.
2. Keiji Nishitani, *Religion and Nothingness*. Tr. Jan Van Bragt, Berkeley, Los Angeles, London: University of California Press, 1982.
3. 南山宗教文化研究所編《絕對無と神：西田、田邊哲學の傳統とキリスト教》（東京：春秋社，1986）。
4. James W. Heisig, *Philosophers of Nothingness: An Essay on the Kyoto School*. Honolulu: University of Haiwai'i Press, 2001.
5. 小野寺功著《絕對無と神：京都學派の哲學》（橫濱：春風社，2002）。
6. Robert J.J. Wargo, *The Logic of Nothingness: A Study of Nishida Kitaro*. Honolulu: University of Hawai'i Press, 2005.

其中，第一本是德國神學家、宗教學學者法頓浮斯（Hans Waldenfels）的德文著作的英譯本。其中的絕對無（absolute nothingness）主要是說西谷啟治的空觀。不過，它是以佛教特別是佛陀、龍樹、禪的思想為背景而被寫出，同時，它也特別留意西谷的老師西田幾多郎的哲學。第二本是西谷啟治的《宗教とは何か》的英譯，原書書名並無「無」或「絕對無」的字眼，譯者特別用 nothingness 一字，以突顯西谷哲學的核心觀念。這 nothingness 或無自然是絕對無。第三本的書名用「絕對無」與「神」兩個觀念來展示以京都哲學與基督教的核心觀念為基礎的宗教對話。第四本以無的哲學家作為對京都學派的哲學的探討，這京都學派以西田、田邊和西谷為主。第五本以絕對無來概括京都哲學，後者以西田、田邊、西谷為代表，復以基督教神學家或與基督教有密切關連的學者的神學思想與京都哲學作比較的研究，這些神學家、學者包括波多野精一、逢坂元吉郎、鈴木亨、瀧澤克己、北森嘉藏、武藤一雄。書中也很注意日本的聖靈思想。最後一本論西田的無或絕對無的思考模式：場所邏輯與絕對矛盾的自我同一。

有人會問：京都學派有沒有第四代成員呢？有的，他們都在努力學習前輩的思想，並嘗試開拓自己的哲學天地。西田一線的有小坂國繼、山本誠作、大橋良介、花岡永子、藤田正勝。田邊一線的則有長谷正當、冰見潔、尾崎誠。

二、京都哲學與佛學

上面說過，京都學派哲學與佛學在義理上有最密切的關係。由於本章是有關京都學派對佛學的理解、詮釋，因此要在這方面作一些廣泛的交代，俾最能烘托出久松真一對禪佛教的解讀和發揮。概括地說，佛教門派眾多，義理多元化，其中與京都哲學關連較深入或對後者較具影響的，有下列諸方面：原始佛教（Āgama）、般若（Prajñāpāramitā）、中觀學（Mādhyamika）、淨土、華嚴、禪。就人物的涉足佛教而言，西田在其著作中很少談到佛教，反而在他的重要著作《哲學の根本問題》談到儒家。不過，他長期作修禪的工夫，特別是坐禪。他是一個不講習佛法而躬行佛法的人。田邊則初習禪，其後轉向淨土。久松則在佛教特別是禪下的工夫最深，在義理的知解與工夫的實踐方面，都是這樣。在禪之外，他又研修《維摩經》和《大乘起信論》。西谷的思想則非常宏闊，在佛教方面，他與般若、中觀和禪關係至深；後來他發展、開拓自己的事物的回互相入的空的存有論，其思維的背景則是華嚴宗的無礙自在思想。武內的學問，與原始佛教和淨土最近；在淨土方面，他最景仰的是親鸞，這顯然是受到老師田邊的影響。阿部的學問基礎是禪，在這一點上，他接受過久松、西谷和鈴木大拙的熏陶。鈴木自身便是一個有深厚工夫的臨濟系的禪師。上田則先是德國神秘主義者艾卡特的宗教哲學的專家，其後以艾氏的無（Nichts）的觀念來與禪的無作比較研究，以梳理出自己的思想旨趣。他對西田哲學也有很深邃的理解。他曾編了一本大書《禪と京都哲學》。至於第四代，各人雖有自己的專業，如山本誠作是懷德海哲學專家；大橋良介與藤田正勝專研德國觀念論，特別是黑格爾哲學；花岡永子則專研德國當代神學，又深入鑽研絕對無的哲學。但他們都有一個共通點，便是對佛教義理有基本的學養。

在京都哲學與佛教哲學之間，以久松哲學與禪哲學的關係最為緊密。他雖對德國哲學、宗教學、神學涉獵很廣很深，但他的學問根基，是建立在禪方面的，這也

包括禪悟在內。因此在本章有關京都學派對佛教的理解，聚焦在久松對禪的探索與開展方面。❹

---

❹ 我這樣說，自然是預認了久松真一是京都學派的一個成員，特別是在禪方面有深刻而多面的學養。不過，學界（也包括京都學派自身）中人對於久松與京都學派的關連，特別是他是否屬於這個學派，還是未能有一致的共識，雖然有不少學者認為他是這個學派的重要人物。關於這個問題，討論的人不多，因為這種討論需要論者對京都哲學與久松的學問有一定程度的認識。便是由於我們不常見到這種討論，我便在這方面著墨一下，供讀者參考。

說到久松是否屬於京都學派，又涉及在何種情況下一個學者或思想家以至哲學家能夠作為一個這個學派的成員問題。北佛羅里達州大學的馬蘭度（John C. Maraldo）曾原則性地提出六個規準以解決京都學派的認同問題。（ジョン・C・マラルド著〈歐米における研究の視點からみた京都學派のアイデンティティとそれをめぐる諸問題〉，藤田正勝編《京都學派の哲學》附論二（京都：昭和堂，2001），頁 310-332）他的說法比較抽象；另外，很多讀者都有留意這一份作品，我在這裏也就不多闡述。我無寧想留意一些具體的說法或分法：哪一些人屬於京都學派，哪一些人又不屬於呢？末木文美士在他的《近代日本と佛教：近代日本の思想再考 II》中，曾引述《岩波哲學思想辭典》的一段解釋，頗符合我在這裏的訴求，因此把它轉述如下：

> 京都學派是以京都帝國大學哲學科作為根據地的西田幾多郎和他的後繼者田邊元，加上繼承他們的哲學的弟子的總稱。

末木繼續表示他們以後的弟子（第二世代）有高坂正顯、高山岩男、西谷啟治、下村寅太郎和鈴木成高。如取廣義，可加上戶坂潤和三木清；聯同邊緣性質的和辻哲郎和九鬼周造。另外，末木又引述《日本思想史辭典》表示京都學派在廣義方面指「以西田幾多郎為中心而受到他的影響的哲學者」，狹義方面則指「在第二次世界大戰期間繼承西田幾多郎的學統的同科在職學者，對戰爭持積極態度的高坂正顯、高山岩男、西谷啟治等」。按《岩波哲學思想辭典》的解釋，特別在第二世代方面，與下面要涉及的大橋良介的分判很相似，後者也是提出高坂正顯、高山岩男、西谷啟治、下村寅太郎、鈴木成高，只是加上久松真一而已。至於與戰爭問題的關聯，要就此點來判定京都學派的成員，我認為沒有多大意思。京都學派是一個哲學學派，我們應從哲學分量來著眼，在對戰爭方面要積極表態支持，是加上了政治因素，以政治凌駕於學術研究之上。就這一點來說，高坂、高山、西谷和鈴木四人在 1942-43 年之交，應《中央公論》之邀，作過三回座談會，闡述他們的「世界史的哲學」的立場，對「大東亞戰爭」的意義予以肯定。此中的參予者有哪些是真正支持戰爭，又有哪些是受到政治壓力而表態的，都不清楚。（以上所述，很有一部分是參考末木文美士著《近代日本と佛教：近代日本の思想再考 II》（東京：株式會社トランスビュー，2004，頁 52-53）。）另外，藤田正勝在他所編的《京都學派の哲學》提到京都學派的成員，只列以下諸位：西田、田邊、三木、戶坂、木村素衛、久松真一、下村和西谷。其中並沒有高坂、高山、鈴木等位。（藤田正勝編《京都學派の哲學》（京都：昭和堂，2001））上面提到的馬蘭度的論文，也收入於這本書中。

再來是，宮川透與荒川幾男編《日本近代哲學史》（東京：有斐閣，1976），提出對於京都學派可有兩種意涵：狹義來說，它指以田邊元、高坂正顯、高山岩男等人所組成的學派，宣揚戰爭的「世界史哲學」這一主題。廣義來說，它指西田幾多郎和在他的影響下發展的人員所形成的學派。這又分右派、左派和中間派三個發展方向。右派有田邊元、高坂正顯、高山岩男、西谷啟治等。左派有三木清、戶坂潤、中井正一等。中間派則指務台理作、下村寅太郎、三宅剛一等。（筆者手頭無《日本近代哲學史》一書，上述內容是依卞崇道等著《跳躍與沉重：二十世紀日本文化》一書轉引的（北京：東方出版社，1999，頁 79-80）。）狹義的說法委實是太狹，不足以反映京都學派的事實，不管是國際認可的，或是日本國內認可的。廣義的說法比較合乎事實，但在涵概性方面還是不足，特別是未有充分觸及作為京都哲學的骨幹的佛教特別是禪的義理。

至於久松真一是否屬於京都學派，倘若是的話，他在這學派中的定位一類問題，則要作進一步的考察與探討。以下我謹就涉獵範圍評論一下一些有關的著書，其中有不認為久松與京都學派有關連以至密切關連的，即不視久松為屬於京都學派；有認為久松與京都學派有密切關連的，屬於京都學派的。沒有關連即沒有提久松，有關連即有提久松。不過，這個問題要權宜處理：有些書不是專講京都學派，而是講日本近、現代的宗教或哲學，未提久松的，可視為久松不屬於京都學派，有提的，則屬該學派。以下先說未提方面的。

1. 藤田健治著《西田幾多郎：その軌跡と系譜～哲學の文學的考察》（東京：法政大學出版局，1993）。此書以文學的角度來看哲學，主要留意西田幾多郎和在他之前與之後的哲學家。在後者方面，作者舉出高坂正顯、山內得立、三宅剛一、瀧澤克己、務台理作、三木清、戶坂潤等，未提西谷啟治，也未提久松真一。全書的旨趣在強調康德（I. Kant）所說的「哲學的對象是人間」，文學是哲學的器官、文獻記錄。書中贊揚高坂正顯的《歷史の世界》一書，舉出他的歷史觀是以絕對無的立場是超越歷史的，歷史的世界是展示絕對無的普遍的立場。這點與黑格爾（G.W.F. Hegel）、久松真一的史觀有對話空間。
2. 石田慶和著《日本の宗教哲學》（東京：創文社，1993）。此書研究日本的宗教哲學思想，提出宗教學的研究對象不是某一宗某一派的宗教，而是視宗教為「人文史上的事實」、「人間精神的產物」。其中主要論述西田幾多郎、波多野精一、田邊元、西谷啟治的宗教哲學，未及久松真一。
3. 峰島旭雄編著《戰後思想史を讀む》（東京：北樹出版，1997）。此書闡述日本在戰後的思想發展，分四部分，其中第四部分的學院主義、哲學、倫理，與京都學派較有關連。這部分只處理西谷啟治、武內義範，而未及久松，連西田、田邊也榜上無名。不過，如書名所示，此書只概括戰後時期，西田、田邊似已不屬於這段時期，但久松是後輩，仍應屬於這段時期，他的很多重要的著作，都是在戰後出版的。峰島不選取久松，卻選取沒有久松那麼有分量的武內義範，煞是耐人尋味。
4. Gino K. Piovesana, S.J. *Contemporary Japanese Philosophical Thought*. New York: St. John's University Press, 1969, 1997.這本書是思想史性格，介紹日本近一個世紀的思想發展，以一整章的篇幅講述西田幾多郎的哲學，另外很多章則闡述波多野精一、和辻哲郎、田邊元、土田杏村、谷川徹三、安倍能成、天野貞祐、高橋里美、務台理作、山內得立、九鬼周造、河上肇、福本和夫、三木清、永田廣志、戶坂潤、高坂正顯、高山岩男、西谷啟治、田中美知太郎、松村一人、出隆、柳田謙十郎、船山信一、三枝博音、植田清次、末綱恕一、池上謙三、金子武藏、大島康正等。人物眾多，內容多元，龍蛇混雜。作者的評論也很隨便，不能慎思明辨。例如他說西谷啟治缺乏創作力，和辻哲郎肯定不是京都學派的人，都是失言之論。對於一些小角式人物，可以說得很詳盡，對於大家如久松真一，卻無片言隻字提及。他所提及的和辻哲郎，倒是一個傳奇性的人物，值得談一下。和辻的學問相當廣泛，對原始佛教、基督教、日本古代文化、日本倫理思想、日本精神思想、日本民族的風土與生活方式，都有相當深刻的理解，每方面都寫有專書。他和京都學派的關係，可謂千絲萬縷，他的本行是倫理學，特別是人間倫理學。他跟京都哲學家相通的地方在對於日本文化的深厚的愛忱和要賦予它新的生命力；不同的地方在雙方對西方哲學與文化有不同的解讀。要一般性地理解和辻的思想，可參看市倉宏祐的近著：《和辻哲郎の視圈：古寺巡禮、倫理學、桂離宮》（東京：春秋社，2005）。要深入地理解和辻的倫理學觀點，可參考：Watsuji Tetsuro, *Rinrigaku: Ethics in Japan*. Tr., Yamamoto Seisaku and Robert E. Carter, New York: State University of New York Press, 1996.

5. 山本誠作、長谷正當編《現代宗教思想を學ぶ人のために》（京都：世界思想社，1998）。此書研究當代二十位超卓的思想家的思想，他們的思想分別由多位專業的學者來撰寫。其中有三位思想家是京都學派的重要成員：西田幾多郎、田邊元和西谷啟治。他們的思想，被定位為立根於對絕對無的自覺的宗教思想。其中並無久松真一。中國方面的哲學家也未受到注意。印度方面亦然。編者似乎預先有了一種成見：在東方的思想家方面，只有日本的思想家是重要的，他們在宗教哲學思想上的成就已達致世界水平。

6. 常俊宗三郎編《日本の哲學を學ぶ人のために》（京都：世界思想社，1998）。此書收入八位日本近現代的思想家加以論述，包括西田幾多郎、田邊元、和辻哲郎、九鬼周造、三木清、植田壽藏、西谷啟治、波多野精一。其中絕大多部分是屬於京都學派的人物，但獨缺久松真一。這頗令人感到困惑，不得其解。論學術分量與跟京都學派的關係來說，久松絕對不亞於九鬼與三木，何以不提呢？編者常俊宗三郎顯然認為，這些思想家的成就是很傑出的，他們都是近現代日本哲學界的精英分子。例如，西谷啟治的「根源的主體性」的哲學是一種以西田的絕對無作為依據對近代的主體予以根源化的嘗試，展示出近代主義應走的方向。而絕對無在宗教的體驗中有其優越性，同時也是一切文化上的、創造性的活動的根源。（頁 288）這樣說，便有當代新儒學的唐君毅先生所提的人類的一切文化活動都植根於道德理性的意味，只是他們說絕對無，新儒學則說道德理性的不同而已。久松真一以無相的自我說絕對無，以 FAS 說人的存在的終極結構，都是極有洞見的思想，其成就並不低於西谷。

7. David A. Dilworth, Valdo H. Viglielmo, Agustin J. Zavala, eds. and trs., *Sourcebook for Modern Japanese Philosophy: Selected Documents*. Westport: Greenwood Press, 1998.這是一本原典選介（anthology）性質的書。編者與譯者選取了西田幾多郎、田邊元、九鬼周造、和辻哲郎、三木清、戶坂潤和西谷啟治等七人的重要文字以展示現代日本的哲學的風貌。其中沒有久松真一，反而學問功力較輕的三木清、戶坂潤、九鬼周造被選上了，九鬼周造更是一個基督徒。這樣選法，頗讓人感到迷惑，不知他們所著重的標準是甚麼。編者和譯者強調，這些思想家都與西田幾多郎有廣義的關連，因此都可視為京都學派的成員。平心而論，西田是京都學派的始創者，

三、久松真一之屬於京都學派

我剛剛在上面註❹中，闡述了久松不被視為京都學派，或與後者沒有深切關係的情況，也作一些推測與評論。以下我要細看久松應如何被視為京都學派的人物，特別是他與後者有何種密切的關連。由於這部分較為重要，因此我在正文中敘述。像闡述久松不屬於京都學派那樣，我挑選了一些在這方面較重要的著書來說。

他的教父地位是顯而易見的。但與西田有關係的人很多，何以特別挑選其他六個人呢？特別是三木、戶坂、九鬼呢？書中並未有明確的交代。不過，書中強調一點，頗值得我們注意：西田與很多西方大哲，如柏拉圖（Plato）、亞里斯多德（Aristotle）、康德、黑格爾、詹姆斯（W. James）、柏格森（H. Bergson）、胡塞爾（E. Husserl）等都是神交的，有很多思想上的交集，但他對於自己的亞洲傳統卻始終保持著緊扣的關係，此中最明顯的是佛教，也包括儒家、道家傳統在內。這與很多以脫亞入歐的思想傾向來看京都學派特別是西田的哲學的學者，甚為不同。

8. James W. Heisig, *Philosophers of Nothingness: An Essay on the Kyoto School*.這本書我在上面已經提過，現在再拿來說，只是要提出一個問題。從題目看，這是一本講以無或絕對無的有關京都學派的哲學的書，但書中只討論三個人物：西田幾多郎、田邊元、西谷啟治。作者海式格（James W. Heisig）顯然設定了很高的標準，只有這三位哲學家能夠通過。這標準到底指甚麼呢？我想是指西方的大哲的思辯性，特別是當代的大哲，如海德格（爾）（M. Heidegger）、胡塞爾、葛達瑪（H.-G. Gadamer）、懷德海之屬。但這西方形態的大哲，不是東方形態的。前者特重概念、理論、系統性的開拓，東方形態的哲人除了需具備一定的哲學體系外，還得有一套工夫論，讓人在實際生活中有所依循。這在西方的大哲中是很缺乏的。海式格的問題是：他以西方大哲的標準去評估東方的哲學家，卻忽視了東方哲學傳統一直都很重視的工夫理論，這是不是不合理、不公平呢？倒轉過來，我們若以東方哲人如朱熹與熊十力為典範，同時具有思辯性與工夫論，去求諸西方的哲學家，又有幾人能過得這關卡呢？海氏很可能未有想及這方面的問題。就久松來說，他的思想深刻而嚴整，義理清晰，不含糊，不艱澀，又能提出一套體現宗教理想的工夫程序，即使思辯性、理論性略遜，也不應影響他作為一個傑出的哲學家的地位。

9. 濱田恂子著《近、現代日本哲學思想史》（橫濱：關東學院大學出版會，2006）。這本書闡述日本自明治以來的思想狀況，其中很有一部分是論述西田幾多郎、田邊元和西田學派的成員的思想，亦可視為泛說的京都學派哲學的思想。在這個學派中，除西田與田邊外，收入京都學派的三木清、九鬼周造、西谷啟治、山內得立、三宅剛一、下村寅太郎、務台理作等位的思想。另外也涉及與京都學派有一定關連的和辻哲郎的思想。至於一般流行於日本國內的京都學派成員如戶坂潤、高坂正顯、高山岩男、鈴木成高，和國際思想界認同的久松真一、武內義範、阿部正雄，則一字不提，只引過上田閑照的一本小書而已。為甚麼會這樣，也不作交代。這種情況極為少見。

1.Fritz Buri, *Der Buddha-Christus als der Herr des wahren Selbst: Die Religionsphilosophie der Kyoto-Schule und das Christentum*. Bern und Stuttgart: Verlag Paul Haupt, 1982.❺這是德國神學家布利（Fritz Buri）所寫的有關京都學派的哲學的一部較有分量的著作，雖然作者不懂日語，他對京都學派的哲學的理解只能透過翻譯：英譯、德譯的著書或論文。這本書有它的特色，那便是作者以基督教神學作為參照來理解京都哲學，故全書瀰漫著宗教對話的氣氛，他也視久松是一個日本禪的改革者和基督教神學的有意思的對話伙伴。❻書中敘述了八個人物的哲學：西田幾多郎、田邊元、鈴木大拙、久松真一、西谷啟治、武內義範、上田閑照、阿部正雄。很明顯，布利視久松真一為京都學派的一員，他也把鈴木大拙列入其中。這基本上是國際方面的共識。只是鈴木一人有點存疑，他應該不算正式的成員，只有邊緣性的關係。如著書的題目所示，布利很重視「主人」（Herr）的觀念，他提出，倘若一個人要找尋到他的主人，必須由自我開始，否則，他不能成為「真我」，或真我的主人（der Herr des wahren Selbst）。❼而真我的主人意味著自我理解與超越方面的關係。❽這表示真我的主人是一個超越的主體（transzendentale Subjektivität），真我即是主人，主人即是真我，禪門的公案集便有「屋裏主人公」的提法，這正是真我或主人之意，屋是我們的身體。在久松的著作中，布利認為他的〈東洋的無の性格〉最能代表他的思想。❾這東洋的無正是我們的生命存在的終極的主體性，是我們的真我，成佛的超越根據。布利又把這東洋的無的思想與基督教思想比較，認為使徒的「存在於基督之中」（在基督中的存在性，In-Christus-Sein）很不同於佛教徒的「真我」（wahres Selbst）的佛存在性（Buddha-Sein），猶如保羅（Paul）的埋藏於基督的生與變化不同於禪佛教者的大死那樣，後者只成立於個人的自我和自心的覺知的死亡之

❺ 此書有英譯本：Fritz Buri, *The Buddha-Christ as the Lord of the True Self: The Religious Philosophy of the Kyoto School and Christianity*. Tr. Harold H. Oliver, Macon Georgia: Mercer University Press, 1997.

❻ *Der Buddha-Christus als der Herr des wahren Selbst*, S.144.

❼ Ibid., S.9.

❽ Ibid., S.8.

❾ Ibid., S.145.久松真一著〈東洋的無の性格〉，《久松真一著作集 1：東洋的無》（東京：理想社，1982），頁 33-66。

中。保羅反而與淨土真宗相近，而久松則抨斥這個宗派，認為它曲解了道元所提出的以身心一體去體證佛陀的精神。❿按久松是一個無神論者，他強烈反對覺悟要依於一個外在的精神大能，不管這是上帝也好，阿彌陀佛也好。在他看來，真正的覺悟只有在自力的原則下親證自家的真我（他稱為無相的自己），才是可能的。上面布利所說的個人的自我和自心的覺知的死亡，正是要克服個體性的自我和對自心的覺知的執著，與原始佛教的無我（anātman）思想相應。久松認為這種克服正是大死的實證，能有大死的實證，才能帶來大生、真正的覺悟。保羅的那一套宗教觀反而與他力主義的淨土真宗相近，而遠離了禪，也遠離了久松的觀點。

布利畢竟是西方的神學學者，不脫西方哲學的思辯旨趣，他並不同意東方人的對於實在的思維與言說的不可客觀化的觀點，他提出一個反問題：倘若沒有與客體對峙的主體，則到底是誰提出這一觀點的主體呢？⓫這可能是他和久松在思想上特別是思辯上對終極真理的體證的最不相同的地方。布利的說法，不為無理，不過，我在這裏不想討論這個問題。

2.Frederick Franck, ed., *The Buddha Eye: An Anthology of the Kyoto School*. New York: The Crossroad Publishing Company, 1982.這是一本通俗性的書，寫給西方的讀者看，讓他們知道佛教、禪、淨土真宗與京都學派哲學是甚麼東西。雖然書名有「京都學派論文選集」（Anthology of the Kyoto School）字眼，但內裏所收的，有些是與京都學派沒有緊密關係的作者的作品，如鈴木大拙、一休、曾我量深、清澤滿之之屬。⓬這些人物除了一休之外，基本上都是淨土真宗的人物。鈴木是一個禪者，但也傾向淨土真宗的思想與實踐。不知作者何以把他們的作品都收進來。鈴木由於名望和與西田幾多郎的友誼關係，讓一些西方學者把他視為京都學派的人物。實際

---

❿ *Der Buddha-Christus als der Herr des wahren Selbst*, S.151.

⓫ Fritz Buri, *The Buddha-Christ as the Lord of the True Self*. Tr. Harold H. Oliver, x-xi.

⓬ 在這些學者中，清澤滿之是一個富有傳奇性的人物。他被視為近代日本哲學的先驅人物，比西田幾多郎還要早幾年。可惜英年早逝，三十九歲便去世了；但留下不少的著作，其中最具代表性的，莫如《宗教哲學骸骨》，泛論理性與信仰的關係問題。在這本書中，他立足於他力信仰的平臺，但並不排斥自力說法。在自力與他力這兩種修行導向上，他認為這不是哪一邊是正確，哪一邊是錯誤的問題，兩者應該兼融對方，才有真正的信心、真正的修行可言。有關清澤的思想，參看藤田正勝、安富信哉編《清澤滿之：その人と思想》（京都：法藏館，2002）。

上，京都學派是一個哲學學派，鈴木是一個禪和淨土真宗方面的修行者，他的哲學思維功力不足，在這方面，他不但比不上西田幾多郎和田邊元，連西谷啟治、久松真一和阿部正雄等都比他強。這些哲學家沒有一個視鈴木為京都學派內圍的成員。法蘭克（F. Franck）在他的選集中完全沒有收入西田和田邊的作品，卻收入大量上提的不大相干的人物的文字，在選集的開場白（Prologue）中，還花了很多篇幅講鈴木，令人感到困惑。

這本書也不是完全無可取之處，它收入一些國際上認可的京都哲學家的重要文字，他們包括久松真一、西谷啟治、武內義範、阿部正雄和上田閑照。所選取的文字可歸為三方面：一是關於自我問題的，跟著便是實在（reality）的構造，最後是淨土真宗佛教。最後的方面，其實並無必要。

3.*Die Philosophie der Kyoto-Schule: Texte und Einführung*. Hrsg. von Ryosuke Ohashi, Freiburg/München: Velag Karl Alber, 1990.這是大橋良介所編集的京都學派成員的著作集，是選集（anthology）性質，收入西田幾多郎、田邊元、久松真一、西谷啟治、高山岩男、高坂正顯、下村寅太郎、鈴木成高、武內義範、辻村公一、上田閑照諸人的代表文字。這十一人分屬三個階段：第一階段為創發期，包括西田與田邊；第二階段為建立期，包括久松、西谷、高山、高坂、下村、鈴木；第三階段為接續發展期，包括武內、辻村與上田。書中附有大橋所寫的〈導引〉（Einführung）。被選上的人物，有國際方面認可的，也有日本國內認可的，後者包括高山、高坂、下村、鈴木和辻村。其最大特點是獨缺國際方面認可的阿部正雄。關於這點，我曾面詢大橋，他的回應是京都學派是一哲學學派，阿部在這方面用力不夠，反而著眼於宗教方面。我表示不大能接受這點，阿部在宗教問題上用了很多工夫，但基本上屬於宗教哲學方面，不是屬於宗教信仰方面，他的哲學根柢不差，而且常參予國際間的宗教對話，這對於東西方在思想上的相互理解，以至進行自我轉化，意義深遠。我的意思是，不應把阿部排斥到京都學派之外。在這一點上，大橋的做法與上面提到的海式格（James W. Heisig）相似，都認為阿部在哲學方面的功力不足。不過，大橋與海式格亦有不同，他承認對阿部有深刻影響的久松，海式格則否。

4.大橋良介著《悲の現象論序說：日本哲學の六テーゼより》（東京：創文社，

1998）。這本書出版於 1998 年，較下面述及的兩本著書為後出，但由於作者亦是直上列出的書的編者，為方便計，姑在這裏先作闡述。大橋作為京都學派的第四代人物，很有些獨特性，值得注意。照一般的理解，京都學派的第四代大體上包括大橋良介、花岡永子、藤田正勝、冰見潔、野家啟一、小坂國繼，也可能包括懷德海研究專家山本誠作。在這些較年輕的學者之中，大橋的著作偏多，也漸漸顯現出他正在構思自家的哲學重點、觀念，這可從這裏列出的《悲の現象論序說》見到。同時，他在推廣京都學派哲學方面，例如編集、解說有關京都哲學的著書方面，相當活躍。⓭

大橋在《悲の現象論序說》一書中，由現代哲學的重要問題：論理學、現象

⓭ 就筆者所及，大橋所著、編著的書有以下多種：

大橋良介著《放下、瞬間、場所：シェリングとハイデッガー》（東京：創文社，1975）。

————著《ヘーゲル論理學と時間性：「場所」の現象學へ》（東京：創文社，1983）。

————著《時はいつ美となるか》（東京：中央公論社，1984）。

————著《切れの構造：日本美と現代世界》（東京：中央公論社，1986）。

————編著《西田哲學：新資料と研究の手引き》（京都：ミネルヴァ書房，1987）。

Die Philosophie der Kyoto-Schule: Texte und Einführung. Hrsg. von Ryosuke Ohashi, Freiburg/München: Verlag Karl Alber, 1990.

大橋良介著《日本的なもの，ヨーロッパ的なもの》（東京：新潮社，1992）。

————編著《文化の翻譯可能性》（京都：人文書院，1993）。

————編著《總說：ドイツ觀念論と現代》（京都：ミネルヴァ書房，1993）。

————著《絕對者のゆくえ：ドイツ觀念論と現代世界》（京都：ミネルヴァ書房，1993）。（此書為六卷《ドイツ觀念論との對話》叢書之第一卷）

————編著《ハイデッガーを學ぶ人のために》（京都：世界思想社，1993）。

大橋良介著《西田哲學の世界：あるいは哲學の轉回》（東京：筑摩書房，1995）。

Ryosuke Ohashi, *Das Japanische im interkulturen Dialog*. Judicium Verlag, 1999.

大橋良介著《內なる異國，外なる日本：加速するインターカルチャー世界》（京都：人文書院，1999）。

————編《京都學派の思想：種種の像と思想のポテンシャル》（京都：人文書院，2004）。

另外，大橋又廣泛地編集、編選京都學派哲學家的著作，並作有解說，以利讀者閱讀。這包括《西田哲學選集第一卷：西田幾多郎による西田哲學入門》、《西田哲學選集第四卷：現象學論文集》、《京都哲學撰書第四卷　下村寅太郎：精神史の中の日本近代》、《京都哲學撰書第十三卷　大島康正：時代區分の成立根據・實存倫理》、《京都哲學撰書第三十卷　九鬼周造：エッセイ・文學概論》等。

學、行為論、言語論、他者論、歷史哲學作為主題來引介，最後歸於悲的現象論。這些主題基本上是關連著京都學派的重要人物的思想說的；他們包括西田幾多郎、田邊元、久松真一、西谷啟治、高坂正顯、鈴木成高、高山岩男等。他又提及京都學派的第一世代和第二世代的人物；前者包括西田幾多郎、田邊元，後者包括久松真一、高坂正顯、下村寅太郎、西谷啟治、高山岩男等。他以久松真一屬於京都學派，是沒有問題的；至於他如何理解久松的思想，則會在下面交代。現在我們先看看這本《悲の現象論序說》的寫作主旨與內容。

大橋在這本書的緒論〈悲の現象論の構想〉中，表示「悲」這一字眼是借自佛教，但不完全取佛教的意旨，而是要對於現代哲學，以「悲」一觀念來照明，開拓出一種新的、綜合的哲學方向。這裏所謂現代哲學，便是上面提到的論理學、現象學、行為論之屬。大橋由佛教的無我性作反思，配以具體的行動：行為的直觀（特別是西田所說的那一種直觀或直覺），體證出那超越對象性的生命的本根、自我的本源，這便是悲，這亦是自己對自己的啟示、開示。大橋強調，他的這本書是由日常的生活與世界出發（按這可與胡塞爾的生活世界 Lebenswelt 相比較），現象學地究明歷史世界的直接性與根源性，以建立自己、他者與世界三方面的現象學。他的書名不用「現象學」而用「現象論」字眼，是要以直觀來說觀（Noesis），以根源性的直觀來解讀現象。⓮另外，大橋表示，現象論也與佛教的「論」有關聯。論是經的開展，但不走客觀的學問之路，卻是指向宗教義的教義、教學。這亦有觀的意味：現象或色即此即是空，正可顯示一種照明作用的直觀，照明一切現象的無實性也。大橋認為，大乘佛教即是以直觀為論而開展的。他以為，這是先在於現象的基礎，因而借用大乘佛教的「論」。

以下我們看大橋對於久松思想的理解。他基本上是以覺的宗教來解讀久松的，而這覺或覺悟是聚焦於 F、A、S 這種三位一體的實踐中。去除一切形相性，實證那絕對自律的、普遍的、根源的自己，亦即是無相的自己或自我（F, Formless Self）；讓這覺體突破近代意義的自覺的危機而達致後近代的人間革命的自覺，回心於真正

⓮ 我想這可能是以理想的、價值的現象學方法來處理現象問題，以突顯現象，因此用「現象論」字眼。倘若是這樣，意義便不大，不必特別拿來強調。

的世界、人類（A, All Mankind）；讓這覺體成為創造歷史的根源的主體（S, Superhistorical History）。大橋指出，在久松來說，我們最關心的、關要的事，正是覺的宗教與覺的哲學的完成。在久松的哲學中，覺是出發點，也是核心內容。⓯

大橋認為，久松很能看到近代文明所呈現的病態現象：分裂、混亂、虛脫、不安定、昏迷、疑惑等等，並確認其原因是缺乏在精神上的根源意義的統一狀態。要克服這種近代文明病症，需依賴「一多無礙自在」的主體。因此便提出「東洋的無」、「能動的無」、「無相的自己」一類觀念。這些都是久松的「覺的哲學」的用語，而覺的哲學正是覺的宗教的理論面。進一步看久松所提的「無」的觀念，大橋表示，西方哲學以存在論（在漢語哲學界通常作存有論 Ontologie）作為第一哲學，在這種觀點下，無的思想自然只能居於第二義了。⓰按大橋所提的現代哲學家要面對近現代文明所引致的種種病態的現象，特別是價值標準的崩壞與對宗教失去信心導致現代人的精神上的虛脫狀態，海德格和西谷啟治都曾提出解救的方案。⓱久松則特別從覺的哲學、宗教與教育來說，要人覺悟自身的作為終極主體的無相的自我，由此建立無的能動性，以接上西田幾多郎的絕對無的思想傳統。不過，大橋認為西田的入路是哲學的、論理學的，久松則特重宗教的體證方面，要人能夠「自內證」。

⓯ 《悲の現象論序說》，頁 75-76。

⓰ 西方哲學的根本立場或導向，是實體主義（substantialism），不是非實體主義（non-substantialism）。因此，「有」與「無」或 Sein 與 Nichts 之間，有被視為第一序的。無是有的消失、不存在；無需要通過有來解釋，因此在觀念層次上，有是第一序的，無便只能被視為第二序了。在這個問題上，阿部正雄寫有一篇"Non-Being and Mu: the Metaphysical Nature of Negativity in the East and the West", M. Abe, *Zen and Western Thought*. Ed. William R. LaFlear, Hong Kong: The Macmillan Press, 1985, pp.121-134.中譯：吳汝鈞譯〈從「有」「無」問題看東西哲學的異向〉，吳汝鈞著《佛學研究方法論》，下冊（臺北：臺灣學生書局，1983；增訂本，2006），頁 441-456。

⓱ 海德格很關心這方面的問題，和提出如何處理，很多人都知道。對於西谷啟治則較少人留意。實際上，他在這方面做了很多工夫，寫了不少東西和作過多次演講。此等文獻如：西谷啟治著《現代社會の諸問題と宗教》（京都：法藏館，1978）、《西谷啟治著作集第 16 卷：宗教（講話）》（東京：創文社，1990）、《西谷啟治著作集第 24 卷：大谷大學講義 I》（東京：創文社，1991）。最後一本是特別就宗教對於現代社會的種種問題如科學、技術、存在、自他關係、自然世界、生死等所能發出的積極的助益而講的。

不過，大橋所提的久松教人以「一多無礙自在」的主體來克服近代文明的病症，到底要如何克服，如何在現實生活中表現這一多無礙自在的主體力量，未有交代，而這種說法與它所由出的華嚴宗的「一即多，多即一」、「事事無礙法界」有甚麼義上與實踐上的關連，也沒有交代。

最後大橋說到久松在禪藝術方面的學養與成就，指出他所提出的禪藝術的七種性格：不均齊、簡素、枯高、自然、幽玄、脫俗、寂靜，一般的美術評論家以至美術愛好者不一定看不出來，但把這七種性格中所蘊涵的「禪的依據」展示出來，則普通的師家、禪匠以至美術史家便不見得能勝任了。久松把這禪的依據區分為以禪宗史為本的歷史的依據與狹義的禪的依據。就前者來說，要把禪的藝術與禪的成立、傳播就地域、時期方面一致地展示出來，優良的美術史家也應該可以做到。但說到狹義的禪的依據，則是久松所獨具心得的。他能善巧地對禪藝術的七種性格，一一探討到它們的禪的根源：無法、無雜、無位、無心、無底、無礙、無動，這便很不容易了。⓲

按大橋對於久松思想的理解，基本上不錯，他自己對美學或藝術哲學也有研究。他能點出久松重視禪藝術的依據，並認為久松對禪作品（畫作）的美感的體會，基於他對禪的依據的體證而來。這禪的依據正是久松用以解讀絕對無的無相的自己、自我。這是把藝術還原到宗教方面去，這與京都哲學對宗教一貫的理解，是一致的。

5.上田閑照、堀尾孟編集《禪と現代世界》（京都：禪文化研究所，1997）。這本書可以說是京都學派的國際認可的成員以內編集而成的鉅著。編集者之一的上田閑照就禪與現代世界之間的關係（這自然也有禪對現代世界的意義、貢獻一類意涵在內）一重

⓲ 以上有關大橋對久松的禪思想的闡述，參看他的《悲の現象論序說》，第四章〈語默通底テーゼ：久松真一の禪思想あるいは覺の哲學と言語〉，頁 71-87。至於大橋所說的久松對禪藝術或禪美學的看法，可參考久松自己寫的名著：

Shin'ichi Hisamatsu, *Zen and the Fine Arts*. Tr. Gishin Tokiwa, Tokyo: Kodansha International Ltd., 1974.

有關久松的禪悟理解，可參考：

久松真一著〈悟り（二）〉，鈴木大拙監修、西谷啟治編集《講座禪第一卷：禪の立場》（東京：筑摩書房，1967），頁 39-48。

要課題來看日本的具有代表性的在禪的宗門義理與實踐兩方面有深厚功力的人物來作四方面的探索。這四方面是禪的經驗或經歷、禪的觀點、對現代世界的理解和思想上的成就。所選取的代表人物有西田幾多郎、鈴木大拙、久松真一和西谷啟治。在其中，久松與其他三人是對比地、具有對等分量地並列在一起。這點顯示出久松在京都學派中關連到禪方面的重要的位置。

進一步看，上田閑照強調西田與鈴木真正地、具體地涉入禪與西方世界的精神原理之中，久松與西谷則沿著這條道路作深入的探索。他們所懷著的旨趣，是由禪到世界、由世界到禪的脈絡下推展出實存的、思想的和歷史的運動。西田與西谷是以哲學家、鈴木是以禪思想家、久松則以禪者的身份來進行這種運動。⓳而在這四人之中，久松是最強調禪的自力的獨脫無依的性格的。上田指出，也是在這四人之中，只有久松是最沒有保留地反對佛教的念佛實踐、基督教的對神的信仰的。⓴

以下我要簡述一下這本書對久松真一在禪方面的學養的說法。美濃部仁在其中一篇文字〈久松真一の禪と「人間」〉談到久松的人論，指出他心目中有五種人的類型：人間絕對主義（又作人間中心主義、理想主義、人文主義）、虛無主義、實存主義、絕對他力主義（包括危機神學、有神論、信仰的宗教）㉑、批判的絕對自力主義（即禪、覺的宗教）。他以作為自己的立場的覺的宗教批評信仰的宗教，以覺的宗教取代信仰的宗教。㉒最後是大橋良介的〈「覺の哲學」の諸問題：久松真一の思想〉，他聚焦在久松的覺的宗教與覺的哲學方面。講覺的宗教的，是久松的著作集中的《覺と創造》；講覺的哲學的，則是著作集中的《東洋的無》與《絕對主體道》。就久松來說，宗教顯然較哲學為重要。佛教是覺的宗教的根本形態，其中又有華嚴思想、淨土真宗、天台宗和日蓮宗之屬，但其核心是禪宗。理由是這些宗派都有其所依的經典，唯有禪宗不依於經典，它是如《臨濟錄》所說的「獨脫無依」，展示絕對的、徹底的自由、自主性格。㉓

⓳ 《禪と現代世界》，頁 3-7。

⓴ 同前，頁 19。

㉑ 危機神學的神的特徵在神與人、世界在本質上有無限的差異性。

㉒ 《禪と現代世界》，頁 333-338。

㉓ 同前，頁 384-385。

6.小坂國繼著《西田幾多郎をめぐる哲學者群像：近代日本哲學と宗教》（京都：ミネルヴァ書房，1997）。小坂國繼有很深厚的西田哲學研究的功力，也被視為京都學派第四代的人物。他在這本書中，主要講西田哲學，此外也及於田邊元、高橋里美、三木清、和辻哲郎和久松真一的思想。在這些人物中，有些是屬於國際方面認可的京都學派的人物，如西田、田邊、久松；有些則是日本國內方面認可的，如高橋、三木和和辻。不管怎樣，久松在小坂眼中，是京都學派中的重要人物。通常久松真一和西谷啟治，作為京都學派的成員，是並列的，但小坂在這裏並沒有提到西谷，而只說久松，並且以一整章來闡釋他的東洋的無的哲學。他在書中的序文中說絕對無，提到透過對自己的否定，而以自己為有，這即是作為有形相者而顯現的動能、能動性，這正是絕對的自己的否定作用。這正與久松的能動的無一觀念相應合。

7.藤田正勝編《京都學派の哲學》（京都：昭和堂，2001）。此書所收入的文本與論文，都是有關京都學派的成員的哲學思想，但這些成員都以受到西田幾多郎和田邊元的直接影響為限。這些人除了西田與田邊外，有三木清、戶坂潤、木村素衛、久松真一、下村寅太郎、西谷啟治。所謂文本是選取有代表性的原典文本，有點像一般的文選（anthology）；論文則是現代學者對有關京都學派成員的哲學思想的論述。對於每一位學派的成員，都收入一些有代表性的文字和一篇研究他的論文。久松真一是最強調自力宗教的，因而與歸宗淨土教的田邊元沒有甚麼關連，但卻是西田幾多郎的高足，他的入選，是理所當然的事。他的被收入的文本是〈東洋的に形而上的なるもの〉，論文則是今泉元司所執筆的〈久松真一の思想と實踐〉。後者所論述的，都是一般被視為久松哲學的重要觀念如「覺的宗教」、「覺的哲學」、「東洋的無」、「絕對主體道」、「FAS」等。

8.竹田篤司著《物語「京都學派」》（東京：中央公論新社，2001）。這是一本很有趣的書，記述京都學派的人物的軼事；但作者表明，這些軼事都是事實，不是虛構。所涉人物，包括西田幾多郎、田邊元、戶坂潤、下村寅太郎、三木清、唐木順三、和辻哲郎、九鬼周造、西谷啟治、木村素衛、山內得立、波多野精一、三宅剛一和久松真一。其中說到「京都學派」字眼，表示誰最先提出這字眼，並不清楚。但作者估計，橫濱國立大學名譽教授古田光說到戶坂潤，後者在他的《現代哲學講話》中，有〈京都學派の哲學〉一章，這本書是在昭和九年（亦即 1934 年）刊行的。若這是真確的話，則京都學派的成立，已有七十多年歷史了。此書說到久松，未有有關他的思想的片言隻字，只是一些閒居的軼事，最後述說久松於九十歲去世，有遺言表示不舉行葬禮，這與久松作為一個禪者的事實，非常相應。

9. Louis Roy, O.P., *Mystical Consciousness: Western Perspectives and Dialogue with Japanese Thinkers*. New York: State University of New York Press, 2003.此書基本上以一種比較宗教的方式，闡述西方的神秘主義與意識哲學，並與日本的相應思想作比較，強調雙方的交集之點。比較的題裁聚焦在意識、自我、無、死亡各項。所選取的宗教家與哲學家，西方的有普羅提奴斯（Plotinus）、艾卡特（M. Eckhart）、舒來馬哈（F.E.D. Schleiermacher）、海德格（M. Heidegger）；日本方面則有鈴木大拙、西谷啟治與久松真一。對於後者，作者顯然認為他們都是在禪思想與實踐方面有傑出表現的京都學派的人物。對於久松，作者的著重點在東洋的無、生死、大疑、大死諸方面。

10.上田閑照監修，北野裕通、森哲郎編集《禪と京都哲學》，京都哲學撰書別卷（京都：燈影舍，2006）。這本書研究京都學派或京都哲學家中與禪有較密切關係的，包括西田幾多郎、鈴木大拙、久松真一、森本省念、西谷啟治和片岡仁志。其中，西田與西谷是哲學家，鈴木是禪思想家，久松是禪者，森本省念是禪僧，片岡仁志則是教育家。其中森本與片岡較少人認識，久松則明顯被視為京都學派的成員，是一名禪修行者。他也有自己的一套哲學，那便是覺的哲學。這種哲學否定念佛，也否定基督教的信仰，而以覺醒、喚醒自身所本具的真正的主體為終極旨趣；它的重要觀念是絕對主體道、能動的無、無相的自己。

11.西谷啟治監修，上田閑照編集《禪と哲學》（京都：禪文化研究所，1988）。這是一本探討禪與哲學的關係的名著。如上田閑照所說，禪是己事究明的學問，哲學則是對世界的邏輯的自覺，在傳統上，一方是以東方的非思量性格的行為為本，他方則是西方的反省之學，進一步是反省之反省之學，雙方本來是異質的。但它們概括東西兩界而成一整一的世界，在異質的脈絡下而成為我們的世界，存在於一種有相互結合的傾向的磁場之中。總括地說，禪是要探討哲學的原理的根源的學問，哲學則是探討禪的世界建立的體系性與具體性的學問。㉔這本書與上面提及的十本書的最大不同處是，書中論文的撰著者基本上是國際義的京都學派的主力人物，如西谷啟治、武內義範、上田閑照、大橋良介、花岡（川村）永子等，並沒有久松真一撰作的文字，但整本書的多處都提及久松和他的思想。㉕此中的訊息很清楚：久松是京都學派的成員，而且是重要的成員。

以上我提及十一本著書，都表示久松真一是京都哲學家、京都學派的成員。實際上，上面提到的燈影舍所出版的京都哲學撰書有三十冊（卷），其中有兩冊都是久松作品的專輯：第十二冊與第二十九冊，分別收錄了久松的關於覺的哲學和藝術、茶的哲學的文字。

四、久松真一在禪佛教方面的經驗與體證

首先我要指出，久松對禪的理解，並非局限於學術、義理的講求的層面，他是因生命的問題而涉足禪的；禪對於他來說，是一種生命的學問。同時，他以自己的禪觀作為生活的指標，把禪的修行灌注到生活的多個層面或領域，以禪來潤澤生命。他一方面講禪的哲學，另外又真的過禪的生活，這包括打坐、實踐與禪有密切關連的書道、畫道和茶道，又擅長繪畫一圓相，表示他在禪方面的體會。他又寫禪詩，作禪的徘句，刻印，更建立禪的美學思想，讓宗教與藝術結合起來。㉖最重要的是，他又以禪作為基礎，推展宗教運動，把人的主體（無相的自我）、歷史與社會世界（全人類）結合在一起，成為三位一體，使禪進入時間與空間之中，作客觀化（objectification）的開拓，這便是 FAS 的成立。關於這點，我會在下面再作交代。在京都學派的同仁之中，他是最全面的宗教人物，在他的生活中，學問與工夫實踐是

㉔　〈まえがき〉，《禪と哲學》。

㉕　如頁 216、241、405-410、410-415、417-418。

㉖　《久松真一著作集 7》所謂《任運集》便收錄了久松在這些方面的成果。（東京：理想社，1980）他的書法，尤其蒼勁有力，展示禪的大機大用的動感，極有禪的「游戲三昧」中的游戲的意趣。我曾對禪的「游戲三昧」作了新的說法，參看拙著《游戲三昧：禪的實踐與終極關懷》（臺北：臺灣學生書局，1993）。

結合在一起、打成一片的。

以下我試述一下久松在禪道上的心路歷程。久松出身於虔誠的真宗佛教家庭，屬淨土系統。他從小便是一個堅定的佛教信徒。但在他踏入初中階段，不斷接觸科學知識，了解到現代人的真實的處境，理性的批判精神讓他察覺到單憑信心支持的宗教信仰是站不住的。特別是，他是最強調信仰的淨土教出身的，對信仰有濃烈的感受。他一方面自覺到生命裏的罪的強烈催迫感，渴望把它除掉；另一方面，他又不認為這罪會注定他要下地獄，他亦沒有冀望要得到佛陀的救助而獲新生。在這個兩難（dilemma）的困境中，他毅然放棄自己一直堅守的宗教信仰，而轉向理性的哲學探索，希望以理性來解決生命存在的問題。後來他考進京都大學，受學於西田幾多郎。西田的敏銳的哲學洞見與深邃的宗教體驗，喚醒了久松的內藏的深厚的宗教情懷。他開始意識到哲學的知識雖然奧妙，但畢竟只停留在客觀的認知層面，理性思維總不免是抽象的。他多年來的哲學探求並無助於解決他自身的生命存在的問題。於是，他嘗試通過實踐來對自己的存在作出自我轉化。這樣，他選擇了禪來突破哲學的限制，自此奠定一生的路向。禪的實踐的性格，對當時的久松來說，有很大的吸引力。

進一步，久松離開京都大學，跟隨妙心寺的池上湘山老師修禪。起初，他並不滿足於純然地聽老師講道，只是感到隔靴搔癢。後來他進入禪堂，跟禪師一起坐禪。就在坐禪的當兒，他體驗到自己變成一個大疑團，就像在生死存亡的緊急關頭，無路可走，霎時間，疑惑者久松與他所疑惑的東西合而為一，大疑團突然瓦解，他第一次覺悟到自己的「無相的、自由的真我」，感到前所未有的輕鬆與喜悅。他覺悟到超越有無的「無生死」的真理，體證得在價值與非價值以外的「不思善不思惡」的意義。他多年來百思不得其解的生命問題，於此徹底解決。這些問題，正是生死、善惡的矛盾的、背反的問題。㉗在這裏，我姑引述一些有關久松當時的感受與經驗的文字：

㉗ 有關久松在修道歷程中的經驗，特別是他的宗教意義的覺的轉向，可參考他自撰的〈學究生活の想い出〉，《久松真一著作集 1：東洋的無》，頁 415-434。

> 他（按指久松自己）的精神變得極其怪異，但不是精神病學所診療而得的那種性格。他想著無論如何要把這主體的問題解決掉，因此決意透過禪來突破這個難題（aporia）。（〈學究生活の想い出〉，頁 426）

> 他訣別所謂有神論的宗教，在對於講求對象的知識的哲學的絕望之中，他所選取的途徑，不單單是宗教，也不單單是哲學，而是行動的主體的證知，它必須是對於主體的證知的行為。這樣他便選擇了禪。（同前）

> 他並不是要把任何個別的問題當作對象來解決，也不是要把普遍的全體的問題當作對象來解決，也不是心中懷有巨大的疑問那種情況，而是自己（的生命存在）化作一個整一的大疑團。（同前，頁 432）

> 他，作為一個大疑團，突然從內部冰消瓦解，即使是如銀山鐵壁般堅固的湘山（按指池上湘山，是西田幾多郎介紹給久松的禪師）老師也即時形跡崩壞而銷匿，湘山和他間不容髮地結成一體。在這當兒，他無形無相地覺證到那自由自在的真正的自我，同時也見到了湘山的真正的面目。（同前，頁 433）

跟著而來的是繼續在修禪方面推進，以深化、廣化自己的覺悟境界。他又創立 FAS 協會，進行宗教運動，關於這點，我會在後面闡述。另外，為了讓禪的修行與所達致的境界得到國際方面的認可，久松又展開一連串的宗教對話（religiöse Begegnung），他遍遊歐美，與重要的思想家、宗教家進行交流，此中包括布巴（M. Buber）、馬素爾（Gabriel Marcel）、布爾特曼（R. Bultmann）、海德格（M. Heidegger）、榮格（Carl Jung）、布魯納（Emil Brunner）和田立克（P. Tillich）。㉘

㉘ 久松與上述人士的對話，散見於他的《久松真一著作集》各卷之中。

五、東洋的無

久松在禪方面的經驗與體證，聚焦在六祖慧能在《壇經》中說的「無一物」對一切對象性的超越和「不思善，不思惡」的對一切二元對立關係、背反的克服方面。他認為，在這種體證與思維中所突顯的主體，是絕對的主體性（transzendentale Subjektivität），這樣的實踐修行正是「絕對主體道」。在他看來，《壇經》所說的無，是終極的原理、真理，也是終極的、最高的主體。他認為這無是東方哲學與宗教的關鍵性觀念，因此稱之為「東洋的無」。

久松寫了一篇〈東洋的無の性格〉，暢論東洋的無的性格或特質。在他看來，這東洋的無正是絕對無。久松自己也強調這種無是在與西方文化對比的脈絡下的東方文化的根本的契機，或關鍵性的思想，它特別是佛教的核心概念和禪的本質。這種無有六大特性。第一點是無一物性，如上面所提過。久松的意思是東洋的無不能作對象看，它不是一個物事。就主觀的心境來說，我正是無，在我方面是一無所有。這我超越內在與外在的分別。通常我們很少有不與內在或外在事物相連的時刻，由顏色、聲音到善惡、身心，都可與我相連起來。所謂自我或心靈，總是一個與對象相連起來的自我或心靈。久松特別強調，哪一個東西，不管是具體的抑是抽象的，只要是與我相連，成為我的對象，即是一個存在，即是一物（Seiende），即足以束縛自我。若我不與任何對象相礙，即是「無一物」。特別是，此時它可以不止是無一物性，而且有無一物的作用，能在種種事物中起種種妙用。這樣，無一物便不純然是負面的、否定的意味，它毋寧已轉化為一種活動，一種不指涉任何對象性的活動。這實已通於筆者所提的純然是動感的純粹力動（reine Vitalität）了。

第二點是虛空性。久松引述永明延壽《宗鏡錄》卷六所陳虛空的十義，並一一關連到東洋的無方面去。他的說法如下：

1.無障礙：東洋的無無所不在，它遍布十方世界，但不為任何東西所障礙。它包含一切東西，但不保留任何東西的痕跡。按這頗有場所的意味。場所是一切諸法的遊息之所，但諸法去後，無形無跡存留。這是由於場所是精神性格的，不是物理性格的。

2.周遍：東洋的無滲透至一切東西之中，包括物質性的、精神性的東西。它是無所不在的。按這是指東洋的無的內在性。

3.平等：東洋的無平等對待一切東西，而沒有淨染、貴賤、善惡、真妄、聖凡之別。這些都是相對相，東洋的無是克服一切相對相的。按這是指東洋的無的超越性。

4.廣大。東洋的無是一個整全，其中不包含任何外物在內。在時空方面都沒有分限、際限。它超越時空性。按這有表示東洋的無超越現象層面，屬本體層面的意味；但這本體不是實體，而是終極原理之意。

5.無相：東洋的無沒有空間的物相與時間的心相。在一般眼光看來，物體是在空間方面有相狀的，它總占有空間；但心不占有空間，沒有相狀可言。久松以為，心相是在時間上說的，故心還是有相。只有東洋的無才是真正的無相，它超越空間與時間。按久松這裏說心，是從現象方面、經驗心理學方面說，故還是有相。東洋的無有心方面的涵義，亦即是主體性，這是絕對的、超越的主體性（absolute-transzendentale Subjektivität），沒有時空性可言，因而是無相，既無空間相，亦無時間相。

6.清淨：東洋的無不是物也不是心（按這是指經驗的、現象的心），因而完全沒有封限，故自身沒有染污，也不會被其他東西所染污。有封限的東西才有被染污的可能。可以說，東洋的無是絕對清淨的，它超越一切染污與清淨的對立格局。按這種說法讓人想起北宗禪的神秀所說明鏡臺或清淨心可被塵埃熏染的說法。神秀所說的清淨心有靜態的傾向，一如明鏡那樣，可以擺放在那裏，因而可為塵埃所熏染。而作為東洋的無的心則是超越的活動，它不停在動轉，任何染污若沾上它，馬上會被它的動感所揮去，因此它是純淨無染的。

7.不動性：東洋的無無始無終，這是超越時間；無內無外，這是超越空間。它不生不滅，因而沒有成壞可言，故不變化，不作動。按在這裏我們需要注意，這裏說不動、不作動，並不是東洋的無不能活動之意，卻是這東洋的無活動而無動相。動相是在時空中展示的，東洋的無是超越的活動，不在時空所宰制的範圍，因而無動相可說。

8.有空：東洋的無完全超越一切分別與計量。久松認為有是有量，是可量度性。沒有可量度性，故是有空。

9.空空：東洋的無不是「某些東西的有與無」中的無，卻是超越這些東西的有與無。倘若它是這有與無中的無，則它不過是相對於某些有的事物的無，是相對性格，不是絕對性格。東洋的無是絕對性格的。所謂「空空」指不是空或無，否定空或無。這被否定的，正是與有相對反的無。按這空空既是對於與有相對反的無的否定，則亦必否定與無相對反的有。這樣，便得出同時否定相對意義的有與無，這便是非有非無。這正是中觀學龍樹所提的中道（madhyamā pratipad）的義蘊。

10.無得：東洋的無即是無一物，故不能擁有任何物，它也不能自己擁有自己。它是完全無物可得的。這表示東洋的無排斥對象性，它不是一種可以被處理的對象。

久松以為，東洋的無與虛空同時具足這十種義理，但它畢竟不同於虛空。虛空不但沒有覺識，也沒有生命。東洋的無則有覺識與生命，這主要表現於心靈中。它是一個超越的主體性，在活動中表現其存在性。這裏要注意的是，東洋的無是一種有機的（organic）主體，或主體性（主體與主體性暫不作區分），這種機體主義有點像懷德海所採取的哲學立場，在他來說，作為終極實在的事件（event）、實際的存在（actual entity）、實際的境遇（actual occasion），都是一種機體（organism），整個宇宙也可說是一個大機體。

綜觀東洋的無的這種虛空性所具有的十方面的義理，很有重複的意思，這即是東洋的無或虛空的超越性，超越一切事物、對象的二元性（Dualität）、背反性（Antinomie）。這超越性自然可以通到《壇經》所說的「無一物」的意味。無一物即是對對象性或物性的超越，對象性或物性都是相對性，對象或物（體）都存在於背反的關係中，亦即存在於相對的關係中。東洋的無的最大的意義特色，便是對一切背反的超越、克服，亦惟有超越了、克服了背反，絕對性才能說。久松的這種思維方式，與《壇經》的說法是一貫的。

東洋的無的第三個特性是即心性。久松以心來說東洋的無，可謂恰當。這心不是認識心，不是道德心，不是藝術的欣趣心，更不是經驗慣習的情識，而是上求救贖的宗教解脫心。它是終極的主體性，是無執的主體性。它是通過遮詮的、否定的方式顯現出來，如久松所示，是「身心脫落」（道元語）境界中所透顯的心。在「身心脫落」中的「心」（被脫落掉的心）是有執的心，執著身與心也。使身心脫落的心，則是這無執的主體性，是東洋的無。禪籍中常常提到的「正法眼藏，涅槃妙心」、「直指人心，見性成佛」、「以心傳心」、「直心是道場」（《維摩經》語）、「自心是佛」、「即心即佛」、「心外無法」等，其中的心，大體地、寬鬆地來說，便是這無執的主體性、東洋的無。不過，我們可以說，這種透過遮詮的、否定的方式突顯的心，總是帶有消極的、被動的意味。我們同時可以表詮的、肯定的方式來說心，展現它的積極性、動感。如筆者所提的純粹力動，是心也是理，是純然的、沒有經驗內容的超越的主體性，是萬法的存有論與宇宙論的依據。它的意義與作用，是正面的、積極的、動進的。

第四點是自己性。這是內在性的問題。東洋的無具足內在性，內在於我們的生命之中。久松以為，東洋的無是佛的性格，它自身便是佛的所在，佛即是自己。東洋的無是作為自己的佛，不是作為能超越與控制自己的那個主體。佛即是自己，是純粹的主體、絕對的主體。久松以為，禪視佛為一終極的主體性的主體，亦即絕對的主體，這即是東洋的無。《壇經》曾說「自佛是真佛。自若無佛心，何處求真佛？汝等自心是佛」，這所謂「真佛」，便是指東洋的無。還有，禪門中喜言「見性」，或「見性成佛」，這所見的、所顯現的「性」，可以說即是東洋的無。這是自己的生命的本質，亦即是佛性。按久松說來說去，無非是要強調東洋的無即是佛性，是成佛的超越的依據（transzendentaler Grund）。這亦是《壇經》所說的自性。

第五個特性是自在性。這是指東洋的無對於一切相對的兩端、種種分別的二元對立的超越性而言。它超越是非、善惡、凡聖、生佛、有無、生死、存在非存在的二元性，而為一絕對的主體性。久松認為，禪的境界是任運自在，不把佛放在超越地和客觀地外在的位置。《碧巖錄》所謂「有佛處不得住，住著頭角生；無佛處急走過，不走過草深一丈」，便是教人不要住於有佛（佛）與無佛（眾生）的相對的兩端。所謂「有佛處不得住」、「無佛處急走過」也。這相對的兩端足以做成身心的束縛。不為佛或眾生凡夫的分別所繫，便是真正的、自由自在的境地。按久松這樣以超越一切相對性來說東洋的無，其意實已涵於上面所說的東洋的無的虛空性中。不過自在性是從正面說，虛空性則傾向於負面的、消極的說法。

第六也是最後一個性格是能造性。久松認為，東洋的無對於現象世界來說，具有能造性，它是創生宇宙萬象的本原，但它自身卻能保持不變，所謂「不動性」。

久松以水與波浪的關係作譬，水能變現出成千上萬的波浪，但自身總是不變。久松以為六祖所謂「自性本無動搖，能生萬法」、「一切萬法不離自性」，與《維摩經》所講「從無住本立一切法」，都是東洋的無的能造性的意思。在這裏，我想對久松的說法作些澄清與回應。說東洋的無是創生宇宙萬象的本原，因而有能造性，這是宇宙論的思維。「造」與「創生」有相當濃厚的宇宙論的意味。在佛教中，唯識學（Vijñāna-vāda）有這樣的思維傾向，它所說的種子現行、在變現（pariṇāma）、詐現（pratibhāsa）中建立諸法，的確有構造論、宇宙論的意味，存有論更不用說了。但在禪來說，則完全沒有這種意味。禪的目標，如達摩禪的旨趣「直指本心，見性成佛」，完全是救贖、救渡意義的，它對客觀世界的事物的生成、建立與變化，並不是很關心。我們可以確定地說，禪是沒有宇宙論的；上面所引《壇經》的「自性……能生萬法」，並不是宇宙論意義，「生」不是宇宙論的概念，而與依據義有直接連繫。即是，作為佛性的自性，是萬法特別是緣起性格的萬法的依據；佛性不是實體，更不是創造主，不能宇宙論地生起萬法。這個意思與龍樹的《中論》（*Madhyamakakārikā*）所說的「以有空義故，一切法得成」，倒是非常接近。佛性與空義對於萬法來說，不是創生者，而是義理上的依據。久松以東洋的無具有能造性，能創造宇宙萬象，顯然不諦當。《維摩經》說的「從無住本立一切法」，這「立」也不是創造、創生的意味；《維摩經》也沒有宇宙論的思想，後者是專講宇宙的生滅法的生成與變化的。

久松也在這能造性的脈絡下說東洋的無的動感。他認為創生是需要動感的。說東洋的無具有動感，這不錯。但動感不一定要關連到宇宙論的創生方面去。實際上，久松自己便有「能動的無」的說法，以表示無的能動性。這能動性的意味亦應涵於上面的即心性之中。以無為心，為主體性，心或主體性自然是能活動的主宰，故無亦應有能動性。㉙

綜觀久松所說的東洋的無的六個特性，大體上與般若思想與中觀學的空，特別

㉙ 有關久松的東洋的無的十種性格，參看他的〈東洋的無の性格〉，《久松真一著作集 1：東洋的無》，頁 33-66。另外此文有 Richard De Martino 的英譯“The Characteristics of Oriental Nothingness”, *Philosophical Studies of Japan*. Vol.II, pp.65-97.

是禪的無相應，展示出非實體主義（non-substantialism）的哲學旨趣。但亦有其問題所在，如上面剛提及的能造性。這能造性通常是就實體主義說的，由此可推演出一套宇宙論來，如基督教的上帝、印度教（Hinduism）的梵（Brahman）和儒家特別是宋儒如張載所提的氣、太虛。非實體主義很難說宇宙論，要說，便得間接地通過終極原理的變現、詐現（pratibhāsa）作為媒介。久松在這一點上顯然著力不足，誇大了東洋的無的功能、作用。另外一點是，那東洋的無的六大特性在意義上有重疊，上面提到的超越性是一明顯的例子。而橫列地把東洋的無的特性拆分為六個方面，讓人有零碎的感覺，顯現不出作為終極原理、真理的整一性格、一體性格。對於禪所說的心、佛性、自性，或東洋的無，我在拙著《游戲三昧：禪的實踐與終極關懷》中以不捨不著的機靈動感或靈動機巧的主體性來說，這則是縱貫的說法，久松所提的那六個特性的意涵都包括在裏面了。縱貫地說是綜合地扣緊靈動機巧的動感來說主體性，把它的一切性格都還原到這種靈動機巧的動感方面去；散列地、橫列地說則是把有關的性格一一列出，以分解的方式闡說這些性格的涵義。

六、無相的自我

上面說，京都學派哲學的核心觀念是絕對無，每一位成員對於這絕對無都有自己的解讀和發揮。當然這些解讀和發揮在義理上是相通的、互補的，也與各成員自身的獨特學養與旨趣分不開。就久松真一來說，他以無相的自我來說絕對無。這種說法與六祖慧能的《壇經》的精神最為相應，而與由慧能傳承下來的禪法如馬祖禪、臨濟禪以至無門慧開的《無門關》的內容，也有非常密切的關係。《壇經》所說的「無一物」的根本旨趣、立場和「無念為宗，無相為體，無住為本」的三無實踐，都是久松的無相的自我的義理與實踐的基礎，特別是「無相為體」的說法直接展示久松與慧能禪法的一脈相承；而我在這裏所作的判教，以「無相立體」來突顯京都哲學對佛教的理解，也表示這種理解的文獻學與義理方面的依據。

久松在自己的著作中時常提到無相的自我，這是他的終極主體的觀念。以下我基本上依據一份較少人留意的文獻來闡述他的無相的自我觀點，這即是他與田立克的對談記錄；這記錄自然談不上學術性，但頗能在一種比較宗教的角度下反映出無相的自我的深層義蘊。❸按無相的自我的主要意思，自然是沒有任何相對相狀的自我，只有絕對性格的自我；同時，亦應含有自我不在一種相對的脈絡認取對象的形相，以至執取對象的形相為實在的意味。

首先我們可以說，無相的自我是一個觀念，是我們的生命存在的真實的主體性。但這樣說還不夠，我們應從實踐一面看無相的自我在現實生活中的呈現，和它所起的作用。久松先提出德國神秘主義大師艾卡特的「孤離」（Abgeschiedenheit）觀念，表示當人在任何事物中達致這孤離的狀態時，正是喚起、喚醒自己的無相的自我的好時機，這亦可以說是孤離的自我。這孤離並不是負面意味，不是否定。具體地說，孤離不是一種相對意義的否定，也不是一種簡單的對行動的否定。在艾卡特來說，孤離表示一種空掉自身的狀態（Zustand）。但這並不表示要消棄一切相對性格的內容；毋寧是讓自己從紛亂的狀態中釋放開來，以達致一種寧靜的心境。這心境是要呈現自我、無相的自我的首要條件。即是說，孤離可使我們從所謂物理的、軀體的東西、精神性的東西分離開來；而正在這種分離之中，真我、寧靜的自我便能自我喚醒和自我呈現。這有集中的意味，集中自我的生命力量的意味。但不是田立克所說的集中，如田立克在柏林的咖啡室中集中地、專心地準備作一場演講的那一種。這只是集中精神在來日要進行的講演、講課、講道等的論點或題材方面。按這是以思考作為媒介而使自己的精神、精力集中起來，不往外發散；是一般的集中。久松所說的集中，是沒有對象的集中，不管這對象是甚麼，這可說是無集中（對象）的集中，是真正的集中。無相的自我便是在這樣的集中中透顯其自己，由潛存的狀態轉而為實現的狀態，由此可以生起種種妙用。我們也可以說，在這種集中而起妙用中，集中者與被集中者冥合而為一體。這其實也可以說是一種解構的集中，當所有東西被「解體」、被「否定」或被「空掉」時，只剩下空無（Nichts），

---

❸ 這個對談的日文記錄，載於《久松真一著作集 2：絕對主體道》中，題為〈神律と禪的自律〉（東京：理想社，1974），頁 563-591。英文本則參見“Dialogues, East and West: Conversation between Dr. P. Tillich and Dr. Hisamatsu Shin’ichi”, *The Eastern Buddhist*. Vol.IV, no.2 (Oct. 1971), pp.89-107; Vol.V, no.2 (Oct. 1972), pp.107-128; Vol.VI, no.2 (Oct. 1973), pp.87-114.中文譯本有梁萬如、吳汝鈞譯〈東方與西方的對話：保羅田立克與久松真一的會談〉，吳汝鈞著《京都學派哲學：久松真一》（臺北：文津出版社，1995），頁 207-257。

這正是無相的自我展現自己的殊勝背景。

弔詭的是，無相的自我在無對象的集中、無集中的集中中，呈現了自己。而它的呈現，有一種活現的作用，有一種自由的運作，在這種狀況之中，一切具有形相的事物便出現，成立起來。即是，由於無相的自我的自由作用，可使有形相的東西呈現它自己。這是無相的自我的妙用，京都哲學家說的「真空妙有」中的「妙有」，也有這個意思。但這種情況只能在達致「真空」的境界才可能，而真空的境界正是無，無自性（asvabhāva）、空（śūnyatā）。這境界與無相的自我一脈相承。要注意的是，這真空妙有使一切諸法成立，只有存有論的意義，真空妙有可作為諸法的存有論的依據。但這與宇宙論無涉，後者是直接交代諸法在經驗層中的生成與變化的。真空妙有不談這些問題。

關於無相的自我的呈現問題，我們可以說，無相的自我自身便有一種讓自身呈顯的力量，不需要依靠外在的媒介。這種思維，讓我們想到海德格的一句名言：真實的本質便是呈顯，或真實在其呈顯中證成它的本質（Sein west als Erscheinen）。㉛無相的自我是真實，它自身便含有呈顯的能力，這呈顯正是它的本質。

另方面，久松又就無相的自我的呈顯的背景宣稱無相的自我是最具體的實在。與它比較，所有事物都是抽象的。無相的自我可以說是在實際時刻中的「實質的創造」或「具體的運作」。與無相的自我比較，一般的形相如杯子或桌子都是抽象的。這種說法展示一種超越常識的洞見。說無相的自我是具體的，自然不是就以分解的方式把無相的自我跟它所創造的事物分離而單提地說，而是從既成的存在物中含有無相的自我的存有論的依據這一點說。即是，無相的自我具有自我呈現的能力，這也是它的本質；說無相的自我是具體的，是就它存在於依它而存有論地成立的具體事物說。無相的自我是最具體的實在，表示存在於具體事物中而作為它們的本質的無相的自我是具體的，一切存在都不能遠離無相的自我而有其存在性。這種說法與現象學宗師胡塞爾（E. Husserl）所說的「本質是具體物（Konkreta）」在旨趣上不謀而合。㉜胡塞爾的意思是，本質（Wesen）不能被抽離而存在，它必存在於具體

㉛ M. Heidegger, *Einführung in die Metaphysik*. Tübingen: Max Niemeyer Verlag, 4. Auflage, 1976, S.108.

㉜ E. Husserl, *Ideen zu einer reinen Phänomenologie und phänomenologischen Philosophie*, Erstes Buch:

物之中，故一說本質，便須關連著具體物說，在這個意義下，他說本質是具體物（Konkreta），不是抽象物（Abstrakta）。無相的自我是本質層次的東西，但它不能存有論地遠離具體的事物。這顯示出人有東西方的地理上的不同，但在思維上則沒有東西方之別。就筆者所知，久松的著作似乎未提及胡塞爾的現象學，即使有，也不多見。他們的相近說法，實表示出「人同此心，心同此理」也。

說到無相的自我的顯現，我們不妨就藝術創作這種文化活動來具體地說明一下。田立克便提議我們直觀一件藝術品，以例釋無相的自我的存在性：我們仍未能達致無相的自我的自覺層面，而直觀一件藝術品，與已達致這個層面而看同樣的藝術品，有甚麼不同？久松的答覆是，一個藝術家若已喚醒他的無相的自我，呈現他的無相的自我，則無相的自我會被表現於藝術品中。以禪的繪畫為例，畫家正是那被繪畫的。畫家在他所畫的東西中表達了他的無相的自我。看畫的人也會喚醒他的無相的自我，而他所注視的禪藝術也同時表現了他的無相的自我。㉝按我們應再加一句：所有的無相的自我都是同一的，無相的自我是一普遍者（universal）。只是在個別的當事人中，依後者的特殊的條件，而有不同的呈現。

進一步，久松真一表示，如果一個已覺醒的畫家在一幀畫作中表現他的無相的自我，而那幀畫作被某個還未覺醒的人觀看時，看畫者便因此能夠把自己滲透到他自己的無相的自我中。按倘若是這樣，我們觀賞藝術作品，特別是那些能呈現作者的無相的自我的作品，有助於我們喚醒自己內藏的無相的自我。

有一點我們要注意，上面提過我們的無相的自我自身便具有呈現的能力。久松更堅定地表示，無相的自我只要它是自我，便包括了自我覺醒，這其實是自我呈現，這亦可通到上面所提海德格的說法方面去：無相的自我本質上便會呈顯。久松的說法是無相的自我是有活動的，它是要自我表現或展示它自己的。這種禪的無相的自我不是一個死的本體觀念、存有觀念，而是一個「活的」自我喚醒或自我實現，能創造地自我表現。而作為一種正在運作的「活的」無相性，它能夠在任何內

Allgemeine Einführung in die reine Phänomenologie. Neu herausgegeben von Karl Schuhmann, Den Haag: Martinus Nijhoff, 1976, S.153.

㉝ 《久松真一著作集 2：絕對主體道》，頁 568 上。

容或透過其中來表現自己，表現為「無內容」的自我。按這內容是指經驗世界的多樣內涵。說無相的自我有內容，表示它可以透過經驗世界內任何東西表現它自己。久松自己便說，無相的自我有無限的內容，所謂「無一物」有著具有無盡藏的內容的意味，它可用的形相或內容是無限定的。

以下我要略述艾卡特與田立克對於與無相的自我相應的道的看法，以突出無相的自我在比較的脈絡下的義蘊。田立克提到，艾卡特認為道（Logos）內在於每一個人之中，它顯示一點，那是人不能空掉的、否棄的，這即是神存在於每一個人的心中。道會受到有限事物的障蔽，不能顯發出來，只作為潛質而存在。但若能去除這些障礙，道便能開顯。[34]按無相的自我亦有這種潛藏的狀態，它的喚醒相應於這道的開顯。道與無相的自我的顯著的不同在於，它不是沒有形相的，它自身便是神的形相。它的呈現，是「被生」，為神所生，也可以說是為我們所生，因它是內在於我們之中的。它是一個具體的神聖形相，艾卡特常將歷史上的耶穌與這道聯繫在一起，以《聖經》中的耶穌的圖像來把它具體化。因此，道不是無相。

就佛教特別是禪與德國神秘主義來說，艾卡特有完全貧乏（Armut）一觀念，這是空卻主客的二元性（Dualität）的意味。二元性被空卻、克服後，並不是完全空虛，卻是正在空卻的活動中，有真正的解脫的、救贖的意義的行為生起。田立克指出，道是一個具足動感的原理，是愛或恩惠（agape）的原理。但它不是無相的自我，無相的自我是那個我們所自來的神聖的深淵（Abgrund），是那無基底者（Ungrund）。在久松看來，這無基底者正是人的無相的自我，是具體的呈現，所有有形相的東西都由此而來。正是由於無相的自我的自由運作，具有形相的東西才能出現。

久松以無相的自我來說絕對無，表面看來，很能吻合南宗禪特別是慧能禪、臨濟禪、《無門關》的精神。特別是慧能禪的《壇經》裏面講的精義，如「無一物」（「本來無一物」）、「無念為宗，無相為體，無住為本」、「不思善，不思惡」等的涵義，都在無相的自我中得到申張。這是非常明顯的一點，我想不必在這裏闡釋了。不過，若深入地、仔細地思索禪的本質，一方面有它的靜斂的一面，《無門

---

[34] 同前，頁 566 下-567 上 ff。

關》提到的「游戲三昧」中的「三昧」可以印證這點。[35]按三昧或三摩地（samādhi）是一種心所，是把心力、精神聚歛起來而不向外發散的統一作用，把心、精神集中到一對象上去，而凝斂其力量，進入宗教意義的深沉的瞑想境地。進一步可把對象移除，心、精神也能自我集中，如久松所提的無對象的集中、無集中的集中。「無相的自我」中的「無相」，與這點很能相應，相即是對象、對象相也。這樣說無相，是在工夫論上說，是沒有問題的。但若從存有論上說，問題便來了。相（lakṣaṇa）是對象（Phänomen），概括現象世界、經驗世界。這世界在佛教來說，是指世俗存在，是俗諦（saṃvṛti-satya）所對的世界。這雖不是勝義的存在，與第一義諦（paramārtha-satya）沒有直接關係，但是我們日常接觸的、生於斯、長於斯的環境。我們凡夫畢竟是腳踏著這個世俗的大地而生活的，在很多方面都與這個現象世界不能分離，與後者有極其密切的關連。倘若「無」了、否定了、遠離開它，生存便失去依據，連存在於甚麼地方，都成了問題。故作為現象世界的相是不可無的，無相的確有虛無主義的傾向。京都學派喜歡說「真空妙有」，若否定了相，「妙有」便不能說了，妙有是以相為基礎的。我自己曾說過，相是不能無的、否定（單純的否定）的。我們應該「相而無相，無相而相」。即對於相或現象世界，我們不應執取，不應視為有自性，這是「相而無相」；但最後還是要回落到這個現象世界中，只是不對之執取便是，這便是「無相而相」。久松只注意相而無相，未充分注意無相而相，是很可惜的。

至於「無相的自我」中的「自我」，則更犯了佛教的大忌。「我」（ātman）這個字眼在佛教特別是釋迦牟尼和原始佛教的教法中，是要被拒斥的，因此說「無我」（anātman）。三法印中的諸法無我，此中的我，可指我的自性（svabhāva），也可

---

[35] 無門曰：「……莫有要透關底麼？將三百六十骨節，八萬四千毫竅，通身起箇疑團，參箇無字，晝夜提撕。莫作虛無會，莫作有無會，如吞了箇熱鐵丸相似，吐又吐不出。蕩盡從前惡知惡覺，久久純熟，自然內外打成一片。如啞子得夢，只許自知，驀然打發，驚天動地。如奪得關將軍大刀入手，逢佛殺佛，逢祖殺祖，於生死岸頭，得大自在，向六道四生中，遊戲三昧。」（《無門關》，《大正藏》48·292 下-293 上）對於游戲三昧，我頗有自己的詮釋：三昧是作禪定工夫，積集功德；游戲是把這些功德用於世間，普渡眾生，能夠善巧地運用種種法門，救助眾生，一切是表現得那麼自然，如小孩遊戲般。

指諸法的自性。不管怎樣，「我」總是負面的字眼，一切與佛教有關連的說法，都應避免用這個字眼。龍樹所強烈拒斥的，是勝論（Vaiśeṣika）、數論（Sāṃkhya）等實在論，拒斥的焦點即是神我（prakṛti）。六祖《壇經》說到佛性、如來藏，都不涉及「我」，而說「自性」。但這自性又易與佛教緣起說所說的諸法無自性的自性相衝撞，那是另一問題。《大般涅槃經》（*Mahāparinirvāṇa-sūtra, Yons-su mya-ṅan-las-ḥdas-pa chen-poḥi mdo*）雖說常、樂、我、淨，發揚涅槃大我，這我不同於無我的我，但一說到佛教，自然會把焦點置於釋迦佛法與原始佛教之中，為免誤會，還是不提「我」為妙。久松以自我說無，以無相的自我說絕對無，並無必要，特別在涉及禪的本質來說，並不明智。筆者說到禪的本質，以不捨不著的靈動機巧的主體性來說，可以避免「自我」字眼的問題。

七、人的生命存在之構造的三個導向：FAS

在京都哲學家群中，除了久松真一、三木清、戶坂潤等外，基本上都是當學者、大學教授，在學院中做研究，退休後則或隱居，或到國外講學、交流。他們對現實社會的問題所知不多，也很少參與社會的種種事務。他們留給後人的，是篇幅浩繁的全集或著作集，供有心人去研究，繼續作哲學與宗教問題的探索。三木清和戶坂潤則推行共產主義思想，要改革社會，但沒有甚麼成效。久松真一則不僅在學院中講學、研究，還走出學院推進文化業務，組織協會，進行宗教運動。這即是由他所創立與帶動的 FAS 協會。在這一點上，他很明顯是超越他的前輩和迄今所見到的後來者，而上追禪的祖師如道信的營宇立像、弘忍的敞開東山法門、百丈懷海的「一日不作，一日不食」的親身普渡眾生的勞動精神，也與鳩摩羅什（Kumārajīva）和玄奘主持譯場以大量流布佛典的事功遙遙相契。至於成果如何，那是另外一回事。

按久松所說的東洋的無，在佛教不同的思想學派中，有不同的稱呼，與它相應。般若思想稱「淨心」；如來藏思想稱「如來藏」，或「如來藏自性清淨心」；佛性系統如《大般涅槃經》稱「佛性」；達摩禪稱「真性」；六祖《壇經》稱「自性」、「本心」、「本性」；《大乘起信論》稱「眾生心」；天台智者大師稱「中道」、「中道佛性」；華嚴宗稱「法界性起心」。在東洋的無的那六個性格中，久松顯然很強調即心性、自己性與自在性，這最接近禪，與他以 FAS 來發揮東洋的無，有密切的關連。以下我們即詳論這 FAS。

久松在一篇〈FAS について〉的文字中，談到 FAS 所涵的三個意思，實基於人的生命存在的構造的三個導向，這亦是 F、A、S 所分別表示的三面涵義。F 是 Formless self，即是無相的自我；A 是 All mankind，指全人類；S 是 Superhistorical History，亦即超越歷史的歷史。這三者合起來，構成一個總的意思，或理想：覺醒到自家的超越的無相的自我，站在全人類的立場，去建構世界，創造一個超越歷史的歷史。㊱這裏說以超越的無相的自我去建構世界，讓人想到胡塞爾的以意義構架對象的思想，但久松很可能是自己提出的，沒有受到胡塞爾的影響。他是在禪的脈絡下提出的。這無相的自我正是禪一直宣說的我們的本來面目，或說「自心是佛」中的自心。而覺悟到自家的無相的自我，其意不外是覺悟到那作為禪的根本、根基的本來的自性。這無相的自我若要顯示人的生命存在的深層問題，便要關連到全人類的立場來，這是人的生命存在在廣度方面的次元（dimension）。我們作為人類的一分子所要關心的，並不單是自己的事，所謂「己事究明」，更要超越個人，站在世界的立場，去考慮人類全體的事。這世界的立場不是特定的民族、階級、國家的立場，卻是全人類的立場。除此之外，人的生命存在還有在深度方面的問題，這即是歷史的問題。所謂站在全人類的立場去運作，並不是站在超越單單是個人的立場，卻是要指涉到歷史方面，要創造歷史。久松認為，我們要由無相的覺悟開始，確立自己的超越的主體性，然後進入時空的世界，顧念全人類的福利，再進而把我們的努力運作滲透過歷史中去。但我們的運作不能只限於歷史之內，受歷史的制約，卻是要站在歷史的立場，超越歷史，去創造自身的歷史。這便是創造一個超歷史的歷史。

F、A、S 這三者是甚麼關係呢？久松以為，三者中，F 所表示的無相的自我是最基本的，這也是東方傳統中所說的一貫的主體性，但它與 A、S 二者的應有的關係，卻從來未能受到足夠的注意與闡揚。而在東方傳統中，雖不能說 F 中完全沒

㊱ 《久松真一著作集 3：覺と創造》（東京：理想社，1976），頁 457-472。

有 A、S 的方向，但在 F 中，A、S 的確定的涵義，卻從未得到清楚的闡述。在這種情況下，F 的運作便常受到質疑。久松認為，目下我們要做的，並不是只從禪的背景來看這 F，而是要擴大開來，從人的生命存在的整一體來看。我們必須在人的生命存在的構造（這不是構造論）上，把 F 與 A、S 緊密地結合在一起，視 A、S 為 F 的不能分離開來的次元。即是說，必須在無相的自我中安插世界與歷史這兩個次元，必須視自我、世界與歷史本來便是三而一、一而三地一體性的。必須這樣處理，無相的自我才能在時（歷史）、空（世界）中得到充分的證成。

在這種觀點下看，F、A、S 三者對於完全的人的生命存在來說，是缺一不可的。倘若只有 A、S，而缺少了 F，則生命存在的源頭便不清晰；反過來說，倘若只有 F，而沒有 A、S，則人的存在開拓不出來。F 所代表的無相的自我，是人的生命存在的真正的、有力的源頭，必須先認悟這個源頭，人的生命存在才有一個真正的主體性，一個決定將來要走的方向與承擔由此產生出來的一切道德責任的真我。但無相的自我也要向空間的社會與時間的歷史方面拓展開來。必須具有這兩方面導向的開拓，無相的自我或主體性才能充實飽滿，才有豐富的內涵。主體性的真實涵義、內容，畢竟是要在具體的時間與空間的情境中落實的。

F 與 A、S 的關係，顯然是一體（源頭、根源）用（發用、表現）的關係。F 是 A、S 的體，A、S 是 F 的用。即是說，無相的自我是拓展至全人類與創造歷史的無相的自我，而拓展至全人類和創造歷史也是無相的自我的拓展至全人類與創造歷史。就這兩方面來說，久松畢竟是比較重視無相的自我這一最高主體性的；在體與用之間，他畢竟比較強調體。在他的一篇長文〈絕對危機と復活〉中，他這樣表示：

> 在禪裏面，那擺脫了外面的他在的神或佛的自我是真正的佛。它完全不受限制，在一切之中自在地妙用它自己，它是在一切之中妙用自己的主人公。這裏，「妙用」的意思是指形成世界及創造歷史的神妙的活動。禪所說的自我以其妙用自在地創造歷史，而不受任何事物所囿。因此，禪所說的自我「超越歷史地創造歷史」（以「S」為記號）。再者，建構世界是以普遍的真正的自我的立場來進行的，意思是真正的自我是以「全人類的立場」（以「A」為記號）來形成世界的。所以，真正的自我是真實地創造歷史的根源的主體性，

是以全人類的立場來形成世界的根源的主體性。㊲……我們所說的無相的自我，就是這樣的一個自在的、創造的，及建構性的無相的自我。㊳

因此，基本的主體性是無相的自我（F），而妙用則可以用 A、S 來表示。單單是 A、S 而沒有基本的主體性，就不是 A、S 的真正的存在方式。同樣地，單有 F 而沒有妙用 A、S，就不是真正的 F。那個 F 應該與妙用 A、S 結合，但又不為它們所限制。具有FAS這種動態構造的人就是真正的人。㊴

要注意的是，這裏說無相的自我是體，不是形而上的實體（Substance）的意思，佛教或禪都反對實體觀念。這種體用觀也不是我在拙著《純粹力動現象學》所嚴加批判的體用論。這體毋寧是借說，指根源、源泉之意。具體地說，即指一切妙用、發用的本源。妙用不是虛浮無根的作用，卻是發自真實的主體性。

久松懷抱著這樣的宗教理想，和他的信徒在韓戰終了後，積極進行宗教運動與社會運動。他們首先確立了「人類的誓願」，表示他們的意願與抱負，在一九五一年公開發表：

1. 讓我們收攝精神，覺醒自己的本來的自我，對人類具有深厚的情懷。
2. 根據我們自家在生命上的資稟，充分利用它們，認清個人與社會的苦惱及其根源，明瞭歷史所應進行的方向。
3. 聯手起來，沒有種族、國家或階級的區別，以深悲宏願去實現人類對自我解放的熱切願望。
4. 建造一個人人都能真正地和充實地生活的世界。㊵

㊲ 久松真一著：〈絕對危機と復活〉，《久松真一著作集 2：絕對主體道》，頁 192-193。

㊳ 同前，頁 193。

㊴ 同前。對於沒有形相的自我這一超越的主體性（transzendentale Subjektivität），久松作「無相の自己」，我則作「無相的自我」，都是一樣的。

㊵ 久松在他的《久松真一著作集 3：覺と創造》中，收入他自己親筆寫的〈人類の誓〉及〈京都大學學道道場綱領〉頁 160-161 之間。

另外，他們在京都大學成立學道道場，俾能實踐他們的誓願。這學道場有如下綱領：

1. 窮極地學習和實踐地證得（學究行取）絕對的大道，本著這點來參予神聖事業，使世界獲得新生。
2. 去除在宗教上與思想上的固陋的因襲習慣，不隨意採取皮相的和安易的做法，要滲透至現實的底層，發揮自主的和妙應的大用。
3. 要戒除無力的偏面的學習與盲目的偏面的實踐，要學習與實踐一致（學行一如），向大道邁進。
4. 要在或順或逆的境況中，堅持大道的信念，誓必參與道場日的活動，以紹隆學道道場為職志。㊶

很明顯，這人類的誓願主要是發揮 FAS 這一理想的。久松的高足阿部正雄在他的〈佛教的轉化問題：就特別關聯到久松的 FAS 概念來說〉㊷一文中，也表示孤離的己事究明必然會變成抽象的和缺乏真實涵義的。這己事究明或踐履工夫必須走向世界究明，置身於世界事務之中，這是真實的世界，是我們生活於其中的具有本源義的世界。因此，己事究明是不能離開世界究明的。進一步，若要研究世界與清理世界的問題，我們便要關連到歷史方面去，故歷史究明是重要的。

這裏我們要注意到一點，久松與阿部很重視己事究明，亦即覺悟內在主體性的事。他們也意識到這內在的主體性是要拓展的，因而提出世界究明與歷史究明，俾那作為內在主體性的無相的自我能開拓出空間與時間方面的新天地。但若具體來說，無相的自我如何在空間方面站在全人類的立場去真正地建構世界呢？又如何在時間方面超越歷史而又創造歷史呢？世界歷史的真正面應該是怎樣的呢？這些顯然都牽涉一些具體的細微的專技問題。在這些方面，久松與阿部都未能有深入而詳盡

㊶ 同前。

㊷ M. Abe, "Transformation in Buddhism: with Special Reference to Hisamatsu's Notion of FAS".這是阿部（Abe）於一九九二年送給筆者的一份打字稿本，未悉是否已發表，或在哪裏發表。

的交代。他們只在原則上提出有照顧及世界與歷史方面的需要而已，只在原則上提出無相的自我需要在空間上與時間上有進一步的開拓而已。這自然是不足夠的。大抵這是由於他們都是哲學家、宗教家，對理想的、原則性的問題有深入而廣闊的研究，但卻少措意於現實的、經驗的問題所致。

不過，久松也不是不顧歷史，對歷史特別是其根基沒有交代。他也頗有他自己的一套史觀，亦即是絕對無的史觀。這史觀可見於他的〈平常心〉一文中。㊸在這篇文字中，我們可以看到久松的史觀的基礎，在禪的「無」一理念中，這即是東洋的無，或絕對無。關於這點，我在這裏不能詳說，只能扼要地說一下。以絕對無來說歷史，解釋歷史的出現和發展，的確不容易，需要走曲路，不能走直路。歷史是很多經驗現象在時間與空間中的一種有系統、有條理的序列，倘若以實體主義（substantialism）的絕對有（absolutes Sein）來說，視之為後者開展它自身的歷程，歷程中包含種種不同的、多采多姿的環節，在觀念上並不困難，這是直路。作為終極原理的絕對有本來便可以這樣開拓，例如黑格爾（G.W.F. Hegel）便以歷史為絕對精神的流程。但若以非實體主義（non-substantialism）的絕對無來說，便不順適。由於絕對無是一種虛靈的、沒有體性義涵或內容的終極原理，要把它與以經驗現象為內容的歷史拉上關係，或者說，把它建立為歷史中的種種經驗現象的始基、始源，便需讓它先進行一種方便施設的詐現（pratibhāsa），讓它開展出具體的、立體的事象、事物。這詐現是一種具體化、立體化原則，終極原理必須通過它以展現出種種現象，這便是曲折的道路，或曲路。㊹

以上我提過多次，久松有心進行一種宗教運動。在這裏，我想著墨談一下。按一個宗教理想的落實，必須透過宗教運動。而宗教運動的進行，又不得不憑藉一些具體的組織。久松便在這種考量下，成立 FAS 禪學院。這禪學院的前身，其實是上面提到的學道道場。而人類的誓願與學道道場的綱領也正是這組織的重要文獻。為了對 FAS 的根本精神及其內部運作有更深入的理解，我們要溫習一下這 FAS 禪

㊸ 〈平常心〉，《久松真一著作集 2：絕對主體道》，頁 103-128。

㊹ 詐現是一個宇宙論的概念，表示一種具像化、立體化的事物、現象。拙著《純粹力動現象學》（臺北：臺灣商務印書館，2005）及《純粹力動現象學續篇》（臺北：臺灣商務印書館，2008）到處都提到它。

學院的意念及其成立沿革。這裏所根據的資料，是阿部正雄在一九六四年五月 FAS 禪學院成立二十周年紀念會上所作的演講的一份詳盡的講稿。㊺

按在第二次世界大戰末期，一群京都大學的在學學生，包括阿部正雄在內，會同當時的教授久松真一，深切反省戰爭的問題。當時日本尚未戰敗，很多年輕的學生被徵召入伍，共赴戰場。他們對戰爭有莫大的懷疑與抗拒，對戰爭帶來的惡果：重傷與死亡，感到震慄，認為這不是生命應有的存在方式。他們不明白人類何以要在戰爭的名義下互相殘殺。在意念上，他們不得不反省一些有關人的存在的根本問題：人的生命存在是怎樣的，應該是怎樣的？這問題與 FAS 的旨趣有密切的關連，也有其普遍性，值得每一個人去關心與探索。而 FAS 禪學院的開始，正是對這問題的設身處地的反思。阿部提到，他們所著力要做的，是探究我們在這個世界上的真實的生活方式，要改造現時的世界，使它變成一個以對人的根本覺醒為基礎的真實的世界。這對人的覺醒，實已隱伏了對人的真實的生命存在：無相的自我，的覺醒的意思。

這群有心人士首先成立學道道場，以佛教所闡發的真理作為道場的宗旨，強調要覺醒到這真理方面去。他們稱這種覺醒的實踐為根源佛教的實踐，但又認為這種覺醒不限於佛教，而是人的根本的覺醒。他們稱這道場為「學道」，是源於日本曹洞禪的道元的著作《學道用心集》。所謂道，是對於真理的根本覺醒，而學則是向自家生命內部體會、體證其真實性。依道元，學佛正是體悟自家的自我；後者即是忘記自家的自我；後者即以一切法來印證；後者即是促使自家與眾生身心脫落。學道道場很明顯是承受了這個意思，以學道作為一種自內證真理的實踐。

道場的目標是學道。但透過甚麼方式來學道，來實踐呢？他們的主要學道方式是坐禪。他們以為，坐禪是一種完全地和深沉地體認人的生命存在的真實方式，也是最好的方式之一。除此之外，他們也關心理論上、概念上的問題，要從這方面來闡明覺或覺醒的經驗。他們認為坐禪的實踐與理論、概念的講習並無衝突，毋寧

㊺ 這份文獻是筆者一九九二年七月間在京都作京都學派的研究時從常盤義伸教授手中得到的，有沒有發表，不得而知。常盤是久松的弟子，是京都學派的一個支持者，曾翻譯了不少久松的作品為英語，如上面註⑱提到的 *Zen and the Fine Arts*.一九九二年我見到他時，他是京都花園大學教授。

是，理論上與概念上的釐析能使坐禪的實踐更有一個明確的方向，同時也增加它的真正的力量。理論上和概念上的釐析或比較是學習的事。關於學習與實踐的關係，阿部在他的講稿中有頗詳盡的交代。他認為我們一邊作坐禪實踐；一邊還要理解各種不同的現代思潮；這些思潮對當今世界有一定的影響，我們不能完全避開不理它們。要解決現代人的問題，不能單靠坐禪的實踐，而不注意這些現代思潮。實際上，在這些思潮中，常隱伏著消解現代人的困境的線索。故學習是必須的。學習與實踐應是並行不悖的。學道道場的綱領提到「學行一如」，正表示這個意思。而綱領在開宗明義上標出「學究行取」，更強調學習與修行或實踐的結合。

學道道場成立十多年後，久松以 F、A、S 的意念把道場革新，改名為 FAS 禪學院。自此以後，FAS 的宗旨便明朗起來，不像「學道」字眼給人一種偏重宗教、自我問題的印象，卻是要表明這些人士的理想，是要由宗教的關心，推廣開來，以及於社會、國家、政治、民族各層面，以進於新歷史的開拓，取得客觀的意義。

以下我要對 FAS 的涵義及其協會（現在比較多人以協會來說，少以禪學院來說）的近年發展作些反思與觀察。FAS 的構想，作為一個宗教運動的指標，其意義的深遠，不容忽視。由個人的宗教覺醒以推廣至社會以至歷史，涵蓋的範圍遍及空間與時間，實有我國儒學《大學》所標榜的格物、致知、誠意、正心、修身、齊家、治國、平天下的理想與完整的藍圖的內容與程序。只是雙方有不同的偏重：FAS 偏重於宗教，《大學》則偏重於道德，這表示京都哲學與儒家的不同取向。FAS 除了表示一個完整的宗教實踐的構圖外，也有其政治上的意義：反對軍國主義的擴充，反對戰爭。這對於近年人們不斷質疑京都學派與當年日本軍方與政方的秘密關係，多少有點澄清的作用。這是一個歷史問題，我們在這裏不擬多談，也沒有足夠的資料來談。我要強調的是，FAS 的基本意念是很好的，但在實行上與發展上，並不如想像中順利。這個組織在久松尚留在京都大學的時期，即是上世紀五、六十年代之間，達到了發展的高峰期，後來在歐美也開始設立分部。但這組織畢竟是一個民間組織，沒有政府或商人團體的經濟支援（這是與創價學會不同之處），只由一些大學教授、學者來推動，他們都缺乏推行社會運動的經驗，在這種情況下，發展到一個限度，便遲滯下來，不能再進了。特別是，這種發展興旺與否，很受人事輪替的影響。久松的學問與宗教學養，在日本國內外都有一定的知名度，慕名而來者很多。特別是在五十年代末期至六十年代初期，久松遠赴歐美與當時最負盛名的哲學家、宗教學家、神學家對談，泛論東西方的哲學與宗教問題，獲得多方面的好評。這種光環讓久松對當時的日本學術界、宗教界有一定的影響力，在那段時間，FAS 組織發展得不錯。但稍後久松因年齡老邁退出京都大學而歸隱，FAS 組織的擔子便落在阿部正雄和久松的一些追隨者如常盤義伸、藤吉慈海等人身上。在這些人士中，只有阿部在哲學與宗教學上具有足夠的分量，其他則不行。故在久松退隱後的十多年，FAS 組織仍能撐持下去，每星期的坐禪活動仍能如常舉行，筆者也參予其間。但阿部不是在京都大學任教，而是在奈良教育大學任教，而京都大學的其他的京都哲學家如武內義範和上田閑照，也各有自己的關心與活動，和 FAS 組織沒有直接的連繫，故阿部的影響力終是有限。特別是在八十年代至九十年代之間的十年，阿部離開日本，赴美歐各國作長期講學與進行宗教對話，FAS 組織群龍無首。至九十年代初期，阿部重返京都，才能勉強讓 FAS 的活動繼續下去，他自己也如舊主持坐禪會，但參予的人數已漸漸減少。特別是，阿部已近八十，要整理自己過往的著作出版，時間與精力都不多，能做的事情很有限。到二〇〇六年夏末，阿部以九十一高齡去世，FAS 組織的發展便更困難了。近年負責的先後委員長是山口昌哉和常盤義伸。[46]

---

[46] 二〇〇六年夏我到日本，找到幾本有關久松的思想與FAS協會的書，茲闡述其大要內容如下：

1. 久松真一著《人類の誓い》（京都：法藏館，2003）。這是 FAS 協會編訂的關於該會的宗旨的幾篇重要文字，都是久松寫的。其中包括〈人類の誓い一：その成立の由來〉、〈人類の誓い二：開かれたる道場へ〉、〈人類の誓い三：智體悲用〉、〈FAS について〉、〈現代の課題と FAS 禪〉。這些文字都曾收入在《久松真一著作集 3：覺と創造》中。關西大學名譽教授川崎幸夫寫了一篇〈後記〉，提到久松學問的宗旨是向上和向下導向的（按這相應於淨土宗的上回向與下回向）、自覺與覺他。所謂覺的現成，是以菩薩行施諸眾生方面去。川崎又透露，〈人類の誓い〉是上田泰治、三村勉、北山正迪和阿部正雄等特別委員會的主要成員花了一年時間敲定的，當然也是久松首肯的。關於智體悲用問題，川崎表示，體是本體、究極實在、真如，用是對眾生所起的行動。說智體悲用，是以了達一切皆空的智慧、覺悟為本，而起救渡眾生的慈悲之用。
2. FAS 協會編《自己・世界・歷史と科學：無相の自覺を索めて》（京都：法藏館，1998）。這是 FAS 協會理事會編輯的以久松思想為討論中心的重要文獻。據該書的〈前言〉（まえが

京都學派是一個哲學學派，其中的主要成員都是哲學家、宗教學家，他們的活

き）所說，在久松死後（一九八〇年之後）的十七年間，藤吉慈海與北山正迪分別任 FAS 協會的代表與總務。在這段時間，協會漸漸受到歐美人士的注意，它所出版的 FAS 的英文期刊 *FAS Society Journal* 也在這些地方流通起來。一九九三年、一九九七年藤吉與北山相繼去世，在此之前的幾年，協會的工作集中在論文與一般評論的出版上，特別是著重這些作品的普及性與可讀性，相對地，學術性、哲學性便淡化下來。這本書的出版，是這方面的一種顯著的表現，分四個章節：一、無相的自己，二、全人類的立場，三、科學與藝術，四、隨想。

書中有兩篇文章頗堪留意，其一是越智通世所寫的〈死なないということ：生死の中にいてはわからない〉。文章記述在久松去世前兩年左右，作者與阪神（大阪、神戶）FAS 協會的成員總共四人探訪久松在岐阜老家，久松穿著素樸的和服相迎。談到宗教與哲學的頓悟的殺佛殺神的題材後，四人都有「老師更較我們年青」之讚嘆。久松回應說「年青是由於世壽雖盡但有不滅的本壽存在啊。」其中一個醫生扇谷正彥說「先生總是那樣健康哩」，久松笑謂「我的世壽雖盡，但不會死的」，表示自己的形軀雖然沒有了，但由於覺悟，在不死中死去，在不生中生起，遊戲於三界。

另外一篇文章是常盤義伸的〈久松博士のポストモダニスト構想への批判について〉。其中記載在一九九六年夏天，在荷蘭的阿姆斯特丹（Amsterdam）與萊頓（Leiden）之間的一個村落的國際禪道場舉辦一場接心的研討會，會中主腦人物クリスタ・アンベーク（原來的羅馬體名字待查）發表題為「歐洲的禪者與日本的 FAS 協會的對話的歷史與目的」的報告，指出研討會要處理的兩個問題：一、禪的根本公案如何在融入歐洲的文化脈絡中被調整；二、在個人的、實存的階段中進行根本公案的工夫，與今日歐洲的社會、政治世界可以有甚麼樣的連繫。在相近的時間、相同的地方，佛教與基督教舉行第一次研討會，與會者有阿部正雄、溫伯格勒特（Jan van Bragt）、法頓浮斯（Hans Waldenfels）等人士。其後每兩年都在同一地點舉行有關禪的會議。在一九九三年在瑞典的斯德哥爾摩（Stockholm），也舉行過研討會，其焦點也是集中在歐洲的禪的發展、推進問題。即是，歐洲的文化能否或如何表現和建立自己的禪文化的問題。其後還有好些相同內容或相近內容的會議在歐洲的不同地方舉行。這些會議或多或少都反映出久松真一及 FAS 協會的宗旨與理想。

3. 石川博子著，FAS 協會編《覺と根本實在：久松真一の出立點》（京都：法藏館，2000）。這是透過解讀西田哲學和久松對西田哲學的理解來看久松的終極實在觀點和他的覺的哲學與宗教。作者是英美文學研究出身的，其後對京都哲學發生興趣，雖然沒有哲學與宗教學的訓練，但多年來努力學習，又加入 FAS 協會，成為協會的會員，終於寫成這本書。這是一部大膽的撰著，與 FAS 協會有密切關係的關西大學名譽教授川崎幸夫很推許它，特別是在其中所表現的研究方法。即是，作者透過久松由年輕時的思想起步，經過艱辛的歷程，最後終能成功，成為禪的一代宗師，而寫出久松的哲學與宗教學的軌跡；同時也平行地把西田哲學與它對久松的影響配合來說。這是 FAS 協會繼《自己・世界・歷史と科學：無相の自覺を索めて》而出版的 FAS 論集的第二號。前者是論集的第一號。

動離不開講學、著述和宗教對話。只有久松和阿部在這些活動之外，進行 FAS 的宗教運動，最後還是人亡政息，近年好像持續不下去了。在這東亞一大哲學學派之外的另一學派：當代新儒學，也有相似的情況和結局。在其中，馬一浮創立復性書院，梁漱溟進行鄉村建設運動，唐君毅在新亞研究所推行中國文化運動，都影響不大，這些活動都是及身而亡。唐君毅先生本來有較好的機會，獲得美國雅禮協會的經濟支援，但他有心無力，不是推行文化運動的人才。他又缺乏客觀精神，擢用新亞研究所的自己的嫡系弟子，安插他們在中文大學哲學系任教，儘管在學問與學位方面都不足，也不考量。他把新亞研究所作為自己和極少數人的著作的出版機構，人情學問分不清楚。結果也是人亡政息，在他歿後，研究所便呈解體狀態。

八、終極的二律背反

以上我們一直都在探討觀念的問題，包括東洋的無、無相的自我和 FAS。以下我們要集中在工夫實踐或救贖、救渡的問題方面。在這一點上，禪說得很多，但都是傳統的雙邊否定或雙非的說法，久松則從現代的哲學概念、視野來發揮。所謂雙邊否定或雙非，是透過對一對相對概念的同時克服、超越，而提升上來，達致絕對的理境。這種例子在禪籍中多得很，特別是慧能禪和他的譜系。如《壇經》的「不思善，不思惡」、「於一切法不取不捨」、「惡之與善，盡皆不取不捨」，《馬祖語錄》的「無造非、無是非、無取捨、無斷常、無凡無聖」，宗密論馬祖禪「不起心造惡修善」、「不斷不造」，《臨濟錄》的「生死不染」，《洞山語錄》的「不背一人，不向一人」，《人天眼目》的「非染非淨、非正非偏」，《五燈會元》的「無寒暑」，等等。此中的善惡、取捨、是非、凡聖、生死、背向、染淨等相對概念的組合，稱為背反（Antinomie）。所謂背反，如我在自己很多著作中都提過，指兩個意義完全相反卻又總是糾纏在一起，不能分開的概念組合。由於背反的兩端是相對性格，它們表示相對的理境，要達致絕對的理境，獲得解脫，便得解決背反的問題。

背反或二律背反通常是就人方面說。久松非常重視背反的問題，他在一篇專文〈絕對危機と復活〉中，對背反的解決，進行了全面而深入的反思。這是京都學者群中論背反的一篇重要文獻。㊼西田幾多郎也曾深刻地討論背反（他稱為絕對矛盾）的處理（自我同一）方式，但思辯性太強，不如久松所論般親切、具體，和富有生命存在的實存性格。久松談到很多重要問題，例如罪與死，及復活、覺悟。他把罪與死視為宗教的契機，認為這些契機潛藏究極的或終極的二律背反的性格。人由罪與死所引生的宗教問題，必須深化到它們的究極的二律背反的層面，才能得到終極的、徹底的解決。這便是救贖、解脫了。

久松以危機來說人的死與罪。就死來說，死只是人的生死性格的一端，它的另一端是生。生與死作為人和生物的生命現象，不是兩回事，不能分開來說。兩者其實是同一事件（event）的兩個面向，這事體即是生死性格。久松說：

> 單單是死這回事是不存在的。說到底，死是不能與生分開的。死是生的另一面。在這個意義下，我們必須說死恆常地是「生死」這種性格。㊽

久松認為，我們的生命的苦痛煩惱，其根源在於生命的生死性格。要解決苦痛煩惱的問題，必須徹底地從生死的性格著手。這性格可以進一步擴展下去，推延至生滅，以至有無，或存在（有）非存在（無）的極限。按生死只是就有生命的個體說，生滅則可兼就沒有生命的個體說，有無或存在非存在則超越生滅法，指向一些有永恆義的東西，有更廣泛的包容性。久松以為，人的生死危機或背反，可深化至有無或存在非存在的危機或背反。在他看來，這是本體的危機、本體的背反，亦是終極的背反。這可通到西田所說的絕對矛盾方面去。

久松進一步說，人的終極的背反並不只是存在非存在這一矢向，還有價值反價值、理性非理性的背反矢向。他的說法是，人是涉及價值的存在。他的罪及惡是反價值的東西，其對反面是善，具有正價值的意涵。人總是要追求價值的東西，而揚棄反價值的東西，不知兩者是不能截然分開的，像生與死那樣。久松認為，人先追

㊼ 《久松真一著作集 2：絕對主體道》，頁 138-195。

㊽ 同前，頁 152。也可參考 M. Abe, "The Problem of Death in East and West", *The Eastern Buddhist*. Vol.XIX, no.2, Autumn 1986, pp.30-61.

求感性的價值，然後進於理性的價值。這種傾向，很自然地把價值與理性結合起來，而以價值是理性的，反價值是非理性的。就關連到存在非存在的背反方面來說，價值反價值、理性非理性的背反總是連著存在非存在的背反在生活中表現出來。只要我們對存在或生命具有期望（實際上，人對生命是具有熱切期望的），便證明存在非存在的背反已與價值關連起來了。久松的意思殆是，存在是價值的，非存在是反價值的。即是說，生是價值的，死是反價值的。人追求生存，厭棄死亡，即顯出濃厚的價值意識。因此久松以為，存在與價值不可分地交織在一起，構成人的本質及具體的構造，兩者都涉及究極的二律背反。所謂究極的二律背反指在背反的相互對反的雙方所構成的存在的、價值的層面，是最具根源性的、終極性的，它們不能被還原為更根本的層面。有無或存在非存在是究極的二律背反，價值反價值或理性非理性也是究極的二律背反。

久松的著力處，聚焦在與罪有直接關連的理性非理性的究極的二律背反上。他說死具有生死的性格，一般人總是喜愛生而討厭死。從相對的眼光來看，人是可以以生來克服死，超越死的。但這缺乏終極的或絕對的涵義，因為在生命的根柢處存在著存在非存在的究極的二律背反。要徹底解決死的問題，必須要從根柢處著手，對存在非存在的二律背反來一個徹底的超越、克服。超越了和克服了存在非存在的二律背反中的生死背反，才能獲致永恆的、真實的生命。這在禪中稱為「大死」。

上面是說死。罪又是如何呢？為甚麼有罪的問題？久松的答覆是，人的有罪，是因為他的生命存在的構造中有一理性非理性或價值反價值的究極的二律背反。更具體地說，我們的理性本身有一根本的構造，這便是理性與非理性的對立。在價值意識上，我們要除掉非理性，保留理性。我們可以相對地這樣做，但這沒有究極性、徹底性。要究極地、徹底地除掉非理性，便得把理性非理性的二律背反從根本方面克服過來，突破上來。久松不以為理性（Vernunft）是萬能的，是圓滿無缺的，卻是有它的不可避免的局限性，這便是理性非理性的究極的二律背反。在這極限中，埋藏著理性自身的極為困厄的、危險的處境，也可說究極的、終極的、無以過之的危機。

久松的意思是，在我們的理性的構造中，存在著究極的、終極的二律背反，這即是理性非理性甚至是理性反理性的背反。這樣的理性的構造，是一切苦惱的根源，它不停地壓縮、催迫我們的心靈、生命存在。要消除這些苦惱，便要徹底解決理性與非理性之間的矛盾。如何能這樣做呢？久松提出對理性要做出徹底的批判。這批判是對以理性生活為人類生活的根源的時代的批判，是對以理性為其根本主體的時代的批判。通過這種批判，我們要找到一個跨越理性生活的取向。這種取向是甚麼呢？是宗教的取向，其關鍵點是覺悟。按久松的這種對理性的批判，與康德對純粹理性（reine Vernunft）的批判不同，後者強調我們的純粹理性的功能有一個限度，只能處理知識的問題，不能處理道德、藝術、宗教以至形而上的問題。倘若它越出它所能作用於其中的現象（Phänomen）的領域，而探索形而上的物自身（Ding an sich）的領域，便會引致種種背反。不過，康德還是提出實踐理性（praktische Vernunft），認為可以處理道德的、形而上的問題。久松不會同意康德的這種做法，因為道德仍有道德非道德的背反，仍有價值非價值的背反，甚至理性非理性的背反。要解決理性的問題，非得依靠宗教的覺悟不可。

久松說死與罪是引領我們進入宗教殿堂的契機。死可以深化至存在非存在的究極的二律背反；罪也可深化至理性非理性的究極的二律背反。因此這兩種究極的二律背反是真正的宗教的契機。這兩種背反展示出一切人的真正的、現實的、實存的存在方式。從現實的角度看，一切人都生活於這兩種二律背反之中，受到無盡苦惱所折磨。此中仍有一問題：死的問題是存在問題，因而有存在非存在的究極的背反；罪則牽涉價值，因而有理性非理性的究極的背反。在哲學上，存在與價值屬不同領域，可以相互分開；存在非存在與理性非理性這兩個究極的二律背反是否也可互不相涉，分離開來呢？久松的看法是，就具體的人來說，這兩個究極的背反是一體的，不能分開的。在其中，我們有對存在與價值的一體化的自覺。他的論點是，把這兩個背反分開，表示單獨地處理生死或理性非理性的問題，這是抽象的、概念的做法，與我們現實的生命存在關連不起來。久松的意思是，從生死與理性非理性的具體的實在來說，兩者是二而一，不能分開。我們提出何以生死（徹底地說應是存在非存在）的究極的二律背反會為我們帶來苦痛煩惱，而逼使自己去尋求解脫，當我們提出這種問題時，已經有理性的判斷作為基礎了。這是由於我們不單感到苦痛煩惱是極可惡的，也將苦痛煩惱判斷為可惡的。由於我們這樣思考，才使「由苦痛煩惱解放開來而得解脫」成為一個真實的、客觀的和普遍的問題。由此我們看到生死或存在非存在的二律背反與理性的價值判斷不可分，亦即與理性非理性的二律背反不可分。久松的觀點是，一言以蔽之，生死問題不能當作純然是生死問題來處理，它不能不牽涉真妄、善惡與淨染方面；存在問題從現實的角度來看，不能不有取捨的不同抉擇，這必預認價值。故存在與價值是不能截然分開的。㊾

久松的說法，有他的道理。從分析的角度來看，存在是實然的、實際上如此的；它是經驗的、現象的性格。價值則是理想的、現象學的性格。實在不必是價值、估值意涵，現象論不是現象學。不過，久松談的不是純粹的哲學、分析問題，而是宗教上的救贖、解脫問題。在這種探討中，我們是把當事人作一整體看的，特別是，這是涉及當事人的教化、轉化的問題，而且這教化、轉化是在行動中展現的，這則不能不預設一有價值義特別是絕對價值義的目標；同時，由於涉及教化、轉化的行動，則必然會關連到現實存在向理想的、價值的目標挺進的歷程。在這種脈絡，存在與價值勢必要有交集處，雙方自然不能截然分開了。黑格爾說存在即是價值、合理，在這種脈絡來說，不算妄言。

九、覺悟與救贖

上面說，存在非存在的究極的二律背反與理性非理性或價值非價值的二律背反是人生一切苦痛煩惱的根源。我們當務要做的，自然是從這兩方面的二律背反突破出來。如何突破呢？久松認為，這兩面二律背反是一體的，因而可就一面說。拿理性非理性的究極的二律背反來說，由這背反而來的危機，深藏於理性的根柢之處，這是理性本身的危機，它的解決，不能是理性性格的，卻是要突破理性自身，突破理性非理性的二元的對峙狀態（Dualität）。對於存在非存在的究極的二律背反的處理也是一樣。

久松提出，要解決或突破理性非理性的究極的二律背反，不能依於任何理性的方法。他認為應使用宗教的方法，唯有這方法能讓我們超越價值反價值或存在非存

㊾ 以上所述，係筆者解讀久松的〈絕對危機と復活〉一文後歸納整理而得的理解。以下有關部分也是一樣。

在之上。由於這種突破或超越是我們自身的生命存在的事，亦即是主體性或自我的事，而這方法正是能超越一切對礙而顯現作為最高主體性的自我的方法，故是有效的。這是覺悟到那不具備價值反價值、存在非存在的自我的方法。這便是真正的覺悟，解脫（mokṣa）或救贖亦從這點說。這覺悟的狀態，其實是我們自身、真我。這真我既不是存在非存在的自我，也不是價值反價值的自我，卻是非「存在非存在」的、非「價值反價值」的自我。它超越一切定義與形相，是一無相的自我。

就久松的這種說法來看，康德把宗教還原為道德理性，唐君毅先生以一切文化意識（包括宗教意識）皆立根於道德理性的說法，都不諦當。在工夫論上，宗教比道德更為根本。阿部正雄更強調道德必須崩壞，才有宗教的可能性。在宗教與道德之間，京都學派大體上都持這種看法：宗教較道德更具根源性。㊿

關於覺悟與救贖或得救的問題，久松有自己的一套宗教的方法論，並認為具有客觀妥當性。所謂覺悟，是指由究極的二律背反轉變成為完全擺脫了二律背反。對於現實的究極的二律背反，我們不是要隔離它，而是要克服它，完全地擺脫它。一個本身是二律背反的人轉化為一個完全擺脫了那種存在方式的人，是真正而又究極的轉化。此中的轉化的線索，久松在上面已指出，理性的路是不行的。我們需要一種可以使我們表現沒有價值反價值或存在非存在性格的自我的宗教的方法。依著這方法，我們會被驅逼至究極的二律背反，自己的本原的自我（按這是無相的自我）即以這二律背反為契機，由它突破出來，而得覺悟、救贖。

理性是有局限性的，我們要克服、超越這局限性。只要我們仍然肯定理性的立場，我們便見不到這局限性。當理性被深入地反省與批判，我們便能穿越究極的二律背反的根深處，理解理性：它不是作為客觀的事物而被了解，卻是作為一根本的主體而被了解。這是一種自覺（Selbst-Bewuβtsein）的活動，由此自覺可導致覺悟與救贖。這覺悟的狀態，是我們自身、自我。它不是存在非存在的自我，也不是價值反價值的自我，而是非「存在非存在」、非「價值反價值」的自我，是無相的自我。從覺悟的字眼來說，是那自我在究極的二律背反的根柢處克服了究極的二律背反而

㊿ 有關宗教與道德的關係，參看拙著《純粹力動現象學》，第十二章〈宗教與道德〉，頁 268-301。

覺悟了。久松特別強調，克服究極的二律背反的，不是別人，正是當事人自己，便是由於自己的努力，而讓自己覺悟。他是由究極的二律背反之內而突破出來，而得覺悟，脫穎而出。任何絕對的他在的神或佛，在這一點上，是無關聯的。我們只是自己在覺悟，自己救贖自己，不是依他者而覺悟，被他者救贖。所謂「被救贖」的意思是，那本來是覺悟的，但尚未覺悟的真我現在覺悟了，救渡自己了，那是由於他自己克服了那究極的二律背反而致的。按這種觀點與《大乘起信論》有點相近，本來是覺悟的但又未覺悟相當於該書所說的本覺，現在覺悟，救渡自己則相當於始覺。久松自己對《起信論》很有研究，在這觀點上，他可能受到此書的影響。[51]

久松進一步表示，在本來的我的覺悟（按這相應於本覺）上，有一種對自我的絕對的肯定。當那覺悟了的自我肯定地將現實安頓在真正的生命中時，真正的宗教便成立了。即是，那個以理性的自我為主體的世界被轉成為一個以覺悟了的自我為主體的世界。這世界並不是被安置於與日常世界不同的時間空間中，毋寧是，它是時間空間的根源，時間空間由它那裏生出來，並在它裏面成立。這樣的時間空間的觀點，是以時間空間的根源歸於以覺悟了的自我為主體的世界，亦即是本體的、物自身的世界。這可通到康德的時空觀。不過，康德把時間空間視為感性攝受外界與料的形式條件，但對時間空間的來源未有清晰的交代。筆者在拙作《純粹力動現象學》中，以睿智的直覺（intellektuelle Anschauung）自我屈折成知性（Verstand），並撒下時空之網，讓這知性在時空之中範鑄那些由感性得來的外界與料，使之成為對象（Objekt）。這是把時空的來源歸於睿智的直覺，與久松的時空觀頗有相通處，後者視以覺悟了的自我為主體的宗教的世界為時空的發生處。

久松也關連著覺悟與救贖而論及歷史的問題。他強調自己的宗教批判的立場，不認可那種與現實歷史的世界有別的理想世界，例如天國或極樂淨土，認為這些世

---

[51] 關於久松對《大乘起信論》的詮釋，參看《增補久松真一著作集第九卷：起信の課題·對談集》，〈一、起信の課題〉（京都：法藏館，1996），頁 7-207。（按《久松真一著作集 6：經錄抄》曾收錄了〈起信の課題〉，但只到實在論一節而止，不是全部作品。（東京：理想社，1973，頁 9-99））另外，有關《大乘起信論》的義理與久松的理解，參看常盤義伸著〈起信論の佛教的課題〉，載於《久松真一著作集別卷：久松真一の世界》（京都：法藏館，1996），頁 85-95。

界與現實的歷史完全隔離開來。追求這樣的隔離世界，是對現實歷史的逃避，對於現實的救贖也沒有幫助。這很明顯是衝著基督教的天國和佛教淨土宗的極樂世界而來的嚴刻的批判：與現實的歷史隔絕的世界，不過是童話的、神話的性格而已。他認為，覺悟的宗教的世界，是透過對自己與現實隔離的宗教的批判而成立的。這世界應該是那被救贖的、真正的歷史的世界。在這裏面，救贖並不是在另一歷史的世界中獲致永恆的未來的生命，而是現實的、歷史的世界的根本的主體性的救贖，是從它的歷史的根柢處得救。只有在那種情況，一個新的、創造的主體的歷史觀才能在覺悟的基礎上成立。也只有這樣，我們才能在歷史之內超越歷史，和不須在與歷史的世界的隔離下創造歷史。即是，人可在歷史之內超越歷史的局限性，那超越的、創造的主體性能自在無礙地創造歷史。按這點正是久松所提的 FAS 宗旨中的 S 所表示的在歷史之中而又能站在歷史的立場，超越地創造歷史：Superhistorical history。這點實可與我在上面第六節中論到 S 的意義合起來看。[52]

以下，我們看久松如何本著禪的精神來說具體的覺悟活動。他表示，在以禪的方法來解構二律背反時，人的生命存在中的煩惱、兩難、矛盾之屬，會替解構提供機緣，這便是內心中的懷疑。就一般的宗教來說，人需要相信，不能懷疑。禪則不同，它要人徹底地懷疑。這懷疑正是二律背反本身，它是人與世界的「二律背反的存在」。在這懷疑中，人徹底地認清作為終極的二律背反中的他自己和世界。在禪來說，人自身與世界透徹地成為一種所謂「大疑團」，這是一切背反的消解的先決條件。這作為大疑團的懷疑自然是要消解的，這消解不是在信仰方面出現，而是在喚醒方面。即是，人在懷疑中，人成為大疑團，成為二律背反的存在自身。這大疑團或二律背反只能由新的喚醒，才能解決，才能破除（按這即是禪所說的「打破漆桶」，漆桶即是疑團）。在其中，所有疑團的難解的成分：理智的矛盾、感性的苦惱和意志的兩難（dilemma），都立時崩解。但喚醒甚麼呢？喚醒無相的自我，或無相的自我的「自我喚醒」。要注意，究極的二律背反的消解與無相的自我的喚醒，是同時發

---

[52] 久松曾寫了一篇〈平常心〉來表達自己的歷史看法，那是一種絕對無的史觀。《久松真一著作集 2：絕對主體道》，頁 128。阿部正雄也有〈歴史の根據としての平常心：久松先生の歴史理解〉，《增補久松真一著作集別卷：久松真一の世界》，頁 430-439。有關久松的絕對無的史觀，參看筆者著〈久松真一的絕對無的史觀〉，拙著《京都學派哲學：久松真一》，頁 66-73。

生的，可說是同一事體的不同表現、面相。這喚醒也沒有時空性。即是，作為宗教的主體性的無相的自我從背反的內部突破開來，把一切懷疑（包括大疑團）熔化掉。喚醒便是喚醒，這是真正的覺悟、徹底的覺悟，這是真理的永恆的開顯。倘若受到時空的限制，則喚醒以後仍可在另一時空中說不喚醒。這不是真正的覺悟、真理的開顯。

十、善惡問題

《壇經》的名句「不思善不思惡」引發禪宗以至中國佛教人士對善惡問題的注意。不過，他們不是從道德的角度來處理這個問題，而是從宗教的角度來處理。這個問題在京都學派來說，被放在二律背反（Antinomie）的一個例子來看，與生死、罪福、有無、存在非存在、價值非價值、理性非理性歸在一起，被視為人的生命存在的現實狀態。他們認為，這些背反必須要被突破、超越、克服，才有覺悟與救贖可言。久松真一是學派中深入探討這個問題的一員。在這裏，我要就他對這個問題的處理作些研究。實際上，他在自己的很多著作中都談到這個問題，我在這裏選取他與田立克（P. Tillich）的對話紀錄作為依據進行研究，順便也把田立克對相應的問題的觀點也拿來參考，以收比較之效。

首先，我要提出一點。一般人對於善惡的問題的處理，都是以善來克服惡，為善去惡。這是由於在道德上，善是正價值的，是好的；惡則是負價值的，是不好的。依於此，為善去惡是很自然的做法，儒家的王陽明也持這種觀點，他的〈四句教〉中的「為善去惡是格物」便明顯地表示這點。田立克自己也提出以善來克服惡的主張，後來又提到只能讓惡潛藏不發，不能徹底地把它完全去除。

京都學派特別是久松真一對善惡問題有不同的處理方法，他們的觀點有很強的理論性，也有濃厚的宗教實踐的傾向。他們認為，從主觀的感覺上說，為善去惡、以善來克服惡是賞心樂事。但從客觀的存有論上說，善與惡的地位是對等的，任何一方都不能克服另一方，故不能以善來克服惡。要真正解決這個問題，只能在善惡這一背反的內部求突破，喚醒作為真正主體性的無相的自我，超越善惡所成的對峙格局，而達於絕待無相的境界，覺悟與救贖都從這裏說。這是宗教的方法。關於這點，我在上面已略有提及。

久松特別強調，善不能透徹地征服惡。任何想在這方面努力只能是一種願望，或不能滿足的期望。善不能把惡徹底地連根拔起，我們本來便是這樣看善的，它只能與惡同時置身於一種對反的、對峙的關係中被理解。即使有時特定的善征服了一些特定的惡，這種道德上的成功只能是相對性格的；另一次善惡的衝突遲早必會發生，這是一種無休止的爭鬥系列。按久松的意思是，善是相對於惡而立的，因而本質上無法克服惡。要解決惡的問題，善惡必須同時被超越、被克服，而不是以善來克服惡。善惡之能同時被克服的根據，在於絕對無，或無相的自我。透過絕對無或無相的自我的喚醒這樣的宗教方法，善與惡可被同時突破，而消溶掉。惡的問題只能以這種方式解決。[53]此中很明顯的是，久松只從相對的角度來看待善，而不承認絕對善。關於這點，我曾與阿部正雄討論過。阿部的看法是，即使是絕對善，仍不能脫離對象性、善的對象性、善的相。只有絕對無才能免於對象性。這與儒家不同，後者認可絕對善的觀念。《大學》便說「止於至善」，王陽明說「無善無惡心之體」，這至善、無善無惡即含有絕對善之意。在我看來，即使是絕對無，也不能免於對象性，那便是「無」的相。阿部對於絕對無能夠離相，很有信心。

對於善惡問題，田立克的回應是，我們不能鏟除惡，只能把惡化約為一種潛能。倘若以對惡的征服來說，則在神之中，或在存有的根柢裏，惡不是通過殲滅而被征服，卻是通過不能實現而被征服。它是在有限性或有限的世界中實現出來，在神或無限的存有根柢中，它沒有實現的空間。我們可在永恆裏期盼一種勝利，一種不讓惡有實現機會的勝利。順著這個意思，田立克分別從歷史與永恆這兩面來說惡：在歷史中，惡是實在的，善也是這樣。在永恆裏，惡不能實現出來，只作為一種純然的潛質而存續下來；它只是被化約為純粹潛質不能實現，但不是被完全毀滅掉。田立克又補充，在歷史中，惡會不斷地掙扎，要實現它自己；只有在神中，在永恆中，惡才是潛伏不實現的。[54]對於西方宗教背景的田立克的這種看法，我想我們可以提出一個問題：倘若惡（在神和永恆中）只能以純粹潛質的姿態而存在，永遠

[53] 《久松真一著作集 2：絕對主體道》，頁 576 上-下。

[54] 同前，頁 576 下-577 上。

不能實現，則與它完全地被毀滅有甚麼不同呢？在實效上來說，我想這個問題並不重要。我們不是神，也沒法成為神（依耶教的說法），則惡不能在神中實現自己，對我們是不相干的。但在時間中，在歷史中，它能永遠持續而存在，這才是我們要關注的。東方的宗教傳統基本上是認為惡的問題是可以解決的，惡是可以被征服以至消滅的，只是在方法上有歧異而已。因此，惡在歷史中不會成為一個終極的難題。

久松的立論，正是在東方宗教背景下作出的。他認為，善是正價值的，惡則是負價值的。但雙方都不能遠離價值問題。只要作出價值判斷，正價值不可避免地與負價值對峙著，同時又相連在一起。他又提到存有，認為價值不會孤立地存在，它不可避免地與存有關連起來。它與存有一起存在，對於人來說，沒有存有能脫離價值。故純粹存有等同死亡。按這種說法的意思是，不涉及價值問題的純然的存有，是沒有的。這與久松在上面提到存在與價值不能截然分開，非常合拍。進一步說，依久松，正面及負面之間的矛盾二分法，是價值與存有的各別相的世界中所固有的。它不是一個從歷史中冒出來的相對性矛盾，而是基本的、根本的矛盾，是人唯一的「人性的」存在基礎。按這是指久松在上面說的人的終極的、究極的二律背反。這是邏輯、意志、情感三者合起來的背反，在其中，矛盾、兩難、煩惱三者合為一體。[55]在久松看來，人性是這樣的，作為一體而聚合起來的這很多組成分子，描劃出人的生命存在的矛盾、對抗性，這是正面及負面之間的二元對立。本體存在論地（onto-existentially）說，這是存有與非存有之間的二元對立。價值論地說，是善與惡之間的二元對立。在美感或審美欣趣上，是美與醜的二元對立。在認知上則是真與假的二元對立。久松這樣說人的存在性的真實，正是上面提到的具有終極性格的二律背反。

有關背反的問題，例如善與惡的背反，久松提及，善與惡之間，其中一者不能克服另一者，要解決這背反，只能從背反的內部突破開來，超越上來。田立克則持異議，他認為善可以沒有惡，但惡不可以沒有善。他並提出調和方式來解這背反的問題。即是，惡可以被壓縮，以至於只作為潛質而存在，不能實現。我們要在這方面作出潛質與實質（實現）的區分。即使在神之中，惡仍可作為潛質而存在，只是

---

[55] 同前，頁 578 下。

永遠不能實現，這可說是潛在的惡。按田立克的這種觀點，特別是善可以沒有惡，惡則不可以沒有善，明顯地表示在存有論方面，善比惡為先在，具有獨立性；或善是第一序的，惡則是第二序的。惡不可以沒有善，正表示惡不具有獨立性，而須依於善。[56]這是西方式的以肯定原理（例如善）比否定原理（例如惡）更為根本的思想。

由善惡的問題或背反擴展開來，久松又論到一般的究極的背反的問題。他順著田立克以終極關懷來說宗教，進一步提出宗教的終極關懷是要解決生死、善惡、真假的二律背反，他認為理性是不能解決這些背反的。他自己先提出如下問題：在人性裏使宗教成為必須的東西是甚麼呢？在這方面為宗教提供根據的又是甚麼東西呢？他自己自問自答：人有一種中心性的對立，或「究極的二律背反」的特性，對於這種對立，即使是康德所提的自律理性在它的某些範圍：認知理智、道德意志及美學感性，都不能提供解決之方。人作為一個「理性的」存有，正存在地給絆在這遍佈於一切事物中的背反之中。人必須從他的自律理性跳躍出來，而求助於宗教，這便是上面說及的開顯或喚醒無相的自我以突破背反。道德、藝術及知識的世界都含有背反，在這些活動中，我們找不到解決背反的方法。但這些背反的難題開啟了通達永恆的大門，通達到宗教方面去；只有在宗教中，背反才能得到徹底的解決。[57]

在這裏，久松似乎有這種想法：道德、藝術、知識、宗教雖都是有理想性的文化活動，但前三者仍有相對性，仍然處於一種有對象性或相的二元關係中，在其中不能說絕對與永恆，只有宗教能說。因此他說人會在道德、藝術及知識的世界裏求取歷史的功績，視這些功績為一般人生活的目標。但這些功績仍然不能跟宗教相提並論。它們是歷史的，宗教則是永恆的。是永恆創造歷史，不是歷史創造永恆。這種看法為田立克所認同，後者認為，歷史由永恆出來，又來又去，最後回歸到永恆方面去。這種觀點與筆者的純粹力動現象學頗為相應。筆者的看法是，人由純粹力動的永恆性中詐現地出來，進入歷史與時間中，承受種種苦難與考驗。這是他的任務、命運。任務完畢，便回歸到純粹力動的絕對的永恆一方面。生死現象也在其中說：由純粹力動的世界出來是生，回歸到純粹力動的世界是死。

---

[56] 同前。

[57] 同前，頁 579 上-下。

十一、禪與現代世界

從上面所述可見，久松真一作為京都學派的一員，有他自己的獨特的思想與行動。特別是在行動方面，他較自己的前後輩同人表現更為積極，在學問與修行方面，他承接上西田幾多郎與池上湘山，對西方特別是德國的哲學與神學，有一定的造詣。就思想的來源來說，毋庸置疑是禪。他對禪有極高的評價，認為它並不單是佛教中的一個教派，更是佛教的本源。他對禪最欣賞、嚮往的地方，是禪的人文性、人心性。他認為禪極具批判性，它嚴厲地譴責經典主義，後者視經典為真理的終極典範，而淪於教條主義。禪是要否棄教條主義和一切魔障、執著，教人回返至經典的源頭，即是在義理上先於經典的心。在久松看來，禪所說的心正是佛心，是覺悟、解脫的唯一依據。

禪作為一種佛教教派與實踐哲學，在歷史上流行超過一千年，受到歷史的限制與世俗的影響，在某些方面已呈僵化，不能發揮正面的、積極的影響了。久松也承認，包括禪籍在內的佛教文獻，其中不少內容到了今天已不合時宜，尤其是現代西方宗教、哲學與科學的影響已遍及眾多佛教國家。但佛教特別是禪的義理與實踐仍有豐盛的生命力量，對於現代世界仍可有巨大而積極的熏陶與影響，在這方面，我們最要注意的是禪所闡揚的心靈的自主性、獨立性，如臨濟所說的「獨脫無依」的那個性格。和其他重要的宗教比較，久松指出，基督教與淨土真宗是絕對依賴上帝和阿彌陀佛的宗教。依賴與被依賴成為一二元性格局，永遠不能除去。久松似有這樣的意思：在二元性格局中永遠不能見終極真理，永遠不能得覺悟、成解脫。久松認為，佛教（按淨土真宗亦是佛教，久松在這裏不作佛教看）的基本目的是從生死、是非、善惡所成的二元性格的束縛中脫卻開來，獲得自由。徹底的解脫是不受任何東西所束縛，不依賴任何東西的。他並表示《般若心經》（*Prajñāpāramitā-hṛdaya-sūtra*）所說的「心無罣礙」，正是這個意思。同時，他又借著這個機緣引出他自己提的「無相的自我」觀念。他認為，佛教的終極目標是要衝破任何二元對立的關係，喚醒那個自由運作、不受任何東西所束縛——甚至不受「不受束縛」這一觀念所束縛——的無相的自我。他又引述真宗的創教者親鸞的《唯信鈔文意》所說的「具有相狀而由這無相的真如而來」的方便法身。❺❽如下面所說，具有相狀是附在無相的法身、自我之下說的。但真宗屬淨土宗，不屬禪宗，這點他則沒有留意。他是激烈反對淨土信仰和皈依阿彌陀佛以求極樂的。

從相與無相說下來，久松認為禪有兩個面相。一方面是不受任何形相所繫縛，由所有形相解放開來的真正自我的真空；另一方面是不受任何形相所繫縛而又實現所有形相的自我的妙用。這兩個方面構成真正自我的體和用。真空是一切形相的「抽離狀態」，而妙用則是每一形相的自在的形成。這便是絕對的無相的自我的自我表現。正是在這點上，成就了徹底抽象和徹底表現的一體不二的基礎。❺❾這些表現包括瞬目、揚眉、伸耳、舉拳、棒打、呼喝、吃飯、喝茶、鞠躬、舉拂等等。按久松在這裏的所說，非常重要，也非常富爭議性。我謹提出以下幾點來論究一下。

一、久松提到禪的「真空」與「妙用」兩個觀念，這與京都學派的其他成員如西谷啟治、阿部正雄等所說的「真空妙有」有相同的旨趣。不過，真空妙用是久松就禪說的，而真空妙有則是西谷、阿部他們用來說包括禪在內的佛教的主流思想特別是般若（prajñāpāramitā）說的。以真空為基礎（體）的妙用是就作用、活動言，以真空為基礎的妙有則是就存有論言，雙方有不同的偏重。就般若和與它有密切關係的中觀學（Madhyamaka）來說，妙用的涵義比較強。即是說，般若學與中觀學很強調對於事物的轉化作用：以真空作為基礎，以成就它對事物的具有理想義、現象學義的建立的作用。這便建立二諦（satya-dvaya）的義理：真諦或第一義諦（paramārtha-satya）與俗諦（saṃvṛti-satya）。就如來藏（tathāgatagarbha）思想來說，妙有的涵義比較強。如來藏亦即是潛在的佛性（buddhatā, buddhatva），它有空（śūnyatā）與不空（aśūnyatā）兩面。空指它沒有形而上的體性義，不是一實體，而是一具有充分動感的主體性。不空則是指如來藏具有種種功德、方便法門以教化、轉化眾生，淨化一切事物，成就一個清淨無染的存在世界。在這一點來說，存有論的意味是很濃厚的。久松說妙用而不說妙有，表示他在工夫實踐與存有論兩者之間，較重視前者。

---

❺❽ 以上所述有關久松對禪的看法，參考他的〈禪：近代文明における禪の意義〉，《久松真一著作集 3：覺と創造》，頁 15-19。

❺❾ 同前，頁 22。

就筆者所看過的久松的著作而言，久松未有突出存有論而加以細論，反而在工夫實踐方面，特別是突破終極的二律背反以喚醒無相的自我以成就覺悟、解脫，著墨最多。

二、久松以體用範疇來說真空與妙用，並不是取體用論的當體意義，而只是虛說。此中的體不是形而上的實體，特別是精神實體，因而其用並不是實體的發用。久松不是實體主義（substantialism）論者，而是非實體主義（non-substantialism）論者，後者是京都哲學一貫的理論立場。無相的自我是一超越的主體性，它的本性是空，但卻具有動感，能發出種種妙用以救贖眾生，使他們轉迷成覺，轉識成智。這主體性倘若一定要說體，則它只能是虛的體，是本源、本根的意思，與作用相對而立。故我說久松的體用關係是虛說，不能抓得太緊，把體鎖定為形而上的實體。

三、說真空是一切形相的「抽離狀態」，妙用是一切形相的自在的形成，意義不免隱晦，容易引起誤會。久松這樣說真空抽離於一切形相，是採取分解式的說法，把真空與一切形相作一種邏輯的分離，然後各別說它們的性格，在真實（reality）方面，宇宙並沒有一種和其他事物分隔開來的真空這樣的東西，真空是存在於一切事物、一切形相中的。他說妙用是每一形相的自在的形成，是說每一形相都以真空為基礎而成立。所謂「自在」是有終極意味的，是遠離一切束縛、依賴的意思，這種性格只存在於真空之中，亦即是存在於無相的自我之中。因此久松說，自在的形相是無相的自我的表現。但這裏仍有一個問題：自在的形相雖是自在的，但亦有它們各別不同的具體的、立體的形相。真空或無相的自我作為抽象的、超越的主體性，如何表現為這些具體的、立體的東西呢？這需要有一宇宙論的演述（cosmological deduction）才行。宇宙論正是交代事物的生成、變化所呈現的種種個別的、具體的形相的。對於這個問題，久松顯然未有意識及。

四、久松說無相的自我或真空的表現，只舉揚眉、瞬目、棒喝、飲茶、喫飯一類例子，這些都是在禪修中祖師或老師開導生徒悟入真理的慣用手法，是作用意義的，不是存有論意義的。久松的興趣顯然是在工夫實踐、救贖方面，而不是在客觀的存有論中事物的不同樣態的表現方面。

探討過作為禪的主體性的無相的自我的體用式地表現為自在的事物的形相一問題後，我們可以回返到禪與現代世界一論題上了。久松以弔詭來說人的性格。他表示，人越是涉及複雜的事，會越渴求單純；生活越單純，會越渴求複雜。越是忙碌，便越想有閒暇。越閒暇，便越感納悶。越多關心，便越為漠不關心所吸引。越漠不關心，便越會受到空虛的痛苦。生命越喧鬧，便越想求得寧靜。生命越寧靜，便越感到孤單。久松這樣說，是要表達一個意思：現代文化的特性正是每一件事情都越趨複雜，繁忙的程度與日俱增，人的腦袋有各種不同的顧慮，有不勝負荷之感。因此，人有一股越來越強烈的慾求，去追求單純、閒暇、無憂和寧靜，俾能彌補現代生活的煩亂。按這也可以說，人要追求生活上的平衡，避免走極端，鑽牛角尖，不讓自己陷身於極端的夾縫之中，找不到出路。60

久松跟著舉出一些具體的案例。美國在西方一直領導著現代文化潮流，但近年已顯露出一種趨勢，要把繁複的事情單純化、清簡化。例如在建築方面，一般的建築物以至教堂，都從原來的冗繁、複雜的風格轉變為直線的、簡單的和鮮明的摩登風格。這種建築物的單純化的趨向橫掃美國和西歐的古老城市，也漸漸觸及日本。此種趨向不光是為了實用上的方便，更是毫無疑問地因為它能回應現代人的自然渴求。他們發現自己已日漸陷入現代生活的極端複雜性之中。另外，複雜的繪畫和雕塑讓路給非傳統的、不規則的、變形的或抽象形式也可被視為意味著一種從惱人的複雜、精細和規則中解放開來。

在相同脈絡下，被拋擲到種種迫切焦慮漩渦中的現代人，無可避免地、貪婪地尋求閒暇：一種被稱為「閒暇潮」的現象，而這「閒暇潮」已成為現代流行的術語了。實際上，下面例出的近年的現象：對原始藝術的濃厚興趣、民歌和兒歌的普及、對鄉間口語的本地方言的提倡、對大自然的自然開放世界（例如山川、田野、海洋）的迷戀、現代藝術的渾然天成、純樸感受的趨向。這些現象都可視為現代文明的受害者對於單純簡樸的生活與文化的盼望與追求。61

對於單純與複雜的問題，久松又以邏輯來說。他指出，一與多或統一與分化是人的根本構造中不可或缺的契機。它們必須相互合而為一，不能相互分離。沒有多的一只表示沒有內容的貧乏性，沒有一的多只是沒有統一的分割。這裏正是現代文

60 同前，頁 26。

61 以上兩段的內容，參看同前，頁 26-27。

明模式的一大盲點的所在。一切文明的疾病：無根、混亂、衰弱、不穩定、迷惑、懷疑、神經過敏、對生命厭倦等，大部分都是由於這盲點而來。越是有多元性，人便越需求統一性。多元性、多樣性的結果是，人要反璞歸真，從多樣性中退避出來，去尋找單純的東西。久松還舉出另外一個不良情況：在當前的世界中，對前現代、非文明的崇拜和迷信仍然有大量的信徒，一個正在沉淪、沉溺的人甚至會抓住一根稻草，雖然他客觀地認為它是不可信賴的。他已陷於迷失的狀態。最後，久松指出，現代人逃離文明而回歸原始、非文明和非現代的企圖，可表面上被視為嘗試為現代文明中缺乏統一性的現象找尋補償。由這種表面的做法轉向真正的解決，除了在多樣性之內建立起那與它相稱的、相應的一體性和統一性之外，別無他法。久松還似有這樣的意思，這種解決要由表面滲透到底層，更需要作一種價值意義的轉變：在價值上把一體性、統一性放到生命的最高位置。[62]

久松即在這種脈絡下提出，要徹底解決現代文明、現代世界的這個難題，必須要建立一體性、統一性這個觀念與性格，而這一體性、統一性的根源，正是在禪之中。他正是這樣地引出禪來的。不過，這裏涉及一種思維上的程序，我在這裏還是順著這個程序說下來。久松指出，文明的發展勢必不斷邁向多樣性和專門性，只有具有足夠的活力和彈性的一體性、統一性才能自由無礙地、適切地回應與處理這日益增長的多樣性。當一體性未有從多樣性分隔開來時，它並未足以作為多樣性中的靜態的根基。它必須是一種富於動力和創造的一體性，作為多樣性的根源，無限量地自一己之中產生多樣性。這是一種能自一己之中自由地永恆地產生多樣性而又不會為其所生的東西所束縛的一體性。這是一種在生起多樣性時而又滯留於多樣性中而又能於適當的獨特時空中與那多樣性吻合的統一性。只有這樣，那多樣性才能在無限量地從這樣的一體性中生起時，永遠不會失去這一體性；同時，當那一體性生起多樣性時，才能永遠存留於它所生起的多樣性中，也不會和這多樣性隔絕開來。[63]

在這種情況下的多樣性，在自身中繼續存留著一體性或統一性，便不會成為無系統、無連續性的片斷的、碎裂的東西。因此也就沒有必要去逃避多樣性而追求與多

---

[62] 同前，頁 27-28。

[63] 同前，頁 28。

樣性隔離的空虛的一體性。從另一方面來說，既然那一體性是多樣性的永不衰竭的泉源，且亦從未與多樣性分離，因此便不必懼怕有朝一日會掉進空虛寂寞的氛圍中，而要在那與一體性隔絕開來的多樣性中尋求現實的熱鬧。久松認為，真正的一體性是多樣性的一體性，真正的多樣性是一體性中的多樣性。他引述一句禪語「無一物中無盡藏」，指出人只有在一體性與多樣性的關係能成就人的基本結構的情況下，才能從支離破碎的生命片斷中解放出來，永遠不會在其一體性中受到虛空或寂寞的苦惱。他可以立即無礙地成為統一性及多樣性，不受任何壓力及自我滿足所束縛，成為一個永恆地帶動文化的真正主體。作為這樣一個主體的人才是一個具有真正的存在模式的人，才有現代人內在要求的人間形象。這現代人是站在一個在發展中不斷分化的文明當中說的。這一人間形象是根本的主體，他自由地及無限制地創造文化而又適應時空的條件而存在於他所創造出來的文化中，而處於解脫的狀態。64

久松強調，這一根本的主體必須覺悟到自己，並在現代文明中挺立起來。他正是禪的理想人格、人間像，是東洋的無的主體，是無相的自我。他以《壇經》的「自性本無動搖，自性能生萬法」、「無一物可得，方能建立萬法」、永嘉玄覺的《證道歌》的「行亦禪，坐亦禪，語默動靜，體安然」、黃檗的《傳心法要》的「終日不離一切事，不被諸境惑，方名自在人」來說這種理想的人間像。65久松特別指出，這樣的人不斷地創造文明和形成歷史。這人間像是人道主義的，在其中，他是內在於它所創造及形成的東西之中，也是後者的根柢。他並不附著於被創造的東西之中，也不為它所束縛，而總處於解脫的狀態。他可以說擁有臨濟所說的「獨脫無依」的宗教性，在華嚴思想來說，這是還源起動的主體；在淨土教來說，這是在往相而現證滅度，在還相而遊戲稠林的主體。只有這樣，才能與現代世界的處境相應。66這一根本的主體或無相的自我具有一定的動感，因此能生起種種勝用。

久松強調，他在這裏對現代的解釋，並不是指任何暫時性的事物，不是指任何特定的一代或歷史階段的東西，而毋寧指永恆主體的現代的自我形成與實現；這永

---

64 同前，頁 28-29。

65 同前，頁 29。

66 同前，頁 30。

恆主體是一切歷史時期的根源，也超越這一歷史時期。我們在這裏可以建立起一種更新的、更高的人道主義的宗教，這宗教一方面不會退墮成為一種忘掉自我批判、以人類為中心的自律的人道主義的現代模式，另方面不會倒退至一種前現代的以神為中心的神律主義，放棄人類的自主性。[67]

對於這一新的卻是基本的和終極的人間形象的實現，久松認為我們應注意兩點。一是不能通過與時代脫節的、頭腦簡單的方式摒棄世界，而逃避到一與文明疏離的、質樸的和前現代的一體性，來醫治現代文明的病痛。二是要藉著對這種一體性的自覺，對現代困境作徹底性的治療。這種對一體性的自覺與從文化疏離開來不同，它是文化的基礎、根源。這樣一種富於禪味的人間形象當會掃除一切對於佛教的批評或誤解，它們認為佛教是厭世、棄世、不切實際、渴望他力的理想世界而忽視現實時空中的歷史世界。它同時值得被傳播到西方，作為一種東方提供出來的醫治現代文明的種種弊病的藥方。久松最後表示，近年禪在西方各個領域如心理學、藝術、工藝品、發明、哲學、宗教等引起的極大興趣，並不是偶然的，這是來自現代文明內在的需求。[68]這裏可以看出這永恆主體不離歷史、社會而又能超越歷史、社會，它對後者的關切是很明顯的。

十二、對於久松的禪觀特別是史觀的評論與批判

以上基本上闡述了久松對禪佛教的理解與發揮。除了最後第十一節外，我對久松在其他節中都作了評論。第十一節所說的禪，較其他節所說的，顯然重要，甚至重要得多，久松淩空而又著實地論述了禪的精神與它對現代文明、現代世界所可能或已作出的貢獻，並強調這種精神是歷史以至各種文化活動的根源。禪固然有它的內在價值，對提升我們的精神生活有莫大的裨益，但是否能到久松所提的那個程度，是可爭議的。在這第十二節亦即最後一節，我要就久松在第十一節所說的禪與現代世界作些評論，這些評論有很重的批判意味，也涉及我自己所確立的純粹力動

---

[67] 同前。

[68] 同前，頁 30-31。

現象學的重要觀念與理論立場。

為了方便理解起見，我按著第十一節所作的闡述順次來評論。首先，久松就禪的獨脫無依的態度來說禪的獨立性，以至於批判性，是很正確的觀點。這獨立性與批判性的理據是禪不依賴任何經教，而直接從自家的本心來面對生命存在的種種問題。在這一點上，他嚴厲地批評基督教與淨土宗對於上帝與阿彌陀佛的一面倒的對他力的依賴性，致喪失個人的自主性、自律性。大體上，久松是對的；但若細心地、深入地思考他力救贖的意義，問題便不會這樣簡單。一方面，皈依一個外在的他力大能，是需要誠心誠意地放棄自己的自由意志的，這種放棄，仍出自自己的自由意志，故不能說這種做法是完全依賴，自己不必努力。另方面，一個淨土的修行者一邊會誠意地皈依他力，另方面他又會為自己的無力、無能求覺悟而感慚愧，這種慚愧不難讓他深切反省，因而作奮力自強的轉向，由此產生生命力的反彈的力量。這種力量對他求覺悟得解脫的理想的實現會有積極的幫助，於是他對他力大能的依賴性會隨之而消減。這兩面自然有一種弔詭性在裏頭，這弔詭性也是人的生命存在的一種真實狀態。久松顯然未有留意及這點。實際上，和西田幾多郎一齊努力創立京都學派的田邊元在他的後期發展出一種懺悔道的哲學，這種哲學與我在上面提及的第二方面有密切關連。[69]田邊是久松的先輩，久松對於這種哲學應該略有所聞。但在他的著作中，就我閱讀所及，未見他提及這種哲學。

在人的性格方面，久松倒明顯地意識到一種弔詭性：生活越是多樣化、多元化、複雜、忙碌、喧鬧，等等，人便越想擁有一體性、統一性、單純性、閒暇、寧靜，等等。現代人便是越來越置身於前面那種生活中，因而便越來越想享受後面那種生活。特別是在西方世界，人們對於前面那種生活非常反感，對後面那種生活非常嚮往。對於這種現實情況，久松認為禪可以扮演積極的角色，提供有效的貢獻。在久松的理解中，要徹底解決現代人的這個大難題，必須建立一體性、統一性的觀

---

[69] 關於田邊元的懺悔道的哲學，參看田邊元著《懺悔道としての哲學》（東京：岩波書店，1946 一刷，1993 五刷）。英譯：Hajime Tanabe, *Philosophy as Metanoetics*. Tr., Takeuchi Yoshinori, Berkeley: University of California Press, 1986.筆者曾以力動的觀點來說這種懺悔道的哲學，參看拙文〈京都學派懺悔道哲學的力動轉向〉，拙著《純粹力動現象學續篇》（臺北：臺灣商務印書館，2008），頁 239-281。

念與性格，而這種性格的根源正是在禪之中。他認為禪的一體性與統一性富有動感，能夠創發多樣性、多元性，而又不會停滯於其中，受到束縛而失去自由自在性。這種一體性、統一性讓人想到胡塞爾現象學中所說的一體性（Einheit）或一致性。胡塞爾的一體性是就意向對象說的，所謂「意向對象的一體性」（noematische Einheit）；這一體性是意義的焦點所在，亦即是事物的內容。意向對象便是由這一體性所決定、鎖定，它不是物質義，而是觀念義，由此可以通到意識、心靈一面，而與久松所說的禪的一體性掛鈎。在久松來說，這一體性正是他所發揮的禪的東洋的無或無相的自我。

此中久松提出一重要之點：作為佛教特別是禪的根本精神或本質的東洋的無或無相的自我，可以憑藉其一體性處理多樣性問題，甚至可以把多樣性的有關分子串連起來，統一起來，以消解一直困擾西方文明的多樣性，這多樣性導致西方文明的騷動、囂亂、煩厭、吵鬧不堪的擾攘的生活環境。作為根本主體的無相的自我，本於其一體性，可以帶導、帶動文化，甚至可以創造文化而又內在於文化之中，永遠保持一種解脫的狀態。這點很有意思，很值得探討，也可引起一些爭議。久松所說現代文明特別是西方文明為多樣性現象所困擾，人不能過有價值、有意義的平和的、寧靜的理想生活，這是西方文明社會的問題，或危機，是很正確的。久松又以一體性、統一性來說禪的精神，基於這種一體性、統一性，人可以在煩擾的、喧鬧的環境保持寧靜的心境，專心做自己正在做著的事，這也是很正確的，而且表現出一種滲透至禪的內蘊來看禪的特質的洞見。實際上，在與田立克所作的幾次對話中，久松一開始便點出禪的這種效能。他忠告田立克，即使是在很忙碌的生活中，埋首在繁忙的工作時，也要保持心境寧靜，而這也是與禪的精神有適切性。久松指出，人是可以在繁忙中找到寧靜的，不用逃避繁忙來找尋寧靜。久松的意思是，人有無相的自我，它具有一體性、統一性的本質，能克服周圍的多樣性所帶來的煩燥，讓人專心地、寧靜地繼續工作。順著這種洞見，久松很自然地說，禪的這種一體性、統一性，可以克服由多樣性帶來的種種煩囂，讓現代人過高品質的生活。對於這點，我也沒有異議。但對久松跟著說的禪可以憑其一體性，可以帶動文化，創造文化一點，我覺得有商榷的餘地，久松實在太高估了禪的功能。這是由於他對禪的理解還未到家。

久松以東洋的無特別是無相的自我來說禪的本質，過於消極，不足以適切地表現禪的動感性、積極性，雖然他也意識及禪的動感，也提過「能動的無」的字眼，但這是不足夠的。我自己則以不著不捨、靈動機巧的超越的主體性來說禪的本質。這種說法，見於拙著《游戲三昧：禪的實踐與終極關懷》及我的其他撰作中。這較能表示禪的強勁的動感，但即使具有較強的動感，禪在帶動文化、創造文化這一大活動中，動感還是不足夠。禪畢竟是佛教的一支，不能離開佛教的緣起（pratītyasamutpāda）、性空（svabhāva-śūnyatā）的立場，是非實體主義的思維導向。即使本著其真空妙有的性格、表現來指導人的生活與文化，由於缺乏體性義，其力量還是單薄的，不能負荷創造文化的大活動、大理想。我們尤其不應忘記，禪作為一種非實體主義的哲學與實踐，是以否定性格與作用的絕對無來說終極原理的。絕對無（absolutes Nichts）雖有其殊勝之處，但由於只顯終極原理或終極真理的負面的、收斂的、退藏於密的一面，不免有虛空、虛弱的無力的傾向，不能光大地、健動地應付世間的種種難題。要以這種終極原理來創造文化，真是談何容易。久松所提的「無一物中無盡藏」，是在禪的無相的自我的遠離執著的脈絡下說的，而且是就實踐的、作用的意義說的。能夠不取著任何物事，任何對象，便能成就種種力量，包括覺悟的力量，以開拓妙有世界。但這是不夠的。它沒有存有論的意思，不能安立、成立現象界的種種存在，更無由說要對它們建立客觀而有效的知識，這亦是俗諦的知識。倘若沒有這種知識，便不能在俗世中生活，不能過俗世的生活，如何能說文化的創造呢？知識亦是文化的一環，沒有知識的文化，生活只會流於空蕩而無方向，也沒有世間性的內容。創造文化云云，從何說起呢？知識問題是如此，道德、藝術問題也如是。

我所提的純粹力動（reine Vitalität）便不同。作為終極原理，它超越而又涵有實體主義與非實體主義的內容，綜合作為實體主義的基礎的絕對有（absolutes Sein）與作為非實體主義的基礎的絕對無（absolutes Nichts），同時又超越、克服兩者可能分別發展出來的極端狀態：常住論與虛無主義。關於這點，拙著《純粹力動現象學》已有詳盡而清晰的闡述。我在這裏要強調的是，純粹力動、絕對有、絕對無都表述同一的終極原理，絕對有是正面的表述，絕對無是負面的表述，純粹力動則是正面與負面的綜合的表述，因此是最周延的表述。無相的自我相當於絕對無，其表述有所偏：只注意終極原理的負面、解構面，不能全面地、周延地展示終極原理的性格。

就創造文化一點言，純粹力動具有充足的動力，也能提供充實的內容，沒有上面所說的無相的自我的弱點。我在這裏只想就知識一面說。作為終極原理的純粹力動必須要呈顯它自己，這是它的本質的要求。在客體方面，它凝聚、下墮，詐現為氣，氣再分化，詐現為萬事萬物。在主體方面，純粹力動直貫下來，成為超越性格的睿智的直覺，認知萬事萬物的在其自己的真相，亦即是純粹力動雙重詐現的結果。同時，它又自我屈折而為知性，認知萬事萬物為對象，對它們建立客觀而有效的俗世知識。關於這些點，我在拙著《純粹力動現象學》中已有詳盡的闡釋，這裏不再多贅。

久松也談到歷史的問題。他強調歷史是永恆主體的現代的自我形成與實現；這永恆主體是一切歷史時期的根源，也超越這一切歷史時期。這永恆主體明顯地是指久松自己所稱賞不已的無相的自我，是在禪的背景下提煉出來的終極主體、終極原理。同時，毫無疑義地，這永恆主體也是絕對無，由此便帶出了久松的絕對無的史觀。

久松在這裏涉及一些有關歷史的非常重要的問題：歷史是人類文化活動的記錄，它的根源在哪裏呢？歷史為甚麼是重要呢？歷史是已發生了的事，何以又密切地牽連著現在與將來呢？這些其實不單是歷史的問題，毋寧更是歷史哲學的問題，史觀的問題。康德（I. Kant）很重視歷史；黑格爾（G.W.F. Hegel）、史賓格勒（O. Spengler）和馬克斯（K. Marx）更分別建立他們的史觀。當代詮釋學（Hermeneutik）宗師葛達瑪（H.-G. Gadamer）更在他的《真理與方法》（*Wahrheit und Methode*）以歷史、語言和藝術來說文化。在京都學派中，田邊元、久松真一、西谷啟治都很重視歷史，久松更建立自己的史觀，那便是絕對無的史觀。在這種史觀中，我們可以看到他如何以宗教的導向來說歷史，也可了解到他在 FAS 構思中的超越地創造歷史的意義。因此，我要在這裏闡述一下久松對歷史的看法，然後作些評論與批判。

上面提到久松認為歷史是永恆主體的現代的自我形成與實現。關連著這點，久松心目中有兩種主體：根本主體與歷史主體。根本主體是絕對主體，沒有矛盾性；歷史主體則不是絕對性格，有矛盾性。出人意表的是，他承受了柏拉圖（Plato）的形相（Form）觀念，以這觀念來說歷史，把它視為歷史的內涵。在他看來，抽象的形相落實在具體的事物中，不斷發展，便成歷史。他把形相視為歷史的主體，它體現於現實的東西之中，這種體現有限制性；現實的東西可使形相落實於其中，同時也限制了形相，或者說，形相現實化，需要作自我限制，這便變為有限。當形相限定它自身而變成有限時，它同時超越現實化，試圖以無限的性格來截斷一切限制，這便引致形相的矛盾性。

久松的形相，其實是絕對無。他是以絕對無的發展來說歷史的，他在其重要論文〈平常心〉中說：

> 形相通過它的自我限制而實現它自己。形相的這種限制正足以使現實化的東西被建立，被確定下來。但同時，這種限制又是現實化的東西的否定。即在那些限制了的東西的無限否定中，成就了形相的絕對的否定的性格，或者是形相的絕對無的性格。這絕對無的性格即是歷史的原理。⑰

這段文字不好理解。我們可以這樣看，形相通過它的自我限制而使現實化的東西被建立起來。但這種建立活動是在歷史中進行的，它是不能停滯的，否則歷史便不能繼續發展。故現實化的東西被建立，同時也必須被否定。形相自我限制、自我否定而成為現實的東西，後者又被否定以形成歷史。這裏實含有雙重否定，亦即是否定的否定，這便是絕對無。我想久松的意思是這樣：絕對無位於歷史中的現實的東西的底層，它有兩面性格：就絕對無恆常地創造歷史現實來說，它是絕對有；就它恆常地否定它的自我限制而成的歷史現實來說，它是絕對無。歷史是跟著絕對無的作用而成立的，因而也有矛盾的、辯證的性格。它與平常事物有密切關聯，受它的或有或無的狀態所影響。倘若平常事物只是有，則歷史的前進便不可能，因有傾向於常，常則不變，而前進則是變化的表現。另外，平常事物如只是無，則歷史的現前性便不可能，現前性畢竟是有的表現。

久松由此論到歷史的終極矛盾，在〈平常心〉中可以看到，此中的終極性是由絕對無作為一終極原理的肯定（自我限制而成歷史現實）與否定（否定現實以保持其前進發

---

⑰　《久松真一著作集 2：絕對主體道》，頁 121。

展而成歷史）的作用而來。因此他提出要有對歷史的終極批判，這是對歷史的完全的、根源地主體性的批判。他其實是要從另外一個導向（orientation）來說歷史，這即是覺性的、反省的導向，也是宗教的導向。他強調歷史的這種終極矛盾是不能依「歷史的辯證」而得消除的，它必須依「宗教的辯證」才得消除。在這種對歷史的終極矛盾的處理中，久松提出「脫落」觀念，這大體是沿著日本道元禪師的「身心脫落」的說法而來的在肉體與精神上的大解脫。久松指出，這種身心脫落的解決，面對歷史的終極矛盾的深淵，可以超越後者，克服後者。他是以禪的大疑團、大困惑來解決歷史的終極矛盾，超越地熔化歷史的終極矛盾，以再建立歷史的主體。這也可以通到他的 FAS 構思中超越地創造歷史的思想方面去。這超越歷史而又創造歷史的，正是作為歷史的根本主體的絕對無。

以上的闡述，便是久松的絕對無的史觀。表面看來，以絕對無來說歷史，或以根本主體說歷史主體，把歷史引導到宗教方面去，讓它在宗教的脈絡中有一位置，是無可厚非的。歷史是文化活動中的一個重要分子，上面說過以絕對無來帶動、創造文化，有其義理上的困難，這困難當亦對歷史具適切性。不過，久松在文化活動中特別強調歷史，又提到歷史主體與根本主體，特別說到歷史的終極矛盾與它的宗教導向的解決方法，把歷史歸入宗教，以歷史主體與根本主體分別相應兩者（根本主體當是說宗教主體），則頗有問題，不能不細加論究與批判。特別是，他提到絕對無作自我限制而創造歷史現實和絕對無因此也是絕對有，在義理層次上必須細加檢別，否則便會產生種種誤解。以下我要專就這些點作些清理與批判。

久松引用柏拉圖的形相觀念來說絕對無，實在無此必要，也不恰當。柏拉圖的形相是實體主義哲學的存有論的觀念，是一種實體形式，與絕對無的非實體主義的思想旨趣並不相應，絕對無不是實體，它傾向於佛教的空與禪的無。同時，柏氏的形相沒有動感，是靜態的，絕對無是具有動感的，至於其動感夠不夠，則是另外的問題。不過，久松對雙方的動靜性格的不同，也意識到了。現在的問題是，絕對無（久松以形相來說）如何能作自我限制以生起歷史現實呢？所謂自我限制是自己對自己作出否定，這亦是《老子》書中所說的「反」的意思；進一步說，絕對無自我限制有讓自己放棄絕對性、無限性，以分裂、分化而顯現出具體的、有限的現象事物來的意味。因此，自我限制有自我具體化的意味，由抽象的狀態轉出具體的狀態來。這種限制與具體化是需要一種力來發動的，這力不可以純然是主體性的力，也不可以純然是客體性的力，而應是渾淪而為一體的主客未分的力，它要進行自我限制，才有主客的分野可言。這力是一種超越的力動、動感。佛教所說的空是終極的原理，表示一切法的無自性（asvabhāva）的真理狀態，是一種靜態的狀態義，不能說力。而由空轉化出來的禪的無，以至京都學派的絕對無，也是傾向靜態義的狀態，而難說力。因此，說絕對無自我限制而生起歷史現實，是有問題的。歷史現實指涉在時空下展現的經驗現象的連續系列、具體化的事件的串連。嚴格來說，這樣的絕對無是不大能說自我限制而生起歷史現實的。即使京都學派所說的絕對無有主體性、精神主體的意味，久松自己也曾用過「能動的無」的字眼，可以在某種程度上說力，說動感，但只要是立根於佛教的空而發展出來的無、絕對無，都難以說足夠的力或動感，因此也難以說自我限制而創生歷史現實或一切經驗事物。久松的絕對無的史觀，的確有義理上的困難。

我所提的純粹力動現象學便沒有這方面的問題。純粹力動綜合了絕對有與絕對無的殊勝之點，自身是一超越的活動，具足濃烈的動感。這活動、動感便是力，藉著這力的作用，純粹力動可進行自我限制、凝聚、下墮而詐現原始物質義的氣，再由氣分化而詐現種種事物、現象，在時空方面展開種種文化活動，其中重要的一項便是歷史；或者說，這些活動的記錄便成歷史。歷史是人類依時間序列而表現出種種活動，這便是久松所說的歷史現實。人出現在歷史中，表示純粹力動以個別主體的身份，示現自己於時間之中，或享受美好的生活，或接受種種苦痛的磨煉，不管表現如何，最後形離壽盡，人便回歸向純粹力動的世界，如同久松所說人從永恆出來，進入歷史，最後又回返到永恆。[71]

---

[71] 以上闡釋和評論了以久松真一為代表的京都學派的禪思想，亦即是對禪的宗教的進一步發揮與開拓。以下提供一些在這方面的參考用書：

吳汝鈞著《京都學派哲學：久松真一》（臺北：文津出版社，1995）。

吳汝鈞著《絕對無的哲學：京都學派哲學導論》（臺北：臺灣商務印書館，1998）。

吳汝鈞著《京都學派哲學七講》（臺北：文津出版社，1998）。

《久松真一著作集 1：東洋的無》（東京：理想社，1982）。

《久松真一著作集 2：絕對主體道》（東京：理想社，1974）。

《久松真一著作集 3：覺と創造》（東京：理想社，1976）。

《久松真一著作集 4：茶道の哲學》（東京：理想社，1973）。
《久松真一著作集 5：禪と藝術》（東京：理想社，1975）。
《久松真一著作集 6：經錄抄》（東京：理想社，1973）。
《久松真一著作集 7：任運集》（東京：理想社，1980）。
《久松真一著作集 8：破草鞋》（東京：理想社，1974）。
《增補久松真一著作集第九卷：起信の課題・對談集》（京都：法藏館，1996）。
《增補久松真一著作集別卷：久松真一の世界》（京都：法藏館，1996）。
《久松真一佛教講義第一卷：即無的實存》（京都：法藏館，1990）。
《久松真一佛教講義第二卷：佛教的世界》（京都：法藏館，1990）。
《久松真一佛教講義第三卷：還相の論理》（京都：法藏館，1990）。
《久松真一佛教講義第四卷：事事無礙》（京都：法藏館，1991）。
久松真一著《人類の誓い》（京都：法藏館，2003）。
藤吉慈海編《久松真一の宗教と思想》（京都：禪文化研究所，1993）。
藤吉慈海、倉澤行洋編《增補版真人久松真一》（東京：春秋社，1991）。
藤吉慈海著《禪者久松真一》（京都：法藏館，1987）。
大橋良介著《悲の現象論序說：日本哲學の六テーゼより》（東京：創文社，1998）。
上田閑照、堀尾孟編集《禪と現代世界》（京都：禪文化研究所，1997）。
小坂國繼著《西田幾多郎をめぐる哲學者群像：近代日本哲學と宗教》（京都：ミネルヴァ書房，1997）。
藤田正勝編《京都學派の哲學》（京都：昭和堂，2001）。
FAS 協會編《自己・世界・歷史と科學：無相の自覺を索めて》（京都：法藏館，1998）。
石川博子著，FAS 協會編《覺と根本實在：久松真一の出立點》（京都：法藏館，2000）。

Steven Antinoff, "The Problem of the Human Person and the Resolution of that Problem in the Religio-Philosophical Thought of the Zen Master Shin'ichi Hisamatsu". PhD Dissertation, Temple University, 1990.這是一篇博士論文，探討久松真一對於人的生命問題的宗教與哲學的處理與解決。作者曾於一九七七年見過久松，表示對久松有甚深印象，其時久松已達八十八歲高齡了。有關此博士論文的評論，參看常盤義伸著〈久松博士のポストモダニスト構想への批判について〉，FAS 協會編《自己・世界・歷史と科學：無相の自覺を索めて》（京都：法藏館，1998），頁 114-135。

Shin'ichi Hisamatsu, *Zen and the Fine Arts*. Tr., Gishin Tokiwa, Tokyo: Kodansha International Ltd., 1974.

Frederick Franck, ed., *The Buddha Eye: An Anthology of the Kyoto School*. New York: The Crossroad Publishing Company, 1982.

Fritz Buri, *Der Buddha-Christus als der Herr des wahren Selbst: Die Religionsphilosophie der Kyoto-Schule und das Christentum*. Bern und Stuttgart: Verlag Paul Haupt, 1982.

Ryosuke Ohashi, hrsg., *Die Philosophie der Kyoto-Schule: Texte und Einführung*. Freiburg/München: Velag Karl Alber, 1990.

第十六章　佛性解構

一、所謂「批判佛教」

在上一世紀八十年代開始，日本佛學界方面發生了一波一波的批判傳統佛教特別是佛性思想、如來藏思想、禪思想、本覺思想以及京都學派的場所哲學的浪潮，成為佛教內部（也涉及外部）義理上發展的頭等大事。發起這場批判運動的，是東京的有佛教背景的駒澤大學的一些佛學學者特別是袴谷憲昭與松本史朗。他們都是具有一定學養的學者，對佛教文獻學與教義方面有深厚的、扎實的工夫。他們認為佛教是批判性格的，袴谷憲昭便寫了一部稱為《批判佛教》的專門著作，他們要回歸到原始佛教，特別是以緣起、性空、無我為主的導向。這一樁強調佛教的批判作用的思想流派便稱為「批判佛教」。因此，批判佛教可說是佛教內部所生起的一種思想，也牽涉一些重要的方法論問題，如對於終極真理的體證是否一定需以離言說的直覺方式來進行，言說、概念的運用是否必無適切性。在這種意義下，我把批判佛教列為佛教的一個流派，把它放在佛教的教相判釋或判教的大脈絡下來處理。這種佛教思想的最大特色，是要把一切有實體意味的觀念與理論驅離、排除出佛教之外，其中的焦點是否定佛性觀念和對與此觀念有關係的觀點加以棄置、解構。因此，我把這種思想定位為佛性解構。❶

值得注意的是，批判佛教所涉入的範圍非常廣闊而多元，除了佛教的義理與修

---

❶ 批判佛教所要拒斥的對象，其實並不只限於上列的諸種。他們甚至認為一些重要的大乘經典如《維摩經》（*Vimalakīrtinirdeśa-sūtra*）中的「不二」思想（入不二法門）和在中國、日本盛行的真如思想，都不是佛教。

行方法外，他們還涉及社會的、國家的以至民族方面。例如，他們反對那些宣揚日本民族優越性的言論，如梅原猛、川端康成和三島由紀夫等的著作、言論，這便牽連到日本的遠古文化、國體本義甚至軍國主義的偏激見解、觀點方面了。三島由紀夫更被視為由理性的文學風格過渡到政治行動的極端性的（radical）行為的重要人物，被認為廣泛地散佈暴力的合理性與死亡的價值意識。

就袴谷憲昭與松本史朗的觀點來說，釋迦牟尼作為佛教的創始者真能認識並能體會一切存在的意義、價值，他教人驅除一切苦痛煩惱，而得解脫，同時也要利益眾生，讓他們都能明瞭佛教的真理而矢志尋求覺悟。這裏顯示一種對言說的信賴，認為它可以傳達（起碼在某個程度上傳達）真理的訊息。但是到了後代，特別是大乘佛教階段，言說的作用被狹窄化、被貶抑，被視為不能透示真理，只有直覺才能作到這點。袴谷與松本便批判這種觀點，又更進一步擴展他們的批判範圍，以及於道家的老子和莊子和以西田幾多郎為首的京都學派；他們認為前者反對言說的作用與價值，後者的場所觀念與理論則鼓吹無限的包容性，與佛陀本人和那個時代的佛教徒在對抗梵的思想而展示的批判精神是不相應的。

對於袴谷與松本來說，佛教自身是充滿批判性的，它的批判精神是充實飽滿的。它最能顯現於緣起（pratītyasamutpāda）、空（śūnyatā）和無我（anātman）的說法中。他們對佛教的理解，要追源溯流到原始佛教特別是釋迦牟尼創立佛教的本懷：讓眾生理解到「此有則彼有，此無則彼無」的緣起說而放棄種種執著以求解脫。在這一點和有關問題上，松本史朗比袴谷憲昭做得更為積極。他在其名著《緣起と空：如來藏思想批判》的第二章〈緣起について〉中，❷提出了自己對緣起和一些相關的問題的看法。他表示不存在有無時間性的宗教，宗教總是有時間性的。緣起並不是理論上的、空間性的或相互包含的，卻是一種由原因到結果的時間連續的序列、行列。緣起是一種沒有根基性的超界（super-loci）系列。在這種時間性的系列之外或根基中是沒有任何實在（界）存在的。本覺一概念置定了一個前時間的或超時間的狀態，所有事物都由這一狀態生起，或者說，所有事物都在這個狀態下同時地和相互

---

❷ 松本史朗著《緣起と空：如來藏思想批判》（東京：大藏出版社，1989），頁 11-97。

地關連起來。這便是所謂界論（dhātu-vāda）。❸

說到緣起，不能不說性空，後者是龍樹（Nāgārjuna）的《中論》（*Madhyamakakārikā*）一重要作品的核心觀念。一般人通常都較重視性空，但松本認為，緣起比性空更為重要，《中論》的主題是緣起，不是性空。理由是，性空要在緣起的脈絡下被理解，相反則不然，甚至可能引起以性空為一種界的誤會。再關連下去，松本提到與中觀學同屬於空宗的般若思想，表示在最早期，亦即是大乘佛教興起之際（般若文獻是大乘佛教的先鋒），空宗便流行起來，主要是闡揚性空的義理。後來便逐漸混有如來藏思想在裏頭。《現觀莊嚴論》（*Abhisamayālaṃkāra*）是一個明顯的例子。實際上，這部文獻是疏解《二萬五千頌般若經》（*Pañcaviṃśatisāhasrikā-prajñāpāramitā*）的，其中頗有多元的如來藏思想在內。進一步，松本便正面提及如來藏思想，並加以批判。在他看來，原始佛教的緣起說特別是無我說有反對實體主義的傾向，「我」即是一個實體主義（substantialism）的概念。如來藏的說法對於無我說並無適切性，反而有對反的意味。他便是在這種義理的脈絡下，提出如來藏不是佛教的主張。❹這是對傳統的大乘佛教的一種嚴刻的批判。袴谷憲昭正是在這種思想背景下，展開他對本覺思想的批判。「本覺」是「如來藏」在東亞特別是在日本佛學中的一種表現形態。

如來藏與佛性是相同的，只是狀態不同。在大乘佛教，特別是《大般涅槃經》（*Mahāparinirvāṇa-sūtra*），佛性、如來藏、法身都指向同一東西，那便是成佛的依據，或者一般說的解脫主體、主體性。佛性（buddhatā）是一般說，它的潛藏狀態是如來藏（tathāgatagarbha），顯現出來是法身（dharma-kāya）；眾生若能充分顯現他們的如來藏，而成就法身，便得覺悟、解脫（mokṣa, vimukti）。這本來是非常善巧的事，但松本史朗卻提出，作為佛教的最終目標的解脫，是對佛教的嚴重誤解。此中的理據是，解脫是需要依靠一個解脫的主體或自我才能證成，這則需預設一個實體意義的自我（ātman），這便與無我（anātman）的教法相衝突。他進一步強調，不單是解脫，像涅槃（nirvāṇa）、心（citta），以至禪定（dhyāna, samādhi），也非得預認這自我

---

❸　這裏涉及「界」（dhātu）和「界論」（dhātu-vāda）概念，關於其詳，參看下文。

❹　松本史朗著〈如來藏思想は佛教にあらず〉，《緣起と空：如來藏思想批判》，頁 1-9。

不可，才能成辦。在這裏，松本顯然是太過於敏感，捉錯用神。佛教說我，起碼可分為兩個層次。其一是指常住不變的、實體意義的（substantial）自我，無我說中要無的、要否定的，正是這種我。另方面，佛教也說常、樂、我、淨，特別是《大般涅槃經》的所說，此種我並非實體性格的，而是一種超越的、能動的主體，是一切修行的主體，也是所證得的解脫的載體。由突破被執取為實體性的自我以進於體證那真正的自己、作為一切道德的、宗教的教化、轉化的主體，有甚麼問題呢？松本在這裏實在過度緊張，把無我的「我」抓得太緊，以為唯有這種實體性的我是我們常執取的，不承認有在此之外的我的真正的主體。倘若連這個解脫主體的我也否定掉，便淪於宣揚一無所有的虛無主義（Nihilismus）了。

批判佛教的創建者不但把批判的矛頭指向佛教教義中的佛性、如來藏、法身、解脫、涅槃、本覺甚至禪與中國道家思想方面去，同時也躍出義理的範圍，指涉及種種社會與政治方面的領域。松本本人便強調，佛性特別是涅槃系思想所提出的一切眾生悉有佛性、悉能覺悟成佛的說法，會造成一種在義理上的平等性的模糊印象，讓一般民眾陶醉於他們也具足的佛性觀念之中，對於社會上的不平等現象如善與惡、正與誤、貧與富、強與弱、政治家（政客）與平民、官商與民眾等變得麻木，而消極地不提出和處理，特別是在日本民族所提出的「和」的終極境界下，存有太多的期待與幻想，對於現實社會的不平等現象熟視無睹，甚至對非理性的軍國主義所鼓吹的暴力、侵略行為，更不管了。這些事情都是世間性的、現象性的，雖然人人不同，只要在終極理想的覺悟、解脫方面人人具有同等的機會，便可以了。

最後，我要在這裏指出，發起和支持批判佛教運動的人，都是學者、大學教授，他們在佛學方面都有相當深廣的學養，松本和袴谷兩人不必說了，支持他們的人，有伊藤隆壽、山內舜雄、吉津宜英、石井修道等，而著名的西藏佛學學者山口瑞鳳，更是他們的師輩，對本覺和如來藏思想也提出多項質疑與批判。因此，他們提出這個批判佛教的運動，無論在文獻學的講習和義理上的分析，都有一定的分量，不應等閒視之。❺

---

❺ 關於批判佛教、禪和佛性思想方面，居於名古屋的美洲學者史旺遜（Paul L. Swanson）寫了一篇〈為甚麼他們說禪不是佛教呢？近年對於佛性的來自日本的批判〉（"Why They Say Zen Is Not

二、批判佛教的批判性和佛教的批判性

在這裏，我們遇到兩種批判性：其一是由袴谷憲昭和松本史朗所發起而建立起來的批判佛教這一佛教的思想潮流的批判性，另一則是佛教自身所具有的批判性。後者主要涉及釋迦牟尼對流行於當時的印度社會的婆羅門教思想特別是大梵（Brahman）的信仰的批判。這種大梵思想主要表現於《奧義書》（*Upaniṣad*）中，後者是婆羅門教的最重要的根本文獻。他們認為宇宙的根源特別是存有論的根源是大梵；大梵是一個大實體，它創生宇宙中一切事物而又引導它們如何去活動、運作。釋迦牟尼以一種懷疑的、批判的眼光來看這梵的大實體；他提出緣起觀點，認為宇宙萬物都是依因待緣而生起的，這些事物緣聚而成，緣散而滅，根本不存在有甚麼常住不變的實體、自性（svabhāva）。人必須去除大梵的實體性，不執取這實體性，而以緣起的觀點看事物，看到它們的空的本性，因而不對它們起執，這樣便能斷除由偏執而來的一切苦痛煩惱，而得覺悟、成解脫。這是對婆羅門教的大梵觀念所起的批判。另外一種佛教內的批判性是在較後期的。即是，釋迦牟尼滅後三兩百年之間，佛教內部起分化，而出現小乘（Hīnayāna）佛教，其中一個有力的說一切有部（Sarvāsti-vāda）提出法有我無的思想，認為自我自身是空的、無的，但客觀事物則有其常住不變的法體（svabhāva），走實體主義的路向。大乘佛教（Mahāyāna）的龍樹建立中觀學（Mādhyamika, Madhyamaka），以空（śūnyatā）、假名（prajñapti）、中道（madhyamā pratipad）的思想批判這法體說、實體說，而建立其中道思想，或中觀學。

我們在這裏要特別注意的，並不是佛教的這種批判性，而是由松本、袴谷他們所宣揚的批判佛教所展示的批判性。如史旺遜在註❺所述及的論文所說，批判佛教起碼包含三個層面的批判，這即是佛教義理的、宗派的和社會的批判。首先就義理方面的批判說。袴谷憲昭在他的《批判佛教》的序說〈批判の哲學對場所の哲學〉

Buddhism? Recent Japanese Critiques of Buddha-Nature", Jamie Hubbard and Paul L. Swanson, eds., *Pruning the Bodhi Tree: The Storm over Critical Buddhism*. Honolulu: University of Hawaii Press, 1997, pp.3-29），對於批判佛教的來龍去脈，有頗清晰而周延的闡釋，讀者不宜錯過。

一文中表示，釋迦牟尼提出緣起（paṭiccasamuppāda）的批判佛教來批判為場所思想所影響的流俗的觀點，這場所是依於由動詞語根 ā-lī 演化而來的基體（ālaya，阿賴耶）的意味而成的。他自己也要沿著剝落由場所論者所倡導的場所佛教所積下來的土著思想而努力，而袴谷憲昭也是為此而努力的；他宣稱「佛教就是批判，只有批判是佛教」。❻袴谷和松本對於以理性知識為主幹的現代精神是深信不疑的，他們認為這是與科學與民主思想相應的。他們也依此而質疑神秘的直覺對於體證終極真理的作用，這也與他們對禪與本覺思想的批判有關連。實際上，他們批判本覺、如來藏觀念，基本的理據是這些觀念的思想特別是本覺思想在由印度傳到中國與日本經過本土化的過程中失去原有的批判精神，因而對現代化或現代性運動構成障礙。批判佛教的批判性也可見於他們對於場所哲學的拒斥中。袴谷認為，場所哲學以場所來包容多種事物，表現一種缺乏明晰方向的經驗性格，這經驗性格正是種種事物的經驗性格。另外一點是，袴谷要維護佛教的批判性格是堅定不移的、毫無保留的。他對於與他同時期的日本思想界特別是京都學派推介與發揚意大利哲學家維柯（G. Vico）的場所哲學和宣揚禪與《大乘起信論》的本覺思想不以為然；他認為京都哲學思想缺乏明晰的分析性，特別是與神秘主義混在一起（例如京都哲學家西谷啟治和上田閑照喜歡闡說德國神秘主義者艾卡特（Meister Eckhart）和伯美（Jacob Böhme）的思想，視這種神秘思想與場所觀特別是其中的絕對無觀有多元的交集性），會削弱佛教所具的批判性。

至於批判佛教的對宗派的批判，我想不是那麼重要，起碼就義理的探究的角度來看是如此。在批判佛教對社會的批判方面，則具有濃厚的現實意義，這裏不妨探討一下。袴谷與松本在他們的著作中提出了很多批判社會的觀點。和的觀念、本覺思想、京都學派的絕對無觀點以及對天皇制度的無條件其實是有濃厚迷信成分的支持，都受到批判佛教的嚴厲拒斥，它們被視為對於社會上的歧視現象和不公正的意識形態的成立有推波助瀾的作用。實際上，批判佛教作為一種宗教反思與宗教運動的生起，其背景是日本曹洞宗的重要人員不承認在日本流行有與民主精神和平等思想相違悖的宗教性歧視。這引起佛教和學術中人士的關注，他們審視在日本社會中

---

❻ 袴谷憲昭著《批判佛教》，〈批判佛教序說：批判の哲學對場所の哲學〉（東京：大藏出版社，1990），頁 16。

是不是真有歧視現象和背離正義事項存在，這些歧視和背離正義是否與佛教的教義和戒律有連繫。袴谷和松本表現得很積極，他們反思傳統佛教，也審查當時在日本流行的思想，結論是日本社會中的確存在著歧視弱勢的族群和婦女的現象，也流行著軍國主義、國粹主義的想法。他們就這些問題溯本尋源，認為原始的和的觀念、場所思想與這些現象、想法有關，後者受前者影響。進一步，他們認為這些觀念、思想來自在中國盛行的本覺思想和如來藏教說。他們強調本來的印度佛教特別是原始佛教不是這樣的，它的矢向是批判外道、與緣起說相違背的教法，這些教法包括佛性思想、如來藏思想（包括本覺思想）和禪。他們提出批判佛教，要去除這些元素，回歸到印度原始佛教所強調最力的緣起、無我、空的思想。即是，批判佛教是批判這些思想元素的。

三、界論與佛性（通於如來藏、本覺、清淨心）

以下我們要對批判佛教的內涵意義作周詳的審視。為了把闡明、闡述清晰化和扼要化，我們要從批判佛教所批判的對象說起；這批判對象即是松本史朗所提出的所謂「界論」，和「界」一名相所指涉的「佛性」、「如來藏」、「本覺」和「清淨心」等觀念。跟著討論佛學界以至思想界對批判佛教和界論所作出的回應，最後說明我自己通過文獻學與哲學分析雙軌路數來看界論、佛性和有關觀念的涵義與性格。

我們先從佛性、如來藏等相關名相說起。一般對佛性（buddhatā, buddhatva）的理解是成佛的潛能、成佛的可能基礎、本性、本質，或成佛的主體性。松本先就這點提出他的質疑。他指出，就《涅槃經》來說，在它的「一切眾生悉有佛性」的命題中，「佛性」的相應的梵文表示式是「buddha-dhātu」，但他對一般人把佛性理解為「佛的本性」、「佛的本質」，不以為然。他認為「dhātu」的原義是「放置的場所」、「基體」等，相當於英語「locus」，完全沒有「本性」、「本質」的意味。他又提到如來藏思想中的「dhātu」也是這個意思，於是以「dhātu-vāda」來說如來藏思想的本質構造，這正是他提出基體說特別是界論的由來。❼即是說，dhātu-vāda 或界論並未有出現於佛教的典籍中，卻是松本自己提出來的，用以說如來藏的學說，也就是佛性的學說。

松本以下表展示界論或基體說的構造上的特徵：

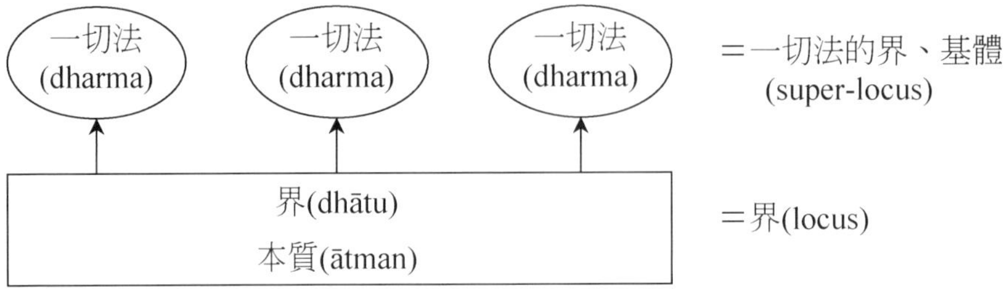

關於這特徵，松本提出六點：

1. 界是一切法的基體。
2. 界生起一切法（是它們的原因）。
3. 界是單一的，一切法是多數的。
4. 界是實在，一切法是非實在。
5. 界是一切法的本質（ātman）。❽
6. 一切法是非實在，由於是由界生起，而且界是本質，因而一切法有某種程度的實在性，或者具有實在性的根據。❾

松本繼續闡說，對於上面有關界論的構造，可簡約為，「作為單一的實在的基體（dhātu）生起多元的法（dharma）」。也可以說是「發生論的一元論」或「根源實在論」。他表示自己在大乘經典《勝鬘夫人經》（*Śrīmālādevīsiṃhanāda-sūtra*）中發現

---

❼ 《縁起と空：如來藏思想批判》，頁 5。

❽ 松本在上面說 dhātu 或界完全沒有本性、本質的意味，但在這裏又說界是一切法的本質，不知何故。

❾ 《縁起と空：如來藏思想批判》，頁 5。這第 6 點說法與上面所說也不一致。

「dhātu-vāda」的典型，並論到它的傳統發端於《法華經》（*Saddharmapuṇḍarīka-sūtra*）〈藥草喻品〉，經《華嚴經》（*Avataṃsaka-vaipulya-sūtra*）〈性起品〉而成立於《勝鬘夫人經》，以至於《不增不減經》（*Anūnatvāpurṇatvanirdeśaparivarta*），而「dhātu-vāda」的基本結構也可以通過《大乘阿毗達磨經》（*Mahāyānābhidharma-sūtra*）與《現觀莊嚴論》（*Abhisamayālaṃkāra*）的下列偈頌表示出來。這裏只列《大乘阿毗達磨經》的偈頌：

> anādikāliko dhātuḥ sarvadharmasamāśrayaḥ /
> tasmin sati gatiḥ sarvā nirvāṇādhigamo 'pi ca //

相應的漢譯是：

> 無始時來界（基體），一切法等依，由此有諸趣，及涅槃證得。

松本指出，此偈中的「tasmin sati」（倘若有此），是絕對處格（locative absolute）形式，它不只有基體的意思，同時也可指原因（hetu）。❿按在這梵文中的 dhātu（界），作為一切法的依據，不管是染法（諸趣）也好，淨法（涅槃）也好，都不必解作基體，特別是一種形而上的實體。在這裏，我們不必對 dhātu 抓得太死煞，太狹窄，如視之為基體。我想解為原因（hetu）較好，這原因當然可以包含基體在內，但不限於此，它可以指一個總的源頭，是一切染法與淨法的所依止的根據。這樣，這偈頌便不必被視為提倡一種基體論或界論，如松本的所說。

跟著下來，松本提出他的結論。他表示自己在這裏介紹的有關「dhātu-vāda」的說法，正是釋迦牟尼所要批判的對象，這自然也是《奧義書》的梵我（brahman-ātman）論的觀念。有關如來藏思想與《奧義書》哲學的類似性，高崎直道已經一再

---

❿ 對於 locative absolute，松本譯作「絕對處格」。又可作「處格獨立結構」。參看拙著《梵文入門》（臺北：鵝湖出版社，2001），頁 121。又松本在這裏的說法，參看《緣起と空：如來藏思想批判》，頁 6-7。

指出過了。⓫松本強調，雖然在文獻上我們目前未能證明釋迦牟尼的批判對象是「界論」（dhātu-vāda），但最重要的是，釋迦牟尼的緣起說只能被理解為與「唯一的實在的萬物的根源」的說法亦即是「界論」（dhātu-vāda）相對反的。因此，如來藏思想或 dhātu-vāda 正是佛教或緣起說要批判的對象。

這樣，松本便開啟了對傳統佛教的界、基體（dhātu）說的批判。這界、基體以西方形上學來說，即是實體（Substance）、基底（substratum）。松本並視這界、基體就是佛教傳統中的「場所」（locus），像獅子中的寄生蟲那樣，對佛教有腐蝕作用。袴谷很支持松本的這種看法，以為佛教傳統中有所謂「場所哲學」，這也是京都學派哲學的主要內容。⓬我們大體上可以這樣說，同一種哲學形態，古典的叫「界論」、「基體論」，現代的則叫「場所哲學」。但這是順著松本、袴谷的觀點而提出的。京都學派的場所哲學是否真能作界論、基體論看，和佛教的佛性思想、如來藏思想、本覺思想是否便是界論、基體論，自然是一個極具爭議性的問題。在松本史朗本人來說，像界論、基體論的思想方式具有一定的普泛性，在現代與古代，東方與西方都可以看到這種哲學模式。

松本的批判佛教的矛頭，指向如來藏思想。袴谷則主要批判本覺思想。他在自己寫的《本覺思想批判》⓭一書中，說到本覺思想不是佛教，這種思想，由《大乘起信論》、天台思想伸展到日本方面的主流佛教。他並揚言禪思想、京都哲學以至《維摩經》的不二思想都不是佛教。所謂「本覺」，以現代的詞彙來說，指存有論

⓫ 高崎直道著《如來藏思想の形成：インド大乘佛教思想研究》（東京：春秋社，1975），頁762。高崎提到，「如來藏」、「佛性」名相是在這樣的概念的脈絡下結聯起來的，這種脈絡是，《般若經》有「dhātugarbha」的說法，同樣，我們眾生亦可說「tathāgatadhātugarbha」。按倘若是這樣，眾生固可說有如來藏，亦可說有如來界藏或如來基體藏。高崎指出，印度思想上的種種概念，不管在外表看來是如何抽象，亦會與某些譬喻關連起來。就「界」來說，一方面是抽象的概念，同時又涉及具體的形象，把這種多義性合在一起看，這界或「法界」在「法性」（dharmatā）之外成為一個重要的名相，便很自然了。印度思想的關連範圍拓展到整個宇宙，若把它作為一元論來把握，則亦可是一種「dhātu」的哲學。如來藏思想最能體現印度思想的這種特色，在哲學上可以稱為界（法界）一元論。另外又可參看 J. Takasaki, *A Study on the Ratnagotravibhāga*, Roma, 1966, pp.60-61。

⓬ 袴谷憲昭著〈批判としての學問〉，《批判佛教》，頁132。

⓭ 袴谷憲昭著《本覺思想批判》（東京：大藏出版社，1989）。

義的一切存在的根源，這也便是上面所提到的實體，這也是佛性、如來藏；也是界、基體。所謂佛性、如來藏、本覺以至清淨心，都是指同一的東西，只是不同的傳統佛教的支流自身有不同的說法而已。它是否實體、基體、界呢？松本與袴谷的答案都是肯定的，實際的情況如何？下面會有周詳的探討。

批判佛教認為這些東西都不是佛教性的（Buddhistic），那麼佛教是甚麼呢？我們可以依甚麼判準來認定甚麼是佛教，甚麼不是呢？袴谷提出，我們應注意以下三點，這是特別關連著本覺思想而說的：

一、佛教的根本教法是緣起，那是回應和抗拒印度哲學的一個實體意義的自我或本質（ātman）而提出來的。任何觀念若含有根本的實體、場所（topos）義，任何接受這種場所意義的哲學，都是界論（dhātu-vāda）。印度哲學的「自我」、中國哲學的「自然」和日本哲學的「本覺」，都是界論中的觀念，都是與佛教緣起說背離的，都不是佛教。這裏特別要注意的是，佛教是否定在空間上不變的作為一者的場所，而只以時間上的緣起為真實。

二、本覺思想以自身一向肯定的說法為前提，這常常只是一些傳統的權威主義的說法。佛教宗奉無我（anātman）說，否定權威主義，也通過自我否定以進行利他的行動。相反地，強調自我肯定的本覺思想則在理論上不能成立利他行。即使高唱「一佛成道，觀見法界，草木國土，悉皆成佛，有情非情，皆俱成佛道」，不外是欺騙、造作而已。

三、本覺思想認為真如是不能憑依言說而體證得的，它完全輕視信仰（saddhā, śraddhā）與知性（paññā, prajñā），捨棄言說。佛教以知性來說緣起，更輔以信仰。本覺思想則崇尚無為自然，好談「得意忘言」的悟境。⓮

平心而論，佛教的根本義理固然是緣起、性空。但其他各點是否可作定論，必無爭

⓮ 袴谷憲昭著〈本覺思想批判の意義〉，《本覺思想批判》，頁 9-10。又可參考 Paul L. Swanson, "Why They Say Zen Is Not Buddhism? Recent Japanese Critiques of Buddha-Nature", pp.13-14。

議，是可以商榷的。實體是否通於場所，界是否必為實體，本覺是否可直接關連到界，道家的自然是否能說為界，本覺思想是否為權威主義，是否只肯定自我而與利他無關，言說是否自身便能傳達真理的訊息，而讓人理解、體證，般若（prajñā）是否只是知性，而無智性的意味，「崇尚自然」、「得意忘言」是否是負面價值，等等問題，都有進一步探討的必要。在下面的探討中，這些問題大體上都會觸及到。

四、對於界一觀念的深入的文獻學兼攝義理的探討

由上一節可以看到，松本史朗與袴谷憲昭對於中國與日本佛教都有嚴厲的批判。在佛性觀念的涵括下，涉及本覺、場所、如來藏、基體、界等問題。松本集中於對如來藏、基體、界方面的闡釋，提出作為基體的界是一切存在的生成的原因，這亦即是佛性、如來藏、本覺、自性清淨心。袴谷的批判則聚焦在中國與日本的本覺思想，並且關連到京都哲學與維柯的場所觀點方面。

批判佛教的整套說法，所涉及的觀念與範圍非常多元和寬闊，其核心觀念或問題，自然是「界」無疑。上面對於這個觀念的說明，仍是一般性的。在這一節，我想特別只就這個觀念的意義作進深的、專門的文獻學兼攝義理的研究。關於界，一般都從《大乘阿毗達磨經》中的那首相關的偈頌中「無始時來界」句中的「界」來考察。我們在上一節已列出原偈頌，在這裏，我想引述松本的附有相應的梵文字眼的解讀來展開文字方面的探討。以下是松本的解讀：

> 無始時來的（anādikālika）界（dhātu, locus），是一切諸法的所依（samāśraya, locus）。由於有這種情況（tasmin sati），便有一切諸趣的成立，也有對涅槃的體證。⓯

松本以dhātu-vāda來說這種界論或有關界的理論，以它為諸法的基體（dharmadhātu）。

⓯ 《緣起と空：如來藏思想批判》，頁48。

按這 dharmadhātu 通常譯為法界，是華嚴系的核心觀念，指真理的世界，或作為真理而呈現的事物的世界。松本以如來藏思想、唯識思想的本質說。若這樣說，則界論只能說是存有論，不能說是宇宙論，這亦符合佛教自身的旨趣。佛教本來便不大關心存有論的問題，宇宙論的問題更不用說了。但松本又將這界論引申到「單一的實在的 dhātu（locus，基體）生起多數的非實在的諸法」的意思去了。這便有存有論甚至宇宙論的涵義，「生」是一個宇宙論的概念。這便與佛教本來的旨趣不大吻合。界是一切法的所依，這所依或依（āśraya），是對一切法而言的，一切染淨法都是依於這界而成立。這種依的關係表示諸法之成為或染或淨的東西，是通過界的憑依的作用或性格而然，沒有宇宙論的生起的意味，不是雞生蛋那種意思。界有時也作因（hetu）解，但這因或原因不表示能生起諸法的原因，仍只是憑依的意味而已。不過，我們要注意一點，倘若以如來藏思想的立場看這界，則界與宇宙論沒有交集；但若以唯識思想的立場看，則界相應於阿賴耶識（ālaya-vijñāna），這便有濃厚的宇宙論意味了。因阿賴耶識中攝藏有宇宙萬物的種子（bīja），這些種子若能有充足的條件（緣），便能現行而成具體的、立體的事物。

東京大學榮譽教授平川彰曾對《大乘阿毗達磨經》的這個「界」一觀念頗有自己的理性的看法，他並不認為這界是第一原因或根本實在。他的說法如下：

> 重要的是，這界是被視為無始時來的存在。所謂無始時來（anādikālika）正表示無法把得這界的起源的意味，理由是，這界是不斷地變化著的。倘若界是靜止的存在，由於界的現在的狀態和它的起始時的狀態是相同的，因此我們可以把握到它在開始時的狀態。若能把握到開始時的狀態，則在思想上來說，這「無始」便不能說了。但由於界是不斷地變化著的，它的起源是不清楚的，因而不能把握。即是說，它的經過是甚麼樣，是不能明瞭的。這樣看界，自然是符合佛教的諸行無常的立場了。這是就佛教來考量界的性質的重要之處。⓰

⓰ 平川彰著《平川彰著作集第一卷：法と緣起》（東京：春秋社，1988），頁 560-561。

平川的想法是，界的無始時來（anādikālika）的狀態，表示它是不斷地變化的，因而不能說根本實在。這便會引致界是現象性格的東西，不具有終極性。但沒有終極性的界，如何能作為染淨法的所依呢？這是平川的詮釋的困難之處。我的看法是，無始時來表示不能以時間說，表示超越時間。既然是超越時間，則應有終極義，是終極實在義。界是終極實在，但這不表示界是處於靜止狀態，更不表示界是實體。界不是一個實體主義（substantialism）的觀念，而是一個非實體主義（non-substantiatism）的觀念，它應是一種恆時處於動感狀態的終極原理。這終極原理是存有論義，不是宇宙論義，因此，它可作為現象諸法的所依止，但不能生起現象諸法，像上帝創造宇宙，母雞生蛋那樣。

松本對於平川的說法，並不認同。他認為我們可視《大乘阿毗達磨經》中的「界」為實在，「無始時來界」這一偈頌文，是說基體的、實在的。他引述津田真一的說法：「沒有根據的，自身正是終極的根據」、「沒有開始（ādi）的，自身正是萬物的終極的開始」。「無始時」（anādikālika），即是，「沒有開始的時間」，正是「有開始的時間」，實質上等於 ādikālika：說得簡單一些，即是「存在於時間的開始中」。即是說，「時間」這種東西，在「dhātu-vāda」之中，不是無始無終的，而是由「界」的存在時點開始，不能追溯到在此之前了。他認為「有」（sat）、「界」（dhātu），都是萬物的始源、時間的始源，是「第一原因」、「根本實在」。由「如來藏二界」發生出來的萬物，不是「無前際」，也不是「無開始」，而是具有「如來藏二界」這種始源的。⓱松本這樣說，表面看來似乎不錯，以有、界為萬物的始源、時間的始源，因而有終極義，與《老子》的萬物由有而來，有又由無而來，有類似性。不過，以如來藏、界生起萬物，是萬物存在的根源，便落於宇宙論，這在理論上有困難。如來藏、界不是宇宙論的觀念，要以它們為中心來講出一套宇宙論，需有一種宇宙論的演繹，以交代抽象的如來藏、界如何能生起具體的、立體的宇宙萬物。

在這裏，我們要停一下，溫習一下袴谷和松本兩人的批判佛教的焦點所在。袴谷主要是批判本覺思想，這思想在印度有《大乘起信論》（依傳統作馬鳴 Aśvaghoṣa

---

⓱ 《緣起と空：如來藏思想批判》，頁 96-97。

作）開其端緒，發展到中國與日本而大盛。松本則主要批判如來藏思想，這如來藏與本覺、自性清淨心同概括於佛性之中。他以「基體」、「界」來說如來藏、佛性，視之為萬法的宇宙論的生因，他用「界」的字眼用得最多。按界或 dhātu 在佛教文本中時常出現，意思也很多元。對於 dhātu 的漢譯，有界、身界、世界、大、根、性、根性、種性、種、言根、舍利諸種名相來對應；至於松本自己所提的 dhātu-vāda，則漢譯有試金術、冶金術、鍊金術諸名相，與松本所提的「界論」完全沒有交集，⓲這的確是松本自己提出來的，用以概括一切有關佛性、如來藏、本覺等觀念的思想。

日本學者山部能宜對於批判佛教特別是松本史朗的觀點作出多方面的文獻學的評論，在這裏，我想介紹他的一些說法，然後提出自己的回應。山部首先提出，松本的界論模型本質上是靜態的。他相信同一的界論結構在所有瑜伽行（筆者按：此處山部用 yogācāra 字眼，而不用唯識（vijñaptimātratā）字眼）和如來藏文獻中都能說得過去。他以界（dhātu）作為一切現象的普遍的基礎（universal basis of all phenomena），作為一切事物生起的根據。對於界常被作為原因看，他辯稱這只是一個以基體（locus）形象作為依據的第二序的、引伸的意義。⓳山部在這裏提出很好的一點，他說松本以界是一切事物生起的根據。即是，界是一種能活動的實體，它能憑它的動感去生起一切事物，此中的宇宙論的意味是明顯的。不過，山部在起首說界論模型是靜態的，可能引起一些不必要的聯想。界論作為一種哲學理論，一種形而上學理論，自然是靜態的，難道有動感的理論麼？但若說界本身是靜態的，便有問題了。界是生起一切事物的依據、原因，則非要是在動感狀態不可。若是靜態，怎能生呢？

對於松本強調等依（samāśraya，共同的所依）很清晰地表示 dhātu 是基體（locus）的意味，山部是同意的，但他不同意松本說基體是 dhātu 的根本義涵，而「因」的義涵是由 dhātu 引伸出來的。山部提出文字學的理由：動詞語根 dhā 有產生（generate）或者引生（cause）的意思，同時，-tu 可以表示一個相關者、當事者，因

⓲ 荻原雲來編纂，辻直四郎監修《漢譯對照梵和大辭典》（臺北：新文豐出版社複印日本版，1988 年再版），頁 641 左、右。

⓳ Yamabe Nobuyoshi, "Riposte", *Pruning the Bodhi Tree: The Storm over Critical Buddhism*. p.208.

此，就理論上言，我們可以從 dhātu 的構成分子直接推導出因的意思，不必透過其他的義理來間接推導出這意思。⑳按在漢傳佛教方面，對於「無始時來界，一切法等依」偈頌文中的「界」，通常都是作「因」解，「界」或「dhātu」本來便有原因的意思，這個意思應該是界或 dhātu 的本來意思，山部所說有理。

關於 dhātu 的意思，山部並不完全同意松本的說法。他提出松本以 dhātu 是放置的場所，是一種基礎或基體（locus）。這是他提出的界論中的核心觀念。山部表示，以 dhātu 意指放置的場所，可以引生很多的質疑。因為 dhātu 由 dhā 和-tu 組成，這兩個詞分子各自都有多元的意涵，因此，它們合起來而成 dhātu，便有多元的、多方面的意思。例如在《黎俱吠陀》（*Ṛgveda*）中，dhātu 這一語詞便有兩組意涵，一種是基底、基礎的一面，另一種是元素、層次的一面。㉑不過，這兩面都有原因、基源的意思，由元素可以構成物體的例子可知。在早期的瑜伽行的文獻中，界基本上指那些由一剎那到下一剎那間重復地產生自己的多元的要素（plural elements）。因此，界的基源意義是「生起因」（generative cause），這不是由任何普遍的「基體」（locus）形象所引申出來的。這些多元的、複數的界並不由其他的普遍的界所支持。山部因此表示，就語詞「界」（dhātu）和「所依」（āśraya）的實際用法來說，《大乘阿毗達磨經》中的那首偈頌中的界（dhātu）是否指基體，是不能完全無誤地確定的。他認為這 dhātu 應該是因、原因的意思，與松本史朗所提的基體（locus）模型沒有交集。㉒倘若是這樣，松本依那一首偈頌而提出的界論或基體說，便受到嚴重的挑戰。

最後，我們看看高崎直道對有關問題的看法，特別是如來藏思想方面。毋庸置疑，高崎是國際佛學界研究的如來藏思想的權威學者，在這方面，他寫了四部重要著作：

J. Takasaki, *A Study on the Ratnagotravibhāga*. Roma, 1966.

高崎直道著《如來藏思想の形成：インド大乘佛教思想研究》（東京：春秋社，

---

⑳ 同前，頁 211-212。

㉑ 同前，頁 210。

㉒ 同前，頁 213。

1975）。

高崎直道著《佛性とは何か》（京都：法藏館，1985）。

高崎直道著《如來藏思想》I，II（京都：法藏館，1988，1989）。

關於界論的問題，高崎表示界論觀念以《大乘阿毗達磨經》中所敘述的「無始時來界」（anādhikālikodhātuḥ，一種沒有起始的實體或基礎）作為其模型語詞，或者更早的《不增不減經》中的一界（eko dhātuḥ）。這種語詞涉及生死（saṃsāra）和涅槃（nirvāṇa）共同存在或共享一個（只是一個）「場所」或「區域」的觀念。筆者按這便是「由此有諸趣，及涅槃證得」的所說：六道種種惡途和離苦得樂的四境的所源出處。高崎強調，把這個場所經驗為生死的，是一般的有情眾生，而把它體驗為涅槃的，則是諸佛。這「一界論」（ekadhātu-vāda）的基礎是甚麼呢？甚麼是生死與涅槃的統一或連續呢？高崎認為這正是法界（dharmadhātu）觀念的問題所在。瑜伽行派的傳統的解釋是，法界等同於因果關係（緣起）。在此意義上，法界是高潔的佛教教法的基礎，這一觀念正表示《華嚴經》的法界義理。高崎認為「界」一語詞起碼有兩個意思：「領域」或「場所」，和「原因」。㉓他又把「界」一觀念與如來藏思想關連到印度思想方面來，說：

> 印度思想以一元的想法把握全宇宙的寬廣、範圍，這有「界」的哲學一面，而如來藏思想最能體現印度思想的這樣的特色。在哲學上，這可稱為（法）界一元論。㉔

這是說，如來藏思想在印度思想中最能概括全宇宙的存在的，是界一元論，以一切存在都匯歸到界方面去。但界是否實體性格呢？這是本文要作進深討論的問題。

㉓ J. Takasaki, "Thoughts on Dhātu-vāda and Recent Trends on Buddhist Studies", in *Pruning the Bodhi Tree: The Storm over Critical Buddhism*, pp.315-316.

㉔ 高崎直道著《如來藏思想の形成：インド大乘佛教思想研究》，頁 762。

五、高崎直道對界論的回應

高崎直道是松本和袴谷的老師，後者對他也相當尊敬，並時常引述高崎的觀點。高崎在〈界論思想與佛學研究的最近趨向〉（"Thoughts on Dhātu-vāda and Recent Trends on Buddhist Studies"）㉕一文中就佛教的思想傳承對界論作出義理上的描述，也對松本與袴谷所提的批判佛教的方法作過思索，注意它在現代佛學研究中的意義。他提出，如來藏思想或松本所謂界論的確有與《奧義書》和《吠陀》近似之處，但光是這點不足以支持這種思想或思考方式不是佛教這樣的判斷。他提醒說我們在如來藏思想的文獻中可以看到一種警覺性，警覺到有些人會批評一個我體的預設，會與佛教的原始精神相悖，但這些人並不覺得這種批評具有充足的理據。特別的是，並沒有印度學者為了這種可能的相悖而否定如來藏思想，視之為非佛教性格。中觀學人士的確批評過如來藏和唯識這兩種思想隱含實體性義理，但他們仍未有把這種義理排斥在佛教之外，他們只視之為不了義而已。在西藏佛教，如來藏被視為構成大乘佛教的一個元素。高崎並不認為這種思想是非佛教的，即便它有上面所提及的與傳統印度的哲學與宗教相通的情況。松本的界論可以幫助佛教徒理解佛教並不是與傳統的印度思想完全相異的。

高崎指出一重要之點：松本有一種基本的態度，他認為佛教不能接受它以外的其他的印度各派的思維，致受到影響。很可能是這個想法，讓松本拒斥一切與印度各派思想相通的佛教義理，特別是有界論傾向的義理，此中包括如來藏或佛性思想、涅槃、解脫的宗教目的和禪定的實踐方法。這樣，剩餘下來的、在他看來是純粹佛教的思想便不多了，例如緣起（pratītyasamutpāda）與無我（anātman）之屬。松本特別堅持如來藏思想不是佛教的一個重要理據是，它在有關的文獻中明確地標示常、樂、我、淨這些觀念，後者毋庸諱言地含有某種程度的我論成分。在此之外，松本又把批判的矛頭指向日本和中國的禪思想，㉖表現出嚴峻的不滿意味。高崎的總的印象、評論是，批判佛教所提出的種種批評，即便能夠找到有力的依據，亦只是在

㉕ *Pruning the Bodhi Tree: The Storm over Critical Buddhism*, pp.314-320.

㉖ 松本史朗著有《禪思想の批判的研究》一大書（東京：大藏出版社，1994）。

佛教內部區別佛教中的不同元素而已，這些不同元素的區分，並不是佛教的原初目的。高崎的意思殆是，佛教的原初的創教目的，是解決人生的苦痛煩惱、生死的問題，但在整個發展歷程中，不期然地涉入一些不是完全協調的觀點，但這是宗教發展的常見的現象，我們不必對它作過分的回應與反彈。㉗

以上是高崎對於松本批判如來藏思想的總的看法，表示他並不完全同意這些看法。至於袴谷方面，高崎比較多留意他從社會學、社會現象的角度來批判如來藏思想。高崎承認有好些社會現象所展示出來的不義的、歧視的行為，佛教是應負一定程度責任的。但對於這些不良發展的批判、拒斥，並不足以動搖佛教的本覺說、佛性說的根基。他認為，本覺說、佛性說帶來了這些負面的結果，但批判佛教所宗奉的緣起性空思想也同樣會引致這些結果。至於邏輯與語言這些工具義、方便義的東西，無疑是重要的，但邏輯與言說畢竟有它們自身的限制，特別是在對終極真理的體證方面。般若思想、禪的不二思想，很能展示這種限制性。這些限制遍佈於很多重要宗教的說法中，不是只在佛教為然；因此，我們不能因為佛教有這些限制而認為它們是反佛教的。倘若因此而說它們是反佛教，則它們也應是反其他宗教了。㉘

高崎對批判佛教作出了用心良苦而善巧的回應。一方面他肯定松本與袴谷對佛教的重要問題如佛性、本覺、如來藏、涅槃諸項作出了認真的研究，對佛教徒墮入常住的梵我思想的非佛教途徑提出警訊。這種研究無論在文獻學或義理分析方面都表現一定的學術功力。同時，他也為佛教保留充足的教義和修行的發展空間。倘若對如來藏、佛性思想完全摒出佛教之門，則佛教的教說的範圍會大幅度收縮，收縮到只闡發緣起、無我的教法方面，這無疑是走回頭路，開倒車，回轉到原始佛教和釋迦的四聖諦、三法印、十二因緣的狹窄範圍。倘若如此，則在原始佛教之後發展出來的小乘有部的思想和大乘的一切眾生都有佛性的思想便成為多餘了。這從思想史的角度來說是不通的。人的思想不可能是一出現便臻完滿無缺狀態，不必再發展了。它卻是由近而遠，由淺而深，由簡而繁地成長的。大乘佛教便是原來的佛教在

㉗ 以上的意思，是高崎的那篇論文的主要觀點。

㉘ 史旺遜也提到這點，cf. "Why They Say Zen Is Not Buddhism: Recent Japanese Critiques of Buddha-Nature", pp.23-25.我在這方面作了一些發揮。

這種發展情況下而成的結果。

六、批判佛教與緣起說

在佛教的教法中，緣起被視為最根本的觀點，而與這觀點有明顯的對立關係的，是如來藏思想。松本史朗寫了一篇稱為〈如來藏思想は佛教にあらず〉的論文，㉙他的立場很明顯，單看論文題目已可以清楚知道了。在上面我們提了多次，佛教的根本教義是緣起、無我，也包含空。這緣起的義理是佛陀釋迦牟尼當年在菩提樹下靜坐瞑想時覺悟到的。在《阿含》文獻中有記載，點明這是就十二因緣（dvādaśāṅgika-pratītyasamutpāda）而言。這當然不是華嚴宗所說的法界緣起。法界緣起是超時間的一種真理的世界的面貌，有理想的現象學義涵。十二因緣則是在時間的形式概念下展現出來的眾生的生命存在的流轉歷程。這種緣起是根本反對任何具有自性（svabhāva）、實體（substance）意義的概念的，也就是拒斥具有自性、實體因而有其恆常不變性的存在的。它也自然與松本所提的界（dhātu）一觀念相對反。松本的立場是，以界為對象的界論（dhātu-vāda）思想與緣起說完全沒有交集，進一步可以說是相互對反的。松本在他的一篇〈禪的涵義〉（"The Meaning of Zen"）的論文中指出，有些人認為佛教所要建立的智慧是一種無分別性的認知（nirvikalpa-jñāna），這種認知超越主體和客體的分別。松本又強調，在早期佛教，智慧（jñāna, prajñā）總是意味著一種概念的認知，或者對某些清晰的肯認與命題的覺識，例如四聖諦或緣起的教法。㉚早期佛教並沒有倡導過脫離概念或思維主體的無分別的認知，這「無分

㉙ 松本史朗著〈如來藏思想は佛教にあらず〉（如來藏不是佛教），《緣起と空：如來藏思想批判》，頁 1-9。

㉚ 松本在這裏說早期佛教以智慧是概念的認知（conceptual cognition），頗有問題。智慧應該不是指以概念來作認識的能力，而是指對於超越概念的不二境界的認識能力。對於四聖諦和緣起的體證，不可能是概念的認知，而應是對真理的洞見。松本說過智慧不是概念性知識的形式，不可能馬上便說相反的意義的話，這可能是松本一時的疏忽。不過，他跟著又說同樣有問題的話，即是，早期佛教仍有概念思維的痕跡，佛教在後期的發展才提出無分別的認知。就整個脈絡來說，松本似乎仍認為早期佛教的思維模式不是無分別的，而是有分別的。但四聖諦和緣起既然是諦，若以有分別的認知來處理，很難得到徹底的、終極的解決。不管如何，以早期佛教主張有分別的

別的認知」（nondiscriminatory cognition）一語詞和它所展示的思考路數只在較後期的佛教特別是大乘佛教的發展中明顯出現，而且這種發展是在反佛教的印度一元論的影響下出現的。㉛

批判佛教的這種佛教思想運動，很明顯是把大乘佛教的幾個重要觀念解構，如佛性、如來藏、本覺、清淨心、解脫、涅槃，而回歸向原始佛教的緣起無我思想。這無異是把作為整個體系的佛教腰斬，把大乘佛教切割，也不談小乘佛教的說一切有部（Sarvāsti-vāda）和經量部（Sautrāntika），因為它們分別說永恆的法體、實體和外界實在，有違緣起無我的勝義。這樣，佛教便真的只剩下釋迦的四聖諦、三法印、十二因緣和原始佛教的《阿含》文獻對釋迦教法的詮釋了。難怪美洲女學者瓊格（Sallie B. King）把松本和袴谷的觀點定調為「只有嚴格地符順釋迦牟尼所宣說的緣起原理的反本質主義思想才應被視為是佛教的」。而佛性思想由於是一種界論或本質主義的哲學（essentialist philosophy），基本上悖離了這一基調，因而不能被視為是佛教的。㉜所謂本質主義的哲學或本質主義（essentialsm）是指倡導本質、實體、自性這些具有常住意義或性格的觀念的哲學。瓊格的這篇論文〈佛性義理是本原地佛教的〉（"The Doctrine of Buddha-Nature is Impeccably Buddhist"），是要透過《佛性論》一論典來駁斥批判佛教的如來藏思想不是佛教的說法。對於瓊格的這種說法，我馬上想到一個問題：所謂「嚴格地符順」（strictly adhere to）應該如何解讀呢？在哪種意義下我們可以說某種說法嚴格地符順釋迦牟尼的緣起教法呢？華嚴宗的法界緣起應該不算，那麼唯識學的阿賴耶緣起和中觀學的八不緣起算不算呢？抑只有小乘的業感緣起才算呢？這是一個非常棘手的問題。㉝倘若說凡是具有形而上的體性義的觀念或

認知而後期佛教（大乘佛教）主張無分別的認知是有問題的，問題在把佛教的思維傳統截割為兩段。

㉛ M. Shiro, "The Meaning of Zen", *Pruning the Bodhi Tree: The Storm over Critical Buddhism*, pp.243-244.

㉜ Sallie B. King, "The Doctrine of Buddha-Nature Is Impeccably Buddhist", *Pruning the Bodhi Tree: The Storm over Critical Buddhism*, p.174.

㉝ 筆者在佛陀和原始佛教的緣起觀點和華嚴宗的法界緣起觀點外，還區分了佛教的四種緣起觀點：八不緣起、業感緣起、阿賴耶緣起和真如緣起。參看拙著《中國佛學的現代詮釋》（臺北：文津出版社，1995），頁 99-102。

觀點都不符順釋迦的教法，與緣起義相悖離，則我們應該怎樣去確定某個觀念具有體性義，某個觀念不具有呢？這很不容易處理。關於體性義或體性問題，我在下面會有周詳的探討，這個問題在這裏暫且擱下。

批判佛教的一個有力的支持者是藏傳佛學專家山口瑞鳳，他也是松本和袴谷的導師。他的一篇論文〈傳入西藏的印度佛學的核心要素：與日本佛教的一種對反〉（"The Core Elements of Indian Buddhism Introduced into Tibet: A Contrast with Japanese Buddhism"）頗詳盡地涉及中國禪學（神會系）與印度中觀學（寂護（Śāntirakṣita, Śāntarakṣita）系）的一場大辯論。這場辯論的雙方是代表神會禪學的摩訶衍和代表寂護的蓮華戒（Kamalaśīla），辯論的地點是拉薩的著名的桑耶寺（bSam yas）。他們的立場分別是禪與中觀學。禪強調頓然的覺悟，在一剎那中體證終極真理，此中的主要途徑是直覺的瞑想，超越一切語言名相的傳播媒介。中觀學則是講漸次的覺悟，憑藉語言的分別性的理解與修習波羅蜜多（pāramitā）以求覺悟。結果是，中國禪方面說摩訶衍勝出，印度中觀學方面則說蓮華戒贏了。但自此之後，中國佛學在西藏日漸衰退，印度佛學特別是中觀學則在西藏日漸興旺。㉞山口瑞鳳自己頗有這樣一種理解：菩提智慧的能力與所謂成覺悟、得解脫有密切的關聯，後者是要依賴一種神秘的直覺才能達致的。不過，他自己與松本、袴谷對神秘的直覺的可能性和它的效用還是持保留態度，頓悟云云，頗不易說。他們還是傾向以言說來表達體證真理的方式，強調以階段的方式修習六度或六波羅蜜多，讓精神狀態步步上升，最後便能體證得真理。

說到以言說來表達體證真理的方法，袴谷憲昭非常支持這種方法。他在自己寫的〈批判としての學問〉㉟一文中，便明顯表示批判佛教或批判哲學肯定以語言可

㉞ 關於這場中印佛學在西藏的「大對決」，法國著名的漢學家戴密微（P. Demiéville）在以下的著書中有詳實的記述：

P. Demiéville, *Le concile de Lhasa: une controverse sur le quiétisme entre bouddhistes de l'Inde et de la Chine au VIIIe siècle de l'ère chrétienne*. Bibliothéque de l'Institut des hautes etudes chinoises, vol. 7, Paris Impr. nationale de France, 1952.

較扼要的說明，可參考：梶山雄一、上山春平著《佛教の思想 3：空の論理～中觀》（東京：角川書店，1969），頁 164-167。

㉟ 袴谷憲昭著〈批判としての學問〉，《批判佛教》，頁 93-154。

以體會真理，而拒斥京都學派要超越語言，透過純粹的直覺來體會真理的方法的正確性與有效性。在他的說法中，我們可以經驗到批判佛教與場所佛教在體證真理的方法論上的嚴重分歧性。

袴谷更進一步強調佛教自身的批判性格，這種性格明顯地表現於對印度傳統的婆羅門思想的實體主義立場的批判中。在他看來，印度古代的《奧義書》（*Upaniṣad*）的教法，其焦點概念即是作為實體的「梵」或「我」。佛教正是在反抗這樣的實體主義思想中興起的。佛教不承認有空間性的和不變單一的場所的存在。它強調唯一的真理是因緣生起或緣起的時間歷程。當它作為一種外來的宗教而被傳播到中國時，它的核心義理便被傾覆，以至於它的思想中的有關識別佛教的特徵幾乎蕩然無存。由於要迎合本土性格的中國哲學中的「自然」或「自發性」概念，佛教的緣起和因果關係的概念便湮滅了。[36]袴谷的說法並不是完全清楚和正確。他說佛教不承認有空間性的和不變單一的場所一點值得研究，在小乘有部的所謂五位七十五法中，其中有一位是無為法（asaṃskṛta）。空間或虛空被視為一種無為法，它不是被造物，是不生、不滅、不被制作的東西。在大乘唯識學和它的前身或所發展自來的《俱舍論》（*Abhidharmakośa*）來說，空間是一種心不相應行法（citta-viprayukta-dharma）。「不相應」即是沒有客觀的實物與它相應，它只是思想中的分位假法。這是主觀的與外界不相對應的東西。以現代哲學詞彙來說，空間不是實在，而是一種形式概念；在康德來說，空間與時間都是感性直覺的形式條件。這裏所說的場所，應該是指一個空間性的地方，是單一的、渾和的、純然無雜的地方。大乘佛教不承認有這種東西存在。另外一點可以補充或澄清的是，佛教傳到中國，當然受到一些中國思想因素所影響，但影響總是有限，並不如袴谷所說的那麼嚴重，緣起說和因果說也未有湮滅，這在僧肇的《肇論》中可以看得很清楚。佛教仍是佛教，只是染上了一些中國原有的思想色彩，它仍與中國原有的主流思想如儒家和道家有本質上的不同。

回返到緣起與批判佛教的問題。佛陀提出緣起的教說，本身便是一種批判行動：批判婆羅門教特別是《奧義書》對梵（brahman）與我（ātman）或梵我（brahman-

---

[36] Jamie Hubbard, "Topophobia", *Pruning the Bodhi Tree: The Storm over Critical Buddhism*, p.95.

ātman）的實體性、常住不滅性也。緣起是一切事物的本質，表示一切事物都是由緣或條件構成的，其中並無獨立自在的自性、實體。梵與我都是一樣，不可能是實體，不可能有常住不滅性。倘若有人認為它們是實體，具有常住不滅性，那批判佛教便要嚴厲地批判這種觀點、說法，把它們視為異端邪說，拒斥於緣起正法之外。因此，在批判佛教的倡導者眼中，佛教是批判性的，也只有批判性是佛教。這我們在上面第二節中已說過了。現在，袴谷把這種說法所指涉的對象擴大，在〈批判佛教序說：批判の哲學對場所の哲學〉㊲一文中，他提出「哲學即是批判，唯有批判是哲學」，把佛教擴展到哲學整個領域去。他並補充說，批判以外的東西是反哲學的，不過，肯定場所以拒斥反哲學有一種好處，是讓場所包容一切東西，甚至包容「批判」這種哲學活動，即是，把作為哲學活動的批判也包容過來。結果是，倘若哲學不拒斥場所，反而容許它的存在，則場所作為場所哲學，便可在哲學之中有其一定的位置了。但袴谷表示自己不會這樣想，他用「批判哲學對場所哲學」（批判の哲學對場所の哲學）字眼，正要展示真正的對立，是批判與場所之間的對立，要表示「真正的哲學是要排除場所」這樣的觀點。他強調我們必須這樣去思考。在這種意義下，徹底主張「唯有批判是哲學」的人便可以稱為「批判論者」（criticalist）。那些人（如中村雄二郎）希望將場所作為哲學的根基包含在哲學裏面並以「自覺的統合」作為努力的目標的人，可稱為「場所論者」（topicalist）。袴谷並舉例說笛卡兒是「批判論者」，而維柯則是「場所論者」。㊳

按說佛教是批判性，也只有批判性是佛教，若就佛陀提出緣起說來替代婆羅門教的梵我觀點，自然沒有問題。但由此是否一定可以引導出哲學是批判，唯有批判是哲學的意思，則要看在甚麼脈絡中說。一個批判意識不是很強的人、不大熱心要建立批判態度的人，可以是哲學家，但他的哲學不見得一定具有批判性。而袴谷所強調的批判以外的東西是反哲學的意涵，也不見得是必然正確。這是常識，我想不必爭論下去。以場所作為哲學的一個觀念，對場所的問題作哲學性的探討，而成就場所哲學，我看不到有甚麼不妥之處。即使以場所為實體意義的場所，場所哲學仍

㊲ 袴谷憲昭著〈批判佛教序說：批判の哲學對場所の哲學〉，《批判佛教》，頁 3-46。

㊳ 同前，頁 13-14。中村雄二郎是現代日本的思想家，也是場所哲學特別是西田哲學的研究者。

然可以成立，場所的立場仍然可以維持。袴谷顯然認為哲學與場所觀點有正面的矛盾，認為真正的哲學是要排除場所的。這樣理解哲學，眼光未免太狹窄了。袴谷顯然是從緣起與因果觀念來看哲學，認為世間不可能有常住不變的東西，如自性、實體之屬。這是佛陀和原始佛教的立場。但佛陀的思想和原始佛教不必能窮盡一切哲學、一切思想。倘若一定要堅持唯有這種立場才能建立哲學，那只是把哲學的範圍不斷收窄，使它變得越來越萎縮。這不是正確處理哲學問題的態度。

七、《大般涅槃經》論佛性

以上我們花了不少篇幅來說明松本史朗、袴谷憲昭等批判佛教論者如何透過「界論」（dhātu-vāda）來批判佛教在後期發展出來的佛性、如來藏、本覺、禪以至京都學派的場所諸觀念的思想，把它們都拒斥於正宗的佛教之外。這正宗的佛教是指以緣起、無我觀點作為核心的佛陀的教法與原始佛教。以下我們要一一透過文獻學與哲學分析來審視批判哲學所要拒斥的那些觀念的義理，看看批判佛教的說法是否有理據。首先要探討的是佛性觀念。以下會依序就不同的題材來進行我們的探索，所依據的文獻，是大乘的《大般涅槃經》（*Mahāparinirvāṇa-sūtra*）。

1.佛性遍在。就存有論言，佛性（buddhatā, buddhatva）具有普遍性（universality），它存在於一切眾生之中，因此，《大般涅槃經》有一切眾生悉有佛性，一闡提皆得成佛的著名說法如下：

> 法者即是法性，義者即是如來常住不變。智者了知一切眾生悉有佛性。[39]

> 如來常住不變，畢竟安樂，廣說眾生悉有佛性。（《大經》，《大正藏》12·399上）

這是強調佛性的遍在性。以下涉及一闡提問題：

---

[39] 《大般涅槃經》，《大正藏》12·402 下。以下為方便起見，有關《大般涅槃經》的引文出處，悉在引文直後註明，《大般涅槃經》亦省作《大經》。

> 一切眾生皆有佛性。以是性故，斷無量億諸煩惱結，即得成於阿耨多羅三藐三菩提，除一闡提。若王大臣作如是言，比丘，汝當作佛不作佛耶？有佛性不？比丘答言：我今身中定有佛性。成以（與）不成，未能審之。王言：大德，如其不作一闡提者，必成無疑。（《大經》，《大正藏》12·404下）

這裏仍然強調一切眾生皆有佛性，最後都能得到覺悟，成就阿耨多羅三藐三菩提。但一闡提是例外。所謂「阿耨多羅三藐三菩提」是梵語 anuttarā samyak-saṃbodhiḥ 或巴利語 anuttarā sammāsaṃbodhi 的音譯，意譯為無上正等（或等正）覺。這是佛覺悟的智慧，是無以上之的、真正的平等圓滿的智慧。若拆解梵語語詞，anuttarā 是無上的之意（uttarā 是上，an-表示否定，即不是、無，故 anuttarā 意即無以上之的、最高最上的），samyak 是真正的、完全的之意，saṃbodhi 則指覺悟。此種覺悟是佛的覺悟，其優越與真確，並世無匹。原則上，一切眾生都具有佛性，都能得覺悟而成佛，但有一種稱為「一闡提」（icchantika）的眾生，他們極度愚癡，頑劣無比，無可救藥。依大乘佛教，這種眾生雖有佛性，但不能成佛。故《大經》有云：

> 一闡提雖有佛性，而為無量罪垢所纏，不能得出，如蠶處繭。以是業緣，不能生於菩提妙因，流轉生死，無有窮已。（《大正藏》12·419中）

一闡提為無量罪垢所纏，永無翻身之日，只會窮年累月地在生死苦海中輪轉。

一闡提的問題是這樣。至於其他眾生，雖有佛性，但不表示現實上便是佛了，仍要不斷修行，做工夫，順從戒律，把生命中的負面因素去除。《大經》說：

> 一切眾生雖有佛性，要因持戒然後乃見。（《大正藏》12·405上）

> 佛說中道：一切眾生悉有佛性，煩惱覆故，不知不見。是故應當勤修方便，斷壞煩惱。（《大正藏》12·405中）

持戒與修方便（upāya），都是工夫。這都是就凡夫說。至於佛或如來，他們也是經歷過極其漫長時間的修行，才能有這種殊勝果報，而成為如來。《大經》說：

> 如來已於無量無邊阿僧祇劫無有食身、煩惱之身，無後邊身。常身、法身、金剛之身。善男子，未見佛性者名煩惱身、雜食之身，是後邊身。菩薩爾時受飲食已，入金剛三昧。此食消已，即見佛性，得阿耨多羅三藐三菩提。（《大正藏》12·372上-中）

所謂「食身」、「煩惱身」、「後邊身」，是指仍有軀體及由之而來的限制之身，仍然是六道凡夫，未臻解脫。這不是常身、法身、金剛之身，後者是歷劫修行所致，最後證得作為精神主體的法身（dharma-kāya），是金剛不壞的。這些身雖名字不同，真實都是佛性的顯現。佛性在隱，為如來藏；在顯，為法身。

最後，或許有人會問：一切眾生都有佛性，這佛性在不同眾生之中，是相互不同，抑是相同呢？《大經》明確表示，所有眾生的佛性是相同的，佛性是一種普遍的成佛的本質，不會有分別：

> 一切眾生同一佛性，無有差別。（《大正藏》12·423上）

雖然一切眾生都具有同一的佛性，這是超越意義的同一性。但眾生作為個別的生命個體，他們的經驗的、後天的條件可以很不同，有很大的差別，所謂氣清、氣濁的不同。在他們破除煩惱、體證真理、成覺悟、得解脫這些殊勝的行為上，自然是相互不同。氣清的煩惱較輕，氣濁的煩惱較重，這便影響他們成覺悟得解脫的時限。有些眾生需歷劫修行，才能成佛；有些眾生（極少數）可以頓悟成佛，即就此生便得解脫，不必等待來生。

2.佛性是空的性格。批判佛教把佛性思想視為界論的一種形式，而「界」有自性義、實體義，與印度教或婆羅門教的梵我觀念是同一鼻孔出氣，也是常住不變的實體，這有違佛陀與原始佛教的緣起無我的根本立場，因此要對佛性思想徹底批判，把它排斥在正宗的佛教之外。對於佛性是界義抑不是界義，我們通過對闡揚佛性思想最廣最深的《大般涅槃經》的探索、考究，發覺佛性畢竟不是實體義，不是我體，不是界，不是界論中的觀念。即是，佛性畢竟是空的性格。以下是筆者的研究記錄。《大般涅槃經》或《大經》首先確立佛性的空的性格：

> 佛性者即第一義空，第一義空名為「中道」，中道者即名為「佛」，佛者名為「涅槃」。（《大正藏》12・524 中）

佛性是第一義的空（śūnyatā），第一義（paramārtha）即是最殊勝的、終極的意義，沒有比它更為根本、更為究極的了。這第一義空又叫「中道」（madhyamā pratipad）。原始佛教特別是《阿含經》（*Āgama*）已經說中道，《雜阿含經》（*Saṃyutta-nikāya*）說：

> 如實正觀世間集者，則不生世間無見。如實正觀世間滅者，則不生世間有見。……如來離於二邊，說於中道。（《大正藏》2・67 上）

這是說，說世間是因緣集合而成，則能明瞭世間萬物的現象性，不是一無所有的虛無。說世間會離散，則能明瞭世間萬物的空、無自性性，不是常住不變的有。從這有無的兩種偏見、二端的相互對待性格超越上來，而正見世間萬物的非有非無，這便是中道。在修行上能達致中道境界的，便得覺悟而成佛，只有佛才能臻於涅槃（nirvāṇa）的寂滅境界、精神世界。《大經》對於佛性，有不同說法。有時說一切如來的「秘藏佛性」，有時說「如來秘密之藏」，有時說「真我」。（《大正藏》12・411 下-412 下）

上面說佛性是空，現在在這裏稍為闡釋和發揮一下。先引《大經》一段文字：

> 空名無法，無法名空。譬如世間無物名空。虛空之性，亦復如是。無所有故，名為虛空。善男子，眾生之性與虛空性，俱無實性。何以故？如人說言，除滅有物，然後作空。而是虛空實不可作。何以故？無所有故。……是虛空實無有性，以光明故，故名虛空。（《大正藏》12・513 上-中）

所謂空，是指沒有常住不滅或法的自身（法自身，物自身（Ding an sich））。空不是甚麼也沒有的虛無主義的意義，只是說沒有常住於世間的實在性（Realität）。這裏以世間無物來說空，這物是指具有常住的實在性這樣的東西，這樣的實在性是沒有的，是空的。空有時也作虛空，都是指某種實在性的不存在的狀態，這也是世間事物的真相、真理。一切事物都是因緣和合、緣起。有緣起便有緣散。緣起是有，緣散是空。事物由緣而成，緣必有散，因此事物必不能永遠維持原狀。事物沒有自己的實體、實性，只是緣的聚合而已，聚合的消散，便是空。講來講去，都是這個意思。事物是這樣，有情眾生也是這樣，都沒有常住的實體、實性可得。進一步，《大經》在這裏把一般人所謂的空與佛學所說的空區別開來。把某些物體消滅掉，那些物體便不存在了，這便是一般人所說的空。這是假定某些物體的有，然後將之除掉，說這是空，這樣的空是由一些操作做出來的。佛教所說的空則不是這樣。依佛教，根本沒有物體，一切本來無所謂有，因而也沒有滅除物體的有然後成為空。因此，這空是物體的本性、本質，與上面所說的做作沒有關連。即是說，空或虛空是無為法，是一種真理的狀態，是事物的真正情況，世間並沒有一種稱為「空」的實在的性格。那為甚麼說虛空呢？《大經》的答案是，這是由於有光明的緣故。這光明不可視為太陽或電燈所發出的光明，不可當作空間的光明看。光明是智慧對事物的性格的透徹的照見，照見它們沒實體、自性，是空。《大經》逕直以佛性為虛空、無為。（《大正藏》12・445 下）這虛空是沒有實體、體性的空，也是無為性格，即不是被造（saṃskṛta）性格。

關於空或虛空，《大經》在下面一段文字中，有進一步深刻的說法：

> 菩薩摩訶薩修大涅槃，知見法界，解了實相，空無所有。無有和合覺知之相，得無漏相，無所作相，如幻化相。（《大正藏》12・492 下）

大菩薩在獲致大涅槃境界的修行中，對於法界、實相（法界即是實相），了達法界或實相並不是一種現象性格的有、存在；法界、實相與空是不二的，在其中，無對象可得。法界作為真理的世界，沒有任何現象的、經驗的層次的對象可得，實相也是如此。法界（dharmadhātu）中的界（dhātu）是在智慧的觀照下的沒有執著的領域，完全不是界論（dhātu-vāda）中的實體義、自性義的界。法界的界是一個非實體主義的概念，不是實體主義的概念，與松本史朗的梵我實體完全是兩碼子的事。不知松本何以會有以界為實體的看法。引文中提到和合覺知之相、無漏相、所作相、幻化相中的「相」，意思不完全是一樣：無漏相、無所作相與如幻化相的相，應作「性」解。在佛教文獻，「相」有時取「性」的意思。和合覺知之相的相則是對象相、現象。

最後，《大經》對於佛性與空或虛空的關係，作一總括性的解說：

> 迦葉菩薩言：世尊，如佛所說眾生佛性猶如虛空。云何名為如虛空耶？善男子，虛空之性，非過去，非未來，非現在。佛性亦爾。善男子，虛空非過去。何以故？無現在故；法若現在，可說過去，以無現在，故無過去。亦無現在。何以故？無未來故；法若未來，可說現在，以無未來，故無現在。亦無未來。何以故？無現在、過去故。若有現在、過去，則有未來，以無現在、過去故，則無未來。以是義故，虛空之性，非三世攝。……如來已得阿耨多羅三藐三菩提。所有佛性、一切佛法，常無變易。以是義故，無有三世，猶如虛空。善男子，虛空無故，非內非外。佛性常故，非內非外。故說佛性猶如虛空。（《大正藏》12·580 下-581 上）

這是說佛性像虛空或空那樣，是超越時間的，沒有過去、現在、未來之分。這裏以一種循環的方式來展開論證：由於無現在，因而無過去；由於無未來，因而無現在，由於無現在、過去，因而無未來。以這種循環的方式來破現在、過去、未來的時間分別，亦即無獨立的時間，有點別扭。以現在是過去的基礎，未來是現在的基礎，現在與過去是未來的基礎。實際上，唯識系以時間為分位假法、心不相應行法，來破時間的客觀實在性，只有主觀上的形式性，或形式條件，已經可以了。空間或虛空是這樣，佛性也是這樣，都沒有時間性可言。有時間性的，是有為法、生滅法；否則是無為法、常住法。《大經》便在這個意思脈絡下，說佛性不會變易，像虛空或空那樣。另外，佛性又像虛空那樣，沒有內與外的分別，因而沒有空間性。結論是，虛空或空沒有時間性和空間性，只有主觀的形式意義；佛性亦是一樣，超越時間與空間，而為一有強烈的活動義的超越的主體性。說佛性有實體，是梵我，是界，都是沒有依據的。佛性畢竟是空的。

3. 佛性是我、大我。上面剛提及佛性是超越的主體性（transzendentale Subjektivität），這其實是涅槃境界中的我、大我。《大經》云：

> 彼梵志云：瞿曇，先於處處經中說諸眾生悉無有我，既言無我，云何而言非斷見耶？若無我者，持戒者誰？破戒者誰？佛言：我亦不說一切眾生悉無有我。……佛性者豈非我耶？……時諸梵志聞說佛性即是我故，即發阿耨多羅三藐三菩提心。（《大正藏》12·525上）

佛教所說我，其實有兩層意思。其一是心理學的、經驗性的我，這是個別性的我，充滿私欲私念，執著種種世間事物，以為有自性可得，不知這一切都是空，都無自性。這種執著不會有任何正面的、積極的結果，只會召來無盡煩惱，讓自己輪轉於生死苦海之中，循環不已。這種我（ātman）是要被轉化的、克服的，要被「無」掉。原始佛教即依此而說「無我」（anātman）。另外一種我是我們生命存在中的超越的主體性，它具有普遍性，是清淨性格。不過，在平常情況，它總是為種種煩惱垢障所纏繞，不能展現它的明覺，人的行為都隨順上面說的那個私欲私念的我的腳跟轉。因此要進行修行，修習波羅蜜多（pāramitā），克服私欲私念的我，成就清淨的、普遍的我，憑著它的智慧與慈悲，讓自己得到轉化，成覺悟，得解脫，自渡也渡人。這種我即是佛性之我、如來藏之我。經文中說「諸眾生悉無有我」不是從有無的存有論的導向說，而是從工夫論的導向說。此中的我是私我、個別的我，要被克服、被超越的，在這種工夫中，那普遍的我便會相應地展現出來，發揮它的積極的作用，最後臻於解脫。因此，說「無有我」或「無我」中的我，是私我、個別的我。而在同時展現的有明覺的我，是解脫的我，是我們真正的主體，它有時也稱為「真我」、「大我」。因此，說無我不是斷見，不是消極行為，而是有實踐的正面意義。持戒的是這大我，破戒的是那私我。這大我便是佛性，便是如來藏，但它不是形而上的實體，不是我體，不是基體，沒有真正的體性。涅槃境界中的常、樂、我、淨，其中的我，正是大我，正是佛性。《大經》有如下說法：

> 我者即是佛（性）義，常者是法身義，樂者是涅槃義，淨者是法義。（《大正藏》12·377 中）

> 我者即是如來藏義，一切眾生悉有佛性，即是我義。如是我義從本已來常為無量煩惱所覆，是故眾生不能得見。……如貧女人，舍內多有真金之藏，家人大小無有知者。……是人即於其家掘出真金之藏。女人見已，心生歡喜，生奇特想，宗仰是人。（《大正藏》12·407 中）

> 我性及佛性，無二無差別。（《大正藏》12·409 下）

這三段引文合起來看，佛性即是我、真我、大我，是眾生真正的自己。但由於有種種後天的經驗的煩惱所掩蓋，致它的光明無法透出，故雖有佛性，但在現實上仍是凡夫，不能覺悟。後天的、經驗的污垢的覆蓋是關鍵因素。必須把這東西去除，才能透露佛性的明覺。因此，有佛性不表示即是佛，卻能保證有成佛的可能性。

一切眾生都有佛性、大我，但佛典為甚麼又說無我呢？《大經》謂：

> 是諸外道所言我者，如蟲食木，偶成字耳。是故如來於佛法中，唱是無我。為調眾生故，為知時故，說是無我。有因緣故，亦說有我。如彼良醫善知於乳是藥非藥，非如凡夫所計吾我。凡夫愚人所計我者，或言大如拇指，或如芥子，或如微塵。如來說我悉不如是。是故說言：諸法無我，實非無我。何者是我？若法是實，是真，是常，是主，是依，性不變易者，是名為我。……為眾生故，說諸法中真實有我。（《大正藏》12·378 下-379 上）

這裏進一步為有我與無我的說法作清楚的交代。所謂有我，我是真我、大我、佛性之我。所謂無我，我是私我、隨順眾生的生命中的習氣習染的腳跟轉的我。大我是要彰顯的，私我是要克服的。無我是從眾生的現實的經驗條件開始，把他們的私我指點出來，而予以抑制、克服。另外又讓他們明白，在現實的私我的背後，藏有超越的真我、大我、佛性的我，這我有多種殊勝性格：實、真、常、主、依、性不變易，等等。就這個脈絡，把眾生的我、佛性的我指點出來，讓他在這方面努力，去除私我、經驗氣質的我，而彰顯超越的佛性我而覺悟成佛。因此，說「諸法無我，實非無我」。這裏所說的「諸法」，應該是指眾生而言，其意是，諸眾生沒有我，不是了義、勝義。諸眾生是有我的，這是佛性的大我，不是那只顧一己之私的個別的我、經驗的、心理學的我。說「諸法無我，實非無我」並不矛盾，並沒有錯。

佛性大我若能徹底覺悟，便能獲致殊勝的結果，這即是入大涅槃。《大經》把涅槃分為兩種：涅槃（nirvāṇa）與大涅槃（mahānirvāṇa）或大般涅槃（mahāparinirvāṇa）。其中云：

> 有名涅槃，非大涅槃。云何涅槃，非大涅槃？不見佛性而斷煩惱，是名涅槃，非大涅槃，以不見佛性故。無常無我，惟有樂淨，以是義故，雖斷煩惱，不得名為大般涅槃也。以見佛性故，得名常樂我淨。以是義故，斷除煩惱，亦得稱為大般涅槃。（《大正藏》12·514下）

《大經》的分法很清楚。不管是涅槃抑是大涅槃，都需要斷除煩惱。在斷除煩惱的條件達到後，能彰顯佛性的明覺，而得常樂我淨的功德（guṇa）的，為大涅槃境界。雖能斷除煩惱，但不能彰顯佛性，不能同時具足常樂我淨，只具足樂淨的，則只能得涅槃，不能得大涅槃。這算是處理好了定義的問題。不過，有一個工夫論的問題，《大經》在這裏沒有交代清楚。這即是，必須能彰顯佛性，破除迷執，才能斷除煩惱。或者換一個角度說，彰顯佛性與斷除煩惱在工夫上都是同一事體，只是從不同面相來看這事體而已。在工夫論上，我們很難想像一個人不能見佛性、彰顯佛性而能斷除煩惱的。彰顯佛性與斷除煩惱是不能相互割截開來的。另外，《大經》將常樂我淨四功德分割為兩截：常我與樂淨。涅槃只有樂淨，沒有常我。只有大涅槃能同時有常樂我淨四功德。有樂淨而沒有常我，令人難以想像。我的意思是，這四種功德應是可相互涵容的；把它們切割開來，像《大經》所說那樣，有樂淨而沒有常我，不可能是圓融狀態。我們能想像不圓融的涅槃麼？

以上是《大經》作者透過與涅槃相比較而顯出大涅槃的勝義。他又獨立地說及大涅槃如下：

> 一切諸法悉無有我，而此涅槃真實有我。以是義故，涅槃無因，而體是果，是因非果，名為佛性。（《大正藏》12·530上）

這裏不說一切眾生悉有佛性，卻說一切諸法悉無有我，這諸法應指生滅法，也包括眾生在內。而「我」則是人稱的我，而且是真我、佛性我。從因果關係來說，涅槃以這真我為內容，這真我是超越的主體性，具有終極的、絕對的性格，不是生滅的性格。㊵因此，它不同一般諸法、事物那樣，為因果律、因果關係所囿限，而是沒有因果性的「因」可言，涅槃的內容既是這真我、這超越的主體性，自然也沒有因果性可言，故《大經》說「涅槃無因」。但由涅槃或真我能夠引生出種種行為、殊勝的行為，「體是果」的「體」應指這些殊勝的行為，它們可作果看。至於佛性，由於它的超越的、絕對的性格，不可能由因或種種條件生起，故不能作果看，是「非果」。「是因」則表示它的創生性格，一切殊勝行為以至覺悟，都依於佛性而得成立，就此而言，佛性是這些行為、覺悟的源頭，故說「是因」。

以上《大經》講涅槃的非因果性，它用的字眼是「涅槃」，其實是說大涅槃。以下它直說大涅槃，並交代「大」的意思：

> 唯佛菩薩之所見故，名大涅槃。以何因緣，復名為大？以無量因緣，然後乃得，故名為大。……云何復名為大涅槃？有大我故，名大涅槃。涅槃無我，大自在故，名為大我。（《大正藏》12·502下）

以下《大經》列舉八種大自在，其中有虛空自在，說法如下：

> 如來遍滿一切諸處，猶如虛空。虛空之性不可得見。如來亦爾，實不可見。以自在故，令一切見。（《大正藏》12·503上）

這裏涉及自在，甚麼是自在呢？《大經》的解釋是：

㊵ 這裏說涅槃，應指大涅槃而言。

> 云何自在？如來一心安住不動，所可示化無量形類各令有心。（《大正藏》12·502下）

《大經》的作者表示，大涅槃是只有佛與菩薩才能顯現的，這是大乘的理想人格。故大涅槃只流行於大乘。至於小乘的阿羅漢，他們所證得的，是涅槃，不是大涅槃。所謂「大」，是依「無量因緣」而得，佛與菩薩要普渡眾生，便得與無量眾生結緣，與他們打交道，引導他們離苦得樂，開悟而成就解脫，這便是「大」，故大有宏通、宏深的意味。同時，在大涅槃中所展現的、彰顯的，是大我，是普遍的、絕對的、超越的主體性。而所謂「大我」，是透過對私我的克服、超越而達致的具有大自在的功德或性格的真我。至於「大自在」，《大經》列出八種，其中與我們這裏的脈絡有密切關聯的，是虛空自在。虛空是涅槃的總的內涵，但不是一對象，故不可以感官來接觸，知了。但虛空可以藉著它的殊勝的自在性格，讓萬法展現其自己。㊶而這裏所說的自在，不是一般泛說的自由自在的意思，而是心靈自身的安穩、安住而不移動、不動搖的意思，它所示現的各種形類、變化身不是一僵滯而無生氣、心靈現象的機械性的東西，卻是有感覺的，具有心靈的動感的形類、變化身。

4.佛性即是中道，以中道說佛性。佛性與中道的等同關係，以天台宗智顗闡釋和發揮得最為充足。因此有中道佛性或佛性中道的說法。這種思想，在《大經》中也可看到。《大經》謂：

> 佛性者，名第一義空。第一義空名為智慧。所言空者，不見空與不空。智者見空，及與不空、常與無常、苦之與樂、我與無我。空者一切生死，不空者謂大涅槃。乃至無我者，即是生死；我者謂大涅槃。見一切空，不見不空，不名中道。乃至見一切無我，不見我者，不名中道。中道者，名為佛性。以

㊶ 這裏說虛空能讓一切存在、萬法展現其自己，應該不是以對象（Gegenstand）或現象（Phänomen）的身份展現，而是以物自身（Ding an sich）的身份展現。因為在涅槃中展現萬法的，不是感性的直覺（sinnliche Anschauung），而是睿智的直覺（intellektuelle Anschauung），後者不是由知性（Verstand）發出來的，而是由般若智（prajñā）發出來的。

> 是義故，佛性常恆，無有變易。無明覆故，令諸眾生不能得見。聲聞、緣覺見一切空，不見不空，乃至見一切無我，不見於我，以是義故，不得第一義空。不得第一義空，故不行中道。無中道故，不見佛性。（《大正藏》12·523中）

這裏以第一義空與中道來說佛性。而第一義空不是純然的空（mere emptiness），它也包含不空在裏頭。這不空不是指實有、實體、自性，不是批判佛教所說的基底、基體、我體，而是指菩薩所具足的種種普渡眾生的方便法門。在佛性來說，它兼有空與不空兩義：空是虛空，沒有我體、自性、實體，不是松本史朗的界（dhātu）；另一方面，又在不空方面具足種種方便施設來進行大乘的渡生活動。佛性即是中道，故中道亦是兼有空與不空兩面，而不是只含一端。在這個意義下，佛性與中道都有綜合性格，不是偏於一邊，故有圓融意味。因此，我們可以說，佛性與中道都涵蓋空與不空、常與無常、苦與樂、我與無我。我是大我，是成就大涅槃的超越的主體性。無我則是指對生死之我、私我、個別的我的克服，讓大我或佛性我能充量展現出來。小乘的聲聞（śrāvaka）、緣覺（pratyeka-buddha）只能見一端、一邊，只能見空、無我，不能見不空、我，因而不能含容第一義空的內容，所以與顯現中道、佛性無緣。

上面是說佛性即是中道，跟著是以中道來說佛性。《大經》謂：

> 佛性無生、無滅、無去、無來。非過去、非未來、非現在。非因所作、非無因作、非作非作者。非相非無相。非有名非無名。非名非色。非長非短。（《大正藏》12·445中-下）

這裏提出多項相對的概念，而予以一一拒斥，以佛性是超越這些概念所組成的相對性、二元性，以顯出佛性的絕對性、一元性。實際上，超越一切相對反的概念的相對關係而說終極真理，例如中道，是佛教經論常有的思維方式，這是所謂雙邊否定或雙遣、雙遮。上面也引過《雜阿含經》所說的「離於二邊，說於中道」，現在《大經》以這種思維來說佛性，即是以中道來說佛性。在這種意義脈絡中，佛性與

中道完全是相同的。㊷

5.佛性是覺悟的潛能。關於這點，松本史朗與袴谷憲昭都不以為然。但《大經》有如下的說明：

> 眾生起見，凡有二種：一者常見，二者斷見。如是二見，不名中道。無常無斷，乃名中道。無常無斷即是觀照十二因緣智，如是觀智，是名佛性。二乘之人雖觀因緣，猶亦不得名為佛性。佛性雖常，以諸眾生無明覆故，不能得見。又未能渡十二因緣河，猶如兔馬。何以故？不見佛性故。善男子，是觀十二因緣智慧，即是阿耨多羅三藐三菩提種子。以是義故，十二因緣名為佛性。（《大正藏》12·523下-524上）

這裏說佛性是觀照十二因緣的觀智。十二因緣是佛陀與原始佛教的重要教義，它可以被視為真理的代表，它自身便是交代眾生的生命流轉的真理。㊸《大經》更強調一切眾生便是由於不能理會、體證十二因緣這種真理而不斷流轉於生死世界中。它並強調若能體證十二因緣，便能體證佛法，能體證佛法，即表示能夠實現佛的理

㊷ 《大經》以這種方式來說佛性，也以同樣方式來說涅槃：「涅槃之體，非生非出。非實非虛。非作業生。非是有漏有為之法。非聞非見。非墮非死。非別異相，亦非同相。非往非還。非去來今。非一非多。非長非短。非圓非方。非尖非斜。非有相非無相。非名非色。非因非果。非我我所。」（《大正藏》12·492上-中）要注意的是，開首說「涅槃之體」中的「體」，不是實體、體性義，而是事體，是一般說「這種東西」、「之為物」的意思。故「涅槃之體」即是「涅槃之為物」。若以涅槃還有在它之外的體，則涅槃自身便不是終極的了，它的體才是終極的。這是說不過去的。故只能視為表示涅槃的事體，或涅槃的本質之意。

㊸ 關於十二因緣（dvādaśāṅgika-pratītyasamutpāda）的意思，由於最先提出它的文獻如《阿含經》並未有交代它的真確意義，因此後世僧俗對它有種種猜測。《大經》有如下的說明：何等十二？過去煩惱，名為無明。過去世者，則名為行。現代世中初始受胎，是名為識。入胎五分，四根未具，名為名色。具足四根，未名觸時，是名六入。未別苦樂，是名為觸。染習一愛，是名為受。習近五欲，是名為愛。內外貪求，是名為取。為內外事，起身口意業，是名為有。現在世識，名未來生。現在名色六入觸受，名未來世老病死也。是名十二因緣。（《大正藏》12·525下）筆者有自己的理解方式，參看拙著《佛教思想大辭典》（臺北：臺灣商務印書館，1992），頁42右-44左。

想，這即是覺悟、解脫。而這佛即是佛性。諸佛是以佛性作為其本質（性）的。㊹這本質頗有潛能、潛質的意味。而再對上面的一段文字中有「佛性雖常，以諸眾生無明覆故，不能得見」，這很清楚展示佛性是眾生生命中潛藏著的心靈能力，能夠照見真理，放大光明。但它往往為無明這些負面因素所覆蓋，不能展現其光明，結果眾生像兔、馬與象過河，兔、馬只能在河面漂浮，不能接觸河床、河底，大象則不同，牠一涉入河中，即能腳踏水底。這水底正是覺悟、解脫的所在。這是以象足踏水底譬喻佛性由潛存狀態轉為實現狀態。《大經》更強調那種能觀照十二因緣真理的智慧，即是能讓人成就阿耨多羅三藐三菩提或覺悟的種子，這智慧即是佛性，是覺悟的種子。說到佛性是種子，它的潛能義便顯現出來了。

最後，《大經》由作為覺悟的潛能的佛性開始，表示我們修習佛道，是要顯現潛在的佛性；顯現佛性，是要得到阿耨多羅三藐三菩提或覺悟；得到這種覺悟，是要獲致大涅槃的殊勝境界；獲致這種境界，便能斷除眾生的生死、煩惱、輪迴身、被執取的處所和俗情的理法，最後能實現常樂我淨的殊勝功德。㊺

八、其他大乘經論論佛性、如來藏及界

以上我們透過對《大般涅槃經》的全面審視，而得出該經所說的佛性，絕不是松本史朗的界論說中的常住不變的界、實體或我體，卻仍然是以空為性，為它的終

㊹ 《大正藏》12·524上-中。

㊺ 《大經》的旨趣自是強調一切眾生都具有佛性，佛性展現，便能成佛。這是約實而說。不過，該經作者考量到凡夫眾生的一些主觀的情結問題，若約實而說，對這些凡夫眾生會有負面的影響，因此提出一些方便的、權宜的說法。例如，倘若直接地說無常的義理，凡夫眾生會以為世間一切都是虛無漂渺，猶如蓋房子的瓦片碎了，變得一無用處，因而說我們的身體、生命存在最後畢竟會腐毀，但我們有佛性的種子，不會腐毀，讓凡夫眾生不會變得太消極。而有智慧的人則能分別出來，知道一切是無常外，我們還有佛性種子，不會消失。另外，若說無我，凡夫眾生會以為世間一切都沒有持續性，是如幻如化，因此向他們提出我們有佛性的我，這佛性即是如來藏，讓凡夫眾生不會恐慌，而生起斷滅的虛無主義的想法。實際上，無我只是方便說法，是假名不實的性格，智者能了解這一點，知道我們的生命存在中有空寂的如來秘密藏，它有恆久性、持續性、常住性，不會隨便變壞，變成無有。

極的性格。《大般涅槃經》在大乘文獻中有其重要性、代表性。以這部文獻來看大乘佛教的義理，包括佛性思想，是可以的。我們不容易找到另一部經典能夠在這麼多方面展示出大乘佛教的思想特性。

以下我們再不厭其煩地審視其他的大乘經典，看它們如何說佛性。有一點要先提一下。如上面所說，佛性是成佛的機能，又稱「如來藏」，強調這機能能使人成就如來的佛果。另外，它有時也作「如來界」、「眾生界」、「法身」、「如來性」、「如來法身」、「如來境界」、「涅槃界」，等等，有種種不同名稱，但在本質上都是一樣，不同的叫法只表示狀態不同而已。有時甚至從主體移到客體方面說，如「第一義諦」。㊻

在這些觀念或概念中，最受矚目的自是《勝鬘夫人經》（《勝鬘經》（*Śrīmālādevī-siṃhanāda-sūtra*））所說的具有空與不空兩種特性的如來藏。此經表示如來即是法身，故說如來法身，這又是涅槃界，這涅槃界正是阿耨多羅三藐三菩提的智慧。㊼此經又以如來境界來說如來藏，這是以客體來說主體，並表示這種境界是超越一切言說思量的，只有智者才能知曉。㊽

跟著，《勝鬘經》提出如來藏的空與不空兩面特性：

> 如來藏智是如來空智。……有二種如來空智。世尊，空如來藏若離若脫若異一切煩惱藏。世尊，不空如來藏過於恆沙不離不脫不異不思議佛法。㊾

空的一面是如來藏可展現一種如來藏智慧，能照見一切法的無自性、空的性格。這種智慧超越一切煩惱，自身是清淨無垢。如來藏的不空一面是不遠離一切煩惱，卻能展示種種方便法門，以不可思議的、殊勝的方式來救渡眾生。這「不思議佛法」是就那些善巧的教化、轉化的法門而言的，有神秘主義的意味。所謂「不空如來藏

㊻　如《佛說不增不減經》便說：「甚深義者，即是第一義諦，第一義諦者即是眾生界，眾生界者即是如來藏，如來藏者即是法身。」（《大正藏》16·467上）

㊼　《大正藏》12·220下。

㊽　《大正藏》12·221中。

㊾　《大正藏》12·221下。

過於恆沙不離不脫不異不思議佛法」中的「不思議佛法」其實是指如來藏的功德，其焦點在佛法。即是，這種種功德是對著不思議佛法說的，這佛法有佛教的真理的意義，而功德的勝義是無限的、無量的，超過恆河的沙粒之數，對世間不捨離、不脫落，也不特別標示它的殊勝之處。

《勝鬘經》有一段文字，專門標顯如來藏的超越性格，這頗有中道的意味。它說：

> 世間言說故，有死有生。死者謂根壞，生者新諸根起。非如來藏有生有死。如來藏離有為相，如來藏常住不變。是故如來藏是依，是持，是建立。……如來藏者，無前際，不起不滅法，種諸苦，得厭苦，樂求涅槃。㊿

世間言說所展示的事物都是相對的，有生有死；如來藏則無前無後，無起無滅，超越時間、生滅，是不生不滅法，是無為法，不是有為法，沒有有為相。重要的是，如來藏作為一超越的成佛潛能，有其持續性、不變性、恆久性，是一切存在的所依止、所加持、所建立的據點。這裏所說的依止（依）、加持（持）、建立，不是存有論概念，更不是宇宙論概念，而是工夫論概念，它們都指向同一的目標，那即是救贖。只有救贖問題是佛教所最關心的、念之繫之的，存有論與宇宙論是次等的事。

因此，以闡揚如來藏思想見稱的《勝鬘經》所說的如來藏，一方面是空的（śūnya），沒有自性、實體可得；即使說不空（aśūnya），也只是指種種功德（guṇa）、方便（upāya）施設的法門而已，不是邏輯上與空相對反而成的具有自性、實體之意。松本所謂界、實體、基體的那種以實體為因（hetu）義的界論（dhātu-vāda）根本無從說起。

我們跟著看另一部大乘經典《如來藏經》如何說如來藏。這部文獻提到「佛藏」51、「如來性」52、「如來微妙藏」53，都是就如來藏而言。這些不同的表述

㊿ 《大正藏》12·222中。

51 《大正藏》16·459上。

52 《大正藏》16·459中。

53 《大正藏》16·459下。

式，都不涉及實體義。在另一處，這部經典就智慧來說如來藏如下：

> 我以佛眼觀一切眾生，貪欲、恚、癡諸煩惱中，有如來藏智、如來眼、如來身。……一切眾生雖在諸趣煩惱身中，有如來藏，常無染污，德相備足，如我無異。[54]

這是說，如來藏是一種普遍的智慧，具在於一切眾生之中，眾生雖在後天方面備受種種惡趣（惡的環境）所圍繞，但他們的如來藏智慧並不會因此而被染污，卻是具足德相：一切功德、莊嚴之相。這種情況與佛等同。在這裏，經文也沒有把如來藏關連到實體、自性、界、基體等形而上性格的不變化的體性方面去；它只是把如來藏視為一種智慧，或智慧的載體，這種智慧在般若文獻中被稱為般若智（prajñā），能照見諸法的空、無自性的本質。

在另一處，《如來藏經》更以一種充滿實踐的、救贖的口吻來說如來藏的智慧的殊勝作用：

> 若佛出世，若不出世，一切眾生如來之藏常住不變，但彼眾生煩惱覆故，如來出世廣為說法，除滅塵勞，淨一切智。……佛觀眾生類，悉有如來藏，無量煩惱覆，猶如穢花纏。我為諸眾生，除滅煩惱故，普為說正法，令速成佛道。我以佛眼見，一切眾生身，佛藏安隱住，說法令開現。[55]

這是說，一切眾生都具足如來藏的智慧，佛出世或不出世，都與此事沒有關連。但佛還是出世，示現莊嚴法相，為眾生說法。他的基本的出發點是，眾生雖先天地具有如來藏的智慧，但由於後天失調，他們的這種智慧總是受到種種煩惱覆蓋，好像被污穢的花朵所纏繞那樣，不能發揮其勝用。佛於是慈悲出世，為眾生廣為宣示這種智慧，滅除他們的煩惱，讓這種智慧能夠發揮內有的光輝，照見諸法的真相：

---

[54] 《大正藏》16·457 中-下。

[55] 《大正藏》16·457 下。

空、緣起，最後得到覺悟、解脫。這段文字以佛藏來說如來藏，視後者為一種覺悟的智慧，不是甚麼實體、基體，與界論扯不上關係。

再看另一部大乘經典《佛說不增不減經》。這部文獻以法身及眾生界來說佛性。其中說：

> ……如來法身常，以不異法故，以不盡法故。……如來法身恆，以常可歸依故，以未來際平等故。……如來法身清涼，以不二法故，以無分別法故。……如來法身不變，以非滅法故，以非作法故。56

這裏提出法身有常、恆、清涼、不變四種性格。這些性格表面看來，似有以法身為恆常不變的實體、基體的意味，實際不是如此。此中，常即是其存在有持續性，不會中斷；不二法即是不與其他諸法分離，而獨自存在於另外一個境域。故法身有持續性，不離世間諸法，卻是不斷滅地在其中作用。說法身是恆，是由於它可作為種種行為的依據，在未來都平等地讓眾生證得而成就覺悟。這「恆」是工夫論的概念，不是存有論、宇宙論的概念。說法身清涼，表示它清涼自在，有其自身的完足性，超越一切相對關係（不二法），沒有二元對峙的主客的分別性（無分別法）。又說法身不變，因為它不是生滅法。只有生滅法才會有變化，非生滅法、無為法無所謂變化。

在這部大乘經典看來，法身即是眾生界，兩者不能分開。它說：

> 不離眾生界有法身，不離法身有眾生界。眾生界即法身，法身即眾生界。舍利弗，此二法者，義一名異。57

所謂眾生界，其中的「界」（dhātu）應是因義，眾生界即是眾生的原因，更具體地說，眾生界是生起眾生世界的原因。這原因或因似是存有論、宇宙論義。但我們不

---

56 《大正藏》16·467上-中。

57 《大正藏》16·467中。

能漫不經心地、輕率地這樣看。眾生界是一個工夫論的概念，指成就眾生覺悟的原因，這就非證得真理、終極真理不可，非獲致法身的現成不可。便是在這種救贖的脈絡下，法身與眾生界密切地關連起來，兩者與實體、基體無涉。

這眾生界既是一工夫論、救贖論的概念，故不能以經驗性格來看，而應以超越性格來看，因此，它無所謂增，也無所謂減，增、減的情況只適用於現象，對於超越的眾生界來說，不具有適切性。58

再有《無上依經》這一大乘經典，提出如來界一觀念。這亦與法身、如來藏有相同內容。該經謂：

> 何者是如來界？云何如來為界不可思議？……一切如來昔在因地，知眾生界自性清淨。……如來在因地中，依如實知，依如是修，達如來界，無染無著。……如來即在眾生身內。59

眾生界即是如來藏，是成覺悟得解脫的動力。在潛藏狀態為如來藏，為眾生界，經過不斷修行，這如來藏或眾生界能夠充量顯現出來，便成如來界，亦即是法身。另外，同經又提到如來性，表示如來性能夠衝出至現實世界，在現實世界中顯現，便成如來界。60故如來性是如來藏的潛隱狀態，如來界則是如來藏的實現狀態。由如來藏、如來性說到如來界，都只關乎成佛的主體性的發展，由沉隱狀態轉變為顯現狀態，沒有甚麼實體、基體的意思，與界論無涉。

以上是說大乘經典。以下我們看大乘論典，那是較經典更具哲學性的。在論方面，我們也可以找到不少探討佛性問題的文獻，其中重要的一部是《佛性論》（*Buddhatā-śāstra*）。傳統上一直以此論典的作者是世親，但這似乎不大可能。世親（Vasubandhu）原本是習小乘的，其後受到他的兄長無著（Asaṅga）的影響，而改習大乘，並寫了幾部大乘唯識學的著作，特別是《唯識三十頌》（*Triṃśikāvijñaptimātratā-*

58　《大正藏》16·466 中。在稍後，《佛說不增不減經》又提出「一界」概念，這與「眾生界」應是同義，其中的「一」不是數目上的一，而是指絕對義。

59　《大正藏》16·469 中-470 上。

60　《大正藏》16·470 中。

siddhi）。這些書都是闡揚唯識義理的，與佛性思想有一段頗長的距離。倘若我們確定《唯識三十頌》是世親寫的，則我們找不到有力的依據，確定《佛性論》的作者也是世親。不過，我在這裏不擬多涉及這部論典的作者問題，而只想對論典中所顯示的佛性思想作些探究。從思考方法方面言，這部作品的論證方式，有點像《中論》，它強調一切眾生悉有佛性，後者本來是清淨的，與如來藏為同質而異名，都是「大我」之意。❻❶又說不捨離的積極的宗教態度：以自利故不捨涅槃，以利他故不捨生死。它泛論三性（tri-svabhāva），提出唯識智。❻❷這些思想，都分別與《大經》和唯識學所說的相應。它又明確地說明如來藏的「不空」義，確定不空即是具足功德。❻❸這功德有五種：一、起正勤心；二、生恭敬事；三、生般若；四、生闍那；五、生大悲。❻❹在這些功德中，第一、二、五項都易明白，只有第三的般若與第四的闍那需要解釋。般若自是梵文 prajñā 的音譯，表示觀照空理的智慧，是真諦之智。闍那則是梵語 jñāna 的音譯，表示俗諦之智。兩者合起來，便能概括一切智慧。關於《佛性論》，我在這裏不擬說得太多，下面一節會專論瓊格對於這部文獻的研究，當然也包括佛性的問題，而且以這個問題為探討的焦點。我在這裏只想說，《佛性論》也好，《寶性論》也好，它們都未有展示實體、基體、界的概念；雖然強調佛性的不空性格，但這只是從功德說，是工夫論的意涵，與形而上的實體無涉。

---

❻❶ 《大正藏》31·799 中。

❻❷ 《佛性論》云：「唯識智者，即無塵體智，是唯識智若成，則能還滅自本意識。何以故？以塵無體故，意識不生。意識不生故，唯識自滅故。意識如幻師，唯識智如幻虎。以意識能生唯識故，唯識觀成，還能滅於意識。」（《大正藏》31·809 中-下）。

❻❸ 對於如來藏的不空性格，說得確切的，莫如《勝鬘夫人經》（《勝鬘經》）。如上面所說，它是以具足功德以渡化眾生來說如來藏的不空性格的。不過，在這一點上著墨最多的，要算與《佛性論》在思想上相近的《寶性論》（《寶性分別大乘究竟要義論》〔*Ratnagotravibhāga-mahāyānottaratantra-śāstra*〕）。此書的後半部幾乎都在環繞著功德概念來講宗教義的教化、救贖的問題。當然，對《佛性論》的說法，亦不能忽視。

❻❹ 《大正藏》31·787 中。

九、瓊格對《佛性論》的研究

以下我們回返到佛性的題材。如上面提過，美洲的佛學研究學者瓊格（Sallie B. King）寫了一篇論文〈佛性義理是本原地佛教的〉（"Buddha-Nature is Impeccably Buddhist"），就佛性問題對松本史朗和袴谷憲昭的批判佛教作出正面而嚴刻的回應。65瓊格首先指出，松本和袴谷強調佛性的根本的存有論的實在（ontological reality），同時，種種法或事物雖然基本上不存在，但由於它們是由那根本的存有論的實在作為本質而產生的，因此在某一程度上具有存在性。順著這點，我們便有一在種種事物與那根本的佛性之間的關係的特殊的理論。66瓊格認為，批判佛教認為一切事物由那作為根本的存有論的實在所產生（produced from），這便有問題。在她看來，作為圓成實自性或真實性（pariniṣpanna-svabhāva）的真如是一切事物的真相，這圓成實自性或真實性並不產生一切事物，而是在一切事物中顯現。她引述

---

65 Sallie B. King, "Buddha-Nature is Impeccably Buddhist", in *Pruning the Bodhi Tree: The Storm over Critical Buddhism*, pp.174-192.在西方的佛學研究界，佛性或如來藏一向是冷門的主題，研究的人不多。在近二十年來，才有一些改變，有一些在這方面的研究的專著出版，其中包括：

Brian E. Brown, *The Buddha Nature: A Study of the Tathāgatagarbha and Ālayavijñāna*. Delhi: Motilal Banarsidass Publishers, 1991.

Sallie B. King, *Buddha Nature*. Albany: State University of New York Press, 1991.

John J. Makransky, *Buddhahood Embodied: Sources of Controversy in India and Tibet*. Delhi: Sri Satguru Publications, 1998.

David S. Ruegg, *Buddha-nature, Mind and the Problem of Gradualism in a Comparative Perspective On the Transmission and Reception of Buddhism in India and Tibet*. Delhi: Heritage Publishers, 1992.

Alex and Hideko Wayman, *The Lion's Roar of Queen Śrīmālā: A Buddhist Scripture on the Tathāgatagarbha Theory*. Delhi: Motilal Banarsidass Publishers, 1974.

在日本，佛性或如來藏思想的研究一直持續不斷。常盤大定的《佛性の研究》早已過時，我手頭已有下面諸種專書研究：

小川一乘著《佛性思想》（京都：文榮堂書店，1982）。

高崎直道著《佛性とは何か》（京都：法藏館，1985）。

高崎直道著《インド古典叢書：寶性論》（東京：講談社，1989）。

平川彰編《如來藏と大乘起信論》（東京：春秋社，1990）。

平川彰、梶山雄一、高崎直道編集《講座大乘佛教 6：如來藏思想》（東京：春秋社，1982）。

66 *Pruning the Bodhi Tree: The Storm over Critical Buddhism*, p.185.

《佛性論》的說法「佛性者，即是人法二空所顯真如」為據。❻⑦我們應這樣理解，真如即是佛性，它由對於一切事物作空的體證而展現，故佛性不是一個存有論、宇宙論的概念，而是工夫論的概念。佛性不是實體、不是甚麼界。瓊格很有自信地表示，佛性思想不是界論（dhātu-vāda），而是本原的佛教思想，它基於空的觀念而成立，是緣起這一原理的發展的結果。❻⑧關於緣起說的發展問題，我們會在後面提出和討論。

佛性思想不是界論。但《佛性論》也直接地稱佛性為「我」或「我體」（ātman）。瓊格認為，這與界論了無關連。正好相反，《佛性論》的作者（如上面所說，這作者不可能是傳統說的世親，而可能是真諦（Paramārtha），瓊格也傾向這種看法）用了大量篇幅從大乘佛教思想的主流來闡述這個「我體」。瓊格指出，這部論典的作者並不接受松本所謂的「界論」的一元的形而上學觀點。她引述論典的有關說法如下：

> 一切外道，色等五陰無我性類計執為我，而是色等法與汝執我相相違故，恆常無我。諸佛菩薩由真如智至得一切法無我波羅蜜，是無我波羅蜜，與汝所見無我相不相違故，如來說是相恆常無我，是一切法真體性故，故說無我波羅蜜是我。……諸外道等於五取陰中執見有我。為翻其我執虛妄故，修習般若波羅蜜，至得最勝無我即波羅蜜，是其果應知。❻⑨

瓊格指出，這裏不單有「我體」（ātman）字眼，同時有一直率的陳述，表示這我體是一切事物的「真正的、本質的性格」（true, essential nature）。這似乎給予松本一個支持他的觀點的完好的例證。但瓊格強調，這我體加上一切事物的真正的、本質的性格正等同於無我，這是在般若波羅蜜的實踐中可以體證得的。這完全不能支持松本的我體的想法。❼⓪這裏我們可以看到，對於色等東西，我們不應執著為有我，它們是無我的。由此可以通到無我波羅蜜的實踐。在這種實踐中，逼顯出一體證無我

---

❻⑦　同前，頁 187；《大正藏》31・787 中。

❻⑧　同前，頁 174-175。

❻⑨　《大正藏》31・798 下。

❼⓪　*Pruning the Bodhi Tree: The Storm over Critical Buddhism*, p.178.

的一切法的真正的、本質的性格，這正是否定我體的存在性的無我的智慧。故說無我即是對我體的否認、否定，在這種不認同活動中，展示出般若波羅蜜多的智慧。形而上的我體是沒有的，這是無我，對此無我真理的確認，復又顯出一般若波羅蜜的智慧。這種智慧是由佛性、如來藏發出的。故佛性、如來藏不是我體，但能發出確認這佛性、如來藏不是我體的高一層次的智慧性的我。瓊格是掌握到了文本的意思，只是表達得不夠善巧。

從無我可以推導出能證知這無我的真理的主體，這便是佛性、如來藏，但不是我體。瓊格即就著這一點提出，當松本與袴谷強調在佛性思想中有各自的自在的事物時，它們的實在性（reality）是從一種根基性的一元論所表示的界（dhātu）、我體（ātman）、存在本身（Being-itself）導引出來時，他們完全看不到那種實在性，如《佛性論》的作者所看到那樣。《佛性論》的作者認為，各各自在的質體是虛妄的，因為這各各自在的質體的概念是一種錯誤的概念，它們是基於妄構的心識而得。瓊格強調，那些存在的東西成立於相互依待而生——緣起（pratītyasamutpāda）——的歷程，因此是空的。㉛即是說，一切質體或事物是緣生性格的，絕不是生自作為實體的界、我體、存在本身。這個世界也根本沒有界、我體、存在本身一類東西。這些緣生的東西都是空的。

瓊格特別提到松本史朗的〈法華經と日本文化〉一文，說松本強調如來藏或界正等於我體（ātman），是產生一切事物的本質（essence，筆者按，瓊格在這裏用 essence 字眼，不大妥當）或根基。他制作了一張圖表，展示一切特殊的事物都由那個界（dhātu（ātman））所產生的。他指出《勝鬘經》和《大般涅槃經》把這界叫作「如來藏」或「佛性」、「我體」。因此，佛性思想是一種界論（dhātu-vāda），它悖離了佛教的禁誡，後者否定本質或實體的存在。㉜按說如來藏產生一切事物，可以說完全沒有文獻學與義理上的依據。不論以如來藏為空，或不空都不對，這在上面多處已指出過了。不知松本何以有這種看法。以佛性或如來藏思想為界論形態，根本無從說起。

㉛ 同前，頁 188。

㉜ 同前，頁 177。

瓊格對佛性或如來藏的詮釋，的確有她的洞見（Einsicht）在。在存有（Sein）與活動（Aktivität）之間，她選擇後者來為佛性定位，但一般都是就前者來理解。瓊格指出，松本和袴谷認為只有緣起思想才能被視為「佛教的」思想，佛性思想與緣起思想是不相容的，因此不是佛教。但《佛性論》完全接受緣起的教法，確認這教法的有效性，而以之為基礎，建立佛性思想。瓊格引述了《佛性論》中的一段文字，審視自性概念，以表示佛性與自性是不同的：

> 譬如前種能生後穀，此前後穀，不一不二，不有不無。若一者，則無前後；若異者，則前穀後豆。故無一異。……說無自性。如穀前後，不一不異，能作種種諸事。[73]

這段文字所傳達的論據，是基於緣起思想的概念的。瓊格強調這是一種動感的論證形式。在其中，世界被視為是動感的歷程序列，而不是由質體構成。植物是由種種歷程而成，而不是由質體形成，它們由種子生長成果實，依於一種程序性的方式，這正是古典的緣起思想。瓊格特別指出，《佛性論》的作者是在這樣的脈絡下釐清佛性的觀念的。佛性不是靜態的質體，而是一個歷程。它之所以具有功用、能運作，依於它不是一個質體，而是一個歷程，這歷程在因果世界中以一種有次序的方式來作用。瓊格最後強調，佛性是而且只是在它的作用的脈絡下被闡明的，因此它的思想與緣起說並不衝突。[74]在這樣的佛性思想中，作為終極元素的佛性表現出一種力動轉向，是化存有歸活動的導向。這樣的導向應具有較強的理論有效性。關於這點，我們在後面會有更多的討論。[75]

---

[73] 《大正藏》31·793上。

[74] *Pruning the Bodhi Tree: The Storm over Critical Buddhism*, p.177.

[75] 瓊格這樣詮釋佛性觀念，與筆者所建立的純粹力動現象學的立場頗為相應，只是一邊以佛性為終極實在，另一邊則以純粹力動為終極實在。但雙方都視活動、作用在存有論的層次上是高於存在、質體的。不過，人們碰到這樣的問題，總會有些顧慮，認為佛性總是在某個程度上有體性的意味，因此便似乎可以通到實體主義方面去。這種把佛性與形而上的體性義的潛在的或無意識的關連，在常識的層次是很可理解的。關於這點，史旺遜提出一種頗具參考價值的詮釋。即是，不管怎樣說，問題仍然存在：所有佛性的說法是否需要被撥歸界論，因而是反佛教的。在那些佛性

十、對場所哲學、場所佛教的批判

以下看批判佛教對場所哲學的批判，看看他們對場所觀念的理解和他們的批判是否具有客觀的理據。如所周知，「場所」（place）作為一個哲學的、邏輯的以至價值論的一個重要的概念或觀念，是始發自京都學派的創教人物西田幾多郎出版他的《善の研究》（《善之研究》）以來一直流行的重要的哲學觀念，他是以絕對無（absolutes Nichts）來解讀場所。自此以來，這場所觀念或絕對無觀念成了西田以下的京都學派的哲學家的核心的哲學觀念。他的門人各自以不同的觀念、從不同的角度來詮釋這場所或絕對無，包括西谷啟治以佛教的空觀作為主要的解讀方式。漸漸地，這場所觀便成了近、現代東西方哲學所留意的哲學觀點，對於它的研讀與比較研究不斷地在持續著，被視為一種具有原創性的哲學學說。

批判佛教持相反的立場，對於這種哲學持負面的評價，特別是認為場所觀念是一種實體形態的觀點，與古印度婆羅門教的實體主義特別是梵（Brahman）的義理有密切關連，甚至是由梵的觀念發展出來的，與佛教的佛性、如來藏等觀念或觀點有一定的交集，悖離了以緣起、無我為核心思想的佛教特別是原始佛教的立場，後者是非實體主義的理論立場或形態的。

先看甚麼是場所佛教。胡巴德（Jamie Hubbard）在他和史旺遜所編的《修剪菩提樹：批判佛教的風暴》（*Pruning the Bodhi Tree: The Storm over Critical Buddhism*）一書中寫了一篇題為〈對場所的恐懼〉（"Topophobia"）的文字，其中談到甚麼是場所佛教一問

的說法中，的確有些例子是要避開這樣的體性義以至實體義的詮釋的。史氏舉天台智顗提出的三因佛性的概念，認為這種說法倡議把實在（reality）、智慧（wisdom）和修行（practice）結合起來，以避免對於實體性的界的倚賴。智顗提議佛性是由三面合成的：正因佛性表示獲致佛境界（Buddhahood）的直接原因；了因佛性表示能正觀事物的智慧；緣因佛性表示能把這種智慧現成或展現的修行。為了避免觸及佛性是否存在的問題，智顗以《法華經》所說的一乘（ekayāna）教法來詮釋佛性，給予一切眾生潛在的佛境界的實現的承諾。在這種詮釋中，佛性不是一靜態的質體，但我們不能說它不存在。人原先不是佛，他需有一歷程，去展現佛境界的內在潛能。佛性是一個廣大的經驗世界的一部分，它包括三個面相：事物的存在方式、正確觀取事物的智慧和獲致這種智慧所需要的實踐。（Paul L. Swanson, "Why They Say Zen is Not Buddhism", *Pruning the Bodhi Tree: The Storm over Critical Buddhism*, p.26.）

題。他表示場所佛教（Topical Buddhism）指涉一種與實體的、派生的一元論相連的形而上學的存有論，後者近似松本史朗所要批判的界論（dhātu-vāda）。這是一種與此有關聯的不可言詮而又具有自明性經驗的知識性的義理。對於袴谷憲昭來說，這一切在構造上都近於十七世紀西方哲學家維柯（Giambattista Vico）所推展的場所理論（topica）。胡氏繼續說，場所佛教涉及一切存在的基礎，這基礎是一個場域，一切事物都植根於這個場域（topos）中。在佛教中，這場域被視為清淨心（citta-viśuddhi, citta-prakṛti），或是如來藏、佛性和本覺。㊆按這是胡巴德自己所說的場所佛教。不過，這場所佛教又常被置於京都學派以佛教為基礎所開拓出來的一種哲學：絕對無的哲學來了解，事情便不是這樣。扼要言之，京都學派的場所哲學近於般若佛教的空和禪佛教的無，是非實體主義的理論，與胡氏所說的實體、一元論的存有論扯不上關係，後者是實體主義的思維形態。

撇開胡巴德對場所哲學的理解的正誤問題，袴谷憲昭把哲學思考的路數二分：理性主義與非理性主義；前者的代表是笛卡兒（R. Descartes）哲學；後者的代表則是維柯思想，也包括京都學派哲學在內。關於維柯思想與京都學派的場所哲學，胡氏提到袴谷的說法。袴谷支持理性主義，反對非理性主義。西方人給人的印象是做事講求理性；在思想上追求條理。但袴谷指出，在西方也有多個時期是流行非理性主義的。其中的相關人士曾經與非理性的場所哲學聯盟，高舉反理性主義的批判哲學的旗幟。日本也不例外，有些人在一段時間內對現代性失去信心，覺得要在後現代主義或結構主義中尋求出路，鼓吹維柯的思想，翻譯他的著作。其中可能有一些人追隨維柯，反對笛卡兒，提出佛教的中心哲學是場所性格的。袴谷強調，他是反對這種思潮的。他認為當前的思想問題，不是存在於東方和西方的思想的不同，而是存在於場所論與批判旨趣的對立關係中。㊇在這裏已顯示出批判佛教的尊重理性、

㊆ *Pruning the Bodhi Tree: The Storm over Critical Buddhism*, p.82.

㊇ 同前，頁 87。關於維柯的思想，我們學界了解得不多。一般的印象是他崇尚直覺，強調對於第一原理或終極真理的接觸不能靠語言、思考等理性一途，而是要超越言說、邏輯，對它進行瞑證。胡巴德在他的〈對場所的恐懼〉一文中簡略地提過維柯的思想。中文的資料方面，筆者手頭有朱光潛譯的《新科學》上下冊，那是維柯的重要的著作。另外有馬克・里拉（Mark Lilla）著，張小勇譯的《維柯：反現代的創生》和盧森特（Gregory L. Lucente）等著、林志猛譯的《維柯與古

語言、思辯的立場，而反對直覺（不管是哪一層次或類型的直覺）和任何形式的場所思想。袴谷的〈京都學派批判〉一長文便是在這種思維背景下寫成的。78

袴谷憲昭說及有些人提出佛教的中心哲學是場所性格，這是一個非常具有爭議和趣味的觀點。袴谷所說的「有些人」，應是指以西田幾多郎為首的京都學派。袴谷本人和跟他是同路的批判佛教論者自然不會同意，他們認為場所是實體，是基體的界，這與緣起、空、無我一類原始佛教的主要思想不相容，後者是非實體主義的路數。但場所特別是西田關連到絕對無方面去的場所完全不是實體，而是一種具有終極義的意識空間，正由於場所的非實體性，一切存在或事物都能遊息於其中而無障礙，而且是以物自身（Ding an sich）的狀態遊息的。在非實體主義（non-substantialism）的脈絡下，緣起、空、無我的教說與場所觀念應該是相通的。我們可以說佛教的中心哲學是釋迦牟尼創教時所提出的緣起、空、無我觀點，場所特別是京都學派的場所的哲學與這中心哲學是相協調的。關於這點，我們在後面會有更多的討論。

胡巴德繼續指出，袴谷把被引入日本的維柯的思想、觀點作為場所哲學，更有甚者，作為道家化的禪來看，並密切關連到日本本土化的宏遠的生命的現象主義、東方的「和」觀念和京都學派的哲學，把這些東西給予西方來消費、消耗。他看到在這種做法中，西方人被東方人的修辭欺騙了。79按日本思想界的確有這樣的問題或現象，這即是輕率地作比附。「和」的觀念內容非常混雜，甚至有迷信成分在裏頭，而道家與禪雖有相通之處，但道家歸道家，禪歸禪，禪並沒有老子的那種形而上的道的觀念，特別在把道視為實體性的原理為然。

格里費夫斯（Paul J. Griffiths）在《修剪菩提樹：批判佛教的風暴》中發表了一篇有趣的文字：〈批判的限度〉（“The Limits of Criticism”），其中提到對於場所論者來說，真理是要被解蔽、發現或被展示的。這頗有海德格（M. Heidegger）說存有要被

今之爭》。在日本方面，袴谷憲昭視維柯思想為一種場所哲學，他在自己的著作《批判佛教》的一篇序說〈批判の哲學對場所の哲學〉中，多次提到維柯的思想（《批判佛教》，頁 4-6、14-15、19-20），可以參考。

78 〈京都學派批判〉，袴谷憲昭著《批判佛教》，頁 1-92。

79 *Pruning the Bodhi Tree: The Storm over Critical Buddhism*, p.425, note 17.

開顯的意味。不過，他說這些真理（他用眾數 truths）本來已經存在，先在於和獨立於認知主體，永恆地、不變地住在於宇宙的纖維形構之中，而我們要做的，是實現、確認我們的智思構造與存有構造相一致。[80]這樣說便頗有問題。說種種真理本來早已存在，認知主體不能影響它們的客觀存在性，只能認知它們，其中的理據在哪裏呢？我們到底在甚麼脈絡下去確定真理的預先存在性，如何能實現、確認自己的智思構造符順存有構造呢？對於這些問題，格氏都沒有回應。若就佛教唯識學（Vijñāna-vāda）和胡塞爾（E. Husserl）的現象學來說，在智思與真理之間，智思是主動的、建構性的，真理則是被動的、被建構的。識變現相分而開出存在世界和意識構架對象的意涵，分別出現在唯識學與現象學之中。格氏的說法毫無理據。

倘若所謂真理的預先存在性是指涉一種真理的圓融的狀態，一種對於二元對待關係的超越性，甚至是一種二元對待關係的根基的話，而這圓融性、超越性和根基性可看成是真理的性格的話，則要獲致這種性格或境界，便不得不涉及方法論（Methodologie），而要體證真理，便得講習辯證法，由此亦可以引出場所的觀念，而這種方法亦可開拓出場所的邏輯。說到辯證法，我們當然會先想到黑格爾（G.W.F. Hegel）的那一套。那是由正、反的分別向前推展，最後達於合的形態，這合可以視為正與反兩面的綜合。故黑格爾的辯證法是向下、向前推演的導向。另外一種辯證法是由西田幾多郎開拓出來的，它不是向下、向前推演，而是向上、向後追溯，由主、客的相互對待的分別狀態逆向追溯這分別狀態的始源，這始源是無主無客的分別的純一渾然狀態，它是主、客二體或二分的存有論的根基，西田稱它為「純粹經驗」（reine Erfahrung）。西田又稱這根基為場所，為絕對無（absolutes Nichts）。我們可順著這種思維導向來了解場所：它不是一種物理意義的場域、領域，而是一種意識的空間，一種尚未有任何分別對立關係的原始狀態。故場所的意義是精神性的，不是物理性的。[81]場所不單是一個存有論觀念，也是一個工夫論觀念，而且以後者為

---

[80] 同前，頁 149。

[81] 「場所」是西田哲學中的一個挺重要的觀念。在他的著作中，很多處都說到它。以場所作為專題來研究的著書越來越多，我在這裏姑舉一些具有參考價值的專著如下：
務台理作著《場所の論理學》（東京：こぶし書房，1996）。
上田閑照著《場所：二重世界內存在》（東京：弘文堂，1992）。

主。

不過，批判佛教論者並不是這樣看場所問題的，因而對以場所為基調的場所佛教也有不同的理解和不同的評價。他們以界、基體、實體來說場所，這樣，場所變成一個實體主義的概念，由非實體主義中區別開來，場所佛教變成一種界論。而他們所謂場所佛教，是相連著京都學派哲學來說的，因為後者特別是西田幾多郎倡導場所的思維。即是說，批判佛教論者把京都學派的哲學稱為「場所佛教」，而由於這場所佛教是一種界論，它的實體觀、基體觀或我體觀違離了佛教特別是原始佛教的緣起、無我、空的教法，故被貶抑為偽佛教。袴谷在他的有名的〈批判の哲學對場所の哲學〉一文便老實不客氣地以「偽の佛教」字眼來說場所佛教。他又認為場所佛教沿用了古印度的梵我和佛教的佛性觀點來說場所，缺乏批判精神。而佛教本身是批判性格的，批判古印度的婆羅門教的梵我概念。故在這方面他打出的口號是「佛教就是批判」、「只有批判是佛教」。82順著對批判性的強調，袴谷提到與佛性思想和如來藏思想有密切聯繫的本覺思想，他指出這種本覺思想透過對東洋土著思想的讚美，而過分地作自我肯定，它與西歐的德國的土著思想特別是德國觀念論纏結在一起，從哲學上的策劃而開展出京都學派，對於日本文化作自我肯定而加以讚美。83袴谷對此大不以為然，認為需要批判。他認為這種作為場所佛教的京都學派哲學雖與佛性思想、如來藏思想、本覺思想連結在一起，甚至以它們為根基，並不能提高日本文化的質素，對和的理想的實踐沒有貢獻，反而把佛教的原來面目模糊了，讓人對講緣起、無我、空的思想的主流佛教生起種種誤解。

小坂國繼著《西田哲學の研究：場所の論理の生成と構造》（京都：ミネルヴァ書房，1991）。
小坂國繼著《西田哲學を讀む 1：場所的論理と宗教的世界觀》（東京：大東出版社，2008）。
大橋良介著《西田哲學の世界：あるいは哲學の轉回》（東京：筑摩書房，1995）。

82 袴谷憲昭著《批判佛教》，頁 3。

83 同前，頁 8。

十一、場所哲學、場所佛教的批判性

在以松本史朗和袴谷憲昭為首的批判佛教思想批判作為場所哲學、場所佛教的京都學派哲學的同時，他們忽視了或未意識到場所佛教或京都學派哲學自身也有很強烈的批判意識，而且這種批判意識是跨文化、跨宗教和跨哲學性格的。以下我試把這個意思分數點展示出來。由於京都學派人數眾多，所涉問題非常多元，我在這裏姑就西谷啟治、久松真一和阿部正雄的觀點來說。這三人都強調場所，強調絕對無，認同兩者的等同性。

先說阿部正雄。他以絕對有（absolutes Sein）作為一終極原理來說西方基督教的上帝，批判上帝是一個大實體，自存自在，有違佛教緣起性空的義理，於是借助西方宗教傳統的淘空（kenosis）觀念，認為上帝藉著道成肉身的方式，自我否定，以極其尊貴的身份化身為有人的性格的耶穌來到世間，承受種種苦痛，最後被釘死在十字架上，為世人贖罪（原罪）。於是便有上帝或神自我淘空的說法。他認為這種說法可應用到佛教對基督教的轉化方面去。即是，我們可以把佛教的空（śūnyatā）的內涵，注射到上帝的觀念中，讓上帝也有空的性格，以淡化祂的實體性。這樣，基督教便可減殺其實體主義色彩，進行非實體主義的轉化（non-substantialistic turn）。這是京都學派對西方神學的一個很嚴刻的批判。[84]

關於久松真一，他是一個徹底的自力主義者，批判他力主義者不遺餘力。因此他是完全站在禪的一邊，而反對淨土的，雙方分別取自力覺悟與他力覺悟的導向。他以無相的自我來解讀和發揮京都學派的場所或絕對無。他所說的無，偏向主體的無，對客體的無例如道家老子的無不感興趣。他把這主體的無分成兩種：受動的無

---

[84] 關於阿部正雄的這種觀點，可參考 M. Abe, "Kenotic God and Dynamic Sunyata", in John B. Cobb, Jr. and Christopher Ives, eds., *The Emptying God: A Buddhist-Jewish-Christian Conversation*. New York: Orbis Books, 1991, pp.3-65.個別研究的文字有吳汝鈞著〈阿部正雄論自我淘空的神〉，吳汝鈞著《絕對無的哲學：京都學派哲學導論》（臺北：臺灣商務印書館，1998），頁 215-240；吳汝鈞著〈阿部正雄論自我淘空的神與絕對無〉，吳汝鈞著《京都學派哲學七講》（臺北：文津出版社，1998），頁 172-208；林永強著〈佛教與基督教對話的詮釋問題：阿部正雄的倒空的神〉，《臺灣東亞文明研究學刊》第 5 卷第 1 期（總第 9 期），2008，頁 113-144。

與能動的無，兩者都是在宗教的脈絡下講的。久松認為，受動的無完全空卻自身，隨順作為他者的神或佛，而且是絕對地隨順。在這種無之中，有絕對地否定人間自身的性格，而且視這性格為一種必然的契機。基督教說人出生都有原罪，佛教特別是淨土宗、淨土真宗則強調人的生命中有極為深重的惡。雙方分別要借助神和阿彌陀佛的他力，才能得救。能動的無則對自身具有充實飽滿的自信，能夠開拓絕對主體道以得覺悟。禪宗即是屬於這個導向。

在救贖的問題上，久松對基督教、淨土宗或淨土真宗（中國佛教作淨土宗，日本佛教則轉化為淨土真宗）的他力主義作出極嚴厲的批判。他指出，他力主義者為了能生於天國或淨土，不惜把自己完全空卻掉，完全依賴作為絕對他者的神或阿彌陀佛的助力。就絕對無來說，它分兩個路向：自力主義的絕對無是能動的無，他力主義的絕對無則是受動的無。在久松看來，只有能動的無才是真正的主體，佛教的主流便正展現這樣的主體。㉟

關聯著有、空、有相、無相等種種觀點，久松又提出他的判教式的理解：對事物只視之為有而不知其空的，是凡夫；只視之為空而不知其有的，是二乘；空有無礙的，是菩薩。往還自在、廣略相入、卷舒自在的，則是真實的佛教生活，是佛，是菩薩行。他又認為無礙的主體即無的主體的悲的妙用，是菩薩道。這種慈悲或愛不是受動性格，而是能動性格。究竟的、終極的佛教生活不是沐浴於作為他者的佛的慈悲中的受動的生活中，而是以慈悲或愛對待眾生的能動的生活。他又在這個脈絡中區分開受動的大悲與能動的大悲，確認大悲行是源於能動的無，這種大悲展現於在生死、煩惱中遊戲的活動中。㊱久松認為，一切行動都要是自己的，只有在能動的、積極的佛教生活中，才有絕對自力可言。而本願力也不過是原來的大悲的遊戲力而已，因此這種力是絕對自力；而絕對他力則是這種絕對自力的客體化。久松

㉟ 這是指在上面說過的淨土宗、淨土真宗和唯識學以外的佛教，如中觀學、般若思想、天台學、華嚴學，禪學更不用說。

㊱ 久松指出遊戲有兩種意思，其一是，菩薩在濟渡眾生的活動中有如獅子追逐鹿般輕鬆自在。另一是就菩薩方面看，眾生不是本來有的，因此即使要救渡無量眾生，實際上並未有一個眾生得到滅渡，這可說是渡無所渡。參看久松真一著〈能動的無〉，《久松真一著作集 1：東洋的無》（東京：理想社，1982），頁 80。

承著這說法，繼續指出，他者的佛是自者的佛的用。他者的佛是方便法身，這是以自者的佛亦即是法性法身為體而發出來的用。至於大悲，則對眾生來說是不可思議。不過，大悲本來不是他者的，而是自者的，故它所到之處，不是不可思議，毋寧是自然法爾。久松作結謂，自來宗教的生活，一般來說，總是受動的陰性性格的，在這種情況下，神不免會被視為傾向絕對他者。佛教則由於是以佛為絕對自者的宗教，因而它的宗教生活是絕對能動的，是陽性的。[87]

下來是西谷啟治。儘管在京都學派中，他的位置沒有創始者西田幾多郎般重要，但對西方神學界、宗教界和哲學界的影響，卻不弱於西田，而且有越來越受注目的傾向。其中一個重要原因是他對哲學之外的一般生活、知識、社會與文化自覺有深切的注目與關心，特別是近現代科學文明對人的生活、行為所帶來的負面衝擊的問題。他早年留學德國，曾聽過海德格的課，與後者在思想上有密切的交集。如所周知，海德格對希臘哲學以後的西方哲學在形而上學方面的發展，有嚴苛的批判，認為是對真理、存在的遺忘。他對近現代科學技術的急速發展對現代人的道德的、文明的涵養的傷害，有很深沉的反省與批判。西谷承受了這些反省與批判，作了進一步的發揮，並推展到政治、宗教與文化的領域方面去，認為西方社會在環繞文化的問題上的國家的立場與個人的立場不時有摩擦；宗教與文化之間又充滿對決、對峙的關係；另外，一邊是宗教，另一邊是文化與國家的對立、相互排斥，加上文化與個人的自主性相結合。這些因素都影響及人的精神生活，讓人陷入困惑與迷思之中。總而言之，個人要在與國家相對峙的關係中，守護著自由與文化，而歸向宗教，把自由與文化的根基確立在宗教性與其世界的普遍性之上。亦即是，一邊是個人、文化與宗教，另一邊則是國家的對立關係。西谷在這裏說得不夠清晰，不過，在他的眼中，宗教、文化、國家與個人都出了問題。倘若這四者不能善巧地統合起來，而獲致協調的話，便會帶來一波又一波的危機。就西方流行和鼓吹的民主主義來說，它的立場在於以個人各各的自由是政治的主體，由選舉發展出來的代議制度也不外是以個人是政治的主體這樣的民主主義的根基而已。這是自由主義所導

---

[87] 以上有關久松的觀點，參考他的〈能動的無〉一文，《久松真一著作集 1：東洋的無》，頁 67-81。

致的，但其中潛伏著全體主義與共產主義的危機，它們要從任何模式的自由主義中超越出來，冒起上來。

西谷又邊批判邊感歎古典神學已被近現代哲學和科技所取代，現代人不免走進哲學與科技的牛角尖中去。他指出在大學教育方面，神學漸漸被人敬而遠之，失去了領導地位，而成為遊離狀態，不受人注意和尊重。這是現代的教育精神的一大變故。他認為這不是純然的學科問題，而是大學的根本精神的轉變。以哲學為中心科目，顯示學問研究的自由性；以神學為中心，則象徵對基督教的信仰的尊重。西谷對於這點，並不認為是否定的、負面的意義。他指出在哲學中，我們可以找到種種學問的根本原理，它在次元（dimension）上是高於科學的。知識的全體可以在哲學的立場中找到根本的統一。這些學問，如法律學、經濟學、歷史學、物理學、數學、醫學等，可以以哲學為中心，樹立起自由研究的立場。神學在這種情況下，不免有些矛盾。大學的自由研究的精神，得到申張，由信仰轉向理性，由宗教轉向文化，反映出近世的人間性、人文性的立場。西谷認為，人間性、人文性中所包含的各方面相應急速發展，以臻於根深的調和、統一。這是人文教養、教育的立場所有的目標。他又進一步指出，人間性、人文性的教養、教育的立場畢竟要轉移到學問的、學術的立場方面去，以達致人文主義（humanism）的目標。

西谷的意思是，個人與國家、絕對的世界生命與神的生命應有一種殊勝的統合，這應是近現代的根本的自由主義的核心的、深沉的、最高的表現；國家、個人、文化與人文性、宗教性之間應該有一種深厚的調和。不過，實際的情況是，現代世界流行著一種傾向，那即是對個人主義、自由主義、民主主義的否定與反抗。對抗個人主義的有社會主義，對抗自由主義的有集團的全體組織或統制，對抗民主主義的有社會主義與全體主義。這種對抗是通於納粹的國家社會主義、共產主義的。西谷又提醒，對抗運動不必限於政治與經濟的範圍，而是泛濫到教育方面了，讓人間性、人文性的教育陷入危機之中。例如，職業教育有擴展的態勢，那是反對人文主義的（humanistic）教育的，在學校中或在工商業中出現實業學校，也包括高等專業學校和專科大學。便是由於這點，社會出現了大批廣義的技術人才；他們並不限於是哪種工業，而是在各個方面有特殊技能的人才。結果造成人文向工業化傾斜的情況。

西谷強調，所謂人，或人文、人間，含有種種式式的面相，要讓這些面相都能發展而又在統一的狀態中，這是人的實質，是一個完全的人。人包含全體，同時，這全體性的統一，是個性。一個完全的人，是具有個性的人。內容的全體性與個性不應有矛盾，卻是同一事體的兩個面相。這種人的存在性是實體的、實在的（substantial）。倘若人只發展一個面相，特別是實用的、表面的面相的話，則作為這個人的實體性（這裏說的實體性不是指形而上學的實體）便會解體，便會消亡，代之而起的，是社會、國家或龐大的集團了。即是，只作為技能、技術人的人本身，便會化為一個大的、全體的集團的生活的一個機能而已。在中世紀，宗教把人全體地統合起來；到了近世，在文化、知識方面，哲學展現了人的統一性。在近世的最後階段，科學特別是經驗科學悖離了哲學，支配了我們的生活。而以物質的觀點來看人的傾向也漸漸增強。西谷指出，社會的眼光，先是以心理現象來說精神現象，然後發現在心理現象的基底有生理現象，生理現象的基底又有化學現象，化學現象的基底復有物理的機械的（mechanical）現象。最後，科學的一切便被機械化了。人的文化、哲學、道德等價值便被科學的機械化所吞噬了。[88]

以上所述說的，是京都學派的一些成員所展示的對形而上學、宗教與現代科學的批判觀點，由此我們也可以概略地看到京都哲學或場所哲學、場所佛教的批判性。我對阿部正雄所說的比較少，但他要把佛教的非實體主義的空觀注入基督教的上帝或神的大實體中以沖淡後者的實體觀是很明顯的。不管阿部這樣做是否成功，有沒有概念的、理論的有效性，他是強烈地反對和要批判實體主義的哲學與宗教的。他對實體觀念的拒斥，在京都哲學中有一定的代表性。這是要以非實體性的空或場所觀點來取代形而上學的實體觀。不知批判佛教特別是袴谷憲昭為甚麼要把這樣的場所哲學關連到本覺思想和基體觀、實體觀或界論方面去。場所佛教或哲學根本是反對實體觀念的。他們也顯然未有留意場所佛教或哲學對基督教的一神的實體主義的強烈的批判性。

至於久松真一對他力主義思想的批判，則不光是批判佛教體系內的淨土思想，

---

[88] 以上有關西谷啟治對人、文化、科學及機械化等問題的觀點，參看西谷啟治著《現代社會の諸問題と宗教》（京都：法藏館，1978），頁 45-58。

同時也批判佛教外的宗教，特別是基督教的救贖說法。即是，我們人是有限的存在，現實的能力很有限，不能消除與生俱來的原罪，需要借助神以道成肉身方式而示現為耶穌的力量，才能得救，成為真正的基督徒，死後可上天國，與神同在。久松把所有走他力主義的救贖途徑的宗教所說的絕對無，以貶抑的意涵稱之為受動的無，不同於走自力主義而得覺悟、救贖的宗教的絕對無，久松稱之為能動的無。久松的批判對象很多元化，除了批判佛教的淨土思想和基督教教義外，還批判西方的其他的一神教法，包括猶太教與伊斯蘭教。就我的知識所及，袴谷和松本都未有留意到久松在這方面所展示的濃烈的批判意識與批判內容。

西谷啟治的批判內容更是多元的，上面所闡述的，只是這些內容的一面。他的批判，應由對虛無主義的詮釋開始。他認為虛無固然趨於消極，但具有摧破的功能：摧破我們的二元性的思維，這種思維有濃厚的分別性（dichotomy, bifurcation），對我們體證無分別的絕對真理、絕對無，造成致命的障礙，虛無觀能夠衝破這些障礙，為我們體現終極的真實開路。但虛無觀的殺傷力太大，對一切事物都予以徹底的拒斥、否定。因此西谷提出我們不能停駐於虛無層面，虛無不是終極的，我們要由虛無向空（śūnyatā）轉進，建立空的存有論。[89]關於這點，我在上文末有提及，卻是集中看西谷對現代科技的急速發展的了解與批判，它對我們的完整的人間性、人文性、人剖解了、拆破掉，對我們人間的價值，如神學、藝術、道德、哲學等，有極大的殺傷力，把人性不斷地向下還原，最後還原為純然的機械設置（mechanism），結果是世界的徹底死寂，一切生命的意涵都蕩然無存。西谷啟治的確對現代的科技文明的本性與所帶給人的破壞、傷害，有極其深邃的洞識，在他的很多著作中提出了警訊。可惜批判佛教並沒有注意及，卻反而控訴西谷的言論與日本軍國主義的復興的建言為同調，鼓吹大東亞共榮的侵略思想與行動。

---

[89] 關於西谷的空的存有論，參看拙著《絕對無的哲學：京都學派哲學導論》，頁 121-149；《京都學派哲學七講》，頁 93-144。

十二、關於本覺思想

袴谷憲昭在他的名著《批判佛教》中的〈批判佛教序說：批判の哲學對場所の哲學〉一文中提到場所哲學即是本覺思想。⑩在同書的另一文〈京都學派批判〉中又說及京都學派所依據的大乘佛教與禪是本覺思想。⑪他又在同文提到京都學派具體地展示出本覺思想與德國觀念論（ドイツ觀念論）。⑫這幾處都表示京都學派哲學亦即是場所哲學與本覺思想的密切關係。因此，我在這裏的討論便由場所哲學轉到本覺思想方面去。

在這裏，場所哲學、場所佛教都是指京都學派哲學而言。批判佛教論者作了一個譬喻，把他們的批判哲學與場所哲學的對壘，看成是或關聯到笛卡兒的批判思維與維柯的有直覺意義的修辭學說。在袴谷憲昭看來，場所哲學特別是場所佛教與本覺觀點是相同的，如上面所提示到。不過，在場所哲學、場所佛教與佛教的本覺的同異問題上，袴谷的觀點還有進一步探討的空間。在同方面，亦即是在本質方面，場所哲學與本覺都具有「內在即超越，超越即內在」的邏輯性格（「邏輯」在這裏取一般義，有結構、構造的意義）。⑬即是說，場所與本覺不能就其靜態來看，而需就其動感來看；兩者都是以活動（Aktivität）的方式存在，而且是純粹活動，沒有經驗的內容，是超越的。這樣的超越的活動（transzendentale Aktivität），超越了時間與空間。空間有內在與外在（超越）的分野，超越了空間，便沒有內在與外在的分野，因此可以說「內在即超越，超越即內在」的關係，即是說，場所與本覺都能同時突破超越與內在兩者所成的二律背反（Antinomie），而獲致絕對的意涵，不是相對的意涵。⑭但場

---

⑩ 袴谷憲昭著《批判佛教》，頁9。

⑪ 同前，頁80。

⑫ 同前，頁86。

⑬ 西田著〈デカルト哲學について附錄〉，《西田幾多郎全集》第十一卷（東京：岩波書店，1979），頁188。

⑭ 西田還提到，這種「內在即超越，超越即內在」的關係是在絕對矛盾的自我同一的脈絡下說的，其中所涉及的場所與本覺都是在無限的、動感的發展狀態中，在這種發展中，在場所與在本覺中的一切矛盾都被超越過來，而臻於自我同一的境界。（同前）這個問題很複雜，又與我們這裏的內容脈絡沒有直接的關連，故暫且擱下。

所或絕對無與本覺在這同的脈絡下，還有分際上的輕微分別：場所或絕對無傾向於客體性（Objektivität），本覺則傾向於主體性（Subjektivität）。

以下我們看「本覺」一觀念的意義。在文獻學方面來說，「本覺」一字眼是一個漢語性格的語詞，在梵文中似乎沒有（找不到）相應的語詞。它的意思是本來的覺悟，是潛在的而不是已實現出來的覺悟或覺悟能力。這則類似「如來藏」一語詞的含義，後者表示能成就如來人格的潛藏機能，而如來的成就或現成是建基於覺悟的。這樣，我們便可把本覺關連到如來藏方面來；但對應於「如來藏」有梵文語詞 tathāgatagarbha，本覺則沒有。在佛典中，特別是漢語佛典中，最明顯地展示「本覺」字眼而又賦予它重要意義的，莫如《大乘起信論》。這部文獻在說到第八阿賴（梨）耶識（ālaya-vijñāna）時，說它有兩種狀態：覺與不覺如下：

> 此識有二種義，能攝一切法，生一切法。云何為二？一者覺義，二者不覺義。所言覺義者，謂心體離念。離念相者，等虛空界，無所不遍。法界一相，即是如來平等法身；依此法身，說名本覺。何以故？本覺義者，對始覺義說。以始覺者，即同本覺。始覺義者，依本覺故，而有不覺；依不覺故，說有始覺。[95]

按《起信論》在這裏說得很清晰，有邏輯性。關於覺或覺悟，有兩種狀態：覺與不覺。本覺是就覺方面說；這即是心靈遠離種種妄念，而臻於虛空無執的境界，這相當於法身（dharma-kāya）。本覺正是就這法身說。另外，本覺是對始覺說的，這兩種覺本來是同一內容，只是分際不同，或狀態不同。先有本覺，但這種覺悟機能因受妄塵覆蓋，不能顯了，因此處於不覺狀態。但此種覺悟機能若遇種種緣或條件，則能發用，而起覺悟，由未覺悟到開始覺悟，因而叫作始覺。這是說，眾生本來便有覺悟的機能或種子，這是本覺。這機能在未覺悟狀態，便是不覺。到開始覺悟時，便是始覺。這裏所說的「先」、「始」不單是時間義，也是理論義、邏輯義。[96]

---

[95] 《大正藏》32・576 中。

[96] 但《起信論》作者說「依此法身，說名本覺」，這在用語上不夠精審。在大乘經典中，關連到佛

就上面所述來看，本覺思想其實是佛性思想或如來藏思想的另一表述式。這個字眼在中國佛教各派中不大流行，但在日本佛教來說是一個很重要的天台宗的語詞。當年日本僧人最澄來中國，他是屬天台宗的；他把本覺思想傳到日本，在天台宗中流行起來，而成立「本覺門」。這種思想很強調生死與涅槃的不二關係，天台智顗在他的《法華玄義》中已盛談煩惱即菩提、生死即涅槃的圓融思想，[97]日本的天台宗更進一步加強這種思想的圓融導向，把終極真理更為親密地聯結到世間事物方面去，甚至強調一般事物如草木、山川都具有佛性、本覺，最後都能覺悟成佛。

對於這種本覺思想，批判佛教把它關連到界論方面去，認為與後者是同一旨趣。界論思想不是佛教的，本覺思想自然也不是。袴谷憲昭在他所著的《本覺思想批判》一書的重要篇章〈序論：本覺思想批判の意義〉中，提出判別某種思想是否佛教的三個準則，[98]認為本覺思想不能符順這些準則，因此不是佛教。因此便把這有深遠影響的本覺思想排斥於佛教之外。

袴谷再在本覺問題上下重手。在他看來，他視本覺為實體，是一切存在的攝藏處所；在這一點上，本覺有點類似唯識學所說的作為一切種子的倉庫的阿賴耶識。不過，不同的是，對本覺的理解是超越於一切言說、概念、理論之上的；我們只能通過思辯之外的直覺模式來接觸本覺，但這種直覺不可能是感性直覺（sinnliche Anschauung），或許是睿智的直覺（intellektuelle Anschauung）。重要的是，袴谷把本覺與界（dhātu）等同起來，認為本覺思想是一種界論，這便接上松本史朗的界論的說法。由於界論不是佛教，本覺思想自然也不是佛教。

有一點要補充的是，上面提到從本覺的角度來看，一切存在都顯現為煩惱即菩提、生死即涅槃的圓融關係。這其實是一種不二的思想；這種思想最明顯地展現於《維摩經》（*Vimalakīrtinirdeśa-sūtra*）之中，特別是它談到悟入終極真理的方法：不二

性、法身、如來藏諸名相時，在用法上有清楚的區分。即是，佛性是成佛的根基，它有兩種狀態：在顯現時，為法身；在不顯現時，為如來藏。本覺是本來有的覺悟機能，應該相應於如來藏，不是相應於法身。法身是佛性已經顯現的狀態，只能從始覺來說。

[97] 《大正藏》33·792 中-下。

[98] 袴谷憲昭著《本覺思想批判》，頁 9-10。這不外是原始佛教所強調的緣起、無我和對言說的尊重而已。

法門的脈絡。批判佛教論者認為這不二思想是本覺思想所含容的，本覺思想既然不是佛教，則不二思想也不是佛教，順此下來，《維摩經》也不能算是真正的佛教了。袴谷憲昭更說這部重要文獻是京都學派哲學所依的經典，也就不足為奇了。[99]

我也留意到一點：批判佛教喜歡把界論、本覺論扯到日本的軍國主義、大東亞共榮圈、日本文化主流主義和日本大和種族主義這些不合潮流、而且無知狂妄的意識的壞東西方面去。批判佛教認為，像佛性、如來藏、本覺和京都學派的場所、絕對無種種觀念，都與這些壞東西有交集之處，而且提供這些東西在思想上、觀念上的背景和支持。他們提出對這些最後可以概括在界論內的觀念的嚴厲批判，可以從根方面去除這些不合潮流、無知狂妄的想法，還日本民族、日本文化一個平實的、愛好和平的真面目。他們的這種出發點是很好的，我非常贊同。但這些不良的想法是否一定要關聯到佛性、如來藏、本覺思想以至界論、我體觀方面呢？這完全是不同的問題，不能隨便在它們兩者之間加上等號。最重要的是，在學術研究上，特別是對佛教的如實理解與理性的開拓上，我們必須以不偏不倚、正確的、有義理分析與文獻學的依據的態度與方法處理佛性、如來藏、本覺等重要觀念的問題。批判佛教所提出對這些觀念的批判，並不見得是持平的、理性的觀點，也不見得符合學術研究所要求的客觀有效性。很明顯，對於佛性、如來藏、本覺等觀念，我們不應視為表示純然是靜態的存在，它們毋寧展示一種超越的、純粹的活動。既然是這樣，則它們與靜態的界論的「界」、我體的「我」或形而上的「基體」在義理上的關聯便鬆開了。說這些觀念是界論、基體論，實在是一種過分的、言過其實的詮釋（over-interpretation）。

十三、佛教的涉俗問題

佛教是一種宗教，那它必定有涉俗（engage）的問題，因而有「涉俗佛教」（Engaged Buddhism）的稱呼。批判佛教也很重視這個問題。在原始佛教中，其中心思

[99] 袴谷憲昭著《批判佛教》，頁 134。就筆者所知，京都學派中似乎沒有一個成員與《維摩經》有密切的關係，不知何故袴谷說這部文獻為京都學派哲學的所依。

想，通常被說為是緣起、無我、空，當然這幾個觀念有很密切的關係，在意涵上有明顯的重疊性格。發展到大乘佛教，它的思想重點由客體性的緣起等義理轉移到主體性的佛性、如來藏、本覺（姑以本覺觀念所出現最多的《大乘起信論》如傳統所示為印度佛教的論典來看）等義理方面來。至中國佛教，佛性、如來藏、本覺的義理明顯地成為最受注目的課題。在天台宗、華嚴宗和禪宗都是如此。而這方面的義理的出發點，是佛性、如來藏、本覺的普遍性：一切眾生悉有佛性、如來藏、本覺；由此可導致一切眾生都能成佛的宗教理想。這點在原理上、理論上，的確認可了眾生的超越的平等性：在擁有覺悟主體和實現這覺悟主體而成佛方面的平等。這很自然地發展出一切眾生的平等觀點（先天的平等觀點），連那些極其頑劣愚癡的一闡提（icchantika）也包含在內。最後甚至把這普遍性推向無情的草木瓦石，因而有草木瓦石都有佛性、都能成佛的說法。這種說法也傳到日本去。

不過，批判佛教所注目的，不是佛性遍在因而產生平等思想的正面意義，而是由這種思想所帶來的在社會上流行的對充滿別異的不平等的際遇集團的無聲的認同，這種認同自然是充滿階級分野的默許，對社會中存在著種種不公平的對待視若無睹，不加關懷。袴谷憲昭在他的〈差別事象を生み出した思想的背景に關する我見〉（有關差別事象的生起的思想背景的我見）一文中，和松本史朗在他的〈如來藏思想は佛教にあらず〉（如來藏思想不是佛教）都指出，由一切眾生都有佛性、如來藏、本覺的觀點所表示眾生在原理上是同一、無差別的說法，肯定了種種現實的差別性和對這種差別性的絕對化，也存在於日本佛教的本覺思想中。松本並強調，他在其界論中所提及的這種說法，亦即是對這種差別性的絕對化，正是釋迦牟尼所要批判的對象。[100]

這裏明顯地表示出一種在原義與效果上顛倒的事象。佛性、如來藏、本覺的普遍性的觀點，本來是提醒人們一切都是平等、無差別的，像佛性、如來藏、本覺這樣的根本的東西都是如此。這裏有一種高度的圓融、相即的思維導向在裏頭，但若我們對這種思維導向不能善巧地、恰當地理解，則它反而會導致我們要守住、保留社會的現實情況的效應，從而對於現實環境中的種種不公平的現象、不合乎正義的

---

[100] 松本史朗著《緣起と空：如來藏思想批判》，頁7。

道德原理的對待，以至社會上的很多歧視規條與行為熟視無睹，讓個人的人權、尊嚴受到傷害，個人的自由得不到保障。倘若是這樣（實際上這種弊端也時常不能避免），則佛性、如來藏、本覺這些東西的平等性、普遍性本來可以促使社會氣氛的諧和、和平的擴展和提升社會的團結精神的正面作用，反而帶來對社會的不良的、負面效應了。即是說，人們會這樣想，既然好的東西如佛性、如來藏、本覺在理想上、原則上是平等的，則現實上的一些不公平的事情便變得不重要，可以不理會、不計較了。

進一步說，人們不重視這些社會中的不公平的事情，在這些事情背後找到某種形而上的依據作為根本的支柱，這些事情與這一形而上的支柱是完全不成比例的（disproportionate），有了這一支柱，一切都變得不重要了，壞的事情也可以容忍。在這一點上，袴谷憲昭仔細而且精確地在《大乘起信論》中找到依據，這即是其中說及的本覺觀念。我們在上面曾引述過《起信論》的一些文字，其中有如下一段話：

> 所言覺義者，謂心體離念。離念相者，等虛空界，無所不遍。法界一相，即是如來平等法身；依此法身，說名本覺。[101]

袴谷指出，這段話中的「心體」，是關鍵語詞。他認為，《起信論》特別強調「心體」，說「心體離念」，而不說「心離念」特別值得注意。我們通常說心，是心意、心思之意，這是現前的心識，或意識，這是認知意義的、心理學意義的。倘若不說心而說心「體」，則心便被賦與一種形而上的意義，這可以通到本覺一觀念去。[102]「心離念」是工夫論的命題；「心體離念」則是存有論的命題。前者指在心上作工夫，讓它從一切虛妄的念想中解放出來，最後可得覺悟。後者標出「心體」，表示心體的形而上學的、存有論的狀態：遠離妄念，獨自存在。這遠離妄念，獨自存在的心體，正是本覺。眾生有了本覺作為覺悟成佛的普遍的依據，或者如批

[101] 《大正藏》32·576中。

[102] 《本覺思想批判》，頁6-7。

判佛教所說的「基體」或「我體」，成佛便在望了，不必計較其他的問題了。[103]

袴谷特別把本覺觀念與京都學派的場所哲學關連起來。他表示本覺思想是佛教經過對東方思想的土著式的讚美而自我膨脹、自我肯定而成的，而京都學派哲學則是糅合了西歐的土著思想特別是德國觀念論與對日本文化的自我肯定、自我讚美而成的。京都學派在它自身與本覺思想之間劃上等號，以為雙方是同質的，以場所哲學來概括這種同質性。[104]這樣，京都學派哲學便可說是以本覺思想作為基礎，巧妙地吸收了西方的思想特別是德國觀念論而成就起來的一種場所哲學。

對於袴谷這樣對待和批判本覺思想和場所哲學，特別是它們對於現實的社會上的種種不合理、不公平的現象，在一切眾生皆有佛性、如來藏、本覺這一大原則的光環中不予正視、理會，胡巴德作出了相當扼要的評論如下：第一，為了支持一種前批判的（precritical，不具備批判性的）統合或諧和，而放棄批判性的區別，場所哲學（其實也可說本覺思想）有忽視甚至拒斥實際的歷史性差別這樣的事實或現狀，否定社會性的批判的傾向。第二，場所哲學在宗教經驗上對於終極知識的自我肯認提供給社會一種權威主義的模式。第三，對於有情和無情的東西的潛在的本覺的肯認無助於利他活動的進行，這種活動只有在無我的義理的基礎上才是可能的。[105]

批判佛教所剖白的種種社會上的不平等現象、事件無疑是有其事實的依據，對於階級的分野也是不可否認的事實，但這些負面的東西是否必須與佛性思想、如來藏思想、本覺思想和場所哲學拉上關係，這些負面的東西是否都是這些思想與哲學所引致的，以至只是這些思想與哲學所引致的，是很有商榷空間的問題。我們看不到佛性、如來藏、本覺的普遍性必定與社會上、歷史上的負面現象、事件的形成有因果的關聯。批判佛教對一切社會的、歷史的不平等性、歧視行為的濃烈的警覺意識是讓人欽敬的，但是否要把這些不平等性、歧視行為的肇始，都推給佛性、如來藏、本覺思想與場所哲學，要它們來負責呢？我想事情不是那麼簡單，批判佛教論者的想法不免過於一廂情願。我們能否從另一個角度看，認為佛性、如來藏、本覺

[103] 胡巴德（Jamie Hubbard）也看出袴谷的這一點，參看他的“Topophobia”, *Pruning the Bodhi Tree: The Storm over Critical Buddhism*, p.96.他的說法與我的著重點不同，讀者可細加審視。

[104] 《批判佛教》，頁 8。

[105] *Pruning the Bodhi Tree: The Storm over Critical Buddhism*, p.98.

的普遍性思想的意識，讓他們在種種困難和逆境中，提醒自己，由於人的覺悟向上而得成功的潛在性和可能實現性是平等的，自己本來便與那些成功的人具有同樣的條件，現實的困難和逆境只是時運不濟而已，這是可改變的呢？倘若人能這樣反思，便不難振作起來，試圖衝破困難與逆境，為自己開出康莊的坦途。那前程如何，還是操控在自己手中。

十四、佛性、如來藏的普遍性是方便法門

對於批判佛教要否定佛性說、如來藏思想之為佛教的觀點，正、反兩面的回應都有。這在上面的冗長的闡述與分析中可以看到。不過，對於這種觀點有一種另類的反應，值得我們注意。即是，說「一切眾生都有佛性」、「如來藏是普遍潛在的覺悟機能」，並不是要在存有論方面肯定佛性、如來藏普遍地存在於眾生之中。而是以這種說法去激勵眾生，讓他們對覺悟成佛的理想有濃烈自信，因而矢志求道。這樣，佛性、如來藏便不是存有論的觀念，它的存在性不是一個在形而上學上要討論的課題，而是一種方便施設。這對於佛性、如來藏的解讀，無疑是一種嶄新的方式。

上面提及的瓊格（Sallie B. King）在頗多場合中提到這種理解方式。她在其〈佛性是本原地佛教的〉（"Buddha-Nature is Impeccably Buddhist"）一文中，說佛性思想並不構成一種存有論理論，而是一種救贖義的施設（soteriological device）。[106]這樣，佛性或如來藏的普遍性思想或說法的焦點並不是它們到底有沒有的問題，而是通過它們的普遍存在的說法，讓眾生積極地、放心地去修習覺悟之道。

這樣，佛性、如來藏便離開了存有論，而成為一工夫論的觀念。瓊格更把所涉問題關連到有漸教義、重視語言的作用的唯識方面去。她提到，《佛性論》中有「佛性者，即是人法二空所顯真如」、[107]「若不說佛性，則不了空」[108]的說法，把

---

[106] 同前，頁 188。

[107] 《大正藏》31·787 中。

[108] 同前。

佛性與空和真如放到一種非常緊密的關係上來，以作為客體性的空與真如來說作為主體性的佛性，以唯識學的語言、觀念系統來闡明佛性的體證真理的涵義，這便有施設唯識的話語來開示眾生，引導他們遠離對存在世界的偏執，而趨近覺悟的目標。不過，瓊格特別提出唯識以言說來表示方便的意味，我想在這裏不需要特別強調唯識的言說，其他學派也可以展示這種意味。無論如何，瓊格的意思還是清楚的：我們不必頌揚（extol）任何種類的存有論的理論，界論的存有論更不用說，我們只需闡明佛陀是怎樣地頌揚他的德性便可以了。[109]我想瓊格在這裏的意思是，我們要強調佛性（也包括如來藏、本覺在內）的普遍性，作為成道得解脫的基礎，眾生便能受到激發而矢志求覺悟了。

瓊格在另一處說得更為清楚透徹，她表示：

> 說佛性「本來便存在」（aboriginally exists）是要確定一闡提自身實際上是不存在的；同時，倘若一個人未有獲致般涅槃，那是由於他／她排拒解脫之道。此中的底線是，《佛性論》的作者想讓人們去實踐，去欣羡（aspire to）佛果（Buddhahood），或去體證佛道。說「佛性本有」是獲致這個目標的方法。如肯認我體的言說那樣，確認佛性「本有」是一種方便（upāya），一種《佛性論》的作者要鼓勵實踐，因而有助於普渡眾生的偉大目的的方法。[110]

很明顯，說佛性本有是要排斥一闡提的存在性，誘使眾生相信沒有一闡提，特別是自己不是一闡提，因而接受解脫之道，欣羨佛果，而積極地實踐去體證佛境。這樣，說「佛性本有」並不是確認佛性在眾生中存有論地是本來有的，而是要人實踐佛道的方法，一種方便性格的、施設性格的方法，以激勵和鼓舞眾生坐言起行，投入求佛道的實踐之中。譬如說，菩薩可以對眾生說：你已經具有佛性了，為甚麼不去躬自實踐，投入渡己渡人的殊勝事業中去呢？這實在是一切眾生都有佛性的宣言的實踐的、實用主義的轉向（practial and pragmatic turn）。

---

[109] *Pruning the Bodhi Tree: The Storm over Critical Buddhism*, p.181.

[110] 同前，頁 184。

瓊格對《佛性論》一文獻頗為熟悉，她的《佛性》（*Buddha Nature*）一書便是這部文獻的研究專著。如上面所陳，這一文獻展示了佛性、如來藏思想作為方便法以普渡眾生的旨趣。瓊格又提到《如來藏經》（*Tathāgatagarbha-sūtra*），一種早期的如來藏文本。瓊格指出，這部經典的如來藏的教說是作為一種比喻（metaphor）而被提出的，其旨趣是在救贖方面，與任何存有論的理論都沒有交集。⑪她又作結謂，有關佛性思想的斷定不是界論，因為佛性是一種救贖義的施設（soteriological device）不涉及任何存有論的說法。⑫

另一個西方學者格力哥利（Peter N. Gregory）研究圭峰宗密的思想有年，他認為松本史朗和袴谷憲昭對本覺思想的理解太簡單化，不夠周延，因為本覺在中國佛教中的意義不同於松本和袴谷從日本佛教方面所理解的相同觀念的意義。⑬即是說，本覺在中國佛教與日本佛教中各有其意義，兩者不完全相同，松本和袴谷未有注意到這點。即是，在宗密和他所留意的文獻學與哲學分析的傳統來說，以本覺為中心的語言訊息是積極的、正面的，並不同於袴谷所熟習的日本文獻所展示的有關本覺的消極的、否定意味的語調。格力哥利的意思是，在般若思想和中觀學的文獻的用語是極端富批判性、否定性的，如來藏的文獻則是由這點逆轉過來，展示一種確證的、正面的語言作風。此中自然有般若思想與中觀學過於否定語言的價值，而如來藏思想則肯定語言的作用的意涵。宗密在他的判教說中，便強調如來藏的義理在顯示終極實在的真正性格方面勝於以至可取代空的義理。⑭格力哥利上面的說法，帶有如下意涵：般若思想和中觀學並不重視語言的作用，而如來藏思想則較能肯定語言的作用，這與如來藏思想不是佛教的說法並不一致，因為批判佛教一向重視語言表達真理的作用，而早期佛教正是重視語言的，這樣便有如來藏思想在語言的運用、價值上與早期佛教接近之意，那又怎能說如來藏不是佛教（早期說緣起、無我、空的佛教）呢？

按比喻或譬喻是一種工夫法門，是用來開示修行者，讓他有階可循，一步一步

---

⑪　同前，頁 189。

⑫　同前，頁 190。

⑬　同前，頁 289。

⑭　同前。

悟入真理的。在佛教的經論中，最善巧地運用比喻的，莫過於《法華經》了。該經有所謂「法華七喻」，表示佛運用七個比喻，勸勉在修道上的眾生，不要因為些少挫折，便退墮下來，不再堅持下去，以求道了。這些比喻不免有神話在裏頭，誇張一些超人的能力，以透導眾生，這是可理解的。但拿佛性、如來藏、本覺來作比喻，不視之為真實、真理，而是把它們施設出來，有視之為虛構的意味，這似乎有問題。不過，我的想法，可能是多慮。人生的最高目標，就大乘佛教來說，不外是求覺悟，成解脫，而且普渡眾生。為了這個目標的達致，臨濟可以「逢佛殺佛，逢祖殺祖」，丹霞也可以燒佛像。佛性、如來藏、本覺只是施設的名相而已，即使有其真實性，亦只能在這個目標中現成。佛性、如來藏、本覺是施設性格，比喻亦是施設性格，名字雖然不同，皆匯於覺悟、解脫之中。

十五、禪不是佛教？

以下我們看批判佛教對禪思想的批判。在這方面，松本史朗寫了一本篇幅浩繁的《禪思想の批判的研究》。其中與禪有直接關連的有下列幾章：第一章〈禪思想の音義：想と作意について〉，表示佛教是緣起，在對於緣起的思考（manasikāra）之外的東西，都不是覺悟。禪思想是鼓吹「對於念想的否定」（amanasikāra, a-saṃjñā）的，因此不是佛教。[115]第二章〈金剛經解義について：神會の基本的立場に關する考察〉論神會的禪法。松本認為，神會依從《大乘起信論》中的「一行三昧」的觀點而說「無念」；這無念正是要否定「念念相續」。他認為，在「一念」中見到「無念」，即是頓悟。這是要否定「念念相續」的修習、修道。這種觀點是神會以前的禪宗發展所未見的。[116]史旺遜認為這是界論的思考方式，[117]不知何所據。第三章〈臨濟の基本思想について：hṛdaya と ātman〉的內容，據松本的研究，是發揮心（hṛdaya）、我體（ātman）的思想；臨濟說到我、人，也分別相應於 ātman、

---

[115] 《禪思想の批判的研究》，頁 65。寬鬆地說，念想是取像，可以算是思考活動。

[116] 同前，頁 187。

[117] *Pruning the Bodhi Tree: The Storm over Critical Buddhism*, p.12.

puruṣa，ātman 即是我體，這與佛教的無我說是矛盾的。[118]這是說，臨濟說我，是一種界論。按《臨濟錄》說到人、我，是一般說法，是生活的層次，不知松本何以扯到形而上的我體（ātman）方面去，這肯定是捉錯用神。第四章〈蓮華藏と如來藏〉是說如來藏思想。松本指出，在《如來藏經》，蓮華是指心臟而言，因而有所謂「蓮華藏」（padma-garbha），而取坐姿的如來，不外是一種 ātman（我體）而已，這正是如來藏思想的核心概念。[119]第六章〈深信因果について：道元の思想に關する私見〉涉及道元的《正法眼藏》十二卷本的中心內容，松本強調，道元透過「深信因果」來解讀緣起說，這也是向如來藏思想方面傾斜。[120]在這一點上，松本與袴谷憲昭有明顯的分歧的看法。袴谷認為，道元在晚年已不大談界論，也不怎樣強調佛性觀念，如來藏思想的傾向已不明顯。在這裏我們可以看到袴谷與松本在批判佛教的思想中出現嚴重的分歧了。

綜合而言，松本史朗的著作《禪思想の批判的研究》仍堅持批判佛教的一貫立場，只是把研究和批判轉到禪思想方面去，由於禪是持如來藏思想的立場，這是界論的形態，故禪思想不是佛教。不過，松本在他的書中所涉及的禪，只是禪的一部分，集中在神會、臨濟與道元這幾個人的思想，這些人在禪方面的代表性如何，頗值得討論。就筆者的看法來說，由達摩與早期禪（包括慧可、僧璨、道信、弘忍）是講性與心的，這「性」與「心」兩個觀念並不含有濃厚的實體、我體或界的意味。而作為整個禪思想運動的核心人物慧能，或傳為他的言論的記錄的《壇經》，已不大具有實體、我體、界的思想痕跡，它的中心內容是如何透過工夫實踐去體現、彰顯作為超越的主體性的無或無的主體以達致覺悟、解脫的宗教目標，形而上學或存有論的問題已變得不重要了。松本在他的書中有專章討論慧能或《壇經》的禪法，頗令人費解。而在慧能的五大弟子南嶽懷讓、南陽慧忠、永嘉玄覺、青原行思和荷澤神會中，松本只講神會，而不及其他，涵蓋性自然不足。由此以下，更只及於公案禪的臨濟，不講馬祖、百丈、黃檗、南泉、趙州，更完全未有理會默照禪或曹洞

---

[118] 《禪思想の批判的研究》，頁 387。

[119] 同前，頁 529-530。

[120] 同前，頁 620。

禪，只是最後從中國禪跳到日本禪的道元方面去。松本顯然未有系統地撰寫這部著作，只是把他平時偶而寫成的有關某些禪師的禪法的論文聚合起來而成書。特別奇怪的是，他把吉藏的思想也包含到書中去，吉藏與禪根本談不上交集。

論到有關中觀學的蓮華戒（Kamalaśīla）與禪的摩訶衍在拉薩的桑耶寺（bSam-yas）作頓漸悟修行的大辯論的問題，松本認為，在摩訶衍看來，一切惡都根源於「概念」或「概念思考」。在生死海中的輪迴，正是概念思考的結果，要覺悟而成佛，必先要從這種概念思考中解放開來。松本並表示，這是禪思想的本質所在。[121]松本或批判佛教似乎非常堅持以下的觀點：釋迦牟尼或原始佛教並不排斥概念思考和語言的運用，凡是取與此相反的態度，如強調「離四句，絕百非」、「忘言絕慮」、「教外別傳，不立文字」的思想方式，包括禪在內，都不是真正的佛教（authentic Buddhism）。一切有關佛性、如來藏、本覺的思想都與這種思想方式扯不開，因此都不是佛教。這種觀點自然是有問題的。如本書先前提到「如來離於二邊，說於中道」，這二邊正是概念思考的結果，故釋迦牟尼還是認為對於終極真理的中道的體證，是要超越（離）相對的二邊的概念思考的。又如《壇經》說「慧能沒伎倆，不斷百思想」、[122]「執空之人有謗經，直言不用文字。既云不用文字，人亦不合語言。只此語言，便是文字之相」。[123]由此看到，《壇經》並不排斥思考、言說。對於概念思考、語言文字，釋迦牟尼與《壇經》都沒有固定的、死煞的看法，只要能恰當地利用，不在其中起執便可。

在這種脈絡下，松本所說的「倘若禪（禪定，dhyāna）含有概念思考的中止，則它是對於佛教的否定；倘若禪不意味概念思考的中止，則它在佛教還是有其意義

---

[121] M. Shiro, “The Meaning of Zen”, *Pruning the Bodhi Tree: The Storm over Critical Buddhism*, p.245.在這裏，松本談到禪的本質，強調概念思考的消棄、解構。筆者有不同的看法。在慧能禪來說，禪的本質在彰顯那個不捨不著、靈動機巧的主體性，特別是無的主體性，以體證終極的真理。在這種彰顯活動中，禪的大門是敞開的，它並不拒斥任何東西，包括概念思考、思維在內。若能善於運用概念思考，不在它上面起執，則概念思考亦可有正面的功能，在分析的層次上讓眾生對佛教的義理有清晰的、層次分明的理解。

[122] 《大正藏》48·358中。

[123] 《大正藏》48·360中。

的」，[124]便成死煞，不能包容概念思考的作用與價值。另方面，死執著概念思考的停息也不行。像蓮華戒所說，倘若一個人能透過不思考（amanasikāra）便能成佛，則無意識或是昏睡的人也是佛了。倘若中止了思考、亦即完全不起概念作用便是人生的目標的話，則與沒有思考歷程的死人有甚麼不同呢？[125]這裏的問題，其實不難化解。思考是一種工具，透過它，我們可以對於世間的事物作為現象而加以認識。但說到覺悟、體證終極真理，思考還是有它的限制。思考本身是有相的，有概念思維的相，而在覺悟中所體證得的終極真理，則是無相的、絕對性格的。以有相的概念思維自然不能理解無相的終極真理。要理解後者，便需借助無相的認識能力，那即是直覺，而且不是感性的直覺，而是睿智的直覺。禪是具備這種直覺的。即是，它一方面不排斥、甚至含有概念思維的一面，也有睿智的直覺的一面。在這兩者之中，還是以睿智的直覺為主。

不過，松本史朗不是這樣想，他對睿智的直覺（intellektuelle Anschauung）不能契入。他並不知道睿智的直覺是一種無相的智慧，能夠滲透到事物的本質中而揭示它們的原來的自己或真如（tathatā），或物自身（Ding an sich）。在他看來，禪與概念思考是相反的，這即是思想的完全停止。我們通常把概念思考與智慧分開，雙分並不悖離，但認識的對象不同。概念思考認識對象的現象面，智慧則認識對象的本質、在其自己一面，這是對睿智的直覺的一般的說法。但松本傾向把概念思考與智慧等同起來，認為否定概念思考即是否定智慧。禪是不贊成甚至否定概念思考的，因而也是否定智慧的。不過，松本又提出，那些反對「否定概念思考即是否定智慧」的人會認為，作為佛教要獲致的智慧並不是概念性的知識，或透過概念思考而得到的覺醒狀態，卻是一種對即使是主觀面與客觀面之間的差別都能超越的無分別的認知（nirvikalpa-jñāna）。松本不認可這種看法，起碼就早期佛教來說，這種看法頂多只能被視為對佛教義理的流行的誤傳而已。[126]此中我們可以明顯地看到松本史朗是一個經驗論者，他認為概念思考可以理解那些超經驗、超分別的東西，甚麼無分別的認

---

[124] "The Meaning of Zen", *Pruning the Bodhi Tree: The Storm over Critical Buddhism*, p.244.

[125] 同前，頁 257。

[126] 同前，頁 243。

知並不比概念思考高明。他對概念思考的確是捉錯用神，以為這種思考機能可以認識無分別的、不二的東西。

松本又重提釋迦牟尼在建立佛教之前肯定地是修習過禪定（dhyāna）的，早期佛教的文獻告訴我們，禪定與瑜伽（yoga）是相同的東西。在《瑜伽經》（*Yoga-sūtra*），「瑜伽」被定義為「心的活動的止息」（citta-vṛtti-nirodha）。他指出我們不得不承認釋迦牟尼的禪定修行包含一種「思想的止息」的意思，而這「思想的止息」也極可能被具體地教導為一種對想（saṃjñā）或取象的拒斥。[127]但松本這樣說，顯然是自相矛盾。他是認為（一向認為）早期或原始佛教是尊重甚至還用語言和思想來傳達真理的訊息的，超思想性的禪不是佛教，但這裏又強調釋迦對禪或禪的依賴與運用，並且扯到佛教要批判、拒斥的瑜伽學派的禪定方面去，這是說不過去的。實際上，嚴格地說，思想是不能止息的（完全的止息）。倘若思想有所謂止息，則勢必預設有一個因素或機關（trigger），這機關可控制思想，讓它由止息、不作用轉而運作起來，由止息變成活動。這機關或存在於我們之中，或存在於我們之外。若是前一種情況，則機關應恆時在作用中，而恆時引發思想活動，讓它沒有止息的狀態。倘若機關存在於我們之外，則這機關要發揮它的作用，使思想活動生起，或使思想運作起來，則要另外的因素來推動，而這另外因素要能作推動作用，又需依靠另一外在因素，這樣推上去，可至於無窮，因而引致無窮推溯的理論困難。這是不行的。因此，說思想的止息，不是絕對的止息，而是相對的止息，實際上它還是在作動，只是我們的機能有限制，覺得思想是絕對地、完全地止息了。

十六、道與場所

批判佛教論者有一種具有判教意味的看法，儘管這種看法有點模糊，不夠清晰。這即是，哲學時常表現為兩種根本立場的發展，其一是場所哲學，另一是批判哲學。前一種是以作為終極真理的場所觀念含融一切，加持一切，不管這一切怎樣發展、變化，最後都會匯歸到場所方面去。後一種則具有一定程度嚴刻性的批判，

---

[127] 同前，頁 248。

它重視概念分析和語言運用，認為由這些途徑可以達致終極真理。同時，它強調不斷的批判，才能達致對世界既深且廣的認知。在佛教來說，批判佛教論者堅持那些緣起、無我、空的義理的說法，是真佛教；那些宣揚場所、佛性、如來藏、本覺等觀念的說法，則是假佛教、偽佛教。

袴谷憲昭在上面所闡述的根本意涵下，又進一步把場所觀念關連到中國道家的「道」一觀念方面去。他指出，土著思想通常都會被扯到土著的「場所」方面去，也是被拒斥為對於文字言說的擯棄的思想。他特別強調「本覺」這種原始的觀點與道的緊密關連（在義理上的緊密關連），雙方都以那種非分別性格的覺悟為中心。在他們看來，覺悟是最高的智慧的表現，而分別、判斷等都是罪惡性格的。[128]在這個問題上，胡巴德（Jamie Hubbard）作過相當精緻的詮釋。他認為，在袴谷看來，場所哲學的根本標識是，它確認一個無分別性的知識根源，這是基於個別的經驗（individual experience）而證成的。這種經驗排斥一切分化或分別活動、一切知識和言說，這些東西都會造成對真理的障蔽。在這種背景下，袴谷提出「道」作為場所哲學的根本範例。在《道德經》第一章便寫著，道是宇宙的運動和變化的整全體，它是無限的，沒有止際；即使是作為道路或方向看，它是不可知的。「道可道，非常道」。可知可說的，便不是當體的道了。因此，道不是個別的、分化的、可以命名的存在，但它的「非存在性」、「無」卻是一切存在的根源。最後胡巴德表示，要整全地覺識道的根源性，我們必須超越一切言語的葛藤。[129]胡巴德在這裏對道的性格作了扼要的描述，說得不錯。我們的確要從一切言說的分化性、相對性、分別性溯源而上，直接契入那天地之源、萬物之根的終極的、不二的道方面去，而京都學派的「場所」在這一點上，與道有很寬廣而深厚的對話空間。

正是在「場所」或「道」的觀念下，袴谷把中國的道家與西方的維柯拉在一起，另外，他把孔子比作為笛卡兒，把老子、莊子比作維柯，表示孔子是重視言說的理解真理的作用，他的觀點具批判性；而老子、莊子的道則向場所傾斜。進一步，他又提到日本人所喜談的本覺，說本覺與道家的道在義理上有根本的聯繫。最

---

[128] 袴谷憲昭著〈批判の哲學對場所の哲學〉，《批判佛教》，頁 30-31。

[129] *Pruning the Bodhi Tree: The Storm over Critical Buddhism*, p.92.

後，它以有譏諷意味的語調，表示日本本來已有的世界觀，包括佛教的觀點，連同其他被放置在日本本來已有的世界觀中的東西，最後都可歸源到道家的道方面來。因此他的結論是，道即是場所，故日本的主流的佛教都不過是道家化了或熏育在道之中的「場所佛教」。[130]按說孔子的觀點具批判性，是批判論者，老子、莊子則傾向於場所思想，是場所論者，可以起很大的爭議。孔子不滿在他的年代的禮樂崩壞，道德淪喪，而要回復周公年代的禮制，重建周文，這一方面可說孔子對所處的時代的作風不滿，要批判它，在這個意義下我們可以說孔子是批判論者；但另方面我們也可說孔子要重新恢復周代流行的禮樂制度，「重建周文」，是復古主義者，批判的意味是減殺了。至於道家，無論是老子或莊子，他們都是強烈地感到當時的為政者只顧個人的利益，不理人民的死活，「大盜移國」，這也表示一種批判性；不過，他們嚮往古代聖王堯舜的政制清簡，人民「日出而作，日入而息」，這其實也是要復古，而所要復的古，比孔子要復的古還要古，這又與孔子為同道。誰具批判性，誰不具批判性，頗難一語斷定。

不管如何，有一點我們需留意。袴谷在他的論文〈批判の哲學對場所の哲學〉中，引了《莊子》書中的一段文字，內裏有「無何有之鄉」一語。[131]這「無何有之鄉」頗有場所的意味，福永光司順次以「沒有一物的世界」、「不為任何物所束縛的虛無的世界」、「甚麼物也沒有的根本的無的世界」來作解。袴谷認為這無何有之鄉是一種理想的境界，人們可以優悠自得地遊息於其中，但需要放棄一切言說與知識。[132]毋庸置疑，這無何有之鄉與物理的地域無涉，它是道，是場所，是意識性、精神性的空間。

這種無何有之鄉意念的提出，帶來重要的訊息，便是要越過科技文明，向自然回歸，超越一切由人的分別意識所造成的種種相對性、對決性，而向不二的、圓融的和平理境回歸。這頗有形而上學的意味，批判佛教論者傾向於經驗的思維，未必能體會這點。在其中，我們可以感受一種自然的創造性、諧和性，感受萬物所自來

---

[130] 《批判佛教》，頁 26-27。

[131] 同前，頁 27。

[132] 同前，頁 27-28。

的存有論的根源的脈動。但袴谷他們卻譏言這是一種烏托邦式的、脫離現實的知識和言說的冒險說法。他們認為這種冒險的說法，在西方與東方都有其具有代表性的範例。在西方有維柯的無限包容的場所對笛卡兒的重理性與言說價值的吞噬。在中國則有老莊的道家對儒家孔子的知識與道德秩序的消化以至消融，他們的武器正是作為標準義的場所的無何有之鄉。這種武器不單消融儒家，也消融中國佛教以至禪宗。袴谷自己便說過，在宋代，禪宗思想的內容為老莊思想所淹沒，而道家化。在日本，在這道家化的禪宗傳來之先，深受道家影響的吉藏思想竟然活躍起來。[133]道家的無何有之鄉的場所觀的確在相當程度上也影響日本佛教的發展。

上面所提到的訊息：要跨過科技文明，向自然回歸，超越一切由人的分別意識所造成的相對性、對峙性而向不二的、圓融的理境回歸，與京都學派的絕對無特別是西田幾多郎的純粹經驗的觀點，相當接近。對於這純粹經驗的覺悟，西谷啟治稱之為直覺經驗的覺悟。在這種覺悟中，一切事物都不以現象的方式而呈現，而是以物自身的方式而呈現，西谷稱在這種情況中呈現的是事物的「自體」，這也就是西谷所開拓出來的「空的存在論」。[134]

不過，袴谷對於京都學派特別是西谷啟治所建立起來的具有東方思維性格的絕對無的哲學（絕對無即是場所）並無好感，反而批判這種哲學是德國唯心主義或觀念論卻披上本覺色彩而在東方發展出來的一種思想而已，以日本人所喜歡而自我認同的本覺精神作標識。他高調地批判西谷，指責他經歷了第二次世界大戰後仍不反省京都哲學的盲點，而加以悔改，仍以京都學派的代表自居，頌揚在佛教義理下建立起來的直覺經驗的覺悟方式。在袴谷看來，這種直覺經驗的覺悟根本不是佛教的，

---

[133] 同前，頁 30。說到吉藏的佛教思想，我們不妨提一下批判佛教的支持者伊藤隆壽。伊藤寫了一本《中國佛教の批判的研究》（東京：大藏出版社，1992），他基本上是以格義佛教來看整體的中國佛教，認為這種佛教是在道家思想特別是道、理的哲學的影響下形成的。伊藤氏的觀點，大體上是承接著袴谷憲昭、松本史朗的批判佛教而寫成，受到二氏深厚的影響。這本書集中探討僧肇的思想和它與三論宗的重要人物吉藏思想的關連。即使他的觀點是正確的，也只能涉及三論宗的說法而已，就天台宗、華嚴宗的說法為如何，則無從說起，因書中未有深入涉及智顗與法藏的著作與思想。

[134] 關於西谷的空的存有論，參看拙著《絕對無的哲學：京都學派哲學導論》（臺北：臺灣商務印書館，1998），頁 121-149。

卻是不折不扣的道家的場所哲學的一種發展形態。[135]袴谷的這種批判，並不見得正確、中肯。他以經驗主義的觀點或背景來說以至批判京都學派哲學，問題很多，其中重要的一點是，他並不熟習西田與久松真一、西谷啟治的哲學的超越性格，也看不出絕對無即是場所，雙方都聚焦在絕對的、終極的主體性的自我實現、自我呈現的一面。

十七、結論

以上我們花了很多篇幅對批判佛教作出種種說明與評論。在這裏，我只想作些扼要的反思，以結束本文。就佛教的發展而言，從哲學的角度看，經過很多階段，其思路、理論立場以至思維導向亦相應地有不同的發展。原始佛教和釋迦牟尼的教法的思維背景是因果論，其核心觀點是緣起、無我、空。此中有存有論和知識論的意味。小乘的說一切有部和經量部則強調外界實有、法體恆有，這又有西方哲學的新實在論的旨趣，但與釋迦的空與中道思想的關聯則越行越遠。大乘佛教出現，空宗的般若思想和中觀學盛行空的哲學，非實體主義的傾向非常濃厚。事物的現象方面說得少，作為現象的本質的空義始終得到關注。有宗的唯識學的出現，補充了現象論，以心識的變現（vijñāna-pariṇāma）來交代現象的成立。但不管是空宗或有宗，所關心的面相，都是在客體性方面，主體性方面說得少。至中、後期，如來藏、佛性思想流行，如來藏或佛性被視為是體證事物的緣起、無我、空無自性、唯識所現性格的主體。我們可以說，這是印度佛教發展的綱領。原始佛教、有部、空宗、有宗的說法比較接近常識，較容易理解，與分析性格、經驗主義有較多的交集。批判佛教的倡導者的思考模式，具分析性，走經驗主義之路，因而對這方面的義理比較能恰當理解，也認同這種教法。[136]雖然如此，空宗的般若思想有些思考方式是批判佛教所不首肯的，那便是其中的肯定與否定意涵所合成的弔詭思考，例如《心經》

---

[135] 袴谷憲昭著《批判佛教》，頁 36。

[136] 在這方面，只有袴谷憲昭是例外，他有排斥唯識學的傾向，並表示要寫一篇論文，說明唯識思想不是佛教的義理。

的「色空相即」（色不異空，空不異色）[137]的說法，和《金剛經》的「即非」（如來所說身相，即非身相）[138]的說法。這都有超越分析的辯證的意味，為分析性格的批判佛教論者所不解與不喜的。

客體性從表面上來說，是關乎真理或終極真理的。這種真理需要以一種主體性義的機能來證成，如上面所說。佛性、如來藏便是指這方面的機能，它們能發出般若（prajñā）智慧，來體證真理。這佛性、如來藏或法身（佛性在隱時為如來藏，在顯時為法身）表面看來有體性義，甚至是形而上學的實體義，批判佛教論者把它們關聯到《奧義書》（*Upaniṣad*）亦即是婆羅門教最重要的經典方面去，這種宗教最關鍵的觀念自然是梵（Brahman）。它是一種大實體，是宇宙一切事物的存有論的根源，是實體主義的最核心的觀念。釋迦提出緣起、空無自性的思想，正是挑戰這個實體義、自性義的觀念。批判佛教論者自然集中火力去攻擊這些佛性、如來藏觀念，認為有違釋迦的緣起正義，是反佛教的，不是佛教的。不過，問題不是這麼簡單。佛性、如來藏表面看似有體性義，但它們仍是在非實體主義的脈絡下提出來的觀念，有空與不空兩義。空是無自性，是緣起；不空則指菩薩所具足的種種殊勝的方便法門，是作普渡眾生用的，與梵相去甚遠。但松本史朗不管三七二十一，竟創造出一個字眼「界」（dhātu）來概括梵、佛性、如來藏等觀念；界的意義正是實體，因而講佛性、如來藏思想的都是一種「界論」（dhātu-vāda），是反緣起的，不是佛教（釋迦牟尼的緣起觀所代表的佛教）的。

實際上，佛性、如來藏是主體性，而且是超越性格的主體性，不是經驗性格的主體性，後者是相對性格的，密切關連著言說與知識，這知識是在二元的相對待關係（dichotomy, bifurcation）中所成立的。佛性、如來藏作為主體性是超越性格的（transzendental）。就對於超越的終極真理的體會、體證言，在相對關係中的言說、知識是做不到的，這些東西缺乏絕對性，超越的終極真理是絕對的。原始佛教所講的如來雙離二邊而行於中道，而體證緣起的真理，這種真理應該也是絕對的。批判佛教論者在這一點上並未有留意及，他們並未有超越的主體性的意識。一般的經驗

---

[137] 《大正藏》8·848下。

[138] 《大正藏》8·749上。

主義者都是如此。依於此，他們排斥較空有二宗而後起的如來藏思想，說它不是佛教，不是以緣起為主軸的原始佛教，便很自然了。

印度佛教傳到中國，原始佛教、空有佛教的發展並不昌盛，只有如來藏或佛性思想興隆起來，中國人把這種思想進一步開拓，發展出天台宗、華嚴宗、禪宗三個主流體系，這些思想傳到日本，又發展出本覺思想。由於這些思想基本上是如來藏、佛性觀點的延伸以至延新的發展，超越的主體性仍是其中的關鍵性觀念，中國佛教的主流思想不被批判佛教視為佛教，自然是瞭然了。⑬⑨

為甚麼印度佛教發展到中國佛教與日本佛教會有這種結局呢？批判佛教論者提出土著化、本土化來回應。即是，中國與日本都有其本來的思想，更精確地說，是本來的場所思想。中國的場所思想是道家，日本的場所思想是和的精神。結果是，印度佛教分別被中、日的場所思想所同化了，土著化了。在批判佛教論者看來，場所思想是要不得的，這種思想阻礙多元性思想的發展，也不重視知識和表達知識的言說。順著這種批判的路向，他們連標榜場所、絕對無的京都學派哲學也加以嚴厲的批判。不過，他們對哲學思想的獨立發展的自我凝聚性，未有留意。佛教是佛教，道家是道家，佛教怎會這麼容易便被本土化，被流行於中土的道家所同化呢？佛教與道家在義理上各有它們的獨特性和殊勝性，雙方的交集以至相互影響是有的，但斷不會輕易發生一方被另一方所同化、吞噬而失去原有的理論立場。包括如來藏思想在內的佛教是非實體主義的思維形態，道家特別是老子的道有一定程度的實體意味，我們實在看不出佛教完全地向道家在義理方面傾斜的理據與事實。⑭⓪

---

⑬⑨ 實際上，批判佛教這一種思潮內部雖然有它的一致性，但在某些重要的問題上，其中的成員的觀點仍有相當的落差。例如對於日本的道元禪的理解，袴谷憲昭認為道元到了後期對佛性有了新的看法，不以界論來詮釋佛性。松本則激烈反對，認為道元至死仍然堅持如來藏思想，也不放棄界論。另一佛教批判論者石井修道對印度佛教的土著化有不同於袴谷憲昭的看法，他認為土著化也有其價值，並不必然是對原來佛教的扭曲。

⑭⓪ 最後，我試列出有關批判佛教的研究的資料如下：

呂凱文著《當代日本批判佛教研究：以緣起、dhātu-vāda 為中心之省察》，國立政治大學哲學研究所碩士論文，1995。

霍巴德、史萬森主編，龔隽等譯《修剪菩提樹：批判佛教的風暴》（上海：上海古籍出版社，2004）。（按此書譯文有頗多錯誤，單就人名而言，如頁 99，竹內義則應作武內義範；頁

153，哈托瑞應作服部（正明）。）

松本史朗著，蕭平、楊金萍譯《緣起與空：如來藏思想批判》（香港：經要文化出版有限公司，2002）。
袴谷憲昭著《批判佛教》（東京：大藏出版社，1990）。
袴谷憲昭著《本覺思想批判》（東京：大藏出版社，1995）。
袴谷憲昭著《道元と佛教：十二卷本正法眼藏の道元》（東京：大藏出版社，2002）。
袴谷憲昭著《佛教入門》（東京：大藏出版社，2004）。
袴谷憲昭著《日本佛教文化史》（東京：大藏出版社，2005）。
袴谷憲昭著《法然と明惠：日本佛教思想史序說》（東京：大藏出版社，2001）。
袴谷憲昭著《唯識思想論考》（東京：大藏出版社，2001）。
袴谷憲昭著《唯識の解釋學：解深密經を讀む》（東京：春秋社，1994）。
松本史朗著《緣起と空：如來藏思想批判》（東京：大藏出版社，1993）。
松本史朗著《禪思想の批判的研究》（東京：大藏出版社，1994）。
松本史朗著《佛教への道》（東京：東京書籍社，2000）。
松本史朗著《佛教思想論上》（東京：大藏出版社，2004）。
松本史朗著《法然親鸞思想論》（東京：大藏出版社，2002）。
松本史朗著《チベット佛教哲學》（東京：大藏出版社，1997）。
伊藤隆壽著《中國佛教の批判的研究》（東京：大藏出版社，1992）。
石井修道著《道元禪の成立史的研究》（東京：大藏出版社，1991）。
Jamie Hubbard and Paul L. Swanson, eds., *Pruning the Bodhi Tree: The Storm over Critical Buddhism.* Honolulu: University of Hawaii Press, 1997.

後記

這本書寫了多年，終於落幕，委實鬆了一口氣。十年前一場大病，讓我與現實區隔開一段時期，得悟純粹力動觀念。我即有造論的意願，同時也把做了幾十年的佛學研究結束過來，並對在這方面的所學所思，以判教方式作一個總結。十年來在造論方面有了一些頭緒，寫了幾本純粹力動現象學的書；在對佛學研究的總結上，也凝結為這本冗長的《佛教的當代判釋》，提出了自己對佛學的總的看法。

對於這本著書有幾個小點要交代一下。首先，佛教有三藏十二部，典籍浩繁，我如何選取或決定判教的對象呢？在這個問題上，我主要是著眼於兩點來做：一是佛教義理與實踐所展示的動感，二是它對經驗世界的關注。這兩點的意思很清楚，在拙書中也多次涉及，在這裏也就不多贅言了。我在這裏只想說，佛教以至大多數宗教都強調自我轉化，從生死煩惱中脫卻開來，並幫助他人這樣做，所謂「普渡眾生」。這需有動感和對眾生有悲心宏願才行。這即是書中所強調的真理亦即是中道佛性的功用性格和圓極的行為（圓行）了。另外一點是，書中的章節的短長，有時有相當大的落差。哪個方面應該說得詳盡一些，哪個方面可以略為提點一下，基本上是依循所涉的義理或觀點與實踐的重要性而言。譬如說，我花了頗多篇幅述說天台思想的中道佛性或實相的功用，而對於達摩禪法的真性觀念與捨妄歸真、凝注壁觀的實踐則著墨不多，便是一個明顯的對比。達摩禪是如來禪法，強調真性的清淨一面；中道佛性則是智顗思想的真理觀，有濃烈的動感的意涵，是覺悟問題的解決的重要條件，它與慧能的祖師禪的意趣也相當接近。

另外，拙著所闡述的，以印度佛學、中國佛學與日本佛學為主。印度佛學的概念與說法，來自梵文文獻，為求真切，我很多時附上梵文的相應語詞。對於這些語詞，我都以羅馬字體來表示，不用原來的天城體字母，那是由於排印上的方便的緣故。天城體的流行範圍比較狹窄，通常只限於在印度和歐美地域，在中文學界並不使用，因而多以平常所見到的羅馬體字母來標示。這已是出版界的通例了。

就拙書的體例和優點來說，由於這是長時期的撰作，因此我比較有充裕時間為所述教派的義理要點以四字來定位，如以「即法體空」和「識中現有」來分別說中觀學與唯識學。其中，空、有分別指中觀學和唯識學所關注的焦點，「即」與「識」則分別表示二派的實踐特點。不過，此中仍是有一細微的分別：即法體空主要是一個工夫論的命題，而識中現有則有存有論以至宇宙論的意涵。

讀者或許對於我以「佛性偏覺」與「佛性圓覺」來分別概括印度、中國佛學中有關佛性、如來藏的思想感到陌生。關於這點，我頗花了好些時間與功夫才這樣做的。印度佛學和中國佛學中都有如來藏、佛性或如來藏自性清淨心等觀念，這沒有問題，而這幾個觀念在意涵上有一定程度的重疊，也是毋庸爭議的。不過，我的用心，主要聚焦在印度佛學和中國佛學中除了中觀學、唯識學之外的第三個思想與實踐系統的別異問題上。若以佛性來概括佛性、如來藏、如來藏自性清淨心、清淨心，甚至日本佛學中常提及的本覺與《大乘起信論》的眾生心，以之來表示成佛的主體、成佛的潛能或可能性，則我們不能不承認，這些觀念基本上是在兩個思想脈絡下被提出的。其一是超越的分解的思想脈絡，另一則是辯證的綜合的思想脈絡。超越的分解也可說為是純粹的分解、純粹的分析。這些觀念在內容上是相同的，都指向同一的成佛的主體（這讓人想到天台智顗判教所提的別教與圓教都以同一意涵亦即是中道佛性作為最高的主體，其有別、圓之分是就實踐方法而言：一是歷別的，另一是圓頓的）。兩者一般都被指涉到天台、華嚴（法藏、宗密）、禪（北宗、南宗、神會）等方面去。倘若這兩種思想脈絡不嚴加區別，則這些佛性思想便會混成一團，無法區別開來。像太虛與印順的判教便有這個問題，他們分別以法界圓覺和真常唯心來說它們。這對於天台與華嚴的圓教，便難以區別，難以交代。筆者的意思是，佛性既然是成佛的主體，便可以以心說。這心可有兩種形態，一是超越的、分解的、與一切染污隔斷的清淨的真心、真宰，另一則是一包含染淨因素的平常的、綜合的一念心。它們所成就的覺悟，便相應地有兩種：偏覺與圓覺。偏覺是分解性的覺悟，是捨妄歸真的覺悟。在這種活動中，心的清淨性得以彰顯，其染污成分則被克服、被超越、被隔離。圓覺則是含有覺性、清淨性的因素與染污性的因素同時被突破、被超越而達致一無相對性的絕對的境界，在其中，一切善惡、有無、生死、福罪等的分別都被泯除，心靈純然是澄明一片，像慧能所說的「無一物」的無善無惡的通體透明的狀態。佛性偏覺可以概括華嚴宗的性起心、《大乘起信論》的眾生心、禪宗的達摩及早期禪的真性、真心、神秀北宗禪的需要「時時勤拂拭」的明鏡臺心，和神會、宗密（宗密兼通華嚴與禪）的靈知真性、真心。佛性圓覺則可以概括《維摩經》的「默然無言」的不二心、天台宗的一念無明法性心、中道佛性、性具心，和慧能的「不思善、不思惡」的平常心。這些細微而深邃的分別，都是太虛的法界圓覺和印順的真常唯心所未有意識及、照顧及的。

關於本書的特別殊勝之處，我不想多說。不足之處，倒是很明顯的。首先，書中主要著眼於中期以前的佛教發展，未有足夠地顧及印度佛教在中後期的走向，這從第十一章〈空有互融〉中可以看到。中觀學後期的寂護（Śāntarakṣita, Śāntirakṣita）和蓮華戒（Kamalaśīla）是很出色的哲學家和修行者，他們是後期印度佛教的領軍人物，書中對他們的學養只有簡短的闡述，對於他們所倡導的瑜伽行中觀派（Yogācāra-Mādhyamika）論述得不夠，也未有交代中觀學與唯識學（瑜伽行）相互融合的邏輯與實踐的基礎。這便不能展示印度佛教在後期發展的多元性。

在量論方面，書中只集中講唯識學內部的有相唯識（sākāravijñāna-vāda）的知識論，而未有詳細涉及無相唯識（nirākāra-vijñāna-vāda）的知識論。相即是形象。這就唯識學在世親時代成立後分別有護法（Dharmapāla）和安慧（Sthiramati）的闡釋與開拓不無遺憾。護法的唯識學傳入中國，安慧的唯識學傳入西藏。

最後，在量論，印度哲學與佛學通常是從現量（pratyakṣa）與比量（anumāna）兩方面說的。現量相當於感性直覺（sinnliche Anschauung），也有知覺（Wahrnehmung）的意味；比量則是推理能力。這兩種量（日本人稱為知識手段）分別成就相應於西方哲學的知識論與邏輯。這兩者在西方哲學是分開的，前者指涉有關存在世界的知識，後者則只關乎推理的合法性，與實然的存在沒有交集。這兩者在印度哲學和佛學中合稱為因明（hetu-vidyā）。在佛教陳那與法稱的重要著作《集量論》（*Pramāṇasamuccaya*）和《量評釋》（*Pramāṇavārttika*）中，都分別有專章討論這兩者。拙著對於這量的問題的探討，只著眼於現量而未及於比量，明顯地是不足的。此中的原因，和拙書只涉及印度佛學、中國佛學與日本佛學一樣，都是囿限於時間與精力的有限，只能希望爾後有機會來補寫。實際上，現代日本與西方的佛學研究界對於比量問題的研

究，已作出相當可觀的成果了。❶

---

❶ 這裏姑舉些例子如下：

赤松明彥著〈ダルマキールティの論理學〉，平川彰、梶山雄一、高崎直道編集《講座大乘佛教 9：認識論と論理學》（東京：春秋社，1984），頁 184-215。

上田昇著《ディグナーガ、論理學とアポーハ論：比較論理學的研究》（東京：山喜房佛書林，2001）。

梶山雄一著〈後期インド佛教の論理學〉，三枝充悳編集《講座佛教思想第二卷：認識論、論理學》（東京：理想社，1974），頁 243-310。

梶山雄一譯注《タルカバーシャー，認識と論理》，長尾雅人編集《世界の名著 II：大乘佛典》（東京：中央公論社，1967），頁 447-543。

梶山雄一著〈ラトナーカラシャーンティの論理學書〉，《佛教史學第八卷第四號》（京都，1959）。

桂紹隆著〈ディグナーガの認識論と論理學〉，平川彰、梶山雄一、高崎直道編集《講座大乘佛教 9：認識論と論理學》（東京：春秋社，1984），頁 103-152。

北川秀則著《インド古典論理學の研究：陳那（Dignāga）の體系》（東京：鈴木學術財團，1973）。

S.R. Bhatt and Anu Mehrotra, *Buddhist Epistemology*. Westport, Connecticut: Greenwood Press, 2000.

P.P. Gokhale, tr., *Hetubindu of Dharmakīrti (A Point on Probans)*. Delhi: Sri Satguru Publications, 1997.

Y. Kajiyama, "An Introduction to Buddhist Philosophy: an annotated translation of the Tarkabhāṣā of Mokṣākaragupta." *Memoirs of the Faculty of Letters, Kyoto University*. No.10, 1966.

E. Krishnamacharya, "Tarkabhāṣā of Mokṣākaragupta." *Gaekwad's* Oriental Series, No.XCIV, Baroda, 1942.

S. Katsura, ed., *Dharmakīrti's Thought and Its Impact on Indian and Tibetan Philosophy*. Proceedings of the Third International Dharmakīrti Conference, Hiroshima, November 4-6, 1997. Wien: Verlag der Österreichischen Akademie der Wissenschaften, 1999.

B.K. Matilal and R.D. Evans, eds., *Buddhist Logic and Epistemology: Studies in the Buddhist Analysis of Inference and Language*. Dordrecht: D. Reidel Publishing Company, 1986.

M.T. Much, *Dharmakīrtis Vādanyāyaḥ Teil I: Sanskrit-Text; Teil II: Übersetzung und Anmerkungen*. Wien: Verlag der Österreichischen Akademie der Wissenschaften, 1991.

R. Prasad, *Dharmakīrti's Theory of Inference: Revaluation and Reconstruction*. Oxford: University Press, 2002.

Tom J.F. Tillemans, *Dharmakīrti's Pramāṇavārttika*. An annotated translation of the fourth chapter (paramārthānumāna) Vol.1 (k.1-148). Wien: Verlag der Österreichischen Akademie der Wissenschaften, 2000.

Tom J.F. Tillemans, *Scripture, Logic, Language: Essays on Dharmakīrti and His Tibetan Successors*. Boston: Wisdom Publication, 1999.

寫到這裏，想到自己今後在學問上的轉向，由佛學研究轉到純粹力動現象學的造論方面，一方面感到興奮，同時也感到惆悵。造論自然是一種重要的、有價值的做法，自己在思想方面也可以有更大的活動空間。但佛學研究畢竟做了近四十年，佛學儼然成了自己的心靈的故鄉。而在研究中也付出了冗長的時間與沉重的精力，單是對有關語文的學習所走的路已夠多元和曲折了。現在說要轉向，總有不捨的心念。不過，天下無不散之筵席，一切世間法都是如此。自己區區的學術研究，又怎能例外呢？

2010 年元旦

於南港中央研究院

索　引

凡　例

一、索引條目包括三大類：哲學名相、人名、書名。其中人名類也包含宗派、學派名稱，後二者用大寫；書名類也包含論文名稱。

二、三大類的條目各自再細分為：

1.中、日文

2.英文

3.德文

4.梵文

5.藏文

另有少量法文條目歸入德文次類中，有少量巴利文條目歸入梵文次類中。

三、條目選擇的原則方面，較重要的名相在首次出現時均會標示其所在的頁碼，此後，在文中對該名相有所解釋或運用時，會再次標示頁碼。人名和書名方面亦相同，首次出現時均標示頁碼，其後再有所介紹或引述時，會再標示頁碼。條目在文中如重複出現，但未有再作解釋或引用時，則不再標示頁碼。

四、條目排序方面，中、日文條目以漢字筆劃多寡排序，日文假名為首的條目排在漢字之前，以假名字母的次序排列；英、德、梵、藏文均以羅馬體字母排序。

哲學名相索引

一、中、日文

二、英文

三、德文

四、梵文

五、藏文

人名索引

一、中、日文

二、英文

三、德文

四、梵文

五、藏文

著書、論文索引

一、中、日文

二、英文

三、德文

四、梵文

五、藏文

國家圖書館出版品預行編目資料

佛教的當代判釋

吳汝鈞著. – 初版. – 臺北市：臺灣學生，2011.03
面；公分

ISBN 978-957-15-1509-0 (精裝)

1. 佛教宗派 2. 佛教教理

226 99023211

佛教的當代判釋

著作者：吳汝鈞
主編者：國家教育研究院
23703新北市三峽區三樹路2號
電話：(02)8671-1111
網址：http://www.naer.gov.tw
著作財產權人：國家教育研究院
發行者：臺灣學生書局有限公司
106臺北市和平東路一段七十五巷十一號
郵政劃撥帳號：00024668
電話：(02)23928185
傳真：(02)23928105
E-mail：student.book@msa.hinet.net
http：//www.studentbook.com.tw
展售處：國家書店松江門市
104臺北市松江路209號一樓
電話：02-2518-0207(代表號)
國家網路書店http://www.govbooks.com.tw
臺中五南文化廣場
400臺中市中區中山路6號
電話：04-22260330 傳真：04-22258234

定價：精裝新臺幣一三○○元

初版一刷：2011年3月
初版二刷：2014年5月

22609
ISBN 978-957-15-1509-0 (精裝)
GPN：1010000429